Bürgerliches Gesetzbuch

nebst

Einführungsgesetz

erläutert von

Dr. G. Planck,

Wirklicher Geheimer Rat und ordentlicher Honorarprofessor an der Universität Göttingen,

in Verbindung mit

Dr. A. Achilles †, Reichsgerichtsrat,

Dr. F. André, ordentlicher Professor,

M. Greiff, Geheimer Ober-Justizrat,

F. Ritgen, Landrichter,

O. Strecker, Ober-Landesgerichtsrat,

Dr. E. Strohal, Geheimer Hofrat, ord. Professor,

Dr. K. Unzner, Ober-Regierungsrat.

Sechster Band.

Einführungsgesetz.

Dritte, vermehrte und verbesserte Auflage.

Berlin 1905.

J. Guttentag, Verlagsbuchhandlung,

G. m. b. H.

Inhaltsverzeichnis des sechsten Bandes.

Einführungsgesetz.

Erster Abschnitt.

Allgemeine Vorschriften.

Zweiter Abschnitt.

Verhältnis des Bürgerlichen Gesetzbuchs zu den Reichsgesetzen.

Dritter Abschnitt.

Verhältnis des Bürgerlichen Gesetzbuchs zu den Landesgesetzen.

Vierter Abschnitt.

Übergangsvorschriften.

Sechstes Buch.

Einführungsgesetz

zum Bürgerlichen Gesetzbuche. Vom 18. August 1896.

Vorbemerkungen.

I. Inhalt des Einführungsgesetzes. Der Hauptzweck des Einführungsgesetzes besteht darin, das Verhältnis des Bürgerlichen Gesetzbuchs zu dem bisherigen Rechte klarzustellen. Daneben enthält das EG. einige Vorschriften von allgemeiner Bedeutung, für welche es im BGB. an einer geeigneten Stelle fehlte. Es zerfällt, wie die Entwürfe, in vier Abschnitte. Der erste Abschnitt mit der Überschrift „Allgemeine Vorschriften" (Art. 1—31) enthält außer der Vorschrift über den Zeitpunkt, mit welchem das BGB. in Kraft tritt, und einigen allgemeinen Bestimmungen das sog. internationale Privatrecht. Der zweite Abschnitt bestimmt das Verhältnis des BGB. zu den Reichsgesetzen (Art. 32—54). Der dritte Abschnitt regelt das Verhältnis des BGB. zu den Landesgesetzen (Art. 55—152). Der vierte Abschnitt endlich enthält die Übergangsvorschriften (Art. 153—218).

II. In sämtlichen Bundesstaaten sind Ausführungsgesetze zu dem BGB. und zu dem EG. erlassen. Prinzipiell können das BGB. und das EG. als Reichsgesetze durch Landesgesetze nicht geändert werden. Der dritte Abschnitt des EG. enthält indessen im großen Umfange Vorbehalte zugunsten der Landesgesetzgebung und ebenso läßt der vierte Abschnitt den Landesgesetzen in verschiedenen Beziehungen Spielraum. Abgesehen hiervon setzt das BGB. selbst in einer Reihe von Vorschriften (z. B. §§ 22, 44, 46, 61, 62, 74, 80, 81, 85, 87, 88, 383, 525, 795, 907, 919, 982, 983, 1035, 1115, 1315, 1322, 1372, 1577, 1640, 1706, 1723, 1745, 1784, 1859, 1888, 2002, 2003, 2121, 2194, 2246, 2314) landesrechtliche Vorschriften zur Ergänzung voraus. Von den hierdurch der Landesgesetzgebung eingeräumten Befugnissen machen die Ausführungsgesetze Gebrauch. Der Umfang, in welchem dies geschieht, ist verschieden. Vielfach sind die Ausführungsgesetze auch dazu benutzt, das bisherige Landesrecht, auch soweit es infolge der Vorbehalte des EG. nicht unmittelbar durch das BGB. berührt wird, neu zu ordnen und mit den Grundsätzen des BGB. tunlichst in Einklang zu bringen. Eine eingehende Erörterung des Inhalts der Ausführungsgesetze liegt außerhalb der Zwecke dieses Kommentars. Die wichtigeren Bestimmungen sollen indessen, um wenigstens eine Übersicht über den jetzigen Rechtszustand zu geben, hervorgehoben werden. Hier ist zunächst eine Zusammenstellung der wichtigeren in den einzelnen Bundesstaaten zur Ausführung oder in Veranlassung des BGB. erlassenen Gesetze zu geben.*) Bei den einzelnen Artikeln

---

*) Becher, Die Ausführungsges. z. BGB., Sammlung der von den Bundesstaaten zur Ausf. d. BGB. und seiner Nebengesetze erlassenen Gesetze und mit Gesetzeskraft versehenen Verordnungen. München, Schweitzer, 1900.

Von den Ausführungsbestimmungen einzelner Bundesstaaten sind Sammelausgaben veranstaltet worden. Hervorzuheben sind

für Preußen: Preuß. Ausführungsges. z. BGB. und seinen Nebenges. Textausgabe bei Guttentag, Berlin; die preuß. Ausführungsges. z. BGB., Textausgabe bei Beck, München; die preußischen Ministerialverf. z. Ausführung des BGB. und der Neben- und Ausführungsges. bei Decker, Berlin; Busch, Die preuß. Ausführungsges. z. BGB. ꝛc. ꝛc. bei Guttentag, Berlin;

des EG. sind überdies die in Betracht kommenden Vorschriften der größeren Bundesstaaten, soweit tunlich, aufgezählt.

1. Herzogtum Anhalt.

1. Ausführungsgesetz zum BGB. v. 18. April 1899.
2. Ausführungsgesetz zum Reichsgesetz über die Angelegenheiten der freiwilligen Gerichtsbarkeit v. 18. April 1899.
3. Ges. v. 20. April 1899 zur Ausführung des Reichsgesetzes, betr. Änderungen der Civilprozeßordnung, v. 17. Mai 1898.
4. Ausführungsgesetz zum Reichsgesetz über die Zwangsversteigerung und die Zwangsverwaltung v. 20. April 1899.
5. Ausführungsgesetz zum Handelsgesetzbuche v. 20. April 1899.
6. Ausführungsgesetz zur Grundbuchordnung v. 20. April 1899.
7. Gesindeordnung v. 21. April 1899.

2. Großherzogtum Baden.

1. Landesherrliche Verordnung, die Führung der Grund- und der Pfandbücher betreffend, v. 11. September 1897.
2. Landesherrliche Verordnung, die Befreiung gewisser Grundstücke von dem Buchungszwang betreffend, v. 22. Oktober 1897.
3. Gesetz, die Vereinigung der Grund- und Unterpfandsbücher betreffend, v. 14. April 1898.
4. Gesetz, die Eintragung des Eigentums im Grundbuch betreffend, v. 14. April 1898.
5. Gesetz, die Abänderung des Gesetzes v. 3. Februar 1868 über die Rechtsverhältnisse der Dienstboten betreffend, v. 20. August 1898.
6. Gesetz, die Ausführung des Bürgerlichen Gesetzbuchs betreffend, v. 17. Juni 1899.
7. Gesetz, die freiwillige Gerichtsbarkeit und das Notariat betreffend, v. 17. Juni 1899 (Rechtspolizeigesetz) und Ministerialverordnung, die freiwillige Gerichtsbarkeit betreffend, v. 23. November 1899 (Rechtspolizeiordnung).
8. Gesetz v. 18. Juni 1899, die Ausführung des Reichsgesetzes über die Zwangsversteigerung und die Zwangsverwaltung und der Civilprozeßordnung betreffend.
9. Ausführungsgesetz zur Grundbuchordnung v. 19. Juni 1899.

---

für Bayern: die bayerischen Ausführungsges. z. BGB. und seinen Nebenges., Textausgabe bei Beck, München; die bayerischen Vollzugsvorschriften z. BGB. und seinen Nebenges. (einschl. HGB. u. CPO.) sowie zu dem bayer. Ausführungsges. bei Beck, München;
für Sachsen: Geschäftsordnung für die K. S. Justizbehörden;
für Württemberg: Das württ. Ausführungsges. z. BGB. und dessen Nebenges. nebst Gesindeordnung, Textausgabe bei Kohlhammer, Stuttgart (die württ. Ministerialverf. ꝛc. ꝛc. sind in dem Werke von Rieder, das württ. Ausführungsges. bei Heß, Ellwangen, Ergänzungsband 1 und 2 und in dem 2. Bande von Mandry Württemb. Privatrecht zusammengestellt);
für Baden: Die badischen Spezialges. zur Ausführung des BGB. bei Scherer, Karlsruhe (2. Aufl.);
für Weimar: Die weim. Ausführungsges. z. BGB. und dessen Nebenges. bei Böhlau, Weimar;
für Braunschweig: die braunschw. Ausführungsges. z. BGB. und dessen Nebenges. Mit den entsprechenden Begründungen. Amtliche Ausgabe bei Göritz, Braunschweig;
für Hamburg: Die hamb. Ausführungsges. zu d. am 1. Jan. 1900 in Kraft tretenden Reichsges. bei Böysen, Hamburg;
für Elsaß-Lothringen: Els.-Lothr. Ges., Ver. und Verf. zur Ausf. d. BGB. ꝛc. bei Heinrich Straßburg.

Überdies sei noch auf die Sammlungen der amtlichen Materialien zu einzelnen Ausführungsges. hingewiesen: Preußen: Materialien zu den Ausführungsges. bei Guttentag und bei Heymann, Berlin; Stegemann, Die ges. Materialien zu den preuß. Ausführungsges. bei Decker, Berlin; Bayern: Becher, Die ges. Materialien zu den das BGB. und seine Nebenges. betr. bayer. Ges. und Ver., bei Schweitzer, München; Sachsen: Materialien zu den sächs. Ausführungsges. bei Roßberg, Leipzig.

10. Landesherrliche Verordnung, die Ausführung des Bürgerlichen Gesetzbuchs und damit zusammenhängender Gesetze betreffend (Allgemeine Ausführungsverordnung) v. 11. November 1899.

3. Königreich Bayern.

1. Gesetz, das Unschädlichkeitszeugnis betreffend, v. 15. Juni 1898.
2. Gesetz, die Vorbereitung der Anlegung des Grundbuchs in den Landesteilen rechts des Rheins betreffend, v. 18. Juni 1898.
3. Gesetz über das Liegenschaftsrecht in der Pfalz v. 1. Juni 1898.
4. Königliche Allerhöchste Verordnung, die vom Buchungszwange befreiten Grundstücke betreffend, v. 1. Juli 1898.
5. Königliche Allerhöchste Verordnung, die Anlegung des Grundbuchs in den Landesteilen rechts des Rheins betreffend, v. 23. Juli 1898.
6. Königliche Allerhöchste Verordnung, die Anlegung des Grundbuchs in der Pfalz betreffend, v. 28. August 1898.
7. Ausführungsgesetz zum Bürgerlichen Gesetzbuche v. 9. Juni 1899.
8. Gesetz, Übergangsvorschriften zum Bürgerlichen Gesetzbuche betreffend, v. 9. Juni 1899.
9. Ausführungsgesetz zu der Grundbuchordnung und zu dem Gesetz über die Zwangsversteigerung und die Zwangsverwaltung v. 9. Juni 1899.
10. Notariatsgesetz v. 9. Juni 1899.
11. Königliche Allerhöchste Verordnung, das gerichtliche Hinterlegungswesen betreffend (Hinterlegungsordnung), v. 18. Dezember 1899.
12. Königliche Allerhöchste Verordnung zur Ausführung des Bürgerlichen Gesetzbuchs (Zuständigkeitsverordnung) v. 24. Dezember 1899.

4. Herzogtum Braunschweig.

1. Ausführungsgesetz zum Bürgerlichen Gesetzbuche v. 12. Juni 1899.
2. Ausführungsgesetz zur Reichsgrundbuchordnung v. 12. Juni 1899.
3. Ausführungsgesetz zum Gesetz über die Angelegenheiten der freiwilligen Gerichtsbarkeit v. 12. Juni 1899.
4. Ausführungsgesetz zu dem Reichsgesetz über die Zwangsversteigerung und Zwangswaltung v. 12. Juni 1899.
5. Gesetz über das Hinterlegungswesen v. 12. Juni 1899.
6. Ausführungsgesetz zum Handelsgesetzbuche v. 12. Juni 1899.
7. Gesetz, betr. Änderungen des Gesetzes, die Ausführung der Deutschen Prozeßordnungen betreffend, v. 12. Juni 1899.
8. Gesetz wegen Abänderung der Gesindeordnung v. 12. Juni 1899.
9. Verordnung, betr. die Ausführung des BGB., v. 1. August 1899.

5. Freie Hansestadt Bremen.

1. Ausführungsgesetz zum Bürgerlichen Gesetzbuch v. 18. Juli 1899.
2. Gesetz, betr. den Güterstand der vor dem Inkrafttreten des Bürgerlichen Gesetzbuchs geschlossenen Ehen, v. 18. Juli 1899.
3. Gesetz, betr. die durch die Einführung des Bürgerlichen Gesetzbuchs und anderer Reichsgesetze veranlaßten Änderungen verschiedener Bremischer Gesetze, v. 18. Juli 1899.
4. Hinterlegungsordnung v. 18. Juli 1899.
5. Gesetz, betr. die Zwangserziehung jugendlicher Personen, v. 18. Juli 1899.
6. Ausführungsgesetz zur Grundbuchordnung v. 18. Juli 1899.
7. Ausführungsgesetz zu dem Reichsgesetz v. 24. März 1897, betr. die Zwangsversteigerung und die Zwangsverwaltung, v. 18. Juli 1899.
8. Gesetz, betr. die Ausführung des Reichsgesetzes über die Angelegenheiten der freiwilligen Gerichtsbarkeit, v. 18. Juli 1899.
9. Ausführungsgesetz zur Civilprozeßordnung v. 18. Juli 1899.
10. Ausführungsgesetz zum Handelsgesetzbuche v. 18. Juli 1899.
11. Verordnung des Senats zur Ausführung des Bürgerlichen Gesetzbuchs v. 18. Juli 1899.
12. Verordnung, betr. die Einrichtung der Grundbücher, v. 19. Dezember 1899.
13. Verordnung, betr. 1. die Einrichtung und Führung des Flurbuchs, 2. die Anlegung des Grundbuchs, 3. die vom Buchungszwang befreiten Grundstücke, v. 19. Dezember 1899.

6. Reichsland Elsaß-Lothringen.

1. Gesetz, betr. die Ausführung des Bürgerlichen Gesetzbuchs in Elsaß-Lothringen, v. 17. April 1899, in der Fassung der Bekanntmachung v. 22. Dezember 1899.
2. Gesetz, betr. die Ausführung des Reichsgesetzes über die Angelegenheiten der freiwilligen Gerichtsbarkeit, v. 6. November 1899.
3. Gesetz, betr. die Ausführung der Grundbuchordnung v. 24. März 1897, v. 6. November 1899.
4. Gesetz, betr. das Hinterlegungswesen und den Geschäftskreis der Staatsdepositenverwaltung, v. 1. November 1899.
5. Gesetz, betr. die Ausführung der Civilprozeßordnung und der Konkursordnung sowie das Rechtsmittel der Kassation, v. 13. November 1899.
6. Gesetz, betr. die Ausführung des Reichsgesetzes über die Zwangsversteigerung und die Zwangsverwaltung, v. 13. November 1899.
7. Verordnung, betr. die Regelung der Zuständigkeit in den Fällen der §§ 1723, 1745, 1322 des Bürgerlichen Gesetzbuchs, v. 1. November 1899.
8. Gesetz, betr. die Aufhebung von Landesgesetzen, v. 29. November 1899.
9. Verordnung, betr. die Vereine und die Stiftungen, v. 6. Dezember 1899.
10. Verordnung, betr. die vom Buchungszwange befreiten Grundstücke, v. 11. Dezember 1899.

7. Freie und Hansestadt Hamburg.

1. Gesetz, betr. Ausführung des Bürgerlichen Gesetzbuchs, v. 14. Juli 1899.
2. Gesetz, betr. den Güterstand der vor dem Inkrafttreten des Bürgerlichen Gesetzbuchs geschlossenen Ehen, v. 14. Juli 1899.
3. Gesetz, betr. die Vormundschaftsbehörde, v. 14. Juli 1899.
4. Gesetz, betr. Ausführung der Grundbuchordnung, v. 14. Juli 1899.
5. Gesetz, betr. Ausführung des Reichsgesetzes über die Zwangsversteigerung und Zwangsverwaltung, v. 14. Juli 1899.
6. Hinterlegungsordnung v. 14. Juli 1899.
7. Verordnung des Senats zur Ausführung des Bürgerlichen Gesetzbuchs v. 1. Dezember 1899.
8. Gesetz, betr. Ausführung der abgeänderten Civilprozeßordnung, v. 22. Dezember 1899.
9. Gesetz, betr. Ausführung des Handelsgesetzbuchs, v. 29. Dezember 1899.
10. Gesetz, betr. das Notariat, v. 29. Dezember 1899.
11. Hamburgisches Gesetz über Angelegenheiten der freiwilligen Gerichtsbarkeit v. 29. Dezember 1899.

8. Großherzogtum Hessen.

1. Gesetz, das Notariat betreffend, v. 15. März 1899.
2. Gesetz, die Anlegung des Grundbuchs betreffend, v. 16. März 1899.
3. Gesetz, die Ausführung des Bürgerlichen Gesetzbuchs betreffend, v. 17. Juli 1899.
4. Gesetz, die Ausführung des Gesetzes über die Angelegenheiten der freiwilligen Gerichtsbarkeit betreffend, v. 18. Juli 1899.
5. Gesetz, die Ausführung des Handelsgesetzbuchs und der Wechselordnung betreffend, v. 20. Juli 1899.
6. Gesetz v. 21. Juli 1899, betr. Änderungen des Gesetzes, die Ausführung der Deutschen Civilprozeßordnung und Konkursordnung betreffend, v. 4. Juni 1879.
7. Gesetz, die Ausführung der Grundbuchordnung betreffend, v. 22. Juli 1899.
8. Gesetz, die Ausführung des Gesetzes über die Zwangsversteigerung und die Zwangsverwaltung betreffend, v. 23. Juli 1899.
9. Verordnung, die Ortsgerichte betreffend, v. 2. August 1899.
10. Verordnung, die gerichtlichen Hinterlegungen betreffend, v. 19. August 1899.

9. Fürstentum Lippe.

1. Ausführungsgesetz zum Bürgerlichen Gesetzbuche v. 17. November 1899.
2. Gesetz v. 17. November 1899 zur Ausführung des Reichsgesetzes über die Angelegenheiten der freiwilligen Gerichtsbarkeit v. 17. Mai 1898.

3. Gesetz v. 17. November 1899 zur Ausführung des Reichsgesetzes, betr. Änderungen der Civilprozeßordnung, v. 17. Mai 1898.
4. Gesetz v. 17. November 1899 zur Ausführung des Reichsgesetzes über die Zwangsversteigerung und die Zwangsverwaltung v. 24. März 1897.
5. Gesetz v. 17. November 1899 zur Ausführung des Handelsgesetzbuchs v. 10. Mai 1897.
6. Gesetz v. 17. November 1899 zur Ausführung der Grundbuchordnung v. 24. März 1897.
7. Gesinde-Ordnung v. 17. November 1899.
8. Verordnung v. 2. Dezember 1899 zur Ausführung des § 1322 des Bürgerlichen Gesetzbuchs.
9. Verordnung v. 18. Dezember 1899 zur Ausführung der Grundbuchordnung.

10. Freie und Hansestadt Lübeck.

1. Hinterlegungsordnung v. 20. März 1899.
2. Gesinde-Ordnung v. 19. Juli 1899.
3. Ausführungsgesetz zur Civilprozeßordnung v. 19. Juli 1899.
4. Ausführungsgesetz zum Reichsgesetze v. 17. Mai 1898 über die Angelegenheiten der freiwilligen Gerichtsbarkeit v. 18. September 1899.
5. Ausführungsgesetz zum Bürgerlichen Gesetzbuche, zum Handelsgesetzbuche und zur Wechselordnung v. 30. Oktober 1899.
6. Ausführungsgesetz zur Grundbuchordnung v. 18. Dezember 1899.
7. Ausführungsgesetz zum Reichsgesetz über die Zwangsversteigerung und die Zwangsverwaltung v. 18. Dezember 1899.

11. Großherzogtum Mecklenburg-Schwerin.

1. Verordnung v. 15. Februar 1898, betr. die landesüblichen Zahlungstermine.
2. Verordnung v. 9. April 1899 zur Ausführung des Bürgerlichen Gesetzbuchs.
3. Verordnung v. 9. April 1899 zur Ausführung der Grundbuchordnung.
4. Verordnung v. 9. April 1899 zur Ausführung des Gesetzes über die Angelegenheiten der freiwilligen Gerichtsbarkeit.
5. Verordnung v. 9. April 1899 zur Ausführung des Gesetzes über die Zwangsversteigerung und die Zwangsverwaltung.
6. Verordnung v. 9. April 1899 zur Ausführung der Civilprozeßordnung.
7. Verordnung v. 9. April 1899 zur Ausführung der Konkursordnung.
8. Verordnung v. 9. April 1899 zur Ausführung des Handelsgesetzbuchs.
9. Verordnung v. 9. April 1899, betr. das Hinterlegungswesen (Hinterlegungsordnung).
10. Gesindeordnung v. 9. April 1899.

12. Großherzogtum Mecklenburg-Strelitz.

1. Verordnung zur Ausführung des Bürgerlichen Gesetzbuchs v. 9. April 1899.
2. Verordnung zur Ausführung der Grundbuchordnung v. 9. April 1899.
3. Verordnung zur Ausführung des Gesetzes über die Zwangsversteigerung und die Zwangsverwaltung v. 9. April 1899.
4. Verordnung zur Ausführung des Gesetzes über die Angelegenheiten der freiwilligen Gerichtsbarkeit v. 9. April 1899.
5. Verordnung zur Ausführung der Konkursordnung v. 9. April 1899.
6. Verordnung zur Ausführung der Civilprozeßordnung v. 9. April 1899.
7. Gesindeordnung v. 9. April 1899.
8. Verordnung, betr. das Hinterlegungswesen (Hinterlegungsordnung), v. 9. April 1899.

13. Großherzogtum Oldenburg, Fürstentum Lübeck und Birkenfeld.

1. Gesetz für das Herzogtum Oldenburg, betr. das Grunderbrecht v. 19. April 1899.
2. Gesetz für das Herzogtum Oldenburg, betr. das nutzbare Eigentum an Grundstücken, v. 25. April 1899.
3. Gesetz für das Herzogtum Oldenburg zur Ausführung des Bürgerlichen Gesetzbuchs und des Handelsgesetzbuchs v. 15. Mai 1899.

4. Gesetz für das Herzogtum Oldenburg zur Ausführung der Civilprozeßordnung und des Gesetzes über die Zwangsversteigerung und die Zwangsverwaltung v. 15. Mai 1899.
5. Gesetz für das Herzogtum Oldenburg v. 15. Mai 1899 zur Ausführung der Grundbuchordnung v. 24. März 1897.
6. Verordnung für das Herzogtum Oldenburg v. 15. Mai 1899 zur Ausführung der Grundbuchordnung v. 24. März 1897.
7. Gesetz für das Großherzogtum Oldenburg zur Ausführung der Gesetze über die Angelegenheiten der freiwilligen Gerichtsbarkeit v. 15. Mai 1899.
8. Gesetz für das Großherzogtum Oldenburg, betr. eine Gesindeordnung für das Großherzogtum Oldenburg, v. 15. Mai 1899.
9. Verordnung für das Großherzogtum Oldenburg v. 1. Dezember 1899 zur Ausführung des Bürgerlichen Gesetzbuchs.

Die unter 1—6 bezeichneten Gesetze und Verordnungen sind für die Fürstentümer Birkenfeld und Lübeck unter dem gleichen Datum gesondert ergangen.

14. Königreich Preußen.

1. Ausführungsgesetz zum Bürgerlichen Gesetzbuche v. 20. September 1899.
2. Preußisches Gesetz über die freiwillige Gerichtsbarkeit v. 21. September 1899.
3. Ausführungsgesetz zum Reichsgesetze v. 17. Mai 1898, betr. Änderungen der Civilprozeßordnung v. 22. September 1899.
4. Ausführungsgesetz zum Reichsgesetz über die Zwangsversteigerung und die Zwangsverwaltung v. 23. September 1899.
5. Ausführungsgesetz zum Handelsgesetzbuche v. 24. September 1899.
6. Ausführungsgesetz zur Grundbuchordnung v. 26. September 1899.
7. Verordnung, betr. das Grundbuchwesen, v. 13. November 1899.
8. Verordnung zur Ausführung des Bürgerlichen Gesetzbuchs v. 16. November 1899.
9. Verordnung, betr. die Anlegung der Grundbücher im Gebiete des vormaligen Herzogtums Nassau, v. 11. Dezember 1899.
10. Verordnung, betr. den Güterstand bestehender Ehen, v. 20. Dezember 1899.
11. Verordnung über die Ortsgerichte in den Oberlandesgerichtsbezirken Frankfurt und Cassel v. 20. Dezember 1899.

15. Fürstentum Reuß älterer Linie.

1. Gesetz v. 26. Oktober 1899, die Ausführung des Bürgerlichen Gesetzbuchs v. 18. August 1896 und des Einführungsgesetzes von demselben Tage betreffend.
2. Gesetz v. 27. Oktober 1899 zur Ausführung des Reichsgesetzes über die Angelegenheiten der freiwilligen Gerichtsbarkeit v. 17. Mai 1898.
3. Gesetz v. 28. Oktober 1899 zur Ausführung der Grundbuchordnung v. 24. März 1897.
4. Gesetz v. 30. Oktober 1899 zur Ausführung des Reichsgesetzes v. 24. März 1897 über die Zwangsversteigerung und Zwangsverwaltung.
5. Gesetz v. 1. November 1899 zur Ausführung der Reichscivilprozeßordnung.
6. Gesetz v. 2. November 1899 zur Ausführung der Konkursordnung für das Deutsche Reich.
7. Gesetz v. 4. November 1899 zur Ausführung des Handelsgesetzbuchs v. 10. Mai 1897.
8. Gesetz v. 6. November 1899, betr. das gerichtliche Hinterlegungswesen (Hinterlegungsordnung).
9. Landesherrliche Verordnung v. 6. Dezember 1899 zur Ausführung der Grundbuchordnung für das Deutsche Reich v. 24. März 1897.
10. Landesherrliche Verordnung v. 20. Dezember 1899 zur Ausführung des Bürgerlichen Gesetzbuchs und seiner Nebengesetze.

16. Fürstentum Reuß jüngerer Linie.

1. Gesetz v. 10. August 1899, die Ausführung des Bürgerlichen Gesetzbuchs vom 18. August 1896 und des Einführungsgesetzes dazu von demselben Tage betreffend.
2. Gesetz v. 10. August 1899 zur Ausführung des Reichsgesetzes über die Angelegenheiten der freiwilligen Gerichtsbarkeit.
3. Notariatsordnung v. 10. August 1899.

4. Hinterlegungsordnung v. 10. August 1899.
5. Gesetz v. 10. August 1899 zur Ausführung der Civilprozeßordnung.
6. Gesetz v. 10. August 1899 zur Ausführung der Konkursordnung.
7. Gesetz v. 10. August 1899 zur Ausführung des Handelsgesetzbuchs v. 10. Mai 1897.
8. Gesetz v. 10. August 1899 zur Ausführung des Reichsgesetzes über die Zwangsversteigerung und Zwangsverwaltung.
9. Gesetz v. 10. August 1899 zur Ausführung der Grundbuchordnung.

17. Königreich Sachsen.

1. Gesetz, die Ausführung des Bürgerlichen Gesetzbuchs v. 18. August 1896 und des Einführungsgesetzes zum Bürgerlichen Gesetzbuch von demselben Tage betreffend, v. 18. Juni 1898.
2. Gesetz, einige Abänderungen der Revidierten Gesindeordnung für das Königreich Sachsen v. 2. Mai 1892, v. 31. Mai 1898; im Anschluß Revidierte Gesindeordnung für das Königreich Sachsen in der Fassung der Bekanntmachung v. 31. Mai 1898.
3. Verordnung zur Ausführung des Bürgerlichen Gesetzbuchs und der zu dessen Ein- und Ausführung ergangenen Gesetze, v. 6. Juli 1899.
4. Verordnung zur Ausführung der Grundbuchordnung v. 26. Juli 1899.
5. Verordnung zur Ausführung des Handelsgesetzbuchs, des Binnenschiffahrtsgesetzes und des Flößereigesetzes v. 10. November 1899.
6. Verordnung zur Ausführung einiger mit dem BGB. zusammenhängender Reichsgesetze v. 24. Juli 1899, später ersetzt durch das damit im wesentlichen übereinstimmende Gesetz v. 15. Juni 1900.
7. Verordnung zur Ausführung der gesetzlichen Bestimmungen über die Angelegenheiten der freiwilligen Gerichtsbarkeit und des Hinterlegungswesens v. 25. Juli 1899, später ersetzt durch die damit im wesentlichen übereinstimmende Verordnung v. 16. Juni 1900.
8. Gesetz, die Zwangsvollstreckung in das unbewegliche Vermögen betr., v. 18. Juni 1900 nebst Ausführungsverordnung hierzu v. 19. Juni 1900.
9. Gesetz zur Ausführung der Civilprozeßordnung und der Konkursordnung v. 20. Juni 1900.

18. Herzogtum Sachsen-Altenburg.

1. Ausführungsgesetz zum Bürgerlichen Gesetzbuche v. 4. Mai 1899.
2. Ausführungsgesetz zur Civilprozeßordnung v. 4. Mai 1899.
3. Ausführungsgesetz zur Konkursordnung v. 4. Mai 1899.
4. Ausführungsgesetz zur Grundbuchordnung v. 4. Mai 1899.
5. Ausführungsgesetz zum Reichsgesetz über die Zwangsversteigerung und die Zwangsverwaltung v. 4. Mai 1899.
6. Ausführungsgesetz zum Reichsgesetz über die Angelegenheiten der freiwilligen Gerichtsbarkeit v. 4. Mai 1899.
7. Höchste Verordnung zur Ausführung des Bürgerlichen Gesetzbuchs und seiner Nebengesetze v. 24. Juni 1899.
8. Höchste Verordnung zur Ausführung der Grundbuchordnung v. 5. September 1899.

19. Herzogtum Sachsen-Koburg und Gotha.

1. Ausführungsgesetz zur Civilprozeßordnung v. 23. Oktober 1899.
2. Notariatsordnung v. 23. Oktober 1899.
3. Koburg-Gothaisches Gesetz über die freiwillige Gerichtsbarkeit v. 23. Oktober 1899.
4. Hinterlegungsordnung v. 23. Oktober 1899.
5. Ausführungsgesetz zum Handelsgesetzbuche v. 23. Oktober 1899.
6. Ausführungsgesetz zur Grundbuchordnung v. 23. Oktober 1899.
7. Ausführungsgesetz zum Bürgerlichen Gesetzbuche v. 20. November 1899.
8. Ausführungsgesetz zum Reichsgesetz über die Zwangsversteigerung und die Zwangsverwaltung v. 20. November 1899.
9. Gesindeordnung v. 8. Dezember 1899.
10. Verordnung zur Ausführung der Grundbuchordnung v. 1. Dezember 1899.
11. Verordnung, betr. die Ausführung des BGB. und seiner Nebengesetze, v. 23. Dezember 1899.

20. Herzogtum Sachsen-Meiningen.

1. Ausführungsgesetz zum Bürgerlichen Gesetzbuch v. 9. August 1899.
2. Gesetz v. 10. August 1899 über das Ehegüterrecht.
3. Gesetz v. 12. August 1899, betr. die öffentlichen Lasten.
4. Gesetz v. 13. August 1899 zur Ausführung des Handelsgesetzbuchs.
5. Gesetz v. 14. August 1899 zur Ausführung der Reichsgrundbuchordnung, v. 24. März 1897.
6. Gesetz v. 15. August 1899 über die freiwillige Gerichtsbarkeit.
7. Gesetz v. 16. August 1899 zur Ausführung des Reichsgesetzes v. 17. Mai 1898, betr. Änderungen der Civilprozeßordnung.
8. Gesetz v. 17. August 1899 zur Ausführung des Reichsgesetzes über die Zwangsversteigerung und die Zwangsverwaltung.

21. Großherzogtum Sachsen-Weimar-Eisenach.

1. Ausführungsgesetz zum Bürgerlichen Gesetzbuche v. 5. April 1899.
2. Ausführungsgesetz zur Civilprozeßordnung und zur Konkursordnung v. 8. April 1899.
3. Ausführungsgesetz zum Handelsgesetzbuche v. 10. April 1899.
4. Gesetz v. 12. April 1899, die Ausführung des Reichsgesetzes über die Angelegenheiten der freiwilligen Gerichtsbarkeit v. 17. Mai 1898 betreffend.
5. Gesindeordnung für das Großherzogtum Sachsen v. 11. Oktober 1899.
6. Hinterlegungsordnung v. 29. November 1899.
7. Gesetz über die Zwangsvollstreckung in das unbewegliche Vermögen v. 6. Dezbr. 1899.

22. Fürstentum Schaumburg-Lippe.

1. Gesetz, betr. die Erteilung von Unschädlichkeitszeugnissen, v. 4. Mai 1899.
2. Gesetz, betr. die Hinterlegung, v. 20. Juni 1899.
3. Gesetz, betr. die Ausführung des Reichsgesetzes v. 24. März 1897 über die Zwangsversteigerung und die Zwangsverwaltung, v. 23. Juni 1899.
4. Gesetz v. 5. Juli 1899 zur Ausführung des Reichsgesetzes, betr. Änderungen der Civilprozeßordnung, v. 17. Mai 1898.
5. Gesetz, betr. die Gesindeordnung für das Fürstentum Schaumburg-Lippe, v. 14. August 1899.
6. Ausführungsgesetz v. 16. August 1899 zum Reichsgesetze über die Angelegenheiten der freiwilligen Gerichtsbarkeit v. 17. Mai 1898.
7. Gesetz v. 19. August 1899, betr. die Ausführung der Grundbuchordnung für das Deutsche Reich v. 24. März 1897.
8. Gesetz zur Ausführung des Bürgerlichen Gesetzbuchs v. 23. August 1899.

23. Fürstentum Schwarzburg-Rudolstadt.

1. Ausführungsgesetz zum Bürgerlichen Gesetzbuche v. 11. Juli 1899.
2. Ausführungsgesetz v. 11. Juli 1899 zum Reichsgesetz über die Angelegenheiten der freiwilligen Gerichtsbarkeit.
3. Gesetz v. 11. Juli 1899, betr. die Ausführung der Civilprozeßordnung und Konkursordnung.
4. Gesetz v. 11. Juli 1899, betr. die Ausführung des Handelsgesetzbuchs.
5. Hinterlegungsordnung v. 11. Dezember 1899.
6. Gesetz v. 11. Dezember 1899 über die Zwangsvollstreckung in das unbewegliche Vermögen.

24. Fürstentum Schwarzburg-Sondershausen.

1. Ausführungsgesetz zum Bürgerlichen Gesetzbuche v. 19. Juli 1899.
2. Gesetz, betr. die Ausführung der Civilprozeßordnung und Konkursordnung, v. 19. Juli 1899.
3. Ausführungsgesetz zum Reichsgesetz über die Zwangsversteigerung und Zwangsverwaltung v. 19. Juli 1899.
4. Ausführungsgesetz zum Reichsgesetz über die Angelegenheiten der freiwilligen Gerichtsbarkeit v. 29. Juli 1899.

5. Gesindeordnung v. 29. Juli 1899.
6. Ausführungsgesetz zur Reichsgrundbuchordnung v. 29. Juli 1899.
7. Hinterlegungsordnung v. 29. Juli 1899.
8. Notariatsordnung v. 29. Juli 1899.

25. Fürstentum Waldeck-Pyrmont.

1. Ausführungsgesetz zum Bürgerlichen Gesetzbuche v. 11. Dezember 1899.
2. Waldeckisches Gesetz über die freiwillige Gerichtsbarkeit v. 11. Dezember 1899.
3. Ausführungsgesetz zur Grundbuchordnung v. 11. Dezember 1899.
4. Ausführungsgesetz zum Reichsgesetz über die Zwangsversteigerung und die Zwangsverwaltung v. 11. Dezember 1899.
5. Ausführungsgesetz zum Reichsgesetz v. 17. Mai 1898, betr. Änderungen der Civilprozeßordnung, v. 11. Dezember 1899.
6. Ausführungsgesetz zum Handelsgesetzbuch v. 11. Dezember 1899.
7. Gesetz über das Hinterlegungswesen v. 11. Dezember 1899.
8. Verordnungen v. 20. Dezember 1899 zur Ausführung des Bürgerlichen Gesetzbuchs und betr. das Grundbuchwesen.

26. Königreich Württemberg.

1. Ausführungsgesetz zum Bürgerlichen Gesetzbuch und zu dessen Nebengesetzen v. 28. Juli 1899.
2. Gesindeordnung (Anlage zu dem Ausführungsgesetz zum Bürgerlichen Gesetzbuch und zu dessen Nebengesetzen) v. 28. Juli 1899.
3. K. Verordnung, betr. das Grundbuchwesen, v. 30. Juli 1899.

III. Wegen der Literatur zum Einführungsgesetze wird auf die Literaturangaben in Bd. I S. 31 verwiesen. Aus den größeren Kommentaren z. BGB. sind die Bearbeitungen des EG. von Neumann, Handausgabe Bd. III (Aufl. III 1903), Niedner (Aufl. II 1901), Wagner und Kuhlenbeck (Aufl. II 1904) hervorzuheben.

Aus der Literatur über die Ausführungsgesetze ist hervorzuheben

für Preußen: die Kommentare zum AG. z. BGB. von Siméon, Schmidt, Müller-Crusen, Reimer-Böhlau, Hodler, v. Stranz und Gerhardt; Wellstein, Kommentar zum preuß. FGG.;

für Bayern: Oertmann, Bayerisches Landesprivatrecht (1903), die Kommentare zum AG. z. BGB. von Henle-Schneider und von Böhm-Klein;

für Sachsen: Kloß, Sächs. Landesprivatrecht (1904), Breit, Sächs. Ausführungsbestimmungen z. BGB. und seinen Nebengesetzen (Auflage II 1902);

für Württemberg: Mandry, Das württemb. Privatrecht (1902), die Kommentare zum AG. z. BGB. von Rieder und Pfizer;

für Baden: Kommentar zum AG. z. BGB. von Dorner;

für Hessen: Heinzerling, Das großherzoglich hessische Privatrecht in den Provinzen Starkenburg und Oberhessen (1904), Kommentar zum AG. z. BGB. von Best;

für Mecklenburg: Langfeld, Mecklenburgische Ausführungsverordnungen zum BGB.

für Oldenburg: Ruhstrat, Oldenburgisches Landesprivatrecht (1900);

für Braunschweig: Hampe, Das partikulare Braunschweiger Privatrecht (Auflage II 1901);

Thüringische Staaten: Unger, Die Ausführungsgesetze in vergleichender Darstellung, Blätter für Rechtspflege in Thüringen, Bd. 47 S. 22 ff., 215 ff.;

für Anhalt: die Handausgabe zum AG. z. BGB. von Pannier;

für Hamburg: Ritter, Hamburgische Ausführungsgesetze und Verordnungen;

für Elsaß-Lothringen: Kisch, Elsaß-Lothringisches Landesprivatrecht (1904), die Handausgaben zum AG. z. BGB. von Aron und von Molitor.

(Nr. 2322.)

Einführungsgesetz zum Bürgerlichen Gesetzbuch. Vom 18. August 1896.

Wir Wilhelm, von Gottes Gnaden Deutscher Kaiser, König von Preußen rc.

verordnen im Namen des Reichs, nach erfolgter Zustimmung des Bundesraths und des Reichstags, was folgt:

Erster Abschnitt.

Allgemeine Vorschriften.

Artikel 1. Das Bürgerliche Gesetzbuch tritt am 1. Januar 1900 gleichzeitig mit einem Gesetze, betreffend Aenderungen des Gerichtsverfassungsgesetzes, der Civilprozeßordnung und der Konkursordnung, einem Gesetz über die Zwangsversteigerung und die Zwangsverwaltung, einer Grundbuchordnung und einem Gesetz über die Angelegenheiten der freiwilligen Gerichtsbarkeit in Kraft.

Erster Abschnitt.

Anordnung des Stoffes. Der erste Abschnitt (Art. 1—31) enthält im Art. 1 die Vorschrift über den Zeitpunkt, mit welchem das BGB. in Kraft tritt, in den Art. 2, 3, 5 Bestimmungen darüber, welche Bedeutung gewisse Ausdrücke haben, die in dem BGB. und im EG. gebraucht werden, in dem Art. 4 die Bestimmung, daß an die Stelle der durch das BGB. und das EG. aufgehobenen Vorschriften, auf welche in Reichsgesetzen oder in Landesgesetzen verwiesen ist, die Vorschriften des BGB. und des EG. treten, in dem Art. 6 endlich eine Vorschrift über die Zuständigkeit des Reichsgerichts. Die Art. 7—31 behandeln das sog. internationale Privatrecht (s. hierüber die Vorbemerkungen zu diesen Artikeln). Die Art. 6—31 waren in den E. I und II nicht enthalten, dagegen hatte der E. I noch folgende Vorschriften:

1. Im Art. 6 war bestimmt, daß eine Frau den Wohnsitz des Mannes nicht teilt, wenn auf beständige Trennung von Tisch und Bett erkannt ist. Von der zweiten Kommission ist diese Vorschrift gestrichen (P. II Bd. 6 S. 363f.), weil es sich dabei entweder um eine Frage des internationalen Privatrechts oder um eine Übergangsvorschrift handle. Das erste sei der Fall, wenn von einem deutschen Gerichte für ausländische Ehegatten auf die beständige Trennung von Tisch und Bett erkannt sei oder, wenn ein ausländisches Urteil, das in Deutschland anerkannt werde, die beständige Trennung ausspreche. In diesen Fällen entscheide das örtliche Recht, welches für die persönlichen Beziehungen der Gatten nach der Trennung maßgebend sei. Der zweite Fall liege dann vor, wenn ein vor dem Inkrafttreten des Personenstandsgesetzes v. 1875 erlassenes Urteil auf Trennung von Tisch und Bett in Frage stehe. Die für diesen Fall erforderliche Übergangsvorschrift ist aus EG. Art. 202 zu entnehmen.

2. Der Art. 7 stellte das von einer anderen Behörde als von einem Gericht innerhalb ihrer Zuständigkeit erlassene Veräußerungsverbot dem gerichtlichen gleich. Diese Vorschrift ist jetzt in das BGB. als § 136 aufgenommen.

3. Der Art. 8 bestimmte die entsprechende Anwendung der §§ 692—700 des BGB. über Schuldverschreibungen auf den Inhaber auf Aktien auf den Inhaber. Die zweite Kommission verwies diese Vorschrift zur Revision des HGB. (P. II Bd. 6 S. 364f.). In diesem sind die erforderlichen Vorschriften in den §§ 227—230 gegeben.

Artikel 1.

E. d. EG. I Art. 1; II Art. 1; III Art. 1. P. I S. 12316f.; M. d. EG. S. 63. P. II Bd. 6 S. 358f. RB. S. 2106. StB. S. 3023, 3096.

1. Der Art. 1 bestimmt den Zeitpunkt, mit welchem das BGB. in Kraft tritt, nicht den Zeitpunkt mit welchem das EG. selbst in Kraft tritt. Eine Bestimmung hierüber ist in dem

EG. überhaupt nicht gegeben. Dieses tritt daher nach Art. 2 der Reichsverfassung mit dem vierzehnten Tage nach dem Tage in Kraft, an welchem das betreffende Reichs-Gesetzblatt in Berlin ausgegeben ist. Sachlich ist das frühere Inkrafttreten des EG. nur für solche Vorschriften von Bedeutung, die wie die Art. 186, 188 die Zuständigkeit der Landesherren zu dem Erlasse gewisser Verordnungen bestimmen. Im übrigen ergibt sich aus dem Inhalte der Vorschriften des EG., daß sie nur Bedeutung haben, wenn das BGB. in Kraft getreten ist.

2. Das BGB. ist am 1. Januar 1900, also mit dem Anfange des 1. Januar 1900 in Kraft getreten. Die Frage, ob die Bestimmung, daß das BGB. „gleichzeitig mit einem Gesetze betreffend Änderungen des Gerichtsverfassungsgesetzes, der Civilprozeßordnung und der Konkursordnung, einem Gesetz über die Zwangsversteigerung und die Zwangsverwaltung, einer Grundbuchordnung und einem Gesetz über die Angelegenheiten der freiwilligen Gerichtsbarkeit" in Kraft trete, die Folge habe, daß, wenn die gedachten Gesetze vor dem 1. Januar 1900 nicht erlassen seien, auch das BGB. an diesem Tage nicht in Kraft trete, ist gegenstandslos geworden, weil inzwischen alle jene Gesetze erlassen sind, nämlich:

Das Gesetz über Zwangsversteigerung und Zwangsverwaltung v. 24. März 1897 nebst Einführungsgesetz,

Die Grundbuchordnung v. 24. März 1897,

Das Gesetz über die Angelegenheiten der freiwilligen Gerichtsbarkeit v. 17. Mai 1898,

Das Gesetz betreffend Änderungen des Gerichtsverfassungsgesetzes und der Strafprozeßordnung v. 17. Mai 1898,

Das Gesetz betreffend Änderungen der Civilprozeßordnung v. 17. Mai 1898 nebst Einführungsgesetz,

Das Gesetz betreffend Änderungen der Konkursordnung v. 17. Mai 1898.

Durch das Gesetz v. 17. Mai 1898 ist der Reichskanzler ermächtigt, die gedachten Gesetze in endgültiger Fassung bekannt zu machen. Dies ist geschehen durch die Bekanntmachung des Reichskanzlers v. 20. Mai 1898. Durch diese Bekanntmachung ist auch der Text folgender Gesetze, wie sich derselbe infolge des BGB., des EG. und der obigen Gesetze v. 1. Januar 1900 an gestaltet, bekannt gemacht,

Des Gerichtskostengesetzes,

Der Gebührenordnung für Gerichtsvollzieher,

Der Gebührenordnung für Zeugen und Sachverständige,

Der Gebührenordnung für Rechtsanwälte,

Des Gesetzes, betreffend die Anfechtung von Rechtshandlungen eines Schuldners außerhalb des Konkursverfahrens, unter Ausschluß des die Übergangsbestimmungen enthaltenden § 14 des Gesetzes v. 21. Juli 1879.

3. In dem EG. zum HGB. Art. 1 ist bestimmt, daß das HGB. gleichzeitig mit dem BGB. am 1. Januar 1900 in Kraft trete, daß aber der sechste Abschnitt des ersten Buches über Handlungsgehilfen und Handlungslehrlinge, mit Ausnahme des § 65 bereits am 1. Januar 1898 in Kraft trete. Die in diesem Abschnitte gegebenen Vorschriften stimmen sachlich vielfach mit Vorschriften des BGB. überein; eine Verweisung auf die Vorschriften des BGB. findet sich aber nur in den §§ 62, 75. In dem ersteren ist bestimmt, daß wenn der Prinzipal die ihm in Ansehung des Lebens und der Gesundheit des Handlungsgehilfen obliegenden Verpflichtungen nicht erfüllt, auf seine Verpflichtung zum Schadensersatze die für unerlaubte Handlungen geltenden Vorschriften der §§ 842—846 des BGB. entsprechende Anwendung finden. In dem § 75 ist bestimmt, daß die Vorschriften des BGB. über die Herabsetzung einer unverhältnismäßig hohen Vertragsstrafe unberührt bleiben. Über die Bedeutung der fraglichen Vorschrift des EG. zum HGB. gehen die Ansichten auseinander. Während nach einer Ansicht bis zum Inkrafttreten des BGB. an Stelle der in den gedachten Paragraphen des HGB. allegierten Paragraphen des BGB. die Vorschriften des bisherigen Rechtes Anwendung finden sollen (Riedner, Erl. 2b α zu Art. 1), wird von anderen aus der fraglichen Vorschrift gefolgert, daß alle Vorschriften des BGB., welche sich auf das Rechtsverhältnis zwischen dem Prinzipal und den Handlungsgehilfen und Handlungslehrlingen beziehen, schon vom 1. Januar 1898 an anwendbar seien (Wolff, Monatsschrift für Handelsrecht VI S. 234, 355). Weder die eine noch die andere dieser Ansichten ist richtig. Nach der ersteren würde der § 62 des HGB. bis zum Inkrafttreten des BGB. einen seiner Absicht nicht entsprechenden Sinn und eine für die verschiedenen Rechtsgebiete verschiedene

Bedeutung erhalten. Daß die sofortige Anwendbarkeit der in dem § 62 des HGB. angeführten Vorschriften des BGB. beabsichtigt ist, ergibt sich auch daraus, daß der § 65, in welchem ebenfalls auf einzelne Vorschriften des BGB. Bezug genommen ist, ausdrücklich von der Vorschrift über das sofortige Inkrafttreten der fraglichen Bestimmungen des HGB. ausgenommen ist und daher mit Sicherheit angenommen werden kann, daß wenn auch die im § 62 angeführten Paragraphen nicht anwendbar sein sollten, eine entsprechende Ausnahme auch in betreff des § 62 bestimmt wäre. Gegen die zweite oben angeführte Ansicht spricht, daß nur die Vorschriften des fraglichen sechsten Abschnitts des HGB. am 1. Januar 1898 in Kraft treten sollen und daß die Anwendung dieser Vorschriften, abgesehen von dem § 62, möglich ist, ohne gleichzeitig die Vorschriften des BGB. anzuwenden. Nur der Inhalt der in dem § 62 allegierten §§ 842—846 des BGB. ist durch die Allegation ein Teil der für das Rechtsverhältnis der Handlungsgehilfen und Handlungslehrlinge gegebenen materiellen Vorschriften geworden. Man darf dies nicht dahin ausdrücken, daß die fraglichen §§ 842—846 des BGB. in Beziehung auf das Rechtsverhältnis der Handlungsgehilfen und Handlungslehrlinge schon vor dem 1. Januar 1900 in Kraft treten. Die Vorschrift des Art. 1 des EG. zum BGB., daß das BGB. am 1. Januar 1900, also auch nicht vorher in Kraft trete, bleibt vielmehr voll und ganz bestehen. Die Allegation der fraglichen §§ 842—846 ist vielmehr so aufzufassen, wie wenn deren Inhalt in den § 62 aufgenommen wäre. Dieser Inhalt gilt für das Rechtsverhältnis der Handlungsgehilfen und Handlungslehrlinge nicht, weil die §§ 842—846 schon am 1. Januar 1898 in Beziehung auf die hier fraglichen Verhältnisse in Kraft getreten wären, sondern weil ihr Inhalt nach Art. 1 des EG. zum HGB. v. 1. Januar 1898 an für das fragliche Verhältnis maßgebend sein soll. Die Vorschriften des BGB. über die Herabsetzung einer unverhältnismäßig hohen Vertragsstrafe werden dagegen auf das hier fragliche Verhältnis erst von dem Inkrafttreten des BGB. an zur Anwendung kommen können; denn in dem § 75 ist nur bestimmt, daß sie unberührt bleiben; ihr Inhalt ist nicht selbständig zum Inhalte der Vorschriften über das Verhältnis der Handlungsgehilfen und Handlungslehrlinge gemacht (ebenso RG. Bd. 44 S. 59). Wegen der Literatur zu der behandelten Frage s. noch Specht, Staub, Kahn in DJZ. 2 S. 261, 333, 400, Pappenheim in Z. f. HR. 46 S. 377 und in Gruch. 42 S. 309.

4. Aus der Vorschrift, daß das BGB. am 1. Januar 1900 in Kraft trete, ist nicht zu folgern, daß es von diesem Zeitpunkt an auf alle Rechtsverhältnisse Anwendung finde. **Für die Frage, welche Rechtsverhältnisse dem BGB. unterliegen, sind die Vorschriften über die zeitliche Herrschaft der Gesetze maßgebend** und das EG. hat in den Übergangsvorschriften (Art. 153—218) eine Reihe hierauf bezüglicher Vorschriften gegeben. Hier mag vorläufig nur darauf hingewiesen werden, daß nach Art. 189 die Vorschriften über den Erwerb von Grundstücken auch nach dem Inkrafttreten des BGB. solange keine Anwendung finden, bis das Grundbuch als angelegt gilt, und daß nach Art. 191 das bisherige Recht in Beziehung auf den Schutz des Besitzes von Dienstbarkeiten unter den dort näher bestimmten Voraussetzungen auch noch nach dem Inkrafttreten des BGB. Anwendung findet.

5. Die Regel, daß das BGB. am 1. Januar 1900 in Kraft tritt, **erleidet dadurch eine Modifikation,** daß neben ihm nach Art. 32 in dem dort bezeichneten Umfange die Reichsgesetze in Kraft bleiben (s. Erl. zu Art. 32) und daß nach den Art. 55—152 die Landesgesetze in betreff der in jenen Artikeln bezeichneten Rechtsverhältnisse durch das BGB. nicht berührt werden sollen (s. Erl. zu Art. 55—152).

6. **Der räumliche Herrschaftsbereich des BGB.** ist im Art. 1 nicht ausdrücklich bestimmt. Aus der Reichsverfassung und aus dem Wesen des Reichsgesetzes ergibt sich, daß das BGB. am 1. Januar 1900 in dem ganzen Umfange des Reichs in Kraft tritt. Nach dem Gesetz über die Konsulargerichtsbarkeit v. 10. Juli 1879 § 47 gilt das BGB. auch in den Konsulargerichtsbezirken für die in diesem Gesetze bezeichneten Personen. Die Vorschrift des § 47, nach welchem ein Reichsgesetz nach Ablauf von vier Monaten von dem Tage an, in welchem das betreffende Reichsgesetzblatt in Berlin ausgegeben ist, in Kraft tritt, findet aber keine Anwendung, weil diese Vorschrift nur für den Fall gilt, daß nicht ein anderes bestimmt ist, durch den Art. 1 des EG. aber bestimmt ist, daß das BGB. am 1. Januar 1900 in Kraft tritt. Da nach § 2 des Ges. über die Schutzgebiete v. 19. März 1888 und den für die einzelnen Schutzgebiete erlassenen kaiserlichen Verordnungen in Beziehung auf das bürgerliche Recht für die Schutzgebiete, auf welche sich die gedachten Verordnungen beziehen, dasselbe gilt wie für die Konsulargerichtsbezirke, so gilt das BGB. in dem durch die gedachten Gesetze

Artikel 2. Gesetz im Sinne des Bürgerlichen Gesetzbuchs und dieses Gesetzes ist jede Rechtsnorm.

---

bezeichneten Umfange v. 1. Januar 1900 an auch in den gedachten Schutzgebieten. An die Stelle des Ges. über die Konsulargerichtsbarkeit v. 10. Juli 1879 ist jetzt das Ges. über die Konsulargerichtsbarkeit v. 7. April 1900, an die Stelle der Gesetze über die Rechtsverhältnisse der deutschen Schutzgebiete v. 19. März 1888 und v. 2. Juli 1899 das Schutzgebietsgesetz v. 10. September 1900 getreten. Der Zeitpunkt, mit welchem nach dem Obigen das BGB. in den Konsulargerichtsbezirken und in den Schutzgebieten in Kraft tritt, erleidet indessen durch diese Gesetze keine Änderung. Hervorzuheben ist indessen, daß durch das neue Gesetz v. 7. April 1900 für die Konsulargerichtsbezirke einzelne Änderungen des BGB. bestimmt sind. Diese beziehen sich auf Vereine (§ 31), auf Gesellschaften (§ 32), auf die Höhe der Zinsen (§ 33), auf Inhaberpapiere der im BGB. § 795 Abs. 1 bezeichneten Art (§ 34), ferner auf die §§ 976, 977 des BGB. (§ 35), auf die Form der Eheschließung (§ 36), auf den § 1807 des BGB. (§ 37), auf den § 2249 Abs. 1 des BGB. (§ 38), auf die Hinterlegung und die Hinterlegungsstelle (§ 39), endlich auf Handelssachen (§ 40). Diese Änderungen treten indessen, da das gedachte Ges. v. 7. April 1900 nach § 78 desselben erst mit dem durch kaiserliche Verordnung zu bestimmenden Tage in Kraft tritt, erst mit diesem Tage in Wirksamkeit; dies ist der 1. Januar 1901 (kais. Verordnung v. 25. Oktober 1900). Nach dem Schutzgebietsgesetze v. 10. September 1900 (§ 3), welches nach der kaiserlichen Verordnung vom 9. November 1900 am 1. Januar 1901 in Kraft tritt, sollen auch in den Schutzgebieten die oben erwähnten in den §§ 31, 33—35, 37—40 bestimmten Modifikationen des BGB. gelten und ist daneben im § 7 eine besondere Vorschrift über die Form der Ehe gegeben. Nach § 16 soll für Schutzgebiete, in denen das Ges. über die Konsulargerichtsbarkeit v. 10. Juli 1879 und das Gesetz betr. die Eheschließung und Beurkundung des Personenstandes von Reichsangehörigen im Auslande v. 4. Mai 1870 noch nicht in Kraft gesetzt sind, der Zeitpunkt, in welchem die §§ 2—7 des Gesetzes (also auch die obenerwähnten Änderungen des BGB.) in Kraft treten, durch kaiserliche Verordnung bestimmt werden.

7. **Mittelbar wird der räumliche Herrschaftsbereich des BGB. durch das internationale Privatrecht teils erweitert, teils beschränkt,** indem es nach diesem unter gewissen Voraussetzungen einerseits auch für Personen gilt, die sich nicht in dem Deutschen Reiche, den Konsulargerichtsbezirken oder den Schutzgebieten befinden, andererseits auf Personen keine Anwendung findet, die sich in den gedachten Gebieten befinden. Hierüber s. die Vorbm. und Erl. zu Art. 7—31.

Artikel 2.

E. d. EG. I Art. 2; II Art. 2; III Art. 2. P. I S. 12317 f.; M. d. EG. S. 64. M. I S. 2. P. II Bd. 6 S. 359.

1. **Der Art. 2 hat nur eine terminologische Bedeutung.** Er bestimmt den Sinn, in welchem der Ausdruck „Gesetz" im BGB. und im EG. verstanden werden soll. Eine solche Bestimmung war notwendig, weil jener der Kürze halber gewählte Ausdruck in einem weiteren Sinne verstanden werden soll, als der Wortlaut ergibt. Entsprechende Vorschriften finden sich im EG. zur CPO. § 12, zur KO. § 2, zur StPO. § 7 und in der Verordnung, betr. die Begründung der Revision in bürgerlichen Rechtsstreitigkeiten, v. 28. September 1879 § 13.

Die Vorschrift des Art. 2 findet auch dann Anwendung, wenn der Ausdruck „Gesetz" in einem zusammengesetzten Worte vorkommt, insbesondere also, wo von Reichsgesetzen (s. z. B. Art. 32) oder von Landesgesetzen (s. z. B. Art. 55) die Rede ist. Auch auf den Ausdruck „gesetzlich" (s. z. B. §§ 134, 309 des BGB.) wird die Vorschrift des Art. 2 entsprechend anzuwenden sein.

2. **Der Begriff der Rechtsnorm** ist aus der Rechtswissenschaft zu entnehmen. Er umfaßt jede von dem Rechte im objektiven Sinne aufgestellte Regel. Nicht darunter fallen die durch Rechtsgeschäft für bestimmte Verhältnisse festgestellten Normen. Hierzu gehören auch die in Reglements der Eisenbahnen, der Versicherungsgesellschaften oder anderer dem Verkehre dienenden Gesellschaften öffentlich bekannt gemachten Bestimmungen über die Bedingungen, welche für die mit ihnen vorgenommenen Geschäfte gelten sollen. Auch die Satzungen eines rechtsfähigen Vereins oder einer Stiftung haben in der hier fraglichen Beziehung den Charakter von rechtsgeschäftlichen Bestimmungen, nicht von Rechtsnormen.

Artikel 3. Soweit in dem Bürgerlichen Gesetzbuch oder in diesem Gesetze die Regelung den Landesgesetzen vorbehalten oder bestimmt ist, daß landesgesetzliche Vorschriften unberührt bleiben oder erlassen werden können, bleiben die bestehenden landesgesetzlichen Vorschriften in Kraft und können neue landesgesetzliche Vorschriften erlassen werden.

Rechtsnormen sind dagegen

a) alle die Regelung von Rechtsverhältnissen betreffende Bestimmungen, die von der gesetzgebenden Gewalt des Reichs oder eines Bundesstaats oder von einem staatlichen Organ innerhalb seiner Zuständigkeit erlassen sind. Es gehören dahin also nicht nur die Gesetze im engeren Sinne, sondern auch die von dem Kaiser oder von den Landesherren innerhalb ihrer Zuständigkeit erlassenen Verordnungen, ebenso die von den Ministerien oder von untergeordneten Behörden innerhalb ihrer Zuständigkeit getroffenen Verfügungen der gedachten Art. Die Voraussetzungen der Giltigkeit eines Aktes der gesetzgebenden Gewalt oder eines sonstigen staatlichen Organs bestimmen sich nach dem Reichs- bzw. dem Landesstaatsrechte. Für eine Reihe von Fällen wird die Zuständigkeit bestimmter staatlicher Organe zum Erlasse gewisser Verfügungen durch das BGB. und das EG. bestimmt. (S. z. B. BGB. §§ 482, 1322, 1723, 1745, 1807 Nr. 4. EG. Art. 186, 188.) Hierher gehören auch die in Staatsverträgen des Reichs (Art. 11 der Reichsverfassung) oder in Staatsverträgen eines Bundesstaats, soweit diese nach EG. Art. 56 wirksam bleiben, getroffenen Bestimmungen der gedachten Art. Soweit nach EG. Art. 57, 58 von den dort bezeichneten Familien kraft der Autonomie Bestimmungen der gedachten Art getroffen werden können, fallen auch diese unter die Vorschrift des Art. 2.

b) alle gewohnheitsrechtlichen Normen, soweit solche nach dem Inkrafttreten des BGB. in Kraft bleiben, oder neu entstehen können. Partikularrechtliche Gewohnheitsrechte kommen nur noch in Betracht, soweit sie Materien betreffen, auf welche sich die Vorbehalte der Art. 56 ff. beziehen. Über Reichsgewohnheitsrecht s. Bd. I S. 38 Vorbm. 2. Die sog. Observanz kommt nur in Betracht, wenn sie den Charakter eines Gewohnheitsrechts hat.

Artikel 3.

E. d. EG. I Art. 3; II Art. 3; III Art. 3. P. I S. 12319 ff.; M. d. EG. S. 64. P. II Bd. 6 S. 362.

1. **Tragweite der Vorbehalte zugunsten der Landesgesetze.** Der Art. 3 hat nur terminologische Bedeutung. Das BGB. und das EG. haben, um zu bestimmen, daß landesgesetzliche Vorschriften eines bestimmten Inhalts in Kraft bleiben und neu erlassen werden können, um nicht schwerfällig zu werden, verschiedene Ausdrucksweisen gewählt. Der Art. 3 bestimmt nun, daß alle diese Ausdrucksweisen dieselbe Bedeutung haben sollen, daß insbesondere also die fraglichen Ausdrücke, obwohl sie ihrem Wortlaute nach nur das Bestehenbleiben der betreffenden Gesetze bestimmen, doch die Bedeutung haben sollen, daß Gesetze des fraglichen Inhalts auch in Zukunft noch erlassen werden können. Eine Ausnahme macht der Art. 56 (s. Erl. 3 zu Art. 56). In dem BGB. ist regelmäßig der Vorbehalt dadurch ausgedrückt, daß in bestimmten Beziehungen auf die Landesgesetze verwiesen wird, so z. B. in den §§ 85, 233, 907, 919, 1315, 1784, 1807 Abs. 2, 1808, 1888, 2249. In dem dritten Abschnitte des EG wird regelmäßig die Ausdrucksweise gewählt „Unberührt bleiben die landesgesetzlichen Vorschriften" oder „werden nicht berührt"; nur in den Art. 141, 144 Satz 2, 145, 146, 148 findet sich die Ausdrucksweise „die Landesgesetze können bestimmen" oder eine ähnliche Wendung. In dem vierten Abschnitte, welcher die Übergangsvorschriften enthält, werden Ausdrücke der im Art. 3 bezeichneten Art nicht gebraucht. Hier heißt es vielmehr regelmäßig „Die Landesgesetze bleiben in Kraft". Der Art. 3 findet hierauf also keine Anwendung. Durch Art. 218 wird aber in sachlicher Übereinstimmung mit Art. 3 bestimmt, daß, soweit Landesgesetze nach den Bestimmungen des vierten Abschnitts maßgebend bleiben, sie auch nach dem Inkrafttreten des BGB. durch Landesgesetze noch geändert werden können.

2. **Der E. I zum EG. Art. 3 enthielt noch folgenden Zusatz:**

„**ein neben dem Bürgerlichen Gesetzbuch und diesem Gesetz in Kraft bleibendes Reichsgesetz kann jedoch durch Landesgesetz nicht aufgehoben oder geändert werden.**"

Dieser Satz ist von der zweiten Kommission gestrichen worden, aber nur deshalb, weil man ihn für selbstverständlich hielt. Dies wird als richtig anzuerkennen sein.

Artikel 4. Soweit in Reichsgesetzen oder in Landesgesetzen auf Vorschriften verwiesen ist, welche durch das Bürgerliche Gesetzbuch oder durch dieses Gesetz außer Kraft gesetzt werden, treten an deren Stelle die entsprechenden Vorschriften des Bürgerlichen Gesetzbuchs oder dieses Gesetzes.

Artikel 4.

E. d. EG. I Art. 4; II Art. 4; III Art. 4. P. I S. 12991; M. z. EG. S. 64 f. P. II Bd. 6 S. 363, 599 f.

Rambohr, Welche Wirkungen treten in den Fällen des Art. 4 des EG. z. BGB. hinsichtlich der bereits bestehenden Rechtsverhältnisse ein? in Gruch. Bd. 46 S. 318; Zitelmann, Zum Grenzstreit zwischen Reichs- und Landesrecht 1902; Posener, Das deutsche Reichsrecht im Verhältnisse zum Landesrechte, 1900; Oertmann, Bayerisches Landesprivatrecht S. 3, 4; Kisch, Elsaß-Lothr. Landesprivatrecht S. 8—12; Stranz in Holtzendorff-Kohlers Enzyklopädie Aufl. 6 Bd. 1 S. 787.

1. **Verweisung auf Gesetze, die durch das BGB. oder das EG. außer Kraft gesetzt sind.** Jede einzelne Rechtsnorm erhält ihre richtige Bedeutung nur dann, wenn man sie im Zusammenhange mit dem ganzen Rechtssysteme betrachtet. Jedes auf bestimmte Verhältnisse sich beziehende Spezialgesetz setzt das Bestehen und den Inhalt des für das betreffende Rechtsgebiet geltenden allgemeinen Rechtes voraus; dieses enthält die Regel, während das Spezialgesetz einen Zusatz bzw. eine Ausnahme davon bestimmt, deren Bedeutung und Tragweite nur aus dem Hintergrunde des allgemeinen Rechtes erkannt werden kann und aus diesem ergänzt werden muß. Die einzelnen Reichsgesetze setzen das übrige Reichsrecht und, soweit dieses nicht ausreicht, das in den einzelnen Bundesstaaten geltende allgemeine Recht, die Landesgesetze das in dem betreffenden Lande geltende allgemeine Recht voraus. Nun treten aber nach EG. Art. 55 die privatrechtlichen Vorschriften der Landesgesetze außer Kraft, soweit nicht in einzelnen Beziehungen durch das BGB. oder das EG. ein anderes bestimmt ist; es tritt also das bisher in den einzelnen Staaten geltende allgemeine bürgerliche Recht außer Kraft. Dadurch entsteht die Frage, was bei den bestehenbleibenden Reichs- und Landesgesetzen an die Stelle des in ihnen vorausgesetzten und ihren Hintergrund bildenden allgemeinen bürgerlichen Rechtes tritt. Diese Frage läßt eine zweifache Beantwortung zu. Man nimmt entweder an, daß das bisherige bürgerliche Recht, soweit die bestehenbleibenden Gesetze direkt oder indirekt darauf verweisen, nach wie vor zur Ergänzung und zum Verständnisse derselben herangezogen werden muß, insoweit also in Kraft bleibt. Oder man geht davon aus, daß das bisherige Recht auch in der hier fraglichen Beziehung durch das an seine Stelle tretende Recht, das BGB., ersetzt wird, dieses also nunmehr die Grundlage für die bestehenbleibenden Gesetze bildet. Der Art. 4 entscheidet sich für die letztgedachte Auffassung. Er enthält eine ausdrückliche Bestimmung zwar nur für den Fall, daß in den bestehenbleibenden Reichs- oder Landesgesetzen auf eine durch das BGB. oder das EG. aufgehobene Vorschrift verwiesen ist. Was aber in dem Falle einer ausdrücklichen Verweisung gilt, muß auch dann gelten, wenn das aufgehobene Gesetz nur stillschweigend als Grundlage und als zur Ergänzung dienend vorausgesetzt wird. In dem § 20 Abs. 3 des Reichsgesetzes betr. das Urheberrecht an Schriftwerken rc. v. 11. Juni 1870 ist z. B. ausdrücklich bestimmt, daß die Ersatzverbindlichkeit der übrigen (d. h. der nicht in den ersten Absätzen erwähnten) Teilnehmer am Nachdrucke sich nach den allgemeinen gesetzlichen Vorschriften richtet. Hier liegt also eine direkte Verweisung auf das allgemeine bürgerliche Recht vor. Im Abs. 1 wird bestimmt, daß derjenige, welcher vorsätzlich oder aus Fahrlässigkeit einen Anderen zur Veranstaltung eines Nachdrucks veranlaßt, zur Entschädigung des Berechtigten verpflichtet sei. Hier sind die Begriffe des Vorsatzes, der Fahrlässigkeit und der Entschädigung nicht allein aus sich selbst verständlich, sondern müssen aus dem allgemeinen bürgerlichen Rechte entnommen werden, obwohl eine ausdrückliche Verweisung darauf nicht erfolgt ist. In dem einen wie in dem andern Falle werden nun auf Grund des Art. 4 die Grundsätze über die Haftung von Teilnehmern, über Vorsatz, Fahrlässigkeit und Entschädigung nicht mehr wie bisher aus dem früheren Rechte, sondern aus dem BGB. zu entnehmen sein. Das Gesetz v. 11. Juni 1870 ist zwar jetzt durch das Gesetz betr. das Urheberrecht an Werken der Literatur und der Tonkunst v. 19. Juni 1901 ersetzt. Der oben erwähnte § 20 des Gesetzes von 1870 kommt aber noch für das Urheberrecht an Werken der bildenden Künste und für den Photographienschutz in Betracht, indem er im § 16 bezw. § 9 der zurzeit noch in Kraft befindlichen Gesetze betr. das Urheberrecht

an Werken der bildenden Künste v. 9. Januar 1876 und betr. den Schutz der Photographien v. 10. Januar 1876 für anwendbar erklärt ist.

Die Verweisung auf eine aufgehobene Vorschrift kann, wie bei den Beratungen der zweiten Kommission hervorgehoben wurde, möglicherweise auch in der Art erfolgt sein, daß der Inhalt der Vorschrift des allgemeinen Rechtes, welche Anwendung finden soll, in das Gesetz mit aufgenommen ist. So ist z. B. denkbar, daß ein Gesetz, welches Verzinsung einer Schuld vorschreibt, den Betrag der Zinsen, statt auf den nach dem bisherigen Rechte für gesetzliche Zinsen bestehenden Zinssatz von fünf vom Hundert zu verweisen, ausdrücklich mit fünf vom Hundert bestimmt. In Fällen dieser Art wird aber mit besonderer Vorsicht zu verfahren und nur dann eine Verweisung auf das allgemeine Recht anzunehmen sein, wenn sich die hierauf gerichtete Absicht mit Sicherheit aus den Umständen des Falles ergibt. Um Zweifel abzuschneiden wird es daher zweckmäßig sein, daß die Landesgesetzgebung in den Fällen dieser Art eine ausdrückliche Bestimmung trifft. Dies ist z. B. für den oben erwähnten Fall in dem preuß. Ausführungsgesetze v. 20. Sept. 1899 durch die Bestimmung des Art. 10 geschehen, nach welcher da, wo in den Gesetzen eine Verzinsung von mehr als 4 Prozent vorgeschrieben ist, an deren Stelle 4 Prozent treten.

Von der in dem obigen vertretenen Auffassung weicht in verschiedenen Beziehungen ab Zitelmann, Zum Grenzstreit zwischen Reichs- und Landesrecht 1902 S. 37ff. Er nimmt insbesondere an, daß der Art. 4 keine Anwendung findet, wenn in Landesgesetzen, die in Kraft bleiben, auf privatrechtliche Rechtssätze allgemeiner Art verwiesen sei, denn solche Rechtssätze seien durch Art. 55 aufgehoben und infolge dieser Aufhebung kommen nun, ohne daß es des Art. 4 bedürfe, die allgemeinen Rechtssätze des BGB. zur Anwendung. Im Ergebnisse kommt diese Ansicht auf dasselbe hinaus, wie die oben vertretene Auffassung; sie schränkt aber die Anwendbarkeit des Art. 4 in einer Weise ein, die der Absicht des Gesetzes sicher nicht entspricht und durch den Wortlaut nicht geboten wird. Auch die ferner von Zitelmann verteidigte Ansicht, daß eine Wiederholung des betreffenden Rechtssatzes niemals als eine Verweisung aufgefaßt werden könne, dürfte zu großes Gewicht auf den Wortlaut legen.

2. **Die in Erl. 1 aufgestellte Regel muß dann eine Ausnahme erleiden,** wenn anzunehmen ist, daß das betreffende Gesetz die Vorschriften, auf welche es direkt oder indirekt verwiesen hat, **als selbständige Norm** in derjenigen Bedeutung hat aufnehmen wollen, welche sie nach dem bisherigen Rechte hatten. In den Motiven ist dies ausdrücklich anerkannt. In der zweiten Kommission war, um diese Auffassung zu verdeutlichen, der Antrag gestellt, dem Art. 4 folgenden Zusatz zu geben:

„Für ein in Kraft bleibendes Landesgesetz gilt dies nur insoweit, als nicht aus dem Gesetze sich ein anderes ergibt."

Sachlich war die Kommission mit diesem Antrag einverstanden, verwies ihn aber, weil er wesentlich redaktioneller Natur sei, an die Redaktionskommission. Diese hat den Zusatz nicht aufgenommen. Daraus wird aber nicht gefolgert werden dürfen, daß nun das Gegenteil gilt; aus dem Zwecke des Art. 4 und dem ihm zugrunde liegenden Gedanken ist vielmehr die Richtigkeit der dem Antrage zugrunde liegenden Auffassung zu folgern. Der Antrag war aber insofern zu enge, als er sich nur auf Landesgesetze beschränkte. Dieselbe Frage kann denkbarerweise auch bei Reichsgesetzen entstehen. Das EG. erkennt dies indirekt dadurch an, daß es im Art. 33 ausdrücklich zu bestimmen für notwendig hält, daß, soweit in den dort bezeichneten Gesetzen an die Verwandtschaft oder Schwägerschaft rechtliche Folgen geknüpft seien, die Vorschriften des BGB. über Verwandtschaft oder Schwägerschaft Anwendung finden. Die bisher geltenden Vorschriften über Verwandtschaft und Schwägerschaft sind durch das BGB. aufgehoben. Bei der durch den Gebrauch der Begriffe „Verwandtschaft und Schwägerschaft" erfolgten indirekten Verweisung auf jene Vorschriften würde also der Art. 4 Anwendung finden. Wenn trotzdem der Art. 33 für notwendig gehalten ist, so ergibt sich daraus, daß der Zweifel für möglich gehalten wurde, ob nicht die fraglichen Gesetze die Verwandtschaft und Schwägerschaft des bisherigen Rechtes im Auge gehabt haben. Anzuerkennen wird indessen sein, daß der mögliche Zweifel bei Reichsgesetzen regelmäßig umsomehr in demselben Sinne wie im Art. 33 geschehen ist, zu entscheiden sein wird, als die Notwendigkeit, in den Reichsgesetzen auf das in den einzelnen Bundesstaaten geltende unter sich verschiedene bürgerliche Recht zu verweisen, ein großer Übelstand war. Angewendet wird der dem Art. 4 zugrunde liegende Gedanke auch vom RG. in DJZ. 1903 S. 177, indem angenommen wird, daß an die Stelle der Bestimmung, des Reichshaftpflichtgesetzes § 1, nach welcher der Entschädigungsanspruch im Falle eigenen Verschuldens des Getöteten oder Verletzten wegfällt, jetzt die Vorschrift des BGB. § 254 trete. Auch in den bestehenbleibenden Landesgesetzen wird nur verhältnismäßig selten anzunehmen sein, daß eine direkte oder indirekte Verweisung auf privatrechtliche Vorschriften, die durch das BGB. oder durch das EG. aufgehoben sind, in dem Sinne gemeint ist, daß diese Vorschriften selbständig einen Bestandteil des betreffenden Gesetzes bilden sollen. Kaum jemals wird dies anzunehmen sein, wenn es sich um Verweisung auf allgemeine Begriffe des allgemeinen bürgerlichen Rechtes, wie z. B. auf die Begriffe der Verschuldung, der Verjährung oder des Schadensersatzes handelt. Aber auch wenn es sich um die Verweisung auf speziellere Vorschriften handelt, werden immer besondere Umstände vorliegen müssen, um eine Auslegung in dem gedachten Sinne zu rechtfertigen. Allgemeine Regeln lassen sich hierüber nicht aufstellen; es wird vielmehr in jedem einzelnen Falle aus dem sonstigen Inhalte sowie aus dem Zwecke des Gesetzes und aus allen Umständen die Absicht zu ermitteln sein. Die Geltung des bisherigen Rechtes dürfte regelmäßig insbesondere dann als gewollt anzusehen sein, wenn auf Rechtsinstitute verwiesen ist, die das BGB. überhaupt nicht kennt, das betreffende Gesetz aber, wenn an die Stelle der Rechtssätze, auf welche verwiesen ist, nichts anderes träte, unvollständig werden und seinen Zweck nicht erreichen würde. So wird z. B., wenn unvordenkliche Verjährung zugelassen ist, in dieser Beziehung regelmäßig das bisherige Recht Anwendung finden müssen, weil das BGB. keinen Ersatz dafür bietet. Wenn ferner z. B. das preuß. ALR. (I 18 §§ 13 ff.) in den Vorschriften über Lehen auf die allgemeinen Grundsätze über Obereigentum und nutzbares Eigentum (I 18 §§ 1—12) Bezug nimmt, so müssen diese Grundsätze, da das BGB. geteiltes Eigentum nicht kennt, auch noch ferner Anwendung finden.

Zitelmann a. a. O. S. 31 ff. bestreitet die Berechtigung der in dem obigen dargelegten Auffassung der Motive und Protokolle, nach welcher die Möglichkeit angenommen wird, daß ein in einem Landesgesetz enthaltener Rechtssatz allgemeiner Art in dem Sinne gemeint sei, daß er als besonderer für die betreffende in dem Gesetze geordnete Materie geltender Rechtssatz ohne Rücksicht darauf angewendet werden solle, ob er auch als allgemeiner gilt oder nicht. Ein allgemeiner Rechtssatz bleibe immer ein allgemeiner und wenn der Gesetzgeber bei der Aufnahme desselben auch davon ausgegangen sei, daß die betreffende Vorschrift für die in Frage stehende Materie auch dann gelten solle, wenn sie nicht allgemein gelte, so könne auf solche Gedanken des Gesetzgebers keine Rücksicht genommen werden. Die für diese Ansicht angeführten Gründe sind nicht überzeugend. Ein Gesetz ist so auszulegen, wie es dem erkennbaren Willen desselben entspricht und es ist nicht abzusehen, weshalb nicht auch in der hier fraglichen Beziehung der durch Auslegung ermittelte Wille des Gesetzes maßgebend sein müßte.

3. **Unter „Gesetz" im Art. 4 ist nach Art. 2 jede Rechtsnorm zu verstehen,** also auch die in einem Staatsvertrage, dessen Vorschriften durch das BGB. oder das EG. aufgehoben sind (vgl. Art. 56), enthaltene sowie jede gewohnheitsrechtliche Rechtsnorm.

4. Nicht ausdrücklich entschieden durch den Art. 4 wird die Frage, **ob, wenn dem Rechtsverhältnis, auf welches in einem bestehenbleibenden Gesetze verwiesen wird und welches nach dem BGB. im wesentlichen denselben Tatbestand hat, wie nach dem bisherigen Rechte, ein anderes Rechtsverhältnis in der Art gleichgestellt wird, daß an dieses dieselben rechtlichen Folgen wie an jenes geknüpft werden, diese dem bisherigen Rechte fremde Gleichstellung nun auch für das bestehengebliebene Gesetz anzunehmen ist.** In Betracht kommt hier insbesondere der praktisch wichtige Fall, daß in einem bestehenbleibenden Gesetze rechtliche Folgen an die Ehelichkeit eines Kindes geknüpft werden. Die Voraussetzungen, unter welchen ein Kind ein eheliches ist, bestimmen die §§ 1591 ff. des BGB. Diese Bestimmungen treten nach Art. 4 an die Stelle der Vorschriften des bisherigen Rechtes über eheliche Kinder, sofern nicht etwa im einzelnen Falle anzunehmen ist, daß das betreffende Gesetz die in dem bisherigen Gesetze bestimmten Voraussetzungen der Ehelichkeit als entscheidend ansah. Das BGB. schreibt nun aber ferner vor, daß gewisse Personen, die nicht eheliche Kinder sind, die rechtliche Stellung ehelicher Kinder haben sollen; dies gilt von den durch nachfolgende Ehe oder durch Ehelichkeitserklärung legitimierten unehelichen Kindern (§§ 1719, 1736) und von den an Kindes Statt angenommenen Personen (§ 1757). Wenn in dem BGB. rechtliche Folgen an die Kindschaft oder Verwandtschaft geknüpft werden, so werden jene den ehelichen Kindern gleichgestellten Personen darunter mitbegriffen. Gilt diese Gleichstellung nun auch für die Bestimmungen der bestehenbleibenden Gesetze über eheliche Kinder? Die Frage läßt sich nicht allgemein entscheiden; es kommt vielmehr auch

Artikel 5. Als Bundesstaat im Sinne des Bürgerlichen Gesetzbuchs und dieses Gesetzes gilt auch das Reichsland Elsaß-Lothringen.

---

hier auf die aus den Umständen zu ermittelnde Absicht des Gesetzes an. Im Zweifel wird man hier aber umgekehrt wie bei der oben erwähnten Frage, ob sich die Voraussetzungen der Ehelichkeit nach dem bisherigen Rechte oder nach dem BGB. bestimmen, anzunehmen haben, daß die Gleichstellung nicht gilt. Nur dann, wenn die Gleichstellung auch nach dem bisherigen Rechte die Regel bildet, wie dies z. B. bei den durch nachfolgende Ehe legitimierten Kindern regelmäßig der Fall ist, wird sich eine andere Beurteilung rechtfertigen. Diese Auffassung erscheint insbesondere bei solchen Gesetzen geboten, welche die Fürsorge für die hinterlassenen ehelichen Kinder einer Person bezwecken. Solche Gesetze haben diejenigen Kinder vor Augen, welche nach dem bisherigen Rechte als eheliche zu betrachten sind, und die Erweiterung dieses Kreises auf Grund der Vorschriften des BGB. würde der Absicht der betreffenden Gesetze widersprechen (P. II Bd. 6 S. 562). Bisweilen ergibt sich die betreffende Absicht des Gesetzes unverkennbar aus anderen Umständen. Wenn z. B. der § 7 des Reichsgesetzes betr. die Fürsorge für die Witwen und Waisen der Reichsbeamten v. 20. April 1881 den ehelichen und durch nachfolgende Ehe legitimierten Kindern Anspruch auf Waisengeld gibt, so geht aus der besonderen Erwähnung der durch nachfolgende Ehe legitimierten Kinder hervor, daß nur diese, nicht aber die durch Reskript legitimierten und die adoptierten Kinder der Wohltat des Gesetzes teilhaftig werden sollen. Ausdrücklich ausgeschlossen werden die adoptierten Kinder in dem § 2 des Reichsgesetzes über Erwerbung und Verlust der Staatsangehörigkeit v. 1. Juni 1870.

5. In den bestehenbleibenden Gesetzen wird bisweilen auf einen Tatbestand abgestellt, der nach dem BGB. nicht mehr dieselbe Bedeutung hat, wie nach dem bisherigen Rechte und der, um der Absicht des Gesetzes gerecht zu werden, durch einen anderen von dem BGB. bestimmten Tatbestand ersetzt werden müßte. So finden sich insbesondere häufig Bestimmungen, welche mit Rücksicht auf die Vorschriften des bisherigen Rechtes über die väterliche Gewalt und die Vormundschaft die Mitwirkung oder Zustimmung des Vaters oder des Vormundes erfordern. Bei der Umgestaltung, welche die väterliche Gewalt in dem BGB. erfahren hat, indem insbesondere die väterliche Gewalt durch die elterliche Gewalt ersetzt worden ist und der Mutter nach dem Tode des Vaters gegenüber den minderjährigen Kindern im wesentlichen dieselbe rechtliche Stellung eingeräumt ist, welche bisher dem Vater zustand, würde es dem Zwecke der fraglichen Gesetze häufig entsprechen, daß statt der Mitwirkung des Vaters oder Vormundes die Mitwirkung des gesetzlichen Vertreters erfordert würde. Nicht in allen Fällen ist indessen ohne weiteres klar, ob eine solche Änderung der bestehenbleibenden Gesetze der Absicht derselben entspricht oder ob nicht besondere Vorschriften erforderlich sind. Das EG. sieht deshalb in dieser Beziehung von einer allgemeinen Vorschrift ab. Die erforderlichen Änderungen der Reichsgesetze werden in dem zweiten Abschnitte des EG. bestimmt (s. insbesondere die Art. 34, 37, 41). Die erforderliche Änderung der Landesgesetze liegt der Landesgesetzgebung ob und ist regelmäßig durch die Ausführungsgesetze zum BGB. erfolgt (s. z. B. das preußische Ausführungsgesetz v. 20. September 1899 Art. 16, 21, 37, 69, 84). Sollten übrigens einzelne Landesgesetze die erforderliche Änderung nicht erfahren haben, so dürfte die Praxis wohl berechtigt sein, die erforderliche Umdeutung, sofern die Absicht des betreffenden Gesetzes klar erhellt, vorzunehmen.

Artikel 5.

E. d. EG. I Art. 5; II Art. 5; III Art. 5. P. I S. 12321 f.; M. d. EG. S. 65. P. II Bd. 6 S. 363.

Das Reichsland Elsaß-Lothringen ist staatsrechtlich kein Bundesstaat. Der Zweck der in dem BGB. und in dem EG. für die Bundesstaaten getroffenen Vorschriften erfordert aber deren Ausdehnung auf Elsaß-Lothringen. Solche Vorschriften finden sich z. B. in dem BGB. §§ 1322, 1723, 1807, 1936.

In den bisherigen Gesetzen ist mehrfach das Reichsland Elsaß-Lothringen neben den Bundesstaaten genannt, s. z. B. die Gesetze betr. die Unfallversicherung v. 6. Juli 1884 § 76 Abs. 2; v. 5. Mai 1886 § 85 Abs. 2; v. 13. Juli 1887 § 88 Abs. 2. In der neuen Fassung dieser Gesetze v. 30. Juni 1900 ist diese Redaktionsweise verlassen worden.

Artikel 6. In bürgerlichen Rechtsstreitigkeiten, in welchen durch Klage oder Widerklage ein Anspruch auf Grund des Bürgerlichen Gesetzbuchs geltend gemacht ist, wird die Verhandlung und Entscheidung letzter Instanz im Sinne des §. 8 des Einführungsgesetzes zum Gerichtsverfassungsgesetze dem Reichsgerichte zugewiesen.

Artikel 6.

StB. S. 3024, 3096.

Seuffert in Bl. f. RAnw. 62 S. 97. Bürk in JW. 1900 S. 801.

1. Zuständigkeit des Reichsgerichts. Der § 8 Abs. 1 des EG. zu dem GVG. gestattet der Landesgesetzgebung eines Bundesstaats, in welchem mehrere Oberlandesgerichte bestehen, die Verhandlung und Entscheidung über die zur Zuständigkeit des Reichsgerichts gehörenden Revisionen und Beschwerden einem obersten Landesgerichte zuzuweisen. Nach Abs. 2 findet diese Vorschrift auf bürgerliche Rechtsstreitigkeiten, die durch besondere Reichsgesetze dem Reichsgerichte zugewiesen sind, keine Anwendung. Durch den erst im Plenum des Reichstags beschlossenen Art. 6 wird nun die Ausnahme des gedachten Abs. 2 für alle in dem Art. 6 bezeichneten bürgerlichen Rechtsstreitigkeiten bestimmt. Praktische Bedeutung hat die Vorschrif' nur für Bayern.

2. Voraussetzung der im Art. 6 bestimmten Zuständigkeit des Reichsgerichts ist, daß durch Klage oder Widerklage ein Anspruch auf Grund des BGB. geltend gemacht ist. Es kommt nicht darauf an, ob der Anspruch unmittelbar aus einer Vorschrift des BGB. abgeleitet oder ob er auf ein durch das BGB. geregeltes Rechtsgeschäft oder auf eine unerlaubte Handlung gegründet wird, deren Folgen durch das BGB. bestimmt sind. Erforderlich ist aber, daß die für die Begründung des Anspruchs maßgebenden Rechtsvorschriften in dem BGB. enthalten sind. Wird der Anspruch auf landesgesetzliche Vorschriften, welche nach dem EG. unberührt bleiben, gegründet, so ist die Voraussetzung des Art. 6 nicht gegeben. Erforderlich ist ferner, daß der Anspruch durch Klage oder Widerklage geltend gemacht ist. Es genügt daher nicht, daß die Frage, ob eine Einwendung begründet ist, nach den Vorschriften des BGB. beurteilt werden muß.

Zweifelhaft ist, ob die Zuständigkeit des Reichsgerichts begründet ist, wenn ein Anspruch auf Grund eines Rechtes geltend gemacht wird, dessen Entstehung sich nach den Landesgesetzen bestimmt, während der Anspruch selbst auf das BGB. gegründet wird, wenn also z. B. auf Grund einer vor dem Inkrafttreten des BGB. entstandenen Grunddienstbarkeit, für die nach Art. 184 Satz 2 die Vorschriften des BGB. §§ 1020—1028 gelten, nach Maßgabe des § 1027 die Beseitigung einer die Dienstbarkeit beeinträchtigenden Anlage verlangt wird. Die Frage wird zu bejahen sein selbst für den Fall, daß der Streit unter den Parteien sich nur darum dreht, ob die Dienstbarkeit entstanden ist oder nicht; denn die Zuständigkeit des Reichsgerichts hängt nach Art. 6 nicht davon ab, ob die Revision auf Verletzung einer Vorschrift des BGB. gegründet wird, sondern lediglich davon, ob der Anspruch, über den mit Rechtskraftwirkung entschieden werden soll, auf Grund des BGB. geltend gemacht wird. Hiernach ist z. B. ferner das Reichsgericht zuständig über den Erbschaftsanspruch, wenn der Erblasser nach dem Inkrafttreten des BGB. gestorben ist, auch wenn die Parteien tatsächlich nur darüber streiten, ob das von dem Erblasser vor dem Inkrafttreten des BGB. errichtete Testament in der durch die hierfür maßgebenden bisherigen landesrechtlichen Vorschriften vorgeschriebenen Form errichtet ist. Für die Klage des Eigentümers auf Unterlassung einer Einwirkung auf sein Grundstück (BGB. § 1004) ist ferner das Reichsgericht auch dann zuständig, wenn der Beklagte sich zu seiner Verteidigung lediglich darauf beruft, daß er vor dem Inkrafttreten des BGB. eine zu der Einwirkung berechtigende Grunddienstbarkeit erworben habe. Andererseits ist dagegen das Reichsgericht nicht zuständig, wenn der Anspruch auf ein vor dem Inkrafttreten des BGB. entstandenes Schuldverhältnis gegründet wird und zwar auch dann nicht, wenn gegen den Anspruch die Aufrechnung mit einem nach dem Inkrafttreten des BGB. entstandenen Anspruche geltend gemacht und nur hierüber von den Parteien gestritten wird. Es läßt sich darüber streiten, ob diese Auslegung des Art. 6 dem praktischen Bedürfnisse völlig entspricht und ob die Zuständigkeit des bayerischen Obersten Landesgerichts dadurch nicht zu sehr beschränkt wird; aber bei der Fassung, die der Art. 6 erhalten hat, dürfte eine andere Auslegung sich nicht rechtfertigen lassen. Auch das bayerische Oberste Landesgericht selbst hat bei der Entscheidung der Frage, ob Sachen an das Reichsgericht abzugeben seien, den Art. 6 in diesem Sinne ausgelegt und das Reichsgericht ist dieser Auslegung beigetreten (RG. in JW. 1904 S. 138).

3. Der Art. 6 findet keine Anwendung, wenn durch Klage oder Widerklage ein Anspruch auf Grund eines ausländischen Gesetzes geltend gemacht wird, welches nach den Vorschriften des internationalen Privatrechts Art. 7—31 zur Anwendung kommt (s. Vorbm. 9 zu Art. 7—31).

4. Eine dem Art. 6 entsprechende Vorschrift enthält der Art. IX des EG. zu dem Ges. betr. Änderungen der KO. v. 17. Mai 1898 für Rechtsstreitigkeiten über Anfechtungsansprüche nach der KO. oder dem Anfechtungsgesetze.

Zu Artikel 7—31.

Aus der außerordentlich reichhaltigen Literatur über das internationale Privatrecht mögen hier folgende Schriften hervorgehoben werden:

v. Bar, Theorie und Praxis des internationalen Privatrechts. 2 Bände, 1889.
v. Bar, Lehrbuch des internationalen Privat- und Strafrechts. 1892.
Zitelmann, Internationales Privatrecht in zwei Bänden. 1898.
Meili, Die Kodifikation des internationalen Civil- und Handelsrechts. 1891.
Meili, Geschichte und System des internationalen Privatrechts. 1892.
Meili, Das internationale Civil- und Handelsrecht. 2 Bände. 1902.
Meili, Das internationale Civilprozeßrecht auf Grund der Theorie, Gesetzgebung und Praxis.
Böhm, Die räumliche Herrschaft der Rechtsnormen. 1890.
Stoerk, Literatur des internationalen Privatrechts. 1894.
Neumann, Internationales Privatrecht. 1896.
Niemeyer, Vorschläge und Materialien zur Kodifikation des internationalen Privatrechts.
Staudinger, Sammlung von Staatsverträgen.
Kahn, Abhandlungen aus dem internationalen Privatrecht in Iherings Jahrb. Bd. 30 S. 55ff.; Bd. 39 S. 1ff.; Bd. 40 S. 1ff.; Bd. 43 S. 299ff.
Niemeyer, Das internationale Privatrecht im Entwurfe eines BGB. Heft VII der Vorträge über das BGB. 1896.
Barazetti, Das internationale Privatrecht im bürgerlichen Gesetzbuche für das Deutsche Reich. 1897.
Niemeyer, Das internationale Privatrecht des BGB. 1901.
v. Bar, Neue Prinzipien und Methoden des internationalen Privatrechts, im Arch. f. öffentl. Recht. Bd. 15 S. 1ff.
v. Bar, Internationales Privatrecht, in Holtzendorff-Kohlers Enzyklopädie der Rechtswissenschaft. Der Neubearbeitung 1. Aufl. Bd. II S. 1ff.
Zitelmann, Verhältnis der örtlichen und der zeitlichen Anwendungsnormen zu einander, in Iherings Jahrb. Bd. 42 S. 189ff.
Affolter, Das intertemporale und internationale Recht der zeitlichen und örtlichen Kollisionsnormen des bürgerlichen Rechts, in Grünhut Bd. 30 S. 125ff.
Verschiedene Aufsätze in Böhms Zeitschrift und in Niemeyers Zeitschrift für Internationales Privat- und Strafrecht.
Kahn, Die einheitliche Kodifikation des internationalen Privatrechts durch Staatsverträge. 1903.
Jitta, im Arch. f. öffentl. Recht. Bd. 14 S. 301.
Affolter, System des deutsch. bürg. Übergangsrechts. 1903.
Crome, System des deutsch. bürg. Rechts. Bd. 1 S. 126ff. 1900.

1. **Über die Entstehung der Art. 7—31, welche Vorschriften über das internationale Privatrecht enthalten,** ist folgendes zu bemerken. Die erste Kommission hatte auf Grund der von dem Redaktor gemachten Vorschläge (abgedruckt bei Niemeyer, Vorschläge) einen besonderen Entwurf über „die örtlichen Grenzen der Rechtsnormen" in 26 Paragraphen ausgearbeitet, welcher eine tunlichst vollständige Kodifikation des internationalen Privatrechts bezweckte. Dieser Entwurf wurde mit dem Entwurfe des BGB. dem Reichskanzler mit dem Ersuchen überreicht, darüber zu entscheiden, ob das internationale Privatrecht als sechstes Buch in das BGB. aufgenommen werden und mit diesem veröffentlicht werden solle. Der Reichskanzler entschied sich gegen die Veröffentlichung hauptsächlich wohl mit Rücksicht darauf, daß dadurch bei den Verhandlungen über Verträge mit anderen Staaten Schwierigkeiten entstehen könnten. Der Entwurf ist jetzt in

P. II Bd. 6 S. 8ff. als Anlage veröffentlicht. Die zweite Kommission beschloß nach eingehender Beratung (P. II Bd. 6 S. 1ff.) das internationale Privatrecht in dem BGB. zu regeln. Der Beratung wurde der oben erwähnte von der ersten Kommission beschlossene Entwurf zugrunde gelegt. Aus dieser Beratung ging das sechste Buch des dem Bundesrat überreichten Entwurfs unter der Überschrift „Anwendung ausländischer Gesetze" (§§ 2236—2265) hervor. Der Bundesrat hat aber beschlossen, das sechste Buch fortfallen zu lassen. An dessen Stelle sind in dem dem Reichstage vorgelegten Entwurfe des EG. die Art. 6—30 ohne besondere Überschrift getreten. Diese stimmen mit kleinen Abweichungen mit den Art. 7—31 des EG. überein. Die Gründe, aus welchen der Bundesrat die gedachte Änderung beschlossen hat, sind nicht veröffentlicht. Es werden dabei neben den schon in der zweiten Kommission gegen eine vollständige Regelung des internationalen Privatrechts und für eine Beschränkung auf Vorschriften über den Herrschaftsbereich der deutschen Gesetze geltend gemachten Gründen (s. Schnell in Böhms Zeitschrift Bd. 5 S. 337ff.) einerseits die schon oben gedachten politischen Bedenken, andererseits die Rücksicht maßgebend gewesen sein, daß es bei der im Flusse befindlichen Entwickelung des internationalen Privatrechts wünschenswert sei, der Wissenschaft und Praxis einen freieren Spielraum zu gewähren, als bei einer vollständigen gesetzlichen Regelung möglich ist.

2. **Die Vorschriften des EG., die sich auf das internationale Privatrecht beziehen, beschränken sich auf folgende Punkte:** Der Art. 7 betrifft die Geschäftsfähigkeit, der Art. 8 enthält einzelne Vorschriften über Entmündigung, der Art. 9 über Verschollenheit, der Art. 10 über ausländische Vereine. Der Art. 11 bestimmt die für die Form eines Rechtsgeschäfts maßgebenden Gesetze. Der Art. 12 enthält eine einzelne sich auf unerlaubte Handlungen beziehende Bestimmung. Die Art. 13—17 betreffen die Ehe, die Art. 18, 19 das Rechtsverhältnis der ehelichen Kinder, die Art. 20, 21 das Rechtsverhältnis der unehelichen Kinder, der Art. 22 die Legitimation der unehelichen Kinder und die Annahme an Kindes Statt. Der Art. 23 enthält eine einzelne sich auf die Vormundschaft beziehende Vorschrift, während die Art. 24—26 das Erbrecht betreffen. Der Art. 27 bestimmt, in welchen Fällen und in welchem Umfange die sog. Rückverweisung stattfindet. Der Art. 28 bestimmt eine Ausnahme von mehreren der vorausgehenden Vorschriften für solche Gegenstände, die sich nicht in dem Gebiete desjenigen Staates befinden, dessen Gesetze nach jenen Vorschriften auf sie Anwendung finden sollen, und in dem Staate, in welchem sie sich befinden, besonderen Gesetzen unterliegen. Der Art. 29 gibt Vorschriften darüber, welche Gesetze bei Personen, die keinem Staate angehören, an die Stelle der Gesetze desjenigen Staates treten, welchem die betreffende Person angehört. Der Art. 30 stellt den Grundsatz auf, daß ausländische Gesetze niemals zur Anwendung kommen, wenn diese gegen die guten Sitten oder gegen den Zweck eines deutschen Gesetzes verstoßen würden. Der Art. 31 endlich regelt das Vergeltungsrecht gegen einen ausländischen Staat und dessen Angehörige sowie deren Rechtsnachfolger. Ergänzt werden diese Bestimmungen durch die Vorschriften der CPO. §§ 328, 722, 723 über die Anerkennung und die Vollstreckbarkeit ausländischer Urteile (E. I § 25).

Die E. I und II enthielten noch allgemeine Vorschriften über juristische Personen (E. I § 1; E. II § 2237), über dingliche Rechte an Sachen und über den Besitz (E. I § 4; E. II § 2241), über Schuldverhältnisse aus Rechtsgeschäften unter Lebenden (E. I § 5; E. II § 2242), aus unerlaubten Handlungen (E. I § 6; E. II § 2243) und aus anderen Gründen (E. I § 7; E. II § 2244), über die Unterhaltspflicht der Verwandten (E. I § 18; E. II § 2258) und über Vormundschaft (E. I § 21; E. II §§ 2259, 2260). Der der ersten Kommission von dem Redaktor vorgelegte Entwurf enthielt außerdem noch Vorschriften über Rechtsfähigkeit und Sklaverei (§§ 5, 33), über Abtretung von Forderungen (§ 14) und über Anfechtung von Rechtshandlungen, welche die Gläubiger benachteiligen (§ 15).

Das EG. ordnet ferner in den von ihm berührten Materien das internationale Privatrecht nur in einzelnen Beziehungen. Allgemein wird der Herrschaftsbereich der deutschen und der ausländischen Gesetze nur bestimmt in den Art. 7 (Geschäftsfähigkeit), Art. 11 (Form der Rechtsgeschäfte) und Art. 21 (Unterhaltspflicht des unehelichen Vaters), auch in diesen Punkten aber nur mit gewissen Beschränkungen. Im übrigen enthalten die Vorschriften des EG. nur Bestimmungen über einzelne Seiten der betreffenden Rechtsverhältnisse. Die Tendenz geht im allgemeinen dahin, nur die rechtliche Stellung der Deutschen und den Herrschaftsbereich der deutschen Gesetze zu bestimmen, während die rechtliche Stellung der Ausländer und der Herrschaftsbereich der ausländischen Gesetze nur insoweit geregelt wird, als dies durch eine besondere Beziehung zum Inland und durch ein praktisches Bedürfnis geboten erschien. Im einzelnen ist die Regelung in sehr verschiedenem Umfang erfolgt, wie in den Erläuterungen zu den verschiedenen Artikeln näher dargelegt werden wird. Über die verschiedenen Arten, in welchen eine solche beschränkte Regelung erfolgen kann, und die sich daraus ergebenden Konsequenzen s. Zitelmann Bd. 1 S. 208 ff.

3. Es fragt sich nun, wie die Lücken, welche das EG. nach der in der Erl. 2 gegebenen Übersicht enthält, auszufüllen sind, nach welchem Rechte also ein Rechtsverhältnis zu beurteilen ist, wenn das EG. eine Vorschrift darüber nicht enthält. Für die Beantwortung dieser Frage ist von entscheidender Bedeutung die Auffassung, welche man von dem Wesen des internationalen Privatrechts und dessen Stellung in der Rechtsordnung hat. Die Ansichten hierüber sind sehr verschieden (s. d. oben angegebene Literatur, ferner Niedner, Vorbm. 4 zu Art. 7 ff.; Enneccerus-Lehmann III. Aufl. Bd. I §§ 70—75; Dernburg I §§ 34 ff.; Windscheid-Kipp I § 35 Zusatz zu Nr. 6; Endemann I § 8; Crome I § 27; Neumann Handausgabe III S. 8 und in Gruch. 46 S. 67; Rspr. 6 S. 365; 8 S. 12; RG. 49 S. 182).

Eine eingehende Erörterung dieser Frage gestattet der Zweck des Kommentars nicht. Hier kann nur in kurzen Umrissen der Standpunkt dargelegt werden, von dem bei den folgenden Erörterungen ausgegangen wird. Das internationale Privatrecht ist innerstaatliches Recht des einzelnen Staates, d. h. jeder Staat hat die rechtliche Macht zu bestimmen, ob ein Verhältnis nach seinem eigenen Rechte oder nach dem Rechte eines anderen Staates beurteilt werden soll. Der Staat kann möglicherweise durch Staatsverträge oder durch völkerrechtliche Grundsätze verpflichtet sein, jene Bestimmungen in einer bestimmten Art zu treffen: aber diese Verpflichtung berührt nur sein Verhältnis zu anderen Staaten, nicht die Verbindlichkeit der von ihm im Wege der Gesetzgebung getroffenen Bestimmungen. Die Gerichte und andere staatliche Behörden haben diese Bestimmungen unbedingt zu befolgen und jeder Einzelne hat nur Anspruch auf Anerkennung eines von ihm behaupteten Rechtes, wenn dieses nach demjenigen Rechte begründet ist, welches der Staat als für das betreffende Rechtsverhältnis maßgebend bestimmt hat. Nun bestehen aber in den wenigsten Staaten, vielleicht in keinem, erschöpfende innerstaatliche Vorschriften über das internationale Privatrecht. Soweit einzelne Vorschriften bestehen wie z. B. in den Art. 7—31 des EG, sind diese selbstverständlich anzuwenden. Ob und inwieweit aus ihnen durch Auslegung und durch Erforschung des zugrunde liegenden Gedankens die Entscheidung auch über Fragen gewonnen werden kann, die durch den Wortlaut der betreffenden Vorschrift nicht berührt werden, wird bei den einzelnen Artikeln zu erörtern sein. Hier ist nur hervorzuheben, daß die Beschränkung einer Vorschrift auf deutsche Reichsangehörige oder auf deutsche Gesetze in den einzelnen Artikeln eine verschiedene Bedeutung hat. Die Beschränkung kann darauf beruhen, daß eine singuläre Bestimmung zugunsten der deutschen Reichsangehörigen oder der deutschen Gesetze für geboten erachtet wurde; in diesem Falle wird eine strikte Auslegung geboten sein. Die Beschränkung kann aber auch lediglich Folge der oben hervorgehobenen allgemeinen Tendenz sein, regelmäßig nur Vorschriften für die Rechtsverhältnisse der deutschen Reichsangehörigen und die Anwendung der deutschen Gesetze zu geben. In diesem Falle wird man unter Umständen zu der Annahme berechtigt sein, daß das Gesetz die betreffende Vorschrift, obwohl sie nur mit der gedachten Beschränkung getroffen ist, doch deshalb getroffen hat, weil es den Inhalt der Vorschrift als den richtigen Grundsätzen des internationalen Privatrechts entsprechend betrachtet hat. Ist dies anzunehmen, so wird man aus der betreffenden Vorschrift ein höheres Prinzip abzuleiten und dieses als das von der deutschen Gesetzgebung gewollte anzusehen berechtigt sein.

Eine weitere Entscheidungsquelle wird die Analogie ergeben, die freilich nur mit Vorsicht verwendet werden darf. Immer aber werden doch noch viele Fragen übrig bleiben, über die weder aus der Auslegung des Gesetzes noch aus der Analogie eine Entscheidung zu gewinnen ist; so z. B. nach dem EG. die Frage über das für dingliche Rechte und für Schuldverhältnisse aus Rechtsgeschäften maßgebende Recht. Die früher wohl vertretene Ansicht, daß der Richter in solchen Fällen immer das Recht des eigenen Staates anzuwenden habe, ist jetzt wohl ziemlich allgemein aufgegeben; sie ist unvereinbar mit der Gleichberechtigung aller Kulturstaaten und den Bedürfnissen des modernen Verkehrs. Muß man von dieser Lösung absehen, so bleibt, da der Richter doch nicht nach seinem Ermessen, sondern nach dem Rechte zu erkennen hat, nur übrig anzunehmen, entweder, daß es ein überstaatliches ohne Rücksicht darauf, ob es gesetzlich in dem einzelnen Staate anerkannt ist, geltendes internationales Privatrecht gebe oder daß in der Rechtsordnung eines jedes Staates die Vorschrift stillschweigend enthalten sei, daß sofern das eigene Recht keine Bestimmungen gebe, gewisse allgemeine Grundsätze des internationalen Privatrechts anzuwenden seien. Die erstere Annahme läßt sich nicht rechtfertigen, denn ein über den einzelnen Staaten und unabhängig von ihrer Gesetzgebung geltendes Recht besteht nur auf dem Gebiete des Völkerrechts und begründet, soweit es hier besteht, nur eine Bindung der Staaten selbst, nicht aber eine Verpflichtung ihrer Angehörigen oder Gerichte. Die zweite Annahme dagegen dürfte dem Geiste und der Absicht aller Rechtsordnungen der Kulturstaaten entsprechen. Man kann vielleicht sagen, daß es sich hier um einen aus den Bedürfnissen des modernen Verkehrs hervorgegangenen, in allen Staaten gewohnheitsrechtlich anerkannten Rechtssatz handle. Damit ist nun aber die Frage noch nicht entschieden, welchen Inhalt die Rechtssätze des internationalen Privatrechts haben, auf deren subsidiäre Anwendung nach der obigen Annahme in allen Rechtsordnungen verwiesen ist. Zitelmann hat in seinem großen Werke den Versuch gemacht, diesen Inhalt aus dem Völkerrecht abzuleiten. Er erkennt an, daß das Völkerrecht an sich nur Geltung für die einzelnen Staaten, nicht in ihnen habe; aber er meint, daß diejenigen Grundsätze des internationalen Privatrechts, welche die einzelnen Staaten völkerrechtlich zu befolgen verpflichtet seien, subsidiär auch in den einzelnen Staaten angewendet werden müssen, daß sie stillschweigend in den Rechtsordnungen der einzelnen Staaten als subsidiär anwendbar anerkannt seien (Bd. I S. 73ff.). So interessant die Ausführungen von Zitelmann sind und so wünschenswert es wäre, daß das Völkerrecht genügende Anhaltspunkte für das internationale Privatrecht gewährte, so dürfte es doch recht zweifelhaft sein, ob das bestehende Völkerrecht dieser Anforderung entspricht. Einzelne Grundsätze lassen sich vielleicht daraus ableiten; schwerlich aber dürften alle von Zitelmann aufgestellten Grundsätze als bestehendes Völkerrecht allgemeine Anerkennung finden. Muß man wenigstens zum Teil auf diese Aushilfe verzichten, so bleibt nur übrig, den Inhalt der subsidiär zur Anwendung kommenden Grundsätze des internationalen Privatrechts auf dem bisher von den meisten diese Frage behandelnden Schriftstellern eingeschlagenen Wege zu bestimmen. Dieser Weg besteht darin, daß die Ergebnisse der Wissenschaft und Praxis zugrunde gelegt werden. Nun besteht freilich über die auf diesem Wege ermittelten Grundsätze keineswegs Übereinstimmung, und es läßt sich die Frage aufwerfen, ob auf diesem Wege überhaupt Rechtssätze gefunden werden können. In einem gewissen aber doch wohl nur beschränkten Umfange läßt sich vielleicht ein Gewohnheitsrecht annehmen. Soweit ein solches nicht nachweisbar ist, handelt es sich um Grundsätze, die aus der Vergleichung der in den verschiedenen Staaten bestehenden Normen des internationalen Privatrechts, aus dem Bedürfnisse des Verkehrs und aus der sog. Natur der Sache abgeleitet werden, und man wird anerkennen müssen, daß es sich hierbei um eine noch im Flusse befindliche Entwicklung handelt. Trotzdem dürfte nichts anderes übrig bleiben, als die auf diesem Wege gefundenen Grundsätze subsidiär zugrunde zu legen. Wenn, wie eben hervorgehoben ist, in jeder Rechtsordnung eines Kulturstaats stillschweigend der Satz gefunden werden muß, daß die materiellen Rechtssätze nur mit den Beschränkungen gelten sollen, die sich aus den Grundsätzen des internationalen Privatrechts ergeben, so muß, wenn diese Grundsätze weder im Wege der Gesetzgebung noch durch Gewohnheitsrecht festgestellt sind, angenommen werden, daß die Rechtsordnung zurzeit auf die Feststellung verzichtet und die Ermittelung der Wissenschaft und Praxis überlassen habe. Sachlich liegt hierin freilich eine Art von Delegation der Gesetzgebung an die Gerichte. Diesen wird aufgegeben, die Grundsätze aufzusuchen, welche der Gerechtigkeit und den oben hervorgehobenen Rücksichten am meisten entsprechen und in Ermangelung wirklicher Rechtssätze nach ihnen zu urteilen. Daß hierdurch eine gewisse Unsicherheit entsteht, läßt sich nicht verkennen, aber die Reichsgesetzgebung hat, indem sie die von den Entwürfen vorgeschlagene vollständige Kodifikation des internationalen Privatrechts ablehnte und sich auf die Bestimmungen des EG. beschränkte, angenommen, daß diese Unsicherheit ein geringeres Übel sei, als die sich aus einer vollständigeren Regelung ergebenden Mißstände.

4. Zweifelhaft ist die Frage, **ob neben den Vorschriften des EG. noch die in den bisherigen Landesrechten befindlichen Normen des internationalen Privatrechts in Kraft bleiben oder nicht.** Die Beantwortung dieser Frage hängt davon ab, ob die Vorschriften des internationalen Privatrechts dem öffentlichen Rechte oder dem Privatrecht angehören. Ist das erstere anzunehmen, so sind die landesgesetzlichen Vorschriften des internationalen Privatrechts durch EG. Art. 55 nicht aufgehoben; sie bestehen fort, soweit sie nicht durch die Vorschriften des EG. ersetzt sind, und die Landesgesetzgebung kann neue Vorschriften dieses Inhalts erlassen. Gehören die fraglichen Vorschriften aber dem Privatrecht an, so sind sie durch EG. Art. 55 aufgehoben und die Landesgesetzgebung ist nicht berechtigt, neue Vorschriften der fraglichen Art zu erlassen. Nur soweit solche Vorschriften in Staatsverträgen enthalten sind, die ein Bundesstaat mit einem ausländischen Staate vor dem Inkrafttreten des BGB. geschlossen

hat, bleiben sie unberührt (Art. 56). Nach dieser Auffassung würden also von dem Inkrafttreten des BGB. an Rechtssätze des internationalen Privatrechts außer den in dem EG. festgestellten überhaupt nicht mehr existieren und der Richter würde daher nach Maßgabe des in Erl. 3 Gesagten lediglich auf die Ermittelung der materiell richtigen Grundsätze verwiesen sein. Zitelmann (Bd. I S. 198ff.) hält die Vorschriften des internationalen Privatrechts für öffentliches Recht. Dieser Auffassung dürften erhebliche Bedenken entgegenstehen. Die fraglichen Rechtsnormen haben doch zunächst den Zweck, den Herrschaftsbereich der inländischen materiellen Rechtsnormen zu bestimmen: sie bilden eine Ergänzung dieser Rechtsnormen, indem sie festsetzen, daß dieselben auf gewisse Rechtsverhältnisse keine Anwendung finden sollen. Auch soweit durch die fraglichen Vorschriften die Anwendung eines ausländischen Rechtes vorgeschrieben wird, hat diese Vorschrift materiell die Bedeutung, daß ein bestimmtes Verhältnis nach bestimmten materiellen Rechtsnormen, die nur nicht ausdrücklich, sondern durch Verweisung auf ein ausländisches Recht bezeichnet werden, beurteilt werden sollen. Es handelt sich sachlich also immer um eine Beschränkung bzw. um eine Ergänzung der materiellen privatrechtlichen Vorschriften. Für diese Auffassung spricht auch, daß das EG. das internationale Privatrecht, wenn auch nur in beschränkter Weise, geregelt hat. Eine solche Regelung würde, wenn es sich um öffentliches Recht handelte, außerhalb der Zuständigkeit der Reichsgesetzgebung liegen; sie würde zwar trotzdem unter Zustimmung aller Faktoren der Reichsgesetzgebung zulässig sein; in den Verhandlungen der gesetzgebenden Faktoren und in den Vorarbeiten findet sich aber keine Andeutung, daß eine Überschreitung der verfassungsmäßigen Zuständigkeit beabsichtigt worden ist, und man wird daher annehmen dürfen, daß die Reichsgesetzgebung die fraglichen Vorschriften für privatrechtliche gehalten hat. Dazu kommt, daß es praktisch zu höchst bedenklichen Ergebnissen führen würde, wenn in den einzelnen Bundesstaaten verschiedene Rechtssätze über das internationale Privatrecht, soweit solche nicht durch das EG. festgestellt sind, bestehen blieben und jederzeit neu geschaffen werden könnten. Die Gründe für die privatrechtliche Natur der fraglichen Vorschriften dürften daher überwiegend sein. Aus dieser Annahme ergeben sich dann die oben dargelegten Konsequenzen. Auch die erste Kommission ging, wie sich aus P. I S. 11478 ergibt, davon aus, daß die fraglichen Vorschriften dem Privatrecht angehören. Übrigens gelangt Zitelmann, Zum Grenzstreit zwischen Reichs- und Landesrecht 1902 S. 51ff., auch im wesentlichen zu demselben Ergebnis auf Grund der Erwägung, daß die fraglichen international rechtlichen Vorschriften, auch soweit sie an sich dem öffentlichen Rechte angehören, doch von dem Art. 55 als zu den aufgehobenen privatrechtlichen Vorschriften gehörend angesehen werden.

5. **Die Aufhebung der landesgesetzlichen Vorschriften über internationales Privatrecht tritt nicht ein, soweit diese Vorschriften einen Bestandteil derjenigen landesgesetzlichen Vorschriften bilden, welche nach dem dritten Abschnitte des EG. unberührt bleiben.** Soweit in den letztgedachten Vorschriften aber ausdrücklich oder stillschweigend auf die Vorschriften des internationalen Privatrechts als auf das allgemeine Recht verwiesen ist, treten an deren Stelle nach EG. Art. 4 die Vorschriften des EG. Art. 7—31 und die nach dem Obigen subsidiär zur Anwendung kommenden Grundsätze. Zitelmann a. a. O. S. 57 formuliert das Prinzip dahin: „Nur insoweit ist das internationale Landesprivatrecht vorbehalten, wie es für Rechtsfragen, die dem Gebiet einer Vorbehaltsmaterie angehören, eine internationalprivatrechtliche Sonderbestimmung enthält." In Konsequenz dieser Auffassung sind z. B. durch Art. 84 des preuß. AG. zum BGB. die das internationale Privatrecht betreffenden Vorschriften des ALR. Einl. §§ 23—45 aufgehoben. Die Landesgesetze können aber in den ihnen vorbehaltenen Materien für diese jederzeit auch besondere von dem EG. abweichende Vorschriften des internationalen Privatrechts treffen. So z. B. würde nichts entgegenstehen, wenn ein Bundesstaat für die ihm nach EG. Art. 134 vorbehaltenen und von ihm getroffenen Vorschriften über die religiöse Erziehung der Kinder abweichend von dem EG. Art. 19 bestimmte, daß diese Vorschriften auf alle Kinder Anwendung finden, die in seinem Gebiet ihren Wohnsitz haben.

6. Die in dem Bisherigen dargelegten Grundsätze **finden Anwendung nicht nur in dem Verhältnisse zu ausländischen Staaten, sondern auch in dem Verhältnisse der Bundesstaaten zu einander.** Sie kommen in dieser Beziehung aber, da durch das BGB. einheitliches Recht für ganz Deutschland geschaffen ist, nur in Betracht für die der Landesgesetzgebung vorbehaltenen Materien (s. Erl. 5). Dieselben Grundsätze dürften auch, wenn in einem Bundesstaate verschiedene Rechte gelten, auf die interlokalrechtlichen Rechtsnormen anzuwenden sein (vgl. über diese Fragen Zitelmann a. a. O. S. 57ff.).

7. Über die Frage, ob, wenn nach den Vorschriften des EG. **ausdrücklich auf ausländische Gesetze verwiesen wird** oder doch aus diesen Vorschriften zu folgern ist, daß ausländische Gesetze Anwendung finden sollen, **unter den ausländischen Gesetzen nur die materiellrechtlichen oder auch die internationalrechtlichen Gesetze des betreffenden ausländischen Staates zu verstehen sind**, s. Erl. zu Art. 27.

8. Soweit nach den Vorschriften des internationalen Privatrechts **ausländisches Recht anzuwenden ist, finden auf den Beweis** desselben die Vorschriften der CPO. § 293 Anwendung. Dies gilt sowohl, wenn es sich um die materiellrechtlichen Vorschriften handelt, als wenn die das internationale Privatrecht des Auslandes betreffenden in Frage kommen, wie dies z. B. bei Anwendung des Art. 27 des EG. der Fall sein kann. Der Richter hat von Amts wegen das zur Anwendung kommende Recht sowie die Tatsachen, von denen die Anwendbarkeit abhängt, zu ermitteln, hat aber, wenn er auf diesem Wege Gewißheit nicht erlangen kann, diejenige Partei, deren Recht von dem anzuwendenden ausländischen Rechte abhängt, zum Beweise aufzufordern. Zweifelhaft und bestritten ist, wie verfahren werden muß, wenn weder auf dem einen noch auf dem anderen Wege Gewißheit zu erlangen ist. Nach der einen Ansicht soll der Richter, wenn nicht erwiesen wird, daß das ausländische Recht von dem inländischen abweicht, annehmen, daß das erstere mit dem letzteren übereinstimmt. In dem § 38 des der ersten Kommission vorgelegten Entwurfs war dies ausdrücklich ausgesprochen. Die Kommission hielt es indessen für bedenklich, den Satz in dieser Schärfe auszusprechen, und beschloß, die Entscheidung der Frage der Wissenschaft und Praxis zu überlassen (P. I S. 11607). Nach der zweiten Ansicht ist das auf die ausländischen Gesetze gegründete Recht als nicht vorhanden anzunehmen und je nach den Umständen des Falles die darauf gestützte Klage abzuweisen oder die darauf gestützte Einrede zu verwerfen. Die erste Auffassung entspricht der Billigkeit am meisten, die letztere dürfte aber in Ermangelung einer besonderen Vorschrift die konsequentere sein, weil ein Recht nur begründet ist, wenn es vom Gesetz anerkannt wird, diese Anerkennung aber in dem gedachten Falle nicht feststeht. In diesem Sinne hat auch das Reichsoberhandelsgericht entschieden (ROHG. Bd. 25 S. 53. Vgl. auch RG. 39 S. 375, JW. 1902 S. 36. A. A. Niedner, Vorbm. V zu Art. 7 ff.). Über alle diese Fragen, insbesondere über die verschiedenen möglichen Gestaltungen der Sachlage und das prozessualische Verfahren s. Zitelmann I S. 300—316. Für das Gebiet der freiwilligen Gerichtsbarkeit s. KG. 21 A 5, Rspr. 1 S. 413; 4 S. 75.

9. Zweifelhaft ist auch die Frage, **ob die unrichtige Anwendung ausländischen Rechtes die Verletzung eines Reichsgesetzes im Sinne der CPO. § 549 enthält und daher die darauf gegründete Entscheidung der Revision unterliegt.** Die Frage ist dann zu bejahen, wenn das ausländische Gesetz mit Unrecht angewendet ist; so auch RG. Bd. 2 S. 13; Bd. 6 S. 393. Sie auch für den Fall zu bejahen, wenn das mit Recht angewendete ausländische Recht verletzt ist, würde sich nur dann rechtfertigen, wenn man annähme, daß, wenn das Reichsgesetz unter bestimmten Voraussetzungen auf das ausländische Recht verweist, hierdurch für diesen Fall das ausländische Recht den Charakter einer reichsgesetzlichen Vorschrift erhält. Dies dürfte aber für bedenklich zu erachten sein. Das Reichsgericht verneint die Frage für diesen Fall (RG. 6 S. 412; 10 S. 115; 10 S. 172; 38 S. 273; 57 S. 142 ff.). Ebenso auch Scherer EG. S. 66 ff. und Niedner Vorbm. V.

10. **Soweit Reichsgesetze Vorschriften des internationalen Privatrechts enthalten,** bleiben diese nach EG. Art. 32 in Kraft (s. z. B. WO. Art. 84, 86; CPO. § 55; KO. §§ 5, 50, 56, 237, 238).

11. Die Vorschriften des EG. Art. 7—31 enthalten manche mehr oder weniger kasuistische Bestimmungen. In einer Beziehung wird aber ein großer von dem bisher in Deutschland geltenden Rechte abweichender Grundsatz durchgeführt. Dies ist **der Grundsatz, daß für die sog. Personalstatuten nicht mehr der Wohnsitz sondern die Staatsangehörigkeit maßgebend ist.** Dies gilt sowohl von der Geschäftsfähigkeit (EG. Art. 7) als von den familienrechtlichen und erbrechtlichen Verhältnissen (EG. Art. 13—15, 17—22, 24, 25). Die deutsche Staats- und Reichsangehörigkeit bestimmt sich nach dem Reichsgesetze v. 1. Juni 1870 über die Erwerbung und den Verlust der Bundes- und Staatsangehörigkeit (EG. Art. 41), die Staatsangehörigkeit eines Ausländers nach den für ihn maßgebenden Gesetzen. Wegen der deutschen Schutzgebiete s. § 9 des Schutzgebietsges. v. 10. Sept. 1900. Über die Frage, wie das Verhältnis zu beurteilen ist, wenn jemand Angehöriger mehrerer Staaten ist oder keinem Staate angehört, s. Erl. zu Art. 29.

12. Aus dem E. II rev. mögen hier noch diejenigen **Vorschriften** angegeben werden, **welche in dem EG. vollständig übergangen sind.**

§. 2366. Das Schuldverhältnis aus einem Rechtsgeschäft unter Lebenden wird nach den Gesetzen des Ortes beurteilt, an dem das Rechtsgeschäft zum Abschlusse gelangt.

Ist den Umständen nach anzunehmen, daß von den Beteiligten die Anwendung der Gesetze eines anderen Ortes vorausgesetzt sein muß, so sind die Gesetze dieses Ortes maßgebend.

§. 2367. Das Schuldverhältnis aus einer unerlaubten Handlung wird nach den Gesetzen des Ortes beurteilt, an dem die unerlaubte Handlung begangen wird.

Soweit sich ein deutsches Gesetz auf eine im Auslande begangene unerlaubte Handlung erstreckt, findet das deutsche Gesetz Anwendung.

§. 2368. Ein Schuldverhältnis, das auf einem anderen Grunde als auf einem Rechtsgeschäft unter Lebenden oder einer unerlaubten Handlung beruht, wird nach den Gesetzen des Ortes beurteilt, an welchem sich der für die Entstehung des Schuldverhältnisses in Betracht kommende Tatbestand verwirklicht, sofern sich nicht aus den deutschen Gesetzen ein anderes ergibt.

§. 2369. Die Rechte an einer Sache sowie der Besitz werden nach den Gesetzen des Ortes beurteilt, an dem sich die Sache befindet. Der Erwerb und der Verlust eines Rechtes an einer beweglichen Sache sowie des Besitzes einer solchen Sache werden nach den Gesetzen des Ortes beurteilt, an dem sich die Sache zur Zeit der Verwirklichung des für die Erwerbung oder den Verlust in Betracht kommenden Tatbestandes befindet.

Die Vorschrift des § 2365 Satz 2 findet keine Anwendung auf ein Rechtsgeschäft, durch das ein Recht an einer Sache begründet oder über ein solches Recht verfügt wird.

(Der hier angezogene § 2365 Satz 2 ist gleichlautend mit EG. Art. 11 Abs. 1 Satz 2).

Die übrigen Vorschriften des E. II werden, soweit erforderlich, bei den einzelnen Artikeln angeführt werden.

13. **Zwischen dem Deutschen Reiche und anderen Staaten sind verschiedene Verträge geschlossen, durch welche auch einzelne Fragen des internationalen Privatrechts berührt werden.** Hervorzuheben sind die Berner Übereinkunft über das geistige Urheberrecht v. 9. September 1886 (RGBl. 1887 S. 493 ff.) und die Pariser Zusatzakte v. 4. Mai 1896 (RGBl. 1897 S. 759 ff.); die Pariser Übereinkunft über das gewerbliche Urheberrecht v. 20. März 1883 mit den Brüsseler Zusatzakten v. 14. Dezbr. 1900 (RGBl. 1903 S. 148, 167); der Weltpostvertrag v. 1. Juni 1878 (RGBl. 1879 S. 83) und v. 21. März 1885 (RGBl. 1886 S. 82); das internationale Übereinkommen über den Eisenbahnfrachtverkehr v. 14. Oktober 1890 (RGBl. 1892 S. 793 ff.).

Direkt auf Regelung des internationalen Privatrechts gerichtet ist ein am 14. November 1896 zwischen Belgien, Frankreich, Spanien, Italien, Luxemburg, den Niederlanden, Portugal und der Schweiz abgeschlossener Vertrag. Ihm haben sich später das Deutsche Reich, Österreich-Ungarn, Dänemark, Schweden und Norwegen sowie Rumänien angeschlossen. Das Abkommen ist am 27. April 1899 ratifiziert und im RGBl. am 25. Mai 1899 publiziert (RGBl. 1899 S. 285). Der Vertrag beschränkt sich auf Bestimmungen über die Rechtshilfe, über Sicherheitsleistung wegen der Prozeßkosten, über das Armenrecht und über Personalhaft.

Von besonderer Bedeutung für die Vorschriften des EG. sind die drei am 12. Juni 1902 im Haag zwischen Deutschland, Österreich, Ungarn, Belgien, Spanien, Frankreich, Italien, Luxemburg, den Niederlanden, Portugal, Rumänien, Schweden und der Schweiz geschlossenen Abkommen. Das erste Abkommen betrifft die Regelung des Geltungsbereichs der Gesetze auf dem Gebiete der Eheschließung; das zweite die Regelung des Geltungsbereichs der Gesetze und der Gerichtsbarkeit auf dem Gebiete der Ehescheidung und der Trennung von Tisch und Bett; das dritte die Regelung der Vormundschaft über Minderjährige. Sämtliche drei Abkommen finden nur auf die europäischen Gebiete der Vertragsstaaten Anwendung. Sie sollen in Kraft treten am sechzigsten Tage nach der Hinterlegung der Ratifikationsurkunden im Haag. Nach der Bekanntmachung v. 24. Juni 1904 (RGBl. 1904 S. 249) sind die drei Abkommen von Deutschland, Belgien, Frankreich, Luxemburg, den Niederlanden, Rumänien und der Schweiz ratifiziert und die Ratifikationsurkunden am 1. Juni 1904 im Haag hinterlegt. Das Abkommen über die Regelung der Vormundschaft über Minderjährige ist nach der Bekanntmachung v. 17. Juli 1904 auch von Spanien ratifiziert und ist die Hinterlegung der Ratifikationsurkunde am 30. Juni 1904 im Haag erfolgt. Den sämtlichen auf der dritten Haager Konferenz vertretenen Staaten, welche die Abkommen nicht mitunterzeichnet haben, ist der vorbehaltlose Beitritt zu den Ab-

Artikel 7. Die Geschäftsfähigkeit einer Person wird nach den Gesetzen des Staates beurtheilt, dem die Person angehört.

Erwirbt ein Ausländer, der volljährig ist oder die rechtliche Stellung eines Volljährigen hat, die Reichsangehörigkeit, so behält er die rechtliche Stellung eines Volljährigen, auch wenn er nach den deutschen Gesetzen nicht volljährig ist.

Nimmt ein Ausländer im Inland ein Rechtsgeschäft vor, für das er geschäftsunfähig oder in der Geschäftsfähigkeit beschränkt ist, so gilt er für dieses Rechtsgeschäft insoweit als geschäftsfähig, als er nach den deutschen Gesetzen geschäftsfähig sein würde. Auf familienrechtliche und erbrechtliche Rechtsgeschäfte sowie auf Rechtsgeschäfte, durch die über ein ausländisches Grundstück verfügt wird, findet diese Vorschrift keine Anwendung.

---

kommen vorbehalten. Der Beitritt mußte spätestens bis zum 31. Dezember 1904 erklärt werden. Der Beitritt ist bisher nicht erfolgt.

Die drei Abkommen gehen in den durch sie geregelten Materien im wesentlichen von denselben Grundsätzen aus wie die betreffenden Vorschriften des EG.; in einzelnen Beziehungen sind jedoch Modifikationen hinzugefügt. Eine dem Bundesrat und dem Reichstage vorgelegte Denkschrift gibt näheren Aufschluß über die Tragweite der 'n den Abkommen getroffenen Vorschriften und die Gründe, die dazu geführt haben (s. Reichstagsdrucksachen 1904 Nr. 347). Die einzelnen Bestimmungen der Abkommen werden bei den sie berührenden Vorschriften des EG. erörtert werden (s. Erl. 10 zu Art. 13, Erl. 9 zu Art. 17, Erl. 10 zu Art. 23).

14. In dem § 27 des Ges. über die **Konsulargerichtsbarkeit** v. 7. April 1900, welches nach der Kaiserlichen Verordnung v. 25. Oktober 1900 am 1. Januar 1901 in Kraft trat, ist bestimmt:

„Soweit die nach § 19 zur Anwendung kommenden Gesetze auf die an einem ausländischen Orte geltenden Gesetze Bezug nehmen, sind hierunter, falls es sich um einen Ort innerhalb eines Konsulargerichtsbezirks und um die Rechtsverhältnisse einer der Konsulargerichtsbarkeit unterworfenen Person handelt, die deutschen Gesetze zu verstehen.

Durch Kaiserliche Verordnung kann bestimmt werden, inwieweit in einem Konsulargerichtsbezirke die von der dortigen Staatsgewalt erlassenen Vorschriften neben den deutschen Gesetzen als Gesetze des Ortes anzusehen sind."

Nach dem § 19 kommen die Reichsgesetze, insbesondere also auch das BGB. und das EG. zur Anwendung.

15. Darstellungen des ausländischen internationalen Privatrechts finden sich zum Teil in Meili, Kodifikation des internationalen Civil- und Handelsrechts (1891); Niemeyer, Vorschläge rc. (1895); Neumann, Internationales Privatrecht (1896).

16. Über das Zusammentreffen von örtlicher und zeitlicher Kollision der Rechtsnormen s. Vorbm. 5 vor Art. 153.

17. **Zitierweise.** In den Erl. zu Art. 7—31 werden als E. I der von der ersten Kommission beschlossene Entwurf (enthalten in P. II Bd. 6 S. 8 ff.), als E. II bzw. E. II rev. der von der zweiten Kommission in erster bzw. zweiter Lesung beschlossene Entwurf, als E. des EG. III der dem Reichstage vorgelegte Entwurf des EG. zitiert.

Artikel 7.

E. I § 1; II § 2238 rev. § 2361; E. d. EG. III Art. 6. P. I S. 11484 ff. P. II Bd. 6 S. 28 f., 37 f.

1. **Das für die Geschäftsfähigkeit maßgebende Recht.** Der Art. 7 stellt im Abs. 1 eine allgemeine Regel darüber auf, nach welchem Rechte die Geschäftsfähigkeit einer Person zu beurteilen ist, und fügt dieser Regel in den Abs. 2 und 3 zwei Modifikationen hinzu. Die Regel geht dahin, daß maßgebend ist das Recht des Staates, dem die Person angehört, nicht also das Recht des Staates, in dem sie ihren Wohnsitz hat. Das Gesetz beschränkt sich also hier nicht darauf, vorzuschreiben, auf welche Personen das deutsche Recht Anwendung findet, sondern es bestimmt auch, in welchen Fällen das ausländische Recht und welches ausländische Recht Anwendung findet. Nur für die Beurteilung der Geschäftsfähigkeit gilt aber die Regel; nicht für die Rechtsfähigkeit (s. Erl. 5), auch nicht für die Handlungsfähigkeit allgemein (s. Erl. 4) und ebensowenig für die Beschränkungen des Verfügungsrechts (s. Erl. 3).

2. **Der Begriff der Geschäftsfähigkeit** ist aus dem BGB. §§ 104 ff. zu entnehmen (s. Bd. I Vorbm. 1 S. 187). Sie ist die Fähigkeit, eine rechtsgeschäftliche Willenserklärung abzugeben oder entgegenzunehmen (§ 131). Soweit die Vorschriften des BGB. über die Geschäftsfähigkeit auch auf Rechtshandlungen, die nicht Rechtsgeschäfte sind, Anwendung finden (s. Bd. I Vorbm. X S. 186), gilt für sie auch der Art. 7. So wird sich also z. B. die Fähigkeit einer Person, einen Wohnsitz zu begründen oder aufzugeben (§ 8), sowie die Fähigkeit, sich durch Geschäftsführung ohne Auftrag zu verpflichten (§ 682), nach dem Rechte des Staates bestimmen, dem die Person angehört. Die Regel gilt nicht nur für die Beurteilung der Frage, ob jemand allgemein geschäftsfähig oder geschäftsunfähig ist (§ 104), sondern auch für die Beschränkung der Geschäftsfähigkeit und deren Folgen (§§ 106 ff.). Die Willenserklärungen eines Deutschen, welcher minderjährig oder wegen Geistesschwäche, Verschwendung oder Trunksucht entmündigt oder unter vorläufige Vormundschaft gestellt ist, sind daher, auch wenn er im Auslande seinen Wohnsitz hat und dort die Erklärung abgegeben hat, nur wirksam unter den in den §§ 107 bis 113 bestimmten Voraussetzungen. Die Regel des Art. 7 gilt auch, sofern das Gesetz die Geschäftsfähigkeit für einzelne Rechtsgeschäfte an besondere Voraussetzungen knüpft; sie gilt insbesondere also für die Fähigkeit, eine Ehe einzugehen (§§ 1303, 1304), sowie für die Fähigkeit, ein Testament oder einen Erbvertrag oder einen Erbverzichtsvertrag zu errichten (§§ 2229, 2230, 2275, 2347; s. auch Erl. zu Art. 24). Ebenso wie sich hiernach für einen Deutschen sowohl die Voraussetzungen einer Beschränkung der Geschäftsfähigkeit und der Geschäftsunfähigkeit als auch die Folgen dieser Zustände nach deutschen Gesetzen bestimmen, bestimmen sich Voraussetzungen und Folgen für einen Ausländer nach dem Rechte desjenigen Staates, welchem er angehört. Insbesondere bestimmt sich hiernach auch, welche Grade der Beschränkung der Geschäftsfähigkeit gelten und welche Folgen daran geknüpft sind. Hierbei ist indessen zu beachten, ob es sich wirklich um eine Beschränkung der Geschäftsfähigkeit oder nur um eine Beschränkung des Verfügungsrechts handelt; für letztere gilt der Art. 7 nicht (s. Erl. 3). Insbesondere kann es bisweilen zweifelhaft sein, ob die für eine Ehefrau geltenden Beschränkungen als eine Beschränkung der Geschäftsfähigkeit oder, wie dies nach dem BGB. der Fall ist, nur als eine Beschränkung des Verfügungsrechts aufzufassen sind.

Aus dem Gesagten ergibt sich, daß bei einem zwischen einem Deutschen und einem Ausländer vorgenommenen Rechtsgeschäfte sowohl das deutsche wie das ausländische Recht anzuwenden ist; möglicherweise kann für die Beurteilung der Wirksamkeit des Rechtsgeschäfts nach einer anderen Seite hin auch noch ein drittes Recht z. B. das Recht des Ortes, an welchem das Geschäft vorgenommen ist, oder desjenigen Ortes, an welchem sich die den Gegenstand des Rechtsgeschäfts bildende Sache befindet, anzuwenden sein.

Für die Entmündigung, für deren Voraussetzungen und Folgen nach dem obigen das Recht des Staates maßgebend ist, dem der Entmündigte angehört (P. II Bd. 6 S. 30 ff.), ergibt sich eine Ausnahme von dieser Regel aus der Vorschrift des Art. 8 (s. Erl. zu Art. 8). Für die Volljährigkeitserklärung besteht eine solche Ausnahme nicht (P. II Bd. 6 S. 29 ff.).

3. **Die Regel des Art. 7 gilt nicht für Verfügungsbeschränkungen, welche nicht Ausfluß einer Beschränkung der Geschäftsfähigkeit sind.** Dahin gehören nach dem BGB. insbesondere die Beschränkungen infolge des Veräußerungsverbots der in den §§ 135, 136 bezeichneten Art. Die Beschränkungen der Ehefrau infolge des ehelichen Güterrechts (§§ 1395 ff.), die Beschränkungen des Erben infolge des Vorhandenseins eines Testamentsvollstreckers (§ 2211) oder eines Nacherben (§§ 2113 ff.) sowie die Beschränkungen des Gemeinschuldners infolge des Konkurses (KO. § 7). Für Beschränkungen dieser Art ist dasjenige Recht maßgebend, nach welchem sich die Wirksamkeit des betreffenden Rechtsgeschäfts bestimmt.

4. **Die Regel des Art. 7 gilt nur für die Geschäftsfähigkeit, nicht für die Handlungsfähigkeit überhaupt.** Sie gilt also nicht für die sog. Deliktsfähigkeit, d. h. für die Bestimmung der Voraussetzungen, unter welchen eine Person aus einer unerlaubten Handlung oder wegen Verletzung einer obligatorischen Verpflichtung verantwortlich ist (BGB. §§ 827, 828, 276 Abs. 1 Satz 3). Hierfür ist maßgebend das Recht desjenigen Ortes, nach welchem sich die Haftung aus der unerlaubten Handlung oder aus der obligatorischen Verpflichtung bestimmt (s. Erl. zu Art. 12).

5. **Die Regel des Art. 7 gilt nicht für die Rechtsfähigkeit**, d. h. für die Fähigkeit, Subjekt von Rechten oder Verbindlichkeiten zu sein. In dem der ersten Kommission vorgelegten Entwurfe war als § 5 die Vorschrift vorgeschlagen: „Die Rechtsfähigkeit wird nach den Gesetzen beurteilt, welche über das Rechtsverhältnis, bei dem sie in Frage kommt, entscheiden."

Zur Ergänzung war im § 33 eine Vorschrift vorgeschlagen, nach welcher für Personen, die in einem auswärtigen Staate der Sklaverei unterworfen sind, aber in einem Staate den Wohnsitz haben oder verweilen, welcher die Sklaverei nicht anerkennt, das Recht dieses Staates bei solchen Verhältnissen maßgebend sein soll, für welche nach allgemeinen Grundsätzen das Recht des Sklavenstaats maßgebend sein würde.

Der erstgedachte Antrag wurde sachlich gebilligt und ein Antrag, nach welchem die Staatsangehörigkeit maßgebend sein sollte, abgelehnt. Trotzdem wurde der erstgedachte Antrag nicht aufgenommen, weil man annahm, daß sich sein Inhalt aus den späteren Vorschriften als selbstverständlich ergebe. Auch der zweite Antrag wurde abgelehnt, aber ebenfalls nur deshalb, weil sein Inhalt sich aus dem mit dem jetzigen Art. 30 im wesentlichen übereinstimmenden § 35 ergebe.

In der Theorie ist die Frage, nach welchem Rechte die Rechtsfähigkeit zu beurteilen ist, streitig. In betreff der Parteifähigkeit, welche sich als ein Ausfluß der allgemeinen Rechtsfähigkeit darstellt, ist in den Gründen eines Urteils des RG. Bd. 32 S. 173 die Ansicht vertreten, daß nach preuß. ALR. Einl. § 23 wie nach allgemeinen Grundsätzen das Recht des Wohnsitzes der betreffenden Partei maßgebend sei. Für die in dem E. I vertretene, oben dargelegte Auffassung haben sich z. B. ausgesprochen v. Bar Theorie I S. 390ff., 406ff. und Zitelmann II S. 82ff. Die letztere Ansicht dürfte jedenfalls nach dem EG. den Vorzug verdienen. Wenn in dem Art. 7 nur in betreff der Geschäftsfähigkeit das Recht des Staates, dem die betreffende Person angehört, für maßgebend erklärt ist und in den späteren Artikeln dann das für einzelne Rechtsverhältnisse maßgebende Recht bestimmt ist, ohne dabei für die Rechtsfähigkeit eine Ausnahme zu machen, so muß man annehmen, daß das für die einzelnen Rechtsverhältnisse maßgebende Recht auch, soweit die Rechtsfähigkeit dabei in Betracht kommt, gelten soll; dies wird dann auch für diejenigen Rechtsverhältnisse gelten müssen, welche in dem EG. nicht besonders geordnet sind. Über die für diese Auffassung sprechenden inneren Gründe s. v. Bar und Zitelmann a. a. O. Der aufgestellte Grundsatz wird gelten müssen sowohl in betreff der allgemeinen Rechtsfähigkeit, also der Fähigkeit, überhaupt Subjekt von Rechten zu sein, als auch in betreff der besonderen Rechtsfähigkeit d. h. der Fähigkeit, Subjekt bestimmter Rechte z. B. Eigentümer eines Grundstücks zu sein (s. z. B. EG. Art. 86, 87). Ein Grund, in dieser Beziehung zu unterscheiden, dürfte nicht vorliegen (a. A. Niedner, Erl. 1a, b; Niemeyer, S. 119, die den angeführten Grundsatz nur für die besondere Rechtsfähigkeit anerkennen, während sie für die allgemeine Rechtsfähigkeit die Staatsangehörigkeit entscheiden lassen wollen). Zu beachten ist aber, daß, wenn für das betreffende Rechtsverhältnis das Recht der Staatsangehörigkeit entscheidet und dessen Anwendung gegen die guten Sitten oder gegen den Zweck eines deutschen Gesetzes verstoßen würde, die Anwendung nach Art. 30 ausgeschlossen ist. Ein solcher Fall würde z. B. vorliegen, wenn das ausländische Gesetz die Sklaverei oder den bürgerlichen Tod anerkennt und aus diesen Gründen die Fähigkeit, Eigentum zu erwerben oder Erbe zu sein, verneint (vgl. Niemeyer S. 118).

Auch die Frage, ob ein Mensch bereits existiert, ist eine Frage der Rechtsfähigkeit. Ob daher der Mensch bereits mit der vollendeten Geburt als existierend anzusehen ist (BGB. § 1) oder wie nach französischem Rechte die Lebensfähigkeit erfordert wird, ist nach dem für das betreffende Rechtsverhältnis maßgebenden Rechte zu entscheiden. Ist z. B. ein Franzose gestorben, für dessen Beerbung nach EG. Art. 25 das französische Recht maßgebend ist, und ist ihm nach seinem Tode ein Sohn geboren, der gesetzlich zum Erben berufen ist, so gilt derselbe, wenn er zwar lebend aber nicht lebensfähig zur Welt gekommen ist, als niemals vorhanden gewesen; die Erbschaft ist also ihm nicht angefallen, sondern denjenigen, welche nach ihm zu Erben berufen sind. Ist dagegen der Erblasser ein Deutscher, seine Beerbung daher nach deutschem Rechte zu beurteilen, so wird eine gesetzlich zur Erbschaft berufene, aber nicht lebensfähige Person auch dann Erbe, wenn sie ein Franzose ist. Über die Behandlung der Todeserklärung s. Erl. zu Art. 9, über juristische Personen Erl. zu Art. 10.

6. Ausnahmen von der Regel des Art. 7 Abs. 1 treten ein teils infolge der allgemeinen Vorschriften der Art. 27, 30, teils infolge der besonderen Bestimmungen des Art. 7 Abs. 2, 3.

a) Nach Art. 27 finden, wenn nach Art. 7 Abs. 1 das Recht eines ausländischen Staates maßgebend ist, nach den in diesem Staate geltenden Grundsätzen des internationalen Privatrechts aber die deutschen Gesetze entscheidend sind, diese Anwendung. Wenn also z. B. die Geschäftsfähigkeit eines Engländers in Frage steht, der in Deutschland seinen Wohnsitz hat, so wird diese, weil nach englischem Rechte die Geschäftsfähigkeit sich nach dem Rechte des Wohnsitzes bestimmt, nicht nach englischem, sondern nach deutschem Rechte beurteilt. Es findet hier also die sog. Rückverweisung statt. Über das Nähere s. Erl. zu Art. 27.

b) Das nach Art. 7 Abs. 1 maßgebende Recht wird nach Art. 30 **nicht angewendet**, wenn dessen Anwendung gegen die guten Sitten oder gegen den Zweck eines deutschen Gesetzes verstoßen würde. Hiernach dürfte z. B. eine Person, welche nach dem Rechte ihres Heimatstaats wegen ihres religiösen Bekenntnisses oder ihrer Angehörigkeit zu einem geistlichen Orden nicht geschäftsfähig ist, in Deutschland nach Maßgabe des deutschen Rechtes doch als geschäftsfähig anzuerkennen sein.

c) Nach **Art. 7 Abs. 2** hat ein Deutscher, der nach deutschem Rechte die rechtliche Stellung eines Volljährigen nicht hat, diese Stellung doch, wenn er, bevor er Deutscher wurde, einem anderen Staate angehört und nach dessen Rechte die rechtliche Stellung eines Volljährigen erlangt hatte. In Betracht kommen hier sowohl die Fälle, in welchen nach dem Rechte des ausländischen Staates die Volljährigkeit früher eintritt wie nach dem deutschen Rechte, als auch diejenigen, in welchen die rechtliche Stellung eines Volljährigen nach dem ausländischen Rechte aus Gründen, die dem deutschen Rechte unbekannt sind, z. B. durch den Satz „Heirat macht mündig", erworben wird oder in welchen nach den Gesetzen des ausländischen Staates eine Volljährigkeitserklärung erfolgt ist. Es handelt sich hier um eine nur für Deutsche geltende Vorschrift und eine Ausdehnung auf andere Fälle dürfte unzulässig sein. Die Annahme von **Niedner** Erl. 5 zu Art. 7 und **Niemeyer** S. 126ff., daß die Vorschrift des Abs. 2 nicht eine sog. einseitige Kollisionsnorm aufstelle, sondern eine selbständige neben der Vorschrift des Abs. 1 geltende Regel enthalte, die zwar ihrem Wortlaute nach nur für Deutschland bestimmt sei, ihrem Sinne nach aber allgemein gelten müsse, dürfte sich nicht rechtfertigen lassen. Es ist nicht abzusehen, weshalb das Gesetz, wenn es eine allgemeine Regel hätte aufstellen wollen, nicht eine dem Abs. 1 entsprechende allgemeine Fassung gewählt und also etwa gesagt hätte, daß eine Person, welche nach den Gesetzen des Staates, dem sie angehört, die rechtliche Stellung eines Volljährigen erlangt hat, diese Stellung auch behält, wenn sie Angehöriger eines Staates wird, nach dessen Gesetzen sie jene Stellung nicht hat. Der von **Niedner** für die Vermeidung einer solchen allgemeinen Fassung angeführte Grund, daß dadurch in die Souveränität anderer Staaten eingegriffen werde, dürfte von dem Standpunkt aus, welchen das EG. in dem unmittelbar vorausgehenden ersten Absatz eingenommen hat, nicht zutreffend sein. Der Abs. 2 behandelt die einmal erworbene rechtliche Stellung eines Volljährigen wie ein selbständiges wohlerworbenes Recht, aber er bestimmt dies nur zugunsten eines Deutschen und er glaubte keine Veranlassung zu haben, eine ähnliche Vorschrift auch zugunsten der Angehörigen anderer Staaten oder auch nur zugunsten solcher Ausländer, die früher als Deutsche die rechtliche Stellung eines Deutschen erlangt hatten, zu treffen. Sachlich handelt es sich in der Tat um eine materielle Bestimmung des deutschen Rechtes. Zu den Gründen, aus welchen nach dem BGB die rechtliche Stellung eines Volljährigen erlangt wird, also zu der Volljährigkeitserklärung (§ 2) tritt nach Art. 7 Abs. 2 noch hinzu die Tatsache, daß die betreffende Person die rechtliche Stellung eines Volljährigen während der Zeit erlangt hatte, in welcher sie Angehöriger eines anderen Staates war. Enthalten die Gesetze eines anderen Staates zugunsten der Angehörigen dieses Staates eine dem Art. 7 Abs. 2 entsprechende Vorschrift, so wird diese aus demselben Gesichtspunkt auf Grund des Art. 7 Abs. 1 auch in Deutschland zur Anwendung zu bringen sein (s. auch **Zitelmann** II S. 63).

d) **Der Art. 7 Abs. 3 Satz 1 macht eine** dem § 84 der WO. entsprechende **Ausnahme von der Vorschrift des Abs. 1 für Ausländer, die in Deutschland Rechtsgeschäfte vornehmen** (vgl. auch CPO. § 55). Ihre Geschäftsfähigkeit soll in Beziehung auf diese Rechtsgeschäfte so beurteilt werden, wie wenn sie Deutsche wären; dies jedoch nur, wenn sie nach den deutschen Gesetzen in der Geschäftsfähigkeit weniger beschränkt sind, wie nach den Gesetzen ihres Heimatstaats. Der nach diesen Gesetzen Geschäftsunfähige gilt also in Beziehung auf die gedachten Rechtsgeschäfte als vollständig geschäftsfähig oder in der Geschäftsfähigkeit beschränkt, je nachdem er das eine oder andere nach deutschen Gesetzen sein würde; der nach den Gesetzen seines Heimatstaats beschränkt Geschäftsfähige gilt als unbeschränkt geschäftsfähig, wenn er dies nach deutschen Gesetzen sein würde; es bleibt aber bei der beschränkten Geschäftsfähigkeit, wenn er nach deutschen Gesetzen geschäftsunfähig wäre. Auch das Maß und die Folgen einer Beschränkung der Geschäftsfähigkeit bestimmen sich insoweit nach deutschem Rechte, als dieses eine geringere Beschränkung wie das ausländische Recht bestimmt.

Die Vorschrift gilt für Rechtsgeschäfte aller Art, vorbehaltlich der Ausnahme des Satz 2. Sie gilt also sowohl für Verträge wie für einseitige Rechtsgeschäfte und in betreff der letzteren

Artikel 8. Ein Ausländer kann im Inlande nach den deutschen Gesetzen entmündigt werden, wenn er seinen Wohnsitz oder, falls er keinen Wohnsitz hat, seinen Aufenthalt im Inlande hat.

---

sowohl für empfangsbedürftige wie für nichtempfangsbedürftige Rechtsgeschäfte. Die in der ersten Kommission beantragte Beschränkung der Vorschrift, daß sie nicht gelten solle, wenn der andere Teil den Mangel der Geschäftsfähigkeit gekannt habe, ist abgelehnt; ebenso der in der zweiten Kommission gestellte Antrag, daß die Geschäftsfähigkeit nach deutschen Gesetzen nur dann angenommen werde, „wenn die deutschen Gesetze für das den Gegenstand des Rechtsgeschäfts bildende Rechtsverhältnis maßgebend sind". Die Ablehnung des letztgenannten Antrags erfolgte wesentlich aus dem praktischen Gesichtspunkte, daß dadurch das Verhältnis ohne Not kompliziert werde. Die Anwendung der Vorschrift hängt daher nicht von dem guten Glauben eines Teiles und, abgesehen von der Ausnahme des Satz 2, auch nicht von dem Inhalte des Rechtsgeschäfts ab; sie gilt insbesondere auch, wenn beide Teile Ausländer sind, und nicht nur für obligatorische, sondern auch für dingliche Rechtsgeschäfte aller Art z. B. für die Übertragung des Eigentums, für die Begründung und Aufhebung von Rechten an Sachen, für die Abtretung und Belastung von Forderungen 2c.

Die in dem Abs. 3 Satz 2 bestimmte Ausnahme für familienrechtliche und erbrechtliche Rechtsgeschäfte beruht auf dem Gedanken, daß die Vorschrift des Abs. 3 Satz 1 wesentlich die Sicherung des Verkehrs bezwecke. Die ausgenommenen Geschäfte sind aber keine Verkehrsgeschäfte. Der Begriff der familienrechtlichen und erbrechtlichen Rechtsgeschäfte ist aus dem BGB. zu entnehmen. Es gehören dahin insbesondere die Eingehung der Ehe, die Eheverträge, die Annahme an Kindes Statt, Testamente, Erbverträge, Erbverzichte 2c. Zweifelhaft kann sein, ob auch der Erbschaftskauf als ein erbrechtliches Rechtsgeschäft zu betrachten ist; die Frage dürfte zu verneinen sein (s. Erl. 3f. zu Art. 24).

Die weitere Ausnahme des Abs. 3 Satz 2 für Rechtsgeschäfte, durch welche über ein ausländisches Grundstück verfügt wird, ist erst von der zweiten Kommission hinzugefügt worden. Sie bezieht sich nur auf die Verfügung über das Grundstück selbst, nicht auf die Verfügung über Rechte an Grundstücken. Der Begriff der Verfügung ist aus dem BGB. zu entnehmen (s. Bd. I Vorbm. 4 S. 185). In Betracht kommt hiernach die Veräußerung und die Belastung eines ausländischen Grundstücks und das Aufgeben des Eigentums daran. Nicht unter die Ausnahme des Satz 2 fallen Rechtsgeschäfte, durch welche die Verpflichtung zu einer Verfügung der gedachten Art z. B. zur Veräußerung eines ausländischen Grundstücks eingegangen wird.

Aus der Vorschrift des Abs. 3 kann nicht ein allgemeines Prinzip entnommen werden. Sie bezweckt, den Verkehr in Deutschland zu sichern, und darf daher nicht auf Rechtsgeschäfte ausgedehnt werden, die im Auslande, sei es von Deutschen oder überhaupt von Angehörigen eines anderen Staates als demjenigen, in welchem das Rechtsgeschäfts zustande gekommen ist, vorgenommen werden. Eine Ausdehnung auf solche Rechtsgeschäfte würde mit dem Wortlaute wie mit dem Zwecke des Abs. 1 unvereinbar sein.

Über die Anwendung des Abs. 3 in dem Falle, daß ein entmündigter Ausländer ein Rechtsgeschäft in Deutschland vornimmt, s. Erl. 6 zu Art. 8.

Artikel 8.

E. II § 2239 rev. § 2362. E. d. EG. III Art. 7. P. I S. 11566 ff., 11606. P. II Bd. 6 S. 29 ff.

1. Entstehung der Vorschriften des Art. 8 über Entmündigung. In dem der ersten Kommission vorgelegten Entwurfe (§ 28) war die Aufnahme eines allgemeinen Satzes dahin vorgeschlagen, daß die Voraussetzungen der Entmündigung einer Person sich nach dem Rechte des Staates, welchem die Person angehört, die Wirkungen aber nach dem Rechte des Staates bestimmen, in welchem die Entmündigung ausgesprochen wird. Daneben wurden zwei Fälle bestimmt, in welchen die in einem ausländischen Staate ausgesprochene Entmündigung in Deutschland nicht anerkannt werden soll. Bei den Beratungen der ersten Kommission gingen die Ansichten darüber auseinander, ob nur die Voraussetzungen oder auch die Wirkungen oder endlich auch das Verfahren nach dem Rechte des Heimatsstaats zu beurteilen sei. Daneben wurden Anträge gestellt, welche die Entmündigung eines Ausländers im Inlande sowie die Entmündigung eines Deutschen im Auslande auszuschließen bzw. zu beschränken bezweckten.

Sämtliche Anträge wurden abgelehnt, indem man davon ausging, daß die Frage, ob nur die Voraussetzungen oder auch die Wirkungen und das Verfahren nach dem Rechte des Heimatstaats zu beurteilen sei, der Wissenschaft und Praxis überlassen bleiben solle, daß aber die Entmündigung eines Ausländers im Inlande nach den Vorschriften der CPO. über die Zuständigkeit der inländischen Gerichte (§ 594 jetzt § 648) zulässig sei und es hierbei bleiben müsse, und daß endlich die Frage, ob die im Ausland erfolgte Entmündigung eines Inländers anzuerkennen sei, sich nach den Vorschriften über die Anerkennung ausländischer Urteile bestimme.

Bei den Beratungen der zweiten Kommission wurde davon ausgegangen, daß zwar die Vorschriften der CPO. (§§ 648, 680) über das für die Entmündigung zuständige Gericht unberührt bleiben, daß aber materiell die Entmündigung eines Ausländers im Inlande nach dem im Art. 7 ausgesprochenen Prinzip unzulässig sei. Das praktische Bedürfnis erfordere aber, von dieser Konsequenz die im Art. 8 bestimmte Ausnahme zu machen. Dabei wurde noch von einer Seite bemerkt, daß sich hieraus als Meinung der Kommission ergebe, daß die im Auslande erfolgte Entmündigung eines Inländers nicht anerkannt werde; ob dieser Satz ohne weiteres erkennbar sei, stehe dahin.

2. Das für die Entmündigung maßgebende Recht. Nach Art. 7 wird die Geschäftsfähigkeit einer Person nach dem Rechte des Staates beurteilt, dem die Person angehört. Nach diesem Rechte bestimmen sich also die Voraussetzungen, unter welchen die Geschäftsfähigkeit einer Person ausgeschlossen oder beschränkt wird. Nach diesem Rechte ist also auch zu beurteilen, ob durch den als Entmündigung bezeichneten Rechtsakt eine Aufhebung oder Beschränkung der Geschäftsfähigkeit eintritt und unter welchen Voraussetzungen ein solcher Rechtsakt erfolgen kann. Hieraus ergibt sich, daß die Voraussetzungen und Wirkungen der Entmündigung eines Inländers nach deutschem Rechte, die eines Ausländers nach dem Rechte des Staates, welchem er angehört, zu beurteilen sind. Zweifelhaft ist die Frage, ob auch das Verfahren, in welchem die Entmündigung erfolgt, und die Behörde, von welcher die Entmündigung auszusprechen ist, sich nach dem Rechte des Staates bestimmt, welchem die betreffende Person angehört. Nach CPO. §§ 648, 680 ist für die Einleitung des Verfahrens auf Entmündigung dasjenige Amtsgericht zuständig, bei welchem der zu Entmündigende seinen allgemeinen Gerichtsstand hat. In dem Abs. 2 des § 648 werden dann noch besondere Vorschriften für den Fall gegeben, daß ein Deutscher einen allgemeinen Gerichtsstand in Deutschland nicht hat. Hiernach ist also ein inländisches Gericht auch zuständig für die Entmündigung eines Ausländers, wenn dieser seinen allgemeinen Gerichtsstand bei dem betreffenden Gerichte hat; umgekehrt aber auch ein ausländisches Gericht für die Entmündigung eines Inländers, wenn dieser dort seinen allgemeinen Gerichtsstand hat. Nur die Zuständigkeit des Gerichts wird hierdurch aber bestimmt. Eine Entscheidung der materiellen Frage, ob ein Ausländer wirksam im Inland, ein Inländer wirksam im Ausland entmündigt werden kann, dürfte in dieser Bestimmung nicht zu finden sein. Wenn das Gesetz die Ausschließung oder Beschränkung der Geschäftsfähigkeit von dem Rechtsakte der Entmündigung abhängig macht, so hat es hierbei nicht einen von einer beliebigen Behörde erfolgenden Rechtsakt, sondern denjenigen Rechtsakt vor Augen, welcher durch die gesetzlich bestimmte inländische Behörde erfolgt, das BGB. insbesondere also die von dem zuständigen inländischen Amtsgerichte nach Maßgabe des in der CPO. geordneten Verfahrens erfolgende Entmündigung. Hierfür spricht insbesondere auch, daß die Vorschriften über das Verfahren, z. B. die Vorschriften über die Antragsberechtigung, zugleich eine materielle Bedeutung haben und mit den sonstigen materiellen Voraussetzungen in einem so engen Zusammenhange stehen, daß eine Entmündigung, die auf Grund anderer Vorschriften als der der CPO. erfolgte, in der Tat eine ganz andere Entmündigung wäre (s. auch Zitelmann I S. 211). Gegen dieses Ergebnis dürfte sich auch nicht einwenden lassen, daß prinzipiell auch die Urteile ausländischer Gerichte in Deutschland anerkannt werden und daß hiervon nur dann eine Ausnahme stattfindet, wenn eine der in CPO. § 328 bestimmten Voraussetzungen vorliegt. Das gedachte Prinzip gilt nach dem Wortlaute des § 328 nur für die in einem Prozeß ergangenen Urteile; seine Ausdehnung auf den je nach den verschiedenen Gesetzen von der einen oder anderen Behörde erfolgenden Rechtsakt der Entmündigung dürfte aus den oben hervorgehobenen, aus der Bedeutung der Entmündigung entnommenen Gründen in hohem Grade bedenklich sein.

Eventuell mag noch kurz darauf hingewiesen werden, welche Konsequenzen sich aus der entsprechenden Anwendung des § 328 der CPO. ergeben. Nach der Nr. 1 würde die Entmündigung, welche im Ausland erfolgt, nicht anzuerkennen sein, wenn der Entmündigte, mag er ein Inländer oder ein Ausländer sein, seinen allgemeinen Gerichtsstand (CPO. § 13) nicht in dem betreffenden Auslande hat. Nach der Nr. 2 würde die im Ausland erfolgte Entmündigung eines Deutschen nicht anzuerkennen sein, wenn der Entmündigte sich nicht auf das Verfahren eingelassen hat und die das Verfahren einleitende Ladung oder Verfügung ihm nicht nach Maßgabe der in der Nr. 2 getroffenen Bestimmung zugegangen ist. Die Nr. 3 kommmt nicht in Betracht. Nach der Nr. 4 würde die im Ausland erfolgte Entmündigung eines Deutschen nicht anzuerkennen sein, wenn sie gegen die guten Sitten oder gegen den Zweck eines deutschen Gesetzes verstoßen würde. Hiernach dürfte die Entmündigung eines Deutschen aus einem Grunde, den das deutsche Recht nicht anerkennt, z. B. die Entmündigung wegen körperlicher Gebrechen, nicht anzuerkennen sein; ebenso auch nicht eine weitergehende Beschränkung der Geschäftsfähigkeit als das deutsche Recht je nach der Verschiedenheit der Gründe mit der Entmündigung verbindet. Endlich würde nach Nr. 5 die Anerkennung zu versagen sein, wenn die Gegenseitigkeit nicht verbürgt ist (vgl. über die Konsequenzen, die sich aus CPO. § 328 ergeben, **Hellwig**, Lehrbuch des Civilprozesses Bd. 1 S. 107).

3. **Von dem nach Erl. 2 maßgebenden Grundsatze,** daß ein Ausländer nur in dem Staate, welchem er angehört, nach den dort geltenden Gesetzen entmündigt werden kann, **macht der Art. 8 für den Fall eine Ausnahme, daß ein Ausländer seinen Wohnsitz oder, falls er keinen Wohnsitz hat, seinen Aufenthalt im Inlande hat.** Ob der Ausländer seinen Wohnsitz im Inlande hat, bestimmt sich nach den Vorschriften des deutschen Rechtes (BGB. §§ 7ff.). Der Aufenthalt im Inlande genügt nur, wenn der betreffende Ausländer überhaupt keinen Wohnsitz hat. Liegt eine dieser Voraussetzungen vor, so kann der betreffende Ausländer nach deutschen Gesetzen entmündigt werden. Sowohl die Voraussetzungen als das zuständige Gericht, sowohl das Verfahren als auch die Wirkungen der Entmündigung bestimmen sich ausschließlich nach deutschem Rechte. Die Entmündigung eines Ausländers durch ein deutsches Gericht nach Maßgabe ausländischen Rechtes ist unzulässig.

Nicht ausgeschlossen durch die Vorschrift des Art. 8 wird die Entmündigung eines Ausländers in seinem Heimatstaat und nach dessen Gesetzen. Ist diese erfolgt, so wird dadurch zwar die Entmündigung nach deutschen Gesetzen in Deutschland formell nach Art. 8 nicht ausgeschlossen; das deutsche Gericht wird aber nach dem Zwecke des Art. 8 von der ihm dadurch beigelegten Befugnis („kann") keinen Gebrauch machen dürfen. Ist die Entmündigung von einem deutschen Gericht erfolgt, so treten immer die nach deutschem Rechte damit verbundenen Wirkungen ein und zwar auch dann, wenn der betreffende Ausländer auch im Ausland entmündigt würde und mit dieser Entmündigung nach dem betreffenden ausländischen Rechte geringere Wirkungen verbunden wären. Sind aber mit der im Ausland erfolgten Entmündigung weitergehende Wirkungen verbunden als mit der deutschen Entmündigung, so treten diese neben den Wirkungen der deutschen Entmündigung ein.

4. **Der Art. 8 macht von dem maßgebenden allgemeinen Grundsatz eine Ausnahme nur zugunsten der deutschen Gesetze.** Von **Niedner**, Erl. 2c; **Cosack** I S. 70 wird zwar eine Ausdehnung dieser Ausnahme dahin verteidigt, daß ein Deutscher auch im Ausland entmündigt werden könne, wenn er dort seinen Wohnsitz oder in Ermangelung eines Wohnsitzes seinen Aufenthalt habe. Eine solche Ausdehnung dürfte sich aber nicht rechtfertigen lassen. Der Art. 8 enthält eine Ausnahme von dem allgemeinen Prinzipe des Art. 7 und muß deshalb strikt interpretiert werden. Hierfür spricht auch der Zweck des Art. 8. In den Protokollen sind zwar verschiedene Gründe für die Vorschrift des Art. 8 hervorgehoben und ist dabei insbesondere auch auf das eigene Interesse des zu entmündigenden Ausländers hingewiesen, daneben kommt aber auch wesentlich die Rücksicht auf die Verkehrssicherheit im Inland in Betracht, und jedenfalls geht der Art 8 davon aus, daß nur der in Deutschland nach deutschen Gesetzen erfolgenden Entmündigung das Vertrauen zu schenken sei, daß ein materiell gerechtes und zweckmäßiges Ergebnis erreicht werde.

5. **Die im Ausland erfolgte Entmündigung eines Ausländers ist in allen Beziehungen nach dem Rechte des Staates, dem der Entmündigte angehört, zu beurteilen.** Der Entmündigungsakt muß von der nach dem ausländischen Rechte zuständigen Behörde erfolgt sein und hat die nach dem ausländischen Rechte damit verbundenen Wirkungen; dies gilt auch bei solchen Rechtsverhältnissen, welche an sich nach deutschem Rechte zu beurteilen sind. Der § 328 der CPO. findet aus den oben in Erl. 2 dargelegten Gründen auf den ausländischen Entmündigungsakt keine Anwendung. Die mit dem Entmündigungsakt nach dem ausländischen Rechte verbundenen Wirkungen treten in Deutschland nach EG. Art. 30 nur dann nicht ein, wenn sie gegen die guten Sitten oder gegen den Zweck eines deutschen Gesetzes verstoßen würden. Dies

Artikel 9. Ein Verschollener kann im Inlande nach den deutschen Gesetzen für todt erklärt werden, wenn er bei dem Beginne der Verschollenheit ein Deutscher war.

Gehörte der Verschollene bei dem Beginne der Verschollenheit einem fremden Staate an, so kann er im Inlande nach den deutschen Gesetzen mit Wirkung für diejenigen Rechtsverhältnisse, welche sich nach den deutschen Gesetzen bestimmen, sowie mit Wirkung für das im Inlande befindliche Vermögen für todt erklärt werden; die Vorschriften des §. 2369 Abs. 2 des Bürgerlichen Gesetzbuchs finden entsprechende Anwendung.

Hatte ein verschollener ausländischer Ehemann seinen letzten Wohnsitz im Inland und ist die im Inlande zurückgebliebene oder dahin zurückgekehrte Ehefrau Deutsche oder bis zu ihrer Verheirathung mit dem Verschollenen Deutsche gewesen, so kann auf ihren Antrag der Verschollene im Inlande nach den deutschen Gesetzen ohne die im Abs. 2 bestimmte Beschränkung für todt erklärt werden.

---

wird nur ganz ausnahmsweise vorkommen. Insbesondere ist zu beachten, daß, während die Entmündigung eines Deutschen im Auslande, falls man eine solche überhaupt für zulässig hält, als gegen den Zweck der deutschen Gesetze verstoßend anzusehen ist, wenn sie aus einem von dem deutschen Rechte nicht anerkannten Grunde erfolgt ist, dies in betreff der Entmündigung eines Ausländers nicht ohne weiteres anzunehmen ist, daß also z. B. die nach dem betreffenden ausländischen Rechte zulässige Entmündigung eines Ausländers wegen körperlicher Gebrechen auch in Deutschland anzuerkennen sein wird.

Hervorzuheben ist noch, daß, wenn das ausländische Recht andere Rechtsakte als die Entmündigung kennt, mit welchen eine Beschränkung der Geschäftsfähigkeit verbunden ist, ein solcher Rechtsakt, wenn er in Beziehung auf eine dem betreffenden Staate angehörende Person ergangen ist, in Deutschland ebenfalls anzuerkennen ist. Dies gilt z. B. von der nach französischem Rechte zulässigen Verbeistandung eines Geistesschwachen (vgl. Art. 211).

6. Zweifelhaft ist, **ob und in welcher Art der Art. 7 Abs. 3 Satz 1 auf einen Ausländer anzuwenden ist, der auf Grund eines in seinem Heimatstaat ergangenen Entmündigungsakts geschäftsunfähig oder in der Geschäftsfähigkeit beschränkt ist.** Die fragliche Vorschrift hat zunächst nur solche Fälle vor Augen, in welchen die Geschäftsunfähigkeit oder die Beschränkung der Geschäftsfähigkeit bei dem Vorhandensein gewisser Tatsachen z. B. eines bestimmten Alters von selbst eintritt. In solchem Falle gilt der Ausländer, wenn er im Inland ein Rechtsgeschäft vornimmt, in Beziehung auf dieses Rechtsgeschäft für geschäftsfähig, wenn jene Tatsachen nach deutschem Rechte die Geschäftsunfähigkeit oder die Beschränkung der Geschäftsfähigkeit nicht begründen. Bei der Anwendung dieser Vorschrift auf den Fall, daß die Geschäftsunfähigkeit oder die Beschränkung der Geschäftsfähigkeit des Ausländers infolge eines im Ausland ergangenen Entmündigungsakts eingetreten ist, fragt es sich, ob die gedachte Voraussetzung immer als vorliegend anzunehmen ist, weil ein Deutscher im Auslande niemals entmündigt werden kann, oder ob die Voraussetzung nur dann als vorliegend anzunehmen ist, wenn die Entmündigung nach deutschem Rechte geringere Folgen für die Geschäftsfähigkeit hat als nach dem ausländischen Rechte oder wenn die Entmündigung aus Gründen erfolgt ist, welche das deutsche Recht nicht anerkennt. Die letztere Auffassung dürfte der Absicht und dem Zwecke der fraglichen Vorschrift des Art. 7 am meisten entsprechen.

Artikel 9.

E. II § 2236 rev. § 2363. E. d. EG. III Art. 8. P. I S. 11489 ff., 11606. P. II Bd. 1 S. 10 f.; Bd. 6 S. 6 ff., 12 ff., 20 ff.

1. **Entstehung der Vorschriften des Art. 9 über Todeserklärung.** Der Art. 9 **enthält** keine allgemeine Vorschrift über die für die Todeserklärung und deren Wirkungen maßgebenden Gesetze. Im Abs. 1 wird nur bestimmt, unter welchen Voraussetzungen ein verschollener Inländer nach deutschen Gesetzen für tot erklärt werden kann, in den Abs. 2, 3, unter welchen Voraussetzungen dies in betreff eines Ausländers zulässig ist, und welche Wirkungen die Todeserklärung eines solchen hat. Der § 8 des der ersten Kommission vorgelegten Entwurfs enthielt eine allgemeine Bestimmung dahin, daß die Vorschriften des BGB. über Todeserklärung sich nur auf Deutsche

erstrecken und daß die inländischen Gerichte ausschließlich für das Verfahren zuständig seien. Die erste Kommission war sachlich hiermit einverstanden, verwies aber die erstgedachte Bestimmung in das BGB. selbst und hielt die zweite Bestimmung für entbehrlich, weil sich das Erforderliche aus den Vorschriften über die Voraussetzungen, unter welchen ausländische Urteile im Inland anerkannt werden, ergebe. Die erstgedachte Bestimmung war im E. I § 5 dadurch zum Ausdrucke gebracht, daß darin nur die Todeserklärung eines Deutschen für zulässig erklärt wurde. Die zweite Kommission strich bei der Beratung des BGB. die Beschränkung der Todeserklärung auf Deutsche und verwies die sich hierauf beziehende Frage in das internationale Privatrecht. Bei der Beratung des letzteren wurden die Abs. 1, 2 des jetzigen Art. 9 beschlossen. Der Abs. 3 ist vom Bundesrate hinzugefügt worden.

2. **Das für die Todeserklärung maßgebende Recht.** Die Rechtsfähigkeit einer Person endigt mit deren Tode. Durch die Todeserklärung wird nach BGB. § 18 die Vermutung begründet, daß der für tot Erklärte in dem Zeitpunkte gestorben sei, welcher in dem Todeserklärungsurteil als Zeitpunkt des Todes bestimmt ist. Weitere Folgen der Todeserklärung bestimmen die §§ 1348, 1420, 1494, 1544, 1679, 1884, 1885. Für die Rechtsfähigkeit eines Menschen sind, wie in Erl. 5 zu Art. 7 dargelegt ist, diejenigen Gesetze maßgebend, nach welchen sich das Rechtsverhältnis bestimmt, bei dem die Rechtsfähigkeit in Frage kommt. Hieraus würde zu folgern sein, daß auch die Voraussetzungen und Wirkungen der Todeserklärung nach denjenigen Gesetzen beurteilt werden müssen, welche für das Rechtsverhältnis, bei dem die Todeserklärung in Frage kommt, maßgebend sind. Handelt es sich z. B. um die Beerbung eines Ausländers, für welche nach Art. 25 die Gesetze seines Heimatstaats maßgebend sind, so würde die Frage, ob und wann der Erblasser auf Grund einer Todeserklärung als gestorben, der Erbfall also als eingetreten anzusehen ist, nach dem Rechte seines Heimatstaats zu beurteilen sein, während, wenn der Erblasser ein Deutscher wäre, für seine Beerbung also nach Art. 24 das deutsche Recht maßgebend ist, jene Frage nach deutschem Rechte zu entscheiden wäre. Dasselbe würde gelten müssen für die Beurteilung der Frage, ob eine Person, die zunächst als Erbe berufen ist, auf Grund einer Todeserklärung als vor dem Erblasser gestorben und ob deshalb der Nächstberufene als Erbe geworden anzusehen ist (Zitelmann II S. 103ff.). Die zweite Kommission ist indessen von einer anderen Auffassung ausgegangen; sie hat, wie sich aus den Protokollen ergibt, bei der Beratung der Vorschriften über die Todeserklärung angenommen, daß diese nach den Gesetzen des Staates zu beurteilen sei, welchem der für tot Erklärte angehört. Später (P. II Bd. 6 S. 28) wurde zwar die Auffassung vertreten, daß die Rechtsfähigkeit nach denjenigen Gesetzen beurteilt werden müsse, welche für das in Frage kommende Rechtsverhältnis maßgebend seien; diese Auffassung ist aber auf die über die Todeserklärung gefaßten Beschlüsse, aus denen der Art. 9 Abs. 1, 2 hervorgegangen, ohne Einfluß geblieben und in diesen Beschlüssen ist die entgegengesetzte Auffassung zum unzweideutigen Ausdrucke gelangt. Während nämlich der Art. 9 Abs. 1 eine allgemeine Vorschrift über die Todeserklärung eines Deutschen enthält, wird im Abs. 2 bestimmt, daß auch die Todeserklärung eines Ausländers nach deutschen Gesetzen zulässig sei, daß eine solche Todeserklärung aber nur Wirkung für die Verhältnisse, die sich nach deutschem Rechte bestimmen, sowie für das im Inlande befindliche Vermögen des Verschollenen habe. Der erste Teil dieser Vorschrift würde offenbar überflüssig sein, wenn die Todeserklärung immer nach denjenigen Gesetzen zu beurteilen wäre, welche für das in Frage kommende Rechtsverhältnis maßgebend sind, und in dem zweiten Teile der Vorschrift hätte die Wirkung der nach deutschen Gesetzen erfolgten Todeserklärung eines Ausländers auf das im Inlande befindliche Vermögen des für tot Erklärten ohne Beschränkung auf die nach deutschem Rechte zu beurteilenden Verhältnisse nicht ausgesprochen werden dürfen. Auf demselben Standpunkte steht der vom Bundesrate hinzugefügte Abs. 3, nach dem ein ausländischer Ehemann unter den dort näher bezeichneten Voraussetzungen ohne die im Abs. 2 bestimmten Beschränkungen nach den deutschen Gesetzen für tot erklärt werden kann. Man wird hiernach als Absicht des Gesetzes annehmen müssen, daß eine nach deutschen Gesetzen erfolgte Todeserklärung regelmäßig nicht nur für die nach deutschem Rechte zu beurteilenden Verhältnisse, sondern ähnlich wie die Entmündigung unbeschränkt für alle Verhältnisse wirksam ist, und daß von dieser Regel nur für den im Abs. 2 bestimmten Fall eine Ausnahme gilt. Hieraus wird aber nicht geschlossen werden dürfen, daß dieselben Grundsätze auch für eine nach ausländischem Rechte erfolgte Todeserklärung zu gelten habe. Der Art. 9 enthält nur eine einseitige Vorschrift zugunsten der deutschen Gesetze, aus welcher nach ihrem Grunde und Zwecke ein allgemeines Prinzip nicht abgeleitet werden kann. Für die nach ausländischem Rechte erfolgte Todeserklärung wird es daher bei der Regel verbleiben

müssen, daß sie nach denjenigen Gesetzen zu beurteilen ist, welche für das Rechtsverhältnis, bei dem sie in Frage kommt, maßgebend sind.

3. Die Todeserklärung eines Deutschen nach Maßgabe und mit den Wirkungen der deutschen Gesetze kann nur von einem deutschen Gericht erfolgen. Dieser Satz ist im Art. 9 nicht ausdrücklich ausgesprochen worden und, als bei den Beratungen der zweiten Kommission von einer Seite die Ansicht ausgesprochen wurde, daß er sich aus dem Abs. 1 des Art. 9 ergebe, wurde von anderer Seite dagegen geltend gemacht, daß die Todeserklärung eines Deutschen zwar nur nach deutschen Gesetzen erfolgen könne, daß dadurch aber nicht ausgeschlossen werde, daß sie durch ein ausländisches Gericht ausgesprochen werde. Die Kommission beschloß, eine Entscheidung über diese Frage nicht zu treffen. Aus dem Wesen der Todeserklärung dürfte der oben aufgestellte Grundsatz zu folgern sein. Die Todeserklärung ist ein durchaus positives Institut. Die weitgehenden Wirkungen, die das Gesetz an sie knüpft, stehen im untrennbaren Zusammenhange nicht nur mit den Voraussetzungen, von welchen sie abhängig gemacht ist, sondern auch mit dem Verfahren, in welchem und mit der Behörde, von welcher sie auszusprechen ist. Die von einem ausländischen Gericht in dem für dieses maßgebende Verfahren erfolgte Todeserklärung ist nicht diejenige Todeserklärung, an welche das deutsche Gesetz die von ihm bestimmten Wirkungen knüpft. Hierfür spricht auch die Vorschrift der CPO. § 961, nach welcher für das Verfahren über die Todeserklärung dasjenige Gericht zuständig ist, in dessen Bezirke der Verschollene seinen letzten inländischen Wohnsitz gehabt hat. Vorausgesetzt wird also ein deutsches Gericht und bei der im Satz 2 gegebenen Vorschrift, nach welcher in Ermangelung eines solchen Wohnsitzes das zuständige Gericht von der Landesjustizverwaltung des Bundesstaats, welchem der Verschollene angehörte, bzw. von dem Reichskanzler bestimmt wird, ist sicherlich nicht daran gedacht worden, daß auf diesem Wege ein ausländisches Gericht für zuständig erklärt werden könne.

4. Aus dem in Erl. 3 Gesagten **folgt nicht, daß der im Auslande nach dem ausländischen Gesetz erfolgten Todeserklärung eines Deutschen jede Wirksamkeit in Deutschland versagt werden müsse.** In dieser Beziehung greift vielmehr der in Erl. 2 dargelegte und nur zugunsten einer nach deutschen Gesetzen erfolgten Todeserklärung modifizierte Grundsatz Platz, daß die Rechtsfähigkeit und deshalb auch die Todeserklärung nach denjenigen Gesetzen zu beurteilen ist, welche für das Rechtsverhältnis, für das sie in Frage kommt, maßgebend sind (a. A. Zitelmann II S. 109; Barazetti S. 32; Niemeyer S. 120f., welche annehmen, daß Deutsche nur von deutschen Gerichten und nach deutschen Gesetzen für tot erklärt werden können). Bei einem nach ausländischem Rechte zu beurteilenden Rechtsverhältnisse wird daher der im Auslande nach ausländischem Rechte erfolgten Todeserklärung eines Deutschen diejenige Wirkung zuzusprechen sein, welche sie nach dem betreffenden ausländischen Rechte hat; bei der Beerbung eines Ausländers also z. B. wird ein im Auslande für tot erklärter Deutscher, wenn dort die Todeserklärung dieselbe Wirkung hat wie nach deutschen Gesetzen, als gestorben vermutet und daher, falls sein Tod als vor dem Tode des Erblassers erfolgt anzusehen ist, bei der Erbfolge nicht zu berücksichtigen sein. Handelt es sich dagegen um die nach deutschem Rechte zu beurteilende Beerbung eines Deutschen, so wird die im Ausland erfolgte Todeserklärung des Erblassers oder eines anderen zum Erben berufenen Deutschen nicht berücksichtigt.

Es kommt hierbei indessen noch in Frage, ob der im Ausland erfolgten Todeserklärung eines Deutschen nicht auf Grund der CPO. § 328 jede Wirkung in Deutschland zu versagen ist. Hält man den § 328 auch auf die Todeserklärung für anwendbar, so würde der im Ausland erfolgten Todeserklärung eines Deutschen sowohl auf Grund der Nr. 1 als auf Grund der Nr. 2 diese Anerkennung zu versagen sein, denn die Gerichte des Auslandes sind für die Todeserklärung nach deutschen Gesetzen (CPO. § 961) nicht zuständig und ebenso werden nach der Natur der Todeserklärung regelmäßig auch die Voraussetzungen der Nr. 2 (Nichteinlassung auf das Verfahren und Mangel der Zustellung der das Verfahren einleitenden Verfügung in Person oder durch Rechtshilfe deutscher Gerichte) gegeben sein. Nach dem Inhalt und Zwecke des § 328 dürften dessen Vorschriften aber nur auf die in Prozessen ergehenden Urteile anwendbar und eine analoge Anwendung auf die Todeserklärung nicht gerechtfertigt sein. Diese erfolgt zwar nach den deutschen Gesetzen durch Urteil und es ist möglich, daß dies auch nach ausländischem Rechte der Fall ist, aber sie hat ihrem Wesen nach doch eine ganz andere Bedeutung wie das in einem Prozeß ergehende Urteil und nur ein solches hat der § 328 vor Augen.

5. Verschollenheit. Für die Todeserklärung nach Maßgabe und mit der Wirkung der deutschen Gesetze kommt es nicht darauf an, daß der für tot Erklärte zur Zeit der Todeserklärung ein Deutscher war, sondern nur darauf, daß er dies zur Zeit der Verschollenheit war. Über den Begriff der Verschollenheit s. Bd. I S. 80 Erl. 1 zu § 13. Bei den Beratungen der ersten Kommission war man davon ausgegangen, daß die deutsche Staatsangehörigkeit zur Zeit des Urteils vorliegen müsse nnd daß, wenn dies nicht der Fall sei, wenn also z. B. der für tot Erklärte nach dem Zeitpunkte der Verschollenheit, ohne daß das Gericht davon Kenntnis erhalten, die Reichsangehörigkeit verloren habe, das Urteil der Anfechtung unterliege. Um dem hierin liegenden Übelstand abzuhelfen ist der Abs. 1 aufgenommen worden. Es kommt hiernach nur darauf an, daß der für tot Erklärte zur Zeit der Verschollenheit ein Deutscher gewesen ist; die Todeserklärung kann erfolgen und das Urteil ist nicht anfechtbar, auch wenn der Verschollene nachher die Reichsangehörigkeit verloren hat.

6. **Eine Person, welche beim Beginne der Verschollenheit Ausländer war, kann in Deutschland nach deutschen Gesetzen für tot erklärt werden** (Art. 9 Abs. 2, 3). Die Voraussetzungen der Zulässigkeit der Todeserklärung, das Verfahren und die zuständige Behörde (s. insbesondere auch CPO. § 961) bestimmen sich immer nach den deutschen Gesetzen (CPO. §§ 960ff.), aber die Wirkungen der Todeserklärung sind nicht immer dieselben wie für die Todeserklärung eines Deutschen. In dieser Beziehung sind vielmehr drei Fälle zu unterscheiden.

a) Die Regel bildet, daß die Todeserklärung nur Wirkung für solche Rechtsverhältnisse hat, die nach deutschem Rechte zu beurteilen sind. Handelt es sich also z. B. um die Beerbung eines Deutschen (Art. 24), so hat die Todeserklärung eines Ausländers, welcher als Erbe berufen ist, die im BGB. bestimmte Wirkung, daß der Berufene als in demjenigen Zeitpunkte gestorben gilt, welcher in dem Todeserklärungsurteil als Zeitpunkt des Todes bestimmt ist. Handelt es sich dagegen um die Beerbung eines Ausländers (Art. 25), so ist für deren Beurteilung sowohl die Todeserklärung des Erblassers als einer zum Erben berufenen Person ohne Bedeutung; die im § 18 bestimmte Vermutung gilt also nicht. Ob diese Beschränkung der Wirkung eintritt, hängt übrigens nach dem in Erl. 5 Gesagten davon ab, ob der für tot Erklärte beim Eintritte der Verschollenheit ein Ausländer war. War er damals ein Deutscher, so tritt die Wirkung der Todeserklärung unbeschränkt ein. Dasselbe dürfte, obwohl der Wortlaut des Art. 9 dies nicht ergibt, auch dann anzunehmen sein, wenn der für tot Erklärte vor Erlassung des Todeserklärungsurteils die deutsche Reichsangehörigkeit erlangt haben sollte. Die außerordentliche Seltenheit eines solchen Falles erklärt dessen Nichtberücksichtigung in dem Gesetze.

b) Die Todeserklärung eines Ausländers hat die ihr nach deutschen Gesetzen zukommende Wirkung unbeschränkt für das im Inlande befindliche Vermögen. Die von Niedner, Erl. 5 zu Art. 9, angenommene einschränkende Auslegung dieser Vorschrift, nach welcher sie keine Anwendung finden soll auf ausländische Erbinteressenten, sofern das ausländische Recht ihnen die Möglichkeit eröffnet, auch für die im Auslande liegenden Güter ihre Rechte geltend zu machen, dürfte sich nicht rechtfertigen lassen. In Beziehung auf das im Inlande befindliche Vermögen treten vielmehr die Wirkungen der Todeserklärung allgemein auch dann ein, wenn es sich um ein Rechtsverhältnis handelt, das sich nach ausländischem Rechte bestimmt. Handelt es sich z. B. um die Beerbung eines Ausländers, so wird, wenn er im Inlande für tot erklärt ist, in Beziehung auf sein im Inlande befindliches Vermögen vermutet, daß er in dem durch das Todeserklärungsurteil bestimmten Zeitpunkte gestorben und der bei Zugrundelegung dieser Todeszeit als Erbe Berufene Erbe geworden sei. Wer als Erbe berufen ist, bestimmt sich selbstverständlich auch für das im Inlande befindliche Vermögen nach den für die Beerbung maßgebenden Gesetzen. Durch diese Vorschrift können nun freilich schwer zu lösende Konflikte eintreten, wenn für das im Auslande befindliche Vermögen nach den ausländischen Gesetzen ein anderer Zeitpunkt, als der in dem Todeserklärungsurteile bestimmte als Zeitpunkt des Todes und infolge davon eine andere Person als zur Erbschaft berufen anzunehmen ist. Das Gesetz hat indessen die sich hieraus ergebenden Übelstände für nicht so schwerwiegend erachtet, um sich dadurch von der fraglichen Vorschrift abhalten zu lassen.

Welches Vermögen als im Inlande befindlich anzusehen ist, wird durch den im Abs. 2 Halbsatz 2 für entsprechend anwendbar erklärten § 2369 Abs. 2 des BGB. näher bestimmt. Hiernach gelten als im Inlande befindlich Gegenstände, für die von einer deutschen Behörde ein zur Eintragung des Berechtigten bestimmtes Buch oder Register geführt wird, also z. B. Schiffe, die in das deutsche Schiffsregister eingetragen sind; ebenso ein Anspruch, wenn für die Klage ein deutsches Gericht zuständig ist. Für Sachen ergibt deren örtliche Lage von selbst, ob sie im Inlande befindlich sind.

Zweifelhaft kann sein, wie das Verhältnis zu beurteilen ist, wenn Vermögen, das sich zur Zeit der Todeserklärung im Inlande befand, später ins Ausland gebracht wird. Man wird hier davon auszugehen haben, daß die rechtliche Wirkung, welche in Beziehung auf dieses Vermögen durch die Todeserklärung eingetreten ist, also z. B. der Erwerb dieses Vermögens durch die nach Maßgabe der Todeserklärung als Erbe vermutete Person dadurch nicht wieder beseitigt wird, daß das Vermögen später in das Ausland gebracht wird.

c) Unbeschränkt treten die nach deutschen Gesetzen an die Todeserklärung geknüpften Wirkungen in dem im Abs. 3 bezeichneten Falle ein. Die Voraussetzungen sind:

α) Der für tot erklärte Ausländer muß seinen letzten Wohnsitz im Inlande gehabt haben;

β) seine Ehefrau muß im Inlande geblieben oder dahin zurückgekehrt sein;

γ) sie muß eine Deutsche sein oder bis zu ihrer Verheiratung Deutsche gewesen sein;

δ) sie muß den Antrag auf Todeserklärung gestellt haben.

Nicht erforderlich ist, wie man nach dem Wortlaut annehmen könnte, daß der Antrag der Ehefrau ausdrücklich auf Todeserklärung nach den deutschen Gesetzen ohne die im Abs. 2 bestimmten Beschränkungen gestellt ist.

Der Eintritt der nach den deutschen Gesetzen an die Todeserklärung geknüpften Wirkung ist in einem Falle der hier fraglichen Art deshalb von besonderer Bedeutung, weil, wenn die Ehefrau nach der Todeserklärung des Ehemanns eine neue Ehe eingeht, diese Ehe nach BGB. § 1348 unter den dort bezeichneten Voraussetzungen, auch wenn der Ehemann noch lebte, nicht nichtig ist, vielmehr die frühere Ehe mit Schließung der neuen Ehe aufgelöst wird. Im Art. 13 Abs. 2 ist ausdrücklich bestimmt, daß die Eingehung der neuen Ehe von seiten der Ehefrau in dem hier fraglichen Falle nach deutschen Gesetzen beurteilt wird (s. Erl. zu Art. 13). Die Wirkung der Todeserklärung beschränkt sich aber, wenn die gedachten Voraussetzungen vorliegen, nicht hierauf; sie hat vielmehr in allen Beziehungen die nach den deutschen Gesetzen mit der Todeserklärung verbundenen Wirkungen und zwar nicht nur auf solche Rechtsverhältnisse, die sich nach deutschem Rechte bestimmen, sondern auch für diejenigen, für welche ausländische Gesetze maßgebend sind. Insbesondere gilt also auch für die Beerbung des Ehemanns, obwohl diese sich nach ausländischen Gesetzen bestimmt, die Vermutung, daß er in dem durch das Todeserklärungsurteil bestimmten Zeitpunkte gestorben sei; ebenso auch dann, wenn etwa die nach ausländischem Rechte zu beurteilende Beerbung eines Dritten davon abhängt, ob der für tot Erklärte vor oder nach dem Erblasser gestorben ist.

7. **Durch die Vorschriften der Abs. 2, 3 wird nicht ausgeschlossen, daß ein Ausländer im Auslande nach den dortigen Gesetzen für tot erklärt wird** (a. A. Niemeyer S. 121, der annimmt, daß ausländische Todeserklärungsurteile keine Anerkennung finden, soweit nach Abs. 2, 3 eine Todeserklärung von deutschen Gerichten nach deutschem Rechte erfolgt oder zulässig ist). Die nach den ausländischen Gesetzen an eine solche Todeserklärung geknüpften Wirkungen kommen aber nach den oben in Erl. 2 dargelegten Grundsätzen nur für solche Rechtsverhältnisse in Betracht, die nach ausländischem Rechte zu beurteilen sind. Es gilt hier dasselbe, was oben in Erl. 4 über die im Ausland erfolgte Todeserklärung eines Deutschen gesagt ist (a. A. Niedner, Erl. 2b, der die Wirksamkeit auch für die nach deutschem Rechte zu beurteilenden Rechtsverhältnisse annimmt, jedoch mit der Maßgabe, daß eine vorher nach Art. 9 Abs. 2 ergangene deutsche Todeserklärung der ausländischen vorgeht; ebenso, wie es scheint, Zitelmann II S. 110).

Nach denselben Grundsätzen ist das Verhältnis zu beurteilen, wenn nach dem ausländischen Rechte zwar keine Todeserklärung stattfindet, aber andere Verfügungen zulässig sind, die einen ähnlichen Zweck wie die Todeserklärung verfolgen, so z. B. die Verschollenheitserklärung und die Einweisung des mutmaßlichen Erben in den Besitz und Genuß des Nachlasses (vgl. Art. 161, 162).

Artikel 10.

E. I § 1; II § 2237 rev. § 2364; E. d. EG. III Art. 9. P. I S. 11483 f. P. II Bd. 6 S. 22 ff.

1. **Juristische Personen.** Der Art. 10 enthält keine allgemeine Vorschrift über juristische Personen, vielmehr nur eine singuläre Vorschrift über die Voraussetzungen, unter welchen aus-

Artikel 10. Ein einem fremden Staate angehörender und nach dessen Gesetzen rechtsfähiger Verein, der die Rechtsfähigkeit im Inlande nur nach den Vorschriften der §§. 21, 22 des Bürgerlichen Gesetzbuchs erlangen könnte, gilt als rechtsfähig, wenn seine Rechtsfähigkeit durch Beschluß des Bundesraths anerkannt ist. Auf nicht anerkannte ausländische Vereine der bezeichneten Art finden die Vorschriften über die Gesellschaft sowie die Vorschrift des §. 54 Satz 2 des Bürgerlichen Gesetzbuchs Anwendung.

ländische Vereine als rechtsfähig anerkannt werden. Die E. I und II stellten den allgemeinen Grundsatz auf, daß die juristische Persönlichkeit nach den Gesetzen des Ortes beurteilt werde, an welchem die juristische Person ihren Sitz habe. Der E. II enthielt dann noch einen Zusatz, welcher einen ähnlichen Zweck verfolgte wie der jetzige Art. 10. Infolge der Streichung der jenen allgemeinen Grundsatz aussprechenden Vorschrift wird es die Aufgabe der Wissenschaft und Praxis sein, die maßgebenden Rechtssätze festzustellen (s. v. Bar Theorie I S. 307ff.; Zitelmann II S. 110ff.). Hier mag nur folgendes hervorgehoben werden. Aus dem Begriffe der juristischen Persönlichkeit (s. Bd. I S. 90 Vorbm. 1) ergibt sich, daß es sich bei den Bestimmungen über das Dasein und die Verfassung einer juristischen Person um Vorschriften über die Frage handelt, ob und unter welchen Voraussetzungen ein rechtsfähiges Subjekt als vorhanden anzunehmen ist. Die E. I und II gingen davon aus, daß hierüber die Gesetze des Ortes zu entscheiden haben, an welchem die juristische Person ihren Sitz hat. Nach P. I S. 11483f. sollte dies aber nur für das Dasein und die Verfassung nicht für die Rechtsfähigkeit der juristischen Person gelten; die letztere sollte sich nach denjenigen Gesetzen bestimmen, welche für das Rechtsverhältnis, bei dem sie in Frage kommt, maßgebend sind. Bei den Beratungen der zweiten Kommission (P. II Bd. 6 S. 21) wurde dagegen angenommen, daß sich der aufgestellte Grundsatz auch auf den Umfang der Rechtsfähigkeit der juristischen Person beziehe. Nach dem in der Erl. 5 zu Art. 7 Gesagten bestimmt sich die Rechtsfähigkeit nach denjenigen Gesetzen, welche für das Rechtsverhältnis, bei dem sie in Frage kommt, maßgebend sind. Die Frage der Rechtsfähigkeit läßt sich aber nicht wohl trennen von der Frage nach dem Dasein eines rechtsfähigen Subjekts. Auch für die Entscheidung dieser Frage würde also der gedachte Grundsatz maßgebend sein müssen. Nun haben aber die Bedürfnisse des modernen Verkehrs in allen Kulturstaaten zu der Anerkennung der Möglichkeit juristischer Personen geführt. Die Gesetze, welche in den einzelnen Staaten die Voraussetzungen des Daseins einer juristischen Person und ihrer Verfassung bestimmen, haben regelmäßig nur die in dem betreffenden Staate zur Entstehung gelangenden juristischen Personen vor Augen. Für das BGB. ergibt sich dies aus den Vorschriften über rechtsfähige Vereine (§§ 21—33) und über Stiftungen (§§ 80ff.) unzweifelhaft; dasselbe gilt für die juristischen Personen, welche durch die neben dem BGB. in Kraft bleibenden Reichsgesetze geordnet werden (handelsrechtliche Gesellschaften und die verschiedenen Arten der Genossenschaften s. Bd. I S. 92 Vorbm. 1), sowie für die öffentlichrechtlichen juristischen Personen (BGB. § 89) und für die der Landesgesetzgebung überlassenen juristischen Personen (s. z. B. EG. Art. 83, 164—167). Eine Anwendung der gedachten deutschrechtlichen Vorschriften auf ausländische juristische Personen ist häufig unmöglich, so z. B. die Anwendung der Vorschriften über eingetragene Vereine, aber auch da, wo sie möglich wäre, gewiß nicht beabsichtigt. Da nun aber andererseits nicht angenommen werden kann, daß das deutsche Recht ausländische juristische Personen für alle Rechtsverhältnisse, die nach deutschem Rechte zu beurteilen sind, als nicht vorhanden ansehen wolle, so muß man annehmen, daß das deutsche Recht für die Beurteilung der Frage, ob im Ausland eine juristische Person besteht, auf das betreffende ausländische Recht verweisen wolle. Ebenso wie mit dem deutschen Rechte dürfte es aber auch regelmäßig mit dem Rechte anderer Staaten stehen; auch nach ihnen wird in der hier fraglichen Beziehung wenigstens regelmäßig eine stillschweigende Verweisung auf die Gesetze des Staates, der die betreffende juristische Person angehört, anzunehmen sein. So gelangt man auch von dem oben vertretenen Standpunkt aus, nach welchem prinzipiell das Dasein einer juristischen Person sich nach den Gesetzen des Staates bestimmt, die für das betreffende Rechtsverhältnis maßgebend sind, doch ebenfalls zu dem im E. I und II ausgesprochenen Satze, daß die Gesetze desjenigen Staates entscheidend sind, welchem die betreffende juristische Person angehört (Seuff. A. Bd. 57 S. 433ff.; Rspr. Bd. 5 S. 101). Der von Niedner, Erl. 1 Abs. 3, vertretenen Ansicht, nach welcher zwischen der allgemeinen Rechtspersönlichkeit und der speziellen Rechtsfähigkeit unterschieden wird und nur die erstere nach den Gesetzen des Ortes, an welchem die juristische Person ihren Sitz hat, die letztere nach den für das betreffende Rechtsverhältnis maßgebenden Gesetzen beurteilt werden soll, stehen die in Erl. 5 zu Art. 7 dargelegten Gründe entgegen. Welchem Staate eine juristische Person angehört, bestimmt sich nach dem Orte, an dem die juristische Person ihren Sitz hat (BGB. § 24); a. A. Neumann, Erl. II 2 zu Art. 10.

Die in dem Bisherigen dargelegte Auffassung findet ihre Bestätigung in der Spezialvorschrift des Art. 10. Durch diese wird die Anerkennung der Rechtsfähigkeit gewisser ausländischer Vereine von einer besonderen Voraussetzung abhängig gemacht. Hieraus wird gefolgert werden dürfen, daß die Rechtsfähigkeit anderer als der im Art. 10 bezeichneten juristischen Personen sich lediglich nach den Gesetzen des Staates bestimmen soll, dem sie angehören.

Die Annahme einer stillschweigenden Verweisung auf die ausländischen Gesetze ist aber dann ausgeschlossen, wenn sich aus einer Bestimmung desjenigen Rechtes, welches an sich für das betreffende Rechtsverhältnis maßgebend ist, ergibt, daß sie allgemein angewendet sein will. So dürften z. B. Vorschriften der Landesgesetze, durch welche auf Grund des Vorbehalts des EG. Art. 86 der Erwerb von Rechten durch juristische Personen beschränkt wird, im Zweifel auch für ausländische juristische Personen gelten.

Die obigen Grundsätze finden auch auf die Parteifähigkeit einer juristischen Person Anwendung, da nach CPO. § 50 parteifähig ist, wer rechtsfähig ist. Da es sich hier um ein prozessualisches Rechtsverhältnis handelt, so finden darauf an sich die für dieses Verhältnis geltenden deutschen Prozeßvorschriften Anwendung. Auch in dieser Beziehung wird aber anzunehmen sein, daß die deutschen Gesetze in betreff der Parteifähigkeit ausländischer juristischer Personen stillschweigend auf das betreffende ausländische Recht verweisen (Rspr. Bd. 9 S. 253 f.; teilweise a. A. Zitelmann II S. 123 ff.; Niedner, Erl. 1 zu Art. 10).

Die Geschäftsfähigkeit einer ausländischen juristischen Person bestimmt sich, wenn nach dem Obigen ihr Dasein und ihre Rechtsfähigkeit anzunehmen ist, nach EG. Art. 7.

2. **Der Art. 10 bezieht sich nur** auf eine Kategorie der juristischen Personen, nämlich **auf die Vereine und zwar auch auf diese nicht sämtlich, sondern nur auf Vereine der im BGB. §§ 21, 22 gedachten Art.** Es sind dies diejenigen Vereine, deren Zweck nicht auf einen wirtschaftlichen Geschäftsbetrieb gerichtet ist, sowie solche Vereine, deren Zweck zwar auf einen solchen Geschäftsbetrieb gerichtet ist, für welche aber besondere reichsgesetzliche Vorschriften nicht bestehen. Über den Begriff des auf einen wirtschaftlichen Geschäftsbetrieb gerichteten Zweckes s. Bd. I S. 93 Erl. 1, 2 zu § 21. Nicht berührt durch den Art. 10 werden also die Stiftungen (§§ 80 ff.), die öffentlichrechtlichen Korporationen und diejenigen Vereine, deren Entstehung und Rechtsfähigkeit durch besondere reichsgesetzliche Vorschriften geregelt ist (Bd. I S. 91 Vorbm. I 1), insbesondere die handelsrechtlichen Gesellschaften und die verschiedenen Arten der Genossenschaften (Rspr. 8 S. 13; 9 S. 29; 10 S. 129). Für alle juristischen Personen dieser Art verbleibt es bei den in Erl. 1 dargelegten Grundsätzen; ihr Dasein und ihre Rechtsfähigkeit bestimmt sich also, wenn sie dem Ausland angehören, auch bei den nach deutschem Rechte zu beurteilenden Rechtsverhältnissen nach den Gesetzen des Staates, welchem sie angehören. Die gedachten Vereine aber werden nach Art. 10, wenn sie dem Ausland angehören, d. h. wenn sie in diesem ihren Sitz haben (Bd. I S. 97 Erl. zu § 24), nur unter folgenden Voraussetzungen als rechtsfähig anerkannt:

a) Sie müssen nach den Gesetzen des Staates, dem sie angehören, rechtsfähig sein.

b) Ihre Rechtsfähigkeit muß durch Beschluß des Bundesrats anerkannt sein.

Beide Voraussetzungen müssen zusammentreffen. Ist der Verein nach den Gesetzen des Staates, dem er angehört, nicht rechtsfähig, so erlangt er die Rechtsfähigkeit auch nicht durch Anerkennung des Bundesrats (a. A. Niedner Erl. 4 zu Art. 10). Zu beachten ist indessen, daß nach BGB. § 23 durch Beschluß des Bundesrats die Rechtsfähigkeit einem Vereine, der seinen Sitz nicht in einem Bundesstaate hat, also auch einem solchen, der seinen Sitz im Auslande hat, verliehen werden kann. Eine solche Verleihung ist etwas anderes als die nach Art. 10 geforderte Anerkennung und man wird in der letzteren nicht etwa zugleich eventuell die Verleihung der Rechtsfähigkeit nach § 23 erblicken dürfen, sofern nicht etwa besondere Umstände eine solche Auslegung rechtfertigen. Die Anerkennung der Rechtsfähigkeit von seiten des Bundesrats dürfte aber regelmäßig als genügend anzusehen sein, um den Beweis zu liefern, daß der Verein nach den Gesetzen des Staates, dem er angehört, rechtsfähig ist; doch bleibt immer der Gegenbeweis

Artikel 11. Die Form eines Rechtsgeschäfts bestimmt sich nach den Gesetzen, welche für das den Gegenstand des Rechtsgeschäfts bildende Rechtsverhältniß maßgebend sind. Es genügt jedoch die Beobachtung der Gesetze des Ortes, an dem das Rechtsgeschäft vorgenommen wird.

Die Vorschrift des Abs. 1 Satz 2 findet keine Anwendung auf ein Rechtsgeschäft, durch das ein Recht an einer Sache begründet oder über ein solches Recht verfügt wird.

---

zulässig. Die Anerkennung kann jederzeit zurückgenommen werden. Die Erteilung sowie die Zurücknahme der Anerkennung hängt von dem freien Ermessen des Bundesrats ab. Dieser ist insbesondere nicht an die im BGB. § 43 für die Entziehung der Rechtsfähigkeit bestimmten Voraussetzungen gebunden.

3. **Die Vorschrift des Art. 10 Satz 2** hat einen durchaus positiven Charakter. Ein von dem Bundesrate nicht anerkannter ausländischer Verein der gedachten Art soll nach den Vorschriften über die Gesellschaft beurteilt werden und es sollen auf ihn zugleich die Vorschriften des BGB. § 54 Satz 2 Anwendung finden. Unter den Vorschriften über die Gesellschaft sind im Art. 10 ebenso wie im BGB. § 54 Satz 1 die Vorschriften des BGB. über Gesellschaften zu verstehen. Nach § 54 Satz 2 haftet aus einem Rechtsgeschäfte, das im Namen eines solchen Vereins einem Dritten gegenüber vorgenommen wird, der Handelnde persönlich; handeln mehrere, so haften sie als Gesamtschuldner. Es gilt also für Vereine dieser Art ganz dasselbe wie für inländische Vereine, die nicht rechtsfähig sind (s. Bd. I S. 126, Erl. zu § 54). Die von Niemeyer S. 132 gegen die Anwendbarkeit des § 54 angeführten Gründe können nur de lege condenda, nicht aber gegenüber der klaren Vorschrift des Art. 10 in Betracht kommen. Auch die auf nicht rechtsfähige Vereine sich beziehenden Vorschriften der CPO. finden auf die hier fraglichen ausländischen Vereine Anwendung. Ein Verein dieser Art kann also als solcher in Deutschland verklagt werden und hat im Prozesse die Stellung eines rechtsfähigen Vereins (CPO. § 50 Abs. 2). Auf Grund des gegen den Verein vollstreckbaren Urteils kann die Zwangsvollstreckung in sein Vermögen erfolgen (CPO. § 735).

4. **Die Vorschriften des Art. 10 kommen nur bei solchen Rechtsverhältnissen in Frage, die sich nach deutschem Rechte bestimmen.** Bei Rechtsverhältnissen, die sich nach den Gesetzen desjenigen fremden Staates bestimmen, welchem der Verein angehört, sind diese Gesetze auch für das Dasein und die Rechtsfähigkeit des Vereins maßgebend. Handelt es sich z. B. um die Beerbung eines Ausländers und hat dieser durch Verfügung von Todes wegen eine Zuwendung an einen Verein gemacht, der dem Heimatstaate des Erblassers angehört, so ist die Frage, ob der Verein rechtsfähig ist und die Zuwendung erwerben kann, nach den für die Beerbung maßgebenden ausländischen Gesetzen (Art. 25) zu entscheiden.

5. In einer Reihe von **Staatsverträgen ist über die Rechtsfähigkeit ausländischer Vereine** 2c. Bestimmung getroffen; vgl. insbesondere die Verträge mit Belgien (CBl. 1873 S. 380), Großbritannien (CBl. 1874 S. 143), Griechenland v. 9. Juli 1884 (RGBl. 1885 S. 23) Art. 4, Italien v. 8. August 1873 und 6. Dezbr. 1891 (RGBl. 1892 S. 97), Österreich-Ungarn v. 6. Dezbr. 1891 (RGBl. 1892 S. 9) Art. 19 Abs. 5, Rumänien v. 15. Oktober 1893 (RGBl. 1894 S. 1) Art. 1, Rußland v. 10. Februar 1894 (RGBl. 1894 S. 153) Art. 4, Serbien v. 21. August 1892 (RGBl. 1893 S. 269) Art. 2. Zu Österreich-Ungarn vgl. auch den (noch nicht veröffentlichten) Zusatzvertrag v. 25. Januar 1905 Art. 1.

Artikel 11.

E. I § 3; II §§ 2240, 2241 Abs. 2 rev. § 2365; E. d. EG. III Art. 10. P. I S. 11492 ff., 11498. P. II Bd. 6 S. 32 ff.

Rundstein, die Regel „locus regit actum" im BGB. im Arch. f. Bürg. R. Bd. 20 S. 192 ff.

1. **Form der Rechtsgeschäfte.** Der Abs. 1, welcher sich in allen Entwürfen im wesentlichen gleichlautend befindet, gibt eine allgemeine Vorschrift über die für die Form eines Rechtsgeschäfts maßgebenden Gesetze, mag das Rechtsgeschäft im Inland oder im Auslande, mag es von einem Inländer oder von einem Ausländer vorgenommen sein. Der Satz 1 enthält das Prinzip; der Satz 2 bestimmt eine weitgreifende Ausnahme, die aber durch den Abs. 2 wieder für die dort bestimmten Fälle ausgeschlossen wird. Auch die Ausnahmen sowie die derselben hinzugefügte

Beschränkung gilt allgemein sowohl für die im Inland als für die im Auslande, für die von Inländern als für die von Ausländern vorgenommenen Rechtsgeschäfte.

2. Durch die im Abs. 1 Satz 1 aufgestellte Regel werden die maßgebenden Gesetze nicht direkt, sondern durch Verweisung auf diejenigen Gesetze bezeichnet, welche für das den Gegenstand des Rechtsgeschäfts bildende Rechtsverhältnis maßgebend sind.

In dem der ersten Kommission vorgelegten Entwurfe war auf die für das Rechtsgeschäft maßgebenden Gesetze verwiesen. Nach der jetzigen bereits von der ersten Kommission beschlossenen Fassung kommt es auf das Rechtsverhältnis an, welches den Gegenstand des Rechtsgeschäfts bildet. Die Frage, welche Gesetze für ein bestimmtes Rechtsverhältnis maßgebend sind, wird in dem EG. nur für einzelne Rechtsverhältnisse entschieden (s. Art. 13—15, 19, 22, 24, 25, 28). Es fehlt insbesondere an Vorschriften darüber, nach welchen Gesetzen sich die Rechte an Sachen und die auf obligatorischen Rechtsgeschäften beruhenden Rechtsverhältnisse bestimmen. Die hierüber im E. II (§§ 2241, 2242; rev. §§ 2369, 2366) enthaltenen Bestimmungen sind in der Vorbm. 12 vor Art. 7 ff. mitgeteilt. In Ermangelung ausdrücklicher gesetzlicher Vorschriften haben Wissenschaft und Praxis in dieser Beziehung die Entscheidung nach Maßgabe der in den Vorbemerkungen vor Art. 7 ff. dargelegten Grundsätze zu finden. Nach den für das betreffende Rechtsverhältnis maßgebenden Gesetzen entscheidet sich sowohl, ob überhaupt eine Form als auch eventuell welche Form für das Rechtsgeschäft erforderlich ist. Nach denselben bestimmt sich auch, was zur Beobachtung der Form erforderlich ist. So sind z. B., wenn die deutschen Gesetze für das Rechtsverhältnis maßgebend sind, für die dadurch vorgeschriebene schriftliche Form die Vorschriften des BGB. § 126, für die gerichtliche oder notarielle Beurkundung die Vorschriften des § 128 und des FGG. §§ 167 ff., für die öffentliche Beglaubigung die Vorschriften des BGB. § 129 ff. und des FGG. § 183 maßgebend.

Ob, wenn das maßgebende Gesetz gerichtliche oder notarielle Beurkundung vorschreibt, damit die Beurkundung durch ein Gericht oder einen Notar des betreffenden Staates erfordert wird oder ob auch die Beurkundung durch ein ausländisches Gericht oder einen ausländischen Notar genügt, hängt von der Auslegung des betreffenden Gesetzes ab. Ist das letztere anzunehmen, so sind für das von dem ausländischen Gericht oder Notare bei der Beurkundung zu beobachtende Verfahren die Gesetze seines Staates maßgebend. Soweit das deutsche Gesetz gerichtliche oder notarielle Beurkundung vorschreibt, dürfte darunter die Beurkundung durch ein deutsches Gericht oder einen deutschen Notar nach Maßgabe der für diese geltenden deutschen Gesetze zu verstehen sein; insbesondere z. B. kann, sofern die Errichtung eines Testaments vor Gericht oder Notar vorgeschrieben ist, diese nur vor einem deutschen Gericht oder Notar nach Maßgabe des BGB. §§ 2232 ff. erfolgen. Die Frage ist indessen deshalb von keiner großen praktischen Bedeutung, weil nach Abs. 1 Satz 2 regelmäßig auch die Beobachtung der Gesetze des Ortes genügt, an dem das Rechtsgeschäft vorgenommen wird.

Ob eine Vorschrift eine Form bestimmt oder einen materiellen Charakter hat, ist ebenfalls eine Frage der Auslegung des betreffenden Gesetzes. Für das BGB. wird in dieser Beziehung kaum ein Zweifel entstehen können. Hervorgehoben mag nur werden, daß die Vorschriften, durch welche die Genehmigung oder Bestätigung eines Rechtsgeschäfts durch ein Gericht vorgeschrieben wird (s. z. B. BGB. §§ 1643, 1741, 1821 ff.), keine Formvorschriften sind. Dagegen enthält die Bestimmung, daß ein Vertrag bei gleichzeitiger Anwesenheit beider Parteien geschlossen werden muß (s. z. B. BGB. §§ 925, 1434, 2276), eine Formvorschrift. Denselben Charakter hat auch die Vorschrift des § 2267, nach welcher Ehegatten ein gemeinschaftliches Testament in der dort näher bestimmten holographischen Form errichten können.

Die Regel des Abs. 1 Satz 1 gilt sowohl für einseitige empfangsbedürftige und nicht empfangsbedürftige Rechtsgeschäfte wie für Verträge. Ob bei den letzteren eine Form für den Vertragsabschluß selbst oder nur für die Erklärung beider Parteien oder nur für die eines von beiden Teilen erforderlich ist, entscheidet sich nach dem Inhalte des betreffenden Gesetzes (s. z. B. BGB. §§ 925, 128, 518, 766). Die Vorschrift gilt auch für Rechtshandlungen, die zwar nicht Rechtsgeschäfte sind, auf die aber die Vorschriften über Rechtsgeschäfte entsprechende Anwendung finden. Sie gilt dagegen nicht für die von öffentlichen Behörden vorzunehmenden Rechtshandlungen z. B. für die Zustellung einer Willenserklärung durch das Gericht oder den Gerichtsvollzieher nach Maßgabe des BGB. § 132; für diese führt indessen der Grundsatz, daß sich solche Rechtsakte nach den für die betreffende Behörde geltenden öffentlichrechtlichen Bestimmungen richten, zu demselben praktischen Ergebnisse.

3. Soweit es sich um ein Rechtsverhältnis der in den Art. 13 Abs. 1, Art. 15 Abs. 2, Art. 17 Abs. 1, Art. 25 bezeichneten Art handelt, finden, wenn nach dem für dieses Rechtsverhältnis maßgebenden ausländischen Rechte die deutschen Gesetze anzuwenden sind, nach Art. 27 diese Gesetze auf das Rechtsverhältnis Anwendung und es bestimmt sich daher auch die Form eines Rechtsgeschäfts, dessen Gegenstand ein Rechtsverhältnis der gedachten Art bildet, nach den deutschen Gesetzen.

4. **Der Abs. 1 Satz 2 erklärt neben der regelmäßigen Form des Abs. 1 Satz 1 auch diejenige Form für genügend, welche den Gesetzen des Ortes entspricht, an welchem das Rechtsgeschäft vorgenommen wird.** Die Beteiligten haben also die Wahl, ob sie das Rechtsgeschäft in der einen oder der anderen Form vornehmen wollen. Das Rechtsgeschäft ist gültig, sowohl wenn es in der Form der im Abs. 1 Satz 1 bezeichneten Gesetze als wenn es in der Form der im Abs. 1 Satz 2 bezeichneten Gesetze vorgenommen ist. Dabei wird aber immer vorauszusetzen sein, daß die Parteien nicht etwa die Wirksamkeit ihrer Willenserklärung von der Beobachtung der einen oder der anderen Form haben abhängig machen wollen (Zitelmann II S. 153; Niedner, Erl. 2 zu Art. 11).

Der Grundsatz, daß die Beobachtung der weniger strengen Formvorschrift genügt, wird auch in betreff der Folgen, welche die Nichtbeobachtung der vorgeschriebenen Form nach sich zieht, anzuwenden sein. Es treten immer nur die milderen Folgen ein. Wenn also z. B. die Nichtbeobachtung der vorgeschriebenen Form nach den im Satz 1 bezeichneten Gesetzen Nichtigkeit des Rechtsgeschäfts, nach den im Satz 2 bezeichneten Gesetzen nur Anfechtbarkeit zur Folge hat, so tritt nur die letztere ein (Zitelmann II S. 161; Niedner, Erl. 4 zu Art. 11; a. A. Niemeyer S. 114). Auch wenn bei Beobachtung der vorgeschriebenen Form die Wirksamkeit des Rechtsgeschäfts nach Ablauf einer bestimmten Frist erlischt (s. z. B. § 2252) und diese Frist nach den einen Gesetzen eine längere ist wie nach den anderen, wird zugunsten der Aufrechterhaltung des Rechtsgeschäfts die längere Frist als maßgebend zu betrachten sein.

Ist nach den Gesetzen des Ortes, an welchem das Rechtsgeschäft vorgenommen wird, eine Form überhaupt nicht erforderlich, so bedarf es einer solchen nicht, auch wenn die Gültigkeit des Rechtsgeschäfts nach denjenigen Gesetzen, welche für das den Gegenstand des Rechtsgeschäfts bildende Rechtsverhältnis maßgebend sind, von der Beobachtung einer bestimmten Form abhängt. Dies gilt auch dann, wenn die Parteien in der Absicht, die Formvorschrift zu umgehen, das Rechtsgeschäft im Auslande vornehmen. Es liegt hier kein Handeln in fraudem legis vor, denn das Gesetz gestattet den Beteiligten unbedingt, das Rechtsgeschäft in derjenigen Form vorzunehmen, welche nach den Gesetzen des Ortes, an welchem es vorgenommen wird, genügt.

Die Ausnahme des Abs. 1 Satz 2 gilt für Rechtsgeschäfte und Rechtshandlungen in demselben Umfange wie die Regel des Satz 1. Über die Ausnahme des Abs. 2 s. Erl. 5. Auch in betreff des Begriffs der Formvorschrift gilt das in Erl. 2 Gesagte.

Zweifelhaft kann im einzelnen Falle sein, welcher Ort als Ort der Vornahme des Rechtsgeschäfts anzusehen ist. Die Entscheidung der Frage wird aus dem Inhalt und dem Zwecke des die Form vorschreibenden Gesetzes zu entnehmen sein. Bei einseitigen nicht empfangsbedürftigen Rechtsgeschäften ist der Ort maßgebend, an dem die Erklärung abgegeben wird. Bei einseitigen empfangsbedürftigen Willenserklärungen kommt außerdem der Ort in Betracht, an welchem die Willenserklärung dem anderen Teile zugeht. Ist hier der Ort maßgebend, an welchem die Erklärung abgegeben wird, oder derjenige Ort, an welchem sie dem anderen Teile zugeht? Es handelt sich hier um einen aus mehreren Tatsachen zusammengesetzten Tatbestand. Treten diese Tatsachen an verschiedenen Orten ein, so ist das Rechtsgeschäft an verschienen Orten vorgenommen. Man wird daher entweder jede einzelne Tatsache nach den Gesetzen desjenigen Ortes zu beurteilen haben, an welchem sie vorgekommen ist, oder die Beobachtung der an beiden Orten vorgeschriebenen Form verlangen müssen. Das letztere dürfte, da es sich um ein einheitliches Rechtsgeschäft handelt, das richtigere sein. Hiernach würde z. B., wenn für eine empfangsbedürftige Willenserklärung nach den Gesetzen des Ortes, an welchem sie abgegeben wird, die schriftliche Form, nach den Gesetzen desjenigen Ortes, an welchem sie zugeht, gerichtliche Beurkundung erfordert wird, die Beobachtung beider Formen erforderlich sein; ebenso würde, wenn nach den Gesetzen eines der Orte keine Form, nach den Gesetzen des anderen Ortes aber eine Form erfordert wird, immer die Beobachtung der Form erforderlich sein. Dieselben Grundsätze werden Anwendung finden müssen bei Verträgen, wenn die Vertragserklärungen beider Teile an verschiedenen Orten abgegeben werden und an jedem dieser Orte verschiedene Vorschriften über die Form des betreffenden Vertrags gelten. Beide Vertragserklärungen zusammen bilden den Vertrag; es müssen daher sowohl die für den einen wie die für den anderen Ort geltenden Formvorschriften beobachtet werden. Dabei ist indessen zu beachten, daß

Artikel 12. Aus einer im Auslande begangenen unerlaubten Handlung können gegen einen Deutschen nicht weitergehende Ansprüche geltend gemacht werden, als nach den deutschen Gesetzen begründet sind.

---

nach Abs. 1 Satz 1 immer die Beobachtung derjenigen Gesetze genügt, welche für das den Gegenstand des Rechtsgeschäfts bildende Rechtsverhältnis maßgebend sind. Die ganze Frage ist übrigens sehr bestritten (s. z. B. v. Bar Theorie I S. 361; Zitelmann II S. 162ff.).

5. **Von der Regel des Abs. 1 Satz 2 macht der Abs. 2 eine Ausnahme, für solche Rechtsgeschäfte, durch welche ein Recht an einer Sache begründet oder über ein solches Recht verfügt wird.** Die Ausnahme gilt für Grundstücke wie für bewegliche Sachen; sie bezieht sich aber nur auf dingliche Rechtsgeschäfte, nicht auf obligatorische. Unter den Begriff der Verfügung über ein dingliches Recht fällt nicht nur der Vertrag, durch welchen das Eigentum oder ein anderes Recht an der Sache übertragen wird, sondern auch das einseitige Rechtsgeschäft, durch welches das Eigentum oder ein sonstiges Recht an der Sache aufgegeben wird. Der Begriff der Verfügungen (s. Bd. I S. 185, Vorbm. IX, 4) umfaßt an sich auch die Rechtsgeschäfte, durch welche ein Recht an einer Sache begründet wird; die besondere Hervorhebung dieser Rechtsgeschäfte neben den Verfügungen im Abs. 2 ist der größeren Deutlichkeit halber erfolgt.

Die Form aller dinglichen Rechtsgeschäfte der gedachten Art bestimmt sich ausschließlich nach den Gesetzen, welche für das den Gegenstand des Rechtsgeschäfts bildende Rechtsverhältnis maßgebend sind. Das hiernach maßgebende Gesetz ist wie für Grundstücke allgemein angenommen wird und im E. II § 2241, rev. § 2369 ausdrücklich ausgesprochen war, das Gesetz des Ortes, an welchem sich die Sache befindet. In betreff der Rechte an beweglichen Sachen besteht Streit; überwiegende Gründe dürften auch hier für denselben Grundsatz, wenn auch unter gewissen Modifikationen sprechen (vgl. E. II § 2241 Abs. 2).

Die Ausnahme des Abs. 2 gilt nicht nur für Rechtsverhältnisse, die nach deutschem Rechte zu beurteilen sind, sondern auch für solche, für die ausländisches Recht maßgebend ist.

6. **Eine Ausnahme von der Regel des Abs. 1 bestimmt der Art. 13 Abs. 3,** nach welchem die Form einer Ehe, welche in Deutschland geschlossen wird, sich nicht nach den für die Ehe maßgebenden Gesetzen, sondern lediglich nach den deutschen Gesetzen bestimmt. Für Ehen, die im Auslande geschlossen werden, gilt eine entsprechende Ausnahme nicht (s. Erl. 3c zu Art. 13).

7. **Eine weitere Ausnahme sowohl von der Vorschrift des Abs. 1 Satz 1 als auch des Abs. 1 Satz 2 kann durch die Vorschrift des Art. 30 begründet werden.** Daraus allein freilich, daß ein deutsches Gesetz eine bestimmte Form für ein Rechtsgeschäft vorschreibt, kann nicht gefolgert werden, daß das Gesetz damit den Zweck verfolge, die Anwendung ausländischer Gesetze, soweit diese nach Abs. 1 Satz 2 stattfindet, auszuschließen. Immerhin aber ist es möglich, daß das Gesetz in einem einzelnen Falle diesen Zweck hat, und dann muß der Art. 30 Anwendung finden. Die Ansicht, daß dies durch Abs. 2 ausgeschlossen sei, weil nach diesem nur in dem dort bezeichneten Falle der Abs. 1 Satz 2 keine Anwendung finden solle (s. Fischer und Henle Erl. 1 zu Art. 11; Niedner S. 32, 33 Erl. 7 zu Art. 11) dürfte sich nicht rechtfertigen lassen. Der Abs. 2 enthält allerdings eine Anwendung des im Art. 30 ausgesprochenen Grundsatzes; aber aus der Hervorhebung einer solchen einzelnen Konsequenz läßt sich nicht folgern, daß im übrigen der Grundsatz des Art 30, soweit dessen Voraussetzungen gegeben sind, auf die hier fraglichen Fälle keine Anwendung finden solle (s. Erl. 3 zu Art. 30). Hierfür spricht auch, daß der Abs. 1 Satz 2 des Art. 11 im E. II den Abs. 2 des von den Rechten an Sachen handelnden § 2241 bildete und durch seine Versetzung in den Art. 11 eine weitergehende Bedeutung weder erlangen konnte noch sollte.

Artikel 12.

E. I § 6; II § 2244 rev. § 2367; E. d. EG. III Art. 11. P. I S. 11509. P. II Bd. 6 S. 42, 43.

1. **Das für Schuldverhältnisse aus unerlaubten Handlungen maßgebende Recht.** Das EG. enthält keine allgemeinen Vorschriften darüber, nach welchen Gesetzen das Schuldverhältnis aus einer unerlaubten Handlung zu beurteilen ist. Die E. I und II stellten in dieser Beziehung den Grundsatz auf, daß die Gesetze des Ortes maßgebend seien, an welchem die unerlaubte Handlung begangen worden ist. Der E. II fügte dem noch die Bestimmung bei, daß, soweit ein deutsches Gesetz sich auf eine im Auslande begangene unerlaubte Handlung erstrecke, dieses Gesetz Anwendung finde. Durch die Weglassung dieser Vorschriften im EG. hat deren Richtigkeit nicht

verneint werden, die Entscheidung vielmehr der Wissenschaft und Praxis überlassen bleiben sollen. Der oben angeführte Grundsatz, daß die Gesetze des Ortes maßgebend sind, an welchem die unerlaubte Handlung begangen worden ist, wird von der Wissenschaft in Deutschland allgemein anerkannt (v. Bar, Theorie II S. 114ff., S. 281 Note 20; Zitelmann I S. 126; II S. 464ff.), ebenso von der Praxis (RG.Bd. 7 S. 374; Bd. 57 S. 142ff.; vgl. auch RG. in Niemeyers Zeitschrift für intern., Privat- und öffentliches Recht Bd. 13 S. 171, S. 173). Auch die Vorschrift des Art. 12 läßt erkennen, daß die darin enthaltene besondere Vorschrift als eine Modifikation des angeführten Grundsatzes gedacht ist. Auch die Deliktsfähigkeit (BGB. §§ 827, 828) bestimmt sich infolge jenes Grundsatzes nach den Gesetzen des Tatorts. Welcher Ort als Tatort zu betrachten ist, wenn die Orte der Handlung und des Eintritts ihrer Wirkung auseinander fallen, bestimmt sich nach den für den Tatbestand der unerlaubten Handlung geltenden Vorschriften. Die in dem Bisherigen dargelegte Auffassung wird von der ausländischen Jurisprudenz nicht allgemein anerkannt; in der englischen und amerikanischen Rechtsprechung überwiegt vielmehr die Ansicht, daß ein Schuldverhältnis durch eine unerlaubte Handlung nur dann begründet werde, wenn ein solches sowohl von den Gesetzen des Prozeßorts als des Tatorts anerkannt werde. Für Deutschland wird indessen grundsätzlich die oben dargelegte Auffassung festzuhalten sein.

2. **Der in Erl. 1 dargelegte Grundsatz erleidet nach zwei Seiten hin eine Modifikation.**

a) A u f e i n e i m A u s l a n d e b e g a n g e n e u n e r l a u b t e H a n d l u n g f i n d e t d a s d e u t s c h e G e s e t z i n s o w e i t A n w e n d u n g , a l s e s s i c h a u c h a u f d i e s e H a n d l u n g e r s t r e c k t. Die diesen Satz aussprechende Vorschrift des E. II § 2243 Abs. 2 ist zwar in das EG. nicht aufgenommen. Seine Richtigkeit ist aber nicht zu bezweifeln. Auch das Reichsgericht hat ihn anerkannt, indem es annahm, daß dem Reichsgesetze vom 30. November 1874 §§ 13, 14 auch die von einem Inländer im Ausland erfolgte unbefugte Benutzung eines durch das Gesetz geschützten Zeichens unterliege (RG. Bd. 18 S. 28).

b) A u s A r t. 30 ergibt sich, daß die ausländischen Gesetze, wenn sie nach dem in Erl. 1 dargelegten Grundsatz auf eine im Auslande begangene unerlaubte Handlung Anwendung finden, doch nicht anzuwenden sind, wenn ihre Anwendung gegen die guten Sitten oder gegen den Zweck eines deutschen Gesetzes verstoßen würde. Ein in der zweiten Kommission gestellter Antrag, nach welchem dies durch einen Zusatz zu Art. 12 zum Ausdrucke gelangen sollte, ist nur deshalb nicht angenommen, weil er sich durch die später beschlossene allgemeine Fassung des Art. 30 erledigte (vgl. auch RG. Bd. 29 S. 90). Der Art. 12 geht aber über die aus Art. 30 sich ergebende Konsequenz hinaus, indem er die A n w e n d u n g a u s l ä n d i s c h e r G e s e t z e ü b e r A n s p r ü c h e a u s u n e r l a u b t e n H a n d l u n g e n a u f e i n e v o n e i n e m D e u t s c h e n i m A u s l a n d e b e g a n g e n e H a n d l u n g i n s o w e i t a u s s c h l i e ß t , a l s n i c h t a u c h n a c h d e u t s c h e n G e s e t z e n e i n A n s p r u c h a u s d e r H a n d l u n g b e g r ü n d e t s e i n w ü r d e. Es braucht also im einzelnen Falle nicht geprüft zu werden, ob die Anwendung der ausländischen Gesetze gegen die guten Sitten oder gegen den Zweck eines deutschen Gesetzes verstoßen würde; vielmehr wird gesetzlich festgestellt, daß nach dem Zwecke der deutschen Gesetze über unerlaubte Handlungen ein Deutscher aus einer von ihm im Auslande begangenen Handlung zu einer Entschädigung niemals verpflichtet sein soll, wenn dadurch, falls sie in Deutschland vorgenommen wäre, eine Entschädigungspflicht nicht begründet würde. Der Grundsatz, daß auf eine im Auslande begangene unerlaubte Handlung die ausländischen Gesetze Anwendung finden, bleibt insoweit bestehen, als aus einer solchen Handlung ein Anspruch niemals entsteht, wenn er nicht nach den betreffenden ausländischen Gesetzen begründet ist. Diese Frage ist also immer zunächst zu prüfen und, wenn sie zu verneinen ist, so ist ein Anspruch nicht entstanden, auch wenn er nach deutschen Gesetzen begründet wäre. Wird die Frage aber bejaht, so ist nun weiter zu prüfen, ob durch die Handlung auch nach deutschen Gesetzen ein Anspruch begründet wird; ist diese Frage zu verneinen, so wird ein Anspruch nicht begründet. Der Anspruch entsteht also nur unter der doppelten Voraussetzung, daß er sowohl durch das deutsche als durch das ausländische Recht anerkannt wird. Hieraus dürfte u. a. zu folgern sein, daß aus einer im Auslande von einem Deutschen begangenen Handlung, durch welche ein im Ausland anerkanntes subjektives Recht verletzt wird, kein Anspruch in Deutschland geltend gemacht werden kann, wenn die deutschen Gesetze ein subjektives Recht der fraglichen Art nicht anerkennen, aus der fraglichen Handlung also, wenn sie in Deutschland vorgenommen wäre, ein Anspruch nicht entstehen würde. Praktisch kann dies besonders von Bedeutung werden für Immaterialrechte, welche in dem betreffenden Auslande, nicht aber in Deutschland anerkannt sind (a. A. Zitelmann II S. 506ff., der den § 823 analog anwenden will).

Artikel 13. Die Eingehung der Ehe wird, sofern auch nur einer der Verlobten ein Deutscher ist, in Ansehung eines jeden der Verlobten nach den Gesetzen des Staates beurtheilt, dem er angehört. Das Gleiche gilt für Ausländer, die im Inland eine Ehe eingehen.

In Ansehung der Ehefrau eines nach Artikel 9 Abs. 3 für todt erklärten Ausländers wird die Eingehung der Ehe nach den deutschen Gesetzen beurtheilt.

Die Form einer Ehe, die im Inlande geschlossen wird, bestimmt sich ausschließlich nach den deutschen Gesetzen.

Die Vorschrift des Art. 12 ist eine singuläre Vorschrift zugunsten der Deutschen und darf daher nicht auf die von einem Ausländer in Deutschland oder in einem dritten Staate begangene unerlaubte Handlung ausgedehnt werden (vgl. auch Zitelmann II S. 503ff.).

3. **Über Schuldverhältnisse aus anderen Gründen als aus unerlaubten Handlungen enthält das EG. keine Vorschriften.** Der E. II enthielt darüber die oben (s. Vorbm. 12 vor Art. 7—31) mitgeteilten Bestimmungen; sie dürften im wesentlichen richtig sein, die Frage ist indessen in mehrfacher Beziehung bestritten. Auf eine nähere Erörterung kann hier aber nicht eingegangen werden. Vgl. Rsp. Bd. 9 S. 272; RG. Bd. 51 S. 218; Bd. 55 S. 105; Verhandl. des 24. deutschen Juristentags, Gutachten von Neumann Bd. 1 S. 169ff.; Seeler Bd. 2 S. 33ff.; Verhandl. der ersten Abteilung Bd. 4 S. 76ff.; Niemeyer in DJZ. 1898 S. 372f.; Zitelmann II S. 136ff.; S. 366ff., der das Wirkungsstatut für maßgebend hält; Neumann, Handausgabe III S. 23ff.

Artikel 13—17.

Die Art. 13—17 betreffen die Ehe und zwar der Art. 13 die Eingehung der Ehe, Art. 14 die persönlichen Rechtsbeziehungen der Ehegatten, die Art. 15, 16 das eheliche Güterrecht und der Art. 17 die Scheidung der Ehe.

Artikel 13.

E. I § 8; II § 2245 rev. § 2370; E. d. BR. III Art. 12. P. I S. 11515ff. P. II Bd. 6 S. 46ff., 67. RB. S. 2108f. StB. S. 3024, 3096.

Kahn, Das Eherechtsabkommen, in der Zeitschrift für internat. Privat- und öffentliches Recht Bd. 12 S. 201ff.; Niemeyer, Die Haager Familienrechtskommission, in DJZ. 1904 S. 514.

1. **Der Abs. 1 enthält die Regel über die für die Eingehung der Ehe maßgebenden Gesetze,** während die Abs. 2, 3 Modifikationen dieser Regel enthalten. Die Regel wird im Abs. 1 aber nicht allgemein gegeben, sondern nur für die beiden Fälle, daß entweder wenigstens einer der Eheschließenden ein Deutscher ist oder daß zwar beide Eheschließende Ausländer sind, die Ehe aber in Deutschland geschlossen wird. Die E. I und II enthielten diese Beschränkung nicht, sondern stellten die im Abs. 1 ausgesprochene Regel ganz allgemein auf. Was für den im Abs. 1 nicht geregelten Fall, daß beide Eheschließende Ausländer sind und die Ehe im Auslande geschlossen wird, gilt, ist nach den in der Vorbm. 3 vor Art. 7—31 dargelegten Grundsätzen zu entscheiden. Da die Beschränkung, in welcher der Abs. 1 die Regel aufstellt, offenbar nur auf der Tendenz beruht, die Vorschriften des Gesetzes, soweit nicht das praktische Bedürfnis ein anderes erfordert, auf die Rechtsverhältnisse deutscher Reichsangehöriger und auf die Anwendung deutscher Gesetze zu beschränken, so wird man im Abs. 1 eine wesentliche Unterstützung der Auffassung zu finden haben, daß allgemein für die Eingehung der Ehe sowohl die Gesetze des Staates, welchem der eine Eheschließende angehört, als auch die Gesetze des Staates, dem der andere Eheschließende angehört, maßgebend sind. Bei den Beratungen der zweiten Kommission war ein Antrag gestellt, nach welchem das Prinzip zugrunde gelegt werden sollte, daß die Eingehung der Ehe nach den Gesetzen des Staates beurteilt werde, dem der Ehemann angehöre, und daß die Gesetze des Heimatstaats der Frau nur in betreff der Geschäftsfähigkeit und Ehemündigkeit der Frau sowie in betreff der auf familienrechtlichen Verhältnissen beruhenden Ehehindernisse in Betracht zu ziehen seien und daß insbesondere die Willensmängel lediglich nach den erstgedachten Gesetzen zu beurteilen seien (v. Bar Theorie I S. 452f.). Die Kommission lehnte den Antrag ab und entschied sich für das

dem E. II § 2245 zugrunde liegende Prinzip, weil man dieses für gerechter und zweckmäßiger hielt. Man wird daher berechtigt sein, dieses Prinzip trotz der jetzt im Abs. 1 hinzugefügten Beschränkung als das der Auffassung der deutschen Gesetze entsprechende anzunehmen und es daher auch in den im Art. 13 nicht entschiedenen Fällen anzuwenden. Auf diesem Standpunkte steht auch der § 3 des Ges. v. 4. Mai 1870 betr. die Eheschließung und die Beurkundung des Personenstandes rc. (vgl. auch Erl. 10).

Dasselbe Prinzip muß zur Anwendung kommen, wenn beide Eheschließende zwar demselben Staate angehören, aber verschiedener Konfession sind und das Recht des Heimatstaats für die Angehörigen beider Konfessionen verschiedene Erfordernisse der Eheschließung vorschreibt (Zitelmann II S. 605; vgl. auch Sartorius, Personenstandsgesetz S. 358).

2. Aus dem in dem Abs. 1 ausgesprochenen Grundsatze folgt, wie bei den Beratungen der zweiten Kommission ausdrücklich hervorgehoben wurde, **daß die Ehe nur gültig ist, wenn sie sowohl nach den Gesetzen des Staates, dem der Mann angehört, als nach den Gesetzen des Staates, dem die Frau angehört, gültig ist.** Für einen Deutschen bestimmen sich die Erfordernisse der Eingehung der Ehe nach dem BGB. §§ 1303—1315 (materielle Erfordernisse), 1316—1321 (Form der Ehe), 1322 (Dispensation), 1323—1329 (Nichtigkeit der Ehe), 1330—1343, 1350 (Anfechtbarkeit der Ehe). **Auch die Folgen, welche der Mangel eines Erfordernisses hat,** bestimmen sich für den deutschen Eheschließenden nach den gedachten Vorschriften; insbesondere bestimmt sich hiernach, ob der Mangel nur ein aufschiebendes Ehehindernis oder Nichtigkeit oder Anfechtbarkeit der Ehe begründet. In entsprechender Art ist aus den ausländischen Gesetzen zu entnehmen, welche Erfordernisse in betreff des ausländischen Teiles gelten und welche Folgen der Mangel eines Erfordernisses hat. Aus der Verschiedenheit der in den verschiedenen Gesetzen bestimmten Folgen eines Mangels, insbesondere aus den verschiedenen Arten der Ungültigkeit können sich, wie bei den Beratungen der Kommission nicht verkannt ist, Zweifel ergeben; sie werden sich aber bei richtiger Anwendung des Prinzips beseitigen lassen. Hervorgehoben mag werden, daß, wenn nach den Gesetzen des einen Staates wegen des Mangels eines Erfordernisses auf seiten des diesem Staate angehörenden Teiles die Ehe nichtig ist, die nach den Gesetzen des Staates, dem der andere Teil angehört, etwa eintretende Anfechtbarkeit oder relative Ungültigkeit nicht weiter in Betracht kommt; die Nichtigkeit wirkt begrifflich für beide Teile. Die Mittel, die Anfechtbarkeit oder eine sonstige Ungültigkeit, die nicht Nichtigkeit ist, geltend zu machen, bestimmen sich ebenso wie die Voraussetzungen für jeden Teil nach den Gesetzen des Staates, dem er angehört.

3. Der im Abs. 1 aufgestellte Grundsatz erleidet folgende Modifikationen:

a) Aus Art. 27 ergibt sich, daß, wenn nach den ausländischen Gesetzen, welche nach Abs. 1 maßgebend sind, die deutschen Gesetze Anwendung finden, diese und nicht die ausländischen Gesetze anzuwenden sind. Wird also in den betreffenden ausländischen Gesetzen die Eingehung der Ehe nach den Gesetzen des Ortes, wo die Ehe geschlossen wird (so z. B. nach dem schweizer Gesetz) oder nach den Gesetzen des Wohnsitzes der Eheschließenden beurteilt, so finden die deutschen Gesetze Anwendung, wenn die Ehe in Deutschland geschlossen wird oder die Eheschließenden ihren Wohnsitz in Deutschland haben. Aber auch wenn hiernach für den Ausländer die deutschen Gesetze maßgebend sind, bedarf er des landesgesetzlich auf Grund des § 1315 Abs. 2 vorgeschriebenen Zeugnisses (Rspr. 5 S. 413).

Eine Ausdehnung dieser Vorschrift auf solche Fälle, in denen das ausländische Recht nicht auf deutsche Gesetze, sondern auf das Recht eines dritten Staates verweist, ist unzulässig (s. Erl. zu Art. 27; vgl. jedoch auch Erl. 10).

b) Ist der Ehemann einer deutschen Frau für tot erklärt, so ergibt sich aus Abs. 1, daß die Frau nach BGB. § 1348 eine neue Ehe gültig schließen kann. Die neue Ehe ist auch dann gültig, wenn der Ehemann ein Ausländer war und nach dem Rechte seines Heimatstaats die von der Ehefrau eines für tot erklärten Mannes geschlossene neue Ehe ungültig ist, wenn der für tot Erklärte in Wirklichkeit noch lebt. Dies ergibt sich daraus, daß die nach deutschen Gesetzen erfolgte Todeserklärung die nach deutschen Gesetzen mit der Todeserklärung verbundenen Wirkungen, also auch die im § 1348 bestimmte Wirkung nicht nur dann hat, wenn der für tot Erklärte ein Deutscher war, sondern nach Art. 9 Abs. 3 unter den dort bezeichneten Voraussetzungen auch dann, wenn er ein Ausländer war. Die Vorschrift des Abs. 2 geht nun über diese Konsequenz der angeführten Grundsätze noch insofern hinaus, als die Eingehung der Ehe in Ansehung der Ehefrau eines nach Art. 9 Abs. 3 für tot erklärten Ausländers auch dann nach den deutschen Gesetzen beurteilt werden soll, wenn die Ehefrau zur Zeit der Eingehung der

Ehe keine Deutsche war. Es soll genügen, wenn nur die Voraussetzungen des Art. 9 Abs. 3 vorliegen, und diese sind auch dann gegeben, wenn die Ehefrau bis zu ihrer Verheiratung eine Deutsche war. Erforderlich ist nur, daß die Todeserklärung nach Maßgabe des Art. 9 Abs. 3 erfolgt ist (s. Erl. 6 zu Art. 9). Nur auf die Wirkung der Todeserklärung aber bezieht sich der Abs. 2, nicht, wie es nach dem Wortlaute scheinen könnte, auf andere Erfordernisse in der Person der Ehefrau (Niemeyer, S. 137).

c) Die Form der Eheschließung bestimmt sich nach Art. 11 Abs. 1 Satz 1 nach denjenigen Gesetzen, welche für die Eingehung der Ehe maßgebend sind. Nach Satz 2 genügt die Beobachtung der an dem Orte der Eheschließung vorgeschriebenen Form. Diese Sätze werden durch Art. 13 Abs. 3 dahin modifiziert, daß die Form einer im Inlande geschlossenen Ehe sich ausschließlich nach deutschen Gesetzen bestimmt. Eine Ehe kann in Deutschland also auch, wenn beide Teile Ausländer sind, nicht nach Maßgabe der für die Eingehung ihrer Ehe nach Abs. 1 maßgebenden Gesetze, sondern nur nach Maßgabe des BGB. §§ 1317ff. geschlossen werden. Auch der Abschluß der Ehe vor einem ausländischen Konsul ist ausgeschlossen, sofern dies nicht durch Staatsvertrag zugelassen ist. Letzteres ist z. B. unter gewissen Voraussetzungen der Fall nach den Verträgen mit Italien v. 4. Mai 1891 (RGBl. S. 113) Art. 1, Japan v. 4. April 1896 (RGBl. S. 732) Art. 11, Serbien v. 6. Januar 1883 (RGBl. S. 62) Art. 10; vgl. auch Erl. 10. Für die Schließung einer Ehe im Auslande verbleibt es bei der Vorschrift des Art. 11. Deutsche können eine Ehe im Auslande also auch in der nach den dortigen Gesetzen vorgeschriebenen Form schließen. Im E. II § 2245 Abs. 2 Satz 2 war dies ausdrücklich ausgesprochen, um klar zu stellen, daß der Anerkennung einer in dieser Art geschlossenen Ehe nicht etwa der Art. 30 entgegenstehe. Diese Auffassung wird auch trotz der Weglassung des fraglichen Satzes als die richtige anzuerkennen sein (vgl. auch Sartorius, Personenstandsgesetz S. 301).

4. **Die Zuständigkeit deutscher Gerichte für Klagen, durch welche die Nichtigkeit oder Anfechtbarkeit einer Ehe geltend gemacht wird,** ist in CPO. § 606 (vgl. Konsulargerichtsbarkeitsgesetz v. 7. April 1900 §§ 2, 10 Nr. 1) geregelt. Ausschließlich zuständig ist nach § 606 Abs. 1 das Landgericht, bei welchem der Ehemann seinen allgemeinen Gerichtsstand hat. Nach Abs. 2 kann aber die Klage, wenn der Ehemann ein Deutscher ist und keinen allgemeinen Gerichtsstand im Inlande hat, bei dem Landgericht erhoben werden, in dessen Bezirk er seinen letzten Wohnsitz im Inlande hatte. In Ermangelung eines solchen Wohnsitzes finden die Vorschriften der CPO. § 15 Satz 2, 3 entsprechende Anwendung. Das gleiche gilt, sofern der Ehemann im Inlande keinen allgemeinen Gerichtsstand hat, in dem Falle, daß der Ehemann die Reichsangehörigkeit verloren, die Ehefrau sie aber behalten hat oder daß beide Ehegatten die Reichsangehörigkeit verloren haben, der Ehemann aber eine andere Staatsangehörigkeit nicht erworben hat.

Eine weitere Ausnahme von der Regel des § 606 Abs. 1 bestimmt der Abs. 3 des § 606. Ist nämlich eine Deutsche eine Ehe mit einem Ausländer eingegangen und hat dieser im Inlande keinen allgemeinen Gerichtsstand, so können die Nichtigkeitsklage und die Anfechtungsklage von der Ehefrau bei dem Landgericht erhoben werden, in dessen Bezirke sie den letzten Wohnsitz im Inlande hatte; in Ermangelung eines solchen Wohnsitzes finden die Vorschriften des § 15 Satz 2, 3 der CPO. entsprechende Anwendung. Das gleiche gilt, sofern nicht nach Abs. 2 Satz 2 ein Gerichtsstand begründet ist, in dem Falle, daß eine Deutsche eine Ehe mit einem Deutschen eingegangen ist, dieser aber die Reichsangehörigkeit verloren und im Inlande keinen allgemeinen Gerichtsstand hat.

Aus diesen Vorschriften ergibt sich die Möglichkeit, daß auch die Ehe einer ausländischen Ehefrau von einem deutschen Gerichte für nichtig erklärt werden kann. Es fragt sich nun, ob mit Niedner, Erl. 7 zu Art. 13 und den dort angeführten Schriftstellern aus Art. 13 Abs. 1 zu folgern ist, daß in einem Rechtsstreit über die Gültigkeit einer von einer ausländischen Ehefrau geschlossenen neuen Ehe das dafür zuständige deutsche Gericht das die Nichtigkeit der früheren Ehe aussprechende Urteil, obwohl es von einem deutschen Gericht erlassen ist, unberücksichtigt lassen muß, wenn das für die ausländische Ehefrau maßgebende Recht ihres Heimatstaats jenes Urteil nicht anerkennt. Der Grundsatz des Abs. 1 führt allerdings zu dieser Konsequenz. Niemeyer, S. 139 will dieser Konsequenz dadurch entgehen, daß er in der Nichtausschaltung dieses Falles ein Redaktionsversehen erblickt. Diese Annahme dürfte bedenklich sein. Zu demselben Ergebnisse gelangt man indessen durch Anwendung des Art. 30. Gegen den Zweck der deutschen Gesetze über die Zuständigkeit der deutschen Gerichte in Ehesachen und über die für und gegen alle wirkende Rechtskraft eines die Nichtigkeit einer Ehe aussprechenden Urteils (CPO.

§ 629) würde **es** verstoßen, wenn das ausländische Gesetz, welches ein von einem deutschen Gericht innerhalb seiner Zuständigkeit erlassenes Urteil nicht anerkennt, angewendet würde. Die Anwendung dieser Vorschrift des ausländischen Gesetzes ist daher nach Art. 30 ausgeschlossen; dieses Gesetz bleibt also bei der Beurteilung der Gültigkeit der von der ausländischen Ehefrau eingegangenen neuen Ehe trotz der Vorschrift des Art. 13 Abs. 1 außer Betracht.

5. **Ob das Urteil eines ausländischen Gerichts, durch welches die Nichtigkeit einer Ehe ausgesprochen wird, in Deutschland anzuerkennen ist,** bestimmt sich nach CPO. § 328. Hier mag hervorgehoben werden, daß für die Frage, ob die Anerkennung des Urteils deshalb ausgeschlossen ist, weil nach den deutschen Gesetzen die Gerichte des Staates, dem das ausländische Gericht angehört, nicht zuständig sind (§ 328 Nr. 1), die Vorschriften des § 606 der CPO. entscheidend sind. Aus der Nr. 3 des § 328 ergibt sich, daß jedes Urteil eines ausländischen Gerichts, durch welches zum Nachteil einer deutschen Partei gegen die Vorschriften des Art. 13 Abs. 1, 3 verstoßen ist, nicht anerkannt wird; das gleiche gilt, wenn nach Maßgabe des Art. 9 Abs. 3 ein Ausländer auf Antrag seiner Ehefrau für tot erklärt ist und durch das ausländische Urteil zum Nachteile der Ehefrau gegen die Vorschrift des Art. 13 Abs. 2 verstoßen ist. Abgesehen von diesen Fällen kommt der materielle Inhalt des Urteils nach CPO. § 328 Nr. 4 nur in sofern in Betracht, als dadurch gegen die guten Sitten oder gegen den Zweck eines deutschen Gesetzes verstoßen ist. Der Mangel der Verbürgung der Gegenseitigkeit (§ 328 Nr. 5) kommt nach Abs. 2 nicht in Betracht, wenn nach den deutschen Gesetzen ein Gerichtsstand im Inlande nicht begründet war.

6. Aus dem Grundsatze, daß für die Eingehung einer Ehe von Ausländern die ausländischen Gesetze maßgebend sind, **darf nicht gefolgert werden, daß ein deutscher Standesbeamter bei der Schließung einer Ehe zwischen Ausländern auch dann mitzuwirken hat, wenn diese nach deutschen Gesetzen unbedingt verboten ist.** In Betracht kommen hier das Verbot der Bigamie (BGB. § 1306) und das Verbot der Ehe zwischen den im § 1310 bezeichneten Verwandten und Verschwägerten. Aus Art. 30 ergibt sich, daß der Standesbeamte die Mitwirkung zur Eingehung einer solchen Ehe abzulehnen hat, und es wird zulässig sein, eine instruktionelle Vorschrift in diesem Sinne für die Standesbeamten zu treffen. Ist die Ehe aber trotzdem in der vorgeschriebenen Form geschlossen worden, so ist ihre Gültigkeit nicht nach den deutschen, sondern nach den betreffenden ausländischen Gesetzen zu beurteilen (P. II Bd. 6 S. 49f.; s. auch Erl. 2d zu Art. 30 und Erl. 10 zu diesem Art.).

Zweifelhaft ist, ob, wenn die frühere Ehe eines Ausländers nach den Gesetzen seines Heimatsstaats nichtig ist und es nach den Gesetzen dieses Staates einer Nichtigkeitserklärung nicht bedarf, der deutsche Standesbeamte doch bei der Eingehung einer Ehe von seiten des Ausländers nicht mitwirken darf, solange dessen frühere Ehe nicht für nichtig erklärt ist. Die Frage dürfte zu verneinen sein, weil der § 1309 nur für den deutschen Eheschließenden gilt und die Frage, ob der ausländische Eheschließende eine neue Ehe im Falle der Nichtigkeit seiner früheren Ehe ohne weiteres oder nur nach erfolgter Nichtigkeitserklärung schließen darf, sich nach den Gesetzen seines Heimatsstaats bestimmt. Der Art. 30 dürfte hier nicht in Frage kommen (a. A. Niedner Erl. 2b zu Art. 13; Niemeyer S. 136).

7. **Die Zulässigkeit der Eingehung einer Ehe von seiten eines Ausländers in Deutschland** kann nach BGB. § 1315 Abs. 2 durch die Landesgesetze **von der Beibringung** einer Erlaubnis oder **eines Zeugnisses abhängig gemacht werden.** Vorschriften in dieser Beziehung enthalten z. B. die AG. zum BGB. für Preußen Art. 43; Württemberg Art. 256; Baden Art. 32; Hessen Art. 104; Mecklenburg-Schwerin § 207; ferner das bayerische Heimatgesetz Art. 34, die sächs. V. v. 12. Juli 1899 § 7. Vgl. hierüber Erl. 4 zu § 1315. Auch instruktionelle landesgesetzliche Vorschriften für den Standesbeamten sind zulässig, z. B. dahin, daß der Standesbeamte, bevor er bei der Schließung der Ehe von seiten des Ausländers mitwirkt, sich, wenn die Gültigkeit der Ehe nach den Gesetzen des Heimatsstaats des Ausländers von der kirchlichen Trauung abhängt, vergewissern soll, daß diese erfolgen wird (vgl. auch Erl. 10).

8. **Über die Eheschließung Deutscher im Auslande** vgl. noch das Ges. v. 4. Mai 1870 (in der Fassung des EG. Art. 40); dazu wegen der Anwendung dieses Gesetzes in den Schutzgebieten die §§ 7, 16 des Schutzgebietsges. v. 10. Sept. 1900, ferner den § 36 des Konsulargerichtsbarkeitsges. v. 7. April 1900.

9. Zweifelhaft ist, **ob die Vorschrift des Abs. 1 sich auf das Verlöbnis bezieht.** Von der ersten Kommission war dies, wie sich aus P. I S. 11515—11517 ergibt, beabsichtigt und hatte in dem § 8 Abs. 1 des E. I, welcher mit dem Abs. 1 des E. II § 2245 Abs. 1 über-

einstimmt, dadurch seinen Ausdruck gefunden, daß die Vorschriften über das Verlöbnis in dem E. I den ersten Titel des Abschnitts von der Eingehung der Ehe bildeten, die Worte „die Eingehung der Ehe" also auch diese Vorschriften mit umfaßten. Nach dem BGB. bilden die Vorschriften über das Verlöbnis aber keine Unterabteilung des Abschnitts von der Eingehung der Ehe, sondern stehen im ersten Titel des Hauptabschnitts von der bürgerlichen Ehe selbständig neben und vor dem zweiten mit der Überschrift „Eingehung der Ehe" bezeichneten Titel. Nach der äußeren Anordnung gehören die Vorschriften über das Verlöbnis also nicht mehr zu den Vorschriften über die Eingehung der Ehe. Entscheidendes Gewicht wird aber hierauf um so weniger zu legen sein, als einerseits ein großer Teil der in dem dritten mit der Überschrift „Nichtigkeit und Anfechtbarkeit der Ehe" bezeichneten Titel enthaltenen Vorschriften unzweifelhaft die Eingehung der Ehe im Sinne des Art. 13 betrifft und als andererseits eine sachliche Änderung des Sinnes des Art. 13 durch die gedachte Änderung der Überschriften nicht beabsichtigt ist. Man wird indessen anerkennen müssen, daß nach der jetzigen Sachlage aus dem Wortlaute des Art. 13 eine Entscheidung der Frage nicht zu entnehmen ist. In dem bisherigen Rechte ist die Frage, welche Gesetze für das Verlöbnis maßgebend sind, bestritten. Nach RG. Bd. 20, S. 333 wird das Recht des Erfüllungsorts d. h. hier desjenigen Ortes, an welchem die Verlobten ihr eheliches Domizil nehmen wollen, als maßgebend angesehen. Dem Standpunkte des BGB. dürfte diese Auffassung nicht entsprechen. Dieses sieht, wie sich aus dem Inhalt und dem Zusammenhange der betreffenden Vorschriften ergibt, das Verlöbnis als einen die Ehe vorbereitenden Akt an und bezweckt durch die darüber gegebenen Vorschriften der §§ 1297 ff. die Freiheit der Eheschließung zu sichern. Dieser Auffassung entspricht es, wenn man unter den Vorschriften über die Eingehung der Ehe auch die Vorschriften über das Verlöbnis mit versteht (so auch Leske S. 631; a. A. Niedner, Erl. 2a zu Art. 13, der zwar das Personalstatut beider Verlobten für maßgebend hält, bei einer Kollision beider Statuten aber das des Inanspruchgenommenen entscheiden lassen will; vgl. auch RG. in Gruch. Bd. 47 S. 135; RG. in JW. 1902 S. 448). Hieraus folgt insbesondere, daß gegen einen Deutschen aus einem Verlöbnisse nicht auf Eingehung der Ehe geklagt werden kann (BGB. § 1297) und daß gegen einen Deutschen auf Grund eines Verlöbnisses Schadensersatzansprüche nicht in weiterem Umfange begründet werden können als im BGB. §§ 1298—1300 anerkannt ist. In entsprechender Weise wird, wenn der Verlobte ein Ausländer ist, das Recht seines Heimatstaats über die für ihn durch das Verlöbnis begründeten Verpflichtungen zu entscheiden haben; doch finden auch hier die Vorschriften der CPO. §§ 888 Abs. 2; 894 Abs. 2 Anwendung (s. auch Erl. 2a zu Art. 30). Der in dem BGB. § 1301 geregelte Anspruch auf Rückgabe der von einem Verlobten dem anderen gemachten Geschenke im Falle des Unterbleibens der Ehe gehört aber nicht hierher; es handelt sich hierbei nicht um eine Folge des Verlöbnisses, sondern um einen Anspruch wegen Herausgabe ungerechtfertigter Bereicherung (s. Bd. IV S. 15, 16 Erl. zu § 1301); ein solcher Anspruch bestimmt sich nach den Gesetzen, welche für ein Schuldverhältnis ex lege maßgebend sind (s. Erl. 3 zu Art. 12.; a. A. Niedner, Erl. 2a zu Art. 13).

10. Aus dem in der Vorbm. 13 vor Art. 7 angeführten Haager Abkommen v. 12. Juni 1902 ergeben sich für die Angehörigen der demselben beigetretenen Staaten einige Modifikationen des Art. 13. Das Abkommen findet indessen nach seinem Art. 9 nur Anwendung auf die europäischen Gebiete der Vertragsstaaten; es findet ferner nach Art. 8 Abs. 1 nur auf solche Ehen Anwendung, welche im Gebiete der Vertragsstaaten zwischen Personen geschlossen sind, von denen mindestens eine Angehöriger eines dieser Staaten ist. Auch wird nach Art. 8 Abs. 2 kein Staat zur Anwendung eines Gesetzes verpflichtet, welches nicht dasjenige eines Vertragsstaats ist. Die wesentlichsten Bestimmungen des Abkommens sind folgende:

a) Im Art. 1 wird das allgemeine Prinzip aufgestellt, daß das Recht zur Eingehung der Ehe sich in Ansehung eines jeden der Verlobten nach dem Gesetze des Staates, welchem er angehört, bestimmt. Die in den Erl. 1, 2 dargelegten Grundsätze über die materiellen Erfordernisse der Ehe finden hiernach auf alle unter das Abkommen fallenden Ehen Anwendung, soweit sich nicht aus den folgenden Artikeln Abweichungen ergeben.

b) Durch den dem Art. 1 des Abkommens beigefügten Zusatz „soweit nicht eine Vorschrift dieses Gesetzes (d. h. des Gesetzes des Heimatstaats) ausdrücklich auf ein anderes Gesetz verweist", erleidet der Art. 27 des EG. einerseits eine Beschränkung, andererseits eine Erweiterung; eine Beschränkung insofern, als nur eine ausdrückliche, d. h. eine in dem fremden Gesetze besonders ausgesprochene Verweisung zu beachten ist; eine Erweiterung insofern, als nicht nur auf das deutsche, sondern auch auf das Recht eines anderen Vertragsstaats verwiesen werden kann (D. z. d. Abk. S. 31 f.).

c) Aus dem im Art. 1 des Abkommens aufgestellten Grundsatz ergibt sich, daß Ausländer, welche nach diesem Grundsatz ehefähig sind, in jedem Vertragsstaate zur Eheschließung zugelassen werden müssen, selbst wenn ihnen nach dessen Rechte die Ehefähigkeit mangelt. Von dieser Konsequenz macht der Art. 2 eine Ausnahme, indem er in gewissen Fällen dem Gesetze des Ortes der Eheschließung gestattet, die Eheschließung zu untersagen. Hierbei werden zwei Kategorien unterschieden. Die erste betrifft Eheverbote des bürgerlichen Rechtes, die zweite Eheverbote, welche auf dem kirchlichen Rechte beruhen. Zu der ersten Kategorie gehören die Verbote der Ehe zwischen Verwandten und Verschwägerten, zwischen den des Ehebruchs Schuldigen und zwischen Personen, die wegen gemeinsamer Nachstellung nach dem Leben des Ehegatten eines von ihnen verurteilt sind; diese Verbote sollen aber nur in Betracht kommen, wenn sie absolut sind und keine Dispens zulassen. Unter die zweite Kategorie fallen diejenigen Ehen, welche mit Rücksicht auf eine vormalige Ehe oder auf ein Hindernis religiöser Natur gegen die Gesetze des Eheschließungsstaats verstoßen. Hierbei wird nicht an das Verbot der Bigamie gedacht, indem dieses in allen Vertragsstaaten besteht; es sollen durch die fragliche Vorschrift vielmehr diejenigen Gesetze berücksichtigt werden, nach welchen geschiedene Ehegatten nicht wieder heiraten dürfen oder nach welchen die Ehe wegen geistlicher Weihen, wegen Ordensgelübde oder wegen Religionsverschiedenheit verboten ist (D. z. d. Abk. S. 33). Die beiden Kategorien werden insofern verschieden behandelt, als in den Fällen der ersten Kategorie eine trotz des Verbots geschlossene Ehe in keinem der Vertragsstaaten als nichtig behandelt werden darf, wenn sie nach dem im Art. 1 aufgestellten Grundsatze gültig ist, während in den zu der zweiten Kategorie gehörenden Fällen die Verletzung des Verbots die Nichtigkeit der Ehe in demjenigen Staate, in welchem die Ehe geschlossen wurde, nicht aber in den übrigen Vertragsstaaten zur Folge haben kann. Eine verschiedene Behandlung der beiden Kategorien tritt ferner nach Art. 6 insofern ein, als in den Fällen der ersten Kategorie der Eheschließungsstaat auch die Schließung der Ehe durch einen diplomatischen oder konsularischen Vertreter des Heimatstaats der Verlobten zu verbieten berechtigt ist, während ihm dieses Recht in den Fällen der zweiten Kategorie nicht zusteht. Für Deutschland kommt von diesen Bestimmungen nur das Verbot der Ehe zwischen Verwandten und Verschwägerten (BGB. §§ 1310, 1311), das nicht in allen Vertragsstaaten in gleichem Umfange besteht, in Betracht, indem das Ehehindernis des Ehebruchs nach BGB. § 1312 kein absolutes ist und die anderen in dem Art. 2 des Abkommens erwähnten Eheverbote dem deutschen Rechte überhaupt unbekannt sind. Der Begriff der Verwandtschaft und Schwägerschaft bestimmt sich nach den Gesetzen des Eheschließungsstaats, bei einer in Deutschland geschlossenen Ehe also nach dem deutschen Rechte. Ausdrückliche Vorschriften, nach welchen das im BGB. §§ 1310, 1311 bestimmte Verbot der Eheschließung zwischen Verwandten oder Verschwägerten auch bei Ausländern zu berücksichtigen ist, bestehen in Deutschland nicht; es wird also nach Art. 30 zu beurteilen sein, ob Ausländern eine gegen das fragliche Recht verstoßende Eheschließung zu versagen ist (D. z. d. Abk. S. 33; vgl. auch Erl. 4).

d) Aus dem Grundsatze des Art. 1 folgt weiter, daß Ausländer, welche nach den Gesetzen ihres Heimatstaats nicht ehefähig sind, auch in einem anderen Vertragsstaate zur Eheschließung nicht zugelassen werden dürfen, selbst wenn sie nach dessen Rechte ehefähig sind. Von dieser Konsequenz macht der Art. 3 insofern eine Ausnahme, als er den Gesetzen des Ortes der Eheschließung gestattet, die Eheschließung zwischen Ausländern, wenn diese gegen ein nach Art. 1 maßgebendes Verbot verstößt, doch dann zuzulassen, wenn dieses Verbot ausschließlich auf Gründen religiöser Natur beruht. Als ein Verbot solcher Art wird, wie sich aus Art. 2 Abs. 3 ergibt, nicht anzusehen sein ein auf einer vormaligen Ehe beruhendes Verbot (D. z. d. Abk. S. 33f.). Die anderen Vertragsstaaten sind aber berechtigt, einer unter solchen Umständen geschlossenen Ehe die Anerkennung zu versagen. In dem Staate, welcher die Eheschließung gestattet, wird die Ehe als gültig anzuerkennen sein.

Für die Eheschließung von Ausländern in Deutschland kommt der Art. 3 nur insofern in Betracht, als danach der Art. 30 des EG. in Ansehung der Frage unberührt bleibt, ob Ehehindernissen ausschließlich religiöser Natur die Anerkennung zu versagen ist (D. z. d. Abk. S. 34). Die Gültigkeit einer Ehe bestimmt sich in Deutschland, mag sie im Inland oder im Auslande geschlossen sein, nach den Gesetzen des Heimatstaats eines jeden der Verlobten (s. oben a). Dies gilt für eine im Auslande geschlossene Ehe auch dann, wenn das Gesetz des Ortes der Eheschließung diese für zulässig erklärt. Die Ehe ist in Deutschland trotzdem als nichtig zu betrachten, wenn sie nach dem Gesetze des Heimatstaats des betreffenden Verlobten nichtig ist.

e) Der Art. 4 bestimmt, daß Ausländer zum Zwecke der Eheschließung nachweisen müssen, daß sie den Bedingungen genügen, welche nach den im Art. 1 des Abkommens bezeichneten Gesetzen erforderlich sind. In welcher Art dieser Nachweis zu erbringen ist, bleibt vorbehältlich der besonderen Bestimmungen von Staatsverträgen der Entscheidung der Behörden des Landes überlassen, in welchem die Ehe geschlossen werden soll. Durch diese Vorschrift werden die auf Grund des BGB. § 1315 Abs. 2 erlassenen Bestimmungen, welche die Beibringung von Zeugnissen über das Nichtvorhandensein von Ehehindernissen für Ausländer vorschreiben, aufrechterhalten. Dagegen treten, wie in der Denkschrift zu dem Abkommen S. 34 aus Art. 1 gefolgert wird, die Vorschriften, welche für Ausländer die Beibringung weiterer Zeugnisse z. B. über die staatsrechtlichen Wirkungen der Ehe oder eine Erlaubnis zur Eheschließung erfordern, für die Angehörigen der Vertragsstaaten außer Kraft (vgl. Erl. 7).

f) In Ansehung der Form der Ehe erkennt der Art. 5 Abs. 1 den Grundsatz an, daß zur Gültigkeit der Ehe die Beobachtung der Vorschriften des Staates, in welchem die Eheschließung erfolgt, genügt. Von diesem Grundsatze machen die Abs. 2, 3 des Art. 5 insofern eine Ausnahme, als nach ihnen die Staaten, deren Gesetzgebung eine kirchliche Trauung vorschreibt, die von ihren Angehörigen unter Nichtbeachtung dieser Vorschrift im Ausland eingegangenen Ehen nicht als gültig anzuerkennen brauchen und als die Vorschriften des Gesetzes des Heimatstaats über das Aufgebot beachtet werden müssen. Eine unter Verletzung dieser Vorschriften geschlossene Ehe kann indessen nur in demjenigen Staate, dessen Gesetze übertreten sind, nicht in den übrigen Vertragsstaaten als nichtig behandelt werden.

Die Abs. 2, 3 sind für die Eheschließung von Deutschen im Ausland ohne Bedeutung, da Deutschland nicht zu den Staaten gehört, welche kirchliche Eheschließung verlangen und da das deutsche Recht ein Aufgebot für die im Ausland eine Ehe eingehenden Deutschen nicht vorschreibt (D. z. d. Abk. S. 35).

Nach Abs. 4 ist eine beglaubigte Abschrift der Eheschließungsurkunde den Behörden des Heimatstaats eines jeden der Ehegatten zu übersenden.

g) Nach Art. 6 ist die vor einem diplomatischen oder konsularischen Vertreter geschlossene Ehe gültig unter den drei Voraussetzungen:

α) daß der diplomatische oder konsularische Vertreter die Eheschließung nach den Gesetzen seines Staates vornimmt;

β) daß keiner der Verlobten dem Staate angehört, in dessen Gebiete die Ehe geschlossen wird;

γ) daß der Staat in dessen Gebiete die Ehe geschlossen wird, der Eheschließung nicht widerspricht. Ein solcher Widerspruch kann aber nicht erhoben werden, wenn der betreffende Staat die Eheschließung wegen der im Art. 2 Abs. 3 bezeichneten kirchlichen Eheverbote ablehnt.

Bei der Eheschließung sind von dem diplomatischen oder konsularischen Vertreter die für das materielle Eherecht im Art. 1 aufgestellten Vorschriften zu beachten. Darüber hinaus hat er auch die im Art. 2 Abs. 1 bezeichneten Eheverbote des Landesrechts zu berücksichtigen, jedoch ist die Nichtbeachtung dieser Verbote auf die Gültigkeit der Ehe ohne Einfluß.

Nach Art. 6 Abs. 2 sind übrigens die Staaten mit obligatorischer kirchlicher Eheschließung ebenso wie im Falle des Art. 5 Abs. 2 befugt, der von einem ihrer Angehörigen geschlossenen nach Art. 6 Abs. 1 gültigen Ehe die Anerkennung zu versagen.

Durch diese Vorschriften wird die Bestimmung des Art. 13 Abs. 3 des EG. nicht berührt, nach welcher die Form einer Ehe, die im Inlande geschlossen wird, sich ausschließlich nach den deutschen Gesetzen bestimmt, weil in dieser Bestimmung ein nach Art. 6 Abs. 1 zulässiger Widerspruch gegen die dort vorgeschriebene Form der Eheschließung liegt. Dagegen erleidet der § 10 des Ges. v. 4. Mai 1870, betr. die Beurkundung des Personenstandes von Reichsangehörigen im Auslande, nach welchem eine Ehe, die von einem hierzu ermächtigten deutschen Gesandten oder Konsul abgeschlossen wird, gültig ist, eine Modifikation. Die in solcher Art geschlossene Ehe ist zwar in allen Vertragsstaaten gültig, wenn die oben hervorgehobenen drei Erfordernisse vorliegen. Widerspricht aber der Staat, in dessen Gebiete die Ehe geschlossen wird, der Eheschließung oder gehört einer der Verlobten dem Staate an, in dessen Gebiete die Ehe geschlossen wird, so ist die Ehe nach Art. 6 nicht gültig; sie ist aber trotzdem auf Grund des Art. 7 (s. unter h) in Deutschland als gültig anzuerkennen, wenn entweder beide Verlobte Deutsche sind oder das Heimatrecht des ausländischen Verlobten die Ehe gleichfalls als rechtsgültig ansieht. Unter denselben Voraussetzungen kann nach Art. 7 die Ehe auch von jedem dritten Staate als gültig anerkannt werden. Dagegen ist die Ehe zwischen einem Deutschen und einem Ausländer

Artikel 14. Die persönlichen Rechtsbeziehungen deutscher Ehegatten zu einander werden nach den deutschen Gesetzen beurtheilt, auch wenn die Ehegatten ihren Wohnsitz im Auslande haben.

Die deutschen Gesetze finden auch Anwendung, wenn der Mann die Reichsangehörigkeit verloren, die Frau sie aber behalten hat.

---

in dem ganzen Vertragsgebiete mit Einschluß von Deutschland als nichtig zu behandeln, wenn sie weder dem Rechte des Staates, in dessen Gebiete die Ehe geschlossen wird, noch dem Rechte des Heimatstaats des ausländischen Verlobten entspricht (D. z. d. Abk. S. 37).

h) Nach Art. 7 kann eine Ehe, die in dem Staate, in welchem sie geschlossen wurde, in Ansehung der Form nichtig ist, gleichwohl in den anderen Vertragsstaaten als gültig anerkannt werden, wenn die durch das Gesetz des Heimatstaats eines jeden der Verlobten vorgeschriebene Form beobachtet worden ist. Von praktischer Bedeutung ist diese Vorschrift besonders für diejenigen Fälle, in welchen die Staaten, denen die Verlobten angehören, die kirchliche Eheschließung anerkennen; auch für die vor einem diplomatischen oder konsularischen Vertreter geschlossenen Ehen kann die Vorschrift Bedeutung haben (vgl. unter g).

Der Art. 7 steht mit dem EG. Art. 11 Abs. 1 Satz 1 im Einklange. Die vom Art. 11 im Art. 13 Abs. 3 gemachte Ausnahme, nach welcher sich die Form einer Ehe, die im Inlande geschlossen wird, lediglich nach den deutschen Gesetzen bestimmt, bleibt für Deutschland unberührt. Dagegen können die übrigen Vertragsstaaten eine in Deutschland kirchlich oder vor einem diplomatischen oder konsularischen Vertreter geschlossene Ehe unter den im Art. 7 bezeichneten Voraussetzungen als gültig anerkennen. Ebenso ist Deutschland berechtigt, unter den gedachten Voraussetzungen eine vor seinen Vertretern im Auslande geschlossene Ehe als gültig zu behandeln (vgl. unter g).

i) Kein allgemeiner Vorbehalt ist in dem Abkommen zugunsten des EG. Art. 30 gemacht. Es ist dies nach der D. z. d. Abk. S. 31 nicht geschehen, weil angenommen ist, daß die zur Anwendung kommenden ausländischen Gesetze gegen die guten Sitten oder gegen den Zweck der deutschen Gesetze nicht verstoßen und weil Deutschland die Gegenseitigkeit zugesichert ist. Der Art. 30 kann daher nur noch in denjenigen Fällen zur Anwendung kommen, in welchen dies auf Grund besonderer Bestimmungen des Abkommens zulässig ist (s. unter c, d). In dem in der Erl. 4 erwähnten Falle wird der Art. 30 auf Angehörige der Vertragsstaaten nicht mehr angewendet werden dürfen.

k) Durch das Abkommen ist nicht erreicht, daß eine volle Gleichmäßigkeit in der Beurteilung einer Ehe in allen Vertragsstaaten eintritt, indem nach dem oben Gesagten noch Fälle übrig bleiben, in welchen eine Ehe in dem einen Staate als gültig zu betrachten ist, in dem anderen Staate aber als nichtig angesehen werden kann. Immerhin aber ist durch das Abkommen ein großer Fortschritt erreicht, der um so erfreulicher ist, als die wesentlichen Grundsätze, auf welchen das Abkommen beruht, dieselben sind, welche den Vorschriften des EG. zugrunde liegen und als die Änderungen, welche die deutschen Gesetze durch das Abkommen erleiden, von keiner großen Erheblichkeit sind.

Artikel 14.

E. I §§ 9, 16; II §§ 2246, 2248 rev. §§ 2371, 2376; E. d. EG. III Art. 13. P. I S. 11517 ff., 11543 ff. P. II Bd. 6 S. 51, 62.

1. Der Art. 14 gibt eine Entscheidung über die Frage, **nach welchen Gesetzen sich die persönlichen Rechtsbeziehungen der Ehegatten unter einander bestimmen,** nur für den Fall, daß beide Ehegatten Deutsche sind. In diesem Falle soll die Staatsangehörigkeit, nicht der Wohnsitz entscheiden; die deutschen Gesetze kommen daher zur Anwendung, auch wenn die Ehegatten ihren Wohnsitz im Auslande haben. Dasselbe soll nach Abs. 2 gelten, wenn der Ehemann die Reichsangehörigkeit verloren, die Frau sie aber behalten hat. Die E. I und II stellten dagegen das allgemeine Prinzip auf, daß für die persönlichen Rechtsbeziehungen der Ehegatten die Gesetze des Staates maßgebend seien, dem der Ehemann angehört, und machten hiervon nur eine der Vorschrift des Art. 14 Abs. 2 entsprechende Ausnahme. Es fragt sich nun, wie die durch die Beschränkung des Art. 14 auf den darin bezeichneten Fall entstandene Lücke auszufüllen ist. Man wird hier nicht auf das in den E. I und II ausgesprochene Prinzip zurückgreifen dürfen, indem offenbar eine Änderung desselben beabsichtigt ist. Wäre bei der Fassung des Art. 14 nur die Tendenz maßgebend gewesen, die Vorschrift auf solche Fälle zu beschränken,

in welchen das Interesse deutscher Reichsangehöriger oder die Anwendung deutscher Gesetze in Frage kommt, so hätte die Vorschrift dahin gegeben werden müssen, daß die deutschen Gesetze anzuwenden seien, wenn der Ehemann ein Deutscher ist. Dies will der Art. 14 aber nicht; die Staatsangehörigkeit des Mannes soll, auch wenn er ein Deutscher ist, nicht entscheiden, vielmehr sollen die deutschen Gesetze nur dann zur Anwendung kommen, wenn beide Ehegatten Deutsche sind. Dieser Grundsatz gestattet eine entsprechende Anwendung nur auf den Fall, daß beide Ehegatten Ausländer sind und demselben fremden Staate angehören. Hier wird man die Anwendung der Gesetze des betreffenden Staates auf die persönlichen Rechtsbeziehungen der Ehegatten als der Absicht des deutschen Gesetzes entsprechend ansehen dürfen (Rsp. Bd. 5 S. 97; Niemeyers Zeitschr. für internationales Privatrecht und öffentliches Recht Bd. 12 S. 609 ff; a. A. Hanseatische Gerichtszeitung 1904 S. 303, nach welcher, wenn die Ausländer ihren Wohnsitz in Deutschland haben, das deutsche Recht Anwendung finden soll). Das gleiche wird gelten müssen, wenn beide Ehegatten keinem Staate angehören und nach Art. 29 für diejenigen Rechtsverhältnisse, welche sich nach der Staatsangehörigkeit bestimmen, für beide Ehegatten das Recht desselben Staates Anwendung findet. Keinen direkten Anhaltspunkt aber bietet der Art. 14 für den Fall, daß die Ehegatten verschiedenen Staaten angehören oder daß im Falle des Art. 29 auf den einen Ehegatten das Recht eines anderen Staates Anwendung findet wie auf den anderen Ehegatten. Hier bleibt es der Wissenschaft und Praxis überlassen, die Entscheidung nach Maßgabe der in der Vorbm. 3 vor Art. 7—31 dargelegten Grundsätze zu finden. Der allgemeine Standpunkt, von welchem das EG. bei der Regelung des internationalen Privatrechts ausgeht, dürfte dahin führen, auch bei dieser Frage das Prinzip der Staatsangehörigkeit zugrunde zu legen und die Gesetze sowohl des Staates, dem der eine wie die des Staates, dem der andere Ehegatte angehört, anzuwenden. Sind die Gesetze beider hier fraglicher Staaten verschieden, so wird bei der Einheitlichkeit des durch die Ehe begründeten Verhältnisses ein Recht des einen Ehegatten gegen den anderen in der hier fraglichen Beziehung nur insoweit als begründet anzunehmen sein, als es dies nach den Gesetzen beider Staaten ist (Niedner, Erl. 3c; a. A. Niemeyer S. 143).

2. **Die Staatsangehörigkeit der Ehefrau** bestimmt sich regelmäßig nach der des Mannes. Dies ergibt sich für Deutschland aus dem Gesetze, betr. den Erwerb und Verlust der Bundes- und Staatsangehörigkeit v. 1. Juni 1870 und aus dessen Änderungen durch Art. 41 des EG. (vgl. Kahn, Kommentar zu diesem Gesetze). Die Ausnahmen von dieser Regel ergeben sich aus den §§ 11, 19, 21, 22. Auch dürfte es, obwohl dies in dem gedachten Gesetze nicht ausdrücklich bestimmt ist, möglich sein, daß die Ehefrau eines Ausländers ohne ihren Ehemann die deutsche Reichsangehörigkeit erwirbt und daß eine deutsche Ehefrau mit Genehmigung ihres Ehemanns die deutsche Reichsangehörigkeit aufgibt.

3. Aus dem Abs. 1 ergibt sich, **daß die persönlichen Rechtsbeziehungen der Ehegatten nicht dauernd durch ihre Staatsangehörigkeit zur Zeit der Eingehung der Ehe bestimmt werden, sondern daß die jeweilige Staatsangehörigkeit entscheidet.** Die deutschen Gesetze sind nur maßgebend, wenn und solange die Ehegatten Deutsche sind, mögen sie dies schon bei Eingehung der Ehe gewesen sein oder die Reichsangehörigkeit erst später erworben haben; sie sind nicht mehr maßgebend, wenn einer der Ehegatten oder beide die Reichsangehörigkeit verlieren. Von diesem Zeitpunkt an finden nach Maßgabe des in der Erl. 1 Gesagten die ausländischen Gesetze ausschließlich oder doch auch Anwendung.

4. **Der Abs. 2 des Art. 14 bestimmt eine Ausdehnung der Herrschaft der deutschen Gesetze zugunsten der deutschen Ehefrau.** Voraussetzung ist, daß der Ehemann Reichsangehöriger gewesen ist, die Reichsangehörigkeit aber verloren hat. Die Vorschrift findet also keine Anwendung, wenn der Ehemann niemals Deutscher gewesen ist, mag auch die Ehefrau immer Deutsche gewesen oder später geworden sein. In einem Falle dieser Art greifen die Grundsätze Platz, welche nach der Erl. 1 bei verschiedener Staatsangehörigkeit der Ehegatten gelten. Eine analoge Anwendung des Abs. 2 zugunsten der ausländischen Gesetze für den Fall, daß der Ehemann die deutsche Reichsangehörigkeit erworben hat, die Ehefrau aber Ausländerin blieb, ist nicht zulässig, da der Abs. 2 nur eine Vorschrift zugunsten der deutschen Ehefrau geben will.

5. **Was zu den persönlichen Rechtsbeziehungen der Ehegatten gehört, bestimmt sich nach den deutschen Gesetzen** (P. II Bd. 6 S. 51). Nach dem BGB. gehören dahin unzweifelhaft die Vorschriften der §§ 1353—1356 (Verpflichtung der Ehegatten zu gemeinschaftlichem ehelichen Leben, entscheidende Stimme des Mannes in den gemeinschaftlichen Angelegenheiten unter den

näher bestimmten Beschränkungen, Namen der Ehefrau, Recht und Pflicht der Frau, dem Hauswesen vorzustehen). Hierher gehören aber auch die Vorschriften des § 1357 über die Schlüsselgewalt der Ehefrau, indem sie eine Ergänzung des § 1356 enthalten und die persönliche Stellung der Frau in der Ehe betreffen. Der für die abweichende Ansicht (Niemeyer, Vorträge S. 21; Barazetti S. 70) in dieser Beziehung angeführte Grund, daß in dem von dem ehelichen Güterrechte handelnden Art. 16 Abs. 2 der § 1357 erwähnt sei, ist nicht durchschlagend. Von dem hier vertretenen Standpunkt aus würde freilich die Bestimmung, daß für ausländische Ehegatten, wenn sie ihren Wohnsitz im Inlande haben, der § 1357 gelte, als Ausnahme von dem Prinzipe des Art. 14 systematisch in diesen Artikel gehören, und die Vorschrift, daß dasselbe für ausländische Ehegatten gelte, welche später die Reichsangehörigkeit erwerben, würde überhaupt nicht erforderlich sein, da sie sich aus dem Art. 14 von selbst ergibt. Der Grund indessen, aus welchem trotzdem die fragliche Vorschrift in den Art. 16 aufgenommen ist, liegt darin, daß es für zweckmäßig gehalten wurde, alle besonderen Vorschriften, die sich auf ausländische Ehegatten beziehen, welche ihren Wohnsitz im Inlande haben, zusammenzustellen. Aus dieser Anordnung kann man, auch wenn man sie für systematisch unrichtig hält, keinen Schluß auf die materielle Bedeutung des § 1357 ziehen; jedenfalls genügt das daraus etwa abzuleitende Argument nicht, um die sich aus dem Inhalte des § 1357 und aus dessen Stellung im BGB. ergebende Zugehörigkeit zu den Vorschriften über die persönlichen Rechtsbeziehungen der Ehegatten zu widerlegen (im Ergebnisse wie hier jetzt auch Niemeyer S. 144).

Unzweifelhaft gehört hierher ferner die Vorschrift des § 1358, nach welcher der Mann, wenn die Frau sich zu einer von ihr in Person zu bewirkenden Leistung verpflichtet hat, das Rechtsverhältnis zu kündigen berechtigt ist. Zu den Vorschriften, welche die persönlichen Rechtsbeziehungen der Ehegatten betreffen, gehören endlich auch die Bestimmungen der §§ 1360, 1361 über die gegenseitige Unterhalspflicht der Ehegatten. Auch dies ist zwar nicht unbestritten, aber die Unterhaltspflicht der Ehegatten ist, obwohl ihr Gegenstand eine vermögensrechtliche Leistung ist, doch ihrem Grunde und Wesen nach lediglich ein Ausfluß der persönlichen Rechtsbeziehungen der Ehegatten.

Zweifelhaft kann sein, welchen Charakter die Vorschrift des § 1359 hat, nach welchem die Ehegatten bei der Erfüllung der sich aus ihrem ehelichen Verhältnis ergebenden Verpflichtungen nur für die Sorgfalt einzustehen haben, welche sie in eigenen Angelegenheiten anzuwenden pflegen. Der Grund dieser Vorschrift beruht zwar in dem ehelichen Verhältnis, aber dies ist nicht identisch mit den persönlichen Rechtsbeziehungen der Ehegatten; auch das ganze eheliche Güterrecht beruht ja im weiteren Sinne auf dem ehelichen Verhältnisse. Man wird daher zu unterscheiden haben. Soweit die fragliche Vorschrift sich auf die Erfüllung der aus dem persönlichen Rechtsverhältnisse der Ehegatten entspringenden Verpflichtungen beruht, gehört sie dem persönlichen Rechtsverhältnis an; soweit sie sich aber auf die Erfüllung der aus dem ehelichen Güterrecht entspringenden Verpflichtungen bezieht, gehört sie diesem an (a. A. Niedner, Erl. 4 zu Art. 14 und wie es scheint, auch Niemeyer S. 144, die auch in dem letzteren Falle den Art. 14 anwenden wollen).

Nicht in die hier fragliche Kategorie dürften gehören die Vorschriften des § 1362. Auch diese Vorschriften sind zwar getroffen mit Rücksicht auf die durch das eheliche Verhältnis herbeigeführte Ungewißheit darüber, welchem der Ehegatten das Eigentum an den im Besitze des einen oder anderen Ehegatten befindlichen beweglichen Sachen zusteht. Aber es handelt sich hierbei nicht um eine persönliche Rechtsbeziehung der Ehegatten, sondern um eine zum Schutze der Gläubiger des Mannes bestimmte Vorschrift. Höchstens könnte man den Abs. 2, der sich auf die ausschließlich zum persönlichen Gebrauche der Frau bestimmten Sachen bezieht, deshalb hierher rechnen, weil die in dieser Beziehung zugunsten der Frau aufgestellte Vermutung auch gegenüber dem Manne gelten soll. Sachlich indessen handelt es sich auch hier wohl um eine die vermögensrechtlichen, nicht um eine die persönlichen Rechtsbeziehungen der Ehegatten betreffende Vorschrift (a. A. Niedner, Erl. 4, und jetzt auch Niemeyer S. 144).

Zu den Vorschriften über die persönlichen Rechtsbeziehungen der Ehegatten sind ferner noch die Vorschriften über den Wohnsitz (§ 10) und über die Hemmung der Anspruchsverjährung während der Ehe (§ 204) zu rechnen.

Die Vorschrift eines ausländischen Rechtes, daß Schenkungen unter Ehegatten unzulässig sind, gehört dann hierher, wenn sie vom ausländischen Rechte lediglich mit Rücksicht auf die Reinhaltung der persönlichen Beziehung der Ehegatten getroffen ist (P. I S. 11534); vgl. z. B. Code civil Art. 1096 und Erl. 2d zu Art. 15.

Über die Vorschriften der §§ 1344—1347 s. Erl. 2f zu Art. 15.

Artikel 15. Das eheliche Güterrecht wird nach den deutschen Gesetzen beurtheilt, wenn der Ehemann zur Zeit der Eheschließung ein Deutscher war.

Erwirbt der Ehemann nach der Eingehung der Ehe die Reichsangehörigkeit oder haben ausländische Ehegatten ihren Wohnsitz im Inlande, so sind für das eheliche Güterrecht die Gesetze des Staates maßgebend, dem der Mann zur Zeit der Eingehung der Ehe angehörte; die Ehegatten können jedoch einen Ehevertrag schließen, auch wenn er nach diesen Gesetzen unzulässig sein würde.

Artikel 15.

E. I § 11; II § 2250 rev. § 2372; E. d. EG. III Art. 14. P. I S. 11531 ff. P. II Bd. 6 S. 57 ff., 73 f., 77 ff.

Wieruszowski, Handbuch des Eherechts, 1903, Bd. 2 S. 19ff

1. Der Art. 15 entscheidet in Beziehung auf das **eheliche Güterrecht** drei in dem internationalen Privatrechte sehr bestrittene Fragen.

a) Nicht der Wohnsitz, sondern die Staatsangehörigkeit ist entscheidend: Die letztere ist maßgebend, auch wenn die Ehegatten ihren Wohnsitz in einem anderen Staate haben.

b) Nicht die Staatsangehörigkeit beider Ehegatten, sondern lediglich die des Mannes ist entscheidend. Nach dieser bestimmt sich das eheliche Güterrecht, auch wenn die Frau einem anderen Staate angehört.

c) Das bei Schließung der Ehe nach Maßgabe der Grundsätze unter a und b begründete eheliche Güterrecht bleibt bestehen, auch wenn der Ehemann später eine andere Staatsangehörigkeit erwirbt. Dieser Satz ist im Art. 15 zwar nicht ausdrücklich ausgesprochen, er ergibt sich aber daraus, daß das Recht desjenigen Staates für maßgebend erklärt ist, welchem der Ehemann zur Zeit der Schließung der Ehe angehört, und daß das Gesetz keine Bestimmung gibt, nach welcher eine Änderung des ehelichen Güterrechts in dem Falle eintritt, daß der Ehemann eine andere Staatsangehörigkeit oder einen anderen Wohnsitz erwirbt (a. A. Schnell in Böhms Zeitschrift VII S. 116 für die im Art. 15 nicht bezeichneten Fälle; für diese sollen die Gesetze des Staates, dessen Angehörige die Ehegatten nach der Eheschließung werden, entscheiden; vgl. auch v. Bar in Böhms Zeitschrift VIII S. 184).

Der Art. 15 spricht diese Grundsätze nun freilich nicht allgemein aus. Er bestimmt ausdrücklich nur, daß die deutschen Gesetze zur Anwendung kommen, wenn der Ehemann zur Zeit der Schließung der Ehe ein Deutscher war, und daß das ausländische Recht desjenigen Staates, welchem der Ehemann bei Eingehung der Ehe angehört, maßgebend ist, wenn der Ehemann später die Reichsangehörigkeit erwirbt oder wenn die Ehegatten ihren Wohnsitz im Inlande haben. Der Grund, aus welchem das im E. II § 2250 allgemein ausgesprochene Prinzip, daß das eheliche Güterrecht nach den Gesetzen desjenigen Staates beurteilt werde, welchem der Ehemann zur Zeit der Schließung der Ehe angehöre, im EG. nur in der gedachten beschränkten Weise Ausdruck gefunden hat, beruht indessen offenbar lediglich auf der bereits mehrfach hervorgehobenen Tendenz, die Entscheidung auf solche Punkte zu beschränken, bei denen es sich um die Geltung deutscher Gesetze oder um deutsche Reichsangehörige oder doch um die Sicherheit des inländischen Verkehrs handelt. Daß hierin allein der Grund der Beschränkung liegt, ergibt sich unzweideutig daraus, daß der Umstand, daß ein ausländischer Ehemann die Reichsangehörigkeit erwirbt oder seinen Wohnsitz im Inlande nimmt, unmöglich den Grund für die Vorschrift bilden kann, daß das Recht des Staates, dem der Ehemann bei Eingehung der Ehe angehörte, maßgebend sei. Die Hervorhebung jenes Umstandes hat nur die Bedeutung, daß nur bei dessen Vorliegen ein Interesse, die Frage zu entscheiden, anerkannt wurde. Man wird daher unbedenklich aus den Vorschriften des Art. 15 das oben hervorgehobene allgemeine Prinzip ableiten können, wobei nur vorzubehalten ist, daß sich möglicherweise aus dem danach maßgebenden ausländischen Rechte gewisse Modifikationen ergeben können (s. Erl. 4c zu Art. 27; ebenso Zitelmann I S. 226—229; Niemeyer S. 145; a. A. Niedner, Erl. 2b; teilweise a. A. aber im Ergebnis im wesentlichen übereinstimmend Wieruszowski S. 27ff.).

2. **Das eheliche Güterrecht umfaßt alle für das eheliche Verhältnis geltenden sich auf das Vermögen der Ehegatten beziehenden Vorschriften.** Ein und dasselbe Recht gilt, vorbehaltlich der unter Erl. 3 zu erwähnenden Ausnahmen, für alle Teile dieses Vermögens. Es umfaßt sowohl das gesetzliche Güterrecht (BGB. §§ 1363—1431) als das vertragsmäßige Güter-

recht (BGB. §§ 1432—1563). Nach den für das eheliche Güterrecht maßgebenden Gesetzen entscheidet sich also auch die Frage, ob und in welcher Art Eheverträge zulässig sind (über eine Ausnahme s. Erl. 3). In betreff der Form der Eheverträge bleibt indessen die Vorschrift des Art. 11 Abs. 1 Satz 2 unberührt. Ein Ehevertrag kann also von deutschen Ehegatten im Auslande gültig auch in der nach dem betreffenden ausländischen Rechte genügenden Form abgeschlossen werden. Der § 1434 bestimmt zwar für Eheverträge eine besonders strenge Form und es könnte in Frage kommen, ob man mit Rücksicht hierauf nicht anzunehmen hätte, daß die Anerkennung eines nicht in dieser Form geschlossenen Ehevertrags gegen den Zweck des deutschen Gesetzes verstoße und deshalb Art. 30 Platz greife. Aus der durch das deutsche Gesetz vorgeschriebenen Form kann indessen gegenüber dem Art. 11 Abs. 1 Satz 2 nicht gefolgert werden, daß die Nichtbeobachtung dieser Form unter den Art. 30 falle. In diesem Sinne ist die Frage auch von der zweiten Kommission aufgefaßt (P. II Bd. 6 S. 60, 73, 80f.). Um Zweifel abzuschneiden, wurde beschlossen, eine ausdrückliche Bestimmung aufzunehmen (s. E. II § 2250 Abs. 2). Aus der Weglassung dieses Satzes im EG. kann nicht geschlossen werden, daß eine Änderung beabsichtigt ist. Die Weglassung wird vielmehr darauf beruhen, daß man den Satz, wie von einigen Mitgliedern auch schon in der zweiten Kommission angenommen wurde, für selbstverständlich hielt (a. A. Barazetti S. 77; Silberschmidt in Böhms Zeitschrift III S. 139, VIII S. 104).

Im einzelnen ist folgendes zu bemerken:

a) Die Beschränkungen des Verfügungsrechts, welche infolge des gesetzlichen Güterrechts für die Ehefrau (BGB. §§ 1395ff.), infolge des vertragsmäßigen Güterrechts für beide Ehegatten (BGB. §§ 1444ff.) eintreten, bestimmen sich nach den für das eheliche Güterrecht überhaupt maßgebenden Gesetzen. Der Ehemann wird bei der Gütergemeinschaft durch die betreffenden Vorschriften auch in der Eingehung obligatorischer Verpflichtungen beschränkt (BGB. §§ 1444ff.). Auch Beschränkungen dieser Art bestimmen sich nach den für das eheliche Güterrecht maßgebenden Gesetzen. Davon zu unterscheiden sind die Beschränkungen der Geschäftsfähigkeit. Diese bestimmen sich nach Art. 7. In dem BGB. ist diese Unterscheidung strenge durchgeführt. Bei ausländischen Rechten können Zweifel entstehen, insbesondere kommt es vor, daß auch eine Beschränkung der Geschäftsfähigkeit der Ehefrau sich lediglich als eine Folge des ehelichen Güterrechts darstellt. In den Übergangsvorschriften (Art. 200 Abs. 3) ist ausdrücklich hervorgehoben, daß eine solche Beschränkung sich nach dem in Kraft bleibenden bisherigen Güterstande bestimmt. Derselbe Grundsatz wird auch in Beziehung auf das internationale Privatrecht gelten müssen. Die weitergehende Vorschrift des Art. 200 Abs. 3, daß auch eine infolge der Ehe eintretende Beschränkung der Geschäftsfähigkeit bestehen bleibt, solange der bisherige Güterstand fortdauert, wird dagegen auf dem Gebiete des internationalen Privatrechts keine analoge Anwendung finden können. Ob im einzelnen Falle Vorschriften der hier fraglichen Art Bestandteile des ehelichen Güterrechts sind, läßt sich nur aus dem Zusammenhange des gesamten in Betracht kommenden ausländischen Rechtes entscheiden.

b) Das BGB. unterscheidet scharf zwischen den infolge des Todes eines Ehegatten eintretenden Nachwirkungen des ehelichen Güterrechts und den erbrechtlichen Folgen. Die ersteren, zu denen insbesondere die fortgesetzte Gütergemeinschaft gehört (BGB. §§ 1483ff.), bestimmen sich nach den für das eheliche Güterrecht maßgebenden Gesetzen. Auf die erbrechtlichen Folgen finden die Art. 24, 25 Anwendung. Bei manchen ausländischen Gesetzen ist indessen ebenso wie bei manchen der bisherigen deutschen Güterrechte diese Unterscheidung zwischen güterrechtlichen und erbrechtlichen Wirkungen des Todes nicht streng durchgeführt. Ein Beispiel bildet der E. I, in welchem die Nachwirkung der allgemeinen Gütergemeinschaft in einem für den überlebenden Ehegatten begründeten erbrechtlichen Verhältnisse bestand. Soweit in einem ausländischen Rechte die erbrechtlichen Folgen diesen Charakter haben, sind sie nach den für das eheliche Güterrecht maßgebenden Gesetzen zu beurteilen. In den Übergangsvorschriften wird der entsprechende Grundsatz ausdrücklich anerkannt. (Art. 200 Abs. 1 Satz 2). Auch hier läßt sich nur aus dem gesamten Zusammenhange des betreffenden ausländischen Rechtes entscheiden, ob erbrechtliche Vorschriften den gedachten Charakter haben (vgl. Silberschmidt in Böhms Zeitschrift III S. 133—154, VIII S. 98ff., RG. Bd. 36 S. 331).

c) Die Wirkungen, welche die Ehescheidung auf den unter den Ehegatten bestehenden Güterstand haben, bestimmen sich selbstverständlich nach den für diesen geltenden Gesetzen. Dahin gehören insbesondere auch die Vorschriften, nach welchen im Falle einer Scheidung die Auseinandersetzung bei der Gütergemeinschaft nach anderen als den gewöhnlichen

Grundsätzen erfolgt (s. z. B. BGB. §§ 1478, 1479). Soweit es sich um selbständige Vorschriften über die Wirkung der Ehescheidung handelt, findet der Art. 17 Anwendung (s. Erl. 2b zu Art. 17; zum Teil a. A. Niemeyer, S. 149ff., der unter gewissen Voraussetzungen die lex fori anwenden will). Nach Art. 17 dürfte sich auch die Unterhaltspflicht der geschiedenen Ehegatten gegen einander (BGB. §§ 1578ff.) bestimmen. Ehescheidungsstrafen kennt das BGB. nicht. Soweit sie in anderen Rechten vorkommen, wird zu unterscheiden sein, ob sie in einer Entziehung oder Beschränkung des auf Grund des ehelichen Güterrechts gemachten Erwerbes bestehen oder ob sie einen selbständigen Charakter haben. Im ersteren Falle werden die für das eheliche Güterrecht maßgebenden Gesetze anwendbar sein, während im letzteren Falle der Art. 17 anzuwenden sein wird. Derselbe Grundsatz gilt für die Folgen der Wiederverheiratung. Dem ehelichen Güterrechte z. B. gehört zweifellos die im BGB. § 1493 enthaltene Vorschrift an, nach welcher die fortgesetzte Gütergemeinschaft mit der Wiederverheiratung des überlebenden Ehegatten endigt (vgl. Niedner, Erl. 4d zu Art. 15 und die dort angeführten Schriftsteller und Urteile).

d) Ein Verbot der Schenkung unter Ehegatten kennt das BGB. nicht. Soweit ein solches in ausländischen Rechten vorkommt, wird es sich regelmäßig als eine Folge der persönlichen Rechtsbeziehungen der Ehegatten darstellen und nach Art 14 zu beurteilen sein. Denkbar ist indessen auch, daß es sich dabei nur um einen Ausfluß des ehelichen Güterrechts bzw. um die Rücksicht auf die Gläubiger der Ehegatten handelt. In solchem Falle greift der Art. 15 Platz.

e) Über die Vorschriften des BGB. §§ 1359, 1362 s. Erl. 5 zu Art. 14.

f) Zweifelhaft ist, wie die Vorschriften der §§ 1344—1347 zu beurteilen sind. Sachlich werden dadurch an eine in der vorgeschriebenen Form abgeschlossene oder doch in das Heiratsregister eingetragene Ehe, obwohl diese materiell nichtig ist, gewisse Wirkungen teils zugunsten eines gutgläubigen Dritten, teils zugunsten des gutgläubigen Ehegatten geknüpft. Ob die Ehe in der vorgeschriebenen Form abgeschlossen bzw. in das Heiratsregister eingetragen, aber materiell nichtig ist, bestimmt sich nach Art. 13. Die Wirkungen, welche eine solche Ehe trotz ihrer materiellen Nichtigkeit hat, dürften nach denselben Gesetzen zu beurteilen sein, nach welchen die Wirkungen einer vollgültigen Ehe zu beurteilen sind, also je nachdem es sich um persönliche Rechtsbeziehungen oder um güterrechtliche Vorschriften handelt, die Art. 14 oder 15 zur Anwendung kommen. Der § 1344 bestimmt nun, daß die Wirksamkeit des zwischen einem Dritten und einem Ehegatten vorgenommenen Rechtsgeschäfts gegenüber dem anderen Ehegatten zugunsten des Dritten, sofern derselbe nicht die Nichtigkeit der Ehe kannte, so beurteilt werden soll, wie wenn die Ehe gültig wäre. Die Wirkungen eines Rechtsgeschäfts der fraglichen Art gegenüber dem anderen Ehegatten können nun entweder in den persönlichen Rechtsbeziehungen der Ehegatten zu einander oder in dem Güterstand, in welchem sie leben, beruhen. In die erstere Kategorie gehören z. B. die Wirkungen, welche ein von der Ehefrau innerhalb ihres häuslichen Wirkungskreises ausdrücklich oder stillschweigend in Vertretung des Mannes vorgenommenes Rechtsgeschäft für diesen hat; in die zweite Kategorie gehören z. B. die für die Frau eintretenden Wirkungen der von dem Manne vorgenommenen Veräußerung von Früchten des eingebrachten Gutes (s. Bd. IV S. 79 Erl. 2 zu § 1344). Je nachdem die Wirkungen der einen oder der anderen Kategorie angehören, werden sie nach Maßgabe des Art. 14 oder des Art. 15 zu beurteilen sein.

Durch den § 1345 wird dem gutgläubigen Ehegatten gegenüber dem bösgläubigen Ehegatten nach der Nichtigkeitserklärung oder der Auflösung der Ehe das Recht gegeben, zu verlangen, daß ihr Verhältnis in vermögensrechtlicher Beziehung, insbesondere auch in Ansehung der Unterhaltspflicht, so behandelt wird, wie wenn die Ehe zur Zeit der Nichtigkeitserklärung oder der Auflösung geschieden und der bösgläubige Ehegatte für allein schuldig erklärt worden wäre. Das Recht, um das es sich hier handelt, ist seinem wesentlichen Inhalte nach ein Vermögensrecht. Es gehört zwar nicht dem ehelichen Güterrecht im engeren Sinne an. Wollte man aber den Art. 15 auf dieses beschränken, so würde es, da der Art. 14 sich nur auf die persönlichen Rechtsbeziehungen beschränkt, an jeder Bestimmung in betreff solcher Vorschriften fehlen, die ohne zu dem ehelichen Güterrecht im engeren Sinne zu gehören, doch die vermögensrechtlichen Beziehungen der Ehegatten als solcher betreffen, wie z. B. § 1362 des BGB. und die hier fragliche Vorschrift. Man wird daher den Art. 15 in einem weiteren Sinne verstehen oder doch die Vorschrift desselben entsprechend auf alle die vermögensrechtlichen Verhältnisse der Ehegatten als solcher betreffenden Bestimmungen anwenden müssen. Ein Zweifel, ob der § 1345 des BGB. sich auf eine solche vermögensrechtliche Vorschrift beschränke, könnte aus der Erwähnung der Unterhaltspflicht hergeleitet werden. Diese ist, soweit sie während der Ehe zwischen den Ehegatten besteht, allerdings ein Ausfluß ihrer persönlichen Rechtsbeziehungen und fällt daher unter Art. 14. Die Unterhaltspflicht aber, um die es sich hier handelt, ist die des geschiedenen und für allein schuldig erklärten Ehegatten (§§ 1578 ff.) und beruht nicht auf einem noch bestehenden persönlichen Verhältnis unter den Ehegatten, sondern ist eine gesetzliche Folge der Scheidung (s. Art. 17 Erl. 2b). Sachlich handelt es sich daher auch hier lediglich um eine vermögensrechtliche Verpflichtung. Daß auch das Gesetz diese Auffassung teilt, ergibt sich aus der Fassung des § 1345, „in vermögensrechtlicher Beziehung, insbesondere auch in Ansehung der Unterhaltspflicht." Hieraus ergibt sich, daß der § 1345 und die sich darauf beziehenden Vorschriften der §§ 1346, 1347 des BGB. immer, aber auch nur dann zur Anwendung kommen, wenn der Ehemann zur Zeit der Schließung der Ehe ein Deutscher war.

3. **Von dem Grundsatze, daß für das eheliche Güterrecht, wenn der Ehemann zur Zeit der Schließung der Ehe einem ausländischen Staate angehörte, die Gesetze dieses Staates maßgebend sind, gelten folgende Ausnahmen:**

a) Nach Art. 27 kommen die deutschen Gesetze zur Anwendung, wenn diese nach den in dem betreffenden ausländischen Staate geltenden Vorschriften des internationalen Privatrechts maßgebend sind, wenn also z. B. nach diesen Vorschriften nicht die Staatsangehörigkeit, sondern der Wohnsitz für das eheliche Güterrecht entscheidend ist und die Ehegatten ihren Wohnsitz in Deutschland haben (s. Erl. zu Art. 27).

b) Nach Art. 15 Abs. 2 Halbsatz 2 können die Ehegatten, wenn nach dem für ihr eheliches Güterrecht maßgebenden ausländischen Rechte die Abschließung eines Ehevertrags während bestehender Ehe unzulässig ist, doch einen solchen schließen. Die Ausnahme beschränkt sich indessen nach dem Wortlaute des Art. 15 Abs. 2 auf den Fall, daß der Ehemann nach Eingehung der Ehe die Reichsangehörigkeit erwirbt oder daß ausländische Ehegatten ihren Wohnsitz im Inlande haben. Es fragt sich, ob die Ausnahme über den Wortlaut hinaus auf alle Fälle auszudehnen ist, in welchen für das eheliche Güterrecht nach den oben in Erl. 1 dargelegten Grundsätzen die Gesetze des ausländischen Staates maßgebend sind, dem der Ehemann zur Zeit der Schließung der Ehe angehörte, sofern der Ehemann später Angehöriger eines anderen Staates wird oder die Ehegatten ihren Wohnsitz in einem anderen Staate haben und nach den Gesetzen dieses Staates Eheverträge auch während bestehender Ehe geschlossen werden können. Der E. II rev. § 2372, welcher das Prinzip, daß das eheliche Güterrecht sich nach den Gesetzen des Staates bestimmt, dem der Ehemann zur Zeit der Schließung der Ehe angehört, allgemein aufstellt, machte hiervon in betreff des Verbots der Abschließung eines Ehevertrags eine ebenfalls allgemeine Ausnahme für den Fall, daß der Ehemann später die Staatsangehörigkeit in einem anderen Staate erwirbt und nach den Gesetzen dieses Staates das Verbot nicht besteht. Wenn man nun, wie oben in Erl. 1 darzulegen versucht ist, aus der beschränkteren Vorschrift der Abs. 1, 2 Halbsatz 1 das allgemeine Prinzip des E. II ableiten muß, so liegt es nahe, auch die Vorschrift des Abs. 2 Halbsatz 2 in demselben Sinne zu verallgemeinern. Gedacht ist indessen bei der Ausnahme des Halbsatz 2 lediglich an die beiden in dem Halbsatz 1 bezeichneten Fälle. In diesen soll mit Rücksicht auf die dabei in betracht kommenden deutschen Interessen der Grundsatz des deutschen Rechtes über die Zulässigkeit eines Ehevertrags Geltung haben. Es erscheint um so bedenklicher, diesen Satz zugunsten ausländischer Gesetze zu verallgemeinern, als er dann nicht nur wie nach dem E. II für den Fall gelten würde, daß der Ehemann die Angehörigkeit eines anderen Staates erworben hat, sondern auch für den Fall, daß beide Ehegatten in dem anderen Staate wohnen, die Ausdehnung auf den letzteren Fall aber eine Durchbrechung des Prinzips der maßgebenden Bedeutung der Staatsangehörigkeit enthalten würde. Die Ausdehnung, wie Niedner Erl. 5c und Niemeyer S. 145 wollen, nur für den ersten Fall anzunehmen, weil die Fähigkeit, einen Ehevertrag abzuschließen, sich nach dem Personalstatute richten müsse, dürfte sich nicht rechtfertigen, weil einerseits das Verbot der Abschließung eines Ehevertrags während bestehender Ehe, wie auch von der Mehrheit der zweiten Kommission angenommen wurde (P. II Bd. 6 S. 60), nicht als eine die Geschäftsfähigkeit, sondern als eine das eheliche Güterrecht betreffende Vorschrift zu betrachten ist und, weil es andererseits vom Standpunkte des EG. aus doch willkürlich ist, in solcher Weise zwischen den beiden im Abs. 2 gleichgestellten Fällen zu unterscheiden. Überwiegende Gründe dürften daher dafür sprechen, die Vorschrift des Halbsatzes 2 nicht zu verallgemeinern.

Ein nach Abs. 2 Halbsatz 2 gültig abgeschlossener Ehevertrag behält seine Wirksamkeit auch dann, wenn die Ehegatten später ihren Wohnsitz im Auslande nehmen. Die Befugnis, einen

Artikel 16. Haben ausländische Ehegatten oder Ehegatten, die nach der Eingehung der Ehe die Reichsangehörigkeit erwerben, den Wohnsitz im Inlande, so finden die Vorschriften des §. 1435 des Bürgerlichen Gesetzbuchs entsprechende Anwendung; der ausländische gesetzliche Güterstand steht einem vertragsmäßigen gleich.

Die Vorschriften der §§. 1357, 1362, 1405 des Bürgerlichen Gesetzbuchs finden Anwendung, soweit sie Dritten günstiger sind als die ausländischen Gesetze.

Ehevertrag zu schließen, hört aber in diesem Falle auf, auch wenn die Ehegatten während ihres Wohnsitzes in Deutschland einen gültigen Ehevertrag geschlossen hatten (Niemeyer, S. 146ff.).

c) Über die nach Art. 16 geltenden Ausnahmen s. die Erl. zu diesem Artikel.

d) Über die sich möglicherweise aus Art. 30 ergebenden Ausnahmen s. die Erl. zu diesem Artikel. Eine praktische Bedeutung dürfte der Art. 30 in der hier fraglichen Beziehung nicht haben.

4. Eine Ausnahme sowohl von der Geltung des deutschen als von der Geltung des ausländischen ehelichen Güterrechts nach Maßgabe des Art. 15 kann sich aus Art. 28 für die dort bezeichneten Gegenstände ergeben (s. Erl. zu Art. 28).

5. Eine Ausnahme von der Vorschrift des § 1433 Abs. 1 BGB., nach welcher in einem Ehevertrage der Güterstand nicht durch Verweisung auf ein ausländisches Recht bestimmt werden kann, läßt der § 1433 Abs. 2. BGB. für den Fall zu, daß der Ehemann zur Zeit der Eingehung der Ehe oder, falls der Vertrag nach der Eingehung der Ehe geschlossen wird, zur Zeit des Vertragsabschlusses seinen Wohnsitz im Auslande hat. Die gleiche Befugnis mit Niedner, Erl. 5f. zu Art. 15, auch Ausländern, die in Deutschland wohnen, mit Rücksicht auf Art. 30 insoweit einzuräumen, als sie die Verweisung auf den deutschen Güterstand gegen ein Verbot des ausländischen Rechtes vornehmen, dürfte sich nicht rechtfertigen lassen.

Artikel 16.

E. I § 12; II § 2251 rev. § 2373; E. d. EG. III Art. 15. P. I S. 11534ff. P. II Bd. 6 S. 60ff.

1. **Der Art. 16 bestimmt mehrere Ausnahmen von dem im Art. 15 aufgestellten Prinzipe** der maßgebenden Bedeutung der Staatsangehörigkeit des Ehemanns für das eheliche Güterrecht für den Fall, daß die Ehegatten ihren Wohnsitz im Inlande haben. Mehrere Vorschriften des deutschen ehelichen Güterrechts sollen hiernach auch auf Ehen Anwendung finden, für welche im allgemeinen ausländisches eheliches Güterrecht gilt. Es handelt sich hier lediglich um Vorschriften, die im Interesse des inländischen Verkehrs zugunsten der deutschen Gesetze getroffen sind. Eine Verallgemeinerung dieser Vorschriften ist hiernach nicht zulässig; insbesondere ist eine entsprechende Anwendung auf Ehegatten, für deren eheliches Güterrecht nach Art. 15 die deutschen Gesetze maßgebend sind, die aber im Ausland ihren Wohnsitz haben, ausgeschlossen.

Über die durch Art. 16 Abs. 2 auch von der Vorschrift des Art. 14 bestimmte Ausnahme s. Erl. 4a.

2. **Voraussetzung der durch Abs. 1 bestimmten Ausnahme ist,** daß ausländische Ehegatten oder Ehegatten, die nach der Eingehung der Ehe die Reichsangehörigkeit erwerben, ihren Wohnsitz im Inlande haben.

a) Wenn das Gesetz allgemein von ausländischen Ehegatten spricht, so denkt es dabei doch, wie sich aus dem Halbsatze 2 des Abs. 1 ergibt, nur an solche, für deren eheliches Güterrecht nach Art. 15 ausländische Gesetze gelten. Sind die Ehegatten jetzt Ausländer, war der Ehemann aber zur Zeit der Eingehung der Ehe ein Deutscher, so gelten für ihr eheliches Güterrecht nach Art. 15 die deutschen Gesetze und die Vorschrift des Art. 16 ist daher gegenstandslos. Andererseits muß die Vorschrift ihrer Absicht nach auch dann gelten, wenn zurzeit nur einer der Ehegatten ein Ausländer ist, aber für das eheliche Güterrecht der Ehegatten ausländische Gesetze gelten, wenn also der Ehemann zur Zeit der Eingehung der Ehe ein Ausländer war. In Verbindung mit der zweiten Alternative, daß die Ehegatten nach Eingehung der Ehe die Reichsangehörigkeit erwerben, wird also die Voraussetzung dahin zu verstehen sein, daß Ehegatten, deren eheliches Güterrecht sich nach ausländischen Gesetzen bestimmt, ihren Wohnsitz im Inlande haben.

b) Für die Frage, ob die Ehegatten ihren Wohnsitz im Inlande haben, sind die Vorschriften des BGB. über den Wohnsitz (§§ 7—11) maßgebend. Beide Ehegatten müssen den Wohnsitz im Inlande haben. Nach BGB. § 10 teilt aber die Ehefrau den Wohnsitz des Mannes und die Voraussetzungen, unter denen eine Ausnahme hiervon möglich ist (§ 10 Abs. 2), können nicht eintreten, wenn der Mann seinen Wohnsitz im Inlande hat. Es genügt also der Nachweis, daß dies der Fall ist. Hat nur die Frau, was nach BGB. § 10 möglich ist, ihren Wohnsitz im Inlande, während der Mann seinen Wohnsitz im Auslande hat, so findet der Art. 16 keine Anwendung. Der Zweifel, den in dieser Beziehung der Wortlaut des Art. 16 lassen könnte, wird durch den Zweck der fraglichen Vorschrift sowie dadurch beseitigt, daß die nach dem Inhalte der Vorschrift vorausgesetzte Möglichkeit der Eintragung des Güterstandes in das Güterrechtsregister nur besteht, wenn der Ehemann seinen Wohnsitz in dem Bezirk eines deutschen Amtsgerichts hat (BGB. § 1558). Der bloße Aufenthalt des Ehemanns oder beider Gatten im Inlande genügt nicht, um die Anwendung des Art. 16 zu begründen. Der Art. 30 kann in dieser Beziehung zu einem anderen Ergebnisse nicht führen (a. A. Barazetti S. 82).

3. Liegen die in Erl. 2 dargelegten Voraussetzungen vor, **so wird nach Art. 16 Abs. 1 der für die ausländischen Ehegatten geltende ausländische Güterstand so behandelt wie ein von Ehegatten, für die das deutsche eheliche Güterrecht gilt, durch Ehevertrag vereinbarter Güterstand.** Die Vorschriften des BGB. § 1435 finden daher darauf Anwendung. Hieraus ergibt sich, daß einem Dritten gegenüber Einwendungen aus dem von dem deutschen gesetzlichen ehelichen Güterrecht abweichenden Bestimmungen des ausländischen Güterstandes gegen ein zwischen dem Dritten und einem der Ehegatten vorgenommenes Rechtsgeschäft oder gegen ein zwischen ihnen ergangenes Urteil nur entgegengesetzt werden können, wenn der ausländische Güterstand zur Zeit der Vornahme des Rechtsgeschäfts oder des Eintritts der Rechtshängigkeit in das Güterrechtsregister eingetragen oder dessen Geltung für die betreffende Ehe dem Dritten bekannt war.

Die Eintragung des ausländischen Güterstandes erfolgt nach BGB. §§ 1558 ff. und FGG. § 161. Nach § 1561 ist zur Eintragung der Antrag beider Ehegatten erforderlich; jeder von ihnen ist dem anderen gegenüber zur Mitwirkung verpflichtet. Gilt unter den Ehegatten das gesetzliche ausländische Güterrecht, so genügt, daß dies in der Eintragung vermerkt wird. Haben die Ehegatten einen durch das ausländische Güterrecht geregelten vertragsmäßigen Güterstand vereinbart, so wird die Eintragung dieser Vereinbarung ebenso für genügend anzusehen sein, wie dies bei der Eintragung eines Ehevertrags genügt, durch welchen einer der im BGB. geregelten vertragsmäßigen Güterstände vereinbart ist. Sind aber Abweichungen von dem ausländischen gesetzlichen Güterrecht oder von einem durch dieses geregelten Güterstande vereinbart worden, so müssen diese in demselben Umfang eingetragen werden, wie bei den vertragsmäßig vereinbarten Abweichungen von dem deutschen gesetzlichen Güterrecht oder einem der vertragsmäßigen deutschen Güterstände erforderlich ist.

4. **Der Art. 16 Abs. 2 enthält drei weitere Vorschriften, durch welche die Anwendung von Bestimmungen des BGB. auf ausländische Ehegatten, die ihren Wohnsitz im Inlande haben, vorgeschrieben wird.**

a) Der § 1357 des BGB. findet nach Art. 14 nur auf deutsche Ehegatten oder, wenn der Ehemann die Reichsangehörigkeit verloren, die Frau sie aber behalten hat, Anwendung. Nach Art. 16 soll der § 1357 aber zugunsten eines Dritten für ausländische Ehegatten gelten, wenn diese ihren Wohnsitz im Inlande haben. Der zweite im Abs. 1 gedachte Fall, daß ausländische Ehegatten nach Eingehung der Ehe die deutsche Reichsangehörigkeit erwerben, kommt hier nicht in Betracht, weil in diesem Falle der § 1357 schon nach Art. 14 auf sie Anwendung findet. Die Vorschrift des Art. 16 Abs. 2 wird aber ihrem Zwecke nach auch dann Anwendung finden müssen, wenn nur einer der Ehegatten ein Ausländer ist, da in diesem Falle die Anwendbarkeit des § 1357 nicht schon aus Art. 14 gefolgert werden kann (s. Erl. 5 zu Art. 14). Beide Ehegatten müssen ihren Wohnsitz im Inlande haben; in dieser Beziehung gilt das oben in Erl. 2b Gesagte.

Aus der Anwendung des § 1357 des BGB. zugunsten Dritter ergibt sich, daß die Frau dem Dritten gegenüber innerhalb ihres häuslichen Wirkungskreises die Geschäfte des Mannes zu besorgen und zur Vertretung des Mannes in solchen Geschäften berechtigt ist sowie daß ein von ihr innerhalb ihres häuslichen Wirkungskreises vorgenommenes Rechtsgeschäft als im Namen des Mannes vorgenommen gilt, soweit sich nicht aus den Umständen ein anderes ergibt. Der Mann wird also aus einem solchen Rechtsgeschäfte dem Dritten unmittelbar verpflichtet. Der Mann kann die Vertretungsmacht der Frau beschränken oder ausschließen. Dritten gegenüber gilt die Beschränkung oder Ausschließung aber nur, wenn sie zur Zeit der Vornahme des Rechtsgeschäfts in das Güterrechtsregister eingetragen oder dem Dritten bekannt war (s. Bd. IV S. 97

Erl. zu § 1357). Die Eintragung erfolgt nach Maßgabe des BGB. §§ 1558 ff. und zwar nach § 1561 auf einseitigen Antrag des Mannes. Der Kenntnis des Dritten von der Beschränkung oder Ausschließung steht es nicht gleich, daß der Dritte gewußt hat, daß die Ehegatten Ausländer sind. Der § 1357 soll nicht nur dann zur Anwendung kommen, wenn der Dritte nicht gewußt hat, daß die Ehegatten Ausländer sind, sondern er soll Dritten gegenüber unbedingt gelten, wenn die Ehegatten ihren Wohnsitz im Inlande haben. Der Ehemann muß also, wenn er Dritten gegenüber die Vertretungsmacht der Frau nicht gelten lassen will, diese beschränken oder ausschließen und dies hat dem Dritten gegenüber nur Wirkung, wenn die Beschränkung oder Ausschließung eingetragen oder dem Dritten bekannt war.

Soweit die ausländischen Gesetze dem Dritten noch günstiger sind als die Bestimmungen des § 1357, soweit danach also z. B. der Mann unbeschränkt für die Verbindlichkeiten der Frau haftet, finden die ausländischen Gesetze zugunsten des Dritten Anwendung. Zweifelhaft ist, ob der Dritte, wenn nach den ausländischen Gesetzen die Frau abweichend von § 1357 aus den darin bezeichneten Rechtsgeschäften persönlich dem Dritten haftet, der Dritte auch diese Haftung geltend machen kann. Er kann dies gewiß, wenn nach den ausländischen Gesetzen sowohl die Frau als der Mann haftet. Haftet nach ihnen aber nur die Frau, nicht der Mann, so wird sich der Dritte nicht gleichzeitig zur Begründung der Haftung der Frau auf die ausländischen Gesetze und zur Begründung der Haftung des Mannes auf den § 1357 berufen können; denn die durch diesen bestimmte Haftung des Mannes beruht lediglich darauf, daß die Frau als Vertreterin des Mannes behandelt wird und deshalb aus dem betreffenden Rechtsgeschäfte nur der Mann, nicht sie verpflichtet wird; das eine kann von dem andern nicht getrennt werden. Der Dritte wird also nur die Wahl haben je nachdem er das eine oder das andere für günstiger hält, die Haftung des Mannes nach BGB. § 1357 oder die Haftung der Frau auf Grund der ausländischen Gesetze geltend zu machen.

Nur im Verhältnisse zu dem Dritten, nicht im Verhältnis unter den Ehegatten gilt der § 1357. Über das letztere entscheiden die ausländischen Gesetze.

b) Der § 1362 des BGB. würde als zu dem ehelichen Güterrecht in dem hier fraglichen Sinne gehörend (s. Erl. 2e zu Art. 15) nur dann zur Anwendung kommen, wenn entweder nach Art. 15 die deutschen Gesetze für das eheliche Güterrecht maßgebend wären oder, wenn in dem Falle des Art. 16 Abs. 1 der für die Ehegatten geltende ausländische Güterstand nicht in das Güterrechtsregister eingetragen wäre. Nach Abs. 2 soll aber, wenn die Ehegatten ihren Wohnsitz im Inlande haben, der § 1362 auch dann Anwendung finden, wenn der für die Ehegatten geltende ausländische Güterstand nicht in das Güterrechtsregister eingetragen ist. Daß die Vorschrift auch unter der letztgedachten Voraussetzung gelten soll, ist zwar in dem Abs. 2 nicht ausdrücklich gesagt, ist aber deshalb selbstverständlich, weil nur für diesen Fall eine besondere Bestimmung überhaupt erforderlich war. Die in dem § 1362 bestimmten Vermutungen gelten also zugunsten eines Dritten gegenüber allen Ehegatten, die im Inland ihren Wohnsitz haben. Daß allein die Frau ihren Wohnsitz im Inlande hat, genügt auch hier wie im Abs. 1 nicht, während, wenn der Mann den Wohnsitz im Inlande hat, dadurch nach BGB. § 10 auch der Wohnsitz der Frau im Inlande begründet ist. Aus der Anwendbarkeit des § 1362 ergibt sich, daß zugunsten der Gläubiger des Mannes die im § 1362 Abs. 1, zugunsten der Gläubiger der Frau die im § 1362 Abs. 2 bestimmte Vermutung gilt. In beiden Fällen kann aber der betreffende Ehegatte, da es sich nur um eine Vermutung handelt, diese durch den Beweis des Gegenteils widerlegen und er kann sich zu diesem Zwecke auch auf den unter den Ehegatten bestehenden ausländischen Güterstand berufen; er kann z. B., wenn nach diesem Güterstand allgemeine Gütergemeinschaft unter den Ehegatten gilt, die gedachte Vermutung durch den Hinweis hierauf in Verbindung mit dem Beweise, daß die in Frage kommenden Sachen zu dem Gesamtgute gehören, widerlegen.

Auch der § 1362 gilt nur insoweit, als er dem Dritten günstiger ist wie das an sich maßgebende ausländische Recht. Besteht nach diesem also z. B. ein über eine Vermutung hinausgehender Rechtssatz zugunsten der Gläubiger in der hier fraglichen Beziehung, so findet dieser Rechtssatz Anwendung.

Nur Dritten gegenüber findet der § 1362 Anwendung. Soweit der § 1362 Abs. 2 eine Vermutung über das Verhältnis unter den Ehegatten aufstellt, findet er keine Anwendung.

c) Der § 1405 ist erst von dem Bundesrat in den Abs. 2 eingestellt. In der zweiten Kommission war ein denselben Zweck verfolgender, in einzelnen Beziehungen noch weiter gehender Antrag gestellt, aber von der Kommission abgelehnt worden (P. II Bd. 6 S. 61f.). Nach § 1405 ist, wenn die Frau selbständig ein Erwerbsgeschäft betreibt, die Zustimmung des Mannes zu solchen Rechtsgeschäften nicht erforderlich, die der Geschäftsbetrieb mit sich bringt und die Einwilligung des Mannes gilt als erteilt, wenn er von dem Betriebe des Erwerbsgeschäfts durch die Frau Kenntnis hat und dagegen nicht Einspruch erhebt. Dritten gegenüber ist der Einspruch und der Widerruf der Einwilligung nur nach Maßgabe des § 1435 wirksam, also nur wenn er zur Zeit der Vornahme des Rechtsgeschäfts in das Güterrechtsregister eingetragen oder dem Dritten bekannt war. Das gleiche gilt für Rechtsstreitigkeiten der Ehefrau, die der Geschäftsbetrieb mit sich bringt. Diese Vorschriften finden schon nach Art. 16 Abs. 1 dann Anwendung, wenn der maßgebende ausländische Güterstand nicht in das Güterrechtsregister eingetragen war. Die Aufnahme des § 1405 in den Art. 16 Abs. 2 hat also die Bedeutung, daß der § 1405 auch dann Anwendung finden soll, wenn der ausländische Güterstand in das Güterrechtsregister eingetragen war. Diese Auffassung wird durch die bei der Beratung der zweiten Kommission über den oben erwähnten Antrag für und gegen denselben geltend gemachten Gründe bestätigt, indem von dem Antragsteller gerade auf die hervorgehobene Bedeutung hingewiesen wurde, während die Mehrheit der Kommission der Ansicht war, daß ein Bedürfnis über die schon nach Abs. 1 zur Anwendung kommende Vorschrift des § 1435 hinauszugehen, nicht vorliege.

Es fragt sich nun aber noch, welche Tragweite der § 1405 neben dem im übrigen geltenden ausländischen Güterrechte hat. Der § 1405 schließt sich an die Vorschriften des deutschen gesetzlichen Güterrechts an, nach welchen die Frau ohne Zustimmung des Mannes nicht über ihr eingebrachtes Gut verfügen und die dazu gehörenden Rechte nicht gerichtlich geltend machen kann und nach welchen ihre Verbindlichkeiten aus den von ihr ohne solche Zustimmung vorgenommenen Rechtsgeschäften und geführten Passivprozessen dem Manne gegenüber in Ansehung des eingebrachten Gutes unwirksam sind. Die Einwilligung des Mannes in den Betrieb eines Erwerbsgeschäfts durch die Frau hat nach § 1405 die Wirkung, daß alle Rechtsgeschäfte und Prozesse der Frau, die der Betrieb des Erwerbsgeschäfts mit sich bringt, so behandelt werden, wie wenn der Mann dazu die Zustimmung erteilt hätte. Eine Anwendung des § 1405 bei Geltung eines anderen Güterstandes als des gesetzlichen deutschen Güterrechts ist hiernach nicht direkt, sondern nur entsprechend möglich. Die entsprechende Anwendung führt dahin, daß, soweit nach dem ausländischen Güterstande die Wirksamkeit von Verfügungen der Frau über ihr Vermögen oder die gerichtliche Geltendmachung ihrer Rechte oder die Wirksamkeit der von ihr eingegangenen Verbindlichkeiten und der Urteile in den von ihr geführten Passivprozessen von der Zustimmung des Mannes abhängt, die gedachten Rechtsgeschäfte und Prozesse der Frau unter den Voraussetzungen des § 1405 auch bei mangelnder Zustimmung des Mannes dieselbe Wirkung haben, wie wenn diese erteilt wäre. Ist daher nach dem betreffenden ausländischen Güterrechte das Vermögen der Frau in der Art dem Rechte des Mannes unterworfen, daß die Haftung dieses Vermögens aus Verbindlichkeiten und Urteilen der gedachten Art von der Zustimmung des Mannes zu den betreffenden Rechtsgeschäften und Prozessen abhängt, so tritt diese Haftung auch unter den im § 1405 bezeichneten Voraussetzungen ein. Man wird aber auch wohl noch weiter annehmen müssen, daß, wenn nach dem ausländischen Güterrechte Gütergemeinschaft gilt und die Haftung des Gesamtguts oder die persönliche Haftung des Mannes aus Verbindlichkeiten und Prozessen der Frau von der Zustimmung des Mannes abhängt, diese Haftung ebenfalls eintritt, wenn die Voraussetzungen des § 1405 vorliegen (BGB. § 1452). In dem oben erwähnten, in der zweiten Kommission gestellten Antrage war diese Haftung ausdrücklich bestimmt. Seinem Wortlaute nach ging der Antrag über die oben dargelegte Auffassung noch insofern hinaus, als die Haftung beim Vorliegen der im § 1405 bezeichneten Voraussetzungen schlechthin und ohne Rücksicht darauf eintreten sollte, ob sie nach dem betreffenden ausländischen Rechte bei wirklich erfolgter Zustimmung des Mannes zu den betreffenden Rechtsgeschäften und Prozessen der Frau eintrete. Dies dürfte sich indessen schwerlich rechtfertigen lassen. Wenn daher, was freilich nicht leicht vorkommen wird, das Vermögen der Frau oder das Gesamtgut wegen Verbindlichkeiten der Frau aus Rechtsgeschäften und Prozessen auch dann nicht haftet, wenn der Mann die Zustimmung dazu erteilt hat, so tritt die Haftung auch nicht auf Grund des § 1405 ein. Durch die Eintragung des Einspruchs des Mannes gegen den Betrieb des Erwerbsgeschäfts von seiten der Frau oder des Widerrufs der dazu erteilten Einwilligung in das Güterrechtsregister wird die fragliche Haftung ausgeschlossen. Keine Bedeutung hat die Geltung des

Artikel 17. Für die Scheidung der Ehe sind die Gesetze des Staates maßgebend, dem der Ehemann zur Zeit der Erhebung der Klage angehört.

Eine Thatsache, die sich ereignet hat, während der Mann einem anderen Staate angehörte, kann als Scheidungsgrund nur geltend gemacht werden, wenn die Thatsache auch nach den Gesetzen dieses Staates ein Scheidungsgrund oder ein Trennungsgrund ist.

Ist zur Zeit der Erhebung der Klage die Reichsangehörigkeit des Mannes erloschen, die Frau aber Deutsche, so finden die deutschen Gesetze Anwendung.

Auf Scheidung sowie auf Aufhebung der ehelichen Gemeinschaft kann auf Grund eines ausländischen Gesetzes im Inlande nur erkannt werden, wenn sowohl nach dem ausländischen Gesetze als nach den deutschen Gesetzen die Scheidung zulässig sein würde.

---

§ 1405, wenn nach dem betreffenden ausländischen Güterrechte Gütertrennung unter den Ehegatten gilt.

Wegen der Anwendbarkeit des § 1405 für gewerbetreibende Ehefrauen, für welche ein ausländisches Güterrecht gilt, s. § 11a der GewO. in der Fassung des Art. 36 und Erl. zu Art. 36.

Artikel 17.

E. I § 10; II §§ 2247—2249 rev. §§ 2374—2376; E. d. EG. III Art. 16. P. I S. 11519 ff. P. II Bd. 6 S. 51 ff. RB. S. 2109. StB. S. 3024, 3096.

1. **Das für die Ehescheidung maßgebende Recht.** Die Abs. 1, 2 des Art. 17 enthalten allgemeine sowohl für Inländer wie für Ausländer geltende Vorschriften über die für die Scheidung einer Ehe maßgebenden Gesetze. Der Abs. 3 enthält eine besondere Vorschrift zugunsten der Anwendung der deutschen Gesetze für den Fall, daß der Ehemann die Reichsangehörigkeit verloren, die Ehefrau sie aber behalten hat, der Abs. 4 eine ebenfalls die Anwendung der deutschen Gesetze ausdehnende Vorschrift für den Fall, daß im Inland über die Scheidung zu erkennen ist. Die Vorschriften beider Absätze gestatten ihrem Zwecke nach keine entsprechende Anwendung zugunsten ausländischer Gesetze. In den entsprechenden Fällen verbleibt es daher bei den Vorschriften der Abs. 1, 2.

Nur auf die Scheidung der Ehe und auf die Aufhebung der ehelichen Gemeinschaft durch richterliches Urteil beziehen sich die Vorschriften des Art. 17. Über die beständige oder zeitweise Trennung der Ehe von Tisch und Bett s. Erl. 7, über die Auflösung der Ehe aus anderen Gründen als durch Scheidung s. Erl. 8.

2. Durch die Vorschrift des Abs. 1, nach welcher für die Scheidung der Ehe die Gesetze des Staates maßgebend sind, dem der Ehemann zur Zeit der Erhebung der Klage auf Scheidung angehört, soll ausgedrückt werden, **daß sich sowohl die Gründe, aus welchen die Scheidung zulässig ist, als auch die Wirkungen der Scheidung nach den gedachten Gesetzen bestimmen.** Auf das Verfahren in Ehescheidungssachen bezieht sich die Vorschrift des Abs. 1 nicht (P. I S. 11524 f.).

a) **Die Gründe, aus welchen nach deutschen Gesetzen die Scheidung zulässig ist,** sind in den §§ 1565–1569 des BGB. bestimmt. Soweit ausländische Gesetze zur Anwendung kommen, entscheidet sich nach diesen sowohl die Frage, ob die Scheidung überhaupt zulässig ist, als auch die Frage, aus welchen Gründen sie zulässig ist. Über die Frage, ob, wenn die ausländischen Gesetze nur eine Trennung von Tisch und Bett zulassen, auf diese von deutschen Gerichten erkannt werden kann, s. Erl. 7.

b) **In betreff der die Wirkungen der Scheidung regelnden Vorschriften** ist zu unterscheiden, ob es sich um selbständige Vorschriften über die Wirkungen der Scheidung oder um solche Vorschriften handelt, welche den Einfluß der Scheidung auf andere besonders geordnete Rechtsverhältnisse regeln. Nur die Wirkungen der erstgedachten Art bestimmen sich nach den für die Scheidung maßgebenden Gesetzen, während die Wirkungen der letztgedachten Art sich nach den für das betreffende Rechtsverhältnis maßgebenden Vorschriften bestimmen. In dem BGB. tritt der verschiedene Charakter der fraglichen Vorschriften in der Stellung hervor, welche sie im BGB. erhalten haben. Zu den Vorschriften der ersteren Art gehört zunächst der

§ 1564, nach welchem durch die Scheidung die Auflösung der Ehe eintritt. Hieraus ergibt sich, daß der Wiederverheiratung der geschiedenen Ehegatten das Ehehindernis der Bigamie nicht mehr entgegensteht. Es gehören dahin ferner die §§ 1577 (Wirkung der Scheidung auf den Familiennamen der Frau), 1578—1583 (Unterhaltspflicht der geschiedenen Ehegatten), 1584 (Zulässigkeit des Widerrufs einer Schenkung infolge einer Scheidung), 1585 (Beitragspflicht der geschiedenen Frau zum Unterhalte der gemeinschaftlichen Kinder). In betreff der letztgedachten Vorschrift kann es zweifelhaft sein, ob sie nicht zu den die Unterhaltsverpflichtung der Eltern gegenüber den Kindern betreffenden Vorschriften gehört und deshalb die für dieses Rechtsverhältnis geltenden Gesetze maßgebend sind. Die Stellung indessen, welche der § 1585 im BGB. erhalten hat, spricht gegen diese Auffassung.

Zu den Vorschriften, welche ihrem Wesen nach einem anderen besonders geregelten Gebiet angehören, ist zu rechnen die Vorschrift des § 1478 über die Modifikationen, welche die Grundsätze über die Auseinandersetzung bei Beendigung der allgemeinen Gütergemeinschaft im Falle der Scheidung erfahren. Sie gehört dem ehelichen Güterrecht an und für ihre Anwendung sind daher die für dieses nach Art. 15 maßgebenden Gesetze entscheidend. Hierher gehören ferner die Vorschriften der §§ 1635, 1636 über den Einfluß, welchen die Scheidung auf die den Eltern kraft der elterlichen Gewalt obliegende tatsächliche Sorge für die Person der Kinder hat. Sie betreffen das Rechtsverhältnis zwischen Eltern und ehelichen Kindern und ihre Anwendung bestimmt sich daher nach den für dieses nach Art. 19 maßgebenden Gesetzen (a. A. Niedner, Erl. 4d; Niemeyer S. 155, die sich insbesondere auf den Art. 206 berufen, nach welchem im Falle einer vor dem Inkrafttreten des BGB. erfolgten Scheidung auf die hier fraglichen Verhältnisse die bisherigen Gesetze Anwendung finden sollen; es handelt sich im Art. 206 aber um eine auf besonderen Gründen beruhende Übergangsvorschrift und ausdrücklich wird darin die Anwendbarkeit der §§ 1635, 1636 bestimmt).

Nach denselben Grundsätzen ist die Frage zu entscheiden, ob für die in ausländischen Gesetzen bestimmten Wirkungen der Scheidung die im Art. 17 bezeichneten oder die für ein anderes Rechtsverhältnis, z. B. nach Art. 15, 19 maßgebenden Gesetze anzuwenden sind. Es kommt hier darauf an, ob die betreffenden Vorschriften nach der Absicht des ausländischen Gesetzes eine selbständige Wirkung der Scheidung bestimmen oder ob sie nur eine Modifikation der für ein anderes Rechtsverhältnis geltenden Vorschriften enthalten. Wegen der sog. Ehescheidungsstrafen vgl. für das bisherige Recht auch RG. 38 S. 198; 41 S. 175.

Die Vorschriften des Art. 17 finden Anwendung, ohne Unterschied, ob die Scheidungsklage von dem Ehemann oder von der Ehefrau angestellt ist.

3. Von dem in dem Abs. 1 aufgestellten Grundsatze gelten folgende Ausnahmen:

a) Nach **Art.** 27 finden, auch wenn der Ehemann zur Zeit der Erhebung der Klage ein Ausländer ist, die deutschen Gesetze Anwendung, wenn diese nach dem internationalen Privatrechte desjenigen Staates zur Anwendung kommen, dessen materielle Gesetze nach Art. 17 Abs. 1 maßgebend sein würden (vgl. über die in Betracht kommenden Gesetze der fraglichen Art Niemeyer S. 151 ff.).

Beim Wechsel der Staatsangehörigkeit des Mannes während des Scheidungsprozesses beurteilt das RG. JW. 1902 Beil. S. 233 die Geltendmachung neuer Klagegründe (oder Klagen) in der mündlichen Verhandlung nach der Staatsangehörigkeit zur Zeit der Geltendmachung. Ebenso Rspr. 4 S. 91.

b) Nach Art. 17 Abs. 2 finden neben den Gesetzen desjenigen Staates, welche nach Abs. 1 maßgebend sind, auch die Gesetze eines anderen Staates Anwendung, wenn die Tatsache, auf Grund deren die Scheidung verlangt wird, sich zu einer Zeit ereignet hat, in welcher der Ehemann dem anderen Staate angehörte. In einem solchen Falle kann auf Scheidung nur erkannt werden, wenn

α) die Scheidung nach den Gesetzen desjenigen Staates zulässig ist, welchem der Ehemann zur Zeit der Erhebung der Scheidungsklage angehört, und wenn

β) die Tatsache, auf Grund deren die Scheidung verlangt wird, nach den Gesetzen desjenigen Staates einen Scheidungs- oder Trennungsgrund bildet, welchem der Mann zu der Zeit angehörte, als die Tatsache sich ereignete. Es genügt, wenn nach diesen Gesetzen auch nur eine zeitweise Trennung von Tisch und Bett zulässig ist. Es fragt sich aber, ob es genügt, daß die betreffende Tatsache überhaupt einen Scheidungs- oder Trennungsgrund bildet, oder ob erforderlich ist, daß auf Grund derselben nach den Gesetzen des betreffenden Staates noch zur Zeit der Erhebung der Scheidungsklage die Scheidung oder Trennung verlangt werden kann, daß das Recht darauf also nicht durch besondere Tatsachen, insbesondere durch Zeitablauf oder durch Verzeihung ausgeschlossen ist. Das letztere dürfte das richtige sein. Für das deutsche Recht ergibt sich dies aus dem BGB. §§ 1570, 1571.

Zweifelhaft ist, ob und eventuell in welcher Art der Art. 17 Abs. 2 auf den im § 1569 bestimmten Scheidungsgrund der Geisteskrankheit Anwendung findet (Kuhlenbeck, EG. S. 487; Niedner, Erl. 2d). Voraussetzung der Zulässigkeit der Scheidung wegen Geisteskrankheit ist nicht, daß der betreffende Ehegatte während der Ehe in die Geisteskrankheit verfallen ist; es genügt vielmehr, daß die Geisteskrankheit während der Ehe drei Jahre gedauert hat (s. Bd. 4 Erl. 3c zu § 1569). Aus dem Art. 17 Abs. 2 kann daher nicht mit Niedner gefolgert werden, daß die Scheidung unzulässig sei, wenn der Ehemann zu der Zeit, in welcher der betreffende Ehegatte in die Geisteskrankheit verfiel, einem ausländischen Staate angehörte und die Geisteskrankheit nach den Gesetzen dieses Staates weder einen Scheidungs- noch einen Trennungsgrund bildet. Es genügt vielmehr, daß die Geisteskrankheit drei Jahre lang gedauert hat und diese drei Jahre in die Zeit fallen, während welcher der Ehemann ein Deutscher war. Fallen die drei Jahre, welche die Geisteskrankheit dauerte, zum Teil in eine Zeit, während welcher der Ehemann einem ausländischen Staate angehörte, so kann nach Art. 17 Abs. 2 die Scheidung auf Grund des § 1569 nur dann verlangt werden, wenn die Geisteskrankheit auch nach den Gesetzen jenes Staates einen Scheidungs- oder Trennungsgrund bildet.

c) Nach Art. 17 Abs. 3 finden, obwohl der Ehemann zur Zeit der Erhebung der Klage ein Ausländer ist, doch die deutschen Gesetze Anwendung, wenn er früher Reichsangehöriger gewesen ist und die Ehefrau die Reichsangehörigkeit behalten hat. Über die Fälle, in welchen dies eintreten kann, s. Erl. 2 zu Art. 14. Hat der Ehemann die Reichsangehörigkeit verloren, ohne die Staatsangehörigkeit in einem anderen Staate erworben zu haben, so finden die deutschen Gesetze schon nach Art. 29 Anwendung. Der Abs. 3 ist also nur von Bedeutung, wenn der Ehemann eine andere Staatsangehörigkeit erworben hat.

d) Nach Art. 17 Abs. 4 kommt neben dem nach Abs. 1 maßgebenden ausländischen Rechte auch das deutsche Recht in Betracht, wenn die Scheidung im Inlande verlangt wird. Diese kann in solchen Fällen nur ausgesprochen werden, wenn sie auch nach deutschem Rechte zulässig ist. Es kommt nicht darauf an, ob das ausländische und das deutsche Recht genau dieselben Scheidungsgründe anerkennen. Erforderlich ist vielmehr nur, daß der Tatbestand, auf Grund dessen die Scheidung verlangt wird, diese sowohl nach ausländischem wie nach deutschem Rechte rechtfertigt.

Der Abs. 4 enthält eine Anwendung des dem Art. 30 zu Grunde liegenden Gedankens. Im übrigen dürfte der Art. 30 nicht in Betracht kommen. Wenn Niedner (S. 46 Erl. 2b) annimmt, daß auf Grund des Art. 30 eine zweite polygamische Ehe nicht geschieden werden könne, so dürfte dies wenigstens in solcher Allgemeinheit nicht richtig sein.

4. Die Zuständigkeit deutscher Gerichte bei Klagen auf Scheidung bestimmt sich nach CPO. § 606 (s. Erl. 4 zu Art. 13; vgl. auch Konsulargerichtsbarkeitsges. v. 7. April 1900 §§ 2 und 10). Nach Abs. 1 ist das Landgericht, bei welchem der Ehemann seinen allgemeinen Gerichtsstand hat, ausschließlich zuständig; nach Abs. 4 kann jedoch eine Scheidungsklage, wenn beide Ehegatten Ausländer sind, im Inlande nur erhoben werden, wenn das inländische Gericht auch nach den Gesetzen des Staates zuständig ist, dem der Ehemann angehört. Auf Grund dieser Vorschrift ist in dem in Niemeyers Zeitschr. für Intern. Privat- und öffentl. Recht Bd. 12 S. 609 ff. mitgeteilten Urteile des OLG. Frankfurt a/M. v. 7./8. 1901 eine nach ungarischem Rechte zu beurteilende Klage auf Scheidung wegen Ehebruchs, obwohl beide Ehegatten ihren Wohnsitz in Deutschland hatten, abgewiesen, weil nach ungarischem Rechte die Ehescheidung wirksam nur von einem ungarischen Gericht ausgesprochen werden kann. Auch für den Fall, daß der Ehemann keinen allgemeinen Gerichtsstand im Inlande hat, kann die Scheidungsklage nach Abs. 2, 3 in den dort bezeichneten Fällen bei einem deutschen Gericht erhoben werden. Diese Zuständigkeit ist indessen keine ausschließliche und die Scheidungsklage kann daher in den fraglichen Fällen auch bei dem ausländischen Gericht erhoben werden, bei welchem der Ehemann seinen allgemeinen Gerichtsstand hat. Aus diesen Vorschriften ergibt sich, daß die Zuständigkeit des Gerichts nicht davon abhängt, welche Gesetze materiell für die Scheidung maßgebend sind, daß vielmehr in manchen Fällen deutsche Gerichte zuständig sind, obwohl die Zulässigkeit der Scheidung sich nach ausländischen Gesetzen bestimmt, und daß umgekehrt auch die Zuständigkeit eines ausländischen Gerichts begründet sein kann, obwohl materiell die deutschen Gesetze über die Scheidung anzuwenden sind.

5. Unter welchen Voraussetzungen ein die Scheidung aussprechendes Urteil des ausländischen Gerichts in Deutschland als wirksam anerkannt wird, ergibt sich aus CPO. § 328. Hervorzuheben ist, daß der im § 328 Nr. 1 bestimmte Fall des Ausschlusses der Wirksamkeit des ausländischen Urteils, trotz der die ausschließliche Zuständigkeit des Gerichts, bei welchem der Ehemann seinen allgemeinen Gerichtsstand hat, aussprechenden Vorschrift der CPO. § 606 Abs. 1, nach Abs. 4 nicht vorliegt, wenn der Ehemann zwar seinen allgemeinen Gerichtsstand bei einem deutschen Gerichte hat, aber beide Ehegatten Ausländer sind und das inländische Gericht nach den Gesetzen des Staates, welchem der Ehemann angehört, nicht zuständig ist. Zu beachten ist ferner, daß die im § 606 Abs. 2 bestimmte Zuständigkeit keine ausschließliche ist, und daß dadurch also die nach § 606 Abs. 1 etwa begründete Zuständigkeit eines ausländischen Gerichts nicht ausgeschlossen wird (s. oben Erl. 4). Nach CPO. § 328 Nr. 3 ist die Anerkennung des ausländischen Urteils immer ausgeschlossen, wenn in dem Urteile zum Nachteil einer deutschen Partei von der Vorschrift des Art. 17 abgewichen ist, wenn also insbesondere die Ehe eines Deutschen auf Grund ausländischer Gesetze geschieden ist, obwohl nach Art. 17 die deutschen Gesetze hätten angewendet werden müssen. Dagegen steht der Umstand, daß die Gegenseitigkeit nicht verbürgt ist, nach § 328 Abs. 2 der Anerkennung nicht entgegen, wenn für die Scheidungsklage im Inland ein Gerichtsstand nicht begründet war.

6. Dem Urteil auf Scheidung wird im Abs. 4 das Urteil auf Aufhebung der ehelichen Gemeinschaft gleichgestellt. Auch auf diese kann auf Grund eines ausländischen Gesetzes im Inlande nur erkannt werden, wenn sowohl nach dem maßgebenden ausländischen Gesetz als nach deutschem Rechte die Scheidung zulässig sein würde. Es genügt also nicht, daß nach dem ausländischen Gesetze die beständige oder zeitweise Trennung von Tisch und Bett zulässig sein würde; vielmehr muß der Tatbestand auf Grund dessen die Aufhebung der ehelichen Gemeinschaft verlangt wird, nach dem ausländischen Rechte genügen, um die vollständige Scheidung der Ehe auszusprechen. Ist daher nach dem ausländischen Gesetze die Scheidung überhaupt ausgeschlossen, so kann in Deutschland auf Aufhebung der ehelichen Gemeinschaft ebensowenig wie auf Scheidung erkannt werden (a. A. Keidl in Böhms Zeitschrift VII S. 243; vgl. Erl. 7).

7. Trennung von Tisch und Bett. Der E. II (rev. § 2375) erwähnte neben der Scheidung auch die beständige oder zeitweilige Trennung von Tisch und Bett. Auch für diese sollte der Grundsatz gelten, daß für sie die Gesetze desjenigen Staates maßgebend seien, welchem der Ehemann zur Zeit der Erhebung der Scheidungsklage angehört. Nach Abs. 3 sollte darauf im Inland aber nur erkannt werden können, wenn nach deutschen Gesetzen die Scheidung zulässig sein würde. Im Art. 17 ist die beständige oder zeitweilige Trennung von Tisch und Bett nicht erwähnt. Nur von der Aufhebung der ehelichen Gemeinschaft ist im Abs. 4 die Rede. Diese kann nicht ohne Weiteres als gleichbedeutend mit der beständigen oder zeitweiligen Trennung von Tisch und Bett angesehen werden. Das BGB. bezeichnet damit das in den §§ 1575, 1576, 1586, 1587 geregelte ihm eigentümliche Institut, welches zwar mit der nach anderen Rechten, insbesondere nach dem katholischen Eherechte stattfindenden beständigen Trennung von Tisch und Bett manches gemein hat, sich davon aber dadurch wesentlich unterscheidet, daß jeder Ehegatte auf Grund des die Aufhebung der ehelichen Gemeinschaft aussprechenden Urteils nach § 1576 jederzeit die vollständige Scheidung der Ehe verlangen kann, daß ein solches Urteil also den Charakter eines bedingten Scheidungsurteils hat, bei welchem die Bedingung lediglich in der auf Grund des früheren Urteils erhobenen Scheidungsklage besteht. Zweifellos ist nun, daß, wenn der Ehemann zur Zeit der Erhebung der Klage ein Deutscher ist, nur Scheidung oder Aufhebung der ehelichen Gemeinschaft im Sinne des BGB., nicht aber zeitweilige Trennung von Tisch und Bett zulässig ist. Zweifelhaft ist aber, ob, wenn der Ehemann zur Zeit der Erhebung der Klage ein Ausländer ist und nach den Gesetzen seines Heimatstaats die beständige oder zeitweilige Trennung von Tisch und Bett entweder ausschließlich oder neben der Scheidung zulässig ist, auf die Trennung erkannt werden kann. Es wird die Ansicht vertreten, daß der Ausdruck „Scheidung der Ehe" im Art. 17 Abs. 1 auch die Trennung von Tisch und Bett mit umfasse und daß deshalb, wenn der Ehemann ein Ausländer sei und das Recht seines Heimatstaats die Trennung von Tisch und Bett anerkenne, hierauf auch in Deutschland erkannt werden könne und müsse. Gegen diese Auffassung spricht aber, daß unter dem Ausdrucke „Scheidung" im BGB. immer nur die Scheidung dem Bande nach verstanden wird und daß in Art. 17 Abs. 2 und 4 der fragliche Ausdruck nur in diesem Sinne verstanden werden kann. Denselben Ausdruck im Abs. 1 in einem anderen weiteren Sinne zu verstehen, würde sich nur rechtfertigen lassen, wenn man eine schwer begreifliche Nachlässigkeit der Redaktion voraussetzte. Eine solche anzunehmen, liegt aber kein Grund vor.

Es ist daher davon auszugehen, daß der Art. 17 keine Vorschrift enthält, kraft welcher von deutschen Gerichten auf Trennung von Tisch und Bett erkannt werden könnte. Ebensowenig aber dürfte sich eine analoge Anwendung des Art. 17 auf die Trennung von Tisch und Bett rechtfertigen lassen. Gegen die Zulässigkeit einer solchen spricht insbesondere, daß die Vorschriften der CPO. über das Verfahren in Ehesachen nur die Klagen auf Scheidung oder auf Aufhebung der ehelichen Gemeinschaft betreffen (CPO. §§ 606, 639), für Klagen auf beständige Trennung von Tisch und Bett aber ein besonderes Verfahren nicht geregelt ist. Über solche Klagen müßte daher in dem gewöhnlichen Verfahren verhandelt werden. Eine solche Annahme widerspricht aber unzweifelhaft den von der CPO. für Ehesachen befolgten Grundsätzen. Man müßte also auch in dieser Beziehung zu einer entsprechenden Anwendung der Vorschriften der CPO. über das Verfahren in Ehesachen auf Klagen auf Trennung von Tisch und Bett greifen. Dazu würde man aber doch höchstens dann berechtigt sein, wenn feststände, daß das deutsche Recht gegen Ausländer eine Klage auf Trennung von Tisch und Bett zulassen wolle. Dies ist aber nach dem Obigen nicht der Fall. Gegen Ausländer, welche ihren allgemeinen Gerichtsstand in Deutschland haben, kann hiernach, wenn nach dem für sie maßgebenden Rechte die Scheidung der Ehe ausgeschlossen und nur beständige oder zeitweise Trennung von Tisch und Bett zulässig ist, weder auf Scheidung noch auf Trennung erkannt werden. Ob sie die letztere in ihrem Heimatstaat erlangen können, hängt von den dort geltenden Vorschriften über Zuständigkeit der Gerichte ab. Der Anerkennung eines solchen Urteils des ausländischen Gerichts steht der Abs. 1 Nr. 1 des § 328 der CPO. nicht entgegen, weil bei der obigen Voraussetzung ein für die hier fragliche Klage zuständiges Gericht in Deutschland nicht existiert. Es läßt sich vielleicht bezweifeln, ob dieses Ergebnis ein befriedigendes ist, und ob es nicht richtiger wäre, die Klage auf beständige Trennung von Tisch und Bett gegen einen Ausländer, welcher seinen Wohnsitz im Inlande hat, wenigstens dann zuzulassen, wenn nach den Gesetzen des Staates, dem er angehört, nur die Trennung von Tisch und Bett, nicht aber die Scheidung zulässig ist. Gegenüber den Vorschriften der CPO. und der von dem E. II offenbar absichtlich abweichenden Fassung des Art. 17 dürfte eine solche Auffassung indessen ausgeschlossen sein. Selbst wenn man unter der Aufhebung der ehelichen Gemeinschaft im Abs. 4 auch die beständige Trennung von Tisch und Bett mit verstehen wollte, würde damit für den oben angeführten Fall nichts gewonnen werden, weil die Trennung auch dann noch zulässig sein würde, wenn nicht nur nach den deutschen, sondern auch nach den betreffenden ausländischen Gesetzen die Scheidung zulässig wäre (a. A. wie es scheint Scherer S. 37; und für die beständige Trennung von Tisch und Bett Barazetti, S. 69; Erler im Recht, 1900 S. 95; Riedner, Erl. 2b zu Art. 17). Die Praxis hatte sich anfangs für die Zulässigkeit einer Klage auf Trennung von Tisch und Bett unter den oben angegebenen Voraussetzungen erklärt (Rspr. Bd. 2 S. 413; RG. in DJZ. 1902 S. 105; vgl. auch RG. Bd. 48 S. 144). Durch Plenarbeschluß des Reichsgerichts (RG. Bd. 55 S. 345) ist aber unter eingehender und überzeugender Begründung dahin entschieden worden, daß deutsche Gerichte auch dann nicht auf beständige Trennung von Tisch und Bett erkennen dürfen, wenn nach deutschem Rechte die Scheidung der Ehe gerechtfertigt, nach dem Rechte des Staates aber, dem der Ehemann zur Zeit der Erhebung der Klage angehört, nur beständige Trennung von Tisch und Bett zulässig sein würde. Auf demselben Standpunkte steht RG. in DJZ. 1904 S. 267.

Nicht berührt durch das EG. wird der § 77 des Personenstandsgesetzes, nach welchem, wenn vor Erlaß dieses Gesetzes ein Urteil auf beständige Trennung von Tisch und Bett ergangen ist, die Parteien die Scheidung vom Bande verlangen können (s. Erl. zu Art. 202).

8. **Auflösung der Ehe aus anderen Gründen als durch Scheidung.** In den E. I und II ging den Vorschriften über die Scheidung der Ehe noch der allgemeine Satz voraus:

„Die Auflösung der Ehe wird nach den Gesetzen des Staates beurteilt, dem der Mann zur Zeit der Verwirklichung des für die Auflösung in Betracht kommenden Tatbestandes angehört" (E. II rev. § 2374 Satz 1). Dieser Satz ist zwar in dem EG. weggelassen, wird aber trotzdem anzuwenden sein, weil er den allgemeinen Grundsätzen des internationalen Privatrechts entspricht. Nach deutschem Rechte kommt außer dem Tode eines Ehegatten, durch welchen nach allen Rechten die Ehe aufgelöst wird, und der Scheidung, für welche die besonderen Vorschriften des Art. 17 gelten, nur noch die Auflösung der Ehe infolge der Wiederverheiratung eines Ehegatten nach erfolgter Todeserklärung des anderen Gatten in Betracht (BGB. § 1348). In dieser Beziehung sind die besonderen Vorschriften der Art. 9, 13 Abs. 2 zu berücksichtigen (s. Erl. zu diesen Artikeln). Soweit nach ausländischen Gesetzen die Ehe noch aus anderen Gründen aufgelöst wird, z. B. auf Grund gegenseitiger Einwilligung der Ehegatten, sei es nach vorheriger Autorisation durch das

Gericht oder unter besonderen Formen oder ohne solche, gilt auch in Deutschland die Ehe für aufgelöst, wenn der Ehemann zu derjenigen Zeit, in welcher sich der nach den Gesetzen des ausländischen Staates zur Auflösung der Ehe erforderliche Tatbestand verwirklichte, diesem Staate angehörte.

Der E. II rev. § 2374 Satz 2 enthielt noch die Vorschrift, daß, wenn nach dem Rechte des betreffenden ausländischen Staates die am Wohnsitze des Mannes geltenden Gesetze anzuwenden seien, diese Gesetze maßgebend seien. Dem Gedanken und der Tendenz des Art. 27 dürfte es entsprechen, jenen Satz mit der Beschränkung anzuwenden, daß nur, wenn das ausländische Recht auf die deutschen Gesetze verweist, diese maßgebend sind.

9. **Durch das Haager Abkommen** v. 12. Juni 1902 zur Regelung des Geltungsbereichs der Gesetze und der Gerichtsbarkeit auf dem Gebiete der Ehescheidung und der Trennung vom Tisch und Bett (s. Vorbm. 13 vor Art. 7) erleiden der Art. 17 EG. und der § 606 CPO. Änderungen. Das Abkommen findet nur auf die europäischen Gebiete der Vertragsstaaten Anwendung (Art. 10). Seine Anwendung ist ferner dadurch bedingt, daß die Scheidungs- oder Trennungsklage in einem der Vertragsstaaten erhoben wird, daß mindestens eine der Parteien einem dieser Staaten angehört und daß das anzuwendende Gesetz das eines der Vertragsstaaten ist (Art. 9; D. z. d. Abk. S. 44). Im einzelnen ist folgendes zu bemerken:

a) Das Prinzip des EG. Art. 17 Abs. 1, nach welchem nicht der Wohnsitz, sondern die Staatsangehörigkeit maßgebend ist, liegt auch dem Abkommen zugrunde. Abweichend vom EG. Art. 17 Abs. 1 sollen aber nicht die Gesetze des Staates, dem der Ehemann angehört, sondern die Gesetze des Staates, welchem beide Ehegatten angehören, maßgebend sein (Art. 1). Besitzen die Ehegatten nicht dieselbe Staatsangehörigkeit, so soll ihr letztes gemeinsames Gesetz maßgebend sein (Art. 8). Dies entspricht der Vorschrift des Art. 17 Abs. 3 für den dort bezeichneten besonderen Fall. Keine Vorschrift gibt das Abkommen für den Fall, daß die Ehegatten niemals demselben Staate angehört, also kein gemeinsames Gesetz gehabt haben (D. z. d. Abk. S. 43f.). Es wird also für diesen Fall bei den Vorschriften des EG. Art. 17 verbleiben müssen und daher auf die Gesetze des Staates abzustellen sein, welchem der Ehemann zur Zeit der Erhebung der Scheidungsklage angehört.

b) Die Scheidung soll nur zulässig sein, wenn sie nicht nur von den Gesetzen des Heimatstaats der Ehegatten (s. unter a), sondern auch von den Gesetzen des Staates, in welchem die Klage erhoben ist, zugelassen wird (D. z. d. Abk. S. 43). Dies entspricht den im Art. 17 Abs. 4 für ein in Deutschland zu erlassendes Scheidungsurteil gegebenen Vorschriften. Durch den Art. 1 des Abkommens wird eine entsprechende Vorschrift für alle Vertragsstaaten gegeben. Eine Ausnahme von dieser Vorschrift macht der Art. 3 des Abkommens für den Fall, daß das Gesetz des Ortes, an welchem geklagt wird, vorschreibt oder gestattet, daß das Gesetz des Heimatstaats allein maßgebend sei. Die nach EG. Art. 27 stattfindende Rückverweisung ist in dem Abkommen nicht vorbehalten und daher für die Vertragsstaaten ausgeschlossen (D. z. d. Abk. S. 40).

c) Die unter a, b angeführten Grundsätze sollen nach dem Abkommen Art. 1, 2 auch für die Trennung von Tisch und Bett gelten. Dabei werden aber die beiden Rechtsinstitute einander nicht etwa gleichgestellt, vielmehr muß einerseits die Scheidung, andererseits die Trennung von Tisch und Bett sowohl von den Gesetzen des Heimatstaats als von den Gesetzen des Staates, in welchem geklagt wird, zugelassen werden (D. z. d. Abk. S. 39). Es kann daher in einem Staate, welcher nur die Trennung von Tisch und Bett kennt, nicht auf Scheidung, und in einem Staate, welcher nur die Scheidung kennt, nicht auf Trennung von Tisch und Bett erkannt werden. Das Abkommen steht in dieser Beziehung auf dem für das EG. dargelegten Standpunkte.

d) Die unter a, b, c dargelegten Grundsätze gelten auch für die Scheidungs- und Trennungsgründe. Es kommt aber nicht darauf an, ob die Gesetze des Heimatstaats und die Gesetze des Staates, in welchem die Klage erhoben wird, dieselben Scheidungs- oder Trennungsgründe aufstellen, sondern nur darauf, daß in dem betreffenden Falle die Scheidung oder Trennung nach beiden Gesetzen begründet ist (Art. 2 des Abk.; D. z. d. Abk. S. 39f.; vgl. Erl. 3d).

e) Eine dem EG. Art. 17 Abs. 2 entsprechende Vorschrift enthält der Art. 4 des Abk.; jedoch soll in Konsequenz der im Art. 1 des Abkommens bestimmten Berücksichtigung der Staatsangehörigkeit beider Ehegatten nicht bloß darauf abgestellt werden, daß der Ehemann zu der Zeit, in welcher die den Scheidungs- oder Trennungsgrund bildende Tatsache vorgekommen ist, einem anderen Staate als dem derzeitigen Heimatstaat angehört hat, vielmehr soll dasselbe auch für die Ehefrau gelten. Es soll demgemäß das nach Art. 1—3 des Abkommens maßgebende

Gesetz des Heimatstaats nicht angerufen werden können „um einer Tatsache, die sich ereignet hat, während die Ehegatten oder einer von ihnen einem anderen Staate angehören, die Wirkung eines Scheidungs- oder Trennungsgrundes zu verleihen".

f) Der Art. 5 des Abkommens betrifft die Zuständigkeit der Gerichte. Er bestimmt:

„Die Klage auf Scheidung oder auf Trennung von Tisch und Bett kann erhoben werden:
1. vor der nach dem Gesetze des Heimatstaats der Ehegatten zuständigen Gerichtsbarkeit;
2. vor der zuständigen Gerichtsbarkeit des Ortes, wo die Ehegatten ihren Wohnsitz haben. Wenn die Ehegatten nach der Gesetzgebung ihres Heimatstaats nicht denselben Wohnsitz haben, so ist die Gerichtsbarkeit des Wohnsitzes des Beklagten zuständig. Im Falle der böslichen Verlassung oder im Falle einer Verlegung des Wohnsitzes nach dem Eintritte des Scheidungs- oder Trennungsgrundes kann die Klage auch vor der zuständigen Gerichtsbarkeit des letzten gemeinsamen Wohnsitzes erhoben werden. — Die Gerichtsbarkeit des Heimatstaats ist allein berufen, soweit sie für die Scheidungs- oder Trennungsklage ausschließlich zuständig ist. Doch bleibt die fremde Gerichtsbarkeit zuständig für eine Ehe, in Ansehung deren die Scheidungs- oder Trennungsklage vor der zuständigen Gerichtsbarkeit des Heimatstaats nicht erhoben werden kann."

Aus diesen Vorschriften ergeben sich folgende Änderungen des § 606 der CPO. (D. z. d. Abk. S. 41).

Für Scheidungsklagen, die von Deutschen bei ausländischen Behörden erhoben werden, muß, wenn die Ehegatten außerhalb Deutschlands an verschiedenen Orten wohnen, die Gerichtsbarkeit des Wohnsitzes der beklagten Ehefrau als zuständige Gerichtsbarkeit im Sinne der deutschen Gesetze angesehen werden. Gehören die Ehegatten einem anderen Vertragsstaat an und haben sie keinen gemeinsamen Wohnsitz, so sind die Vorschriften des § 606 der CPO., sofern auch nur einer der Ehegatten in Deutschland wohnt, durch Einführung der Gerichtsbarkeit des Wohnsitzes des Beklagten in doppelter Richtung abgeändert worden. Einmal kann nämlich der in Deutschland wohnende Ehemann die Scheidungsklage nicht mehr gemäß CPO. § 606 Abs. 1 in seinem allgemeinen Gerichtsstand erheben, da die Gerichtsbarkeit des Wohnsitzes des Klägers durch das Abkommen beseitigt ist. Andererseits ist entgegen der Vorschrift des Abs. 1 die Scheidungsklage gegen die in Deutschland wohnende Ehefrau in dem Gerichtsstand ihres Wohnsitzes zulässig und zwar gleichviel, ob der Ehemann seinen Wohnsitz in Deutschland oder im Auslande hat. Ebenso kann unter Umständen im Falle der böslichen Verlassung und der Verlegung des Wohnsitzes nach dem Eintritte des Scheidungs- oder Trennungsgrundes die Klage in Deutschland auch in solchen Fällen erhoben werden, in welchen ein Gerichtsstand nach CPO. § 606 nicht begründet sein würde. Abweichungen von der CPO. § 606 können ferner noch dann eintreten, wenn die Ehegatten nicht demselben Staate angehören; in solchen Fällen findet der Art. 8 des Abkommens Anwendung (s. unter a).

g) Nach Art. 6 kann, wenn die Ehegatten nicht berechtigt sind, eine Scheidungs- oder Trennungsklage in dem Lande ihres Wohnsitzes zu erheben, doch jeder Ehegatte sich an die Gerichtsbarkeit dieses Landes wenden, um die vorläufigen Maßnahmen zu erwirken, die in dessen Gesetzgebung für die Aufhebung der ehelichen Lebensgemeinschaft vorgesehen sind. Diese Maßnahmen erlöschen, wenn sie nicht innerhalb eines Jahres durch die Gerichtsbarkeit des Heimatstaats bestätigt werden; sie bleiben nie länger bestehen, als es das Gesetz des Wohnsitzes gestattet.

Für Deutschland kommen in dieser Beziehung die Vorschriften der CPO. §§ 627, 942 in Betracht. Nach § 627 ist für die dort bezeichneten Maßnahmen das Gericht der Hauptsache zuständig. Diese ausschließliche Zuständigkeit ist für ausländische Ehegatten, die in Deutschland wohnen und dort nicht klagen können, durch Art. 6 beseitigt. Für sie ist die Zuständigkeit des Gerichts ihres Wohnsitzes ohne weiteres begründet (D. z. d. Abk. S. 42).

h) Nach Art. 7 Abs. 1 des Abkommens ist die von dem Gericht eines Vertragsstaats ausgesprochene Scheidung oder Trennung von Tisch und Bett in allen Vertragsstaaten anzuerkennen, wenn

α) das Gericht nach Art. 5 des Abkommens zuständig gewesen ist;

β) die materiellrechtlichen Kollisionsnormen des Abkommens beachtet sind und wenn

γ) im Falle eines Versäumnisurteils die Ladung des Beklagten den Vorschriften entspricht, die sein Heimatstaat als Voraussetzung für die Anerkennung ausländischer Urteile aufstellt.

Der § 328 der CPO. erleidet durch den Art. 7 nur insofern eine Modifikation, als die in der Nr. 1 des § 328 vorgesehene Zuständigkeit der Gerichte nicht mehr nach den deutschen

Artikel 18. Die eheliche Abstammung eines Kindes wird nach den deutschen Gesetzen beurtheilt, wenn der Ehemann der Mutter zur Zeit der Geburt des Kindes Deutscher ist oder, falls er vor der Geburt des Kindes gestorben ist, zuletzt Deutscher war.

Gesetzen, sondern nach Art. 5 des Abkommens zu beurteilen ist, als ferner in der Nr. 3 des § 328 an die Stelle des EG. Art. 17 die Kollisionsnormen des Abkommens (Art. 1, 2, 8) treten und als endlich die Vorschriften der Nr. 4 und Nr. 5 des § 328 nicht mehr in Betracht kommen (D. z. d. Abk. S. 43).

Nach Art. 7 Abs. 2 soll auch die von einer Verwaltungsgerichtsbarkeit ausgesprochene Scheidung oder Trennung von Tisch und Bett in allen Vertragsstaaten anerkannt werden, wenn das Gesetz eines jeden der Ehegatten eine solche Scheidung oder Trennung von Tisch und Bett anerkennt. Für Deutschland kommt diese Vorschrift nicht in Betracht, weil die deutschen Gesetze nur die gerichtliche Scheidung anerkennen.

Zu Art. 18—22.

1. **Anordnung des Stoffes.** Die Art. 18—22 betreffen das **Rechtsverhältnis zwischen Eltern und Kindern.** Der Art. 18 bestimmt, nach welchen Gesetzen die eheliche Abstammung eines Kindes beurteilt wird, der Art. 19, welche Gesetze für das Rechtsverhältnis zwischen Eltern und ehelichen Kindern maßgebend sind. Die Art. 20, 21 betreffen die unehelichen Kinder, der Art. 20 das Rechtsverhältnis des Kindes zu der unehelichen Mutter, der Art. 21 das Rechtsverhältnis des Kindes zu dem unehelichen Vater. Der Art. 22 enthält Vorschriften über die Legitimation und die Annahme an Kindes Statt.

2. In den E. I und II schloß sich an die entsprechenden Vorschriften noch eine **allgemeine Vorschrift über die gesetzliche Unterhaltspflicht der Verwandten** (E. I § 18; E. II § 2258; rev. § 2377). Durch diese war bestimmt, daß für die gesetzliche Unterhaltspflicht der Verwandten unbeschadet der über die rechtliche Stellung der Eltern und Kinder gegebenen Vorschriften die Gesetze des Staates maßgebend seien, welchem die Verwandten zu der für die Unterhaltspflicht in Betracht kommenden Zeit angehören. Gehören die Verwandten zu dieser Zeit verschiedenen Staaten an, so soll die Unterhaltspflicht nur insoweit bestehen, als sie nach den Gesetzen jedes der beiden Staaten begründet ist. In dem EG. ist eine entsprechende Vorschrift nicht enthalten. Die gedachten Vorschriften dürften indessen als sachlich richtig anzuerkennen sein. Nach dem BGB. § 1601 besteht eine gesetzliche Unterhaltspflicht nur zwischen Verwandten in gerader Linie. Da sich die Unterhaltspflicht zwischen Eltern und Kindern nach den Art. 19—22 bestimmt, so kommt hier nur die Unterhaltspflicht zwischen Voreltern und entfernteren Abkömmlingen in Betracht. Zwischen Geschwistern besteht nach dem BGB. eine Unterhaltspflicht nicht.

Artikel 18.

E. I § 13; II § 2252 rev. § 2378. E. d. EG. III Art. 17. P. I S. 11538 f. P. II Bd. 6 S. 62, 227 f.

1. **Die für die Ehelichkeit eines Kindes maßgebenden Gesetze.** Während die E. I und II allgemeine Vorschriften darüber geben, nach welchen Gesetzen die Ehelichkeit eines Kindes zu beurteilen ist, beschränkt sich der Art. 18 auf die Bestimmung der Fälle, in denen die deutschen Gesetze anzuwenden sind. Der dieser Vorschrift zugrunde liegende Gedanke wird indessen entsprechend auch in denjenigen Fällen, in welchen der Art. 18 eine Regel nicht aufstellt, anzuwenden sein. Gehörte daher der Ehemann der Mutter zur Zeit der Geburt des Kindes einem ausländischen Staate an oder gehörte er, falls er vor der Geburt des Kindes gestorben ist, zuletzt einem solchen Staate an, so wird die eheliche Abstammung des Kindes nach den Gesetzen dieses Staates zu beurteilen sein.

2. **Die Voraussetzung, unter welcher die eheliche Abstammung eines Kindes nach deutschen Gesetzen beurteilt wird,** besteht darin, daß der Ehemann der Mutter zur Zeit der Geburt des Kindes ein Deutscher ist oder, falls er vorher gestorben, zuletzt ein Deutscher war. Auch hier entscheidet also das Prinzip der Staatsangehörigkeit, nicht das des Wohnsitzes. Lediglich die Staatsangehörigkeit des Ehemanns ist aber maßgebend; auf die Staatsangehörigkeit der Mutter oder des Kindes kommt es nicht an. Regelmäßig werden zwar die Mutter und das Kind die Staatsangehörigkeit des Ehemanns teilen; diese kann aber auch eine verschiedene sein (s. z. B. Ges.

betr. die Erwerbung und den Verlust der Bundes- und Staatsangehörigkeit v. 1. Juni 1870 §§ 19, 21).

Nach Art. 29 finden die deutschen Gesetze in der hier fraglichen Beziehung auch dann Anwendung, wenn der Ehemann der Mutter zu der entscheidenden Zeit zwar kein Deutscher war, aber auch einem anderen Staate nicht angehörte und entweder zuletzt ein Deutscher gewesen ist oder, falls er überhaupt einem Staate nicht angehört hat, zu der entscheidenden Zeit seinen Wohnsitz oder in Ermangelung eines Wohnsitzes seinen Aufenthalt in Deutschland hatte.

Keine Bestimmung enthält der Art. 18 für den Fall, daß die Ehe in anderer Weise als durch den Tod des Ehemanns der Mutter z. B. also durch Scheidung aufgelöst ist. Der dem Art. 18 zugrunde liegende Gedanke dürfte hier dahin führen, darauf abzustellen, ob der Ehemann der Mutter zur Zeit der Auflösung der Ehe ein Deutscher war und einen späteren Wechsel der Staatsangehörigkeit auch dann unberücksichtigt zu lassen, wenn dieser vor der Geburt des Kindes eingetreten ist. Auch in dem letzteren Falle ist daher die eheliche Abstammung des Kindes nach deutschen Gesetzen zu beurteilen.

3. **Die Vorschriften, welche unter den in Erl. 2 bezeichneten Voraussetzungen Anwendung finden,** sind in den §§ 1591—1600 des BGB. enthalten. Es finden also sowohl die Vorschriften der §§ 1591, 1592 über die Voraussetzungen, unter welchen ein Kind als ehelich anzusehen ist, und die in dieser Beziehung geltenden Vermutungen als auch die Vorschrift des § 1593 Anwendung, nach welcher die Unehelichkeit eines Kindes, das während der Ehe oder innerhalb 302 Tagen nach der Auflösung der Ehe geboren ist, nur geltend gemacht werden kann, wenn der Mann die Ehelichkeit angefochten hat oder, ohne das Anfechtungsrecht verloren zu haben, gestorben ist. Die Frist, innerhalb welcher die Anfechtung erfolgen muß, bestimmt sich nach § 1594, die Art, in welcher sie zu erfolgen hat, nach den §§ 1595—1597. Auf die Anerkennung des Kindes und deren Wirkungen finden die §§ 1598, 1599 Anwendung. Die Ansicht von Niedner (Erl. 4), nach welcher für die Form der Anfechtung und Anerkennung auf Grund des Art. 11 Abs. 1 Satz 2 auch die Beobachtung der Gesetze des Ortes genüge, an welchem jene Rechtsakte vorgenommen werden, und daß hiervon nur insofern eine Ausnahme gelte, als es sich um die Vorschrift handele, daß die Anfechtung bei Lebzeiten des Kindes durch Erhebung der Anfechtungsklage zu erfolgen habe, dürfte nicht richtig sein; denn die Annahme Niedners, daß die Vorschriften, nach welchen eine bestimmte Erklärung einer bestimmten Behörde gegenüber abzugeben sei, solange als reine Formvorschriften gelten müßten, als nicht die Behörde selbst bei dem Rechtsakte beteiligt sei, ist mit dem Standpunkte, welchen das BGB. in Beziehung auf Vorschriften dieser Art einnimmt, nicht vereinbar. Die Behörde tritt in Fällen dieser Art an die Stelle des Beteiligten, dem gegenüber regelmäßig die Erklärung abzugeben ist, und die Vorschrift, daß die Erklärung der Behörde gegenüber abgegeben werden muß, ist daher ebensogut eine materielle Vorschrift wie die Vorschrift, daß die Erklärung einem Beteiligten gegenüber abgegeben werden muß. Hierfür spricht auch die Bestimmung des § 130 Abs. 3, nach welcher die in den Abs. 1, 2 gegebenen Vorschriften über den Zeitpunkt, in welchem die einem Beteiligten gegenüber abzugebende Erklärung wirksam wird, auch auf die einer Behörde gegenüber abzugebende Erklärung Anwendung finden. Die Vorschrift des § 1597, daß die Anfechtung nach dem Tode des Kindes durch Erklärung gegenüber dem Nachlaßgericht erfolgt, ist daher ebensowenig eine Formvorschrift wie die Vorschrift, daß bei Lebzeiten des Kindes die Anfechtung durch Erhebung der Anfechtungsklage zu erfolgen habe; die Anerkennung bedarf überhaupt keiner Form. Es handelt sich hier nur um materielle Vorschriften; der Art. 11 kann also nicht in Frage kommen.

Der § 1600 entscheidet die Frage, unter welchen Voraussetzungen das von einer Frau, die sich nach Auflösung ihrer Ehe wiederverheiratet hat, geborene Kind, welches nach den Vorschriften der §§ 1591—1599 sowohl als eheliches Kind der ersten wie der zweiten Ehe gelten würde, als eheliches Kind der einen oder der anderen Ehe zu betrachten ist. Für die Anwendung dieser Vorschrift genügt es, wenn entweder der erste oder der zweite Ehemann zur Zeit der Geburt des Kindes ein Deutscher war oder, sofern er vorher gestorben, zuletzt ein Deutscher war.

Wegen des für die Anfechtungsklage zuständigen Gerichts und des zuständigen Nachlaßgerichts s. Erl. 6.

4. **Voraussetzung der §§ 1591—1600 ist eine gültige Ehe.** Für die Beurteilung der Frage, ob eine solche vorliegt, sind die im Art. 13 bezeichneten Gesetze maßgebend. Keine Vorschrift enthält das EG. über die **Kinder aus nichtigen Ehen** (BGB. §§ 1699 ff.). In den Motiven des Redaktors des E. I wird angenommen, daß für die Entscheidung der Frage, ob und unter welchen Voraussetzungen solche Kinder die rechtliche Stellung ehelicher Kinder

Artikel 19. Das Rechtsverhältniß zwischen den Eltern und einem ehelichen Kinde wird nach den deutschen Gesetzen beurtheilt, wenn der Vater und, falls der Vater gestorben ist, die Mutter die Reichsangehörigkeit besitzt. Das Gleiche gilt, wenn die Reichsangehörigkeit des Vaters oder der Mutter erloschen, die Reichsangehörigkeit des Kindes aber bestehen geblieben ist.

---

haben, das Gesetz des Staates maßgebend sei, „welchem die Ehe zur Zeit der Geburt des Kindes untersteht, mithin das Recht des Staates, welchem der Ehemann und Vater zu dieser Zeit angehört". Dies dürfte richtig sein. Die deutschen Gesetze werden daher über die Frage, ob ein Kind aus einer nichtigen Ehe die rechtliche Stellung eines ehelichen Kindes hat, zu entscheiden haben, wenn der Ehemann der nichtigen Ehe zur Zeit der Geburt des Kindes ein Deutscher war oder, falls er vor der Geburt des Kindes gestorben, zuletzt ein Deutscher war. Das Kind hat in diesem Falle unter den im BGB. § 1699 bestimmten Voraussetzungen die rechtliche Stellung eines ehelichen Kindes.

5. Sofern nach den in Erl. 1, 2 dargelegten Grundsätzen ausländische Gesetze maßgebend sind, bestimmen sich nach diesen alle in Erl. 3, 4 bezeichneten Fragen.

6. **Zuständiges Gericht.** Für Rechtsstreitigkeiten, welche das Bestehen oder Nichtbestehen eines Eltern- oder Kindesverhältnisses unter den Parteien oder das Bestehen der elterlichen Gewalt der einen Partei über die andere zum Gegenstande haben, ist im allgemeinen das Gericht zuständig, bei dem der Beklagte seinen allgemeinen Gerichtsstand hat (CPO. §§ 12, 13, 16). Durch CPO. § 642 (vgl. auch Konsulargerichtsbarkeitsges. v. 7. April 1900 §§ 2, 10) ist die Zuständigkeit deutscher Gerichte soweit ausgedehnt, daß sie fast in allen Fällen begründet ist, in welchen das Interesse eines Deutschen in Frage kommt. Auf die betreffenden vor deutschen Gerichten anhängigen Rechtsstreitigkeiten finden die besonderen Vorschriften der CPO. §§ 640, 641 Anwendung. In einem Falle ist aber in betreff der Klage, durch welche die Ehelichkeit des Kindes angefochten wird, die Zuständigkeit eines deutschen Gerichts nicht begründet, nämlich dann nicht, wenn das Kind keinen allgemeinen Gerichtsstand im Inlande hat und sowohl der Ehemann als das Kind die Reichsangehörigkeit verloren haben, das Kind aber eine andere Staatsangehörigkeit erworben hat. In solchem Falle muß die Klage bei dem zuständigen ausländischen Gericht erhoben werden. Zulässig ist dies übrigens auch in den Fällen des § 642 der CPO., da die durch die Vorschriften dieses Paragraphen bestimmte Zuständigkeit keine ausschließliche ist.

Das zuständige Nachlaßgericht, dem gegenüber die Erklärung der Anfechtung nach dem Tode des Kindes zu erfolgen hat (BGB. § 1597), ist nach FGG. § 73 regelmäßig ebenfalls ein deutsches Gericht. Eine Ausnahme findet nur statt, wenn das Kind zur Zeit seines Todes weder seinen Wohnsitz noch seinen Aufenthalt im Inlande hatte und zur Zeit seines Todes kein Deutscher war.

7. **Über die Anerkennung des Urteils eines ausländischen Gerichts, durch welches die Ehelichkeit oder die Unehelichkeit eines Kindes festgestellt wird,** entscheidet der § 328 der CPO. Das Urteil ist also nach Abs. 1 Nr. 3 insbesondere dann nicht anzuerkennen, wenn darin zum Nachteil einer deutschen Partei von den Vorschriften des EG. Art. 18 abgewichen ist. Die durch CPO. § 642 bestimmte Zuständigkeit ist keine ausschließliche. Auf Grund des § 328 Nr. 1 der CPO. kann daher die Anerkennung nicht versagt werden, wenn der Beklagte seinen allgemeinen Gerichtsstand vor den Gerichten des betreffenden ausländischen Staates hatte.

Artikel 19.

E. I §§ 15, 16 Abs. 1; II § 2255 rev. § 2379; E. d. EG. III Art. 18. P. I S. 11540 ff. P. II Bd. 6 S. 62, 227 f.

1. **Die für das Verhältnis zwischen Eltern und einem ehelichen Kinde maßgebenden Gesetze.** Abweichend von den E. I und II bestimmt der Art. 19 nur die Fälle, in welchen das Rechtsverhältnis zwischen den Eltern und einem ehelichen Kinde nach deutschen Gesetzen zu beurteilen ist. Die E. I und II stellten dagegen den allgemeinen Grundsatz auf, daß das Rechtsverhältnis zwischen den Eltern und einem ehelichen Kinde nach den Gesetzen des Staates beurteilt werde, dem der Vater angehörte und, wenn der Vater gestorben sei, nach den Gesetzen des Staates, dem die Mutter angehöre. Dieser Grundsatz wird als das höhere der Vorschrift des Art. 19

Satz 1 zugrunde liegende Prinzip auf die im Art. 19 Satz 1 nicht entschiedenen Fälle anzuwenden sein (so auch Rspr. 2 S. 164). Der Satz 2 enthält dagegen eine lediglich zugunsten der deutschen Gesetze getroffene Ausnahmebestimmung; eine Verallgemeinerung dieser Vorschrift ist daher unzulässig.

2. **Die jeweilige Staatsangehörigkeit ist maßgebend.** Abweichend vom Art. 18 bestimmt sich das Rechtsverhältnis zwischen Eltern und ehelichen Kindern nicht für alle Zeit nach denselben Gesetzen. Die maßgebenden Gesetze ändern sich vielmehr, je nachdem die im Art. 19 bestimmten Voraussetzungen sich ändern. Nicht die Staatsangehörigkeit des Vaters oder der Mutter oder des Kindes zur Zeit der Geburt des letzteren, sondern die jeweilige Staatsangehörigkeit entscheidet über die maßgebenden Gesetze. Mit dem Wechsel dieser Gesetze kann daher auch das Rechtsverhältnis eine Änderung erleiden.

3. **Die deutschen Gesetze sind für das Rechtsverhältnis zwischen Eltern und ehelichen Kindern maßgebend,**

a) wenn und solange der Vater lebt und die Reichsangehörigkeit besitzt. Es kommt nicht darauf an, ob auch die Mutter oder das Kind die Reichsangehörigkeit besitzt (Rspr. 1 S. 484). Die Reichsangehörigkeit des Vaters entscheidet auch dann, wenn die Ehe, aus welcher die Kinder stammen, geschieden oder infolge der Wiederverheiratung des einen Gatten im Falle der Todeserklärung des anderen Gatten aufgelöst ist. Verliert der Vater die Reichsangehörigkeit und wird er Angehöriger eines anderen Staates, so finden von diesem Zeitpunkt an vorbehaltlich der Vorschrift des Art. 19 Satz 2 (s. unter c) die Gesetze dieses Staates, nicht mehr die deutschen Gesetze Anwendung. Verliert der Vater die Reichsangehörigkeit, ohne Angehöriger eines anderen Staates zu werden, so finden nach Art. 29 die deutschen Gesetze auch noch ferner Anwendung.

b) wenn der Vater gestorben ist, die Mutter aber noch lebt und die Reichsangehörigkeit besitzt. Die deutschen Gesetze finden in diesem Falle auch dann Anwendung, wenn die Ehe schon vor dem Tode des Vaters geschieden oder durch Wiederverheiratung im Falle des § 1348 aufgelöst war. Für den Fall der Todeserklärung des Vaters bestehen keine besonderen Vorschriften. Nach BGB. § 18 wird also vermutet, daß der Vater in dem durch das Urteil bestimmten Zeitpunkte gestorben sei. Von diesem Zeitpunkt an gilt also auch eine Vermutung zugunsten der Anwendung der Gesetze des Staates, dem die überlebende Mutter angehört. Aber es handelt sich nur um eine Vermutung. Wird sie durch Gegenbeweis widerlegt, so findet die der wahren Rechtslage entsprechende Beurteilung statt. Verliert die Mutter die Reichsangehörigkeit, so gilt dasselbe wie in dem Falle unter a, wenn der Vater die Reichsangehörigkeit verliert.

c) wenn die Reichsangehörigkeit des Vaters oder der Mutter erloschen, die Reichsangehörigkeit des Kindes aber bestehen geblieben ist. Die Möglichkeit eines solchen Falles ergibt sich aus den §§ 19, 21 des Gesetzes, betr. die Erwerbung und den Verlust der Bundes- und Staatsangehörigkeit v. 1. Juni 1870. Solange der Vater lebt, kommt es nur darauf an, ob dieser die Reichsangehörigkeit verloren, das Kind sie aber behalten hat; ob die Mutter die Reichsangehörigkeit besitzt, ist in diesem Falle gleichgültig. Ist der Vater gestorben, so gilt dasselbe in betreff der Mutter. In beiden Fällen wird vorausgesetzt, daß der Vater bzw. die Mutter die Reichsangehörigkeit besessen hat. Auch wenn die Reichsangehörigkeit des Kindes nicht bestehen geblieben ist, können übrigens, wie schon unter a hervorgehoben wurde, die deutschen Gesetze unter den im Art. 29 bestimmten Voraussetzungen Anwendung finden.

4. **Die materiellen Vorschriften, welche Anwendung finden, wenn das deutsche Recht maßgebend ist,** sind in dem BGB. §§ 1616—1698 enthalten. Es gelten also sowohl die allgemeinen Vorschriften über die rechtlichen Beziehungen zwischen Eltern und Kindern als auch die besonderen Vorschriften über die elterliche Gewalt. Diese Vorschriften finden auch auf dieenigen Beteiligten Anwendung, welche nicht die Reichsangehörigkeit besitzen, also in dem Falle der Erl. 3a auf die Mutter und das Kind, wenn diese einem fremden Staate angehören, in dem Falle der Erl. 3b auf das Kind, wenn dieses einem fremden Staate angehört, in dem Falle der Erl. 3c auf beide Eltern, wenn diese einem fremden Staate angehören. Insbesondere behalten z. B. in dem letztgedachten Falle der Vater oder die Mutter die elterliche Gewalt nach Maßgabe der deutschen Gesetze, auch wenn diese ihnen nach den Gesetzen des Staates, dem sie nunmehr angehören, nicht zusteht. Aus dem Prinzipe, daß die jeweilige Staatsangehörigkeit entscheidet (s. Erl. 2), folgt, daß, wenn der Vater oder nach dessen Tode die Mutter die Reichsangehörigkeit erwirbt, ihnen von diesem Zeitpunkt an die elterliche Gewalt über das Kind nach Maßgabe der deutschen Gesetze zusteht. Dies gilt auch dann, wenn ihre elterliche Gewalt nach dem früher maßgebend gewesenen ausländischen Rechte etwa ausgeschlossen oder beschränkt gewesen

wäre. Der elterlichen Gewalt und der elterlichen Nutznießung wird in diesem Falle auch dasjenige Vermögen des Kindes unterworfen, was das Kind bereits früher erworben hat und welches nach dem bisher maßgebenden ausländischen Rechte der elterlichen Gewalt und Nutznießung nicht unterlag. Andererseits wird solches Vermögen des Kindes, welches nach dem bisher maßgebenden Rechte der elterlichen Gewalt oder doch der elterlichen Nutznießung unterlag, von dieser befreit, wenn es nach den deutschen Gesetzen derselben nicht unterliegt, z. B. weil das Kind bereits volljährig ist oder weil das betreffende Vermögen nach den deutschen Gesetzen zu dem freien Vermögen gehört (P. I S. 11541). Über eine Modifikation dieser Grundsätze s. Erl. 5a.

Zu den materiellen Vorschriften, welche, wenn die deutschen Gesetze maßgebend sind, zur Anwendung kommen, gehören auch die §§ 11 (Wohnsitz), 204 (Hemmung der Verjährung), 1305—1308 (elterliche Einwilligung zur Eheschließung), 1747 (elterliche Einwilligung zur Annahme an Kindes Statt) sowie die §§ 1635, 1636 des BGB. über das Recht und die Pflicht der Sorge für die Person des Kindes im Falle der Scheidung der Ehe der Eltern (s. Erl. 2 zu Art. 17). Die letztgenannten Vorschriften werden selbst dann zur Anwendung kommen müssen, wenn die Scheidung durch das Urteil eines ausländischen Gerichts erfolgt ist und in diesem Urteile Bestimmungen über das Recht des einen oder des anderen Gatten in Beziehung auf die Person der Kinder enthalten sind. Das Rechtsverhältnis zwischen den Eltern und Kindern in Beziehung auf die Person der letzteren, welches in den §§ 1635, 1636 wesentlich mit Rücksicht auf das Interesse der Kinder geregelt ist, kann nicht durch ein Urteil zwischen den Ehegatten geändert werden, welches lediglich die diesen gegen einander zustehenden Rechte feststellen kann (a. A. Niedner, Erl. 4a zu Art. 19; Niemeyer S. 157, welche übrigens anerkennen, daß das in dem § 1635 bestimmte Recht des Vormundschaftsgerichts auch im Falle eines solchen Urteils bestehen bleibt).

Zu den anwendbaren materiellen Vorschriften gehören endlich auch die Vorschriften über die gegenseitige Unterhaltspflicht der Eltern und Kinder (BGB. §§ 1601—1615). Sie sind zwar in dem Titel über die Unterhaltspflicht der Verwandten enthalten. Soweit sich die hierüber getroffenen Vorschriften aber auf die Unterhaltspflicht zwischen Eltern und Kindern beziehen, betreffen sie materiell das zwischen diesen bestehende Rechtsverhältnis, und dies gilt nicht nur von den sich auf die Unterhaltspflicht der Eltern gegen die Kinder, sondern auch auf die sich auf die Unterhaltspflicht dieser gegen jene beziehenden Vorschriften (a. A. Niedner, Erl. 4c zu Art. 19).

Für die Form der Rechtsgeschäfte zwischen Eltern und Kindern ist der Art. 11 maßgebend. Es genügt also auch die Beobachtung der Gesetze des Ortes, an welchem das Rechtsgeschäft vorgenommen wird. Zu den Formvorschriften gehört indessen nicht, wie Niedner (Erl. 4d) anzunehmen scheint, die Vorschrift des § 1662 des BGB., nach welcher der Verzicht auf die elterliche Nutznießung durch Erklärung gegenüber dem Vormundschaftsgericht erfolgt. Es ist dies eine materielle Vorschrift und der Verzicht kann wirksam nur in der durch sie vorgeschriebenen Weise erfolgen.

5. In Frage kann kommen, ob die Konsequenzen des Art. 19 unter Umständen mit den aus anderen Vorschriften des EG. zu ziehenden Konsequenzen vereinbar sind.

a) Nach Art. 7 bestimmt sich die Geschäftsfähigkeit, also auch die Volljährigkeit einer Person nach den Gesetzen des Staates, welchem die Person angehört. Finden nun in betreff der Volljährigkeit, soweit durch deren Eintritt die elterliche Gewalt beendigt wird, nicht die im Art. 7, sondern die im Art. 19 bezeichneten Gesetze Anwendung, bleibt also z. B. die elterliche Gewalt deutscher Eltern über ein Kind, das nach deutschen Gesetzen noch minderjährig ist, bestehen, wenn das Kind die Angehörigkeit eines ausländischen Staates erwirbt und nach den Gesetzen dieses Staates volljährig ist oder doch die rechtliche Stellung eines Volljährigen hat? Ein Fall dieser Art liegt z. B. vor, wenn eine minderjährige Tochter deutscher Eltern durch die Heirat mit einem Ausländer die ausländische Staatsangehörigkeit erwirbt und nach den Gesetzen des betreffenden ausländischen Staates der Grundsatz gilt, „Heirat macht mündig". Die Frage ist zu verneinen. Die elterliche Gewalt besteht nach deutschen Gesetzen nur über Minderjährige. Der Grund dieser Beschränkung liegt darin, daß Minderjährige, nicht aber Volljährige infolge ihres Alters in der Geschäftsfähigkeit beschränkt sind. Die nach Art. 7 in betreff der Geschäftsfähigkeit maßgebenden Gesetze müssen deshalb auch in betreff der Frage maßgebend sein, ob die, eine Voraussetzung der elterlichen Gewalt bildende, durch die Minderjährigkeit bedingte Beschränkung der Geschäftsfähigkeit besteht oder nicht besteht. Hat das Kind dadurch, daß es Angehöriger eines ausländischen Staates geworden ist, die rechtliche Stellung eines Volljährigen erlangt, so ist damit die Voraussetzung der elterlichen Gewalt weggefallen und diese daher beendigt.

b) Nach Art. 7 Abs. 2 behält der Ausländer, der nach den Gesetzen seines Heimatstaats bereits volljährig war oder die rechtliche Stellung eines Volljährigen erlangt hatte, wenn er die deutsche Reichsangehörigkeit erwirbt, die rechtliche Stellung eines Volljährigen, auch wenn er sie nach deutschen Gesetzen nicht haben würde. Es fragt sich nun, ob, wenn ausländische Eltern und ihr Kind, das nach den bisher für dasselbe geltenden ausländischen Gesetzen die rechtliche Stellung eines Volljährigen erlangt hatte, die deutsche Reichsangehörigkeit erwerben, die Eltern die elterliche Gewalt über das Kind erlangen, wenn dieses nach deutschen Gesetzen die rechtliche Stellung eines Volljährigen nicht hat. Die Frage ist aus denselben Gründen wie unter a zu verneinen. Das Kind behält nach Art. 7 Abs. 2 die rechtliche Stellung eines Volljährigen. Nach deutschen Gesetzen ist aber die elterliche Gewalt über ein solches Kind nicht möglich (a. A., wie es scheint, Niemeyer S. 156ff., der hier wie in dem Falle unter a die nach Art. 19 maßgebenden Gesetze auch in betreff des Eintritts der Volljährigkeit anwenden zu wollen scheint).

c) Nach dem dem Art. 19 zugrunde liegenden Gedanken bestimmen sich die persönlichen Rechtsbeziehungen ausländischer Ehegatten nach den Gesetzen des Staates, dem sie angehören. Steht nun nach dem Rechte dieses Staates die Vertretung einer noch unter elterlicher Gewalt stehenden verheirateten Tochter in den ihre Person betreffenden Angelegenheiten nicht dem Vater, sondern dem Ehemanne zu oder ist die Frau in dieser Beziehung ganz selbständig, so ergibt sich hieraus, wenn eine nach Art. 19 unter elterlicher Gewalt stehende Tochter einen Ausländer heiratet und hierdurch dessen Staatsangehörigkeit erwirbt, ein Konflikt mit den sich aus Art. 19 ergebenden Konsequenzen, indem nach diesem die Vertretung in den die Person betreffenden Angelegenheiten dem Vater verbleiben würde. Nach Analogie der Grundsätze, welche gelten, wenn die Tochter durch ihre Heirat mit einem Ausländer die rechtliche Stellung einer Volljährigen erwirbt (s. unter a), dürften auch in diesem Falle die betreffenden ausländischen Gesetze anzuwenden sein.

d) Nach Art. 15 bestimmt sich das eheliche Güterrecht nach den Gesetzen des Staates, dem der Ehemann zur Zeit der Eheschließung angehört. Findet hiernach, wenn eine nach deutschem Rechte unter elterlicher Gewalt stehende Tochter heiratet, auf ihr eheliches Güterrecht ausländisches Recht Anwendung, so scheint sich auch hieraus ein Konflikt mit den Vorschriften des Art. 19 dann zu ergeben, wenn nach dem betreffenden ausländischen ehelichen Güterrechte jede Einwirkung des Inhabers der elterlichen Gewalt auf das Vermögen der Frau ausgeschlossen wird, während nach deutschem Rechte die elterliche Gewalt mit Ausnahme der elterlichen Nutznießung bestehen bleibt. Dieser Konflikt dürfte indessen nur ein scheinbarer sein. Soweit durch die Heirat der Tochter Rechte des Mannes an dem Vermögen der Frau entstehen, wird durch sie, soweit sie reichen, auch nach deutschem Rechte, eine Einwirkung der elterlichen Gewalt ausgeschlossen. So wird z. B. im Falle der allgemeinen Gütergemeinschaft das Recht des Mannes auf das Gesamtgut, im Falle des gesetzlichen Güterrechts sein Recht auf die Nutznießung und Verwaltung durch die dem Vater der Frau über diese noch zustehende elterliche Gewalt nicht berührt. Nur soweit die Frau nach Maßgabe des betreffenden Güterstandes noch selbständige vermögensrechtliche Befugnisse hat, z. B. das Recht der Zustimmung bei gewissen Verfügungen des Mannes, bestimmt sich die Ausübung dieser Befugnisse nach Maßgabe der aus der elterlichen Gewalt folgenden Grundsätze, d. h. also, der Vater ist in dieser Beziehung gesetzlicher Vertreter der Tochter. Das gleiche gilt bei Geltung eines ausländischen ehelichen Güterrechts. Soweit nach diesem der Frau noch selbständige vermögensrechtliche Befugnisse zustehen, bleibt in Beziehung auf sie die gesetzliche Vertretung des Vaters bestehen; soweit ihr solche Befugnisse nicht zustehen, wird die elterliche Gewalt gegenstandslos.

6. **Die Vorschriften des Art. 19 müssen auch für das Rechtsverhältnis zwischen Eltern und solchen Kindern gelten, welche die rechtliche Stellung ehelicher Kinder haben** (P. I S. 11541). Nach den deutschen Gesetzen kommen in Betracht die Kinder aus nichtigen Ehen (§§ 1699ff.), die legitimierten Kinder (§§ 1719, 1736) und die an Kindes Statt angenommenen Personen (§ 1757). Welche Gesetze für die Beurteilung der Frage maßgebend sind, ob ein Kind die rechtliche Stellung eines ehelichen Kindes hat, bestimmt sich für die Kinder aus nichtigen Ehen nach den in der Erl. 4 zu Art. 18 dargelegten Grundsätzen, für die legitimierten und an Kindes Statt angenommenen Kinder nach den Vorschriften des Art. 22 (s. Erl. zu Art. 22).

Artikel 20. Das Rechtsverhältniß zwischen einem unehelichen Kinde und dessen Mutter wird nach den deutschen Gesetzen beurtheilt, wenn die Mutter eine Deutsche ist. Das Gleiche gilt, wenn die Reichsangehörigkeit der Mutter erloschen, die Reichsangehörigkeit des Kindes aber bestehen geblieben ist.

---

7. **Die Vorschriften des Art. 19 finden nach Art. 28 keine Anwendung** auf solche Gegenstände, die sich in dem Gebiet eines ausländischen Staates befinden und nach den Gesetzen dieses Staates besonderen Bestimmungen unterliegen (s. Erl. zu Art. 28). Soweit Bestimmungen dieser Art mit den Vorschriften der deutschen Gesetze über das Rechtsverhältnis zwischen Eltern und ehelichen Kindern nicht vereinbar sind, gehen sie den letzteren vor. Mittelbar kann auf Grund der Art. 134, 135 in betreff der religiösen Erziehung der Kinder und der Zwangserziehung Minderjähriger durch Landesgesetze eine Modifikation der sich aus dem Art. 19 ergebenden Konsequenzen dadurch herbeigeführt werden, daß die Landesgesetze in den gedachten Beziehungen unter gewissen Voraussetzungen die Anwendung von Vorschriften ausländischer Gesetze vorschreiben.

8. **Soweit das Rechtsverhältnis zwischen Eltern und Kindern sich nach dem Obigen nach ausländischen Gesetzen bestimmt,** finden diese in allen in Erl. 4 dargelegten Beziehungen Anwendung. Hieraus in Verbindung mit dem Prinzipe, daß die jeweilige Staatsangehörigkeit des Vaters bzw. der Mutter entscheidet, folgt z. B., daß die deutsche Mutter, welche nach dem Tode des Vaters die elterliche Gewalt über ihre ehelichen oder als ehelich geltenden Kinder hatte, diese Gewalt verliert, wenn sie Angehörige eines anderen Staates wird, nach dessen Gesetzen der Mutter die elterliche Gewalt nicht zusteht. Nur dann behält sie nach Art. 19 Satz 2 trotzdem die elterliche Gewalt, wenn die Kinder Angehörige des Deutschen Reiches blieben. Aus den obigen Grundsätzen folgt ferner, daß ausländische Eltern, welchen nach den Gesetzen ihres Heimatstaats über ein minderjähriges Kind die elterliche Gewalt und Kraft derselben der Nießbrauch an dem Vermögen des Kindes zusteht, diese Rechte verlieren, wenn das Kind die deutsche Reichsangehörigkeit erwirbt und nach den deutschen Gesetzen volljährig ist oder die rechtliche Stellung eines Volljährigen hat (s. Erl. 5a, b; a. A. Niemeyer S. 156ff., der in Fällen dieser Art die elterliche Gewalt und den Nießbrauch auf Grund des Art. 19 fortbestehen lassen will).

9. **Über Rechtsstreitigkeiten, welche die Feststellung des Eltern- oder Kindesverhältnisses oder der elterlichen Gewalt zum Gegenstande haben,** s. Erl. 6 zu Art. 18.

Das zuständige Vormundschaftsgericht bestimmt sich nach FGG. §§ 43, 36 und nach dem Konsulargerichtsbarkeitsgesetze v. 7. April 1900 (§§ 2, 7 Ziff. 2).

Artikel 20.

E. I § 17 Abs. 1; II § 2256 rev. § 2380; E. d. EG. III Art. 19. P. I S. 11547 ff. P. II Bd. 6 S. 68.

1. **Die für das Verhältnis der unehelichen Mutter zu ihrem unehelichen Kinde maßgebenden Gesetze.** Abweichend von den E. I und II bestimmt der Art. 20 nur die Voraussetzungen, unter welchen das Rechtsverhältnis zwischen der Mutter und deren unehelichem Kinde nach deutschen Gesetzen zu beurteilen ist. Der dem Art. 20 zugrunde liegende Gedanke wird indessen ebenso wie bei dem Art. 19 zu einer Verallgemeinerung des Satz 1, also dahin führen müssen, daß das Rechtsverhältnis zwischen einem unehelichen Kinde und dessen Mutter nach den Gesetzen des Staates beurteilt wird, dem die Mutter angehört. Der Satz 2 muß dagegen wie der entsprechende Satz 2 des Art. 19 auf den darin bezeichneten Fall beschränkt bleiben.

2. Entsprechend der Vorschrift des Art. 19 **hängt nach Art. 20 die Anwendung der deutschen Gesetze auf das Rechtsverhältnis zwischen dem unehelichen Kinde und dessen Mutter** nicht für alle Zeit von einer bestimmten Tatsache ab, vielmehr sind die deutschen Gesetze nur solange maßgebend, als die Mutter die deutsche Reichsangehörigkeit besitzt oder die im Satz 2 bestimmte Voraussetzung vorliegt. Die jeweilige Staatsangehörigkeit entscheidet also über die maßgebenden Gesetze. Mit dem Wechsel der Staatsangehörigkeit tritt auch ein Wechsel der maßgebenden Gesetze ein.

3. **Die deutschen Gesetze sind maßgebend,**

a) wenn die Mutter eine Deutsche ist. Gleichgültig ist, ob das Kind ein Deutscher oder ein Angehöriger eines ausländischen Staates ist. Verliert die Mutter die Reichsangehörigkeit, so finden von diesem Zeitpunkt an vorbehaltlich des Art. 20 Satz 2 (s. unter b) nicht mehr die deutschen Gesetze, sondern die Gesetze des Staates Anwendung, dem die Mutter nunmehr angehört. Nur wenn die Mutter nicht Angehörige eines anderen Staates wird, finden nach Art. 29 die deutschen Gesetze auch ferner Anwendung. Erwirbt eine ausländische Mutter die deutsche Reichsangehörigkeit, so finden von diesem Zeitpunkt an nicht mehr die Gesetze des Staates, dem sie bisher angehörte, sondern die deutschen Gesetze Anwendung.

b) wenn die Reichsangehörigkeit der Mutter erloschen, die Reichsangehörigkeit des Kindes aber bestehen geblieben ist (vgl. Erl. 3c zu Art. 19).

4. **Das Rechtsverhältnis zwischen dem unehelichen Kinde und dessen Mutter wird in dem BGB. §§ 1705—1707 geordnet.** Hiernach hat das uneheliche Kind im Verhältnisse zu der Mutter die rechtliche Stellung eines ehelichen Kindes; nur die elterliche Gewalt steht der Mutter nicht zu, jedoch hat diese die Sorge für die Person des Kindes in dem im § 1707 bestimmten Umfang. Über den Namen des Kindes entscheidet der § 1706. Aus diesen Vorschriften ergibt sich insbesondere, daß, wenn eine ausländische Mutter die deutsche Reichsangehörigkeit erwirbt und ihr nach dem bisher maßgebenden Rechte die Sorge für die Person des Kindes nicht zustand, ihr diese nunmehr zusteht, daß sie aber andererseits, wenn ihr nach dem bisher maßgebenden Rechte die elterliche Gewalt zustand, diese bis auf die Sorge für die Person verliert. Zweifelhaft ist, ob das Kind, wenn es nach dem bisher maßgebenden Rechte einen anderen Namen als den der Mutter z. B. den Namen des unehelichen Vaters hat, diesen Namen verliert und den Namen der Mutter erhält, wenn die Mutter die deutsche Reichsangehörigkeit erwirbt. Die Frage dürfte zu bejahen sein. Das Recht auf den einmal erlangten Namen ist nicht in dem Sinne ein jus quaesitum, daß der bisherige Name unbedingt auch dann bestehen bleiben müßte, wenn die Voraussetzungen, von denen der Name abhängt, sich ändern. Durch die Erlangung der Reichsangehörigkeit von seiten der Mutter tritt eine solche Änderung ein. Diese hat nach § 1706 die Folge, daß das Kind den Namen der Mutter erhält. Sowohl die Mutter als das Kind haben ein Recht darauf und das Kind ist verpflichtet, den erhaltenen Namen zu führen. Auch in den Fällen der Art. 14, 19 kann infolge des Eintritts der dort bezeichneten Voraussetzungen eine Änderung des Namens eintreten. Für diese Auffassung spricht auch, daß in dem Art. 208 gegenüber der Vorschrift, daß die rechtliche Stellung eines vor dem Inkrafttreten des BGB. geborenen unehelichen Kindes sich nach dem Inkrafttreten des BGB. nach dessen Vorschriften bestimmt, im Abs. 1 Halbsatz 2 ausdrücklich die Ausnahme hinzugefügt ist, daß sich das Recht des Kindes, den Familiennamen des Vaters zu führen, nach dem bisherigen Rechte bestimmt. Daraus, daß im Art. 20 eine entsprechende Ausnahme nicht gemacht ist, wird zu schließen sein, daß sie hier nicht gelten soll (Niedner, Erl. 4 zu Art. 20; a. A. die frühere Auflage). Auch die Vorschrift des § 1706 Abs. 2 Satz 2, nach welchem der Ehemann der Mutter unter den dort bezeichneten Voraussetzungen dem Kinde seinen Namen beilegen kann, wird in dem gedachten Falle zur Anwendung kommen müssen (ebenso preuß. Min.-Erlaß v. 26. März 1904, Standesbeamter 1904 S. 225). Außer den Vorschriften der §§ 1705—1707 finden noch Anwendung die Vorschriften über die gegenseitige Unterhaltspflicht zwischen dem Kinde und der unehelichen Mutter (s. Erl. 4 zu Art. 19).

Für die Frage, wer die Mutter des unehelichen Kindes ist, kommen nach deutschem Rechte besondere rechtliche Voraussetzungen nicht in Betracht; es handelt sich dabei lediglich um den Beweis der Tatsache der Mutterschaft.

5. **Solange die Mutter einem ausländischen Staate angehört,** sind in allen in Erl. 4 hervorgehobenen Beziehungen die Gesetze dieses Staates maßgebend. Nach diesen Gesetzen bestimmt sich auch, ob und inwieweit zu der Begründung des Rechtsverhältnisses zwischen dem unehelichen Kinde und der Mutter noch andere Tatsachen als die Tatsache der Mutterschaft erforderlich sind, ob insbesondere, wie dies nach französischem Rechte der Fall ist, die Anerkennung des Kindes von seiten der Mutter hinzutreten muß.

6. **Für Rechtsstreitigkeiten, welche das Bestehen oder Nichtbestehen eines Eltern- oder Kindesverhältnisses zum Gegenstand haben,** gelten auch in Beziehung auf das Verhältnis des unehelichen Kindes zu dessen Mutter die Vorschriften der CPO. §§ 640, 642.

7. **Keine Vorschriften enthält das EG. über das Rechtsverhältnis des unehelichen Kindes zu den mütterlichen Verwandten.** Ein in der ersten Kommission gestellter Antrag (P. I S. 11549f.), auch hierüber eine Bestimmung aufzunehmen, wurde abgelehnt, weil es sich dabei im wesentlichen nur um die Unterhaltspflicht und das Erbrecht handele, in diesen Beziehungen aber besondere Vorschriften getroffen seien. Dieser Grund trifft jetzt in betreff der Unterhaltspflicht nicht mehr zu; für sie gilt das in der Erl. 1 zu Art. 18 Gesagte. Über das

Artikel 21. Die Unterhaltspflicht des Vaters gegenüber dem unehelichen Kinde und seine Verpflichtung, der Mutter die Kosten der Schwangerschaft, der Entbindung und des Unterhalts zu ersetzen, wird nach den Gesetzen des Staates beurtheilt, dem die Mutter zur Zeit der Geburt des Kindes angehört; es können jedoch nicht weitergehende Ansprüche geltend gemacht werden, als nach den deutschen Gesetzen begründet sind.

Erbrecht entscheiden Art. 24, 25. Soweit nach ausländischem Rechte noch andere rechtliche Beziehungen zwischen dem unehelichen Kinde und den mütterlichen Verwandten anerkannt werden, wird in dieser Beziehung dasselbe gelten müssen wie für die Unterhaltspflicht.

Artikel 21.

E. I § 17 Abs. 2; II § 2257 rev. § 2381; E. d. EG. III Art. 20. P. I S. 11547 ff., 11551 ff. P. II Bd. 6 S. 68. RT. S. 2109. StB. S. 3024.

1. **Die für das Verhältnis des unehelichen Kindes und der Mutter zu dem unehelichen Vater maßgebenden Gesetze.** Gemeinrechtlich ist die Frage, nach welchen Gesetzen das Rechtsverhältnis des unehelichen Kindes und der unehelichen Mutter gegenüber dem unehelichen Vater zu beurteilen ist, außerordentlich bestritten und die verschiedensten Ansichten sind darüber aufgestellt. Die Rücksicht hierauf ist es wohl hauptsächlich gewesen, welche den Bundesrat veranlaßt hat, sich nicht der von ihm sonst befolgten Methode gemäß auf eine Vorschrift über die Anwendbarkeit des deutschen Rechtes zu beschränken, sondern im Anschluß an die E. I und II einen allgemeinen Grundsatz darüber aufzustellen, nach welchen Gesetzen die Verpflichtungen des Vaters eines unehelichen Kindes und seine Verpflichtung zur Gewährung der in Art. 21 näher bezeichneten Leistungen an die Mutter zu beurteilen ist. In dem Halbsatz 2 ist eine Beschränkung des Grundsatzes zugunsten der deutschen Gesetze hinzugefügt.

Maßgebend für die im Art. 21 bezeichneten Verpflichtungen sind die Gesetze des Staates, dem die Mutter zur Zeit der Geburt des Kindes angehört. Regelmäßig wird auch das Kind bei seiner Geburt demselben Staate angehören (s. § 3 des Ges. über die Erwerbung und den Verlust der Bundes- und Staatsangehörigkeit v. 1. Juni 1870). Die Regel findet indessen auch dann Anwendung, wenn dies ausnahmsweise nicht der Fall sein sollte, wenn z. B. nach dem Rechte eines ausländischen Staates ein in dessen Gebiete geborenes uneheliches Kind Angehöriger dieses Staates wird, obwohl die Mutter einem anderen Staate angehört. Auf die Zeit, in welcher das Kind empfangen ist, kommt es nicht an. Die Mutter kann also durch einen nach dieser Zeit vorgenommenen Wechsel der Staatsangehörigkeit auf die Entstehung und den Umfang der fraglichen Verpflichtungen einwirken.

3. **Die Verpflichtungen, auf welche die Gesetze des Staates Anwendung finden, dem die Mutter zur Zeit der Geburt des Kindes angehört, sind:**

a) Die Unterhaltspflicht des Vaters gegenüber dem unehelichen Kinde. Der materielle Inhalt und Charakter dieser Verpflichtung wird für das deutsche Recht in den §§ 1708 bis 1714 des BGB. bestimmt. Auch der § 1712 wird nicht etwa deshalb außer Anwendung bleiben müssen, weil er das Verhältnis des unehelichen Kindes zu den Verwandten des Vaters bestimme. Der § 1712 bestimmt nur die Vererblichkeit der Verpflichtung des unehelichen Vaters und fügt hinzu, daß der Anspruch des Kindes, auch wenn der Vater vor der Geburt gestorben war, gegen dessen Erben zur Entstehung gelangt. Auch der letztere Anspruch fällt unter den Art. 21, da er nicht die Verwandten, sondern den Erben des Vaters trifft (ebenso jetzt auch Niedner, Erl. 3b zu Art. 21, der früher anderer Ansicht war). Die §§ 1717, 1718 bestimmen die Voraussetzungen, unter welchen eine Person in Beziehung auf die Unterhaltspflicht gegenüber dem unehelichen Kinde als dessen Vater gilt. Daß sich der Art. 21, obwohl er diese Voraussetzungen nicht ausdrücklich erwähnt, auch auf diese mit bezieht, ergibt sich aus dem Zwecke der Vorschrift und daraus, daß die Person des Verpflichteten ein wesentliches Moment der Unterhaltspflicht ist (a. A., jedoch im Ergebnis übereinstimmend, Niedner, Erl. 3a zu Art. 21). Auch die Vorschriften des § 1716 Abs. 1 Satz 1, Abs. 2 werden durch den Art. 21 getroffen. Bei der Erlassung der einstweiligen Verfügung, durch welche nach § 1716 Abs. 1 Satz 1 schon vor der Geburt des Kindes angeordnet werden kann, daß der Vater den für die ersten drei Monate zu gewährenden Unterhalt alsbald nach der Geburt des Kindes an die Mutter oder den Vormund des Kindes zu entrichten habe, steht nun freilich noch nicht fest, ob die Mutter zur Zeit der Geburt des Kindes die deutsche Reichsangehörigkeit besitzen wird, ob also die deutschen Gesetze, insbesondere auch der § 1716 Anwendung zu finden haben. Nach der Natur der einstweiligen Verfügung wird es aber genügen, wenn wahrscheinlich gemacht wird, daß diese Voraussetzung eintreten werde, und hierzu genügt es, wenn die Mutter zur Zeit der Erlassung der einstweiligen Verfügung eine Deutsche ist. Auf die Zeit der Konzeption kommt es auch in diesem Falle nicht an. Stellt sich nachher heraus, daß die Mutter zur Zeit der Geburt des Kindes keine Deutsche mehr war, so ist, sofern nicht etwa nach Art. 29 doch die deutschen Gesetze Anwendung finden, die einstweilige Verfügung aufzuheben, wenn nach den Gesetzen des Staates, dem die Mutter zur Zeit der Geburt des Kindes angehört, der fragliche Anspruch nicht begründet ist.

b) Die Verpflichtung des Vaters, der Mutter des unehelichen Kindes die Kosten der Schwangerschaft, der Entbindung und des Unterhalts zu ersetzen. Die Worte „der Schwangerschaft" sind erst von dem Reichstage hinzugefügt (StB. S. 3024), um den Art. 21 mit dem § 1715 des BGB., wie sich dieser durch die Beschlüsse des Reichstags gestaltet hatte, in Einklang zu bringen. Die für diesen Anspruch maßgebenden Bestimmungen des deutschen Rechtes sind in den §§ 1715, 1716 Abs. 1 Satz 2, Abs. 2, 1717, 1718 enthalten. In betreff der Anwendbarkeit der §§ 1716—1718 gilt dasselbe wie unter a.

4. **Nach Art. 29** werden die deutschen Gesetze für die in Erl. 3 bezeichneten Ansprüche auch dann maßgebend sein müssen, wenn die Mutter zur Zeit der Geburt des Kindes zwar keine Deutsche war, aber keinem Staate angehörte und entweder zuletzt Deutsche war oder einem Staate überhaupt nicht angehört hat und zur Zeit der Geburt des Kindes ihren Wohnsitz oder in Ermangelung eines solchen ihren Aufenthalt in Deutschland hatte. Die Vorschrift des Art. 29 bezieht sich zwar direkt nur auf die Beurteilung des Rechtsverhältnisses derjenigen Person, welche keinem Staate angehört. Der Art. 21 betrifft aber das Rechtsverhältnis der Mutter nur insofern, als er sich auf ihren Anspruch gegen den Vater des unehelichen Kindes bezieht, nicht aber, soweit er den Anspruch des unehelichen Kindes gegen den Vater betrifft. Nach der Absicht und dem Zwecke des Art. 29 dürfte dieser indessen auch für den hier fraglichen Fall entsprechend anzuwenden sein.

5. **Sind die im Art. 21 bezeichneten Verpflichtungen nach ausländischen Gesetzen zu beurteilen,** so gelten diese in allen in Erl. 3 dargelegten Beziehungen. Insbesondere ist auch die Frage, wer als Vater des unehelichen Kindes anzusehen ist, nach dem betreffenden ausländischen Rechte zu beurteilen. Soweit also wie z. B. nach französischem Rechte nur derjenige als Vater gilt, welcher das Kind anerkannt hat, treffen ihn nur unter dieser Voraussetzung die im Art. 21 bestimmten Verpflichtungen. Zu beachten ist hierbei, daß die materiellrechtlichen Vorschriften des ausländischen Rechtes, wenn dieses nach Art. 21 anzuwenden ist, auch dann maßgebend sind, wenn nach den in diesen Staaten geltenden Vorschriften des internationalen Privatrechts in dem betreffenden Falle die deutschen Gesetze anwendbar sein sollten; denn nach Art. 27 findet in dem Falle des Art. 21 keine Rückverweisung statt (s. Erl. zu Art. 27; a. A. Barazetti S. 91 und wie es scheint Enneccerus-Lehmann, III. Aufl. I § 72 Anm. 11).

Die Anwendung der ausländischen Gesetze erleidet aber nach Art. 21 Halbsatz 2 eine Modifikation. Weder von dem Kinde noch von der Mutter können weitergehende Ansprüche der im Halbsatz 1 gedachten Art geltend gemacht werden, als nach deutschem Rechte begründet sind. Durch diese Vorschrift wird nicht nur der Inhalt und der Umfang der fraglichen Ansprüche, sondern auch ihre Voraussetzung betroffen. Ist also z. B. eine Person nach § 1717 des BGB. deshalb nicht als Vater anzusehen, weil ein anderer während der Empfängniszeit der Mutter beigewohnt hat, so können gegen sie die im Art. 21 bezeichneten Ansprüche auch dann nicht geltend gemacht werden, wenn das maßgebende ausländische Recht die exceptio plurium nicht zuläßt. Der in der Reichstagskommission und im Reichstage gestellte Antrag, den Halbsatz 2 zu streichen, wurde hauptsächlich aus dem Grunde abgelehnt, um in dem oben gedachten Falle die Ansprüche gegen den Vater auszuschließen. Die Bedeutung des Halbsatz 2 besteht übrigens nur darin, daß bei einem deutschen Gerichte nicht weitergehende Ansprüche geltend gemacht werden können, als nach deutschem Rechte begründet sind. Es handelt sich um eine Anwendung des im Art. 30 aufgestellten Prinzips. Dem von einem ausländischen Gericht erlassenen Urteile, durch welches eine weitergehende Verurteilung des Vaters erfolgt ist, kann, da in der CPO. § 328 Abs. 1 Nr. 3 der Art. 21 nicht mit aufgeführt ist, nicht deshalb die Anerkennung versagt werden, weil von der Vorschrift des Art. 21 abgewichen ist.

Artikel 22. Die Legitimation eines unehelichen Kindes sowie die Annahme an Kindesstatt bestimmt sich, wenn der Vater zur Zeit der Legitimation oder der Annehmende zur Zeit der Annahme die Reichsangehörigkeit besitzt, nach den deutschen Gesetzen.

Gehört der Vater oder der Annehmende einem fremden Staate an, während das Kind die Reichsangehörigkeit besitzt, so ist die Legitimation oder die Annahme unwirksam, wenn die nach den deutschen Gesetzen erforderliche Einwilligung des Kindes oder eines Dritten, zu dem das Kind in einem familienrechtlichen Verhältnisse steht, nicht erfolgt ist.

---

6. **Keine Vorschrift enthält das EG. über den einer Frauensperson nach § 825 zustehenden Entschädigungsanspruch** gegen denjenigen, welcher sie durch Hinterlist, durch Drohung oder unter Mißbrauch eines Abhängigkeitsverhältnisses zur Gestattung der außerehelichen Beiwohnung bestimmt hat. Es handelt sich hier um einen Anspruch aus einer unerlaubten Handlung, welche nach den für solche Ansprüche maßgebenden Gesetzen zu beurteilen ist. Nach Art. 12 können indessen gegen einen Deutschen, auch wenn die unerlaubte Handlung im Auslande begangen ist, nicht weitergehende Ansprüche geltend gemacht werden, als nach deutschen Gesetzen begründet sind.

Über den einer unbescholtenen Verlobten, welche dem Verlobten die Beiwohnung gestattet hat, nach BGB. § 1300 zustehenden Entschädigungsanspruch s. Erl. 3 zu Art. 13.

Einen allgemeinen **Deflorationsanspruch** kennt das BGB. nicht. Ob und unter welchen Voraussetzungen ein solcher auf Grund ausländischen Rechtes geltend gemacht werden kann, hängt davon ab, ob man einen solchen Anspruch als auf einem Delikt oder als auf einem anderen Grunde beruhend ansieht. Hiernach bestimmt sich, welche Gesetze für die Beurteilung eines solchen Anspruchs maßgebend sind.

Auch eine besondere Rechtsstellung der **Brautkinder** kennt das BGB. nicht. Soweit ihnen eine solche nach ausländischem Rechte zuerkannt wird, hängt die Frage, welche Gesetze für ihre Beurteilung maßgebend sind, davon ab, welchen Charakter die betreffenden Vorschriften haben (a. A. Ritter in Niemeyers Zeitschrift für internationales Privat- und öffentl. Recht, Bd. 14 S. 435, der allgemein die Vorschriften über die Ehe und die in derselben geborenen Kinder entsprechend anwenden will).

Über das Erbrecht des unehelichen Kindes gegenüber dem Vater und dieses gegen jenes s. Erl. 3 zu Art. 24 und Erl. 3 zu Art. 25.

7. **Keine Vorschrift enthält das EG. über das Rechtsverhältnis eines unehelichen Kindes zu den Verwandten des Vaters.** Über die Unterhaltspflicht zwischen diesen und dem Kinde s. Erl. 1 zu Art. 18. Über Erbrecht s. Erl. 3 zu Art. 24 und Erl. 3 zu Art. 25. Das deutsche Recht erkennt weder ein Verwandtschaftsverhältnis noch eine Unterhaltspflicht oder ein Erbrecht zwischen dem unehelichen Kinde und den Verwandten des Vaters an.

Artikel 22.

E. I § 14; II § 2253 f. rev. § 2382 f.; E. d. EG. III Art. 21. P. I S. 11539 f. P. II Bd. 6 S. 63 ff.

Ritter, Ehelichkeitserklärung und Adoption im deutschen internationalen Privatrechte, in Niemeyers Zeitschr. für internationales Privat- und öffentliches Recht. Bd. 14 S. 435.

1. **Die für die Legitimation eines unehelichen Kindes und die Annahme an Kindesstatt maßgebenden Gesetze.** Abweichend von E. I und II bestimmt auch der Art. 22 nur die Fälle, in denen die Legitimation eines unehelichen Kindes und die Annahme einer Person an Kindesstatt nach deutschen Gesetzen zu beurteilen sind. In dem Abs. 1 werden die Fälle bezeichnet, in welchen lediglich die deutschen Gesetze Anwendung finden, während der Abs. 2 einen Fall voraussetzt, in welchem im allgemeinen ausländische Gesetze maßgebend sind. Auch für diesen Fall wird aber in der dort näher bezeichneten Beziehung die Berücksichtigung der deutschen Gesetze vorgeschrieben. Über die Frage, welche Gesetze für die Legitimation und Annahme an Kindesstatt maßgebend sind, wenn die Voraussetzungen, unter welchen nach Abs. 1 die deutschen Gesetze anwendbar sind, nicht vorliegen, s. Erl. 5.

2. **Voraussetzung der unbeschränkten Anwendbarkeit der deutschen Gesetze** ist nach Abs. 1, daß der Vater bzw. der Annehmende zur Zeit der Legitimation oder der Annahme ein Deutscher ist. Nach Art. 29 finden die deutschen Gesetze aber auch dann Anwendung, wenn der Vater oder der Annehmende zur Zeit der Legitimation oder der Annahme keinem Staate angehört, aber entweder zuletzt ein Deutscher gewesen ist oder, sofern er überhaupt keinem Staate angehört hat, zur Zeit der Legitimation oder der Annahme seinen Wohnsitz oder in Ermangelung eines Wohnsitzes seinen Aufenthalt in Deutschland hatte. Nach dem E. I § 14 sollte entsprechend dem in Art. 13 für die Eingehung der Ehe aufgestellten Grundsatze die Legitimation in Ansehung des Vaters nach den Gesetzen des Staates, dem dieser angehört, in Ansehung des Kindes nach den Gesetzen des Staates, dem das Kind angehört, beurteilt werden. Derselbe Grundsatz sollte für die Annahme an Kindesstatt gelten. Von der zweiten Kommission wurde nicht verkannt, daß dieser Standpunkt prinzipiell vielleicht der richtigste sein möge. Man nahm aber an, daß überwiegende praktische Gründe dafür sprächen, entscheidendes Gewicht lediglich auf die Staatsangehörigkeit des Vaters oder des Annehmenden zu legen und nur für den Fall, daß dieser ein Ausländer sei, eine dem Art. 22 Abs. 2 entsprechende Modifikation eintreten zu lassen. Ob das Gesetz, betr. den Erwerb und Verlust der Staatsangehörigkeit v. 1. Juni 1870 §§ 4, 13 Nr. 4 auf demselben Standpunkte steht, ist zweifelhaft, kann aber dahingestellt bleiben, da jetzt lediglich der Art. 22 die entscheidende Norm gibt. Die Anwendung der deutschen Gesetze hängt also lediglich davon ab, ob der Vater oder der Annehmende zur Zeit der Legitimation oder der Annahme ein Deutscher ist. Auf die Staatsangehörigkeit des Kindes kommt es nicht an. Ebensowenig kommt der Wohnsitz des Vaters, des Annehmenden oder des Kindes in Betracht. Über die Anwendung deutscher Gesetze in dem Falle, daß die Legitimation oder Annahme an Kindesstatt nach dem Tode des Legitimierenden oder Annehmenden erfolgt (§§ 1733, 1753), s. Erl. 3b, 3c.

3. **Nach den deutschen Gesetzen bestimmen sich, wenn die in Erl. 2 bezeichneten Voraussetzungen vorliegen, sowohl die Erfordernisse als die Wirkungen der Legitimation und der Annahme an Kindesstatt.** Die wesentlichen Vorschriften des BGB., welche hierfür in Betracht kommen, sind folgende:

a) für die Legitimation durch nachfolgende Ehe die §§ 1719—1722 des BGB. Die Legitimation erfolgt dadurch, daß sich der Vater mit der Mutter des Kindes verheiratet (§ 1719). Der entscheidende Zeitpunkt ist also der der Heirat des Vaters mit der Mutter des Kindes. Die Gültigkeit der Ehe bestimmt sich nach EG. Art. 13. Auch im Falle der Nichtigkeit der Ehe tritt indessen nach § 1721 die Legitimation unter den in den §§ 1699 ff. bestimmten Voraussetzungen ein. Über die Frage, unter welchen Voraussetzungen der Ehemann der Mutter als Vater des Kindes gilt, entscheidet der § 1720. Die Wirkung der Legitimation ist, daß das Kind die rechtliche Stellung eines ehelichen Kindes erhält. Nach welchen Gesetzen das sich hieraus ergebende Rechtsverhältnis zu beurteilen ist, bestimmt sich nach EG. Art. 19 (s. Erl. 6 zu Art. 19).

b) für die Legitimation durch Ehelichkeitserklärung. Die Vorschriften des BGB. §§ 1723—1740. Die Legitimation erfolgt dadurch, daß das Kind durch eine Verfügung der Staatsgewalt für ehelich erklärt wird. Der entscheidende Zeitpunkt ist also derjenige, in welchem die Verfügung der Staatsgewalt erfolgt. Erfolgt diese nach dem Tode des Vaters, was nach § 1733 Abs. 2 unter den dort bezeichneten Voraussetzungen möglich ist, so kommt es darauf an, ob der Vater zur Zeit seines Todes Deutscher gewesen ist oder doch zu dieser Zeit die Voraussetzungen des Art. 29 vorliegen. Es genügt nicht, daß der Vater zu der Zeit, in welcher er den Antrag auf Ehelichkeitserklärung bei der zuständigen Behörde eingereicht oder das Gericht oder den Notar damit betraut hat (§ 1733 Abs. 2), die Reichsangehörigkeit besessen hat. Ist er, nachdem dies geschehen, vor erfolgter Ehelichkeitserklärung Angehöriger eines anderen Staates geworden, so finden die deutschen Gesetze keine Anwendung. Über die Voraussetzungen der Wirksamkeit der Ehelichkeitserklärung vgl. §§ 1724—1733, 1735. Über die Frage, ob die zu der Einwilligung des Kindes oder eines anderen Beteiligten erforderliche Genehmigung des Vormundschaftsgerichts, wenn das Kind einem ausländischen Staate angehört, sich trotz der Vorschrift des Abs. 1 nicht nach den deutschen Gesetzen, sondern nach den Gesetzen des Staates bestimmt, dem das Kind angehört, s. Ritter S. 463. Die Wirkung der Legitimation durch Ehelichkeitserklärung besteht darin, daß das Kind die rechtliche Stellung eines ehelichen Kindes des Vaters nach Maßgabe der in den §§ 1736—1740 getroffenen näheren Vorschriften erlangt. Nach welchen Gesetzen das sich hieraus ergebende Rechtsverhältnis zu beurteilen ist, bestimmt sich wie unter a nach Art. 19. Dabei ist indessen zu beachten, daß die rechtliche Stellung eines ehelichen Kindes, welche durch die Ehelichkeitserklärung begründet wird, den in den §§ 1737—1740 bestimmten Beschränkungen unterliegt und daß daher die nach Art. 22 zu beurteilende Wirkung der Legitimation nur in der nach Maßgabe dieser Vorschriften beschränkten rechtlichen Stellung eines ehelichen Kindes besteht. Eine weitergehende Wirkung kann die Ehelichkeitserklärung also auch dann nicht erlangen, wenn der Vater später Angehöriger eines anderen Staates wird und die in diesem Falle nach Art. 19 für das Rechtsverhältnis zwischen dem Vater und dem Kinde maßgebenden Vorschriften des ausländischen Rechtes weitergehende Wirkungen bestimmen.

c) für die Annahme an Kindesstatt die §§ 1741—1767 des BGB. Die Annahme an Kindesstatt wird mit der Bestätigung des auf die Annahme gerichteten Vertrags durch das zuständige Gericht wirksam. Der entscheidende Zeitpunkt ist also derjenige, in welchem die Bestätigung erfolgt. Ist der Annehmende vor der Bestätigung gestorben und ist die Bestätigung noch zulässig (§ 1753 Abs. 2), so finden die deutschen Gesetze wie in dem entsprechenden Falle unter b Anwendung, wenn der Annehmende zur Zeit seines Todes Deutscher gewesen ist oder zu dieser Zeit die Voraussetzungen des Art. 29 vorliegen. Über die Voraussetzungen der Wirksamkeit der Annahme an Kindesstatt s. §§ 1741—1753, 1755, 1756. Die Wirkung der Annahme an Kindesstatt besteht darin, daß das Kind die rechtliche Stellung eines ehelichen Kindes des Annehmenden und im Falle des § 1757 Abs. 2 die rechtliche Stellung eines ehelichen gemeinschaftlichen Kindes erlangt. Diese rechtliche Stellung unterliegt indessen den näheren Bestimmungen der §§ 1758—1767. Nach welchen Gesetzen das sich hieraus ergebende Rechtsverhältnis zu beurteilen ist, bestimmt sich wie in den Fällen unter a und b nach Art. 19, jedoch findet das unter b a. E. Gesagte entsprechende Anwendung. Die Staatsangehörigkeit in einem deutschen Bundesstaate wird durch die Annahme eines Ausländers für diesen nicht begründet, hierzu bedarf es der Naturalisation (§ 2 des Ges. v. 1. Juni 1870). Das Gericht darf die Bestätigung nicht davon abhängig machen, daß die Naturalisation erfolgen werde.

d) für die Aufhebung des durch die Annahme an Kindesstatt begründeten Rechtsverhältnisses die §§ 1768—1772. Im Art. 22 ist die Aufhebung zwar nicht erwähnt; es dürfte indessen keinem Bedenken unterliegen, den Art. 22 auf sie entsprechend anzuwenden. Die deutschen Gesetze werden daher anzuwenden sein, wenn der Annehmende zur Zeit der Aufhebung ein Deutscher ist. Im Falle der Aufhebung durch Vertrag ist der entscheidende Zeitpunkt derjenige, in welchem die Bestätigung des Vertags erfolgt (§ 1770). Im übrigen findet auf die vertragsmäßige Aufhebung das unter c Gesagte entsprechende Anwendung. Im Falle des § 1771 ist der entscheidende Zeitpunkt der Zeitpunkt der Schließung der Ehe zwischen dem Annehmenden und dem mit ihm durch die Annahme an Kindesstatt Verbundenen. Die Wirkung der Aufhebung der Annahme an Kindesstatt besteht darin, daß das Kind die rechtliche Stellung eines ehelichen Kindes des Annehmenden verliert. In betreff des Rechtes, den Familiennamen des Annehmenden zu führen, s. § 1772.

4. Im E. II § 2253 Abs. 2 (rev. § 2382) war bestimmt, daß die für die Erklärung der Beteiligten erforderliche Form sich ausschließlich nach den Gesetzen des Staates bestimme, welchem der Vater zur Zeit der Legitimation angehöre. Dasselbe sollte für die Annahme an Kindesstatt gelten. Im Art. 22 fehlt eine entsprechende Vorschrift. Der Art. 11 Abs. 1 Satz 2 wird daher auf die Form der für die Legitimation und die Annahme an Kindesstatt erforderlichen Rechtsgeschäfte angewendet werden müssen. Bei den Beratungen der zweiten Kommission wurde zwar von einer Seite die Ansicht vertreten, daß die fragliche Vorschrift unnötig sei, weil die für die Ehelichkeitserklärung zuständige Behörde und das für die Bestätigung an Kindesstatt zuständige Gericht auch ohne solche Vorschrift die nach den deutschen Gesetzen erforderliche Form verlangen werden. Die Mehrheit der Kommission teilte indessen diese Auffassung nicht und lehnte einen auf Streichung der obigen Vorschrift des E. II gerichteten Antrag ab (P. II Bd. 6 S. 63 ff.). Man wird dieser Ansicht der Mehrheit zustimmen und als Folge der Weglassung der fraglichen Vorschrift im Art. 22 daher die Anwendbarkeit des Art. 11 Abs. 1 Satz 2 betrachten müssen; a. A. Niemeyer S. 159. Die Ehelichkeitserklärung braucht freilich, da sie Gnadensache ist, auch dann nicht zu erfolgen, wenn alle Voraussetzungen der Zulässigkeit vorliegen, und die zuständige Behörde kann sie auch dann verweigern, wenn die erforderlichen rechtsgeschäftlichen Erklärungen in der nach Art. 11 Abs. 1 Satz 2 genügenden Form abgegeben sind. Sie kann hierdurch also mittelbar die Beobachtung der in den Vorschriften über die Ehelichkeitserklärung vorgeschriebenen Form erzwingen. Die Bestätigung der Annahme an Kindesstatt aber darf nach § 1754 Abs. 2 nur versagt werden, wenn ein gesetzliches Erfordernis

fehlt. Sie darf also in Ermangelung einer besonderen Vorschrift, durch welche die Anwendung des Art. 11 Abs. 1 Satz 2 ausgeschlossen wird, nicht versagt werden, wenn die erforderlichen Erklärungen der Beteiligten in derjenigen Form abgegeben sind, welche nach den Gesetzen des Ortes, an welchem die Abgabe erfolgt, genügt. Als Formvorschriften kommen übrigens nur in Betracht die Vorschriften, durch welche für die Erklärungen der Beteiligten die gerichtliche oder notarielle Beurkundung gefordert wird (§§ 1730, 1748 Abs. 3) und die Vorschriften über die Form des Annahmevertrags (§ 1750). Nicht zu den Formvorschriften gehören die übrigen unter Nr. 3b—d aufgeführten Vorschriften, insbesondere nicht die Vorschriften über das Erfordernis der Ehelichkeitserklärung durch die zuständige staatliche Behörde und über die Bestätigung der Annahme an Kindesstatt durch das zuständige Gericht. Bei der Legitimation durch nachfolgende Ehe bestimmt sich die Form der Ehe, wenn sie im Inlande geschlossen wird, ausschließlich nach deutschen Gesetzen (Art. 13 Abs. 3).

5. Der Art. 22 enthält keine direkte Vorschrift darüber, **welche Gesetze anzuwenden sind, wenn der Vater zur Zeit der Legitimation oder der Annehmende zur Zeit der Annahme an Kindesstatt einem fremden Staate angehört.** Aus Abs. 2, nach welchem eine Anwendbarkeit deutscher Gesetze nur für den Fall vorgesehen ist, daß das Kind zu der betreffenden Zeit die Reichsangehörigkeit besitzt, ergibt sich indessen, daß die deutschen Gesetze im allgemeinen keine Anwendung finden, wenn der Vater oder der Annehmende einem fremden Staate angehört. Die Entscheidung, welche Gesetze für diesen Fall maßgebend sind, wird aus dem dem Abs. 1 zugrunde liegenden höheren Prinzip abzuleiten sein und dieses besteht wie in den E. I und II ausdrücklich ausgesprochen war, darin, daß die Gesetze desjenigen Staates maßgebend sind, welchem der Vater oder der Annehmende zur Zeit der Legitimation oder der Annahme gehört (Rspr. 3 S. 88). Über die Frage, ob dieses Prinzip dahin zu verstehen ist, daß lediglich die materiellen Vorschriften der Gesetze des betreffenden ausländischen Staates oder auch diejenigen Vorschriften Anwendung finden, welche Bestimmungen über die für die Beurteilung der Legitimation und Annahme maßgebenden Gesetze, also Vorschriften des internationalen Privatrechts enthalten, s. Erl. 4c zu Art. 27. Über die Fälle, in denen ein ausländischer Staat die Legitimation durch Ehelichkeitserklärung oder die Annahme an Kindesstatt nicht kennt, s. Ritter S. 461 ff.

6. Von der nach Erl. 5 geltenden Regel der Anwendung der ausländischen Gesetze macht der Abs. 2 dahin **eine Ausnahme, daß, wenn das Kind die Reichsangehörigkeit besitzt, die Legitimation oder Annahme unwirksam ist, wenn die nach den deutschen Gesetzen erforderliche Einwilligung des Kindes oder eines Dritten, zu dem das Kind in einem familienrechtlichen Verhältnisse steht, nicht erfolgt ist.** Die in Frage kommenden Bestimmungen der deutschen Gesetze sind folgende:

a) Für die Legitimation durch Ehelichkeitserklärung die §§ 1725—1731. Hiernach ist die Einwilligung des Kindes und unter den dort bezeichneten Voraussetzungen die Einwilligung der Mutter erforderlich. Die nach § 1726 Abs. 1 für den Fall, daß der Vater verheiratet ist, noch ferner erforderliche Einwilligung der Ehefrau des Vaters kommt nicht in Betracht, weil diese zu dem Kinde nicht in einem familienrechtlichen Verhältnisse steht. Über die Ersetzung der Zustimmung der Mutter des Kindes durch das Vormundschaftsgericht bestimmt der § 1727. Auch die Vorschriften über die Unzulässigkeit einer Vertretung des Kindes oder der Mutter (§ 1728), über die Mitwirkung des gesetzlichen Vertreters und des Vormundschaftsgerichts (§ 1729 Abs. 2, 3), über die Form, in der die Einwilligung zu erklären ist (§ 1730), und über die Anfechtbarkeit der Einwilligung (§ 1731) finden Anwendung.

b) Für die Annahme an Kindesstatt die Vorschriften der §§ 1741, 1746—1748, 1750—1752. Hiernach ist die Schließung des Annahmevertrags durch das Kind und die Einwilligung des Ehegatten desselben und, falls das Kind das einundzwanzigste Lebensjahr noch nicht vollendet hat, sofern es ein eheliches Kind ist, die Einwilligung der Eltern, falls es ein uneheliches ist, die Einwilligung der Mutter erforderlich. Die im § 1746 außerdem vorgeschriebene Einwilligung des Ehegatten des Annehmenden kommt nicht in Betracht, weil dieser zu dem Kinde nicht in einem familienrechtlichen Verhältnisse steht. Dagegen sind die Vorschriften darüber, wem gegenüber die Einwilligung zu erklären ist und über die Unzulässigkeit einer Vertretung (§ 1748), über die nur ausnahmsweise zulässige Vertretung des Kindes bei dem Abschlusse des Annahmevertrags (§ 1750 Abs. 1), über die Mitwirkung des Vormundschaftsgerichts (§ 1751 Abs. 2) und über die Form, welcher der Annahmevertrag sowie die Einwilligung der Ehefrau und der Eltern des Angenommenen bedarf (§ 1750 Abs. 2, § 1748 Abs. 3), im Falle des Art. 22 Abs. 2 ebenfalls zur Anwendung zu bringen.

e) Im Falle der **Aufhebung der Annahme an Kindesstatt** die §§ 1768—1770. Hiernach ist die vertragsmäßige Einwilligung des Kindes und der Abkömmlinge desselben, auf die sich die Annahme erstreckt sowie im Falle der Annahme des Kindes des einen Ehegatten durch den anderen Ehegatten auch die Einwilligung des erstgedachten Ehegatten erforderlich.

7. Keine entsprechende Anwendung des Abs. 2 auf die von einem Deutschen erfolgende Legitimation oder Annahme an Kindesstatt. Fraglich ist, ob sich eine Ausdehnung des Abs. 2 dahin rechtfertigt, daß, wenn der Vater oder der Annehmende ein Deutscher ist und daher im allgemeinen die deutschen Gesetze Anwendung finden, doch, falls das Kind einem fremden Staate angehört, das Erfordernis der Einwilligung des Kindes und Dritter, die mit dem Kinde in einem familienrechtlichen Verhältnisse stehen, nach den Gesetzen des Staates beurteilt wird, dem das Kind angehört, und daß daher die Legitimation sowie die Annahme unwirksam ist, wenn die nach diesen Gesetzen erforderliche Einwilligung der gedachten Person fehlt. In den E. I und II lautete die betreffende Vorschrift dahin, daß das Erfordernis der Einwilligung des Kindes oder der Einwilligung Dritter, zu denen das Kind in einem familienrechtlichen Verhältnisse stehe, sich nach den Gesetzen des Staates bestimme, dem das Kind zur Zeit der Legitimation angehöre. Die Ersetzung dieser Vorschrift durch die beschränktere Vorschrift des Art. 22 Abs. 2 läßt keine andere Deutung zu, als daß von der im Abs. 1 aufgestellten Regel der Anwendung deutscher Gesetze in den dort bezeichneten Fällen eine Ausnahme zugunsten ausländischer Gesetze auch für den Fall nicht stattfinden soll, daß das Kind einem fremden Staate angehört. De lege condenda lassen sich gewichtige Gründe geltend machen, die Regel des Abs. 2 als eine allgemeine also auch für den Abs. 1 geltende zu geben. Nicht verkennen läßt sich aber, daß sich auch für die Beschränkung des Abs. 2 auf den dort bezeichneten Fall sowohl prinzipielle als Zweckmäßigkeitsgründe geltend machen lassen. Muß dies anerkannt werden, so ist man zu der Annahme genötigt, daß diese Gründe den Bundesrat bestimmt haben, absichtlich die jetzige Fassung des Art. 22 zu wählen, die sowohl nach dem Wortlaute des Abs. 2 als nach dem Zusammenhang, in welchem er mit dem Abs. 1 steht, nur die obige Deutung zuläßt. In dieser Fassung ist die Bestimmung Gesetz geworden. Trotzdem entgegen der unzweideutigen Absicht des Gesetzes die Vorschrift des Abs. 2 auch auf den Fall des Abs. 1 anzuwenden, dürfte sich nicht rechtfertigen lassen (a. A. Niedner, Erl. 3a zu Art. 22; Niemeyer S. 158; Ritter, S. 452ff.). Das zur Bestätigung der Annahme an Kindesstatt und deren Aufhebung zuständige Gericht darf daher, wenn der Annehmende ein Deutscher ist und die durch die deutschen Gesetze bestimmten Erfordernisse vorliegen, die Bestätigung nicht deshalb versagen, weil das Kind einem anderen Staate angehört und die nach den Gesetzen dieses Staates geltenden Bestimmungen in betreff der Einwilligung des Kindes oder Dritter, mit welchen das Kind in einem familienrechtlichen Verhältnisse steht, nicht beobachtet sind, und der Mangel der durch das ausländische Recht vorgeschriebenen Erfordernisse macht die Annahme oder deren Aufhebung nicht unwirksam. Die Ehelichkeitserklärung kann zwar, da sie Gnadensache ist, verweigert werden, wenn die durch das ausländische Recht bestimmten Erfordernisse nicht vorliegen. Erfolgt sie aber, so ist sie wegen des Mangels dieser Erfordernisse nicht unwirksam (a. A. Niedner, Erl. 3a zu Art. 22).

8. Verweisung auf die Gesetze eines anderen Staates durch die nach Erl. 5 anwendbaren ausländischen Gesetze. Eine fernere Frage ist, ob, wenn die Legitimation oder Annahme an Kindesstatt im allgemeinen nach dem Rechte des ausländischen Staates zu beurteilen ist, dem der Vater oder der Annehmende angehört (s. oben Erl. 5), nach dem Rechte dieses Staates aber, wenn das Kind einem anderen Staate angehört, das Erfordernis der Einwilligung des Kindes und Dritter, mit welchen das Kind in einem familienrechtlichen Verhältnisse steht, nach dem Rechte dieses anderen Staates zu beurteilen ist, eine solche Bestimmung auch in Deutschland anzuwenden ist. Nach Art. 22 Abs. 2 ist diese Frage ohne Bedeutung, wenn das Kind die deutsche Reichsangehörigkeit besitzt, weil in diesem Falle die deutschen Gesetze ohne Rücksicht darauf anzuwenden sind, was das im allgemeinen maßgebende ausländische Recht bestimmt. Nicht entschieden ist die Frage aber für den Fall, daß das Kind einem dritten ausländischen Staate angehört. Wie sie für diesen Fall zu entscheiden ist, hängt von der Beurteilung der schon oben unter Erl. 5 angedeuteten allgemeineren Frage ab, welchen Sinn die Verweisung auf ausländisches Recht hat (s. Erl. 4c zu Art. 27).

9. Für Rechtsstreitigkeiten, welche das Bestehen oder Nichtbestehen eines durch Legitimation oder Annahme an Kindesstatt begründeten Eltern- und Kindesverhältnisses zum Gegenstande haben, gelten die §§ 640, 642 der CPO. Die Anerkennung eines dieses Rechtsverhältnis betreffenden Urteils eines ausländischen Gerichts bestimmt sich nach CPO. § 328. Nach Abs. 1

Artikel 23. Eine Vormundschaft oder eine Pflegschaft kann im Inland auch über einen Ausländer, sofern der Staat, dem er angehört, die Fürsorge nicht übernimmt, angeordnet werden, wenn der Ausländer nach den Gesetzen dieses Staates der Fürsorge bedarf oder im Inland entmündigt ist.

Das deutsche Vormundschaftsgericht kann vorläufige Maßregeln treffen, solange eine Vormundschaft oder Pflegschaft nicht angeordnet ist.

Nr. 3 ist die Anerkennung insbesondere dann zu versagen, wenn in dem Urteile zum Nachteil einer deutschen Partei von den Vorschriften des Art. 22 abgewichen ist. Nicht versagt werden kann die Anerkennung auf Grund des Abs. 1 Nr. 1 deshalb, weil die Klage nicht bei dem nach § 642 der CPO. zuständigen Gericht erhoben ist; denn die hier bestimmte Zuständigkeit ist keine ausschließliche. Die Voraussetzung der Nr. 1 liegt daher nicht vor, wenn der Beklagte seinen allgemeinen Gerichtsstand bei dem betreffenden ausländischen Gerichte hatte.

Artikel 23.

E. I §§ 19, 20; II §§ 2259, 2260 rev. §§ 2384, 2385; E. d. EG. III Art. 22. P. I S. 11556 ff. P. II Bd. 6 S. 68 ff.

1. **Die für die Vormundschaft maßgebenden Gesetze.** Der Art. 23 bestimmt nur die Fälle, in welchen eine Vormundschaft oder eine Pflegschaft über einen Ausländer im Inland angeordnet oder das deutsche Vormundschaftsgericht vorläufige Maßregeln treffen kann. Hierbei ist indessen von folgenden allgemeinen Sätzen ausgegangen:

a) für das Recht und die Pflicht des Staates zur Gewährung des vormundschaftlichen Schutzes ist die Staatsangehörigkeit maßgebend. Die Anordnung einer Vormundschaft kann daher regelmäßig nur von den Behörden desjenigen Staates erfolgen, welchem der zu Bevormundende angehört. Für Gegenstände der im Art. 28 bezeichneten Art dürften indessen die Vorschriften dieses Artikels zur entsprechenden Anwendung zu bringen sein.

b) Die Frage, ob eine Person des vormundschaftlichen Schutzes bedarf, ist in Übereinstimmung mit dem für die Geschäftsfähigkeit nach Art. 7 geltenden Grundsatze nach den Gesetzen des Staates zu beurteilen, dem die Person angehört (P. I S. 11562; P. II Bd. 6 S. 68, 70). Hieraus ergibt sich u. a., daß auch die Frage, ob eine Person deshalb des vormundschaftlichen Schutzes nicht bedarf, weil ihr der erforderliche Schutz schon durch die elterliche oder väterliche Gewalt gewährt wird, sich nach den Gesetzen des Staates bestimmt, welchem die Person angehört.

Tritt ein Wechsel in der Staatsangehörigkeit ein, so werden von dem Zeitpunkt an, in welchem dieser Wechsel eintritt, sowohl in den unter a als in den unter b bezeichneten Beziehungen die Gesetze desjenigen Staates maßgebend, welchem die Person nunmehr angehört.

2. **Die Voraussetzungen, unter welchen im Inland eine Vormundschaft über einen Ausländer angeordnet werden kann,** sind folgende:

a) Der Ausländer muß entweder nach Art. 8 im Inland entmündigt sein oder nach den Gesetzen des Staates, dem er angehört, der vormundschaftlichen Fürsorge bedürfen. Für den letzteren Fall forderten die E. I und II außerdem, daß der betreffende Ausländer seinen Wohnsitz oder seinen Aufenthalt im Inlande habe. Die Weglassung dieses Erfordernisses im Art. 23 ist deshalb ohne praktische Bedeutung, weil nach FGG. § 36 die Zuständigkeit eines deutschen Gerichts zur Anordnung einer Vormundschaft über einen Ausländer nur dann begründet ist, wenn dieser seinen Wohnsitz oder in Ermangelung eines inländischen Wohnsitzes seinen Aufenthalt in dem Bezirke des Gerichts hat (a. A. Niedner, Erl. 3b zu Art. 23 mit Rücksicht auf FGG. §§ 37, 38, 39. Diese handeln indessen nur von der Pflegschaft; hierüber s. Erl. 7).

Nur unter dieser Voraussetzung ist auch die Zuständigkeit des Gerichts zur Anordnung der Vormundschaft über einen Entmündigten begründet. Die Voraussetzung wird aber, wenn der Ausländer im Inland entmündigt ist, immer gegeben sein, weil die Entmündigung nach Art. 8 nur erfolgen kann, wenn der Ausländer seinen Wohnsitz oder in Ermangelung eines solchen seinen Aufenthalt im Inlande hat.

b) Der Staat, dem der Ausländer angehört, muß die Fürsorge nicht übernehmen. Im E. I und E. II war diese Voraussetzung dahin bestimmt, daß der Staat, dem der Ausländer angehöre, die Fürsorge ablehne. Durch die jetzige Fassung wird klargestellt, daß es einer ausdrücklichen Ablehnung nicht bedarf. Erforderlich ist aber auch jetzt, daß die deutsche Vormundschaftsbehörde die Überzeugung gewinnt, daß der ausländische Staat die Fürsorge nicht übernehme. Dies wird regelmäßig nur dann angenommen werden können, wenn dem ausländischen Staate Kenntnis davon gegeben ist, daß das Bedürfnis einer Bevormundung vorliegt. Ob, wenn dieses geschehen ist und der ausländische Staat sich passiv verhält, hieraus zu folgern ist, daß er die Fürsorge nicht übernehme, ist eine nach den Umständen des einzelnen Falles zu beurteilende Tatfrage (P. I S. 11560f.). Die hier fragliche Voraussetzung liegt immer dann nicht vor, wenn die betreffende Person nach den Gesetzen ihres Heimatstaats einen gesetzlichen Vormund hat, wenn sie z. B. unter der gesetzlichen Vormundschaft ihres Vaters, ihrer Mutter oder ihres Ehegatten steht (Niemeyer S. 166f.). In Fällen dieser Art hat der ausländische Staat die Fürsorge für den Schutzbedürftigen unmittelbar durch die Bestimmung der gesetzlichen Vormundschaft gewährt. Wie in der Denkschrift zum FGG. S. 43 anerkannt ist, hat das Vormundschaftsgericht von Amts wegen die Ermittelungen zu pflegen, welche erforderlich sind, um festzustellen, daß der auswärtige Staat die Fürsorge nicht übernimmt (Rspr. Bd. 6 S. 309; Bd. 5 S. 443; RJA. Bd. 4 S. 78). Der Nichtübernahme gleich steht übrigens der Fall, wenn der ausländische Staat eine bereits übernommene Vormundschaft wegen veränderter Verhältnisse, z. B. weil der Mündel seinen Wohnsitz verlegt hat, nicht fortführen will.

3. **Bedürfnis der Fürsorge.** Aus dem Ausdrucke „kann" im Art. 23 ergibt sich, daß auch, wenn die in Erl. 2 bezeichneten Voraussetzungen vorliegen, die Anordnung einer Vormundschaft im Inlande nicht unbedingt erfolgen muß, sondern nur dann zu erfolgen hat, wenn das Vormundschaftsgericht nach pflichtmäßigem Ermessen die Anordnung als der Absicht des Gesetzes entsprechend ansieht (Bd. I Einleitung S. 27 Vorbm. 4a). Dies wird nur dann anzunehmen sein, wenn im einzelnen Falle das Bedürfnis einer Fürsorge vorliegt.

4. **Für einen Deutschen, welcher der vormundschaftlichen Fürsorge bedarf, ist die Vormundschaft regelmäßig im Inland anzuordnen.** Ein in der ersten Kommission gestellter Antrag, die Vorschriften über die Anordnung der Vormundschaft über einen Ausländer im Inland auf die Anordnung einer Vormundschaft über einen Inländer im Ausland entsprechend anzuwenden, wurde abgelehnt, weil einerseits die Vorschriften über die Zuständigkeit des Vormundschaftsgerichts noch nicht festständen, und weil es sich andererseits hierbei um eine Frage publizistischer Natur handele (P. I S. 11566). In der zweiten Kommission einigte man sich dahin, die Frage unentschieden zu lassen (P. II Bd. 6 S. 70f.). Sie hat wenigstens mittelbar jetzt ihre Erledigung durch das FGG. erhalten. Nach § 36 ist immer ein deutsches Gericht vorhanden, das zur Anordnung der Vormundschaft über einen Deutschen zuständig ist. Hat der Deutsche weder seinen Wohnsitz noch seinen Aufenthalt im Inlande, so ist nach § 36 Abs. 2 das Gericht zuständig, in dessen Bezirke der Mündel seinen letzten inländischen Wohnsitz hatte. In Ermangelung eines solchen Wohnsitzes wird das zuständige Gericht, falls der Mündel einem Bundesstaat angehört, von der Landesjustizverwaltung, andernfalls von dem Reichskanzler bestimmt. Nach FGG. § 47 Abs. 1 kann indessen, wenn über einen Deutschen, der im Auslande seinen Wohnsitz oder Aufenthalt hat, die nach den Vorschriften des BGB. erforderliche Vormundschaft im Ausland angeordnet ist, die Anordnung der Vormundschaft im Inland unterbleiben, wenn dies im Interesse des Mündels liegt. Nach Abs. 2 kann sogar eine über einen Deutschen im Inland angeordnete Vormundschaft, wenn dieser seinen Wohnsitz oder Aufenthalt im Auslande hat, von dem Vormundschaftsgericht an den ausländischen Staat abgegeben werden, wenn dies im Interesse des Mündels liegt, der Vormund seine Zustimmung erteilt und der ausländische Staat sich zur Übernahme bereit erklärt. Aus diesen Bestimmungen ergibt sich, daß die über einen Deutschen, welcher im Auslande seinen Wohnsitz oder Aufenthalt hat und der vormundschaftlichen Fürsorge nach deutschen Gesetzen bedarf, im Ausland angeordnete Vormundschaft anerkannt wird, sofern nicht im Inland eine Vormundschaft angeordnet ist oder wenn die im Inland angeordnete Vormundschaft an das Ausland abgegeben ist. Liegen diese Voraussetzungen nicht vor, so wird die über einen Deutschen im Ausland angeordnete Vormundschaft in Deutschland nicht anzuerkennen sein. Daß ein deutsches Vormundschaftsgericht eine von ihm über einen Deutschen angeordnete Vormundschaft, wenn der Bevormundete Angehöriger eines ausländischen Staates wird, an dessen Vormundschaftsgericht abzugeben hat, wenn dieses die Abgabe verlangt, ergibt sich aus den in Erl. 1b dargelegten Grundsätzen (RJA. Bd. 2 S. 55ff.).

5. **Die Zuständigkeit eines deutschen Gerichts zur Anordnung einer Vormundschaft über einen Ausländer** bestimmt sich, wie schon in Erl. 2a hervorgehoben ist, nach FGG. § 36 Abs. 1, die Zuständigkeit zur Anordnung einer Vormundschaft über einen Deutschen nach § 36 Abs. 1, 2.

Für vorläufige Maßregeln und zum Zwecke der Fürsorge ist nach § 41 auch dasjenige Gericht zuständig, in dessen Bezirke das Bedürfnis der Fürsorge hervortritt. Soweit die Anordnung einer Vormundschaft im Ausland in Frage kommt, entscheiden über die Zuständigkeit des Gerichts die betreffenden ausländischen Gesetze. Das gleiche gilt für vorläufige Maßregeln.

6. **Anwendbarkeit der für die Vormundschaftsbehörde maßgebenden Gesetze.** Im E. I § 20 war bestimmt:

„Die Anordnung und Führung einer Vormundschaft, die Fürsorge und Aufsicht der Vormundschaftsbehörde sowie die Verbindlichkeiten zwischen dem Vormund und dem Mündel werden nach den Gesetzen des Staates beurteilt, welchem die Vormundschaftsbehörde angehört."

Von der zweiten Kommission wurde dieser Satz gestrichen, weil er sich von selbst verstehe, da die Vormundschaft ein öffentliches Amt sei. Daß auch die Verbindlichkeiten zwischen Vormund und Mündel nach dem betreffenden Rechte sich bestimmen, folge schon aus der über die Beurteilung der gesetzlichen Verbindlichkeiten getroffenen (im EG. weggelassenen) Vorschrift. Andererseits sei die fragliche Vorschrift des E. I nicht vollständig, weil noch manche andere Fragen, z. B. die Berechtigung zur Berufung als Vormund, die Reihenfolge der Vormünder, das Bestimmungsrecht der Eltern des Mündels, in Betracht kämen (P. II Bd. 6 S. 71 f.). Man wird den in dem E. I aufgestellten Grundsatz als richtig anzuerkennen und nach ihm auch die in der zweiten Kommission hervorgehobenen, dadurch nicht entschiedenen Fragen zu beurteilen haben. Aus diesem Grundsatze kann indessen nicht gefolgert werden, daß eine in dem Staate, welchem die Vormundschaftsbehörde angehört, bestehende gesetzliche Vorschrift, nach welcher auch die Angehörigen eines anderen Staates zur Übernahme der Vormundschaft verpflichtet sind, in diesem Staate anerkannt werden müßte. Die Verpflichtung, eine Vormundschaft zu übernehmen, bestimmt sich vielmehr, da es sich hierbei um eine öffentlich-rechtliche Verpflichtung handelt, nach den Gesetzen des Staates, dem der zum Vormund Ausgewählte angehört. In Deutschland hat dies durch BGB. § 1785 Anerkennung gefunden, indem danach nur ein Deutscher zur Übernahme der Vormundschaft verpflichtet ist. Selbstverständlich ist, daß diese Verpflichtung sich nur auf die von einem deutschen Gericht angeordnete Vormundschaft bezieht.

7. **Für die Anordnung der Pflegschaft über einen Ausländer** gelten nach Art. 23 Abs. 1 dieselben Grundsätze wie für die Anordnung einer Vormundschaft. Regel ist also, daß die Anordnung der Pflegschaft dem betreffenden Auslande zu überlassen ist und, daß im Inland eine Pflegschaft nur unter den im Art. 23 bestimmten Voraussetzungen (s. Erl. 2, 3) anzuordnen ist. Auch in betreff der Pflegschaft über einen Inländer gelten im allgemeinen dieselben Grundsätze wie für die Vormundschaft (s. Erl. 4). Auch die in Erl. 6 dargelegten Grundsätze finden auf die Pflegschaft entsprechende Anwendung. Für die einzelnen im BGB. bestimmten Fälle der Pflegschaft ergibt sich hieraus in Verbindung mit den Vorschriften des FGG. folgendes:

a) Für die Anordnung der im BGB. § 1909 bestimmten Pflegschaft über eine Person ist, wenn über die Person bei einem inländischen Gericht eine Vormundschaft anhängig ist, dieses Gericht zuständig (FGG. § 37 Abs. 1 Satz 1). Die Voraussetzungen, unter welchen die Pflegschaft anzuordnen ist, sowie alle in der Erl. 6 aufgeführten Fragen bestimmen sich, auch wenn der unter Pflegschaft zu Stellende ein Ausländer ist, nach deutschem Rechte (s. Erl. 6). Ist die Vormundschaft bei einem ausländischen Gericht anhängig, so erfolgt die Anordnung der Pflegschaft durch dieses Gericht und die Voraussetzungen der Pflegschaft sowie die sonstigen in Erl. 6 aufgeführten Fragen bestimmen sich nach den für dieses Gericht maßgebenden Gesetzen, wenn es sich um einen Ausländer handelt oder, sofern ein Inländer in Frage steht, die über ihn im Ausland angeordnete Vormundschaft in Deutschland anzuerkennen ist (s. Erl. 4). Ist das letztere nicht der Fall, so erfolgt die Anordnung der Pflegschaft durch das nach FGG. § 37 Abs. 1 Satz 2 zuständige Gericht. Auch im Falle einer im Ausland über einen Ausländer angeordneten Vormundschaft kann übrigens unter den Voraussetzungen des Art. 23 in Deutschland eine Pflegschaft angeordnet werden, wenn das Bedürfnis der Fürsorge hier hervortritt. Zuständig ist in solchem Falle nach FGG. § 37 Abs. 2 das Gericht, in dessen Bezirke das Bedürfnis hervortritt. So kann z. B., wenn in Amerika über einen Amerikaner eine Vormundschaft angeordnet ist und der Amerikaner Grundbesitz in Deutschland hat, den nach den amerikanischen Gesetzen der Vormund zu veräußern nicht befugt ist, eine Pflegschaft für den Amerikaner zum Zwecke dieser Veräußerung von demjenigen deutschen Gericht angeordnet werden, in dessen Bezirke der Grundbesitz liegt. Nur die Veräußerung des Grundbesitzes steht aber in solchem Falle dem Pfleger zu, während der Erlös dem amerikanischen Vormunde zu überlassen ist (Rsp. Bd. 5 S. 100; RJA. Bd. 3 S. 113).

Ist eine Vormundschaft noch nicht anhängig, so ist die Pflegschaft über einen Deutschen von dem nach FGG. § 37 Abs. 1 Satz 2 mit § 36 zuständigen Gericht anzuordnen. Die Voraussetzungen und die in Erl. 6 aufgeführten Fragen bestimmen sich nach deutschem Rechte. Für die Anerkennung der von einem ausländischen Gericht über einen Deutschen angeordneten Pflegschaft werden die Vorschriften des FGG. § 47 (s. Erl. 4) entsprechend anzuwenden sein. Handelt es sich in dem gedachten Falle um einen Ausländer, so ist die Pflegschaft von einem deutschen Gerichte nur unter den im Art. 23 Abs. 1 bezeichneten Voraussetzungen (s. Erl. 2, 3) anzuordnen. Die Zuständigkeit des deutschen Gerichts bestimmt sich in solchem Falle nach FGG. § 37 Abs. 1 Satz 2, Abs. 2. Die in Erl. 6 aufgeführten Fragen (nicht aber die Voraussetzungen der Zulässigkeit der Pflegschaft) sind nach deutschem Rechte zu beurteilen.

b) Auf die Pflegschaft über einen Gebrechlichen (BGB. § 1910) finden in allen Beziehungen die für die Vormundschaft geltenden Grundsätze entsprechende Anwendung, insbesondere kann also eine solche Pflegschaft über einen Ausländer nur angeordnet werden, wenn sie nach den Gesetzen des Staates, dem der Gebrechliche angehört, erforderlich ist und der ausländische Staat die Fürsorge nicht übernimmt. Die Zuständigkeit des deutschen Gerichts bestimmt sich, wenn die Voraussetzungen vorliegen, nach FGG. § 38.

c) Auch auf die Pflegschaft über einen Abwesenden (BGB. § 1911) finden die für die Vormundschaft geltenden Grundsätze entsprechende Anwendung. Zuständig für die Anordnung der Pflegschaft ist das Gericht, in dessen Bezirke der Abwesende seinen Wohnsitz hat (FGG. § 39 Abs. 1). Hat er einen solchen Wohnsitz im Inlande nicht, so bestimmt sich die Zuständigkeit, wenn er ein Deutscher ist, nach FGG. § 36 Abs. 2, wenn er ein Ausländer ist, nach § 37 Abs. 2 (FGG. § 39 Abs. 2). Kann von einem Deutschen wegen Verschollenheit nicht ermittelt werden, ob er aufgehört hat, Deutscher zu sein, so muß er bei der Anordnung der Pflegschaft als Deutscher behandelt werden (bayer. ObLG. 4 S. 80).

d) Für die Pflegschaft über eine Leibesfrucht (BGB. § 1912) sind die Gesetze desjenigen Staates maßgebend, welche für die Vormundschaft maßgebend sein würden, wenn das Kind in derjenigen Zeit, zu welcher das Bedürfnis der Fürsorge hervortritt, geboren wäre. Je nachdem das Kind ein Ausländer oder ein Deutscher sein würde, finden also die in Erl. 2, 3 oder die in Erl. 4 dargelegten und immer die in Erl. 6 aufgeführten Grundsätze Anwendung. Das zur Anordnung der Pflegschaft zuständige Gericht wird durch FGG. § 40 bestimmt.

e) Ist unbekannt oder ungewiß, wer bei einer Angelegenheit der Beteiligte ist, so ist die Frage, ob für den Beteiligten, falls eine Fürsorge erforderlich ist, eine Pflegschaft anzuordnen ist, nach den Gesetzen des Staates zu beurteilen, in welchem das Bedürfnis der Fürsorge hervortritt. Aus dem Art. 23 kann eine Entscheidung für diesen Fall nicht entnommen werden, weil, wenn der Beteiligte unbekannt oder ungewiß ist, auch unbekannt oder ungewiß ist, ob er ein Ausländer oder Inländer ist. Die obige Regel dürfte indessen sich aus allgemeinen Grundsätzen ergeben. Ihr entspricht die Vorschrift des FGG. § 41, nach welcher für die Anordnung der Pflegschaft (BGB. § 1913) in dem gedachten Falle immer dasjenige Gericht zuständig ist, in dessen Bezirke das Bedürfnis der Fürsorge hervortritt.

f) Die Zulässigkeit der Anordnung einer Pflegschaft zum Zwecke der Verwaltung eines im BGB. § 1914 bezeichneten Vermögens wird sich nach den Gesetzen des Ortes bestimmen müssen, an welchem bisher die Verwaltung des Vermögens geführt wurde. Hiermit stimmt die Vorschrift des FGG. § 42 über das für die Anordnung einer solchen Pflegschaft zuständige Gericht überein.

g) Über die Nachlaßpflegschaft und Nachlaßverwaltung (BGB. §§ 1960, 1962, 1981) s. Erl. 3c zu Art. 24 und Erl. 3 zu Art. 25.

8. **Solange eine Vormundschaft oder Pflegschaft über einen Ausländer nicht angeordnet ist, kann nach Art. 23 Abs. 2 das deutsche Vormundschaftsgericht vorläufige Maßregeln treffen.** Dazu gehört nicht die Anordnung einer vorläufigen Vormundschaft, diese fällt unter den Abs. 1 (KG. 21 A. 203). Die Zuständigkeit des Gerichts bestimmt sich nach FGG. § 44. Für vorläufige Maßregeln der Fürsorge für einen Deutschen sind die §§ 1665, 1846 des BGB. und der § 44 des FGG. maßgebend.

9. **Die deutschen Konsuln** sind grundsätzlich nur in den Konsulargerichtsbarkeitsbezirken berechtigt, über einen Deutschen eine Vormundschaft oder Pflegschaft anzuordnen (§ 1 Satz 2 des

Bundeskonsulatsges. v. 8. November 1867, König, Handbuch d. deutsch. Konsularwesens, 6. Aufl. 1902 S. 234, Konsulargerichtsbarkeitsges. v. 7. April 1900 § 7 Ziff. 2).

Durch Staatsverträge ist häufig den ausländischen Konsuln in Deutschland und den deutschen Konsuln im Auslande das Recht, Vormundschaften über die Staatsangehörigen einzuleiten, eingeräumt. In Betracht kommen insbesondere die Verträge mit Brasilien v. 10. Januar 1882 (RGBl. S. 69) Art. 21; Griechenland v. 26. November 1881 (RGBl. 1882 S. 101) Art. 22; Italien Art. 11 Ziff. 7 des Vertrags v. 11. Dezember 1868 und Vertrag v. 7. Februar 1872 (BGBl. 1869 S. 113, RGBl. 1872 S. 134); Spanien v. 22. Februar 1870 und v. 12. Januar 1872 (BGBl. 1870 S. 99, RGBl. 1872 S. 211); Serbien v. 6. Januar 1883 (RGBl. S. 62) Art. 18; Japan v. 4. April 1896 (RGBl. S. 732) Art. 13.

Wegen der Schutzgebiete s. Schutzgebietsges. v. 10. September 1900 §§ 2—4.

10. Durch das Haager Abkommen zur Regelung der Vormundschaft über Minderjährige v. 12. Juni 1902 (s. Vorbm. 13 vor Art. 7) erfährt der Art. 23 einige Änderungen. Das Abkommen findet nur auf die europäischen Gebiete der Vertragsstaaten Anwendung (Art. 10) und nur auf die Vormundschaft über Minderjährige, welche Angehörige eines der Vertragsstaaten sind und ihren gewöhnlichen Aufenthalt im Gebiet eines dieser Staaten haben. Die Art. 7 und 8 (s. unten f, g) finden jedoch auch Anwendung, wenn die letztgedachte Voraussetzung nicht vorliegt (Art. 9; D. z. d. Abk. S. 49). Das Abkommen steht im wesentlichen auf demselben Standpunkt wie der Art. 23 des EG. Die durch das Abkommen vorgeschriebene Anwendung ausländischer Gesetze darf jedoch nicht aus dem Grunde abgelehnt werden, weil sie gegen die öffentliche Ordnung, die guten Sitten oder den Zweck des inländischen Gesetzes verstoßen (EG. Art. 30; D. z. d. Abk. S. 45). Im einzelnen ist folgendes zu bemerken:

a) Im Art. 1 wird in Übereinstimmung mit dem Standpunkt, auf welchem der Art. 23 steht (s. Erl. 1), der Grundsatz ausgesprochen, daß die Vormundschaft über einen Minderjährigen sich nach den Gesetzen des Staates bestimmt, dem er angehört. Hieraus folgt, daß die Gesetze dieses Staates vorbehaltlich der Vorschrift des Art. 3 in Beziehung auf alle in der Erl. 6 bezeichneten Verhältnisse maßgebend sind. Ausdrücklich wird indessen in der Denkschrift zu dem Abkommen S. 45 hervorgehoben, daß dieser Grundsatz keine Anwendung findet in betreff der Frage, ob jemand das Amt eines Vormundes anzunehmen verpflichtet oder dasselbe niederzulegen berechtigt ist.

b) Nach Art. 2 soll, wenn die Gesetze des Heimatstaats die Anordnung einer Vormundschaft für den Fall nicht vorsehen, daß der Minderjährige seinen gewöhnlichen Aufenthalt im Auslande hat, der diplomatische oder konsularische Vertreter des Heimatstaats befugt sein, die Fürsorge für den Minderjährigen zu übernehmen, wenn er dazu durch die Gesetze seines Staates ermächtigt ist und der Staat, in dem der Minderjährige seinen gewöhnlichen Aufenthalt hat, nicht widerspricht. Für Deutschland besteht, abgesehen von dem Gebiete der Konsulargerichtsbarkeit (s. Erl. 9), keine gesetzliche Vorschrift, durch welche den diplomatischen oder konsularischen Vertretern die Obliegenheiten des Vormundschaftsgerichts eingeräumt werden. Über die sich auf diese Frage beziehenden Verträge mit anderen Staaten s. Erl. 9.

c) Nach Art. 3 soll, sofern die Behörden des Heimatstaats eine Vormundschaft nicht anordnen, der Minderjährige in dem Lande bevormundet werden, in welchem er seinen gewöhnlichen Aufenthalt hat. Die Vorschrift findet Anwendung ohne Rücksicht darauf, aus welchem Grunde die Vormundschaft in dem Heimatstaate des Minderjährigen nicht angeordnet wird. Sie findet auch nicht nur in dem Falle Anwendung, daß die Anordnung der Vormundschaft in dem Heimatstaat unterbleibt, sondern auch dann, wenn die bereits angeordnete Vormundschaft einem anderen Staate überlassen wird. Wenn in dem ausländischen Staate die Vormundschaft in Gemäßheit dieser Grundsätze angeordnet wird, so finden auf diese in allen unter 6 bezeichneten Beziehungen die Gesetze des betreffenden Staates Anwendung. Nur der Zeitpunkt und die Gründe für den Beginn der Vormundschaft sowie für die Beendigung der Vormundschaft bestimmen sich nach Art. 5 des Abkommens nach den Gesetzen des Heimatstaats des Minderjährigen (D. z. d. Abk. S. 46f.).

Diese Grundsätze stimmen mit den in Deutschland geltenden gesetzlichen Bestimmungen im wesentlichen überein (EG. Art. 23; FGG. §§ 46, 47; Erl. 2, 5, 6).

d) Nach Art. 4 kann, wenn eine Vormundschaft auf Grund des Art. 3 in dem Staate angeordnet ist, in welchem der Minderjährige seinen gewöhnlichen Aufenthaltsort hat, gleichwohl eine Vormundschaft in dem Heimatstaate des Minderjährigen angeordnet werden. Der Regierung

Artikel 24. Ein Deutscher wird, auch wenn er seinen Wohnsitz im Auslande hatte, nach den deutschen Gesetzen beerbt.

Hat ein Deutscher zur Zeit seines Todes seinen Wohnsitz im Auslande gehabt, so können die Erben sich in Ansehung der Haftung für die Nachlaßverbindlichkeiten auch auf die an dem Wohnsitze des Erblassers geltenden Gesetze berufen.

Erwirbt ein Ausländer, der eine Verfügung von Todeswegen errichtet oder aufgehoben hat, die Reichsangehörigkeit, so wird die Gültigkeit der Errichtung oder der Aufhebung nach den Gesetzen des Staates beurtheilt, dem er zur Zeit der Errichtung oder der Aufhebung angehörte; auch behält er die Fähigkeit zur Errichtung einer Verfügung von Todeswegen, selbst wenn er das nach den deutschen Gesetzen erforderliche Alter noch nicht erreicht hat. Die Vorschrift des Artikel 11 Abs. 1 Satz 2 bleibt unberührt.

---

des Staates, in welchem die Vormundschaft zuerst angeordnet ist, soll hiervon sobald als tunlich Nachricht gegeben werden. Der Zeitpunkt, in welchem die ältere Vormundschaft endigt, bestimmt sich nach den Gesetzen des Staates, in dessen Gebiete diese Vormundschaft angeordnet war. Diese Vorschriften finden auch dann entsprechende Anwendung, wenn ein Minderjähriger, über den in seinem Heimatstaat eine Vormundschaft angeordnet war, Angehöriger eines anderen Staates wird und in diesem Staate die Anordnung einer neuen Vormundschaft für erforderlich gehalten wird (D. z. d. Abk. S. 47).

In Deutschland tritt durch diese Vorschriften keine Änderung ein. Hinsichtlich der Frage, mit welchem Zeitpunkte die von einem deutschen Gericht an ein ausländisches Gericht abgegebene Vormundschaft endigt, bewendet es bei den sich aus dem BGB. und dem FGG. ergebenden Grundsätzen; in betreff des Verhältnisses zu Dritten kommt insbesondere auch der § 1893 in Betracht (D. z. d. Abk. S. 47).

e) Im Art. 6 wird der Grundsatz ausgesprochen, daß die vormundschaftliche Verwaltung sich auf die Person und das ganze Vermögen des Minderjährigen ohne Rücksicht darauf, wo sich dieses befindet, erstreckt. Eine Ausnahme wird nur zugelassen für solche Grundstücke, welche nach den Gesetzen des Ortes, an dem sie sich befinden, einer besonderen Güterordnung unterliegen. Gedacht ist hierbei hauptsächlich an Lehen und Fideikommisse (D. z. d. Abk. S. 48). Die zugelassene Ausnahme entspricht dem Gedanken, welche der auf Fälle der hier fraglichen Art entsprechend anzuwendenden Vorschrift des EG. Art. 28 zugrunde liegt.

f) Nach Art. 7 können die zuständigen Ortsbehörden, solange eine Vormundschaft noch nicht angeordnet ist, sowie in anderen dringenden Fällen diejenigen vorläufigen Maßregeln treffen, welche im Interesse der Person oder des Vermögens des Minderjährigen erforderlich sind.

Über den Art. 23 Abs. 2 geht diese Bestimmung insoweit noch hinaus, als danach in dringenden Fällen vorläufige Maßregeln der gedachten Art auch dann angeordnet werden können, wenn im Auslande bereits eine Vormundschaft oder Pflegschaft angeordnet ist, z. B. also, wenn der im Auslande bestellte Vormund wegen großer Entfernung die zur Erhaltung und Verwaltung des im Inlande befindlichen Vermögens erforderlichen Maßregeln nicht zu treffen vermag. Die vorläufige Maßregel kann unter Umständen auch in der Bestellung eines Pflegers bestehen (D. z. d. Abk. S. 48).

g) Nach Art. 8 sollen die Behörden des Staates, in welchem ein ausländischer Minderjähriger sich aufhält, wenn Anlaß vorliegt, über ihn eine Vormundschaft anzuordnen, hiervon den Behörden des Heimatstaats des Minderjährigen baldtunlichst Nachricht geben. Die Behörde des Heimatstaats hat der benachrichtigenden Behörde baldtunlichst mitzuteilen, ob eine Vormundschaft angeordnet ist oder angeordnet werden wird. Diese Bestimmungen entsprechen den Grundsätzen, welche aus EG. Art. 23 und den Vorschriften des FGG. zu entnehmen sind.

Artikel 24.

E. I § 21; II § 2261 rev. § 2386; E. d. EG. III Art. 23. P. I S. 11572 ff., 11579 ff. P. II Bd. 5 S. 346 ff.; Bd. 6 S. 72 ff.

Klein, Zur Auslegung des Art. 24 des EG. zum deutschen BGB. in Niemeyers Zeitschr. für Internationales Privat- und öffentliches Recht Bd. 12 S. 444 ff.

1. Erbrechtliche Verhältnisse. Der E. II rev. enthielt in wesentlicher Übereinstimmung mit den E. I und II den allgemeinen Grundsatz „Die erbrechtlichen Verhältnisse werden nach den Gesetzen des Staates beurteilt, dem der Erblasser zur Zeit seines Todes angehört hat," und fügte dann in Abs. 2, 3 Modifikationen in betreff der Errichtung und Aufhebung der Verfügung von Todeswegen, im Abs. 4 Vorschriften über die Form hinzu. Das EG. enthält sich in Konsequenz der von ihm befolgten Methode der Aufstellung eines allgemeinen Prinzips und beschränkt sich darauf, die maßgebenden Gesetze im Art. 24 für den Fall zu bestimmen, daß der Erblasser zur Zeit seines Todes die deutsche Reichsangehörigkeit besitzt, im Art. 25 für den Fall, daß ein Ausländer zur Zeit seines Todes seinen Wohnsitz im Inlande hatte. Über die Frage, ob aus den Vorschriften des Art. 25 ein allgemeines Prinzip über die für die Beerbung eines Ausländers maßgebenden Gesetze abgeleitet werden kann, s. Erl. 1 zu Art. 25. Im Art. 26 wird dann noch eine besondere Vorschrift in Beziehung auf das zu einem im Ausland eröffneten Nachlasse gehörende Vermögen, welches durch Vermittelung ausländischer Behörden an inländische Behörden gelangt ist, hinzugefügt.

2. Die für die Beerbung eines Deutschen maßgebenden Gesetze. Im Abs. 1 wird der Grundsatz aufgestellt, daß ein Deutscher nach den deutschen Gesetzen beerbt wird. Es kommt also lediglich darauf an, daß der Erblasser zur Zeit seines Todes die Reichsangehörigkeit besitzt. Gleichgültig ist, wie ausdrücklich hervorgehoben wird, ob er seinen Wohnsitz im Inland oder im Auslande hatte. Durch Art. 29 wird die Anwendung der deutschen Gesetze auf den Fall ausgedehnt, daß der Erblasser zur Zeit seines Todes keinem Staate angehörte, aber entweder zuletzt Deutscher war oder, falls er früher keinem Staate angehört hat, zur Zeit seines Todes seinen Wohnsitz oder in Ermangelung eines Wohnsitzes seinen Aufenthalt in Deutschland hatte. Über die Beschränkungen, welche der Grundsatz des Abs. 1 erleidet, s. Erl. 4.

3. Inhalt der maßgebenden deutschen Gesetze. Die Verschiedenheit der Fassung der E. I und II und des Art. 24 Abs. 1 ist ohne sachliche Bedeutung. Die Worte „Ein Deutscher wird nach den deutschen Gesetzen beerbt" sollen dasselbe ausdrücken wie die Worte der E. I und II „die erbrechtlichen Verhältnisse werden nach den deutschen Gesetzen beurteilt". Im Falle des Todes eines Deutschen sollen in betreff seiner Beerbung alle im fünften Buche des BGB. gegebenen Vorschriften zur Anwendung kommen. Nach diesen Vorschriften bestimmt sich also sowohl die gesetzliche Erbfolge als die Erbfolge auf Grund einer Verfügung von Todeswegen sowie die Erfordernisse und Wirkungen eines Erbverzichts. Es bestimmt sich danach ferner die Rechtsstellung des Erben, insbesondere der Anfall und Erwerb der Erbschaft, die Haftung gegenüber den Nachlaßgläubigern, der Erbschaftsanspruch und das Verhältnis mehrerer Miterben, sowohl nach innen wie nach außen. Zur Anwendung kommen ferner die Vorschriften über Vermächtnisse und Auflagen sowie über einen Testamentsvollstrecker, ferner die Vorschriften über das Pflichtteilsrecht und die Erbunwürdigkeit, endlich noch die Bestimmungen über den Erbschein. Im einzelnen ist folgendes hervorzuheben:

a) Aus dem dem deutschen Rechte zugrunde liegenden Prinzipe der *Universalsukzession* folgt, daß es *gleichgültig ist, ob das Vermögen des Erblassers sich im Inland oder im Auslande befindet.* Auch das im Auslande befindliche Vermögen wird nach deutschen Gesetzen vererbt. Für die sich aus Art. 28 ergebende Ausnahme s. Erl. 4a.

b) *Verfügungen von Todeswegen*, d. h. also sowohl einseitige letztwillige Verfügungen als Erbverträge, werden erst mit dem Tode des Erblassers wirksam. Ihre Zulässigkeit, ihre Erfordernisse und ihre Wirkungen bestimmen sich daher nach deutschem Rechte ohne Rücksicht darauf, an welchem Orte sie errichtet sind und an welchem Orte der Erblasser zur Zeit ihrer Errichtung seinen Wohnsitz gehabt hat. Möglich ist übrigens, daß das am Orte der Errichtung oder des Wohnsitzes geltende ausländische Recht Bedeutung für die Auslegung der von dem Erblasser getroffenen Bestimmungen hat (s. unten Erl. 4c, d). In betreff der Form der Verfügung von Todeswegen genügt statt der dafür durch die deutschen Gesetze vorgeschriebenen Form nach Art. 11 Abs. 1 Satz 2 die Beobachtung der Gesetze des Ortes, an welchem die Verfügung vorgenommen wird. Über die nach Abs. 3 in den dort bezeichneten Fällen für die Errichtung und Aufhebung von Verfügungen von Todeswegen geltenden Ausnahmen s. Erl. 4c.

c) Zu den erbrechtlichen Verhältnissen gehören auch *die erbrechtlichen Schuldverhältnisse.* In dem E. I war dies ausdrücklich hervorgehoben. Die zweite Kommission hat die sich hierauf beziehende Bestimmung gestrichen, jedoch nur, weil sie dieselbe für selbstverständlich hielt. Von einer Seite wurde dabei freilich die Ansicht geäußert, daß die persönliche Haftung des Erben sich nach den Gesetzen des Staates bestimme, dem er angehöre oder in dem er wohne (P. II Bd. 6 S. 74). Diese Ansicht dürfte sich indessen nicht rechtfertigen lassen. Nach den deutschen Gesetzen ist hiernach sowohl die Frage zu beurteilen, welche Verbindlichkeiten Nachlaßverbindlichkeiten sind, als auch die Frage, unter welchen Voraussetzungen und in welcher Art der Erbe dafür unbeschränkt oder beschränkt haftet (BGB. §§ 1967—2017, HGB. § 27). Über die hiervon nach Abs. 2 geltende Ausnahme s. Erl. 4b.

d) Die Vorschriften der deutschen Gesetze über die Erbengemeinschaft (BGB. §§ 2032 bis 2063) kommen zur Anwendung ohne Rücksicht darauf, ob die Erben Deutsche oder Ausländer sind und ob sie im Inland oder im Auslande wohnen. Nach den deutschen Gesetzen bestimmt sich insbesondere auch der Einfluß der Erbengemeinschaft auf die Haftung des Erben gegenüber den Nachlaßgläubigern. Wegen der Ausnahme des Abs. 2 s. Erl. 4b.

e) Nach deutschen Gesetzen bestimmt sich, unter welchen Voraussetzungen und in welcher Art das Nachlaßgericht tätig zu werden hat (s. z. B. BGB. §§ 1960ff., 1981ff.). Nachlaßgerichte sind nach FGG. § 72 die Amtsgerichte. Die örtliche Zuständigkeit bestimmt sich nach FGG. §§ 73, 74, vgl. auch §§ 2, 7 Nr. 2 des Konsulargerichtsbarkeitsges. v. 7. April 1900. Hiernach ist, wenn der Erblasser ein Deutscher ist, auch wenn er im Auslande seinen Wohnsitz oder seinen Aufenthalt hatte, immer ein deutsches Gericht zuständig. Für Maßregeln zur Sicherung des Nachlasses ist außerdem jedes Gericht zuständig, in dessen Bezirke das Bedürfnis hervortritt. Auf die Nachlaßpflegschaft einschließlich der Nachlaßverwaltung finden nach FGG. § 75 die für Vormundschaftssachen geltenden Vorschriften Anwendung; die Funktionen des Vormundschaftsgerichts stehen jedoch dem Nachlaßgerichte zu.

Für den Nachlaßkonkurs ist ausschließlich zuständig das Gericht, bei welchem der Erblasser zur Zeit seines Todes den allgemeinen Gerichtsstand hatte (KO. § 214). Hiernach kann es unter Umständen an einem zur Eröffnung des Nachlaßkonkurses zuständigen deutschen Gerichte fehlen und dem Erben infolgedessen eines der Mittel, um seine Haftung auf den Nachlaß zu beschränken (§ 1975), verschlossen sein. Für solche Fälle wird der Abs. 2 regelmäßig ausreichende Abhilfe gewähren. Versagt der Abs. 2, so werden die Vorschriften analog anzuwenden sein, welche gelten, wenn ein Konkurs nicht eröffnet werden kann (vgl. z. B. §§ 1990, 1991).

f) Zweifelhaft ist, ob sich auch der Erbschaftskauf, wenn der Erblasser ein Deutscher war, nach deutschen Gesetzen bestimmt. Der Erbschaftskauf ist kein erbrechtliches, sondern ein obligatorisches Geschäft, deshalb war er im E. I im Rechte der Schuldverhältnisse unter den Vorschriften über den Kauf behandelt. Die zweite Kommission hat ihn mit Rücksicht auf die Wirkungen, welche er für die Nachlaßgläubiger hat (BGB. §§ 2382, 2383), zwar in das Erbrecht versetzt, der juristische Charakter des Erbschaftskaufs als eines obligatorischen Rechtsgeschäfts hat dadurch aber eine Änderung nicht erfahren. Aus den Wirkungen, die der Erbschaftskauf für die Nachlaßgläubiger hat, dürfte nicht zu folgern sein, daß die für erbrechtliche Verhältnisse maßgebenden Gesetze auf ihn anzuwenden sind (a. A. Niedner Erl. 1 und Erl. 6e zu Art. 24; wie hier im wesentlichen Klein a. a. O.). Auch durch andere Verträge können Wirkungen für Dritte eintreten, ohne daß dadurch ihr juristischer Charakter eine Änderung erleidet. Abgesehen von den Verträgen zugunsten Dritter kommt insbesondere in Betracht der Vertrag, durch welchen jemand das ganze Vermögen eines anderen übernimmt. Der Übernehmer haftet hier kraft des Gesetzes den Gläubigern für die zu dem Vermögen gehörenden Verbindlichkeiten; seine Haftung beschränkt sich indessen auf das übernommene Vermögen und, wenn er diese Beschränkung geltend macht, so finden die für die Haftung des Erben geltenden Vorschriften des BGB. §§ 1990, 1991 Anwendung (BGB. § 419). Sowenig hierdurch der obligatorische Charakter des fraglichen Vertrags eine Änderung erleidet, ebensowenig wird man dies in betreff des Erbschaftskaufs wegen der damit verbundenen Wirkung für die Nachlaßgläubiger anzunehmen berechtigt sein. Die für den Erbschaftskauf maßgebenden Gesetze bestimmen sich daher nicht nach den für die Beerbung, sondern nach den für Verträge unter Lebenden geltenden Grundsätzen. Auch nach diesen Grundsätzen werden zwar, wenn es sich um die Erbschaft eines Deutschen handelt, wegen des Gegenstandes des Vertrags regelmäßig die deutschen Gesetze anzuwenden sein; jedoch dürfte dies nicht immer der Fall sein, z. B. nicht, wenn der Erbschaftskauf im Auslande zwischen dort wohnenden Ausländern geschlossen und im Auslande erfüllt werden soll. Unter Umständen kann freilich in einem solche Falle die Anwendung der ausländischen Gesetze nach Art. 30 deshalb ausgeschlossen sein, weil dadurch der Zweck der deutschen Gesetze über die Wirkungen des Erbschaftskaufs für die Nachlaßgläubiger, welcher wenigstens mit darin besteht, die Gläubiger gegen die Gefahren des Erbschaftskaufs zu schützen, beeinträchtigt werden würde (a. A. Niedner, Erl. 4b β zu Art. 24). Zu den nach Art. 24 maßgebenden deutschen Gesetzen gehört übrigens jedenfalls die

Vorschrift, daß zwar nicht über die Erbschaft im ganzen, wohl aber über den Erbteil eines Miterben von diesem mit dinglicher Wirkung verfügt werden kann (BGB. § 2033); ebenso gehören dahin die Vorschriften über das den Miterben im Falle des Verkaufs eines Erbteils zustehende Vorkaufsrecht (§§ 2034ff.).

4. Von der Regel des Abs. 1 gelten folgende Ausnahmen:

a) Nach Art. 28 finden die deutschen Gesetze keine Anwendung in betreff solcher Gegenstände, die sich in dem Gebiet eines ausländischen Staates befinden und in betreff deren Vererbung nach den Gesetzen dieses Staates besondere Gesetze gelten (s. Erl. zu Art. 28). In Betracht kommen hauptsächlich Grundstücke, wenn deren Vererbung nach den Gesetzen des Staates, in dem sie liegen, nicht nach den dort im allgemeinen für die Beerbung einer Person geltenden Grundsätzen, sondern nach besonderen hiervon abweichenden Grundsätzen erfolgt.

b) Nach dem erst von dem Bundesrate hinzugefügten Abs. 2 des Art. 24 können sich die Erben, wenn der Erblasser zur Zeit seines Todes seinen Wohnsitz im Auslande hatte, in Ansehung der Haftung für die Nachlaßverbindlichkeiten auch auf die an dem Wohnsitze des Erblassers bestehenden Gesetze berufen. Die Haftung des Erben für die Nachlaßverbindlichkeiten unterliegt in allen Staaten gewissen Beschränkungen. Das Maß dieser Beschränkungen sowie die Art und Weise, in welcher sie geltend zu machen sind, ist aber sehr verschieden bestimmt. Auf die nach den deutschen Gesetzen bestehenden Beschränkungen (s. oben Erl. 3c) kann sich der Erbe eines Deutschen immer berufen. Daneben gewährt ihm aber der Abs. 2, wenn der Erblasser zur Zeit seines Todes seinen Wohnsitz im Auslande hatte, das Recht, die Beschränkung seiner Haftung auch in dem Maße und in derjenigen Art geltend zu machen, wie nach den Gesetzen des betreffenden ausländischen Staates zulässig ist. In Betracht kommen insbesondere solche Vorschriften, nach welchen der Erbe kraft des Gesetzes entweder unbedingt oder unter der Voraussetzung, daß er ein Inventar errichtet hat, nur mit dem Nachlasse haftet und nicht erforderlich ist, daß er die Beschränkung auf einem der von den deutschen Gesetzen vorgeschriebenen Wege geltend macht. Hierher gehört auch die Bestimmung, nach welcher der Erbe nicht wie nach deutschem Rechte cum viribus, sondern pro viribus haftet. Der Erbe hat die Wahl, ob er in der einen oder anderen Art haften will. Nicht durch den Abs. 2 berührt wird die Frage, ob der Erbe die Erbschaft erworben hat und dadurch überhaupt eine Haftung für die Nachlaßverbindlichkeiten eingetreten ist. Anfall und Erwerb der Erbschaft bestimmen sich ausschließlich nach deutschem Rechte. Wer hiernach kraft des Grundsatzes des ipso jure Erwerbes Erbe geworden ist, kann sich nicht darauf berufen, daß nach dem betreffenden ausländischen Rechte zu dem Erwerbe der Erbschaft und folgeweise zu der Haftung für die Nachlaßverbindlichkeiten die Antretung der Erbschaft erforderlich sei, daß er die Erbschaft aber nicht angetreten habe. Nicht berührt durch den Abs. 2 wird ferner die Frage, welche Verbindlichkeiten Nachlaßverbindlichkeiten sind. Auch diese Frage bestimmt sich lediglich nach deutschem Rechte und der Erbe kann sich daher z. B. nicht darauf berufen, daß nach dem betreffenden ausländischen Rechte Verbindlichkeiten aus Delikten nicht auf den Erben übergehen oder daß durch ein Vermächtnis oder eine Auflage eine Verbindlichkeit in dem durch das deutsche Recht begründeten Umfange nicht begründet sei oder daß eine nach deutschem Rechte begründete Pflichtteilsverbindlichkeit nicht bestehe. Auch das Verhältnis der Miterben bestimmt sich nach deutschem Rechte. Es gelten die Grundsätze über die Erbengemeinschaft und die sich hieraus ergebenden Pflichten der Erben untereinander. Soweit aber das betreffende ausländische Recht statt der nach deutschem Rechte infolge der Erbengemeinschaft regelmäßig stattfindenden gesamtschuldnerischen Haftung nur eine Haftung nach Verhältnis des Erbteils anerkennt, wird sich der Erbe nach Abs. 2 auf diese Beschränkung der Haftung berufen können.

c) Nach Abs. 3 Halbsatz 1 wird die Gültigkeit der Errichtung oder der Aufhebung einer Verfügung von Todes wegen, die der deutsche Erblasser zu einer Zeit errichtet oder aufgehoben hat, in welcher er einem ausländischen Staate angehörte, nach den Gesetzen dieses Staates beurteilt. An sich würden auf Verfügungen dieser Art, da sie erst mit dem Tode wirksam werden, nach Abs. 1 die deutschen Gesetze anzuwenden sein. Über den Umfang der von dieser Regel in dem Abs. 3 Halbsatz 1 gemachten Ausnahme ist folgendes zu bemerken:

α) Die Ausnahme bezieht sich nur auf Verfügungen von Todes wegen, also nach dem Sprachgebrauche des BGB. sowohl auf einseitige letztwillige Verfügungen als auf Erbverträge, nicht aber auf einen Erbverzicht. Dieser ist zwar ein erbrechliches Rechtsgeschäft, nicht aber eine Verfügung von Todes wegen (vgl. Art. 214 mit Art. 217).

β) Nur die Gültigkeit der Errichtung oder Aufhebung der Verfügung von Todes wegen wird nach dem betreffenden ausländischen Rechte beurteilt. Was unter der Errichtung und Aufhebung zu verstehen ist, ergibt sich im wesentlichen aus dem Inhalte des mit der Überschrift „Errichtung und Aufhebung eines Testaments" versehenen siebenten Titels des dritten Abschnitts (BGB. §§ 2229 ff.). Hinzu treten die entsprechenden Vorschriften aus dem Abschnitt über Erbverträge (BGB. §§ 2274 ff.). Hiernach bestimmt sich nach dem betreffenden ausländischen Rechte zunächst die zur Errichtung oder Aufhebung einer Verfügung von Todeswegen erforderliche Geschäftsfähigkeit. Für Testamente wird diese bestimmt in den §§ 2229, 2230 des BGB., für Erbverträge in dem § 2275 des BGB. Nicht hierher gehört an sich die Rechtsfähigkeit, d. h. also in der hier fraglichen Beziehung die Fähigkeit, überhaupt eine Verfügung von Todeswegen zu errichten. Ein in der zweiten Kommission gestellter Antrag, daß die zur Errichtung einer Verfügung von Todeswegen erforderliche Rechtsfähigkeit auch nach den Gesetzen des Staates vorhanden sein müsse, dem der Erblasser zur Zeit seines Todes angehöre, wurde zwar als sachlich richtig anerkannt, aber als praktisch ohne Bedeutung angesehen und der Redaktionskommission überwiesen (P. II Bd. 6 S. 72 f.). Diese hat eine entsprechende Vorschrift nicht aufgenommen. Die Frage ist in der Tat ohne praktische Bedeutung, da das BGB. eine Beschränkung der Rechtsfähigkeit nicht kennt und auch das EG. den Landesgesetzen zwar in den Art. 86, 87 eine Beschränkung des Erwerbes von Todeswegen, nicht aber der aktiven Rechtsfähigkeit in Beziehung auf Verfügungen von Todeswegen gestattet. Nach dem betreffenden ausländischen Rechte bestimmen sich ferner die formellen Erfordernisse der Errichtung oder Aufhebung einer Verfügung von Todeswegen. Diese sind für Testamente im BGB. §§ 2231 ff., für Erbverträge im § 2276 bestimmt.

Soweit die Errichtung oder die Aufhebung einer Verfügung von Todeswegen in den hervorgehobenen Beziehungen den Gesetzen des Staates entspricht, dem der Erblasser zur Zeit der Errichtung oder der Aufhebung angehörte, ist die Verfügung als gültig errichtet oder aufgehoben anzusehen, auch wenn die Errichtung oder die Aufhebung nach deutschem Rechte ungültig sein würde. Umgekehrt ist die Verfügung ungültig, wenn sie den in dem betreffenden ausländischen Staate in den hervorgehobenen Beziehungen geltenden Vorschriften nicht entspricht, obwohl den durch das deutsche Recht bestimmten Erfordernissen genügt ist. Nur in betreff der Form genügt, wie im Art. 24 Abs. 3 Satz 2 durch Bezugnahme auf Art. 11 Abs. 1 Satz 2 hervorgehoben ist, immer die Beobachtung der Gesetze des Ortes, an welchem die Verfügung errichtet oder aufgehoben ist.

γ) Der Inhalt und die Wirkungen einer Verfügung von Todeswegen bestimmen sich auch im Falle des Abs. 3 immer nach deutschem Rechte. Es finden also insbesondere Anwendung die allgemeinen für Zuwendungen von Todeswegen gegebenen Auslegungsregeln und dispositiven Bestimmungen (BGB. §§ 2065 ff.), die Vorschriften über Unwirksamkeit und Anfechtung der Zuwendungen von Todeswegen (§§ 2077 ff.), ferner die Bestimmungen über Erbeseinsetzung (§§ 2087 ff.), über die Einsetzung eines Nacherben (§§ 2100 ff.), über Vermächtnisse (§§ 2147 ff.), über Auflagen (§§ 2192 ff.), über Testamentsvollstrecker (§§ 2197 ff.), endlich auch die Vorschriften über den Inhalt und die Wirkungen gemeinschaftlicher Testamente (§§ 2268 ff.) und über Erbverträge (§§ 2278 ff.). Hieraus ergibt sich unter anderem, daß durch ein Vermächtnis, auch wenn dies nach dem betreffenden ausländischen Rechte die Wirkungen des Vindikationslegats hat, immer nur eine Forderung des Vermächtnisnehmers gegen den Beschwerten begründet wird und daß die rechtliche Stellung und die Befugnis des Testamentsvollstreckers sich ohne Rücksicht auf die abweichenden Vorschriften des betreffenden ausländischen Rechtes lediglich nach den deutschen Gesetzen bestimmen. Unter Umständen wird indessen das betreffende ausländische Recht für die Auslegung des Willens des Erblassers von Bedeutung sein können. Soweit ersichtlich ist, daß der Erblasser bei einer Verfügung z. B. bei der Bestellung eines Testamentsvollstreckers die Vorschriften des betreffenden ausländischen Rechtes vor Augen gehabt hat, wird häufig die Annahme berechtigt sein, daß der Erblasser seine Bestimmung in dem von dem ausländischen Rechte damit verbundenen Sinne gemeint habe, daß er z. B. einem Testamentsvollstrecker die diesem nach dem ausländischen Rechte zustehende Befugnis habe beilegen wollen. Soweit eine Verfügung dieses Inhalts nach deutschem Rechte zulässig ist, wird sie dann in dem von dem Erblasser gewollten Sinne zur Geltung zu bringen sein, aber nicht, weil das ausländische Recht dies bestimmt, sondern weil die Verfügung in diesem Sinne auszulegen ist.

d) Eine weitere Ausnahme findet nach Abs. 3 Halbsatz 2 dahin statt, daß der Erblasser, wenn er, während er dem ausländischen Staate angehörte, nach dem Rechte dieses Staates die Fähigkeit zur Errichtung einer Verfügung von Todes wegen erlangt hatte und eine solche Verfügung wirklich errichtet oder aufgehoben hat, diese Fähigkeit behält, auch wenn er das nach deutschem Rechte erforderliche Alter noch nicht erreicht hat. Zur Errichtung eines Testaments ist nach BGB. § 2229 die Vollendung des sechzehnten Lebensjahrs, zur Errichtung eines Erbvertrags nach § 2275 die Volljährigkeit erforderlich. Genügte nach dem Rechte des Staates, dem der Erblasser früher angehörte, ein früheres Alter, so behält der Erblasser die damit erlangte Fähigkeit zur Errichtung einer Verfügung von Todes wegen jedoch nur dann, wenn er während er dem ausländischen Staate angehörte, wirklich eine Verfügung von Todes wegen der betreffenden Art errichtet hatte. Die von Barazetti (Böhms Z. Bd. 7 S. 4) und Niemeyer S. 171 verteidigte Ansicht, daß die Bestimmung des Abs. 3 Halbsatz 2 dieselbe Tragweite habe wie die Vorschrift des Art. 7 Abs. 2, daß also die Fähigkeit ohne Rücksicht darauf fortdaure, ob der Erblasser, während er dem ausländischen Staate angehörte, eine Verfügung von Todes wegen errichtet habe oder nicht, dürfte weder mit dem Wortlaute noch mit dem Zwecke vereinbar sein. Die Worte „auch behält er“ weisen offenbar auf den in dem ersten Halbsatze bezeichneten Erblasser, welcher eine Verfügung von Todes wegen errichtet oder aufgehoben hatte, hin. Der Zweck der Vorschrift aber besteht darin, den Übelstand zu vermeiden, daß die von dem Erblasser früher errichtete und nach dem Halbsatze 1 gültige Verfügung von Todes wegen, dadurch daß der Erblasser die Reichsangehörigkeit erwirbt, für die Zwischenzeit bis dahin, daß er nach deutschem Rechte die Fähigkeit zur Errichtung einer Verfügung von Todes wegen erwirbt, unabänderlich wird. Dieser Zweck erfordert keine weitergehende Ausnahme von der Regel als diejenige, welche die fragliche Bestimmung ihrem Wortlaute nach hat (P. II Bd. 6 S. 77). Ebenso Schnell in Böhms Z. Bd. 7 S. 114. Handelt es sich um eine einseitige letztwillige Verfügung, so muß der Erblasser, während er dem ausländischen Staate angehörte, eine solche errichtet und das dazu nach dem Rechte des betreffenden Staates erforderliche Alter erreicht haben. Handelt es sich um einen Erbvertrag, so muß er, während er dem ausländischen Staate angehörte, einen solchen abgeschlossen und das dazu erforderliche Alter erreicht haben.

In der früheren Auflage war die Frage aufgeworfen, ob der Abs. 3 Halbsatz 2 auch auf solche Fälle anzuwenden sei, in welchen ein Ausländer die Reichsangehörigkeit erwirbt, der, während er dem Ausland angehörte, dort wegen Geistesschwäche, Verschwendung oder Trunksucht entmündigt ist, wenn die Entmündigung nach den betreffenden ausländischen Gesetzen nicht die Wirkung hat, dem Entmündigten die Fähigkeit zur Errichtung oder Aufhebung einer letztwilligen Verfügung zu entziehen, ob also der Ausländer diese Fähigkeit, nachdem er die Reichsangehörigkeit erworben, auf Grund des Abs. 3 Halbsatz 2 entgegen der Vorschrift des § 2229 Abs. 3, nach welcher ein aus den gedachten Gründen Entmündigter eine letztwillige Verfügung nicht mehr errichten kann, behält. Die Frage wurde mit Rücksicht auf den Zweck der fraglichen Vorschrift bejaht, von Niedner, Erl. 4d aber verneint. Die Aufwerfung der Frage dürfte aber auf einer irrigen Voraussetzung beruhen. Die Wirkung einer im Auslande nach den dortigen Gesetzen erfolgten Entmündigung eines Ausländers bestimmt sich nach den in Deutschland geltenden internationalrechtlichen Grundsätzen (s. Erl. 2 zu Art. 8) nach den betreffenden ausländischen Gesetzen. Hat nach diesen Gesetzen eine wegen Geistesschwäche, Verschwendung oder Trunksucht erfolgte Entmündigung nicht die Wirkung, dem Entmündigten die Fähigkeit zu entziehen, eine letztwillige Verfügung zu errichten, so kann sie diese Wirkung auch nicht dadurch erlangen, daß der Entmündigte die Reichsangehörigkeit erlangt. Nur der nach Maßgabe der deutschen Gesetze Entmündigte verliert nach § 2229 Abs. 3 jene Fähigkeit. Auf eine im Auslande nach den dortigen Gesetzen erfolgte Entmündigung eines Ausländers bezieht sich der § 2229 überhaupt nicht. Hieraus ergibt sich, daß die obige Frage von dem Art. 24 weder entschieden zu werden brauchte noch entschieden werden konnte. Der in der gedachten Art im Ausland entmündigte Ausländer behält zwar, auch wenn er die Reichsangehörigkeit erwirbt, die Fähigkeit, eine letztwillige Verfügung zu errichten, wenn die Entmündigung nach den betreffenden ausländischen Gesetzen den Verlust dieser Fähigkeit nicht zur Folge hatte; aber er behält diese Fähigkeit nicht auf Grund des Art. 24 Abs. 3 Halbsatz 2, sondern deshalb, weil die deutschen Gesetze der im Auslande nach den dortigen Gesetzen erfolgten Entmündigung eines Ausländers, auch wenn der Ausländer die Reichsangehörigkeit erlangt hat, keine weitergehende Wirkung beilegen, als nach den betreffenden ausländischen Gesetzen bestimmt ist. Nach denselben Grundsätzen ist die Frage zu entscheiden, ob ein Ausländer, der im Auslande wegen Geisteskrankheit entmündigt ist, wenn ihm diese Entmündigung nach den betreffenden ausländischen Gesetzen nicht die Fähigkeit entzieht, in einem lichten Zwischenraum eine letztwillige Verfügung zu errichten, diese Fähigkeit behält, nachdem er die deutsche Reichsangehörigkeit erlangt hat. Zulässig dürfte es übrigens sein, einen im Ausland entmündigten Ausländer, nachdem er die Reichsangehörigkeit

Artikel 25. Ein Ausländer, der zur Zeit seines Todes seinen Wohnsitz im Inlande hatte, wird nach den Gesetzen des Staates beerbt, dem er zur Zeit seines Todes angehörte. Ein Deutscher kann jedoch erbrechtliche Ansprüche auch dann geltend machen, wenn sie nur nach den deutschen Gesetzen begründet sind, es sei denn, daß nach dem Rechte des Staates, dem der Erblasser angehörte, für die Beerbung eines Deutschen, welcher seinen Wohnsitz in diesem Staate hatte, die deutschen Gesetze ausschließlich maßgebend sind.

---

erlangt hat, auch noch in Deutschland zu entmündigen, wenn die nach ausländischen Gesetzen erfolgte Entmündigung geringere Wirkung hat, als die nach deutschen Gesetzen erfolgte Entmündigung.

5. **Welches Gericht als Nachlaßgericht zuständig ist,** bestimmt sich nach FGG. §§ 72—74 (vgl. auch KG. Bd. 25 S. A 241). Das zuständige Gericht in erbrechtlichen Prozessen wird durch CPO. § 27 bestimmt.

6. Selbstverständlich bleiben **entgegenstehende Bestimmungen der Staatsverträge** unberührt (vgl. Erl. 5 zu Art. 25).

7. **Die Aufgabe der deutschen Konsuln in Beziehung auf den Nachlaß eines im Auslande gestorbenen Deutschen** beschränkt sich außerhalb der Konsulargerichtsbezirke darauf, dem Nachlaßgerichte behilflich zu sein; sie haben z. B. regelmäßig die Liquidation des Nachlasses zu besorgen und stellen dann den Erlös zur Verfügung des Nachlaßgerichts (Instruktion für die Konsuln des Deutschen Reichs v. 6. Juni 1871 § 18 dazu König, Handbuch des deutschen Konsularwesens (1902) S. 234ff.

Artikel 25.

E. I § 21; II § 2261 rev. § 2386. E. d. EG. III Art. 24. P. I S. 11572ff., 11579ff. P. II Bd. 5 S. 346ff.; Bd. 6 S. 72ff.

1. **Die für die Beerbung eines Ausländers maßgebenden Gesetze.** Der Satz 1 des Art. 25 entscheidet die Frage, nach welchen Gesetzen ein Ausländer beerbt wird nur für den Fall, daß der Erblasser zur Zeit seines Todes seinen Wohnsitz im Inlande hatte. Die Beerbung soll in diesem Falle nach den Gesetzen des Staates beurteilt werden, dem der Erblasser angehörte. Die E. I und II stellten den allgemeinen Grundsatz auf, daß die erbrechtlichen Verhältnisse sich nach den Gesetzen des Staates bestimmen, dem der Erblasser zur Zeit seines Todes angehörte (s. Erl. 1 zu Art. 24). Aus der Beschränkung, mit welcher der Art. 25 den Grundsatz für Ausländer aufstellt, wird auch hier nicht gefolgert werden können, daß die Beerbung eines Ausländers in anderen als den im Satz 1 des Art. 25 bezeichneten Fällen nicht nach den Gesetzen des Staates beurteilt werden solle, dem der Erblasser angehöre. Die Tatsache, daß der Erblasser seinen Wohnsitz im Inlande hatte, kann nicht den Grund bilden, daß der Erblasser nach ausländischen Gesetzen beerbt werden soll. Jene Tatsache bildet vielmehr nur die Veranlassung, aus welcher eine Entscheidung der Frage für den fraglichen Fall als zweckmäßig betrachtet wurde. Das Prinzip, auf welchem die Entscheidung beruht, kann nur darin gefunden werden, daß für die Beerbung die Staatsangehörigkeit des Erblassers zur Zeit seines Todes entscheidend ist (a. A. Niedner, Erl. 2 zu Art. 24). Über die Frage, ob, wenn hiernach in anderem als dem im Satze 1 entschiedenen Falle die ausländischen Gesetze zur Anwendung zu bringen sind, nur die materiell- oder auch die internationalrechtlichen Gesetze des betreffenden ausländischen Staates über die Beerbung zur Anwendung zu bringen sind, s. Erl. 4c zu Art. 27.

2. **Die Regel des Satz 1 wird durch Art. 29 auf solche Fälle ausgedehnt,** in denen der Erblasser zur Zeit keinem Staate angehört, aber zuletzt einem ausländischen Staate angehört hat. Die weiter im Art. 29 getroffene Bestimmung, daß, wenn die betreffende Person einem Staate überhaupt nicht angehört hat, die Gesetze des Staates maßgebend sein sollen, in dem die Person zu der entscheidenden Zeit ihren Wohnsitz oder in Ermangelung eines solchen ihren Aufenthalt hatte, paßt zwar für den im Art. 25 Satz 1 speziell entschiedenen Fall nicht, wird aber auf Grund des in der Erl. 1 hervorgehobenen allgemeinen Prinzips doch zur Anwendung zu bringen sein.

3. **Der Umfang, in welchem die erbrechtlichen Verhältnisse in dem Falle des Art. 25 Satz 1 nach den Gesetzen des Staates zu beurteilen sind, dem der Erblasser zur Zeit seines Todes angehörte,** bestimmt sich nach denselben Grundsätzen, welche für den Fall gelten, daß der

Erblasser zur Zeit seines Todes ein Deutscher war. In betreff des Erbschaftskaufs (s. Erl. 3 f. zu Art. 24) kommt es indessen darauf an, ob nach dem maßgebenden ausländischen Gesetze der Erbschaftskauf als ein erbrechtliches Rechtsgeschäft oder ähnlich wie im BGB. als ein nach den Grundsätzen über den Kauf zu beurteilendes obligatorisches Rechtsgeschäft behandelt wird. Im ersteren Falle finden auf den Erbschaftskauf die sich darauf beziehenden erbrechtlichen Vorschriften des ausländischen Rechtes Anwendung, während im letzteren Falle die für obligatorische Rechtsgeschäfte maßgebenden Grundsätze zur Anwendung kommen. Die Form einer Verfügung von Todes wegen bestimmt sich nach Art. 11 Abs. 1 Satz 1 nach den für die Beerbung maßgebenden Gesetzen; jedoch genügt nach Art. 11 Abs. 1 Satz 2 die Beobachtung der Gesetze des Ortes, an dem die Verfügung errichtet wird.

Als Nachlaßgericht ist nach FGG. § 73 Abs. 1 zuständig das Gericht des Wohnsitzes des Erblassers zur Zeit des Erbfalls, in Ermangelung eines inländischen Wohnsitzes das Gericht, in welchem der Erblasser seinen Aufenthalt hatte. In betreff eines Ausländers, der im Inlande weder Wohnsitz noch Aufenthalt hatte, ist jedes Gericht, in dessen Bezirke sich Nachlaßgegenstände befinden, für alle im Inlande befindlichen Nachlaßgegenstände zuständig. Für die Sicherung des Nachlasses ist nach FGG. § 74 jedes Gericht zuständig, in dessen Bezirke sich das Bedürfnis herausstellt (vgl. KG. Bd. 25 S. A 241).

Durch den § 73 des FGG. wird übrigens nur über die örtliche, nicht über die sachliche Zuständigkeit entschieden. Die Frage, ob ein deutsches Gericht die Funktionen des Nachlaßgerichts in Beziehung auf den Nachlaß eines Ausländers wahrzunehmen hat und welche Funktionen ihm in dieser Beziehung obliegen, bestimmt sich nach dem für den betreffenden Nachlaß geltenden materiellen Rechte. Nur wenn nach diesem die Zuständigkeit begründet ist, wird die örtliche Zuständigkeit durch FGG. § 73 bestimmt. Für die sachliche Zuständigkeit kommen in erster Linie die Staatsverträge (s. unten Erl. 5) in Betracht, nach denen häufig die Zuständigkeit eines deutschen Nachlaßgerichts ausgeschlossen oder doch die Mitwirkung des Konsuls des betreffenden ausländischen Staates vorgeschrieben ist. In Ermangelung derartiger besonderer Bestimmungen sind die für die Beerbung eines Ausländers maßgebenden Gesetze seines Heimatstaats und nur, insoweit ausnahmsweise die deutschen Gesetze anwendbar sind (s. Art. 27, 28), die deutschen Gesetze maßgebend (vgl. die Kommentare zum FGG. von Dorner S. 346, 347; Birkenbihl S. 243, 244).

Zweifelhaft ist die Frage, ob, wenn das Testament eines Ausländers sich in der amtlichen Verwahrung eines deutschen Gerichts befindet, dieses nach BGB. § 2261 die Eröffnung vorzunehmen oder sich darauf zu beschränken hat, dem für den Nachlaß zuständigen ausländischen Nachlaßgerichte von dem Vorhandensein des Testaments Nachricht zu geben und erst auf Ersuchen desselben die Eröffnung vorzunehmen. Für die Annahme einer solchen Beschränkung spricht die Konsequenz der über die Beerbung eines Ausländers geltenden Grundsätze. Dagegen aber spricht der Wortlaut sowie die Erwägung, daß die Zweckmäßigkeitsrücksichten, welche für die Bestimmung des § 2261 maßgebend gewesen sind, offenbar in demselben Maße zutreffen, wenn das zuständige Nachlaßgericht ein ausländisches wie wenn es ein deutsches Gericht ist. Der Absicht des Gesetzgebers dürfte es hiernach mehr entsprechen, den § 2261 auch in dem hier fraglichen Falle anzuwenden.

4. Von der Regel des Satz 1 gelten folgende Ausnahmen:

a) Nach Art. 27 finden die deutschen Gesetze Anwendung, wenn dies in den nach Satz 1 maßgebenden ausländischen Gesetzen bestimmt ist.

b) Nach Art. 28 finden die nach Satz 1 maßgebenden ausländischen Gesetze keine Anwendung auf solche Gegenstände, die sich nicht in dem betreffenden ausländischen Staate befinden und nach den Gesetzen des Staates, in welchem sie sich befinden, in betreff der Beerbung besonderen Gesetzen unterliegen. Diese Vorschrift ist von besonderer Bedeutung für solche in Deutschland befindliche Gegenstände, welche nach Art. 59 den Landesgesetzen über Familienfideikommisse, über Lehen oder über Stammgüter unterliegen, ferner für die Rentengüter (Art. 62), für die Erbpachtrechte (Art. 63) und diejenigen Güter, welche dem Anerbenrecht unterliegen (Art. 64).

c) Auch der allgemeine Vorbehalt des Art. 30 kann im Falle des Art. 25 zur Anwendung kommen.

d) Eine Ausnahme durchaus positiver Natur zugunsten Deutscher bestimmt der Satz 2 des Art. 25 dahin, daß ein Deutscher erbrechtliche Ansprüche auch dann geltend machen kann, wenn sie nur nach deutschen Gesetzen begründet sind. Unter erbrechtlichen Ansprüchen ist nicht nur der Erbschaftsanspruch zu verstehen; es fallen darunter auch die Ansprüche aus Vermächtnissen und Auflagen sowie der Pflichtteilsanspruch; nicht darunter fallen aber die Ansprüche der Nachlaßgläubiger und ebensowenig der Anspruch des Erbschaftskäufers aus dem Erbschaftskaufe gegen den Erbschaftsverkäufer. Nur ein Deutscher kann sich zur Begründung seines Anspruchs auf das deutsche Recht berufen, nicht ein Ausländer. Wenn also z. B. zwei gleich nahe Verwandte des Erblassers vorhanden sind, die nach deutschen Gesetzen, nicht aber nach den betreffenden ausländischen Gesetzen erbberechtigt sind und von denen der eine ein Deutscher, der andere ein Ausländer ist, so kann nur der Deutsche, nicht aber der Ausländer das Erbrecht geltend machen. Soweit die nach den deutschen Gesetzen begründeten erbrechtlichen Ansprüche mit den durch das ausländische Gesetz begründeten Rechten unvereinbar sind, werden die letzteren insoweit beseitigt, als zur Durchführung der für den Deutschen begründeten Ansprüche erforderlich ist. Zweifelhaft kann sein, wie das Verhältnis ist, wenn beide Beteiligte Deutsche sind und der eine sich auf die deutschen, der andere sich auf die ausländischen Gesetze beruft, wenn also z. B. die Witwe des Erblassers, welche die deutsche Reichsangehörigkeit besaß, das ihr nach deutschen Gesetzen neben Abkömmlingen zustehende Viertel der Erbschaft in Anspruch nimmt, während der einzige Sohn, der ebenfalls Deutscher ist, auf Grund des ausländischen Rechtes die Erbschaft als Alleinerbe beansprucht. Nach dem Zwecke der fraglichen Vorschrift wird auch hier der durch die deutschen Gesetze begründete Anspruch vorgehen müssen. Die Ausnahme des Satz 2 greift übrigens nur in dem durch Satz 1 geregelten Falle, also dann Platz, wenn der Erblasser zur Zeit seines Todes seinen Wohnsitz im Inlande hatte. Sie darf nicht auch auf solche Fälle ausgedehnt werden, in welchen der Erblasser seinen Wohnsitz im Auslande hatte, denn der wesentliche Grund der Ausnahme liegt offenbar gerade darin, daß der Erblasser seinen letzten Wohnsitz in Deutschland hatte.

Die Ausnahme des Satz 2 gilt nicht, wenn nach dem Rechte des Staates, dem der Erblasser angehörte, für die Beerbung eines Deutschen, welcher seinen Wohnsitz in diesem Staate hatte, ausschließlich die deutschen Gesetze maßgebend sind. Das Prinzip der Retorsion, welches das deutsche Recht sonst nur in der durch Art. 31 bestimmten Beschränkung kennt, liegt also, wie sich aus dieser Modifikation des Satz 2 ergibt, der ganzen Ausnahmebestimmung des Satz 2 zugrunde. Erstrebt wird die allgemeine Anerkennung des Grundsatzes, daß die Staatsangehörigkeit für die Beerbung maßgebend ist, mag der Erblasser seinen Wohnsitz in seinem Heimatstaat oder in einem anderen Staate haben. Wenn ein ausländischer Staat diesen Grundsatz für Deutsche, die in ihm ihren Wohnsitz haben, anerkennt, so wird der Grundsatz auch für die Ausländer, welche ihren Wohnsitz in Deutschland haben, ohne die Ausnahme des Satz 2 anerkannt. Andernfalls wird in den Grenzen des Satz 2 Retorsion geübt. Die Voraussetzung, unter welcher der Satz 2 keine Anwendung findet, geht übrigens nicht bloß dahin, daß die Beerbung eines Deutschen, der in dem betreffenden Staate seinen Wohnsitz hat, sich nach deutschen Gesetzen bestimmt, sondern dahin, daß sie sich ausschließlich nach deutschen Gesetzen bestimmt. Werden in den Gesetzen des betreffenden ausländischen Staates also Ausnahmen von der Anwendung der deutschen Gesetze gemacht, so findet die Regel des Satz 2 Anwendung. Zweifelhaft erscheint, ob dies auch dann anzunehmen ist, wenn die Ausnahmen nur den Vorschriften des Art. 24 Abs. 2, 3 entsprechen. Das Wort „ausschließlich" spricht gegen die Zulässigkeit dieser Ausnahmen. Es spricht dagegen auch ferner, daß die Ausnahmen, welche die Abs. 2, 3 des Art. 24 von der für die Beerbung eines Deutschen im Art. 24 Abs. 1 aufgestellten Regel machen, von der im Art. 25 Satz 1 für die Beerbung eines Ausländers aufgestellten Regel nicht bestimmt sind (s. unter e, f). Bestimmen daher die ausländischen Gesetze derartige Ausnahmen in betreff der Beerbung eines Deutschen, so ist die Voraussetzung, unter welcher die Vorschrift des Satz 2 keine Anwendung finden soll, nicht gegeben (Niedner, Erl. 3a δ; a. A. die frühere Auflage). Dagegen dürfte es, wenn nach dem betreffenden ausländischen Rechte eine dem Satze 2 des Art. 25 entsprechende Ausnahme zugunsten der Ausländer gilt, diese Ausnahme aber in derselben Weise beschränkt ist, wie dies in dem Satze 2 durch den Zusatz „es sei denn" ... 2c. geschehen ist, dem Zwecke der fraglichen Vorschriften entsprechen, daß das Verhältnis so angesehen wird, wie wenn für beide Vorschriften die Voraussetzung der Nichtanwendung gegeben wäre (a. A. Niedner, Erl. 3a δ).

Keine Anwendung findet der Satz 2, soweit der Art. 28 die Anwendung desselben auf die im Art. 28 bezeichneten Gegenstände ausschließt.

e) Fraglich ist, ob von der Regel des Satz 1 eine der Vorschrift des Art. 24 Abs. 2 entsprechende Ausnahme anzuerkennen ist, ob also die Erben eines Ausländers

Artikel 26. Gelangt aus einem im Ausland eröffneten Nachlasse für die nach den dortigen Gesetzen berechtigten Erben oder Vermächtnißnehmer durch Vermittelung deutscher Behörden Vermögen ins Inland, so kann ein Anderer der

---

welcher seinen Wohnsitz zur Zeit seines Todes in Deutschland gehabt hat, in Ansehung der Haftung für die Nachlaßverbindlichkeiten sich auch auf die deutschen Gesetze berufen können. So billig auf den ersten Blick die entsprechende Anwendung erscheint, so dürfte sie sich doch nicht rechtfertigen lassen, weil die Vorschrift des Art. 24 Abs. 2 sich als eine zugunsten der Erben eines Deutschen bestimmte Ausnahme darstellt und deshalb in Ermangelung einer ausdrücklichen Bestimmung dem Art. 25 Satz 1 gegenüber nicht auf die Erben eines Ausländers ausgedehnt werden darf.

f) Dieselbe Frage erhebt sich in betreff des Abs. 3 des Art. 24. Soll dieser in dem Falle des Art. 25 Satz 1 dahin entsprechende Anwendung finden, daß die Errichtung sowie die Aufhebung einer Verfügung von Todes wegen, wenn dieselbe erfolgt ist, bevor der Erblasser Angehöriger des ausländischen Staates geworden ist, nach den Gesetzen des Staates beurteilt wird, dem der Erblasser zur Zeit der Errichtung angehörte? Der E. II rev. § 2386 stellte in Übereinstimmung mit den E. I und II den allgemeinen Satz auf „Die Errichtung und die Aufhebung einer Verfügung von Todes wegen bestimmen sich nach den Gesetzen des Staates, dem der Erblasser zur Zeit der Errichtung oder der Aufhebung angehört." So gewichtige innere Gründe sich für eine solche allgemeine Bestimmung anführen lassen, so dürfte es doch bedenklich sein, aus der jetzt auf den Fall, daß ein Ausländer die deutsche Reichsangehörigkeit erwirbt, beschränkten Vorschrift des Art. 24 Abs. 3 ein allgemeines Prinzip abzuleiten. Dies würde vielleicht dann zulässig sein, wenn das EG. eine Vorschrift über die Beerbung eines Ausländers überhaupt nicht gegeben hätte. Da das EG. aber im Art. 25 Satz 1 eine solche Bestimmung wenigstens für den dort bezeichneten Fall trifft, so hätte, wenn auch für diesen Fall eine entsprechende Anwendung des Art. 24 Abs. 3 gewollt wäre, eine ausdrückliche Bestimmung in dieser Richtung gegeben werden müssen. Daraus, daß dies nicht geschehen ist, muß geschlossen werden, daß die entsprechende Anwendung nicht gewollt ist. Keinesfalls wird die in dem zweiten Halbsatze des Art. 24 Abs. 3 enthaltene Vorschrift über die Fortdauer der Fähigkeit zur Errichtung einer Verfügung von Todes wegen, welche auch in den Entwürfen auf den Fall beschränkt war, daß ein Ausländer die deutsche Reichsangehörigkeit erworben hat, bei der Beerbung eines Ausländers entsprechend angewendet werden dürfen. Ebenso Schnell in Böhms Zeitschrift VII S. 116 gegen Barazetti; a. A. wie es scheint Niedner Erl. 5 zu Art. 24 und Niemeyer S. 170.

5. Staatsverträge. Selbstverständlich ist, daß der Art. 25 wie alle internationalrechtlichen Vorschriften des EG. insoweit keine Anwendung findet, als durch Staatsverträge ein anderes bestimmt ist.

In Betracht kommen insbesondere folgende Staatsverträge (s. die Zusammenstellungen im preuß. JMBl. 1894 S. 130, im bayer. JMBl. 1903 S. 209): mit Argentinien v. 19. September 1857 (Preuß. Ges.-Samml. 1859 S. 405) Art. 9; Chili v. 1. Februar 1862 (PGS. 1863 S. 761) Art. 10, 12; Brasilien v. 30. November 1897 und 15. Februar 1898 (RGBl. 1899 S. 547); Columbien v. 22. Juli 1892 (RGBl. 1894 S. 471) Art. 21; Griechenland v. 26. November 1881 (RGBl. 1882 S. 101) Art. 15ff. und v. 9. Juli 1884 (RGBl. 1885 S. 23) Art. 2; Guatemala v. 20. September 1887 (RGBl. 1888 S. 238) Art. 25 (tritt am 22. Juni 1905 außer Kraft, Reichsanzeiger 1904 Nr. 83); Italien v. 7. Februar 1872 (RGBl. S. 134), v. 21. Dezember 1868 (BGBl. 1869 S. 113) Art. 11, 12 und v. 6. Dezember 1891 (RGBl. 1892 S. 97) Art. 2; Japan v. 4. April 1896 (RGBl. S. 715, 732) Art. I, X, XIV); Mexiko v. 5. Dezember 1882 (RGBl. 1883 S. 247) Art. 15; Niederlande v. 11. Januar 1872 (RGBl. S. 67); Rußland v. 12. November (31. Oktober) 1874 und v. 8. Dezember (26. November) 1874 Art. 9, 10 (RGBl. 1875 S. 136, 145); Serbien v. 6. Januar 1883 (RGBl. S. 62) Art. 11ff. und v. 21./9. August 1892 (RGBl. 1893 S. 269) Art. 2; Spanien v. 12. Januar 1872 (RGBl. S. 211) Art. 1 und v. 22. Februar 1870 (BGBl. S. 99) Art. 11ff.; Türkei v. 26. August 1890 (RGBl. 1891 S. 117) Art. 24; Vereinigte Staaten von Amerika v. 11. Dezember 1871 (RGBl. 1872 S. 95) Art. 10; Südafrikanische Republik v. 22. Januar 1885 Art. 25 (RGBl. 1886 S. 209).

Vgl. auch die zu Art. 88 aufgezählten Staatsverträge, welche das Recht freier Verfügung von Todes wegen über Mobilien bezw. Immobilien gewährleisten.

Herausgabe nicht aus dem Grunde widersprechen, daß er als Erbe oder Vermächtnißnehmer einen Anspruch auf das Vermögen habe.

Artikel 27. Sind nach dem Rechte eines fremden Staates, dessen Gesetze in dem Artikel 7 Abs. 1, dem Artikel 13 Abs. 1, dem Artikel 15 Abs. 2, dem Artikel 17 Abs. 1 und dem Artikel 25 für maßgebend erklärt sind, die deutschen Gesetze anzuwenden, so finden diese Gesetze Anwendung.

Artikel 26.

E. d. EG. III Art. 25.

Der von dem Bundesrate hinzugefügte Art. 26 enthält keine materiellrechtliche Vorschrift, sondern bezweckt nur, den deutschen Behörden, welche mit der Übermittelung von Gegenständen aus einer im Ausland eröffneten Erbschaft betraut sind, die Erfüllung dieses Auftrags zu erleichtern und sie gegen Ansprüche Dritter zu sichern. Die Vorschrift ist dadurch veranlaßt, daß die Regulierung des Nachlasses eines im Auslande verstorbenen Erblassers nach den dort geltenden Gesetzen häufig in der Art erfolgt, daß die zuständige Behörde denjenigen, welche nach den dortigen Gesetzen Erben oder Vermächtnisnehmer sind, wenn sie in einem anderen Staate wohnen, das ihnen aus dem Nachlasse Zukommende durch Vermittelung der Behörden des betreffenden Staates zugehen läßt. Werden nun deutsche Behörden mit einer solchen Übermittelung betraut, so würde ihnen die Ausführung dieses Auftrags möglicherweise dadurch unmöglich gemacht werden, daß ein anderer, der als Erbe oder Vermächtnisnehmer einen Anspruch auf die betreffenden Gegenstände zu haben behauptet, der Aushändigung an diejenigen, für welche die Gegenstände bestimmt sind, widerspricht und etwa durch Erwirkung einer einstweiligen gerichtlichen Verfügung die Aushändigung hindert. Dieser Fall kann insbesondere dann eintreten, wenn der Erblasser ein Deutscher war, also auf grund des Art. 24 nach deutschen Gesetzen beerbt wird, während seine Beerbung nach den Gesetzen des Staates, in dem er gestorben ist, sich nach den dortigen Gesetzen bestimmt. Der nach den deutschen Gesetzen Berechtigte soll sein Recht nicht dadurch geltend machen können, daß er der Aushändigung des Vermögens widerspricht, welches an die deutschen Behörden zur Übermittelung an die nach den ausländischen Gesetzen Berechtigten gelangt ist. Materiell wird sein Recht auf dieses Vermögen durch die Vorschrift des Art. 26 nicht berührt; er kann es gegen diejenigen, an welche das Vermögen gelangt ist, auf dem nach den deutschen Gesetzen zulässigen Wege, insbesondere also durch Erhebung des Erbschaftsanspruchs geltend machen. Zulässig ist z. B. ein Arrest, auf Grund dessen dem nach dem ausländischen Rechte Empfangsberechtigten unmittelbar nach der Aushändigung das Empfangene wieder abgenommen wird. Nur ein Widerspruch der Erben und Vermächtnisnehmer wird übrigens durch Art. 26 ausgeschlossen; andere Nachlaßgläubiger als Vermächtnisnehmer werden durch den Art. 26 nicht berührt.

Artikel 27.

E. II § 2245 Abs. 1 Satz 2, § 2247 Abs. 4 rev. § 2370 Abs. 1 Satz 2, § 2374 Satz 2. E. d. EG. III Art. 26. P. I S. 11583 ff. P. II Bd. 6 S. 17 ff., 49, 56 f., 59.

1. **Weiterverweisung und Rückverweisung.** Enthalten die Gesetze eines Staates die Vorschrift, daß für die Beurteilung eines Rechtsverhältnisses die Gesetze eines ausländischen Staates maßgebend sein sollen, so kann eine solche Verweisung auf das Recht eines anderen Staates eine zweifache Bedeutung haben. Es kann damit gemeint sein, daß die sich auf das betreffende Rechtsverhältnis beziehenden materiellen Gesetze des ausländischen Staates maßgebend sein sollen. Die Absicht kann aber auch dahin gehen, die Gesetzgebung des ausländischen Staates für kompetent zu erklären, über das betreffende Rechtsverhältnis in jeder Beziehung Bestimmungen zu geben. Ist das letztere beabsichtigt, so finden die materiellrechtlichen Bestimmungen der Gesetze des ausländischen Staates nur dann Anwendung, wenn sie nach den internationalrechtlichen Vorschriften dieses Staates auf das Rechtsverhältnis angewendet werden sollen, während, wenn nach diesen Vorschriften das Rechtsverhältnis nach den Gesetzen eines anderen Staates beurteilt werden soll, diese Bestimmung maßgebend ist. Bestimmt das nationale Recht, in welchem Sinne eine Vorschrift der fraglichen Art gemeint ist, so ist diese Bestimmung selbstverständlich maßgebend. Enthält das nationale Recht aber eine solche Bestimmung nicht und ist auch aus dem Inhalt und dem Zusammenhange der einzelnen Vorschriften des nationalen

Rechtes nicht mit Sicherheit zu ermitteln, in welchem Sinne die fragliche Vorschrift gemeint ist, so entsteht nun die Frage, welche Auslegung nach den allgemeinen Grundsätzen des internationalen Privatrechts als die richtige anzusehen ist. Diese Frage der sog. Weiterverweisung und Rückverweisung ist in der Theorie wie in der Praxis außerordentlich bestritten; s. darüber insbesondere Regelsberger Bd. 1 § 40 Nr. 3; Gierke Deutsches Privatrecht Bd. 4 § 25 II S. 215; Enneccerus-Lehmann Aufl. III Bd. 1 § 72; v. Bar Theorie und Praxis Bd. 1 § 94 S. 280, 2 S. 696; Zitelmann Bd. 1 S. 237ff., 389ff.; Kahn in Jherings Jahrb. Bd. 30 S. 7ff., Bd. 36 S. 366ff. (auf S. 401ff. ausführliche Angaben über Literatur und Rechtsprechung; die neueren Aufsätze von Kahn in Jherings Jahrb. Bd. 39 S. 1 ff., 40 S. 1ff. berühren die Frage nicht direkt). Niemeyer Vorschläge S. 80ff.; Niemeyer Internationales Privatrecht S. 74ff.; Schnell in Böhms Zeitschrift Bd. 4 S. 337ff., Barazetti daselbst Bd. 8 S. 32ff.; v. Bar daselbst S. 177ff.; Buzzati daselbst S. 449ff.; Neumann III S. 48; Riedner, Erl. 3 zu Art. 27. Die Praxis der Gerichte, insbesondere auch des Reichsgerichts ist schwankend, s. darüber die angeführten Schriften insbesondere bei Kahn und Niemeyer a. a. O. Überwiegende Gründe dürften dafür sprechen, unter einer Verweisung auf ausländische Gesetze im Zweifel nur die Verweisung auf die materiellrechtlichen Gesetze zu verstehen. Auf eine eingehende Erörterung dieser zweifelhaften Frage muß hier aber verzichtet werden. Die folgenden Bemerkungen beschränken sich auf die Untersuchung, ob und in welchen Beziehungen aus dem Art. 27 und den sonstigen Bestimmungen des EG. erhellt, in welchem Sinne die in dem EG. erfolgte oder daraus abzuleitende Verweisung auf ausländisches Recht gemeint ist.

2. **Entstehungsgeschichte des Art. 27.** Der der ersten Kommission vorgelegte Entwurf enthielt in dem § 31 die Vorschrift:

> „Die Vorschriften des § 7 Abs. 1, des § 16 Abs. 1, des § 19 Abs. 1 Satz 1 und Abs. 2, der §§ 21, 22, des § 23 Satz 1 und 2, des § 26 Abs. 1 und des § 29 kommen nicht zur Anwendung, wenn nach den Gesetzen des Staates, welchem der Ausländer angehört, nicht die Gesetze dieses Staates, sondern die deutschen Gesetze Anwendung zu finden haben. In diesem Falle sind die deutschen Gesetze maßgebend." (P. I S. 11583.)

Die Bestimmungen der in der obigen Vorschrift angeführten Paragraphen entsprechen im wesentlichen den im Art. 27 angeführten Paragraphen. Nach eingehender Beratung sprach sich die Kommission gegen das Prinzip der Rückverweisung aus und lehnte den obigen § 31 ab. Auch die zweite Kommission verharrte auf diesem Standpunkte. Nur in zwei Beziehungen wurde eine Ausnahme gemacht. In dem E. II § 2245 rev. § 2370 wurde der Regel, daß die Eingehung der Ehe in Ansehung eines jeden der Verlobten nach den Gesetzen des Staates beurteilt werde, dem er angehöre, der Zusatz hinzugefügt:

> „Gestattet das Recht dieses Staates, daß der Verlobte die Ehe nach den Gesetzen seines Wohnsitzes oder nach den Gesetzen des Ortes eingeht, an dem die Ehe geschlossen wird, so genügt für ihn die Beobachtung dieser Gesetze,"

und im E. II § 2247, im rev. §§ 2374, 2375, wurde der Regel, daß für die Auflösung der Ehe, insbesondere auch für die Scheidung die Gesetze des Staates maßgebend seien, dem der Ehemann zu der in den gedachten Paragraphen bezeichneten Zeit angehört, die Beschränkung hinzugefügt:

> „Sind nach dem Rechte dieses Staats die am Wohnsitze des Mannes geltenden Gesetze anzuwenden, so sind diese Gesetze maßgebend."

Beide Sätze wurden als Ausnahmen angesehen, welche aus Zweckmäßigkeitsgründen von dem im allgemeinen als richtig anerkannten Prinzipe, daß eine Rückverweisung nicht stattfinde, zugelassen seien. Die weitergehende Vorschrift des Art. 27 ist vom Bundesrat eingestellt.

3. **Der positive Inhalt des Art. 27** beschränkt sich auf die Bestimmung, daß wenn die Gesetze des fremden Staates, auf welche in den im Art. 27 bezeichneten Artikeln verwiesen wird, die deutschen Gesetze für anwendbar erklären, die deutschen Gesetze anzuwenden sind.

a) Die Voraussetzung der Vorschrift besteht darin, daß die in dem Staate, auf dessen Gesetze verwiesen ist, geltenden internationalrechtlichen Vorschriften bestimmen, daß das in Frage stehende Rechtsverhältnis nach deutschen Gesetzen zu beurteilen sei. Insoweit sollen also nicht bloß die materiellen, sondern die internationalrechtlichen ausländischen Gesetze berücksichtigt werden. Die Rückverweisung wird anerkannt, aber nur für den Fall, daß auf das deutsche Recht zurückverwiesen wird. Gleichgültig ist, aus welchem Grunde die Rückverweisung erfolgt; es kommt lediglich darauf an, ob der einzelne zur Entscheidung stehende Fall nach Maßgabe der internationalrechtlichen ausländischen Gesetze nach deutschem Rechte zu beurteilen ist. Zu den einzelnen im Art. 27 bezeichneten Artikeln ist folgendes zu bemerken.

α) Nach Art. 7 Abs. 1 wird die Geschäftsfähigkeit einer Person nach den Gesetzen des Staates beurteilt, dem sie angehört. Schreiben die internationalrechtlichen Gesetze dieses Staates nun aber vor, daß die Geschäftsfähigkeit einer Person sich nach den Gesetzen des Staates bestimme, in dem sie ihren Wohnsitz habe, und hatte die Person in dem zur Entscheidung stehenden Falle zur Zeit der Vornahme des in Frage stehenden Rechtsgeschäfts ihren Wohnsitz in Deutschland, so sind die deutschen Gesetze anzuwenden. Das gleiche gilt, wenn nach den internationalrechtlichen Vorschriften des ausländischen Staates die Geschäftsfähigkeit einer Person nach den Gesetzen des Staates beurteilt wird, in dem das Rechtsgeschäft vorgenommen wird, und das in Frage stehende Rechtsgeschäft in Deutschland vorgenommen ist.

β) Nach Art. 13 Abs. 1 wird unter den dort bezeichneten Voraussetzungen die Eingehung einer Ehe in Ansehung eines jeden der Verlobten nach den Gesetzen des Staates beurteilt, dem er angehört. Ist nun nach den in diesem Staate geltenden internationalrechtlichen Vorschriften für den diesem Staate angehörenden Verlobten nicht die Staatsangehörigkeit, sondern der Wohnsitz oder der Ort, an welchem die Ehe geschlossen wird, maßgebend und hatte der betreffende Verlobte zur Zeit der Eingehung der Ehe seinen Wohnsitz in Deutschland oder wurde die Ehe in Deutschland geschlossen, so wird in Ansehung dieses Verlobten die Eingehung der Ehe nach deutschen Gesetzen beurteilt. Das gleiche gilt, wenn nach den internationalrechtlichen ausländischen Vorschriften in Ansehung beider Verlobten die Staatsangehörigkeit des Mannes entscheidend ist; ist dieser ein Deutscher, so entscheiden in Ansehung der Frau, obwohl sie eine Ausländerin ist, doch die deutschen Gesetze.

γ) Nach Art. 15 Abs. 2 sind unter den dort bezeichneten Voraussetzungen für das eheliche Güterrecht die Gesetze des Staates maßgebend, dem der Ehemann zur Zeit der Eingehung der Ehe angehört. Sind nach den in diesem Staate geltenden internationalrechtlichen Vorschriften die Gesetze des Staates maßgebend, in welchem der Ehemann zur Zeit der Eingehung der Ehe seinen Wohnsitz hatte oder in welchem die Ehe geschlossen wurde, und hatte zu dieser Zeit der Ehemann seinen Wohnsitz in Deutschland oder wurde die Ehe in Deutschland geschlossen, so sind die deutschen Gesetze maßgebend (ebenso auch nach E. II; s. oben Erl. 2). Zweifelhaft ist die Frage, wie das Verhältnis zu beurteilen ist, wenn die in dem ausländischen Staate geltenden internationalrechtlichen Vorschriften die jeweilige Staatsangehörigkeit oder den jeweiligen Wohnsitz für entscheidend erklären und der Ehemann zu der für den einzelnen in Frage stehenden Fall entscheidenden Zeit ein Deutscher war oder seinen Wohnsitz in Deuschland hatte. Der E. II berücksichtigte diesen Fall nicht und es läßt sich gegen dessen Berücksichtigung geltend machen, daß der Grundsatz der Unveränderlichkeit des bei der Eingehung der Ehe begründeten Güterstandes allgemein durch das deutsche Recht bestimmt und in dieser Beziehung nicht auf die ausländischen Gesetze verwiesen ist. Wenn indessen der einzelne zur Entscheidung stehende Fall bei Anwendung der gedachten internationalrechtlichen Vorschriften nach deutschen Gesetzen zu entscheiden ist, so dürfte sowohl nach dem Wortlaute wie nach der Absicht des Art. 27 die Voraussetzung gegeben sein, unter welcher die deutschen Gesetze anzuwenden sind.

δ) Nach Art. 17 Abs. 1 sind für die Scheidung der Ehe die Gesetze des Staates maßgebend, dem der Ehemann zur Zeit der Erhebung der Scheidungsklage angehörte. Sind nach den internationalrechtlichen Vorschriften des Staates, dem der Ehemann zu dieser Zeit angehörte, für die Scheidung die Gesetze des Staates maßgebend, in welchem der Ehemann zu der fraglichen Zeit seinen Wohnsitz hatte oder in welchem die Klage erhoben wurde, und hatte der Ehemann zu der fraglichen Zeit seinen Wohnsitz in Deutschland oder wurde die Klage in Deutschland erhoben, so sind die deutschen Gesetze anzuwenden (im E. II; s. oben unter Erl. 2 wurde nur der Fall berücksichtigt, daß die ausländischen Gesetze auf den Wohnsitz verweisen). Ein ähnlicher Zweifel wie unter *δ* entsteht hier für den Fall, daß die in dem ausländischen Staate geltenden internationalrechtlichen Vorschriften nicht auf den Zeitpunkt der Erhebung der Scheidungsklage, sondern auf einen anderen Zeitpunkt z. B. auf den der Eingehung der Ehe abstellen. Auch hier dürften nach dem Wortlaute wie nach der Absicht des Art. 27 die deutschen Gesetze anzuwenden sein, wenn bei Anwendung der gedachten internationalrechtlichen Vorschriften die Scheidungsklage nach deutschem Rechte zu beurteilen ist.

a) Nach Art. 25 Satz 1 wird unter der dort bezeichneten Voraussetzung eine Person, die zur Zeit ihres Todes einem ausländischen Staate angehörte, nach dessen Gesetzen beerbt. Sind nach den in diesem Staate geltenden internationalrechtlichen Vorschriften für die Beerbung die Gesetze des Wohnsitzes des Erblassers zur Zeit seines Todes maßgebend und hatte zu dieser Zeit der Erblasser seinen Wohnsitz in Deutschland, so sind die deutschen Gesetze anzuwenden. Das gleiche wird gelten müssen, wenn nach den gedachten internationalrechtlichen Vorschriften die Beerbung keine einheitliche ist, sondern zwischen den verschiedenen Teilen des Nachlasses z. B. zwischen beweglichem und unbeweglichem Vermögen unterschieden wird. Sind auf Grund dieser Vorschriften in dem einzelnen zur Entscheidung stehenden Falle die deutschen Gesetze maßgebend, so kommen diese zur Anwendung (vgl. auch Art. 28).

b) Unter den deutschen Gesetzen, die nach Art. 27 Anwendung finden, sind nur die materiellrechtlichen deutschen Gesetze zu verstehen. Wollte man darunter auch die internationalrechtlichen deutschen Gesetze mit verstehen, so würde dies zu einem unlösbaren Zirkel oder zu einem dem Zwecke des Art. 27 offenbar widersprechenden Ergebnisse führen.

c) Zweifelhaft ist, wie das Verhältnis beurteilt werden muß, wenn die ausländischen Gesetze, auf welche in den fraglichen Artikeln des EG. verwiesen wird, nicht das Prinzip der Staatsangehörigkeit, sondern das des Wohnsitzes zugrunde legen und dann eine Bestimmung treffen, wie sie z. B. in dem Schweizer Bundesgesetze vom 25. Juni 1891 Art. 28 enthalten ist. Nach dieser sollen Schweizer, welche ihren Wohnsitz im Auslande haben, wenn sie nach Maßgabe der ausländischen Gesetzgebung dem ausländischen Rechte nicht unterworfen sind, dem Rechte und dem Gerichtsstande des Heimatkantons unterstehen. Schweizer, die zur Zeit der Eingehung ihrer Ehe ihren Wohnsitz in Deutschland haben, sind nach Art. 15 und dem daraus abzuleitenden allgemeineren Prinzip in Ansehung des ehelichen Güterrechts nicht den deutschen Gesetzen unterworfen. Nach dem Wortlaute der gedachten Vorschrift scheint also angenommen werden zu müssen, daß sie in der fraglichen Beziehung den Gesetzen ihres Heimatkantons unterstehen, daß also der Art. 27 keine Anwendung findet. Diese Annahme dürfte indessen nicht gerechtfertigt sein. Der Art. 27 gehört selbst auch zu den in der fraglichen Vorschrift angezogenen ausländischen Gesetzen. Nach Art. 27 sollen aber, wenn die nach Art. 15 in der fraglichen Beziehung zunächst maßgebenden Schweizer Gesetze auf die deutschen Gesetze verweisen, die deutschen Gesetze zur Anwendung kommen. Die Schweizer Gesetze verweisen in der fraglichen Beziehung, wenn die Eheleute bei Eingehung der Ehe ihren Wohnsitz in Deutschland haben, auf die deutschen Gesetze; die Schweizer sind also auf Grund des Art. 27 den deutschen Gesetzen unterworfen und die Voraussetzung des oben angeführten Schweizer Bundesgesetzes, daß die Schweizer den betreffenden ausländischen Gesetzen nicht unterworfen seien, ist daher nicht gegeben. Ebenso ist das Verhältnis zu beurteilen in betreff der anderen im Art. 27 aufgeführten Artikel, soweit die Schweizer Gesetze in den durch jene Artikel geregelten Beziehungen auf die Gesetze des Wohnsitzes verweisen und die betreffenden Personen zu der entscheidenden Zeit ihren Wohnsitz in Deutschland haben. Ebenso auch ist das Verhältnis zu beurteilen, wenn andere ausländische Gesetze ähnliche Bestimmungen wie die des gedachten Schweizer Bundesgesetzes enthalten. Zu beachten ist indessen, daß es sich um eine Frage der Auslegung der betreffenden ausländischen Gesetze handelt, und daß daher unter besonderen Umständen eine andere Auslegung als die hier vertretene gerechtfertigt sein kann (Niemeyer S. 78; Niedner, Erl. 3 II).

4. Die negative Bedeutung des Art. 27 besteht in folgendem:

a) Wenn in den Fällen des Art. 27 die betreffenden ausländischen Gesetze nicht auf die deutschen Gesetze, sondern auf die Gesetze eines anderen ausländischen Staates verweisen, so wird diese Verweisung nicht berücksichtigt, vielmehr bleibt es bei der durch die im Art. 27 bezeichneten Artikel vorgeschriebenen Anwendung der betreffenden materiellrechtlichen ausländischen Gesetze. Denkbar wäre freilich die Auffassung, daß der Art. 27 eine Entscheidung nur dahin abgeben wolle, daß, wenn auf die deutschen Gesetze verwiesen werde, die materiellrechtlichen deutschen Gesetze zur Anwendung zu bringen seien, daß aber die Frage, welche Folge eintrete, wenn auf die Gesetze eines anderen ausländischen Staates verwiesen werde, nicht entschieden werden solle. Wäre dieses indessen die Absicht gewesen, so hätte das, was danach allein entschieden werden sollte, daß nämlich die materiellrechtlichen deutschen Gesetze anzuwenden seien, ausdrücklich hervorgehoben werden müssen; und es würde überdem im höchsten Grade auffallend sein, wenn nicht im Anschluß an den E. II zugleich die Frage, ob die Verweisung auf die Gesetze eines anderen ausländischen Staates zu berücksichtigen seien, bejahend entschieden wäre. Unter Berücksichtigung dieser Umstände dürfte in diesem Falle das argumentum a contrario nicht abgewiesen werden können (a. A. Enneccerus-Lehmann, Auflage III, I § 72 Anm. 13).

b) In anderen als den im Art. 27 angeführten Fällen, in welchen das EG. ausländische Gesetze für maßgebend erklärt, bleiben die internationalrechtlichen Vorschriften des ausländischen Staates überhaupt, also auch dann, wenn sie auf deutsches Recht verweisen, unberücksichtigt. In Betracht kommen hier nur der Art. 11 Abs. 1 Satz 1 und der Art. 21. Wenn die in dem Art. 27 aufgestellte Regel nur für die dort aufgeführten Artikel gegeben wird, so dürfte auch hier das argumentum a contrario, daß die Regel für andere Artikel des EG. nicht gelten soll, ein zwingendes sein. Liegen daher in den Fällen des Art. 11 Abs. 1 Satz 1 und des Art. 21 die dort bezeichneten Voraussetzungen, unter welchen ausländische Gesetze Anwendung finden sollen, vor, so sind ausschließlich die materiellrechtlichen Gesetze des betreffenden ausländischen Staates anzuwenden.

c) Zweifelhaft ist die Frage, ob in denjenigen Fällen, in welchen das EG. nicht ausdrücklich auf ausländische Gesetze verweist, in welchen aber aus den bei den einzelnen Artikeln dargelegten Gründen aus den Vorschriften des EG. ein höheres Prinzip abzuleiten ist und nach diesem ausländische Gesetze für maßgebend anzusehen sind, nur die materiellrechtlichen ausländischen Gesetze zur Anwendung zu bringen oder ob auch die in dem betreffenden ausländischen Staate geltenden internationalrechtlichen Vorschriften zu berücksichtigen sind. Für die erstgedachte Auffassung spricht der Standpunkt der Entwürfe und die in beiden Kommissionen zur Geltung gelangte Auffassung, insbesondere aber der Umstand, daß das EG. in denjenigen Fällen, in welchen es ausdrücklich auf ausländische Gesetze verweist, hierunter nach dem unter a und b Gesagten nur die materiellrechtlichen Gesetze versteht und hiervon nur die im Art. 27 bestimmte Ausnahme macht. Gegen das hieraus zu entnehmende Argument läßt sich geltend machen, daß das EG. in denjenigen Fällen, in welchen es ausdrücklich auf ausländische Gesetze verweist, teils durch die Vorschrift in Art. 27, teils durch besondere in den einzelnen Artikeln enthaltene Bestimmungen (s. z. B. Art. 7 Abs. 2; 11 Abs. 1 Satz 2, Abs. 2; 13 Abs. 2, 3; 15 Abs. 2 Halbsatz 2; 16, 17 Abs. 2—4; 21 Halbsatz 2; 25 Satz 2) der von ihm aufgestellten Regel diejenigen Modifikationen hinzufügt, welche es für erforderlich erachtet. Solche Modifikationen konnte das EG. in denjenigen Fällen nicht bestimmen, in welchen es eine ausdrückliche Entscheidung darüber, ob ausländische Gesetze anzuwenden sind, unterläßt. Es bleibt also immer noch die Frage zu entscheiden, ob das aus den einzelnen Vorschriften abzuleitende höhere Prinzip darin gefunden werden muß, daß als Sitz des betreffenden Rechtsverhältnisses der ausländische Staat zu betrachten ist, oder darin, daß der ausländische Staat für zuständig zu erachten ist, darüber zu entscheiden, nach welchen Grundsätzen das betreffende Rechtsverhältnis zu beurteilen ist, und daß er diese Entscheidung auch durch Verweisung auf die Gesetze eines anderen Staates treffen kann. Bei der erstgedachten Auffassung kommen nur die materiellrechtlichen, bei der letztgedachten auch die internationalrechtlichen Vorschriften des ausländischen Staates in Betracht. Nimmt man an, daß das EG. von der letztgedachten Auffassung ausgegangen sei, so muß man weiter annehmen, daß das EG. in denjenigen Fällen, in welchen es ausdrücklich auf ausländische Gesetze verweist und hierunter nach dem obigen vorbehaltlich des Art. 27 nur die materiellrechtlichen Gesetze versteht, zu dieser Entscheidung durch Zweckmäßigkeitsgründe, insbesondere durch die Rücksicht darauf bestimmt sei, daß in den von ihm entschiedenen Fällen besondere deutsche Interessen in Betracht kommen, und daß es für diese praktisch besonders wichtigen Fälle darauf ankomme, durch Verweisung lediglich auf die materiellrechtlichen Vorschriften mit der alleinigen Modifikation des Art. 27 eine möglichst einfache und klare Entscheidungsnorm zu geben. Für die übrigen Fälle würde nach dieser Auffassung das EG. die Entscheidung dem betreffenden ausländischen Staate überlassen (für diese Auffassung s. z. B. Schnell in Böhms Zeitschrift Bd. 7 S. 116). Ein völlig sicheres Ergebnis dürfte aus den Vorschriften des EG. nicht zu entnehmen sein, die Entscheidung wird vielmehr doch schließlich davon abhängen, in welchem Sinne nach allgemeinen internationalrechtlichen Grundsätzen (s. oben Erl. 1) die Verweisung auf ausländische Gesetze zu verstehen ist. Aus dem Zusammenhange der Vorschriften des EG. wird man indessen wohl so viel mit Sicherheit entnehmen können, daß, soweit die in einem ausländischen Staate geltenden internationalrechtlichen Vorschriften zu berücksichtigen sind, dies doch nur insoweit zulässig ist, als in diesen Vorschriften auf die materiellrechtlichen Vorschriften eines anderen Staates verwiesen ist, daß aber die internationalrechtlichen Vorschriften dieses Staates, durch welche eine Weiterverweisung oder eine Rückverweisung bestimmt wird,

Artikel 28. Die Vorschriften der Artikel 15, 19, des Artikel 24 Abs. 1 und der Artikel 25, 27 finden keine Anwendung auf Gegenstände, die sich nicht in dem Gebiete des Staates befinden, dessen Gesetze nach jenen Vorschriften maßgebend sind, und die nach den Gesetzen des Staates, in dessen Gebiete sie sich befinden, besonderen Vorschriften unterliegen.

---

nicht zu berücksichtigen sind. Andererseits kann aus den Vorschriften des EG. eine Unterstützung für die Auffassung, daß, soweit ausländische Gesetze zur Anwendung zu bringen sind, darunter auch die internationalrechtlichen Vorschriften mit zu verstehen sind, jedenfalls nur für diejenigen Fälle abgeleitet werden, in welchen die Staatsangehörigkeit über die maßgebenden Gesetze entscheidet, denn nur in diesem Falle trifft der oben hervorgehobene Gesichtspunkt zu, daß die Verweisung nur die Bedeutung einer Kompetenzbestimmung habe. Für alle übrigen Fälle kann die Entscheidung lediglich aus den allgemeinen Grundsätzen (s. oben Erl. 1) abgeleitet werden (vgl. über die verschiedenen Ansichten insbesondere Niedner, Erl. 3 Ic zu Art. 27; Silberschmidt in Böhms Zeitschrift Bd. 8 S. 101; Niemeyer S. 74ff.).

Artikel 28.

E. I § 22; II § 2262 rev. § 2387. E. d. EG. III Art. 27. P. I S. 11575 ff. P. II Bd. 6 S. 80 f.

1. Besondere Vorschriften für die im Art. 28 bezeichneten Gegenstände. Die Vorschriften der deutschen oder ausländischen Gesetze, welche nach Art. 15 für das eheliche Güterrecht, nach Art. 19 für die Rechte der Eltern in betreff des Vermögens der Kinder, nach Art. 24, 25 für die Beerbung einer Person maßgebend sind, finden regelmäßig auf alle Gegenstände Anwendung, die zu dem betreffenden Vermögen gehören. Dasselbe gilt von den deutschen Gesetzen, soweit diese auf Grund des Art. 27 maßgebend sind. Von dieser Regel macht der Art. 28 für die darin bezeichneten Gegenstände eine Ausnahme. Diese Ausnahme wird auch für diejenigen Fälle gelten müssen, in welchen die ausländischen Gesetze nicht auf Grund der ausdrücklichen Bestimmungen der fraglichen Artikel, sondern auf Grund des daraus abzuleitenden höheren Prinzips (s. Erl. zu Art. 15, 19, 25) anzuwenden sind.

2. Voraussetzung der Ausnahme ist:

a) Daß sich die Gegenstände nicht in dem Gebiete des Staates befinden, dessen Gesetze nach der in der Erl. 1 angeführten Regel im allgemeinen maßgebend sind. Praktisch in Betracht kommen hauptsächlich Grundstücke und deren Zubehör. Die Ausnahme beschränkt sich indessen nicht hierauf; sie bezieht sich auch nicht ausschließlich auf Sachen, sondern auf alle Gegenstände (s. Bd. I S. 160 Vorbm. 1). In betreff der Frage, ob ein Gegenstand als im Inlande befindlich anzusehen ist, wird die Vorschrift des BGB. § 2369 Abs. 2 (vgl. auch EG. Art. 9 Abs. 2 Halbsatz 2) entsprechend anzuwenden sein.

b) Daß die Gegenstände in dem Gebiete des Staates, in dem sie sich befinden, besonderen Gesetzen unterliegen. Die Durchführung des Grundsatzes, daß in den hier fraglichen Fällen das Vermögen als ein Ganzes zu behandeln und deshalb in allen Beziehungen den in Erl. 1 angeführten Gesetzen unterliegt, ist in betreff der gedachten Gegenstände praktisch häufig nicht möglich und die Festhaltung des Grundsatzes auch in betreff dieser Gegenstände würde deshalb den Beteiligten häufig zum Nachteile gereichen. Auf diesen Gesichtspunkten beruht die Ausnahmevorschrift. In betreff der Frage, wann ein Gegenstand als in dem Gebiet eines Staates befindlich anzusehen ist, gilt das unter a Gesagte. In betreff der Frage, wann ein Gegenstand als besonderen Gesetzen unterliegend anzusehen ist, wird die nähere Bestimmung, welche in dem der ersten Kommission vorgelegten sachlich gebilligten Entwurf enthalten war, für die Auslegung verwertet werden können. In dem § 30 dieses Entwurfs lautete die Vorschrift dahin:

> „Die Vorschriften ... kommen nicht zur Anwendung, insoweit zu dem betreffenden Vermögen (dem Vermögen eines der Ehegatten, dem Vermögen des Kindes, der Erbschaft) Gegenstände gehören, welche nicht in dem Gebiete des Staates, dessen Gesetze im allgemeinen maßgebend sind, sich befinden, und diese Gegenstände nach den Gesetzen des Staates, in dessen Gebiete sie sich befinden, als von dem Gesamtvermögen ausgesonderte Vermögensgegenstände zu betrachten sind oder sonst unter ihnen eigentümlichen eine abweichende Beurteilung erheischenden Vorschriften stehen."

Artikel 29. Gehört eine Person keinem Staate an, so werden ihre Rechtsverhältnisse, soweit die Gesetze des Staates, dem eine Person angehört, für maßgebend erklärt sind, nach den Gesetzen des Staates beurtheilt, dem die Person zuletzt angehört hat, und, wenn sie auch früher einem Staate nicht angehört hat, nach den Gesetzen des Staates, in welchem sie ihren Wohnsitz und in Ermangelung eines Wohnsitzes ihren Aufenthalt hat oder zu der maßgebenden Zeit gehabt hat.

Gleichgültig ist, ob die besonderen Vorschriften dieser Art in der Form materiellrechtlicher oder in der Form internationalrechtlicher Bestimmungen gegeben sind (Niemeyer S. 92ff.). Die praktisch wichtigsten Anwendungsfälle liegen auf dem Gebiete des Erbrechts. Das BGB. selbst kennt zwar keine Gegenstände, welche den allgemeinen Vorschriften über die Beerbung nicht unterliegen; dagegen bestehen auf dem durch das EG. den Landesgesetzen überlassenen Gebieten vielfach besondere Vorschriften in betreff der Vererbung gewisser Gegenstände. Dies gilt insbesondere in betreff der Güter der landesherrlichen und der vormals reichsständischen Familien (Art. 57, 58), der Familienfideikommisse, der Lehen, der Stammgüter (Art. 59), der Rentengüter (Art. 62), der Erbpachtrechte (Art. 63) und der Anerbengüter (Art. 64). Soweit für die Beerbung einer Person im allgemeinen ausländische Gesetze maßgebend sind, finden diese Gesetze in betreff der in Deutschland befindlichen Güter der gedachten Art insoweit keine Anwendung, als dies mit den für diese Güter in Deutschland geltenden besonderen Gesetzen nicht vereinbar ist. Umgekehrt finden z. B. die nach Art. 24 für die Beerbung eines Deutschen maßgebenden deutschen Gesetze keine Anwendung auf die zu dem Nachlasse gehörenden, in dem Gebiet eines ausländischen Staates liegenden Grundstücke, wenn für sie in dem betreffenden Staate, wie z. B. in England besondere Gesetze in betreff der Vererbung bestehen. Ähnliche Verhältnisse können auf dem Gebiete des ehelichen Güterrechts und bei dem das Vermögen der Kinder betreffenden Rechtsverhältnisse stattfinden. Besteht z. B. nach den auf Grund des Art. 15 Abs. 2 für das eheliche Güterrecht maßgebenden Gesetzen allgemeine Gütergemeinschaft unter den Ehegatten, kraft deren alle zu dem Vermögen beider Ehegatten gehörenden Gegenstände gemeinschaftliches Eigentum der Ehegatten werden, so bleiben von dieser Gemeinschaft doch die in Deutschland befindlichen Familienfideikommißgüter, Lehen und Stammgüter insoweit ausgeschlossen, als die Gemeinschaft mit den für diese Güter in Deutschland geltenden besonderen Gesetzen nicht vereinbar ist; nur die Nutzungen dieser Güter werden regelmäßig in die Gemeinschaft fallen können. Wenn umgekehrt die deutschen Gesetze für das eheliche Güterrecht maßgebend sind, so wird z. B., wenn allgemeine Gütergemeinschaft unter den Ehegatten vereinbart ist, die Vorschrift des BGB. § 1438, nach welchem das Vermögen beider Ehegatten mit dem Abschlusse des die Gütergemeinschaft bestimmenden Ehevertrags ipso jure Gesamtgut wird, keine Anwendung finden auf solche in dem Gebiet eines ausländischen Staates belegenen Grundstücke, in betreff deren durch die Gesetze dieses Staates eine derartige Gemeinschaftlichkeit entweder überhaupt ausgeschlossen ist oder doch nicht ipso jure eintreten kann.

3. Die auf die ausgenommenen Gegenstände anzuwendenden Gesetze. In dem Art. 28 ist ausdrücklich nur bestimmt, daß in den dort bezeichneten Fällen die sonst maßgebenden allgemeinen Gesetze keine Anwendung finden. Die offen gelassene Frage, welche Gesetze an Stelle der ausgeschlossenen maßgebend sind, wird nach dem Zwecke der fraglichen Vorschrift dahin zu beantworten sein, daß die Gesetze desjenigen Staates anzuwenden sind, in dessen Gebiete sich die betreffenden Gegenstände befinden. In dem § 30 des der ersten Kommission vorgelegten Entwurfs war dies ausdrücklich bestimmt. Der betreffende Satz wurde zwar gestrichen, aber nur deshalb, weil er selbstverständlich sei (P. I S. 11577).

Artikel 29.

E. I § 23; II § 2263 rev. § 2388. E. d. EG. III Art. 28. P. I S. 11587 f. P. II Bd. 6 S. 81.

1. Personen, welche keinem Staate angehören. In den Art. 7, 13—22, 24, 25 werden für die darin bezeichneten Rechtsverhältnisse die Gesetze des Staates für maßgebend erklärt, welchem eine Person angehört oder zu einer bestimmten Zeit angehört hat. Nun ist es aber möglich, daß eine Person keinem Staate angehört. Dieses Verhältnis kann insbesondere eintreten, wenn eine Person, welche einem bestimmten Staate angehörte, die Staatsangehörigkeit in diesem Staate verliert (s. § 13 Nr. 1—3 des Reichsges. v. 1. Juni 1870 über die Erwerbung und den Verlust der Bundes- und Staatsangehörigkeit), ohne Angehöriger eines anderen Staates zu werden; es kann auch dadurch mit der Geburt eintreten, daß die Eltern des Kindes keinem Staate angehören und nach den Gesetzen des Staates, in dessen Gebiete das Kind geboren wird, hierdurch die Staatsangehörigkeit nicht begründet wird, oder dadurch, daß das Kind in dem Gebiet eines Staates geboren wird, dem die Eltern nicht angehören und in solchem Falle weder nach den Gesetzen des Staates, dem die Eltern angehören, die Angehörigkeit zu diesem Staate noch nach den Gesetzen des Staates, in dem das Kind geboren wird, die Angehörigkeit zu diesem Staate begründet wird (s. Kahn, Kommentar zu dem oben gedachten Reichsgesetz S. 33); auch infolge der Verschiedenheit der Gesetze über die Wirkung der Entlassung aus dem bisherigen Staatsverband und der Aufnahme in einen neuen Staatsverband für die Ehefrau und die Kinder (s. § 19 des gedachten Gesetzes) kann jenes Verhältnis eintreten. Die Lücke, welche in Fällen dieser Art die obengedachten Artikel lassen, wird durch Art. 29 in folgender Art ausgefüllt. An die Stelle der Staatsangehörigkeit tritt, wenn die Person, durch deren Staatsangehörigkeit die für ein Rechtsverhältnis maßgebenden Gesetze bestimmt werden, keinem Staate angehört,

a) die Angehörigkeit zu demjenigen Staate, welchem die Person zuletzt angehört hat. Das Verhältnis wird also in der hier fraglichen Beziehung so beurteilt, wie wenn die Person diesem Staate noch angehörte oder zu der maßgebenden Zeit noch angehört hätte;

b) für den Fall, daß die betreffende Person niemals einem Staate angehört hat,

a) ihr Wohnsitz. Über den Erwerb und Verlust des Wohnsitzes nach deutschem Rechte s. BGB. §§ 7—11 und die Erl. dazu. Handelt es sich um den Wohnsitz in dem Gebiet eines ausländischen Staates, so entscheiden dessen Gesetze über den Erwerb und Verlust des Wohnsitzes. Zweifelhaft und bestritten ist die Frage, wie das Verhältnis zu beurteilen ist, wenn die Person einen doppelten Wohnsitz hat (s. z. B. Iherings Jahrb. Bd. 30 S. 79; Neumann S. 51f.; Zitelmann I S. 179ff.; Niemeyer, Vorschläge S. 128; derselbe, Internationales Privatrecht S. 73). Über die Möglichkeit eines doppelten Wohnsitzes nach dem BGB. s. Bd. I S. 70 Erl. 5 zu § 7. Ein solcher kann in der hier fraglichen Beziehung auch dadurch vorkommen, daß die Gesetze über Begründung und Aufhebung des Wohnsitzes in den verschiedenen Staaten verschieden sind und der Wohnsitz nach den Gesetzen des einen Staates in diesem, nach den Gesetzen des anderen Staates in dem anderen begründet ist. Nach der einen Ansicht soll der ältere, nach der anderen der jüngere Wohnsitz vorgehen, nach einer dritten der Aufenthalt entscheiden. Daneben wird der Vorzug des deutschen Wohnsitzes verteidigt. Bei den Beratungen der ersten Kommission ist davon ausgegangen, daß die Entscheidung aus den Umständen des einzelnen Falles zu entnehmen sei. Da eine Kombination der an den verschiedenen Wohnsitzen geltenden Rechte nach der Natur der zu entscheidenden Frage nicht möglich ist, so muß eine Wahl getroffen werden. Zunächst dürften nun vom Standpunkte des deutschen EG. aus für den Fall, daß der eine Wohnsitz in Deutschland, der andere im Ausland ist, überwiegende Gründe dafür sprechen, dem deutschen Wohnsitze den Vorzug einzuräumen (a. A. Niemeyer S. 73, der den Wohnsitz mit größter Dauerbeziehung entscheiden lassen will). Bestehen die Wohnsitze in verschiedenen ausländischen Staaten, so liegt es nahe, die Vorschrift des Art. 29, daß in Ermangelung eines Wohnsitzes der Aufenthalt entscheidet, zur entsprechenden Anwendung bringen, also demjenigen Wohnsitze den Vorzug zu geben, an welchem die betreffende Person sich zu der entscheidenden Zeit aufhält. Dies dürfte unbedenklich sein in denjenigen Fällen, in welchen es sich um die Beurteilung eines einzelnen Rechtsakts und dessen Folgen handelt. So wird also z. B. die Geschäftsfähigkeit, wenn das betreffende Rechtsgeschäft an dem einen der mehreren Wohnsitze vorgenommen ist, nach den für diesen geltenden Gesetzen (Art. 7), die Gültigkeit der Ehe, wenn einer der Verlobten einen doppelten Wohnsitz hat und die Ehe an einem dieser Wohnsitze geschlossen wird, in Ansehung dieses Verlobten nach den für diesen Wohnsitz geltenden Gesetzen (Art. 13) zu beurteilen sein. Derselbe Gesichtspunkt wird in betreff des ehelichen Güterrechts (Art. 15) und in betreff der Beerbung (Art. 24, 25) entscheidend sein müssen. In denjenigen Fällen aber, in welchen die maßgebenden Gesetze sich nach der jeweiligen Staatsangehörigkeit, in Ermangelung einer solchen also sich nach dem jeweiligen Wohnsitze bestimmen, wie z. B. in den Art. 14, 19, würde die Anwendung des fraglichen Grundsatzes zu einem wenig befriedigenden und der Absicht des Gesetzes schwerlich entsprechenden Ergebnisse führen. In dem Falle des Art. 19 z. B. würde bei Anwendung des demselben zugrunde liegenden Prinzips auch auf solche Fälle, in welchen es sich nicht um deutsche Reichsangehörige handelt, das Rechtsverhältnis zwischen den Eltern und einem ehelichen Kinde sich jedesmal ändern, wenn der Vater bzw. die Mutter ihren Aufenthalt von dem einen nach dem anderen Wohnsitze verlegt. Das Gesetz bezweckt aber doch eine tunlichste Einheitlichkeit und Stetigkeit der für das fragliche Rechtsverhältnis maßgebenden Gesetze. In Fällen dieser Art dürfte es daher den Vorzug verdienen, die für den einen oder die für den anderen Wohnsitz geltenden Gesetze dauernd zur Anwendung zu bringen. Bei der Wahl zwischen den beiden Wohnsitzen dürften überwiegende Gründe zugunsten des älteren Wohnsitzes sprechen. In demselben Sinne wird die Entscheidung zu treffen sein, wenn der Aufenthalt weder an dem einen noch an dem anderen Wohnsitze stattfindet. Den älteren Wohnsitz wollen immer entscheiden lassen Gierke I S. 220; Zitelmann I S. 180; Niemeyer, Vorschläge S. 128; Barazetti S. 317.

β) Für den Fall, daß die betreffende Person keinen Wohnsitz hat, entscheidet nicht, wie nach dem bisherigen Rechte vielfach angenommen wurde, der bisherige Wohnsitz, sondern der Aufenthalt. Nicht auf den gewöhnlichen Aufenthalt, sondern schlechthin auf den Aufenthalt wird abgestellt. In Ermangelung einer gesetzlichen Vorschrift dürfte es bedenklich sein, dem gewöhnlichen Aufenthalte den Vorzug einzuräumen, und zwar umsomehr, als der Begriff des gewöhnlichen Aufenthalts ein sehr unbestimmter ist.

2. **Keine Entscheidung trifft das EG. über den Fall, daß eine Person gleichzeitig mehreren Staaten angehört.** Ein solcher Fall kann sowohl in der Art eintreten, daß die betreffende Person zunächst Angehöriger eines Staates ist und dann ohne ihre bisherige Staatsangehörigkeit zu verlieren, auch die Angehörigkeit in einem anderen Staate erwirbt, als auch in der Art, daß eine Person gleich mit ihrer Geburt Angehöriger verschiedener Staaten wird. Das letztere tritt z. B. ein, wenn die Eltern mehreren Staaten angehören und nach den Gesetzen dieser Staaten die Kinder die Staatsangehörigkeit ihrer Eltern teilen oder wenn das Kind in einem Staate geboren wird, nach dessen Gesetzen die Geburt in dem Staate die Staatsangehörigkeit verschafft, zugleich aber nach den Gesetzen des Staates, dem die Eltern angehören, deren Staatsangehörigkeit auf das Kind übergeht. Die Frage, welche Staatsangehörigkeit in Fällen dieser Art entscheidet, ist zweifelhaft und bestritten (s. z. B. v. Bar, Theorie und Praxis I S. 260; Niemeyer, Vorträge S. 25; Zitelmann I S. 179ff.; Niedner S. 74 Erl. 3 zu Art. 29). Die erste wie die zweite Kommission haben eine Entscheidung nicht treffen wollen, diese vielmehr der Wissenschaft und Praxis überlassen. Es kommen hier ähnliche Gesichtspunkte in Betracht wie bei der oben in Erl. 1b erörterten Frage, welcher Wohnsitz bei einem mehrfachen Wohnsitz entscheidend ist. Zunächst dürfte auch hier, wenn die betreffende Person die deutsche Reichsangehörigkeit besitzt, diese entscheidend sein. In den von der ersten Kommission gebilligten Motiven des derselben vorgelegten Entwurfs wird ein solcher unbedingter Vorzug der deutschen Reichsangehörigkeit zwar geleugnet; es wird insbesondere hervorgehoben, daß, wenn ein Deutscher die Angehörigkeit eines anderen Staates erwerbe, aber in Deutschland bleibe, zwar die deutsche Reichsangehörigkeit entscheidend sei, daß aber, wenn er mit seiner Familie auswandere und dann die Angehörigkeit in dem Staate erwerbe, in dem er sich niedergelassen, diese, falls er die deutsche Reichsangehörigkeit noch nicht verloren habe, vorgehen müsse. In jedem einzelnen Falle sei aus den Umständen desselben die Entscheidung zu entnehmen. Es kann dahingestellt bleiben, ob diese Auffassung bei dem Standpunkte, welchen der E. I einnahm, gerechtfertigt war. Bei der Fassung und der Tendenz des EG. wird indessen anzunehmen sein, daß in allen Fällen, in welchen das EG. auf die deutsche Reichsangehörigkeit abstellt, diese auch dann maßgebend sein muß, wenn die betreffende Person zugleich einem anderen Staate angehört. Kommt die deutsche Reichsangehörigkeit nicht in Betracht, handelt es sich also um die Angehörigkeit zu mehreren ausländischen Staaten, so kann die Entscheidung entweder aus dem Wohnsitz in einem der mehreren Staaten oder daraus entnommen werden, welche Staatsangehörigkeit zuerst erworben ist, und in letzterem Falle kann wieder entweder der ersten oder der letzten Staatsangehörigkeit der Vorzug gegeben werden. Die Entscheidung nach dem letztgedachten Gesichtspunkte versagt, wenn die mehrfache Staatsangehörigkeit gleichzeitig erworben ist. Im Anschluß an die Vorschrift des Art. 29, nach welcher in Ermangelung einer Staatsangehörigkeit der Wohnsitz entscheidet, dürfte auch bei mehrfacher Staatsangehörigkeit, wenn die betreffende Person in einem der Staaten, dem sie angehört, ihren Wohnsitz hat, die Angehörigkeit zu diesem Staate als entscheidend zu betrachten sein. Bei dieser Auffassung wird zwar in denjenigen Fällen, in welchen die jeweilige Staatsangehörigkeit, hier dann also der jeweilige Wohnsitz entscheidet (s. z. B. Art. 14, 19), ein Wechsel der maßgebenden Gesetze leichter eintreten können, wie wenn man die eine oder die andere Staatsangehörigkeit entscheiden läßt; entscheidendes

Artikel 30. Die Anwendung eines ausländischen Gesetzes ist ausgeschlossen, wenn die Anwendung gegen die guten Sitten oder gegen den Zweck eines deutschen Gesetzes verstoßen würde.

Gewicht dürfte indessen auf dieses Bedenken nicht zu legen sein. In Ermangelung eines Wohnsitzes in einem der in Frage kommenden Staaten auf den Aufenthalt in einem dieser Staaten abzustellen, dürfte wenigstens für die Fälle der Art. 14, 19 aus denselben Gründen bedenklich sein, aus welchen dies nach dem in Erl. 1b Gesagten verneint ist. In Ermangelung eines Wohnsitzes in einem der in Frage kommenden Staaten dürfte der früheren Staatsangehörigkeit und bei gleichzeitigem Erwerbe der Angehörigkeit in mehreren Staaten der durch Abstammung erworbenen der Vorzug zu geben sein.

3. **Bei den Beratungen der zweiten Kommission wurde auf die Bestimmung des BGB. § 1936 Abs. 1 Satz 2 verwiesen,** nach welcher, wenn der Fiskus als Erbe berufen ist und der Erblasser mehreren Bundesstaaten angehört hat, der Fiskus eines jeden der Bundesstaaten zu gleichem Anteile zur Erbfolge berufen ist. Eine entsprechende Anwendung dieser Vorschrift dürfte sich für den Fall rechtfertigen, daß der Erblasser zugleich Angehöriger des Deutschen Reichs und eines anderen Staates gewesen ist und auch nach den Gesetzen dieses anderen Staates der Fiskus zur Erbfolge berufen ist. Die Erbschaft wird also in solchem Falle zu gleichen Anteilen dem Fiskus des betreffenden Bundesstaats oder des Deutschen Reichs und dem Fiskus des ausländischen Staates anfallen. Eine hierüber hinausgehende Anwendung der fraglichen Vorschrift ist nicht möglich.

4. **Auch über den Fall enthält das EG. keine Vorschrift, daß in dem Staate, dem der Erblasser angehört hat, mehrere Rechtsgebiete bestehen** und in diesem verschiedene Rechtssätze über die Beerbung gelten. Nach P. I S. 11588 ist davon ausgegangen, daß es sich hier um eine Frage der inneren Gesetzgebung des betreffenden Staates handele, in betreff deren ein Rechtssatz nie fehlen könne und werde. Zitelmann (I S. 405) will in diesem Falle, wenn der Erblasser in einem der Rechtsgebiete seinen Wohnsitz gehabt hat, diesen entscheiden lassen und, falls der Erblasser einen Wohnsitz in dem betreffenden Staate überhaupt nicht gehabt hat, das Verhältnis so behandeln, wie wenn der Erblasser keinem Staate angehört hätte. Neumann S. 44 ff. und Niemeyer S. 68 wollen ebenfalls den Wohnsitz und für den letztgedachten Fall den letzten Wohnsitz entscheiden lassen. Richtiger dürfte indessen die oben gedachte Auffassung der ersten Kommission sein, und die Entscheidung der Frage wird daher lediglich aus dem in dem betreffenden Staate in der hier fraglichen Beziehung geltenden Rechte entnommen werden müssen.

Artikel 30.

E. I § 24; II § 2264 rev. § 2389. E. d. EG. III Art. 29. P. I S. 11590 ff. P. II Bd. 6 S. 81 ff. RB. S. 2109. StB. S. 3024.

Klein in Niemeyers Zeitschrift für Internationales Privat- und öffentliches Recht 13 S. 87 ff.; 14 S. 146 ff.; Hellwig, Lehrbuch des Zivilprozesses 1 S. 134.

1. **Beschränkung der Anwendung ausländischer Gesetze, wenn sie gegen die guten Sitten oder den Zweck eines deutschen Gesetzes verstoßen würde.** Nach den Art. 7 ff. sollen in den dort bezeichneten Fällen die betreffenden Rechtsverhältnisse nach ausländischen Gesetzen beurteilt werden. Dazu treten noch diejenigen Fälle, in denen die Anwendung ausländischer Gesetze zwar nicht durch das EG. vorgeschrieben ist, aber auf Grund des den Vorschriften des EG. zugrunde liegenden höheren Prinzips oder, soweit das EG. Vorschriften über das betreffende Rechtsverhältnis überhaupt nicht enthält, auf Grund der allgemeinen Grundsätze des internationalen Privatrechts erfolgen muß. Bei der Bestimmung des Wirkungskreises der ausländischen Gesetze ist auf den materiellen Inhalt derselben keine Rücksicht genommen. Die unbeschränkte Anwendung der ausländischen Gesetze kann aber durch das nationale Recht eines Staates nicht geduldet werden, wenn diese Anwendung mit Rücksicht auf den Inhalt der betreffenden Gesetze mit dem Sinne und Geiste der nationalen Rechtsordnung unvereinbar ist. Dies wird allgemein anerkannt. Aber außerordentlich bestritten ist die Frage, wann eine solche Unvereinbarkeit anzunehmen ist. In der verschiedensten Weise hat man die Voraussetzungen zu bestimmen versucht; insbesondere wird vielfach darauf abgestellt, daß die Anwendung unterbleiben müsse, wenn sie dem ordre public widerstreite oder wenn Prohibitivgesetze entgegenstehen. Eingehend erörtert ist diese zweifelhafte Frage neuerdings insbesondere von Zitelmann (I S. 321 ff.) und Kahn in Iherings

Jahrb. (Bd. 39 S. 1 ff.). In dem letzteren Aufsatze findet sich auch eine ausführliche Angabe der Literatur und Rechtsprechung, auf die hier verwiesen werden mag.

In dem der ersten Kommission vorgelegten Entwurfe (§ 35) war die über die Frage entscheidende Bestimmung dahin gefaßt:

„Ein ausländisches Gesetz wird nicht angewandt, wenn dessen Anwendung durch die inländischen Gesetze nach der Vorschrift oder nach dem Zwecke derselben ausgeschlossen ist."

Die erste Kommission beschloß statt dessen, die Vorschrift dahin zu fassen, daß die Anwendung ausgeschlossen sein solle, wenn sie gegen die guten Sitten oder die öffentliche Ordnung verstoße. In dem E. II rev. § 2389 wurde die Bezugnahme auf die öffentliche Ordnung weggelassen und die Ausschließung der Anwendung eines ausländischen Gesetzes für den Fall bestimmt, daß sie „gegen die guten Sitten oder gegen den Zweck eines deutschen Gesetzes verstoßen würde oder wenn das ausländische Gesetz die Rechte der Fremden in unbilliger Weise beeinträchtigt". Dieser Fassung schließt sich der Art. 30 an, jedoch unter Weglassung der letzten Worte.

Für zwei Fälle schließt also das EG. die Anwendung eines ausländischen Gesetzes aus, einmal, wenn sie gegen die guten Sitten und sodann, wenn sie gegen den Zweck eines deutschen Gesetzes verstoßen würde. Die Aufnahme des ersten Falles wurde in der zweiten Kommission bekämpft, weil er schon in dem zweiten mit begriffen sei. Die Aufnahme erfolgte aber in der Erwägung, daß auch das BGB. zwischen dem Verstoße gegen ein gesetzliches Verbot und gegen die guten Sitten unterscheide (BGB. §§ 134, 138) und daß andererseits die Frage auch für den Fall zu entscheiden sei, daß es sich lediglich um das Verhältnis mehrerer ausländischer Gesetze handele und ein deutsches Gesetz überhaupt nicht in Frage komme (P. II Bd. 6 S. 84). Zu beachten ist indessen, daß die beiden Fälle keinen Gegensatz bilden, daß vielmehr ein Verstoß gegen die guten Sitten, sofern man den Zweck eines deutschen Gesetzes nicht zu eng auffaßt, auch gegen diesen verstoßen wird.

In beiden Fällen geht die Voraussetzung nicht dahin, daß der Inhalt des ausländischen Gesetzes gegen die guten Sitten oder gegen den Zweck eines deutschen Gesetzes verstoße, sondern dahin, daß die Anwendung des ausländischen Gesetzes diesen Verstoß enthalte. Direkt ausgesprochen wird nur, daß die Anwendung des ausländischen Gesetzes ausgeschlossen, nicht aber, daß das deutsche Gesetz anzuwenden ist. Das letztere wird indessen dann als selbstverständlich anzunehmen sein, wenn die Rücksicht auf die guten Sitten oder den Zweck des deutschen Gesetzes die Anwendung des letzteren erfordert.

Eine eingehendere Erörterung aller sich aus der Vorschrift des Art. 30 ergebenden Konsequenzen ist, da sie eine Berücksichtigung des gesamten deutschen Rechtes erfordern würde, hier nicht möglich. (Vgl. die oben angeführten Schriften von Zitelmann und Kahn.) Die folgenden Ausführungen beschränken sich daher auf die Hervorhebung einiger praktisch wichtiger Punkte, deren Erörterung zugleich Gelegenheit geben wird, die Bedeutung der Voraussetzung, daß die Anwendung des ausländischen Gesetzes den Verstoß enthalten muß, klar zu stellen.

2. Über den Begriff der guten Sitten s. Bd. I S. 248 Erl. 1 zu § 138. Die Anwendung eines ausländischen Gesetzes verstößt hiernach gegen die guten Sitten, wenn sie demjenigen widerspricht, was nach dem jeweiligen Volksbewußtsein als durch die Sittlichkeit erfordert angesehen wird. Es kommt, wie schon in der Erl. 1 hervorgehoben ist, nicht allein auf den Inhalt des ausländischen Gesetzes an, sondern darauf, ob dessen Anwendung dem in Deutschland herrschenden sittlichen Bewußtsein widerspricht. Dieses Erfordernis wird von v. Bar (Theorie S. 130 ff.) dahin formuliert, daß ein an sich den ausländischen Gesetzen unterliegendes Rechtsverhältnis, welches nach deutscher Auffassung den guten Sitten widerspreche, nur in Ansehung derjenigen Wirkungen nicht anzuerkennen sei, welche in Deutschland zutage treten. Dies wird im Wesentlichen als richtig anzuerkennen sein, läßt aber doch auch noch für manche Zweifel Raum. Über die verschiedenen Versuche, den dieser Formulierung zugrunde liegenden Gedanken näher auszuführen, vgl. insbesondere Zitelmann I S. 344 ff.; Niedner, Erl. 4 zu Art. 30. Im einzelnen ist folgendes zu bemerken:

a) Die Anwendung eines ausländischen Gesetzes verstößt immer gegen die guten Sitten, wenn dadurch die Verpflichtung zu einer Leistung (Handlung oder Unterlassung) begründet werden soll, die ihrem Inhalte nach selbst gegen die guten Sitten verstößt. Auf eine nach deutscher Auffassung unsittliche Handlung oder Unterlassung kann von einem deutschen Gerichte niemals erkannt werden. Einen Verstoß gegen die guten

Sitten enthält die Anwendung eines ausländischen Gesetzes aber auch dann, **wenn die Leistung welche auf Grund desselben verlangt wird,** zwar nicht selbst gegen die guten Sitten verstößt, wenn sie aber **von solcher Art ist, daß eine Verpflichtung zu ihr diesen Charakter hat.** So verstößt z. B. der Religionswechsel nicht gegen die guten Sitten, wohl aber eine Verpflichtung dazu. Zweifelhaft ist, ob unter diese Kategorie auch die Verpflichtung zur Eingehung einer Ehe fällt. Dies kann selbstverständlich nicht allein daraus gefolgert werden, daß das deutsche Recht eine Klage auf Eingehung der Ehe aus einem Verlöbnis oder aus einem anderen Grunde nicht zuläßt (BGB. § 1297). Es kommt vielmehr darauf an, auf welchem Grunde diese Vorschrift beruht. Sie verfolgt den Zweck, die Freiheit der Willensbestimmung bei der Eingehung der Ehe zu sichern (s. Bd. IV S. 10, Erl. 1 zu § 1297). Aus diesem Zwecke folgt nicht, daß eine rechtliche Verpflichtung zur Eingehung der Ehe unbedingt als gegen die guten Sitten verstoßend angesehen wird. Das Gegenteil dürfte vielmehr aus den Vorschriften der CPO. §§ 888 Abs. 2, 894 Abs. 2 zu folgern sein. Die hiernach stattfindende Beschränkung der Zwangsvollstreckung bei einem Urteil auf Eingehung der Ehe setzt die Möglichkeit eines solchen Urteils voraus. Eine solche Möglichkeit bestand nach einzelnen der bisherigen Rechte. Sie besteht nicht mehr nach dem BGB. Wenn trotzdem die gedachten Vorschriften der bisherigen CPO. (§§ 774 Abs. 2, 779 Abs. 2) beibehalten sind, so ist dies geschehen mit Rücksicht auf solche Fälle, in welchen es sich um die Vollstreckung ausländischer Urteile handelt oder in welchen entgegen der Vorschrift des § 1297 eine Verurteilung zur Eingehung der Ehe erfolgt sein sollte (M. d. EG. S. 102; D. z. CPO. S. 156.) Mit Rücksicht auf die Vollstreckung ausländischer Urteile aber würde die fragliche Vorschrift unnötig sein, wenn die Anerkennung einer rechtlichen Verpflichtung zur Eingehung der Ehe als gegen die guten Sitten verstoßend anzusehen wäre; denn in diesem Falle würde nach CPO. §§ 723 Abs. 2 Satz 2, 328 Abs. 1 Nr. 4 ein Vollstreckungsurteil nicht erlassen werden können. Die Möglichkeit eines solchen wird also vorausgesetzt. Ebensowenig aber wie einem solchen der Grund entgegensteht, daß die Verpflichtung zur Eingehung der Ehe gegen die guten Sitten verstößt, steht dieser Grund der Erlassung eines Urteils von seiten eines deutschen Gerichts auf Eingehung der Ehe entgegen, wenn die Verpflichtung dazu nach EG. Art. 13 nicht nach deutschem, sondern nach ausländischem Rechte zu beurteilen ist (s. Erl. 9 zu Art. 13). Ebensowenig wie die Rücksicht auf die guten Sitten steht einem solchen Urteile der Zweck eines deutschen Gesetzes (BGB. § 1297) entgegen; dieser wird genügend durch die Vorschriften der CPO. §§ 888 Abs. 2, 894 Abs. 2 gesichert.

b) Knüpft das ausländische Gesetz die Entstehung eines Anspruchs an einen rechtsgeschäftlichen Tatbestand, so kann dieser Anspruch im Inlande nicht geltend gemacht werden, wenn nach deutscher Auffassung die Begründung des Anspruchs durch das in Frage stehende Rechtsgeschäft gegen die guten Sitten verstößt. Es handelt sich hier also um solche Rechtsgeschäfte, welche durch das deutsche Gesetz (BGB. § 138) wegen Verstoßes gegen die guten Sitten für nichtig erklärt sind. Zu beachten ist hierbei indessen, daß ein Rechtsgeschäft, welches, wenn es im Inlande von Inländern vorgenommen wird, als gegen die guten Sitten verstoßend anzusehen ist, diesen Charakter nach dem deutschen Volksbewußtsein möglicherweise nicht hat, wenn es unter den besonderen Verhältnissen des Auslandes in diesem von Ausländern vorgenommen wird. Ist das Rechtsgeschäft als gegen die guten Sitten verstoßend anzusehen, so ist nicht nur die Klage, durch welche ein darauf gegründeter Anspruch geltend gemacht wird, abzuweisen, sondern der Anspruch kann auch nicht im Wege der Einrede geltend gemacht werden, und die Aufrechnung mit ihm muß als unwirksam betrachtet werden. Ist auf Grund des Anspruchs aber die Leistung, also z. B. die Übertragung der Sache, auf die der Anspruch ging, erfolgt, so macht sich nun der Grundsatz der Trennung des dinglichen Rechtsgeschäfts von der causa geltend. Das Eigentum geht nach deutschem Rechte in einem Falle der gedachten Art über, auch wenn das zugrunde liegende obligatorische Rechtsgeschäft nichtig war. Wäre der Übergang des Eigentums nach ausländischem Rechte zu beurteilen und nach diesem von der Gültigkeit des zu grunde liegenden obligatorischen Rechtsgeschäfts abhängig, aber deshalb als erfolgt anzusehen, weil das Rechtsgeschäft nach dem ausländischen Rechte gültig ist, so würde, wie es auf den ersten Blick scheint, die Konsequenz dahin führen, daß das deutsche Gericht den Eigentumsübergang zu verneinen hätte, wenn das betreffende Rechtsgeschäft nach deutscher Auffassung gegen die guten Sitten verstößt. Dies dürfte indessen nicht richtig sein; denn die Anwendung des ausländischen, das fragliche Rechtsgeschäft für gültig erklärenden Gesetzes führt in dem vorliegenden Falle zu demselben Ergebnisse, zu welchem man nach dem Obigen bei vollständiger Anwendung des deutschen Rechtes gelangt.

Der Grund freilich ist in dem letzteren Falle ein anderer, nämlich die Trennung des dinglichen Rechtsgeschäfts von dem obligatorischen, aber bei der Beurteilung der Frage, ob die Anwendung des ausländischen Gesetzes gegen die guten Sitten verstößt, wird man das entscheidende Gewicht doch nur auf das Endergebnis zu legen haben und man wird, wenn dieses mit dem Ergebnisse des deutschen Rechtes übereinstimmt, nicht annehmen können, daß das deutsche Sittlichkeitsgefühl durch die Anwendung des betreffenden ausländischen Gesetzes verletzt werde. Es fragt sich dann noch weiter, wie das Verhältnis zu beurteilen ist, wenn das Geleistete zurückgefordert wird. Ist der Rückforderungsanspruch nach deutschem Rechte zu beurteilen, so hängt seine Begründung in erster Linie davon ab, ob die Leistung nicht geschuldet war. Diese Frage ist bei der Zugrundelegung des für die Beurteilung der Verpflichtung maßgebenden ausländischen Gesetzes zu verneinen, denn nach diesem Gesetze war das Rechtsgeschäft ja gültig. Aber das deutsche Gericht darf das ausländische Gesetz, weil das Rechtsgeschäft nach deutscher Auffassung gegen die guten Sitten verstößt, nicht anwenden; es muß, weil die Nichtanwendung des ausländischen Gesetzes hier zur Entscheidung des Falles nicht genügt, positiv das deutsche Gesetz anwenden. Nach diesem bestand die Verpflichtung zur Leistung nicht und der Rückforderungsanspruch muß daher, wenn im übrigen die Voraussetzungen des BGB. § 813 oder des § 817 vorliegen, für begründet erkannt werden. Es fragt sich indessen, ob dies auch dann richtig ist, wenn die Leistung in dem betreffenden ausländischen Staate erfolgte und das Verhältnis daher nach den Gesetzen dieses Staates seine definitive Erledigung gefunden hatte. Erfordert das deutsche Sittlichkeitsgefühl — und diesem Rechnung zu tragen ist doch der wesentliche Zweck der fraglichen Vorschrift des Art. 30 —, daß das in dem Auslande nach Maßgabe der ausländischen Gesetze definitiv erledigte und von allen Beteiligten als erledigt angesehene Verhältnis, weil zufällig für den Empfänger der Leistung ein Gerichtsstand in Deutschland begründet war, wieder in Frage gestellt und unter Nichtberücksichtigung des ausländischen Gesetzes nach deutschem Rechte entschieden werde? Die Frage dürfte zu verneinen sein.

c) **Ein Rechtssatz, durch den ein Mensch für nicht rechtsfähig erklärt** und in wesentlichen Beziehungen als Sache behandelt wird, **widerstreitet unsrer sittlichen Auffassung.** In der ersten Kommission war beantragt, zu bestimmen:

„Insbesondere ist die Anwendung der auf der Anerkennung der Sklaverei beruhenden Gesetze ausgeschlossen."

Der Antrag wurde abgelehnt, weil er insofern selbstverständlich sei, als der deutsche Richter die Hand nicht zur Verwirklichung von Ergebnissen bieten dürfe, die sich als Ausfluß der Sklaverei darstellten, aber unrichtig sei, soweit er darüber hinausgehen wolle (P. I S. 1159). Zweifellos ist, daß der deutsche Richter eine Person, die in dem Staate, welchem sie angehört, ein Sklave ist, wenn sie in Deutschland sich befindet, als rechtsfähig anzuerkennen und einen gegen sie auf Grund des Sklavenverhältnisses erhobenen Anspruch abzuweisen hat. Auch in dieser Beziehung wird man aber nicht annehmen können, daß das deutsche Sittlichkeitsgefühl die Anerkennung aller in dem ausländischen Sklavenstaate bereits eingetretenen Wirkungen verbiete. Es handelt sich hier um eine ähnliche Frage, wie die bereits unter b erwähnte. Der maßgebende Gedanke wird in der Literatur verschieden ausgedrückt, z. B. dahin, daß das betreffende Rechtsverhältnis nur insofern unserm Rechte zu unterwerfen sei, als es sich um Wirkungen handelt, die im Gebiet unserer Rechtsordnung zutage treten (v. **Bar** a. a. O.), oder dahin, daß eine gewisse Beziehung zum Inlande vorliegen müsse, durch welche das deutsche Interesse berührt werde (**Zitelmann** a. a. O.). Von dem Standpunkte des Art. 30 aus wird man zu fragen haben, ob die deutsche Auffassung der guten Sitten der in Frage stehenden Rechtsfolge der Sklaverei widerspreche. Diese Frage wird zu verneinen sein, wenn es sich um eine in dem Sklavenstaat eingetretene, bereits zum Abschlusse gelangte Wirkung der Sklaverei handelt. Hat also z. B. die Sklaverei nach den in dem Sklavenstaate geltenden Gesetzen die Wirkung, daß jeder von dem Sklaven gemachte Erwerb dem Herrn zufällt, und hat der Herr auf Grund dieser Vorschrift in dem Sklavenstaat Eigentum erworben, so wird dieses Eigentum auch in Deutschland anzuerkennen sein und geltend gemacht werden können; das deutsche Sittlichkeitsgefühl verlangt nicht die Negation dieses Eigentums. Hat aber der Sklave den Erwerb gemacht, während er im Inlande war, so verlangt das deutsche Sittlichkeitsgefühl, daß der Herr des Sklaven auf Grund der Sklaverei kein Recht an diesem Erwerbe geltend machen kann, daß das Eigentum daran vielmehr dem Sklaven zusteht. Derselbe Gesichtspunkt kommt bei der Entscheidung der Frage in Betracht, ob eine durch den Herrn erfolgte Verletzung des Sklaven, zu welcher er infolge des Sklavenverhältnisses nach den in dem Sklavenstaate geltenden Gesetzen berechtigt war, einen Ersatzanspruch des Sklaven gegen den Herrn wegen unerlaubter Handlung begründet. Die Frage ist zu bejahen, wenn die Verletzung in Deutschland, dagegen zu verneinen, wenn sie in dem Sklavenstaat erfolgt ist. Ein Anspruch auf Erfüllung des über einen Sklaven abgeschlossenen Kaufes ist nicht nur, wenn er von dem Käufer auf Lieferung des Sklaven, sondern auch, wenn er von dem Verkäufer auf Zahlung des Kaufpreises erhoben wird, abzuweisen. Dies folgt aus dem unter b Gesagten; aber auch hier gilt der dort begründete Satz, daß, wenn die Zahlung des Kaufpreises in dem Sklavenstaat erfolgt ist, eine Zurückforderung in Deutschland nicht zulässig ist.

d) Ähnliche Fragen wie unter c ergeben sich, wenn es sich um ein familienrechtliches Verhältnis handelt, welches durch das ausländische Gesetz anerkannt wird, nach deutscher Auffassung aber den guten Sitten widerspricht. In Betracht kommt hauptsächlich die Polygamie; auch die Ehe zwischen Verwandten und Verschwägerten in den im BGB. § 1310 Abs. 1 bezeichneten Fällen gehört hierher. Solche Ehen sind in Deutschland verboten, verstoßen aber zugleich nach deutscher Auffassung gegen die guten Sitten. Zweifellos ist nun zunächst auch in dieser Beziehung, daß ein Anspruch auf Verwirklichung des durch eine solche Ehe begründeten Verhältnisses in Deutschland nicht zulässig ist. Eine von Türken in der Türkei bei Lebzeiten der ersten Frau geschlossene zweite Ehe ist gültig. In Deutschland aber kann gegen den Ehegatten der zweiten Ehe, so lange die erste Ehe besteht, nicht auf Herstellung der Gemeinschaft geklagt werden. Auch ein Anspruch auf Gewährung des Unterhalts auf Grund der durch die Ehe begründeten Unterhaltspflicht wird, wenn er in Deutschland erhoben wird, abzuweisen sein. Dagegen wird auch hier zu unterscheiden sein zwischen den in der Türkei eingetretenen Wirkungen der Ehe und solchen Wirkungen, die erst eintreten, während einer der Ehegatten sich in Deutschland aufhält. Die in der Türkei geborenen Kinder der zweiten polygamen Ehe sind als eheliche Kinder anzusehen und hiernach bestimmt sich das Verhältnis zwischen ihnen und den Eltern, insbesondere auch das Erbrecht. Anders, wenn die Ehegatten ihren Wohnsitz in Deutschland genommen haben und hier, bevor die erste Ehe aufgelöst ist, ihnen ein Kind geboren wird. Dieses als ein eheliches zu behandeln, dürfte mit dem deutschen Sittlichkeitsgefühle nicht vereinbar sein. Hat einer der Gatten in der Türkei auf Grund des dort geltenden ehelichen Güterrechts Eigentum erworben, so wird dieses Eigentum auch in Deutschland anzuerkennen sein, während, wenn einer der Gatten, der sich in Deutschland aufhält, hier Eigentum erwirbt, dieser Erwerb so zu beurteilen ist, wie wenn die Ehe nicht bestände. Wegen einer von dem Ehemann erfolgten Züchtigung der Frau wird diese, wenn der Ehemann dazu nach türkischem Rechte etwa berechtigt sein sollte und die Züchtigung in der Türkei erfolgt ist, in Deutschland nicht wegen unerlaubter Handlung klagen können, während eine solche Klage für begründet zu erachten ist, wenn die Züchtigung in Deutschland erfolgte. Zu beachten ist übrigens, daß alle diese Fragen nur entstehen, wenn beide Verlobte zur Zeit der Eingehung der Ehe dem Staate, welcher die Polygamie anerkennt, in dem Beispielsfalle also der Türkei, angehörten. War auch nur einer der Verlobten ein Deutscher, so findet in Ansehung seiner nach Art. 13 Abs. 1 das deutsche Recht Anwendung und die Ehe ist daher nach BGB. § 1326 nichtig. Diese Nichtigkeit kann von jedem der Gatten sowie von jedem Dritten nach Maßgabe der deutschen Gesetze (vgl. BGB. § 1329) geltend gemacht werden.

In der Erl. 6 zu Art. 13 ist bereits hervorgehoben, daß aus Art. 30 folgt, daß ein Standesbeamter die Mitwirkung zu der Eingehung einer gegen die Vorschriften des BGB. §§ 1309, 1310 verstoßenden Ehe auch dann zu versagen hat, wenn beide Verlobte einem Staate angehören, nach dessen Gesetzen eine solche Ehe zulässig ist. Wird die Ehe im Widerspruche hiermit doch in Deutschland geschlossen, so ist sie zwar auf Grund des maßgebenden ausländischen Rechtes als gültig zu betrachten, aber in betreff der Anerkennung der Wirkungen einer solchen Ehe in Deutschland gilt das oben Gesagte.

Auf die Auflösung der Ehe aus anderen Gründen als durch Scheidungsurteil finden in analoger Anwendung des Art. 17 die Gesetze desjenigen Staates Anwendung, welchem der Ehemann zu der Zeit angehört, in welcher der die Auflösung begründende Tatbestand eingetreten ist (s. Erl. 8 zu Art. 17). Dieser Grundsatz wird auch dann Anwendung finden müssen, wenn die Auflösung der Ehe, wie z. B. nach türkischem Rechte, durch Erteilung eines Scheidebriefs von seiten des Ehemanns an die Ehefrau erfolgen kann. Es macht hierbei auch keinen Unterschied, ob die Ehegatten schon bei Eingehung der Ehe Türken waren oder ob sie erst später Türken geworden sind. Auf Grund der Vorschrift des Art. 17 Abs. 3 tritt indessen dann eine Modifikation ein, wenn die Ehegatten früher Deutsche waren und nur der Ehemann die deutsche Reichsangehörigkeit verloren hat, die Ehefrau aber Deutsche geblieben ist. In diesem Falle finden die deutschen Gesetze Anwendung, nach denen eine Auflösung der Ehe durch Erteilung eines Scheidebriefs von seiten des Ehemanns nicht stattfindet. Der fragliche Abs. 3 handelt zwar, wie der ganze Art. 17 direkt nur von der Scheidung der Ehe durch richterliches Urteil. Wenn man aber aus dem Art. 17 das allgemeine Prinzip ableitet, daß auch für die Auflösung der Ehe aus anderen Gründen als durch Urteil, die Gesetze desjenigen Staates maßgebend sind, welchem der Ehemann zu der entscheidenden Zeit angehört hat, so wird man auch die Modifikation dieses Prinzips, die der Abs. 3 bestimmt, verallgemeinern müssen. Der Abs. 3 enthält sachlich eine Anwendung der Vorschrift des Art. 30. Die nach Abs. 1 an sich maßgebenden ausländischen Gesetze sollen, wenn die Ehefrau Deutsche geblieben ist, keine Anwendung finden, weil ihre Anwendung in diesem Falle gegen den Zweck der deutschen Gesetze verstoßen würde. Die Ehe muß also in dem gedachten Falle trotz der Erteilung des Scheidebriefs in jeder Beziehung als fortbestehend behandelt werden. Ist aber auch die Ehefrau Türkin geworden, so verbleibt es bei dem nach dem Obigen aus Art. 17 abzuleitenden allgemeinen Prinzip. Es kann sich indessen fragen, ob nicht die Anwendung dieses Prinzips auf Grund des Art. 30 nach Maßgabe der im Eingange dieser Erläuterung dargelegten Grundsätze in Ansehung solcher Wirkungen ausgeschlossen ist, welche in Deutschland zutage treten, ob also z. B., wenn die Ehegatten ihren Wohnsitz wieder in Deutschland nehmen und die Ehefrau gegen den Ehemann auf Herstellung des ehelichen Lebens klagt, die gegen eine solche Klage geltend gemachte Einwendung, daß die Ehe durch Erteilung des Scheidebriefs aufgelöst sei, deshalb verworfen werden muß, weil eine in dieser Art erfolgende Auflösung der Ehe nach der in Deutschland herrschenden Auffassung gegen die guten Sitten verstößt. Die Frage dürfte zu verneinen sein. Daß in Deutschland das sittliche Bewußtsein die Nichtanerkennung der Auflösung der Ehe türkischer Eheleute durch Erteilung eines Scheidebriefs verlangte, dürfte sich schwerlich nachweisen lassen. Auch die Beschränkung des Art. 17 Abs. 3 auf den Fall, daß die Ehefrau eine Deutsche geblieben ist, spricht gegen eine solche Annahme. Die in der fraglichen Art erfolgte Auflösung der Ehe türkischer Ehegatten wird also in Deutschland in jeder Beziehung anzuerkennen sein.

Zweifelhaft ist, ob das Verhältnis dann einer anderen Beurteilung unterliegt, wenn anzunehmen sein sollte, daß nach türkischem Rechte der Ehemann nur dann zur einseitigen Aufhebung der Ehe berechtigt ist, wenn er zur islamitischen Religion übergetreten ist, und wenn von den Ehegatten, welche Türken geworden sind, nur der Ehemann, nicht aber die Ehefrau zur islamitischen Religion übergetreten ist. Ein Fall dieser Art ist von dem Landgerichte München I durch Urteil v. 24. Okt. 1904 (Zeitschrift für intern. Privat- und öffentliches Recht Bd. 14 S. 585 ff.) entschieden. Das Urteil geht davon aus, daß es sich hier um die Frage handle, ob ein deutsches Gericht anerkennen dürfe, „daß eine mit dem abendländischen monogamischen der ehelichen Willkürscheidung" entrückten Inhalte geschlossene Ehe durch den einseitigen Übertritt des Mannes zum Islam derart in ihrem Rechtsinhalte verändert werden könnte, daß die Ehefrau dadurch nunmehr der Willkürscheidung des Ehemanns und dessen Rechte zur Vielweiberei preisgegeben" werde. Diese Frage wird mit Bezugnahme auf Art. 30 verneint. Die für die Entscheidung angeführten Gründe dürften überwiegend sein.

3. In betreff der Frage, **unter welchen Voraussetzungen die Anwendung eines ausländischen Gesetzes gegen den Zweck eines deutschen Gesetzes verstößt**, läßt sich ein allgemeines Prinzip nicht aufstellen. Unrichtig würde es insbesondere sein, wenn man die Anwendung des ausländischen Gesetzes schon dann ausschließen wollte, wenn es mit einem deutschen zwingenden Gesetz in Widerspruch steht. In den Art. 7 ff. sind verschiedene Fälle anerkannt, in welchen unter den dort bestimmten Voraussetzungen ausländische Gesetze unter Nichtberücksichtigung zwingender deutscher Gesetze anzuwenden sind. Die deutschen Vorschriften z. B. über Geschäftsfähigkeit, über die Form der Rechtsgeschäfte, über familienrechtliche Verhältnisse, sind vom Standpunkte des deutschen Rechtes aus regelmäßig zwingender Natur; trotzdem sind die ausländischen Gesetze unter den früher dargelegten Voraussetzungen anzuwenden. Dasselbe gilt von manchen zwingenden Vorschriften des Sachenrechts; soweit z. B. nach allgemeinen internationalrechtlichen Grundsätzen für die Beurteilung dinglicher Rechte ausländische Gesetze maßgebend sind, ist deren Anwendung nicht deshalb ausgeschlossen, weil die ausländischen Gesetze noch andere dingliche Rechte anerkennen, als das deutsche Recht zuläßt. Ebenso fällt eine Abweichung ausländischer Gesetze von den deutschen Vorschriften über Pflichtteilsrecht und Erbunwürdigkeit nicht unter Art. 30 (Klein a. a. O.). Auch darauf kann nicht abgestellt werden, daß die ausländischen Gesetze gegen deutsche Prohibitivgesetze oder gegen die öffentliche Ordnung verstoßen. Auf die letztere war im E. I

abgestellt. Von der zweiten Kommission ist die Bezugnahme hierauf wie in dem BGB., so auch im EG. gestrichen, weil der Begriff der öffentlichen Ordnung zu unbestimmt und zu vieldeutig sei. Versteht man darunter das öffentliche Recht, so ist es selbstverständlich, daß dieses immer anzuwenden ist und abweichende ausländische Gesetze nicht berücksichtigt werden können. Versteht man darunter aber auch privatrechtliche Vorschriften, welche einen besonderen Charakter haben, so gibt der Begriff der öffentlichen Ordnung kein brauchbares Kriterium, um diesen Charakter zu bestimmen. Ob die Anwendung eines ausländischen Gesetzes gegen den Zweck eines deutschen Gesetzes verstößt, läßt sich also nur dadurch bestimmen, daß man das einzelne Gesetz selbst ins Auge faßt. Es kommt darauf an, ob das einzelne Gesetz unter Durchbrechung der in dem EG. bestimmten oder der aus allgemeinen Grundsätzen abzuleitenden internationalrechtlichen Vorschriften auch auf solche Fälle Anwendung finden will, auf welche an sich nach jenen Vorschriften die ausländischen Gesetze Anwendung finden. Eine ausdrückliche dies bestimmende Vorschrift kommt nur selten vor; doch enthält das EG. selbst eine Reihe von Bestimmungen, durch welche die als Regel vorgeschriebene Anwendung ausländischer Gesetze zugunsten deutscher Gesetze beschränkt wird; so z. B. in den Art. 7 Abs. 3, Art. 12, 13 Abs. 3, Art. 16, 17 Abs. 3, 4, Art. 21 Halbsatz 2. Regelmäßig wird der Wille des deutschen Gesetzes, die Anwendung ausländischer Gesetze auszuschließen, nur aus den Umständen, insbesondere aus dem Zwecke des Gesetzes entnommen werden können und hierauf verweist daher der Art. 30. Eine Durchmusterung der deutschen Gesetze in dieser Richtung ist hier natürlich nicht möglich; nur darauf mag noch hingewiesen werden, daß nicht gefragt werden darf, ob der Zweck des deutschen Gesetzes allgemein die Anwendung ausländischer Gesetze ausschließt — dies wird nur selten der Fall sein —, sondern daß zu untersuchen ist, ob in dem einzelnen vorliegenden Falle die Anwendung des ausländischen Gesetzes gegen den Zweck eines deutschen Gesetzes verstoßen würde. Ist diese Frage zu bejahen, so wird dann regelmäßig nicht nur die Nichtanwendung des ausländischen Gesetzes, sondern positiv die Anwendung des deutschen Gesetzes geboten sein. Beispiele einer Untersuchung der fraglichen Art für das bisherige Recht enthalten u. a. RG. Bd. 5 S. 124 (Verkauf von Losen zu verbotenen Lotterien), Bd. 5 S. 254 (Verbot der Zinseszinsen), Bd. 12 S. 309 (Verbot der außergerichtlichen Vermögensauseinandersetzung unter Ehegatten), Bd. 14 S. 235 (lex Anastasiana), Bd. 17 S. 299 (Verbot des Spielens in auswärtigen Lotterien), Bd. 19 S. 7; Bd. 21 S. 136; Bd. 29 S. 90 (Haftung des Reeders für den durch Zusammenstoß von Schiffen verursachten Schaden), Bd. 34 S. 72 (Ansprüche aus dem von einem Schiffer im Ausland ausgestellten Konnossement), Bd. 37 S. 266 (Differenzgeschäfte). Nach einem Urteile des OLG. Frankfurt a. M. vom 7. August 1901 in Niemeyers Zeitschrift für internationales Privat- und öffentliches Recht Bd. 12 S. 609ff. findet der Art. 30 Anwendung auf ausländische Gesetze, welche im Widerspruch mit BGB. § 1353 Abs. 2 einen Ehegatten, der auf Scheidung zu klagen berechtigt ist, doch zur Herstellung des ehelichen Lebens nötigen.

4. Der E. II rev. § 2389 bestimmte, **daß die Anwendung des ausländischen Gesetzes auch dann ausgeschlossen sei, wenn dasselbe „die Rechte der Fremden in unbilliger Weise beeinträchtigt“.** In dem dem Reichstage vorgelegten Entwurfe sowie im Art. 30 selbst ist diese Bestimmung weggelassen. Den darin ausgesprochenen Satz, wie Zitelmann S. 378ff. und Barazetti in Böhms Zeitschrift Bd. 8 S. 126ff. wollen, trotzdem anzuwenden, dürfte sich nicht rechtfertigen lassen. Die Streichung des Satzes bezweckt offenbar, den Gerichten die Prüfung der Frage, ob das ausländische Gesetz die Rechte der Fremden in unbilliger Weise beeinträchtige, zu entziehen und die Abhilfe gegen solche Fälle nach Maßgabe des Art. 31 der Entscheidung des Bundesrats zu überlassen.

5. Steht die Gesetzgebung des ausländischen Staates mit einem Staatsvertrag im Widerspruche, so kann die Bestimmung des Staatsvertrags, wenn dieser im Inlande publiziert ist, die Bedeutung haben, daß die damit im Widerspruche stehenden Bestimmungen der ausländischen Gesetze für die in dem Staatsvertrage bezeichneten Fälle außer Kraft treten sollen. In solchem Falle haben die Gerichte unmittelbar auf Grund des publizierten Staatsvertrags die fraglichen ausländischen Gesetze nicht anzuwenden. Wird durch den Staatsvertrag aber nur die Verpflichtung des ausländischen Staates begründet, seine Gesetze in bestimmten Beziehungen abzuändern, so können die Gerichte, solange diese Änderung nicht erfolgt ist, die Anwendung der bestehenden nach den allgemeinen internationalrechtlichen Grundsätzen maßgebenden Gesetze nicht ablehnen. Die Abhilfe gegen ein solches Verhalten des ausländischen Staates hat auf völkerrechtlichem Wege und eventuell durch Anwendung des Art. 31 zu erfolgen (a. A. wie es scheint Zitelmann a. a. O.).

Artikel 31. Unter Zustimmung des Bundesraths kann durch Anordnung des Reichskanzlers bestimmt werden, daß gegen einen ausländischen Staat sowie dessen Angehörige und ihre Rechtsnachfolger ein Vergeltungsrecht zur Anwendung gebracht wird.

---

6. **Die Anerkennung des Urteils eines ausländischen Gerichts** sollte nach der alten CPO. § 661 Nr. 2 in der hier fraglichen Beziehung nur dann versagt werden, „wenn durch die Vollstreckung eine Handlung erzwungen würde, welche nach dem Rechte des über die Zulässigkeit der Zwangsvollstreckung urteilenden deutschen Richters nicht erzwungen werden darf". Durch die neue Fassung der CPO. § 723 Abs. 2 Satz 2 mit § 328 Nr. 4 wird die Übereinstimmung der prozeßrechtlichen Vorschriften mit den Bestimmungen des Art. 30 hergestellt. Die Anerkennung des ausländischen Urteils ist hiernach zu versagen, wenn die Anerkennung gegen die guten Sitten oder gegen den Zweck eines deutschen Gesetzes verstoßen würde. Auf die Beurteilung der Frage, ob dies der Fall ist, finden die oben in Erl. 1—3 dargelegten Grundsätze Anwendung (a. A. wie es scheint Niemeyer, S. 98 Anm. 1).

Artikel 31.

E. I § 26; II § 2265 rev. § 2390. E. d. EG. III Art. 30. P. I S. 11607 ff. P. II Bd. 6 S. 89. RB. S. 2109 f. StB. S. 3024.

Rundstein in DJZ. 1903 S. 79, Kullmann das. S. 151.

1. **Durch Art. 31 wird in der dort bezeichneten Beziehung die gesetzgebende Gewalt auf den Reichskanzler und den Bundesrat delegiert.** In die Hand dieser Organe wird die **Anwendung der Retorsion** gelegt. Die Gerichte haben damit nichts zu tun; sie müssen die Grundsätze des internationalen Privatrechts ohne Rücksicht darauf anwenden, ob in einem ausländischen Staate dieselben Grundsätze angewendet werden oder nicht, ob insbesondere dort die deutschen Gesetze unter denselben entsprechenden Voraussetzungen maßgebend sind, unter welchen in Deutschland die ausländischen Gesetze angewendet werden. Es wird hier also ein anderes Prinzip befolgt wie in der CPO. nach den §§ 110 Abs. 2 Nr. 1, 114 Abs. 2, 328 Nr. 5, 723 Abs. 2 Satz 2. Nur in dem Falle des EG. Art. 25 Satz 2 tritt eine ähnliche Behandlung (Gegenseitigkeitsprinzip) wie nach den ebengedachten Vorschriften der CPO. ein (s. Erl. 4 d zu Art. 25).

Ähnliche Vorschriften enthalten EG. z. CPO. § 24 i. d. Fassung v. 20. Mai 1898, KO. §§ 5 Abs. 2, 237 Abs. 2, ferner das Patentgesetz v. 7. April 1891 § 12 Abs. 2, das Ges. v. 12. Mai 1894 betr. den Schutz der Warenbezeichnungen § 22.

2. **Die Voraussetzungen, unter welchen der Reichskanzler mit Zustimmung des Bundesrats von der ihm durch Art. 31 beigelegten Befugnis Gebrauch machen darf,** sind nicht (wie z. B. im § 22 des Ges. v. 12. Mai 1894 geschehen ist) speziell bestimmt, sondern nur durch den allgemeinen Begriff des Vergeltungsrechts bezeichnet. Von einem solchen kann nur die Rede sein, wenn in einem ausländischen Staate unter Abweichung von den in Deutschland geltenden internationalrechtlichen Grundsätzen Deutsche ungünstiger behandelt werden, wie dies bei Anwendung jener Grundsätze der Fall sein würde. Worin im einzelnen diese ungünstigere Behandlung besteht, ist gleichgültig. Dem Ermessen des Reichskanzlers und des Bundesrats ist die Entscheidung überlassen, ob genügende Veranlassung vorliegt, von dem Vergeltungsrechte Gebrauch zu machen.

3. **In betreff der Art und Weise, in welcher das Vergeltungsrecht zur Anwendung zu bringen ist,** wird nur bestimmt, daß es sich gegen den betreffenden ausländischen Staat sowie gegen dessen Angehörige und ihre Rechtsnachfolger richte. Die Worte „gegen den ausländischen Staat" sind erst vom Bundesrate hinzugefügt. Dem Reichskanzler und dem Bundesrat ist also der weiteste Spielraum gelassen. Die Vergeltung wird sich regelmäßig auf dieselben Rechtsverhältnisse beziehen, deren Behandlung durch den ausländischen Staat zu der Anwendung des Vergeltungsrechts Veranlassung gibt. Beschränkt ist das Vergeltungsrecht aber hierauf nicht; die zur Ausübung desselben getroffenen Anordnungen können sich auch auf andere Rechtsverhältnisse beziehen. Die Befugnis des Reichskanzlers und des Bundesrats ist auch nicht in der Richtung beschränkt, daß nur allgemeine Anordnungen zulässig wären; die Anordnung ist auch wirksam, wenn sie sich — was freilich nicht leicht vorkommen wird — nur auf einen einzelnen Fall beschränkt (P. I S. 11610).

Die nach Art. 31 erlassene Vergeltungsanordnung vermag übrigens einen vor dem Inkrafttreten des BGB. geschlossenen Vertrag eines Bundesstaats mit einem ausländischen Staate gemäß Art. 56 nicht aufzuheben (vgl. RG. 24 S. 14).

Zweiter Abschnitt.

Verhältniß des Bürgerlichen Gesetzbuchs zu den Reichsgesetzen.

Zweiter Abschnitt.

1. **Das Prinzip, nach welchem sich das Verhältnis des BGB. zu den Reichsgesetzen bestimmt, besteht darin, daß die Reichsgesetze neben dem BGB. in Kraft bleiben.** Dem wird aber im Art. 32 die Modifikation hinzugefügt, daß ein Reichsgesetz insoweit nicht in Kraft bleibt, als sich dessen Aufhebung aus dem BGB. oder aus dem EG. ergibt. Über die Gründe, auf welche diese Vorschriften beruhen, und über die Bedeutung der dem Prinzipe hinzugefügten Beschränkung s. Erl. zu Art. 32. Neben der prinzipiellen Vorschrift des Art. 32 enthält der zweite Abschnitt eine Reihe besonderer Vorschriften für einzelne Reichsgesetze, welche den Zweck verfolgen, diese mit dem BGB. in Einklang zu bringen (Art. 33—54). Soweit solche besondere Vorschriften nicht gegeben sind, muß bei jeder einzelnen reichsgesetzlichen Vorschrift geprüft werden, ob sie als durch das BGB. oder durch das EG. aufgehoben oder geändert anzusehen ist. Selbstverständlich bezieht sich die Vorschrift des Art. 32 nur auf die zur Zeit des Inkrafttretens des BGB. neben demselben bestehenden Reichsgesetze. Die Tragweite später ergehender Reichsgesetze ist aus diesen selbst zu entnehmen.

2. **Für folgende Reichsgesetze sind besondere Vorschriften gegeben:**

a) Für das GVG., die CPO., die StPO., die KO. und für das Gesetz, betr. die Anfechtung von Rechtshandlungen eines Schuldners außerhalb des Konkursverfahrens, v. 21. Juli 1879 in Beziehung auf die in diesen Gesetzen an die Verwandtschaft oder die Schwägerschaft geknüpften rechtlichen Folgen durch Art. 33.

b) Für das StGB. durch Art. 34.

c) Für die StPO. durch Art. 35.

d) Für die Gewerbeordnung durch Art. 36.

e) Für das Gesetz über die Freizügigkeit v. 1. November 1867 durch Art. 37.

f) Für das Gesetz, betr. die Organisation der Bundeskonsulate rc., v. 8. November 1867 durch Art. 38.

g) Für das Gesetz, betr. die vertragsmäßigen Zinsen, v. 14. November 1867 durch Art. 39.

h) Für das Gesetz, betr. die Eheschließung und die Beurkundung des Personenstandes von Bundesangehörigen im Auslande, v. 4. Mai 1870 durch Art. 40.

i) Für das Gesetz, betr. die Erwerbung und den Verlust der Bundes- und Staatsangehörigkeit, v. 1. Juni 1870 durch Art. 41.

k) Für das Haftpflichtgesetz v. 7. Juni 1871 durch Art. 42.

l) Für das Gesetz, betr. die Rechtsverhältnisse der Reichsbeamten, v. 31. März 1873 durch Art. 43.

m) Für das Reichsmilitärgesetz v. 2. Mai 1874 durch Art. 44, 45.

n) Für das Gesetz, betr. die Beurkundung des Personenstandes und die Eheschließung, v. 6. Februar 1875 durch Art. 46.

o) Für das Gesetz, betr. den Wucher, v. 24. Mai 1880, durch Art. 47.

p) Für das Gesetz, betr. die Fürsorge für die Witwen und Waisen der Reichsbeamten der Civilverwaltung, v. 20. April 1881 durch Art. 48.

q) Für das Gesetz, betr. die Fürsorge für die Witwen und Waisen von Angehörigen des Reichsheeres und der Kaiserlichen Marine, v. 17. Juni 1887 durch Art. 49.

r) Für das Gesetz, betr. das Reichsschuldbuch, v. 31. Mai 1891 durch Art. 50.

s) Für das Gesetz, betr. die Fürsorge für die Witwen und Waisen der Personen des Soldatenstandes rc., v. 13. Juni 1895 durch Art. 51.

Die Art. 52, 53 enthalten allgemeine Vorschriften darüber, welche Rechte im Falle einer auf Grund eines Reichsgesetzes erfolgenden Enteignung an der dem Eigentümer zukommenden

Artikel 32. Die Vorschriften der Reichsgesetze bleiben in Kraft. Sie treten jedoch insoweit außer Kraft, als sich aus dem Bürgerlichen Gesetzbuch oder aus diesem Gesetze die Aufhebung ergiebt.

Entschädigung demjenigen zustehen, welcher ein dingliches Recht an der durch die Enteignung betroffenen Sache hat. Der Art. 54 endlich enthält Vorschriften, durch welche das Gesetz, betr. die Beschränkungen des Grundeigentums in der Umgebung von Festungen, v. 21. Dezember 1871 mit den den Art. 52, 53 zugrunde liegenden Gedanken tunlichst in Einklang gebracht werden soll.

Artikel 32.

E. d. EG. I Art. 9; II Art. 6; III Art. 31. P. I S. 12328 ff.; M. d. EG. S. 67 ff. P. II Bd. 6 S. 560 ff.

1. **Fortdauernde Geltung der bisherigen Reichsgesetze.** Zwei Wege wären möglich gewesen, um vollständig klarzustellen, welche privatrechtliche Vorschriften reichsrechtlich in Geltung stehen. Man hätte entweder die in den bisher erlassenen Reichsgesetzen enthaltenen privatrechtlichen Vorschriften, soweit sie bestehen bleiben sollten, in das BGB. mit aufnehmen oder man hätte bestimmen müssen, daß die bisher erlassenen Reichsgesetze mit Ausnahme derjenigen Vorschriften, welche ausdrücklich aufgehoben werden, bestehen bleiben. Der erste Weg erschien schon mit Rücksicht auf die großen Gebiete des Handelsrechts, des Wechselrechts, des Genossenschaftsrechts, die durch besondere Reichsgesetze ihre Regelung erfahren hatten bzw. erfahren sollten, unausführbar; aber auch in betreff der übrigen, in den verschiedenen Reichsgesetzen enthaltenen privatrechtlichen Vorschriften hätte deren Aussonderung aus dem Zusammenhang, in welchem sie stehen, große Bedenken und praktisch kaum zu überwindende Schwierigkeiten gehabt. Der zweite Weg ist bei den Prozeßgesetzen eingeschlagen (s. EG. z. CPO. § 13; EG. z. KO. § 3; EG. z. StPO. § 5). Auch dieser Weg erschien aber bei der großen Zahl der in Betracht kommenden reichsgesetzlichen Vorschriften, bei der Schwierigkeit, die aufzuhebenden Bestimmungen ohne große Weitläufigkeit zutreffend zu bezeichnen, und bei der Gefahr, einzelne zu übersehen, als unzweckmäßig. Das EG. schlägt deshalb einen Mittelweg ein. Als Regel wird im Art. 32 Satz 1 bestimmt, daß die bisherigen Reichsgesetze in Kraft bleiben. Daneben werden in den Art. 33—54 verschiedene Vorschriften der bisherigen Reichsgesetze aufgehoben oder geändert. Aber hierauf beschränkt sich die von der Regel des Art. 32 Satz 1 geltende Ausnahme nicht; vielmehr wird diese

2. allgemein dahin bestimmt, **daß die bisherigen Reichsgesetze insoweit außer Kraft treten, als sich aus dem BGB. oder dem EG. die Aufhebung ergibt.** Die Bedeutung dieses Satzes besteht darin, daß die Regel, nach welcher das jüngere Gesetz dem älteren vorgeht, für das Verhältnis des BGB. und des EG. zu den älteren Reichsgesetzen nicht gilt. Das Verhältnis ist im wesentlichen so zu behandeln, wie wenn die Vorschriften der bisherigen Reichsgesetze und die Vorschriften des BGB. und des EG. in einem und demselben Gesetz enthalten wären. Nur insoweit, als sich aus dem Inhalt einer Vorschrift des BGB. oder des EG. ergibt, daß eine ältere reichsgesetzliche Vorschrift dadurch aufgehoben werden sollte, als das Nebeneinanderbestehen beider Vorschriften also entweder unmöglich ist oder doch der erkennbaren Absicht des BGB. oder des EG. widerspricht, tritt die ältere reichsrechtliche Vorschrift außer Kraft. Ob diese Voraussetzungen vorliegen, kann im einzelnen Falle zweifelhaft sein. In der ersten Kommission waren verschiedene Anträge gestellt, durch welche ein Anhaltspunkt für die Beurteilung der Frage, ob der Aufhebungswille vorliege, gegeben werden sollte (P. I S. 12330); so insbesondere dahin, daß dieser Wille anzunehmen sei, wenn durch die Vorschriften des BGB., welche das ältere Reichsgesetz in Ansehung seines Gegenstandes ergreifen, die reichsgesetzlichen Vorschriften ersetzt, geändert oder beseitigt werden, oder wenn die Bestimmungen mit einander unvereinbar seien und das Verhältnis von Regel und Ausnahme nicht vorliege, oder wenn die frühere Normierung durch eine den identischen Rechtsstoff behandelnde neue Normierung ersetzt sei. Alle Anträge dieser Art wurden abgelehnt, weil sie nicht genügend und auch mißverständlich seien. Diesen Standpunkt hat auch die zweite Kommission festgehalten. Dem Richter ist also völlig freie Hand gelassen unter Berücksichtigung aller Umstände zu ermitteln, ob der Aufhebungswille vorhanden ist oder nicht. Folgende Momente werden hierbei besonders zu berücksichtigen sein.

a) Die bisherigen Reichsgesetze beziehen sich regelmäßig auf besondere Rechtsverhältnisse. Die für diese gegebenen Vorschriften können nicht deshalb als aufgehoben angesehen werden, weil sie mit allgemeinen Vorschriften des BGB. nicht übereinstimmen; sie werden vielmehr als besondere für das betreffende besondere Rechtsverhältnis geltende Ausnahmevorschriften anzusehen sein und deshalb in Kraft bleiben.

b) Soweit in den Reichsgesetzen Rechtsbegriffe gebraucht sind, die auch in dem BGB. vorkommen, hängt die Frage, ob durch das BGB. eine Änderung des Reichsgesetzes erfolgt ist, davon ab, ob der Gebrauch des betreffenden Begriffs in dem Reichsgesetze nur in dem Sinne erfolgt ist, daß dadurch auf das derzeitige allgemeine bürgerliche Recht verwiesen werden sollte, oder ob das Reichsgesetz den betreffenden Begriff in einem bestimmten Sinne voraussetzt. In dem ersteren Falle erleidet das Reichsgesetz durch das BGB. eine Änderung, nicht aber in dem letzteren Falle. In dieser Beziehung entscheidet der Art. 4 und kann auf die Erläuterungen zu diesem Artikel verwiesen werden. Beispielsweise mag hier noch darauf hingewiesen werden, daß, wenn in den verschiedenen Gesetzen über das Urheberrecht, über Geschmacks- und Gebrauchmuster, über das Patentrecht und über Warenzeichen von Schadensersatz die Rede ist, der allgemeine Begriff des Schadensersatzes aus dem BGB. zu entnehmen ist. Soweit also dieser Begriff mit dem bisherigen Rechte nicht übereinstimmt, ist eine Änderung jener Gesetze erfolgt. Soweit aber jene Gesetze die Schadensersatzverpflichtung an besondere Voraussetzungen knüpfen, eine solche Verpflichtung, wie z. B. in dem Gesetze zum Schutze der Warenbezeichnungen v. 12. Mai 1894 § 14, in dem Patentgesetze v. 7. April 1891 § 35, in dem Gesetze, betr. den Schutz von Gebrauchsmustern, v. 1. Juni 1891 § 9 geschehen ist, lediglich im Falle des Vorsatzes und grober Fahrlässigkeit eintreten lassen, wird die Beschränkung der Schadensersatzpflicht nicht durch die allgemeine Vorschrift des BGB. § 823, nach welcher die Verpflichtung zum Schadensersatze bei jeder fahrlässigen Verletzung eines Rechtes eintritt, beseitigt. Ähnlich liegt das Verhältnis, wenn in den gedachten und anderen Reichsgesetzen Bestimmungen über die Verjährung gegeben sind. An die Stelle der bisherigen allgemeinen Grundsätze über Verjährung treten dann die Vorschriften des BGB.; soweit aber besondere Vorschriften in betreff der Verjährung gegeben sind, z. B. eine besondere Verjährungsfrist bestimmt ist, sind diese Vorschriften nicht als durch das BGB. aufgehoben anzusehen.

c) Wird dasselbe besondere Rechtsverhältnis, welches in einem Reichsgesetze geordnet ist, auch in dem BGB. geregelt, so tritt das Reichsgesetz insoweit außer Kraft, als es mit der durch das BGB. erfolgten Regelung nicht vereinbar ist. Fälle dieser Art sind nur selten. In den Verhandlungen der ersten Kommission wurden als Beispiele angeführt die Vorschriften des BGB. über den Nachlaßkonkurs und die Vorschrift, daß im Falle der Gütergemeinschaft das Gesamtgut in den Konkurs des Mannes falle. Diese Fragen haben durch die Änderungen der KO. ihre Erledigung gefunden. Ein anderes in der zweiten Kommission angeführtes Beispiel (P. II Bd. 6 S. 562) trifft auch jetzt noch zu. Nach StGB. § 34 Nr. 5, 6 hat die Aberkennung der bürgerlichen Ehrenrechte die Unfähigkeit zur Folge, als Zeuge bei der Aufnahme von Urkunden mitzuwirken sowie Vormund, Nebenvormund, Kurator ꝛc. zu sein. Nach BGB. §§ 1781 Nr. 4, 2337 Nr. 2 hat die Aberkennung der bürgerlichen Ehrenrechte nur die Folge, daß die Bestellung zum Vormund und die Zuziehung als Zeuge nicht erfolgen soll. Es handelt sich hier also nur um eine Ordnungsvorschrift. Die Vorschrift des StGB. ist, soweit der darin bestimmten „Unfähigkeit“ nach der Absicht des StGB. eine weitergehende Wirkung zukam, durch die gedachten Vorschriften des BGB. aufgehoben und die Aberkennung der bürgerlichen Ehrenrechte hat nur noch die in den gedachten Vorschriften des BGB. bestimmten Wirkungen (vgl. auch Erl. zu Art. 39).

3. Der Art. 32 erwähnt **die von dem Reiche abgeschlossenen Staatsverträge nicht.** Es wird als selbstverständlich angesehen, daß diese durch das BGB. keine Änderung erleiden. Über die von einem Bundesstaat abgeschlossenen Staatsverträge s. Art. 56.

4. Soweit ein **Reichsgewohnheitsrecht** vor dem Inkrafttreten des BGB. entstanden ist, findet nach Art. 2 auch auf dieses der Art. 32 Anwendung. Nach Rspr. Bd. 1 S. 259 wird ein solches Gewohnheitsrecht angenommen in betreff des Satzes, daß die in WO. Art. 50, 51 für den Regreß bestimmte Höhe des Zinssatzes auch für den Akzeptanten des Wechsels gelte. Über die Möglichkeit der Entstehung eines Reichsgewohnheitsrechts nach dem Inkrafttreten des BGB. s. Bd. I S. 38 II, 2.

5. Das **Verhältnis des BGB. zum HGB.** ist durch den Art. 2 des EG. z. HGB. dahin geordnet, daß in Handelssachen die Vorschriften des BGB. nur insoweit zur Anwendung kommen, als nicht im HGB. oder im EG. z. HGB. ein anderes bestimmt ist.

Artikel 33. Soweit in dem Gerichtsverfassungsgesetze, der Civilprozeßordnung, der Strafprozeßordnung, der Konkursordnung und in dem Gesetze, betreffend die Anfechtung von Rechtshandlungen eines Schuldners außerhalb des Konkursverfahrens, vom 21. Juli 1879 (Reichs-Gesetzbl. S. 277) an die Verwandtschaft oder die Schwägerschaft rechtliche Folgen geknüpft sind, finden die Vorschriften des Bürgerlichen Gesetzbuchs über Verwandtschaft oder Schwägerschaft Anwendung.

Artikel 33.

E. d. EG. I Art. 10; II Art. 7; III Art. 32. P. I S. 12332 ff.; M. d. EG. S. 69 f. P. II Bd. 6 S. 564.

1. In der Erl. 2 zu Art. 4 ist schon darauf hingewiesen, daß durch Art. 33 der mögliche Zweifel abgeschnitten werden soll, ob, wenn in den bisherigen Reichsgesetzen von **Verwandtschaft und Schwägerschaft** gesprochen wird, der Begriff dieses Verhältnisses für das in der betreffenden Vorschrift geregelte Verhältnis selbständig bestimmt werden soll oder ob darin nur eine Verweisung auf das allgemeine bürgerliche Recht zu finden ist und daher nach Art. 4 jene Begriffe sich nunmehr nach dem BGB. bestimmen. Die Frage wird durch Art. 33 für die darin bezeichneten Gesetze in dem letzteren Sinne entschieden. Für die gedachten Begriffe sind daher jetzt die §§ 1589, 1590 des BGB. maßgebend. Dabei ist jedoch zu beachten, daß diese Vorschriften eine Ergänzung durch diejenigen Bestimmungen des BGB. erhalten, nach welchen gewisse Personen die rechtliche Stellung ehelicher Kinder haben. In Betracht kommen die §§ 1699 ff. über die Kinder aus nichtigen Ehen, § 1719 über die durch nachfolgende Ehe legitimierten, §§ 1736, 1737 über die durch Ehelichkeitserklärung legitimierten Kinder, die §§ 1757, 1762, 1763 über die an Kindesstatt angenommenen Personen. Soweit hiernach die rechtliche Stellung eines ehelichen Kindes begründet wird, findet auch Verwandtschaft bzw. Schwägerschaft statt; jedoch tritt in den Fällen der Legitimation durch Ehelichkeitserklärung und der Annahme an Kindesstatt eine Verwandtschaft nur zwischen dem für ehelich erklärten Kinde und dessen Abkömmlingen einer- und dem Vater andererseits bzw. zwischen dem an Kindesstaat angenommenen Kinde und den in der Annahme mit begriffenen Abkömmlingen auf der einen Seite und dem Annehmenden auf der anderen Seite, nicht aber mit den Verwandten des Vaters bzw. des Annehmenden ein und ebensowenig findet in diesen Fällen ein Schwägerschaftsverhältnis statt.

2. **Auf Verwandtschaft und Schwägerschaft wird Bezug genommen** im GVG. § 156 Nr. I 3, II 3; in der CPO. §§ 41 Nr. 3; 49; 383 Abs. 1 Nr. 3; in der StPO. §§ 22 Nr. 3; 51 Abs. 1 Nr. 3; 401 Abs. 2 (vgl. auch die §§ 31, 32, 54, 57, 74, 76, 85, 95 Abs. 2, 97); in der KO. § 31 Nr. 2; in dem Anfechtungsges. v. 21. Juli 1879 § 3 Nr. 2. In der KO. § 31 Nr. 2 wird nicht von Verwandten schlechthin, sondern von Verwandten in auf- und absteigender Linie und von voll- und halbbürtigen Geschwistern gesprochen. Auch diese Begriffe sind jetzt aus dem BGB. zu entnehmen; insbesondere gelten also mehrere uneheliche Kinder desselben Vaters von verschiedenen Müttern nicht als Geschwister; ebensowenig die durch Ehelichkeitserklärung legitimierten oder an Kindesstatt angenommenen Kinder als Geschwister der ehelichen Kinder des Vaters bzw. des Annehmenden.

3. **Gebrauch des Ausdrucks Verwandtschaft und Schwägerschaft in anderen als den im Art. 33 bezeichneten Gesetzen.** In dem Art. 33 wird die Frage nur für die darin bezeichneten Gesetze entschieden. Hieraus darf indessen nicht ein argumentum a contrario für andere Gesetze entnommen werden. Um der Gefahr eines solchen Mißverständnisses vorzubeugen, war in der zweiten Kommission der Antrag gestellt, den Art. 33 zu streichen. Der Antrag wurde abgelehnt, weil man die Gefahr nicht für begründet und die Entscheidung des möglichen Zweifels für die in dem Art. 33 bezeichneten Gesetze im Interesse der Rechtssicherheit für zweckmäßig hielt. Soweit in anderen Reichsgesetzen auf Verwandtschaft und Schwägerschaft Bezug genommen wird, ist die Frage, ob diese Begriffe sich jetzt nach dem BGB. bestimmen, nach den in den Erl. zu Art. 4 dargelegten Grundsätzen zu entscheiden. Man wird dabei regelmäßig zu demselben Ergebnisse wie in den durch Art. 33 entschiedenen Fällen gelangen, so insbesondere in der RAO. § 14. In einem weiteren Sinne wird der Begriff der Verwandtschaft im StGB. § 173 Abs. 1 gebraucht, indem hiernach eine Verwandtschaft auch zwischen dem Vater und dem unehelichen Kinde anzunehmen ist (vgl. BGB. § 1310 Abs. 3; RG. in St. Bd. 34 S. 420). Daß im FGG. § 6 Nr. 3 die fraglichen Ausdrücke in demselben Sinne zu verstehen sind wie im BGB., folgt daraus, daß das FGG. gleichzeitig mit dem BGB. in Kraft getreten ist.

Artikel 34. Das Strafgesetzbuch wird dahin geändert:

I. Im §. 34 Nr. 6 werden die Worte: „Vormund, Nebenvormund, Kurator, gerichtlicher Beistand oder Mitglied eines Familienraths" ersetzt durch die Worte:

„Vormund, Gegenvormund, Pfleger, Beistand der Mutter, Mitglied eines Familienraths oder Kurator".

II. An die Stelle des §. 55 treten folgende Vorschriften:

Wer bei Begehung der Handlung das zwölfte Lebensjahr nicht vollendet hat, kann wegen derselben nicht strafrechtlich verfolgt werden. Gegen denselben können jedoch nach Maßgabe der landesgesetzlichen Vorschriften

---

Artikel 34.

E. d. EG. I Art. 16; II Art. 8; III Art. 33. P. I S. 12569 ff., 13006; M. d. EG. S. 123 ff. P. II Bd. 4 S. 633 ff.; Bd. 6 S. 568 ff., 585. RB. S. 2093, 2110.

Lobe, Über den Einfluß des BGB. auf das Strafrecht (1898); Schmidt in DJZ. 1900 S. 146; Meves, Kriminalistische Erörterungen aus dem Gebiete des BGB., Goltdammers Arch. 46 S. 81, 161; Brettner, Das BGB. in seiner Einwirkung auf das Strafrecht, Goltdammers Arch. 45 S. 81; Winkler, Die Einwirkung der neueren Gesetzgebung auf das Reichsstrafrecht im Gerichtssaal 58 S. 241.

I. Das Strafgesetzbuch verweist in einer Reihe von Vorschriften auf das bürgerliche Recht. Dies ist überall der Fall, wo bürgerlichrechtliche Begriffe verwendet sind wie z. B. der Begriff der Verwandtschaft und Schwägerschaft in den §§ 34 Nr. 6, 52, 247, 370 Nr. 5, der Minderjährigkeit in den §§ 301, 302, des Eigentums im § 242, des Nießbrauchs, Pfandrechts und Zurückbehaltungsrechts im § 289. Regelmäßig wird für diese Begriffe jetzt das BGB. maßgebend sein müssen (s. Erl. zu Art. 4, 32, 33). Eine Ausnahme findet statt, wenn sich aus dem StGB. ergibt, daß eine Verweisung auf das allgemeine bürgerliche Recht nicht beabsichtigt ist. Dies ist z. B. dann der Fall, wenn sich aus dem Zusammenhang ergibt, daß das StGB. auf die Anschauungen des Verkehrs und des täglichen Lebens verweisen will, wie dies u. a. anzunehmen ist, wenn im § 246 zwischen Gewahrsam und Besitz unterschieden wird. In der Reichstagskommission ist deshalb ein Antrag, im § 246 die Worte „oder Gewahrsam" zu streichen, abgelehnt worden.

II. Die einzelnen Änderungen des Art. 34.

1. Zu Ziff. I. Nach der bisherigen Fassung des § 34 Nr. 6 des StGB. bewirkt die Aberkennung der bürgerlichen Ehrenrechte die Unfähigkeit, „Vormund, Nebenvormund, Kurator, gerichtlicher Beistand oder Mitglied eines Familienraths zu sein, es sei denn, daß es sich um Verwandte absteigender Linie handele und die obervormundschaftliche Behörde oder der Familienrat die Genehmigung erteile." In der neuen Fassung ist

a) statt „Nebenvormund" gesetzt „Gegenvormund" (vgl. § 1792 und EG. Art. 210);

b) die Worte „gerichtlicher Beistand" sind gestrichen, weil sie mit Rücksicht darauf gegenstandslos geworden sind, daß die Verbeistandung des französischen Rechtes auch für die Übergangszeit beseitigt worden ist (EG. Art. 156 Abs. 2, Art. 211);

c) die Vorschrift ist durch die Worte „Pfleger" (vgl. § 1915) und „Beistand der Mutter" (vgl. §§ 1687, 1694) ergänzt (RG. in St. 35 S. 340). Der Ausdruck „Kurator" ist stehen geblieben, um z. B. auch den Konkursverwalter zu treffen.

Die Worte „es sei denn, daß die obervormundschaftliche Behörde oder der Familienrat die Genehmigung erteile" sind nicht geändert, obwohl die Worte „oder der Familienrat" mit Rücksicht auf § 1872 überflüssig sind. Die obervormundschaftliche Behörde ist das Vormundschaftsgericht; vgl. hierzu Erl. zu § 1781 und zu EG. Art. 147.

Über die Änderung, welche der § 34, sofern er von der Unfähigkeit Zeuge (Nr. 5) oder Vormund (Nr. 6) zu sein, spricht, nach Art. 32 durch das BGB. erfahren hat, wenn anzunehmen sein sollte, daß das StGB. an diese Unfähigkeit die Folge der Nichtigkeit des Rechtsgeschäfts oder der Bestellung zum Vormunde knüpfen wollte, s. Erl. 2c zu Art. 32. Es ergibt sich hieraus, daß ein Verstoß gegen das Verbot des § 34 jetzt lediglich die in dem BGB. bestimmten Folgen hat (s. §§ 1318, 1781, 2237 BGB. und § 173 FGG.).

die zur Besserung und Beaufsichtigung geeigneten Maßregeln getroffen werden. Die Unterbringung in eine Familie, Erziehungsanstalt oder Besserungsanstalt kann nur erfolgen, nachdem durch Beschluß des Vormundschaftsgerichtes die Begehung der Handlung festgestellt und die Unterbringung für zulässig erklärt ist.

III. An die Stelle des §. 65 treten folgende Vorschriften:

Der Verletzte, welcher das achtzehnte Lebensjahr vollendet hat, ist selbständig zu dem Antrage auf Bestrafung berechtigt. Solange er minderjährig ist, hat unabhängig von seiner eigenen Befugniß auch sein gesetzlicher Vertreter das Recht, den Antrag zu stellen.

Ist der Verletzte geschäftsunfähig oder hat er das achtzehnte Lebensjahr noch nicht vollendet, so ist sein gesetzlicher Vertreter der zur Stellung des Antrages Berechtigte.

IV. Als §. 145a wird folgende Vorschrift eingestellt:

Wer im Inlande Schuldverschreibungen auf den Inhaber, in denen die Zahlung einer bestimmten Geldsumme versprochen wird, ohne die er-

---

2. Zu Ziff. II. Die Änderungen des § 55 bestehen, abgesehen davon, daß die Vorschrift nicht mehr in zwei Absätze, sondern in mehrere Sätze zerlegt ist, darin, daß

a) die Unterbringung in eine Familie der Unterbringung in eine Anstalt gleichgestellt, also gegebenen Falles nur auf Grund eines Beschlusses des Vormundschaftsgerichts zulässig ist;

b) statt „Vormundschaftsbehörde" gesetzt ist „Vormundschaftsgericht";

c) die neue Fassung, welche der nunmehrige dritte Absatz gefunden hat, klar stellt, daß es sich dabei nur um eine Einschränkung der landesgesetzlichen Regelung handelt, nicht um eine unmittelbare reichsrechtliche Vorschrift, so daß die Unterbringung in eine Anstalt oder eine Familie dann nicht ausgeführt werden kann, wenn es an einer die Unterbringung gestattenden landesgesetzlichen Vorschrift fehlt. Die Landesgesetzgebung erscheint übrigens nicht verpflichtet, Ausführungsvorschriften zu erlassen, insbesondere ist sie nicht gehalten, Zwangserziehungsanstalten ins Leben zu rufen. Im übrigen vgl. die Erl. zu Art. 135.

3. Zu Ziff. III.

In einer Reihe von Fällen hängt die Strafverfolgung von einem Antrage des nach dem Gesetze zu dem Antrage Berechtigten ab (StGB. §§ 102—104, 123, 170, 172, 179, 182, 189, 194—196, 232, 236, 237, 247, 263, 288, 289, 292, 299, 300—303, 370 Nr. 5, 6; Ges. betr. das Urheberrecht an Werken der Literatur und der Tonkunst v. 19. Juni 1901 § 45; Ges. betr. das Urheberrecht an Werken der bildenden Künste v. 9. Januar 1876 § 16; Ges. betr. den Schutz der Photographien v. 10. Januar 1876 § 9; Ges. betr. das Urheberrecht an Mustern und Modellen v. 11. Januar 1876 § 14; Patentgesetz v. 7. April 1891 § 36; Ges. betr. den Schutz von Gebrauchsmustern v. 1. Juni 1891 § 10; Ges. betr. den Schutz der Warenbezeichnungen v. 12. Mai 1894 § 15). Der § 65 des StGB. enthält Vorschriften darüber, wer zu dem Antrage berechtigt ist, wenn der Verletzte minderjährig oder ein bevormundeter Geisteskranker oder wenn er taubstumm ist. Der Art. 34 III bezweckt, diese Vorschriften mit dem BGB. in Einklang zu bringen. Die Änderung beschränkt sich auf die Punkte, zu denen die Vorschriften des BGB. Anlaß boten. Eine Entscheidung aller über den § 65 entstandenen Zweifel ist nicht bezweckt (vgl. auch RG. in Str. 35 S. 133); insbesondere wird die Frage, wer der Verletzte im Sinne des § 65 ist, durch das EG. nicht berührt. Die Entscheidung dieser Frage bleibt der strafrechtlichen Wissenschaft überlassen.

a) Die beiden ersten Absätze des § 65 sind in einem Absatze zusammengefaßt, sachlich aber unverändert geblieben. In der zweiten Kommission war beantragt, allgemein auszusprechen, daß ein Verletzter, der in der Geschäftsfähigkeit beschränkt sei, zu dem Antrage der Zustimmung des gesetzlichen Vertreters nicht bedürfe, daß aber der gesetzliche Vertreter selbständig zu dem Antrage berechtigt sei. Daneben sollte die Bestimmung beibehalten werden, daß ein Minderjähriger den Antrag nur stellen könne, wenn er das achtzehnte Lebensjahr vollendet habe. Die forderliche staatliche Genehmigung ausstellt und in den Verkehr bringt, wird mit einer Geldstrafe bestraft, die dem fünften Theile des Nennwerths der ausgegebenen Schuldverschreibungen gleichkommen kann, mindestens aber dreihundert Mark beträgt.

V. Im §. 171 Abs. 1 und Abs. 3 werden die Worte: „aufgelöst, für ungültig

---

Kommission lehnte diesen Antrag ab. Es scheint nicht bezweifelt worden zu sein, daß ein in der Geschäftsfähigkeit beschränkter Verletzter, abgesehen von der für Minderjährige unter achtzehn Jahren geltenden Beschränkung, den Antrag ohne Zustimmung seines gesetzlichen Vertreters stellen kann. Für bedenklich aber wurde die Bestimmung gehalten, daß der gesetzliche Vertreter nicht nur bei einem Minderjährigen, sondern auch bei einer anderen in der Geschäftsfähigkeit beschränkten Person, also in den Fällen der Entmündigung wegen Geistesschwäche, Verschwendung oder Trunksucht sowie in den Fällen der vorläufigen Bevormundung (§ 114) selbständig und unabhängig von der Befugnis des durch ihn Vertretenen zur Stellung des Antrags berechtigt sein solle. Die zivilrechtlichen Vorschriften über Geschäftsfähigkeit könnten nicht ohne weiteres auf den strafrechtlichen Antrag angewendet werden. Vom strafrechtlichen Standpunkte ließen sich gute Gründe für die selbständige Antragsbefugnis des Vertreters bei Minderjährigen anführen, die bei anderen in der Geschäftsfähigkeit beschränkten Personen nicht zuträfen. Insbesondere zeige sich dies in den Fällen, in welchen eine Zurücknahme des Antrags zulässig sei. Der gesetzliche Vertreter könne übrigens als Vertreter ebenso wie ein Bevollmächtigter den Antrag stellen, da die Antragsberechtigung nicht als ein höchst persönliches die Vertretung ausschließendes Recht zu betrachten sei. Aber der Wille des Vertretenen müsse entscheidend bleiben, und diesem daher insbesondere das Recht zustehen, den von dem Vertreter gestellten Antrag, sofern dies zulässig sei, zurückzunehmen. Diese Auffassung dürfte richtig sein. Eine nähere Erörterung derselben gehört indessen dem Strafrecht an (vgl. RG. in Str. 34 S. 98). Hier ist nur festzustellen, daß das EG. die strafrechtlichen Vorschriften in der hier fraglichen Beziehung nicht geändert hat.

b) Der Abs. 3 des § 65 hat in dem jetzigen Abs. 2 zunächst die Änderung erfahren, daß statt von dem Vormund eines bevormundeten Geisteskranken von dem gesetzlichen Vertreter eines Geschäftsunfähigen gesprochen wird. Wer geschäftsunfähig ist, bestimmt der § 104. Ein Geschäftsunfähiger kann persönlich den Antrag nicht stellen; er kann nur durch seinen gesetzlichen Vertreter handeln. Dieser ist zur Stellung des Antrags berechtigt, nicht wie im Falle des Abs. 1 Satz 2 kraft eines ihm unabhängig von der Befugnis des von ihm Vertretenen zustehenden Rechtes, sondern in Ausübung der dem Geschäftsunfähigen zustehenden Befugnis und in dessen Namen. Von der bisherigen Fassung unterscheidet sich die jetzige in folgenden Beziehungen:

α) Die jetzige Vorschrift beschränkt sich nicht auf Geisteskranke, sondern umfaßt auch solche Personen, die nicht geisteskrank, aber wegen Geisteskrankheit entmündigt sind (§ 104 Nr. 3) und Personen unter sieben Jahren (§ 104 Nr. 1).

β) Die jetzige Vorschrift beschränkt sich nicht auf den Vormund eines Bevormundeten, sondern spricht allgemein vom gesetzlichen Vertreter. Dies ist nur für volljährige Entmündigte immer der Vormund, für minderjährige Geschäftsunfähige dagegen je nach Lage der Sache der Inhaber der elterlichen Gewalt oder der Vormund. Solange ein volljähriger Geisteskranker weder entmündigt noch unter vorläufige Vormundschaft gestellt ist (BGB. §§ 6 Nr. 1, 1906, 104 Nr. 2), hat er keinen gesetzlichen Vertreter. In diesem Falle kann der Antrag überhaupt nicht gestellt werden.

c) Dem Geschäftsunfähigen werden in der jetzigen Vorschrift gleichgestellt die Minderjährigen, welche das achtzehnte Lebensjahr noch nicht vollendet haben. Diese können persönlich nach Abs. 1 den Antrag nicht stellen. In ihrem Namen hat ihr gesetzlicher Vertreter zu handeln. Dieser kann den Antrag also in doppelter Eigenschaft stellen, entweder kraft seines ihm nach Abs. 1 unabhängig von der Befugnis des Minderjährigen zustehenden selbständigen Rechtes oder als Vertreter des Minderjährigen in dessen Namen.

d) Weggelassen ist von der bisherigen Vorschrift die Erwähnung der Taubstummen. Diese sind also jetzt rechtlich befugt, persönlich den Antrag zu stellen. Ob sie tatsächlich dazu imstande sind, hängt davon ab, ob sie sich genügend verständigen können. Hat ein Taubstummer nach BGB. § 1910 einen Pfleger erhalten, so kann dieser als Vertreter des Taubstummen in dessen Namen den Antrag stellen.

oder nichtig erklärt worden ist", ersetzt durch die Worte: „aufgelöst oder für nichtig erklärt worden ist".

VI. An die Stelle des §. 195 tritt folgende Vorschrift:

Ist eine Ehefrau beleidigt worden, so hat sowohl sie als ihr Ehemann das Recht, auf Bestrafung anzutragen.

VII. Im §. 235 werden die Worte: „ihren Eltern oder ihrem Vormunde" er-

---

e) Keine Vorschrift enthält der § 65 darüber, ob, wenn die Sorge für die Person und die Sorge für das Vermögen verschiedenen gesetzlichen Vertretern zusteht, der eine oder der andere derselben zu dem Antrage berechtigt ist. Ein in der ersten Kommission gestellter Antrag, die Antragsberechtigung dem Vertreter zu geben, welchem die Sorge für die Person zusteht, ist abgelehnt, weil es sich hier um eine Frage handele, die auch schon nach dem bisherigen Rechte vorkommen könne, und das BGB. eine allgemeine Entscheidung darüber nicht getroffen habe, welche Angelegenheiten der Sorge für die Person und welche der Sorge für das Vermögen angehören. Die Entscheidung der Frage bleibt also der Wissenschaft überlassen und es wird dabei einerseits der Begriff der Sorge für die Person und andererseits der Inhalt der betreffenden strafrechtlichen Vorschriften zu berücksichtigen sein. Regelmäßig wird hiernach die Stellung des Antrags als eine die Sorge für die Person betreffende Angelegenheit anzusehen sein (s. Erl. 1 zu § 1627); in solchen Fällen jedoch, in welchen die strafgesetzliche Vorschrift lediglich den Schutz des Vermögens bezweckt (z. B. StGB. §§ 288, 289, 301, 302, 303, 370 Nr. 5, 6), dürfte die Stellung des Antrags zu dem Wirkungskreise des Vertreters gehören, welchem die Sorge für das Vermögen zusteht.

4. **Zu Ziff. IV.**

Der neu eingestellte § 145a des StGB. verfolgt den Zweck, die Beobachtung der Vorschrift des BGB. § 795 Abs. 1, nach welcher im Inland ausgestellte Schuldverschreibungen auf den Inhaber, in denen die Zahlung einer bestimmten Geldsumme versprochen wird, nur mit staatlicher Genehmigung in den Verkehr gebracht werden dürfen, auch strafrechtlich zu sichern. Die Strafvorschrift bezieht sich nicht auf den Fall, daß den bei der Genehmigung gestellten Bedingungen, die nach der Ausgabe zu erfüllen sind, zuwidergehandelt wird. Dagegen betrifft sie den Fall, daß den vor der Ausgabe zu erfüllenden Bedingungen nicht entsprochen wird und dennoch die Ausgabe erfolgt; denn hier liegt keine Genehmigung vor. Eine Verschiedenheit besteht zwischen § 795 BGB. und § 145a StGB. insofern, als in dem ersteren das in den Verkehr Bringen einer im Inland ausgestellten Schuldverschreibung auf den Inhaber ohne Rücksicht darauf, wer sie ausgestellt hat, von der staatlichen Genehmigung abhängig gemacht wird, während in dem § 145a nur derjenige mit Strafe bedroht wird, welcher im Inland eine Schuldverschreibung der fraglichen Art ohne die erforderliche staatliche Genehmigung ausstellt und in den Verkehr bringt. Praktisch dürfte diese Verschiedenheit ohne Bedeutung sein. Bisher bestand eine reichsgesetzliche Strafvorschrift nur für die Ausgabe von Inhaberpapieren mit Prämien nach dem Reichgesetze v. 8. Juni 1871 § 6 (vgl. auch Art. 249b des alten HGB.). Daneben bestanden verschiedene landesgesetzliche Vorschriften ähnlichen Inhalts, z. B. in dem preuß. Ges. v. 17. Juni 1883 § 5; in dem bayr. Ges. v. 18. März 1896. Diese Vorschriften sind jetzt in Wegfall gekommen (s. EG. zum StGB. § 2 Abs. 1).

5. **Zu Ziff. V und IX.** Die Änderung der §§ 171, 238 ist durch die Ausdrucksweise des BGB. veranlaßt, welches unter einer für nichtig erklärten Ehe auch eine Ehe versteht, die anfechtbar ist, wenn die Anfechtungsklage für begründet erkannt wurde (vgl. Vorbm. vor § 1323 II Bd. IV S. 50).

6. **Zu Ziff. VI.** Nach der bisherigen Fassung des § 195 hatten, wenn Ehefrauen oder unter väterlicher Gewalt stehende Kinder beleidigt worden sind, sowohl die Beleidigten als deren Ehemänner und Väter das Recht, auf Bestrafung anzutragen. Das gleiche gilt nach § 232 Abs. 3 des StGB. im Falle einer Körperverletzung der im § 232 Abs. 1 bezeichneten Art. Das EG. beseitigt das selbständige Recht des Vaters bzw. nach dem BGB. auch der Mutter, die Bestrafung zu beantragen. Das Antragsrecht des Vaters und der Mutter richtet sich infolgedessen ausschließlich nach den im § 65 des StGB. enthaltenen Vorschriften über das Antragsrecht des gesetzlichen Vertreters; der Elternteil hat das Antragsrecht nicht, wenn ihm die gesetzliche Vertretung in den die Person betreffenden Angelegenheiten (vgl. Erl. 1 zu § 1627) nicht

setzt durch die Worte:

„ihren Eltern, ihrem Vormunde oder ihrem Pfleger".

VIII. Im §. 237 werden die Worte: „ihrer Eltern oder ihres Vormundes" ersetzt durch die Worte:

„ihrer Eltern, ihres Vormundes oder ihres Pflegers".

IX. Im §. 238 werden die Worte: „für ungültig erklärt worden ist" ersetzt durch die Worte:

„für nichtig erklärt worden ist".

Artikel 35. Die Strafprozeßordnung wird dahin geändert:

I. Im §. 11 Abs. 1 treten an die Stelle der Sätze 2, 3 folgende Vorschriften:

In Ermangelung eines solchen Wohnsitzes gilt die Hauptstadt des Heimathstaats als ihr Wohnsitz; ist die Hauptstadt in mehrere Gerichtsbezirke getheilt, so wird der als Wohnsitz geltende Bezirk von der Landesjustizverwaltung durch allgemeine Anordnung bestimmt. Gehört ein Deutscher einem Bundesstaate nicht an, so gilt als sein Wohnsitz die Stadt Berlin; ist die Stadt Berlin in mehrere Gerichtsbezirke getheilt, so wird der als Wohnsitz geltende Bezirk von dem Reichskanzler durch allgemeine Anordnung bestimmt.

II. An die Stelle des §. 149 Abs. 2 tritt folgende Vorschrift:

Dasselbe gilt von dem gesetzlichen Vertreter eines Angeklagten.

---

zusteht (vgl. Liedtke in JW. 1902 S. 537; Löwenstein, DJZ. 1902 S. 364, JW. 1905 S. 108; Rheinstein, JW. 1904 S. 136).

7. **Zu Ziff. VII und VIII.** Die Vorschriften der §§ 235, 237 werden dahin ergänzt, daß neben den Eltern und dem Vormund auch der Pfleger erwähnt ist. In Ansehung der Eltern kommt es nicht darauf an, ob ihnen die elterliche Gewalt zusteht. Der Vormund und der Pfleger kommen nur in Betracht, sofern ihnen die Vertretung in den persönlichen Angelegenheiten zusteht (§§ 1628, 1793, 1909).

III. In der zweiten Kommission (P. II Bd. 2 S. 612, Bd. 6 S. 579) war beantragt auszusprechen, daß die reichsgesetzlichen **Vorschriften über die Buße**, insbesondere die Bestimmung, daß die Buße die Geltendmachung eines weiteren Schadensersatzanspruchs ausschließt, unberührt bleiben. Der Antrag wurde mit Rücksicht auf Art. 32 als selbstverständlich abgelehnt.

Artikel 35.

E. b. EG. I Art. 17; II Art. 9; III Art. 34. P. I S. 12583 f.; M. b. EG. S. 128. P. II Bd. 6 S. 577 ff. RB. S. 2110. StB. S. 3025.

Strafprozeßordnung.

1. **Zu der StPO. § 11 Abs. 1** ist bestimmt, daß Deutsche, welche das Recht der Exterritorialität genießen, sowie die im Ausland angestellten Beamten des Reichs oder eines Bundesstaats in Ansehung des Gerichtsstandes den Wohnsitz behalten, welchen sie in dem Heimatstaate hatten. Nach den Sätzen 2, 3 gilt in Ermangelung eines solchen Wohnsitzes die Hauptstadt des Heimatstaats als ihr Wohnsitz und wird, wenn die Hauptstadt in mehrere Gerichtsbezirke zerfällt, der als Wohnsitz geltende Bezirk im Wege der Justizverwaltung durch allgemeine Anordnung bestimmt. Diese Gesetze haben nur eine kleine redaktionelle Änderung erfahren, sind aber sachlich unverändert geblieben. Hinzugefügt ist in den letzten beiden Halbsätzen eine Bestimmung für den Fall, daß ein Deutscher einem Bundesstaate nicht angehört. Dieser Fall kann nach § 6 des Ges. v. 19. März 1888, betr. die Rechtsverhältnisse in den deutschen Schutzgebieten, jetzt § 9 des Schutzgebietsgesetzes in der Fassung v. 10. September 1900, eintreten. Für ihn war also eine neue Vorschrift notwendig, und diese wird dahin gegeben, daß für solche Deutsche die Stadt Berlin in Ansehung des Gerichtsstandes als Wohnsitz gilt und daß, wenn diese in mehrere Gerichtsbezirke geteilt ist, der Reichskanzler (nicht die preußische Justizverwaltung) den

als Wohnsitz geltenden Gerichtsbezirk durch allgemeine Anordnung zu bestimmen hat. Einen entsprechenden Zusatz hat der § 16 der bisherigen CPO. in dem § 15 der jetzigen CPO. erhalten.

2. **Der § 149 Abs. 2 der StPO.** bestimmt, daß der Vater, der Adoptivvater oder Vormund eines minderjährigen Angeklagten in der Hauptverhandlung als Beistand zuzulassen und auf sein Verlangen zu hören sei. Die Änderung, welche diese Vorschrift in dem EG. Art. 35 II erfahren hat, beruht auf dem Gedanken, daß als Beistand eines schutzbedürftigen Angeklagten derjenige, aber auch nur derjenige zuzulassen sei, welchem nach dem BGB. die Vertretung des Interesses des Schutzbedürftigen obliege. Dies ist sein gesetzlicher Vertreter. Der Vater eines Minderjährigen ist daher als Beistand zuzulassen, wenn er kraft elterlicher Gewalt zur Vertretung des Minderjährigen berechtigt ist. Er ist nicht zuzulassen, wenn er die elterliche Gewalt verwirkt hat (BGB. § 1680) oder wenn seine elterliche Gewalt ruht (BGB. §§ 1676—1678) oder wenn ihm die Vertretung von dem Vormundschaftsgericht entzogen ist (BGB. § 1666). Ob in diesen Fällen die gesetzliche Vertretung der Mutter kraft elterlicher Gewalt oder einem Vormund oder einem Pfleger zusteht, bestimmt sich nach den Vorschriften des BGB. §§ 1684, 1685, 1773, 1909. Hervorzuheben ist, daß, wenn der Vater tatsächlich an der Ausübung der elterlichen Gewalt verhindert ist, diese während der Dauer der Ehe von der Mutter ausgeübt wird (BGB. § 1685). In einem solchen Falle ist daher die Mutter als Beistand zuzulassen. Mit Rücksicht hierauf wurde ein in der RTK. gestellter Antrag, dem § 149 Abs. 2 die Bestimmung hinzuzufügen, daß auch die Mutter des minderjährigen Angeklagten als Beistand zuzulassen sei, abgelehnt. Nach dem Tode des Vaters steht regelmäßig der Mutter die elterliche Gewalt und damit die gesetzliche Vertretung des Kindes zu (BGB. § 1684). Steht ihr ausnahmsweise die Vertretung nicht zu — es sind dies dieselben Fälle, in welchen nach dem Obigen dem Vater die Vetretung nicht zusteht (BGB. § 1686), — so ist der zu bestellende Vormund oder Pfleger der gesetzliche Vertreter.

Der Adoptivvater, d. h. also nach der Terminologie des BGB. derjenige, welcher einen anderen an Kindesstatt angenommen hat, hat die rechtliche Stellung eines ehelichen Vaters (BGB. § 1757), ist also kraft elterlicher Gewalt der gesetzliche Vertreter des minderjährigen Kindes. Die elterliche Gewalt steht aber auch einer Frau, welche einen anderen an Kindesstatt angenommen hat, in demselben Umfange zu wie der ehelichen Mutter (BGB. §§ 1741, 1757 Abs. 1). Über die Fälle, in welchen ein angenommenes Kind die rechtliche Stellung eines ehelichen Kindes eines Ehepaars erlangt s. BGB. § 1757 Abs. 2.

Über die gesetzliche Vertretung von Kindern aus nichtigen Ehen s. BGB. §§ 1699—1702; über die gesetzliche Vertretung von legitimierten Kindern s. BGB. §§ 1719, 1736.

In Konsequenz des oben angeführten Gedankens soll nach der jetzigen Fassung des § 149 Abs. 2 nicht nur der gesetzliche Vertreter eines Minderjährigen, sondern auch der gesetzliche Vertreter eines Volljährigen als Beistand zugelassen werden. Ein Volljähriger erhält in dem für ihn zu bestellenden Vormund einen gesetzlichen Vertreter, wenn er entmündigt ist (BGB. § 1896) oder wenn die Entmündigung beantragt und eine vorläufige Vormundschaft angeordnet ist (BGB. § 1906). Der § 149 enthält keine Vorschrift darüber, wer als Beistand zuzulassen ist, wenn die gesetzliche Vertretung in den die Person und das Vermögen betreffenden Angelegenheiten verschiedenen Personen zusteht. Auch das BGB. enthält keine allgemeinen Vorschriften darüber, welche Angelegenheiten unter die eine und welche unter die andere Kategorie fallen. Die Vertretung der Interessen des Angeklagten dürfte indessen immer zu den die Person betreffenden Angelegenheiten zu zählen sein (s. Bd. IV Erl. 1 zu § 1627).

Ist im einzelnen Falle für eine unter elterlicher Gewalt oder unter Vormundschaft stehende Person oder auf Grund des BGB. § 1909 Abs. 3 ein Pfleger bestellt (BGB. § 1909), so steht diesem die gesetzliche Vertretung in den ihm überwiesenen Angelegenheiten zu (BGB. § 1915); er ist also als Beistand zuzulassen, wenn sein Wirkungskreis die hier fragliche persönliche Angelegenheit umfaßt. Das gleiche gilt für einen nach Maßgabe des BGB. § 1910 für die persönlichen Angelegenheiten eines Volljährigen bestellten Pfleger. Die übrigen Fälle (BGB. §§ 1911—1914) kommen nicht in Betracht.

Artikel 36.

E. d. EG. I Art. 18; II Art. 10; III Art. 35. P. I S. 12587 ff.; M. d. EG. S. 129 ff. P. II Bd. 6 S. 579 ff., 600. RB. S. 2093, 2110.

Der Art. 36 behandelt die durch das BGB. erforderlich gewordenen **Änderungen und Ergänzungen der Gewerbeordnung.**

Artikel 36. Die Gewerbeordnung wird dahin geändert:

I. Der §. 11 Abs. 2 fällt weg; als §. 11a werden folgende Vorschriften eingestellt:

Betreibt eine Ehefrau, für deren güterrechtliche Verhältnisse ausländische Gesetze maßgebend sind, im Inlande selbständig ein Gewerbe, so ist es auf ihre Geschäftsfähigkeit in Angelegenheiten des Gewerbes ohne Einfluß, daß sie Ehefrau ist.

Soweit die Frau in Folge des Güterstandes in der Verfügung über ihr Vermögen beschränkt ist, finden die Vorschriften des §. 1405 des Bürgerlichen Gesetzbuchs Anwendung. Hat die Frau ihren Wohnsitz nicht im Inlande, so ist der Einspruch des Mannes gegen den Betrieb des Gewerbes und der Widerruf der ertheilten Einwilligung in das Güterrechtsregister des Bezirks einzutragen, in welchem das Gewerbe betrieben wird.

Betreibt die Frau das Gewerbe mit Einwilligung des Mannes oder gilt die Einwilligung nach §. 1405 Abs. 2 des Bürgerlichen Gesetzbuchs als ertheilt, so haftet für die Verbindlichkeiten der Frau aus dem Gewerbebetriebe ihr Vermögen ohne Rücksicht auf die dem Manne kraft des Güterstandes zustehenden Rechte; im Falle des Bestehens einer ehelichen Gütergemeinschaft haftet auch das gemeinschaftliche Vermögen.

II. Im §. 107 Abs. 1 werden

1. im Satz 4 die Worte: „an den Vater oder Vormund, sofern diese es verlangen", ersetzt durch die Worte:
   „an den gesetzlichen Vertreter, sofern dieser es verlangt",
2. im Satz 5 die Worte: „an die Mutter" ersetzt durch die Worte:
   „an die zur gesetzlichen Vertretung nicht berechtigte Mutter".

I. Zu Ziff. I (§§ 11, 11a GewO.).

1. Der Abs. 1 der bisherigen Fassung des § 11 bestimmt, daß das Geschlecht in Beziehung auf die Befugnis zum selbständigen Betrieb eines Gewerbes keinen Unterschied macht. Diese Vorschrift hat nur gewerbepolizeiliche Bedeutung und wird deshalb durch das BGB. nicht berührt; sie ist als § 11 in Kraft geblieben.

Der Abs. 2 des bisherigen § 11 legt der Frau, die selbständig ein Gewerbe betreibt, für den Umfang des Gewerbebetriebs volle Geschäfts- und Prozeßfähigkeit bei. Durch die CPO. § 52 (bisher § 51) Abs. 2 ist jede Beschränkung der Prozeßfähigkeit einer Frau beseitigt. Das BGB. beseitigt auch die Beschränkung der Geschäftsfähigkeit der Frauen. Nach dem BGB. ist weder die Frau als solche noch die Ehefrau, sei es infolge der Ehe oder des in der Ehe geltenden Güterstandes, in der Geschäftsfähigkeit beschränkt (Bd. IV S. 92). Seit dem Inkrafttreten des BGB. kann eine ledige oder verheiratet gewesene Frau, die in Deutschland ein Gewerbe betreibt, sofern sie eine Deutsche ist, in der Geschäftsfähigkeit überhaupt nicht mehr beschränkt sein. Wenn sie eine Ausländerin ist, ist zwar nach Art. 7 des EG. für ihre Geschäftsfähigkeit das ausländische Recht maßgebend, sie kann also je nach dem ausländischen Rechte in der Geschäftsfähigkeit beschränkt sein. Allein nach dem Abs. 3 des Art. 7 wird ein Ausländer, welcher in Deutschland ein Rechtsgeschäft vornimmt, für das er nach dem ausländischen Rechte nicht geschäftsfähig ist, für dieses Rechtsgeschäft insoweit als geschäftsfähig betrachtet, als er nach den deutschen Gesetzen geschäftsfähig sein würde. Die lediglich an die Eigenschaft der ausländischen Gewerbetreibenden als einer Frau geknüpfte Beschränkung der Geschäftsfähigkeit kommt daher nicht in Betracht. Eine verheiratete Frau, welche in Deutschland ein Gewerbe betreibt, kann, sofern sie eine Deutsche ist — oder genauer gesprochen, wenn für ihren Güterstand das deutsche Recht maßgebend ist, — in der Geschäftsfähigkeit nur beschränkt sein, wenn sie vor dem Inkrafttreten des BGB. geheiratet hat und für den in der Ehe geltenden Güterstand eines der bisherigen

III. Im §. 108 treten an die Stelle des Satz 2 folgende Vorschriften:
Die Ausstellung erfolgt auf Antrag oder mit Zustimmung des gesetzlichen Vertreters. Ist die Erklärung des gesetzlichen Vertreters nicht zu beschaffen oder verweigert dieser die Zustimmung ohne genügenden Grund und zum Nachtheile des Arbeiters, so kann die Gemeindebehörde die Zustimmung ergänzen.

IV. Im §. 110 Abs. 1 werden die Worte: „seines Vaters oder Vormunds" ersetzt durch die Worte:
„seines gesetzlichen Vertreters".

V. Im §. 113 tritt an die Stelle des Abs. 4 folgende Vorschrift:
Ist der Arbeiter minderjährig, so kann das Zeugniß von dem gesetzlichen Vertreter gefordert werden. Dieser kann verlangen, daß das Zeugniß an ihn, nicht an den Minderjährigen ausgehändigt werde. Mit Genehmigung der Gemeindebehörde des im §. 108 bezeichneten Ortes kann auch gegen den Willen des gesetzlichen Vertreters die Aushändigung unmittelbar an den Arbeiter erfolgen.

VI. Im §. 131 Abs. 1 Satz 1 werden die Worte: „von dem Vater oder Vormunde" ersetzt durch die Worte:
„von dem gesetzlichen Vertreter".

VII. Im §. 133 Abs. 2 Satz 1 werden die Worte: „der Vater des Lehrlings" ersetzt durch die Worte:
„der Vater des Lehrlings, sofern er die Sorge für die Person des Lehrlings hat,".

Rechte maßgebend ist, welches, sei es als Folge des Güterstandes oder der Ehe, die Ehefrau in der Geschäftsfähigkeit beschränkt (Art. 200 EG.). Ist die verheiratete Gewerbetreibende eine Ausländerin oder eine Deutsche, für deren Güterstand ausländisches Recht maßgebend ist (z. B. wenn die Ehegatten erst nach der Verheiratung die Reichsangehörigkeit erworben haben), so sind für die Frage, inwieweit die Frau infolge der Ehe oder des Güterstandes in der Geschäftsfähigkeit beschränkt ist, die ausländischen Gesetze maßgebend, nach welchen sich die güterrechtlichen Verhältnisse der Frau richten (Art. 15 EG.). Mit Rücksicht hierauf hat der bisherige Abs. 2 des § 11 der GewO. nur mehr für die Geschäftsfähigkeit der verheirateten gewerbetreibenden Frauen Bedeutung und zwar, wenn für die Güterrechtsverhältnisse der Frau das deutsche Recht gilt, nur, wenn die Ehe vor dem Inkrafttreten des BGB. geschlossen ist.

Da man die Fortgeltung des Abs. 2 des bisherigen § 11 in Ansehung der gewerbetreibenden Frau, für deren Güterrecht das deutsche Recht maßgebend ist, als selbstverständliche Folge des Art. 200 des EG. ansah, ist die Vorschrift des bisherigen § 11 Abs. 2 auf ausländische Frauen und auf deutsche Frauen, für deren Güterstand ein ausländisches Recht maßgebend ist, beschränkt und als Abs. 1 in den neuen § 11a in der GewO. eingestellt worden.

2. Anlangend den neuen § 11a, so gilt die Vorschrift des Abs. 1 ohne Rücksicht darauf, ob die Frau mit oder ohne Einwilligung des Mannes das Geschäft betreibt. Die Vorschrift des Abs. 1 ist übrigens, wie sich aus der Erl. 1 ergibt, schon in dem Abs. 3 des Art. 7 enthalten.

Der Abs. 2 Satz 1 des § 11a spricht durch die Verweisung auf § 1405 des BGB. aus, daß auch eine nach dem ausländischen Rechte etwa als Folge der Ehe oder des Güterstandes eintretende Beschränkung der Verfügungsmacht der Frau in Ansehung der Rechtsgeschäfte und Rechtsstreitigkeiten, die der Geschäftsbetrieb mit sich bringt, dann wegfällt, wenn der Mann der Frau die Einwilligung zum selbständigen Betriebe des Erwerbsgeschäfts ertheilt oder wenn die Frau mit Wissen und ohne Einspruch des Mannes das Erwerbsgeschäft betreibt. Der Einspruch des Mannes sowie der Widerruf seiner Einwilligung sind Dritten gegenüber nur wirksam, wenn sie in das Güterrechtsregister eingetragen oder dem Dritten bekannt sind. Für den Fall, daß die Frau ihren Wohnsitz nicht im Inlande hat, trifft der Abs. 2 Satz 2, weil es in diesem Falle an einem zuständigen Registergerichte fehlt, die Vorschrift dahin, daß der Einspruch und der

Artikel 37. Der §. 2 des Gesetzes über die Freizügigkeit vom 1. November 1867 (Bundes-Gesetzbl. S. 55) wird dahin geändert:

Wer die aus der Reichsangehörigkeit folgenden Befugnisse in Anspruch nimmt, hat auf Verlangen den Nachweis seiner Reichsangehörigkeit und,

---

Widerruf in das Güterrechtsregister des Bezirkes einzutragen sind, in welchem das Gewerbe betrieben wird (vgl. für den Fall, daß die Gewerbefrau Kaufmannseigenschaft hat, auch Art. 4 EG. z. HGB. und Erl. 2 zu § 1558 des BGB.). Die Vorschrift des § 11a Abs. 2 Satz 1 hat übrigens mit Rücksicht auf Art. 16 Abs. 2 des EG. nur für den Fall Bedeutung, daß der Wohnsitz der Ehegatten sich nicht in Deutschland befindet.

Der Abs. 3 stellt die Wirkungen der erfolgten oder der anzunehmenden Einwilligung des Mannes auf die Rechte des Mannes am Vermögen der Frau und im Falle des Bestehens einer allgemeinen oder partikulären Gütergemeinschaft auch auf das gemeinschaftliche Vermögen der Ehegatten in der gleichen Weise fest, wie es das BGB. in den §§ 1412, 1435, 1452, 1460, 1530, 1532 für die nach dem deutschen Rechte zu beurteilende Gewerbefrau getan hat.

II. Zu Ziff. II—IV. Die §§ 107 ff. der GewO. enthalten die Vorschriften über das von den minderjährigen gewerblichen Arbeitern zu führende Arbeitsbuch. Die vom Art. 36 vorgenommenen Änderungen tragen

a) der Regelung, welche das BGB. der gesetzlichen Vertretung Minderjähriger gegeben hat, Rechnung. Es wird deshalb einerseits nicht mehr vom Vater oder Vormunde, sondern vom gesetzlichen Vertreter gesprochen, weil auch die Mutter gesetzliche Vertreterin sein oder umgekehrt dem Vater die Vertretung nicht zustehen kann, andererseits ist im § 107 Abs. 1 Satz 5 zur Verdeutlichung des Gesetzes beigefügt, daß nur der Fall gemeint ist, in welchem die Mutter nicht zur gesetzlichen Vertretung des Kindes berechtigt ist.

b) Im Satz 2 der nach der Ziff. III an die Stelle des § 108 Satz 2 tretenden Vorschrift ist insofern eine Neuerung enthalten, als die ohne genügenden Grund verweigerte und die nicht zu beschaffende Zustimmung eines jeden gesetzlichen Vertreters von der Gemeindebehörde ergänzt werden kann, während dies bisher nur in Ansehung der Zustimmung des Vaters der Fall war, in Ansehung des Vormundes aber das Vormundschaftsgericht angerufen werden mußte.

III. Zu Ziff. V. Der § 113 der GewO. betrifft das dem Arbeiter nach der Beendigung des Arbeitsverhältnisses auszustellende Zeugnis. Die vorgenommenen Änderungen beruhen lediglich auf den Vorschriften des BGB. über die gesetzliche Vertretung Minderjähriger.

IV. Zu Ziff. VI und VII. Die §§ 126—133 regeln die Rechtsverhältnisse der gewerblichen Lehrlinge. Nach § 131 kann das Lehrlingsverhältnis von dem Lehrling ohne Einhaltung einer Kündigungsfrist gekündigt werden, wenn vom Vater oder vom Vormunde die schriftliche Erklärung über die beabsichtigte Berufsänderung des Lehrlings abgegeben wird. Der § 133 verpflichtet den Vater zur solidarischen Mittragung der vom Lehrlinge wegen unbefugter Lösung des Lehrlingsverhältnisses zu zahlenden Entschädigung. Die Änderung des § 131 trägt lediglich den Vorschriften des BGB. über die gesetzliche Vertretung Rechnung, die Vorschrift des § 133 ist auf den Fall eingeschränkt, daß dem Vater das Erziehungsrecht zusteht. Ob dem Vater die Vertretungsmacht zukommt oder nicht, ist ohne Belang; der Vater haftet also z. B. nicht, wenn ihm, weil die Ehe geschieden ist, nach § 1635 zwar die Vertretung des Kindes in den persönlichen Angelegenheiten, nicht dagegen die tatsächliche Sorge für die Person gebührt. Die Vorschrift des § 133 ist auf den Fall, daß die Mutter das Erziehungsrecht hat, nicht ausgedehnt und zwar selbst für den Fall nicht, daß die Mutter neben dem Erziehungsrecht auch die gesetzliche Vertretung hat. Es beruht dies darauf, daß der Mutter im praktischen Leben nicht die gleiche Autorität wie dem Vater zukommt und es deshalb hart wäre, sie hier wie den Vater haften zu lassen.

Durch Art. 2 des Ges., betr. Änderungen der GewO., v. 26. Juli 1897 ist übrigens die Paragraphenbezeichnung geändert worden, indem nunmehr der § 131 als § 127e und der § 133 als § 127g eingestellt ist (vgl. die Neufassung der GewO. v. 26. Juli 1900, RGBl. S. 871).

Artikel 37.

E. d. EG. I Art. 19; II Art. 11; III Art. 36. P. I S. 12598 ff.; M. d. EG. S. 131. P. II Bd. 6 S. 584.

Nach der bisherigen Fassung des § 2 des Freizügigkeitsgesetzes hat, wer die aus der Bundesangehörigkeit fließenden Befugnisse in Anspruch nimmt, auf Verlangen den Nachweis sofern er unter elterlicher Gewalt oder unter Vormundschaft steht, den Nachweis der Genehmigung des gesetzlichen Vertreters zu erbringen.

Eine Ehefrau bedarf der Genehmigung des Ehemanns.

Artikel 38. Das Gesetz, betreffend die Organisation der Bundeskonsulate, sowie die Amtsrechte und Pflichten der Bundeskonsuln, vom 8. November 1867 (Bundes-Gesetzbl. S. 137) wird dahin ergänzt:

I. Der §. 16 erhält folgenden Abs. 2:

Einem Wahlkonsul steht in Ansehung der Errichtung einer Verfügung von Todeswegen das im Abs. 1 bezeichnete Recht der Notare nur dann zu, wenn das Recht ihm von dem Reichskanzler besonders beigelegt ist.

II. Als §. 17a wird folgende Vorschrift eingestellt:

Auf die Errichtung einer Verfügung von Todeswegen finden nicht die Vorschriften des § 17, sondern die Vorschriften des Bürgerlichen Gesetzbuchs Anwendung.

---

seiner Bundesangehörigkeit und, wenn er unselbständig ist, den Nachweis der Genehmigung desjenigen, unter dessen väterlicher, vormundschaftlicher oder eheherrlicher Gewalt er steht, zu erbringen. In der neuen Fassung ist zunächst das Wort „Bundesangehörigkeit" mit dem den gegenwärtigen Verhältnissen entsprechenden Worte „Reichsangehörigkeit" vertauscht. Der Begriff der unselbständigen Personen ist ferner mit Rücksicht auf die Vorschriften des BGB., — das einerseits nicht nur eine elterliche Gewalt des Vaters, sondern auch eine dieser gleichstehende elterliche Gewalt der Mutter kennt, andererseits von einer eheherrlichen Gewalt nicht spricht, — auf die unter elterlicher Gewalt oder unter Vormundschaft (Pflegschaft § 1915) stehenden Personen beschränkt. Dementsprechend ist die Fassung geändert; die neue Fassung bringt zugleich zum Ausdrucke, daß die Erteilung der Genehmigung nicht als Ausfluß der tatsächlichen Fürsorge für die Person, sondern der Vertretungsmacht (s. Erl. zu § 1627) aufzufassen ist. Bezüglich der Ehefrauen ist mit Rücksicht auf § 1354 die Genehmigung des Mannes erfordert; steht eine Ehefrau unter elterlicher Gewalt oder unter Vormundschaft, so ist auch noch die Genehmigung des gesetzlichen Vertreters notwendig.

Artikel 38.

E. d. EG. I Art. 20; II Art. 12; III Art. 37. P. I S. 12600 ff.; M. V S. 288. M. d. EG. S. 132 f. P. II Bd. 6 S. 584.

Gesetz betreffend die Organisation der Bundeskonsulate ꝛc. v. 8. November 1867.

1. **Nach § 16 des im Art. 38 bezeichneten Gesetzes** steht den Bundeskonsuln innerhalb ihres Amtsbezirks in Ansehung der Rechtsgeschäfte, welche Bundesangehörige errichten, das Recht der Notare zu. Auf Grund dieser Vorschrift würden die Konsuln nach BGB. §§ 2231 Nr. 1, 2276 auch zu der Aufnahme eines Testaments oder Erbvertrags berechtigt sein. Die hierzu erforderliche Kenntnis kann aber bei Wahlkonsuln nicht ohne weiteres angenommen werden. Deshalb macht der Art. 38 Abs. 1 das fragliche Recht bei Wahlkonsuln von einer besonderen Ermächtigung des Reichskanzlers abhängig.

Zweifelhaft ist, ob den Konsuln das Recht der Notare nach Maßgabe des BGB. unbeschränkt in betreff aller Reichsangehörigen zusteht oder ob es in betreff der Angehörigen derjenigen Bundesstaaten ausgeschlossen ist, in welchen auf Grund des EG. Art. 141 landesgesetzlich bestimmt ist, daß nur die Gerichte zu der Beurkundung von Rechtsgeschäften zuständig seien. Nach dem bisherigen Rechte war ein Konsul auf Grund des gedachten § 16 zu der Beurkundung eines Rechtsgeschäfts nur dann befugt, wenn die Notare für solche Beurkundungen nach den Gesetzen desjenigen Bundesstaats zuständig waren, welchem die Person, die die Urkunde errichtet hatte, angehörte. Mit Rücksicht hierauf wird in den Motiven (S. 132) angenommen, daß das fragliche Recht den Konsuln auch künftig nicht zustehe in betreff der Angehörigen solcher Bundesstaaten, in welchen die Notare landesgesetzlich nicht zuständig seien. In der zweiten Kommission wurde diese Auffassung als unrichtig bezeichnet, weil der Art. 141 den Bundesstaaten nur für ihr Gebiet die Befugnis einräume, die Zuständigkeit der Notare zu beschränken. Hiergegen wurde von keiner Seite Widerspruch erhoben (P. II Bd. 6 S. 584). Die Ansicht der zweiten

Artikel 39. Das Gesetz, betreffend die vertragsmäßigen Zinsen, vom 14. November 1867 (Bundes-Gesetzbl. S. 159) wird aufgehoben.

Artikel 40. Das Gesetz, betreffend die Eheschließung und die Beurkundung des Personenstandes von Bundesangehörigen im Auslande, vom 4. Mai 1870 (Bundes-Gesetzbl. S. 599) wird dahin geändert:

I. In dem §. 3 Abs. 1 Satz 1, dem §. 9, dem §. 11 Abs. 2 und dem §. 12 Abs. 1 Satz 2 wird das Wort: „muß" ersetzt durch das Wort: „soll".

II. An die Stelle der §§. 7, 8 treten folgende Vorschriften:

§. 7. Die Ehe wird dadurch geschlossen, daß die Verlobten vor dem Beamten persönlich und bei gleichzeitiger Anwesenheit erklären, die Ehe mit einander eingehen zu wollen. Der Beamte muß zur Entgegennahme der Erklärungen bereit sein.

Kommission verdient den Vorzug; denn wenn auch bisher das Recht der Konsuln in der gedachten Art beschränkt war, so ist diese Beschränkung doch, weil sie lediglich eine Folge der bisherigen Verschiedenheit der Landesgesetze war, mit der einheitlichen Regelung durch das BGB. weggefallen und durch eine landesgesetzliche Regelung auf Grund des Art. 141 kann hieran aus dem oben angeführten Grunde nichts geändert werden (a. A. Niedner Erl. 1b zu Art. 38).

2. **Der § 17 des in dem Art. 38 bezeichneten Gesetzes bestimmt die Form,** welche der Konsul bei der Aufnahme von Urkunden zu beobachten hat. In Ermangelung einer besonderen Vorschrift würde die Beobachtung dieser Form auch für die Aufnahme einer Verfügung von Todes wegen genügen. Dies ist zwar nicht zweifellos, aber es lassen sich dafür doch gewichtige Gründe anführen. Ein solches Ergebnis würde aber gegenüber der besonders strengen Formvorschriften, welche das BGB. für die Verfügung von Todes wegen trifft, bedenklich sein. Deshalb wird im Art. 38 II bestimmt, daß für die Aufnahme von Verfügungen von Todes wegen nicht die Vorschriften des § 17, sondern die Bestimmungen des BGB. (§§ 2232 ff., 2276) maßgebend sein sollen.

Artikel 39.

E. d. EG. I Art. 21; II Art. 13; III Art. 38. P. I S. 12603; M. d. EG. S. 134. P. II Bd. 6 S. 584.

Aufhebung des Gesetzes, betreffend die vertragsmäßigen Zinsen v. 14. November 1867.

Der in dem § 1 des Reichsgesetzes v. 14. November 1867 ausgesprochene Grundsatz der Vertragsfreiheit in betreff der Zinsen gilt auch nach dem BGB. § 246. Dem § 2 dieses Gesetzes entspricht sachlich der § 247 des BGB.; weggelassen ist nur die im § 2 Abs. 3 in betreff der kaufmännischen Schulden gemachte Ausnahme; sie würde durch die Weglassung im BGB. und, da auch das HGB. §§ 352 ff. eine entsprechende Ausnahme nicht vorschreibt, auch wohl ohne die ausdrückliche Vorschrift des Art. 39 als aufgehoben anzusehen sein. Der Inhalt des § 3 wird durch das allgemeine Prinzip des BGB. § 288 Abs. 1 Satz 2 gedeckt. Die im § 4 aufrecht erhaltenen privatrechtlichen Vorschriften über die Zinsen von Zinsen sind, da sie auf Landesgesetzen beruhen, durch EG. Art. 55 aufgehoben. An ihre Stelle treten die Vorschriften des BGB. §§ 248, 249 (vgl. HGB. § 353). Dem in demselben § 4 gemachten Vorbehalte zugunsten der gewerblichen Pfandleihanstalten entspricht der Art. 94 des EG. Der im § 5 gemachte Vorbehalt zugunsten der Landesgesetze ist durch EG. Art. 55 aufgehoben.

Da hiernach alle Vorschriften des in dem Art. 39 bezeichneten Gesetzes entweder in das BGB. bzw. in das EG. aufgenommen oder dadurch materiell aufgehoben sind, empfahl es sich der Einfachheit halber und, um jeden Zweifel abzuschneiden, das ganze Gesetz auch formell aufzuheben.

Artikel 40.

E. d. EG. I Art. 22; II Art. 14; III Art. 39. P. I S. 12653, 12658; M. d. EG. S. 134. P. II Bd. 6 S. 587 ff. RB. S. 2093, 2110.

Das Gesetz v. 4. Mai 1870 **über die Eheschließung Deutscher im Auslande** stimmt mit den Vorschriften, welche nach dem Personenstandsges. v. 6. Februar 1875 für in Deutschland erfolgende Eheschließungen gelten, im wesentlichen überein und mußte daher, um mit diesen durch

Die Erklärungen können nicht unter einer Bedingung oder einer Zeitbestimmung abgegeben werden.

§. 7a. Der Beamte soll bei der Eheschließung in Gegenwart von zwei Zeugen an die Verlobten einzeln und nach einander die Frage richten, ob sie die Ehe mit einander eingehen wollen, und, nachdem die Verlobten die Frage bejaht haben, aussprechen, daß sie kraft dieses Gesetzes nunmehr rechtmäßig verbundene Eheleute seien.

Als Zeugen sollen Personen, die der bürgerlichen Ehrenrechte für verlustig erklärt sind, während der Zeit, für welche die Aberkennung der Ehrenrechte erfolgt ist, sowie Minderjährige nicht zugezogen werden. Personen, die mit einem der Verlobten, mit dem Beamten oder mit einander verwandt oder verschwägert sind, dürfen als Zeugen zugezogen werden.

§. 8. Als zur Eheschließung ermächtigter Beamter (§. 1) gilt auch derjenige, welcher, ohne ein solcher Beamter zu sein, das Amt eines solchen öffentlich ausübt, es sei denn, daß die Verlobten den Mangel der amtlichen Befugniß bei der Eheschließung kennen.

§. 8a. Eine Ehe, die vor einem zur Eheschließung ermächtigten Beamten (§. 1) oder vor einer im §. 8 einem solchen Beamten gleichgestellten Person geschlossen wird, ist wegen Formmangels nur dann nichtig, wenn bei der Eheschließung die im §. 7 vorgeschriebene Form nicht beobachtet worden ist.

Ist die Ehe in das Heirathsregister eingetragen worden und haben die Ehegatten nach der Eheschließung zehn Jahre oder, falls einer von ihnen vorher gestorben ist, bis zu dessen Tode, jedoch mindestens drei Jahre als Ehegatten mit einander gelebt, so ist die Ehe als von Anfang an gültig anzusehen. Diese Vorschrift findet keine Anwendung, wenn bei dem Ablaufe der zehn Jahre oder zur Zeit des Todes des einen Ehegatten die Nichtigkeitsklage erhoben ist.

---

das BGB. geänderten Vorschriften im Einklange zu bleiben, in einigen Beziehungen Änderungen und Ergänzungen erfahren. Diesem Zwecke dienen die Vorschriften des Art. 40.

I. Zu Ziff. I.

1. Der § 3 Abs. 1 Satz 1 des Ges. v. 4. Mai 1870 schreibt vor, daß der Eheschließung das Aufgebot voranzugehen hat. Nach der bisherigen Fassung „muß" das Aufgebot vorhergehen. Im Einklange mit der Fassung des § 1316 Abs. 1 des BGB. ist die Vorschrift des § 3 Abs. 1 Satz 1 in eine bloße Ordnungsvorschrift verwandelt.

2. Der § 9 bestimmt, welche Angaben die in das Heiratsregister über die geschlossene Ehe einzutragende Urkunde zu enthalten hat. Durch die neue Fassung wird die Übereinstimmung mit der Fassung des § 54 des Personst.G. hergestellt. Eine sachliche Abweichung ist darin nicht enthalten.

3. Aus dem gleichen Grunde ist die Fassung des § 11 Abs. 2, welcher von der Eintragung in das Geburtsregister handelt, mit der Fassung des § 22 des Personst.G. und die Fassung des § 12, welcher die Eintragung in das Sterberegister betrifft, mit der Fassung des § 59 des Personst.G. in Einklang gesetzt.

II. Zu Ziff. II. Die §§ 7, 7a, 8 entsprechen den §§ 1317—1319, der § 8a dem § 1324 des BGB.

III. Wegen der Anwendbarkeit des Ges. v. 4. Mai 1870 in den Schutzgebieten und den Konsulargerichtsbarkeitsbezirken vgl. Erl. 8, wegen des Einflusses des Haager Abkommens v. 12. Juni 1902 vgl. Erl. 10g zu Art. 13.

Artikel 41. Das Gesetz über die Erwerbung und den Verlust der Bundes- und Staatsangehörigkeit vom 1. Juni 1870 (Bundes-Gesetzbl. S. 355) wird dahin geändert:

I. An die Stelle des §. 11 treten folgende Vorschriften:

Die Verleihung der Staatsangehörigkeit erstreckt sich, insofern nicht dabei eine Ausnahme gemacht wird, zugleich auf die Ehefrau und auf diejenigen minderjährigen Kinder, deren gesetzliche Vertretung dem Aufgenommenen oder Naturalisirten kraft elterlicher Gewalt zusteht. Ausgenommen sind Töchter, die verheirathet sind oder verheirathet gewesen sind.

II. Als §. 14a werden folgende Vorschriften eingestellt:

Die Entlassung eines Staatsangehörigen, der unter elterlicher Gewalt oder Vormundschaft steht, kann von dem gesetzlichen Vertreter nur mit Genehmigung des Vormundschaftsgerichts beantragt werden.

Die Genehmigung des Vormundschaftsgerichts ist nicht erforderlich, wenn der Vater oder die Mutter die Entlassung für sich und zugleich kraft elterlicher Gewalt für ein Kind beantragt. Erstreckt sich der Wirkungskreis eines der Mutter bestellten Beistandes auf die Sorge für die Person des Kindes, so bedarf die Mutter in einem solchen Falle der Genehmigung des Beistandes zu dem Antrag auf Entlassung des Kindes.

III. An die Stelle des §. 19 treten folgende Vorschriften:

Die Entlassung erstreckt sich, insofern nicht dabei eine Ausnahme gemacht wird, zugleich auf die Ehefrau und auf diejenigen Kinder, deren gesetzliche Vertretung dem Entlassenen kraft elterlicher Gewalt zusteht.

Diese Vorschrift findet keine Anwendung auf Töchter, die verheirathet sind oder verheirathet gewesen sind, sowie auf Kinder, die unter der elterlichen Gewalt der Mutter stehen, falls die Mutter zu dem Antrage auf Entlassung der Kinder nach §. 14a Abs. 2 Satz 2 der Genehmigung des Beistandes bedarf.

IV. An die Stelle des §. 21 Abs. 2 treten folgende Vorschriften:

Der hiernach eingetretene Verlust der Staatsangehörigkeit erstreckt sich zugleich auf die Ehefrau und auf diejenigen Kinder, deren gesetzliche Vertretung dem Ausgetretenen kraft elterlicher Gewalt zusteht, soweit sich die Ehefrau oder die Kinder bei dem Ausgetretenen befinden. Ausgenommen sind Töchter, die verheirathet sind oder verheirathet gewesen sind.

Artikel 41.

E. I §§ 1507, 1657. E. d. EG. I Art. 23; II Art. 15; III Art. 40. P. I S. 7719, 8300, 12605 ff.; M. IV S. 756, 1098. M. d. EG. S. 134 ff. P. II Bd. 4 S. 565, 757; Bd. 6 S. 590, 743.

Der Art. 41 enthält in den Ziff. I, III und IV Änderungen und in der Ziffer II eine Ergänzung des **Bundes- und Staatsangehörigkeitsgesetzes.**

1. **Zu Ziff. I, III, IV.** Die §§ 11, 19, 21 Abs. 2 des Bundes- und Staatsangehörigkeitsges. bestimmen den Einfluß, welchen die Verleihung oder der Verlust der Staatsangehörigkeit auf die Ehefrau und die minderjährigen Kinder des Aufgenommenen oder Ausscheidenden hat. Die Änderungen, welche diese Vorschriften erleiden, bestehen

a) darin, daß nicht von den unter elterlicher Gewalt stehenden Kindern gesprochen wird, sondern von den minderjährigen Kindern, deren gesetzliche Vertretung dem Aufgenommenen oder Ausscheidenden kraft elterlicher Gewalt zusteht. Dies ist geschehen, weil das BGB. eine der elterlichen Gewalt des Vaters gleichstehende Gewalt der Mutter kennt und, um klar zu stellen, daß es nicht genügt, wenn dem Elternteil überhaupt die Gewalt zusteht, sondern daß er kraft der Gewalt die Vertretung in den die Person des Kindes betreffenden Angelegenheiten haben

Artikel 42. Das Gesetz, betreffend die Verbindlichkeit zum Schadenersatze für die bei dem Betriebe von Eisenbahnen, Bergwerken u. s. w. herbeigeführten Tödtungen und Körperverletzungen, vom 7. Juni 1871 (Reichs-Gesetzbl. S. 207) wird dahin geändert:

I. An die Stelle des §. 3 treten folgende Vorschriften:

§. 3. Im Falle der Tödtung ist der Schadenersatz (§§. 1 und 2) durch Ersatz der Kosten einer versuchten Heilung sowie des Vermögensnachtheils

---

muß, also z. B. nicht bloß die tatsächliche Fürsorge oder bloß die Vermögensverwaltung haben darf. Ist der Mutter ein Beistand bestellt (§ 1687) und fällt die Sorge für die Person des Kindes in den Wirkungskreis des Beistandes (§ 1688), so bedarf die Mutter zum Antrag auf Entlassung des Kindes aus dem Staatsverbande nach § 14a (s. Ziff. II) der Genehmigung des Beistandes auch dann, wenn sie zugleich für sich selbst die Entlassung beantragt; mit Rücksicht hierauf ist im neuen Abs. 2 des § 19 bestimmt, daß die Entlassung der Mutter sich unter der bezeichneten Voraussetzung nicht von selbst auf die Kinder erstreckt.

b) darin, daß von der Regel, wonach sich in den Fällen der §§ 11, 19, 21 Abs. 2 die Verleihung und der Verlust der Staatsangehörigkeit auf die unter der elterlichen Gewalt stehenden minderjährigen Kinder erstreckt, in Ansehung der verheirateten oder verheiratet gewesenen minderjährigen Töchter eine Ausnahme gemacht ist. Die neue Fassung enthält nur eine Verdeutlichung des Gesetzes. Da die Frau die Staatsangehörigkeit des Mannes teilt, so liegt es schon im Sinne der bisherigen Fassung, daß der Erwerb oder der Verlust der Staatsangehörigkeit seitens des Familienoberhaupts sich nicht auf die verheiratete Tochter erstrecken kann. Die Fassungsänderung ist dadurch veranlaßt worden, daß die unter a bezeichnete Fassungsänderung auf den gesetzlichen Vertreter abstellt, nach § 1633 des BGB. aber die Vertretungsmacht des Gewalthabers durch die Verheiratung der Tochter nicht berührt wird.

Daß übrigens, was die Anwendbarkeit des § 11 betrifft, die Frage, ob dem Naturalisierten die gesetzliche Vertretung seiner Kinder zusteht, sich nach dem Rechte bemißt, dem der naturalisierte Elternteil vor der Erlangung der Staatsangehörigkeit angehörte, ist in der zweiten Kommission anerkannt worden (P. II Bd. 6 S. 743); vgl. auch Erl. zu Art. 19.

2. Zu Ziff. II. Die Vorschrift des § 14a ist im E. I als §§ 1507, 1657 in das BGB. eingestellt gewesen. In der zweiten Kommission erhielt sie die jetzige Stellung.

a) Zu dem Antrag auf Verleihung der Staatsangehörigkeit bedarf der Inhaber der elterlichen Gewalt oder der Vormund, wenn es sich um die Aufnahme eines Deutschen handelt, wie sich aus dem Mangel einer gegenteiligen Bestimmung ergibt, nicht der Genehmigung des Gegenvormundes, des Beistandes oder des Vormundschaftsgerichts. Bezüglich der Naturalisation eines Ausländers richtet sich diese Frage lediglich nach dem ausländischen Rechte, welches für das Kind oder den Mündel maßgebend ist.

b) In Ansehung der Entlassung aus dem Staatsverband ist im neuen § 14a bestimmt, daß der Gewalthaber sowie der Vormund hierzu der Genehmigung des Vormundschaftsgerichts bedarf; nur wenn der Vater oder die Mutter die Entlassung für sich selbst und zugleich kraft der Vertretungsmacht in den die Person des Kindes betreffenden Angelegenheiten für das Kind beantragt, ist die Genehmigung des Vormundschaftsgerichts nicht erforderlich; ist der Mutter aber ein Beistand bestellt, in dessen Wirkungskreis die Sorge für die Person des Kindes fällt (§ 1688), so ist zwar nicht die Genehmigung des Vormundschaftsgerichts, wohl aber die des Beistandes notwendig; die Genehmigung des Beistandes wird dabei durch die Genehmigung des Vormundschaftsgerichts ersetzt (§ 1690 Abs. 2). Vgl. wegen der vorherigen Anhörung des Mündels und von Angehörigen desselben die §§ 1827, 1847 des BGB.

3. Soweit die Genehmigung des Beistandes und des Vormundschaftsgerichts erforderlich ist, gelten die Vorschriften der §§ 1690, 1831.

Artikel 42.

E. d. EG. I Art. 24; II Art. 16; III Art. 41. P. I S. 12614 ff.; M. d. EG. S. 136 f. P. II Bd. 6 S. 590 ff., 601.

Eger, Das Reichshaftpflichtgesetz Aufl. 5 1900; Eger, Textausgabe 1903; Reindl, Das Reichshaftpflichtgesetz 1901; von Rutz, Die Änderungen am Reichshaftpflichtgesetze in Bl. f. RAnw.

zu leisten, den der Getödtete dadurch erlitten hat, daß während der Krankheit seine Erwerbsfähigkeit aufgehoben oder gemindert oder eine Vermehrung seiner Bedürfnisse eingetreten war. Der Ersatzpflichtige hat außerdem die Kosten der Beerdigung demjenigen zu ersetzen, dem die Verpflichtung obliegt, diese Kosten zu tragen.

Stand der Getödtete zur Zeit der Verletzung zu einem Dritten in einem Verhältnisse, vermöge dessen er diesem gegenüber kraft Gesetzes unterhaltspflichtig war oder unterhaltspflichtig werden konnte, und ist dem Dritten in Folge der Tödtung das Recht auf den Unterhalt entzogen, so hat der Ersatzpflichtige dem Dritten insoweit Schadenersatz zu leisten, als der Getödtete während der muthmaßlichen Dauer seines Lebens zur Gewährung des Unterhalts verpflichtet gewesen sein würde. Die Ersatzpflicht tritt auch dann ein, wenn der Dritte zur Zeit der Verletzung erzeugt, aber noch nicht geboren war.

§. 3a. Im Falle einer Körperverletzung ist der Schadenersatz (§§. 1 und 2) durch Ersatz der Kosten der Heilung sowie des Vermögensnachtheils zu leisten, den der Verletzte dadurch erleidet, daß in Folge der Verletzung zeitweise oder dauernd seine Erwerbsfähigkeit aufgehoben oder gemindert oder eine Vermehrung seiner Bedürfnisse eingetreten ist.

Bd. 64 S. 1 ff.; Schierlinger, Das Reichshaftpflichtgesetz und § 254 BGB. in Bl. f. RAnw. Bd. 70 S. 109.

Gesetz, betreffend die Verbindlichkeit zum Schadensersatze für die bei dem Betriebe von Eisenbahnen, Bergwerken ꝛc. herbeigeführten Tödtungen und Körperverletzungen v. 7. Juni 1871.

Der Art. 42 bezweckt, die Vorschriften des Reichshaftpflichtgesetzes über den im Falle einer Tötung oder Körperverletzung zu leistenden Schadensersatz mit den Vorschriften des BGB. und der CPO. in Einklang zu bringen. Jenes Gesetz hatte mit Rücksicht auf die zur Zeit seiner Erlassung bestehende Verschiedenheit des in Deutschland über Schadensersatz wegen Tötung oder Körperverletzung geltenden Rechtes die betreffenden Fragen für seinen Bereich selbständig ordnen müssen. Nachdem durch das BGB. in den fraglichen Beziehungen ein einheitliches Recht in Deutschland geschaffen worden, konnte dieses zugrunde gelegt werden und es fehlte an inneren Gründen, um für die Fälle des gedachten Gesetzes Abweichungen bestehen zu lassen. Im einzelnen ist folgendes zu bemerken:

1. **Zu § 3.** Der § 3 Abs. 1 Satz 1 entspricht den Grundsätzen, welche für den Schadensersatz wegen Tötung aus den Vorschriften des BGB. §§ 823, 842, 843 Abs. 1 zu entnehmen sind. Die Kosten einer versuchten Heilung sind in dem BGB. nicht besonders erwähnt, die Verpflichtung zum Ersatze derselben ergibt sich für das BGB. aus den allgemeinen Grundsätzen des § 823 über die aus einer unerlaubten Handlung entspringende Verpflichtung zum Schadensersatze. Da diese Grundsätze nicht ohne weiteres auf die in dem Haftpflichtgesetze bestimmte Schadensersatzverpflichtung Anwendung finden, die auf Grund dieses Gesetzes begründete Verpflichtung sich vielmehr auf den in dem Gesetze näher bezeichneten Schaden beschränkt, so mußten die Kosten der versuchten Heilung, da in dieser Beziehung eine Änderung des bisherigen § 3 nicht beabsichtigt ist, ebenso wie bisher ausdrücklich erwähnt werden. Der Abs. 1 Satz 2 entspricht dem BGB. § 844 Abs. 1, der Abs. 2 dem § 844 Abs. 2 Satz 1 Halbsatz 1 und dem Satze 2.

Der neue § 3 entspricht im wesentlichen dem bisherigen § 3 Nr. 1, jedoch ist der auf die Gewährung einer Rente bezügliche Teil in den § 7 verwiesen. Durch die neue Fassung werden verschiedene Streitfragen des bisherigen Rechtes entschieden. So wird insbesondere verneinend entschieden die Frage, ob, wenn der Getötete nach der Verletzung, welche seinen Tod herbeiführte, heiratet, seine Witwe und seine Kinder den fraglichen Entschädigungsanspruch haben. Bejahend wird dagegen die Frage entschieden, ob auch solche Personen den fraglichen Entschädigungsanspruch haben, welche zur Zeit der Verletzung, weil sie sich selbst unterhalten konnten, nicht unterhaltsberechtigt waren, später aber dadurch, daß sie unfähig wurden, sich

II. Im §. 5 werden die Worte: „der in den §§. 1 bis 3 enthaltenen Bestimmungen“ ersetzt durch die Worte:

„der in den §§. 1 bis 3a enthaltenen Bestimmungen“.

III. An die Stelle der §§. 7, 8, 9 treten folgende Vorschriften:

§. 7. Der Schadenersatz wegen Aufhebung oder Minderung der Erwerbsfähigkeit und wegen Vermehrung der Bedürfnisse des Verletzten sowie der nach §. 3 Abs. 2 einem Dritten zu gewährende Schadenersatz ist für die Zukunft durch Entrichtung einer Geldrente zu leisten.

Die Vorschriften des §. 843 Abs. 2 bis 4 des Bürgerlichen Gesetzbuchs und des §. 648 Nr. 6 der Civilprozeßordnung finden entsprechende Anwendung. Das Gleiche gilt für die dem Verletzten zu entrichtende Geldrente von der Vorschrift des §. 749 Abs. 3 und für die dem Dritten zu entrichtende Geldrente von der Vorschrift des §. 749 Abs. 1 Nr. 2 der Civilprozeßordnung.

Ist bei der Verurtheilung des Verpflichteten zur Entrichtung einer Geldrente nicht auf Sicherheitsleistung erkannt worden, so kann der Berechtigte gleichwohl Sicherheitsleistung verlangen, wenn die Vermögensverhältnisse des Verpflichteten sich erheblich verschlechtert haben; unter der gleichen Voraussetzung kann er eine Erhöhung der in dem Urtheile bestimmten Sicherheit verlangen.

§. 8. Die Forderungen auf Schadenersatz (§§. 1 bis 3a) verjähren in zwei Jahren von dem Unfall an. Gegen denjenigen, welchem der

---

selbst zu unterhalten, unterhaltsberechtigt geworden sind. Die Frage, ob der fragliche Anspruch auf die Rente ein Unterhaltsanspruch oder ein Entschädigungsanspruch ist, wird in letzterem Sinne entschieden.

2. Zu § 3a. Der § 3a entspricht sachlich dem BGB. § 843 Abs. 1. Wegen der auch hier erwähnten Kosten der versuchten Heilung gilt das in Erl. 1 Gesagte.

Von dem bisherigen § 3 Nr. 2 unterscheidet sich der § 3a nur dadurch, daß auch der durch die Vermehrung der Bedürfnisse erwachsene Schaden erwähnt ist.

3. Die Änderung des § 5 ist lediglich Folge der in Erl. 1, 2 erwähnten Änderungen.

4. Zu § 7. Der bei der Änderung des § 7 weggelassene Satz, daß das Gericht unter Würdigung aller Umstände über die Höhe des Schadens nach freiem Ermessen zu erkennen habe, war mit Rücksicht auf die allgemeinen Grundsätze der CPO. § 287 nicht mehr erforderlich. Im übrigen entsprechen die Änderungen den Vorschriften des BGB. §§ 843 Abs. 2—4, 844 Abs. 2 Satz 1 Halbsatz 2 und der CPO. §§ 708 Nr. 6, 850 Abs. 1 Nr. 2, Abs. 3. Der Abs. 3 des § 7 entspricht dem § 324 der CPO. Der § 323 der CPO. ist nicht besonders erwähnt, er findet aber in Folge seiner allgemeinen Fassung auch auf eine Verurteilung zu den hier fraglichen künftig fällig werdenden Leistungen Anwendung.

An die Stelle der im Abs. 3 des § 7 angeführten §§ 648, 749 der alten Fassung der CPO. sind die §§ 708, 850 der neuen Fassung getreten.

Durch die jetzige Fassung des § 7 werden ebenfalls verschiedene Streitfragen des bisherigen Rechtes entschieden. Entschieden wird insbesondere, daß die Rente im voraus zu bezahlen ist. Durch CPO. § 323 Abs. 3 wird ferner gegenüber dem bisherigen Rechte klargestellt, daß die Änderung des auf Zahlung einer Rente gerichteten Urteils wegen eingetretener Änderung der Verhältnisse nicht ex tunc, sondern nur für die Zukunft wirkt. Die durch Abs. 2 des § 7 vorgeschriebene Anwendbarkeit der dort bezeichneten Vorschriften der CPO. wurde von der bisherigen Praxis verneint.

5. Zu § 8. Die beiden ersten Sätze des § 8 über die Verjährung der Ansprüche auf Schadensersatz sind sachlich unverändert geblieben. Der dritte Satz des früheren § 8, nach welchem die Verjährung auch gegen Minderjährige unter Ausschluß der Wiedereinsetzung in den vorigen Stand laufen sollte, ist weggelassen. An dessen Stelle treten auf Grund des

Getödtete Unterhalt zu gewähren hatte (§. 3 Abs. 2), beginnt die Verjährung mit dem Tode. Im Uebrigen finden die Vorschriften des Bürgerlichen Gesetzbuchs über die Verjährung Anwendung.

§. 9. Die gesetzlichen Vorschriften, nach welchen außer den in diesem Gesetze vorgesehenen Fällen der Unternehmer einer in den §§. 1, 2 bezeichneten Anlage oder eine andere Person, insbesondere wegen eines eigenen Verschuldens, für den bei dem Betriebe der Anlage durch Tödtung oder Körperverletzung eines Menschen entstandenen Schaden haftet, bleiben unberührt.

---

neuen Satz 3, nach welchem, abgesehen von den Vorschriften der Sätze 1, 2 die allgemeinen Vorschriften des BGB. über die Verjährung auch auf die Verjährung der hier fraglichen Ansprüche Anwendung finden, die Vorschriften des BGB. § 206.

6. Zu § 9. Der § 9 des früheren Gesetzes enthielt einen Vorbehalt zugunsten solcher Landesgesetze, welche die Haftung des Unternehmers einer in den §§ 1, 2 bezeichneten Anlage oder eine andere Person, insbesondere wegen eigenen Verschuldens für den bei dem Betriebe der Anlage durch Tötung oder Körperverletzung eines Menschen entstandenen Schaden auch außer den in dem Gesetze bezeichneten Fällen bestimmen. Derartige Landesgesetze treten nach EG. Art. 55 außer Kraft. Künftig kommen nur noch die Reichsgesetze, insbesondere die Unfallversicherungsgesetze und das BGB. in Betracht. Dem entspricht die geänderte Fassung des § 9, welcher jetzt nur die Bedeutung eines Hinweises darauf hat, daß weitergehende reichsgesetzliche Bestimmungen durch das hier fragliche Gesetz nicht berührt werden. Der Abs. 2 des früheren § 9 ist, da er nur für die in dem Abs. 1 bezeichneten Landesgesetze Bedeutung hatte, gestrichen. Die Beseitigung des in dem bisherigen § 9 enthaltenen Vorbehalts zugunsten der Landesgesetze verliert ihre Bedeutung nicht durch den im EG. Art. 105 bestimmten Vorbehalt (s. hierüber Eger, Das Reichshaftpflichtgesetz, V. Auflage S. 585ff. und die dort angeführte Literatur). Der Vorbehalt des Art. 105 hat wie alle Vorbehalte des dritten Abschnitts des EG. nur die Bedeutung, daß die Landesgesetze von den Vorschriften des BGB. abweichen können; er ermächtigt sie aber nicht, auch Abweichungen von anderen Reichsgesetzen zu bestimmen. Änderungen dieser sind nur zulässig, soweit in ihnen selbst ein Vorbehalt zugunsten der Landesgesetze gemacht ist. Ein solcher Vorbehalt war in dem bisherigen § 9 enthalten; er ist weggefallen infolge der Änderung, die der § 9 erfahren hat (so auch RG. 57 S. 52 unter besonderer Berücksichtigung der Entstehungsgeschichte des Art. 105; vgl. Erl. zu Art. 105).

Fraglich ist, ob auf Grund des im § 9 enthaltenen Vorbehalts anderweitiger gesetzlicher (nach dem Obigen reichsgesetzlicher) Vorschriften, durch welche eine über das Haftpflichtgesetz hinausgehende Haftung des Unternehmers eines in diesem Gesetze bezeichneten Betriebs oder dritter Personen, insbesondere wegen eigenen Verschuldens bestimmt wird, der § 845 des BGB. neben den Vorschriften des Haftpflichtgesetzes anzuwenden ist, ob also, wenn der Verletzte kraft des Gesetzes einem Dritten zur Leistung von Diensten in dessen Hauswesen oder Gewerbe verpflichtet war, dieser Dritte in den Fällen der §§ 1, 2 des Haftpflichtgesetzes, auch den Ersatz desjenigen Schadens verlangen kann, welchen er durch den Verlust der Dienste erleidet. Für die Bejahung dieser Frage läßt sich geltend machen, daß das BGB. in dem Abschnitt über unerlaubte Handlungen auch solche Fälle behandelt, in welchen den zum Ersatze Verpflichteten kein Verschulden trifft (s. z. B. § 833), und daß die in diesem Abschnitte gegebenen allgemeinen Vorschriften über die Folgen unerlaubter Handlungen, also auch der § 845 sich auch auf Fälle der gedachten Art beziehen. Hieraus läßt sich indessen nicht folgern, daß diese Vorschriften, soweit sie den zu ersetzenden Schaden betreffen, ohne weiteres auch auf die durch andere Reichsgesetze als die durch das BGB. bestimmte Schadensersatzpflicht Anwendung finden. Dies wird vielmehr dann nicht geschehen dürfen, wenn erhellt, daß das betreffende Gesetz die auf Grund eines bestimmten Tatbestandes eintretende Ersatzpflicht ausschließlich und vollständig hat regeln wollen. Diese Voraussetzung trifft in betreff des Haftpflichtgesetzes zu. Auf Grund des in diesem Gesetze bestimmten Tatbestandes kann daher der Ersatzpflichtige nicht für verpflichtet erachtet werden, außer dem in diesem Gesetze bestimmten Schaden auch noch den im § 845 bezeichneten Schaden zu ersetzen. Hätte das Gesetz dieses gewollt, so hätte es außer auf die §§ 843, 844 auch noch auf § 845 verweisen müssen (RG. Bd. 57 S. 52).

Artikel 43. Der §. 6 Abs. 2 des Gesetzes, betreffend die Rechtsverhältnisse der Reichsbeamten, vom 31. März 1873 (Reichs-Gesetzbl. S. 61) wird aufgehoben.

Artikel 44. Die Vorschriften des §. 44 des Reichs-Militärgesetzes vom 2. Mai 1874 (Reichs-Gesetzbl. S. 45) finden entsprechende Anwendung auf Personen, die zur Besatzung eines in Dienst gestellten Schiffes der Kaiserlichen Marine gehören, solange das Schiff sich außerhalb eines inländischen Hafens befindet oder die Personen als Kriegsgefangene oder Geißeln in der Gewalt des Feindes sind, ingleichen auf andere an Bord eines solchen Schiffes genommene Personen, solange das Schiff sich außerhalb eines inländischen Hafens befindet und die Personen an Bord sind. Die Frist, mit deren Ablaufe die letztwillige

---

7. In der zweiten Kommission war der Antrag gestellt, den § 249 jetzt 254 des BGB. welcher die Berücksichtigung des mitwirkenden Verschuldens des Verletzten vorschreibt, für anwendbar zu erklären in betreff der Verpflichtung zum Schadensersatz an diejenigen, welchen der Getötete gesetzlich zur Gewährung des Unterhalts verpflichtet war (§ 4 Abs. 2). Dabei war davon ausgegangen, daß sich die Anwendung des § 254 auf die Verpflichtungen gegenüber dem Getöteten sowie im Falle der Körperverletzung gegenüber dem Verletzten schon aus der Vorschrift des § 254 selbst ergebe. Die Mehrheit lehnte den Antrag aus folgenden Erwägungen ab: „Die Rechtsprechung habe für das Haftpflichtgesetz den Satz gewonnen, daß bei der Anwendung des Gesetzes hinsichtlich des Einflusses eines mitwirkenden Verschuldens des Verletzten nicht auf die allgemeinen Grundsätze des bürgerlichen Rechtes zurückzugehen, vielmehr selbständig zu prüfen sei, ob durch das in Frage kommende Verschulden des Beschädigten der ursächliche Zusammenhang zwischen dem Unfall und der Verletzung gestört werde. Es solle nach § 2 des Gesetzes nicht auf ein Verschulden des Verletzten ankommen, welches seinen Grund darin habe, daß der Arbeiter in einem gewerblichen Betriebe durch das tägliche Umgehen mit der Gefahr gegen diese abgestumpft sei (so wiederholte Entscheidungen des ROHG. und des RG.; vgl. auch Dernburg, Preuß. Privatrecht IV. Auflage II § 301 Anm. 19, 20). Bei diesen sachlich angemessenen Sätzen werde man verbleiben müssen. Dann aber sei es richtiger den § 249 (jetzt 254) im Haftpflichtgesetze nicht zu zitieren, weil der Abs. 2 des § 249 (jetzt 254), welcher eine Diligenzpflicht aufstelle, Bedenken errege und weil der § 249 (jetzt 254) bezüglich des Haftpflichtgesetzes überhaupt nur mit den Modifikationen zur Anwendung kommen könnte, die sich aus der vorstehend entwickelten Absicht der Garantievorschriften des Gesetzes ergäben (P. II Bd. 6 S. 595). In Abweichung von diesen Erwägungen wird von dem RG. in ständiger Rechtsprechung (s. insbes. JW. 1903 Beil. S. 13, Bd. 56 S. 154) angenommen, daß der § 1 des Haftpflichtgesetzes durch den § 254 des BGB. eine Modifikation erfahren habe. Die Anwendung des § 254 führe dahin, daß die Ursächlichkeit der allgemeinen Gefährlichkeit des Eisenbahnbetriebs einerseits und eines eigenen Verschuldens des Verletzten andererseits gegen einander abzuwägen und hiernach die Ersatzpflicht des Betriebsunternehmers zu bestimmen sei. Diese Entscheidung dürfte als richtig anzuerkennen sein (s. Bd. II Erl. 1 zu § 254).

Artikel 43.

E. d. EG. I Art. 25; II Art. 17; III Art. 42. P. I S. 12642 f.; M. d. EG. S. 138. P. II Bd. 6 S. 596.

Gesetz, betreffend die Rechtsverhältnisse der Reichsbeamten v. 31. März 1873. Der § 6 Abs. 2 des Ges. v. 31. März 1873 bestimmt, daß die Benachrichtigung von der Übertragung des übertragsfähigen Teiles des Diensteinkommens, der Pension oder des Wartegeldes eines Reichsbeamten durch eine der auszahlenden Kasse auszuhändigenden Urkunde geschehe. Diese Vorschrift wird durch die allgemeine Vorschrift des § 411 des BGB. ersetzt (vgl. Bd. II S. 196 f. Erl. 1—3 zu § 411).

Artikel 44.

E. d. EG. I Art. 26; II Art. 18; III Art. 43. P. I S. 12645 ff.; M. d. EG. S. 138 f. P. II Bd. 6 S. 596.

Reichs-Militärgesetz v. 2. Mai 1874. Marinetestament.

1. **Ausdehnung der Vorschriften über Militärtestamente auf die Marine.** Der § 44 des Reichsmilitärgesetzes v. 2. Mai 1874 bestimmt eine erleichterte Form für die Errichtung einer

Verfügung ihre Gültigkeit verliert, beginnt mit dem Zeitpunkt, in welchem das Schiff in einen inländischen Hafen zurückkehrt oder der Verfügende aufhört, zu dem Schiffe zu gehören, oder als Kriegsgefangener oder Geißel aus der Gewalt des Feindes entlassen wird. Den Schiffen stehen die sonstigen Fahrzeuge der Kaiserlichen Marine gleich.

---

letztwilligen Verfügung für die in dem § 44 bezeichneten Militärpersonen. Die Verfügung ist unter den im § 44 näher bezeichneten Voraussetzungen gültig,

a) wenn sie von dem Testator eigenhändig geschrieben und unterschrieben ist. Diese Form unterscheidet sich von der Form des holographischen Testaments (BGB. § 2231 Nr. 2) dadurch, daß nicht die Angabe des Ortes und des Datums der Errichtung verlangt wird;

b) wenn sie von dem Testator eigenhändig unterschrieben und von zwei Zeugen oder einem Auditeur oder Offizier mitunterzeichnet ist;

c) wenn von einem Auditeur oder Offizier unter Zuziehung zweier Zeugen oder noch eines Auditeurs oder Offiziers über die mündliche Erklärung des Testators eine schriftliche Verhandlung aufgenommen und diese dem Testator vorgelesen sowie von dem Auditeur oder Offizier und den Zeugen bzw. von den Auditeuren oder Offizieren unterschrieben ist.

An die Stelle des Auditeurs oder Offiziers kann unter den im § 44 näher bezeichneten Voraussetzungen ein Arzt, ein Geistlicher oder ein höherer Lazaretbeamter treten.

Diese Vorschriften werden durch Art. 44 auf die Kaiserliche Marine ausgedehnt. Durch die Ausdehnung wird zugleich der § 2251 des BGB. über die Errichtung eines Testaments durch die sich während einer Seereise an Bord eines deutschen nicht zur Kaiserlichen Marine gehörenden Fahrzeugs befindlichen Personen ergänzt. In den ersten Sätzen des Art. 44 ist nur von den S c h i f f e n der Kaiserlichen Marine die Rede. Diesen werden durch den letzten Satz aber die sonstigen Fahrzeuge der Kaiserlichen Marine gleichgestellt. Die Unterscheidung beruht auf der Organisation der Kaiserlichen Marine. Diese steht nach dem Reichsgesetze v. 26. Mai 1893, betr. die Ersatzverteilung, dem Kaiser zu. Hiernach bestimmt sich, was unter einem Schiffe oder einem Fahrzeuge der Kaiserlichen Marine zu verstehen ist. Nicht dazu gehören die zum Transporte von Truppen gecharterten Schiffe; auf diese findet der § 2251 des BGB. Anwendung.

2. **Den Militärpersonen, welche nach § 44 des oben bezeichneten Gesetzes eine letztwillige Verfügung in der dort bestimmten erleichterten Form errichten können, stehen in dieser Beziehung gleich,**

a) Personen, die zur Besatzung eines in Dienst gestellten Schiffes oder Fahrzeugs der Kaiserlichen Marine gehören, solange das Schiff oder Fahrzeug sich außerhalb eines inländischen Hafens befindet oder die Personen als Kriegsgefange oder Geiseln in der Gewalt des Feindes sind. Es ist also nicht wie nach § 44 des Reichs-Militärgesetzes erforderlich, daß die Errichtung der letztwilligen Verfügung in Kriegszeiten oder während eines Belagerungszustandes erfolgt. An die Stelle dieses Erfordernisses tritt das Erfordernis, daß das Schiff oder Fahrzeug in Dienst gestellt ist und sich außerhalb eines inländischen Hafens befindet. Das subjektive Erfordernis besteht darin, daß die Person, welche die letztwillige Verfügung errichtet, entweder zu der Besatzung eines Schiffes oder Fahrzeugs der gedachten Art gehört oder als Kriegsgefangener oder als Geißel in der Gewalt des Feindes ist. Nicht erforderlich ist, daß die betreffende Person sich an Bord des Schiffes oder Fahrzeugs befindet. Die erleichterte Form gilt für sie, solange sie zu der Besatzung gehört, auch wenn sie zeitweise nicht an Bord ist, also z. B. zu einer Landungstruppe gehört. Als Kriegsgefangener oder als Geißel in der Gewalt des Feindes kann die betreffende Person auch dann sein, wenn offiziell der Krieg nicht erklärt ist, aber doch gegen einen Feind gekämpft wird. Die Vorschrift wird daher z. B. auch auf die Personen Anwendung finden, welche während der chinesischen Wirren in China gewesen sind und zu den von der Kaiserlichen Marine ausgeschifften Landungstruppen gehört haben, wenn sie als Kriegsgefangene oder als Geißeln in die Gewalt der Chinesen geraten sein sollten.

b) andere als zu der Besatzung eines Schiffes oder eines Fahrzeugs der unter a gedachten Art gehörende Personen, welche an Bord des Schiffes oder des Fahrzeugs g e n o m m e n, solange das Schiff oder Fahrzeug sich außerhalb eines inländischen Hafens befindet und die Personen an Bord sind. Erforderlich ist, daß die betreffende Person an Bord g e n o m m e n ist. Wer sich gegen oder ohne den Willen desjenigen, welchem die Verfügung darüber zusteht, an Bord

Artikel 45. Der §. 45 Abs. 2 Satz 2 des Reichs-Militärgesetzes vom 2. Mai 1874 (Reichs-Gesetzbl. S. 45) wird aufgehoben.

Artikel 46. Das Gesetz über die Beurkundung des Personenstandes und die Eheschließung vom 6. Februar 1875 (Reichs-Gesetzbl. S. 23) wird dahin geändert:

I. Die §§. 28 bis 40, 42, 43, 51 bis 53 werden aufgehoben.

---

begibt, hat das Privilegium des Art. 44 nicht. Gleichgültig ist, aus welchem Grunde die betreffenden Personen an Bord genommen sind, ob z. B. als Zivilbedienstete, Schiffbrüchige, Flüchtlinge oder aus einem anderen Grunde. Das im Art. 44 bestimmte Recht steht aber abweichend von dem Falle unter a der betreffenden Person nur zu, solange sie sich an Bord befindet.

3. **Dauer der Gültigkeit der Marinetestamente.** Nach § 44 Nr. 5 des Reichs-Militärgesetzes verlieren die privilegierten militärischen Testamente ihre Gültigkeit mit dem Ablauf eines Jahres von dem Tage ab, an welchem der Truppenteil, zu dem der Testator gehört, demobil gemacht ist oder der Testator aufgehört hat, zu dem mobilen Truppenteile zu gehören oder als Kriegsgefangener oder als Geißel aus der Gewalt des Feindes entlassen ist. An die Stelle dieser Vorschrift tritt nach Art. 44 Satz 2 die Bestimmung, daß die einjährige Frist beginnt mit dem Zeitpunkt,

a) in welchem das Schiff oder Fahrzeug in einen inländischen Hafen zurückkehrt; oder

b) falls der Verfügende vorher in dem Falle der Erl. 2a aufgehört hat, zu der Besatzung des Schiffes oder Fahrzeugs zu gehören, bezw. in dem Falle der Erl. 2b das Schiff oder Fahrzeug verlassen hat, mit dem Zeitpunkt, in welchem dies geschehen ist; oder

c) falls der Verfügende sich als Kriegsgefangener oder als Geißel in der Gewalt des Feindes befunden hat, mit dem Zeitpunkt, in welchem er aus dieser Gewalt entlassen ist.

Neben dieser Vorschrift finden die Bestimmungen des Reichs-Militärgesetzes § 44 Nr. 5 Abs. 2, 3 über die Hemmung der Frist durch anhaltende Unfähigkeit des Testators zur Errichtung einer anderweitigen letztwilligen Verfügung und über die Folgen der Todeserklärung, wenn der Testator innerhalb des Jahres vermißt war, entsprechende Anwendung.

4. **Zuständigkeit der Geschwaderauditeure.** Für die Errichtung letztwilliger Verfügungen auf Schiffen und Fahrzeugen der Kaiserlichen Marine ist von Bedeutung auch die Vorschrift des FGG. § 184, nach welcher für die nach § 167 den Amtsgerichten obliegenden Verrichtungen in Ansehung solcher Personen, die zur Besatzung eines in Dienst gestellten Schiffes oder Fahrzeugs der Kaiserlichen Marine gehören oder die in anderer Eigenschaft an Bord eines solchen Schiffes oder Fahrzeugs sind, auch die Geschwaderauditeure zuständig sind.

5. Vgl. noch das Reichsges. v. 28. Mai 1901, betr. die freiwillige Gerichtsbarkeit und andere Rechtsangelegenheiten in Heer und Marine.

Artikel 45.

E. d. EG. I Art. 27; II Art. 19; III Art. 44. P. I S. 12646, 12648; M. d. EG. S. 139. P. II Bd. 6 S. 596.

Aufhebung des § 45 Abs. 2 Satz 2 des Reichs-Militärgesetzes v. 2. Mai 1874.

Der § 45 Abs. 2 Satz 2 des Reichs-Militärgesetzes v. 2. Mai 1874 entspricht dem § 2 Abs. 2 des Reichsbeamtengesetzes v. 31. März 1873 und ist aus denselben Gründen wie dieser aufgehoben (s. Erl. zu Art. 43).

Artikel 46.

E. d. EG. I Art. 28; II Art. 20; III Art. 45. P. I S. 12651 ff., 13009, 13011; M. IV S. 8 ff. M. d. EG. S. 139. P. II Bd. 4 S. 48; Bd. 5 S. 133; Bd. 6 S. 596. RB. S. 2033, 2093, 2110.

Durch die im BGB. enthaltene Regelung des Eheschließungsrechts ist ein Teil der Vorschriften des Personenstandsgesetzes gegenstandslos geworden (s. Vorbm. vor § 1303 Bd. IV S. 20). Der Art. 46 ändert deshalb das genannte Gesetz entsprechend.

1. **Zu Ziff. I.**

Die §§ 28—36, 38, 40, 42, 43, 51—53 des PersonstG. sind durch die §§ 1303—1347 des BGB. ersetzt.

Der § 37, welcher die Eheschließung zwischen dem Vormund und dessen Kindern und dem Mündel während der Dauer der Vormundschaft für unzulässig erklärt, ist ersatzlos beseitigt

II. An die Stelle der §§. 41, 44, 50, 55 treten folgende Vorschriften:

§. 41. Für die Eheschließung sind die Vorschriften des Bürgerlichen Gesetzbuchs maßgebend.

§. 44. Für die Anordnung des vor der Eheschließung zu erlassenden Aufgebots ist jeder Standesbeamte zuständig, vor dem nach §. 1320 des Bürgerlichen Gesetzbuchs die Ehe geschlossen werden darf.

§. 50. Der Standesbeamte soll ohne Aufgebot die Eheschließung nur vornehmen, wenn ihm ärztlich bescheinigt wird, daß die lebensgefährliche Erkrankung eines der Verlobten den Aufschub der Eheschließung nicht gestattet.

§. 55. Ist eine Ehe für nichtig erklärt, ist in einem Rechtsstreite, der die Feststellung des Bestehens oder des Nichtbestehens einer Ehe zwischen den Parteien zum Gegenstande hat, das Nichtbestehen der Ehe festgestellt, ist eine Ehe vor dem Tode eines der Ehegatten aufgelöst oder ist nach §. 1575 des Bürgerlichen Gesetzbuchs die eheliche Gemeinschaft aufgehoben, so ist dies am Rande der über die Eheschließung bewirkten Eintragung zu vermerken.

Wird die eheliche Gemeinschaft nach der Aufhebung wiederhergestellt, so ist dies auf Antrag am Rande zu vermerken.

---

worden. Die Ehe zwischen dem Vormund und dessen Kindern und dem Mündel ist nach dem BGB. nicht verboten, sie setzt jedoch mit Rücksicht auf die §§ 181, 1795, 1897, 1909 die Bestellung eines Pflegers voraus.

Auch der § 39, welcher alle Vorschriften aufhebt, die das Recht der Eheschließung weiter beschränken, als es im PersonstG. geschieht, ist nicht ins BGB. übergegangen. In Ansehung der bürgerlich-rechtlichen Beschränkungen der Eheschließung wird durch die Verweisung der jetzigen Fassung des § 41 des PersonstG. auf die Vorschriften des BGB. zum Ausdrucke gebracht, daß andere Ehehindernisse, als die im BGB. aufgeführten keine Geltung haben. Die Beseitigung der öffentlich-rechtlichen Beschränkungen der Eheschließung aber ist in dem unberührt gebliebenen Gesetze v. 4. Mai 1868 ausdrücklich vorgeschrieben. Wegen des bayrischen Reservatrechts s. Vorbm. a. a. O. Bd. IV S. 21.

2. Zu Ziff. II.

a) Die bisherige Fassung des § 41 lautete: „Innerhalb des Gebiets des Deutschen Reichs kann eine Ehe rechtsgültig nur vor dem Standesbeamten geschlossen werden." Diese Vorschrift ist durch den § 1317 und den Art. 13 Abs. 3 des EG. gegenstandslos geworden. Die Bedeutung der neuen Fassung des § 41 liegt insbesondere in dem negativen Inhalte, daß andere Vorschriften als die des BGB. in bürgerlich-rechtlicher Hinsicht für die Eheschließung nicht maßgebend sind.

b) Die neue Fassung des § 44 entspricht dem bisherigen § 44 Abs. 2 unter Änderung der Verweisung. Der bisherige Abs. 1 des § 44 ist durch den § 1316 Abs. 1 Satz 1 des BGB. ersetzt worden.

c) Der § 50 Abs. 1 der bisherigen Fassung ist teils als selbstverständlich, teils mit Rücksicht auf § 1322 aufgehoben. Der jetzige § 50 entspricht dem Abs. 2 des früheren § 50; die Fassung („soll" statt „kann nur") bringt zugleich zum Ausdrucke, daß der Vorschrift nur die Bedeutung einer Ordnungsvorschrift zukommt.

d) Die neue Fassung des § 55 stimmt mit dem bisherigen § 55 Abs. 1 überein. Die Fassung ist mit den verschiedenen Gründen der Auflösung der Ehe in Einklang gebracht. Der bisherige § 55 Abs. 2, welcher die landesgesetzlichen Vorschriften unberührt läßt, nach welchen es zur Trennung einer Ehe einer besonderen Erklärung und Beurkundung vor dem Standesbeamten bedarf, ist mit Rücksicht auf § 1564 Satz 3 weggelassen worden.

III. Der §. 67 erhält folgenden Absatz 2:

Eine strafbare Handlung ist nicht vorhanden, wenn der Geistliche oder der Religionsdiener im Falle einer lebensgefährlichen, einen Aufschub nicht gestattenden Erkrankung eines der Verlobten zu den religiösen Feierlichkeiten der Eheschließung schreitet.

IV. Im §. 69 werden die Worte: „in diesem Gesetze" ersetzt durch die Worte: „in diesem Gesetze und in dem Bürgerlichen Gesetzbuche".

V. Im §. 75 Abs. 1 werden die Worte: „nach den Vorschriften dieses Gesetzes" ersetzt durch die Worte:

„nach den Vorschriften des Bürgerlichen Gesetzbuchs".

Artikel 47. Der Artikel 3 des Gesetzes, betreffend den Wucher, vom 24. Mai 1880 (Reichs-Gesetzbl. S. 109) in der Fassung des Artikel II des Gesetzes, betreffend Ergänzung der Bestimmungen über den Wucher, vom 19. Juni 1893 (Reichs-Gesetzbl. S. 197) wird aufgehoben.

---

3. Zu Ziff. III.

Nach § 67 Abs. 1 des PersonstG. wird ein Geistlicher oder anderer Religionsdiener, welcher zu den religiösen Feierlichkeiten einer Eheschließung schreitet, bevor ihm nachgewiesen worden ist, daß die Ehe vor dem Standesbeamten geschlossen sei, bestraft. Der neue Abs. 2 ist von der Reichstagskommission eingesetzt worden. Selbstverständlich ist die ohne die Mitwirkung des Standesbeamten geschlossene Ehe bürgerlich-rechtlich nichtig und wird nicht deshalb, weil die Strafbarkeit des Geistlichen ausgeschlossen ist, gültig.

4. Zu Ziff. IV, V.

Die Änderungen der §§ 69 und 75 Abs. 1 hängen mit der Übernahme der Vorschriften der §§ 28ff. in das BGB. zusammen. Bezüglich des § 75 Abs. 1 ist übrigens insofern ein Versehen unterlaufen, als die Worte der bisherigen Fassung: „für welche ein Standesbeamter nach den Vorschriften dieses Gesetzes nicht zuständig" ist, sich nicht nur auf die Unzuständigkeit des Standesbeamten für die Eheschließung, sondern auch auf seine Unzuständigkeit für die Beurkundung von Geburten und Sterbefällen beziehen. Da die Beurkundung von Geburten und Sterbefällen vom BGB. nicht geregelt ist, hätten insoweit die Worte „nach den Vorschriften dieses Gesetzes" (d. h. des PersonstG.) stehen bleiben sollen (vgl. Sartorius, PersonstG. S. 145).

5. In den M. S. 140 wird bemerkt, es bleibe der Auslegung überlassen, ob § 25 des PersonstG. noch gilt oder durch die Vorschriften des BGB. gegenstandslos geworden ist. Wie sich aus den §§ 167, 191 des FGG. ergibt, hat der § 25 seine Bedeutung behalten, wenn er auch durch reichs- und landesrechtliche Vorschriften wesentlich ergänzt worden ist. Über das Verhältnis des § 25 zu dem § 167 s. Erl. zu § 1718.

6. Das PersonstG. ist zwar nicht neu textiert worden, es ist dagegen vom Reichs-Justizamt eine Zusammenstellung der Vorschriften in der neuen Fassung unter Einschaltung der an die Stelle der aufgehobenen Vorschriften getretenen Bestimmungen des BGB. herausgegeben worden. Dieser Text des PersonstG. ist in der besonderen Beilage zu Nr. 97 des Reichsanzeigers vom 25. April 1899 sowie durch die Landesregierungen veröffentlicht worden.

Artikel 47.

RB. S. 1958. StB. S. 3025, 3096.

Aufhebung des Art. 3 des Gesetzes, betreffend den Wucher, v. 24. Mai 1880. Der Art. 47 ist auf den Antrag der RTK. von dem Reichstag in das EG. eingestellt. Der aufgehobene Art. 3 des fraglichen Gesetzes enthält besondere Vorschriften über die civilrechtlichen Folgen eines wucherlichen Geschäfts. An ihre Stelle treten die sich aus den allgemeinen Grundsätzen des BGB. über unerlaubte Handlungen und ungerechtfertigte Bereicherung ergebenden Konsequenzen. Diese sind im Bd. I S. 250f. Erl. 3, 4 zu § 138 dargelegt. Hinzugefügt mag noch werden, daß an die Stelle der in dem aufgehobenen Art. 3 Abs. 3 für das Recht der

Artikel 48. Der §. 16 Abs. 2 des Gesetzes, betreffend die Fürsorge für die Wittwen und Waisen der Reichsbeamten der Civilverwaltung, vom 20. April 1881 (Reichs-Gesetzbl. S. 85) wird aufgehoben.

Artikel 49. Der §. 18 Abs. 2 des Gesetzes, betreffend die Fürsorge für die Wittwen und Waisen von Angehörigen des Reichsheeres und der Kaiserlichen Marine, vom 17. Juni 1887 (Reichs-Gesetzbl. S. 237) wird aufgehoben.

Artikel 50. Der §. 9 des Gesetzes, betreffend das Reichsschuldbuch, vom 31. Mai 1891 (Reichs-Gesetzbl. S. 321) wird dahin geändert:

Eine Ehefrau wird zu Anträgen ohne Zustimmung des Ehemannes zugelassen.

Die Ehefrau bedarf der Zustimmung des Ehemannes, wenn ein Vermerk zu dessen Gunsten eingetragen ist. Ein solcher Vermerk ist einzutragen,

---

Rückforderung bestimmten Verjährungsfrist von fünf Jahren seit dem Tage, an welchem die Leistung erfolgt ist, für den Anspruch auf Schadensersatz die im BGB. § 852 Abs. 1 bestimmte Verjährungsfrist von drei Jahren von dem Zeitpunkt an, in welchem der Verletzte von dem Schaden und von der Person des Ersatzpflichtigen Kenntnis erlangt, ohne Rücksicht auf diese Kenntnis aber die regelmäßige dreißigjährige Verjährungsfrist tritt und daß die letztere immer für den Anspruch aus der ungerechtfertigten Bereicherung gilt. Die im Art. 3 Abs. 4 bestimmte Haftung der für die vertragsmäßige Forderung bestellten Sicherheit für den Rückforderungsanspruch des Gläubigers besteht nach dem BGB. nicht.

Der zivilrechtliche Inhalt des Wuchergesetzes beschränkt sich jetzt auf den Art. 4 in der Fassung des Gesetzes v. 19. Juni 1893. Der Artikel betrifft die Verpflichtung desjenigen, welcher aus dem Betriebe von Geld- oder Kreditgeschäften ein Gewerbe macht, die Rechnung eines jeden Geschäftsjahrs dem Schuldner mitzuteilen.

Artikel 48.

E. d. EG. I Art. 29; II Art. 22; III Art. 46. M. d. EG. S. 142 f. P. II Bd. 6 S. 598 f.

Aufhebung des § 16 Abs. 2 des Gesetzes, betreffend die Fürsorge für die Witwen und Waisen der Reichsbeamten der Civilverwaltung, v. 20. April 1881. Der durch den Art. 48 aufgehobene § 16 Abs. 2 bestimmte, daß nicht abgehobene Teilbeträge des Witwen- und Waisengeldes binnen vier Jahren, vom Tage ihrer Fälligkeit an gerechnet, verjähren. Für die Verjährung von Ansprüchen dieser Art eine besondere Vorschrift bestehen zu lassen, lag, nachdem das BGB. die Verjährung einheitlich geordnet hat, kein Grund vor. An die Stelle der aufgehobenen Vorschrift treten die §§ 197, 201 des BGB. Nach dem § 197 beträgt die Verjährungsfrist für Ansprüche der hier fraglichen Art ebenfalls vier Jahre; die Verjährung beginnt aber nach § 201 erst mit dem Schlusse des Jahres, in welchem der betreffende Anspruch fällig wurde.

Weitere Änderungen des oben gedachten Gesetzes sind erfolgt durch das Reichsgesetz v. 17. Mai 1897.

Artikel 49.

E. d. EG. I Art. 30; II Art. 23; III Art. 47. P. I S. 12661 f.; M. d. EG. S. 142 f. P. II Bd. 6 S. 598 f.

Aufhebung des § 18 Abs. 2 des Gesetzes, betreffend die Fürsorge für die Witwen und Waisen von Angehörigen des Reichsheeres und der Kaiserlichen Marine, v. 17. Juni 1887. Der durch den Art. 49 aufgehobene § 18 Abs. 2 entspricht sachlich dem in der Erl. zu Art. 48 angeführten § 16 Abs. 2 des dort bezeichneten Gesetzes und ist aus denselben Gründen wie dieser aufgehoben. An seine Stelle treten die in der Erl. zu Art. 48 dargelegten Vorschriften der §§ 197, 201 des BGB.

Artikel 50.

E. d. EG. II Art. 24; III Art. 48. P. II Bd. 6 S. 603 ff.

Der Art. 50 betrifft das Gesetz über das Reichsschuldbuch (s. Erl. zu Art. 97).

1. Der Abs. 1 des § 9 der neuen Fassung entspricht dem bisherigen § 9 mit der Abweichung, daß der nach dem BGB. nicht mehr mögliche Fall weggelassen ist, daß ein Volljähriger unter väterlicher Gewalt steht.

wenn die Ehefrau oder mit ihrer Zustimmung der Ehemann die Eintragung beantragt. Die Ehefrau ist dem Ehemanne gegenüber zur Ertheilung der Zustimmung verpflichtet, wenn sie nach dem unter ihnen bestehenden Güterstande über die Buchforderung nur mit Zustimmung des Ehemannes verfügen kann.

Artikel 51. Der §. 8 Abs. 2 des Gesetzes, betreffend die Fürsorge für die Wittwen und Waisen der Personen des Soldatenstandes des Reichsheeres und der Kaiserlichen Marine vom Feldwebel abwärts, vom 13. Juni 1895 (Reichs-Gesetzbl. S. 261) wird aufgehoben.

Artikel 52. Ist auf Grund eines Reichsgesetzes dem Eigenthümer einer Sache wegen der im öffentlichen Interesse erfolgenden Entziehung, Beschädigung oder

---

2. Der dem § 9 neu angefügte Abs. 2 trifft für das Reichsschuldbuch die gleiche Bestimmung, wie sie nach Art. 97 für das Staatsschuldbuch der Bundesstaaten durch die Landesgesetzgebung getroffen werden kann.

Nach dem bisherigen Rechte war im Interesse der Erleichterung der Geschäftsführung der Buchbehörde dieser die Prüfung abgenommen, ob eine Frau, welche zum Reichsschuldbuch Anträge stellt, verheiratet oder ledig ist, bzw. in welchem Güterstande sie lebt und ob an ihrem Vermögen dem Manne Rechte zustehen. Der neue Abs. 2 verpflichtet die Buchbehörde, die Anträge einer Ehefrau für den Fall, daß ein Vermerk zugunsten des Mannes eingetragen ist, nur dann zu berücksichtigen, wenn der Ehemann seine Zustimmung erteilt hat; andernfalls haftet die Buchbehörde dem Manne. Die Buchbehörde muß den Vermerk eintragen, wenn die Ehefrau oder mit ihrer Zustimmung der Mann die Eintragung beantragt und der Mann hat der Frau gegenüber ein Recht darauf, daß sie ihre Zustimmung zur Eintragung erteilt, wenn nach dem unter ihnen geltenden Güterstande die Frau über die Buchforderung nur mit Zustimmung des Mannes verfügen kann. Kommt die Frau dieser Pflicht nicht nach, so kann sie vom Manne verklagt werden, das Urteil ersetzt nach § 894 der CPO. die Erklärung der Frau und der Mann kann auf Grund des Urteils die Eintragung des Vermerks herbeiführen. Selbstverständlich kann der Vermerk auch im Wege der einstweiligen Verfügung eingetragen werden.

Die Voraussetzung, daß die Frau nur mit Zustimmung des Mannes über die Buchforderung verfügen kann, trifft zu, wenn die Ehegatten im gesetzlichen Güterstande leben und die Forderung zum eingebrachten Gute der Frau gehört (§§ 1383 mit 1081, 1395) oder wenn zwischen den Ehegatten eine Gütergemeinschaft gilt und die Buchforderung zum Gesamtgut oder zum eingebrachten Gute gehört (§§ 1438, 1519 Abs. 2, 1525, 1549, 1550). Erlangt die Frau nach der Eintragung des Vermerks das Recht, über die eingetragene Forderung ohne Zustimmung des Mannes zu verfügen, wird z. B. die Forderung durch Ehevertrag für Vorbehaltsgut erklärt, so ist der Mann gegenüber der Frau verpflichtet, den Vermerk löschen zu lassen und die Frau kann den Mann hierauf verklagen und auf Grund des Urteils die Löschung herbeiführen.

Artikel 51.

E. d. EG. II Art. 25; III Art. 49. P. II Bd. 6 S. 598 f.

Der durch den Art. 51 aufgehobene § 8 Abs. 2 des in dem Artikel bezeichneten Gesetzes entspricht sachlich dem in der Erl. zu Art. 48 angeführten § 16 Abs. 2 des dort bezeichneten Gesetzes und ist aus denselben Gründen wie dieser aufgehoben. An seine Stelle treten die in der Erl. zu Art. 48 dargelegten Vorschriften der §§ 197, 201 des BGB.

Artikel 52.

E. d. EG. I Art. 31 Abs. 1, 2; II Art. 26; III Art. 50. P. I S. 12619 ff.; M. d. EG. S. 134. P. II Bd. 6 S. 464, 586.

1. Das reichsrechtliche Enteignungsrecht wird durch das BGB. nicht berührt. Ein besonderer Ausspruch hierüber war angesichts des Art. 32 nicht erforderlich. Die Vorschriften

Benutzung der Sache oder wegen Beschränkung des Eigenthums eine Entschädigung zu gewähren und steht einem Dritten ein Recht an der Sache zu, für welches nicht eine besondere Entschädigung gewährt wird, so hat der Dritte, soweit sein Recht beeinträchtigt wird, an dem Entschädigungsanspruche dieselben Rechte, die ihm im Falle des Erlöschens seines Rechtes durch Zwangsversteigerung an dem Erlöse zustehen.

über die kraft Reichsrechts stattfindende Enteignung bedürfen indessen nach einer Richtung der Ergänzung. Die in Betracht kommenden Gesetze bestimmen nämlich eine staatliche Entschädigungspflicht nur gegenüber dem enteigneten Eigentümer, dessen Sache in Benutzung genommen, beschädigt oder entzogen ist. Wenn an der enteigneten Sache Rechte dritter Personen bestehen, z. B. ein Nießbrauch, eine Hypothek, eine Reallast, so ist die Entschädigung für diese Rechte in der dem Eigentümer zu gewährenden Entschädigung inbegriffen und für das Verhältnis zwischen dem Eigentümer und dem an der Sache Berechtigten, sowie für das Verhältnis des an der Sache Berechtigten zu dem Enteignungsberechtigten sind nach dem bisherigen Rechte die Landesgesetze maßgebend, ein Grundsatz, der z. B. im § 37 des Reichsrayonges. v. 21. Dezember 1871 ausdrücklich ausgesprochen ist. Die in Bezug genommenen Landesgesetze sind durch das BGB. beseitigt. Die Art. 52, 53 treffen nun die Vorschriften, welche an Stelle der Landesgesetze treten; der Art. 54 enthält für das Reichsrayongesetz einige Sonderbestimmungen.

Die Art. 52, 53 gelten nicht bloß für die zur Zeit des Inkrafttretens des BGB. schon erlassenen Enteignungsgesetze, sondern auch für die künftigen. Als Gesetze, in welchen zurzeit die in den Art. 52, 53 enthaltenen Fälle behandelt sind, kommen in Betracht: § 51 der Gew.O., § 3 des Rinderpestges. v. 7. April 1869, §§ 34ff., 44ff. des Reichsrayonges. v. 21. Dezember 1871, §§ 14—27 des Kriegsleistungsges. v. 13. Juni 1873, § 14 des Naturalleistungsges. v. 13. Februar 1875/24. Mai 1898, §§ 57ff. des Viehseuchenges. v. 23. Juni 1880/1. Mai 1894, § 12 des Telegraphenwegges. v. 18. Dezember 1899, §§ 28ff. des Ges. v. 30. Juni 1900 über die gemeingefährlichen Krankheiten, § 6 des Reblausges. v. 6. Juli 1904.

2. Der Art. 52 bestimmt die Rechte, welche dem an der Sache Berechtigten, für welchen nicht eine besondere Entschädigung gewährt wird, an dem für den Eigentümer gewährten Entschädigungsanspruche zustehen. Die Regelung ist dahin getroffen, daß der Dritte, soweit sein Recht beeinträchtigt wird, an dem Entschädigungsanspruche dieselben Rechte hat, die ihm im Falle des Erlöschens seines Rechtes durch Zwangsversteigerung zustehen. Der Fall, daß dem an der Sache Berechtigten die Sache durch die Zwangsversteigerung und der Fall, daß sie ihm unmittelbar durch das Gesetz entzogen wird, sind also gleichgestellt. Wie der Art. 52 ausdrücklich hervorhebt, steht dem dinglich Berechtigten an dem Entschädigungsanspruch ein Recht nur zu, soweit das Recht des dinglich Berechtigten beeinträchtigt wird. Letztere Voraussetzung trifft z. B. nicht zu, wenn sich die Ausübung einer Grunddienstbarkeit auf einen bestimmten Teil des Grundstücks beschränkt und der außerhalb des Bereichs der Ausübung liegende Teil des Grundstücks Gegenstand der Enteignung ist oder wenn im Wege der Enteignung eine Dienstbarkeit auferlegt wird und diese die schon bestehende Dienstbarkeit in der Ausübung nicht behindert. Die Rechte, welche den dinglich Berechtigten im Falle des Erlöschens ihrer Rechte durch Zwangsversteigerung an dem Erlöse zustehen, sind, soweit es sich um bewegliche Sachen handelt, im § 1247 Satz 2 des BGB., soweit unbewegliche Sachen in Frage stehen, im § 92 des ZVG. bestimmt. Bei beweglichen Sachen tritt also der Erlös an die Stelle der Sache. Bei unbeweglichen Sachen aber ist zu unterscheiden: Ist das Recht des Dritten auf die Bezahlung eines Kapitals gerichtet (Hypothek, Grundschuld, Rentenschuld), so tritt an die Stelle des Rechtes der Anspruch auf den entsprechenden Betrag der Entschädigungssumme; ist das Recht des Dritten nicht auf die Bezahlung eines Kapitals gerichtet (Erbbaurecht, Dienstbarkeit, Reallast, Nutzungsrecht, Vorkaufsrecht), so tritt an die Stelle des Rechtes der Anspruch auf Ersatz des Wertes aus dem Versteigerungserlöse. Bei einem Nießbrauch, einer beschränkten persönlichen Dienstbarkeit sowie einer Reallast von unbestimmter Dauer ist der Ersatz des Wertes durch Zahlung einer Geldrente zu leisten, die dem Jahreswerte des Rechtes gleichkommt; bei ablösbaren Rechten bestimmt sich der Betrag der Ersatzleistung durch die Ablösungssumme.

3. Wegen der Anwendbarkeit der Art. 52, 53 auf die Beschädigungen des Grundstücks durch Bergbau und auf die landesgesetzlichen Fälle der Enteignung s. Art. 67, 109.

Artikel 53. Ist in einem Falle des Artikel 52 die Entschädigung dem Eigenthümer eines Grundstücks zu gewähren, so finden auf den Entschädigungsanspruch die Vorschriften des §. 1128 des Bürgerlichen Gesetzbuchs entsprechende Anwendung. Erhebt ein Berechtigter innerhalb der im §. 1128 bestimmten Frist Widerspruch gegen die Zahlung der Entschädigung an den Eigenthümer, so kann der Eigenthümer und jeder Berechtigte die Eröffnung eines Vertheilungsverfahrens nach den für die Vertheilung des Erlöses im Falle der Zwangsversteigerung geltenden Vorschriften beantragen. Die Zahlung hat in diesem Falle an das für das Vertheilungsverfahren zuständige Gericht zu erfolgen.

Ist das Recht des Dritten eine Reallast, eine Hypothek, eine Grundschuld oder eine Rentenschuld, so erlischt die Haftung des Entschädigungsanspruchs, wenn der beschädigte Gegenstand wiederhergestellt oder für die entzogene bewegliche Sache Ersatz beschafft ist. Ist die Entschädigung wegen Benutzung des Grundstücks oder wegen Entziehung oder Beschädigung von Früchten oder von Zubehörstücken zu gewähren, so finden die Vorschriften des §. 1123 Abs. 2 Satz 1 und des §. 1124 Abs. 1, 3 des Bürgerlichen Gesetzbuchs entsprechende Anwendung.

Artikel 53.

E. d. EG. I Art. 31 Abs. 1, 2; II Art. 27; III Art. 51. P. I S. 12619; M. d. EG. S. 143. P. II Bd. 6 S. 464, 586.

Der Art. 53 regelt das **Verhältnis des Enteigners zu den an der enteigneten Sache bestehenden dinglichen Rechten**, welchen nach Art. 52 an Stelle der Sache nunmehr der Entschädigungsanspruch haftet.

1. **Zu Abs. 1.** Aus der Anwendbarkeit des § 1128 folgt, daß der Enteigner die Entschädigungssumme mit Wirkung gegen die dinglich Berechtigten erst zahlen kann, wenn er oder der Eigentümer den Eintritt des Entschädigungsfalls dem dinglich Berechtigten angezeigt hat und seit dem Empfange der Anzeige ein Monat verstrichen ist. Der dinglich Berechtigte kann bis zum Ablaufe der Frist dem Enteigner gegenüber der Zahlung an den Eigentümer widersprechen. Die Anzeige darf unterbleiben, wenn sie untunlich ist, z. B. wenn der Aufenthalt des Berechtigten unbekannt ist; in diesem Falle beginnt die Frist mit dem Zeitpunkt, in welchem die Entschädigungssumme fällig wird. Im übrigen finden die für eine verpfändete Forderung geltenden Vorschriften (§§ 1281—1290 BGB.) Anwendung; der Enteigner kann sich jedoch nicht darauf berufen, daß er ein aus dem Grundbuch ersichtliches Recht nicht gekannt habe.

Wird innerhalb der im § 1128 bezeichneten Frist von einem Monate Widerspruch erhoben, so bestimmt sich das weitere Verfahren nach **Abs. 1 Satz 2, 3**. Der Enteigner kann die Entschädigungssumme mit Wirkung gegen den Eigentümer und die dinglich Berechtigten gerichtlich hinterlegen und es dem Eigentümer und den dinglich Berechtigten überlassen, im Wege des gewöhnlichen Rechtsstreits ihre Ansprüche zum Austrage zu bringen. Der Eigentümer und jeder dinglich Berechtigte kann jedoch die Eröffnung eines Verteilungsverfahrens nach den für die Verteilung des Erlöses im Falle der Zwangsversteigerung geltenden Vorschriften beantragen. Diese Vorschriften sind in den §§ 105—145 des ZVG. enthalten. Der Antrag ist an eine Frist nicht gebunden und bis zur rechtskräftigen Entscheidung eines etwaigen Rechtsstreits zwischen den Beteiligten zulässig. Wird die Eröffnung des Verteilungsverfahrens beantragt, so hat der Enteigner die Entschädigungssumme nicht bei der gewöhnlichen ordentlichen Hinterlegungsstelle zu hinterlegen, sondern an das für das Verteilungsverfahren zuständige Amtsgericht zu bezahlen.

Im übrigen vgl. wegen der Anwendbarkeit des § 1128 und der in diesem angezogenen Vorschriften die Erl. zu § 1128.

2. **Der Abs. 2 Satz 1** spricht den dem § 1127 Abs. 2 des BGB. entsprechenden Grundsatz aus, daß die Entschädigungssumme nicht mehr haftet, sobald der beschädigte Gegenstand wieder hergestellt oder für die entzogene bewegliche Sache Ersatz beschafft ist. Dieser Grundsatz gilt indessen nur, wenn das Recht des Dritten auf die Bezahlung einer Geldsumme gerichtet ist, also in einer Reallast, Hypothek, Grundschuld oder Rentenschuld besteht. Bei anderen dinglichen Rechten, z. B. bei einem Erbbaurecht oder einem Nießbrauche verbleibt es bei den Vorschriften des Abs. 1.

Artikel 54. Die Vorschrift des §. 36 Abs. 4 des Gesetzes, betreffend die Beschränkungen des Grundeigenthums in der Umgebung von Festungen, vom 21. Dezember 1871 (Reichs-Gesetzbl. S. 459) wird durch die Vorschriften der Artikel 52, 53 nicht berührt. Findet nach diesen Vorschriften ein Vertheilungsverfahren statt, so ist die Entschädigung auf Ersuchen des für das Verfahren zuständigen Gerichts an dieses zu leisten, soweit sie zur Zeit der Stellung des Ersuchens noch aussteht.

Die Vorschrift des §. 37 desselben Gesetzes wird dahin geändert:

Ist das Grundstück mit einem Rechte belastet, welches durch die Beschränkung des Eigenthums beeinträchtigt wird, so kann der Berechtigte bis zum Ablauf eines Monats, nachdem ihm der Eigenthümer die Beschränkung des Eigenthums mitgetheilt hat, die Eröffnung des Vertheilungsverfahrens beantragen.

---

3. Die Vorschrift des Abs. 2 Satz 2 beruht im wesentlichen auf den gleichen Erwägungen, wie die des § 1129 des BGB. Die entsprechende Anwendung des § 1123 Abs. 2 und des § 1124 Abs. 1, 3 führt zu folgendem Ergebnisse: Soweit die Entschädigungsforderung fällig ist, wird sie mit dem Ablauf eines Jahres nach dem Eintritte der Fälligkeit von der Haftung frei, wenn nicht vorher die Beschlagnahme zugunsten des Berechtigten erfolgt. Wird die Entschädigung eingezogen, bevor sie zugunsten des Berechtigten in Beschlag genommen worden ist oder wird vor der Beschlagnahme in anderer Weise, z. B. durch Übertragung, Aufrechnung, über sie verfügt, so ist die Verfügung dem Berechtigten gegenüber wirksam; besteht die Verfügung in der Übertragung der Forderung auf einen Dritten, so erlischt die Haftung der Forderung; erlangt ein Dritter ein Recht an der Forderung, so geht es dem Rechte des Berechtigten im Range vor. Der Übertragung der Forderung auf einen Dritten steht es gleich, wenn das Grundstück ohne die Forderung veräußert wird.

4. Wegen der auf Grund eines Unschädlichkeitszeugnisses möglichen Befreiung der Entschädigungsforderung von der Haftung s. EG. Art. 120 Nr. 3.

5. Über die Anwendbarkeit des Art. 53 auf die Entschädigung wegen Beschädigung durch Bergbau und auf die Fälle der landesgesetzlichen Enteignung s. EG. Art. 67, 109.

Artikel 54.

E. d. EG. I Art. 31 Abs. 3; II Art. 28; III Art. 52. P. I S. 12619; M. d. EG. S. 145. P. II Bd. 6 S. 469, 605.

Der Art. 54 bedeutet einen reichsgesetzlichen Vorbehalt zugunsten des **Reichsrayongesetzes** gegenüber den Vorschriften der Art. 52, 53.

1. Das Rayongesetz unterwirft die Benutzung des Grundeigentums in der Umgebung von Festungen gewissen dauernden Beschränkungen. Für die infolge des Rayongesetzes eintretenden Beschränkungen wird vom Reiche eine Entschädigung gewährt. Die Entschädigung wird teils in einer Rente, teils in Kapital bezahlt. Der § 36 Abs. 1—3 bestimmt, wann eine Rente und wann ein Kapital zu bezahlen ist, und trifft über die Höhe der Rente Vorsorge. Nach dem Abs. 4 des § 36 wird die Rente dem jeweiligen im Rayonkataster bezeichneten Besitzer des Grundstücks in $^1/_4$jährigen Raten postnumerando bezahlt. Der Abs. 5 bestimmt, daß Renten, welche jährlich weniger als einen Taler betragen, mit dem $16^2/_3$fachen Betrage kapitalisiert und sofort dem Besitzer ausbezahlt werden. Indem der Abs. 1 des Art. 54 die Vorschrift des § 36 Abs. 4 für unberührt erklärt, bringt er zum Ausdrucke, daß die Festungskasse ohne Rücksicht auf die im Art. 52 bestimmte Haftung der Rente für die Ansprüche der dinglich Berechtigten und ohne Rücksicht auf die im Art. 53 festgesetzte Zahlungssperre an den jeweiligen als Besitzer (Eigentümer) im Rayonkataster Eingetragenen mit Wirkung auch gegen den dinglich Berechtigten zahlen darf. Die Befugnis hört erst dann auf, wenn auf Grund des Art. 53 ein Verteilungsverfahren beantragt und die Kasse von dem für das Verteilungsverfahren zuständigen Amtsgericht um Bezahlung der Entschädigung an das Gericht ersucht worden ist.

Aus der Aufrechterhaltung des Abs. 4 des § 36 folgt auch die Aufrechterhaltung des Abs. 5 des § 36, nach welchem Renten, welche jährlich weniger als einen Taler betragen, mit dem

Dritter Abschnitt.

Verhältniß des Bürgerlichen Gesetzbuchs zu den Landesgesetzen.

16⅔fachen Betrage kapitalisiert, sofort, also nicht erst nach Ablauf der im § 1128 bestimmten einmonatigen Frist an den Besitzer bezahlt werden.

Im übrigen finden auch auf das Rayongesetz die Vorschriften der Art. 52, 53 Anwendung. Insbesondere kann also jeder dinglich Berechtigte die Einleitung des Verteilungsverfahrens beantragen. Sein Antrag allein genügt jedoch nicht, um zu verhindern, daß die Festungskasse mit befreiender Wirkung an den im Kataster Eingetragenen zahlen darf, sondern erst das auf Grund der Einleitung des Verteilungsverfahrens gestellte Ersuchen des Gerichts. Übrigens ist die Festungskasse nicht gehindert, die Vorschriften des Art. 53 vollinhaltlich zur Anwendung zu bringen. Der Abs. 1 des Art. 54 soll nur der Festungskasse ein Recht verleihen; der im Kataster Eingetragene soll durch den Abs. 1 kein weiteres Recht erlangen, als ihm nach den Art. 52, 53 zusteht.

2. Der § 37 der bisherigen Fassung bestimmt, daß sich nach den Landesgesetzen richtet, welche Rechte den Realrechten an der Entschädigung zustehen. Dieser Satz ist durch die reichsrechtliche Regelung dieser Frage in den Vorschriften der Art. 52, 53 gegenstandslos geworden. Die jetzt als § 37 eingestellte Vorschrift bezweckt lediglich die Anwendbarkeit des Art. 53 Abs. 1 durch inhaltliche Wiedergabe klarzustellen.

3. Zur Auslegung des § 36 des Rayongesetzes vgl. RG. 17 S. 33; 22 S. 32.

Dritter Abschnitt.

Zitelmann, Zum Grenzstreit zwischen Reichs- und Landesrecht, 1902; Dronke in Gruch. 44 S. 703; Gläßing in Arch. für öffentl. Recht Bd. 18 S. 65; Hellwig, Lehrbuch des Zivilprozesses Bd. 1 S. 60; Stranz, Verhältnis des Reichsprivatrechts zum Landesprivatrecht in Holtzendorff-Kohlers Enzyklopädie Bd. 1 S. 763 ff. Posener, Das deutsche Reichsrecht im Verhältnisse zum Landesrechte 1900.

1. **Aufhebung der privatrechtlichen Vorschriften der Landesgesetze.** Im Gegensatze zu der nach Art. 32 für Reichsgesetze geltenden Regel, nach welcher die Reichsgesetze in Kraft bleiben, soweit sie nicht durch das BGB. oder das EG. aufgehoben sind, gilt umgekehrt für die privatrechtlichen Vorschriften der Landesgesetze das Prinzip, daß sie außer Kraft treten, soweit nicht in dem BGB. oder in dem EG. ein anderes bestimmt ist. Über die Bedeutung und Tragweite dieses Prinzips s. Erl. 2 zu Art. 55. Die Gründe, aus welchen das Kodifikationsprinzip in Beziehung auf die Landesgesetze nicht vollständig durchgeführt ist, sondern weitgehende Vorbehalte gelten, sind verschiedener Art. Die Vorbehalte betreffen einerseits solche landesgesetzliche Vorschriften, bei denen es zweifelhaft sein kann, ob sie dem Privatrecht oder dem öffentlichen Rechte angehören. Der Vorbehalt zugunsten der Landesgesetzgebung macht die Entscheidung dieses Zweifels überflüssig. Andererseits beziehen sich die Vorbehalte auf solche Materien oder solche einzelne Rechtsverhältnisse, welche sich zu einer einheitlichen Regelung deshalb nicht eignen, weil sie entweder in engem Zusammenhange mit den politischen oder sonstigen besonderen Verhältnissen der Bundesstaaten stehen oder weil es nach der Natur dieser Verhältnisse zweckmäßig erscheint, die Regelung je nach den örtlichen Verhältnissen verschieden zu gestalten (M. d. EG. S. 148). Einzelne Vorbehalte beziehen sich auf Materien, deren künftige reichsgesetzliche Regelung in Aussicht genommen ist, so z. B. der Vorbehalt in betreff des Versicherungs- und Verlagsrechts (Art. 75, 76).

2. **Die Vorbehalte zugunsten der Landesgesetzgebung** sind entweder allgemeiner Natur und umfassen ganze Rechtsmaterien oder sie beziehen sich auf einzelne Fragen. Eine übersichtliche Gruppierung der Vorbehalte nach ihrem Umfange gibt Zitelmann S. 6 ff. Soweit die Vorbehalte reichen, bleiben die Landesgesetze bestehen und ist die Landesgesetzgebung befugt, neue Vorschriften zu treffen (Art. 3).

Auch soweit sich die Vorbehalte auf ganze Materien erstrecken, z. B. auf das Wasserrecht (Art. 65), das Deich- und Sielrecht (Art. 66), das Bergrecht (Art. 67), werden dadurch nur die besonderen auf diese Materie sich beziehenden Vorschriften der Landesgesetze aufrecht erhalten, nicht aber die allgemeinen Rechtssätze des bisherigen Landesrechts, welche zur Ergänzung der besonderen Vorschriften dienen und auf welche in diesen ausdrücklich oder stillschweigend verwiesen ist. Solche Rechtssätze allgemeiner Art werden durch die Vorbehalte nur insoweit aufrecht erhalten, als sie durch die betreffenden Landesgesetze ohne Rücksicht auf ihre allgemeine Geltung als Sonderbestimmung für die betreffende Materie getroffen sind (s. Erl. 1, 2 zu Art. 4). Über die Gesichtspunkte, welche bei der Unterscheidung zwischen den allgemeinen und den besonderen Vorschriften in Betracht kommen, s. Zitelmann S. 14 ff. An die Stelle der aufgehobenen allgemeinen Vorschriften treten nach Art. 4 die Vorschriften des BGB. und des EG. Die Landesgesetzgebung ist aber nach Art. 3 befugt, neue Vorschriften in betreff der vorbehaltenen Materie zu treffen, und sie kann daher auch die aufgehobenen allgemeinen Vorschriften als besondere Vorschriften für die betreffende Materie geben. Eine Beschränkung besteht in dieser Beziehung nicht. Die Landesgesetzgebung kann für die vorbehaltenen Materien sowohl die allgemeinen wie die besonderen Vorschriften des BGB. ändern; sie kann insbesondere auch in betreff der Fragen, welche dem allgemeinen Teile des BGB. entschieden sind, also z. B. in betreff der Geschäftsfähigkeit, der Nichtigkeit und Anfechtbarkeit der Rechtsgeschäfte, der Zulässigkeit und Wirkungen, der Bedingungen und der Stellvertretung, der Voraussetzungen und der Wirkungen der Verjährung andere Grundsätze aufstellen, als nach dem BGB. gelten.

Soweit die Vorbehalte sich auf einzelne Fragen beziehen, bestimmt sich der Umfang des der Landesgesetzgebung gelassenen Spielraums nach dem Inhalte des einzelnen Vorbehalts.

3. **Keinen allgemeinen Vorbehalt zugunsten der Landesgesetzgebung macht das EG. in Beziehung auf das Postrecht, für das Telegraphenrecht, für das Kirchenrecht, das Schulrecht, das Militärrecht und das Verwaltungsrecht.** Die Rechtssätze, um welche es sich bei diesen Materien handelt, gehören zum größten Teile dem öffentlichen Rechte an oder sind wie das Post-, Telegraphen- und Militärrecht reichsgesetzlich geordnet. Soweit in den die gedachten Materien betreffenden Landesgesetzen privatrechtliche Vorschriften enthalten sind, treten diese außer Kraft, sofern sie nicht durch einen besonderen Vorbehalt aufrecht erhalten werden (z. B. Art. 80, 132, 133). Die Beseitigung landesgesetzlicher Vorschriften hat übrigens selbstverständlich niemals die Wirkung, daß die auf Grund derselben bereits entstandenen subjektiven Rechte wegfallen.

4. **Ausdehnung der Vorbehalte.** Nach GBO. § 83, EG. zum ZVG. § 2, FGG. § 189 gelten die Vorbehalte zugunsten der Landesgesetzgebung auch für die in den gedachten Gesetzen gegebenen Vorschriften.

5. **Eine große Zahl direkt oder indirekt ausgesprochener Vorbehalte zugunsten der Landesgesetze findet sich in dem BGB. selbst** (s. z. B. §§ 85, 233, 907, 919, 1315, 1784, 1807 Abs. 2 1808, 1888, 2249). Mittelbar hierher gehören auch diejenigen Vorschriften, in denen einem Bundesstaat oder dessen Behörden gewisse Befugnisse zugewiesen sind (s. z. B. §§ 61, 193, 1322, 1722 Abs. 2, 1745 Abs. 2).

6. **Anordnung des Stoffes.** Im EG. werden zunächst Vorbehalte gemacht im Art. 56 zugunsten der von einzelnen Bundesstaaten mit ausländischen Staaten abgeschlossenen Verträge, in den Art. 57, 58 zugunsten der Hausverfassungen der landesherrlichen und der ihnen gleichgestellten Familien sowie der früher reichsständisch gewesenen seit 1806 mittelbar gewordenen und der ihnen gleichgestellten Häuser. Die weiteren Vorbehalte sind in der Art geordnet, daß zunächst in den Art. 59—76 die Vorbehalte von mehr oder weniger allgemeiner Natur aufgeführt sind, dann in den Art. 77—140 die besonderen Vorbehalte und zwar nach Vorausschickung einiger sich auf die Rechtsverhältnisse der Beamten beziehenden Bestimmungen in der Reihenfolge des BGB. getroffen sind und endlich in den Art. 141—152 einige sich auf das Verfahren beziehende Vorschriften folgen.

Allgemeine Vorbehalte bestimmen die Art. 59—61 für Familienfideikommisse, Lehen und Stammgüter (die Art. 60, 61 enthalten zugleich Bestimmungen, die sich auf die Art. 57, 58 beziehen), der Art. 62 für Rentengüter, der Art. 63 für Erbpachtrechte, der Art. 64 für das Anerbenrecht, der Art. 65 für das Wasserrecht, der Art. 66 für das Deich- und Sielrecht, die Art. 67, 68 für das Bergrecht und das Recht zur Gewinnung von Mineralien, die dem Bergrechte nicht unterliegen, die Art. 69—72 für das Jagd- und Fischereirecht sowie für gewisse Vorschriften über den Ersatz des Wildschadens, der Art. 73 für Regalien, der Art. 74 für

Zwangsrechte, Bannrechte und Realgewerbeberechtigungen, die Art. 75, 76 für das Versicherungsrecht und das Verlagsrecht.

Die besonderen Vorbehalte der Art. 77—81 beziehen sich auf die Rechtsverhältnisse der Beamten und der zur Schätzung von Grundstücken bestellten Sachverständigen. Mit Art. 82 beginnen die sich an die Reihenfolge des BGB. anschließenden Vorbehalte. Auf den allgemeinen Teil beziehen sich die Art. 82—91 und zwar die Art. 82—85 auf Vereine, Waldgenossenschaften und Religionsgesellschaften, die Art. 86—88 auf die Erwerbsbeschränkungen der juristischen Personen, der Religiosen und der Ausländer, der Art. 89 auf das Pfändungsrecht, die Art. 90, 91 auf die Sicherheitsleistung. Die Art. 92—108 beziehen sich auf das Recht der Schuldverhältnisse und zwar der Art. 92 auf Zahlungen aus öffentlichen Kassen, der Art. 93 auf die Miete, der Art. 94 auf die Pfandleihanstalten, der Art. 95 auf das Gesinderecht, der Art. 96 auf Altenteilsverträge, die Art. 97, 98 auf Staatsschulden, insbesondere auf die Eintragung in das Staatsschuldbuch, der Art. 99 auf öffentliche Sparkassen, die Art. 100—102 auf Schuldverschreibungen auf den Inhaber, die Art. 103—108 auf verschiedene landesgesetzlich bestimmte Ersatzansprüche.

Die Art. 109—133 betreffen sachenrechtliche Verhältnisse und zwar der Art. 109 die Enteignung, die Art. 110, 111 gewisse Beschränkungen des Eigentums, der Art. 112 die besonderen Vorschriften über die für eine Eisenbahn oder Kleinbahn bestimmten Grundstücke und sonstigen Gegenstände, der Art. 113 die Zusammenlegung von Grundstücken und Gemeinheitsteilungen, der Art. 114 die Ablösungsrenten, der Art. 115 die Grunddienstbarkeiten und Reallasten, der Art. 116 Beschränkungen der Vorbehalte der Art. 113—115, der Art. 117 Beschränkungen der Belastung des Grundeigentums, der Art. 118 die sog. Meliorationsrenten, der Art. 119 die Beschränkung der Veräußerung und Teilung von Grundstücken, der Art. 120 die Befreiung von einer Belastung im Falle der Veräußerung eines Teiles des Grundstücks auf Grund eines Unschädlichkeitsattestes der Behörde, der Art. 121 besondere Vorschriften über Reallasten im Falle der Veräußerung oder Teilung eines zugunsten des Staates oder einer öffentlichen Anstalt belasteten Grundstücks, die Art. 122—124 das sog. Nachbarrecht, der Art. 125 die Ausdehnung des § 26 der Gewerbeordnung, der Art. 126 die Übertragung des dem Staate oder einem Kommunalverbande zustehenden Eigentums an einem Grundstücke, der Art. 127 die Übertragung des Eigentums an einem Grundstücke, das im Grundbuche nicht eingetragen ist und nicht eingetragen zu werden braucht, der Art. 128 die Begründung einer Dienstbarkeit an einem solchen Grundstücke, der Art. 129 das Recht einer anderen Person als des Fiskus zur Aneignung eines aufgegebenen Grundstücks, der Art. 130 das Recht zur Aneignung von Tauben, der Art. 131 das Miteigentum an einem mit einem Gebäude versehenen Grundstücke, der Art. 132 die Kirchenbaulasten und Schulbaulasten, der Art. 133 das Recht auf einen Platz in einer Kirche oder auf einem Kirchhofe.

Auf das Familienrecht beziehen sich die Art. 134—136 und zwar der Art. 134 auf die religiöse Erziehung, der Art. 135 auf die Zwangserziehung Minderjähriger, der Art. 136 auf die Vormundschaft.

Das Erbrecht betreffen die Art. 137—140 und zwar der Art. 137 die Grundsätze, nach welchen in den Fällen der §§ 1515 Abs. 2, 3, 2049, 2312 des BGB. der Ertragswert eines Landguts festzustellen ist, der Art. 138 die Ersetzung des Fiskus als gesetzlichen Erben durch eine Körperschaft, Stiftung oder eine Anstalt des öffentlichen Rechtes, der Art. 139 das Recht des Fiskus oder einer anderen juristischen Person an dem Nachlaß einer verpflegten oder unterstützten Person, der Art. 140 die erweiterte Befugnis des Nachlaßgerichts.

Von den das Verfahren betreffenden Vorschriften der Art. 141—152 handeln die Art. 141—143 von dem Rechte der Landesgesetzgebung, die Zuständigkeit der Gerichte und Notare zur Beurkundung von Rechtsgeschäften abweichend von dem BGB. zu bestimmen, die Art. 144—146 von der Hinterlegung, der Art. 147 von der Ersetzung des Vormundschaftsgerichts durch andere Behörden, der Art. 148 von der Beschränkung der Zuständigkeit des Nachlaßgerichts, die Art. 149, 150 von den zulässigen Änderungen der Vorschriften über die Form einer Verfügung von Todes wegen, der Art. 151 von der Aufrechterhaltung landesgesetzlicher Vorschriften über die Aufnahme gerichtlicher oder notarieller Urkunden, der Art. 152 endlich von den bei Rechtsstreitigkeiten, die nicht nach den Vorschriften der CPO. zu erledigen sind, an die Stelle der Klagerhebung und der Rechtshängigkeit tretenden Vorgängen.

7. **Landesgesetzliche Vorschriften.** Ob eine landesgesetzliche Vorschrift, weil sie dem öffentlichen Rechte angehört oder weil sie unter einen der Vorbehalte des EG. fällt, trotz der

Artikel 55. Die privatrechtlichen Vorschriften der Landesgesetze treten außer Kraft, soweit nicht in dem Bürgerlichen Gesetzbuch oder in diesem Gesetz ein Anderes bestimmt ist.

Vorschrift des Art. 55 bestehen bleibt, wird häufig zweifelhaft sein. Diesen Zweifel suchen viele der in den einzelnen Bundesstaaten erlassenen Ausführungsgesetze dadurch zu beseitigen, daß sie eine große Zahl von Landesgesetzen, auch soweit sie schon infolge des BGB. ihre Geltung verloren haben, ausdrücklich vollständig aufheben. So bezeichnet z. B. das preuß. AG. Art. 89 unter 31 Nummern die Gesetze, welche ganz oder teilweise aufgehoben sein sollen, darunter die Einleitung und den ersten Teil des ALR. mit einzelnen Ausnahmen und eine Reihe speziell bezeichneter Vorschriften des zweiten Teiles, soweit diese Vorschriften sich nicht auf öffentliches Recht beziehen, ebenso das rheinische bürgerliche Gesetzbuch mit Ausnahme einer Reihe speziell bezeichneter Vorschriften. Ebenso werden in dem preuß. Ges. über FGG. Art. 144 unter 22 Nummern die darin bezeichneten gesetzlichen Vorschriften, die sich auf die freiwillige Gerichtsbarkeit beziehen, und in dem preuß. AG. zur GBO. Art. 33 unter 12 Nummern die dort bezeichneten Gesetze aufgehoben.

Im bayerischen AG. Art. 1 wird zunächst bestimmt, daß neben dem BGB. die Vorschriften des bürgerlichen Rechtes, welche aus der Zeit vor der Erlassung der Verfassungsurkunde v. 26. Mai 1818 stammen, nur insoweit in Geltung bleiben, als sie in den Art. 56—59, 69, 74—76, 78, 80, 89, 109, 111, 132, 133 des EG. zum BGB. und im § 16 Nr. 1 des EG. zur CPO. vorbehalten sind. Dann werden im Art. 175 Abs. 1 unter 35 Nummern die Gesetze aus der Zeit nach 1818 bezeichnet, welche aufgehoben werden. Der code civil wird im Art. 175 Af. 2 im ganzen aufgehoben.

Das württembergische AG. bezeichnet im Art. 283 unter 47 Nummern die Landesgesetze, welche, auch soweit sie nicht durch das BGB. und dessen Nebengesetze aufgehoben sind, außer Wirksamkeit treten.

Das badische AG. hebt im Art. 39 unter 37 Nummern die darin bezeichneten Gesetze auf, darunter das durch die Edikte v. 3. Februar 1809 und v. 22. Dezember 1809 eingeführte Landrecht in seiner dermaligen Fassung.

Das hessische AG. hebt im Art. 286 unter 118 Nummern die dort bezeichneten statutarischen Rechte und Gesetze auf, darunter den code civil.

In Elsaß-Lothringen sind durch ein besonderes Gesetz v. 29. November 1899 unter 138 Nummern die dort bezeichneten Gesetze, darunter auch der code civil aufgehoben.

Ähnliche Vorschriften finden sich in den Ausführungsgesetzen der meisten Bundesstaaten, doch wird zum Teil weniger entschieden eingegriffen. So beschränkt sich z. B. das sächsische AG. darauf, eine Reihe von Paragraphen des bisherigen sächsischen BGB. zu bezeichnen, welche aufgehoben sein sollen, soweit sie neben dem BGB. in Kraft bleiben würden; im sächsischen Gesetze v. 15. Juni 1900 § 133 sind dann noch eine Reihe anderer Gesetze besonders aufgehoben.

Artikel 55.

E. d. EG. I Art. 32; II Art. 29; III Art. 53. P. I S. 12679 ff.; M. d. EG. S. 146 ff. P. II Bd. 6 S. 365. RB. S. 2111. StB. S. 3025.

1. **Über das in dem Art. 55 zum Ausdrucke gelangte Kodifikationsprinzip** s. Vorbm. zu diesem Abschnitte. Die privatrechtlichen Vorschriften der Landesgesetze treten, soweit sie nicht unter die Vorbehalte des BGB. oder des EG. fallen, ohne Rücksicht darauf außer Kraft, ob die Materie, auf welche sie sich beziehen, in dem BGB. geregelt ist oder nicht (anders bei dem StGB.).

2. **Der Begriff der privatrechtlichen Vorschriften** wird durch das EG. nicht definiert. Den Gegensatz bilden die öffentlichrechtlichen Vorschriften. Für beide Begriffe sind zunächst die aus der Wissenschaft zu entnehmenden allgemeinen Grundsätze maßgebend (s. Bd. I Einleitung S. 17, III 1; vgl. auch Gierke deutsches Privatrecht I S. 26 ff.). Aber diese Grundsätze haben in den einzelnen Bundesstaaten eine verschiedene Entwickelung erfahren. Das in dem einzelnen Staate geltende Recht entscheidet deshalb darüber, welche Rechtssätze als dem öffentlichen Rechte und welche als dem Privatrecht angehörend anzusehen sind (M. d. EG. S. 147). Es ist daher möglich, daß dasselbe Rechtsverhältnis in dem einen Staate als dem öffentlichen Rechte angehörend sich auch künftig nach den Landesgesetzen bestimmt, während es in einem anderen Staate unter Beseitigung der Landesgesetze den Vorschriften des BGB. untersteht. Hierin liegt

unzweifelhaft ein Nachteil; die Beseitigung desselben war aber bei der Lage unseres öffentlichen Rechtes nicht möglich. Privatrecht ist gleichbedeutend mit bürgerlichem Rechte. Über den Begriff der bürgerlichen Rechtsstreitigkeiten im Sinne des GVG. § 13 s. RG. Bd. 57 S. 350. Hiernach kann eine bürgerliche Rechtsstreitigkeit auch dann vorliegen, wenn der geltend gemachte Anspruch aus Vorschriften des öffentlichen Rechtes entspringt; es kommt nur darauf an, daß der Anspruch selbst ein privatrechtlicher ist, was immer anzunehmen ist, wenn er ein vermögensrechtlicher Anspruch ist.

Die Zweifel, welche sich aus der unsicheren Grenze zwischen öffentlichem und Privatrecht ergeben, erledigen sich praktisch in den wichtigsten Beziehungen dadurch, daß entweder das BGB. ein auf der Grenze liegendes Rechtsverhältnis regelt oder daß ein solches Rechtsverhältnis durch das BGB. oder das EG. der Landesgesetzgebung überwiesen wird. Im ersteren Falle sind die Vorschriften des BGB. maßgebend, auch wenn das betreffende Rechtsverhältnis nach allgemeinen Grundsätzen oder nach dem besonderen Staatsrecht eines einzelnen Bundesstaates als dem öffentlichen Rechte angehörend anzusehen sein sollte (s. z. B. BGB. § 89). Die Landesgesetze können in solchem Falle die Vorschriften des BGB. nicht ändern und sind, soweit sie damit in Widerspruch stehen, aufgehoben. Aber nur soweit die Vorschriften des BGB. gehen, ist die Zuständigkeit der Landesgesetzgebung ausgeschlossen; sie bleibt im übrigen, sofern das Rechtsverhältnis nach dem Rechte des betreffenden Staates dem öffentlichen Rechte angehört, bestehen. Dies gilt insbesondere auch von den die freiwillige Gerichtsbarkeit betreffenden Vorschriften. Soweit solche in dem BGB. gegeben sind, wie z. B. in Ansehung der Verfügungen von Todes wegen können die Landesgesetze daran nichts ändern; im übrigen würden sie in dieser Beziehung nicht beschränkt sein, wenn ihnen nicht durch das besondere Reichsgesetz über die freiwillige Gerichtsbarkeit eine Schranke gezogen wäre. In betreff dieses Gesetzes gelten aber nach § 189 desselben nicht nur dieselben Vorbehalte wie nach dem EG. Art. 55 für die privatrechtlichen Vorschriften (s. Vorbm. 4), sondern nach § 200 ist der Landesgesetzgebung allgemein die Ausführung und die Ergänzung gestattet.

3. Unter Landesgesetzen sind nach Art. 2 alle landesrechtlichen Rechtsnormen zu verstehen, mögen sie auf Gesetz, Verordnung, Verfügung einer zuständigen Behörde oder auf Gewohnheitsrecht beruhen. Man kann dies auch negativ dahin ausdrücken, daß alle Rechtsnormen, welche nicht auf Reichsgesetzen beruhen, als landesrechtliche anzusehen sind. Es gehört dahin insbesondere auch das gemeine Recht. Dieses ist zwar nicht durch einen Akt der Gesetzgebung der einzelnen Staaten oder durch partikuläres Gewohnheitsrecht, sondern auf Grund eines allgemeinen deutschen Gewohnheitsrechts Recht geworden und als solches durch Gesetze des früheren deutschen Reichs anerkannt. Aber im Sinne des Art. 55 gehört es trotzdem zu den Landesgesetzen, weil es nicht auf einem Gesetze des jetzigen Deutschen Reichs beruht. Über die Aufhebung der gemeinrechtlichen Interdikte zum Schutze öffentlicher Wege s. RG. in DJZ. 1903 S. 202.

4. In Ansehung der für Elsaß-Lothringen erlassenen Gesetze ist zu unterscheiden, ob sie Reichsgesetze oder Landesgesetze sind. Im ersteren Falle fallen sie unter Art. 32, im letzteren Falle unter Art. 55. Ein und dasselbe Gesetz kann möglicherweise in einer Beziehung Reichsgesetz, in einer anderen Beziehung Landesgesetz sein. So gilt z. B. in Elsaß-Lothringen das Reichsbeamtengesetz v. 31. März 1873 in zweifacher Eigenschaft als Reichsgesetz für die dortigen Reichsbeamten und als Landesgesetz für die Elsaß-Lothringenschen Landesbeamten sowie für die Lehrer und Lehrerinnen an öffentlichen Schulen. Dies gibt das Einführungsgesetz v. 23. Dezember 1873 (Gesetzblatt für Elsaß-Lothringen S. 479) im Eingange zu erkennen; die weiteren Bestimmungen dieses Gesetzes enthalten nur Landesrecht. Die Reichsgesetze v. 21. April 1886 und v. 25. Mai 1887, durch welche das Reichsbeamtengesetz abgeändert ist, gelten für die Reichsbeamten in Elsaß-Lothringen ohne weiteres kraft der Publikation im Reichs-Gesetzblatte; dagegen sind dieselben hinsichtlich der Landesbeamten sowie der Lehrer und Lehrerinnen durch Kaiserliche Verordnung v. 21. November 1887 (Gesetzblatt für Elsaß-Lothringen S. 85) für anwendbar erklärt (P. I S. 12682). Die als Landesrecht geltenden Vorschriften des Reichsbeamtengesetzes sind landesgesetzliche Vorschriften im Sinne des Art. 55; sie werden also durch diesen Artikel insoweit aufgehoben, als sie, was freilich nur bei einzelnen in Frage kommen kann, nicht dem öffentlichen Rechte angehören, sondern privatrechtlicher Natur sind.

5. Soweit in bestehenbleibenden Reichsgesetzen auf Landesgesetze verwiesen ist, kommt es darauf an, ob die Verweisung die Bedeutung hat, daß die betreffende landesgesetzliche Norm dadurch zu einem Teile des Reichsgesetzes gemacht, also zu einer reichsgesetzlichen Norm erhoben

Artikel 56. Unberührt bleiben die Bestimmungen der Staatsverträge, die ein Bundesstaat mit einem ausländischen Staate vor dem Inkrafttreten des Bürgerlichen Gesetzbuchs geschlossen hat.

---

werden soll, oder ob auf das Landesgesetz nur als solches verwiesen ist. Im ersteren Falle fällt die landesgesetzliche Norm, soweit darauf verwiesen ist, unter Art. 32; im letzteren Falle wird sie durch Art. 55 aufgehoben und tritt an ihre Stelle nach Art. 4 das BGB. Die Auffassung der Motive (S. 147), daß es hierauf nicht ankomme, weil die Reichsgesetze nicht daran gedacht hätten, diese Landesgesetze auch gegenüber einem künftigen, auf dem Kodifikationsprinzipe beruhenden BGB. aufrecht zu erhalten, ist in dieser Allgemeinheit wohl nicht richtig. Im Zweifel wird indessen eine Erhebung der landesrechtlichen Norm zu einer reichsrechtlichen nicht anzunehmen sein.

6. Über die durch das BGB. und das EG. gemachten **Ausnahmen von der Regel des Art. 55** s. Vorbm. 5, 6 zu diesem Abschnitte.

Artikel 56.

E. d. EG. II Art. 30; III Art. 54. P. I S. 13, 12990; M. d. EG. S. 148. P. II Bd. 6 S. 365 ff.

1. **Entstehungsgeschichte des Art. 56.** Der Art. 56 ist von der zweiten Kommission eingestellt. Eine entsprechende Vorschrift war in den Entwürfen der EG. zu dem GVG. und zu der CPO. enthalten, wurde aber als unnötig gestrichen. Aus dem Mangel einer solchen Vorschrift entstand in der Praxis aber Streit und deshalb hatte schon die erste Kommission die Aufnahme einer dem Art. 56 entsprechenden Vorschrift in Aussicht genommen. Es wurde davon aber abgesehen, weil die Hauptbedeutung der Vorschrift in den internationalrechtlichen Bestimmungen der in dem Art. 56 gedachten Verträge liege, das internationale Privatrecht aber in dem E. I des BGB. nicht aufgenommen war. Dieser Grund ist weggefallen; deshalb ist die Vorschrift jetzt aufgenommen worden.

2. **Staatsverträge eines Bundesstaats mit einem ausländischen Staate.** Wie die Vorschriften, welche in den von dem Reiche geschlossenen Verträgen enthalten sind, den Reichsgesetzen gleichstehen, so würden in Ermangelung einer besonderen Vorschrift die in Verträgen, welche ein Bundesstaat geschlossen hat, enthaltenen Bestimmungen, soweit dadurch nicht lediglich eine völkerrechtliche Verpflichtung begründet, sondern eine innerstaatliche Rechtsnorm gegeben wird, den Landesgesetzen gleichstehen und daher, soweit sie privatrechtlicher Natur sind, nach Art. 55 außer Wirksamkeit treten. Bei dieser Konsequenz verbleibt es in Beziehung auf die zwischen einzelnen Bundesstaaten geschlossenen Verträge. Die mit einem ausländischen Staate geschlossenen Verträge sollen aber nach Art. 56 bestehen bleiben. Die Rücksicht auf die durch Verträge dieser Art betroffenen Interessen der einzelnen Bundesstaaten ließ die Ausnahme als geboten erscheinen. Praktisch in Betracht kommen hauptsächlich solche Verträge, durch welche Fragen des internationalen Privatrechts geregelt werden. Im Sinne des EG. gehören auch Vorschriften dieser Art zu den privatrechtlichen (s. Vorbm. 4 zu Art. 7—31).

Wird in Staatsverträgen der in Art. 56 gedachten Art auf inländisches Recht verwiesen, so gilt dasselbe wie in dem Falle, daß eine solche Verweisung in einem bestehen bleibenden Gesetze stattfindet. Es ist also zu untersuchen, ob die Vorschriften, auf welche verwiesen ist, zu einem Bestandteile der durch den Vertrag erfolgten Regelung gemacht sind oder ob dies nicht der Fall ist. Im ersteren Falle werden die Vorschriften, auf welche verwiesen ist, in Beziehung auf das durch Vertrag geregelte Verhältnis durch Art. 56 mit aufrecht erhalten; im letzteren Falle treten an ihre Stelle nach Art. 4 die betreffenden Vorschriften des BGB. und, sofern es sich um internationalrechtliche Bestimmungen handelt, die Vorschriften des EG. Art. 7—31 (s. Erl. zu Art. 4).

3. **Nur solche Staatsverträge, die ein Bundesstaat vor dem Inkrafttreten des BGB. mit einem ausländischen Staate geschlossen hat, werden durch Art. 56 aufrecht erhalten.** Nach dem Inkrafttreten des BGB. kann ein Bundesstaat Verträge privatrechtlichen Inhalts nur schließen, soweit es sich um eine der Landesgesetzgebung vorbehaltene Materie handelt. Die Worte „unberührt bleiben" haben also in dem Art. 56 nicht die ihnen nach Art. 3 regelmäßig zukommende Bedeutung, nach welcher dadurch auch die Erlassung neuer Vorschriften für zulässig erklärt wird. Der Inhalt des Artikels selbst ergibt unzweifelhaft, daß die fraglichen Worte hier in einem engeren Sinne verstanden sind.

Artikel 57. In Ansehung der Landesherren und der Mitglieder der landesherrlichen Familien sowie der Mitglieder der fürstlichen Familie Hohenzollern finden die Vorschriften des Bürgerlichen Gesetzbuchs nur insoweit Anwendung, als nicht besondere Vorschriften der Hausverfassungen oder der Landesgesetze abweichende Bestimmungen enthalten.

Das Gleiche gilt in Ansehung der Mitglieder des vormaligen Hannoverschen Königshauses, des vormaligen Kurhessischen und des vormaligen Herzoglich Nassauischen Fürstenhauses.

Wird der Staatsvertrag aufgehoben, sei es durch Kündigung oder durch einen neuen Vertrag, so treten damit die in dem Staatsvertrag enthaltenen privatrechtlichen Vorschriften außer Kraft und der betreffende Bundesstaat ist nicht berechtigt, sie durch andere Vorschriften zu ersetzen, sofern es sich nicht um eine vorbehaltene Materie handelt. Auch eine vertragsmäßige inhaltliche Änderung der Bestimmungen des Staatsvertrags ist unzulässig (Zitelmann S. 50ff.; Riedner, Erl. zu Art. 56).

Artikel 57.

E. d. EG. I Art. 33; II Art. 31; III Art. 55. P. I S. 12686 f.; M. I S. 10 f. M. d. EG. S. 154. P. II Bd. 6 S. 367, 369, 743. StB. S. 2025. RB. S. 2111.

Heffter, Die Sonderrechte der souveränen Häuser; Gierke, Deutsches Privatrecht I S. 149ff.; Hübler, Das landesherrliche Scheidungsrecht, in DJZ. 1902 S. 33; Stölzel, Über das landesherrliche Scheidungsrecht, das. S. 84; Wilke, Zum landesherrlichen Scheidungsrecht, das. S. 121; Schulte, landesherrliches Scheidungsrecht, das. S. 290; Framke in Bl. f. RA. 66 S. 183; Opet, Zur Anfechtung der Ehelichkeit nach Privatfürstenrecht, in DJZ. 1903 S. 189; Opet, Standes- und Rangverlust, in DJZ. 1903 S. 139; Rehm, Modernes Fürstenrecht 1904.

1. **Vorbehalt zugunsten der landesherrlichen und der ihnen gleichgestellten Familien.** Der Vorbehalt des Art. 57 rechtfertigt sich durch die besondere staatsrechtliche Stellung der Landesherren und ihrer Familien. Die Gleichstellung der Fürstlichen Familie Hohenzollern mit den landesherrlichen Familien ist mit Rücksicht auf die dem Fürstlichen Hause Hohenzollern durch den Akzessionsvertrag v. 7. Dezember 1849 und das preuß. Ges. v. 12. März 1850 eingeräumte Stellung erfolgt. Der Abs. 2 ist vom Reichstage hinzugefügt worden, um jeden Zweifel abzuschneiden, daß die darin bezeichneten Familien in der hier fraglichen Beziehung den landesherrlichen Familien gleichstehen. Für das Nassausche Fürstenhaus hat die Bestimmung keine Bedeutung mehr, da dasselbe wieder souverän geworden ist und seine rechtliche Stellung sich hiernach bestimmt.

Ein dem Abs. 1 des Art. 57 entsprechender Vorbehalt findet sich im EG. zum GVG. § 5, in der StPO. § 71 Abs. 1, im EG. zur StPO. § 4, in dem EG. zur CPO. § 5, in dem EG. zur KO. § 7. Eine dem Abs. 2 entsprechende Vorschrift ist diesen Bestimmungen durch das Ges. betr. Änderungen des GVG. und der StPO. v. 17. Mai 1898 Art. II, das EG. zum Ges. betr. Änderungen der CPO. v. 17. Mai 1898 Art. II und das EG. zum Ges. betr. Änderungen der KO. vom gleichen Tage Art. II Nr. 3 hinzugefügt. Vgl. ferner CPO. §§ 219, 375, 479, 482.

Der Vorbehalt des Art. 57 gilt nach GBO. § 83, nach dem EG. zum ZVG. § 2 und nach FGG. § 189 auch für die in diesen Gesetzen enthaltenen Vorschriften. Vgl. auch GBO. § 90.

Durch das Gesetz v. 25. März 1904 ist die Sonderstellung, welche den im Art. 57 Abs. 2 bezeichneten Familien eingeräumt ist, auf das Herzoglich Holsteinische Fürstenhaus ausgedehnt worden.

2. **Für die Mitglieder der in Art. 57 bezeichneten landesherrlichen Familien gelten die Vorschriften des BGB. nur insoweit, als sich nicht aus der Hausverfassung oder aus den Landesgesetzen eine Abweichung ergibt.** Der rechtliche Bestand solcher Hausverfassungen wird als geschichtlich gegeben vorausgesetzt. In welcher Art eine Änderung derselben erfolgen kann, ist aus ihnen selbst zu entnehmen. Hiernach bestimmt sich insbesondere, ob das Haupt der Familie für sich allein befugt ist, eine Änderung vorzunehmen, oder ob und in welchem Umfange die Zustimmung von Mitgliedern der Familie erforderlich ist. Auch die Frage, ob und inwieweit die Observanz rechtliche Bedeutung hat, entscheidet sich nach den in der einzelnen Haus-

verfassung aufgestellten Grundsätzen. Subsidiär kommt für alle Hausverfassungen das gemeine deutsche Privatfürstenrecht in Betracht (vgl. RG. Bd. 2 S. 149; Bd. 26 S. 149). Daß der Vorbehalt des Art. 57 auch für dieses gilt, wurde in der zweiten Kommission ausdrücklich anerkannt (P. II Bd. 6 S. 743). Landesgesetzlich kann für eine Änderung der Hausverfassung auch die Beobachtung der für eine Änderung der Landesgesetze oder der Staatsverfassung geltenden Vorschriften vorgeschrieben sein. In solchem Falle tritt dieses Erfordernis zu den durch die Hausverfassungen bestimmten Erfordernissen hinzu. Möglich ist indessen auch, daß die Beobachtung der für die Entstehung eines Landesgesetzes gegebenen Vorschriften für sich allein zu einer Änderung genügt.

Wird in den Hausverfassungen auf bestehende Gesetze verwiesen, so ist ebenso wie bei den in Kraft bleibenden Landesgesetzen zu untersuchen, ob die Bestimmungen, auf welche verwiesen ist, Bestandteile der Hausverfassung sein sollen oder ob die Verweisung nur die Bedeutung einer Bezugnahme auf das allgemeine Recht hat. Im ersteren Falle werden die Bestimmungen, auf welche verwiesen ist, durch das BGB. nicht berührt; im letzteren Falle treten nach EG. Art. 4 an ihre Stelle die Vorschriften des BGB. Dieselbe Frage entsteht, wenn auf das Privatfürstenrecht zurückgegriffen werden muß. Einzelne für dasselbe geltende Grundsätze werden, obwohl sie im wesentlichen mit den gemeinrechtlichen Grundsätzen übereinstimmen, doch als besondere Rechtssätze fortgeltend angesehen werden müssen. So wird z. B. von Opet a. a. O. wohl mit Recht angenommen, daß die früheren gemeinrechtlichen Grundsätze, nach welchen ein vor der Ehe erzeugtes aber nach der Eingehung der Ehe geborenes Kind kein eheliches, sondern ein per subsequens matrimonium legitimiertes Kind sei und nach welchem die negative Filiationsklage nicht nur dem Vater, sondern jedem Beteiligten, insbesondere auch der Mutter oder dem Kinde zustehen, als besondere Grundsätze des Privatfürstenrechts auch jetzt noch gelten.

3. **Der Vorbehalt ist ein ganz allgemeiner.** Prinzipiell kann jede Vorschrift des BGB. für die Mitglieder der im Art. 57 bezeichneten Familien durch die Hausverfassung oder durch die Landesgesetze für unanwendbar erklärt oder durch eine andere Vorschrift ersetzt werden. Praktische Bedeutung hat der Vorbehalt nach Maßgabe der bestehenden Hausverfassungen und Landesgesetze hauptsächlich für die Bestimmungen über Volljährigkeit, für die Eingehung und Scheidung der Ehe, für die elterliche Gewalt und die Vormundschaft, für das Erbrecht und für die Übertragung und Belastung der zu dem Hausvermögen gehörenden Gegenstände.

4. **Der Vorbehalt bezieht sich nur auf die Vorschriften des BGB., nicht auf die Vorschriften anderer nach Art. 32 in Kraft bleibender Reichsgesetze.** Ob ein entsprechender Vorbehalt auch für sie gilt, ist aus ihnen zu entnehmen (s. oben Erl. 1). Soweit in ihnen ein solcher Vorbehalt nicht gemacht ist, gelten sie auch für die Mitglieder der im Art. 57 bezeichneten Familien. In der ersten Kommission war eine Bestimmung beantragt, nach welcher der Vorbehalt unbeschadet der besonderen Bestimmungen der Hausverfassung über die Zulässigkeit der Stellvertretung bei der Eheschließung keine Anwendung finden sollte auf die Vorschriften des E. I §§ 1245, 1248, 1249, 1440 Abs. 3 Satz 1. Den ersten drei Paragraphen entsprechen sachlich die §§ 1317, 1318 des BGB., während die in dem § 1440 Abs. 3 Satz 1 enthaltene Bestimmung, nach welcher auf beständige Trennung von Tisch und Bett nicht erkannt werden kann, in dem BGB. dadurch zum Ausdrucke gelangt ist, daß dieses eine Vorschrift, durch welches eine solche Trennung für zulässig erkannt wird, abgesehen von den besonderen Vorschriften über die Aufhebung der ehelichen Gemeinschaft (§ 1575) nicht enthält. Der obige Antrag wurde von der Kommission zwar als sachlich richtig anerkannt, aber abgelehnt, weil sich sein Inhalt schon aus den bestehenbleibenden §§ 72, 77 des Personenstandsgesetzes ergebe. Ob dies zutrifft, ist zweifelhaft. Der § 72 Abs. 1 bestimmt nur, daß für die Landesherren und die Mitglieder der landesherrlichen Familien sowie der Fürstlichen Familie Hohenzollern die Ernennung des Standesbeamten und die Bestimmung über die Art der Führung und Aufbewahrung der Standesregister durch Anordnung des Landesherrn erfolgt. Nach Abs. 2 soll in betreff der Stellvertretung der Verlobten und des Aufgebots die Observanz entscheiden, während nach Abs. 3 im übrigen in Ansehung der Mitglieder der gedachten Familien die auf Hausgesetzen oder auf Observanz bestehenden Bestimmungen über die Erfordernisse der Eheschließung und über die Gerichtsbarkeit in Ehesachen nicht berührt werden sollen. Der Abs. 1 bezieht sich auf die früher im Personenstandsgesetz enthaltenen Vorschriften über die Form der Eheschließung. Da diese nach EG. Art. 44 II aufgehoben sind und an ihre Stelle als § 41 des Personenstandsgesetzes die Bestimmung getreten ist, daß für die Eheschließung die Vorschriften des BGB. maßgebend sind, so scheint sich hieraus zu ergeben, daß die Form der Eheschließung sich jetzt nicht mehr nach dem

Artikel 58. In Ansehung der Familienverhältnisse und der Güter derjenigen Häuser, welche vormals reichsständisch gewesen und seit 1806 mittelbar geworden sind oder welche diesen Häusern bezüglich der Familienverhältnisse und der Güter

---

Personenstandsgesetze, sondern nach dem BGB. bestimmt. Die Vorschriften des BGB. können aber nach Art. 57 durch die Hausverfassungen und die Landesgesetze geändert werden. Die unveränderte Beibehaltung des § 72 Abs. 1 des Personenstandsgesetzes würde nach dieser Auffassung nur die Bedeutung haben, daß, wenn die Vorschriften des BGB. über die Eheschließung durch die Hausverfassungen und die Landesgesetze nicht geändert werden, in betreff der Standesbeamten und der Standesregister die Vorschriften des § 72 Anwendung finden. Richtiger dürfte indessen sein, den oben gedachten § 41 des Personenstandsgesetzes dahin aufzufassen, daß in der hier fraglichen Beziehung die Vorschriften des BGB. über die Eheschließung an Stelle der bisherigen Vorschriften Bestandteil des Personenstandsgesetzes geworden sind und auf sie daher der Art. 57 keine Anwendung findet. Hierfür spricht doch auch der unverändert gebliebene Abs. 1 des § 72, der offenbar Vorschriften voraussetzt, nach welchen die Ehe vor einem Standesbeamten geschlossen werden muß, und daß diese Vorschriften einen Bestandteil des Personenstandsgesetzes bilden (im Ergebnis ebenso Schulte in DJZ. 1902 S. 290, Schücking, Die Tragweite des Art. 58 des EG. in DJZ. 1903 S. 49, in betreff der im Art. 58 bezeichneten Personen). Ein ähnlicher Zweifel erhebt sich in betreff des § 77 des Personenstandsgesetzes. Dieser bestimmt im Abs. 1, daß, wenn nach dem bisherigen Rechte auf beständige Trennung von Tisch und Bett zu erkennen sei, nunmehr auf Scheidung erkannt werden müsse und enthält dann im Abs. 2 eine Vorschrift über die früher ergangenen auf beständige Trennung von Tisch und Bett lautenden Urteile. Man könnte annehmen, daß sich der § 77 nur auf das Verhältnis zu dem bisherigen Rechte beziehe, daß aber der Grundsatz, nach welchem nur eine Scheidung der Ehe, nicht aber eine Trennung von Tisch und Bett im Sinne des bisherigen Rechtes zulässig ist, nicht aus dem Personenstandsgesetze, sondern aus dem BGB. zu entnehmen sei und deshalb dem Vorbehalte des Art. 57 unterliege. Eine solche Annahme dürfte indessen der Absicht des § 77 nicht entsprechen. Dieser will vielmehr grundsätzlich feststellen, daß eine Trennung von Tisch und Bett nicht mehr stattfinden soll. Derselbe Grundsatz ergibt sich zwar auch aus dem BGB. Er würde, wenn er sich nur aus diesem ergäbe, dem Vorbehalte des Art. 57 unterliegen. Da er aber auch schon aus dem bestehengebliebenen § 77 des Personenstandgesetzes zu entnehmen ist, so unterliegt er dem Vorbehalte des Art. 57 nicht. Man wird hiernach die Ansicht der ersten Kommission, nach welcher die Vorschriften des BGB. über die Form der Eheschließung und die Unzulässigkeit einer Trennung von Tisch und Bett im Sinne des bisherigen Rechtes auf Grund des Art. 57 durch die Hausverfassungen und die Landesgesetze nicht geändert werden können, als richtig anerkennen müssen (a. A. die früheren Auflagen und Sartorius, PersonstG. S. 433, 436).

5. **Eine Beschränkung erleidet der Art. 57 durch den Art. 61,** nach welchem bei einer nach Art. 57 unzulässigen Verfügung, die Vorschriften zugunsten derjenigen, welche Rechte von einem Nichtberechtigten herleiten, entsprechende Anwendung finden. Die Anwendung dieser Vorschriften kann durch die Hausverfassung oder die Landesgesetze nicht ausgeschlossen werden. Der Art. 60 enthält keine Beschränkung des Art. 57, sondern nur eine durch denselben erforderlich gewordene Modifikation des BGB. (s. Erl. zu Art. 60, 61).

6. **Landesgesetzliche Vorschriften.** Preußen AG. z. BGB. Art. 88; Ges. v. 21. Sept. 1899 Art. 136, 137; ALR. I 11 §§ 676, 677; 12 § 176; II 1 (AG. Art. 89 mit Begr. S. 209); Bayern Familienstatut v. 5. August 1819 mit Verfassungsurkunde v. 26. Mai 1818 Titel II, III, Verord. v. 6. Juni 1900; Württemberg AG. Art. 130, 131; Sachsen Königliches Hausgesetz v. 30. Dezember 1837, Nachtrag v. 20. August 1879, Ges. v. 6. Juli 1900; Hessen Ges., betr. den Gerichtsstand und das gerichtliche Verfahren in Ansehung des Landesherrn und der Mitglieder des Großherzoglichen Hauses, v. 7. Juni 1879 in der Fassung v. 31. März 1900.

Eine Sammlung der hausgesetzlichen Vorschriften enthält Schulze, Hausgesetze der regierenden deutschen Fürstenhäuser, 3 Bände 1862—1883.

Artikel 58.

E. d. EG. I Art. 34; II Art. 32; III Art. 56. P. I S. 12687 ff.; M. I S. 11 ff. M. d. EG. S. 155 ff. P. II Bd. 6 S. 367 ff. RB. S. 2111. StB. S. 3025.

Schücking, Die Tragweite des Art. 58 EG. zum BGB., in DJZ. 1903 S. 49.

durch Beschluß der vormaligen deutschen Bundesversammlung oder vor dem Inkrafttreten des Bürgerlichen Gesetzbuchs durch Landesgesetz gleichgestellt worden sind, bleiben die Vorschriften der Landesgesetze und nach Maßgabe der Landesgesetze die Vorschriften der Hausverfassungen unberührt.

Das Gleiche gilt zu Gunsten des vormaligen Reichsadels und derjenigen Familien des landsässigen Adels, welche vor dem Inkrafttreten des Bürgerlichen Gesetzbuchs dem vormaligen Reichsadel durch Landesgesetz gleichgestellt worden sind.

---

1. Vorbehalt zugunsten der vormals reichsständisch gewesenen und seit 1806 mittelbar gewordenen Häuser und der ihnen gleichgestellten Familien. Durch Art. 14 der Bundesakte v. 8. Juni 1815 war zugunsten der früheren reichsständischen, seit 1806 mittelbar gewordenen Häuser u. a. bestimmt, daß „ihnen in Rücksicht ihrer Person, Familie und Besitzungen alle diejenigen Rechte und Vorzüge zugesichert werden oder bleiben, welche aus ihrem Eigentum und dessen ungestörtem Genusse herrühren und nicht zu der Staatsgewalt und den höheren Regierungsrechten gehören".

Hinzugefügt ist dann noch unter Nr. 2:

„... werden nach den Grundsätzen der früheren deutschen Verfassung die noch bestehenden Familienverträge aufrecht erhalten und ihnen die Befugnis zugesichert, über ihre Güter und Familienverhältnisse verbindliche Verfügungen zu treffen, welche jedoch dem Souverän vorgelegt und bei den höchsten Landesstellen zur allgemeinen Kenntnis und Nachachtung gebracht werden müssen. Alle bisher dagegen erlassenen Verordnungen sollen für künftige Fälle nicht weiter anwendbar sein."

In demselben Art. 14 der Bundesakte werden dem Reichsadel „die sub. Nr. 1 und 2 angeführten Rechte" — (betr. die Freiheit der Wahl des Aufenthaltsorts und die Familienautonomie) — ... „zugesichert. Diese Rechte werden jedoch nur nach Vorschrift der Landesgesetze ausgeübt."

Diese Vorschriften der Bundesakte sind für die Reichsgesetzgebung nicht bindend. Mit Rücksicht indessen auf die rechtliche Stellung, welche die in dem Art. 14 der Bundesakte bezeichneten Familien infolge der geschichtlichen Entwicklung und der gedachten Vorschriften der Bundesakte bisher gehabt haben, sind ihnen die in dem Art. 58 bestimmten Rechte eingeräumt. Der Art. 58 geht indessen insofern über die Bundesakte hinaus, als den vormals reichsständischen Häusern diejenigen Häuser gleichgestellt sind, welche jenen bezüglich der Familienverhältnisse und der Güter durch Beschluß der vormaligen Deutschen Bundesversammlung oder vor dem Inkrafttreten des BGB. durch Landesgesetz gleichgestellt worden sind, und als neben dem Reichsadel diejenigen Familien des landsässigen Adels erwähnt werden, welche vor dem Inkrafttreten des BGB. dem vormaligen Reichsadel durch Landesgesetz gleichgestellt worden sind. Diese Ausdehnung beruht auf einem Beschlusse des Bundesrats; sie bezweckt die Erhaltung des bestehenden Rechtszustandes in seinem ganzen Umfange. Der zweite Zusatz insbesondere, welcher bereits in beiden Kommissionen beantragt, aber abgelehnt war, beruht darauf, daß in einzelnen Staaten, insbesondere in Württemberg, der im Besitze gewisser Güter befindliche altlandsässige Adel, durch Landesgesetz dem Reichsadel gleichgestellt ist und daß die hierdurch begründeten Verhältnisse geschont werden sollen.

2. Der Vorbehalt des Art. 58 ist in mehrfacher Beziehung beschränkter als der des Art. 57.

a) Der Vorbehalt des Art. 57 ist ein ganz allgemeiner; der Art. 58 dagegen ist beschränkt auf die Familienverhältnisse und die Güter der in dem Art. 58 bezeichneten Häuser. Die hierdurch bestimmte Grenze ist nicht ganz zweifelsfrei. Nach einem in der ersten Kommission gestellten Antrage sollten die Rechtsverhältnisse, welche durch den Vorbehalt getroffen werden, spezieller bestimmt und begrenzt werden (P. I S. 12688f.). In dem Art. 58 ist aber eine solche nähere Bestimmung nicht erfolgt. Man wird die Entscheidung über den Umfang des Vorbehalts daher aus der geschichtlichen Entwicklung und der bisherigen rechtlichen Stellung der fraglichen Häuser zu entnehmen haben. Dem Wortlaute nach würde darunter das ganze Familienrecht fallen; dies dürfte indessen der Bedeutung, in welcher der Ausdruck „Familienverhältnisse" in der Bundesakte und im Anschlusse daran auch wohl im Art. 58 gebraucht ist, und der bisherigen Gestaltung der Rechtsverhältnisse der in Frage kommenden Familien nicht entsprechen. Auszuschließen sein dürften vielmehr die Vorschriften über die Schließung und Scheidung der Ehe, während allerdings das eheliche Güterrecht sowie die Vorschriften über die elterliche Gewalt und

Artikel 59. Unberührt bleiben die landesgesetzlichen Vorschriften über Familienfideikommisse und Lehen, mit Einschluß der allodifizirten Lehen, sowie über Stammgüter.

---

die Vormundschaft unter den Vorbehalt fallen. Durch die Erwähnung der „Güter" der fraglichen Häuser in dem Art. 58 wird die Zulässigkeit von Verfügungsbeschränkungen über die zu dem Vermögen der betreffenden Häuser gehörenden Gegenstände sowie von erbrechtlichen von den Vorschriften des BGB. abweichenden Bestimmungen anerkannt. Hiermit stimmt auch der Inhalt der bestehenden Landesgesetze und Hausverfassungen überein. Nicht unter den Vorbehalt fallen, abweichend vom Art. 57, die Bestimmungen des BGB. über die Volljährigkeit (a. A. Schücking a. a. O., der die oben hervorgehobene Beschränkung des Vorbehalts nicht berücksichtigt). Auch das Ges. v. 17. Februar 1875 über das Alter der Großjährigkeit enthielt keinen Vorbehalt zugunsten der im Art. 58 bezeichneten Familien. Unter den Vorbehalt fallen auch nicht die Vorschriften des BGB. über den Wohnsitz (RG. in JW. 1901 S. 833).

b) Während im Art. 57 die Hausverfassung und die Landesgesetze nebeneinander erwähnt sind, gilt der Vorbehalt des Art. 58 in erster Linie für die Landesgesetze, für die Hausverfassungen der fraglichen Familien aber nur „nach Maßgabe der Landesgesetze". Während also nach Art. 57 die Hausverfassungen und die Landesgesetze koordiniert nebeneinanderstehen, bleiben nach Art. 58 die Hausverfassungen nur insoweit unberührt, als nicht die Landesgesetze entgegenstehen. Diese können die Grenzen, innerhalb deren das BGB. durch die Hausverfassungen für die Mitglieder der fraglichen Häuser geändert werden kann, näher bestimmen; sie können insbesondere auch die Wirksamkeit aller oder gewisser Bestimmungen der Hausverfassungen von bestimmten Voraussetzungen, z. B. von der Mitteilung an den Landesherrn oder von dessen Genehmigung abhängig machen. Rechtlich würde sogar nichts entgegenstehen, wenn die Landesgesetze den Hausverfassungen überhaupt die Wirksamkeit versagten. Tatsächlich ist dieses indessen bis jetzt nirgends geschehen, während beschränkende Bestimmungen der oben gedachten Art in verschiedenen Staaten erfolgt sind. Selbstverständlich können die Landesgesetze die von ihnen getroffenen beschränkenden Bestimmungen auch wieder aufheben und die Autonomie der im Art. 58 gedachten Familien soweit ausdehnen, als der Art. 58 dies gestattet. Soweit in den Landesgesetzen keine beschränkenden Bestimmungen enthalten sind, gelten die Hausverfassungen kraft des Art. 58 in dem dort bezeichneten Umfange (s. Erl. 1).

3. **In betreff der Art und Weise, in welcher die bestehenden Hausverfassungen geändert werden können,** gilt, sofern in den Landesgesetzen keine Bestimmungen darüber gegeben sind, dasselbe wie nach den Erl. zu Art. 57 für die Änderung der dort bezeichneten Hausverfassungen. Nach der betreffenden Hausverfassung entscheidet sich auch, ob und inwieweit die Observanz als hausverfassungsmäßige Rechtsquelle in Betracht kommt. Endlich gilt auch in betreff der Frage, welche Wirkung es hat, wenn in den Hausverfassungen auf das bisherige Recht verwiesen ist, dasselbe wie im Falle des Art. 57 (s. Erl. 2 zu Art. 57).

4. Der Vorbehalt des Art. 58 bezieht sich, ebenso wie der des Art. 57 nur auf das BGB., **nicht auf die Vorschriften anderer neben dem BGB. in Kraft bleibender Reichsgesetze** (s. Erl. 4 zu Art. 57). Beispielsweise enthält das Personst.G. keinen Vorbehalt für die Mediatisierten 2c. (vgl. § 72 dess.). Einen dem Art. 58 entsprechenden Vorbehalt enthalten die GBO. § 83, das EG. z. ZPG. § 2 und das FGG. § 189.

5. Ebenso wie der Art. 57 wird auch der Art. 58 **durch die Vorschriften des Art. 61 beschränkt** und durch die des Art. 60 ergänzt.

6. **Landesgesetzliche Vorschriften:** Preußen ALR. II 1 §§ 835 ff. (AG. Art. 89 mit Begr. S. 209), V. v. 21. Juni 1815, Instruktion v. 30. Mai 1820, Ges. v. 10. Juni 1854 und v. 15. März 1869; Bayern Verf.Urkunde v. 26. Mai 1818 Titel V § 2 und IV. Beilage § 65, Deklaration v. 19. März 1807; Sachsen Rezeß v. 9. Oktober 1835, BGB. § 29, Ges. v. 15. Juni 1900 zur Ausführung einiger mit dem BGB. zusammenhängender Reichsgesetze § 15 und das Ges. über Familienanwartschaften v. 7. Juli 1900 § 109; ferner Württemberg AG. Art. 14, 24—31, 281.

Artikel 59.

E. I EG. I Art. 35; II Art. 33; III Art. 57. P. I S. 12697 ff.; M. z. EG. S. 157 ff. P. II Bd. 6 S. 369 ff., 606, 743. RB. S. 2111. StB. S. 3025.

Stobbe, Handbuch des deutschen Privatrechts II §§ 116—128, 137—140. Neubauer, Zusammenstellung des in Deutschland geltenden Rechtes, betr. Stammgüter 2c.

---

1. Gründe und allgemeiner Charakter des Vorbehalts des Art. 59. Der Vorbehalt des Art. 59 rechtfertigt sich durch die besondere Entwickelung, welche die Institute der Familienfideikommisse, der Lehen und der Stammgüter in den verschiedenen deutschen Staaten erfahren haben, eine Entwickelung, die ihren Grund in der Verschiedenheit der wirtschaftlichen und öffentlichrechtlichen Verhältnisse der einzelnen Staaten hat. Der Vorbehalt ist ein allgemeiner (s. Vorbm. 2 zu diesem Abschnitte). Die Landesgesetzgebung kann daher, soweit dies zu einer zweckmäßigen Regelung der im Art. 59 gedachten Institute erforderlich erscheint, in Beziehung auf diese Institute Abweichungen von allen Vorschriften des BGB. bestimmen. Sie kann daher z. B., wie bei den Beratungen der zweiten Kommission hervorgehoben wurde, bestimmen, daß nicht alle Kinder, welche nach dem BGB. eheliche sind oder die rechtliche Stellung ehelicher Kinder haben, zur Nachfolge in Fideikommisse, Lehen oder Stammgüter berechtigt sind; sie kann die Vorschriften über die Anfechtung der Ehelichkeit abweichend von den Vorschriften des BGB. §§ 1593 ff. regeln (vgl. Bd. IV Erl. 9 zu § 1591; Erl. 5 zu § 1593); sie kann z. B. ferner bestimmen, daß Schuldverschreibungen auf den Inhaber auf das Fideikommiß oder das Lehen umzuschreiben sind (P. II Bd. 6 S. 743). Alle derartige Vorschriften sind aber selbstverständlich nur für die hier fraglichen Institute wirksam. Durch den Vorbehalt wird auch die Observanz vorbehalten, soweit diese in den die fraglichen Institute betreffenden Landesgesetzen als maßgebend anerkannt wird. Auch für den Vorbehalt des Art. 59 gelten übrigens die ergänzenden und beschränkenden Vorschriften der Art. 60, 61.

2. Der Vorbehalt für Familienfideikommisse bezieht sich nur auf die sog. deutschrechtlichen Fideikommisse (P. I S. 12704, M. d. EG. S. 158). Diese haben sich in Deutschland im Gegensatze zu den römischrechtlichen Fideikommissen zunächst für den hohen Adel entwickelt, sind dann aber auch ein Institut des gemeinen Rechtes geworden. Sie unterscheiden sich von den römischrechtlichen Fideikommissen, abgesehen von ihrem sich auf die Familie beschränkenden Zwecke, hauptsächlich dadurch, daß sie einer zeitlichen Beschränkung nicht unterliegen, während die römischrechtlichen Fideikommisse mit der vierten Generation endigen. Im Einzelfalle kann es zweifelhaft sein, ob ein deutschrechtliches oder ein römischrechtliches Fideikommiß angeordnet ist; es ist dies eine Frage der Auslegung der Willenserklärung, durch welche das Fideikommiß errichtet wird. Römischrechtliche Fideikommisse können seit dem Inkrafttreten des BGB. nicht mehr errichtet werden, während selbstverständlich die vorher errichteten in Wirksamkeit bleiben. An die Stelle der Vorschriften des bisherigen Rechtes über die nicht deutschrechtlichen Familienfideikommisse sind jetzt die Vorschriften des BGB. über die Nacherbfolge und das Nachvermächtnis getreten. In betreff der deutschrechtlichen Familienfideikommisse bleibt dagegen das bisherige Recht bestehen und die Landesgesetze können neue Vorschriften in Beziehung darauf geben. Das bisherige gemeine Recht enthält infolge seiner Entstehung durch Gewohnheitsrecht nur sehr dürftige Bestimmungen; der Inhalt des Stiftungsgeschäfts ist entscheidend; nur der Grundsatz der successio ex pacto et providentia majorum und die sich daraus ergebenden Konsequenzen in betreff der Unzulässigkeit der Veräußerung und Belastung des Fideikommißvermögens werden allgemein anerkannt. In den meisten deutschen Staaten sind indessen besondere Gesetze über die Fideikommisse gegeben. In Oldenburg, in der bayerischen Rheinpfalz und in Elsaß-Lothringen ist das Institut vollständig beseitigt. In den übrigen Staaten ist die Errichtung regelmäßig an besondere Voraussetzungen geknüpft, die sich teils auf die Form, teils auf den Gegenstand des Fideikommisses beziehen. So wird z. B. ein Fideikommiß häufig nur für Grundstücke von einem gewissen Werte oder für andere bestimmt bezeichnete Gegenstände zugelassen. Bisweilen wird auch staatliche Genehmigung erfordert. Daneben bestehen häufig Vorschriften über die Erbfolge, die indessen regelmäßig nur subsidiär für den Fall gelten, daß in dem Stiftungsgeschäfte nicht ein anderes bestimmt ist. Allen gemeinschaftlich ist aber entsprechend dem Zwecke des Familienfideikommisses, das Fideikommißvermögen der Familie zu erhalten, der schon oben hervorgehobene Grundsatz der successio ex pacto et providentia majorum und die Beschränkung des Fideikommißbesitzers in der Veräußerung und Belastung des Fideikommißvermögens. Daran knüpfen sich dann besondere Vorschriften über die Fideikommißschulden, über die Trennung des Fideikommißvermögens von dem übrigen Vermögen eines verstorbenen Fideikommißbesitzers und ähnliches.

Unter den Vorbehalt dürften auch fallen das bayerische Ges. v. 22. Februar 1855, die landwirtschaftlichen Erbgüter betreffend, und das hessische Ges. v. 11. September 1858, die landwirtschaftlichen Erbgüter betreffend, da es sich bei diesen Gesetzen sachlich um Fideikommisse handelt (P. II Bd. 6 S. 743); eventuell würden sie unter den Vorbehalt des Art. 64 betreffend das Anerbenrecht fallen. Ob das Stammgut des badischen Rechtes als Familienfideikommiß aufzufassen ist, kann zweifelhaft sein; die Frage ist ohne praktische Bedeutung, da, wenn man sie verneint, die betreffenden Vorschriften unter den Vorbehalt für Stammgüter fallen.

Der Vorbehalt bezieht sich nicht auf Familienstiftungen. Der den Landesgesetzen in dieser Beziehung gelassene Spielraum bestimmt sich nach BGB. §§ 85, 87.

3. **Das Lehenrecht** hat die große Bedeutung, welche es im Mittelalter hatte, jetzt verloren; es ist ein absterbendes Institut. In den meisten deutschen Staaten ist der Lehensverband entweder aufgehoben oder für ablösbar erklärt oder es ist doch die Errichtung neuer Lehen ausgeschlossen (so z. B. in Preußen durch das Ges. v. 5. Juni 1852). Immerhin besteht aber noch in manchen deutschen Staaten das Lehensverhältnis. Als gemeines Lehenrecht gilt das longobardische Lehenrecht; in einzelnen Teilen von Deutschland, insbesondere in Norddeutschland, hat sich aber das deutsche Lehenrecht erhalten; in vielen Gebieten bestehen besondere Gesetze und Gewohnheitsrechte. Die Abweichungen des Lehenrechts von dem allgemeinen Rechte beziehen sich hauptsächlich auf das Sachenrecht und auf das Erbrecht. Besondere Vorschriften bestehen insbesondere für die Begründung, Übertragung und Belastung des Lehens, für Lehenschulden, für die Erbfolge in das Lehen und für die Trennung des Lehens von dem Allod. Der Vorbehalt ist ein allgemeiner (s. Erl. 1). Ausdrücklich hervorgehoben wird, daß er sich auch auf die allodifizierten Lehen erstreckt. Für diese gelten vielfach wenigstens für eine gewisse Zeit noch besondere Vorschriften, so z. B. daß das Lehen noch einmal nach Lehenrecht vererbt wird oder daß der Besitzer die Wahl hat, das Lehen in ein Fideikommiß zu verwandeln oder zum freien Allod zu machen. Ist das Lehen einmal freies Allod geworden, so fällt es nicht mehr unter den Vorbehalt des Art. 59.

4. **Der Begriff der Stammgüter** ist kein scharf begrenzter. Er hat sich zunächst bei dem hohen Adel entwickelt, kommt für diesen aber nicht mehr in Betracht, da hier die weitergehenden Vorschriften der Art. 57, 58 Platz greifen. Stammgüter des niederen Adels und des Bürgerstandes kommen jetzt nur noch in einzelnen Teilen Deutschlands vor, so z. B. nach dem Bremischen Ritterrechte v. 19. April 1847 und der Verordnung, betr. die revidierten Statuten des Herzogtums Bremen, v. 11. Dezember 1863, nach den Statuten der Ritterschaft in den Fürstentümern Calenberg, Göttingen und Grubenhagen v. 4. Sept. 1847. Auch die durch die Kabinettsorder v. 16. Januar 1836, v. 26. und 28. Februar 1837 für gewisse Familien des rheinischen und westfälischen Adels gegebenen Vorschriften kann man hierher rechnen (M. d. EG. S. 159; vgl. Art. 216); über die Stammgüter des badischen Rechtes s. oben Erl. 2. Das Institut der Stammgüter hat sich aus dem altdeutschen Rechte des nächsten Erben entwickelt. Seine Bedeutung liegt daher wesentlich auf dem erbrechtlichen Gebiet; es sind damit indessen auch gewisse Beschränkungen der Veräußerung und Belastung verbunden; diese gehen aber nicht soweit wie bei den Familienfideikommissen und Lehen; insbesondere können regelmäßig die Gläubiger eines verstorbenen Stammgutsbesitzers ihre Befriedigung auch aus dem Stammgute fordern. Auch der Vorbehalt für die Stammgüter ist übrigens ein allgemeiner. Über die Frage, ob durch den Vorbehalt in betreff der Stammgüter auch die Rechtssätze über den Erwerb des Adels aufrecht erhalten sind s. Sohm in DJZ. 1899 S. 8ff.; Bd. I, Erl. 3 zu § 12.

5. **Landesgesetzliche Vorschriften:** Es gilt meist das ältere Recht. Vgl. z. B. Preußen ALR. II 4 (Fideikommisse), I 18 (Lehen), Ges. v. 15. Februar 1840, AG. Art. 69 § 2, in welchem Änderungen der die elterliche Gewalt, insbesondere die elterliche Nutznießung der Mutter betreffenden Vorschriften des BGB. in Beziehung auf das Fideikommißvermögen bestimmt sind; Bayern AG. Art. 135, 152, welches die Bestimmungen des Fideikommißedikts (VII. Beilage zur Verf.Urkunde) und des Ges. v. 22. Februar 1855 über die landwirtschaftlichen Erbgüter ändert; Lehenedikt v. 7. Juli 1808; Sachsen v. 15. Juni 1900 zur Ausführung einiger mit dem BGB. zusammenhängender Reichsgesetze §§ 30, 31 und das sächs. Ges. über Familienanwartschaften v. 7. Juli 1900; Württemberg AG. Art. 24—31, 93, welche Vorschriften über die Grundbuchgeschäfte in Beziehung auf Fideikommisse, Stammgüter und Lehen sowie über die Erteilung eines Nachfolgescheins an den Fideikommißnachfolger enthalten; Baden AG. Art. 36, durch welches in 17 Paragraphen das Rechtsverhältnis der Stammgüter eingehend geregelt wird; Hessen Art. 102, 103, 277, Ges. über Familienfideikommisse v. 13. September 1858 in der Fassung v. 30. Sept. 1899; Mecklenburg AB., welche ausführliche Vorschriften in den §§ 121—152 über Familienfideikommisse und in den §§ 153—163, 265—348, 389, 390 über Lehen gibt.

Artikel 60. Unberührt bleiben die landesgesetzlichen Vorschriften, welche die Bestellung einer Hypothek, Grundschuld oder Rentenschuld an einem Grundstücke, dessen Belastung nach den in den Artikeln 57 bis 59 bezeichneten Vorschriften nur beschränkt zulässig ist, dahin gestatten, daß der Gläubiger Befriedigung aus dem Grundstücke lediglich im Wege der Zwangsverwaltung suchen kann.

Artikel 61. Ist die Veräußerung oder Belastung eines Gegenstandes nach den in den Artikeln 57 bis 59 bezeichneten Vorschriften unzulässig oder nur beschränkt zulässig, so finden auf einen Erwerb, dem diese Vorschriften entgegenstehen, die Vorschriften des Bürgerlichen Gesetzbuchs zu Gunsten derjenigen, welche Rechte von einem Nichtberechtigten herleiten, entsprechende Anwendung.

Artikel 60.

E. d. EG. I Art. 36; II Art. 34; III Art. 58. P. I S. 12711; M. d. EG. S. 159. P. II Bd. 6 S. 369, 606.

1. **Zulässigkeit von Revenuen-Hypotheken.** Die Vorbehalte der Art. 57—59 gestatten der Landesgesetzgebung die selbständige Regelung der Frage, inwieweit und in welcher Art die unter diese Artikel fallenden Grundstücke (die Grundstücke des Landesherrn und der Mitglieder der landesherrlichen Familie sowie der Mitglieder des hohen Adels, ferner die zu einem Fideikommisse, Lehen oder Stammgute gehörenden Grundstücke) zum Zwecke der Ausnützung des Realkredits belastet werden können. Die Landesgesetzgebung kann aber auch auf eine völlige Regelung der Frage der Belastung verzichten und die für Grundstücke im allgemeinen bürgerlichen Rechte gegebenen Formen der Belastung für die bezeichneten Grundstücke gleichfalls zulassen. Für diese Fälle stellt der Art. 60 klar, daß die Landesgesetzgebung berechtigt ist, den Inhalt der Hypothek, Grundschuld oder Rentenschuld, welche für den allgemeinen bürgerlichen Rechtsverkehr nur eine Substanzhypothek ist (s. M. III S. 633, Vorbm. zum 8. Abschnitt des 3. Buches und BGB. §§ 1113, 1118, 1119, 1147, ferner EG. Art. 192 Abs. 2), derart umzugestalten, daß die Befriedigung des Gläubigers aus dem Grundstücke nur im Wege der Zwangsverwaltung, also nur aus den Nutzungen des Grundstücks (CPO. § 866, ZVG. §§ 146 ff.) zulässig ist (sog. Revenuenhypothek). Die Landesgesetzgebung kann zwischen einfachen Revenuenhypotheken und Revenuenfideikommißhypotheken, je nachdem die Hypothek auf die Lebenszeit des Bestellers beschränkt ist oder unabhängig vom Leben des Bestellers besteht, unterscheiden. Die Vorschrift des Art. 60 gilt für alle Arten der Hypothek. Wenn die Landesgesetzgebung vom Vorbehalte des Art. 60 Gebrauch macht, kann auch eine Zwangshypothek (CPO. §§ 866, 867) nur in der Form der Revenuensicherungshypothek eingetragen werden.

Der Art. 60 ist im Grunde genommen nur eine Verdeutlichung der Art. 57—59, da in dem weitergehenden umfassenden Vorbehalte dieser Artikel die spezielle Ermächtigung des Art. 60 schon enthalten ist.

2. **Landesgesetzliche Vorschriften,** z. B. Preußen Allg. LR. I 18 § 228, II 4 §§ 76 ff. (**Dernburg** 3 § 132, **Eccius** 3 § 242) und AG. z. ZVG. Art. 13; Sachsen Ges. v. 7. Juli 1900 über Familienanwartschaften § 23, AG. z. ZVG. § 27 Abs. 2; Württemberg Art. 216, 280, 281.

Artikel 61.

E. d. EG. I Art. 37; II Art. 35; III Art. 59. P. I S. 12707; M. d. EG. S. 160. P. II Bd. 6 S. 371, 607.

Schutz des redlichen Verkehrs. Der Art. 61 schränkt die in den Art. 57—59 aufgestellten Vorbehalte ein. Auf eine nach den Art. 57—59 unzulässige oder nur beschränkt zulässige Veräußerung oder Belastung eines Gegenstandes finden reichsrechtlich die Vorschriften des BGB. zugunsten derjenigen, welche Rechte von einem Nichtberechtigten herleiten, entsprechende Anwendung. Diese entsprechende Anwendung kann durch die Landesgesetze oder die nach den gedachten Artikeln zulässigen autonomischen Satzungen nicht ausgeschlossen werden; Bestimmungen, welche hiermit in Widerspruch stehen, treten außer Kraft. Die entsprechende Anwendung der gedachten Vorschriften führt dahin, daß der Erwerb des Dritten auf Grund einer nach den Vorschriften der Art. 57—59 unzulässigen Verfügung unter denselben Voraussetzungen wirksam ist, unter welchen nach den Vorschriften des BGB. der Erwerb auf Grund einer von einem Nichtberechtigten getroffenen Verfügung wirksam ist. Die Vorschriften des BGB. zugunsten derjenigen

Artikel 62. Unberührt bleiben die landesgesetzlichen Vorschriften über Rentengüter.

---

welche Rechte von einem Nichtberechtigten herleiten, sind in den §§ 407, 892, 893, 932—936, 1032, 1138, 1155, 1207, 1208, 1244 enthalten. Mit Rücksicht auf die Natur der unter die Art. 57—59 fallenden Gegenstände kommen insbesondere die Vorschriften der §§ 892, 893 über den öffentlichen Glauben des Grundbuchs in Frage. Wenn also z. B. bei einem im Grundbuch eingetragenen Grundstücke die Eigenschaft des Grundstücks, als zu einem Fideikommisse gehörend, nicht eingetragen ist und jemand das Grundstück von dem Eingetragenen in Unkenntnis der Fideikommißeigenschaft erwirbt, können die Fideikommißanwärter, auch wenn deren Zustimmung zur Veräußerung nicht vorliegt, die Revokationsklage nicht erheben. Die Vorschrift des Art. 61 hat in Ansehung der unter die Art. 57—59 fallenden Grundstücke und Rechte an Grundstücken zur Folge, daß die aus den Art. 57—59 sich ergebende Gebundenheit des Besitzers des Grundstücks oder der Rechte an dem Grundstücke zur Wirksamkeit gegenüber dem öffentlichen Glauben des Grundbuchs in das Grundbuch eingetragen werden muß (vgl. Hessen AG. Art. 102, 103). In welcher Weise dies zu geschehen hat, ist der Landesgesetzgebung überlassen (GBO. § 83).

Übrigens gilt die Vorschrift des Art. 61 auch für die buchungsfreien (GBO. § 90) Grundstücke. Bei diesen entfällt freilich die Anwendbarkeit der das Grundbuch voraussetzenden Vorschriften über den Schutz des gutgläubigen Erwerbers so lange, als das Grundstück nicht eingetragen ist.

Artikel 62.

E. d. EG. II Art. 36; III Art. 60. P. II Bd. 3 S. 766 f.; Bd. 6 S. 434, 472 ff. KB. S. 1999, 2111 f. StB. S. 3026, 3096.

Waldhecker Preuß. Rentengutsgesetzgebung 1894.

1. **Vorbehalt zugunsten der Rentengüter.** Der Begriff des Rentenguts ist durch die neuere preuß. Gesetzgebung entstanden und aus ihr zu entnehmen. Die Gesetzgebung wollte die Bildung und den Erwerb von Bauernhöfen erleichtern. Der Erwerber soll nicht nötig haben, durch Kapitalzahlung den Wert zu vergüten; an die Stelle der Zahlung des Kaufpreises soll die Belastung des erworbenen Bauernguts mit einer Rente treten, die regelmäßig nur mit Einwilligung beider Teile oder doch nicht ohne Einwilligung des Verpflichteten ablösbar ist. Andererseits soll aber auch für die Erhaltung der so gebildeten Bauerngüter durch besondere Vorschriften über die Zulässigkeit der Veräußerung und Belastung und über die Vererbung gesorgt werden. Um die Bildung solcher Rentengüter zu befördern, wurde einerseits die Ansiedlungskommission in Posen errichtet, andererseits in den übrigen Provinzen besondere Vorschriften für die Generalkommissionen gegeben. Durch die Rentenbanken wurde die erforderliche finanzielle Hilfe gewährt. Folgende preußische Gesetze verfolgen die angedeuteten Zwecke:

Ges. v. 26. April 1886, betr. die Beförderung deutscher Ansiedelungen; Ges. v. 27. Juni 1890 über die Rentengüter; Ges. v. 7. Juli 1891, betr. die Beförderung der Errichtung von Rentengütern; Ges. v. 8. Juni 1896, betr. das Anerbenrecht bei Renten- und Ansiedelungsgütern; Ges. v. 20. April 1898, betr. Abänderung des Ansiedelungsgesetzes; Ges. v. 12. Juli 1900, betr. die Gewährung von Zwischenkredit bei Rentengutsgründungen; Ges. v. 1. Juli 1902, betr. Maßnahmen zur Stärkung des Deutschtums in den Provinzen Westpreußen und Posen.

Zu dem Begriffe des Rentenguts im Sinne des Art. 62 ist nicht erforderlich, daß alle in den gedachten preußischen Gesetzen für die darin bezeichneten Güter gegebenen Vorschriften Anwendung finden. Als wesentlich wird vielmehr nur zu betrachten sein, daß der Erwerber Eigentümer des Gutes wird, das Gut aber dauernd mit einer Rente zugunsten des Veräußerers belastet ist. Die Bildung solcher Güter ist schon durch die Vorschriften des BGB. über Reallasten (§§ 1105 ff.) und über Rentenschulden (§§ 1199 ff.) möglich. Nach dem BGB. aber würde für solche Güter ein großer Teil derjenigen Bestimmungen nicht getroffen werden können, welche in den gedachten preußischen Gesetzen gegeben sind. Der Art. 62 bezweckt, diese Gesetze aufrecht zu erhalten und die Erlassung ähnlicher Gesetze zu ermöglichen.

2. **Der Vorbehalt des Art. 62 ist ein allgemeiner** (s. Vorbm. 2 zu diesem Abschnitte). Dies war notwendig, weil das Institut erst in der Entwickelung begriffen ist. Die Landesgesetzgebung kann daher insbesondere in betreff der Begründung eines Rentenguts, des dazu

Artikel 63. Unberührt bleiben die landesgesetzlichen Vorschriften über das Erbpachtrecht, mit Einschluß des Büdnerrechts und des Häuslerrechts, in denjenigen Bundesstaaten, in welchen solche Rechte bestehen. Die Vorschriften des §. 1017 des Bürgerlichen Gesetzbuchs finden auf diese Rechte entsprechende Anwendung.

---

erforderlichen Vertrags, der Beschränkung der Veräußerung, der Teilung und Belastung und in betreff der Vererbung Vorschriften geben, die von denen des BGB. abweichen (s. die oben angeführten preuß. Gesetze und das in Erl. 4 angeführte preuß. AG.). Über die subsidiäre Anwendbarkeit des BGB. auf Rentengüter s. RG. in Seuff.A. 59 S. 191.

3. **Ansiedlungsgüter.** Neben den Rentengütern waren im E. III noch erwähnt „die dem preußischen Gesetze, betreffend die Beförderung deutscher Ansiedelungen, vom 26. April 1886 unterliegenden sonstigen Güter". Von der RTK. wurden diese Worte ersetzt durch das Wort „Ansiedelungsstellen", um die Erwähnung des von manchen Seiten als Ausnahmegesetz betrachteten Ges. v. 26. April 1886 zu vermeiden. Der Reichstag strich aber, nachdem er in der zweiten Lesung den Artikel in dieser Fassung angenommen hatte, in der dritten Lesung die Erwähnung der Ansiedelungsstellen überhaupt. Praktische Bedeutung hat die Streichung nur insofern, als die preußische Landesgesetzgebung dadurch verhindert wird, über solche von der Ansiedelungskommission gebildete Stellen, welche entweder nur in Zeitpacht gegeben oder dem Erwerber ohne Belastung mit einer Rente zum freien Eigentum übertragen werden, besondere von den Vorschriften des BGB. abweichende Bestimmungen zu treffen. Soweit die Ansiedelungsstellen, wie regelmäßig geschieht, unter Belastung mit einer Rente zum Eigentum übertragen werden, sind sie Rentengüter und fallen als solche unter den Vorbehalt des Art. 62.

4. **Landesgesetzliche Vorschriften.** Preußen s. oben Erl. 1. Aus AG. sind folgende sich auf den Art. 62 beziehende Bestimmungen zu erwähnen. Im Art. 12 § 1 wird abweichend von dem BGB. § 313 bestimmt, daß für den Vertrag, durch welchen sich jemand verpflichtet, das Eigentum an einem Grundstücke gegen Übernahme einer festen Geldrente zu übertragen (Rentengutsvertrag), bei den durch Vermittelung der Generalkommission begründeten und bei den vom Staate ausgegebenen Rentengütern die schriftliche Form genügt. Der Art. 29 läßt bei Rentengütern die Begründung eines dinglichen Wiederkaufsrechts zugunsten des Veräußerers gegenüber dem Eigentümer zu und ordnet dasselbe im Anschluß an die Vorschriften des BGB. über das dingliche Vorkaufsrecht (§§ 1094ff.). (Vgl. auch preuß. AG. zur GBO. Art. 12.)

Nach der Mecklenburgschen AV. § 180 finden auf Rentengüter die in den §§ 164—179 gegebenen Vorschriften über das Erbpachtrecht (Art. 63) entsprechende Anwendung.

Artikel 63.

E. d. EG. II Art. 37; III Art. 61. P. II Bd. 6 S. 472ff., 485, 607, 650. RB. S. 2112.

1. **Entstehungsgeschichte des Art. 63.** Das BGB. hat das Erbpachtrecht, die Emphyteuse und das Erbzinsrecht nicht aufgenommen und damit die Neubegründung dieser Rechte unmöglich gemacht. Die schon bestehenden Rechte werden nach Maßgabe des Art. 184 aufrecht erhalten. Der E. I wollte auch der Landesgesetzgebung nicht das Recht einräumen, die Bestellung eines solchen Rechtes zu gestatten. In der zweiten Kommission wurde jedoch auf Antrag der Regierung von Mecklenburg-Schwerin dieser Standpunkt verlassen und zunächst die Vorschrift aufgenommen, daß unberührt bleiben die Gesetze der beiden Mecklenburg über das Erbpachtrecht und ähnliche veräußerliche und vererbliche Nutzungsrechte. Später wurde dann der Vorbehalt in der jetzigen teils allgemeineren, teils beschränkteren Fassung aufgenommen.

2. **Der Vorbehalt wahrt die landesgesetzlichen Vorschriften über das Erbpachtrecht mit Einschluß des Büdner- und des Häuslerrechts.** Unter Erbpachtrecht ist die deutschrechtliche sog. bäuerliche Erbleihe (s. Stobbe-Lehmann, Deutsches Privatrecht, 3. Aufl. II §§ 188ff.) zu verstehen. Büdnerrecht und Häuslerrecht sind den beiden Mecklenburg eigentümliche Unterarten des Erbpachtrechts. Büdnerrecht ist das Erbpachtrecht an Grundflächen, die zwar landwirtschaftlich selbständig benutzbar, jedoch nur von geringerem Umfange sind; Häuslerrecht ist das Erbpachtrecht an hauptsächlich für die Seßhaftmachung landwirtschaftlicher Arbeiter bestimmten Hausstellen (Haus, Hofraum und Gartenland). Diese Unterarten, deren Unterscheidungsmerkmal nicht auf dem Gebiete des bürgerlichen Rechtes liegt, sondern teils von der wirtschaftlichen Bedeutung, teils vom öffentlichen Rechte hergenommen ist, haben sich im Mecklenburger Domanium entwickelt, kommen aber auch in den übrigen Mecklenburger Landesteilen vor.

Den Gegensatz zur Erbpacht bilden einerseits die gemeinrechtliche Emphyteuse, andererseits die sog. bäuerliche oder schlechte Leihe. Letztere gewährt dem Berechtigten kein dingliches veräußerliches Recht, sondern nur ein persönliches Recht, das allerdings in der Regel seitens des Grundherrn unkündbar und regelmäßig auch vererblich ist. Die Vorschriften über die Emphyteuse und die schlechte bäuerliche Leihe sind nicht vorbehalten. Die Emphyteuse kommt nur mehr für die Übergangszeit in Betracht (Art. 184), sie kann nicht mehr neu begründet werden, bestehende Rechte aber bleiben aufrecht erhalten. Die bäuerliche oder schlechte Leihe dagegen kann nach Art. 197 an den Grundstücken, an welchen sie beim Inkrafttreten des BGB. schon besteht, im Falle des Erlöschens des Rechtes wieder neu begründet werden.

Der Art. 63 gilt nur für die Bundesstaaten, in welchen das Erbpachtrecht schon am 1. Januar 1900 bestanden hat; in den anderen Bundesstaaten kann es nicht mehr eingeführt werden.

3. **Der Satz 2 des Art. 63** überträgt auf das Erbpachtrecht die für das Erbbaurecht geltenden Vorschriften des § 1017 des BGB. Zufolge der Anwendbarkeit des § 1017 gelten die sich auf Grundstücke beziehenden Vorschriften auch für das Erbpachtrecht und es finden die für den Erwerb des Eigentums und für die Ansprüche aus dem Eigentume geltenden Vorschriften auf das Erbpachtrecht entsprechende Anwendung.

a) Von den sich auf Grundstücke beziehenden Vorschriften (s. z. B. BGB. §§ 94—96, 98, 232, 313, 416, 436, 444, 446, 449, 468, 477, 503, 510, 537, 551, 556, 559—561, 565, 571—579, 581 ff., 753, 859, 867, 875, 876, 891, 900, 905, 916, 946, 1009, 1010, 1018 ff., 1030 ff., 1094 ff., 1113 ff., 1378, 1423, 1445, 1821) sind insbesondere die Vorschriften des § 313 von Bedeutung. Danach bedarf der Vertrag, durch welchen sich jemand zur Übertragung des Erbpachtrechts verpflichtet, der gerichtlichen oder notariellen Beurkundung. Für den Vertrag, durch welchen die Verpflichtung zur Begründung eines Erbpachtrechts übernommen wird, gilt der § 313 Satz 1 nicht. Zweifelhaft kann sein, ob die sich auf Grundstücke beziehenden Vorschriften auch insoweit gelten, als sie in anderen Gesetzen als im BGB. enthalten sind, z. B. im ZVG., in der CPO. oder in Landesgesetzen. Die Frage dürfte zu bejahen sein. Zu den sich auf Grundstücke beziehenden Vorschriften gehören aber nicht die für das Eigentum an Grundstücken geltenden Bestimmungen. Die §§ 905—912, 917, 928 finden keine Anwendung; für die Aufhebung des Erbpachtrechts im Wege des Verzichts sind statt des § 928 die §§ 875, 876 maßgebend.

Die Zwangsvollstreckung und die Arrestvollziehung in Erbpachtrechte regelt sich nach den §§ 864 ff., 870, 932 der CPO.

b) Wegen der für den Erwerb des Eigentums und die Ansprüche aus dem Eigentume geltenden Vorschriften s. §§ 925—927, 985, 1004.

Im übrigen s. Erl. zu § 1017.

c) Die Vorschriften über den Schutz des guten Glaubens im Grundstücksverkehr (insbes. §§ 892, 893) können von der Landesgesetzgebung ausgeschlossen oder geändert werden.

4. Die im Satz 2 des Art. 63 enthaltene Gleichstellung des Erbpachtrechts mit dem Erbbaurechte bedeutet eine nicht unwesentliche Einschränkung des Vorbehalts. Die Landesgesetzgebung kann danach im wesentlichen nur für die Begründung und den Inhalt mit Einschluß der Frage der Veräußerlichkeit und der Belastbarkeit Vorschriften treffen, während sich die Rechtsverhältnisse des einmal begründeten Erbpachtrechts oder, wie die P. II bemerken, die Art und Weise, wie das entstandene Recht am Vermögensverkehre teilnimmt, in der Hauptsache nach den reichsrechtlichen Vorschriften bestimmen. Die nicht auf Rechtsgeschäft beruhenden Aufhebungsgründe kann die Landesgesetzgebung regeln, auch wird durch die Beschränkung des Satz 2 die Erlassung von Vorschriften über die Vererbung des Erbpachtrechts nicht ausgeschlossen. Dagegen kann der Güterstand von auf dem Erbpachtgrundstücke wohnenden Ehegatten von der Landesgesetzgebung nicht abweichend geordnet werden.

5. **Die grundbuchliche Behandlung des Erbpachtrechts** ist durch § 84 der GBO. in der gleichen Weise wie die des Erbbaurechts geregelt. Insbesondere muß, wenn das Erbpachtrecht veräußert oder belastet werden soll, von Amts wegen ein besonderes Grundbuchblatt angelegt werden. Übrigens kann für das Erbpachtrecht ein besonderes Grundbuchbatt auch dann angelegt werden, wenn ein Grundbuchblatt für das belastete Grundstück nicht vorhanden ist (so auch D. z. GBO. § 84), und die Landesgesetzgebung kann zur Begründung des Erbpachtrechts die Eintragung in das Grundbuch für erforderlich erklären.

Artikel 64. Unberührt bleiben die landesgesetzlichen Vorschriften über das Anerbenrecht in Ansehung landwirthschaftlicher und forstwirthschaftlicher Grundstücke nebst deren Zubehör.

Die Landesgesetze können das Recht des Erblassers, über das dem Anerbenrecht unterliegende Grundstück von Todeswegen zu verfügen, nicht beschränken.

---

6. Der Vorbehalt hat hauptsächlich für Mecklenburg (vgl. AG. für Mecklenburg-Schwerin §§ 164—179, für Mecklenburg-Strelitz §§ 161—177, dazu Langfeld, Mecklenburgische Ausführungsverord. 1899) und für Lübeck §§ 74 ff. Bedeutung. In den übrigen Bundesstaaten, insbesondere in Preußen, Bayern, Sachsen und Württemberg, ist die Begründung eines Erbpachtrechts schon vor dem Inkrafttreten des BGB. ausgeschlossen oder doch das Erbpachtrecht für ablösbar erklärt worden. Vgl. wegen des bisherigen Rechtszustandes Neubauer, Zusammenstellung des in Deutschland geltenden Rechtes betr. Stammgüter 2c. 1879. Für Oldenburg ist das Erbpachtrecht durch das Ges. v. 25. April 1899, betr. das nutzbare Eigentum an Grundstücken, aufgehoben worden.

Artikel 64.

E. d. EG. I Art. 83 ff.; II Art. 108; III Art. 62. P. I S. 12868 ff.; M. d. EG. S. 205 ff. P. II Bd. 6 S. 510 ff., 622 f., 744. RB. S. 2112. StB. S. 3026.

Stobbe, Handbuch des Deutschen Privatrechts II §§ 130 ff.; von Miaskowsky, Das Erbrecht und die Grundeigentumsverteilung im Deutschen Reiche; Neubauer, Zusammenstellung des in Deutschland geltenden Rechts betr. Stammgüter 2c.; Frommhold, Deutsches Anerbenrecht; Peltasohn, Rentenguts- und Anerbengesetzgebung in Preußen 1903.

1. **Geschichtliche Entwickelung des Anerbenrechts.** Für die Bauerngüter hatte sich in einem großen Teile von Deutschland, insbesondere von Norddeutschland, ein besonderes Erbrecht, das sog. Anerbenrecht entwickelt. In engem Zusamenhange standen damit die Institute der Leibzucht und der Interimswirtschaft. Im einzelnen war die Gestaltung, die teils auf partikulären Gesetzen, teils auf Gewohnheitsrecht beruhte, sehr verschieden. Gemeinschaftlich war aber der Zweck, durch die gedachten Institute den Hof in solchem Zustande zu erhalten, daß der Bauer die auf dem Hofe ruhenden gutsherrlichen Lasten zu entrichten vermochte. Mit der Aufhebung der Gutsherrlichkeit fiel dieser Zweck weg und infolge davon ist häufig auch das Anerbenrecht weggefallen. Aber in neuerer Zeit trat ein anderer Gesichtspunkt, der auch schon früher, wenn auch nicht entscheidend auf die Entwickelung des Anerbenrechts eingewirkt hatte, in den Vordergrund. Die Erhaltung eines gesunden und wohlhabenden Bauernstandes liegt unzweifelhaft im öffentlichen Interesse. Hierfür liegt in der übermäßigen Zersplitterung und Verschuldung der Bauernhöfe eine große Gefahr. Dieser entgegenzuwirken wurde das Anerbenrecht für geeignet gehalten. In den letzten Jahrzehnten sind deshalb in verschiedenen Staaten Norddeutschlands Gesetze erlassen, welche das Anerbenrecht, wo es noch bestand, neu regelten oder in größerem oder geringerem Umfange neu einführten. Zu erwähnen sind hier insbesondere folgende Gesetze:

a) Das erste in Preußen erlassene Gesetz war das Ges. betr. das Höferecht in der Provinz Hannover v. 2. Juni 1874. Durch dieses Gesetz wurde die sog. Höferolle eingeführt. Nur die in diese Rolle eingetragenen Höfe unterliegen dem Anerbenrechte. Die Eintragung aber hängt von dem freien Willen des Eigentümers ab. Auf derselben Grundlage beruhen die für verschiedene andere preußische Provinzen erlassenen Höfegesetze und Landgüterordnungen (für Lauenburg v. 21. Februar 1881, für Westfalen v. 30. April 1882, für Brandenburg v. 10. Juli 1883, für Schlesien v. 24. April 1884, für Schleswig-Holstein v. 2. April 1886, für den Regierungsbezirk Kassel v. 1. Juli 1887). Zur Ergänzung dieser Gesetze dient das Ges. betr. die Eintragungen in die Höferolle und Landgüterrolle auf Ersuchen der Generalkommission v. 11. Juli 1891. In den neuesten preußischen Gesetzen, nämlich dem Ges. betr. das Anerbenrecht bei Renten- und Ansiedelungsgütern v. 8. Juni 1896 und in dem an die Stelle des oben erwähnten Gesetzes für Westfalen getretenen Ges., betr. das Anerbenrecht bei Landgütern in der Provinz Westfalen 2c., v. 2. Juli 1898 ist zwar das Institut der Höferolle beibehalten, aber insoweit abweichend von den früheren Gesetzen geregelt, als die Eintragung nicht mehr von dem freien Willen des Eigentümers abhängt, sondern unter gewissen näher bestimmten Voraussetzungen von Amts wegen erfolgt.

b) Von den Gesetzen anderer Staaten sind zu erwähnen: für Baden Ges., die geschlossenen Hofgüter betr., v. 28. August 1898, für Mecklenburg-Schwerin die Verordnung, betr. die Intestaterbfolge in die bäuerlichen Erbpachtgüter der Domänen, v. 24. Juni 1869 und Verordnung v. 4. Mai 1872, für Schaumburg-Lippe Ges., betr. die Rechtsverhältnisse der Bauernhöfe, v. 11. April 1870, für das Herzogtum Oldenburg Ges., betr. das Erbrecht v. 24. April 1873, für Bremen Ges., betr. die Rechtsverhältnisse des Grundbesitzes im Landgebiete, v. 14. Januar 1876 mit Nachtrag v. 28. Juni 1885, für das Fürstentum Lübeck das Ges., betr. das Erbrecht, v. 10. Januar 1879, für Braunschweig das Ges., betr. den bäuerlichen Grundbesitz, v. 28. März 1874. Die bei Art. 59 erwähnten Gesetze für Bayern und Hessen dürften, wie dort schon hervorgehoben ist, nicht hierher gehören. Über die späteren Änderungen s. Erl. 6.

2. **Vorbehalt zugunsten des Anerbenrechts.** Aus der Tätigkeit der Landesgesetzgebung ergab sich das Bedürfnis, das Institut des Anerbenrechts bei der Erlassung des BGB. zu berücksichtigen. Eine Regelung durch das BGB. selbst wurde aber für bedenklich gehalten, weil einerseits das Bedürfnis nicht für ganz Deutschland bejaht werden konnte und insbesondere in Süddeutschland eine Abneigung dagegen besteht und andererseits die Regelung des Instituts im einzelnen sich an die lokalen Gewohnheiten anschließen muß. Deshalb wurde nur ein Vorbehalt für die Landesgesetze beschlossen. Nach dem E. I sollte der Vorbehalt nur ein beschränkter sein. Um die Einfügung des Anerbenrechts in die allgemeinen erbrechtlichen Grundsätze des BGB. zu sichern, sollte das Anerbenrecht nur in einer bestimmten juristischen Konstruktion, im wesentlichen nämlich nur als ein dem Anerben bei der Teilung des Nachlasses den übrigen Miterben gegenüber eingeräumtes Vorzugsrecht zugelassen werden (E. I d. EG. Art. 83—87). Von der zweiten Kommission wurde angenommen, daß diese Beschränkung dem Bedürfnisse nicht entspreche; der Vorbehalt wurde deshalb allgemeiner gefaßt und nur die Beschränkung des Abs. 2 hinzugefügt. Voraussetzung des Eintritts des Anerbenrechts ist aber immer, daß das dem Anerbenrecht unterliegende Gut zum Nachlasse des Erblassers gehört. Hat der Erblasser das Gut unter Lebenden gültig veräußert, so ist für das Anerbenrecht kein Raum. Dabei ist aber zu beachten, daß die Landesgesetzgebung bei der allgemeinen Fassung des Art. 64 berechtigt ist, den Eigentümer eines dem Anerbenrecht unterliegenden Gutes in der Verfügung unter Lebenden über das Gut zu beschränken (s. Erl. 5). Über die zweifelhafte Frage, wie das Verhältnis sich gestaltet, wenn der Erblasser das Gut verkauft, das Eigentum aber noch nicht übertragen hat, s. die eingehende Abhandlung von Huther, in Meckl. Z. Bd. 22 S. 64ff.

3. Über die **Tragweite des Vorbehalts** ist folgendes zu bemerken:

a) Gegenstand des Anerbenrechts können nur landwirtschaftliche und forstwirtschaftliche Grundstücke und deren Zubehör sein. Ausgeschlossen sind alle anderen zu dem Nachlasse gehörenden Gegenstände, insbesondere auch städtische Grundstücke. Ob alle land- und forstwirtschaftlichen Grundstücke oder ob nur bestimmte Kategorien dem Anerbenrecht unterliegen sollen, ob der Eintritt des Anerbenrechts von der Eintragung des Grundstücks in ein bestimmtes Register (Höferolle) abhängen soll oder nicht, und in welcher Art die Eintragung zu erfolgen hat, bleibt der Bestimmung der Landesgesetzgebung überlassen. Diese hat auch darüber zu entscheiden, welche Gegenstände als Zubehör der dem Anerbenrecht unterliegenden Grundstücke zu betrachten sind. Sie kann in dieser Beziehung Bestimmungen treffen, welche von den Vorschriften des BGB. §§ 97ff. abweichen (KB. S. 2112).

b) Das Anerbenrecht ist in den bisherigen Rechten in sehr verschiedener Art gestaltet. In einzelnen Gebieten wurde der Anerbe als alleiniger Erbe betrachtet und ihm nur die Verpflichtung auferlegt, diejenigen, welche nach gemeinem Rechte Miterben sein würden, von dem außer dem Hofe vorhandenen Nachlaß abzufinden. In anderen Gebieten wurde das Anerbenrecht als ein Sondererbrecht in das Anerbengut behandelt, wobei aber häufig ebenfalls eine Verpflichtung des Anerben anerkannt wurde, den Miterben eine Abfindung von einem Teile des Wertes des Hofes, insbesondere von dem Werte der Gebäude zu gewähren. Die dritte Hauptform besteht darin, daß dem Anerben bei der Teilung des Nachlasses den Miterben gegenüber ein Vorzugsrecht in betreff des Anerbenguts eingeräumt wird. Dabei besteht noch insofern eine Verschiedenheit, als das Recht des Anerben entweder nur als ein obligatorischer Anspruch gegenüber den Miterben behandelt wird oder das Anerbengut zwar als ein Teil des Nachlasses betrachtet wird, es aber doch mit dem Tode des Erblassers ähnlich wie bei einem Vindikationslegate den Anerben ipso jure anfällt. Die neueren Gesetze legen meistens die Konstruktion eines Vorzugsrechts bei der Teilung zugrunde. Der Vorbehalt des Art. 64 läßt eine Regelung des Verhältnisses in der erstgedachten Art nicht mehr zu, gewährt aber in betreff der letztgedachten Konstruktionen der Landesgesetzgebung freien Spielraum. Man wird diesen Spielraum insbesondere auch in der Richtung anerkennen müssen, daß die Vorschriften der Landesgesetzgebung sich nicht ausschließlich auf die dem Anerbenrecht unterliegenden Grundstücke zu beschränken brauchen, die Landesgesetzgebung vielmehr berechtigt ist, auch in betreff des übrigen Vermögens, insbesondere auch in betreff der Nachlaßschulden, diejenigen Vorschriften zu treffen, welche sie für erforderlich hält, um das Anerbenrecht in die allgemeinen erbrechtlichen Grundsätze in zweckmäßiger Weise einzufügen. Im einzelnen ist zu bemerken:

α) Die Landesgesetzgebung kann bestimmen, in welchen Fällen das Anerbenrecht eintreten soll, ob nur bei dem Vorhandensein von Abkömmlingen des Erblassers oder auch bei der Beerbung desselben durch Geschwister oder entferntere Verwandte; sie hat ferner zu bestimmen, wer von mehreren Miterben der Anerbe sein soll (Majorat, Minorat); sie kann ferner bestimmen, ob und unter welchen Voraussetzungen der Erblasser eine andere Person als den gesetzlichen Anerben zum Anerben bestimmen und ob eine hierauf gerichtete Verfügung auch in anderer als der für letztwillige Verfügungen vorgeschriebenen Form erfolgen kann (s. z. B. § 12 des preuß. Ges. für Westfalen v. 2. Juli 1898).

β) Die Landesgesetzgebung hat die juristische Konstruktion des Anerbenrechts in einer der beiden oben hervorgehobenen Arten zu bestimmen. Sowohl dann, wenn das Anerbenrecht als Sonderrecht gestaltet wird, als wenn es nur einen Vorzug bei der Teilung begründet, kann bestimmt werden, daß und zu welchem Betrage der Anerbe die Miterben von dem Werte des Anerbenguts abzufinden hat. Das Landesgesetz kann bestimmen, daß die Abfindung nicht in Kapital, sondern in Rente zu erfolgen hat; es kann dem Anerben auch Verpflichtungen anderer Art auferlegen, z. B. die Verpflichtung, die minderjährigen Miterben zu erziehen und ihnen Unterhalt zu gewähren oder ihnen auch über die Minderjährigkeit hinaus den Aufenthalt auf dem Anerbengute zu gestatten. Auch die Fälligkeit der zu entrichtenden Abfindung kann hinausgeschoben werden. Im engen Zusammenhange mit dem Anerbenrechte stehen die Institute der Leibzucht und der Interimswirtschaft. Auch diese werden durch den Vorbehalt aufrecht erhalten; jedoch ist ein in älteren Gesetzen vorkommendes Recht des Interimswirts zur Erziehung des Anerben und der Miterben unter Ausschluß des gesetzlichen Vertreters nicht mehr zulässig (P. II Bd. 6 S. 744).

γ) Den schwierigsten Teil bei der Regelung des Anerbenrechts bilden die Bestimmungen über die Nachlaßverbindlichkeiten. Hierbei ist zunächst zu beachten, daß die Landesgesetzgebung durch den Abs. 2 des Art. 64 nicht behindert wird, den Erblasser in der Verfügung unter Lebenden über das Anerbengut zu beschränken. Ein auf eine solche Beschränkung gerichteter Antrag ist von der zweiten Kommission abgelehnt. Die Landesgesetzgebung kann daher auch bestimmen, daß alle oder gewisse Belastungen des Anerbenguts dem Anerben gegenüber unwirksam sind. Der Erblasser kann freilich eine solche Bestimmung dadurch gegenstandslos machen, daß er durch letztwillige Verfügung das Anerbenrecht ausschließt; wenn er dies aber nicht getan hat und das Anerbenrecht eintritt, so sind die im Widerspruche mit einer Bestimmung der gedachten Art erfolgten Verfügungen des Erblassers unwirksam. Dies ist insbesondere dann von praktischer Bedeutung, wenn die Landesgesetzgebung das Anerbenrecht als ein Sondererbrecht konstruiert. Sie kann in solchem Falle ähnlich wie bei Fideikommissen den Anerben als solchen von der Haftung für die Nachlaßverbindlichkeiten befreien und ihn nur für bestimmte Arten von Schulden, die sog. Hofesschulden haften lassen; dabei kann sie ihn dann andererseits den Miterben gegenüber verpflichten, sie von Schulden dieser Art zu befreien. Zulässig würde auch sein, daß der Anerbe das Anerbengut anzunehmen, im übrigen aber die Erbschaft auszuschlagen berechtigt wäre. Die Gefahr, welche eine solche Gestaltung des Verhältnisses für die Gläubiger des Erblassers herbeiführen würde, hat die Gesetzgebung der neueren Zeit veranlaßt, von einer Konstruktion der gedachten Art abzusehen. Die neueren Gesetze gehen regelmäßig davon aus, daß das Anerbengut zum Nachlasse gehört und daß Anerbe nur werden kann, wer Erbe ist. Bei dieser Konstruktion haftet den Nachlaßgläubigern als solchen auch das Anerbengut. Aber die allgemeinen Vorschriften über die Haftung für die Nachlaßverbindlichkeiten müssen dann eine Modifikation erleiden, wenn der Anerbe wie in verschiedenen Gesetzen bestimmt wird, das Anerbengut ipso jure erwirbt, ohne daß es einer Übertragung von seiten der Miterben bedarf. In solchem Falle werden besondere von den allgemeinen Vorschriften abweichende Bestimmungen über das Verhältnis des Anerben zu den Nachlaßgläubigern und zu den Miterben erforderlich. Auch dann aber, wenn das Anerbengut dem Anerben nicht ipso jure zufällt, diesem vielmehr prinzipiell nur ein bei der Teilung geltend zu machender persönlicher Anspruch gegen die Miterben zusteht, lassen sich insbesondere mit Rücksicht auf die Vorschriften des BGB. über die Erbengemeinschaft und über die Art, in welcher die Beschränkung der Haftung der Erben geltend zu machen ist, besondere Vorschriften nicht wohl entbehren, wenn das Interesse des Anerben, der Miterben und der Nachlaßgläubiger gleichmäßig gesichert werden soll. Um der Landesgesetzgebung die zu diesem Zwecke erforderliche Berechtigung zu gewähren, war in der zweiten Kommission folgender Antrag gestellt:

„Die Landesgesetze können vorschreiben, daß ungeachtet der Geltendmachung des Rechtes des Anerben die anderen Erben das im § 2036 Abs. 1 (jetzt § 2059 Abs. 1) des BGB. bestimmte Recht behalten, sofern nicht der außer dem Grundstück und dem Zubehöre vorhandene Nachlaß geteilt wird. Die einem Miterben aus dem Grundstück und dem Zubehöre gewährte Abfindung gilt als zum Nachlasse gehörend; die Vorschriften der §§ 1967—1969 (jetzt §§ 1990—1992) des BGB. finden entsprechende Anwendung."

Im Falle der Ablehnung dieses Antrags sollte dem Art. 80a (jetzt Art. 64) der Zusatz hinzugefügt werden:

„mit Einschluß der Vorschriften, welche für den Fall, daß in Ansehung eines zu dem Nachlasse gehörenden Grundstücks das Anerbenrecht ausgeübt wird, die Haftung der Erben für die Nachlaßverbindlichkeiten abweichend von den Vorschriften des Bürgerlichen Gesetzbuchs bestimmen."

Beide Anträge wurden abgelehnt, jedoch nur deshalb, weil die Mehrheit, obwohl im einzelnen die Ansichten auseinandergingen, im wesentlichen doch darin übereinstimmte, daß der Vorbehalt schon aus seiner jetzigen Fassung dahin auszulegen sei, daß die Landesgesetzgebung die in den Anträgen bezeichneten Bestimmungen oder ähnliche treffen könne, wenn sie dies zu einer dem Interesse aller Beteiligten entsprechenden Regelung des Anerbenrechts für erforderlich halte (P. II Bd. 6 S. 622ff.). Diese Auffassung dürfte als richtig anzuerkennen sein.

δ) Dem Wortlaute nach bezieht sich der Vorbehalt nur auf die Beerbung. Nach der geschichtlichen Entwickelung und nach dem Inhalte der bestehenden Gesetze sowie nach der Absicht der zweiten Kommission (P. II Bd. 6 S. 515) umfaßt der Ausdruck „Anerbenrecht" indessen auch das Vorzugsrecht, welches bei der Auseinandersetzung einer Gütergemeinschaft einem der Beteiligten in Ansehung eines zu dem Gesamtgute gehörenden Anerbenguts zusteht. Anerbe ist hier entweder der überlebende Ehegatte oder einer der beteiligten Abkömmlinge und das Verhältnis gestaltet sich im Falle der Geltendmachung des Anerbenrechts in betreff der Auseinandersetzung über das Gesamtgut in entsprechender Weise wie sonst bei der Auseinandersetzung über den Nachlaß. In betreff der erforderlichen näheren Bestimmungen hat die Landesgesetzgebung freie Hand (s. z. B. die §§ 20, 21, 27 des preuß. Ges. für Westfalen v. 2. Juli 1898).

ε) Nicht unter den Vorbehalt fallen die mitunter mit der Interimswirtschaft verbundenen familienrechtlichen Wirkungen, z. B. das Erziehungsrecht (s. oben β) des Interimswirts, auch erstreckt sich der Vorbehalt nicht auf das besondere bäuerliche eheliche Güterrecht (P. II Bd. 6 S. 744).

c) Wendet man die in dem Bisherigen entwickelten Grundsätze über die Tragweite des Vorbehalts des Art. 64 auf die zurzeit bestehenden Gesetze über das Anerbenrecht an, so dürfte sich ergeben, daß sie sich im Wesentlichen innerhalb des Vorbehalts halten und daher insoweit bestehen bleiben. Im einzelnen werden freilich manche Zweifel über das Verhältnis der Bestimmungen jener Gesetze zu den jetzt an die Stelle des bisherigen allgemeinen bürgerlichen Rechtes getretenen Vorschriften des BGB. entstehen können. Auf diese Zweifel kann hier nicht näher eingegangen werden. Von besonderem Interesse in dieser Beziehung ist das schon mehrfach erwähnte Gesetz für Westfalen v. 2. Juli 1898, weil bei seiner Abfassung bereits auf die Vorschriften des BGB. Rücksicht genommen ist.

4. Recht des Erblassers, von Todes wegen über das Anerbengut zu verfügen. Nach dem Abs. 2 des Art. 64 unterliegt das im Abs. 1 bestimmte Recht der Landesgesetzgebung insofern einer Beschränkung, als das Recht des Erblassers, von Todes wegen über das dem Anerbenrecht unterliegende Grundstück zu verfügen, nicht beschränkt werden kann. Der Erblasser ist hiernach immer berechtigt, durch Verfügung von Todes wegen sowohl das Anerbenrecht vollständig auszuschließen und damit den Eintritt der gesetzlichen Erbfolge herbeizuführen, als auch jede nach den Vorschriften des BGB. zulässige von der gesetzlichen Erbfolge abweichende Bestimmung zu treffen. Macht er von dem letzteren Rechte Gebrauch, so finden die allgemeinen Vorschriften des BGB. Anwendung; insbesondere gelten dann auch in betreff des Pflichtteils nicht die in

Artikel 65. Unberührt bleiben die landesgesetzlichen Vorschriften, welche dem Wasserrecht angehören, mit Einschluß des Mühlenrechts, des Flötzrechts und des Flößereirechts sowie der Vorschriften zur Beförderung der Bewässerung und Entwässerung der Grundstücke und der Vorschriften über Anlandungen, entstehende Inseln und verlassene Flußbetten.

---

dieser Beziehung für den Fall des Eintritts des Anerbenrechts geltenden Vorschriften, sondern die allgemeinen Vorschriften des BGB. Nur wenn das Landesgesetz dem Anerben gestattet, an Stelle des gesetzlichen Anerben eine andere Person zum Anerben zu bestimmen, kann der Erblasser dadurch, daß er von diesem Rechte Gebrauch macht, bewirken, daß sich das Rechtsverhältnis in Ansehung des Anerbenguts, insbesondere auch in Beziehung auf das Pflichtteilsrecht nach den Vorschriften über das Anerbenrecht bestimmt.

Die in dem preuß. Ges. betr. das Anerbenrecht bei Renten- und Ansiedelungsgütern v. 8. Juni 1896 enthaltenen Vorschriften über die Beschränkungen des Erblassers in Ansehung der Verfügungen von Todes wegen, bleiben trotz der Vorschrift des Abs. 2 bestehen, weil es sich bei jenen Vorschriften um Rentengüter handelt und für diese eine dem Abs. 2 entsprechende Beschränkung nicht gilt.

5. **Nicht behindert ist die Landesgesetzgebung, wie bereits oben hervorgehoben ist, den Eigentümer eines dem Anerbenrecht unterliegenden Grundstücks in der Verfügung unter Lebenden über das Grundstück zu beschränken.** Wird eine solche Beschränkung bestimmt, so finden auf den im Widerspruche damit erfolgenden Erwerb von seiten eines Dritten die Vorschriften zugunsten derjenigen, welche Rechte von einem Nichtberechtigten herleiten, entsprechende Anwendung. Dies ist zwar hier ebenso wie in den Fällen der Art. 62, 63 nicht, wie im Art. 61 in betreff der auf Grund der Art. 57—59 geltenden Beschränkungen des Verfügungsrechts geschehen ist, ausdrücklich bestimmt, dürfte aber aus allgemeinen Grundsätzen abzuleiten sein. Aus dem Fehlen einer dem Art. 61 entsprechenden Vorschrift für den Art. 64 wird aber gefolgert werden müssen, daß die Landesgesetzgebung auf Grund des Vorbehalts des Art. 64 berechtigt ist, die entsprechende Anwendung der gedachten Vorschriften auszuschließen. Praktisch wird indessen hiervon schwerlich Gebrauch gemacht werden.

6. **Landesgesetzliche Vorschriften:** Vgl. oben Erl. 1, ferner Mecklenburg-Schwerin AV. §§ 349—388, 390, Strelitz AG. §§ 324—345, welche das Anerbenrecht abweichend von den preuß. Gesetzen auf der Grundlage eines Sondererbrechts in das Anerbengut regeln; das Gesetz für das Herzogtum Oldenburg v. 19. April 1899, betr. das Grunderbrecht, welches dem Anerben im wesentlichen nur einen Vorzug bei der Erbteilung einräumt, die Grunderbstelle auf ihn aber kraft des Gesetzes übergehen läßt; ähnlich in dem Gesetze für das Fürstentum Lübeck v. 14. Juni 1899; Bremen Gesetz betr. die durch die Einführung des BGB. und anderer Reichsgesetze veranlaßten Änderungen verschiedener Bremischer Gesetze, v. 18. Juli 1899 Art. 5, das einige Vorschriften des auf derselben Grundlage wie das hannoversche Höfegesetz beruhenden Gesetzes v. 14. Mai 1890 betr. die Rechtsverhältnisse des Grundbesitzes im Landgebiet ändert; Lübeck AG. v. 7. November 1899 § 148, welches sich darauf beschränkt, die bestehenden gewohnheitsrechtlichen Bestimmungen über Anerbenrecht, Altenteil und Interimswirtschaft aufrecht zu halten.

Artikel 65.

E. d. EG. I Art. 39; II Art. 38; III Art. 63. P. I S. 12731 f.; M. III S. 5. M. d. EG. S. 161 f. P. II Bd. 3 S. 3 f., 12 f., 133; Bd. 6 S. 372. RB. S. 2002, 2112. StB. S. 3026.

Dernburg, Sachenrecht §§ 134—139. Windscheid-Kipp I § 146 Nr. 3 und die in der Anm. 5 angeführte Literatur. Neubauer, Zusammenstellung des in Deutschland geltenden Wasserrechts. Stobbe, Handbuch des deutschen Privatrechts II § 144.

1. **Vorbehalt in betreff des Wasserrechts.** Das Wasserrecht gehört teils dem öffentlichen Rechte, teils dem Privatrecht an und ist in den verschiedenen Teilen von Deutschland mit Rücksicht auf lokale Verhältnisse verschieden geregelt (s. z. B. das preuß. Vorflutsedikt v. 15. November 1811, das preuß. Ges. v. 28. Februar 1843, betr. Benutzung der Privatflüsse; das hannov. Ges. v. 22. August 1847 über Ent- und Bewässerung der Grundstücke sowie über Stauanlagen, das preuß. Ges. v. 1. April 1879, betr. die Bildung von Wassergenossenschaften). Sowohl mit Rücksicht auf die Zweifel, welche auch hier in betreff der Grenze zwischen dem öffentlichen Rechte und dem Privatrechte bestehen, als wegen der Verschiedenheit der lokalen

Artikel 66. Unberührt bleiben die landesgesetzlichen Vorschriften, welche dem Deich- und Sielrecht angehören.

Verhältnisse war der Vorbehalt des Art. 65 notwendig. Der Vorbehalt ist ein allgemeiner (s. Vorbm. zu diesem Abschnitt). Er umfaßt das Wasserrecht im weitesten Sinne, also sowohl die Rechtsverhältnisse des Meeres, der Flüsse und der Bäche wie des wildfließenden Wassers, insbesondere auch des Regenwassers. Auch die Meeres- und Flußufer fallen unter den Vorbehalt. Aufrecht erhalten bleiben die landesgesetzlichen Vorschriften, insbesondere auch die Vorschriften des gemeinen Rechtes darüber, welche Flüsse als öffentliche, und welche als Privatflüsse anzusehen sind, und welche Rechte daran bestehen; ebenso die Vorschriften darüber, wie weit die Ufer des Meeres und der Flüsse gehen. Besonders hervorgehoben wird in dem Art. 65, daß auch die Regelung des Mühlenrechts, des Flötzrechts und des Flößereirechts sowie die Vorschriften über Entwässerung und Bewässerung der Grundstücke und über Anlandungen, entstehende Inseln und verlassene Flußbetten unter den Vorbehalt fallen. Auch die gemeinrechtliche aquae pluviae arcendae actio wird durch den Vorbehalt aufrecht erhalten (Windscheid-Kipp II § 473). Im E. I § 856 war bestimmt:

„Der Eigenthümer eines Grundstückes hat den in Folge der natürlichen Bodenverhältnisse stattfindenden Wasserabfluß von einem anderen Grundstücke zu dulden.
Die abweichenden Vorschriften der Landesgesetze bleiben unberührt".

Von der zweiten Kommission sind diese Vorschriften mit Rücksicht auf den allgemeinen Vorbehalt des Art. 65 gestrichen. Sachlich liegt darin eine Änderung nur insofern, als die in dem gedachten § 856 enthaltene subsidiäre reichsrechtliche Norm in betreff des natürlichen Wasserabflusses weggefallen ist. Im praktischen Ergebnisse dürfte durch die Streichung, da nach dem Abs. 2 des § 856 die abweichenden Vorschriften der Landesgesetze aufrecht erhalten bleiben sollten, keine Änderung eingetreten sein.

2. **Landesgesetzliche Vorschriften:** Es gilt zumeist älteres Recht. Vgl. für Preußen außer den in Erl. 1 angeführten Ges. z. B. ALR. I 8 §§ 96ff.; 9 §§ 223ff.; II 15 §§ 39ff., 229ff.; Bayern, AG. Art. 147—149, durch welches die Gesetze v. 28. Mai 1852 über die Benutzung des Wassers, über die Bewässerungs- und Entwässerungsunternehmungen und über den Uferschutz und den Schutz gegen Überschwemmungen in einzelnen Beziehungen geändert werden; Württemberg, Wasserges. v. 1. Dezember 1900; Baden, Wassergesetz v. 26. Juni 1899; Hessen AG. Art. 281, 282, durch welche das Ges. v. 14. Juni 1887, betr. das Dammbauwesen und das Wasserrecht sowie das Ges. v. 30. Juli 1887 (neue Fassung v. 30. September 1899), betr. die Bäche und die nicht ständig fließenden Gewässer, geändert werden; Elsaß-Lothringen, AG. §§ 44—61; Hamburg AG. §§ 51—66.

Artikel 66.

E. d. EG. I Art. 40; II Art. 39; III Art. 64. P. I S. 12731 f.; M. III S. 5. M. d. EG. S. 161 f. P. II Bd. 6 S. 372.

Vorbehalt in betreff des Deich- und Sielrechts. Dieselben Gesichtspunkte, welche zu dem im Art. 65 bestimmten Vorbehalt in betreff des Wasserrechts geführt haben, rechtfertigen auch den Vorbehalt für das mit dem Wasserrecht im engsten Zusammenhange stehende Deich- und Sielrecht. Der Vorbehalt bezieht sich sowohl auf die Meeres- wie auf die Flußdeiche. Die sich hierauf beziehenden Rechtsregeln betreffen hauptsächlich die Deichlast, also die Verpflichtung zur Erhaltung und erforderlichenfalls der Neuerrichtung der Deiche und Siele. Diese ist regelmäßig den Grundstücken eines bestimmten Bezirks und zwar häufig in verschiedenem Umfange, je nachdem sie in größerem oder geringerem Umfange durch die Deiche geschützt werden, auferlegt. Verschieden bestimmt ist die Art, in welcher die Verpflichtung zu erfüllen ist. Teils ist Naturalleistung, teils Geldleistung bestimmt. Die Eigentümer der verpflichteten Grundstücke bilden besondere Verbände, die Deich- und Sielverbände, für deren Organisation, Rechte und Verpflichtungen besondere Vorschriften bestehen. Die Regelung ist allenthalben durch Partikulargesetze, welche sich häufig auf kleine Bezirke beschränken, erfolgt.

Artikel 67.

E. d. EG. I Art. 38; II Art. 40; III Art. 65. P. I S. 12738; M. III S. 4. M. d. EG. S. 161. P. II Bd. 6 S. 371, 469. RB. S. 2112.

Der Art. 67 schließt das **Bergrecht** von der Regelung durch das BGB. aus.

Artikel 67. Unberührt bleiben die landesgesetzlichen Vorschriften, welche dem Bergrecht angehören.

Ist nach landesgesetzlicher Vorschrift wegen Beschädigung eines Grundstücks durch Bergbau eine Entschädigung zu gewähren, so finden die Vorschriften der Artikel 52, 53 Anwendung, soweit nicht die Landesgesetze ein Anderes bestimmen.

---

1. Der Ausdruck „Bergrecht" ist im weitesten Sinne zu fassen. Der Vorbehalt deckt insbesondere die Vorschriften, welche gewisse Mineralien vom Verfügungsrechte des Grundeigentümers ausschließen, die Begründung, Veränderung und Aufhebung sowie den Inhalt des Bergwerkseigentums regeln, die Gewerkschaft und deren Verfassung, die Rechtsverhältnisse zwischen den Bergbautreibenden und den Grundbesitzern, die Haftung der Bergwerkseigentümer für den anderen Bergwerken verursachten Schaden sowie die Rechtsverhältnisse der Bergarbeiter ordnen. Unter den Vorbehalt fallen die Vorschriften, welche die Gewinnung gewisser Mineralien bergrechtlichen Vorschriften unterwerfen, auch dann, wenn das Mineral dem Verfügungsrechte des Eigentümers nicht entzogen ist, also z. B. auch die besonderen Vorschriften, welche für die Gewinnung von Kohlen in Sachsen, Altenburg und den vormals sächsischen Landesteilen Preußens (vgl. sächsisches Bergges. v. 16. Juni 1868 mit Ges. v. 18. März 1887 und Ges. v. 20. Juni 1898, preuß. Ges. v. 22. Februar 1869 in der Fassung des Art. 38 des AG. z. BGB., sachsen-altenburg. Ges. v. 18. April 1872 in der Fassung des § 53 des AG. z. BGB.) gelten. Soweit indessen die Gewinnung von Mineralien, mögen diese dem Verfügungsrechte des Eigentümers entzogen sein oder nicht, den für den Bergbau geltenden Vorschriften des öffentlichen Rechtes nicht unterworfen ist, greift auch der Vorbehalt des Art. 67 nicht ein. Die Landesgesetzgebung hat übrigens darin freie Hand, wieweit sie die Gewinnung von Mineralien bergrechtlichen Vorschriften unterwerfen will.

2. Wenn ein Bergwerk Gegenstand eines Nießbrauchs ist oder zu einer Erbschaft gehört, können der Eigentümer und der Nießbraucher bzw. der Vorerbe sowie der Nacherbe nach § 1038 Abs. 2, § 2123 Abs. 2 des BGB. verlangen, daß das Maß der Nutzung und die Art der wirtschaftlichen Behandlung durch einen Wirtschaftsplan festgestellt wird. Wie in der zweiten Kommission anerkannt wurde, genügt ein den landesrechtlichen Vorschriften entsprechender Betriebsplan auch den erwähnten Bestimmungen des BGB.

3. Daß für das Bergwerkseigentum die sich auf Grundstücke beziehenden Vorschriften des BGB. gelten, ist reichsrechtlich nicht bestimmt (abweichend Art. 68, wo für die nichtbergrechtlichen Abbaugerechtigkeiten die Anwendbarkeit des § 1017 BGB. vorgeschrieben ist). Soviel ersichtlich haben aber alle Landesgesetze (z. B. AG. für Preußen Art. 37 I, Bayern Art. 157 III, IV) die Grundstücksnatur des Bergwerkseigentums anerkennt und auch vorgeschrieben (z. B. AG. z. GBO. für Preußen Art. 22, Bayern Art. 17), daß ein Grundbuchblatt von Amts wegen anzulegen ist.

4. Der Abs. 2 überträgt die für die Fälle der auf Reichsrecht beruhenden Enteignung geltenden Vorschriften der Art. 52, 53 auf die wegen Beschädigung eines Grundstücks durch Bergbau zu gewährenden Entschädigungen. Die Art. 52, 53 setzen voraus, daß durch die Enteignung das Recht eines am enteigneten Grundstücke binglich Berechtigten betroffen wird, für welches eine besondere Entschädigung nicht gewährt wird. Demgemäß sind die Art. 52, 53 auch beim Bergbau nur anwendbar, wenn nach dem Landesrechte die Entschädigung dem Eigentümer des beschädigten Grundstücks zu gewähren ist, Dritten dagegen, denen ein durch die Beschädigung beeinträchtigtes Recht zusteht, eine besondere Entschädigung nicht gewährt wird.

Zweifelhaft ist, ob unter den Abs. 2 auch solche landesgesetzliche Vorschriften fallen, welche die Ersatzpflicht wegen Wertsverminderung durch Benutzung eines Grundstücks zum Schürfen oder zum Bergbau bestimmen. Die Frage wird zu bejahen sein, weil der Ausdruck „Beschädigung durch Bergbau" im Abs. 2 im weitesten Sinne zu fassen ist und die Absicht des EG. dahin geht, den dinglich Berechtigten möglichsten Schutz angedeihen zu lassen. Der Entwurf des preuß. AG. z. BGB. (Begr. zu Art. 37 unter 7) läßt die Frage offen, der bayer. Entwurf eines AG. (Begr. zu Art. 24 des Entw. B unter Ziffer 1, 16) hat die Frage bejaht und dementsprechend das Berggesetz geändert.

Übrigens ist die Vorschrift des Abs. 2 nur subsidiärer Natur; sie greift nur ein, wenn das Landesgesetz nicht ein anderes bestimmt und bezieht sich nur auf solche Ansprüche auf Entschädigung, die nach dem 1. Januar 1900 entstehen (Rspr. 1 S. 328; 7 S. 38). Vgl. hierzu

Artikel 68. Unberührt bleiben die landesgesetzlichen Vorschriften, welche die Belastung eines Grundstücks mit dem vererblichen und veräußerlichen Rechte zur Gewinnung eines den bergrechtlichen Vorschriften nicht unterliegenden Minerals gestatten und den Inhalt dieses Rechtes näher bestimmen. Die Vorschriften der §§. 874, 875, 876, 1015, 1017 des Bürgerlichen Gesetzbuchs finden entsprechende Anwendung.

---

noch die Erl. 3 zu Art. 109. Über die Enteignung zum Zwecke des Bergbaus und das in betreff der dafür zu leistenden Entschädigung stattfindende Rechtsverhältnis s. Erl. zu Art. 109.

5. Über Bergwerksgesellschaften, die nicht die Rechte einer juristischen Person haben, s. EG. z. HGB. Art. 5. Subsidiäre Anwendbarkeit der allgemeinen Vorschriften über rechtsfähige Vereine auf Gewerkschaften Rspr. 5 S. 378.

6. **Landesgesetzliche Vorschriften:** Preußisches allgem. Bergges. v. 24. Juni 1865 mit Art. 22 Nr. 1, 2, Art. 37—39 des AG., Ges. v. 7. Juli 1902 und v. 6. Juni 1904; bayer. Bergges. in der Fassung v. 20. Juli 1900; sächs. Bergges. v. 16. Juni 1868 mit Ges. v. 18. März 1887 und v. 20. Juni 1898, AG. § 29, V. v. 24. Juli 1900; württemberg. Ges. v. 7. Oktober 1874 mit AG. Art. 207; bad. Bergges. v. 22. Juni 1890, Ges. v. 16. August 1900; hess. Bergges. in der Fassung v. 30. September 1899; Elsaß-Lothringen AG. §§ 80—85.

Artikel 68.

E. d. EG. I Art. 71; II Art. 41; III Art. 66. P. I S. 12742; M. d. EG. S. 195. P. II Bd. 6 S. 434.

1. **Nichtbergrechtliche Abbaugerechtigkeiten.** Das Landesrecht — soviel ersichtlich nur das des Königreichs Sachsen — kennt vererbliche und veräußerliche Berechtigungen, welche darauf gerichtet sind, ein Grundstück zur Gewinnung von Bodenbestandteilen, welche dem Verfügungsrechte des Eigentümers nicht entzogen sind, zu benutzen, ohne daß die Überlassung eines solchen Rechtes bergrechtlichen Vorschriften unterworfen ist. In Betracht kommen nur Abbaurechte, die nicht auf metallische Mineralien oder Kohlen gerichtet sind, namentlich Rechte, welche die Gewinnung von Ton, Lehm, Schiefer, Kalk, Sandstein, Granit und Porzellanerde zum Gegenstande haben. Da die Überlassung dieser Berechtigungen den bergrechtlichen Vorschriften nicht unterstellt ist, werden die sie regelnden Vorschriften durch den das Bergrecht betreffenden Vorbehalt des Art. 67 nicht gedeckt. Der Art. 68 wahrt dem Landesrechte jedoch seine Bedeutung auch für die erwähnten Abbaurechte.

2. Der Vorbehalt läßt der Landesgesetzgebung nur soweit Raum, als sie die Zulässigkeit und die Art und Weise der Begründung des Abbaurechts sowie den Inhalt dieses Rechtes regeln kann. Zu den Vorschriften über den Inhalt sind die Vorschriften über die Veräußerlichkeit, die Belastbarkeit und die Vererblichkeit zu rechnen.

3. Im übrigen ist das Rechtsverhältnis der Abbaurechte dadurch geregelt, daß nach Satz 2 des Art. 68 auf die bezeichneten Rechte die Vorschriften der §§ 874, 875, 876, 1015, 1017 des BGB. Anwendung finden. Dadurch werden reichsrechtlich die unter den Art. 68 fallenden Abbaurechte dem Erbbaurecht in gewissen Beziehungen gleichgestellt.

a) Von Bedeutung ist insbesondere die Anwendbarkeit des § 1017 Abs. 1. Aus dieser ergibt sich, daß die sich auf Grundstücke beziehenden Vorschriften des BGB. und sonstiger Gesetze, insbesondere der CPO. und des ZVG. auch für die unter Art. 68 fallenden Rechte gelten. Nach § 1017 Abs. 2 finden die für den Erwerb des Eigentums und die Ansprüche aus dem Eigentume geltenden Vorschriften des BGB. auf die genannten Abbaurechte gleichfalls entsprechende Anwendung. Über die Tragweite der Anwendbarkeit des § 1017 s. Erl. zu § 1017 und zu Art. 63.

b) Zufolge der Anwendbarkeit des § 1015 muß die nach § 873 zur Begründung des Abbaurechts erforderliche Einigung des Abbauberechtigten und desjenigen, welcher das Recht erwerben will, bei gleichzeitiger Anwesenheit beider Teile vor dem Grundbuchamt erklärt werden. Die Anwendbarkeit der §§ 874, 875, 876 ist besonders hervorgehoben, um außer Zweifel zu stellen, daß die in den gedachten Paragraphen allgemein für Rechte an Grundstücken getroffenen Bestimmungen über die Zulässigkeit einer Bezugnahme auf die Eintragungsbewilligung in betreff des Inhalts des Rechtes und über die rechtsgeschäftliche Aufhebung solcher Rechte auch auf die hier fraglichen Abbaugerechtigkeiten Anwendung finden.

Artikel 69. Unberührt bleiben die landesgesetzlichen Vorschriften über Jagd und Fischerei, unbeschadet der Vorschrift des §. 958 Abs. 2 des Bürgerlichen Gesetzbuchs und der Vorschriften des Bürgerlichen Gesetzbuchs über den Ersatz des Wildschadens.

---

4. Über die grundbuchliche Behandlung der genannten Abbaurechte s. GBO. § 84.

5. An Landesgesetzen kommen das sächsische AG. §§ 14—17 und die AV. v. 6. Juli 1899 hierzu § 19 in Betracht.

Artikel 69.

E. d. EG. I Art. 43; II Art. 42; III Art. 67. P. I S. 12746 ff.; M. III S. 5. M. d. EG. S. 164 f. P. II Bd. 3 S. 250 f., 253, 375 ff.

Stobbe, Handbuch des deutschen Privatrechts II § 151. Dernburg, Sachenrecht §§ 112, 113. Neubauer, Zusammenstellung des in Deutschland geltenden Rechtes betr. verschiedene Rechtsmaterien (Expropriation, Forstrecht, Jagdrecht, Fischereirecht 2c.); Schmidt-Basing, Ansprüche und rechtliche Befugnisse des Jagdausübungsberechtigten gegenüber dem sein Aneignungsrecht verletzenden Wilderer.

1. **Vorbehalt in betreff der Jagd und Fischerei.** Das Jagdrecht auf fremdem Grund und Boden, das früher von großer Bedeutung war, ist seit 1848 in Deutschland fast allenthalben aufgehoben. Prinzipiell steht das Jagdrecht auf einem Grundstücke jetzt regelmäßig dem Eigentümer des Grundstücks zu. Die Ausübung des Jagdrechts ist aber beschränkt. Sie steht dem Eigentümer selbst nur zu, wenn er eine zusammenhängende Grundfläche von einer gewissen Größe (häufig auf 300 Morgen festgesetzt) besitzt. Soweit dies nicht der Fall ist, steht die Ausübung der Jagd dem Verbande der Grundeigentümer des betreffenden Bezirks zu. Die Ausübung erfolgt dann entweder durch angestellte Jäger oder durch Verpachtung. Dies ist nach den in den einzelnen deutschen Staaten geltenden Jagdgesetzen der regelmäßige Zustand. In betreff der Organisation der durch die Grundeigentümer gebildeten Verbände und der einzelnen für die Ausübung ihrer Befugnisse geltenden Vorschriften weichen die Landesgesetze vielfach von einander ab. Auf einzelnen Grundstücken, z. B. Gärten kann das Jagdrecht auch ruhen; selbst für ganze Bezirke kann nach einzelnen Gesetzen unter Umständen ein solches Ruhen eintreten. Auch die Bestimmungen darüber, welche Tiere dem Jagdrecht unterliegen, sind partikularrechtlich verschieden. Für Preußen sind die jagdbaren Tiere jetzt durch das Wildschongesetz v. 14. Juli 1904 bestimmt.

Nicht weniger verschieden sind die in Deutschland zurzeit geltenden Vorschriften über das Fischereirecht. In öffentlichen Flüssen steht es regelmäßig dem Staate, in Privatflüssen den Ufereigentümern zu. An öffentlichen Flüssen bestehen aber Fischereigerechtigkeiten einzelner Personen oder Gemeinden; hin und wieder sind gewisse Arten der Fischerei, z. B. die Angelfischerei frei. Auch an Privatflüssen bestehen Fischereigerechtigkeiten Dritter in größerem oder geringerem Umfange. Fast allenthalben gelten besondere, im einzelnen jedoch wieder sehr verschiedene Vorschriften über die Art, in welcher die Fischerei auszuüben ist, insbesondere über die Schonzeit.

Die große Verschiedenheit der über das Jagdrecht und das Fischereirecht in Deutschland geltenden Gesetze hat ihren Grund zum großen Teile in der Verschiedenheit der lokalen Verhältnisse und in der verschiedenen geschichtlichen Entwickelung, welche jene Rechte in den einzelnen Staaten gehabt haben. Dazu kommt, daß auch hier die Grenzen zwischen dem öffentlichen Rechte und dem Privatrecht oft zweifelhaft sind. Mit Rücksicht auf diese Verhältnisse erschien eine einheitliche Regelung durch das BGB. untunlich und es mußte daher den Landesgesetzen freie Hand gelassen werden.

2. **Der Vorbehalt des Art. 69 ist ein allgemeiner** (s. Vorbm. zu diesem Abschnitt). Aus dem Begriffe des Jagd- und Fischereirechts folgt aber, daß sich diese Rechte nur auf herrenlose Tiere beziehen können (BGB. § 860). Innerhalb der hierdurch gegebenen Grenzen hat die Landesgesetzgebung freien Spielraum. Sie hat darüber zu bestimmen, ob überhaupt ein Jagd- und Fischereirecht und in welchem Umfang es bestehen soll. Sie hat die Person des Berechtigten und die Art, in welcher das Recht ausgeübt werden darf, zu bestimmen. Alle unter Erl. 1 angeführten Bestimmungen der Landesgesetze bleiben daher aufrecht erhalten und die Landesgesetzgebung kann sie nach ihrem Ermessen ändern. Über die Beschränkungen dieses Rechtes s. Erl. 3, 4.

3. **Beschränkung des Vorbehalts in betreff des Ersatzes des Wildschadens.** Nach dem E. I d. EG. Art. 43 sollten auch die Vorschriften über den Ersatz des Wildschadens der Landesgesetzgebung überlassen bleiben. Dieser Teil des Vorbehalts ist jetzt weggefallen, weil die Verpflichtung zum Ersatze des Wildschadens reichsrechtlich durch das BGB. § 835 geregelt ist. Auf Bestimmungen über Ersatz des Wildschadens erstreckt sich daher der Vorbehalt des Art. 69 nicht. In dieser Beziehung ist der Landesgesetzgebung nur innerhalb der durch die Art. 70, 71 bestimmten Grenzen Spielraum gelassen.

4. **Eine weitere Beschränkung erleidet der Vorbehalt des Art. 69 dadurch, daß die Landesgesetzgebung die Vorschrift des BGB. § 958 Abs. 2 nicht ändern kann.** Nach § 958 Abs. 1 gilt als Regel, daß das Eigentum einer herrenlosen Sache von demjenigen erworben wird, welcher sie in Eigenbesitz nimmt. Von dieser Regel gilt nach Abs. 2 eine Ausnahme, wenn die Aneignung gesetzlich verboten ist oder wenn durch die Besitzergreifung das Aneignungsrecht eines Dritten verletzt wird. Liegt eine dieser Voraussetzungen vor, so wird durch die Besitzergreifung das Eigentum nicht erworben; die Sache bleibt also herrenlos (s. Bd. III Erl. zu § 958). Die Anwendung dieses Grundsatzes auf die Besitzergreifung eines dem Jagd- oder Fischereirecht unterliegenden Tieres ergibt folgendes: Das Jagd- und Fischereirecht begründet begrifflich in Ansehung der ihm unterliegenden Tiere ein ausschließliches Aneignungsrecht. Das Eigentum an einem solchen Tiere wird also, wenn es unter Verletzung des Jagd- oder Fischereirechts von einem Dritten in Besitz genommen wird, hierdurch nicht erworben, sondern das Tier bleibt herrenlos. In der bisherigen Theorie gingen die Ansichten darüber, welches Rechtsverhältnis infolge einer solchen Besitzergreifung eintrete, sehr auseinander, insbesondere wurde auch die Ansicht vertreten, daß durch die Besitzergreifung von seiten des Wilddiebs zwar nicht diesem, wohl aber dem Jagd- oder Fischereiberechtigten das Eigentum erworben werde. Diese Auffassung ist dadurch, daß der § 958 Abs. 2 auch auf das Jagd- und Fischereirecht Anwendung finden soll, ausgeschlossen. Man könnte zwar den Eingang des Abs. 2 „das Eigentum wird nicht erworben", dahin auslegen, daß nur der Eigentumserwerb von seiten desjenigen ausgeschlossen werden sollte, welcher den Besitz ergriffen, daß aber die Frage, ob nicht ein anderer, insbesondere der Aneignungsberechtigte das Eigentum erwerbe, nicht entschieden sei. Die Absicht der zweiten Kommission, auf deren Beschlüssen der fragliche Abs. 2 beruht, ist dies unzweifelhaft nicht gewesen und der Wortlaut des Abs. 2 dürfte in dem Zusammenhang, in welchem der Abs. 2 mit dem Abs. 1 steht, zu einer Auslegung der eben gedachten Art nicht berechtigen. Muß man hiernach annehmen, daß das unter Verletzung des Jagd- oder Fischereirechts in Besitz genommene Tier herrenlos bleibt, so wird man hierdurch zu der weiteren Annahme genötigt, daß das durch die Besitzergreifung des Tieres verletzte Aneignungsrecht des Jagd- oder Fischereiberechtigten trotz der Besitzergreifung noch fortbesteht. Es würde widersinnig sein, wenn der Wilddieb zwar durch die Besitzergreifung das Eigentum nicht erwürbe, aber weil durch sie das ausschließliche Aneignungsrecht des Jagd- oder Fischereiberechtigten aufgehoben wäre, nunmehr jeder durch die Besitzergreifung des herrenlos gebliebenen Tieres das Eigentum desselben erwerben könnte. Man muß auch weiter annehmen, daß das Aneignungsrecht des Jagd- oder Fischereiberechtigten nicht dadurch erlischt, daß das Tier an einen Ort außerhalb desjenigen Bezirks gebracht wird, auf welchen sich das Jagd- oder Fischereirecht erstreckt; denn sonst würde sich mit dem Zeitpunkte der Verbringung das oben hervorgehobene widersinnige Resultat ergeben. Aus dem Bestehenbleiben des ausschließlichen Aneignungsrechts wird nun freilich nicht gefolgert werden können, daß der Jagd- oder Fischereiberechtigte, solange das Tier in dem Besitze des Wilddiebs oder eines Dritten sich befindet, dasselbe eigenmächtig in Besitz nehmen dürfte; denn der Besitzerwerb wird durch die Verletzung des ausschließlichen Aneignungsrechts nicht ausgeschlossen und die eigenmächtige Besitzentziehung ist nach BGB. § 858 auch dann verboten, wenn der gegenwärtige Besitzer den Besitz widerrechtlich erlangt hat. Der Jagd- oder Fischereiberechtigte wird also regelmäßig, wenn der Besitzer nicht freiwillig den Besitz herausgibt, gegen ihn im Wege des Prozesses die Herausgabe des Besitzes fordern müssen. Hierzu ist er auf Grund seines Aneignungsrechts befugt. Mit der freiwilligen oder erzwungenen Herausgabe des Besitzes erlangt der Jagd- oder Fischereiberechtigte dann das Eigentum. Die praktischen Bedenken, welche sich gegen dieses Ergebnis zu erheben scheinen, werden dadurch wesentlich gemildert, daß der Jagd- oder Fischereiberechtigte, wenn die Voraussetzungen der erlaubten Selbsthilfe vorliegen (§ 229), das Tier, ohne widerrechtlich zu handeln, eigenmächtig in Besitz nehmen darf; diese Voraussetzungen aber werden dem Wild- oder Fischdiebe gegenüber regelmäßig, häufig auch dritten Besitzern gegenüber vorliegen. Dazu kommt, daß der Besitz des Wildes

Artikel 70. Unberührt bleiben die landesgesetzlichen Vorschriften über die Grundsätze, nach welchen der Wildschaden festzustellen ist, sowie die landesgesetzlichen Vorschriften, nach welchen der Anspruch auf Ersatz des Wildschadens innerhalb einer bestimmten Frist bei der zuständigen Behörde geltend gemacht werden muß.

---

dem Besitzer meistens im Wege des Strafverfahrens entzogen werden wird und der Jagd- oder Fischereiberechtigte dann auf diesem Wege den Besitz erlangen kann. Selbstverständlich werden übrigens durch die in dem bisherigen dargelegten Grundsätze die Vorschriften über den Erwerb des Eigentums in gutem Glauben nicht berührt. Hat also ein Dritter das Tier in gutem Glauben von dem Wild- oder Fischdieb erworben, so wird er, da der § 935 nicht entgegensteht, weil das Tier noch nicht im Besitze des Jagd- oder Fischereiberechtigten gewesen ist, Eigentümer und hiermit ist das Aneignungsrecht des Jagd- oder Fischereiberechtigten erloschen.

5. **Landesgesetzliche Vorschriften:** Es gilt zumeist älteres Recht. Vgl. z. B. für **Preußen** bezüglich des **Jagdrechts** ALR. I 9 §§ 128, 129, 139, 140, 152—157; II 16 §§ 30ff.; Ges. v. 31. Okt. 1848 betr. die Aufhebung des Jagdrechts ꝛc. und die Ausübung der Jagd, Jagdpolizeiges. v. 7. März 1850, Ges. v. 26. Februar 1870/15. April 1902 über die Schonzeiten, Ges. v. 29. April 1897, Wildschongesetz v. 14. Juli 1904, bezüglich der **Fischerei** ALR. I 9 §§ 170ff.; II 15 §§ 73ff.; Fischereiges. v. 30. Mai 1874/30. März 1880, ferner die die Fischereirechte der Ufereigentümer in bestimmten Provinzen regelnden Ges. v. 30. Juni 1894, 26. Juni 1897, **Bayern**, AG. Art. 143, durch welchen das Ges. v. 30. März 1850, betr. die Ausübung der Jagd, geändert wird; V. v. 11. Juli 1900 über die jagdbaren Tiere; **Sachsen**, Ges. v. 15. Oktober 1868, 28. Mai 1898, 25. Juni 1902. **Württemberg**, AG. Art. 206, durch welchen das Gesetz v. 27. Oktober 1855 geändert wird, und Art. 208, durch welchen auf selbständige Fischereigerechtigkeiten die Vorschriften über Grundstücke für anwendbar erklärt werden; **Baden**, Ges. v. 2. Dezember 1850, v. 29. April 1886, v. 9. August 1898 (Jagdrecht), Ges. v. 29. März 1852 und 29. März 1890 (Fischereirecht). Vgl. auch bayer. AG. z. GBO. Art. 17.

Zu Art. 70—72.

Wildschaden. Während der E. I Art. 43 die Bestimmungen über den Ersatz des Wildschadens der Landesgesetzgebung überlassen wollte, ist die Ersatzpflicht jetzt durch das BGB. selbst im § 835 geregelt. Ersetzt werden soll der Schaden, welcher durch Schwarz-, Rot-, Elch-, Dam- oder Rehwild oder durch Fasanen an Grundstücken, an welchen dem Eigentümer das Jagdrecht nicht zusteht oder in Ansehung dessen ihm die Ausübung des Jagdrechts durch das Gesetz entzogen ist, angerichtet wird. Zugleich wird die Person des Ersatzpflichtigen bestimmt. Über das Nähere s. Bd. II Erl. zu § 835. Die Regelung ist durch § 835 so vollständig erfolgt, daß es keiner weiteren Vorschriften bedarf, um dem Verletzten die Erlangung des ihm gebührenden Schadensersatzes zu ermöglichen. Dabei wurde aber nicht verkannt, daß in verschiedenen Beziehungen besondere Bestimmungen für wünschenswert erachtet werden könnten. In den meisten deutschen Staaten bestehen besondere Gesetze über den Ersatz des Wildschadens. Die in diesen enthaltenen wesentlichen Vorschriften sind zusammengestellt in der Anlage des Protokolls der Sitzung v. 19. Dezember 1892 P. II Bd. 2 S. 820—826. Aus diesen Vorschriften ergibt sich, in welchen Richtungen unter Berücksichtigung der in den einzelnen Staaten bestehenden besonderen Verhältnisse eine Ergänzung oder Modifikation der in dem § 835 gegebenen prinzipiellen Vorschriften in Frage kommt. Das EG. geht davon aus, daß den besonderen Verhältnissen der einzelnen Staaten in der hier fraglichen Beziehung tunlichst Rechnung getragen werden soll, und macht daher in den Art. 70, 71 weitgehende Vorbehalte zugunsten der Landesgesetzgebung, durch welche die Aufrechterhaltung der meisten Vorschriften der bestehenden Landesgesetze, soweit sie mit den prinzipiellen Grundsätzen des § 835 vereinbar sind, ermöglicht wird. Daran schließt sich dann im Art. 72 noch eine den § 835 ergänzende Vorschrift.

Artikel 70.

E. z. EG. II Art. 43; III Art. 68. P. II Bd. 2 S. 839, 841 f.; Bd. 6 S. 377 f.

1. **Feststellung des Wildschadens.** Nach GVG. § 13 steht der Landesgesetzgebung das Recht zu, für die Ersatzansprüche wegen Wildschades die Verwaltungsbehörden oder Verwaltungsgerichte für zuständig zu erklären. Macht die Landesgesetzgebung von diesem Rechte Gebrauch,

Artikel 71. Unberührt bleiben die landesgesetzlichen Vorschriften, nach welchen

1. die Verpflichtung zum Ersatze des Wildschadens auch dann eintritt, wenn der Schaden durch jagdbare Thiere anderer als der im §. 835 des Bürgerlichen Gesetzbuchs bezeichneten Gattungen angerichtet wird;
2. für den Wildschaden, der durch ein aus einem Gehege ausgetretenes jagdbares Thier angerichtet wird, der Eigenthümer oder der Besitzer des Geheges verantwortlich ist;

---

so bestimmen sich auch die Vorschriften über das Verfahren nach den Landesgesetzen. Das preuß. Wildschadengesetz v. 11. Juli 1891 bestimmt z. B. in den §§ 6—11 die Zuständigkeit der Ortspolizeibehörde bzw. der Verwaltungsgerichte für die Feststellung des wegen Wildschadens geforderten Ersatzes. Macht die Landesgesetzgebung von dem oben gedachten Rechte keinen Gebrauch und gehören demnach die Ansprüche auf Ersatz des Wildschadens vor die ordentlichen Gerichte, so sind nach GVG. § 23 Nr. 2 die Amtsgerichte ohne Rücksicht auf den Wert des Streitgegenstandes zuständig. Das Verfahren bestimmt sich in solchem Falle nach den Vorschriften der CPO. Für diesen Fall ist die Vorschrift des Art. 70 von Bedeutung; die Landesgesetze sollen danach ohne Rücksicht darauf, ob für die Ansprüche für Ersatz des Wildschadens die Verwaltungsbehörden oder die ordentlichen Gerichte zuständig sind, Grundsätze darüber aufstellen können, in welcher Art der Wildschaden festzustellen ist. Es handelt sich hierbei nicht nur um das bei der Feststellung zu beobachtende formelle Verfahren, sondern auch um die materiellen für die Bestimmung des Schadens maßgebenden Grundsätze (s. z. B. die §§ 5, 7, 8 des erwähnten preuß. Wildschadengesetzes). Selbstverständlich kann dadurch die prinzipielle Vorschrift des § 835, daß der dort bezeichnete Schaden zu ersetzen ist, nicht geändert werden.

2. Frist für die Geltendmachung auf Ersatz des Wildschadens. Eine Modifikation der Regel des § 835 können die Landesgesetze auf Grund des zweiten im Art. 70 ausgesprochenen Vorbehalts insofern bestimmen, als sie danach befugt sind, die Geltendmachung des Ersatzanspruchs bei der zuständigen Behörde innerhalb einer bestimmten Frist vorzuschreiben. In welcher Art und bei welcher Behörde die Geltendmachung zu erfolgen hat, ob also z. B. durch Erhebung der Klage bei dem ordentlichen Gericht oder durch Anmeldung bei der Polizeibehörde, ist Sache der Landesgesetzgebung. Diese hat auch darüber zu bestimmen, welche Folgen eintreten, wenn die Geltendmachung nicht rechtzeitig erfolgt. Regelmäßig wird es sich um eine Präklusivfrist handeln, mit deren Ablaufe der Ersatzanspruch erlischt, sofern nicht vorher die Geltendmachung erfolgt ist. Aufrechterhalten durch diesen Vorbehalt werden insbesondere auch die Vorschriften, nach welchen die Anzeige des erlittenen Schadens binnen einer kurzen Frist bei der Polizeibehörde erfolgen muß und der Anspruch, wenn dies nicht geschieht, nicht mehr geltend gemacht werden kann (s. z. B. § 6 des preuß. Wildschadengesetzes). Eine solche Bestimmung ist auch zulässig, wenn im übrigen die Geltendmachung des Anspruchs vor den ordentlichen Gerichten zu erfolgen hat. Besondere Vorschriften über die Verjährung des Ersatzanspruchs zu treffen ist die Landesgesetzgebung auf Grund des Vorbehalts des Art. 70 nicht berechtigt.

3. Landesgesetzliche Vorschriften: **Preußen**, Wildschadenges. v. 11. Juli 1891; **Bayern**, AG. Art. 144, durch welchen das Ges. v. 15. Juni 1850, betr. den Ersatz des Wildschadens geändert wird; **Sachsen**, Gesetz, den Ersatz von Wildschaden und die Rechtsfähigkeit der Jagdgenossenschaft betreffend, v. 28. Mai 1898; **Württemberg**, AG. Art. 190—201, durch welche verschiedene Vorschriften der in Art. 70, 71 gedachten Art gegeben werden; **Baden**, Gesetz v. 9. August 1898; **Hessen**, AG. Art. 276, durch welchen das Ges. betr. den Ersatz des Wildschadens, v. 1. Juni 1895 geändert wird (s. die neue Fassung v. 28. Juli 1899); **Mecklenburg**, V. v. 9. April 1899, betr. den Ersatz von Wildschaden; **Elsaß-Lothringen**, AG. §§ 16—36, durch welche verschiedene Vorschriften der in Art. 70, 71 gedachten Art gegeben werden.

Artikel 71.

E. I. EG. II Art. 44; III Art. 69. P. II Bd. 2 S. 827 ff., 833 ff., 837 ff.; Bd. 6 S. 377 f. RB. S. 1989 f., 2112. StB. S. 2821 ff., 3030.

Der Art. 71 bestimmt unter sieben Nummern die **materiellen Modifikationen und Ergänzungen des BGB. § 835, zu welchen die Landesgesetzgebung berechtigt ist.**

3. der Eigenthümer eines Grundstücks, wenn das Jagdrecht auf einem anderen Grundstücke nur gemeinschaftlich mit dem Jagdrecht auf seinem Grundstück ausgeübt werden darf, für den auf dem anderen Grundstück angerichteten Wildschaden auch dann haftet, wenn er die ihm angebotene Pachtung der Jagd abgelehnt hat;

4. der Wildschaden, der an Gärten, Obstgärten, Weinbergen, Baumschulen und einzelstehenden Bäumen angerichtet wird, dann nicht zu ersetzen ist, wenn die Herstellung von Schutzvorrichtungen unterblieben ist, die unter gewöhnlichen Umständen zur Abwendung des Schadens ausreichen;

5. die Verpflichtung zum Schadensersatz im Falle des §. 835 Abs. 3 des Bürgerlichen Gesetzbuchs abweichend bestimmt wird;

6. die Gemeinde an Stelle der Eigenthümer der zu einem Jagdbezirke vereinigten Grundstücke zum Ersatze des Wildschadens verpflichtet und zum Rückgriff auf die Eigenthümer berechtigt ist oder an Stelle der Eigenthümer oder des Verbandes der Eigenthümer oder der Gemeinde oder neben ihnen der Jagdpächter zum Ersatze des Schadens verpflichtet ist;

7. der zum Ersatze des Wildschadens Verpflichtete Erstattung des geleisteten Ersatzes von demjenigen verlangen kann, welcher in einem anderen Bezirke zur Ausübung der Jagd berechtigt ist.

---

1. **Schaden durch andere als die im § 835 bezeichneten Tiere.** Nach BGB. § 835 ist der Wildschaden nur zu ersetzen, wenn er durch Tiere der dort bezeichneten Gattung angerichtet ist. Durch die Vorschrift unter Nr. 1 wird der Landesgesetzgebung gestattet, die Verpflichtung zum Ersatz auch auf den durch jagdbare Tiere anderer Gattung angerichteten Schaden auszudehnen. Durch diese Bestimmung wird insbesondere die Aufrechterhaltung derjenigen Vorschriften der bestehenden Wildschadengesetze ermöglicht, welche die Verpflichtung zum Ersatz auch auf den durch Hasen und Kaninchen angerichteten Schaden erstrecken (vgl. die in der Vorbm. zu Art. 70—72 angeführte Zusammenstellung der Wildschadengesetze. S. auch die in der Erl. 3 zu Art. 70 angeführten Gesetze für Bayern, Württemberg, Baden, Hessen, Mecklenburg und Elsaß-Lothringen). Bei den Verhandlungen des Reichstags war die Aufnahme der Hasen in den § 835 beantragt, wurde aber schließlich abgelehnt. Voraussetzung des Vorbehalts ist, daß die Tiere, auf welche der § 835 ausgedehnt werden soll, jagdbar sind. Auf Kaninchen kann daher der § 835 für solche Bezirke nicht ausgedehnt werden, in welchen sie nicht jagdbar sind. Nur zu einer Ausdehnung der Ersatzpflicht auf den durch Tiere anderer als der im § 835 bezeichneten Gattung angerichteten Schaden berechtigt der Vorbehalt unter Nr. 1 die Landesgesetzgebung, nicht zu einer Beschränkung. Die Vorschrift des bayerischen Ges. v. 15. Juni 1850 Art. 6 z. B., nach welcher für den durch Federwild angerichteten Schaden kein Ersatz zu leisten ist, konnte also in Beziehung auf Fasanen der Vorschrift des § 835 gegenüber nicht aufrecht erhalten werden.

2. **Schaden durch die aus einem Gehege ausgetretenen Tiere.** Nach § 835 ist zum Ersatze des Wildschadens derjenige verpflichtet, welchem das Jagdrecht oder im Falle des Abs. 2 die Ausübung des Jagdrechts auf dem Grundstücke zusteht, auf welchem der Schaden angerichtet ist. Der Vorbehalt unter Nr. 2 bezweckt, die Aufrechterhaltung derjenigen Landesgesetze zu ermöglichen, welche für den Schaden, der durch ein aus einem Gehege ausgetretenes jagdbares Tier angerichtet wird, den Eigentümer oder den Besitzer des Geheges verantwortlich machen. Derartige Vorschriften bestehen z. B. in größerem oder geringerem Umfang und unter verschiedenen Modifikationen in Preußen (nach dem preuß. Wildschadengesetze nur für Schwarzwild), Württemberg, Baden, Braunschweig. Voraussetzung ist, daß das Wild, obwohl in einem Gehege eingeschlossen, sich in diesem doch auf freier Wildbahn befindet (P. II Bd. 2 S. 841). Ist es in solcher Art eingeschlossen, daß man es als gefangen anzusehen hat, so kommen die Vorschriften des BGB. § 833 über die Haftung desjenigen zur Anwendung, welcher ein Tier hält. Die Landesgesetze können die Verantwortlichkeit desjenigen, aus dessen Gehege das Wild

ausgetreten ist, sowohl in der Weise regeln, daß der Verletzte sich unmittelbar an ihn halten kann, als auch in der Weise, daß dem Verletzten zunächst der Jagdberechtigte haftet, dieser aber wieder einen Rückgriff gegen den Besitzer des Geheges hat. Auch das in solchen Fällen stattfindende Verfahren kann die Landesgesetzgebung nach ihrem Ermessen bestimmen.

3. **Schaden an enklavierten Grundstücken.** Die Vorschrift unter Nr. 3 enthält eine Ergänzung der Bestimmung des BGB. § 835 Abs. 2 Satz 2. Nach diesem ist, wenn der Eigentümer eines Grundstücks, auf dem das Jagdrecht wegen der Lage des Grundstücks nur gemeinschaftlich mit dem Jagdrecht auf einem anderen Grundstück ausgeübt werden darf, das Jagdrecht dem Eigentümer dieses Grundstücks verpachtet hat, der letztere für den Wildschaden verantwortlich. Durch den Vorbehalt unter Nr. 3 sollen diejenigen landesgesetzlichen Bestimmungen aufrecht erhalten werden, welche die Haftung auf den Fall ausdehnen, daß die Verpachtung des Jagdrechts dem Eigentümer des betreffenden Grundstücks angeboten, von diesem aber abgelehnt ist. Nach § 7 des preuß. Jagdpolizeigesetzes v. 7. März 1850 ist z. B. der Besitzer eines Grundstücks, das von einem über dreitausend Morgen großen zusammenhängenden Walde umschlossen ist, der eine einzige Besitzung bildet, verpflichtet, die Jagd auf diesem Grundstücke dem Waldeigentümer gegen eine nach dem Jagdertrage zu bemessende Entschädigung in Zeitpacht zu überlassen oder die Jagd ruhen zu lassen. Macht der Waldeigentümer von seinem Rechte zu pachten auf das Anerbieten des Besitzers keinen Gebrauch, so steht diesem die Ausübung der Jagd auf dem enklavierten Grundstücke zu. Daneben aber ist der Waldeigentümer nach § 3 des preuß. Wildschadengesetzes den auf dem enklavierten Grundstück angerichteten Wildschaden zu ersetzen verpflichtet. Aus diesen Vorschriften ergibt sich das eigentümliche Resultat, daß der Besitzer der Enklave auf derselben zur Ausübung der Jagd berechtigt sein kann, trotzdem aber Ersatz des Wildschadens zu fordern berechtigt ist. Die hiergegen sprechenden Bedenken sind in der zweiten Kommission erwogen, aber nicht für durchschlagend erachtet, weil es in der Hand des Eigentümers des umschließenden Grundstücks liegt, durch Annahme der angebotenen Verpachtung jenes Ergebnis abzuwenden. Ähnliche Vorschriften finden sich in anderen Partikulargesetzen.

4. **Schutzvorrichtungen gegen die Zufügung von Wildschaden.** Der Eigentümer eines Grundstücks ist nicht verpflichtet, Schutzvorrichtungen zu treffen, durch welche die Zufügung von Beschädigungen durch Wild verhütet wird. Die Unterlassung solcher Vorrichtungen begründet wenigstens regelmäßig auch kein mitwirkendes Verschulden des Eigentümers im Sinne des BGB. § 254. Durch die Vorschrift der Nr. 4 des Art. 71 wird aber im Anschluß an die in einzelnen Staaten bestehenden Vorschriften der Landesgesetzgebung gestattet, den Anspruch auf Ersatz des Wildschadens an den in Nr. 4 bezeichneten Grundstücken und einzeln stehenden Bäumen auszuschließen, wenn der Eigentümer es unterlassen hat, solche Schutzvorrichtungen zu treffen, die nach dem gewöhnlichen Laufe der Dinge zur Abwendung des Schadens genügen. Welcher Art die Schutzvorrichtungen sein müssen, ist nach den Umständen des einzelnen Falles zu bestimmen; dabei wird auf die in der betreffenden Gegend bestehenden üblichen Vorrichtungen der fraglichen Art Rücksicht zu nehmen sein. Von praktischer Bedeutung ist die Vorschrift insbesondere für diejenigen Landesteile, in welchen, wie z. B. in Bayern, Württemberg, Baden, Hessen, Elsaß-Lothringen und in der Provinz Hannover auch für den durch Hasen angerichteten Schaden Ersatz zu leisten ist (vgl. RG. in JW. 1903 Beil. S. 1).

5. **Haftung der zur gemeinschaftlichen Ausübung der Jagd kraft des Gesetzes zu einem Verbande vereinigten Grundeigentümer.** Nach § 835 Abs. 3 sind die Eigentümer der Grundstücke eines Bezirks, welche zum Zwecke der gemeinschaftlichen Ausübung des Jagdrechts durch das Gesetz zu einem Verbande vereinigt sind, der nicht als solcher haftet, nach dem Verhältnisse der Größe ihrer Grundstücke ersatzpflichtig. Durch die Vorschrift unter Nr. 5 wird der Landesgesetzgebung gestattet, die Verpflichtung zum Ersatz in diesem Falle abweichend von der gedachten Vorschrift zu regeln. Voraussetzung dieser Befugnis der Landesgesetzgebung ist, daß der Verband der Eigentümer nicht als solcher haftet. Besteht eine Haftung des Verbandes als solchen, so kann sich der Verletzte nur an ihn halten. Die Art und Weise, wie der Betrag des Ersatzes von den Mitgliedern des Verbandes aufzubringen ist, kann die Landesgesetzgebung kraft des ihr nach Art. 69 zustehenden Rechtes, die Organisation der fraglichen Verbände zu regeln, bestimmen. Ein besonderer Vorbehalt für die Landesgesetzgebung war also nur für den Fall erforderlich, daß der Verband als solcher nicht haftet. Statt der praktisch schwer durchzuführenden Haftung der einzelnen Eigentümer nach Verhältnis der Größe ihrer Grundstücke kann die Landesgesetzgebung eine andere Art der Haftung bestimmen. Sie kann z. B. die Haftung der Eigentümer

nach Kopfteilen oder als Gesamtschuldner vorschreiben. Sie kann aber auch durch besondere Verfahrensvorschriften die Haftung in einer für den Verletzten günstigeren Weise regeln. So wird z. B. durch die Nr. 5 die Vorschrift des § 2 des preuß. Wildschadengesetzes v. 11. Juli 1891 aufrechterhalten, nach welcher die Grundeigentümer zwar prinzipiell in derselben Weise, wie in dem § 835 Abs. 3 bestimmt ist, haften, aber durch die Gemeindebehörde vertreten werden.

6. **Haftung der Gemeinde oder des Jagdpächters an Stelle der zu einem Jagdbezirke vereinigten Eigentümer.** Auch der Vorbehalt unter Nr. 6 bezweckt, der Landesgesetzgebung die Möglichkeit zu gewähren, die Haftung in einer den Verhältnissen des betreffenden Landesteils entsprechenden zweckmäßigen Weise für den Fall zu regeln, daß die Haftung den Eigentümern der zu einem Jagdbezirke vereinigten Grundstücke obliegt. Die Landesgesetzgebung soll in solchem Falle zunächst bestimmen können, daß an Stelle der Eigentümer die Gemeinde zum Ersatze verpflichtet und zum Rückgriff an die Eigentümer berechtigt ist. Diese Befugnis steht der Landesgesetzgebung zu sowohl dann, wenn die Eigentümer zu einem Verbande vereinigt sind, der als solcher haftet, als auch dann, wenn dies nicht der Fall ist, die Eigentümer also in Ermangelung einer anderweiten Bestimmung nach Maßgabe des BGB. § 835 Abs. 3 haften würden. Praktische Bedeutung hat der Vorbehalt nur für den letzteren Fall. Selbstverständlich kann die Landesgesetzgebung auch darüber Bestimmungen treffen, in welcher Art der Rückgriff an die Eigentümer erfolgt und in welchem Verhältnisse diese der Gemeinde haften. Der zweite Teil des Vorbehalts gestattet der Landesgesetzgebung, eine Haftung des Jagdpächters zu bestimmen. Durch den Pachtvertrag kann schon nach allgemeinen Grundsätzen bestimmt werden, daß in dem Verhältnisse zwischen Verpächter und Pächter dem letzteren die Verpflichtung obliegt, den Wildschaden zu bezahlen. Denkbar ist auch, daß in dem Pachtvertrag über die Jagd dem Verletzten nach den Vorschriften über die Verträge zugunsten Dritter ein unmittelbarer Anspruch auf Ersatz des Wildschadens gegen den Jagdpächter eingeräumt wird. Der Vorbehalt unter Nr. 6 gestattet aber der Landesgesetzgebung, dem Jagdpächter ohne Rücksicht auf den Inhalt des Pachtvertrags eine unmittelbare Verpflichtung zum Ersatze des Wildschadens gegenüber dem Verletzten aufzuerlegen. Diese Verpflichtung kann sowohl in der Art bestimmt werden, daß der Jagdpächter an Stelle des Verbandes, der Gemeinde oder der Eigentümer haftet, die an sich nach BGB. § 835 Verpflichteten also von der Haftung befreit werden, als auch in der Art, daß der Jagdpächter neben jenen Verpflichteten haftet. Im letzteren Falle kann die Haftung wieder sowohl dahin bestimmt werden, daß der Jagdpächter und der nach der Regel des BGB. Verpflichtete als Gesamtschuldner haften, oder dahin, daß der Verletzte die Wahl hat, wen von beiden er in Anspruch nehmen will, oder dahin, daß er zunächst den einen und nur subsidiär den anderen in Anspruch nehmen kann. Auch dieser Vorbehalt schließt sich an die in den bestehenden Landesgesetzen getroffenen verschiedenartigen Bestimmungen an (vgl. z. B. Bayern, AG. Art. 144 III; Württemberg, AG. Art. 193; Baden, Ges. v. 9. August 1898 betr. die Abänderung des Jagdgesetzes v. 21. Dezember 1850 ꝛc.; Elsaß-Lothringen, AG. § 18).

7. **Schaden durch Wild, das seinen Stand in einem anderen Jagdbezirk als in demjenigen hat, in welchem der Schaden angerichtet ist.** In der RTK. war beschlossen, in das BGB. selbst eine Bestimmung dahin aufzunehmen, daß, wenn der Schaden durch Schwarz- oder Rotwild verursacht sei, das seinen Stand in einem anderen Jagdbezirke habe, dem Ersatzpflichtigen gegenüber derjenige für den Schaden verantwortlich sei, welcher in dem anderen Jagdbezirk ersatzpflichtig sein würde. In Konsequenz dieses Beschlusses strich die RTK. die Nr. 7 des Art. 71. Der Reichstag lehnte aber die von der RTK. beschlossene Bestimmung ab und stellte die Nr. 7 des Art. 71 wieder her. Hiernach kann die Landesgesetzgebung eine Bestimmung treffen, welche der von der RTK. beschlossenen Vorschrift entspricht. Der Vorbehalt geht indessen noch hierüber hinaus. Die Landesgesetzgebung kann nicht nur denjenigen, in dessen Jagdbezirke das Wild seinen Stand hatte, zum Ersatze verpflichten — in dieser Art ist die Ersatzpflicht in dem § 4 des hannoverschen Ges. v. 21. Juli 1848, welcher den Anlaß zu dem Vorbehalte gegeben hat, beschränkt (vgl. auch Mecklenburg-Schwerin, Ges. v. 9. April 1899 betr. den Ersatz von Wildschaden § 5 für Kaninchen) —, sondern auch den in irgendeinem andern Bezirke zur Ausübung der Jagd Berechtigten. Sie kann die Ersatzpflicht also insbesondere auch demjenigen auferlegen, aus dessen Jagdbezirke das Wild, obwohl es seinen Stand in einem dritten Jagdbezirke hatte, unmittelbar auf das beschädigte Grundstück übergetreten ist. Eine Bestimmung dieser Art zu ermöglichen, ist wohl der Hauptzweck der erweiterten Fassung gewesen.

8. **Landesgesetzliche Vorschriften** vgl. Erl. 3 zu Art. 70.

Artikel 72. Besteht in Ansehung eines Grundstücks ein zeitlich nicht begrenztes Nutzungsrecht, so finden die Vorschriften des §. 835 des Bürgerlichen Gesetzbuchs über die Verpflichtung zum Ersatze des Wildschadens mit der Maßgabe Anwendung daß an die Stelle des Eigenthümers der Nutzungsberechtigte tritt.

Artikel 72.

E. d. EG. II Art. 45; III Art. 70. P. II Bd. 2 S. 829 ff.; Bd. 6 S. 377, 743.

1. Der Art. 72 **enthält keinen Vorbehalt für die Landesgesetzgebung, sondern eine Ergänzung des § 835 des BGB.** In der zweiten Kommission war zuerst beschlossen, die Ergänzung in den § 835 selbst aufzunehmen; die später erfolgte Verweisung in das EG. hat ihren Grund wohl darin, daß zeitlich nicht begrenzte Nutzungsrechte von praktischer Bedeutung nur in den in Kraft bleibenden Landesgesetzen vorkommen (s. Erl. 3).

2. **Ersatzpflicht des Nutzungsberechtigten an Stelle des Eigentümers im Falle eines zeitlich nicht begrenzten Nutzungsrechts.** Ersatz für den an einem Grundstück angerichteten Wildschaden kann der Verletzte von dem Jagdberechtigten nach BGB. § 835 nur dann fordern, wenn dem Eigentümer des Grundstücks das Jagdrecht auf dem Grundstücke nicht zusteht oder wenn er durch Gesetz von der Ausübung des Jagdrechts ausgeschlossen ist. Hat der Eigentümer das Jagdrecht und ist er auch von dessen Ausübung durch das Gesetz nicht ausgeschlossen, so kann der Pächter des Grundstücks Ersatz des Wildschadens nicht fordern. Es bleibt ihm überlassen, sich durch den Pachtvertrag mit dem jagdberechtigten Eigentümer zu schützen. Dieses Auskunftsmittel versagt aber regelmäßig, wenn es sich nicht um eine Zeitpacht, sondern um ein zeitlich nicht begrenztes Nutzungsrecht handelt. In diesem Falle soll deshalb nach Art. 72 der Nutzungsberechtigte an die Stelle des Eigentümers treten, d. h. also, die Voraussetzung, unter welcher Ersatz des Wildschadens gefordert werden kann, besteht in diesem Falle nicht darin, daß der Eigentümer, sondern darin, daß der Nutzungsberechtigte nicht jagdberechtigt oder daß er doch von der Ausübung der Jagd durch das Gesetz ausgeschlossen ist. Ersatzverpflichtet ist auch hier der Jagdberechtigte oder im Falle des § 835 Abs. 2 der zur Ausübung der Jagd Berechtigte. Dies kann und wird häufig der Eigentümer des Grundstücks sein.

3. **Voraussetzung des Art. 72 ist nur, daß in Ansehung des Grundstücks, nicht daß an dem Grundstück ein zeitlich nicht begrenztes Nutzungsrecht besteht.** Das Recht braucht daher kein dingliches zu sein, es genügt auch ein obligatorischer Anspruch auf Benutzung des Grundstücks. In der zweiten Kommission wurde ausdrücklich hervorgehoben, daß unter den hier fraglichen Nutzungsrechten auch die in Mecklenburg vorkommenden Pachtverhältnisse mitverstanden werden, bei welchen dem Pächter zwar kein dingliches, aber ein vererbliches und regelmäßig unkündbares Pachtrecht ohne jede zeitliche Beschränkung zustehe (P. II Bd. 2 S. 831). Andererseits wurde hervorgehoben, daß ein Nutzungsrecht der hier fraglichen Art nicht vorliege, wenn jemand nur einen Anspruch auf den Reingewinn oder einen Teil des Reingewinns hat, welchen der das Grundstück Nutzende, sei es der Eigentümer, sei es ein dritter, aus der Nutzung zieht (P. II Bd. 6 S. 743).

In Betracht kommen hiernach im wesentlichen nur die auf dem bisherigen Rechte beruhenden dinglichen, zeitlich nicht begrenzten Nutzungsrechte, z. B. auch die Emphyteuse, welche nach Art. 184 mit dem sich aus dem bisherigen Rechte ergebenden Inhalt und Range bestehen bleiben, ferner die im Art. 63 der Landesgesetzgebung vorbehaltenen Erbpachtrechte, endlich solche obligatorische Pachtrechte, welche auf einem vor dem Inkrafttreten des BGB. abgeschlossenen Vertrage beruhen, durch welchen dem Pächter ein zeitlich nicht begrenztes und regelmäßig unkündbares Pachtrecht eingeräumt wird, sofern Verträge dieser Art nach dem bisherigen Rechte zulässig waren. Ein Verhältnis der letztgedachten Art ist nach Art. 170 nach dem bisherigen Rechte zu beurteilen und die nach Art. 171 für Miet- und Pachtverträge geltende Modifikation kommt nicht in Betracht, weil ja vorausgesetzt wird, daß das Pachtverhältnis als ein regelmäßig unkündbares eingegangen ist; a. A. Niedner Erl. 2 zu Art. 72, der annimmt, daß auf Pachtverträge der fraglichen Art der § 567 des BGB. Anwendung finde, auch wenn sie vor dem Inkrafttreten des BGB. geschlossen seien. Die durch solche Verträge begründeten Nutzungsrechte seien deshalb als zeitlich begrenzte zu betrachten (s. Abs. 3). Im Widerspruch hiermit nimmt aber Niedner doch an, daß die in Mecklenburg vorkommenden nicht dinglichen, aber vererblichen und regelmäßig nicht kündbaren Nutzungsrechte unter den Art. 72 fallen. Über die Frage, ob der § 567 des BGB. auf die vor dem Inkrafttreten des BGB. abgeschlossenen Pachtverträge Anwendung findet, s. Erl. 10 zu Art. 171.

Artikel 73. Unberührt bleiben die landesgesetzlichen Vorschriften über Regalien.

Artikel 74. Unberührt bleiben die landesgesetzlichen Vorschriften über Zwangsrechte, Bannrechte und Realgewerbeberechtigungen.

Von den nach dem BGB. zulässigen dinglichen Rechten kann nur etwa das Erbbaurecht in Betracht kommen, wenn sich dieses nach BGB. § 1013 auf die Benutzung eines für das Bauwerk nicht erforderlichen Teiles des Grundstücks erstreckt. Fraglich ist, ob auch die durch einen nach dem Inkrafttreten des BGB. abgeschlossenen Vertrag begründeten Pachtrechte dann hierher gehören, wenn die Pacht ohne Begrenzung auf eine bestimmte Zeit abgeschlossen ist. Sie gehören unzweifelhaft nicht hierher, wenn der Vertrag auf unbestimmte Zeit abgeschlossen ist, denn in solchem Falle ist nach BGB. § 564 mit § 581 Abs. 2 die Kündigung unter Einhaltung der gesetzlichen Kündigungsfrist immer zulässig. Zweifelhaft ist aber, ob, wenn der Pachtvertrag, was nicht unzulässig ist, für ewige Zeit unter Ausschluß der Kündigung geschlossen wird, das Pachtrecht doch deshalb nicht als ein zeitlich nicht begrenztes angesehen werden kann, weil in solchem Falle nach der zwingenden Vorschrift des § 567 mit § 581 Abs. 2 jeder Teil nach Ablauf von dreißig Jahren unter Einhaltung der gesetzlichen Kündigungsfrist das Pachtverhältnis kündigen kann. Sachlich ist hiernach jeder auf Grund des BGB. für ewige Zeit abgeschlossene Pachtvertrag nur als für dreißig Jahre, darüber hinaus aber nur auf unbestimmte Zeit abgeschlossen anzusehen. Nach der Absicht und nach dem Zwecke des Art. 72 dürfte das durch einen solchen Vertrag begründete Nutzungsrecht nicht als ein zeitlich nicht begrenztes angesehen werden können. Nach dem Inkrafttreten des BGB. kann also auf Grund desselben ein Nutzungsrecht der im Art. 72 gedachten Art, abgesehen von dem oben erwähnten Falle des Erbbaurechts, überhaupt nicht mehr begründet werden.

Artikel 73.

E. d. EG. I Art. 45; II Art. 46; III Art. 71. P. I S. 12842 ff.; M. d. EG. S. 165 f. P. II Bd. 6 S. 378.

Vorbehalt in betreff der Regalien. Bei dem Vorbehalte des Art. 73 kommen nur die sog. niederen Regalien in Betracht. Für die bisweilen als höhere Regalien bezeichneten staatlichen Hoheitsrechte war ein Vorbehalt nicht erforderlich, weil sie dem öffentlichen Rechte angehören und schon aus diesem Grunde die Landesgesetze in Ansehung ihrer unberührt bleiben. In früheren Zeiten hatten die niederen Regalien große Bedeutung; jetzt haben sie diese zum größten Teile verloren. Das Jagd-, Fischerei-, Berg- und Mühlenregal wird, soweit es noch vorkommt, schon durch die Art. 65, 67, 69 gedeckt. Für Preußen kommt u. a. in Betracht das Bernsteinregal (Ges. v. 22. Februar 1867; Dernburg, Sachenrecht § 111), für Bayern die Perlenfischerei und das Salzregal (Wasserben.-Ges. v. 28. Mai 1852 Art. 46, Bergges. in der Fassung v. 20. Juli 1900 Art. 2); die beiden letztgenannten Regalien sind übrigens schon durch die Vorbehalte der Art. 65, 67 gedeckt.

Der Vorbehalt ist ein allgemeiner (s. Vorbm. 2 zu diesem Abschnitte). Die Landesgesetzgebung kann also Bestimmungen treffen sowohl über die Existenz als über den Umfang und die Ausübung der Regalien; sie kann ferner bestimmen, ob und unter welchen Voraussetzungen sie übertragbar sind und ob sie von Privatpersonen auch auf anderem Wege als durch Übertragung, z. B. durch Verjährung erworben werden können.

Nicht zu den Regalien im Sinne des Art. 73 dürfte das Recht des Fiskus auf Aneignung herrenloser Grundstücke gehören. Dieses Recht ist in Ansehung der von dem Eigentümer aufgegebenen Grundstücke durch BGB. § 928 Abs. 2 und in Ansehung solcher Grundstücke, die zu der Zeit, in welcher das Grundbuch als angelegt gilt, herrenlos sind, durch EG. Art. 190 anerkannt. Nach Art. 129, 190 bleiben die Landesgesetze aber unberührt, nach welchen dieses Aneignungsrecht anderen Personen als dem Fiskus zusteht.

Artikel 74.

E. d. EG. I Art. 44; II Art. 47; III Art. 72. P. I S. 12748 ff., 12831; M. d. EG. S. 165. P. II Bd. 6 S. 378. RB. S. 2112. StB. S. 3030.

1. Vorbehalt in betreff der Zwangsrechte, Bannrechte und Realgewerbeberechtigungen. Zwangsrechte sind die Rechte einer Person, gewissen anderen Personen die Anschaffung gewisser

Artikel 75. Unberührt bleiben die landesgesetzlichen Vorschriften, welche dem Versicherungsrecht angehören, soweit nicht in dem Bürgerlichen Gesetzbuche besondere Bestimmungen getroffen sind.

Gegenstände von einem anderen als von ihr zu untersagen; Bannrechte sind die Zwangsrechte, die sich auf alle in einem bestimmten Bezirke befindlichen Personen oder auf gewisse Klassen derselben erstrecken; Realgewerbeberechtigungen sind die mit einem Grundstücke verbundenen oder als selbständiges Recht bestehenden Berechtigungen zum Betrieb eines Gewerbes. Derartige Rechte kamen früher in großem Umfange vor und hatten große wirtschaftliche Bedeutung. Jetzt kommen sie nur noch einzeln vor und sind im Absterben begriffen. Die meisten dieser Rechte sind durch die GewO. §§ 7, 8 aufgehoben oder für ablösbar erklärt. Nach § 10 können Gewerbeberechtigungen, Zwangs- und Bannrechte, die durch das Gesetz aufgehoben oder für ablösbar erklärt sind, und ausschließliche Gewerbeberechtigungen überhaupt nicht mehr begründet werden. Nicht berührt werden hierdurch indessen nach § 6 Apothekerberechtigungen und Fährgerechtigkeiten sowie solche Berechtigungen, auf welche sich die Gewerbeordnung überhaupt nicht bezieht. Auch die Abdeckereigerechtigkeiten und die Schornsteinfegergerechtigkeiten sind nicht aufgehoben. Der Kreis der noch in Betracht kommenden Rechte ist also nur noch ein kleiner, denn die Vorschriften der Gewerbeordnung bleiben nach Art. 32 bestehen und der Vorbehalt des Art. 74 bezieht sich nur auf das BGB., nicht auf die daneben in Kraft bleibenden Reichsgesetze (vgl. Oertmann, Bayerisches Landesprivatrecht Bd. 1 S. 499ff.).

Die bestrittene Frage, ob durch den Vorbehalt des Art. 74 auch die Vorschriften des preuß. ALR. I 23 §§ 56, 58 über das sog. Krugverlagsrecht aufrechterhalten werden (dagegen M. d. EG. S. 165 und M. d. E. d. preuß. AG. z. BGB. zu Art. 87 S. 236, 237; dafür Dernburg, Sachenrecht S. 199) ist ohne praktische Bedeutung, weil durch das preuß. AG. Art. 89 Nr. 1b der ganze dreiundzwanzigste Titel des ersten Teiles des ALR. aufgehoben ist. Die zur Zeit des Inkrafttretens des BGB. bestehenden Krugverlagsrechte sind nach den gedachten Vorschriften des preuß. ALR. und der GewO. zu beurteilen.

2. Abgesehen von der durch die GewO. begründeten Beschränkung (s. Erl. 1) **ist der Vorbehalt ein allgemeiner** (s. Vorbm. 2 zu diesem Abschnitte). Die Landesgesetzgebung kann daher, soweit die GewO. nicht entgegensteht, sowohl über die Existenz, als über den Inhalt der fraglichen Rechte Bestimmungen treffen; ebenso über den Erwerb, über die Übertragung und das Erlöschen dieser Rechte.

3. **Landesgesetzliche Vorschriften.** Preußen. Nach dem AG. Art. 40 gelten für Gerechtigkeiten der im Art. 74 gedachten Art, die nach dem bisherigen Rechte in Ansehung der Eintragung den Grundstücken gleichstehen, wenn sie in das Grundbuch eingetragen sind, die Vorschriften über Grundstücke. Für Bayern s. AG. z. GBO. Art. 17.

Artikel 75.

E. d. EG. II Art. 48; III Art. 73. P. II Bd. 3 S. 571; Bd. 6 S. 440f., 471, 610f.

1. **Vorbehalt in betreff des Versicherungsrechts.** Der Vorbehalt des Art. 75 beruht auf anderen Gründen als die Vorbehalte der übrigen Artikel. Er beruht darauf, daß die Regelung des Versicherungsrechts durch ein Reichsspezialgesetz in Aussicht genommen ist und daß nur bis zu dessen Erlassung die Landesgesetze unberührt bleiben sollen. Im E. I des EG. war der Vorbehalt nicht enthalten, da man damals davon ausging, daß das in Aussicht genommene Spezialgesetz gleichzeitig mit dem BGB. in Kraft treten werde. Da diese Aussicht aufgegeben werden mußte, so war es notwendig, den Vorbehalt einzustellen.

Inzwischen ist das Reichsgesetz v. 12. Mai 1901 über die privaten Versicherungsunternehmungen erlassen. Durch dieses werden Vorschriften über die Zulassung zum Geschäftsbetriebe (§§ 4—14), über Versicherungsvereine auf Gegenseitigkeit (§§ 15—53), über die Geschäftsführung der Versicherungsunternehmungen (§§ 54—63), über die Beaufsichtigung der Versicherungsunternehmungen (§§ 64—84), über ausländische Versicherungsunternehmungen (§§ 85—91) sowie Übergangsvorschriften (§§ 92—104) und Strafvorschriften (§§ 105—113) gegeben. Die §§ 70, 98 Satz 1, 101 Abs. 3 sind am 1. Juli 1901, der übrige Teil des Gesetzes am 1. Januar 1902 in Kraft getreten.

Für das privatrechtlich durch die Versicherung begründete Verhältnis sind nur einzelne Vorschriften dieses Gesetzes von Bedeutung. Ein dieses Verhältnis umfassend regelnder Gesetzentwurf liegt zur Zeit dem Bundesrate vor. Solange er nicht Gesetz geworden ist, behält der Vorbehalt seine Bedeutung. Durch den Entwurf soll nach der ihm beigegebenen Begründung der Art. 75 auch insoweit wegfallen, als für gewisse Versicherungsverhältnisse (nämlich die bei gewissen öffentlichen Versicherungsanstalten genommenen) die Landesgesetze aufrecht bleiben und auf gewisse Versicherungszweige wie die Rückversicherung die Vorschriften des Entwurfes keine Anwendung finden.

2. **Der Vorbehalt ist ein allgemeiner** (s. Vorbm. 2 zu diesem Abschnitte). Soweit es sich bei dem Versicherungsrecht um Vorschriften des öffentlichen Rechtes handelt, würde der Vorbehalt nicht erforderlich sein; dadurch aber, daß auch die privatrechtlichen Vorschriften des Versicherungsrechts der Landesgesetzgebung vorbehalten werden, verliert die oft zweifelhafte Frage, ob eine Vorschrift dem öffentlichen oder dem Privatrecht angehört, ihre Bedeutung.

Das zurzeit bestehende Versicherungsrecht beruht nur zum geringeren Teile auf Partikulargesetzen; zum größeren Teile beruht es auf Gewohnheitsrecht und auf der Entwickelung durch Wissenschaft und Praxis (s. Ehrenberg, Versicherungsrecht I §§ 2—4). Häufig beruhen die für das Versicherungsrecht aufgestellten Grundsätze zum Teil auf der Anwendung des allgemeinen bürgerlichen Rechtes, enthalten aber zum anderen Teile auch Modifikationen der sich aus den Grundsätzen des allgemeinen Rechtes ergebenden Konsequenzen. Soweit nun in dem bisherigen Versicherungsrechte lediglich Konsequenzen aus gemeinrechtlichen Grundsätzen gezogen werden, handelt es sich um eine Verweisung auf das durch das BGB. aufgehobene gemeine Recht; an die Stelle dieses Rechtes tritt also nach Art. 4 das Recht des BGB. und es wird daher zu prüfen sein, ob jene Konsequenzen sich auch aus dem Rechte des BGB. ergeben. Dabei ist indessen zuzusehen, ob es sich bei den in Frage kommenden Rechtssätzen wirklich lediglich um Anwendung gemeinrechtlicher Grundsätze handelt oder ob diese Grundsätze, obwohl sie dem gemeinen Rechte entnommen sind, nicht doch infolge der Entwickelung, welche das Versicherungsrecht durch Wissenschaft und Praxis gefunden hat, Bestandteile dieses Sonderrechts geworden sind. Ist dies anzunehmen, so bleiben sie auch nach dem Inkrafttreten des BGB. in Geltung. Die Frage wird oft recht zweifelhaft sein. In betreff der Versicherungsgesellschaften auf Gegenseitigkeit wird in Rspr. Bd. 6 S. 200 angenommen, daß sie rechtsfähig und parteifähig seien und diese Eigenschaft auf Grund des EG. Art. 75 auch nach dem Inkrafttreten des BGB. behalten.

3. **Durch den Zusatz „soweit nicht in den Bürgerlichen Gesetzbuche besondere Bestimmungen getroffen sind" wird der Vorbehalt dahin beschränkt**, daß einerseits das bestehende Versicherungsrecht, soweit es mit jenen Vorschriften des BGB. nicht übereinstimmt, geändert wird und daß andererseits die Landesgesetzgebung auch künftig jene Vorschriften nicht ändern kann. In Betracht kommen folgende Vorschriften des BGB.:

a) die Vorschrift des § 330, nach welcher, wenn in einem Lebensversicherungsvertrage die Leistung der Versicherungssumme an einen Dritten bedungen wird, im Zweifel anzunehmen ist, daß der Dritte unmittelbar das Recht erwerben soll, die Leistung zu fordern;

b) die Vorschriften des § 1045 über die Verpflichtung des Nießbrauchers, die dem Nießbrauch unterliegende Sache zu versichern, sowie darüber, in welcher Art die Versicherung zu nehmen ist und wem die Versicherungsbeiträge zur Last fallen;

c) die §§ 1127—1130 über die Erstreckung der Hypothek an versicherten Gegenständen auf die Forderung gegen den Versicherer sowie darüber, wie sich die Haftung dieser Forderung, je nachdem es sich um die Versicherung eines Gebäudes oder anderer Gegenstände handelt, verschieden gestaltet;

d) die §§ 1385 Nr. 3, 1388 über die Verpflichtung des Ehemanns zu den Zahlungen, welche für die Versicherung der zu dem eingebrachten Gute gehörenden Gegenstände zu leisten sind, sowohl gegenüber der Frau als gegenüber dem Versicherer;

e) der § 1654 über die der Verpflichtung des Ehemanns entsprechende Verpflichtung des Inhabers der elterlichen Gewalt in Ansehung der Zahlungen, welche für die Versicherung der zu dem nicht freien Vermögen des Kindes gehörenden Gegenstände zu leisten sind.

4. Der Vorbehalt erstreckt sich nicht auf die **Vorschriften des HGB. §§ 778ff. über die Seeversicherung.**

Artikel 76. Unberührt bleiben die landesgesetzlichen Vorschriften, welche dem Verlagsrecht angehören.

Artikel 77. Unberührt bleiben die landesgesetzlichen Vorschriften über die Haftung des Staates, der Gemeinden und anderer Kommunalverbände (Provinzial-, Kreis-, Amtsverbände) für den von ihren Beamten in Ausübung der diesen anvertrauten öffentlichen Gewalt zugefügten Schaden sowie die landesgesetzlichen Vorschriften, welche das Recht des Beschädigten, von dem Beamten den Ersatz eines solchen Schadens zu verlangen, insoweit ausschließen, als der Staat oder der Kommunalverband haftet.

Artikel 76.

E. d. EG. II Art. 49; III Art. 74. P. II Bd. 6 S. 441.

Über den Grund und die Tragweite des in dem Art. 76 ausgesprochenen **Vorbehalts in betreff des Verlagsrechts** gilt dasselbe, was in den Erl. 1, 2 über den Vorbehalt des Art. 75 gesagt ist. Der Vorbehalt hat durch das inzwischen erlassene Reichsgesetz über das Verlagsrecht v. 19. Juni 1901, das am 1. Januar 1902 in Kraft getreten ist, in der Hauptsache seine Erledigung gefunden. Da das gedachte Gesetz sich indessen nach dessen § 1 nur auf das Verlagsrecht an Werken der Literatur und der Tonkunst bezieht, so hat der Vorbehalt des Art. 76 noch Bedeutung behalten für das Verlagsrecht an Werken der bildenden Künste und der Photographie. Voraussichtlich wird diese Lücke nach Erlassung des in Aussicht stehenden neuen Kunstschutzgesetzes ausgefüllt werden.

Zu Art. 77—81.

Mit dem Art. 77 beginnen die speziellen Vorbehalte. Die Art. 77—81 beziehen sich insbesondere auf Beamte. Es sind darunter nur öffentliche Beamte zu verstehen. Wer öffentlicher Beamter ist, bestimmt sich für Reichsbeamte nach dem öffentlichen Reichsrechte, für Landesbeamte nach dem öffentlichen Landesrechte (M. d. EG. S. 180). Für die Bestimmungen des dritten Abschnitts kommen regelmäßig nur Landesbeamte in Betracht (vgl. jedoch Erl. 2 zu Art. 77). Als solche gelten nach dem Landesrechte bisweilen auch Hof- und Kirchendiener. Soweit das Landesrecht Zweifel läßt, kann der § 359 des StGB., der freilich nicht direkt Anwendung findet, einen Anhalt bieten (vgl. Bd. II S. 197 Erl. 2 zu § 411).

Artikel 77.

E. d. EG. I Art. 56; II Art. 50; III Art. 75. P. I S. 12755ff.; M. d. EG. S. 185. P. II Bd. 1 S. 611; Bd. 2 S. 670f.; Bd. 6 S. 410. RB. S. 1992ff., 2119. StB. S. 3030.

Stengel, in den Annalen von Hirth 1901 Nr. 7; Dock, im Archiv f. öffentl. Recht Bd. 16 S. 244.

1. **Haftung des Staates, der Gemeinden ꝛc. für den von ihren Beamten in Ausübung der ihnen anvertrauten öffentlichen Gewalt zugefügten Schaden.** Der erste Teil des Vorbehalts des Art. 77 betrifft eine Frage des öffentlichen Rechtes, in betreff deren indessen nach M. d. EG. S. 185 ein Vorbehalt für zweckmäßig gehalten ist, weil man die Verpflichtung des Staates und der Kommunalverbände zum Ersatze des von ihren Beamten in Ausübung der diesen anvertrauten öffentlichen Gewalt zugefügten Schadens als eine privatrechtliche betrachten könne. Die Entscheidung über diese Verpflichtung müsse aber, auch wenn jene Auffassung richtig sein sollte, wegen ihres Zusammenhanges mit dem öffentlichen Rechte der Landesgesetzgebung überlassen bleiben. Nur von dem Ersatze des von einem Beamten in Ausübung der ihm anvertrauten öffentlichen Gewalt zugefügten Schadens handelt der Vorbehalt des Art. 77. Wenn ein Beamter in Vertretung privatrechtlicher Interessen des Staates oder des Kommunalverbandes gehandelt hat, bestimmt sich die Haftung des Staates bzw. des Kommunalverbandes, soweit es sich um den Ersatz des Schadens handelt, den der Beamte durch eine in Ausführung der ihm obliegenden Verrichtungen begangene, zum Schadensersatze verpflichtende Handlung einem Dritten zugefügt hat, nach BGB. §§ 89, 31, soweit es sich um die schuldvolle Nichterfüllung einer Verbindlichkeit des Staates bzw. des Kommunalverbandes handelt, nach BGB. § 278. Keine Entscheidung trifft das BGB. über die Haftung des Staates, der Gemeinden ꝛc.

für den von ihren Beamten in Ausübung der ihnen anvertrauten öffentlichen Gewalt zugefügten Schadens. In dem bisherigen Rechte ist diese Frage eine sehr bestrittene (s. über die verschiedenen Ansichten und die Literatur Windscheid-Kipp, II § 470 Anm. 4). Auch die Partikulargesetze gehen sehr auseinander (Stobbe III § 202 Nr. III, 6). Der Art. 77 läßt der Landesgesetzgebung völlig freien Spielraum. Sie kann daher die Haftung des Staates bzw. des Kommunalverbandes ganz ausschließen oder unbedingt oder für gewisse Fälle oder unter gewissen Voraussetzungen z. B. bei einer culpa in eligendo bestimmen. Das zurzeit in dieser Beziehung bestehende Landesrecht bleibt bestehen, kann aber jederzeit durch die Landesgesetzgebung geändert werden.

Die Frage ob es sich um einen von einem Beamten in Ausübung der ihm anvertrauten öffentlichen Gewalt zugefügten Schaden handelt, kann im einzelnen Falle zweifelhaft sein. Aus der Judikatur des RG. mögen folgende Entscheidungen hervorgehoben werden. Das RG. in DJZ. 1903 S. 573 behandelt den Fall, daß gegen die Gemeinde der Anspruch auf Schadensersatz wegen Tötung einer Person durch Ausströmen von Gas in einer sächsischen Stadt geltend gemacht wird. Auf Grund des in Sachsen geltenden Gewohnheitsrechts, nach welchem der Staat bzw. die Gemeinde für den von einem Beamten in Ausübung der ihm anvertrauten öffentlichen Gewalt verursachten Schaden haftet, wurde die Gemeinde verurteilt, weil dem Betriebsinspektor, der ein Organ der Wohlfahrtspolizei gewesen sei, ein Verschulden in der ihm obliegenden Beaufsichtigung des Betriebes der Gasanstalt zur Last falle. Vom RG. im Sächs. Arch. Bd. 14 S. 478 wird ausgesprochen, daß die Verletzung der einer Gemeinde obliegenden Wegepflicht, auch wenn sie auf dem öffentlichen Rechte beruhe, nicht unter den Art. 77 falle, weil es sich dabei nicht um den von Beamten in Ausübung der ihnen anvertrauten öffentlichen Gewalt zugefügten Schaden handle, daß aber der Art. 77 Anwendung finde, wenn eine Polizeibehörde ihre Aufsichtspflicht in betreff der Erfüllung der dem Wegebaupflichtigen obliegenden Verpflichtung vernachlässigt habe. In RG. Bd. 56 S. 84 handelt es sich um einen Fall, in welchem ein Gerichtsvollzieher das von ihm im Wege der Pfändung erlangte Geld dem Gläubiger nicht abgeliefert, sondern unterschlagen hat. Es wird angenommen, daß die Ablieferung des Geldes an den Gläubiger der letzte Akt der Zwangsvollstreckung, also der Ausübung eines staatlichen Hoheitsrechts sei und daß daher der von dem Gerichtsvollzieher dem Gläubiger durch Unterschlagung des Geldes zugefügte Schaden als ein von dem Gerichtsvollzieher in Ausübung der ihm anvertrauten öffentlichen Gewalt zugefügter Schaden zu betrachten sei. In RG. Bd. 56 S. 215 wird ausgesprochen, daß, wenn ein Sträfling in einer Strafanstalt mit industrieller Arbeit beschäftigt und ihm hierbei infolge des Unterbleibens der erforderlichen Vorsichtsmaßregeln ein Schaden zugefügt werde, dieser Schaden, wenn einem Beamten das Unterbleiben der Vorsichtsmaßregeln zur Last falle, als ein von dem Beamten in Ausübung der ihm anvertrauten öffentlichen Gewalt zugefügter Schaden anzusehen sei.

2. Als Staat im Sinne des Art. 77 ist auch das Deutsche Reich anzusehen. Dies kann in Frage kommen, wenn auf den durch das Verschulden eines Reichsbeamten zugefügten Schaden die Landesgesetze Anwendung finden. In RG. Bd. 54 S. 198 handelt es sich um einen Fall, in welchem bei einer militärischen Gefechtsschießübung in Baden eine Person verletzt war. Es wurde angenommen, daß der Militärverwaltung hierbei ein Verschulden zur Last falle. Die militärische Gefechtsschießübung — wird ausgeführt — sei ein Akt der Ausübung der dem Deutschen Reiche zustehenden öffentlichen Gewalt. Auf die Haftung des Reichs für das Verschulden seines Militärs in Ausübung der ihm anvertrauten öffentlichen Gewalt finden die Landesgesetze des Staates, in welchem die Ausübung stattgefunden habe, Anwendung, hier also auf Grund des Art. 77 das badische AG. Art. 5 (vgl. auch RG. in JW. 1903 Beil. S. 65; OLG. Karlsruhe im Recht 1903 S. 43).

3. Ausschluß der Haftung des Beamten insoweit, als der Staat oder der Kommunalverband haftet. Die Haftung des Beamten selbst wegen Verletzung der ihm einem Dritten gegenüber obliegenden Amtspflicht bestimmt sich nach BGB. §§ 839—841 (s. Bd. II Erl. zu §§ 839—841). Der zweite Teil des im Art. 77 ausgesprochenen Vorbehalts gestattet der Landesgesetzgebung, diese Haftung des Beamten insoweit auszuschließen, als der Staat oder der Kommunalverband haftet. Dabei wird als selbstverständlich vorausgesetzt, daß die Landesgesetzgebung, wenn sie eine Bestimmung dieser Art trifft, zugleich bestimmen kann, daß der Staat oder der Kommunalverband Regreß gegen den betreffenden Beamten nehmen kann. Die desfallsige Verpflichtung des Beamten gegenüber dem Staate oder dem Kommunalverbande kann aber nie weitergehen als die ihm nach den §§ 839—841 dem Dritten gegenüber obliegende Verpflichtung.

Artikel 78. Unberührt bleiben die landesgesetzlichen Vorschriften, nach welchen die Beamten für die von ihnen angenommenen Stellvertreter und Gehülfen in weiterem Umfange als nach dem Bürgerlichen Gesetzbuche haften.

Reichsrechtlich ist eine diesem Vorbehalt entsprechende Vorschrift durch GBO. § 12 dahin getroffen, daß, wenn ein Grundbuchbeamter vorsätzlich oder fahrlässig die Amtspflicht verletzt, dem Beteiligten gegenüber die im § 839 bestimmte Verantwortlichkeit den Staat oder die Körperschaft trifft, in deren Dienste der Beamte steht, daß aber das Recht des Staates oder der Körperschaft, von dem Beamten Ersatz zu verlangen, unberührt bleibt.

4. **Landesgesetzliche Vorschriften.** Preußen, AG. Art. 89 Nr. 2, nach welchem der Art. 1384 des code civil aufrecht erhalten bleibt, soweit er auf die Haftung des Staates ꝛc. Anwendung findet (RG. in JW. 1903 Beil. S. 59), das AG. zur GBO. Art. 8, nach welchem, wenn ein Grundbuchbeamter vorsätzlich oder aus grober Fahrlässigkeit die ihm obliegende Amtspflicht verletzt, ihn dem Staate gegenüber die im BGB. § 839 bestimmte Verantwortlichkeit trifft; Bayern, AG. Art. 60, 61, Not.Ges. Art. 126, nach welchen regelmäßig in allen Fällen des BGB. § 839 dem Dritten an Stelle des Beamten der Staat bzw. die Körperschaft haften, der Beamte aber dem Staate bzw. der Körperschaft den Schaden zu ersetzen hat, welcher diesen aus der Verletzung der Amtspflicht entsteht; Württemberg, AG. Art. 202—204, welches ähnliche Bestimmungen enthält wie die bayerischen; Baden, Art. 5, welcher ähnliche Vorschriften enthält, jedoch in der Art, daß, wenn der Staat den Verletzten befriedigt, die Forderung des letzteren gegen den Beamten auf den Staat übergeht; Hessen, Art. 78—80, nach welchen der Staat neben dem Beamten wie ein Bürge haftet; Mecklenburg, AV. zum BGB. § 49, nach welchem der Fiskus nur haftet, soweit dies durch Reichsgesetz oder durch besondere Landesgesetze bestimmt ist; Elsaß-Lothringen, AG. § 40, nach welchem ähnliche Vorschriften wie in Hessen gelten, und AG. zur GBO. v. 6. Nov. 1899 § 8, nach welchem in betreff der Grundbuchbeamten ähnliche Bestimmungen wie in Preußen gelten; Hamburg, Ges., betr. Ausführung der Grundbuchordnung, v. 14. Juli 1899 § 34, nach welchem der Grundbuchbeamte dem Staate insoweit haftet, als dieser dem Beschädigten Ersatz zu leisten hat; Bremen, AG. zur GBO. v. 18. Juli 1899 § 10, nach welchem ähnliche Bestimmungen wie in Hamburg gelten, jedoch mit dem Zusatze, daß der Senat bei leichtem Verschulden die Haftung erlassen oder ermäßigen kann. In Sachsen ist die Haftung des Staates gewohnheitsrechtlich anerkannt (Sächs. Arch. Bd. 12 S. 224; RG. Bd. 55 S. 365) und zwar auch für geringe Fahrlässigkeit der Beamten (Rspr. 5 S. 243).

5. Nicht berührt wird durch das BGB. der Vorbehalt des GVG. § 11, wonach die Feststellung, ob ein Beamter sich einer Überschreitung seiner Amtsbefugnisse oder der Unterlassung einer Amtshandlung schuldig gemacht hat, an die Vorentscheidung einer besonderen Behörde gebunden ist (P. II Bd. VI S. 410).

Artikel 78.

E. d. EG. II Art. 51; III Art. 76. P. II Bd. 2 S. 670 f.; Bd. 6 S. 409 f. RB. S. 2112. StB. S. 3030.

1. **Haftung der Beamten für die von ihnen angenommenen Stellvertreter und Gehilfen.** Der Art. 78 ist von der zweiten Kommission infolge eines Wunsches der bayerischen Regierung (Zstlg. d. BR. Bd. 1 S. 89) eingestellt (vgl. Jacubezky S. 176). Der Vorbehalt des Art. 78 bezieht sich nicht auf die Haftung der Beamten gegenüber dem Staate (a. A. Kisch, Elsaß-Lothringensches Landesprivatrecht S. 328). In dieser Beziehung ist die Zuständigkeit der Landesgesetzgebung, soweit sie sich nicht schon daraus ergibt, daß es sich um eine Frage des öffentlichen Rechtes handelt, durch Art. 80 allgemein vorbehalten. Hier handelt es sich nur um die Verantwortlichkeit der Beamten gegenüber Dritten. Diese wird im § 839 dahin bestimmt, daß der Beamte, wenn er die ihm einem Dritten gegenüber obliegende Amtspflicht vorsätzlich oder fahrlässig verletzt, den hierdurch dem Dritten erwachsenden Schaden zu ersetzen verpflichtet ist. Bedient sich nun der Beamte bei der Erfüllung seiner Amtspflichten eines Vertreters oder Gehilfen, so verschärft sich seine Haftung nach den auch für die Fälle des § 839 anwendbaren Vorschriften des § 831 insofern, als er für den von dem Vertreter oder Gehilfen in Ausführung ihrer Verrichtungen zugefügten Schaden haftet, ohne daß es des Beweises eines ihm zur Last fallenden Verschuldens bedarf, sofern er nicht den Beweis seiner Schuldlosigkeit nach Maßgabe des § 831 Abs. 1 Satz 2 erbringt. Die Landesgesetzgebung kann nun auf Grund des Art. 78 diese Haftung des Beamten für das Verschulden von Vertretern und Gehilfen noch erweitern, insbesondere also bestimmen, daß dem Beamten der gedachte Gegenbeweis nicht zustehen, der

Artikel 79. Unberührt bleiben die landesgesetzlichen Vorschriften, nach welchen die zur amtlichen Feststellung des Werthes von Grundstücken bestellten Sachverständigen für den aus einer Verletzung ihrer Berufspflicht entstandenen Schaden in weiterem Umfange als nach dem Bürgerlichen Gesetzbuche haften.

Beamte vielmehr unbedingt haften soll. In Betracht kommen hier insbesondere Fälle, in welchen Gerichtsvollziehern, Versteigerungsbeamten und Notaren die Zuziehung von Vertretern und Gehilfen gestattet ist. Beschränken kann die Landesgesetzgebung auf Grund des Art. 78 die Haftung des Beamten gegenüber Dritten nicht.

Nicht in Betracht kommt bei dem Art. 78 die Vorschrift des BGB. § 278, indem es sich in diesem nur um die Haftung des Schuldners für das Verschulden derjenigen handelt, deren er sich zur Erfüllung seiner Verbindlichkeit bedient.

Der Vorbehalt bezieht sich nur auf die von dem Beamten angenommenen Stellvertreter und Gehilfen. Er gestattet deshalb nicht Sondervorschriften hinsichtlich der Stellvertreter und Gehilfen, welche dem Beamten von der vorgesetzten Behörde von Amts wegen beigegeben werden. Deshalb aber, weil der Beamte den Stellvertreter oder Gehilfen nur mit dienstlicher Genehmigung annehmen kann, entfällt der Vorbehalt nicht.

2. **Landesgesetzliche Vorschriften:** Preußen, AG. Art. 89 Nr. 1b und ALR. I 13 §§ 41—45; Ges. über die FG. v. 21. September 1899 Art. 101; Bayern, Notariatsges. v. 9. Juni 1899 Art. 115; Württemberg, AG. Art. 96 Abs. 5, Art. 102 Abs. 2; Hessen, Notariatsges. v. 15. März 1899 Art. 21, 32, V. v. 2. August 1899, die Ortsgerichte betr., Art. 15 Abs. 3; Elsaß-Lothringen, AG. §§ 37, 38.

Artikel 79.

E. d. EG. II Art. 52; III Art. 77. P. II Bd. 2 S. 670 f.; Bd. 6 S. 409 f. RB. S. 2112. StB. S. 3030.

1. **Haftung der zur amtlichen Feststellung des Wertes von Grundstücken bestellten Sachverständigen.** Auch dieser Artikel beruht auf einem infolge einer Anregung der bayerischen Regierung von der zweiten Kommission gefaßten Beschlusse. Nach allgemeinen Grundsätzen würden die im Art. 79 bezeichneten Sachverständigen für den durch eine unrichtige Schätzung entstandenen Schaden dem Beschädigten nur dann haften, wenn sie zu diesem in einem Vertragsverhältnisse gestanden und ihre Vertragspflichten bei der Schätzung schuldvollerweise verletzten oder wenn in ihrer Handlungsweise der Tatbestand einer unerlaubten Handlung nach Maßgabe des § 823 oder des § 826 lag. Der Vorbehalt des Art. 79 bezweckt, der Landesgesetzgebung die Möglichkeit zu gewähren, eine Haftung der zur amtlichen Feststellung des Wertes von Grundstücken bestellten Sachverständigen Dritten gegenüber, zu denen sie in keinem Vertragsverhältnisse stehen, für den Fall zu bestimmen, daß die Dritten infolge eines Verschuldens bei der Schätzung einen Schaden erlitten haben. In Betracht kommt insbesondere, daß nach BGB. § 1807 Abs. 1 Nr. 1 die Anlegung von Mündelgeldern erfolgen kann in Forderungen, für die eine sichere Hypothek an einem inländischen Grundstücke besteht, oder in sicheren Grundschulden oder Rentenschulden an inländischen Grundstücken. Nach § 1807 Abs. 2 können die Landesgesetze für die innerhalb ihres Geltungsbereichs belegenen Grundstücke die Grundsätze bestimmen, nach denen die Sicherheit einer Hypothek, einer Grundschuld oder einer Rentenschuld festzustellen ist. Wird landesgesetzlich zu diesem Zwecke die amtliche Feststellung des Wertes durch Sachverständige vorgeschrieben, so hat diese nach dem BGB. nur die Bedeutung, daß derjenige, welcher verpflichtet ist, Geld mit mündelmäßiger Sicherheit zu belegen, sich auf diese Feststellung verlassen kann. Die Landesgesetze können nun aber auf Grund des Art. 79 einer amtlichen Feststellung eine weitergehende Bedeutung geben, indem sie den Schätzer jedem gegenüber, welcher im Vertrauen auf die Schätzung Geld auf das Grundstück geliehen hat, für die Richtigkeit der Schätzung verantwortlich machen. Mittelbar wird hierdurch eine größere Sicherheit des Realkredits erreicht. Bei den Verhandlungen der zweiten Kommission wurde hervorgehoben, daß durch den Vorbehalt insbesondere bezweckt werde, die Beibehaltung des in Bayern bestehenden amtlichen Verfahrens zur Ermittelung des Wertes von Grundstücken, auf welche Geld gegen Hypothekbestellung aufgenommen werden solle, zu ermöglichen; die amtlich bestellten und beeidigten Schätzer seien für die bei der Schätzung begangenen Pflichtverletzungen den Hypothekengläubigern verantwortlich (s. Jacubezky S. 176).

Der Vorbehalt bezieht sich nur auf Sachverständige, nicht auf Beamte. Ein Antrag, ihn mit Rücksicht auf die in Württemberg den Gemeindebeamten obliegende Schätzung

Artikel 80. Unberührt bleiben, soweit nicht in dem Bürgerlichen Gesetzbuch eine besondere Bestimmung getroffen ist, die landesgesetzlichen Vorschriften über die vermögensrechtlichen Ansprüche und Verbindlichkeiten der Beamten, der Geistlichen und der Lehrer an öffentlichen Unterrichtsanstalten, aus dem Amts- oder Dienstverhältnisse, mit Einschluß der Ansprüche der Hinterbliebenen.

Unberührt bleiben die landesgesetzlichen Vorschriften über das Pfründenrecht.

---

auch auf Beamte auszudehnen, wurde zurückgezogen, indem anerkannt wurde, daß in Ansehung der Beamten die Vorschrift des § 839 (vgl. Art. 80) genüge.

2. **Landesgesetzliche Vorschriften:** Bayern, AG. Art. 87, 88, welche Bestimmungen der im Art. 79 gedachten Art enthalten; Hessen, AG. Art. 76.

Artikel 80.

E. d. EG. I Art. 54; II Art. 53; III Art. 78. P. I S. 12751 ff., 12831; M. d. EG. S. 180 ff. P. II Bd. 6 S. 408 f., 435 f., 611.

1. **Vermögensrechtliche Ansprüche und Verpflichtungen der Beamten, der Geistlichen ꝛc. aus dem Amts- oder Dienstverhältnisse.** Das Rechtsverhältnis der Beamten gehört, soweit es sich um deren Anstellung und Entlassung sowie um ihre dienstlichen Verrichtungen handelt, unzweifelhaft dem öffentlichen Rechte an. Bestritten ist aber, ob die vermögensrechtlichen Ansprüche und Verbindlichkeiten der Beamten aus dem Dienstverhältnisse privatrechtlicher Natur sind (vgl. RG. 38 S. 321). Es läßt sich dafür u. a. anführen, daß das BGB. selbst verschiedene Vorschriften in dieser Beziehung gibt (s. Erl. 3) und daß fast allenthalben die Verfolgung der fraglichen Ansprüche im Rechtswege gestattet ist. Bei dem Zusammenhange der fraglichen Ansprüche mit der öffentlichrechtlichen Stellung der Beamten lassen sie sich aber von dieser nicht trennen; deshalb bestimmt der Art. 80, daß die für die öffentlichrechtliche Stellung der Beamten zuständige Landesgesetzgebung auch für die fraglichen Ansprüche zuständig sein soll.

Über den Begriff der Beamten s. Vorbm. zu Art. 77—81. Den Beamten gleichgestellt sind im Anschluß an das BGB. § 411 und an die CPO. §§ 850 Nr. 8, 871 Nr. 7, 8 die Geistlichen und Lehrer an den öffentlichen Unterrichtsanstalten, weil auch in Beziehung auf sie ähnliche Zweifel entstehen können wie in betreff der Beamten. Die Lehrer an öffentlichen Unterrichtsanstalten sind zwar sehr häufig Beamte, aber doch nicht allenthalben und mußten deshalb besonders erwähnt werden. Der Vorbehalt erstreckt sich endlich auch auf die Hinterbliebenen der gedachten Personen. Wer zu den Hinterbliebenen zu rechnen ist, bestimmt sich nach den Landesgesetzen. Regelmäßig sind es die Frau und die Kinder. Ob unter den letzteren alle Kinder, welche ehelich sind oder die rechtliche Stellung ehelicher Kinder haben, oder nur einzelne Kategorien zu verstehen, ob insbesondere z. B. die für ehelich erklärten oder an Kindesstatt angenommenen Kinder als ausgeschlossen zu betrachten sind, muß durch Auslegung des betreffenden Landesgesetzes ermittelt werden (vgl. Bd. IV Erl. zu § 1757).

2. **Der Vorbehalt bezieht sich nur auf die vermögensrechtlichen Ansprüche und Verbindlichkeiten der in Erl. 1 bezeichneten Personen aus dem Amts- oder Dienstverhältnis,** also insbesondere einerseits auf die Ansprüche auf Gehalt, Diäten, Repräsentationsgelder, Wohnungsgeld, Dienstwohnung, Wartegeld, Pension, andererseits auf die Verbindlichkeiten zum Ersatze des durch Verletzung der Dienstpflicht zugefügten Schadens. (Über einen Fall der letztgedachten Art s. RG. Bd. 56 S. 339.) Die Landesgesetzgebung kann in Beziehung auf alle Ansprüche dieser Art Bestimmungen treffen, welche von den Vorschriften des BGB. abweichen; sie kann z. B. bestimmen, daß ein Anspruch der fraglichen Art erlischt, wenn er nicht innerhalb einer bestimmten Zeit geltend gemacht wird (Recht 1903 S. 606).

Der Vorbehalt erstreckt sich nicht auf andere Verpflichtungen und Beschränkungen, die den gedachten Personen im Interesse des Dienstes auferlegt sind. Als solche kommen z. B. vor Vorschriften, nach welchen Beamte oder deren Angehörige zum Betrieb eines Gewerbes oder zur Übernahme eines Nebenamts oder einer Nebenbeschäftigung besonderer behördlicher Genehmigung bedürfen (s. GewO. § 12 Abs. 2) oder welche dem Beamten untersagen, Grundstücke oder sonstige Vermögensgegenstände zu erwerben, Pachtungen zu übernehmen, Bürgschaften einzugehen oder für sich eingehen zu lassen oder an Veräußerungen, Verpachtungen und ähnlichen Rechtsgeschäften, welche ihrer Leitung anvertraut sind, unmittelbar oder durch Stellvertreter als Partei teilzunehmen bzw. später in solche Geschäfte einzutreten (Beispiele landesgesetzlicher Vorschriften dieser und ähnlicher Art s. M. d. EG. S. 181—188). Alle Vorschriften dieser Art bleiben, soweit sie das Verhältnis des Beamten, Geistlichen oder Lehrers zu der Dienstbehörde betreffen, als dem öffentlichen Rechte angehörend, bestehen. Soweit sie aber darüber hinaus privatrechtliche Folgen an die Übertretung knüpfen, soweit sie z. B. ein dem Beamten untersagtes Rechtsgeschäft für nichtig erklären, treten sie nach Art. 55 außer Kraft und werden durch den Vorbehalt des Art. 80 nicht aufrecht erhalten. Nur wenn solche Vorschriften sich auf ein der Landesgesetzgebung generell vorbehaltenes Rechtsgebiet beziehen, bleiben sie kraft dieses generellen Vorbehalts bestehen. Dies gilt z. B. von den in manchen Berggesetzen vorkommenden Vorschriften, durch welche den Bergbeamten und deren Angehörigen die Mutung und der Erwerb von Kuxen untersagt und ein gegen dieses Verbot verstoßendes Rechtsgeschäft für unwirksam erklärt wird, kraft des allgemeinen Vorbehalts des Bergrechts (Art. 67). Außer Kraft treten auch landesgesetzliche Vorschriften, welche die Volljährigkeit an den Eintritt in den Staatsdienst knüpfen oder bestimmen, daß ein Beamter an seinem dienstlichen Wohnsitz auch seinen privatrechtlichen Wohnsitz habe. Landesgesetzliche Vorschriften, welche die Einziehung von Akten und Papieren vorschreiben, bleiben, soweit sie sich auf dienstliche Akten und Papiere beziehen, als dem öffentlichen Rechte angehörend, aufrecht erhalten, können aber auch, soweit sie sich auf die im Eigentume des Beamten stehenden Akten und Papiere beziehen, kraft des Vorbehalts des Art. 109 bestehen bleiben.

Einzelne landesgesetzliche Vorschriften, welche nicht unter den Vorbehalt des Art. 80 fallen, werden durch besondere Bestimmungen des BGB. insofern geschützt, als an deren Verletzung reichsrechtlich privatrechtliche Folgen geknüpft werden. So bestimmt der § 1315 des BGB., daß der Mangel der landesgesetzlich erforderlichen Genehmigung zu der Eheschließung eines Beamten ein aufschiebendes Ehehindernis bildet. Ferner soll nach § 1784, wenn landesgesetzlich zur Übernahme einer Vormundschaft von seiten eines Beamten die Genehmigung der Dienstbehörde erforderlich ist, die Bestellung zum Vormunde nicht ohne diese Genehmigung erfolgen und nach § 1888 soll der Vormund wegen Versagung oder Zurücknahme der dienstlichen Genehmigung entlassen werden. Landesgesetzliche Vorschriften, welche einem Beamten das Recht zur Ablehnung der Vormundschaft einräumen, sind durch das BGB. aufgehoben. Landesgesetzliche Vorschriften, welche einem Beamten das Mitbieten bei einer von ihm geleiteten Versteigerung verbieten und privatrechtliche Folgen an die Übertretung des Verbots knüpfen, sind durch das BGB. §§ 456—458 ersetzt.

3. **Der Vorbehalt des Art. 80 gilt nicht, soweit in betreff der darin bezeichneten Ansprüche und Verbindlichkeiten besondere Vorschriften in dem BGB. gegeben sind.** Solche Vorschriften enthalten der § 197 über die Verjährung der hier fraglichen Ansprüche, die §§ 394, 400, 1069, 1274 Abs. 2 mit CPO. § 850 Nr. 7, 8 über die Aufrechnung, Abtretung und Belastung der fraglichen Ansprüche (vgl. aber Art. 81), der § 411 über die Benachrichtigung der öffentlichen Kasse von der Abtretung eines Anspruchs der fraglichen Art. Mittelbar kommen in Betracht die Vorschriften des § 570 über das Recht der Beamten, Geistlichen und Lehrer zur Kündigung eines Mietverhältnisses im Falle ihrer Versetzung und die §§ 839, 841 über die Haftung eines Beamten wegen Verletzung seiner Amtspflicht.

4. Der Abs. 2 beruht auf einem Beschlusse der zweiten Kommission. Das **Pfründenrecht** ist ein altes kirchenrechtliches Institut. Es gewährt dem Berechtigten ein ausgedehntes Nutzungsrecht an gewissen Gegenständen, insbesondere an Grundstücken, das in vielfachen Beziehungen einen ähnlichen Inhalt hat wie der Nießbrauch, sich von diesem aber doch infolge seiner Verbindung mit dem kirchlichen Amte nicht unwesentlich unterscheidet. Da das EG. einen allgemeinen Vorbehalt für das Kirchenrecht nicht enthält, so erschien ein besonderer das Pfründenrecht betreffender Vorbehalt erforderlich, wenn die besonderen dafür geltenden privatrechtlichen Vorschriften aufrecht erhalten werden sollten; eine solche Aufrechterhaltung aber war wegen des Zusammenhanges mit den kirchlichen Einrichtungen erforderlich. Der Vorbehalt ist in den Art. 80 eingefügt, weil der Geistliche durch die Pfründe seine Besoldung oder doch einen Teil derselben erhält. Der Vorbehalt bezieht sich nicht nur auf die Pfründen der Geistlichen, sondern auch auf die Pfründen anderer Kirchendiener und geht insofern über den Abs. 1 hinaus (P. II Bd. 6 S. 435 f.). Näheres über das Pfründenrecht s. bei Richter, Kirchenrecht §§ 315 ff. Frantz, Lehrb. des Kirchenrechts (1899) S. 331 ff.

5. **Landesgesetzliche Vorschriften.** Bayern, AG. Art. 89, welcher unter gewissen Voraussetzungen den Gemeinden einen Anspruch auf Bestellung einer Sicherungshypothek gegen ihre

Artikel 81. Unberührt bleiben die landesgesetzlichen Vorschriften, welche die Übertragbarkeit der Ansprüche der im Artikel 80 Abs. 1 bezeichneten Personen auf Besoldung, Wartegeld, Ruhegehalt, Wittwen- und Waisengeld beschränken, sowie die landesgesetzlichen Vorschriften, welche die Aufrechnung gegen solche Ansprüche abweichend von der Vorschrift des § 394 des Bürgerlichen Gesetzbuchs zulassen.

Beamten einräumt; Baden, AG. Art. 6, welcher dem Staate ein solches Recht unter gewissen Voraussetzungen einräumt; Elsaß-Lothringen, AG. z. BGB. § 42 über die Legitimation eines Erben des Beamten in betreff des Anspruchs auf Zurückgabe der von dem Beamten bestellten Kaution.

Artikel 81.

E. d. EG. II Art. 54; III Art. 79. P. II Bd. 1 S. 374 f., 384 f.; Bd. 6 S. 409.

Der Art. 81 beruht auf einem Beschlusse der zweiten Kommission.

1. Übertragung der Ansprüche der Beamten ꝛc. **aus dem Amtsverhältnisse.** Nach dem BGB. § 400 kann eine Forderung nicht übertragen werden, soweit sie der Pfändung nicht unterliegt. Die Ansprüche der Beamten, der Geistlichen und der Lehrer an öffentlichen Unterrichtsanstalten und der Hinterbliebenen derselben auf Besoldung, Wartegeld, Ruhegehalt, Witwen- und Waisengeld sind daher nicht übertragbar, soweit sie nach der CPO. § 850 Abs. 1 Nr. 7, 8, Abs. 2, 4, 5 der Pfändung nicht unterworfen sind. Der Art. 81 gestattet den Landesgesetzen die Übertragbarkeit der gedachten Ansprüche noch in weiterem Umfange zu beschränken.

2. Aufrechnung gegen die Ansprüche der Beamten ꝛc. **aus dem Amtsverhältnisse.** Nach dem BGB. § 394 findet die Aufrechnung gegen eine Forderung insoweit nicht statt, als diese der Pfändung nicht unterworfen ist. Gegen die in Erl. 1 bezeichneten Ansprüche ist hiernach die Aufrechnung insoweit unzulässig, als die Ansprüche nach dem in Erl. 1 Bemerkten der Pfändung nicht unterworfen sind. Der Art. 81 gestattet aber den Landesgesetzen, die Aufrechnung in diesen Fällen zuzulassen. Insbesondere kann also bestimmt werden, daß gegen die fraglichen Ansprüche Forderungen aufgerechnet werden können, welche aus dem Dienstverhältnisse der Beamten ꝛc. gegen dieselben entstanden sind. Die Rücksicht auf die öffentliche Natur des Dienstverhältnisses ist bei dieser Bestimmung maßgebend gewesen. Der in M. II S. 114 angedeutete, in Ermangelung einer solchen Bestimmung der Dienstbehörde verbleibende Ausweg wurde für nicht genügend erachtet. Auf Grund des Art. 81 können nicht nur neue Vorschriften der fraglichen Art von der Landesgesetzgebung getroffen werden, sondern es werden auch die bestehenden Vorschriften aufrecht erhalten. Zu den Vorschriften dieser Art gehören aber nicht die allgemeinen Grundsätze des bisherigen Rechtes, nach welchen die Aufrechnung unbeschränkt gegen alle Ansprüche einschließlich der Ansprüche der Beamten zulässig ist; vielmehr wird vorausgesetzt, daß es sich um besondere mit der Vorschrift des BGB. § 394 nicht vereinbare Bestimmungen handelt. Hierfür spricht sowohl der Wortlaut wie die Entstehungsgeschichte des Art. 81 (Rspr. Bd. 6 S. 225; RG. Bd. 55 S. 1; RG. in JW. 1903 Beil. S. 49; vgl. auch Oertmann, Bayersches Landesprivatrecht S. 192).

3. Landesgesetzliche Vorschriften. Bayern, AG. Art. 12, Hessen, AG. Art. 35, Mecklenburg, AV. § 38, Oldenburg, AG. § 3; vgl. auch das preuß. Ges. betr. die Fürsorge für die Witwen und Waisen der Lehrer an öffentlichen Volksschulen v. 4. Dezember 1899 § 11, durch welches die Abtretung oder Pfändung des Anspruchs auf Witwen- oder Waisengeld ausgeschlossen wird.

Zu Art. 82—86.

Mit dem Art. 82 beginnen **die Vorschriften, welche sich auf juristische Personen beziehen.** Der E. III enthielt noch zwei andere sich hierauf beziehende Vorschriften. Im Art. 80 war bestimmt, daß die landesgesetzlichen Vorschriften über die Beaufsichtigung juristischer Personen unberührt bleiben. Die im E. I Art. 49 Abs. 1 enthaltene Ausdehnung dieses Vorbehalts auf die Verwaltung war schon von der zweiten Kommission gestrichen, ein dem Art. 80 entsprechender Vorbehalt aber beibehalten (E. II Art. 55). Der Art. 80 des E. III wurde von der RTK. gestrichen (KB. S. 1947 f.). Dabei wurde aber ausdrücklich anerkannt, daß der Inhalt des Art. 80, weil er sich nur auf das öffentliche Aufsichtsrecht beziehe, von selbst gelte. Da das

Artikel 82. Unberührt bleiben die Vorschriften der Landesgesetze über die Verfassung solcher Vereine, deren Rechtsfähigkeit auf staatlicher Verleihung beruht.

BGB. nur das Privatrecht, nicht das öffentliche Recht regele, so brauchten die landesgesetzlichen Vorschriften über die Beaufsichtigung nicht besonders vorbehalten zu werden.

Im E. III Art. 85 war ferner bestimmt, daß die landesgesetzlichen Vorschriften über das Erlöschen und die Umwandlung von Stiftungen unberührt bleiben. Auch diese dem E. II Art. 60 und dem § 62 des E. I des BGB. entsprechende Vorschrift ist von der RTK. mit Rücksicht auf die zu dem § 83 des E. III des BGB. gefaßten Beschlüsse gestrichen (KB. S. 1947, 1949). Den erwähnten zu dem § 83 des E. III gefaßten Beschlüssen entspricht der jetzige § 87 des BGB. Hiernach werden in dem BGB. selbst die erforderlichen Vorschriften über die Auflösung und Umwandlung von Stiftungen getroffen (Bd. I S. 156 Erl. 1—4 zu § 87).

Artikel 82.

E. d. EG. II Art. 56; III Art. 81. P. II Bd. 1 S. 504 f.; Bd. 6 S. 399 f.

Verfassung der Vereine, deren Rechtsfähigkeit auf staatlicher Verleihung beruht.

1. Entstehungsgeschichte des Art. 82. Im E. I des BGB. § 43 war bestimmt, daß die Verfassung eines mit juristischer Persönlichkeit versehenen Personenvereins, soweit sie nicht auf Reichsgesetz oder Landesgesetz beruht, durch den Gründungsvertrag bestimmt werde. Von der zweiten Kommission wurde der Vorbehalt zugunsten der Reichsgesetze und der Landesgesetze gestrichen. Im E. II des BGB. wird daher für die Verfassung eines Vereins, soweit sie nicht auf den in dem BGB. gegebenen Vorschriften beruht, schlechthin die Vereinssatzung für maßgebend erklärt. Damit stimmen der E. III des BGB. § 22 und das BGB. § 25 überein. Bei der Beratung des EG. in der zweiten Kommission wurde ein dem jetzigen Art. 82 des EG. entsprechender Antrag gestellt. Dieser Antrag wurde angenommen, jedoch unter Hinzufügung des Wortes „besonderen" vor „Vorschriften" (E. II Art. 56). Von dem Bundesrat ist dieses hinzugefügte Wort wieder gestrichen (E. III Art. 81); in dieser Fassung ist der Artikel vom Reichstag angenommen worden.

2. Für die Aufnahme des Vorbehalts sind folgende Gründe maßgebend gewesen:

Das BGB. §§ 21, 22 unterscheidet zwischen Vereinen, deren Zweck auf einen wirtschaftlichen Geschäftsbetrieb gerichtet ist, und solchen Vereinen, deren Zweck nicht hierauf geht. Vereine der ersteren Art erlangen die Rechtsfähigkeit durch staatliche Verleihung, Vereine der letzteren Art durch Eintragung in das Vereinsregister des zuständigen Amtsgerichts. Der dem Erfordernisse der staatlichen Verleihung zugrunde liegende Gedanke führt dahin, den Landesgesetzen für Vereine, bei denen dieses Erfordernis gilt, den im Art. 82 bezeichneten Spielraum zu gewähren. Die staatliche Behörde kann zwar die Verleihung der Rechtsfähigkeit in jedem einzelnen Falle davon abhängig machen, daß die Satzung des Vereins in der erforderlich erachteten Art festgestellt wird; aber einerseits ist eben deshalb der Vorbehalt, welcher zur Vereinfachung des Geschäftsganges dient, unbedenklich und andererseits enthält das BGB. verschiedene zwingende Vorschriften über die Verfassung eines Vereins, die in Ermangelung eines Vorbehalts für die Landesgesetze und einer auf Grund derselben getroffenen gesetzlichen Bestimmung durch die Satzung nicht geändert werden könnten. Dazu kommt, daß die Möglichkeit, die Verleihung der Rechtsfähigkeit davon abhängig zu machen, daß die Satzung die für erforderlich erachteten Bestimmungen enthält, für die bei dem Inkrafttreten des BGB. bereits vorhandenen Vereine nicht besteht. Auch für diese Vereine gelten aber, soweit nicht besondere Übergangsvorschriften getroffen sind, die Vorschriften des BGB. (Art. 163).

3. Über die Tragweite des Vorbehalts ist folgendes zu bemerken:

a) Der Vorbehalt des Art. 82 bezieht sich nicht auf alle Vorschriften über Vereine der im Art. 82 bezeichneten Art, sondern nur auf Vorschriften über die Verfassung solcher Vereine. Welche Bestimmungen als Vorschriften über die Verfassung des Vereins zu betrachten sind, kann in einzelnen Beziehungen zweifelhaft sein. Man kann den Begriff der Verfassung in einem engeren und in einem weiteren Sinne nehmen und darunter entweder nur diejenigen Vorschriften verstehen, welche sich auf die Organisation des Vereins und auf die Art und Weise beziehen, in welcher er nach außen hin tätig wird, oder man kann darunter auch diejenigen Vorschriften mit begreifen, welche die Auflösung des Vereins und das nach der Auflösung eintretende Rechtsverhältnis betreffen. Die letztere Auffassung dürfte der Anschauung des

Lebens und der Absicht des Art. 82 entsprechen (P. II Bd. 6 S. 493). Wenn Riedner (Erl. 4 zu Art. 82) sich zur Begründung seiner abweichenden Ansicht, nach welcher nur die §§ 25—40 Vorschriften über die Verfassung enthalten, darauf beruft, daß der Art. 85 noch eine besondere Vorschrift trifft, durch welche der Landesgesetzgebung die Befugnis beigelegt werde, den sich auf die Folgen der Auflösung beziehenden § 45 zu ändern, daß diese Vorschrift aber unnötig gewesen sei, wenn der Art. 82 der Landesgesetzgebung bereits jene Befugnis gebe, so ist dieses Argument unzutreffend; denn der Art. 85 bezieht sich auf alle Vereine, während der Art. 82 nur von denjenigen Vereinen spricht, deren Rechtsfähigkeit auf staatlicher Verleihung beruht. Sollte der Landesgesetzgebung die fragliche Befugnis allgemein gegeben werden, so mußte dies in der Art, wie es im Art. 85 geschehen ist, bestimmt werden, auch wenn die fragliche Befugnis sich in betreff derjenigen Vereine, deren Rechtsfähigkeit auf staatlicher Verleihung beruht, schon aus Art. 82 ergibt. Habicht, Einwirkung des BGB. auf zuvor entstandene Rechtsverhältnisse S. 113 Anm. 2 scheint mit der hier vertretenen Ansicht einverstanden zu sein, will aber die §§ 47ff. nicht zu den die Verfassung betreffenden Vorschriften rechnen. Auch bei der hier vertretenen Auffassung bleiben indessen Zweifel. Die Vorschrift des BGB. § 25 gibt keinen sicheren Anhaltspunkt. Es wird darin zwar bestimmt, daß die Verfassung eines Vereins, soweit sie nicht auf den nachfolgenden Vorschriften beruht, durch die Satzung bestimmt werde. Daraus ergibt sich zwar, daß in den nachfolgenden Vorschriften Bestimmungen über die Verfassung enthalten sind, aber es ist daraus nicht mit Sicherheit zu entnehmen, ob alle in den §§ 26—53 enthaltenen Bestimmungen als Vorschriften über die Verfassung zu betrachten sind. Unzweifelhaft werden zu den Bestimmungen über die Verfassung zu zählen sein diejenigen Vorschriften, welche nach § 40 durch die Satzung geändert werden können. Unrichtig dürfte es aber sein, umgekehrt alle zwingenden Vorschriften nicht als Vorschriften über die Verfassung zu betrachten. Der Art. 82 des EG. soll nach den oben angeführten Gründen gerade mit den Zweck haben, der Landesgesetzgebung die Möglichkeit zu gewähren, solche zwingende Vorschriften zu ändern.

Nach dem angeführten Begriffe der Verfassung sind alle in den §§ 26—53 enthaltenen Vorschriften mit Ausnahme der §§ 31, 42—44 als Vorschriften über die Verfassung des Vereins zu betrachten. Der § 31, welcher die Haftung des Vereins für den Schaden bestimmt, welchen ein Vertreter des Vereins durch eine in Ausführung der ihm zustehenden Verrichtungen begangene, zum Schadensersatze verpflichtende Handlung einem Dritten zufügt, hängt mit der Verfassung des Vereins nur insofern zusammen, als dabei ein verfassungsmäßig berufener Vertreter des Vereins vorausgesetzt wird; seinem Inhalte nach enthält der § 31 eine Vorschrift zugunsten Dritter, die nicht als eine Vorschrift über die Verfassung des Vereins zu betrachten sein dürfte. Die Vorschriften des § 42 Abs. 1 und der §§ 43, 44 bestimmen die Voraussetzungen, unter welchen die Rechtsfähigkeit des Vereins wegfällt, und können ebensowenig wie die Vorschriften über die Voraussetzungen, unter welchen der Verein die Rechtsfähigkeit erlangt, als Vorschriften über die Verfassung des Vereins betrachtet werden. Die Vorschrift des § 42 Abs. 2, welche die Haftung der Mitglieder des Vorstandes gegenüber den Gläubigern des Vereins für den Fall bestimmt, daß sie die Stellung des Antrags auf Eröffnung des Konkurses schuldhafterweise verzögern, dürfte aus denselben Gründen als nicht die Verfassung des Vereins betreffend anzusehen sein, aus denen dies nach dem obigen in betreff des § 31 nicht anzunehmen ist. Eine Unterstützung findet diese Auffassung dadurch, daß nach § 89 des BGB. die Vorschriften des § 31 und des § 42 Abs. 2 des BGB. auch für Körperschaften des öffentlichen Rechtes gelten. Die §§ 31 und 42—44 des BGB. werden hiernach auch in betreff der im Art. 82 bezeichneten Vereine durch die Landesgesetze nicht geändert werden können.

b) Der Vorbehalt des Art. 82 bezieht sich nach Art. 3 sowohl auf neu zu erlassende als auch auf die bestehenden Landesgesetze. In letzterer Beziehung ist es indessen zweifelhaft, ob durch den Vorbehalt aufrecht erhalten werden nur solche Landesgesetze, welche für Vereine, deren Rechtsfähigkeit auf staatlicher Verleihung beruht, besondere von den allgemeinen Vorschriften über rechtsfähige Vereine abweichende Bestimmungen geben oder ob in Beziehung auf Vereine, deren Rechtsfähigkeit auf staatlicher Verleihung beruht, auch solche Landesgesetze durch den Vorbehalt aufrecht erhalten werden, welche allgemeine auch für die gedachten Vereine geltende Vorschriften enthalten. Hierbei ist zu berücksichtigen, daß in einem großen Teile von Deutschland die Erlangung der Rechtsfähigkeit durch staatliche Verleihung bisher die gesetzliche Regel bildete und daher in denjenigen Gebieten, in welchen dies der Fall war, nach der oben gedachten zweiten Auffassung alle sich auf rechtsfähige Vereine beziehenden Vorschriften durch den Vorbehalt des Art. 82 aufrecht

Artikel 83. Unberührt bleiben die landesgesetzlichen Vorschriften über Waldgenossenschaften.

---

erhalten werden. So hängt z. B. nach dem preuß. ALR. II 6 § 25 die Rechtsfähigkeit eines Vereins von staatlicher Genehmigung ab. Dasselbe wurde früher für das gemeine Recht angenommen; die herrschende Auffassung steht indessen jetzt auf einem anderen Standpunkte. Die aufgeworfene Frage ist von Bedeutung nicht nur für diejenigen Vereine, welchen nach dem Inkrafttreten des BGB. die Rechtsfähigkeit auf Grund des § 22 verliehen wird, sondern auch für die zur Zeit des Inkrafttretens des BGB. bereits bestehenden konzessionierten Vereine. Auf diese finden zwar nach Art. 163 die Vorschriften des BGB. Anwendung, aber der Vorbehalt des Art. 82 gilt auch für sie. Bei den Beratungen der zweiten Kommission kam der hervorgehobene Zweifel zur Sprache. Insbesondere wurde hervorgehoben, daß in solchen Bundesstaaten, welche kein eigenes Vereinsrecht besäßen, die Auffassung entstehen könne, es solle für die Vereine, die ihre Rechtsfähigkeit staatlicher Verleihung verdanken, das alte gemeine Vereinsrecht weitergelten. Dagegen wurde erwidert, grundsätzlich sollten die Vorschriften des BGB. auch für die konzessionierten Vereine gelten. Die allgemeinen landesgesetzlichen Vorschriften über das Vereinsrecht würden durch die Art. 4, 32 (jetzt Art. 4, 55) beseitigt. Es könne sich nur darum handeln, für die konzessionierten Vereine einzelne Bestimmungen des neuen reichsrechtlichen Vereinsrechts, die auf jene Vereine oder einzelne Arten derselben nicht paßten, von der Anwendung auszuschließen und insoweit dem Landesrechte Raum zu geben. Um diesen Sinn klar zu stellen, wurde beantragt und beschlossen, das Wort „besonderen" vor „Vorschriften" einzuschalten. Die zweite Kommission hat hiernach den Vorbehalt des Art. 82 nur in dem obengedachten engeren Sinne aufnehmen wollen. Nachdem indessen das Wort „besonderen", durch welches dieser Sinn zum Ausdrucke gebracht werden sollte, von dem Bundesrate wieder gestrichen ist — die Materialien geben keinen Aufschluß darüber, aus welchem Grunde die Streichung erfolgt ist —, spricht der Wortlaut des Art. 82 gegen eine derartige Beschränkung und zwingende Gründe für eine einschränkende Auslegung dürften nicht vorliegen (a. A. Riedner S. 152 Erl. 3 zu Art. 82, Habicht S. 113).

Hiernach werden also z. B. die Vorschriften des preuß. ALR. II 6 §§ 26 ff. über die Verfassung der auf staatlicher Genehmigung beruhenden Vereine durch den Art. 82 aufrecht erhalten. Durch das preuß. AG. zum BGB. Art. 89 Nr. 1c werden indessen diese Vorschriften für Vereine, die nach dem Inkrafttreten des BGB. Rechtsfähigkeit erlangen, aufgehoben. In Kraft bleiben sollen sie aber für die zur Zeit des Inkrafttretens des BGB. bereits bestehenden, auf staatlicher Genehmigung beruhenden Vereine. Es ergibt sich hieraus, daß auch das preuß. AG. zum BGB. auf dem hier vertretenen Standpunkte steht (a. A. Niedner Erl. 3b zu Art. 82). In betreff des gemeinen Rechtes dürfte die Frage ohne praktische Bedeutung sein; denn dieses enthält, abgesehen von den Vorschriften über sog. universitates inordinatae keine allgemeine Bestimmungen über die Verfassung rechtsfähiger Vereine, verweist in dieser Beziehung vielmehr auf die Satzung des Vereins oder auf etwaige besondere Gesetze. Die Vorschriften über universitates inordinatae kommen aber deshalb nicht in Betracht, weil die Rechtsfähigkeit einer solchen universitas wohl niemals auf staatlicher Verleihung beruht.

c) Keine Anwendung findet der Art. 82 auf Landesgesetze, welche Vorschriften über die Verfassung solcher Vereine enthalten, die auf Grund gesetzlicher Normativbestimmungen Rechtsfähigkeit erlangt haben; denn die Rechtsfähigkeit solcher Vereine beruht zwar auf der in den gesetzlichen Normativbestimmungen ausgesprochenen staatlichen Ermächtigung, nicht aber auf staatlicher Verleihung im Sinne des Art. 82 (Niedner Erl. 3c zu Art. 82).

4. **Landesgesetzliche Vorschriften:** Preußen, AG. Art. 89 Nr. 1c (s. oben Erl. 3b); Bayern, AG. Art. 1; Württemberg, AG. Art. 137; Baden, AG. Art. 4 Abs. 3, 4; Hessen, AG. Art. 4 Abs. 3; Hamburg, AG. § 5.

Artikel 83.

E. d. EG. II Art. 57; III Art. 82. P. II Bd. 1 S. 612 ff.; Bd. 6 S. 491, 494 ff.

Waldgenossenschaften. Eine rationelle Forstwirtschaft ist regelmäßig nur auf einem größeren Landkomplexe möglich. Um Erfolge zu erzielen, ist daher vielfach die Zusammenfassung mehrerer verschiedenen Eigentümern gehörenden Forstgrundstücke zu gemeinsamem Betrieb erforderlich. Das öffentliche Interesse an der Erhaltung des Waldes erfordert es, eine solche Zusammenfassung in zweckmäßiger, den besonderen Bedürfnissen der Waldkultur entsprechenden Weise zu erleichtern.

Artikel 84. Unberührt bleiben die landesgesetzlichen Vorschriften, nach welchen eine Religionsgesellschaft oder eine geistliche Gesellschaft Rechtsfähigkeit nur im Wege der Gesetzgebung erlangen kann.

Die Vorschriften des BGB. über juristische Personen, über Gesellschaften und Gemeinschaften genügen für die besonderen Bedürfnisse der Waldkultur nicht; ebensowenig paßt dafür die Form der Aktiengesellschaft oder einer der anderen reichsgesetzlich anerkannten Genossenschaften; insbesondere stehen die Vorschriften über den Austritt einzelner Mitglieder und über die Auflösung der Genossenschaft mit den Zwecken einer Waldgenossenschaft häufig im Widerspruche. Die Landesgesetzgebung ist nun zwar auch ohne besonderen Vorbehalt berechtigt, öffentlichrechtliche Vorschriften über die Bildung und Verfassung von Waldgenossenschaften zu treffen. Die Grenzen zwischen dem öffentlichen Rechte und dem Privatrecht sind indessen auf diesem Gebiet oft zweifelhaft. Dem öffentlichen Interesse kann häufig nur durch Vorschriften, die ihrem Inhalte nach rein privatrechtlicher Natur sind, Genüge geschehen. Solche Vorschriften werden aber durch den Zweck, welchen sie verfolgen, nicht zu öffentlichrechtlichen und können deshalb ohne besonderen Vorbehalt von der Landesgesetzgebung nicht getroffen werden. Der Art. 83 bezweckt, der Landesgesetzgebung in dieser Beziehung freien Spielraum zu geben. Soweit es sich um Waldgenossenschaften handelt, die zur Zeit des Inkrafttretens des BGB. bereits bestehen, würde für den gedachten Zweck die Vorschrift des Art. 164 des EG. genügen. Das Bedürfnis erfordert aber auch die Neubildung von Waldgenossenschaften zu ermöglichen. Der Art. 83 gibt daher der Landesgesetzgebung allgemein die Befugnis, Vorschriften sowohl für die bestehenden wie für die künftig entstehenden Waldgenossenschaften zu treffen; selbstverständlich bleiben auch die in dieser Beziehung bereits bestehenden Gesetze in Kraft.

Der Ausdruck „Waldgenossenschaften" umfaßt alle Arten von Vereinigungen zum Zwecke der Waldkultur ohne Rücksicht auf deren juristische Konstruktion. Es fallen darunter also sowohl diejenigen Vereinigungen, welche als juristische Personen oder als deutschrechtliche Genossenschaften zu betrachten sind, als auch die Gemeinschaften von Miteigentümern eines Waldes und die Vereinigungen der Eigentümer einzelner Waldgrundstücke, sofern nur ihr Zweck die Erhaltung, Bewirtschaftung oder Benutzung des Waldes betrifft.

Über die Bildung und Verfassung von Waldgenossenschaften s. z. B. das preuß. Ges., betr. Schutzwaldungen und Waldgenossenschaften, v. 6. Juli 1875 §§ 23ff.; preuß. Ges. über gemeinschaftliche Holzungen v. 14. März 1881.

Von den speziellen Vorbehalten des EG. können für Forsten außer dem Art. 83 namentlich noch in Betracht kommen die Art. 107, 109, 111, 113, 124, 164.

Artikel 84.

E. I EG. II Art. 58; III Art. 83. P. II Bd. 1 S. 619; Bd. 6 S. 381f.

1. **Religionsgesellschaften und geistliche Gesellschaften.** Das öffentliche Recht wird durch das BGB. nicht berührt. Daraus folgt, daß die öffentlichrechtlichen Vorschriften der Landesgesetze über die Zulassung von Religionsgesellschaften und geistlichen Gesellschaften, insbesondere auch von geistlichen Orden bestehen bleiben und daß derartige Vorschriften neu erlassen werden können. Es folgt daraus ferner, daß die landesgesetzlichen Vorschriften über die Entstehung und Verfassung solcher Gesellschaften, soweit diese juristische Personen des öffentlichen Rechtes sind, vorbehaltlich der Vorschrift des § 89 des BGB., unberührt bleiben. Dagegen würden solche Gesellschaften, soweit sie nicht juristische Personen des öffentlichen Rechtes sind, die Rechtsfähigkeit nach den allgemeinen Vorschriften des BGB. über eingetragene Vereine (§§ 55ff.) erlangen können und die Landesgesetze würden in Ermangelung eines besonderen Vorbehalts nicht berechtigt sein, abweichende Vorschriften zu geben. Dem tritt die Vorschrift des Art. 84 entgegen. Unberührt sollen danach bleiben diejenigen landesgesetzlichen Vorschriften, nach welchen eine Religionsgesellschaft oder eine geistliche Gesellschaft Rechtsfähigkeit nur im Wege der Gesetzgebung erlangen kann. Derartige Vorschriften bestehen bereits in verschiedenen Bundesstaaten, z. B. in Preußen (Preuß. Verf. Art. 13). Der E. I bedurfte der Vorschrift des Art. 84 nicht, weil nach dem E. I des BGB. § 42 die juristische Persönlichkeit eines Vereins sich überhaupt nach den Landesgesetzen bestimmt.

Nicht getroffen durch den Vorbehalt werden solche Vorschriften, nach welchen Religionsgesellschaften oder geistliche Gesellschaften auf einem anderen Wege als dem der Gesetzgebung

Artikel 85. Unberührt bleiben die landesgesetzlichen Vorschriften, nach welchen im Falle des §. 45 Abs. 3 des Bürgerlichen Gesetzbuchs das Vermögen des aufgelösten Vereins an Stelle des Fiskus einer Körperschaft, Stiftung oder Anstalt des öffentlichen Rechtes anfällt.

---

also z. B. durch Verleihung von seiten der Regierung Rechtsfähigkeit erlangen können. So dürfte z. B. die Vorschrift des § 45 der II. bayer. Verf.-Beilage, nach welcher die Eigentumsfähigkeit der nicht öffentlichen Kirchengesellschaften nach ihrer Aufnahmsurkunde oder, wenn in dieser darüber nichts festgesetzt ist, nach den Rechten der Privatgesellschaften bestimmt wird, durch den Vorbehalt des Art. 84 nicht aufrecht erhalten werden. Getroffen durch den Vorbehalt werden aber nicht nur solche landesgesetzliche Vorschriften, nach welchen ein Gesetz im technischen (formellen) Sinne erforderlich ist, sondern auch solche, welche eine landesherrliche Verordnung verlangen; denn auch eine solche ist, wenn der Landesherr nach dem Staatsrechte des betreffenden Staates zur Erlassung derselben befugt ist, ein Akt der Gesetzgebung.

Über den Begriff der geistlichen Gesellschaften, die in Preußen die Rechtsfähigkeit nur durch Gesetz erlangen können, s. Rspr. Bd. 8 S. 164. Hier ist unter Bezugnahme auf das preuß. Landrecht und die spätere Gesetzgebung, insbesondere das Ges. v. 27. April 1887 dargelegt, daß alle Ordensgesellschaften, insbesondere auch die örtliche Vereinigung mehrerer Personen zu bestimmten religiösen Zwecken, zu denen die Mitglieder durch Gelübde verpflichtet sind, z. B. die Gesellschaft der Schwestern zur ewigen Anbetung (Benediktinerinnen), unter den Begriff fallen. In Rspr. Bd. 9 S. 371 wird anerkannt, daß, wenn eine geistliche Gesellschaft nach den Landesgesetzen die Rechtsfähigkeit nur im Wege der Gesetzgebung erlangen kann, eine solche Gesellschaft die Rechtsfähigkeit auch nicht auf dem Umwege erlangen kann, daß sie sich als Gesellschaft mit beschränkter Haftung konstituiert und als solche eintragen läßt.

2. Landesgesetzliche Vorschriften. Die mecklenburgische AV. zum BGB. § 14; das lübeckische AG. zum BGB. § 2.

Artikel 85.

E. d. EG. II Art. 59; III Art. 84. P. II Bd. 1 S. 544; Bd. 6 S. 407 f.

1. Änderung des § 45 des BGB. über die Anfallberechtigung des Fiskus. Nach dem E. I des BGB. § 49 sollte das Vermögen einer erloschenen Körperschaft in Ermangelung einer Bestimmung der Verfassung an denjenigen fallen, welcher in den Landesgesetzen als der Anfallberechtigte bestimmt ist. Durch § 45 des BGB. wird die Anfallberechtigung reichsrechtlich bestimmt und im Abs. 3 für den dort bezeichneten Fall der Anfall an den Fiskus des Bundesstaats, in dessen Gebiete der Verein seinen Sitz hatte, vorgeschrieben. Nach Art. 85 soll es den Landesgesetzen überlassen bleiben, an die Stelle des Fiskus eine Körperschaft, Stiftung oder Anstalt des öffentlichen Rechtes zu setzen. Eine ähnliche Vorschrift enthält der Art. 138 in betreff des Erbrechts des Fiskus und in noch weiterem Umfange der Art. 129 in betreff des Rechtes zur Aneignung eines von dem Eigentümer aufgegebenen Grundstücks.

Über den Begriff einer Körperschaft, Stiftung oder Anstalt des öffentlichen Rechtes s. Bd. I, Erl. 1 zu § 89.

Der Art. 85 handelt nur von einem aufgelösten Vereine, nicht von Stiftungen. In betreff dieser hat die Landesgesetzgebung schon nach BGB. §§ 85, 88 den erforderlichen Spielraum (s. Bd. I Erl. 2 zu § 88).

2. Landesgesetzliche Vorschriften. Preußen, AG. Art. 5, nach welchem das Anfallrecht bei Vereinen sich lediglich nach dem BGB. bestimmt, während für Stiftungen besondere Vorschriften gegeben werden; gleiches gilt für Bayern AG. Art. 5; Württemberg, AG. Art. 136, welches je nach dem Zwecke des Vereins verschiedene Anfallberechtigte bestimmt; Art. 138 über Stiftungen.

Artikel 86.

E. d. EG. I Art. 49 Abs. 2, 3; II Art. 61; III Art. 86. P. I S. 12770 ff.; M. d. EG. S. 172 ff. P. II Bd. 6 S. 400 ff., 612 ff. RB. S. 1949 ff., 2113. StB. S. 3030 f., 3096.

1. Erwerb von Rechten durch juristische Personen. Aus der Rechtsfähigkeit folgt die Fähigkeit, Rechte zu erwerben. Juristische Personen sind rechtsfähig; sie sind daher auch fähig, Rechte zu erwerben. Der Art. 86 will aber den Landesgesetzen die Möglichkeit gewähren, den Gefahren entgegenzutreten, welche sich aus übermäßigen Zuwendungen an juristische Personen für das öffentliche Interesse wie für das Interesse der Familie ergeben. Aufrecht erhalten durch

Artikel 86. Unberührt bleiben die landesgesetzlichen Vorschriften, welche den Erwerb von Rechten durch juristische Personen beschränken oder von staatlicher Genehmigung abhängig machen, soweit diese Vorschriften Gegenstände im Werthe von mehr als fünftausend Mark betreffen. Wird die nach dem Landesgesetze zu einem Erwerbe von Todeswegen erforderliche Genehmigung ertheilt, so gilt sie als vor dem Erbfall ertheilt; wird sie verweigert, so gilt die juristische Person in Ansehung des Anfalls als nicht vorhanden; die Vorschrift des §. 2043 des Bürgerlichen Gesetzbuchs findet entsprechende Anwendung.

Art. 86 werden also innerhalb der in dem Art. 86 bestimmten Grenzen die in vielen deutschen Staaten bestehenden sog. Amortisationsgesetze (s. **Kohl**, Die deutschen Amortisationsgesetze 1880. M. d. EG. S. 172) und können derartige Gesetze auch neu erlassen werden.

2. **Der Vorbehalt des Art. 86 bezieht sich auf alle juristischen Personen,** mag deren Rechtsfähigkeit auf dem BGB. oder auf besonderen Reichsgesetzen oder auf staatlicher Verleihung beruhen; er bezieht sich sowohl auf Vereine wie auf Stiftungen. Als juristische Personen im Sinne des Art. 86 sind insbesondere auch die Aktiengesellschaften, die Gesellschaften mit beschränkter Haftung und die verschiedenen Arten der reichsgesetzlich geordneten Genossenschaften anzusehen. Im E. I d. EG. Art. 49 Abs. 3 war bestimmt, daß der Vorbehalt sich nicht beziehe auf juristische Personen, deren juristische Persönlichkeit auf besonderer reichsgesetzlicher Vorschrift beruht. Im Anschlusse hieran bestimmte der E. II d. EG. Art. 61 Abs. 2

„die Vorschriften des Abs. 1 finden keine Anwendung auf juristische Personen, deren Rechtsfähigkeit auf reichsgesetzlichen, neben dem Bürgerlichen Gesetzbuche bestehenden Vorschriften beruht.“

Die Weglassung dieses Absatzes in dem BGB. beruht auf einem Beschlusse des Bundesrats. Selbstverständlich können die Landesgesetze ihre Vorschriften auf juristische Personen einer bestimmten Art beschränken. In der RTK. war im Anschluß an einen bereits in der zweiten Kommission gestellten Antrag beantragt, dem Art. 86 die Bestimmung hinzuzufügen, „daß die einem anderen Bundesstaat angehörenden juristischen Personen, deren Rechtsfähigkeit auf einem neben dem Bürgerlichen Gesetzbuche geltenden Reichsgesetze beruht, nicht weitergehende Beschränkungen im Erwerbe von Rechten unterworfen werden können als die dem Bundesstaate selbst angehörenden juristischen Personen derselben Art“. Der Antrag gelangte, weil bei der ersten Lesung der Kommission der Art. 86 ganz gestrichen wurde, nicht zur Abstimmung. Bei der zweiten Lesung wurde der Vermittelungsantrag gestellt und angenommen, dem Art. 86 die jetzige Fassung zu geben. Diese steht einer landesgesetzlichen Vorschrift nicht entgegen, durch welche die einem anderen deutschen Bundesstaat angehörenden juristischen Personen weitergehenden Beschränkungen im Erwerbe von Rechten unterworfen werden wie die dem Staate, in welchem das Gesetz ergeht, angehörenden juristischen Personen. Eine solche Bestimmung besteht z. B. in betreff des Erwerbes von Grundeigentum in Preußen nach dem Ges. v. 4. Mai 1846. Eine andere Frage ist, ob eine derartige Vorschrift durch den Art. 3 der Reichsverfassung ausgeschlossen wird. Es hängt dies davon ab, ob der Art. 3 sich nur auf physische oder auch auf juristische Personen bezieht. Das Reichsgericht hat sich in den Entscheidungsgründen eines Urteils v. 14. April 1882 (RG. Bd. 6 S. 142) für die letztere Ansicht erklärt. Die preuß. Regierung hält indessen die entgegengesetzte Ansicht fest und die Praxis scheint auf demselben Standpunkte zu stehen. Auf eine nähere Erörterung dieser Frage einzugehen ist hier nicht der Ort.

3. **Der Art. 86 bezieht sich auf jede Art des Erwerbes,** auf den Erwerb durch Rechtsgeschäfte unter Lebenden oder von Todes wegen, auf den entgeltlichen wie auf den unentgeltlichen Erwerb. Auch in betreff der Gegenstände findet, vorbehaltlich der Wertgrenze (s. Erl. 4), keine Beschränkung statt; bewegliche und unbewegliche Sachen sowie Rechte jeder Art werden durch die Vorschrift des Art. 86 getroffen; der Landesgesetzgebung wird dadurch ferner gestattet, nicht nur den dinglichen Erwerb, sondern auch den Erwerb eines Anspruchs durch ein obligatorisches Rechtsgeschäft zu beschränken. Selbstverständlich kann die Landesgesetzgebung ihre Vorschriften auf gewisse Erwerbsarten z. B. auf den Erwerb durch Schenkungen oder durch Verfügungen von Todes wegen oder auf Grundstücke oder auf den dinglichen Erwerb beschränken. Auch in betreff der Art, in welcher der Erwerb beschränkt werden soll, läßt der Art. 86 der Landesgesetzgebung freien

Spielraum. Die Landesgesetze können den Erwerbsakt für unwirksam erklären oder seine Wirksamkeit von staatlicher Genehmigung abhängig machen; sie können aber auch z. B. eine Beschränkung nur insofern eintreten lassen, als sie die juristische Person verpflichten, einen erworbenen Gegenstand innerhalb einer bestimmten Zeit wieder zu veräußern. Über den Erwerb von Todes wegen s. Erl. 5.

Fraglich ist, ob, wenn die Landesgesetzgebung sich darauf beschränkt, die staatliche Genehmigung für den Erwerb von Rechten durch Vertrag zu erfordern, die Parteien solange an den Vertrag gebunden sind, bis sich entschieden hat, ob die staatliche Genehmigung erfolgt oder nicht. Unzweifelhaft können die Parteien in dieser Zwischenzeit den Vertrag durch einen neuen Vertrag wieder aufheben. Ist dies geschehen, so ist eine nachher erfolgende staatliche Genehmigung des früheren Vertrags gegenstandslos. Zweifelhaft ist, ob, solange die Genehmigung nicht erfolgt ist, jede Partei einseitig von dem Vertrage zurücktreten kann. Handelte es sich bei einer landesgesetzlichen Bestimmung der hier fraglichen Art um eine Beschränkung der Geschäftsfähigkeit, so würde in Frage kommen, ob sich eine entsprechende Anwendung der Vorschriften des BGB. über die Verträge Minderjähriger (§§ 108ff.) rechtfertigt. Die Frage dürfte bei dem besonderen Charakter, welchen die gedachten Vorschriften haben, zu verneinen sein und hieraus würde dann folgen, daß die in der Geschäftsfähigkeit beschränkte juristische Person, solange die staatliche Genehmigung nicht erteilt worden ist, nicht gebunden ist (so Riedner Erl. 6 zu Art. 86). Es dürfte indessen unrichtig sein, in einer Bestimmung der fraglichen Art eine Beschränkung der Geschäftsfähigkeit zu finden. Durch das Erfordernis der staatlichen Genehmigung wird nicht die Geschäftsfähigkeit, sondern nur die Erwerbsfähigkeit der betreffenden juristischen Person beschränkt. Der Erwerb von Rechten wird an die conditio juris geknüpft, daß die staatliche Genehmigung erfolge. Der Vertrag ist gültig, aber der dadurch bezweckte Erfolg des Erwerbes von Rechten tritt erst ein, wenn die staatliche Genehmigung erfolgt. Bis sich dies entschieden hat, sind die Parteien an den Vertrag gebunden. Die Vorschriften über rechtsgeschäftliche Bedingungen finden zwar, da es sich hier um eine conditio juris handelt, keine direkte Anwendung. Die Gebundenheit der Parteien ergibt sich aber daraus, daß es gegen Treu und Glauben verstoßen würde, wenn eine Partei, bevor über die bei dem Vertrag in Aussicht genommene zu dem Erwerb erforderliche staatliche Genehmigung eine Entscheidung erfolgt ist, von dem Vertrage zurückträte. Erfolgt die Genehmigung, so wird dadurch der Vertrag nicht etwa erst gültig — dies war er von Anfang an —, sondern es tritt dadurch nur die beabsichtigte Wirkung des Erwerbes des betreffenden Rechtes ein. Wird die Genehmigung verweigert, so ist die Erreichung des durch den Vertrag bezweckten Erfolgs unmöglich und damit der Vertrag hinfällig geworden. Die Landesgesetze können übrigens, wie bereits hervorgehoben ist, in betreff der Gebundenheit der Parteien bis zur Entscheidung über die staatliche Genehmigung andere als die oben dargelegten Bestimmungen treffen.

4. Nur eine Grenze wird den Landesgesetzen durch den Art. 86 gezogen. **Die landesgesetzlichen Vorschriften können nur den Erwerb solcher Gegenstände beschränken oder von staatlicher Genehmigung abhängig machen, deren Wert mehr als fünftausend Mark beträgt.** Bei dieser Begrenzung hat das preuß. Ges. v. 23. Februar 1870 zum Vorbilde gedient; nur ist die dort bestimmte Wertgrenze von dreitausend Mark auf fünftausend erhöht worden. Unter dem „Werte" ist der gemeine Wert zu verstehen, den der betreffende Gegenstand zur Zeit des Erwerbes hat.

Zweifelhaft ist, ob bei der Berechnung des Wertes die Lasten und Verpflichtungen zu berücksichtigen sind, welche den Erwerber infolge des Erwerbes treffen, ob also z. B., wenn es sich um den Erwerb eines Grundstücks handelt, von dem Werte, den das Grundstück an sich hat, der Betrag der darauf ruhenden Hypotheken, Grundschulden oder Rentenschulden in Abzug zu bringen ist, oder ob von dem Werte der Aktiva einer Erbschaft die Nachlaßverbindlichkeiten, von dem Werte eines vermachten Gegenstandes die Untervermächtnisse in Abzug zu bringen sind. Der Wortlaut des Gesetzes dürfte gegen eine solche Berechnung des Wertes sprechen; denn die Zulässigkeit der landesgesetzlichen Bestimmung wird nicht davon abhängig gemacht, daß sie einen Erwerb zum Werte von mehr als fünftausend Mark betrifft, sondern davon, daß sie einen Gegenstand zum Werte von mehr als fünftausend Mark betrifft. Auch der Zweck der fraglichen Vorschrift dürfte dagegen sprechen, den Nettowert des Erwerbes als entscheidend anzusehen; der Zweck wird vielmehr vollständig nur erreicht, wenn nur der Bruttowert, um dessen Erwerb es sich handelt, berücksichtigt wird (a. A. Stranz, Kommentar zum preuß. Ausführungsgesetze S. 65).

Hat eine juristische Person mehrere Gegenstände durch ein und dasselbe Rechtsgeschäft von einer und derselben anderen Person erworben, so wird der Gesamtwert dieser Gegenstände entscheidend sein müssen. Sind einer juristischen Person mehrere Gegenstände von demselben Erblasser durch verschiedene Verfügungen von Todes wegen zugewendet, so werden diese Verfügungen, da sie zusammen als letzter Wille des Erblassers mit dessen Tode in Wirksamkeit treten, in der hier fraglichen Beziehung als ein einheitliches Ganzes zu betrachten sein; der Wert aller Gegenstände ist daher zusammenzurechnen. Erwirbt dagegen eine juristische Person Gegenstände von verschiedenen Personen, so ist der Wert jedes einzelnen Gegenstandes zugrunde zu legen, auch wenn der Erwerb durch ein und dasselbe Rechtsgeschäft gemacht wird. Ebenso kommt es, wenn eine juristische Person mehrere Gegenstände von derselben Person, aber durch verschiedene Rechtsgeschäfte unter Lebenden erwirbt, auf den Wert jedes einzelnen Gegenstandes an; doch ist in diesem Falle zu beachten, ob die Zerlegung in mehrere Rechtsgeschäfte, von denen jedes einzelne sich nur auf einen Gegenstand zum Werte von weniger als fünftausend Mark bezieht, nicht lediglich zu dem Zwecke erfolgt ist, um die landesgesetzliche, den Erwerb von Gegenständen über fünftausend Mark betreffende Vorschrift zu umgehen; in einem solchen Falle würden die verschiedenen Rechtsgeschäfte nach den allgemeinen über die in fraudem legis vorgenommenen Rechtsgeschäfte geltenden Grundsätzen als ein Ganzes zu behandeln und der Wert der durch sie erworbenen Gegenstände also zusammenzurechnen sein. Das gleiche gilt, wenn ein Erwerbsgeschäft mit mehreren Personen vorgenommen wird, diese aber nur vorgeschoben sind, weil bei dem Erwerbe von einer Person die Wertgrenze überschritten würde.

Ob der Erwerb eines Gegenstandes, dessen Wert mehr als fünftausend Mark beträgt, seinem ganzen Umfange nach oder nur insoweit, als er den Betrag von fünftausend Mark übersteigt, beschränkt sein oder von staatlicher Genehmigung abhängen soll, hat das betreffende Landesgesetz zu bestimmen. Im Zweifel wird anzunehmen sein, daß die Bestimmung den ganzen Erwerb treffen soll (Kisch, Elsaß-Lothringensches Landesprivatrecht S. 175).

Über die Entscheidung der hier berührten Fragen nach dem preuß. Gesetz v. 23. Februar 1870 s. Dernburg, Preuß. Privatrecht I § 55 Nr. 2; II § 3.

Landesgesetze, welche die Erwerbsfähigkeit juristischer Personen in Beziehung auf Gegenstände beschränken, die einen geringeren Wert als fünftausend Mark haben, treten außer Kraft. In KG. 25 A 126; 26 A 257, Rspr. 8 S. 103 wird dieser Grundsatz angewendet auf die in § 50 Nr. 1 des preuß. Ges. v. 20. Juni 1875, betr. die Vermögensverwaltung in den katholischen Kirchenverwaltungen, und in § 24 Ziff. 1 des preuß. Ges., betr. die evangelische Kirchenverfassung, v. 3. Juni 1876 enthaltenen Bestimmungen, durch welche die Genehmigung der zuständigen Behörde zu Erwerb von Grundeigentum gefordert wird.

5. Erwerb durch Verfügung von Todes wegen. Der Art. 86 Satz 2 Halbsätze 1, 2 schließt sich an die Vorschrift des § 84 des BGB. an. Wird die zu einem Erwerbe von Todes wegen erforderliche staatliche Genehmigung erteilt, so gilt sie als vor dem Tode, der Erwerb der juristischen Person als mit dem Tode erfolgt. Wird die staatliche Genehmigung verweigert, so gilt die juristische Person in Ansehung des Anfalls als nicht vorhanden, der Erwerb also als nicht erfolgt. Unter dem Erwerbe von Todes wegen ist nach BGB. § 1369 der Erwerb durch Erbfolge, durch Vermächtnis oder als Pflichtteil zu verstehen. Der Erwerb durch gesetzliche Erbfolge oder als Pflichtteil kommt hier nur in den Ausnahmefällen in Betracht, in welchen einer juristischen Person auf Grund einer nach EG. Art. 138, 139 zulässigen landesgesetzlichen Vorschrift ein Erbrecht oder ein Pflichtteilsrecht zusteht. Abgesehen hiervon handelt es sich nur um den Erwerb durch Erbfolge oder Vermächtnis auf Grund einer Verfügung von Todes wegen (BGB. §§ 1937, 1939, 1941). Ist die juristische Person als Miterbe berufen, so ist die Auseinandersetzung mit den übrigen Miterben nach dem im Art. 86 Satz 2 Halbsatz 3 für entsprechend anwendbar erklärten § 2043 des BGB. bis dahin ausgeschlossen, daß die Entscheidung über die staatliche Genehmigung erfolgt ist.

6. Landesgesetzliche Vorschriften. Preußen, AG. Art. 6, 7, nach welchen die staatliche Genehmigung erforderlich ist zu jedem Erwerbe durch Schenkung oder Verfügung von Todes wegen bei einem Betrage von mehr als 5000 Mark, ferner bei dem Erwerbe von Grundbesitz zum Werte von mehr als 5000 Mark, jedoch mit gewissen Ausnahmen und für ausländische Personen ohne Rücksicht auf den Wert (dazu V. v. 16. November 1899 Art. 6); Bayern, AG. Art. 7—10, nach welchen die staatliche Genehmigung nur für den Erwerb von geistlichen Gesellschaften bei einem Werte über 10000 Mark und nur bei ausländischen juristischen Personen bei einem Werte von über 5000 Mark erforderlich ist; Württemberg AG. Art. 140, nach

Artikel 87. Unberührt bleiben die landesgesetzlichen Vorschriften, welche die Wirksamkeit von Schenkungen an Mitglieder religiöser Orden oder ordensähnlicher Kongregationen von staatlicher Genehmigung abhängig machen.

Unberührt bleiben die landesgesetzlichen Vorschriften, nach welchen Mitglieder religiöser Orden oder ordensähnlicher Kongregationen nur mit staatlicher Genehmigung von Todeswegen erwerben können. Die Vorschriften des Artikel 86 Satz 2 finden entsprechende Anwendung.

Mitglieder solcher religiöser Orden oder ordensähnlicher Kongregationen, bei denen Gelübde auf Lebenszeit oder auf unbestimmte Zeit nicht abgelegt werden, unterliegen nicht den in den Abs. 1, 2 bezeichneten Vorschriften.

---

welchem je nach der Art der juristischen Personen und nach der Art und dem Zwecke der Zuwendung unterschieden wird; Baden, AG. Art. 8 nach welchem die staatliche Genehmigung für Schenkungen und Verfügungen von Todes wegen zum Betrage von mehr als fünftausend Mark erforderlich ist (vgl. auch V. v. 17. Juni 1901 § 2 Nr. 4); Hessen, AG. Art. 12, 13, nach welchen die staatliche Genehmigung zu dem Erwerbe durch Schenkungen oder Verfügungen von Todes wegen zum Werte von über 5000 Mark erfordert wird; Mecklenburg, AV. §§ 27—30, die staatliche Genehmigung zu dem Erwerbe von Grundstücken zum Werte von mehr als 5000 Mark erfordert; Elsaß-Lothringen, AG. § 6, nach welchen Schenkungen und Verfügungen von Todes wegen an juristische Personen, jedoch mit gewissen Ausnahmen, soweit nicht gesetzlich ein anderes bestimmt ist, der staatlichen Genehmigung bedürfen; Lübeck, AG. § 13, nach welchem die staatliche Genehmigung für Schenkungen und letztwillige Zuwendungen zum Werte von mehr als 5000 Mark erforderlich ist. Über Auslegung einzelner Vorschriften der AG. s. Rspr. Bd. 8 S. 168; Bd. 8 S. 170.

7. Eine Einschränkung hat der Art. 86 durch § 5 Abs. 3 Satz 2 des Hypothekenbankengес. v. 13. Juli 1899 und § 54 Abs. 2 des Privatversicherungsges. v. 12. Mai 1901 erfahren. Danach stehen in Ansehung des im § 5 gestatteten Erwerbes von Grundstücken alle deutschen Hypothekenbanken den einheimischen gleich und Versicherungsaktiengesellschaften und Versicherungsvereine auf Gegenseitigkeit bedürfen zu dem im § 54 zugelassenen Erwerb von Grundstücken nicht der landesgesetzlich vorgeschriebenen staatlichen Genehmigung.

Gegenüber ausländischen juristischen Personen s. auch Art. 88.

Artikel 87.

E. d. EG. I Art. 48; II Art. 62; III Art. 87. P. I S. 12762 ff.; M. d. EG. S. 168 ff. P. II Bd. 6 S. 381. KB. S. 1949 ff., 2113. StB. S. 3030 f., 3096.

1. **Mitglieder religiöser Orden oder ordensähnlicher Kongregationen.** In einem großen Teile von Deutschland tritt nach dem bisherigen Rechte infolge der feierlichen Klostergelübde eine weitgehende Beschränkung der Vermögensfähigkeit ein. Infolge derselben fällt entweder das Vermögen sowie der spätere Erwerb der betreffenden Person dem Kloster zu oder die betreffende Person wird für bürgerlich tot betrachtet (so nach dem preuß. Landrecht) oder ihr Vermögen fällt entweder ganz oder doch im beschränkten Umfange dem Kloster zu und ein späterer Erwerb von Vermögen wird ganz oder teilweise ausgeschlossen (so nach den sog. Amortisationsgesetzen verschiedener Staaten). Nach dem BGB. hat die Ablegung der feierlichen Klostergelübde keinen Einfluß auf die Vermögens- oder Erwerbsfähigkeit der betreffenden Person. Die gedachten Vorschriften des bisherigen Rechts treten daher nach Art. 55 außer Kraft. Der Art. 87 hält aber derartige Vorschriften innerhalb der in ihm bestimmten Grenzen aufrecht und gestattet der Landesgesetzgebung, sie neu zu erlassen, weil sonst durch Zuwendung an Mitglieder religiöser Orden und ordensähnlicher Kongregationen mittelbar der Zweck des Art. 86, die Anhäufung des Vermögens in der toten Hand zu verhindern, vereitelt werden könnte.

2. **Der Begriff religiöser Orden und ordensähnlicher Kongregationen** bestimmt sich nach dem Kirchenrechte (s. Richter, Kirchenrecht § 293). Nach dem von dem Reichstage dem Art. 87 hinzugefügten Abs. 3 sollen die Vorschriften des Art. 87 aber nur Anwendung finden auf solche Orden und ordensähnliche Kongregationen, bei denen Gelübde auf Lebenszeit oder auf unbestimmte Zeit abgelegt werden.

Artikel 88. Unberührt bleiben die landesgesetzlichen Vorschriften, welche den Erwerb von Grundstücken durch Ausländer von staatlicher Genehmigung abhängig machen.

---

3. Den Landesgesetzen wird durch Art. 87 nur gestattet, die **Wirksamkeit von Schenkungen** an Mitglieder religiöser Orden und ordensähnlicher Kongregationen **sowie den Erwerb solcher Personen von Todes wegen** von staatlicher Genehmigung abhängig zu machen. Eine andere Art der Beschränkung ist unzulässig und der Erwerb durch entgeltliche Rechtsgeschäfte kann überhaupt nicht beschränkt werden. Der Begriff der Schenkung (BGB. §§ 516, 517) umfaßt sowohl die schenkweise Veräußerung als das Schenkungsversprechen. Unter dem Erwerbe von Todes wegen ist nach BGB. § 1369 ebenso wie im Falle des Art. 86 der Erwerb durch Erbfolge, Vermächtnis oder als Pflichtteil zu verstehen. Hier kommt aber, abweichend von dem Falle des Art. 86, auch der Erwerb auf Grund der gesetzlichen Erbfolge des BGB. §§ 1924ff. und als Pflichtteil nach Maßgabe der §§ 2303ff. in Betracht.

4. Die Landesgesetze können bestimmen, **welche Folgen eintreten, wenn die zu einer Schenkung an die im Art. 87 bezeichneten Personen erforderliche staatliche Genehmigung nicht oder noch nicht erteilt ist.** Es gilt in dieser Beziehung das in der Erl. 3 Abs. 2 zu Art. 86 Gesagte. Insbesondere ist nach den dort dargelegten Grundsätzen auch die Frage zu entscheiden, ob, wenn das betreffende Landesgesetz sich ohne nähere Bestimmung darauf beschränkt, die staatliche Genehmigung zu erfordern, die Parteien an den Schenkungsvertrag solange gebunden sind, bis die staatliche Genehmigung verweigert ist, und welche Folgen sich an die Erteilung oder Verweigerung oder Genehmigung knüpfen.

Die ohne die landesgesetzlich vorgeschriebene Genehmigung erfolgende schenkweise Übertragung des Eigentums oder des sonstigen Rechtes ist unwirksam. Mit Rücksicht hierauf wird in Bundesstaaten, welche von der Vorschrift des Art. 87 Gebrauch gemacht haben, der Grundbuchrichter verpflichtet sein, bei der Auflassung an eine der im Art. 87 bezeichneten Personen sich die causa der Übertragung nachweisen zu lassen und die Eintragung zu verweigern, solange nicht klargestellt ist, daß keine Schenkung vorliegt (Turnau-Förster, Liegenschaftsrecht Aufl. II Bd. 1 S. 375; vgl. auch ähnliche Fälle in Rspr. Bd. 9 S. 403; RJA. Bd. 2 S. 248).

5. **Wird der Erwerb von Todes wegen von staatlicher Genehmigung abhängig gemacht,** so finden dieselben Grundsätze Anwendung, welche für den Fall gelten, daß der Erwerb einer juristischen Person von Todes wegen landesgesetzlich von staatlicher Genehmigung abhängig gemacht ist (s. Erl. 5 zu Art. 86).

6. **Landesgesetzliche Vorschriften** der fraglichen Art sind nur in wenigen Staaten getroffen, z. B. in Sachsen-Altenburg, AG. § 14, Lübeck, AG. § 14.

Artikel 88.

E. d. ES. III Art. 88.

Erwerb von Grundstücken durch Ausländer. Der Art. 88 beruht auf einem Beschlusse des Bundesrats. Ausländer werden nach den Grundsätzen des internationalen Privatrechts in Deutschland als rechtsfähig anerkannt, sind also an sich auch fähig, Grundstücke zu erwerben. Der Art. 88 gestattet aber den Landesgesetzen, diese Fähigkeit in Beziehung auf den Erwerb von Grundstücken dadurch zu beschränken, daß der Erwerb eines Grundstücks von staatlicher Genehmigung abhängig gemacht wird. Nur der Erwerb, nicht das auf den Erwerb gerichtete obligatorische Rechtsgeschäft kann von stattlicher Genehmigung abhängig gemacht werden. Da der Erwerb eines Grundstücks nur durch Auflassung und Eintragung in das Grundbuch erfolgen kann, der Grundbuchrichter aber die Eintragung abzulehnen hat, wenn der Erwerber ein Ausländer ist und für den Erwerb von seiten eines solchen die staatliche Genehmigung vorgeschrieben ist, so muß die staatliche Genehmigung vor dem Erwerb erfolgen. Die Frage, wie das Verhältnis in der Zwischenzeit zwischen dem Erwerbsgeschäft und der Erteilung der staatlichen Genehmigung zu beurteilen ist (s. Erl. 3 zu Art. 86), kommt hier also nicht in Betracht. Ist das auf den Erwerb gerichtete obligatorische Rechtsgeschäft gültig, so wird dessen Erfüllung durch die Verweigerung der staatlichen Genehmigung unmöglich. Die Folgen dieser Unmöglichkeit ergeben sich aus BGB. §§ 275ff., 323ff.

Unter Ausländern im Sinne des Art. 88 sind nur die Angehörigen eines nicht deutschen Staates, nicht auch die Angehörigen anderer deutscher Staaten zu verstehen.

Artikel 89. Unberührt bleiben die landesgesetzlichen Vorschriften über die zum Schutze der Grundstücke und der Erzeugnisse von Grundstücken gestattete Pfändung von Sachen, mit Einschluß der Vorschriften über die Entrichtung von Pfandgeld oder Ersatzgeld.

Praktische Bedeutung hat der Vorbehalt des Art. 88 hauptsächlich für ausländische juristische Personen; s. z. B. das preuß. AG. zum BGB. Art. 7, das bayer. AG. Art. 10. Das hessische AG. Art. 15 erfordert die staatliche Genehmigung für Ausländer, wenn nicht die Gegenseitigkeit verbürgt ist; das Hamburgsche AG. § 28 allgemein und unbedingt. Hervorgehoben mag noch werden, daß, während im allgemeinen ein Vergeltungsrecht gegen Ausländer nach Art. 31 nur von dem Reichskanzler unter Zustimmung des Bundesrats in Anwendung gebracht werden kann, die Landesgesetzgebung auf Grund des Art. 88 berechtigt ist, zum Zwecke der Vergeltung den Erwerb von Grundstücken durch Ausländer zu beschränken.

Über andere reichsrechtliche Beschränkungen der Ausländer s. z. B. BGB. § 1315 Abs. 2; Reichsgesetz v. 1. Juni 1891, betr. den Schutz von Gebrauchsmustern, § 13.

Der Vorbehalt gilt natürlich nur, soweit nicht aus den vom Reiche oder einem Bundesstaate geschlossenen Staatsverträgen sich ergibt, daß der Ausländer Grundstücke frei erwerben darf. In Betracht kommen insbesondere die Verträge mit Belgien v. 6. Dezember 1891 (RGBl. 1892 S. 241) Art. 1, Griechenland v. 9. Juli 1884 (RGBl. 1885 S. 23) Art. 2, Italien v. 6. Dezember 1891 (RGBl. S. 97) Art. 2, Rumänien v. 31. Oktober 1893 (RGBl. 1894 S. 1) Art. 2, Rußland v. 10. Februar 1894 (RGBl. S. 153) Art. 2 und Zusatzvertrag v. 28. Juli 1904 (RGBl. 1905 S. 35), Schweiz v. 31. Mai 1890 (RGBl. S. 131) Art. 1, Spanien v. 12. Februar 1899 (RGBl. S. 335), Türkei v. 26. August 1890 (RGBl. 1891 S. 117) Art. 1. Für Großbritannien s. Bek. v. 7. Juli 1899 (RGBl. S. 364).

Artikel 89.

E. d. EG. I Art. 62; II Art. 63; III Art. 89. P. I S. 12786 f., 12806 ff.; M. I S. 353 f.
M. d. EG. S. 187 ff. P. II Bd. 6 S. 431 ff., 616.

1. **Pfändung von Sachen zum Schutze von Grundstücken und deren Erzeugnissen.** Die §§ 229—231 des BGB. bestimmen die Voraussetzungen, unter welchen Selbsthilfe zulässig ist. Hierüber hinaus geht die Selbsthilfe durch Pfändung, deren Zulassung der Art. 89 den Landesgesetzen gestattet. Das Pfändungsrecht besteht seit alter Zeit in einem großen Teile von Deutschland (Stobbe, Handbuch des deutschen Privatrechts I S. 588 ff.) und wird durch viele neuere Partikulargesetze z. B. in Preußen durch das Ges., betr. Forstdiebstahl v. 15. April 1878 § 15 Abs. 2 und das Forstpolizeigesetz v. 1. April 1880 §§ 69—88, in Sachsen durch das BGB. §§ 488—494, V. v. 9. Januar 1865 §§ 9, 10, in Elsaß-Lothringen durch Feldpolizeistrafgesetz v. 9. Juli 1888 §§ 42—46 (s. auch M. d. EG. S. 188) anerkannt.

Das Pfändungsrecht hat den Zweck, den sonst oft schwer zu erbringenden Beweis widerrechtlichen Betretens von Grundstücken oder der Beschädigung derselben oder ihrer Erzeugnisse durch Menschen oder Tiere zu sichern und für den zugefügten Schaden Sicherheit zu erlangen. Der Art. 89 begrenzt das Recht insofern, als nur die Wegnahme von Sachen, nicht die Festnahme von Menschen gestattet wird. Die Festnahme von Personen ist nur nach BGB. §§ 229, 230 gestattet. In Betracht kommt hauptsächlich die Pfändung von Tieren. Auch andere bewegliche Sachen aber können gepfändet werden und, soweit das Anhalten eines Menschen erforderlich ist, um ihm die zu pfändenden Sachen wegzunehmen, ist auch das Anhalten nötigenfalls mit Gewalt gestattet.

In betreff der Voraussetzungen der Zulässigkeit der Pfändung beschränkt sich der Art. 89 auf die Bestimmung, daß sie zum Schutze der Grundstücke und der Erzeugnisse von Grundstücken gestattet sei. Sie ist also nicht auf land- oder forstwirtschaftliche Grundstücke beschränkt, sondern bei allen Grundstücken zulässig. Zu anderen als den im Art. 89 bezeichneten Zwecken gestattet der Vorbehalt die Pfändung nicht, also z. B. nicht zum Schutze des Jagdrechts an fremden Grundstücken (RG. in Str. 34 S. 156). Selbstverständlich ist, daß die Pfändung nur wegen objektiv widerrechtlichen Verhaltens zulässig ist. Die Voraussetzungen der Zulässigkeit im einzelnen näher zu bestimmen, insbesondere auch die Person des Berechtigten und die Sachen, welche gepfändet werden dürfen, ist Sache des betreffenden Landesgesetzes. Dieses kann insbesondere auch demjenigen, welcher nur ein dingliches Recht an dem Grundstücke hat, z. B. dem Nießbraucher,

Artikel 90. Unberührt bleiben die landesgesetzlichen Vorschriften über die Rechtsverhältnisse, welche sich aus einer auf Grund des öffentlichen Rechtes wegen der Führung eines Amtes oder wegen eines Gewerbebetriebs erfolgten Sicherheitsleistung ergeben.

---

das Pfändungsrecht zum Schutze des Grundstücks oder der Erzeugnisse desselben einräumen (a. A. wie es scheint Niedner, Erl. 2 zu Art. 89).

2. **Pfandgeld, Ersatzgeld.** In den Vorschriften über das Pfändungsrecht befindet sich häufig die Bestimmung, daß das Pfand durch Bezahlung einer bestimmten Geldsumme (Pfandgeld) gelöst werden müsse oder könne. Das Pfandgeld kann gefordert werden ohne Rücksicht darauf, ob wirklich ein Schaden entstanden ist und wie hoch sich derselbe beläuft; doch ist regelmäßig der Beweis eines höheren Schadens nicht ausgeschlossen. In den neueren Gesetzen wird häufig der Anspruch auf Bezahlung eines festbestimmten Geldbetrags wegen widerrechtlichen Betretens eines fremden Grundstücks durch Menschen oder durch Tiere oder wegen eines sonstigen widerrechtlichen Verhaltens in Beziehung auf Grundstücke und deren Erzeugnisse auch dann zugelassen, wenn eine Pfändung nicht erfolgt ist. Diese als Ersatzgeld bezeichnete Leistung hat ebenso wie das Pfandgeld den Charakter einer Aversionalvergütung für den angerichteten Schaden und, sofern ein solcher nicht oder nur in geringerem Maße entstanden ist, den Charakter einer Privatstrafe. Auch in dieser Beziehung ist den Landesgesetzen durch Art. 89 freie Hand gelassen.

3. Der Vorbehalt des Art. 89 bezieht sich, wie in der zweiten Kommission ausdrücklich anerkannt wurde (P. II Bd. 6 S. 433), auch auf **die Vorschriften über das der Pfändung von Sachen sich anschließende und das die Entrichtung von Pfandgeld oder Ersatzgeld betreffende Verfahren.**

4. **Schadensersatz im Falle objektiv widerrechtlicher Pfändung.** In der zweiten Kommission war der Antrag gestellt, dem Art. 89 folgenden Abs. 2 hinzuzufügen: „Wird das Pfändungsrecht in der irrigen Annahme ausgeübt, daß die Voraussetzungen der Ausübung vorliegen, so findet die Vorschrift des § 225 (jetzt § 231) des BGB. Anwendung". Bei objektiv widerrechtlicher Pfändung sollte der Pfändende also zum Schadensersatze verpflichtet sein, auch wenn der Irrtum über das Vorliegen der Voraussetzungen nicht auf Fahrlässigkeit beruht. Der Antrag wurde abgelehnt, weil der § 225 (jetzt § 231) gegenüber dem sonst im BGB. festgehaltenen Verschuldungsprinzip eine Spezialbestimmung sei, die keine analoge Anwendung dulde. Eine Ausdehnung derselben auf die Pfändung stelle die Vorteile des Instituts wesentlich in Frage, da rasches Zugreifen mit ängstlicher Prüfung der Rechtmäßigkeit schwer vereinbar sei. Die Vorschrift würde auch die zum Forst- und Feldschutze berufenen Beamten treffen, dadurch aber theoretisch gegen die Grundsätze über die Beamtenhaftung verstoßen und praktisch in nachteiliger Weise auf die Energie der Beamten einwirken. In betreff der Verpflichtung zum Schadensersatz im Falle widerrechtlicher Pfändung verbleibt es daher bei den allgemeinen Grundsätzen des BGB. Eine solche Verpflichtung tritt daher nur nach den Vorschriften über unerlaubte Handlungen (§§ 823 ff. des BGB.), regelmäßig also nur im Falle eines Verschuldens ein. Bei der allgemeinen Fassung des Art. 89 ist es aber den Landesgesetzen unbenommen, eine der Vorschrift des § 231 des BGB. entsprechende Bestimmung für den Fall objektiv widerrechtlicher Pfändung zu treffen.

5. **Der § 18 des Ges. über das Postwesen** des Deutschen Reichs v. 28. Oktober 1871, nach welchem die Pfändung gegen Posten, Extraposten rc. sowie gegen Postillone, welche mit dem ledigen Gespanne zurückkehren, nicht erlaubt ist, wird durch den Art. 89 nicht berührt.

6. **Landesgesetzliche Vorschriften.** Preußen, AG. Art. 89 Nr. 1b, Nr. 3 hebt die Vorschriften des ALR. I, 14 sowie die Vorschriften des gemeinen Rechtes über Privatpfändung auf; ebenso Hessen, AG. Art. 286 I 11a die gemeinrechtlichen Vorschriften über Privatpfändung. Die Landesgesetze enthalten jetzt fast nur noch in den Feld- und Forstpolizeigesetzen einschlägige Vorschriften (s. Erl. 1 und die hessischen Feld- und Forststrafges. v. 13. Juli 1904). Eine allgemeine Regelung des Privatpfändungsrechts enthalten das bayer. Feldschadenges. v. 6. März 1902 und das sächs. Recht (s. Erl. 1).

Artikel 90.

E. d. EG. I Art. 53; II Art. 64; III Art. 90. P. I S. 12757 ff.; M. d. EG. S. 179 f. P. II Bd. 6 S. 408, 616.

1. **Sicherheitsleistung auf Grund des öffentlichen Rechtes.** Die reichsrechtlichen Vorschriften der in dem Art. 90 gedachten Art werden nach Art. 32 durch das BGB. nicht berührt.

Artikel 91. Unberührt bleiben die landesgesetzlichen Vorschriften, nach welchen der Fiskus, eine Körperschaft, Stiftung oder Anstalt des öffentlichen Rechtes oder eine unter der Verwaltung einer öffentlichen Behörde stehende Stiftung berechtigt ist, zur Sicherung gewisser Forderungen die Eintragung einer Hypothek an Grundstücken des Schuldners zu verlangen, und nach welchen die Eintragung der Hypothek auf Ersuchen einer bestimmten Behörde zu erfolgen hat. Die Hypothek kann nur als Sicherungshypothek eingetragen werden; sie entsteht mit der Eintragung.

Die Verpflichtung der Reichsbeamten zur Kautionsleistung nach Maßgabe des Ges. v. 2. Juni 1869 ist durch § 1 des Ges. v. 20. Februar 1898 aufgehoben und nur die Bestimmungen über die Kautionspflicht der Reichsbankbeamten sind durch § 3 des gedachten Gesetzes aufrecht erhalten. Über das Rechtsverhältnis der Auswanderungsunternehmer und Auswanderungsagenten s. Ges. v. 9. Juni 1897 §§ 5, 7, 14, 20, 21 und Bek. des Bundesrats v. 14. März 1898 §§ 26 ff.

Neben diesen reichsrechtlichen Vorschriften bestehen in mehreren deutschen Bundesstaaten partikularrechtliche Vorschriften der im Art. 90 bezeichneten Art (s. M. d. EG. S. 179). Die landesgesetzlich bestimmte Kautionspflicht gehört dem öffentlichen Rechte an und wird durch das BGB. nicht berührt. Die aus der Sicherheitsleistung sich ergebenden Rechtsverhältnisse sind aber privatrechtlicher Natur. Auf sie finden daher an sich die Vorschriften des BGB., insbesondere die §§ 232—240 Anwendung. Wegen des Zusammenhanges, in welchem diese Rechtsverhältnisse mit dem öffentlichen Rechte stehen, sollen jedoch die sich darauf beziehenden landesgesetzlichen Vorschriften nach Art. 90 unberührt bleiben. Dies gilt insbesondere von den Vorschriften, nach welchen die Kaution für den von dem Beamten zu ersetzenden Schaden nicht nur dem Staate, sondern auch Dritten haftet.

2. **Landesgesetzliche Vorschriften.** In verschiedenen Bundesstaaten ist die Kautionspflicht der Beamten aufgehoben, so in Preußen durch das Ges. v. 7. März 1898 § 1 vorbehaltlich der im § 2 dieses Gesetzes bestimmten Ausnahmen; in Bayern durch die Verordnung v. 11. Dezember 1898; in Sachsen durch das Ges. v. 8. Juni 1898; in Württemberg durch das Ges. v. 28. März 1899 und Ministerialverfügung v. 29. April 1899. In anderen Staaten ist die Kautionspflicht auf Grund des Vorbehalts des Art. 90 neugeordnet, so z. B. in Hessen, AG. Art. 23—31, in Elsaß-Lothringen, AG. § 42.

Artikel 91.

E. d. EG. I Art. 74; II Art. 65; III Art. 91. P. I S. 12774, 13009; M. d. EG. S. 199. P. II Bd. 6 S. 437.

1. **Hypothekentitel des Fiskus rc.** Das BGB. kennt weder eine gesetzliche Hypothek noch sog. gesetzliche Hypothektitel. Der Art. 91 gibt jedoch der Landesgesetzgebung das Recht, in gewissem Umfang einen gesetzlichen Hypothektitel zu schaffen.

2. Der Hypothektitel kann nur zugunsten von juristischen Personen gewährt werden, welche in das öffentliche Recht eingegliedert sind, nämlich nur zugunsten des Fiskus, einer Körperschaft, Stiftung oder Anstalt des öffentlichen Rechts (über den Begriff s. Bd. I S. 158 Erl. zu § 89) oder einer unter Verwaltung einer öffentlichen Behörde stehenden Stiftung (§ 86 BGB.). In Ansehung der Forderungen, für welche der Hypothektitel gewährt werden kann, ist die Landesgesetzgebung nicht beschränkt. Praktisch in Frage kommen hauptsächlich die Ansprüche der Staatskasse wegen öffentlicher Abgaben und Kosten eines Verfahrens und die Forderungen, welche dem Staate, den Gemeinden und Stiftungen aus der Verwaltung ihres Vermögens gegen den Verwalter zustehen. Auch hinsichtlich des Maßes der Sicherheit ist der Landesgesetzgebung keine Schranke gezogen, die Landesgesetzgebung kann z. B. die Vorschrift treffen, daß die Eintragung an mehreren Grundstücken soweit verlangt werden kann, daß der Wert der Grundstücke unter Abzug der vorgehenden Belastungen ein Vielfaches des zu sichernden Betrags erreicht.

3. Der Vorbehalt geht nur dahin, daß die Landesgesetzgebung den bezeichneten juristischen Personen das Recht geben kann, zur Sicherung gewisser Forderungen die Eintragung einer Hypothek an Grundstücken des Schuldners (nicht des Rechtsnachfolgers des Schuldners auf dem Grundstücke, wenn der Rechtsnachfolger nicht selbst der Schuldner ist) zu verlangen und daß die Landesgesetzgebung vorschreiben kann, daß die Eintragung der Hypothek auf Ersuchen einer bestimmten Behörde zu erfolgen hat, so daß es also der im § 873 vorgesehenen Einigung der

Artikel 92. Unberührt bleiben die landesgesetzlichen Vorschriften, nach welchen Zahlungen aus öffentlichen Kassen an der Kasse in Empfang zu nehmen sind.

Beteiligten nicht bedarf. Im übrigen ist reichsrechtlich bestimmt, daß die Hypothek nur als Sicherungshypothek eingetragen werden kann und mit der Eintragung entsteht. Für diese Sicherungshypothek gelten die allgemeinen Vorschriften der §§ 1184 ff. über die Sicherungshypothek. Hieraus folgt insbesondere, daß das Ersuchen der Behörde den Vorschriften der §§ 1113, 1190 des BGB. und des § 28 der GBO. entsprechen, also die Bezeichnung des zu belastenden Grundstücks und die Angabe des Betrags der Forderung oder des Höchstbetrags enthalten muß, bis zu welchem das Grundstück haften soll. Auch die Löschung der Sicherungshypothek richtet sich lediglich nach den allgemeinen Vorschriften. Das Ersuchen der Behörde genügt daher nicht zur Löschung, vielmehr ist außer der Löschungsbewilligung der Behörde die Zustimmung des Eigentümers des Grundstücks nach den Vorschriften des § 1183 des BGB. und der §§ 19, 27 der GBO. erforderlich.

4. Macht eine Landesgesetzgebung vom Vorbehalte des Art. 91 Gebrauch, so wirkt die Vorschrift nicht nur in Ansehung der in dem betreffenden Bundesstaate gelegenen Grundstücke, sondern in Ansehung aller in Deutschland gelegenen.

Der auf Grund des Art. 91 eingetragenen Hypothek kommt der öffentliche Glaube des Grundbuchs nicht zu statten (Bayer. ObLG. 3 S. 210, Erl. 1d zu § 892 Bd. III S. 136).

5. Dem nach Art. 91 gestellten Ersuchen der zuständigen Behörde um Eintragung hat das Grundbuchamt nach § 39 der GBO. ohne weiteres zu entsprechen (Bayer. ObLG. 5 S. 250).

6. Von dem Vorbehalte haben insbesondere Gebrauch gemacht Bayern AG. Art. 89, 123, 128 Abs. 2; Baden AG. Art. 6, 30, 31; keinen Gebrauch gemacht haben: Preußen, Sachsen (s. Bgr. zu § 52 des Entw. des AG.), Württemberg (s. Bgr. vor Art. 190 des Entw. des AG.), Elsaß-Lothringen (s. Bgr. zu § 104 des AG.).

7. Für die Bundesstaaten, in welchen den Verwaltungsbehörden ohne Mitwirkung der Gerichte das Recht der Zwangsvollstreckung und zwar auch bezüglich der Ansprüche aus der Verwaltung öffentlichen Gutes zusteht, ist der Vorbehalt des Art. 91 nur wegen der Gesamthypothek und für Ansprüche unter 300 Mk. von Bedeutung, weil insoweit eine Zwangshypothek nach § 866 Abs. 3, § 867 der CPO. nicht eingetragen werden darf (Rspr. 5 S. 458). Bezüglich dieser Staaten erscheint hauptsächlich die Bestimmung von Bedeutung, daß das Grundbuchamt dem Ersuchen der Verwaltungsbehörde um Eintragung stattzugeben hat (für Preußen vgl. z. B. VO. v. 15. November 1899 §§ 51, 52).

Artikel 92.

E. d. EG. II Art. 66; III Art. 92. P. II Bd. 1 S. 307 ff.; Bd. 6 S. 408.

1. **Zahlungen aus öffentlichen Kassen.** Nach § 270 des BGB. hat der Schuldner Geld im Zweifel auf seine Gefahr und seine Kosten dem Gläubiger an dessen Wohnsitz zu übermitteln. Dies gilt reichsrechtlich auch von den Beträgen, welche der Fiskus oder andere juristische Personen des öffentlichen Rechtes aus privatrechtlichen Titeln schulden. Im Interesse einer geordneten Kassenführung und im Anschluß an das in einem großen Teile von Deutschland, z. B. in Preußen, Bayern, Sachsen, bestehende bisherige Recht gestattet aber der Art. 92 der Landesgesetzgebung eine Ausnahme von dieser Regel für die aus öffentlichen Kassen zu leistenden Zahlungen zu machen. Öffentliche Kassen sind nicht nur Kassen des Staates, sondern auch die Kassen anderer juristischer Personen des öffentlichen Rechtes, insbesondere der Gemeinden und der sonstigen Kommunalverbände. Ob das Privilegium den öffentlichen Kassen unbedingt oder etwa nur mit der Beschränkung zustehen soll, daß es sich nicht auf solche Zahlungen bezieht, die nach dem zugrunde liegenden Schuldverhältnis am Wohnorte des Gläubigers zu machen sind, oder daß der Gläubiger wenigstens berechtigt sein soll, die Übersendung des Geldes auf seine Gefahr und seine Kosten zu verlangen, ist Sache der Landesgesetzgebung.

Nur die Vorschriften des BGB. § 270 Abs. 1—3 können von der Landesgesetzgebung nach Maßgabe des Art. 92 modifiziert werden. Im übrigen werden die Vorschriften über den Leistungsort durch den Art. 92 nicht berührt (s. Bd. II S. 60 Erl. 1 zu § 270; a. A. Niedner, Erl. 1 zu Art. 92, der die Landesgesetzgebung auf Grund des Art. 92 auch für befugt zu halten scheint, den Leistungsort abweichend von § 269 des BGB. zu bestimmen).

Nach der Fassung des Art. 92, welcher allgemein von Zahlungen, nicht bloß von Zahlungen zum Zwecke der Erfüllung einer Geldschuld spricht, dürfte die fragliche Vorschrift nicht auf

Artikel 93. Unberührt bleiben die landesgesetzlichen Vorschriften über die Fristen, bis zu deren Ablaufe gemiethete Räume bei Beendigung des Miethverhältnisses zu räumen sind.

Artikel 94. Unberührt bleiben die landesgesetzlichen Vorschriften, welche den Geschäftsbetrieb der gewerblichen Pfandleiher und der Pfandleihanstalten betreffen.

Unberührt bleiben die landesgesetzlichen Vorschriften, nach welchen öffentlichen Pfandleihanstalten das Recht zusteht, die ihnen verpfändeten Sachen dem Berechtigten nur gegen Bezahlung des auf die Sache gewährten Darlehens herauszugeben.

Zahlungen der letztgedachten Art zu beschränken sein, sondern für alle Zahlungen von Geld, also z. B. auch für Zahlungen zum Zwecke der Hingabe eines Darlehens an den Empfänger gelten (Kisch, Elsaß-Lothringensches Landesprivatrecht S. 246; a. A. Oertmann, Bayersches Landesprivatrecht S. 184).

Für Zahlungen an öffentliche Kassen verbleibt es bei den Vorschriften des BGB.

2. **Landesgesetzliche Vorschriften.** Preußen, AG. Art. 11; Bayern, AG. Art. 11; Sachsen, BGB. § 709; Württemberg, AG. Art. 142; Baden, Art. 10, 11 (nur für Brandversicherungsentschädigungen und für Dienstbezüge der Beamten); Hessen, AG. Art. 32; Mecklenburg, AV. § 35 (nur für gewisse Kassen); Oldenburg, AG. § 1; Elsaß-Lothringen, AG. zum BGB. § 10; Hamburg, AG. § 23; Bremen, AG. § 11; Lübeck, AG. § 24.

Artikel 93.

E. d. EG. I Art. 58; II Art. 67; III Art. 93. P. I S. 12790 f.; M. d. EG. S. 186. P. II Bd. 6 S. 417.

1. **Räumungsfristen bei der Miete.** Der Zeitpunkt, mit welchem ein Mietverhältnis endigt, bestimmt sich nach BGB. § 564. Nach der Beendigung hat der Mieter die gemietete Sache dem Vermieter zurückzugeben (§ 556). Bei der Erfüllung dieser Verpflichtung wird dem Mieter nach den §§ 157, 242 des BGB., soweit Treu und Glauben mit Rücksicht auf die Verkehrssitte, hier also auf den Ortsgebrauch dies erfordert, eine billige Frist zu gewähren sein (M. II S. 410). Der Art. 93 gestattet der Landesgesetzgebung für gemietete Räume bestimmte Fristen festzusetzen, nach deren Ablaufe die Räumung zu erfolgen hat. Derartige gesetzliche Vorschriften bestehen in vielen deutschen Staaten. Bisweilen ist der Polizeibehörde die Befugnis beigelegt, für ihren Bezirk die Fristen zu bestimmen (bayer. Polizeistrafgesetzbuch Art. 38). Die Bestimmung wird häufig in der Art getroffen, daß die Frist je nach der Größe der Wohnung verschieden ist (s. z. B. preuß. Ges. über die Termine bei Wohnungs-Mietverträgen v. 30. Juni 1834; Ges. v. 4. Juni 1890). Erfolgt die Räumung innerhalb der bestimmten Frist, so ist sie ohne Rücksicht auf die Verhältnisse des einzelnen Falles als rechtzeitig erfolgt anzusehen.

Nur über die Fristen der Räumung, nicht über die Beendigung des Mietverhältnisses ist die Landesgesetzgebung auf Grund des Art. 93 Bestimmungen zu treffen befugt.

Nur auf die Miete von Räumen, nicht auf die Pacht von Grundstücken bezieht sich der Vorbehalt.

2. **Landesgesetzliche Vorschriften.** Vgl. Erl. 1, ferner Mecklenburg, AV. § 40; Anhalt AG. Art. 27; Weimar AG. § 34; Hamburg, AG. § 25; Bremen, AG. § 13; Lübeck, AG. § 26.

Artikel 94.

E. d. EG. I Art. 47; II Art. 68; III Art. 94. P. I S. 12790 f., 12851 f.; M. d. EG. S. 167 f. P. II Bd. 3 S. 369 f.; Bd. 6 S. 380 f. RB. S. 2113. StB. S. 3030 f.

1. **Der gewerbliche Betrieb des Pfandleihgeschäfts** bedarf nach der GewO. § 34 der staatlichen Erlaubnis. Nach § 38 der GewO. sind die Zentralbehörden befugt, über den Umfang der Befugnisse und Verpflichtungen sowie über den Geschäftsbetrieb der Pfandleiher, soweit darüber die Landesgesetze nicht Bestimmungen treffen, Vorschriften zu erlassen. In vielen deutschen Bundesstaaten sind derartige Vorschriften teils durch Landesgesetze teils durch Verfügungen der Zentralbehörden getroffen (s. z. B. preuß. Ges. v. 17. März 1881; sächs. Ges. v. 21. April 1882; bayerische Min.Bek. v. 12. August 1879; württembergische Min.Verf. v. 15. März und 28. Mai 1882). Ein großer Teil dieser Vorschriften gehört dem öffentlichen Rechte an und wird deshalb durch das BGB. nicht berührt. Daneben aber finden sich in den gedachten Gesetzen vielfach auch Vor-

schriften, welche einen privatrechtlichen Charakter haben, indem sie die Voraussetzungen der Gültigkeit und die Wirkungen der von den Pfandleihern vorgenommenen Rechtsgeschäfte betreffen. Vorschriften dieser Art würden ohne einen Vorbehalt für die Landesgesetzgebung auf Grund des Art. 55 außer Kraft treten; sie hängen aber mit den öffentlichrechtlichen Vorschriften so enge zusammen, daß eine verschiedene Behandlung in der hier fraglichen Beziehung unzweckmäßig wäre; deshalb wird die Landesgesetzgebung durch Art. 94 auch in betreff dieser Vorschriften für zuständig erklärt.

2. Unter den Vorschriften, die den „Geschäftsbetrieb der gewerblichen Pfandleiher und Pfandleihanstalten" betreffen, sind alle Vorschriften zu verstehen, welche die Erfordernisse und die Wirkungen derjenigen Rechtsgeschäfte betreffen, welche der Betrieb des Pfandleihgeschäfts mit sich bringt. Auf Grund des Vorbehalts können sowohl die dispositiven als die zwingenden Vorschriften des BGB., welche an sich auf Rechtsgeschäfte der gedachten Art Anwendung finden würden, durch die Landesgesetzgebung geändert werden. Solche Änderungen enthalten insbesondere die Bestimmungen, durch welche zur Begründung des Pfandrechts abweichend vom BGB. § 1205 neben den dort bestimmten Erfordernissen auch die Eintragung in ein Pfandbuch erfordert oder der Pfandleiher zur Ausstellung eines Pfandscheins verpflichtet wird; ferner diejenigen, welche abweichend vom BGB. § 609 die Kündigung des gegebenen Darlehens von seiten des Pfandleihers vor Ablauf einer bestimmten Frist ausschließen, während dem Schuldner trotz der Verzinslichkeit des Darlehens die Rückzahlung zu jeder Zeit gestattet wird, sowie diejenigen, welche dem Pfandschein insofern den Charakter eines Inhaberpapiers beilegen, als der Inhaber des Pfandscheins zur Ausübung der Rechte des Verpfänders befugt ist, ohne die Übertragung derselben nachweisen zu müssen, und durch welche andererseits die Einlösung des Pfandes innerhalb einer bestimmten Frist nur gegen Rückgabe des Pfandscheins erfolgen kann, während sie nach dem Ablaufe dieser Frist durch den Verpfänder auch ohne Rückgabe des Pfandscheins erfolgen darf; endlich diejenigen, welche in betreff des Pfandverkaufs besondere von den Vorschriften des BGB. §§ 1234 ff. abweichende Bestimmungen geben oder welche den Anspruch des Pfandleihers bei zufälligem Untergange der Sache vollständig, bie einem Mindererlös in Beziehung auf den überschießenden Betrag erlöschen lassen. Hierher zu rechnen sind aber auch die Vorschriften über die Prolongation oder die Versicherung des Pfandes und die Vorschriften, welche das Maximum der zulässigen Zinsen bestimmen, bis zu diesem Maximum Zinsen aber unbedingt zulassen, oder welche Bestimmungen über die Berechnung der Zinsen, über deren Vorausbezahlung sowie über die Unzulässigkeit anderer Nebenleistungen geben. Nach dem Wortlaute des Abs. 1 könnte es zweifelhaft sein, ob durch ihn auch solche Vorschriften getroffen werden, durch welche den von dem Pfandleiher abgeschlossenen Rechtsgeschäften über die Parteien hinaus Wirkungen gegen Dritte eingeräumt, durch welche insbesondere die dinglichen Rechte Dritter an den verpfändeten Sachen berührt werden. Der Zweifel wird beseitigt durch den Abs. 2, indem nach diesem eine Vorschrift der fraglichen Art nur in Beziehung auf öffentliche Pfandleihanstalten zugelassen wird (s. Erl. 4). Der Vorbehalt des Abs. 1 wird daher auf die Regelung des Rechtsverhältnisses unter den Parteien zu beschränken sein. Fraglich ist, ob die Landesgesetzgebung auf Grund des Art. 94 befugt ist, die Forderungen der Pfandleiher aus dem Pfandleihgeschäfte für unübertragbar zu erklären. Dies geschieht z. B. in der in der Erl. 1 angeführten Württembergischen Ministerialverfügung § 13. Die Frage dürfte nach dem Zwecke des Art. 94 zu bejahen sein. Sie würde gegenstandslos sein, wenn man sich, was freilich nicht unbedenklich ist, der von dem RG. 58 S. 71 vertretenen Ansicht anschließt, daß die Nichtübertragbarkeit der fraglichen Forderungen sich schon reichsrechtlich aus den §§ 34, 38 der GewO. in Verbindung mit der Strafgesetzgebung ergibt.

3. Als Pfandleihgewerbe gilt nach GewO. § 34 Abs. 2 auch der gewerbsmäßige Ankauf beweglicher Sachen mit Gewährung des Rückkaufsrechts, der Art. 94 umfaßt daher auch den Gewerbebetrieb der Rückkaufshändler. Inwieweit Banken oder Kreditanstalten unter den Begriff von Pfandleihanstalten fallen, hängt von deren Geschäftsbetrieb ab (M. d. EG. S. 168).

4. Der Abs. 2 des Art. 94 beschränkt sich auf öffentliche Pfandleihanstalten. Hierunter sind sowohl die von dem Staate als die von Gemeinden und anderen Kommunalverbänden errichteten Pfandleihanstalten zu verstehen. Bei den Beratungen der zweiten Kommission war die Ansicht vertreten, daß der Vorbehalt des Abs. 1 sich auch auf die im Abs. 2 bezeichneten Bestimmungen erstrecke. Die Mehrheit teilte indessen diese Ansicht nicht und hielt einen Vorbehalt der im Abs. 2 gedachten Art nur für öffentliche Pfandleihanstalten für gerechtfertigt, in betreff anderer aber für bedenklich.

Artikel 95. Unberührt bleiben die landesgesetzlichen Vorschriften, welche dem Gesinderecht angehören. Dies gilt insbesondere auch von den Vorschriften über die Schadensersatzpflicht desjenigen, welcher Gesinde zum widerrechtlichen Verlassen des Dienstes verleitet oder in Kenntniß eines noch bestehenden Gesindeverhältnisses in Dienst nimmt oder ein unrichtiges Dienstzeugniß ertheilt.

Die Vorschriften der §§. 104 bis 115, 131, 278, 617 bis 619, 624, 831, des §. 840 Abs. 2 und des §. 1358 des Bürgerlichen Gesetzbuchs finden Anwendung, die Vorschriften des §. 617 jedoch nur insoweit, als die Landesgesetze dem Gesinde nicht weitergehende Ansprüche gewähren.

Ein Züchtigungsrecht steht dem Dienstberechtigten dem Gesinde gegenüber nicht zu.

Nach BGB. § 1207 mit § 935 würde ein Pfandrecht des Pfandleihers an einer dem Verpfänder nicht gehörenden Sache auch im Falle der Pfandleihe nicht begründet werden, wenn die Sache dem Eigentümer gestohlen, verloren gegangen oder sonst abhanden gekommen ist. Der Eigentümer würde also zur Vindikation berechtigt sein. Dieses Recht sollen die Landesgesetze zwar nicht ausschließen, aber doch insoweit modifizieren können, daß die öffentliche Pfandleihanstalt das Pfand nur gegen Bezahlung des auf die Sache gewährten Darlehens herauszugeben verpflichtet ist. Unter dem Darlehen werden auch die für dasselbe zu entrichtenden Zinsen mit zu verstehen sein (Oertmann, Bayerisches Landesprivatrecht S. 538).

5. **Landesgesetzliche Vorschriften.** Vgl. Erl. 1, ferner Preußen, AG. Art. 41, durch welchen das Ges. über das Pfandleihgewerbe v. 17. März 1881 geändert wird; Bayern, AG. Art. 91; Sachsen, AG. § 51 (über die Anwendung in Sachsen s. Rspr. 4 S. 335); Baden, AG. Art. 29; die badische Verordnung v. 20. März 1900; Hessen, V. v. 2. August 1899; Lübeck, Leihhausordnung v. 30. Oktober 1899 und das Lübeckſche Ges., betr. das Pfandleihgewerbe, v. 30. Oktober 1899.

Artikel 95.

E. d. EG. I Art. 46; II Art. 69; III Art. 95. P. I S. 12791 ff.; M. d. EG. S. 166 f. P. II Bd. 2 S. 290, 294 f.; Bd. 6 S. 379 f. RB. S. 1979, 2113. StB. S. 3031.

Neubauer, Zusammenstellung des in Deutschland geltenden Rechtes betr. verschiedene Rechtsmaterien (auch Gesinderecht). Kähler, Gesindewesen und Gesinderecht in Deutschland, 1896. Fuld, im Arch. f. öffentl. Recht Bd. 14 S. 93; Francke in Gruch. Bd. 46 S. 291.

1. **Das Gesindeverhältnis** ist ein privatrechtliches Dienstverhältnis. In Ermangelung eines besonderen Vorbehalts würden darauf also die Vorschriften des BGB. §§ 611—630 über den Dienstvertrag und daneben die allgemeinen Vorschriften des BGB. über Verträge Anwendung finden. Die besondere Natur des Gesindeverhältnisses erfordert aber mit Rücksicht auf die dabei in Betracht kommenden wirtschaftlichen und sozialen Verhältnisse eine in manchen Beziehungen von den allgemeinen Vorschriften abweichende Regelung. Jene Verhältnisse sind in den einzelnen Teilen Deutschlands so verschieden, daß eine einheitliche Regelung für untunlich erachtet werden mußte. Wie groß diese Verschiedenheit ist, ergibt sich aus der großen Zahl und Verschiedenheit der in den einzelnen deutschen Staaten geltenden und häufig noch innerhalb desselben Staates für einzelne Landesteile wieder verschiedenen Gesindeordnungen. Der Art. 95 überweist deshalb das gesamte Gesinderecht prinzipiell der Landesgesetzgebung und bestimmt nur in Abs. 2, 3 im Interesse der Rechtseinheit in einzelnen Beziehungen eine Beschränkung.

2. **Der Vorbehalt des Art. 95 ist,** obwohl er nicht unter den allgemeinen Vorbehalten steht und sich auch in der Fassung von diesen unterscheidet, doch **prinzipiell ein allgemeiner** (s. Vorbm. 2 zu diesem Abschnitte S. 151), wenn er auch durch die Abs. 2, 3 in verschiedenen Beziehungen beschränkt ist.

Die Landesgesetzgebung kann daher zunächst bestimmen, welche Personen zu dem Gesinde zu rechnen sind. Ein in der RTK. sowie im Reichstage selbst gestellter Antrag, den Begriff des Gesindes dahin zu bestimmen:

„Unter Gesinde (Dienstboten) sind diejenigen Personen zu verstehen, welche sich einem anderen unter Eintritt in seine Hausgenossenschaft zur fortlaufenden Verrichtung von häuslichen Diensten und Arbeiten gegen Vergütung verpflichtet haben," eventuell hinter dem Worte „häuslichen" im Anschluß an die Bremer Gesindeordnung v. 22. Juli 1894 § 2 noch die Worte „oder wirtschaftlichen" einzuschalten, wurde abgelehnt, weil die Landesgesetzgebung mit Rücksicht auf die Verschiedenheit der Verhältnisse freien Spielraum haben müsse. Soweit indessen die Landesgesetzgebung keine besonderen Bestimmungen enthält, dürfte die in dem obigen Antrage gegebene Begriffsbestimmung im wesentlichen als richtig zu betrachten sein. Dadurch, daß die Landesgesetzgebung auf gewisse Personen einzelne für das Gesinde geltende Vorschriften für anwendbar erklärt, werden diese Personen noch nicht Gesinde. So sind z. B. nach preuß. Rechte Erzieher, Privatsekretäre nicht Gesinde (ALR. II 5 §§ 187ff.), obwohl auch für sie nach ALR. II 5 § 194 gewisse Vorschriften des Gesinderechts Anwendung finden. Andererseits verlieren Personen, welche nach den landesgesetzlichen Vorschriften im allgemeinen zu dem Gesinde gerechnet werden, diese Eigenschaft nicht dadurch, daß einzelne Vorschriften des Gesinderechts auf sie keine Anwendung finden. So dürften z. B. die Hausoffizianten des preuß. Rechtes (ALR. II 5 §§ 177ff.) zu dem Gesinde zu rechnen sein, obwohl einzelne Vorschriften des Gesinderechts auf sie keine Anwendung finden. Die Bestimmung des Begriffs des Gesindes ist übrigens selbstverständlich nur insoweit Sache der Landesgesetzgebung, als die Reichsgesetze nicht schon für einzelne Kategorien von Dienstverpflichteten Sonderbestimmungen enthalten (vgl. HGB. Buch I Abschnitt VI; GewO. Tit. VII; Seemannsordnung v. 2. Juni 1902; Binnenschiffahrtsgesetz in der Fassung v. 1898 §§ 21—25; Flößereigesetz v. 15. Juni 1895 §§ 16, 17).

Unter den Vorbehalt des Art. 95 fallen ferner die Vorschriften **über die Erfordernisse des Gesindevertrags, über dessen Wirkungen sowohl unter den Parteien wie gegenüber Dritten und über die Beendigung des Dienstverhältnisses.** In Betracht kommen z. B. Vorschriften, nach welchen der Mietvertrag erst als geschlossen gilt, wenn ein Mietgeld gegeben ist, sowie Vorschriften, welche die Gründe der Kündigung oder die Kündigungsfristen bestimmen oder welche besondere Bestimmungen über die Verjährung der Ansprüche aus dem Gesindeverhältnisse geben (P. II Bd. 6 S. 380). Es fallen unter den Vorbehalt auch die Vorschriften über die Befugnisse der Polizei in Ansehung des Gesindeverhältnisses, z. B. über das Erfordernis einer polizeilichen Erlaubnis zum Antritte des Dienstes und über das Recht zum Einschreiten im Falle des Kontraktbruchs, soweit diese Vorschriften nicht schon als dem öffentlichen Rechte angehörend unter die Zuständigkeit der Landesgesetzgebung fallen. Um Zweifel darüber abzuschneiden, ob der Vorbehalt sich auch auf die Wirkungen des Gesindeverhältnisses gegenüber Dritten bezieht, ist der Satz 2 des Abs. 1 aufgenommen. Auch die Vorschriften über Gesindemakler dürften unter den Vorbehalt fallen (P. I S. 12793 Nr. 11). Wegen des Wohnsitzes des Gesindes s. Erl. 2e zu Art. 157.

3. Nach Abs. 2 finden folgende Vorschriften des BGB. auf das Gesindeverhältnis Anwendung und fallen nicht unter den Vorbehalt des Abs. 1:

a) Die sich auf das Erfordernis der Geschäftsfähigkeit bei Willenserklärungen beziehenden Vorschriften der §§ 104—115 einschließlich der Vorschrift über die Nichtigkeit einer im Zustande der Bewußtlosigkeit oder vorübergehender Störung der Geistestätigkeit abgegebenen Willenserklärung. Hervorzuheben ist die Vorschrift des § 113 über die von dem gesetzlichen Vertreter einer in der Geschäftsfähigkeit beschränkten Person erteilte Ermächtigung, in Dienst oder Arbeit zu treten, und über die Folgen einer solchen Ermächtigung.

b) Der § 131 über die Voraussetzungen der Wirksamkeit der einer geschäftsunfähigen oder in der Geschäftsfähigkeit beschränkten Person gegenüber abgegebenen Willenserklärung.

c) Der § 278, nach welchem ein Schuldner das Verschulden derjenigen Personen, deren er sich zur Erfüllung seiner Verbindlichkeit bedient, in gleichem Umfange zu vertreten hat wie eigenes Verschulden. Dies gilt also auch für das Gesinde, dessen sich der Dienstherr zur Erfüllung einer Verbindlichkeit bedient.

d) Der § 617, nach welchem, wenn bei einem dauernden Dienstverhältnisse, welches die Erwerbstätigkeit des Verpflichteten vollständig oder hauptsächlich in Anspruch nimmt, der Verpflichtete in die häusliche Gemeinschaft aufgenommen ist, der Dienstberechtigte ihm im Falle der Erkrankung die erforderliche Verpflegung und ärztliche Behandlung bis zur Dauer von sechs Wochen, jedoch nicht über die Beendigung des Dienstverhältnisses hinaus zu gewähren hat, sofern nicht die Erkrankung von dem Verpflichteten vorsätzlich oder durch grobe Fahrlässigkeit herbeigeführt worden ist, und nach welchem über die Art und Weise, wie diese Verpflichtung zu erfüllen ist, und über die Fälle, in denen sie ausnahmsweise nicht eintritt, nähere Vorschriften gegeben sind. Diese Vorschriften binden die Landesgesetzgebung indessen nur insofern, als sie die Verpflichtung des Dienstherrn dem Gesinde gegenüber nicht unter das im § 617 bestimmte Maß herabsetzen kann; weitergehende Verpflichtungen dem Dienstherrn aufzuerlegen, ist die

Landesgesetzgebung nicht gehindert. Über das Verhältnis des Art. 95 Abs. 2 und des § 617 zu § 27 des land- und forstw. Unf.Vers.Ges. s. die Urteile des preuß. Oberverw.Ger. bei Reger 23 S. 277.

e) Der § 618, nach welchem dem Dienstberechtigten dem Dienstverpflichteten gegenüber die dort näher bezeichneten Verpflichtungen in Ansehung der Räume, Vorrichtungen und Gerätschaften, die er zur Verrichtung der Dienste zu beschaffen hat, und in Ansehung der Regelung der Dienstleistungen obliegen, und nach welchem dem Dienstberechtigten, wenn der Dienstverpflichtete in die häusliche Gemeinschaft aufgenommen ist, in Ansehung der Wohn- und Schlafräume, der Verpflegung, der Arbeits- und Erholungszeit noch die besonderen im § 618 Abs. 2 bezeichneten Verpflichtungen obliegen. Die Landesgesetzgebung kann diese Verpflichtungen weder erhöhen noch beschränken.

f) Der § 619, nach welchem die in den §§ 617, 618 bestimmten Verpflichtungen des Dienstberechtigten durch Vertrag im voraus nicht aufgehoben oder beschränkt werden können. Eine vertragsmäßige Erhöhung ist zulässig.

g) Der § 624, nach welchem ein Dienstverhältnis, das auf Lebenszeit oder auf länger als fünf Jahre eingegangen ist, nach Ablauf von fünf Jahren von dem Verpflichteten gekündigt werden kann. Die Landesgesetzgebung kann dieses Recht des Dienstverpflichteten in Beziehung auf das Gesinde nicht beschränken; sie dürfte aber auch nicht berechtigt sein, in den Fällen des § 624 dem Gesinde unbedingt schon nach Ablauf einer kürzeren Zeit ein Kündigungsrecht zu geben.

h) Die §§ 831, 840 Abs. 2 über die Verpflichtung desjenigen, welcher einen anderen zu einer Verrichtung bestellt, den von diesem in der Ausführung der Verrichtung einem Dritten widerrechtlich zugefügten Schaden zu ersetzen, und über das Verhältnis, in welchem, wenn auch der zu der Verrichtung Bestellte für den Schaden verantwortlich ist, dieser und der Besteller unter einander haften. Wegen des § 833 s. RG. 50 S. 251.

i) Der § 1358 über das Recht des Ehemanns, für den Fall, daß die Ehefrau sich zu einer von ihr in Person zu bewirkenden Leistung verpflichtet hat, das Rechtsverhältnis zu kündigen.

4. **Nach Abs. 3 ist ein Züchtigungsrecht des Dienstberechtigten dem Gesinde gegenüber ausgeschlossen.** Ein solches steht dem Dienstberechtigten nach dem BGB. nicht zu. Um klar zu stellen, daß auch die Landesgesetzgebung nicht befugt sei, ein Züchtigungsrecht zuzulassen, und daß alle damit in Widerspruch stehenden Vorschriften der Landesgesetze aufgehoben seien, ist der Abs. 3 vom Reichstage hinzugefügt worden. Zweifelhaft kann sein, ob auf Grund des Abs. 3 auch solche Vorschriften, wie die des § 77 der preuß. Gesindeordnung v. 8. November 1810, nach welchem ein Dienstbote wegen geringer Tätlichkeiten von der Herrschaft keine gerichtliche Genugtuung fordern kann, wenn er die Herrschaft durch ungebührliches Betragen gereizt hat, als aufgehoben zu betrachten sind. Soweit Bestimmungen dieser Art dem Strafrecht angehören, werden sie durch den Art. 95 überhaupt nicht berührt. Soweit sie aber dahin aufzufassen sind, daß dadurch der Dienstherrschaft unter gewissen Voraussetzungen auf Grund des Gesindeverhältnisses ein Recht zu geringen Tätlichkeiten gegen das Gesinde eingeräumt und auf Grund dieses Rechtes die Forderung einer gerichtlichen Genugtuung ausgeschlossen wird, dürften sie als aufgehoben zu betrachten sein (**Weißler** in DJZ. 1899 S. 18 f.; a. A. Verfügung des preuß. Minister des Innern v. 11. August 1898 im MBl. der inneren Verwaltung S. 201).

In Rspr. 7 S. 476 wird die Ansicht vertreten, daß aus Art. 95 Abs. 3 nicht die Berechtigung eines Dienstboten folge, wegen leichter Züchtigung den Dienst zu verlassen. Wegen der Frage, ob durch den Abs. 3 ausgeschlossen wird, daß derjenige, dem das Erziehungsrecht über den minderjährigen Dienstboten zusteht, sein Züchtigungsrecht (§ 1631) auf den Dienstherrn überträgt, s. Erl. zu § 1631.

5. **Die in anderen Reichsgesetzen als dem BGB. enthaltenen Vorschriften über das Gesinderecht,** z. B. GVG. § 202 Abs. 2 Nr. 4a (Gesindestreitigkeiten sind Feriensachen); CPO. § 850 Nr. 1; KO. §§ 22, 61 Nr. 1 (Kündigungsrecht und Vorrecht im Konkurs); ZVG. § 10 Abs. 1 Nr. 2, § 155 Abs. 2 (Vorrecht in der Subhastation) bleiben nach Art. 32 bestehen und können auf Grund des Art. 95 von der Landesgesetzgebung nicht geändert werden.

6. **Landesgesetzliche Vorschriften.** Preußen, AG. Art. 14, 89 Nr. 1c zum ALR. II 5; Bayern, AG. Art. 15—31; Sachsen, Ges. v. 31. Mai 1898, betr. einige Abänderungen der revidierten Gesindeordnung v. 2. Mai 1892; Württemberg, AG. Art. 175 und die württembergische Gesindeordnung v. 28. Juli 1899; Baden, Ges. v. 20. August 1898; Hessen, AG. Art. 273 und die Gesindeordnung in der Fassung v. 3. August 1899 bzw. 23. Juli 1902; Mecklenburg,

Artikel 96. Unberührt bleiben die landesgesetzlichen Vorschriften über einen mit der Ueberlassung eines Grundstücks in Verbindung stehenden Leibgedings-, Leibzuchts-, Altentheils- oder Auszugsvertrag, soweit sie das sich aus dem Vertrag ergebende Schuldverhältniß für den Fall regeln, daß nicht besondere Vereinbarungen getroffen werden.

Gesindeordnung v. 9. April 1899; Oldenburg, Gesindeordnung v. 15. Mai 1899; Hamburg, Ges. v. 18. Juli 1899; Bremen, Gesindeordnung v. 18. Juli 1899 in der Fassung v. 23. Dezember 1899; Lübeck, Gesindeordnung v. 19. Juli 1899.

Eine Übersicht der neueren Literatur über das Gesinderecht, wie es sich infolge der Vorschriften des Art. 95 gestaltet hat, enthält DJZ. 1900 S. 501; s. z. B. Gerhard, Die geltenden preußischen Gesindeordnungen (1902), Francke, Die hannoverschen Dienstbotenordnungen, wie sie vom 1. Januar 1900 an gelten (1899).

Artikel 96.

E. d. EG. I Art. 59; II Art. 70; III Art. 96. P. I S. 2676 ff., 2686, 11838, 12798 f.; M. II S. 636. M. d. EG. S. 186 f. P. II Bd. 6 S. 419.

1. **Leibzuchtsverträge, die in Verbindung mit der Überlassung eines Grundstücks stehen.** Das BGB. enthält keine allgemeinen Vorschriften über Versorgungsverträge und die in dem Art. 96 bezeichneten Arten dieser Verträge. Der gemeinschaftliche Charakter der Verträge dieser Art besteht darin, daß sich der eine Teil verpflichtet, dem anderen Teile für dessen Lebenszeit gewisse Leistungen zu machen, welche den Zweck haben, ihm den Lebensunterhalt zu gewähren; sie sind nach den allgemeinen Grundsätzen über Verträge und, soweit eine Leibrente versprochen wird, nach den besonderen Vorschriften der §§ 759—761 zu beurteilen. In Verbindung mit der Überlassung eines Grundstücks, insbesondere mit der Übertragung eines Bauernhofs kommen derartige Verträge unter verschiedenen Bezeichnungen, von denen der Art. 96 die üblichsten hervorhebt, sehr häufig vor und teils durch Partikulargesetze, teils gewohnheitsrechtlich haben sich für Verträge dieser Art häufig besondere Grundsätze entwickelt. Diese aufrecht zu erhalten und der Landesgesetzgebung die Möglichkeit zu gewähren, solche Grundsätze gesetzlich neu zu bestimmen, bezweckt der Art. 96. In den Erl. zu Art. 64 ist bereits darauf hingewiesen, daß durch den Vorbehalt der Vorschriften über das Anerbenrecht auch die Vorschriften über eine im Falle des Eintritts des Anerbenrechts zu gewährende Leibzucht vorbehalten seien. Unter den Vorbehalt des Art. 64 würden aber auch wohl solche Vorschriften fallen, welche für den Fall, daß ein Anerbengut dem Anerben mit Rücksicht auf sein künftiges Anerbenrecht unter Lebenden übertragen wird, in Ansehung dieses Übergabevertrags und der in Verbindung damit zugunsten des abtretenden Eigentümers ausbedungenen Leibzucht besondere Bestimmungen geben. Soweit es sich also um Grundstücke handelt, die dem Anerbenrecht unterliegen, würde es eines besonderen Vorbehalts der im Art. 96 gedachten Art nicht bedürfen. Der Art. 96 geht aber hierüber hinaus, indem er ohne Rücksicht darauf, ob das abgetretene Grundstück dem Anerbenrecht unterliegt oder nicht, die in Verbindung mit einer solchen Abtretung abgeschlossenen Leibzuchtsverträge trifft. Im E. I d. EG. hieß es statt „Grundstücks" „Gutes". Es sollten durch diese Fassung solche Fälle ausgeschieden werden, in welchen es sich lediglich um die Veräußerung einzelner Parzellen handelt. Die zweite Kommission hielt eine derartige Beschränkung für nicht erforderlich. Praktische Bedeutung hat der Vorbehalt allerdings im wesentlichen nur für die Fälle, in welchen es sich um die Übertragung eines sog. Gutes, insbesondere eines Bauernhofs handelt. Voraussetzung des Vorbehalts ist aber nur, daß ein Grundstück irgendeiner Art überlassen wird (a. A. Niedner, Erl. 4 zu Art. 96, der den Abverkauf von Trennstücken als nicht unter den Vorbehalt fallend betrachtet; die dafür angezogene Stelle in M. d. EG. S. 186 f. bezieht sich aber auf die oben angegebene, jetzt geänderte Fassung des E. I des EG.). Voraussetzung ist ferner, daß der Leibzuchtsvertrag mit der Überlassung des Grundstücks in Verbindung steht. Um eine solche Verbindung anzunehmen, ist nicht erforderlich, daß der Leibzuchtsvertrag und der Überlassungsvertrag in derselben Urkunde enthalten sind. Regelmäßig wird dies zwar der Fall sein; notwendig ist aber nur, daß beide Verträge nach der Absicht der Parteien in innerer Verbindung stehen, der Leibzuchtsvertrag also nur mit Rücksicht auf die Überlassung des Grundstücks abgeschlossen wird.

Artikel 97. Unberührt bleiben die landesgesetzlichen Vorschriften, welche die Eintragung von Gläubigern des Bundesstaats in ein Staatsschuldbuch und die aus der Eintragung sich ergebenden Rechtsverhältnisse, insbesondere die Uebertragung und Belastung einer Buchforderung, regeln.

Soweit nach diesen Vorschriften eine Ehefrau berechtigt ist, selbständig Anträge zu stellen, ist dieses Recht ausgeschlossen, wenn ein Vermerk zu Gunsten des Ehemanns im Schuldbuch eingetragen ist. Ein solcher Vermerk ist einzutragen, wenn die Ehefrau oder mit ihrer Zustimmung der Ehemann die Eintragung beantragt. Die Ehefrau ist dem Ehemanne gegenüber zur Ertheilung der Zustimmung verpflichtet, wenn sie nach dem unter ihnen bestehenden Güterstand über die Buchforderung nur mit Zustimmung des Ehemanns verfügen kann.

---

2. **Durch den Vorbehalt werden nur getroffen solche landesgesetzliche Bestimmungen, welche sich auf das aus dem Vertrag ergebende Schuldverhältnis beziehen.** Geht der Vertrag, wie dies regelmäßig der Fall ist, auf die Begründung gewisser dinglicher Rechte, z. B. eines Nießbrauchs, einer beschränkten persönlichen Dienstbarkeit, einer Reallast oder einer Hypothek für die versprochenen Leistungen, so kann die Landesgesetzgebung auf Grund des Art. 96 weder über den Inhalt solcher dinglicher Rechte noch über die Erfordernisse ihrer Begründung Bestimmungen treffen; in diesen Beziehungen entscheiden lediglich die Bestimmungen des BGB., soweit nicht andere Vorbehalte z. B. der Art. 113, 115 in Betracht kommen.

Auch in Ansehung des obligatorischen Vertrags beschränkt sich die Zuständigkeit der Landesgesetzgebung auf dessen Inhalt. Sie ist nicht berechtigt, eine Form für den Vertrag vorzuschreiben; ebensowenig ist sie berechtigt, eine in dem BGB. enthaltene Formvorschrift zu ändern. Als solche kommt, wenn durch den Vertrag eine Leibrente versprochen wird, in Betracht die Vorschrift des § 761, durch welche schriftliche Form des Versprechens erfordert wird; mittelbar hierher gehört auch die Vorschrift des § 313, welche für den auf Übertragung eines Grundstücks gerichteten Vertrag gerichtliche oder notarielle Beurkundung verlangt.

Auch in betreff des Inhalts des Schuldverhältnisses beschränkt sich der Vorbehalt, wie sich aus dem Schlusse des Artikels ergibt, auf dispositive und auf Auslegungsvorschriften. Zu zwingenden Vorschriften ist die Landesgesetzgebung nicht befugt; ebensowenig ist sie befugt, zwingende Vorschriften des BGB., z. B. den § 530 über den Widerruf wegen Undanks, zu ändern (RG. 54 S. 110). In betreff der dispositiven und der Auslegungsvorschriften aber war der Vorbehalt notwendig, weil sich in dieser Beziehung das Verhältnis in den verschiedenen Landesteilen unter der Einwirkung wirtschaftlicher, sozialer und geschichtlicher Momente in mannigfach verschiedener Art gestaltet hat. In Betracht kommen insbesondere Vorschriften über die Verpflichtung des Erwerbers des Grundstücks zur Bestellung der den Leistungen entsprechenden dinglichen Rechte, über die Qualität der zu liefernden landwirtschaftlichen Erzeugnisse, über die Tragung der Lasten, welche auf dem dem Leibzüchter zur Benutzung überlassenen Teile des Grundstücks ruhen, über die Beschaffenheit der dem Leibzüchter eingeräumten Wohnung, über das Recht des Leibzüchters, andere Personen mit in die Wohnung aufzunehmen, über die Folgen des Verzugs der Leistung, über das Recht des Leibzüchters, unter gewissen Voraussetzungen statt der eingeräumten Wohnung eine Geldleistung zu verlangen, über das bei der Bestellung der Leibzucht für mehrere Personen z. B. für Ehegatten im Falle des Todes eines der Berechtigten eintretende Verhältnis. Vgl. auch die GBO. § 50; EG. z. ZVG. § 9.

3. **Landesgesetzliche Vorschriften.** Preußen, AG. Art. 15, 89 Nr. 5; Bayern, AG. Art. 32—48; Sachsen, AG. § 31; Baden, AG. Art. 9; Hessen, AG. Art. 37—66; Elsaß-Lothringen, AG. § 75; Bremen, AG. § 27; Lübeck, AG. §§ 28—43.

Artikel 97.

E. d. EG. I Art. 57; II Art. 71; III Art. 97. P. I S. 12787 ff., 12802 ff.; M. d. EG. S. 185 f. P. II Bd. 3 S. 518 f.; Bd. 4 S. 144, 168; Bd. 6 S. 275 f., 411 ff., 612.

1. **Staatsschuldbuch.** In einzelnen deutschen Staaten besteht entsprechend der Einrichtung des Reichsschuldbuchs für die Reichsschulden (s. Erl. zu Art. 50) die Einrichtung eines Staatsschuldbuchs (s. für Preußen, die Ges., betr. das Staatsschuldbuch, v. 20. Juli 1883; Ges., betr. die Erweiterung des Staatsschuldbuchs, v. 12. April 1886 und v. 8. Juni 1891, für Sachsen

das Ges., betr. das Staatsschuldbuch, v. 25. April 1884, für Hessen das Ges. v. 27. März 1898, für Weimar das Ges. v. 20. Januar 1900, für Bremen das Ges. v. 2. Dezember 1898). Die Einrichtung bezweckt die Umwandelung von Staatsschuldverschreibungen auf den Inhaber in Forderungen einer bestimmten Person gegen den Staat. Die gedachten Gesetze enthalten nähere Vorschriften einerseits darüber, wer zu dem Antrag auf Umwandelung berechtigt ist und in welcher Art diese Umwandelung erfolgt, andererseits über den Inhalt des durch die Eintragung in das Staatsschuldbuch begründeten Schuldverhältnisses sowie über die Legitimation zu Anträgen, die sich auf die eingetragenen Forderungen, insbesondere deren Umschreibung und die Hinzufügung von Vermerken beziehen, ferner über die Voraussetzungen, unter welchen eine Übertragung oder Belastung der Buchbehörde gegenüber wirksam ist (s. z. B. preuß. Ges. v. 1883 § 7 Abs. 3, 5, § 18). Der Vorbehalt bezweckt, alle diese Vorschriften aufrechtzuerhalten und die Landesgesetzgebung zu ermächtigen, ähnliche Vorschriften zu treffen.

Ein Zweifel über die Tragweite des Vorbehalts kann in der Richtung entstehen, ob die Worte, „die sich aus der Eintragung ergebenden Rechtsverhältnisse" dahin auszulegen sind, daß die Landesgesetzgebung auch befugt ist, Bestimmungen über die Rechte Dritter an den Buchforderungen zu geben, insbesondere solche Rechte, soweit sie nach dem BGB. begründet sind, zu beseitigen. In den M. d. E. I des EG. wird betont, daß durch den Vorbehalt nur die Regelung des Rechtsverhältnisses zwischen dem Gläubiger und dem Staate der Landesgesetzgebung vorbehalten werde, nicht aber das Verhältnis des Gläubigers zu Dritten. In Konsequenz dieser Auffassung wurde auch in der zweiten Kommission ein Antrag abgelehnt, in den Vorbehalt die Worte aufzunehmen „sowie die Befugnis einer Ehefrau regeln, über die für sie eingetragene Forderung selbständig zu verfügen," und statt dessen nur die Einschaltung der Worte „sowie die Befugnisse einer Ehefrau zur selbständigen Stellung von Anträgen bei der Staatsschuldbuchbehörde regeln" beschlossen. Dabei wurde anerkannt, daß auch durch diesen Zusatz einer Ehefrau, welche, weil die Forderung zum eingebrachten Gute gehöre, nicht berechtigt sei, darüber zu verfügen, mittelbar die Möglichkeit gewährt werde, auf die Forderung einzuwirken, aber es liege kein Bedürfnis vor, eine materielle Vorschrift, durch welche das Recht des Ehemannes aufgehoben werde, zuzulassen, vielmehr genüge für das Interesse der Buchbehörde, die gedachte formelle Legitimation der Frau zu Anträgen der gedachten Art. Der fragliche Zusatz ist bei der Redaktion später aus dem Abs. 1 weggelassen, durch die Fassung des Einganges des Abs. 2 aber klargestellt, daß die Landesgesetzgebung zu einer Bestimmung der fraglichen Art befugt ist. Das Verhältnis wird also so gedacht, daß die Umschreibung einer zu dem eingebrachten Gute der Ehefrau gehörenden Buchforderung auf alleinigen Antrag der Frau erfolgen kann und daß, wenn dies geschehen ist, die Buchbehörde berechtigt ist, denjenigen, auf welchen die Forderung umgeschrieben ist, als den Gläubiger zu behandeln. Das materielle Recht des Ehemanns aber soll hierdurch nicht beseitigt werden, dieser also befugt bleiben, die Unwirksamkeit der Umschreibung gegenüber der Ehefrau und dem Dritten, auf welchen die Forderung umgeschrieben ist, geltend zu machen und die dementsprechende Berichtigung des Staatsschuldbuchs zu verlangen. Den Gefahren, welchen der Ehemann dadurch ausgesetzt ist, daß die Buchbehörde den Dritten als berechtigten Gläubiger zu betrachten befugt ist, ihm also z. B. mit befreiender Wirkung die Zinsen zahlen und die Buchforderung wieder in eine Schuldverschreibung auf den Inhaber umwandeln kann, wird soweit als möglich durch die Bestimmungen des Abs. 2 vorgebeugt. Diese Auffassung des Verhältnisses dürfte mit dem Wortlaute des Abs. 1 vereinbar und wird als die Absicht des Gesetzes anzuerkennen sein. Dies dürfte um so unbedenklicher erscheinen, als keines der bestehenden Gesetze eine über die gedachte formelle Befugnis der Ehefrau hinausgehende Bestimmung enthält. Ein Zweifel könnte daraus entnommen werden, daß abweichend von dem E. I jetzt in den Art. 97 noch die Worte aufgenommen sind „insbesondere die Übertragung und Belastung einer Buchforderung". Nimmt man diese Worte im weitesten Sinne, so fallen darunter auch Bestimmungen, welche die materielle Berechtigung zu der Übertragung und Belastung betreffen, also auch die Berechtigung einer Ehefrau, ohne Einwilligung des Ehemanns über eine zum eingebrachten Gute gehörende Forderung zu verfügen. Nach der Entstehungsgeschichte der fraglichen Vorschrift dürfte es aber richtiger sein, die gedachten Worte in einem engeren Sinne, nämlich dahin zu verstehen, daß darunter nur Bestimmungen über die Erfordernisse des die Übertragung oder Belastung enthaltenden Rechtsgeschäfts fallen, z. B. die Bestimmung, daß die Verpfändung der Forderung durch die auf Antrag des Gläubigers erfolgende Eintragung eines Vermerks im Schuldbuch erfolge. Im Interesse der Buchbehörde ist eine hierüber hinausgehende Auslegung jener Bestimmung nicht erforderlich; sie wird genügend

Artikel 98. Unberührt bleiben die landesgesetzlichen Vorschriften über die Rückzahlung oder Umwandlung verzinslicher Staatsschulden, für die Inhaberpapiere ausgegeben oder die im Staatsschuldbuch eingetragen sind.

Artikel 99. Unberührt bleiben die landesgesetzlichen Vorschriften über die öffentlichen Sparkassen, unbeschadet der Vorschriften des §. 808 des Bürgerlichen Gesetzbuchs und der Vorschriften des Bürgerlichen Gesetzbuchs über die Anlegung von Mündelgeld.

---

geschützt durch die Vorschriften darüber, wen die Buchbehörde als legitimiert anzuerkennen berechtigt ist.

2. **Die Bestimmungen des Abs. 2** entsprechen den durch Art. 50 für das Reichsschuldbuch gegebenen Vorschriften. Es wird daher in dieser Beziehung auf die Erl. zu Art. 50 verwiesen.

3. Auf Forderungen, die in das Reichsschuldbuch oder in das Staatsschuldbuch eingetragen sind, und auf die Umwandelung von Schuldverschreibungen auf den Inhaber in solche Forderungen beziehen sich die Vorschriften des BGB. §§ 1393, 1815, 2117. Der Ehemann, der Vormund und der Nacherbe, welche verpflichtet sind, Inhaberpapiere zu hinterlegen oder auf den Namen umschreiben zu lassen, können statt dessen, soweit dies bei den betreffenden Papieren zulässig ist, diese nach den gedachten Paragraphen in Buchforderungen umwandeln; zugleich kann durch Eintragung eines Vermerks in das Schuldbuch nach Maßgabe der näheren Bestimmungen der gedachten Paragraphen für die Sicherung des Berechtigten Vorsorge getroffen werden.

4. **Landesgesetzliche Vorschriften.** Vgl. Erl. 1 ferner Preußen, AG. Art. 16; Sachsen, AG. § 52 und AV. v. 6. Juli 1899 § 54; Elsaß-Lothringen, AG. § 43.

Artikel 98.

RB. S. 2113. StB. S. 3031, 3096.

1. **Rückzahlung oder Umwandelung verzinslicher Staatsschulden.** Der Art. 98 beruht auf einem Beschlusse der RTK. Er ist veranlaßt durch die Vorschrift des § 2 des preuß. Ges. v. 4. März 1885, nach welcher, bevor die Kündigung erfolgt, den Inhabern der Schuldverschreibungen der $4^1/_2$ prozentigen konsolidierten Staatsanleihe die Umwandelung dieser Schuldverschreibungen in solche der 4prozentigen konsolidierten Staatsanleihe durch öffentliche Bekanntmachung des Finanzministers mit der Wirkung anzubieten ist, daß das Angebot für angenommen gilt, wenn nicht binnen einer Frist unter Einreichung der Staatsschuldverschreibungen die Bezahlung des Kapitals beantragt wird. Eine entsprechende Vorschrift enthält das preuß. Ges., betr. die Kündigung und Umwandelung der 4prozentigen Staatsanleihe, v. 23. Dezember 1896 § 2. Die Vorschrift, daß das in der gedachten Bestimmung erfolgte Angebot als angenommen gilt, wenn nicht binnen einer bestimmten Frist der dort bezeichnete Antrag gestellt wird, steht nicht im Einklange mit den Vorschriften des BGB. über einen Vertragsantrag und dessen Annahme (§§ 145 ff.). Das Interesse des preußischen Staates erfordert aber die Aufrechterhaltung der fraglichen Vorschrift und im Interesse aller Bundesstaaten liegt es, ihnen die Möglichkeit zu gewähren, ähnliche Vorschriften im Wege der Landesgesetzgebung zu treffen. Die Fassung des Vorbehalts geht noch über dessen spezielle Veranlassung hinaus und gestattet der Landesgesetzgebung generell, Vorschriften über die Rückzahlung oder Umwandelung verzinslicher Staatsschulden der im Art. 98 gedachten Art zu treffen. Bestimmungen dieses Inhalts sind schon nach allgemeinen Grundsätzen wirksam, wenn sie in der Schuldverschreibung auf den Inhaber selbst enthalten oder vertragsmäßig bei der Eintragung in das Schuldbuch getroffen sind. Das Besondere, das durch den Vorbehalt ermöglicht wird, liegt darin, daß Bestimmungen des gedachten Inhalts nicht nur durch die Schuldverschreibung bzw. durch Vertrag, sondern durch Landesgesetz getroffen werden können.

2. **Landesgesetzliche Vorschriften.** Vgl. Erl. 1, ferner Württemberg, AG. Art. 177; Mecklenburg, AV. § 44; Lübeck, AG. § 47.

Artikel 99.

E. d. EG. II Art. 72; III Art. 98. P. II Bd. 6 S. 618 ff.

1. **Öffentliche Sparkassen.** Der Vorbehalt des Art. 99 ist von der zweiten Kommission eingestellt. Veranlassung dazu gab das Elsaß-Lothringische Ges. v. 14. Juli 1895, die Spar-

kassen betreffend, nach dessen § 12 die Sparkassen berechtigt sind, den Ehefrauen und Minderjährigen die von ihnen gemachten Einlagen ohne Zustimmung des Ehemanns oder des gesetzlichen Vertreters zurückzuzahlen. Mit den Vorschriften des BGB. über die beschränkte Geschäftsfähigkeit der Minderjährigen (§§ 107 ff.) und über die Beschränkung des Verfügungsrechts der Ehefrau über ihr eingebrachtes Gut (§§ 1395 ff.) ist die angeführte Bestimmung nicht vereinbar. Man hielt es aber für wünschenswert, sie aufrecht zu erhalten und der Landesgesetzgebung auch in anderen Staaten die Möglichkeit zu eröffnen, ähnliche Bestimmungen zu treffen. Den Vorbehalt aber auf diese einzelnen Bestimmungen zu beschränken erschien zu kasuistisch und man nahm an, daß das praktische Bedürfnis einen allgemeinen Vorbehalt in betreff der öffentlichen Sparkassen rechtfertige.

2. **Der Begriff der öffentlichen Sparkassen** ist derselbe wie im § 1807 Abs. 1 Nr. 5. Er bestimmt sich für jeden Bundesstaat nach der Landesgesetzgebung (s. Erl. zu § 1807). Die Einrichtung, Verwaltung und Beaufsichtigung der öffentlichen Sparkassen gehört schon deshalb, weil es sich hierbei um Fragen des öffentlichen Rechtes handelt, zur Zuständigkeit der Landesgesetzgebung. Die Bedeutung des Art. 99 liegt darin, daß auch privatrechtliche Vorschriften über die von den öffentlichen Sparkassen vorgenommenen Rechtsgeschäfte, insbesondere über die Entstehung, den Inhalt und die Aufhebung des durch die Einlagen bei den Sparkassen begründeten Schuldverhältnisses von der Landesgesetzgebung getroffen werden können. Soweit es sich hierbei um Auslegungs- oder dispositive Vorschriften handelt, würde dem Bedürfnisse schon dadurch genügt werden, daß die betreffenden Bestimmungen in den mit den Einlegern geschlossenen Vertrag oder in das die Grundlage solcher Verträge bildende Statut der Sparkasse aufgenommen werden. Der Vorbehalt ermöglicht einerseits Bestimmungen dieser Art auch durch Landesgesetze zu treffen, andererseits aber auch zwingende Vorschriften des BGB., soweit sie sich auf die gedachten Rechtsgeschäfte der öffentlichen Sparkassen beziehen, durch die Landesgesetze zu ändern. Ein Beispiel der letzteren Art bietet das Gesetz, welches nach dem in Erl. 1 Gesagten die Veranlassung zu dem Vorbehalte gegeben hat.

3. **Der Vorbehalt unterliegt einer zweifachen Beschränkung.**

a) Die Vorschrift des BGB. § 808 kann nicht geändert werden. Nach dieser wird, wenn eine Urkunde, in welcher der Gläubiger benannt ist, mit der Bestimmung ausgegeben ist, daß die in der Urkunde versprochene Leistung an jeden Inhaber bewirkt werden kann, der Schuldner durch die Leistung an den Inhaber befreit. Der Inhaber ist aber nicht berechtigt, die Leistung zu verlangen; der Schuldner ist nur gegen Aushändigung der Urkunde zur Leistung verpflichtet. Im Abs. 2 werden dann noch Bestimmungen über die Kraftloserklärung der Urkunde gegeben. Urkunden dieser Art sind die Sparkassenbücher. In Beziehung auf sie ist die Landesgesetzgebung daher nicht berechtigt, die Vorschriften des BGB. § 808 zu ändern. Hieraus ergibt sich insbesondere, daß eine Außerkurssetzung der Sparkassenbücher unzulässig ist. Zulässig ist aber nach allgemeinen Grundsätzen, daß durch Vertrag zwischen dem Einleger und der Sparkasse das Recht der letzteren an jeden Inhaber des Sparkassenbuchs zu leisten ausgeschlossen, daß also z. B. durch einen solchen Vertrag bestimmt wird, daß die von einem Vormunde gemachte Einlage nur an diesen selbst mit Einwilligung des Vormundschaftsgerichts zurückgezahlt werden kann. Wird ein solcher Vertrag durch Vermerk in dem Sparkassenbuch erkennbar gemacht, so verliert das Sparkassenbuch insoweit den Charakter eines Legitimationspapiers der im § 808 gedachten Art und die Sparkasse wird nur durch eine nach Maßgabe des Vertrags erfolgende Leistung befreit.

b) Nicht geändert werden können ferner durch die Landesgesetzgebung die Vorschriften des BGB. über die Anlegung von Mündelgeldern. In dieser Beziehung bestimmt das BGB. § 1807 Abs. 1 Nr. 5, daß Mündelgelder in inländischen öffentlichen Sparkassen belegt werden können, wenn die zuständige Behörde des Bundesstaats, in welchem die Kasse ihren Sitz hat, diese als geeignet erklärt hat. Nach § 1809 soll der Vormund Mündelgelder bei einer Sparkasse nur mit der Bestimmung anlegen, daß die Erhebung des Geldes nur mit Genehmigung des Gegenvormundes oder des Vormundschaftsgerichts erfolgen kann. In Betracht kommen auch noch §§ 1810, 1812, 1813. Diese Vorschriften können durch die Landesgesetzgebung nicht geändert werden.

4. **Landesgesetzliche Vorschriften.** Vgl. Erl. 1, ferner Preußen, AG. Art. 75, nach dessen § 2 eine vor dem Inkrafttreten des BGB. erfolgte Außerkurssetzung eines Sparkassenbuchs noch die Wirkung behält, daß zur Erhebung des Geldes die Genehmigung des Gegenvormundes oder des Vormundschaftsgerichts erforderlich ist; Bayern, AG. Art. 109—121, welche unter anderem Bestimmungen über die Berechtigung von Frauen und Minderjährigen zu Spareinlagen und über die Kraftloserklärung der Sparkassenbücher enthalten; Hessen, Ges. v. 8. August 1902.

Artikel 100. Unberührt bleiben die landesgesetzlichen Vorschriften, nach welchen bei Schuldverschreibungen auf den Inhaber, die der Bundesstaat oder eine ihm angehörende Körperschaft, Stiftung oder Anstalt des öffentlichen Rechtes ausstellt:

1. die Gültigkeit der Unterzeichnung von der Beobachtung einer besonderen Form abhängt, auch wenn eine solche Bestimmung in die Urkunde nicht aufgenommen ist;
2. der im §. 804 Abs. 1 des Bürgerlichen Gesetzbuchs bezeichnete Anspruch ausgeschlossen ist, auch wenn die Ausschließung in dem Zins- oder Rentenscheine nicht bestimmt ist.

Artikel 101. Unberührt bleiben die landesgesetzlichen Vorschriften, welche den Bundesstaat oder ihm angehörende Körperschaften, Stiftungen und Anstalten

---

Artikel 100.

E. I § 701 Abs. 4. E. d. EG. I Art. 60; II Art. 73; III Art. 99. P. I S. 11841, 11843, 12801 f.; M. II S. 721. M. d. EG. S. 187. P. II Bd. 2 S. 555 f., 558; Bd. 6 S. 419 f., 617.

1. **Schuldverschreibungen des Staates oder einer juristischen Person des öffentlichen Rechtes auf den Inhaber.** Der Art. 100 gestattet der Landesgesetzgebung für Schuldverschreibungen auf den Inhaber, welche von dem betreffenden Bundesstaat oder einer ihm angehörenden Körperschaft, Stiftung oder Anstalt des öffentlichen Rechtes ausgestellt werden, Abweichungen von zwei Vorschriften des BGB. zu bestimmen. Die Abweichung kann nur für den Bundesstaat, durch dessen Gesetzgebung die Bestimmung erfolgt, und für die ihm angehörenden in dem Artikel bezeichneten juristischen Personen bestimmt werden. Der Ausdruck „Körperschaften, Stiftungen und Anstalten des öffentlichen Rechtes" hat hier dieselbe Bedeutung wie im BGB. § 89 (Bd. I S. 158 Erl. 1 zu § 89). Zu den dem betreffenden Staate angehörenden Anstalten des öffentlichen Rechtes gehören, wie bei den Verhandlungen der zweiten Kommission ausdrücklich hervorgehoben wurde, auch die Rentenbanken (s. preuß. Ges. v. 2. März 1850. P. II Bd. 6 S. 419 f).

2. **Von folgenden Bestimmungen des BGB. kann die Landesgesetzgebung für die in Erl. 1 bezeichneten Schuldverschreibungen eine Abweichung gestatten:**

a) von der Vorschrift des § 793 Abs. 2, nach welcher die Gültigkeit der Unterzeichnung durch eine in die Urkunde aufzunehmende Bestimmung von der Beobachtung einer besonderen Form abhängig gemacht werden kann. Die zugelassene Abweichung besteht darin, daß die Bestimmung nicht in die Urkunde aufgenommen zu werden braucht, sondern durch Landesgesetz erfolgen kann.

b) Von der Vorschrift des § 804 Abs. 2. Nach dieser kann der im § 804 Abs. 1 näher geregelte Anspruch des früheren Inhabers eines zerstörten oder abhanden gekommenen Zins-, Renten- oder Gewinnanteilscheins in dem betreffenden Scheine ausgeschlossen werden. Für Zins- und Rentenscheine wird nun die Abweichung zugelassen, daß der Ausschluß jenes Anspruchs nicht nur durch eine in den Schein selbst aufgenommene Bestimmung, sondern auch durch Landesgesetz erfolgen kann. Die Ausnahme ist auf die in dem § 804 mit erwähnten Gewinnanteilscheine nicht ausgedehnt, weil diese auch in dem BGB. nur da erwähnt werden, wo sie als selbständige Inhaberpapiere in Betracht kommen können, nicht aber da, wo dies, wie z. B. bei der Bestimmung des § 805 nicht der Fall ist, und weil auch hier bei der Beschränkung auf die im Eingange des Artikels bezeichneten Schuldverschreibungen auf den Inhaber dieser Fall nicht vorliegt (P. II Bd. 6 S. 617).

3. **Landesgesetzliche Vorschriften.** Preußen, AG. Art. 17; Sachsen, Ges. v. 29. September 1834 § 17, Ges. v. 18. Januar 1882; Hessen, Ges. v. 14. Januar 1905; Lübeck, AG. § 46 (vgl. Reichsschuldenordnung v. 19. März 1900 § 4, § 16 Abs. 2).

Artikel 101.

E. d. EG. I Art. 57; II Art. 74; III Art. 100. P. I S. 12787 ff., 12802 ff.; M. d. EG. S. 185 f. P. II Bd. 6 S. 414 ff.

1. **Verpflichtung zur Umschreibung von Inhaberschuldverschreibungen des Staates oder einer juristischen Person des öffentlichen Rechtes auf eine bestimmte Person.** Nach BGB.

des öffentlichen Rechtes abweichend von der Vorschrift des §. 806 Satz 2 des Bürgerlichen Gesetzbuchs verpflichten, die von ihnen ausgestellten, auf den Inhaber lautenden Schuldverschreibungen auf den Namen eines bestimmten Berechtigten umzuschreiben, sowie die landesgesetzlichen Vorschriften, welche die sich aus der Umschreibung einer solchen Schuldverschreibung ergebenden Rechtsverhältnisse, mit Einschluß der Kraftloserklärung, regeln.

---

§ 806 kann die Umschreibung einer Schuldverschreibung auf den Inhaber auf den Namen einer bestimmten Person nur durch den Aussteller erfolgen. Dieser ist aber zu der Umschreibung nicht verpflichtet. In einzelnen Bundesstaaten ist der Staat verpflichtet, die von ihm ausgestellten auf den Inhaber lautenden Schuldverschreibungen auf Antrag des Berechtigten auf dessen Namen umschreiben zu lassen. Mit dieser Verpflichtung zur Umschreibung werden ähnliche Zwecke verfolgt wie in anderen Staaten mit der Verpflichtung zur Eintragung in das Staatsschuldbuch. Wie der Art. 97 die landesgesetzlichen Vorschriften über die Eintragung in das Staatsschuldbuch aufrecht erhält, so sollen durch Art. 101 die Vorschriften über die Umschreibung auf den Namen eines bestimmten Berechtigten aufrecht erhalten und soll zugleich der Landesgesetzgebung die Möglichkeit gegeben werden, ähnliche Vorschriften neu zu treffen. Von der zweiten Kommission ist der Vorbehalt auf die dem Bundesstaat angehörenden Körperschaften, Stiftungen und Anstalten des öffentlichen Rechtes ausgedehnt. Über den Begriff der Körperschaften, Stiftungen und Anstalten des öffentlichen Rechtes s. Bd. I S. 158, Erl. zu § 89.

2. Entsprechend der im Art. 97 für die Umwandelung von Schuldverschreibungen auf den Inhaber gegebene Vorschrift wird durch die zweite Hälfte des Art. 101 **die Zuständigkeit der Landesgesetzgebung auf die Regelung des aus der Umschreibung auf den Namen eines bestimmten Berechtigten sich ergebenden Rechtsverhältnisses ausgedehnt.** In Betracht kommen insbesondere Vorschriften über die Legitimation desjenigen, welcher die Umschreibung beantragt, sowie über die Voraussetzungen, unter welchen die Wiederumschreibung einer auf den Namen umgeschriebenen Schuldverschreibung in eine Schuldverschreibung auf den Inhaber verlangt werden kann. Auf Grund des Vorbehalts kann die Landesgesetzgebung auch bestimmen, daß die Zahlung, auch wenn die Schuldverschreibung auf einen bestimmten Berechtigten umgeschrieben ist, nur gegen Rückgabe der Urkunde zu erfolgen braucht, daß also insofern eine Abweichung von der Vorschrift des BGB. § 371 Satz 2 stattfindet, als nach dieser der Schuldner, wenn er behauptet, zur Rückgabe außerstande zu sein, nur verpflichtet ist, dem Gläubiger ein öffentlich beglaubigtes Anerkenntnis über das Erlöschen der Schuld auszustellen. Mit Rücksicht auf die Zulässigkeit einer Vorschrift der gedachten Art wird besonders hervorgehoben, daß sich die Zuständigkeit der Landesgesetzgebung auch auf Vorschriften über die Kraftloserklärung erstrecke. Solche Vorschriften kennt das BGB. für die auf den Namen lautenden Schuldurkunden mit Rücksicht auf die Vorschrift des § 371 Satz 2 nicht; sie mußten deshalb für den hier fraglichen Fall der Landesgesetzgebung gestattet werden.

3. Die zweite Hälfte des im Art. 101 bestimmten Vorbehalts beschränkt sich nicht auf diejenigen Fälle, in welchen nach landesgesetzlicher Vorschrift der Bundesstaat oder eine ihm angehörende Körperschaft, Stiftung oder Anstalt des öffentlichen Rechtes zur Umschreibung verpflichtet ist, sondern **erstreckt sich auf alle Fälle, in welchen eine Umschreibung, sei es auch ohne eine dazu bestehende Verpflichtung, erfolgt.** Immer aber können sich die landesgesetzlichen Vorschriften nur auf die von dem Bundesstaat oder von einer ihm angehörenden Körperschaft, Stiftung oder Anstalt des öffentlichen Rechtes ausgestellten Schuldverschreibungen beziehen. Vgl. auch EG. z. CPO. § 11.

4. **Landesgesetzliche Vorschriften.** Preußen, AG. Art. 18, Min.V. v. 15. Dezember 1899, Allg.V. v. 30. Dezember 1899; Bayern, AG. Art. 49—57, Min.Bek. v. 27. November 1899; Württemberg, AG. Art. 181, 183, Min.Bek. v. 26. Januar 1900 §§ 7 ff.; Hessen, AG. Art. 68—70; Mecklenburg, AV. §§ 45—48; Oldenburg, AG. § 5 und AG. z. CPO. ꝛc. v. 15. Mai 1899 § 6; Lübeck, AG. §§ 48—58.

Artikel 102.

E. d. EG. I Art. 61; II Art. 75; III Art. 101. P. I S. 13294 f.; M. d. EG. S. 187. P. II Bd. 2 S. 562 ff.; Bd. 6 S. 198 f., 420.

1. **Kraftloserklärung und Zahlungssperre bei den im BGB. § 807 bezeichneten Urkunden.** Nach BGB. § 807 finden auf die dort bezeichneten Karten, Marken und ähnlichen Urkunden,

Artikel 102. Unberührt bleiben die landesgesetzlichen Vorschriften über die Kraftloserklärung und die Zahlungssperre in Ansehung der im §. 807 des Bürgerlichen Gesetzbuchs bezeichneten Urkunden.

Unberührt bleiben die landesgesetzlichen Vorschriften, welche für die Kraftloserklärung der im §. 808 des Bürgerlichen Gesetzbuchs bezeichneten Urkunden ein anderes Verfahren als das Aufgebotsverfahren bestimmen.

---

in welchen ein Gläubiger nicht genannt ist, die aber unter Umständen ausgegeben werden, aus welchen erhellt, daß die Leistung an den Inhaber erfolgen solle, verschiedene der für Schuldverschreibungen auf den Inhaber geltenden Vorschriften Anwendung. Nicht mit für anwendbar erklärt sind die Vorschriften der §§ 799, 800 über die Kraftloserklärung und die Zahlungssperre. Ein allgemeines Bedürfnis, diese Vorschriften auch auf die im § 807 bezeichneten Urkunden anzuwenden, wurde nicht anerkannt. Durch Art. 102 Abs. 1 wird aber der Landesgesetzgebung in dieser Beziehung Spielraum gewährt. Ihre Zuständigkeit beschränkt sich nicht darauf, die Vorschriften der §§ 799, 800 auf die im § 807 bezeichneten Urkunden für anwendbar zu erklären, sondern die Landesgesetzgebung kann auch besondere von jenen Vorschriften abweichende Vorschriften über die Kraftloserklärung und die Zahlungssperre geben. Nach § 11 des EG. zur CPO. können die Landesgesetze, wenn durch die Landesgesetzgebung die Kraftloserklärung der im § 807 bezeichneten Urkunden zugelassen ist, die Anwendung der Vorschriften der CPO. ausschließen oder diese Vorschriften durch andere ersetzen. In Betracht kommen werden hauptsächlich die von Verkehrsanstalten oder Kreditinstituten ausgegebenen Urkunden der im § 807 bezeichneten Art.

2. Verfahren bei der Kraftloserklärung der im BGB. § 808 bezeichneten Urkunden. Der Abs. 2 bezieht sich auf die im BGB. § 808 bezeichneten sog. Legitimationspapiere. In Betracht kommen besonders die Sparkassenbücher; auch Versicherungspolicen, Leihhausscheine, Depotscheine können hierher gehören. Nach BGB. § 808 Abs. 2 ist der Schuldner nur gegen Rückgabe der Urkunde zur Zahlung verpflichtet. Ist die Urkunde aber vernichtet oder abhanden gekommen, so kann sie im Wege des Aufgebotsverfahrens für kraftlos erklärt werden. Hier ist also durch das BGB. selbst abweichend vom E. I die Kraftloserklärung für zulässig erklärt und bedurfte es daher in dieser Beziehung nicht wie im Falle des § 807 eines Vorbehalts für die Landesgesetzgebung. Das nach der Vorschrift des § 808 zum Zwecke der Kraftloserklärung erforderliche Aufgebotsverfahren erscheint aber für manche Urkunden der hier fraglichen Art zu schwerfällig. Nach CPO. § 1023 ist zwar die Landesgesetzgebung befugt, für die hier fraglichen Urkunden in betreff der Veröffentlichung des Aufgebots und anderer im Aufgebotsverfahren erforderlicher Bekanntmachungen sowie in betreff der Aufgebotsfrist Abweichungen von den allgemeinen für das Aufgebotsverfahren geltenden Vorschriften zu bestimmen. Dies erschien aber für die wünschenswerte Vereinfachung des Verfahrens als nicht genügend und deshalb wird der Landesgesetzgebung durch Art. 102 Abs. 2 gestattet, für die Kraftloserklärung ein anderes Verfahren als das Aufgebotsverfahren zu bestimmen. Insbesondere kann, wenn es sich um Sparkassenbücher handelt, bestimmt werden, daß die Sparkasse selbst die Aufforderung zur Anmeldung erlassen und nach Ablauf einer bestimmten Frist die Kraftloserklärung aussprechen kann. Zu beachten ist hierbei übrigens, daß durch die Kraftloserklärung einer Urkunde der hier fraglichen Art nicht ohne weiteres derjenige, welcher die Kraftloserklärung erwirkt hat, berechtigt wird, die Zahlung zu verlangen. Der Schuldner kann vielmehr ebenso wie in dem Falle, daß die Urkunde noch vorliegt, die Zahlung an jeden anderen als den in der Urkunde benannten Gläubiger oder denjenigen, welcher sich als Rechtsnachfolger legitimiert hat, verweigern. Die Kraftloserklärung hat also nur die Bedeutung, daß dem Gläubiger, wenn er sich als solcher legitimiert, die Zahlung nicht deshalb verweigert werden kann, weil er die Urkunde zurückzugeben außerstande ist.

3. Landesgesetzliche Vorschriften. Bayern, AG. Art. 111 ff.; Sachsen, AG. § 5; Württemberg, AG. Art. 188, 189; Baden, AG. z. BGB. und zur CPO. v. 18. Juni 1899 § 14; Hessen, AG. Art. 71; Mecklenburg, AV. zur Ausführung der CPO. v. 9. April 1899 §§ 30—41; Oldenburg, Ges. zur Ausführung der CPO. rc. v. 15. Mai 1899 § 12; Lübeck AG. zur CPO. v. 7. November 1899.

Von dem Vorbehalte des Abs. 1 hat, soviel ersichtlich, kein Bundesstaat Gebrauch gemacht

Artikel 103. Unberührt bleiben die landesgesetzlichen Vorschriften, nach welchen der Staat sowie Verbände und Anstalten, die auf Grund des öffentlichen Rechtes zur Gewährung von Unterhalt verpflichtet sind, Ersatz der für den Unterhalt gemachten Aufwendungen von der Person, welcher sie den Unterhalt gewährt haben, sowie von denjenigen verlangen können, welche nach den Vorschriften des Bürgerlichen Gesetzbuchs unterhaltspflichtig waren.

Artikel 103.

E. d. EG. II Art. 76; III Art. 102. P. II Bd. 6 S. 482 f., 616 f.

1. **Ersatzansprüche des Staates und der kraft öffentlichen Rechtes zur Gewährung von Unterhalt verpflichteten Verbände wegen der zu diesem Zwecke gemachten Aufwendungen.** Nach M. IV S. 676 ist davon ausgegangen, daß die Vorschriften der Landesgesetze über die Unterhaltspflicht der öffentlichen Armenverbände und über deren Verhältnis zu der privatrechtlichen Unterhaltspflicht der Verwandten, insbesondere auch der etwaige Ersatzanspruch der ersteren gegen die letzteren, als dem öffentlichen Rechte angehörend, durch das BGB. nicht berührt werden. Bei den Beratungen der zweiten Kommission wurde in Zweifel gezogen, ob dies richtig sei, ob nicht wenigstens bei der Konstruktion, von welcher einige Landesgesetze in betreff des den Verbänden, welche den Unterhalt gewährt haben, eingeräumten Ersatzanspruchs ausgehen, für diese Landesgesetze die Annahme gerechtfertigt werden könne, daß es sich um privatrechtliche Vorschriften handle. Um diesen Zweifel unschädlich zu machen, wurde der Vorbehalt des Art. 103 beschlossen, nach welchem die fraglichen landesgesetzlichen Vorschriften ohne Rücksicht darauf, ob sie dem öffentlichen Rechte oder dem Privatrecht angehören, durch das BGB. nicht berührt werden. Daneben bleibt nach Art. 32 bestehen die Vorschrift des § 62 des Ges. über den Unterstützungswohnsitz v. 6. Juni 1870 (neue Fassung 1894 RGBl. S. 262), welches durch Art. 80 der Reichsverfassung auf Hessen und das Ges. v. 8. November 1871 auf Württemberg und Baden ausgedehnt ist. Hiernach ist jeder Armenverband, welcher auf Grund dieses Gesetzes einen Hilfsbedürftigen unterstützt hat, befugt, Ersatz derjenigen Leistungen, zu deren Gewährung ein Dritter aus anderen als den durch dieses Gesetz begründeten Titeln verpflichtet ist, von dem Verpflichteten in demselben Maße und unter denselben Voraussetzungen zu fordern, als dem Unterstützten auf jene Leistungen ein Recht zusteht. Die Bestimmung beschränkt sich also auf die von den Armenverbänden auf Grund des gedachten Gesetzes gemachten Leistungen und gibt einen Ersatzanspruch nur gegen diejenigen, welche dem Hilfsbedürftigen aus anderen Gründen zur Gewährung des Unterhalts verpflichtet waren, nicht gegen den Hilfsbedürftigen selbst. In beiden Beziehungen können die Landesgesetze auf Grund des Art. 103 ergänzende Vorschriften treffen und haben dies vielfach getan.

2. **Voraussetzung der durch den Vorbehalt zugelassenen landesgesetzlichen Vorschriften** ist, daß auf Grund des öffentlichen Rechtes für den Staat oder einen Verband oder eine Anstalt die Verpflichtung zur Gewährung des Unterhalts besteht und daß in Erfüllung dieser Verpflichtung der Unterhalt gewährt ist. Nicht erforderlich ist, daß eine Verpflichtung gegenüber demjenigen bestand, welchem der Unterhalt gewährt wurde. Die hier hauptsächlich in Frage kommenden Wohltätigkeitsanstalten sind kraft öffentlichen Rechtes verpflichtet, ihre Mittel innerhalb gewisser Grenzen zur Unterstützung Hilfsbedürftiger zu verwenden. Welchen einzelnen Personen aber die Unterstützung gewährt werden soll, bleibt der Entscheidung der Anstalt überlassen. Bestimmte einzelne Personen haben regelmäßig kein Recht, eine Unterstützung zu verlangen. Dieser Auffassung entsprechend wird z. B. in dem bayerischen AG. zum BGB. Art. 101 schlechthin den öffentlichen Wohltätigkeitsanstalten, welche Personen unterstützt und verpflegt haben, ein Anspruch der im Art. 103 bezeichneten Art gegeben, indem davon ausgegangen wird, daß öffentliche Wohltätigkeitsanstalten immer kraft öffentlichen Rechtes zur Gewährung der von ihnen geleisteten Unterstützung oder Verpflegung verpflichtet sind.

Welcher Art die Verbände und Anstalten sind, ist gleichgültig; es kommt nur darauf an, daß ihnen die gedachte Verpflichtung auf Grund des in dem Staate, welchem sie angehören, bestehenden öffentlichen Rechtes obliegt. In Betracht kommen hauptsächlich die Gemeinden oder sonstigen Armenverbände und deren für die Unterstützung der Armen bestimmte Anstalten. Die Vorschrift beschränkt sich indessen nicht auf die Fälle, in welchen es sich um die Unterstützung von Hilfsbedürftigen handelt, sondern sie findet in allen Fällen Anwendung, in welchen das öffentliche Recht aus irgend welchem Grunde die Gewährung des Unterhalts vorschreibt. Dies ist besonders von Bedeutung für den Staat, sofern dieser auf Grund des öffentlichen Rechtes verpflichtet ist, den Gefangenen in Strafanstalten Unterhalt zu gewähren (P. II Bd. 6 S. 482f.; M. IV S. 123f.). Auch die Zwangserziehungsanstalten dürften unter den Art. 103 fallen (Kisch, Elsaß-Lothringensches Landesprivatrecht S. 320).

3. **Person des Verpflichteten.** Der Ersatzanspruch ist zulässig:

a) gegen die Person, welcher der Unterhalt gewährt ist, bzw. gegen ihren Nachlaß. Nach den Grundsätzen des BGB. würde sich ein Ersatzanspruch weder aus dem Gesichtspunkte der Geschäftsführung ohne Auftrag noch aus dem Gesichtspunkte der ungerechtfertigten Bereicherung rechtfertigen lassen, weil ja vorausgesetzt wird, daß die Gewährung des Unterhalts auf Grund einer öffentlichrechtlichen Verpflichtung erfolgt ist.

b) gegen diejenigen, welche nach den Vorschriften des BGB. unterhaltspflichtig waren. Auch ein Ersatzanspruch gegen diese Personen läßt sich aus dem unter a angeführten Grunde aus dem BGB. nicht ableiten. Hier indessen wie in dem Falle unter a rechtfertigt sich die landesgesetzliche Anerkennung eines Ersatzanspruchs, weil der Zweck der öffentlichrechtlichen Verpflichtung zur Gewährung des Unterhalts nicht darin besteht, den nach privatrechtlichen Grundsätzen zunächst Verpflichteten diese Verpflichtung abzunehmen, sondern nur darin, vorläufig und unbeschadet jener Verpflichtung für den Unterhalt zu sorgen. Als zur Gewährung des Unterhalts verpflichtet kommen nach dem BGB. in Betracht der Ehegatte des Unterhaltenen (§§ 1360, 1361), der geschiedene Ehegatte (§§ 1578ff.), der Ehegatte in den Fällen der §§ 1345, 1351, die Verwandten in gerader Linie (§§ 1601ff., 1703, 1739, 1765, 1766), und der uneheliche Vater (§§ 1708ff.) sowie der Erbe des geschiedenen Ehegatten und des unehelichen Vaters (§§ 1582, 1712), endlich der Erbe im Falle des § 1969. Ersatz kann von einer dieser Personen nur insoweit gefordert werden, als dieselbe während der Zeit, in welcher der Unterhalt gewährt wurde, zur Gewährung des Unterhalts verpflichtet war. Hängt daher die Unterhaltspflicht davon ab, daß der zu Unterhaltende sich selbst zu unterhalten entweder überhaupt nicht imstande ist oder daß doch gewisse Einkünfte desselben dazu nicht hinreichen, oder davon, daß der Unterhaltspflichtige den Unterhalt ohne Gefährdung seines eigenen standesmäßigen Unterhalts zu gewähren imstande ist, so muß das Vorliegen dieser Voraussetzungen für die betreffende Zeit dargetan werden, um den Ersatzanspruch zu begründen, während der Ersatzanspruch unbedingt begründet ist, wenn die Unterhaltspflicht wie die des unehelichen Vaters bis zur Vollendung des sechzehnten Lebensjahrs des Kindes eine unbedingte ist. Nicht zu den hier in Frage stehenden Unterhaltspflichten gehört die im Falle der Körperverletzung nach BGB. § 843 dem Verletzten gegenüber und im Falle der Tötung nach § 844 denjenigen gegenüber, welchen der Getötete zur Gewährung des Unterhalts verpflichtet war, eintretende Verpflichtung des Täters zur Gewährung einer Geldrente. Diese Geldrente soll zwar dazu dienen, dem Verletzten bzw. dem Unterhaltsberechtigten den Unterhalt zu gewähren; aber es handelt sich dabei nicht um eine gesetzliche Verpflichtung zur Gewährung des Unterhalts, sondern um eine Verpflichtung zum Schadensersatze wegen unerlaubter Handlung (P. II Bd. 6 S. 482f.).

4. **Die Art und Weise sowie den Umfang zu bestimmen**, in welchem der Ersatzanspruch, soweit er nach dem obigen zulässig ist, gewährt werden soll, bleibt der Landesgesetzgebung überlassen. Diese kann also entweder schlechthin einen Ersatzanspruch gewähren oder bestimmen, daß der dem Unterhaltenen gegen den nach dem BGB. zur Gewährung des Unterhalts Verpflichteten zustehende Anspruch auf den Staat oder den Verband oder auf die Anstalt übergeht. Wird der letztere Weg gewählt, so wird, um den Zweck vollständig zu erreichen, zugleich bestimmt werden müssen, daß die Vorschrift des BGB. § 1613 keine Anwendung findet, nach welcher für die Vergangenheit die Erfüllung der Unterhaltsverpflichtung oder Ersatz wegen Nichterfüllung nur gefordert werden kann, wenn der Verpflichtete im Verzug ist oder der Anspruch rechtshängig geworden ist.

Auch darüber steht der Landesgesetzgebung die Entscheidung zu, ob der Ersatzanspruch zunächst immer gegen den Unterhaltenen selbst zu richten ist und nur, wenn dieser zur Bezahlung außerstande ist, die unter b bezeichneten Personen in Anspruch genommen werden können oder ob der Anspruch gegen diese, sofern er nach dem obigen begründet ist, nach Wahl des Berechtigten ohne weiteres geltend gemacht werden kann.

5. **Landesgesetzliche Vorschriften.** Bayern, AG. Art. 101, 160; Sachsen, AG. § 6; Hessen, AG. Art. 72, 73; Lübeck, AG. §§ 59, 61.

Artikel 104. Unberührt bleiben die landesgesetzlichen Vorschriften über den Anspruch auf Rückerstattung mit Unrecht erhobener öffentlicher Abgaben oder Kosten eines Verfahrens.

Artikel 104.

E. d. EG. I Art. 65; II Art. 77; III Art. 103. P. I S. 12992 ff.; M. d. EG. S. 191. P. II Bd. 6 S. 422 ff.

1. **Anspruch auf Rückerstattung unrechtmäßig erhobener Abgaben und Kosten eines Verfahrens.** Die Regelung der öffentlichen Abgaben und der Kosten eines Verfahrens ist Sache des öffentlichen Rechtes und gehört deshalb zur Zuständigkeit der Landesgesetzgebung. Zweifelhaft kann sein, ob auch die Frage, unter welchen Voraussetzungen ein Anspruch auf Rückerstattung der mit Unrecht erhobenen öffentlichen Abgaben und der Kosten eines Verfahrens besteht, dem öffentlichen oder dem Privatrecht angehört. Die Landesgesetzgebung kann in dieser Beziehung von verschiedenen Standpunkten ausgehen. Durch den Art. 104 wird es überflüssig, den Zweifel zu entscheiden. Alle landesgesetzlichen Vorschriften, die jene Frage betreffen, mögen sie öffentlichrechtlichen oder privatrechtlichen Charakters sein, werden aufrechterhalten und können neu erlassen werden. Durch den Vorbehalt betroffen werden insbesondere auch solche Vorschriften, welche den Anspruch auf Rückerstattung nur innerhalb einer bestimmten Frist zulassen oder besondere Vorschriften über dessen Verjährung geben. Ob die Verhandlung und Entscheidung über Ansprüche der fraglichen Art vor die ordentlichen Gerichte gehört und nach den Vorschriften der CPO. zu erfolgen hat, hängt davon ab, ob die Landesgesetzgebung von dem ihr nach dem GVG. § 13 zustehenden Rechte Gebrauch gemacht hat, Ansprüche der fraglichen Art vor die Verwaltungsbehörden oder die Verwaltungsgerichte zu verweisen. Ist dies nicht geschehen und ergibt sich aus dem Rechte des in Frage kommenden Staates nicht, daß die betreffenden Fragen als dem öffentlichen Rechte angehörend angesehen werden, so werden sie, wenn Streit darüber entsteht, als bürgerliche Rechtsstreitigkeiten anzusehen sein und daher nach GVG. vor die ordentlichen Gerichte gehören. In einzelnen Staaten ist die Frage ausdrücklich entschieden. So bestimmt z. B. das preuß. Gesetz v. 24. Mai 1861 betr. die Erweiterung des Rechtsweges §§ 9, 10, daß der Rechtsweg zulässig ist, wenn behauptet wird, daß die einzelne Forderung getilgt oder verjährt sei, oder daß es sich nicht um eine öffentliche Abgabe handelt; vgl. auch § 11 desselben Gesetzes, der den Rechtsweg wegen unrichtig erhobener Stempelsteuer und das Gesetz betr. die Erbschaftssteuer v. 30. Mai 1873 § 40, das den Rechtsweg bei unrichtig erhobener Erbschaftssteuer zuläßt.

Soweit reichsrechtlich eine Bestimmung über die vorliegende Frage erfolgt ist, wie z. B. in § 28 des Reichsstempelgesetzes in der Fassung v. 14. Juni 1900 behält es hierbei nach Art. 32 sein Bewenden.

Mittelbar können auch die bisherigen Landesgesetze, welche Vorschriften über die Ansprüche auf Rückerstattung mit Unrecht erhobener öffentlicher Abgaben oder Kosten eines Verfahrens enthalten, trotz der Vorschrift des Art. 104 durch das BGB. berührt werden. Dies ist dann der Fall, wenn in den betreffenden Gesetzen wegen der Voraussetzungen des Anspruchs auf Rückerstattung auf die allgemeinen Rechtsgrundsätze über Rückforderung einer nicht geschuldeten Leistung verwiesen wird oder doch ersichtlich ist, daß die getroffenen Bestimmungen lediglich das geltende allgemeine Recht zur Anwendung bringen wollen. In Fällen dieser Art treten nach Art. 4 an die Stelle der gedachten allgemeinen Rechtsgrundsätze die Vorschriften des BGB.

2. **Der Begriff der öffentlichen Abgaben** bestimmt sich nach den Gesetzen des betreffenden Staates. In Ermangelung einer besonderen Vorschrift fallen darunter nicht nur die an den Staat, sondern auch die an Gemeinden oder sonstige Kommunalverbände, an Kirchen, öffentliche Religionsgemeinschaften 2c. zu entrichtenden Abgaben (M. d. EG. S. 191).

3. **Landesgesetzliche Vorschriften.** Preußen, AG. Art. 8 § 1 Nr. 4, § 2, Art. 9; Bayern, AG. Art. 125; Sachsen, AG. § 2; Württemberg, AG. Art. 141; Baden, Ges. v. 26. September 1899; Hessen, AG. Art. 19, 20; Bremen, AG. § 9 Nr. 2 und Lübeck, AG. §§ 21 Nr. 3, 22.

Artikel 105.

E. d. EG. II Art. 78; III Art. 104. P. II Bd. 2 S. 604 f.; Bd. 6 S. 421.

Die Art. 105—108 enthalten Vorschriften, nach welchen die Landesgesetze unberührt bleiben, welche die Verpflichtung zum Ersatz eines entstandenen Schadens noch für andere Fälle als in denen eine solche Verpflichtung nach dem BGB. besteht, bestimmen.

Artikel 105. Unberührt bleiben die landesgesetzlichen Vorschriften, nach welchen der Unternehmer eines Eisenbahnbetriebs oder eines anderen mit gemeiner Gefahr verbundenen Betriebs für den aus dem Betrieb entstehenden Schaden in weiterem Umfang als nach den Vorschriften des Bürgerlichen Gesetzbuchs verantwortlich ist.

---

1. **Der Art. 105 betrifft die Haftung des Unternehmers eines Eisenbahnbetriebs oder eines anderen mit gemeiner Gefahr verbundenen Betriebs für den aus dem Betrieb entstehenden Schaden.** Nach dem BGB. haftet der Unternehmer für einen solchen Schaden nur nach Maßgabe der Vorschriften über unerlaubte Handlungen (§§ 823, 831). Eine hierüber hinausgehende Haftung wird für gewisse Fälle schon durch das Reichshaftpflichtgesetz v. 7. Juni 1871 bestimmt, indem nach dessen § 1 der Unternehmer eines Eisenbahnbetriebs für den infolge des Betriebs durch Verletzung einer Person entstandenen Schaden unbedingt haftet, sofern er nicht beweist, daß der Unfall durch höhere Gewalt oder durch eigenes Verschulden des Getöteten oder Verletzten verursacht ist, und als nach § 2 eine gleiche Haftung den Unternehmer eines Bergwerks oder eines sonstigen dort näher bezeichneten Betriebs dann trifft, wenn der Schaden infolge eines Verschuldens der in dem § 2 näher bezeichneten Personen entstanden ist. Diese Vorschriften bleiben nach Art. 32 bestehen. Durch Art. 105 wird die Landesgesetzgebung allgemein ermächtigt, die Haftung des Unternehmers eines Betriebs der im Art. 105 bezeichneten Art für einen aus dem Betrieb entstehenden Schaden in einem weiteren Umfang als nach dem BGB. zu bestimmen. Veranlaßt ist dieser Vorbehalt durch den Wunsch der preußischen Regierung, den § 25 des preußischen Eisenbahngesetzes v. 3. November 1838 (vgl. auch das ergänzende Gesetz v. 3. Mai 1869) aufrecht zu erhalten, nach welchem der Unternehmer eines Eisenbahnbetriebs ohne Rücksicht auf sein Verschulden auch für Beschädigung von Sachen haftet. Dieser Wunsch wurde als gerechtfertigt angesehen, dem dadurch erforderlich werdenden Vorbehalte dann aber die weitere Fassung des Art. 105 gegeben. Der Vorbehalt beschränkt sich hiernach nicht auf den Eisenbahnbetrieb, sondern erstreckt sich auf jeden mit gemeiner Gefahr verbundenen Betrieb. Durch die Worte „mit gemeiner Gefahr verbundenen" soll ausgedrückt werden, daß es sich um einen Betrieb handeln muß, der nicht bloß für die dabei beschäftigten Personen, sondern darüber hinaus auch für andere Personen und Sachen die Gefahr eines Schadens begründet. Gedacht ist dabei hauptsächlich an die elektrischen oder sonstigen neu entstehenden maschinellen Betriebe. Bei den Beratungen der zweiten Kommission wurde anerkannt, daß es wünschenswert sei, die Haftung in Fällen dieser Art reichsrechtlich zu ordnen. Bis dahin aber, daß dies geschehen sei, solle der Landesgesetzgebung die Möglichkeit eröffnet werden, das Erforderliche zu bestimmen.

2. **Inhalt der zulässigen Änderungen des BGB.** Die Landesgesetzgebung kann die Haftung bei Betrieben der unter Nr. 1 bezeichneten Art nur bestimmen

a) für den Unternehmer des Betriebs,

b) für den aus dem Betrieb entstehenden Schaden.

Die Begriffe des „Unternehmers des Betriebs" und des „aus demselben entstehenden Schadens" sind hier in demselben Sinne zu verstehen wie nach dem Reichshaftpflichtgesetz und es kann daher in dieser Beziehung auf die dieses Gesetz betreffende Literatur und Judikatur Bezug genommen werden (s. Erl. zu Art. 42). Über die durch diese Begriffe gegebenen Grenzen kann die Landesgesetzgebung nicht hinausgehen; innerhalb derselben aber kann sie nähere Vorschriften über die Voraussetzungen der Haftung und den Umfang des zu ersetzenden Schadens treffen.

3. **Ob und inwieweit der Vorbehalt des Art. 105 durch das Reichshaftpflichtgesetz begrenzt wird,** ist in verschiedenen Beziehungen zweifelhaft. Nur zu der Änderung des BGB. wird die Landesgesetzgebung durch den Vorbehalt des Art. 105 ermächtigt, nicht aber zu der Änderung des Haftpflichtgesetzes. Es fragt sich aber, welche Bestimmungen eine Änderung des Reichshaftpflichtgesetzes enthalten.

a) Liegt ein Tatbestand der im § 1 oder im § 2 des Reichshaftpflichtgesetzes bezeichneten Art vor, so bestimmt sich der von dem Unternehmer wegen Tötung oder Verletzung einer Person zu ersetzende Schaden ausschließlich nach den Vorschriften der §§ 3, 3a, 7 des Haftpflichtgesetzes in der Fassung des Art. 42. Das Haftpflichtgesetz hat die Folgen eines Tatbestandes der in den §§ 1, 2 bezeichneten Art vollständig und ausschließlich regeln wollen. Die Landesgesetze können daher die in dieser Beziehung gegebenen Vorschriften weder erweitern noch beschränken.

Hieraus ergibt sich, daß der § 25 des preußischen Eisenbahngesetzes, soweit dadurch der Umfang des Schadens, den der Unternehmer eines Eisenbahnbetriebs in den Fällen des § 1 des Reichshaftpflichtgesetzes wegen Tötung oder Verletzung einer Person zu leisten hat, anders bestimmt wird, als nach dem Haftpflichtgesetze, durch den Art. 105 nicht aufrechterhalten wird, vielmehr insoweit nach Art. 55 als aufgehoben anzusehen ist (s. Erl. 6 zu Art. 42; RG. Bd. 57 S. 52).

b) Das Haftpflichtgesetz beschränkt sich sowohl im § 1 wie im § 2 auf Bestimmungen über den Ersatz eines durch Tötung oder Verletzung einer Person entstehenden Schadens, berührt aber den durch die Beschädigung von Sachen entstehenden Schaden nicht. In dieser Beziehung steht es also einer die Haftung des Unternehmers in den Fällen der §§ 1, 2 bestimmenden Vorschrift der Landesgesetze nicht entgegen. Soweit der § 25 des preußischen Eisenbahngesetzes eine solche Haftung bestimmt, wird er also durch Art. 105 aufrecht erhalten.

c) Zweifelhaft ist, ob die Landesgesetzgebung bestimmen kann, daß der Unternehmer einer Anlage der in den §§ 1, 2 des Reichshaftpflichtgesetzes bezeichneten Art noch in anderen als den in den §§ 1, 2 des gedachten Gesetzes bestimmten Fällen wegen Tötung oder Verletzung einer Person zum Schadensersatze verpflichtet sein solle. Die Entscheidung dieser Frage hängt davon ab, ob anzunehmen ist, daß das Reichshaftpflichtgesetz nicht nur den im Falle eines Tatbestandes der in den §§ 1, 2 gedachten Art von dem Unternehmer zu leistenden Schadensersatz wegen Tötung oder Verletzung einer Person vollständig und ausschließlich hat bestimmen wollen, sondern daß es auch hat bestimmen wollen, daß die Haftung des Unternehmers einer Anlage der fraglichen Art wegen Tötung oder Verletzung einer Person nur in den in den §§ 1, 2 gedachten Fällen eintreten solle. Aus dem Inhalte der in dem Haftpflichtgesetz über den Schadensersatz gegebenen Vorschriften kann dies nicht entnommen werden und der § 9 des Gesetzes in seiner ursprünglichen Fassung ließ ausdrücklich landesgesetzliche Vorschriften zu, durch welche eine Haftung des Unternehmers auch in anderen als den im Gesetze bestimmten Fällen vorgeschrieben wurde. Dieser Vorbehalt zugunsten der Landesgesetze ist nun zwar in der Fassung, welche das Gesetz durch den Art. 42 erhalten hat, gestrichen (s. Erl. 6 zu Art. 42) und nur für Reichsgesetze aufrecht erhalten. Aus den Vorschriften des BGB. ergibt sich jedoch, daß der Unternehmer einer Anlage der fraglichen Art noch in anderen als den in den §§ 1, 2 des Reichshaftpflichtgesetzes bestimmten Fällen wegen Tötung oder Verletzung einer Person zum Schadensersatze verpflichtet sein kann, daß er insbesondere im Falle eigenen Verschuldens für den aus dem Betrieb einer Eisenbahn durch Tötung oder Verletzung einer Person entstehenden Schaden auch dann haftbar sein kann, wenn den Beschädigten selbst ein Verschulden trifft, indem ihm in einem solchen Falle nur der § 254 des BGB. zur Seite steht, und daß ferner der Unternehmer einer Anlage der im § 2 des Haftpflichtgesetzes gedachten Art im Falle eigenen Verschuldens auch dann haftet, wenn die in dem § 2 gedachte Voraussetzung des Verschuldens eines Vertreters nicht vorliegt. Nun gestattet aber der Art. 105 den Landesgesetzen, Bestimmungen zu treffen, nach welchen der Unternehmer eines Eisenbahnbetriebs oder eines anderen mit gemeiner Gefahr verbundenen Betriebs für den aus dem Betrieb entstehenden Schaden in weiterem Umfang als nach den Vorschriften des BGB. verantwortlich ist. Soweit die Landesgesetze solche Bestimmungen enthalten, treten diese an die Stelle des BGB. und werden daher ebenso wie die Vorschriften des BGB. selbst neben den Vorschriften des Reichshaftpflichtgesetzes zur Anwendung kommen müssen. Ausgeschlossen würde dies nur sein, wenn anzunehmen wäre, daß das Reichshaftpflichtgesetz die Fälle, in denen der Unternehmer eines Betriebs der fraglichen Art wegen Tötung oder Verletzung einer Person haftet, unter Ausschließung aller andern Fälle hätte bestimmen wollen; dies ist aber, wie oben hervorgehoben, nicht der Fall.

d) In betreff der Haftung des Unternehmers eines mit gemeiner Gefahr verbundenen Betriebs, welcher nicht zu den in den §§ 1, 2 des Reichshaftpflichtgesetzes bezeichneten Betrieben gehört, hat die Landesgesetzgebung völlig freie Hand, weil das Haftpflichtgesetz in betreff solcher Betriebe überhaupt keine Vorschriften enthält.

4. Landesgesetzliche Vorschriften. Vgl. Erl. 1, ferner Bayern, AG. Art. 58; Hessen, AG. Art. 74; Braunschweig, AG. § 28; Weimar, AG. § 90; Lübeck, AG. §§ 60—62.

Artikel 106.

E. z. EG. II Art. 79; III Art. 105. P. II Bd. 2 S. 604 f.; Bd. 6 S. 421 f.

1. Haftung des Unternehmers eines Betriebs oder einer Anlage auf einem zum öffentlichen Gebrauche bestimmten Grundstücke. Wird durch widerrechtliche Benutzung eines dem

Artikel 106. Unberührt bleiben die landesgesetzlichen Vorschriften, nach welchen, wenn ein dem öffentlichen Gebrauche dienendes Grundstück zu einer Anlage oder zu einem Betriebe benutzt werden darf, der Unternehmer der Anlage oder des Betriebs für den Schaden verantwortlich ist, der bei dem öffentlichen Gebrauche des Grundstücks durch die Anlage oder den Betrieb verursacht wird.

Artikel 107. Unberührt bleiben die landesgesetzlichen Vorschriften über die Verpflichtung zum Ersatze des Schadens, der durch das Zuwiderhandeln gegen ein zum Schutze von Grundstücken erlassenes Strafgesetz verursacht wird.

öffentlichen Gebrauche dienenden Grundstücks z. B. eines öffentlichen Weges ein Schaden zugefügt, so bestimmt sich die Verpflichtung zum Ersatze des Schadens nach BGB. § 823 Abs. 2 (vgl. StGB. § 366 Nr. 8—10, § 367 Nr. 8, 12—15). Ist die Benutzung des Grundstücks nicht widerrechtlich, sondern zulässig, so tritt eine Verpflichtung zum Schadensersatze nur ein, wenn die Voraussetzungen des § 823 Abs. 1 vorliegen. Durch Art. 106 wird der Landesgesetzgebung gestattet, eine hierüber hinausgehende Verpflichtung zum Schadensersatze zu bestimmen, wenn

a) das Grundstück zu einer Anlage oder zu einem Betriebe benutzt wird und wenn

b) bei dem öffentlichen Gebrauche des Grundstücks durch die Anlage oder den Betrieb ein Schaden verursacht wird.

Handelt es sich um einen Eisenbahnbetrieb oder um einen mit gemeiner Gefahr verbundenen Betrieb, also z. B. um den auf einem öffentlichen Wege gestatteten Betrieb einer Straßenbahn, so finden die Vorschriften des Art. 105 Anwendung (s. Erl. zu Art. 105). Der Art. 106 geht aber in zwei Richtungen über den Art. 105 hinaus, einmal insofern, als nicht erforderlich ist, daß der Betrieb mit gemeiner Gefahr verbunden ist, und dann insofern, als neben dem Betrieb auch eine Anlage z. B. ein Baugerüst oder eine Tribüne als Ursache des Schadens in Betracht kommt. Andererseits tritt aber im Art. 106 in betreff des zu ersetzenden Schadens noch eine in dem Art. 105 nicht in Frage kommende Voraussetzung hinzu. Während nämlich nach Art. 105 die Ersatzpflicht für jeden aus dem Betrieb entstehenden Schaden bestimmt werden kann, beschränkt sich die nach Art. 106 zulässige Bestimmung auf den bei dem öffentlichen Gebrauche des Grundstücks durch den Betrieb oder die Anlage verursachten Schaden. Der Gedanke, welcher der Vorschrift zugrunde liegt, besteht darin, daß der öffentliche Gebrauch durch die Anlage oder durch den Betrieb nicht beeinträchtigt werden soll, daß deshalb jeder bei dem öffentlichen Gebrauche durch die Anlage oder durch den Betrieb entstehende Schaden ersetzt werden soll und daß der Unternehmer der Anlage oder des Betriebs das Risiko dieses Schadens zu tragen hat. In betreff des Begriff des Unternehmers gilt dasselbe wie im Falle des Art. 105 (s. Erl. 2 zu Art. 105).

Durch den Vorbehalt des Art. 106 ist die Möglichkeit gegeben, daß die Landesgesetze eine strengere Haftung für denjenigen bestimmen, welcher ein Grundstück der fraglichen Art benutzen darf, als sich für denjenigen, welcher ein Grundstück widerrechtlich benutzt, aus § 823 Abs. 2 ergibt, indem in dem letzteren Falle immer ein Verschulden erfordert wird (P. II Bd. 6 S. 421 f.).

2. **Landesgesetzliche Vorschriften.** Bayern, AG. Art. 59; Hessen, AG. Art. 75; Braunschweig, AG. §§ 29—31; Lübeck, AG. §§ 61, 62.

Artikel 107.

E. I. EG. I Art. 63; II Art. 80; III Art. 106. P. I S. 12806 ff.; M. z. EG. S. 190 f. P. II Bd. 6 S. 422.

1. **Schadensersatz wegen Zuwiderhandeln gegen ein zum Schutze von Grundstücken erlassenes Strafgesetz.** Jede Zuwiderhandlung gegen ein zum Schutze von Grundstücken erlassenes Strafgesetz fällt unter die Vorschrift des § 823 Abs. 2. Der Zuwiderhandelnde ist also zum Ersatze des durch seine Handlung entstehenden Schadens verpflichtet, jedoch wenn nach dem Inhalte des Strafgesetzes ein Verstoß gegen dasselbe ohne Verschulden möglich ist, nur dann, wenn ihm ein Verschulden zur Last fällt (s. Bd. II Erl. zu § 823). Eine Haftung für den Schaden, den ein anderer durch Verstoß gegen ein Strafgesetz zufügt, findet nur nach Maßgabe des BGB. §§ 31, 831, 832 statt. Durch Art. 107 wird der Landesgesetzgebung gestattet, die Schadensersatzpflicht in den beiden gedachten Beziehungen zu erweitern. Sie kann also bestimmen.

Artikel 108. Unberührt bleiben die landesgesetzlichen Vorschriften über die Verpflichtung zum Ersatze des Schadens, der bei einer Zusammenrottung, einem Auflauf oder einem Aufruhr entsteht.

---

a) daß derjenige, welcher gegen ein Strafgesetz der im Art. 107 gedachten Art verstößt, für den dadurch entstehenden Schaden haftet, auch wenn ihm kein Verschulden zur Last fällt;

b) daß die Haftung für den Schaden, welchen Dritte durch Verstoß gegen das Strafgesetz zufügen, in weiterem Umfang als nach BGB. §§ 31, 831, 832 eintritt. Insbesondere kann also bestimmt werden, daß derjenige, welcher einen anderen zu einer Verrichtung bestellt hat, für den Schaden, welchen der andere bei der Ausführung der Verrichtung durch Verstoß gegen das Strafgesetz einem Dritten zugefügt hat, unbedingt d. h. ohne daß er sich durch den im § 831 Abs. 1 Satz 2 nachgelassenen Beweis befreien kann, verantwortlich ist. Es kann ferner bestimmt werden, daß derjenige, welcher kraft Gesetzes zur Führung der Aufsicht über eine Person verpflichtet ist, die wegen Minderjährigkeit oder wegen ihres geistigen oder körperlichen Zustandes der Beaufsichtigung bedarf, für den durch einen Verstoß gegen das Strafgesetz von seiten dieser Person zugefügten Schaden verantwortlich ist, ohne daß er sich durch den im § 832 Abs. 1 Satz 2 bestimmten Beweis befreien kann. Eine entsprechende Haftung kann demjenigen auferlegt werden, welcher durch Vertrag mit dem Geschäftsherrn die Besorgung eines Geschäfts der fraglichen Art oder durch Vertrag mit dem Aufsichtspflichtigen die Beaufsichtigung übernommen hat.

In Betracht kommen hauptsächlich die Feld- und Forstpolizeigesetze (vgl. z. B. das preuß. Feld- und Forstpolizeigesetz v. 1. April 1880 §§ 5, 67 ff.; das preuß. Forstdiebstahlgesetz v. 15. April 1878 §§ 11, 12). Der Vorbehalt beschränkt sich indessen nicht auf Feld- und Forstgrundstücke, er bezieht sich vielmehr auf Grundstücke aller Art (vgl. z. B. StGB. § 370 Nr. 1, 2; § 367 Nr. 14; § 368 Nr. 9). Soweit allgemeine Vorbehalte bestimmt sind, z. B. für Wasserrecht Art. 65, Deich- und Sielrecht Art. 66, Bergrecht Art. 67, Jagd- und Fischereirecht Art. 69, ist die Landesgesetzgebung schon auf Grund dieser Vorbehalte innerhalb der Grenzen derselben zu Vorschriften der im Art. 107 bezeichneten Art befugt. Wegen Ersatzes des Wildschadens vgl. BGB. § 835, EG. Art. 70—72.

2. Der Art. 107 enthält **eine Ergänzung des Art. 89 über das Pfändungsrecht und den Ersatz von Pfandgeld.** Die nach diesem Artikel unter den darin bezeichneten Voraussetzungen im Falle der Pfändung zugelassene Bestimmung über die Verpflichtung zum Schadensersatz auch ohne Verschulden kann nach Art. 107 im Falle des Verstoßes gegen ein Strafgesetz der im Art. 107 bezeichneten Art ohne Rücksicht auf eine erfolgte Pfändung bestimmt werden. Im E. I war dieser Zusammenhang der beiden Artikel dadurch zum Ausdrucke gelangt, daß beide als Art. 106, 107 unmittelbar hintereinander folgten.

Artikel 108.

E. d. EG. I Art. 64; II Art. 81; III Art. 107. P. I S. 12805 ff.; M. d. EG. S. 191. P. II Bd. 6 S. 422. RB. S. 1990 f., 2113. StB. S. 3031.

1. **Ersatz des Schadens, der bei einer Zusammenrottung, einem Auflauf oder einem Aufruhr entsteht.** In vielen deutschen Staaten bestehen Gesetze der in dem Art. 108 bezeichneten Art. Ihr gemeinschaftlicher Charakter besteht darin, daß sie die Haftung für den bei einer Zusammenrottung, einem Auflauf oder einem Aufruhr entstandenen Schaden über den Kreis derjenigen ausdehnen, welche dafür nach allgemeinen Grundsätzen verantwortlich sind. Im einzelnen ist ihr Inhalt verschieden. Häufig wird insbesondere bestimmt, daß jeder, der zu einer näher bestimmten Zeit an der Zusammenrottung, an dem Auflauf oder dem Aufruhre teilgenommen hat, für den dabei verursachten Schaden verantwortlich ist. In den meisten findet sich ferner die Bestimmung, daß wenigstens in subsidium die Gemeinde, in welcher die Zusammenrottung, der Auflauf oder der Aufruhr stattgefunden hat, für den Schaden verantwortlich ist. Wird die Haftung der Gemeinde als eine prinzipale bestimmt, so wird derselben regelmäßig ein Regreßanspruch gegen diejenigen eingeräumt, welche nach allgemeinen Grundsätzen zum Schadensersatze verpflichtet sind. Bisweilen wird die Verantwortlichkeit der Gemeinde ausgeschlossen, wenn die Zusammenrottung, der Auflauf oder der Aufruhr durch Zuzug von außen entstanden ist. Daneben finden sich Vorschriften über die Art, in welcher der Schaden zu

Artikel 109. Unberührt bleiben die landesgesetzlichen Vorschriften über die im öffentlichen Interesse erfolgende Entziehung, Beschädigung oder Benutzung einer Sache, Beschränkung des Eigenthums und Entziehung oder Beschränkung von Rechten. Auf die nach landesgesetzlicher Vorschrift wegen eines solchen Eingriffs zu gewährende Entschädigung finden die Vorschriften der Artikel 52, 53 Anwendung, soweit nicht die Landesgesetze ein Anderes bestimmen.

---

ermitteln, und über den Umfang, in welchem er zu ersetzen ist. Mit Rücksicht auf das öffentliche Interesse, auf welchem die Vorschriften dieser Art beruhen, sollen sie nach Art. 108 aufrecht erhalten bleiben und soll der Landesgesetzgebung gestattet sein, neue Vorschriften dieser Art zu erlassen. In der ersten Kommission bestand Meinungsverschiedenheit darüber, ob durch den Vorbehalt auch die in den fraglichen Gesetzen vorkommenden Vorschriften über die Haftung der Anstifter und Gehilfen und über die Ermittelung und den Umfang des zu ersetzenden Schadens aufrecht erhalten werden. Die Mehrheit nahm mit Recht an, daß dies davon abhänge, ob mit den fraglichen Vorschriften nur eine Verweisung auf das geltende allgemeine Recht oder ob eine besondere Bestimmung für den hier in Frage stehenden besonderen Fall beabsichtigt sei. Im ersteren Falle treten an die Stelle der fraglichen Vorschriften die Bestimmungen des BGB. § 830; im letzteren Falle bleiben die Vorschriften bestehen. Das letztere dürfte regelmäßig in betreff der Vorschriften über die Ermittelung und über den Umfang des zu ersetzenden Schadens anzunehmen sein. Ein in der RTK. gestellter Antrag, die ganze Frage reichsrechtlich zu regeln, wurde abgelehnt, weil insbesondere in betreff der Haftung der Gemeinden und der sonstigen Kommunalverbände auf die in den einzelnen Staaten verschiedene öffentlichrechtliche Organisation dieser Verbände Rücksicht genommen werden müsse.

Der Begriff der Zusammenrottung, des Auflaufs und des Aufruhrs ist hier derselbe wie im Strafrechte (s. StGB. §§ 115, 116, 125).

2. Landesgesetzliche Vorschriften. Preußen, Verordnung v. 17. August 1835, § 11, betr. die Aufrechterhaltung der öffentlichen Ordnung 2c.; Ges. v. 11. März 1850, betr. die Verpflichtung der Gemeinden zum Ersatze des bei öffentlichen Aufläufen verursachten Schadens; Bayern, Ges. v. 12. März 1850 und v. 4. Mai 1851 durch AG. Art. 142, 145 ausgedehnt auf die Pfalz; Sachsen, BGB. § 1496; Württemberg, Ges. v. 28. August 1849; Baden, Ges. v. 13. Februar 1851; Hessen, Ges. v. 3. März 1859 in der Fassung v. 30. September 1899, AG. Art. 275; Elsaß-Lothringen, Ges. v. 2. Oktober 1795.

Artikel 109.

E. d. EG. I Art. 42; II Art. 82; III Art. 108. P. I S. 12723; M. III S. 5, 27. M. d. EG. S. 162 ff. P. II Bd. 6 S. 470, 610.

Aus der Literatur ist hervorzuheben Eger, Preuß. Enteignungsges. (1902), Koffka, Preuß. Enteignungsges. (1905), Henle, Bayer. Enteignungsges. (1890), Schelcher, Sächs. Enteignungsges. (1903).

Der Art. 109 überweist **das Enteignungsrecht** der Landesgesetzgebung. Vgl. hierzu auch § 15 Nr. 2 des EG. z. CPO.

1. Umfang des Vorbehalts. Während der E. I als Gegenstand des Vorbehalts die Vorschriften über die „Zwangsenteignung" bezeichnete, umschreibt der Art. 109 — übrigens in sachlicher Übereinstimmung mit dem E. I — den Inhalt des Vorbehalts näher als Vorschriften über die im öffentlichen Interesse erfolgende Entziehung, Beschädigung oder Benutzung einer Sache, Beschränkung des Eigentums und Entziehung oder Beschränkung von Rechten.

Der Vorbehalt ist im weitesten Sinne auszulegen.

Er bezieht sich nicht nur auf Eingriffe in Ansehung des unbeweglichen, sondern auch des beweglichen Vermögens. Insbesondere fallen unter ihn die Vorschriften über die Beschlagnahme und Einziehung der Akten, Register, Dienstsiegel und anderer Dienstgegenstände von Beamten, Offizieren, Notaren, Gerichtsvollziehern sowie die von den genannten Personen, unter Benutzung amtlicher Materialien und amtlicher Kenntnisnahme hergestellten Schriften, Zeichnungen, Modelle u. dgl. Beispielsweise gehören hierher die in den Notariatsgesetzen nicht selten vorgesehene Bestimmung, daß beim Ausscheiden, dem Tode oder der Versetzung eines Notars in einen anderen Amtsbezirk alle das Amt betreffenden Papiere und das Dienstsiegel von der zuständigen Behörde in Besitz zu nehmen und aufzubewahren sind (vgl. z. B. Preußen, FGG. Art. 102, 103) oder daß gewisse Literalien z. B. die Gesetzsammlungen, zu deren Haltung der

Notar gesetzlich verpflichtet ist, unentgeltlich auf den Amtsnachfolger übergehen. Der Vorbehalt deckt ferner die landesgesetzlichen Vorschriften über die Pflicht zur Ablieferung gefundener Gegenstände von geschichtlichem und künstlerischem Werte sowie die z. B. in Preußen und Mecklenburg erlassenen Vorschriften über die in dienstlicher Stellung hergestellten Zeichnungen, Pläne und Schriften.

Für die Anwendbarkeit des Art. 109 ist es ohne Belang, aus welchem Anlaß ein Eingriff in die Privatrechtssphäre von der Landesgesetzgebung vorgeschrieben ist. Unter den Art. 109 fallen nicht bloß die in den eigentlichen Enteignungsgesetzen getroffenen Bestimmungen, sondern auch die bei der Regelung einer anderen Materie z. B. des Wasserrechts, des Bergrechts, der Brandversicherung, der Flurbereinigung vorgesehenen Eingriffe. Soweit für diese Materien der Landesgesetzgebung ein besonderer Vorbehalt eingeräumt ist, wie dies z. B. für die eben aufgezählten der Fall ist (Art. 65, 67, 75, 113 EG.), ist die Landesgesetzgebung zum Eingriffe nicht nur auf Grund des allgemeinen Vorbehalts des Art. 109, sondern auch des speziellen Vorbehalts, welcher für die Materie besteht, berechtigt. Hierüber s. unten Nr. 4.

Voraussetzung für die Anwendbarkeit des Art. 109 ist aber immerhin, daß ein Eingriff in die Privatrechtssphäre wirklich erfolgt. Rechtsakte, welche nur durch die Übereinstimmung des Zweckes mit einer Enteignung zusammenhängen, im übrigen aber außerhalb einer solchen liegen, fallen daher nicht unter die landesgesetzliche Regelung, während als Teil des Enteignungsverfahrens und damit der Landesgesetzgebung unterworfen jeder Rechtsakt zu erachten ist, welcher nach der Feststellung der Notwendigkeit des Eingriffs durch die zuständige Behörde liegt, und zwar auch dann, wenn der Rechtsakt freiwillig zu dem Zwecke, um der Zwangsentäußerung usw. zu entgehen, erfolgt. Bezüglich der Veräußerung eines Grundstücks z. B., die zwar für die Zwecke eines mit dem Enteignungsrecht ausgestatteten Unternehmens etwa eines Bahnbaues, jedoch vor der Einleitung des Enteignungsverfahrens bezüglich des Grundstücks erfolgt, kann die Landesgesetzgebung keine Vorschriften, etwa über den Eigentumsübergang, treffen, während sie freie Hand hat, wenn die Veräußerung erfolgt, nachdem die Behörde die Notwendigkeit des Eingriffs festgesetzt hat (vgl. auch RG. 56 S. 192). Bestimmungen der letzteren Art enthalten z. B. die AG. für Preußen Art. 12 § 1 Abs. 2, für Bayern Art. 166 Ziff. XI.

Der Art. 109 deckt nicht nur die Landesgesetze, welche eine Behörde zu einem Eingriff in die Privatrechtssphäre ermächtigen, sondern gibt auch die Möglichkeit, unmittelbar durch das Gesetz selbst eine Beschränkung oder Entziehung des Privateigentums herbeizuführen. Auf Grund des Art. 109 kann die Landesgesetzgebung z. B. die Verstaatlichung einer Eisenbahn verfügen.

Der Vorbehalt des Art. 109 hat nicht zur Voraussetzung, daß die Enteignung gegen Entschädigung stattfindet.

2. Für das Enteignungsrecht sind die Vorschriften über den öffentlichen Glauben des Grundbuchs, insbesondere die §§ 892, 893 nicht zwingend. Von der Landesgesetzgebung hängt es ab, ob derjenige geschützt wird, welcher im Vertrauen auf das Grundbuch ein Grundstück oder ein Recht an einem Grundstücke, bezüglich dessen das Enteignungsverfahren eingeleitet oder das schon enteignet ist, erwirbt (so nach preuß. und bayer. Rechte), oder ob ein solcher Schutz nicht stattfindet. Ausdrücklich ausgeschlossen ist die Wirksamkeit der Vorschriften über den öffentlichen Glauben des Grundbuchs z. B. in Sachsen (AG. § 18).

3. **Zu Satz 2.** In den auf Reichsgesetz beruhenden Fällen der Enteignung eines Grundstücks, in denen die Entschädigung dem Eigentümer zu gewähren ist, einem Dritten aber, dem ein Recht an dem Grundstücke zusteht, eine besondere Entschädigung nicht gewährt wird, hat nach Art. 52 der Dritte, soweit sein Recht beeinträchtigt wird, an dem Entschädigungsanspruche dieselben Rechte, die ihm im Falle des Erlöschens seines Rechtes durch Zwangsversteigerung an dem Erlöse zustehen; erhebt ein Berechtigter innerhalb der gesetzlich bestimmten Frist Widerspruch gegen die Zahlung der Entschädigung an den Eigentümer, so kann dieser und jeder Berechtigte nach Art. 53 die Eröffnung eines Verteilungsverfahrens nach den für die Verteilung des Erlöses im Falle der Zwangsversteigerung geltenden Vorschriften beantragen. Nach Art. 109 Satz 2 finden die Vorschriften der Art. 52, 53 auf die nach landesgesetzlicher Vorschrift wegen einer Enteignung zu gewährende Entschädigung Anwendung. Dadurch wird eine sich in den Landesgesetzen mitunter vorfindende Lücke ausgefüllt.

Die Vorschrift des Satz 2 des Art. 109 ist, wie sich schon aus ihrem Wortlaut ergibt, nur dispositiv. Sie gilt nur, soweit nicht die Landesgesetze ein anderes bestimmen. Die Landesgesetze können die Anwendbarkeit der Art. 52, 53 ganz ausschließen oder auch nur modifizieren; letzteres ist z. B. in Preußen, AG. z. ZVG. Art. 35—41, geschehen.

Im übrigen s. Erl. zu Art. 52, 53.

Artikel 110. Unberührt bleiben die landesgesetzlichen Vorschriften, welche für den Fall, daß zerstörte Gebäude in anderer Lage wiederhergestellt werden, die Rechte an den betheiligten Grundstücken regeln.

---

4. Wie schon unter Nr. 1 bemerkt ist, kreuzt sich der Vorbehalt des Art. 109 zum Teil mit anderen Vorbehalten. Es fragt sich, ob die im Satz 2 des Art. 109 vorgesehene Anwendbarkeit der Art. 52, 53 auch für die Fälle gilt, in welchen der Eingriff in die Privatrechtssphäre nicht auf dem eigentlichen Enteignungsgesetze des betreffenden Bundesstaats, sondern auf einem anderen Gesetze beruht, das durch einen anderen Vorbehalt des EG. gedeckt wird, beispielsweise wenn ein auf Grund des Vorbehalts des Art. 113 im Zwangsweg abgelöstes Forstrecht mit einer Hypothek belastet ist (was z. B. nach bayerischer Praxis zulässig ist), für welche eine besondere Entschädigung nicht gewährt wird. Auch für das Bergrecht ist die Frage durch Art. 67 Abs. 2 nicht entschieden. Dort wird nur bestimmt, daß, wenn wegen Beschädigung eines Grundstücks durch Bergbau eine Entschädigung zu gewähren ist, die Vorschriften der Art. 52, 53 Anwendung finden. Von dem Falle der Enteignung für bergbauliche Zwecke und der hierfür zu gewährenden Entschädigung ist in dem gedachten Absatze nicht die Rede. Beide Fälle sind rechtlich offenbar verschieden und werden in den Berggesetzen verschieden behandelt; so werden z. B. in dem preuß. Berggesetze die Vorschriften über die Enteignung und die dafür zu leistende Entschädigung in den §§ 137 ff., die Vorschriften über die Beschädigung durch Bergbau und die dafür zu leistende Entschädigung in den §§ 148 ff. gegeben und sind inhaltlich von einander verschieden. Die Gründe freilich, auf welchen die Vorschrift des Art. 67 Abs. 2 beruht, treffen im wesentlichen auch für die im Falle der Enteignung zu gewährende Entschädigung zu und der Grund, aus welchem dieser Fall in dem Art. 67 Abs. 2 nicht erwähnt ist, dürfte darin liegen, daß er schon als durch die Vorschrift des Art. 109 Satz 2 gedeckt angesehen worden ist. Ein Zweifel über die Anwendbarkeit der Vorschrift dieses Satzes auf Fälle der hier fraglichen Art könnte daraus entnommen werden, daß der Art. 109 Satz 1 eine im öffentlichen Interesse erfolgende Enteignung voraussetzt und daß in Frage gestellt werden könnte, ob dieses Erfordernis bei einer auf Grund der bergrechtlichen Vorschriften im Interesse des Unternehmers des Bergwerks erfolgenden Enteignung vorliegt. Man wird indessen davon auszugehen haben, daß die Enteignung, auch wenn sie zunächst auf Antrag und im Interesse des Unternehmers erfolgt, doch nur deshalb zugelassen wird, weil sie als im öffentlichen Interesse liegend angesehen wird. Dasselbe dürfte für alle anderen Fälle gelten, in welchen eine Enteignung auf Grund der oben erwähnten besonderen Vorbehalte zugelassen wird. Die oben gedachte Frage wird daher allgemein zu bejahen sein.

Selbstverständlich ist jedoch die Frage, ob nicht das Landesgesetz die Anwendbarkeit ausschließen will, nur an der Hand des einzelnen Landesgesetzes zu beurteilen und es ist sehr wohl der Fall möglich, daß ein Landesrecht für die eine Rechtsmaterie die Art. 52, 53 ausschließt, für die andere aber nicht.

5. Die in Betracht kommenden landesgesetzlichen Vorschriften sind naturgemäß in den verschiedenartigsten Gesetzen zerstreut. Hervorzuheben sind für Preußen: AG. z. BGB. Art. 12, 22 und Art. 89 Nr. 1b mit Allg. LR. Einl. 74, 75, I 8 §§ 29—31, I 11 §§ 4—11, Enteignungsges. v. 11. Juni 1874, AG. z. ZVG. Art. 35 ff.; Bayern: Enteignungsges. v. 17. November 1837 mit AG. z. CPO. in der Fassung v. 26. Juni 1899 Art. 16—26 und AG. z. BGB. Art. 139, 166; Sachsen: AG. §§ 18—20, Enteignungsges. v. 24. Juni 1902; Württemberg: Enteignungsges. v. 20. Dezbr. 1888 mit AG. z. BGB. Art. 209; Baden: Enteignungsges. v. 26. Juni 1899; Hessen: Enteignungsges. in der Fassung v. 30. Septbr. 1899.

Artikel 110.

E. I. d. EG. I Art. 77; II Art. 83; III Art. 109. P. I S. 12730; M. z. d. EG. S. 202. P. II Bd. 6 S. 440.

Wiederherstellung zerstörter Gebäude.

Die Vorschrift des Art. 110, durch welchen die sog. Retablissementsgesetze aufrecht erhalten werden, hat, soviel ersichtlich, zurzeit nur für Sachsen, Württemberg, Baden, Hessen und Weimar Bedeutung. Nach den Gesetzen dieser Staaten kann unter gewissen Voraussetzungen gestattet oder angeordnet werden, daß ein z. B. durch Brand zerstörtes Gebäude auf einem anderen Grundstück als dem bisherigen wieder aufgebaut wird. Für den Fall des Wiederaufbaues an anderer Stelle sind die Rechtsverhältnisse derjenigen, welche an dem zerstörten Gebäude und

Artikel 111. Unberührt bleiben die landesgesetzlichen Vorschriften, welche im öffentlichen Interesse das Eigenthum in Ansehung thatsächlicher Verfügungen beschränken.

---

derjenigen, welche an dem nunmehrigen Bauplatze dingliche Rechte haben, durch besondere Vorschriften geordnet. Diese Vorschriften werden durch den Art. 110 aufrecht erhalten.

Unter den Art. 110 fällt z. B. die Vorschrift, daß die Rechte, welche an dem zerstörten Gebäude bestanden haben, auf die neue Baustelle übertragen werden oder daß die Rechte, welche bisher an der neuen Baustelle bestanden haben, hinter die von der bisherigen Baustelle übergegangenen Rechte ganz oder verhältnismäßig zurücktreten müssen. Für den Fall, daß das zerstörte Gebäude nicht mehr aufgebaut werden darf, sondern hierfür eine Geldentschädigung gewährt wird, ist der Art. 110 schon seinem Wortlaute nach nicht anwendbar.

Übrigens ist der Grund, warum das Gebäude zerstört worden ist, gleichgültig. Die Zerstörung muß nicht gerade durch Brand oder auch nur mittelbar durch Naturgewalt herbeigeführt sein, sie kann z. B. durch Abbruch verursacht sein, welcher von der Polizei etwa wegen Einsturzgefahr verfügt worden ist.

2. Wegen der in Betracht kommenden Landesgesetze s. das sächs. Baugeſ. v. 1. Juli 1900 §§ 54—63, die AG. von Württemberg, Art. 205 III, IV, Baden, Art. 28, Hessen, Art. 274 Nr. I und das sachsen-weimarische Brandversicherungsges. v. 10. Mai 1899 §§ 80ff.

3. Der Vorbehalt des Art. 110 kreuzt sich zum Teile mit anderen Vorbehalten. Insbesondere können die unter ihn fallenden Vorschriften in Ansehung der Brandversicherung oder, soweit es sich um eine Zwangsenteignung oder Zusammenlegung von Grundstücken handelt, schon auf Grund der Art. 75, 109, 113 getroffen werden.

Nach der Begründung zu § 94 des Entw. eines Ges. über den Versicherungsvertrag wird der Art. 110 durch dieses Gesetz nicht berührt.

Artikel 111.

E. d. EG. I Art. 66; II Art. 84; III Art. 110. P. I S. 12810ff.; M. III S. 258. M. d. EG. S. 192. P. II Bd. 6 S. 428.

Eigentumsbeschränkungen im öffentlichen Interesse.

1. Die dem Eigentümer nach § 903 zustehende Befugnis zu tatsächlichen Verfügungen über die Sache wird schon im BGB. gewissen, in den §§ 904—924 enthaltenen Beschränkungen unterworfen. Diese Beschränkungen beruhen nur auf Rücksichten des Privatrechts; inwieweit die tatsächliche Verfügungsmacht des Eigentümers im öffentlichen Interesse Beschränkungen unterliegt, ist durch den Art. 111 dem Landesrecht überlassen. Ob sich der Vorbehalt des Art. 111 nicht von selbst versteht, lassen die M. d. EG. S. 192 dahingestellt; jedenfalls dient der Vorbehalt dazu, die Erörterung darüber zu ersparen, ob eine im öffentlichen Interesse aufgestellte Beschränkung des Eigentums dem öffentlichen oder dem Privatrecht angehört.

2. Die Tragweite des Vorbehalts des Art. 111 ergibt sich aus seinem Wortlaute. Die Landesgesetzgebung kann auf Grund des Art. 111 das Eigentum nur Ansehung der tatsächlichen Verfügungsmacht und nur im öffentlichen Interesse beschränken, d. h. gewissen kraft Gesetzes eintretenden Beschränkungen unterwerfen. Inwieweit dem Landesrechte gestattet ist, in Ansehung der rechtlichen Verfügungsmacht das Eigentum zu beschränken, ist in den Art. 113, 115—117, 119 bestimmt und zur Aufstellung von Beschränkungen der tatsächlichen Verfügungsmacht im Privatinteresse ist die Landesgesetzgebung nur im Rahmen der Art. 122—124 befugt. Selbstverständlich ist die Landesgesetzgebung zu Eigentumsbeschränkungen sowohl nach der rechtlichen wie nach der tatsächlichen Seite und sowohl im öffentlichen wie im privaten Interesse ohne Schranken zuständig, soweit ein allgemeiner Vorbehalt des EG. einschlägt. Von den allgemeinen Vorbehalten, welche zu Beschränkungen der tatsächlichen Verfügungsmacht des Eigentümers berechtigen, sind insbesondere die der Art. 65 (Wasserrecht z. B. Leinpfad), 67 (Bergrecht z. B. Schürfen), 69 (Jagd- und Fischereirecht), 113 (Zusammenlegungen, Gemeinheitsteilungen rc.) zu erwähnen.

Der Art. 111 bezieht sich sowohl auf Grundstücke wie auf bewegliche Sachen, praktisch kommen hauptsächlich Grundstücke in Frage.

3. Das Anwendungsgebiet des Art. 111 ist sehr umfangreich. Die wichtigsten Fälle betreffen das Bauwesen und die Waldkultur.

Artikel 112. Unberührt bleiben die landesgesetzlichen Vorschriften über die Behandlung der einem Eisenbahn- oder Kleinbahnunternehmen gewidmeten Grundstücke und sonstiger Vermögensgegenstände als Einheit (Bahneinheit), über die Veräußerung und Belastung einer solchen Bahneinheit oder ihrer Bestandtheile, insbesondere die Belastung im Falle der Ausstellung von Theilschuldverschreibungen auf den Inhaber, und die sich dabei ergebenden Rechtsverhältnisse sowie über die Liquidation zum Zwecke der Befriedigung der Gläubiger, denen ein Recht auf abgesonderte Befriedigung aus den Bestandtheilen der Bahneinheit zusteht.

Artikel 113. Unberührt bleiben die landesgesetzlichen Vorschriften über die Zusammenlegung von Grundstücken, über die Gemeinheitstheilung, die Regulirung der Wege, die Ordnung der gutsherrlich-bäuerlichen Verhältnisse sowie über die Ablösung, Umwandlung oder Einschränkung von Dienstbarkeiten und Reallasten. Dies gilt insbesondere auch von den Vorschriften, welche die durch ein Verfahren dieser Art begründeten gemeinschaftlichen Angelegenheiten zum Gegenstande haben oder welche sich auf den Erwerb des Eigenthums, auf die Begründung, Aenderung und Aufhebung von anderen Rechten an Grundstücken und auf die Berichtigung des Grundbuchs beziehen.

Artikel 112.

E. d. EG. II Art. 85; III Art. 111. P. II Bd. 6 S. 552, 611.

Eger, Kommentar z. Ges. über die Bahneinheiten, 2. Aufl. 1905.

Bahneinheit.

1. Das preuß. Ges. v. 19. August 1895 über das Pfandrecht an Privateisenbahnen und Kleinbahnen und die Zwangsvollstreckung in dieselben (nun Ges. über die Bahneinheiten, Fassung v. 8. Juli 1902) enthält eine Reihe von Vorschriften, welche von den Bestimmungen des BGB. abweichen. Nach diesem Gesetze werden die zum Eisenbahnunternehmen gehörenden Grundstücke, die dem Unternehmer gehörenden und zum Betriebe dienenden beweglichen Sachen sowie die zum Betrieb erforderlichen Fonds und Betriebsforderungen zu einem Gegenstande des unbeweglichen Vermögens, einer sog. Bahneinheit, vereinigt. Die Veräußerung und Belastung der einzelnen Gegenstände, aus welchen die Bahneinheit zusammengesetzt ist, ist unstatthaft; es findet auch keine Zwangsvollstreckung in sie statt. Die Bahneinheit wird in das beim Amtsgerichte geführte Bahngrundbuch eingetragen und unterliegt im allgemeinen den für Grundstücke geltenden Vorschriften. Die Zwangsvollstreckung in die Bahneinheit geschieht in den Formen der Zwangsversteigerung von Grundstücken, jedoch mit gewissen Abweichungen; namentlich findet zum Zwecke der Befriedigung der Gläubiger, denen ein Recht auf abgesonderte Befriedigung aus den Bestandteilen der Bahneinheit zusteht, eine besondere Liquidation statt. Die Belastung im Falle der Ausstellung von Teilschuldverschreibungen auf den Inhaber ist zum Teile abweichend geregelt, z. B. können von den Versammlungen der Gläubiger bindende Beschlüsse für und wider alle Gläubiger gefaßt werden.

Der Art. 112 bezweckt nun die Aufrechthaltung dieses Gesetzes zu ermöglichen und den übrigen Bundesstaaten die Erlassung ähnlicher Gesetze offen zu halten.

2. Mit dem Art. 112 zusammenhängende Vorbehalte enthalten die CPO. § 871 für die Zwangsvollstreckung in ein zum Betriebe berechtigendes Nutzungsrecht und das eine Einschränkung des Art. 112 enthaltende Ges. v. 4. Dezbr. 1899, betr. die gemeinsamen Rechte der Besitzer von Schuldverschreibungen, § 25.

3. Für Preußen vgl. noch AG. z. ZVG. Art. 45, zur GBO. Art. 31, preuß. FGG. Art. 3; allg. Verf. v. 11. November 1902.

Artikel 113.

E. d. EG. I Art. 41 Abs. 1; II Art. 86; III Art. 112. P. I S. 12719, 12831; M. d. EG. S. 162. P. II Bd. 6 S. 372, 581, 743.

1. Der Art. 113 scheidet den wesentlichsten Teil des sog. Agrarrechts von der Regelung des BGB. aus und überweist es der Landesgesetzgebung. Er bezieht sich übrigens nicht nur auf

ländliche Grundstücke, sondern auch auf städtische (P. II Bd. 6 S. 743). Gemeinsam ist den sämtlichen im Art. 113 aufgeführten Angelegenheiten, daß ihre Ordnung gegebenenfalls durch eine Art von Zwangsenteignung erfolgt; man wird deshalb auch den Art. 109 Satz 2 und hiermit die Art. 52, 53 für subsidiär anwendbar zu halten haben (vgl. Erl. 4 zu Art. 109).

2. Im einzelnen betrifft der Vorbehalt:

a) die **Zusammenlegung von Grundstücken.** Hierunter fallen auch die sog. Separation, Konsolidation, Verkoppelung, die Feld- und Flurbereinigung, die Neueinteilung von Grundstücken durch Umlegung oder Änderung ihrer Grenzen. Gemeinschaftlich ist diesen Unternehmungen, daß zwei oder mehrere Grundstücke zum Zwecke der besseren Bewirtschaftung in ihrem Flächenbestand Änderungen erleiden.

b) die **Gemeinheitsteilungen,** d. h. die Verteilung von Grundstücken, die bisher gemeinschaftlich waren, oder von gewissen Grundgerechtigkeiten z. B. Forst- oder Weiderechten, die bisher gemeinschaftlich ausgeübt wurden, unter die Anteilsberechtigten. Der Ausdruck „Gemeinheitsteilung" ist im weitesten Sinne zu nehmen. Es macht keinen Unterschied, ob es sich um bisheriges Eigentum einer politischen oder Realgemeinde oder um sog. Interessenteneigentum handelt.

c) die **Regulierung der Wege.** Diese ist, weil sie, was ländliche Grundstücke betrifft, regelmäßig im Zusammenhange mit einer Zusammenlegung von Grundstücken stattfindet, insoweit schon durch den Vorbehalt der Zusammenlegung (oben a) gedeckt. Die ausdrückliche Erwähnung stellt klar, daß sie unter den Vorbehalt auch dann fällt, wenn sie sich nur auf Wege innerhalb einer Ortschaft, oder nur auf städtische Grundstücke bezieht. Es gehört also, wie in den P. II Bd. 6 S. 743 besonders anerkannt ist, auch die sog. Baufluchtregulierung hierher; zum Teil fällt freilich die Baufluchtregulierung auch unter den Vorbehalt des Art. 111. Dagegen enthält der Art. 113 keinen allgemeinen Vorbehalt zugunsten des Wegerechts; deshalb sind auch die gemeinrechtlichen Vorschriften über den Schutz des Gemeingebrauchs an öffentlichen Plätzen und Wegen nicht aufrecht geblieben (RG. 53 S. 384).

d) die **Ordnung der gutsherrlich bäuerlichen Verhältnisse,** d. h. der Verhältnisse, welche sich aus der früheren ständischen Verfassung ergeben.

e) die **Ablösung, Umwandelung oder Einschränkung von Dienstbarkeiten,** insbesondere von Forst- und Weidegerechtigkeiten. Unter die Vorschriften über die Ablösung fallen auch die Vorschriften über das Rechtsverhältnis der infolge der Ablösung begründeten Renten, z. B. über das ihnen beigelegte Vorzugsrecht, über ihre Verteilung im Falle der Teilung des belasteten Grundstücks. Auch hier kommt nicht in Betracht, ob die Dienstbarkeit an einem ländlichen oder einem städtischen Grundstücke besteht. Unter der Einschränkung von Dienstbarkeiten ist die Aufhebung oder die Beschränkung des Inhalts von bestehenden Dienstbarkeiten zu verstehen. Inwieweit die Landesgesetzgebung befugt ist, die Belastung eines Grundstücks mit Dienstbarkeiten zu beschränken, richtet sich auch, soweit es sich um Beschränkungen handelt, die zur Durchführung oder Sicherung eines der im Art. 113 bezeichneten Verfahrens bestimmt sind, nach dem Art. 115.

f) die **Ablösung, Umwandelung oder Einschränkung von Reallasten.** Hier gilt das zu e Bemerkte entsprechend.

3. Zu e und f: Wegen der Frage, ob das Landesrecht die Vorschriften über den öffentlichen Glauben des Grundbuchs (§§ 892, 893 BGB.) auf Grund des Art. 113 durchbrechen darf, s. Erl. zu Art. 114. Eine Einschränkung des Vorbehalts des Art. 113 dem Gegenstande nach enthält der Art. 116.

4. In Ansehung der vorbezeichneten Angelegenheiten ist der Vorbehalt des Art. 113 ein allgemeiner. Insbesondere kann die Landesgesetzgebung, wie der Satz 2 des Art. 113 hervorhebt, den Erwerb des Eigentums, die Begründung, Änderung und Aufhebung von anderen Rechten an Grundstücken und die Berichtigung des Grundbuchs abweichend von den Vorschriften des BGB. regeln, z. B. das Eigentum ohne Auflassung und Eintragung im Grundbuch übergehen lassen. Eine Einschränkung erfährt der Vorbehalt auf dem Gebiete der Zwangsversteigerung durch den § 3 des EG. zum ZVG.

5. Die einschlägigen Landesgesetze sind naturgemäß entsprechend der geschichtlichen Entwickelung des Agrarrechts in den verschiedenartigsten Gesetzen zerstreut.

Artikel 114. Unberührt bleiben die landesgesetzlichen Vorschriften, nach welchen die dem Staate oder einer öffentlichen Anstalt in Folge der Ordnung der gutsherrlich-bäuerlichen Verhältnisse oder der Ablösung von Dienstbarkeiten, Reallasten oder der Oberlehnsherrlichkeit zustehenden Ablösungsrenten und sonstigen Reallasten zu ihrer Begründung und zur Wirksamkeit gegenüber dem öffentlichen Glauben des Grundbuchs nicht der Eintragung bedürfen.

Artikel 114.

E. d. EG. II Art. 87; III Art. 113; M. d. EG. S. 193. P. II Bd. 6 S. 372.

1. Die Landesgesetzgebung ist auf den Gebieten, die ihr durch allgemeine Vorbehalte überwiesen sind, ermächtigt, Ausnahmen von dem Grundsatze des öffentlichen Glaubens des Grundbuchs zu machen, soweit der Grundsatz nicht für einzelne Vorbehaltsgebiete reichsgesetzlich für maßgebend erklärt ist (vgl. insbesondere Art. 61, 118). Wenn daher nach dem Art. 59 die landesgesetzlichen Vorschriften über das Lehenrecht und nach dem Art. 113 die landesgesetzlichen Vorschriften über die Ordnung der gutsherrlich-bäuerlichen Verhältnisse sowie über die Ablösung von Dienstbarkeiten und Reallasten unberührt bleiben, so folgt aus der allgemeinen Fassung dieser Vorbehalte bereits, daß die Landesgesetzgebung zur Erlassung von Vorschriften befugt ist, nach welchen die im Art. 114 bezeichneten Ablösungsrenten und sonstigen Reallasten zu ihrer Begründung und zur Wirksamkeit gegenüber dem öffentlichen Glauben des Grundbuchs nicht der Eintragung bedürfen.

Von diesem Standpunkt aus ist der Art. 114 im Grunde genommen entbehrlich. Nach den P. II Bd. 6 S. 372 ist er in der Tat auch nur im Interesse der Klarstellung aufgenommen worden und beruht seine Aufnahme darauf, daß die M. des EG. S. 193 davon ausgehen, die auf Grund der Ablösung von Grundlasten des öffentlichen Rechtes oder der Ablösung der staatlichen Oberlehnsherrlichkeit an den Staat oder an vermittelnde Institute zu entrichtenden Ablösungsrenten und Allodifikationsgelder hätten das Vorrecht der Steuern und bedürften deshalb weder zu ihrer Begründung noch zur Erhaltung der Wirksamkeit gegenüber Dritten der Eintragung in das Grundbuch, während den bezeichneten Lasten nach manchen Landesgesetzen, insbesondere nach der bayerischen Rechtsprechung (bayer. ObLG. 11 S. 178) nicht die Natur von öffentlichen Lasten zukommt. Allerdings ist nicht zu verkennen, daß diese Erklärung nicht recht genügend ist, weil, mögen die fraglichen Renten als dem öffentlichen Rechte angehörend angesehen werden oder nicht, die Aufnahme, wenn die obige Voraussetzung richtig ist, nicht nur in dem ersteren, sondern auch im letzteren Falle unnötig sein würde.

Eine andere Auffassung des Verhältnisses des Art. 114 zu den Art. 59, 113 scheint dadurch nahe gelegt zu werden, daß der Art. 114 sich, wie unter Nr. 2 hervorgehoben ist, nur auf die dem Staate und öffentlichen Anstalten zustehenden Ablösungsrenten und sonstigen Reallasten bezieht. Hiernach enthielte er eine Beschränkung der aus den Art. 59, 113 an sich zu ziehenden Folgerung, daß die Landesgesetzgebung die im Art. 114 bezeichneten Vorschriften für alle, also auch für die anderen Personen als dem Staate und öffentlichen Anstalten zustehenden Ablösungsrenten zc. treffen könne. Eine solche Beschränkung würde sich materiell rechtfertigen lassen. Von dieser Auffassung aus müßte dann freilich angenommen werden, daß das EG. davon ausgegangen ist, daß die allgemeinen Vorbehalte der Art. 59, 113 nicht soweit auszulegen sind, daß sie generell zu den im Art. 114 bezeichneten Vorschriften berechtigen, und deshalb diese Berechtigung in der Beschränkung des Art. 114 ausdrücklich zu bestimmen war. Allein wenn auch die erstgedachte Erklärung der Aufnahme des Art. 114 wenig befriedigt, spricht doch gegen die zweite entscheidend, daß nicht nur die Art, wie diese Auffassung des Verhältnisses des Art. 114 zu den Art. 59, 113 zum Ausdrucke gebracht wäre, ungewöhnlich und mit der sonstigen Redaktionsweise des BGB. nicht übereinstimmend wäre, sondern auch, daß der Satz 2 des Art. 113 ausdrücklich die landesgesetzlichen Vorschriften über die Begründung von Rechten an Grundstücken (also auch von Reallasten) aufrechterhält.

2. Der Vorbehalt gilt nur für die dem Staate oder einer öffentlichen Anstalt zustehenden Renten oder sonstigen Reallasten. Für Renten oder Reallasten, welche einer Korporation oder Stiftung des öffentlichen Rechtes, z. B. einer Gemeinde, einer Kirchenstiftung, oder einem Privaten zustehen, verbleibt es bei den allgemeinen Grundsätzen und den aus den Vorbehalten der Art. 59, 113 sich ergebenden Konsequenzen (s. unter Nr. 1).

3. Landesgesetzliche Vorschriften vgl. Preußen, Art. 22 Ziff. 3, Bayern, Art. 128; ferner Hessen, AG. zur GBO. Art. 11 und Ablösungsges. v. 24. Juli 1899 Art. 17.

Artikel 115. Unberührt bleiben die landesgesetzlichen Vorschriften, welche die Belastung eines Grundstücks mit gewissen Grunddienstbarkeiten oder beschränkten persönlichen Dienstbarkeiten oder mit Reallasten untersagen oder beschränken, sowie die landesgesetzlichen Vorschriften, welche den Inhalt und das Maß solcher Rechte näher bestimmen.

Artikel 115.

E. d. EG. I Art. 70 Abs. 1 Nr. 2; II Art. 88; III Art. 114. P. I S. 12810, 12824, 12831; M. d. EG. S. 194. P. II Bd. 6 S. 433, 608.

Neubauer, Zusammenstellung des in Deutschland geltenden Rechtes der Reallasten (1879); Stobbe-Lehmann Bd. II 2 S. 42ff. (1897); Roth, Deutsches Privatr. Bd. 3 S. 469ff.

1. Das BGB. beschränkt sich bezüglich der Grunddienstbarkeiten, der beschränkten persönlichen Dienstbarkeiten und der Reallasten auf gewisse allgemeine Grundsätze (§§ 1018—1029, 1090—1093, 1105—1112) und überläßt der Landesgesetzgebung Bestimmungen über die Zulässigkeit, den Inhalt und das Maß sowie die Ablösung, Umwandelung oder Einschränkung zu treffen (vgl. Vorbm. vor § 1018 und vor § 1105). Die landesgesetzlichen Vorschriften über die Ablösung, Umwandelung oder Einschränkung von Grunddienstbarkeiten, beschränkten persönlichen Dienstbarkeiten und Reallasten sind durch den Art. 113 vorbehalten. Der Art. 115 behält die landesgesetzlichen Vorschriften über die Zulässigkeit, den Inhalt und das Maß dieser Rechte vor.

2. Die einzelnen Vorbehalte des Art. 115.

a) Unberührt bleiben die landesgesetzlichen Vorschriften, welche die **Belastung eines Grundstücks mit gewissen Grunddienstbarkeiten oder beschränkten persönlichen Dienstbarkeiten untersagen oder beschränken.** Die Belastung eines Grundstücks mit Grunddienstbarkeiten oder beschränkten persönlichen Dienstbarkeiten kann mithin nicht völlig untersagt werden, die Befugnis der Untersagung bezieht sich nur auf einzelne von dem Landesgesetze bestimmt zu bezeichnende Grunddienstbarkeiten oder beschränkte persönliche Dienstbarkeiten. Als Vorschriften über die Beschränkung von Dienstbarkeiten erscheinen an sich auch die Vorschriften, welche die Bestellung von Dienstbarkeiten gegenüber dem § 873 BGB. erschweren; die Absicht des Art. 115 geht indessen nicht dahin, der Landesgesetzgebung eine Änderung der Vorschriften über die Bestellung von Dienstbarkeiten zu gestatten (a. A. Kloß, Sächs. Landesprivatrecht S. 257).

Als Beispiele hierher gehörender Landesgesetze sind zu erwähnen:

In Preußen können Jagdservituten nicht begründet werden (Ges. v. 31. Oktober 1848). Weidegerechtigkeiten, Waldservituten, die Berechtigungen zur Gräserei und zur Nutzung von Schilf, Binsen oder Rohr, zum Pflücken des Unkrauts oder Grases in bestellbaren Feldern, zum Nachrechen auf geernteten Feldern, zur Fischerei und zum Krebsen, zur Torfnutzung rc. können nur mit den in dem Landeskulturedikte von 1811, der Gemeinheitsteilungsordnung rc. bezeichneten Beschränkungen erworben werden. In Bayern können Forstberechtigungen, Jagdberechtigungen und Weiderechte weder als Dienstbarkeiten noch als Reallasten begründet werden (Jagdges. v. 30. März 1852 Art. 1, Forstges. v. 28. März 1852 Art. 34, Weideges. v. 28. Mai 1852 Art. 34, 45, AG. z. BGB. Art. 86).

b) Unberührt bleiben die landesgesetzlichen Vorschriften, welche die **Belastung eines Grundstücks mit Reallasten untersagen oder beschränken.** Bezüglich der Reallasten geht mithin die Befugnis der Landesgesetzgebung weiter. Sie kann die Belastung eines Grundstücks mit Reallasten überhaupt verbieten.

Als Beispiele hierher gehörender Landesgesetze sind zu erwähnen:

In Preußen können im Geltungsgebiete des Ablösungsges. v. 2. März 1850 Reallasten nur in den durch den § 91 Abs. 2—4 dieses Gesetzes gezogenen Schranken begründet werden. Für Hohenzollern, Wiesbaden, die vormals großherzogl. hessischen Gebietsteile, Schleswig-Holstein und Cassel gelten die sachlich übereinstimmenden Vorschriften der (preuß.) Ges. v. 28. Mai 1860, 15. Februar 1872, 3. Januar 1873 und 23. Juli 1876. In Hannover gelten ähnliche Grundsätze nach der V. v. 23. Juli 1833. Im wesentlichen gelten hiernach die gleichen Grundsätze, welche der Art. 30 des AG. z. BGB. für Rheinpreußen aufstellt. Diese lauten: „Mit Ausnahme fester Geldrenten können beständige Abgaben und Leistungen einem Grundstück als Reallasten nicht auferlegt werden. Eine neu auferlegte Geldrente ist der Eigentümer nach vorgängiger sechsmonatiger Kündigung mit dem zwanzigfachen Betrag abzulösen berechtigt, sofern nicht ein anderes bestimmt ist. Es kann jedoch vertragsmäßig die Kündigung nur während eines bestimmten Zeitraums, welcher dreißig Jahre nicht übersteigen darf, ausgeschlossen und ein höherer Ablösungsbetrag als der fünfundzwanzigfache Betrag der Rente nicht festgesetzt werden. Vertragsmäßige Bestimmungen, welche diesen Vorschriften zuwiderlaufen, sind unwirksam."

In Bayern bestimmt der Art. 85 des AG. für das ganze Königreich: „Als Reallast kann außer dem Rechte auf Leistungen, die zu einer Leibrente, insbesondere zu einem Leibgedinge, gehören, nur das Recht auf die regelmäßig wiederkehrende Leistung von fest bestimmten Geldbeträgen oder fest bestimmten Mengen von Bodenerzeugnissen bestellt werden. Bei der Bestellung einer Reallast solcher Art muß der Geldbetrag bestimmt werden, durch dessen Zahlung der Eigentümer die Reallast ablösen kann."

In Württemberg ist die Begründung von Reallasten überhaupt untersagt (Ges. v. 14. April 1848 Art. 1).

Wegen des sächsischen Rechtes vgl. die Ges. v. 17. März 1832 §§ 54, 55, 103, 104 und v. 15. Mai 1851 §§ 23, 25—28. Wegen Baden s. AG. Art. 26, 27, wegen Hessen AG. Art. 93, wegen Elsaß-Lothringen AG. § 75.

c) Die Landesgesetzgebung kann, soweit sie Grunddienstbarkeiten, beschränkte persönliche Dienstbarkeiten und Reallasten überhaupt zuläßt, deren **Inhalt und Maß näher bestimmen.** Die Landesgesetzgebung kann hiernach nicht schlechthin den Inhalt und das Maß regeln, sie kann nur den Inhalt und das Maß näher bestimmen, d. h. Grundsätze aufstellen, welche neben den Vorschriften des BGB. und unbeschadet derselben über den Inhalt und das Maß weitere Vorschriften geben. Die Landesgesetzgebung darf sich also nicht mit den vom BGB. über den Inhalt und das Maß getroffenen Vorschriften in Widerspruch setzen, sie darf z. B. nicht den Einfluß der Teilung des Grundstücks des Berechtigten oder des belasteten Grundstücks auf die Grunddienstbarkeit oder die Reallast abweichend von den Vorschriften der §§ 1025, 1026, 1109 regeln, dagegen kann sie z. B. über die Breite des Weges bei einer Wegegerechtigkeit, über die Anzahl der Viehstücke bei einer Weidegerechtigkeit Bestimmungen treffen. Übrigens haben die landesgesetzlichen Vorschriften, welche den Inhalt oder das Maß einer Dienstbarkeit oder Reallast näher bestimmen, sehr häufig zugleich die Bedeutung, daß sie damit einen weitergehenden Inhalt als unzulässig ausschließen wollen. Soweit dies der Fall ist, können sie vertragsmäßig nicht abgeändert werden, sonst aber gilt der dem BGB. zugrunde liegende Grundsatz, daß über den Inhalt und das Maß einer Dienstbarkeit und Reallast zunächst die Vereinbarung der Parteien entscheidet, auch gegenüber dem Landesrechte.

Zweifelhaft ist, ob die Landesgesetzgebung berechtigt ist, den Inhalt des Leistungsbegriffs dahin zu bestimmen, daß die Reallast auch auf ein Unterlassen gehen kann (P. II Bd. 3 S. 734). Hierüber s. Erl. zu § 1105.

Beispiele landesgesetzlicher Vorschriften bieten die Bestimmungen der §§ 57—242 des preuß. LR. I 22 (aufrechterhalten im AG. z. BGB. Art. 89 Nr. 1) über Gebäudegerechtigkeiten, Wegegerechtigkeiten, Hütungsgerechtigkeiten, Mastungsrechte ꝛc. (hierüber vgl. Dernburg, Sachenrecht 2. Aufl. S. 498ff., Turnau-Förster, Liegenschaftsrecht 2. Aufl. Bd. 1 S. 543ff., Stranz-Gerhard S. 204, 428ff.), ferner gehören hierher die Bestimmungen des sächs. BGB. §§ 542—551, 553, 554, die AG. von Weimar §§ 133—146, Meiningen Art. 17 und Coburg-Gotha Art. 28. Durch den Art. 115 sind auch die gemeinrechtlichen Regeln des römischen Rechtes über die Befugnisse, die mit den einzelnen Arten von Grunddienstbarkeiten verbunden sind (Windscheid-Kipp, Pand. 8. Aufl. §§ 211, 211a, Dernburg, Pand. 6. Aufl. Bd. I §§ 242ff.), aufrechterhalten worden. Für Bayern sind übrigens diese Vorschriften des gemeinen Rechtes ebenso wie die des bayerischen LR. nur für die schon bestehenden Rechte in Kraft geblieben (EG. Art. 184), im übrigen aber beseitigt (AG. z. BGB. Art. 1).

3. Weiter geht selbstverständlich die Befugnis der Landesgesetzgebung, soweit es sich um einen allgemeinen Vorbehalt handelt, z. B. um das Jagdrecht (Art. 69), um das Recht der Rentengüter (Art. 62, dazu preuß. AG. Art. 30 Abs. 4) oder um Rechte der Ablösung (Art. 113, dazu preuß. AG. Art. 31, Achilles-Strecker GBO. S. 58). Hier kann die Landesgesetzgebung auch die absoluten Vorschriften des BGB. über die Dienstbarkeiten und Reallasten durchbrechen. Beispielsweise bleiben auf Grund des Art. 113 die Vorschriften des preuß. LR. über die Verlegung von Grunddienstbarkeiten (LR. I 22 §§ 81, 235, 236, Gem.Teil.Ord. §§ 116ff., Dernburg, Sachenrecht S. 476) aufrecht.

Artikel 116. Die in den Artikeln 113 bis 115 bezeichneten landesgesetzlichen Vorschriften finden keine Anwendung auf die nach den §§. 912, 916, 917 des Bürgerlichen Gesetzbuchs zu entrichtenden Geldrenten und auf die in den §§. 1021, 1022 des Bürgerlichen Gesetzbuchs bestimmten Unterhaltungspflichten.

Artikel 117. Unberührt bleiben die landesgesetzlichen Vorschriften, welche die Belastung eines Grundstücks über eine bestimmte Werthgrenze hinaus untersagen.

Unberührt bleiben die landesgesetzlichen Vorschriften, welche die Belastung eines Grundstücks mit einer unkündbaren Hypothek oder Grundschuld untersagen oder die Ausschließung des Kündigungsrechts des Eigenthümers bei Hypothekenforderungen und Grundschulden zeitlich beschränken und bei Rentenschulden nur für eine kürzere als die im §. 1202 Abs. 2 des Bürgerlichen Gesetzbuchs bestimmte Zeit zulassen.

Artikel 116.

E. d. EG. I Art. 41 Abs. 2, Art. 70 Abs. 2; II Art. 89; III Art. 115. P. I S. 12719, 12810; M. d. EG. S. 162, 194. P. II Bd. 6 S. 372, 433, 606.

Auf die für einen Überbau (§§ 912, 916) oder für die Duldung eines Notwegs (§ 917) geschuldete Geldrente sowie auf die Pflicht des Eigentümers des belasteten Grundstücks zur Unterhaltung einer zur Ausübung einer Grunddienstbarkeit erforderlichen Anlage (§§ 1021, 1022) finden nach § 914 Abs. 3, § 917, § 1021 Abs. 2 und § 1022 Satz 2 die Vorschriften über die Reallasten Anwendung. Der Art. 116 stellt klar, daß für diese reichsrechtlich geordnete Reallast die Vorbehalte der Art. 113 und 115 (die Unanwendbarkeit des Art. 114 ergibt sich von selbst aus der Unanwendbarkeit des Art. 113) nicht gelten, bezüglich ihrer kann also z. B. landesgesetzlich nicht die Ablösbarkeit, das Maß oder der Inhalt oder die Umwandelung geregelt werden. Daß landesgesetzliche Vorschriften über Inhalt oder Maß der in den §§ 1021, 1022 bestimmten Unterhaltungspflichten unzulässig sind, bezweifelt Niedner.

Artikel 117.

E. d. EG. I Art. 70 Abs. 1 Nr. 3; II Art. 90; III Art. 116. P. I S. 12810ff.; M. d. EG. S. 194. P. II Bd. 6 S. 433.

1. **Der Vorbehalt des Abs. 1** ermächtigt die Landesgesetzgebung eine **Verschuldungsgrenze**, sei es für alle Grundstücke oder nur gewisse Arten, z. B. nur die ländlichen, aufzustellen. Der Vorbehalt bezieht sich zwar seinem Wortlaute nach auf alle dinglichen Rechte an fremder Sache, ist aber bezüglich des Vorkaufsrechts und des Nießbrauchs mit Rücksicht auf den Inhalt dieser Rechte gegenstandslos und wird bezüglich der Grunddienstbarkeiten, der beschränkten persönlichen Dienstbarkeiten und der Reallasten im wesentlichen schon durch den Art. 115 gedeckt. Von praktischer Bedeutung ist der Vorbehalt demnach hauptsächlich für Hypotheken, Grundschulden und Rentenschulden.

Soviel ersichtlich, hat zurzeit kein Bundesstaat von dem Vorbehalte Gebrauch gemacht. Es gibt nur Vorschriften über die Verschuldungsgrenze bei Rentengütern, Anerbengütern und Erbpachtgrundstücken; diese werden durch die Art. 62—64 gedeckt.

2. **Der Vorbehalt des Abs. 2** gestattet der Landesgesetzgebung

a) bei Hypotheken und Grundschulden die Belastung eines Grundstücks mit einer unkündbaren Hypothek oder Grundschuld zu untersagen oder die Ausschließung des **Kündigungsrechts des Eigentümers** zeitlich zu beschränken. Bezüglich des **Kündigungsrechts des Gläubigers** kann nur der völlige Ausschluß dieses Rechtes untersagt werden; besteht ein solches Verbot nicht, so gilt bezüglich des Kündigungsrechts des Gläubigers Vertragsfreiheit. Für den persönlichen Schuldner, der nicht Eigentümer des Grundstücks ist, sind schlechtweg die vertragsmäßigen Bestimmungen maßgebend; dies ist für den Fall, daß die Hypothek ꝛc. durch Verzicht, Ausfall ꝛc. weggefallen ist, unzweifelhaft, dürfte aber nach dem Wortlaute des Abs. 2 auch für den Fall gelten, daß Forderung und Hypothek getrennt sind (a. A. scheint Stranz-Gerhard zu Art. 32 preuß. AG. zu sein).

Artikel 118. Unberührt bleiben die landesgesetzlichen Vorschriften, welche einer Geldrente, Hypothek, Grundschuld oder Rentenschuld, die dem Staate oder einer öffentlichen Anstalt wegen eines zur Verbesserung des belasteten Grundstücks gewährten Darlehens zusteht, den Vorrang vor anderen Belastungen des Grundstücks einräumen. Zu Gunsten eines Dritten finden die Vorschriften der §§. 892, 893 des Bürgerlichen Gesetzbuchs Anwendung.

---

b) bei Rentenschulden, bei welchen nach § 1202 des BGB. reichsrechtlich die Unkündbarkeit oder der Ausschluß der Kündbarkeit für eine längere Zeit als dreißig Jahre verboten ist, die Ausschließung des Kündigungsrechts nur für eine kürzere Zeit zuzulassen.

Von dem Vorbehalte haben insbesondere Gebrauch gemacht Preußen Art. 32; Württemberg Art. 213; Baden Art. 27; keinen Gebrauch gemacht haben z. B. Bayern und Sachsen.

3. Die Verletzung einer unter den Abs. 1 fallenden landesgesetzlichen Vorschrift begründet, wenn durch Landesgesetz nicht ein anderes bestimmt ist, soweit die Wertgrenze überschritten ist, Nichtigkeit der Hypothek, Grundschuld oder Rentenschuld; inwieweit die Vorschriften über den öffentlichen Glauben des Grundbuchs Platz greifen, bestimmt die Landesgesetzgebung.

Die Verletzung einer unter den Abs. 2 fallenden landesgesetzlichen Vorschrift bewirkt, daß die Hypothek, Grundschuld oder Rentenschuld nach Ablauf der landesgesetzlich bestimmten Höchstgrenze des Ausschlusses der Kündbarkeit frei kündbar wird. Selbstverständlich kann die Landesgesetzgebung etwas anderes bestimmen; wenn dies aber, wie in Preußen, nicht geschehen ist, so ist z. B. eine Hypothek, bei welcher die Kündbarkeit auf Lebenszeit des Eigentümers oder des Gläubigers ausgeschlossen ist, nicht nichtig, sondern nur nach Ablauf der landesgesetzlich bestimmten Zeit, in Preußen nach Ablauf von zwanzig Jahren, sofern nicht vorher der Eigentümer oder der Gläubiger gestorben ist, frei kündbar (vgl. Rspr. 4 S. 315).

4. Wegen der Hypothekenbanken s. Reichsges. v. 13. Juli 1899 §§ 17—21, 49 Satz 2.

Artikel 118.

E. d. EG. I Art. 75; II Art. 91; III Art. 117. P. I S. 12824; M. d. EG. S. 199. P. II Bd. 6 S. 439, 609.

Vorrang für Meliorations-Darlehen.

1. Der Art. 118 ermöglicht der Landesgesetzgebung zu bestimmen, daß eine Geldrente (Reallast), Hypothek, Grundschuld oder Rentenschuld, welche dem Staate oder einer öffentlichen Anstalt für ein sog. Meliorationsdarlehen zusteht, kraft Gesetzes den Vorrang vor allen oder gewissen anderen Belastungen des Grundstücks erhält. Der Vorbehalt gestattet also eine Durchbrechung der für die Rangverhältnisse und die Rangänderung bestehenden Vorschriften (§§ 879, 880). Die Rangänderung trifft die zur Zeit ihres Eintritts Berechtigten, ohne daß es der Einwilligung der in ihrem Rechte Beeinträchtigten bedarf. Die im Range beinträchtigten Berechtigten erhalten durch die Melioration eine Ausgleichung für den Rangrücktritt. An gewisse Voraussetzungen ist die Rangänderung reichsrechtlich nicht geknüpft. Insbesondere ist nicht Voraussetzung, daß die beeinträchtigten Berechtigten von dem Vorgange Kenntnis erhalten oder ihnen nur Gelegenheit gegeben wird, Einwendungen gegen die Rechtsänderung vorzubringen. Der für das Meliorationsdarlehen bestellten Reallast, Hypothek, Grundschuld oder Rentenschuld kann der Vorrang aber nur in Ansehung des Grundstücks gegeben werden, zu dessen Verbesserung das Darlehen gewährt wird, nicht in Ansehung anderer Grundstücke desselben Eigentümers. Die Bestimmung kann ferner nur zugunsten der vom Staate oder einer öffentlichen Anstalt gewährten Darlehen getroffen werden, nicht zugunsten öffentlicher Korporationen oder Stiftungen. Soll z. B. für die von einer Gemeinde gewährten Meliorationsdarlehen von der Vorschrift des Art. 118 Gebrauch gemacht werden, so darf nicht die Gemeinde selbst als Darlehensgeberin erscheinen, sondern es muß eine besondere, mit juristischer Persönlichkeit ausgestattete öffentliche Anstalt ins Leben gerufen werden, welche das Darlehen gewährt.

2. Der Erwerb des Vorranges ist reichsrechtlich nicht von der Eintragung in das Grundbuch abhängig. Nach Satz 2 des Art. 118 finden aber die Vorschriften der §§ 892, 893 über den öffentlichen Glauben des Grundbuchs Anwendung. Die Wirksamkeit des Vorranges gegenüber dem öffentlichen Glauben des Grundbuchs hängt also von der Eintragung ab; gegenüber

Artikel 119. Unberührt bleiben die landesgesetzlichen Vorschriften, welche

1. die Veräußerung eines Grundstücks beschränken;
2. die Theilung eines Grundstücks oder die getrennte Veräußerung von Grundstücken, die bisher zusammen bewirthschaftet worden sind, untersagen oder beschränken;
3. die nach §. 890 Abs. 1 des Bürgerlichen Gesetzbuchs zulässige Vereinigung mehrerer Grundstücke oder die nach §. 890 Abs. 2 des Bürgerlichen Gesetzbuchs zulässige Zuschreibung eines Grundstücks zu einem anderen Grundstück untersagen oder beschränken.

---

den dinglichen Rechten, welche erst nach der Vorrangseinräumung zur Entstehung gelangen, sowie gegenüber denjenigen, welche ein zu dieser Zeit schon bestehendes Recht oder ein Recht an einem solchen Rechte später erwerben, gilt der Vorrang ohne die Eintragung nur, wenn sie von dem Vorrange Kenntnis hatten. Soweit nicht die Rechte dieser Berechtigten entgegenstehen, kann daher die Eintragung des Vorranges auch nachträglich erfolgen.

3. Landesgesetzliche Vorschriften: Preuß. Ges. v. 13. Mai 1879, betr. die Errichtung von Landeskulturrentenbanken, mit AG. z. BGB. Art. 21; bayer. Ges. über die Landeskulturrentenanstalt in der Fassung v. 30. Mai 1900 (AG. Art. 170); sächs. AG. z. BGB. § 30; hess. Ges. v. 20. März 1880. Für Preußen vgl. Achilles-Strecker, Erl. 3 zu Art. 12 des preuß. AG. z. GBO.

Artikel 119.

E. d. EG. I Art. 70 Abs. 1 Nr. 1; II Art. 92; III Art. 118. P. I S. 12810 ff.; M. d. EG. S. 194. P. II Bd. 6 S. 433, 479.

Königsdörffer, Die Teilbarkeit der Grundstücke und die Hinzuschlagung in Sachsen, Sächs. Arch. 13 S. 24.

Der Art. 119 behält gewisse **Vorschriften der Landesgesetze über die Beschränkung von Grundstücksveräußerungen, Teilungen und Vereinigungen** vor. Nur die Ziff. 2 ist in den Entwürfen der Kommission enthalten gewesen; der übrige Inhalt des Artikels ist vom Bundesrate beschlossen worden.

1. **Die Ziff. 1** ermächtigt die Landesgesetzgebung, die Veräußerung eines Grundstücks zu beschränken. Eine Beschränkung der Veräußerung gewisser Grundstücke ist der Landesgesetzgebung schon auf Grund anderer Vorbehalte möglich, insbesondere auf Grund der Vorschriften, welche das Lehen-, das Fideikommiß-, Stammgüter-, Rentengüter- und Anerbenrecht oder das Recht der Erbpachtgüter sowie das Recht der Zusammenlegung rc. rc. vorbehalten (Art. 59, 62, 63, 64, 113). Der Art. 119 läßt eine Veräußerungsbeschränkung allgemein zu. Aus welchem Grunde die Veräußerung beschränkt wird, kommt nicht in Betracht, regelmäßig werden es Rücksichten der Landeskultur, insbesondere zur Hintanhaltung der Güterzertrümmerung, oder Rücksichten der Steuererhebung oder der Erhöhung des Realkredits sein. Gestattet ist der Landesgesetzgebung aber nur die Veräußerung zu beschränken, sie kann sie nicht völlig untersagen, wenn sie sie auch an solche Beschränkungen knüpfen kann, daß tatsächlich die Veräußerung nicht möglich oder von dem freien Ermessen einer Behörde abhängig ist. Unzulässig ist ferner eine Beschränkung der Belastung der Grundstücke. Soweit nicht allgemeine Vorbehalte, wie der Vorbehalt des Lehen-, des Fideikommiß-, des Anerbenrechts, Platz greifen, ist eine Beschränkung der Belastung nur im Rahmen der Art. 115, 117 zulässig. Im übrigen ist der Begriff der Veräußerung hier derselbe, wie an anderen Stellen des BGB. (s. Bd. I S. 185 Vorbm. IX 4). Unter Veräußerung ist also die Übertragung des Eigentums ohne Rücksicht auf den Grund des Übertragungsgeschäfts (Kauf, Tausch, Schenkung rc.) zu verstehen. Zweifelhaft kann sein, ob auch die Zwangsversteigerung unter die Vorschrift fällt. Der Ausdruck „Veräußerung" wird zwar regelmäßig nur für die rechtsgeschäftliche Übertragung des Eigentums gebraucht und bei der Zwangsversteigerung erfolgt die Übertragung durch den Zuschlag, also durch einen richterlichen Ausspruch (ZVG. § 90). Dazu kommt, daß das BGB. da, wo die Verfügung im Wege der Zwangsvollstreckung ebenso behandelt werden soll wie die Verfügung des Berechtigten, dies ausdrücklich bestimmt (s. § 161 Abs. 1 Satz 2, § 184 Abs. 2, § 353 Abs. 2, §§ 499, 883 Abs. 2;

vgl. auch § 2115). Der Art. 119 spricht indessen nicht von einer Veräußerung durch den Berechtigten, sondern allgemein von der Veräußerung und dieser Ausdruck dürfte in dem weiteren Sinne zu verstehen sein, daß darunter auch die Veräußerung im Wege der Zwangsversteigerung mitverstanden wird, wie ja auch das BGB. in den oben allegierten Paragraphen von einer Verfügung im Wege der Zwangsvollstreckung spricht. Man wird hier diese weitere Auslegung umsomehr annehmen müssen, als sonst die Möglichkeit nahe läge, eine nur auf die rechtsgeschäftliche Veräußerung beschränkte Vorschrift im Wege der Zwangsversteigerung zu umgehen.

Die Landesgesetzgebung hat, soviel ersichtlich, von dem Vorbehalte des Art. 119 Nr. 1 nur sehr geringen Gebrauch gemacht. In Betracht kommen z. B. die Vorschriften des § 181 der AV. zum BGB. von Mecklenburg-Schwerin über die Eigentumsparzellierung und des braunschw. AG. zum BGB. § 52 über Genossenschaftsforsten.

2. Nach der Ziff. 2 kann

a) die Teilung eines Grundstücks untersagt oder beschränkt werden. Unter Teilung ist die Abschreibung einer Fläche von einer im Grundbuche (Flurbuch) unter einer gewissen Nummer vorgetragenen Grundfläche und die Buchung der abgeschriebenen Fläche als ein besonderes Grundstück zu verstehen. Die Teilung kann von der Landesgesetzgebung verboten werden ohne Rücksicht auf den Zweck, welchen sie verfolgt, also z. B. auch dann, wenn die geteilten Grundstücke in der Hand desselben Eigentümers verbleiben sollen. Beschränkungen der Teilung kommen insbesondere in der Weise vor, daß ohne die Genehmigung der Behörde die Teilung unzulässig ist oder jedes Grundstück ein gewisses Mindestmaß haben muß oder bei einer Teilung mindestens ein Teil eine gewisse Größe besitzen muß.

b) die getrennte Veräußerung von Grundstücken, die bisher zusammen bewirtschaftet worden sind, untersagt und beschränkt werden. Der Vorbehalt bildet eine Ergänzung des vorigen (2a), er ist der Landesgesetzgebung hauptsächlich deshalb eingeräumt worden, weil sonst die landesgesetzlichen Teilungsbeschränkungen nur für den Fall der rechtlichen d. h. grundbuchmäßigen Vereinigung mehrerer Grundstücke aufrecht erhalten wären, nicht aber auch für den Fall einer nur wirtschaftlichen Vereinigung. Die Frage, ob die Grundstücke bisher zusammen bewirtschaftet worden sind, ist Tatfrage, für die die Einheit der Kulturart ohne Bedeutung ist. Gleichgültig ist, ob auch der Rechtsvorgänger des jetzigen Eigentümers die Grundstücke zusammen bewirtschaftet hat. Auch ist nicht erforderlich, daß ein einheitlicher Wirtschaftsplan vorliegt.

Landesgesetzliche Vorschriften z. B. sächs. Ges. v. 30. Nov. 1843 über die Teilbarkeit des Grundeigentums, AG. von Württemberg Art. 172—174, Hessen Art. 94—96 und Mecklenburg-Schwerin §§ 107, 108, 111—113, 181, bad. Ges. v. 16. Aug. 1900 über die Unteilbarkeit der Grundstücke und v. 20. Aug. 1898 über die geschlossenen Hofgüter.

Auch das Teilungsverbot und die Teilungsbeschränkungen können für gewisse Grundstücke schon auf Grund anderer Vorbehalte getroffen werden. In Betracht kommen z. B. der Vorbehalt des Art. 62, unter welchen die Teilungsbeschränkung des § 4 des preuß. Rentengütergeſ. v. 7. Juli 1891 fällt, ferner der Vorbehalt des Art. 113, welcher die Teilungsbeschränkung der Flurbereinigungsgesetze (z. B. bayer. Ges. in der Fassung v. 30. Juli 1899 Art. 47) deckt.

3. Zu Ziff. 3. Nach § 890 können mehrere Grundstücke zu einem Grundstücke verbunden werden entweder in der Art, daß die Grundstücke als rechtlich gleichwertig zu einem neuen Ganzen vereinigt werden (§ 890 Abs. 1), oder in der Weise, daß eines dem anderen als Bestandteil zugeschrieben wird (§ 890 Abs. 2). Der Art. 119 Ziff. 3 gestattet der Landesgesetzgebung die Vereinigung oder die Zuschreibung zu untersagen oder zu beschränken. Auf welchem Grunde das landesgesetzliche Verbot beruht, ist gleichgültig, es kann z. B. auch nur im Interesse der Ordnung des Grundbuchs erlassen sein, obgleich nach dem Reichsrechte der Vereinigung und der Zuschreibung nicht entgegensteht, daß die Grundstücke verschieden belastet sind.

In Betracht kommende Vorschriften enthalten z. B. die AG. von Sachsen §§ 7—12 und AV. v. 6. Juli 1899 §§ 13—18; Württemberg Art. 19; Hessen Art. 81; Mecklenburg-Schwerin §§ 105, 107—111; Elsaß-Lothringen AG. zur GBO. § 16. Ob preuß. ALR. I 8 §§ 76, 77 hierher gehört, ist zweifelhaft (vgl. Stranz-Gerhard Anm. 15 S. 414); verneint wird es von Achilles-Strecker zu § 5 GBO.

4. Die Wirksamkeit der nach Art. 119 zulässigen Teilungs- und Veräußerungsbeschränkungen ist, soweit nicht landesgesetzlich ein anderes bestimmt wird, nicht von der Eintragung in das Grundbuch abhängig.

5. Zu Ziff. 3 vgl. auch GBO. §§ 4, 5, 86 und Achilles-Strecker S. 156, 340.

Artikel 120. Unberührt bleiben die landesgesetzlichen Vorschriften, nach welchen im Falle der Veräußerung eines Theiles eines Grundstücks dieser Theil von den Belastungen des Grundstücks befreit wird, wenn von der zuständigen Behörde festgestellt wird, daß die Rechtsänderung für die Berechtigten unschädlich ist.

Unberührt bleiben die landesgesetzlichen Vorschriften, nach welchen unter der gleichen Voraussetzung:

1. im Falle der Theilung eines mit einer Reallast belasteten Grundstücks die Reallast auf die einzelnen Theile des Grundstücks vertheilt wird;
2. im Falle der Aufhebung eines dem jeweiligen Eigenthümer eines Grundstücks an einem anderen Grundstücke zustehenden Rechtes die Zustimmung derjenigen nicht erforderlich ist, zu deren Gunsten das Grundstück des Berechtigten belastet ist;
3. in den Fällen des §. 1128 des Bürgerlichen Gesetzbuchs und des Artikel 52 dieses Gesetzes der dem Eigenthümer zustehende Entschädigungsanspruch von dem einem Dritten an dem Anspruche zustehenden Rechte befreit wird.

Artikel 120.

E. d. EG. I Art. 76 Abs. 1; II Art. 93; III Art. 119. P. I S. 12832; M. III S. 52. M. d. EG. S. 200. P. II Bd. 6 S. 439. RB. S. 2113.

Der Art. 120 erlaubt der Landesgesetzgebung die Zustimmung der dinglich Berechtigten zu gewissen Verfügungen über die Sache, insbesondere zu Teilungen, dann für entbehrlich zu erklären, wenn durch ein sog. **Unschädlichkeitszeugnis** die Unschädlichkeit der Verfügung für die Rechte der Berechtigten festgestellt wird.

1. Zu Abs. 1.

a) Der Eigentümer ist nicht befugt, über ein Grundstück Verfügungen zu treffen, welche die Wirksamkeit der auf dem Grundstücke lastenden Rechte Dritter beeinträchtigen. Wenn daher jemand von dem Nachbargrundstück eine Fläche, die für dieses ohne Belang ist, für ihn aber vermöge ihrer Lage von erheblichem Werte sein würde, erwerben will, so muß er entweder die vorhandenen Belastungen mitübernehmen oder die Zustimmung der Berechtigten zur lastenfreien Abschreibung oder zur Verteilung der Belastungen auf die einzelnen Teile erwirken. Der erstere Weg wird sich wegen der mit der Gesamthaft verbundenen Gefahr regelmäßig von selbst verbieten, beim zweiten Wege wird die Zahl der dinglich Berechtigten, die Verschiedenheit oder Unbekanntheit ihres Aufenthalts, der Mangel ihrer Verfügungsfähigkeit oder Legitimation oder auch des guten Willens häufig nicht zu überwindende Schwierigkeiten bieten oder doch das Ziel nur mit unverhältnismäßigen Opfern erreichen lassen.

Der Abs. 1 ermächtigt nun die Landesgesetzgebung, im Falle der Veräußerung eines Trennstücks das Ausscheiden des Trennstücks aus der Mithaft für die Belastungen des Stammgrundstücks unter der Voraussetzung zu gestatten, daß von einer Behörde festgestellt wird, die Rechtsänderung sei für die Berechtigten unschädlich.

b) Der Ausdruck „Veräußerung" begreift alle Fälle der Überlassung zu Eigentum, die entgeltliche ebenso wie die unentgeltliche. Von den Fällen der unentgeltlichen Veräußerung ist besonders wichtig die Abtretung des Trennstücks zu einem öffentlichen Zwecke z. B. zu einer Entwässerungsanlage.

c) Die Landesgesetzgebung kann die Feststellung der Unschädlichkeit gegenüber allen oder nur gegenüber gewissen Belastungen z. B. nur gegenüber den Hypotheken, Grundschulden, Rentenschulden und Reallasten zulassen. Unter den Belastungen sind auch die Überbau- und Notwegrenten (§ 914 Abs. 2, 3, § 917 Abs. 2) sowie die in den §§ 1021, 1022 bestimmten Unterhaltungspflichten zu verstehen. Landesrechtlich kann das Unschädlichkeitszeugnis sich auch auf die sog. öffentlichen Lasten beziehen (für Preußen verneint von KG. 22 A 317). Beim Erbbaurecht und dem Nießbrauche macht übrigens der Inhalt des Rechtes die Erteilung des Unschädlichkeitszeugnisses regelmäßig untunlich und beim Vorkaufsrechte wird sie nur praktisch werden, wenn das Vorkaufsrecht nicht auf den ersten Veräußerungsfall beschränkt ist. Bei den Grunddienstbarkeiten und den beschränkten persönlichen Dienstbarkeiten ferner gewähren die Vorschriften der §§ 1026, 1090 Abs. 2 für die Regel schon ausreichenden Schutz.

d) Die Bezeichnung der zuständigen Behörde ist gleichfalls Sache der Landesgesetzgebung, insbesondere kann diese die Voraussetzungen der Unschädlichkeit und das Verfahren, in welchem die Feststellung erfolgt, regeln sowie Vorschriften darüber treffen, wie die Befreiung eines veräußerten Trennstücks sich vollzieht. Regelmäßig ist übrigens die Wirkung des Unschädlichkeitszeugnisses die, daß es gegenüber den Berechtigten, auf die es sich bezieht, die sonst nach § 19 der GBO. erforderliche Bewilligung ersetzt.

2. Zu Abs. 2 Nr. 1.

Wird das mit einer Reallast belastete Grundstück geteilt, so wird die Reallast, sofern nicht der Berechtigte in die lastenfreie Abschreibung willigt oder seine Einwilligung infolge der auf Grund des Art. 120 Abs. 1 erfolgenden Unschädlichkeitserklärung entbehrlich ist, auf das Trennstück im vollen Umfang übertragen und es haften nach § 1108 Abs. 2 der Eigentümer des Stammgrundstücks und der Eigentümer des Trennstücks für die während der Dauer ihres Eigentums fällig werdenden Leistungen als Gesamtschuldner. Der Abs. 2 Nr. 1 ermächtigt die Landesgesetzgebung die Parzellierung noch in anderer Weise als durch die Ermöglichung der lastenfreien Abschreibung des Trennstücks (Abs. 1) zu erleichtern, nämlich dadurch, daß im Falle der Unschädlichkeit die Reallast auf die einzelnen Teile des Grundstücks verteilt wird. Wie die Verteilung vorzunehmen ist, ob das Stammgrundstück aushilfsweise fortzuhaften hat, ferner die Voraussetzungen der Verteilung, die Zuständigkeit für dieselbe und das Verfahren sind völlig der Landesgesetzgebung überlassen. Was übrigens die Voraussetzungen der Unschädlichkeit anbetrifft, so ist streng genommen dem Reallastberechtigten die Verteilung stets schädlich, insofern sie immer eine Erschwerung der Einziehung der einzelnen Leistungen bedeutet. Darauf legt natürlich der Abs. 2 kein Gewicht, sonst wäre der Vorbehalt gegenstandslos; worauf es ankommt, ist hier wie in dem Falle unter Abs. 1 die unverminderte Sicherheit des Berechtigten.

Von Bedeutung ist der Vorbehalt besonders für die Bundesstaaten (z. B. Sachsen), nach deren bisherigem Rechte die Reallast bei der Teilung des Grundstücks sich kraft Gesetzes gleichfalls teilte.

3. Zu Abs. 2 Nr. 2.

Ähnlich wie im Falle der Veräußerung des Trennstücks können die Verhältnisse gelagert sein, wenn der Eigentümer über ein mit dem Eigentum an seinem Grundstücke verbundenes Recht an einem anderen Grundstücke verfügen will, das für sein Grundstück von geringem Werte, dessen Aufhebung aber für das belastete Grundstück von großem Werte ist, z. B. eine Fahrtgerechtigkeit, wenn das herrschende Grundstück die Zufahrt etwa durch Neuanlage eines Weges erhält. Die Vorschrift des § 21 der GBO. in Verbindung mit § 8 das. erleichtert nur die zur Verfügung über das Recht erforderliche Eintragung, läßt aber das Recht des Dritten, dessen Zustimmung nicht erholt worden ist, sich auf die Unwirksamkeit der eingetragenen Verfügung (§§ 876, 877) zu berufen und nach § 894 die Berichtigung des Grundbuchs zu verlangen, unberührt. Der Abs. 2 Nr. 2 gestattet daher für den Fall der Aufhebung eines dem jeweiligen Eigentümer eines Grundstücks an einem anderen Grundstücke zustehenden Rechtes von der Zustimmung derjenigen abzusehen, zu deren Gunsten das Grundstück des Berechtigten belastet ist (§§ 96, 876 Satz 2). Rechte dieser Art sind Grunddienstbarkeiten (§ 1018) sowie möglicherweise Vorkaufsrechte (§ 1094 Abs. 2) und Reallasten (§ 1105 Abs. 2).

Selbstverständlich hat der Vorbehalt des Abs. 2 Nr. 2 nur dann Bedeutung, wenn nicht schon nach den Vorschriften des BGB. die Einwilligung des Berechtigten um deswillen entbehrlich ist, weil dessen Recht durch die Aufhebung der subjektiv dinglichen Berechtigung nicht berührt wird (vgl. Erl. 6 zu § 876). Selbstverständlich ist ferner, daß, wenn die Zustimmung der am Grundstücke Berechtigten im Falle der Feststellung der Unschädlichkeit auf Grund des Abs. 1 nicht erforderlich ist, es auch nicht der Zustimmung derjenigen bedarf, die nur ein Recht an einem an dem Grundstücke bestehenden Rechte haben, die also nur mittelbar berechtigt sind.

Bei der allgemeinen Fassung des Vorbehalts hat die Landesgesetzgebung auch in Ansehung des Abs. 2 Nr. 2 bezüglich der Voraussetzungen der Unschädlichkeit, der zuständigen Behörde und des Verfahrens freie Hand.

4. Zu Abs. 2 Nr. 3.

Der Anspruch auf die Brandversicherungssumme haftet den Hypotheken-, Grundschuld- und Rentenschuldgläubigern nach Maßgabe des § 1128. In gleicher Weise gehen nach den Art. 52,

Artikel 121. Unberührt bleiben die landesgesetzlichen Vorschriften, nach welchen im Falle der Theilung eines für den Staat oder eine öffentliche Anstalt mit einer Reallast belasteten Grundstücks nur ein Theil des Grundstücks mit der Reallast belastet bleibt und dafür zu Gunsten des jeweiligen Eigenthümers dieses Theiles die übrigen Theile mit gleichartigen Reallasten belastet werden.

---

53 auf den Anspruch auf Entschädigung wegen einer auf Reichsrecht beruhenden Enteignung einer beweglichen Sache oder eines Grundstücks die an der Sache bestehenden Rechte, für welche eine besondere Entschädigung für die Enteignung nicht gewährt wird, über. Der Abs. 2 Nr. 3 eröffnet der Landesgesetzgebung die Möglichkeit, den Anspruch auf die Versicherungssumme und den Anspruch auf die Entschädigung wegen der Enteignung von den Rechten Dritter zu befreien, wenn die Befreiung sich den Rechten der Dritten als nicht nachteilig erweist, z. B. wenn das abgebrannte Gebäude wieder aufgebaut wird und die Rechte der Gläubiger sich auf die neue Baustelle in der gleichen Rangordnung, welche sie auf der früheren hatten, erstrecken. Die Befreiung auf Grund der Feststellung der Unschädlichkeit dient dazu, im Interesse des Entschädigungsberechtigten die Entschädigungsfrage einer raschen Lösung zuzuführen. Auf den Fall der Enteignung von Grundstücken ist der Vorbehalt nicht beschränkt. Beruht die Enteignung auf Landesrecht, so ist die Landesgesetzgebung auf Grund des allgemeinen Vorbehalts des Art. 109 berechtigt, die Befreiung der Entschädigung wegen Unschädlichkeit zu ordnen.

Wie in der Begründung zu dem Entwurf eines Gesetzes über den Versicherungsvertrag (bei der Feuerversicherung) bemerkt ist, wird dieses Gesetz die landesgesetzlichen Vorschriften über das Unschädlichkeitszeugnis unberührt lassen.

5. **Landesgesetzliche Vorschriften:** Preußen, Ges. v. 3. März 1850, betr. den erleichterten Verkauf kleinerer Grundstücke, v. 27. Juni 1860, betr. die Änderung des Gesetzes über den erleichterten Austausch einzelner Parzellen, und v. 15. Juli 1890, betr. die Erleichterung der unentgeltlichen Abtretung von einzelnen Gutsteilen oder Zubehörstücken zu öffentlichen Zwecken, ferner Ges. v. 25. März 1889 (Hannover), 19. August 1895 (Hessen-Nassau); dazu AG. zum BGB. Art. 19, 20 und AG. zur GBO. Art. 20; Bayern, Ges. v. 15. Juni 1898 über das Unschädlichkeitszeugnis; Sachsen, AG. §§ 21—27 mit AV. §§ 20—23; Baden, Ges. v. 13. Juli 1904 Art. I, II; Hessen, AG. Art. 97—101; Mecklenburg-Schwerin, AV. §§ 114—120, 184.

Die angegebenen Gesetze haben übrigens von den Vorbehalten des Art. 120 nicht im vollen Umfange Gebrauch gemacht. So ist in Bayern der Vorbehalt des Abs. 2 Nr. 1 überhaupt nicht und der des Abs. 2 Nr. 3 nur in bezug auf die Brandversicherungssumme benutzt worden.

Zur Erteilung des Unschädlichkeitszeugnisses sind in Preußen die Generalkommissionen (Auseinandersetzungsbehörden), in einigen Provinzen bei landschaftlich beliehenen Grundstücken die Kreditdirektionen zuständig; in Bayern und Sachsen die Amtsgerichte, bezüglich der Befreiung der Entschädigungssumme für die Enteignung aber in Sachsen die Verwaltungsbehörden.

Voraussetzung ist in Ansehung des im Abs. 1 bezeichneten Falles im allgemeinen, daß das Trennstück im Verhältnisse zum übrigen Teile des Grundstücks sowohl von geringem Umfang als auch von geringem Werte ist und daß die Wertsminderung in Geld oder durch ein anderes Grundstück ausgeglichen wird. Bei unentgeltlichen Abtretungen zu öffentlichen Zwecken wird auf die Wertsminderung die Wertserhöhung angerechnet, die sich aus der dem öffentlichen Zwecke dienenden Anlage ergibt.

Artikel 121.

E. d. EG. I Art. 76 Abs. 2; II Art. 94; III Art. 120. P. I S. 2832; M. d. EG. S. 2021. P. II Bd. 6 S. 609.

Reallasten für den Staat oder eine öffentliche Anstalt.

Der Vorbehalt trägt den Vorschriften des bisherigen sächsischen Rechtes (Ges. v. 26. November 1861 § 4) Rechnung, nach welchen bei der Dismembration eines landrenten- oder landeskulturrentenpflichtigen Grundstücks das Hauptgrundstück die volle Rentenlast behält, während der Erwerber des Trennstücks mit der Entrichtung des darauf treffenden Rentenanteils unter entsprechender Belastung des Trennstücks an das Hauptgrundstück verwiesen wird. Die einschlagenden sächsischen Vorschriften sind durch die V. v. 26. Juli 1899 § 181 und das Ges. v. 15. Juni 1900 § 133 Nr. 1, 3 beseitigt.

Artikel 122. Unberührt bleiben die landesgesetzlichen Vorschriften, welche die Rechte des Eigenthümers eines Grundstücks in Ansehung der auf der Grenze oder auf dem Nachbargrundstücke stehenden Obstbäume abweichend von den Vorschriften des §. 910 und des §. 923 Abs. 2 des Bürgerlichen Gesetzbuchs bestimmen.

Artikel 122.

E. d. EG. I Art. 67; II Art. 95; III Art. 121 Abs. 2. P. I S. 12810; M. d. EG. S. 193. P. II Bd. 3 S. 143; Bd. 6 S. 428. RB. S. 1998, 2113. StB. S. 3031.

Erweiterter Schutz für Obstbäume.

1. Nach § 910 des BGB. kann der Eigentümer eines Grundstücks Wurzeln eines Baumes, die von einem Nachbargrundstück eingedrungen sind, abschneiden und behalten; das gleiche gilt von herüberragenden Zweigen, wenn der Eigentümer dem Besitzer des Nachbargrundstücks eine angemessene Frist zur Beseitigung bestimmt hat und die Beseitigung nicht innerhalb der Frist erfolgt. Nach § 923 Abs. 2 kann, wenn auf der Grenze ein Baum steht, jeder der Nachbarn die Beseitigung des Baumes verlangen. Der Art. 122 ermächtigt die Landesgesetzgebung in Ansehung von Obstbäumen (nicht auch von Sträuchern) von den Vorschriften des § 910 und des § 923 Abs. 2 abweichende Vorschriften zu treffen. Gemeint ist, daß die Landesgesetze die Rechte des Nachbarn im Interesse des Obstbaues noch weiter, als in den §§ 910, 923 bestimmt ist, beschränken können; nach dem Wortlaute des Art. 122 wäre die Landesgesetzgebung auch umgekehrt zu einer Erweiterung der Rechte des Nachbarn befugt. Dem Interesse der Obstkultur ist übrigens schon durch die Bestimmungen des Abs. 2 des § 910 Rechnung getragen (vgl. P. II Bd. 3 S. 143). Während aber nach dem Abs. 2 des § 910 in jedem Falle untersucht werden muß, wie weit das Recht des Eigentümers beschränkt ist, ermöglicht es der Art. 122 der Landesgesetzgebung feste Regeln aufzustellen. Auf Grund des Art. 124 (Nachbarrecht) würde die Landesgesetzgebung nicht in der Lage sein, diejenigen Rechte, welche dem Eigentümer eines Grundstücks in Ansehung der auf der Grenze oder auf dem Nachbargrundstücke stehenden Obstbäume in den §§ 910, 923 Abs. 2 zugestanden sind, abzuändern (s. Erl. zu Art. 124).

2. Die Landesgesetzgebung hat einen Vorbehalt zu Abweichungen von den Vorschriften der §§ 910, 923 Abs. 2 nur in Ansehung von Obstbäumen; in Ansehung sonstiger Bäume verbleibt es bei den Vorschriften des BGB. und zwar auch dann, wenn die Bäume zur Zeit des Inkrafttretens des BGB. schon stehen (Art. 181). Eine Ausnahme macht nur der Art. 183, welcher zugunsten bestehender Waldungen eine dem Art. 122 entsprechende Übergangsbestimmung zuläßt. Ob das Grundstück, dessen Eigentümer in den ihm nach den §§ 910, 923 Abs. 2 zustehenden Rechten verkürzt werden kann, mit Obstbäumen oder überhaupt mit Bäumen bepflanzt ist, kommt nicht in Betracht.

Von der Vorschrift des § 923 Abs. 1, daß, wenn der Baum auf der Grenze steht, die Früchte und, wenn der Baum gefällt wird, auch der Baum den Nachbarn zu gleichen Teilen gebührt, kann die Landesgesetzgebung eine Ausnahme nicht schaffen und zwar auch nicht in Ansehung bestehender Bäume oder von Obstbäumen. Auch von der Vorschrift des § 911 (Überfallsrecht bei Früchten) kann die Landesgesetzgebung keine Abweichung bestimmen.

3. Die landesgesetzlichen Abweichungen von § 910 werden regelmäßig darin bestehen, daß der Nachbar verpflichtet wird, herüberragende Zweige von Obstbäumen in seinem Luftraum von einer gewissen Höhe an zu dulden, daß er zwar die Beseitigung der bis zu dieser Höhe herüberragenden Zweige verlangen kann, aber nicht befugt ist, die Zweige selbst zu beseitigen, sondern das Recht auf Beseitigung im Wege der Klage verfolgen muß und daß auch das Beschneiden der ordnungswidrig herrüberragenden Zweige nur innerhalb einer bestimmten Jahreszeit (nicht während der Zeit des Wachstums) und innerhalb einer dem Umfange der Arbeit entsprechenden Frist verlangt werden kann.

4. Von dem Vorbehalte haben Gebrauch gemacht die AG. von Württemberg, Art. 241—244, Hessen, Art. 88, Sachsen-Altenburg, § 71. Keinen Gebrauch gemacht haben Preußen und Bayern. Für Sachsen ist bestritten, ob § 362 sächs. GB. für Obstbäume fortgilt (Kloß S. 117, Kretzschmar, Grundbuchrecht 2 S. 34, sächs. Arch. 12 S. 416).

Artikel 123.

E. d. EG. III Art. 122. P. II Bd. 6 S. 553.

Nach den §§ 917, 918 kann, wenn einem Grundstücke die zur ordnungsmäßigen Benutzung notwendige Verbindung mit einem öffentlichen Wege fehlt, der Eigentümer von den Nachbarn

Artikel 123. Unberührt bleiben die landesgesetzlichen Vorschriften, welche das Recht des Nothwegs zum Zwecke der Verbindung eines Grundstücks mit einer Wasserstraße oder einer Eisenbahn gewähren.

Artikel 124. Unberührt bleiben die landesgesetzlichen Vorschriften, welche das Eigenthum an Grundstücken zu Gunsten der Nachbarn noch anderen als den im Bürgerlichen Gesetzbuche bestimmten Beschränkungen unterwerfen. Dies gilt insbesondere auch von den Vorschriften, nach welchen Anlagen sowie Bäume und Sträucher nur in einem bestimmten Abstande von der Grenze gehalten werden dürfen.

---

verlangen, daß sie bis zur Hebung des Mangels die Benutzung ihrer Grundstücke zur Herstellung der erforderlichen Verbindung dulden. Der Art. 123 ermächtigt die Landesgesetzgebung den **Anspruch auf einen Notweg**, über den in den §§ 917, 918 bezeichneten Fall hinaus auf solche Fälle auszudehnen, in welchen der Weg zur Verbindung des Grundstücks mit einer Wasserstraße oder einer Eisenbahn dient. Der Vorbehalt ist erst vom Bundesrat aufgenommen worden; in der zweiten Kommission wurde ein den gleichen Vorbehalt bezweckender Antrag abgelehnt. Gedacht ist insbesondere an den Fall, daß eine auf dem Lande gelegene Fabrik, z. B. eine Zuckerfabrik, ein Verbindungsgleis oder einen Verbindungsweg zur nächsten Eisenbahn oder Wasserstraße braucht.

Wie der Wortlaut ergibt, fallen nur die Vorschriften unter den Vorbehalt, welche „das Recht des Notwegs" gewähren. Der Vorbehalt bezieht sich also nur darauf, daß die Landesgesetzgebung die Voraussetzungen des Notwegs abweichend bestimmen kann. Die rechtliche Bedeutung des Notwegs, die Frage, in welcher Weise die zur Duldung verpflichteten Eigentümer entschädigt werden, die Eintragung der Entschädigung in das Grundbuch, die Verjährung 2c. richten sich nach den §§ 917, 924 des BGB.

Soviel ersichtlich, hat kein Bundesstaat bis jetzt von dem Vorbehalte Gebrauch gemacht. Für Sachsen wird von Kloß S. 118 die Aufrechterhaltung des § 345 sächs. GB. behauptet.

Artikel 124.

E. I § 866; b. EG. II Art. 96; III Art. 123. P. I S. 3868, 6212, 6274, 11948; M. III S. 259, 296. P. II Bd. 3 S. 163; Bd. 6 S. 428. RB. S. 2114. StB. S. 3031.

Habicht, Die Einwirkung des BGB. auf zuvor entstandene Rechtsverhältnisse, 3. Aufl. S. 387ff.; Meisner, Das in Bayern geltende Nachbarrecht 1901; Müller, Deutsches Bau- und Nachbarrecht 2. Aufl. 1903.

1. **Nachbarrechtliche Beschränkungen.** Die §§ 906—918 des BGB. stellen eine Reihe von dem privaten Interesse dienenden Eigentumsbeschränkungen auf. Das BGB. beabsichtigt aber nicht, in der dem Zwecke des Privatinteresses dienenden Begrenzung des Inhalts des Eigentums an Grundstücken erschöpfend zu sein, sondern bestimmt nur diejenigen Eigentumsbeschränkungen, welche für alle örtlichen Verhältnisse des deutschen Reichs passen (s. Bd. III S. 171). Soweit lokale Besonderheiten der einzelnen Landesteile weitere Eigentumsbeschränkungen erforderlich machen, ist der Landesgesetzgebung überlassen, die erforderlichen Vorschriften zu treffen. Der Art. 124 enthält den hierauf bezüglichen Vorbehalt.

2. Entsprechend dem Zwecke des Vorbehalts gibt der Art. 124 der Landesgesetzgebung nur die Befugnis, das Eigentum an Grundstücken zugunsten der Nachbarn noch anderen als den im BGB. bestimmten Beschränkungen zu unterwerfen. Solche Beschränkungen können dabei auch zugunsten des Straßeneigentümers gegenüber den Straßenanliegern getroffen werden (RG. 51 S. 352). Dagegen ist die Landesgesetzgebung nicht ermächtigt, die im BGB. aufgestellten Eigentumsbeschränkungen abweichend zu regeln. Sie kann sie weder verschärfen noch mildern oder beseitigen, z. B. nicht die Einwirkung durch Dampf, Rauch 2c. über das im § 906 des BGB. bestimmte Maß hinaus zulassen. Landesrechtliche Vorschriften, die von den §§ 906—918 zugunsten des Eigentümers oder des Nachbarn abweichen, treten außer kraft. Zu abweichenden Vorschriften ist die Landesgesetzgebung nur im Rahmen der Art. 122 (erweiterter Schutz für Obstbäume) und Art. 123 (Notweg) oder, soweit ein allgemeiner Vorbehalt wie z. B. der des Wasserrechts reicht, berechtigt.

Daß der Art. 124 der Landesgesetzgebung nur die Einführung von tatsächlichen Beschränkungen des Eigentums gestattet, die Landesgesetzgebung dagegen die rechtliche Verfügungsmacht des Eigentümers auf Grund des Art. 124 nicht einschränken darf, folgt aus dem Zusammenhange sowie daraus, daß es sich um Beschränkungen zugunsten der Nachbarn handeln muß. Auf der anderen Seite ermächtigt der Art. 124 selbstverständlich die Landesgesetzgebung auch dazu, dem Eigentümer gewisse obligatorische Verpflichtungen (z. B. zur Tragung der Kosten der Ausbesserung einer Mauer) aufzuerlegen. Wegen der im öffentlichen Interesse erfolgenden Beschränkungen der tatsächlichen Verfügungsmacht des Eigentümers s. Erl. zu Art. 111.

Der Vorbehalt des Art. 124 bezieht sich nicht nur auf das Alleineigentum, sondern trifft auch die Beschränkungen, welche einem Miteigentümer obliegen (Rspr. 2 S. 170).

3. **Als andere Beschränkungen als die im BGB. bestimmten kommen insbesondere in Betracht:**

a) Die z. B. im gemeinen Rechte bestehenden Vorschriften über Mauerausbauchungen, soweit nicht die in dem BGB. gegebenen Vorschriften über den Überbau Anwendung finden. Unter Umständen wird übrigens, wenn die Mauerausbauchung weder bedrohlich noch störend ist, auch wo für sie keine Vorschriften gelten, ihre Entfernung nach § 226 des BGB. nicht verlangt werden können.

b) Das Hammerschlags- und Leiterrecht, z. B. im preuß. LR. I 8 § 155 zur Ausbesserung von Planken anerkannt. Für Preußen ist die Bestimmung des LR. aufrecht erhalten worden (AG. Art. 89); in Bayern ist sie beseitigt (AG. Art. 1). Das Hammerschlagsrecht gilt ferner in Sachsen (BGB. § 350, dazu AG. § 53) und in Hessen (AG. z. BGB. Art. 83).

c) Vorschriften über den Reidbau.

d) Vorschriften über einen allgemeinen Bauabstand, wie sie z. B. im preuß. LR. I 8 §§ 139, 140 enthalten sind. Die Bestimmungen gelten in Preußen fort (AG. Art. 89); ob gemeinrechtlich eine Bestimmung der fraglichen Art auf Grund der l. 13 D. 10, 1 gilt, ist bestritten, für Hannover aber durch ein publiziertes Präjudiz des früheren hannoverschen OAG. anerkannt.

e) Das Traufrecht. Einen Traufabstand bestimmen z. B. die AG. von Württemberg, Art. 219—221, Baden, Art. 24, Elsaß-Lothringen, § 60.

f) Das Schaufelschlagrecht.

g) Das Fenster- oder Lichtrecht. Der Bestand fremder Fenster in unmittelbarer Nähe des Grundstücks bedroht den Eigentümer mit der ständigen Gefahr, daß aus ihnen Sachen auf das Grundstück geworfen oder Flüssigkeiten auf dieses ausgegossen werden. Hiergegen gibt das BGB. keinen Schutz, weil die Einwirkung auf das Nachbargrundstück sich nicht aus dem Bestand und der bestimmungsgemäßen Benützung des Fensters ergibt, sondern ein Mißbrauch ist. Dagegen geben die Landesgesetze vielfach Schutz. Meistens wird der Nachbar dabei gleichzeitig gegen die Belästigung durch den Einblick aus allzugroßer Nähe geschützt. Das Fensterrecht kommt auch als Schutz der Fenster vor Verdunkelung durch Verbauen vor. Einschlägige Vorschriften enthalten z. B. das preuß. LR. I 8 §§ 138, 142—144, 146 und der code civil Art. 675—680 (beide für Preußen aufrecht erhalten Art. 89 Nr. 1, 2), die AG. von Bayern, Art. 62—67, Württemberg, Art. 222, Baden, Art. 19—22, Elsaß-Lothringen, §§ 65—68.

h) Vorschriften über die Benützung und Unterhaltung gemeinschaftlicher Mauern, insbesondere Vorschriften über die Befugnis des Nachbars, eine gemeinschaftliche Mauer zu seinen Zwecken zu erhöhen, und die Verpflichtung des anderen Teiles, wenn er die Erhöhung für sich benützt, die Hälfte der Kosten zu ersetzen (sog. Kommunmauern). Über einschlägige Vorschriften s. die AG. von Preußen Art. 23, 24, Bayern, Art. 68—70, code civil Art. 653 ff.

i) Das Anwenderecht, auch Trepprecht oder Tretrecht genannt. Das preuß. LR., der code civil und das sächs. BGB. kennen es nicht, dagegen ist es z. B. in den AG. von Bayern Art. 76, 79, Weimar, § 114 und Meiningen, Art. 15 geregelt.

k) Vorschriften über Aufbereitung, z. B. Aufschichten von Holz, Brettern 2c. 2c. auf Grundstücken, wie sie das württemberg. AG. Art. 225 aufstellt.

l) Vorschriften über die Erhöhung der Grundstücke; vgl. z. B. württemberg. AG. Art. 226, 227.

m) Vorschriften über die Beschaffenheit der Einfriedungen an der Grenze, vgl. württemberg. AG. Art. 228.

n) Vorschriften, nach welchen Anlagen sowie Bäume und Sträucher nur in einem bestimmten Abstand von der Grenze gehalten werden dürfen. Diese Vorschriften sind im

Artikel 125. Unberührt bleiben die landesgesetzlichen Vorschriften, welche die Vorschrift des §. 26 der Gewerbeordnung auf Eisenbahn-, Dampfschiffahrts- und ähnliche Verkehrsunternehmungen erstrecken.

Abs. 2 des Art. 124 auf Beschluß der Reichstagskommission wegen ihrer Wichtigkeit besonders hervorgehoben. Vorschriften über den Abstand schadendrohender oder störender Anlagen (wie Dungstätten, Aborte, Brunnen, Kamine) treffen z. B. die AG. von Württemberg Art. 223—225, Baden Art. 18 und Elsaß-Lothringen § 64. Vorschriften über den Abstand von Bäumen, Waldungen und Sträuchern (Hecken sowie sonstigen lebenden Einfriedungen) geben die AG. von Bayern Art. 71—75, Württemberg Art. 229—254, Baden Art. 15—17, Hessen Art. 85—89, Weimar §§ 109—113, Elsaß-Lothringen §§ 62, 63; s. ferner code civil Art. 671, 672 (im preuß. AG. Art. 89 Nr. 2 aufrechterhalten).

Durch die Einhaltung des landesgesetzlichen Abstandes werden übrigens die Vorschriften des § 906 und der §§ 910, 911 des BGB. nicht berührt. Der Eigentümer, welcher den landesgesetzlichen Abstand einhält, darf mithin auf das Nachbargrundstück durch Dämpfe, Rauch 2c. nicht mehr einwirken, als sich der Nachbar nach § 906 gefallen lassen muß, und trotz der Einhaltung des landesgesetzlichen Abstandes muß der Eigentümer eines Baumes oder Strauches dulden, daß der Nachbar nach Maßgabe des § 910 Wurzeln und Zweige, die in sein Grundstück eingedrungen sind, abschneidet und behält und Früchte, die von dem Baume oder Strauche auf das Nachbargrundstück gefallen sind, sich aneignet. Anders liegt dagegen die Sache gegenüber den Vorschriften des § 907 des BGB.; hierüber s. Erl. 5 zu § 907.

4. **Soweit die Landesgesetzgebung nachbarrechtliche Beschränkungen treffen kann, hat sie nicht nur in der Bestimmung des Inhalts derselben, sondern auch bezüglich der Wirksamkeit freie Hand.** Insbesondere kann sie bestimmen, daß eine von ihr aufgestellte Eigentumsbeschränkung erlischt, wenn sie gegen eine sie beeinträchtigende Anlage nicht binnen einer bestimmten Frist geltend gemacht wird. Der § 924 des BGB., welcher die Verjährung der aus den Eigentumsbeschränkungen sich ergebenden Ansprüche ausschließt, gilt nicht für die landesgesetzlich bestimmten Beschränkungen. Wie in den P. II Bd. 3 S. 378 bemerkt ist, werden in Ermangelung einer abweichenden landesgesetzlichen Vorschrift auf Anlagen, Bäume und Sträucher, die unter Verletzung des landesgesetzlich vorgeschriebenen Abstandes errichtet oder gehalten werden, die Vorschriften des BGB. über den Überbau entsprechende Anwendung zu finden haben, so daß nicht die Beseitigung, sondern eine Entschädigungsrente gefordert werden kann. Vgl. Wolff der Bau auf fremden Boden (1900) S. 98 ff.

5. **Über neuere Kodifikationen des Nachbarrechts** s. die AG. von Bayern Art. 62—79, Württemberg Art. 217—254, Baden Art. 13—24, Hessen Art. 82—89, 138, 278, Weimar §§ 109—117, Meiningen Art. 15, Elsaß-Lothringen §§ 59—72.

Keine Vorschriften über das Nachbarrecht enthalten die AG. von Preußen (außer den nur das rheinische Recht berührenden Art. 23, 24) und Sachsen. Für Preußen verbleibt es in den landrechtlichen Gebieten bei den Vorschriften des ALR. I 8 §§ 125—128, 131, 133, 138—140, 142—144, 148, 152, 153, 155, 156, 162—167, 169—174, 185, 186 (dazu vgl. Stranz und Gerhard S. 415 ff., Dernburg, Sachenrecht 2. Aufl. S. 242, Fischer und Schröder, Preuß. Bürgerl. Gesetzsammlung Bd. 1, Berlin bei Guttentag), in den rheinisch-rechtlichen Gebieten bei den Vorschriften des code civil Art. 671, 672, 674—681; diese Vorschriften hält darum das preuß. AG. Art. 89 Nr. 1, 2 aufrecht (vgl. die Begründung zum Entw. S. 248, 263). Für Sachsen bleiben die Vorschriften des sächs. BGB. §§ 350, 351, 352—357, 359 in Kraft; vgl. übrigens auch sächs. Baugeſ. v. 1. Juli 1900 §§ 85—89 und Kretzschmar im sächs. Arch. 12 S. 429.

6. Wegen der in Betracht kommenden Übergangsfragen s. Erl. zu Art. 181.

Artikel 125.

E. d. EG. II Art. 97; III Art. 124. P. II Bd. 3 S. 379; Bd. 6 S. 428.

1. **Schutz von Verkehrsunternehmungen.** Der Eigentümer eines Grundstücks braucht nach § 906 die Zuführung von Gasen, Dämpfen, Gerüchen, Rauch, Ruß, Wärme, Geräusch, Erschütterungen und ähnliche von einem anderen Grundstück ausgehende Wirkungen nur in beschränktem Maße zu dulden. Wird das Maß überschritten, so kann er auf Grund des § 1004 Beseitigung der Beeinträchtigung durch Einstellung des Betriebs verlangen. Gegenüber den im § 26 der GewO. bezeichneten Anlagen ist dieses Recht reichsrechtlich eingeschränkt. Bei gewissen

Artikel 126. Durch Landesgesetz kann das dem Staate an einem Grundstücke zustehende Eigenthum auf einen Kommunalverband und das einem Kommunalverband an einem Grundstücke zustehende Eigenthum auf einen anderen Kommunalverband oder auf den Staat übertragen werden.

Artikel 127. Unberührt bleiben die landesgesetzlichen Vorschriften über die Uebertragung des Eigenthums an einem Grundstücke, das im Grundbuche nicht eingetragen ist und nach den Vorschriften der Grundbuchordnung auch nach der Uebertragung nicht eingetragen zu werden braucht.

---

gewerblichen Anlagen, die mit Genehmigung der zuständigen Behörde errichtet sind, kann hiernach nicht Einstellung des Betriebs, sondern nur die Herstellung von Einrichtungen, welche die benachteiligende Wirkung ausschließen, und unter Umständen Schadensersatz gefordert werden. Dadurch, daß die Landesgesetzgebung die Vorschrift des § 26 auf Eisenbahnen, Dampfschiffahrts- und ähnliche Verkehrsunternehmungen für anwendbar erklären kann, kann sie auch diesen Unternehmungen gegenüber den Anspruch auf Einstellung des Betriebs ausschließen und den Eigentümer auf die Befugnis beschränken, die Herstellung von Einrichtungen, welche die benachteiligende Wirkung ausschließen, oder Schadloshaltung zu verlangen.

Die Landesgesetzgebung kann die Vorschriften des § 26 nur so übertragen, wie sie nach Reichsrecht gelten, nicht in anderer Form, insbesondere kann sie die Entschädigungspflicht nicht von anderen Voraussetzungen z. B. von einem Verschulden (hierzu s. RG. 47 S. 99) abhängig machen. Im § 26 ist die Einschränkung der negatorischen Klage nur gegenüber den genehmigten Anlagen zugelassen. Diese Einschränkung gilt gegenüber den im Art. 125 aufgezählten Unternehmungen nicht; denn sie gehört nicht zum Inhalte der Vorschrift des § 26, sondern bezieht sich auf das Anwendungsgebiet des § 26, das Anwendungsgebiet des Art. 125 ist aber in diesem selbst bestimmt (gl. A. Linckelmann im Arch. f. bürg. Recht 24 S. 242).

2. Von dem Vorbehalte haben Gebrauch gemacht die AG. von Bayern Art. 80, Sachsen § 28, Württemberg Art. 218, Hessen Art. 92, Mecklenburg-Schwerin § 106.

Artikel 126.

E. d. EG. I Art. 68; II Art. 98; III Art. 125. P. I S. 12845; M. d. EG. S. 193. P. II Bd. 6 S. 429.

Übertragung des Eigentums durch Gesetz. Der Art. 126, dem übrigens neben dem Vorbehalte des Art. 127 nur geringe Bedeutung zukommt, gibt der Landesgesetzgebung bezüglich der von ihm bezeichneten Eigentumsübertragungen freie Hand. Die Landesgesetzgebung kann insbesondere den Eigentumsübergang auch unmittelbar kraft Gesetzes eintreten lassen. Selbstverständlich ist die auf Grund des Art. 126 erlassene Vorschrift auf die im Gebiete des Bundesstaats gelegenen Grundstücke beschränkt. Unter Kommunalverband im Sinne des Art. 126 sind nicht nur die politischen, sondern auch die Kirchengemeinden zu verstehen.

Hierher gehörende Beispiele enthalten die preuß. Ges. v. 8. Juli 1875 § 18 Abs. 2 und v. 18. Januar 1881 § 2.

Artikel 127.

E. d. EG. II Art. 99; III Art. 126. P. II Bd. 6 S. 426.

1. **Erwerb des Eigentums an nicht buchungspflichtigen Grundstücken.** Nach § 90 der GBO. kann durch landesherrliche Verordnung bestimmt werden, daß die Grundstücke des Fiskus und gewisser juristischer Personen, die öffentlichen Wege und Gewässer sowie solche Grundstücke, welche einem dem öffentlichen Verkehre dienenden Bahnunternehmen gewidmet sind, nur auf Antrag ein Grundbuchblatt erhalten. Das Gleiche gilt von den Grundstücken eines Landesherrn und den Grundstücken, welche den Mitgliedern einer landesherrlichen Familie oder eines den landesherrlichen Familien gleichstehenden Hauses gehören. Zur rechtsgeschäftlichen Übertragung des Eigentums ist auch bei diesen, vom Buchungszwange befreiten Grundstücken reichsrechtlich die gleiche Form (Auflassung und Eintragung in das Grundbuch) wie bei den nicht befreiten Grundstücken erforderlich und zwar auch dann, wenn das Eigentum an eine Person übertragen wird, welche gleichfalls vom Buchungszwange befreit ist. Da indessen der Erwerber des Grundstücks, wenn er vom Buchungszwange befreit ist, jederzeit die Ausbuchung verlangen kann, so ist die jedesmalige Anlegung eines Grundbuchblatts in solchen Fällen eine überflüssige Formalität. Der Art. 127 gibt deshalb der Landesgesetzgebung die Möglichkeit, die Übertragung des Eigentums

Artikel 128. Unberührt bleiben die landesgesetzlichen Vorschriften über die Begründung und Aufhebung einer Dienstbarkeit an einem Grundstücke, das im Grundbuche nicht eingetragen ist und nach den Vorschriften der Grundbuchordnung nicht eingetragen zu werden braucht.

---

an einem buchungsfreien Grundstücke, wenn der Erwerber gleichfalls, wenn auch aus einem anderen Grunde, vom Buchungszwange befreit ist, abweichend von den Vorschriften des BGB. insbesondere der §§ 873, 925 zu regeln.

2. In welcher Weise die Landesgesetzgebung die Eigentumsübertragung regelt, ist ihr freigestellt. Sie kann sich z. B. mit formlosen Erklärungen begnügen und die Eigentumsübertragung entgegen dem § 925 Abs. 2 unter einer Bedingung oder Zeitbestimmung zulassen. Dagegen kann sie über die Erwerbung des Zubehörs von den Vorschriften des § 926 abweichende Bestimmungen nicht treffen, denn die Vorschriften des § 926 betreffen die Übertragung des Eigentums an beweglichen Sachen und bestimmen zwar für den Fall, daß diese Sachen Zubehör eines Grundstücks sind und mit diesem zusammen veräußert werden sollen, in einzelnen Beziehungen Abweichungen von den allgemeinen Grundsätzen über die Veräußerung beweglicher Sachen, können aber doch wohl deshalb, weil sie nur für den Fall gegeben sind, daß die Veräußerung gleichzeitig mit der Veräußerung des Grundstücks erfolgt, nicht als Vorschriften über die Übertragung eines Grundstücks angesehen werden.

3. Selbstverständlich kann die Landesgesetzgebung nur für die in dem Bundesstaate gelegenen Grundstücke Vorschriften geben. Für diese Grundstücke gilt die Vorschrift auch, soweit das Grundstück dem Reichsfiskus gehört.

4. Aus dem Wortlaute des Art. 127 ergibt sich, daß die auf Grund desselben erlassene landesgesetzliche Bestimmung nicht anwendbar ist, wenn ein an sich buchungsfreies Grundstück eingetragen oder wenn ein nicht buchungsfreies Grundstück nicht eingetragen ist. Der Art. 127 gilt ferner nicht, wenn ein Trennstück von einem buchungspflichtigen eingetragenen Grundstück an einen nicht buchungspflichtigen Erwerber übertragen wird; in diesem Falle bedarf es der Auflassung und gilt im übrigen der § 90 Abs. 2 der GBO.

Soll ein buchungsfreies nicht eingetragenes Grundstück an einen buchungspflichtigen Erwerber übertragen werden, so ist für die Übertragung das allgemeine Recht (§§ 873, 925 BGB.) maßgebend. Es muß solchen Falles zunächst das buchungsfreie Grundstück eingetragen werden (KG. 26 A 115, Rspr. 9 S. 356, Achilles-Strecker zu § 90 GBO.). Entsprechendes gilt, wenn von einem buchungsfreien Grundstück ein Trennstück an einen buchungspflichtigen Erwerber übertragen werden soll.

5. Der Vorbehalt des Art. 127 bezieht sich nur auf den Eigentumsübergang, nicht auf den obligatorischen Vertrag, durch den sich der Eigentümer zur Übertragung des Eigentums verpflichtet. In dieser Hinsicht verbleibt es bei dem § 313 mit EG. Art. 141; nur wird die Vorschrift des § 313 Satz 2, daß ein ohne die gerichtliche oder notarielle Beurkundung geschlossener Vertrag seinem ganzen Inhalte nach gültig wird, wenn die Auflassung und die Eintragung ins Grundbuch erfolgt, hier dahin auszulegen sein, daß die Heilung des gegen den § 313 Satz 1 verstoßenden Vertrags dann eintritt, wenn die nach dem Landesgesetze zur Eigentumsübertragung erforderliche Form gewahrt ist.

Der Vorbehalt beschränkt sich endlich auf den rechtsgeschäftlichen Erwerb (a. M. Affolter, Intertemporales Recht S. 384); er bezieht sich nicht auf die Ersitzung oder das einseitige Aufgeben des Eigentums an buchungsfreien Grundstücken (§ 928) und ebensowenig auf die Belastung der fraglichen Grundstücke.

6. Von dem Vorbehalte haben Gebrauch gemacht die AG. von Preußen, Art. 27, Bayern, Art. 83, Württemberg, Art. 212, Baden, Art. 25, Mecklenburg-Schwerin, § 103, Elsaß-Lothringen, § 74.

7. Wegen der buchungsfreien Grundstücke s. für Preußen V. v. 13. Novbr. 1899, für Bayern V. v. 1. Juli 1898, für Sachsen V. v. 26. Juli 1899 § 5, für Württemberg V. v. 30. Juli 1899, für Baden V. v. 22. Oktober 1897, für Elsaß-Lothringen V. v. 11. Dezbr. 1899.

Artikel 128.

E. d. EG. III Art. 127.

1. **Dienstbarkeiten an nicht buchungspflichtigen Grundstücken.** Der Art. 128 enthält für die Begründung und Aufhebung einer Dienstbarkeit an einem buchungsfreien (§ 90 der GBO.)

Artikel 129. Unberührt bleiben die landesgesetzlichen Vorschriften, nach welchen das Recht zur Aneignung eines nach §. 928 des Bürgerlichen Gesetzbuchs aufgegebenen Grundstücks an Stelle des Fiskus einer bestimmten anderen Person zusteht.

Grundstück einen ähnlichen Vorbehalt wie der Art. 127 für die Übertragung des Eigentums. Die Landesgesetzgebung kann — selbstverständlich nur für die in ihrem Gebiete belegenen Grundstücke — die Begründung und Aufhebung einer Dienstbarkeit an einem buchungsfreien Grundstück abweichend von den Vorschriften des BGB., insbesondere der §§ 873, 875, 876, 1028, 1061, 1062, 1090 Abs. 2 regeln, sie kann z. B. die Ersitzung oder das Erlöschen durch Nichtausübung zulassen. Unter den Art. 128 fallen nicht nur die Grunddienstbarkeiten, sondern auch andere Dienstbarkeiten, z. B. der Nießbrauch. Nach dem Wortlaute des Art. 128 ist Voraussetzung, daß das belastete Grundstück zu den buchungsfreien gehört und im Grundbuch auch wirklich nicht eingetragen ist; ist es zwar buchungsfrei, aber tatsächlich eingetragen oder ist es nicht buchungsfrei, aber nicht eingetragen, so finden die auf Grund des Art. 128 erlassenen oder aufrecht erhaltenen landesgesetzlichen Vorschriften keine Anwendung. Dagegen ist nicht Voraussetzung, daß das Grundstück, zu dessen Gunsten die Dienstbarkeit begründet wird oder besteht, zu den buchungsfreien Grundstücken gehört. Die Änderung des Inhalts einer Dienstbarkeit stellt sich, soweit sie in einer Erweiterung der Befugnisse des Berechtigten besteht, als eine Neubelastung des Grundstücks dar, soweit sie aber eine Einschränkung der Befugnisse bezweckt, erscheint sie als eine teilweise Aufhebung (s. Erl. zu § 877); der Vorbehalt des Art. 128 umfaßt daher auch die Befugnis zu Vorschriften über die Änderung des Inhalts.

2. Über den Besitzschutz bei Grunddienstbarkeiten, die nach Art. 128 nicht der Eintragung in das Grundbuch bedürfen, s. Art. 191 Abs. 2.

3. Von dem Vorbehalte haben Gebrauch gemacht die AG. von Bayern Art. 84, Württemberg Art. 212, Mecklenburg-Schwerin § 122. Keine Vorschriften geben insbesondere Preußen und Elsaß-Lothringen. In den landrechtlichen und den rheinisch-rechtlichen Gebieten Preußens ist daher die Begründung einer Dienstbarkeit an einem buchungsfreien Grundstücke nur nach BGB. § 873 möglich, da im preuß. AG. Art. 89 die von der Begründung von Dienstbarkeiten handelnden Vorschriften des ALR. I 22 §§ 13 ff. und des code civil Art. 690 ff. aufgehoben sind (Turnau-Förster 2. Aufl. 1 S. 422).

4. Was übrigens die Aufhebung der Dienstbarkeiten anbelangt, so ist auf Art. 189 Abs. 3 zu verweisen, nach welchem die Landesgesetze in dieser Beziehung auch für die Zeit nach der Grundbuchanlegung in Ansehung der zu dieser Zeit bestehenden Dienstbarkeiten solange maßgebend bleiben, als die Dienstbarkeiten nicht eingetragen sind.

5. Für die übrigen dinglichen Rechte (Hypothek, Grundschuld, Rentenschuld, Reallast, Vorkaufsrecht) besteht kein Vorbehalt. Sie können auch an buchungsfreien Grundstücken nur nach Maßgabe der Vorschriften des BGB. begründet werden, die Begründung setzt also Eintragung in das Grundbuch voraus. Gleiches gilt von dem Erbbaurechte.

Artikel 129.

E. z. EG. II Art. 101; III Art. 128. P. II Bd. 3 S. 133; Bd. 6 S. 429.

1. **Aneignung herrenloser Grundstücke.** Der § 928 ermöglicht dem Eigentümer eines Grundstücks, das Eigentum aufzugeben, ohne es auf einen anderen zu übertragen (Dereliktion). Der § 928 Abs. 1 regelt die Erfordernisse der Dereliktion, nach § 928 Abs. 2 steht das Recht zur Aneignung des Grundstücks, das durch die in das Grundbuch eingetragene Dereliktion herrenlos geworden ist, nur dem Fiskus des Bundesstaats zu, in dessen Gebiete das Grundstück liegt. Der Art. 129 behält jedoch der Landesgesetzgebung die Befugnis vor, das Recht der Aneignung an Stelle des Fiskus einer bestimmten anderen Person zuzugestehen. Der Landesgesetzgebung ist also nicht das Recht eingeräumt, für die Voraussetzungen der Dereliktion eine abweichende Vorschrift zu treffen (weshalb code civil Art. 539 außer Kraft tritt), sie kann nur die Person desjenigen, welcher aneignungsberechtigt ist, abweichend bestimmen, z. B. die Gemeinde oder den Gutsherrn als aneignungsberechtigt erklären. Aber auch hier muß die Person bestimmt bezeichnet sein, es könnte nicht das Aneignungsrecht dem primus occupans eingeräumt werden. Der Fiskus erwirbt das Eigentum an dem Grundstücke nach § 928 Abs. 2 Satz 2 dadurch, daß er sich als Eigentümer in das Grundbuch eintragen läßt. An diesen Satz ist die Landes-

Artikel 130. Unberührt bleiben die landesgesetzlichen Vorschriften über das Recht zur Aneignung der einem Anderen gehörenden, im Freien betroffenen Tauben.

Artikel 131. Unberührt bleiben die landesgesetzlichen Vorschriften, welche für den Fall, daß jedem der Miteigenthümer eines mit einem Gebäude versehenen Grund-

---

gesetzgebung gebunden. Wer nach Landesrecht an Stelle des Fiskus aneignungsberechtigt ist und das Eigentum erwerben will, kann es nur dadurch tun, daß er sich als Eigentümer in das Grundbuch eintragen läßt.

2. Für die im Zeitpunkte der Grundbuchanlegung herrenlosen Grundstücke gibt der Art. 190 der Landesgesetzgebung die gleichen Rechte wie der Art. 129.

3. Einschlägige landesgesetzliche Vorschriften gibt es, soviel bekannt, nur wenige. In Preußen besteht keine allgemeine hierher gehörende Vorschrift, nur einige Partikularrechte kommen in Betracht. So gehören den Städten die innerhalb der Flurgrenze gelegenen Grundstücke, welche keinem anderen aus speziellem Titel gehören (Obertribunal bei Simon und Strampf Rspr. 1 S. 238 ff.) und nach der Kabinetsordre v. 14. März 1825 (Kamptz Ann. 9 S. 605) sollen in der Rheinprovinz und in Westfalen Parzellen, die sich bei der Katastervermessung als herrenlos erweisen, den Gemeinden überwiesen werden, in deren Feldmark sie liegen. Ein ähnliches Recht ist das sog. Auenrecht der Rittergutsbesitzer (Dernburg, Preuß. Privatrecht I S. 546, Sachenrecht S. 197, 275). In Bayern bestehen keine einschlägigen Vorschriften; die älteren Partikularrechte sind durch Art. 1 des AG. zum BGB. aufgehoben worden.

Artikel 130.

E. d. EG. I Art. 69; II Art. 102; III Art. 129. P. I S. 4089 ff., 12841 f.; M. d. EG. S. 194.

In den Protokollen der zweiten Kommission, insbesondere auch auf der bei dem Art. 102 des E. II d. EG., welcher dem Art. 130 des EG. entspricht, allegierten Seite (P. II Bd. 6 S. 429). ist nichts über diesen Artikel gesagt; er wird also ohne Bemerkung angenommen sein.

1. **Recht zur Aneignung von Tauben.** Zahme Tauben werden dadurch nicht herrenlos, daß sie frei umherfliegen (BGB. § 960). Ein Recht, sich dieselben anzueignen (BGB. § 958), besteht also nicht. Durch manche Landesgesetze wird aber unter gewissen Voraussetzungen ein Aneignungsrecht eingeräumt. Dieses Recht steht in Verbindung mit der landesgesetzlich im Interesse der Grundeigentümer stattfindenden Beschränkung des Rechtes, Tauben zu halten, und mit dem Verbote, sie zu gewissen Zeiten, insbesondere zur Zeit der Saat und der Ernte ausfliegen zu lassen. Landesgesetzliche Vorschriften dieser Art werden durch das BGB. nicht berührt. Das Aneignungsrecht der dem Gebote zuwider gehaltenen oder ausfliegenden Tauben würde aber in Ermangelung eines Vorbehalts durch das BGB. aufgehoben sein. Durch den Art. 130 wird es aufrecht erhalten, weil es den Zweck verfolgt, zum Schutze der gedachten Beschränkungen und Verbote zu dienen. Bestimmungen der gedachten Art enthält z. B. die preuß. Feldpolizeiordnung v. 1. November 1847 § 40; sie sind durch das Feld- und Forstpolizeigesetz v. 1. April 1880 nicht aufgehoben (vgl. auch Kreisordnung v. 13. Dezember 1872 § 135 IV Ziff. 3; Ges. v. 26. Juli 1876 § 84 u. ALR. I 9 §§ 111—113). Der Art. 27 des E. des preuß. AG., nach welchem die gedachten besonderen Bestimmungen über Tauben aufgehoben werden sollten, ist in das AG. zum BGB. nicht aufgenommen.

Der Art. 130 ist übrigens so allgemein gefaßt, daß die Befugnis der Landesgesetzgebung nicht davon abhängt, daß Beschränkungen oder Verbote der oben gedachten Art in betreff des Haltens von Tauben bestehen; vielmehr wird der Landesgesetzgebung unbeschränkt das Recht eingeräumt, die Aneignung der einem anderen gehörenden im Freien betroffenen Tauben zu gestatten.

2. Auf **Militärbrieftauben** finden die durch den Art. 130 aufrechterhaltenen Landesgesetze keine Anwendung (Reichsges. v. 28. Mai 1894); nach der Ansicht des Kammergerichts gilt gleiches für das preuß. Recht in Ansehung von **Brieftauben** (DJZ. 1900 S. 26).

Artikel 131.

E. d. EG. I Art. 73; II Art. 103; III Art. 130. P. I S. 12849; M. d. EG. S. 197. P. II Bd. 3 S. 279; Bd. 6 S. 437.

1. Das sog. **Stockwerkseigentum** (Herbergsrecht, Geschoßeigentum) des bisherigen Rechtes, wie es namentlich fast im ganzen rechtsrheinischen Bayern (Bayer. ObLG. VI S. 553, VIII

stücks die ausschließliche Benutzung eines Theiles des Gebäudes eingeräumt ist, das Gemeinschaftsverhältniß näher bestimmen, die Anwendung der §§. 749 bis 751 des Bürgerlichen Gesetzbuchs ausschließen und für den Fall des Konkurses über das Vermögen eines Miteigenthümers dem Konkursverwalter das Recht, die Aufhebung der Gemeinschaft zu verlangen, versagen.

S. 217, XIII S. 105, Jacubezky S. 188), in Württemberg und im Gebiete des französischen Rechtes (code civil Art. 664) vorkommt, — vgl. Roth, Deutsch. Privatr. III S. 162 und Bayer. Civilr. 1. Aufl. II S. 56 — ist dem BGB. fremd. Nach diesem kann zwar ein Gebäude im Eigentum eines anderen als des Eigentümers des Grundstücks stehen. Dies ist der Fall, wenn ein Gebäude in Ausübung eines Rechtes an dem Grundstücke von dem Dritten mit dem Grundstücke verbunden worden ist (§ 95). Dagegen ist eine horizontale Teilung des Eigentums am Gebäude selbst unzulässig. Es kann kein Sondereigentum an dem einzelnen Stockwerke geben. Ein Sondereigentum an den einzelnen Bestandteilen des Gebäudes ist nach den §§ 93, 94 ausgeschlossen und auch die Bestellung eines Erbbaurechts an einem Teile des Gebäudes ist nach § 1014 nicht möglich. Gestattet ist nur eine Teilung nach senkrechten Linien.

Die Benutzung eines gemeinschaftlichen Gebäudes kann zwar nach den §§ 745, 746, 1010 dauernd in der Weise geregelt werden, daß jedem Teilhaber die ausschließliche Benutzung eines Teiles des Gebäudes zusteht; aber die Gemeinschaft unterliegt der Aufhebung nach den Vorschriften der §§ 749—751 des BGB. und des § 16 Abs. 2 der KO. Unter der Herrschaft des BGB. ist demnach auch auf diesem Wege die Neubegründung eines Stockwerkseigentums ausgeschlossen.

Dagegen läßt das EG. der Landesgesetzgebung in Ansehung des Stockwerkseigentums eine gewisse Freiheit.

Das beim Inkrafttreten des BGB. bestehende Stockwerkseigentum hält der Art. 182 schlechthin aufrecht. Der Art. 131 aber ermächtigt die Landesgesetzgebung, die Neubegründung eines Stockwerkseigentums in der Art zuzulassen, daß zwar lediglich ein Miteigentumsverhältnis vorliegt, die Teilung aber ausgeschlossen und den einzelnen Teilhabern die alleinige Benutzung einzelner Teile des Gebäudes dauernd zugewiesen ist. Nicht erlaubt ist also die Neubegründung in dem Sinne, daß die dem Sonderrechte der einzelnen Teilhaber unterworfenen Teile des Gebäudes als selbständige unbewegliche Sachen gelten und das Miteigentum an der Grundfläche und den gemeinschaftlichen Teilen des Gebäudes dem Teilhaber als ein mit dem Eigentum an den ersteren verbundenes Recht zusteht.

2. Der Art. 131 enthält einen Vorbehalt nur für den Fall, daß jedem der Miteigentümer eines mit einem Gebäude versehenen Grundstücks die ausschließliche Benutzung eines Teiles des Gebäudes eingeräumt ist. Die Fassung dieser Voraussetzung bringt die alleinige juristische Konstruktion, unter welcher die Landesgesetzgebung die Neubegründung von Stockwerkseigentum gestatten darf, zum Ausdrucke (s. Erl. 1).

3. Unter dieser Voraussetzung ermächtigt der Vorbehalt des Art. 131 die Landesgesetzgebung

a) das Gemeinschaftsverhältnis näher zu bestimmen. Es darf also bestimmt werden, welche Teile des Gebäudes jedem Miteigentümer zu gesonderter Benutzung zustehen und welche Teile gemeinschaftlich sind. Es können bezüglich der zur ausschließlichen Benutzung zugewiesenen Teile und bezüglich der gemeinschaftlichen Teile die Rechte und Pflichten eines jeden Miteigentümers festgestellt werden. Dies gilt insbesondere in Ansehung der Vornahme von Ausbesserungen und Vorrichtungen zur leichteren Benutzung gemeinschaftlicher Teile (z. B. Beleuchtung, Reinigung), der Tragung von Kosten und Lasten, der Teilung etwaiger Erträgnisse. Auch können die Gründe geregelt werden, aus welchen die Aufhebung des Gemeinschaftsverhältnisses verlangt werden kann.

b) die Anwendung der in den §§ 749—751 des BGB. und im § 16 Abs. 2 der KO. getroffenen Vorschriften auszuschließen. Danach kann das Recht eines jeden Teilhabers und im Falle der Eröffnung des Konkurses über das Vermögen eines Teilhabers das Recht des Konkursverwalters, die Aufhebung der Gemeinschaft zu fordern, ausgeschlossen werden.

Soweit die Landesgesetzgebung Vorschriften nicht trifft, kommen die Bestimmungen der §§ 1008, 1009, 1011 und der §§ 742ff. des BGB. zur Anwendung.

4. Da nach der im Art. 131 festgelegten Konstruktion des Rechtsverhältnisses der Grund und Boden mit dem Gebäude im Sinne des Grundbuchrechts ein Grundstück bildet, wird nur

Artikel 132. Unberührt bleiben die landesgesetzlichen Vorschriften über die Kirchenbaulast und die Schulbaulast.

Artikel 133. Unberührt bleiben die landesgesetzlichen Vorschriften über das Recht zur Benutzung eines Platzes in einem dem öffentlichen Gottesdienste gewidmeten Gebäude oder auf einer öffentlichen Begräbnißstätte.

Artikel 134. Unberührt bleiben die landesgesetzlichen Vorschriften über die religiöse Erziehung der Kinder.

---

für dieses ein Grundbuchblatt angelegt; die Anlegung eines Blattes für das Recht des einzelnen Miteigentümers ist unzulässig (Achilles-Strecker GBO. I S. 16). Die Ausschließung des Rechtes, die Aufhebung der Gemeinschaft zu verlangen, sowie die für die Verwaltung und Benutzung des Gebäudes geltenden gesetzlichen Vorschriften wirken, auch wenn im Grundbuche nicht vermerkt ist, daß an dem Gebäude das Stockwerkseigentum besteht. Der § 1010 des BGB. findet keine Anwendung, weil er nur die rechtsgeschäftliche Regelung der Verhältnisse der Miteigentümer betrifft (a. A. Neumann 3 S. 129). Übrigens kann die Landesgesetzgebung auch die Eintragung in das Grundbuch vorschreiben und diese Vorschrift ist getroffen, wenn das Landesgesetz den Ausschluß der Teilung nur eintreten läßt, sofern er rechtsgeschäftlich vereinbart ist.

5. Von dem Vorbehalte des Art. 131 hat, soviel ersichtlich, keine Landesgesetzgebung Gebrauch gemacht.

Artikel 132.

E. d. EG. III Art. 131. M. d. EG. S. 152. P. II Bd. 6 S. 435.

1. Die **Vorschriften über die Kirchenbaulast und die Schulbaulast** gehören zum weitaus größten Teile dem öffentlichen Rechte an. Sie haben überdies tatsächlich wohl nur für die bereits entstandenen Rechtsverhältnisse Bedeutung, insoweit aber sind sie nach Maßgabe der Art. 184 ff. ohnehin fast vollständig aufrecht erhalten. Mit Rücksicht hierauf sahen die Entwürfe von dem Vorbehalt ab. Der Bundesrat hat jedoch den Vorbehalt des Art. 132 aufgenommen, hauptsächlich deshalb, weil es zweifelhaft erschien, ob nach dem BGB. künftig ein Grundstück mit einer solchen Baulast belastet werden kann, und um die Erörterung darüber abzuschneiden, ob eine die Kirchenbaulast oder die Schulbaulast betreffende landesgesetzliche Vorschrift dem öffentlichen oder dem Privatrecht angehört.

2. Da die Kirchenbaulast sowie die Schulbaulast, soweit sie überhaupt als eine privatrechtliche Last erscheinen, wohl fast überall als Reallasten betrachtet werden, liegt die praktische Bedeutung des Vorbehalts darin, daß die Landesgesetzgebung Abweichungen von den Vorschriften über die Reallast (§§ 873 ff., 1105 ff.) treffen kann. Der Vorbehalt ist im übrigen in Ansehung der in ihm bezeichneten Materien ein allgemeiner.

3. Daß das **Patronatsrecht** dem öffentlichen Rechte angehört und deshalb auch ohne Vorbehalt der Landesgesetzgebung untersteht, wurde als selbstverständlich erachtet (P. II Bd. 6 S. 436).

Artikel 133.

E. d. EG. I Art. 72; II Art. 104; III Art. 132. P. I S. 12767; M. d. EG. S. 196. P. II Bd. 6 S. 435.

Der Art. 133 wahrt die landesgesetzlichen **Vorschriften über das Recht zur Benutzung eines Platzes in einem dem öffentlichen Gottesdienste gewidmeten Gebäude** (insbesondere das Recht auf einen Kirchenstuhl oder einen in der Kirche befindlichen Begräbnisplatz oder auf eine öffentliche Begräbnisstätte). Innerhalb dieses Rahmens ist der Vorbehalt ein allgemeiner. An landesgesetzlichen Vorschriften kommen fast ausschließlich nur ältere Gesetze (z. B. preuß. ALR. II 11 §§ 676, 681, 684, 685) in Frage (vgl. Stobbe, Deutsch. Privatr. 3. Aufl. Bd. I S. 598; Meurer, Begriff und Eigentümer der heiligen Sachen Bd. II insbes. §§ 9, 10; Meurer, Bayerisches Kirchenvermögensrecht, Bd. II S. 235 ff.).

Artikel 134.

E. I §§ 1508, 1658; E. d. EG. II Art. 105; III Art. 133. P. I S. 7620, 7624, 8235; M. IV S. 757, 1099. P. II Bd. 4 S. 865 ff.; Bd. 6 S. 441.

Hübler, Die religiöse Erziehung der Kinder aus gemischten Ehen (1888); Schmidt, Die Konfession der Kinder nach den Landesgesetzen in Deutschland (1890); Kahl, Die Konfession der

Kinder aus gemischter Ehe (1895); **Habermann**, Die Konfession der Kinder aus gemischter Ehe (1896); **Geiger**, Die religiöse Erziehung der Kinder im deutschen Rechte (1903); **Hinrichs** im Archiv f. d. civ. Pr. 75 S. 100ff.; ferner die Aufsätze in **Gruch.** 35 S. 377; 37 S. 853.

1. Wie schon in den Erl. zu § 1631 Nr. 1c und zu § 1800 bemerkt ist, behält der Art. 134 die **Regelung der religiösen Erziehung der Kinder** dem Landesrechte vor. Unter Kindern versteht der Art. 134 nicht nur die unter elterlicher Gewalt stehenden, sondern auch diejenigen, welche bevormundet sind oder für die in Ansehung der Erziehung ein Pfleger aufgestellt ist oder deren Mutter einen Beistand erhalten hat.

Die Landesgesetze sind zur Regelung der religiösen Erziehung nach allen Seiten berufen. Sie können insbesondere bestimmen, ob die Eltern oder der Vormund oder Pfleger verflichtet sind, das Kind überhaupt in einem religiösen Bekenntnisse zu erziehen und in welchem Bekenntnisse die Erziehung zulässig sein soll. Sie können weiter einem Elternteile das Bestimmungsrecht in Ansehung der religiösen Erziehung einräumen, die Vertragsfreiheit unter den Ehegatten oder Verlobten in betreff der religiösen Erziehung der Kinder zulassen oder beschränken, vorschreiben, daß das Kind von einem gewissen Alter an das Recht der Wahl des Bekenntnisses hat, die Mitwirkung des Vormundschaftsgerichts oder sonstiger Behörden bei Streitigkeiten über die religiöse Erziehung regeln und das Beschwerderecht, insbesondere der Geistlichen, ordnen.

2. Wenn der Art. 134 der Landesgesetzgebung die Regelung der religiösen Erziehung überläßt, so war hierfür zunächst die politische Erwägung maßgebend, daß es unzweckmäßig gewesen wäre, die Frage der religiösen Erziehung den Gesetzgebungsfaktoren des Reichs anläßlich des BGB. zur Entscheidung zu unterbreiten und dadurch das Zustandekommen des BGB. zu gefährden. Dagegen wird durch den Art. 134 die Frage nicht entschieden, ob die religiöse Erziehung dem bürgerlichen oder dem öffentlichen Rechte angehört. Legt man das entscheidende Gewicht auf den Zusammenhang der religiösen Erziehung mit dem Erziehungsrecht überhaupt, so ist das Recht der religiösen Erziehung als ein Teil des Familienrechts zu betrachten; dabei kann es keinen Unterschied machen, je nachdem es sich um Kinder aus konfessionell gemischten Ehen handelt oder nicht. Eine derartige Unterscheidung hätte überdies jetzt, nachdem das Reichsgesetz v. 3. Juli 1869 die Gleichstellung der Konfessionen im öffentlichen und im bürgerlichen Rechte ausgesprochen hat, keinen Boden mehr. Daß dem öffentlichen Rechte die religiöse Erziehung jedenfalls insoweit angehört, als es sich um die Frage handelt, ob das Kind überhaupt in einem religiösen Bekenntnisse zu erziehen ist und in welchem Bekenntnisse die Erziehung überhaupt zulässig ist, dürfte unbestreitbar sein.

In der ersten Kommission hatte der Redaktor des Familienrechts einen Entwurf von Vorschriften über die religiöse Erziehung ausgearbeitet. Der Entwurf wurde aus den in den M. IV S. 757 enthaltenen Gründen abgelehnt. In der zweiten Kommission wurde die Regelung der religiösen Erziehung im BGB. abermals versucht. Der diesbezügliche Entwurf findet sich in den P. II Bd. 4 S. 865—875; daselbst sind auch die Gründe angeführt, aus welchen die Kommission auf den Antrag nicht eingegangen ist.

3. Soweit das Landesrecht keine Bestimmungen trifft, wie z. B. das bayerische und das mecklenburgische Recht in Ansehung der nicht aus einer gemischten Ehe stammenden Kinder (**Seydel-Graßmann**, Bayerisches Staatsrecht 3. Aufl. S. 346, **Langfeld**, Mecklenb. Ausf.-V. S. 188), entscheidet über die religiöse Erziehung derjenige, welchem das Recht der Erziehung überhaupt zusteht, also regelmäßig derjenige, welchem die tatsächliche Sorge für die Person des Kindes gebührt. Dies sind der Vater (§ 1631) oder die Mutter (§ 1686) und zwar letztere in den Fällen der §§ 1634, 1635, 1696—1698, auch soweit sie nicht die elterliche Gewalt hat, die uneheliche Mutter (§ 1707), der Vormund (§ 1800), soweit nicht nach § 1801 für die religiöse Erziehung ein Pfleger aufgestellt ist, endlich unter Umständen der Pfleger (§ 1915).

Gegen eine Entscheidung des Vormundschaftsgerichts, welche die religiöse Erziehung betrifft, steht nach § 57 Nr. 9 des FGG. auch dem Geistlichen der Konfession, in welcher das Kind erzogen wird oder erzogen werden soll, das Recht der Beschwerde zu.

4. **Landesgesetzliche Vorschriften: Preußen**, ALR. II 2 §§ 77, 78, 81—84, 642, Dekl. v. 21. Novbr. 1803, KabO. v. 17. August 1825, nassau. Edikt v. 22./26. März 1808, Frankf. V. v. 5. September 1811, Ges. v. 30. Dezbr. 1819, bayer. Edikt v. 26. Mai 1818, hannov. V. v. 31. Juli 1826, kurh. Ges. v. 29. Oktober 1848, V. v. 13. April 1853, holst. Ges. v. 14. Juli 1863, schlesw. Verf. v. 23. April 1864; **Bayern**, II. Beilage z. Verf.Urkunde v. 26. Mai 1818; **Sachsen**, AG. z. BGB. § 49, Ges. v. 1. November 1836, v. 20. Juni 1870 § 20, v. 26. April

Artikel 135. Unberührt bleiben die landesgesetzlichen Vorschriften über die Zwangserziehung Minderjähriger. Die Zwangserziehung ist jedoch, unbeschadet der Vorschriften der §§. 55, 56 des Strafgesetzbuchs, nur zulässig, wenn sie von dem Vormundschaftsgericht angeordnet wird. Die Anordnung kann außer den Fällen der §§. 1666, 1838 des Bürgerlichen Gesetzbuchs nur erfolgen, wenn die Zwangserziehung zur Verhütung des völligen sittlichen Verderbens nothwendig ist.

Die Landesgesetze können die Entscheidung darüber, ob der Minderjährige, dessen Zwangserziehung angeordnet ist, in einer Familie oder in einer Erziehungs- oder Besserungsanstalt unterzubringen sei, einer Verwaltungsbehörde übertragen, wenn die Unterbringung auf öffentliche Kosten zu erfolgen hat.

1873 § 6 Abs. 4; **Württemberg**, Edikt v. 15. Oktober 1806; **Baden**, Ges. v. 9. Oktober 1860, V. v. 11. November 1899 § 34; **Hessen**, AG. z. BGB. Art. 108—116; **Elsaß-Lothringen**, AG. z. BGB. §§ 119—122.

Artikel 135.

E. d. EG. II Art. 106; III Art. 134. M. IV S. 305 ff., 1156. P. II Bd. 4 S. 619 ff., 630 ff.; Bd. 6 S. 441. D. S. 707. RB. S. 2077, 2114. StB. S. 3031 ff., 3096.

Aschrott, Die Zwangserziehung Minderjähriger (1900); **Löning** in Conrads Jahrb. 22 S. 1 und im Handwörterbuch der Staatswiss. von Conrad (1901) Bd. 7 S. 1059; **Heinze**, Die Zwangserziehung nach Reichs- und Landesrecht in Z. f. d. ges. Strafrechtswiss. 22 S. 633; ferner die Kommentare z. preuß. Fürsorgeges. von **Schmitz**, von **Massow**, **Nölle**, **Wittig**, **Aschrott**, z. bayer. ZEG. von **Englert**, v. d. **Pforten**, z. württemb. ZEG. von **Kiene**, z. badischen der Kommentar z. Rechtspolizeigesetz von **Dorner**.

Der Art. 135 behält der Landesgesetzgebung **die Zwangserziehung vor**, jedoch nur mit gewissen Einschränkungen.

1. **Begriff der Zwangserziehung.** Unter Zwangserziehung ist die Erziehung eines Minderjährigen zu verstehen, welche im Widerspruche mit dem Willen desjenigen erfolgt, welchem an sich das Erziehungsrecht zusteht. Nicht der Zwang kommt in Betracht, welcher sich gegen den zu Erziehenden, sondern der Zwang, welcher sich gegen den Erziehungsberechtigten richtet. Aus dem Anwendungsgebiete des Art. 135 scheiden daher die Fälle aus, daß der Vater oder die Mutter auf Grund des § 1631 Abs. 2 Satz 2 oder der Vormund auf Grund des § 1800 die Hilfe des Vormundschaftsgerichts in Anspruch nimmt, damit das mißratene Kind in einer Erziehungsanstalt untergebracht wird. Hier liegt zwar eine zwangsweise Erziehung des Kindes, aber keine Zwangserziehung im Sinne des Art. 135 vor. Die Landesgesetze können hier nur über die Möglichkeit der Anrufung polizeilicher Hilfe und darüber, inwieweit und unter welchen Voraussetzungen öffentliche Mittel in Anspruch genommen werden dürfen, Bestimmungen treffen. Übrigens ist nach den meisten Zwangserziehungsgesetzen die Zwangserziehung (im Sinne des Landesrechts) wegen Verwahrlosung des Kindes auch dann zulässig, wenn der Erziehungsberechtigte die Zwangserziehung beantragt; unter der Voraussetzung der Verwahrlosung des Kindes können also zum Zwecke der Unterstützung des Erziehungsberechtigten öffentliche Mittel nach Maßgabe der für die Zwangserziehung überhaupt geltenden Vorschriften in Anspruch genommen werden.

2. **Die Voraussetzungen** eines Eingriffs in die Erziehungsrechte des Erziehungsberechtigten, d. h. **der Zwangserziehung**, sind zum Teil durch das Reichsrecht bestimmt. **Reichsrechtlich ist die** Zwangserziehung zulässig

a) auf Grund des § 55 des StGB. (Art. 34 EG.), wenn der Minderjährige eine strafbare Handlung begangen hat, bei der Begehung der Tat aber das zwölfte Lebensjahr noch nicht vollendet hat, vorausgesetzt, daß das Vormundschaftsgericht die Begehung der Tat festgestellt hat;

b) auf Grund des § 56 des StGB., wenn der Minderjährige eine strafbare Handlung begangen, bei der Begehung der Tat zwar das zwölfte, nicht aber das achtzehnte Lebensjahr vollendet hat und, weil er bei Begehung der Tat die zur Erkenntnis der Strafbarkeit erforderliche Einsicht nicht besaß, freigesprochen worden ist, vorausgesetzt, daß im Urteile die Unterbringung in einer Erziehungs- oder Besserungsanstalt ausgesprochen worden ist;

c) auf Grund der §§ 1666, 1686, 1707 des BGB., wenn das geistige oder leibliche Wohl des Kindes dadurch gefährdet wird, daß der Vater oder, wenn das Erziehungsrecht der Mutter zusteht, die Mutter die Sorge für die Person des Kindes mißbraucht, das Kind vernachlässigt oder sich eines ehrlosen oder unsittlichen Verhaltens schuldig macht;

d) auf Grund der §§ 1838, 1915 des BGB., wenn der Mündel unter Vormundschaft oder Pflegschaft steht und dem Vormund oder Pfleger das Erziehungsrecht zusteht, sofern jedoch der Vater oder die eheliche oder die uneheliche Mutter Vormund oder Pfleger sind, nur dann, wenn die Voraussetzungen des § 1666 (oben c) gegeben sind.

Reichsrechtlich ist also Voraussetzung der Zwangserziehung, sofern das Erziehungsrecht dem Vater oder der ehelichen oder unehelichen Mutter zusteht, — und zwar gleichgültig, ob der Vater oder die Mutter die elterliche Gewalt hat oder nicht, — daß entweder das Kind eine strafbare Handlung begangen hat (§§ 55, 56 des StGB.) oder dem Vater oder der Mutter die Verwahrlosung des Kindes zur Last fällt. Nur wenn das Erziehungsrecht dem Vormund oder Pfleger zusteht (und nicht der Vater oder die Mutter Vormund oder Pfleger sind), ist die Zwangserziehung reichsrechtlich ohne besondere Voraussetzungen zulässig.

Der Art. 135 gestattet nun der Landesgesetzgebung die Zwangserziehung darüber hinaus zuzulassen. Nach Lage der Reichsgesetzgebung bezieht sich diese Ermächtigung nur auf den Fall, daß das Erziehungsrecht dem Vater oder der Mutter zusteht und das Kind (Mündel) ohne Verschulden des erziehungsberechtigten Elternteils verwahrlost ist, z. B. wenn die Eltern, weil sie ihrem Berufe nachgehen mußten und nicht genügend Mittel besaßen, um eine Aufsichtsperson zu bezahlen, das Kind sich selbst überlassen mußten und das Kind dann verwahrloste. Der Landesgesetzgebung ist aber im Art. 135 Abs. 1 Satz 3 eine Schranke gezogen. Die Anwendung der Zwangserziehung kann nur erfolgen, wenn diese zur Verhütung des völligen sittlichen Verderbens notwendig ist.

Einen größeren Spielraum hat die Landesgesetzgebung — jedoch nicht auf Grund des Art. 135, sondern des § 55 des StGB. — bezüglich derjenigen noch nicht zwölf Jahre alten Kinder, welche eine strafbare Handlung begangen haben, gleichviel wem das Erziehungsrecht zusteht. Hier bestimmt der § 55 Satz 2 des StGB., daß gegen eine solche Person nach Maßgabe der landesgesetzlichen Vorschriften die zur Besserung und Beaufsichtigung erforderlichen Maßregeln getroffen werden können. Hier ist also die Landesgesetzgebung nur insofern eingeschränkt, als die Begehung der Tat durch das Vormundschaftsgericht festgestellt sein muß, im übrigen aber kann die Landesgesetzgebung die Voraussetzungen bestimmen, unter welchen die Zwangserziehung zu erfolgen hat (so auch KG. 21 A 31 gegen Rspr. 1 S. 300). Sie kann sie z. B. nur wegen Handlungen, die sich als Vergehen oder Verbrechen darstellen, zulassen, nicht wegen bloßer Übertretungen oder von den Übertretungen nur gewisse für geeignet erklären, z. B. nur Landstreicherei, gewerbsmäßige Unzucht und Bettel.

3. **Die zur Anordnung der Zwangserziehung zuständige Behörde** ist für alle Fälle außer dem Falle des § 55 des StGB. reichsgesetzlich bestimmt. Im Falle des § 56 des StGB. wird die Zulässigkeit der Zwangserziehung durch das Strafgericht ausgesprochen, in den Fällen der §§ 1666, 1838 des BGB. und im Falle, daß die Landesgesetzgebung die Zwangserziehung darüber hinaus auf Grund des Art. 135 gestattet, ist zur Anordnung der Zwangserziehung das Vormundschaftsgericht zuständig. Im Falle des § 55 des StGB. kann die Landesgesetzgebung die zuständige Behörde bestimmen; von den Landesgesetzen ist übrigens durchweg auch in diesem Falle das Vormundschaftsgericht als zuständig bezeichnet worden.

4. **Die Entscheidung darüber, ob der Minderjährige**, dessen Zwangserziehung angeordnet worden ist, **in einer Familie oder in einer Erziehungs- oder Besserungsanstalt unterzubringen sei**, steht in den Fällen des § 55 des StGB. derjenigen Behörde zu, welcher sie landesgesetzlich übertragen ist. In den Fällen des § 56 des StGB. hat der Strafrichter zu bestimmen, ob der Minderjährige einer Familie zu überweisen oder ob er in einer Anstalt unterzubringen sei; gibt der Strafrichter die Entscheidung dahin ab, daß die Unterbringung in eine Erziehungs- oder Besserungsanstalt erforderlich sei, so steht die weitere Entscheidung darüber, welche der beiden Kategorien von Anstalten gewählt werden soll, der Verwaltungsbehörde zu (RG. in Str. 7 S. 180). In den übrigen Fällen steht die Entscheidung dem Vormundschaftsgerichte zu; sie kann jedoch landesgesetzlich einer Verwaltungsbehörde übertragen werden, wenn die Unterbringung auf öffentliche Kosten erfolgt (Art. 135 Abs. 2). Die Voraussetzung ist gegeben, wenn weder das Vermögen des Minderjährigen ausreicht, um die Kosten der Zwangserziehung zu decken, noch diese von einem unterhaltspflichtigen Verwandten gedeckt werden. Besitzt zwar nicht der Minderjährige, dagegen ein unterhaltspflichtiger Verwandter die Mittel zur Deckung der Kosten, ist aber der Unterhaltspflichtige nicht bereit, die Mittel herzugeben, so daß die Kosten zunächst aus öffentlichen Mitteln

vorgeschossen werden müssen, so trifft die Voraussetzung des Abs. 2 gleichfalls zu. Bei der Anordnung der Zwangserziehung wird sich oft nicht sofort übersehen lassen, ob die Kosten der gesamten Zwangserziehung von dem Minderjährigen oder einem unterhaltspflichtigen Verwandten gedeckt werden, dies wird namentlich dann der Fall sein, wenn die Dauer der Zwangserziehung nicht von Anfang an bestimmt ist. Die bloße Möglichkeit der Inanspruchnahme öffentlicher Mittel dürfte nach dem Zwecke, welcher mit der Einstellung des die Landesgesetzgebung beschränkenden Abs. 2 verfolgt worden ist, nicht hinreichen, um die Voraussetzungen des Abs. 2 als gegeben anzunehmen; es wird also zunächst das Vormundschaftsgericht die Entscheidung auch über die Art der Zwangserziehung zu treffen haben und die Entscheidung auf die Verwaltungsbehörde erst von dem Zeitpunkt an übergehen, in welchem feststeht, daß öffentliche Mittel beansprucht werden müssen. Wenn dagegen von Anfang an feststeht, daß zwar ein Teil der Kosten aus Privatmitteln gedeckt wird, später aber öffentliche Mittel in Anspruch genommen werden müssen, so wird die Entscheidung über die Art der Zwangserziehung von Anfang an der Verwaltungsbehörde übertragen werden können.

Von einigen Landesgesetzen, z. B. Preußen, Württemberg, Elsaß-Lothringen, ist bestimmt worden, daß die Kosten der Zwangserziehung stets aus öffentlichen Mitteln vorgeschossen werden; diese Landesgesetze nehmen mit Rücksicht hierauf das Vorhandensein der Voraussetzungen des Abs. 2 als in jedem Falle gegeben an.

5. **Das Verfahren, in welchem die Zwangserziehung angeordnet wird**, kann von der Landesgesetzgebung — abgesehen von den Fällen des § 56 des StGB. — selbständig geregelt werden. Die Landesgesetzgebung kann insbesondere bestimmen, wer antrags- und beschwerdeberechtigt ist, z. B. ob es Geistliche, Lehrer, öffentliche Verbände, denen die Kostentragung obliegt, sind. Daraus, daß die Zwangserziehung in den unter Nr. 3 angegebenen Fällen nur vom Vormundschaftsgericht angeordnet werden kann, wird zu folgern sein, daß das Landesrecht in diesen Fällen an die Vorschriften des § 1673 gebunden ist. Die Anhörung des Erziehungsberechtigten, in dessen Recht durch die Zwangserziehung eingegriffen werden soll, darf also nur unterbleiben, wenn sie untunlich ist.

6. **Über die Ausführung der Zwangserziehung** haben im übrigen die Landesgesetze freie Hand. Sie können z. B. bestimmen, daß ein Lehrvertrag abweichend von § 1822 Nr. 6 ohne die Mitwirkung des gesetzlichen Vertreters des Minderjährigen und ohne die Genehmigung des Vormundschaftsgerichts geschlossen werden darf (KG. 28 A 179), daß die Überwachung der Erziehung einem besonderen Organe (z. B. in Preußen dem Fürsorger) obliegt, daß dem Gemeindewaisenrate die Überwachung der in Zwangserziehung genommenen Kinder nicht zusteht. Das Überwachungs- und Aufsichtsrecht des Vormundschaftsgerichts, das insbesondere aus der Befugnis die Zwangserziehung aufzuheben folgt, kann nicht ausgeschlossen werden.

7. Auch über die **Dauer der Zwangserziehung** kann die Landesgesetzgebung Bestimmungen treffen. Hier besteht nur die eine selbstverständliche Schranke, daß die Zwangserziehung nicht über das Alter der Minderjährigkeit hinaus erstreckt werden kann.

8. Daraus, daß das Vormundschaftsgericht in den unter Nr. 3 bezeichneten Fällen zur Anordnung der Zwangserziehung berufen ist, ergibt sich gemäß § 1671, daß ihm auch in diesen Fällen das Recht zusteht, die **Zwangserziehung aufzuheben**. Ob daneben noch andere Behörden z. B. im Falle des Art. 135 Abs. 2 die Verwaltungsbehörden dieses Recht haben, hat die Landesgesetzgebung zu bestimmen. Auch steht nichts im Wege, der Verwaltungsbehörde das Recht der vorläufigen Entlassung des Minderjährigen zu geben.

9. Wer die **Kosten der Zwangserziehung** zu tragen hat, hat das Landesrecht zu bestimmen. Das Landesrecht ist übrigens nicht verpflichtet solche Bestimmungen zu treffen. Die Vorschriften des § 1666 des BGB. haben sowenig wie die des § 55 des StGB. (s. Erl. zu Art. 34) die Bedeutung, daß die Landesgesetzgebung die zu ihrer Durchführung erforderlichen Einrichtungen bereit stellen muß.

10. **Verhältnis der im BGB. und im StGB. geregelten Fälle der Zwangserziehung zu den landesrechtlichen.** Der Vorbehalt des Art. 135 ist scheinbar ein allgemeiner, so daß, wenn die Landesgesetzgebung die Zwangserziehung erschöpfend regelt, für die Anwendbarkeit des BGB. kein Raum mehr ist. Diese Ansicht vertreten z. B. Muskat im Arch. f. bürg. R. 20 S. 265, Pitel in CBl. f. FG. 4 S. 1ff., 57ff., Horion in Gruch. 47 S. 67ff. Der Absicht des EG. entspricht sie nicht. Das Landesrecht kann nur ergänzend eingreifen und die reichsrechtlichen Vorschriften über die Zwangserziehung nicht ändern. Umgekehrt kann, wenn das Landesrecht von dem Vorbehalte des Art. 135 Gebrauch gemacht hat, die Zwangserziehung auf Grund des

Artikel 136. Unberührt bleiben die landesgesetzlichen Vorschriften, nach welchen

1. der Vorstand einer unter staatlicher Verwaltung oder Aufsicht stehenden Erziehungs- oder Verpflegungsanstalt oder ein Beamter alle oder einzelne Rechte und Pflichten eines Vormundes für diejenigen Minderjährigen hat, welche in der Anstalt oder unter der Aufsicht des Vorstandes oder des Beamten in einer von ihm ausgewählten Familie oder Anstalt erzogen oder verpflegt werden, und der Vorstand der Anstalt oder der Beamte auch nach der Beendigung der Erziehung oder der Verpflegung bis zur Volljährigkeit des Mündels diese Rechte und Pflichten behält, unbeschadet der Befugniß des Vormundschaftsgerichts, einen anderen Vormund zu bestellen;
2. die Vorschriften der Nr. 1 bei unehelichen Minderjährigen auch dann gelten, wenn diese unter der Aufsicht des Vorstandes oder des Beamten in der mütterlichen Familie erzogen oder verpflegt werden;
3. der Vorstand einer unter staatlicher Verwaltung oder Aufsicht stehenden Erziehungs- oder Verpflegungsanstalt oder ein von ihm bezeichneter Angestellter der Anstalt oder ein Beamter vor den nach §. 1776 des Bürgerlichen Gesetzbuchs als Vormünder berufenen Personen zum Vormunde der in Nr. 1, 2 bezeichneten Minderjährigen bestellt werden kann;
4. im Falle einer nach den Vorschriften der Nr. 1 bis 3 stattfindenden Bevormundung ein Gegenvormund nicht zu bestellen ist und dem Vormunde die nach §. 1852 des Bürgerlichen Gesetzbuchs zulässigen Befreiungen zustehen.

Landesrechts auch dann angeordnet werden, wenn sie nach Reichsrecht unzulässig ist. Es kann also z. B. die Zwangserziehung eines strafmündigen Minderjährigen auch dann verfügt werden, wenn der Minderjährige wegen der Tat vom Strafrichter verurteilt oder freigesprochen worden ist (RG. 25 A 33). Die reichsrechtliche und die landesrechtliche Zwangserziehung gehen mithin nebeneinander her. In gleicher Weise faßt die Rechtsprechung sowie die überwiegende Literatur das Verhältnis auf (vgl. insbesondere Nölle im Arch. f. bürg. R. 21 S. 86, Best im Recht 1904 S. 177, Pitel a. a. O.). Daß die meisten Landesgesetze unter die Voraussetzungen, unter denen nach ihnen die Zwangserziehung zulässig ist, die schon reichsrechtlich festgesetzten Fälle mit aufgenommen haben, hat seinen Grund hauptsächlich darin, daß diese Landesgesetze die Kosten der von ihnen geregelten Zwangserziehung öffentlichen Verbänden überbürden. Die Aufnahme bringt also zum Ausdruck einerseits, daß auch in den reichsrechtlichen Fällen die Zwangserziehung auf öffentliche Kosten erfolgt, andererseits daß dies nur geschieht, wenn die besonderen landesrechtlichen Verfahrensvorschriften (z. B. Mitwirkung der Verwaltungsbehörde) beobachtet sind.

11. Landesgesetzliche Vorschriften. Preußen, Ges. v. 2. Juli 1900, Ausf.Vorschr. v. 18. Dez. 1900; Bayern, Ges. v. 10. Mai 1902, Ausführungsbestimmungen v. 28. Juni 1902; Sachsen, AG. z. BGB. § 50; Württemberg, Ges. v. 29. Dezember 1899, Verf. v. 14. Februar 1900; Baden, Ges. in der Fassung v. 31. August 1900; Hessen, Ges. in der Fassung v. 30. Septbr. 1899; Mecklenburg-Schwerin, V. v. 9. April 1899; Elsaß-Lothringen, AG. z. BGB. §§ 123—127, z. FGG. §§ 14, 64.

Artikel 136.

E. d. EG. I Art. 79; II Art. 107; III Art. 135. P. I S. 8138, 8459; M. IV S. 1038. M. z. EG. S. 203. P. II Bd. 4 S. 743, 848; Bd. 6 S. 445, 651.

Taube, Der Schutz der unehelichen Kinder in Leipzig; Wolf in Grünhut 11 S. 46; Cuno und Schmidt, Die Organisation der Gemeindewaisenpflege, Schriften des deutschen Vereins für Armenpflege, 47. Heft; Langsdorff, Die Gemeinde- oder Generalvormundschaft im Recht 1904 S. 537.

Der Art. 136 ermöglicht der Landesgesetzgebung für den Fall der **Bevormundung** eines **Minderjährigen durch einen sog. Anstalts- oder Generalvormund** gewisse Abweichungen von den Vorschriften des Vormundschaftsrechts zu treffen. Die Abweichungen beziehen sich auf das Bestellungsprinzip (Art. 136 Nr. 1, 2), auf die Übergehung der durch das Gesetz oder die Eltern als Vormund Berufenen (Art. 136 Nr. 3) und auf die dem Vormunde bei Führung der Vormundschaft zustehenden Befreiungen von gewissen Pflichten (Art. 136 Nr. 4).

1. Zu Nr. 1, 2.

a) Nach § 1774 ist die Vormundschaft vom Vormundschaftsgericht anzuordnen. Es gibt keine gesetzliche Vormundschaft. Hiervon kann die Landesgesetzgebung eine Ausnahme schaffen. Sie kann dem Vorstand einer unter staatlicher Verwaltung oder Aufsicht stehenden Erziehungs- oder Verpflegungsanstalt oder einem Beamten alle oder einzelne Rechte und Pflichten eines Vormundes einräumen, so daß ihm also die Rechte und Pflichten nicht vom Vormundschaftsgericht übertragen werden, sondern kraft Gesetzes zustehen. Werden die Rechte und Pflichten eines Vormundes dem Vorstand einer Anstalt übertragen, so pflegt man von einem Anstaltsvormund zu sprechen, während man den Beamten, welchem die Rechte und Pflichten eines Vormundes übertragen werden, als Generalvormund bezeichnet.

Die Einrichtung des Anstals- oder Generalvormundes bedeutet übrigens nicht nur eine Durchbrechung des § 1774, sondern auch des § 1776 d. h. ist ein Anstaltsvorstand oder ein Beamter gesetzlicher Vormund, so gibt es für niemand ein Recht auf die Berufung zur Vormundschaft. Auch erhält der Anstalts- oder Generalvormund vom Vormundschaftsgerichte keine Bestallung und unterbleibt selbstverständlich die Verpflichtung (§ 1779).

b) Die Anstalt, deren Vorstand zum Vormund erklärt werden kann, muß eine unter staatlicher Verwaltung oder Aufsicht stehende Erziehungs- oder Verpflegungsanstalt sein. Sie braucht keine staatliche Anstalt zu sein, die Rechtsstellung des Vormundes kann auch einer Privatanstalt, insbesondere einer kirchlichen Anstalt (Kloster) eingeräumt werden, sofern sie nur staatlich beaufsichtigt ist. Wann letztere Voraussetzung zutrifft, bestimmt sich nach dem Landesrechte. Von den Erziehungsanstalten kommen insbesondere diejenigen in Betracht, in welchen Minderjährige sich in Zwangserziehung befinden.

c) Als Vorstand im Sinne des Art. 136 ist nicht derjenige zu erachten, welcher die gesetzliche Vertretung der Anstalt hat, sondern derjenige, welchem die tatsächliche Leitung der Anstalt zukommt, gleichgültig, ob er zur Vertretung der Anstalt befugt ist oder nicht. Für diese Auslegung spricht insbesondere der Zweck des Vorbehalts; nur der tatsächliche Leiter der Anstalt ist mit den Verhältnissen der Mündel vertraut und vermag die Rechte und Pflichten eines Vormundes in dem Maße zu erfüllen, daß sich die Durchbrechung des Bestellungsprinzips rechtfertigen läßt. Auch Frauen, welche Vorsteherinnen von Anstalten sind, können die Rechte des Vormundes ausüben. Ist der Vorstand ein Kollegium, so haben sämtliche Mitglieder die Rechte und Pflichten des Vormundes, sie sind Mitvormünder zu ungeteilter Verwaltung (§ 1797 Abs. 1); a. A. Stranz-Gerhard preuß. AG. S. 386, nach dem die statutenmäßige Verfassung entscheidet. Man wird entscheidendes Gewicht auch nicht ausschließlich darauf zu legen haben, welches Organ der Anstalt in deren Statuten als Vorstand bezeichnet ist. Es dürfte vielmehr wesentlich darauf ankommen, wem statutenmäßig die Leitung der Anstalt obliegt. Dies kann z. B. eine Person sein, die in den Statuten als Direktor der Anstalt bezeichnet ist, während dem als Vorstand bezeichneten Organe sachlich nur die Funktion der Aufsichtsführung obliegt. Die in dieser Beziehung erforderliche Bestimmung wird die Landesgesetzgebung zu treffen berechtigt sein.

Ist der Vorstand einer Anstalt gesetzlicher Vormund, so ist er dies nicht für seine Person, sondern als Vorstand. Im Falle der Behinderung tritt sein verfassungs- oder satzungsgemäß bestellter Stellvertreter ein. Dieser ist aber als solcher Vormund, nicht bloß stellvertretender Vormund. Die Unfähigkeits- und Untauglichkeitsgründe des BGB. (§§ 1780 ff.) finden keine Anwendung, das Vormundschaftsgericht hat aber solchen Falles einen andern Vormund zu bestellen.

Als Beamter kann nicht bloß ein staatlich angestellter Beamter, sondern auch ein Gemeindebeamter von der Landesgesetzgebung mit dem Amte des Vormundes betraut werden, dagegen nicht ein Privatbeamter, auch nicht ein Beamter einer Kirchengesellschaft oder Kirchengemeinde. Durch die Zulassung der gesetzlichen Bestellung eines Beamten zum Vormund und durch den Vorbehalt unter Nr. 2 soll namentlich eine wirksame Vertretung der Interessen unehelicher Kinder ermöglicht werden. Als Beamte werden vorzugsweise Beamte der Gemeindearmenverwaltung in Betracht kommen.

d) Für die Minderjährigen, die unter die Anstalts- oder Generalvormundschaft fallen, ist der Anstaltsvorstand oder Beamte gesetzlicher Vormund auch dann, wenn sie einem anderen religiösen Bekenntnis angehören als diese; § 1779 Abs. 2 Satz 2 des BGB. findet keine Anwendung (RG. 22 A 217).

e) Der Art. 136 läßt nicht nur eine gesetzliche Vormundschaft, sondern auch eine gesetzliche Pflegschaft zu. Hierfür spricht nicht nur der Grundsatz des § 1915, sondern auch daß in der Gestattung des maius der ges. Vormundschaft das minus der Pflegschaft liegt. Insbesondere aber ist zu beachten, daß, wenn man sich an den Wortlaut klammern wollte, der Art. 136 die für ihn praktisch wichtigsten Fälle nicht decken würde, daß nämlich unter der elterlichen Gewalt stehende Kinder der Erziehung durch den Gewalthaber entzogen (§ 1666), der Zwangserziehung unterstellt und in eine Anstalt gebracht werden. Solche Kinder erhalten nach § 1909 einen Pfleger. Den Anstaltsvorstand für untergebrachte Mündel Vormund werden zu lassen, für die Kinder der bezeichneten Art dagegen nicht Pfleger, fehlt jeder Anlaß. Dies war auch nicht der Standpunkt der ersten Kommission. Nach E. I § 1633 trat nicht wie nach BGB. § 1909 Pflegschaft, sondern Vormundschaft ein, wenn dem Gewalthaber das Erziehungsrecht entzogen war, und der dem Art. 136 entsprechende E. I Art. 79 hatte nach den M. d. EG. ausdrücklich den Fall im Auge, daß eine solche Entziehung des Erziehungsrechts eingetreten war. Die zweite Kommission wollte keine sachliche Änderung, sondern den Vorbehalt möglichst weit fassen (P. II Bd. 4 S. 745). Von den Landesgesetzen ist die Frage, soviel ersichtlich, nur im sächs. (§ 37) entschieden; sie wird dort wie hier bejaht.

f) Dem Vorstand oder Beamten kann die gesamte Rechtsstellung des Vormundes oder nur einzelne Rechte und Pflichten eines Vormundes übertragen werden z. B. nur die tatsächliche Fürsorge oder nur die Fürsorge für die Person.

g) Voraussetzung für den Eintritt der gesetzlichen Vormundschaft des Vorstandes oder Beamten ist, daß nach den allgemeinen Vorschriften der §§ 1773, 1909 die Voraussetzungen für die Bevormundung gegeben sind. Für ein unter elterlicher Gewalt stehendes Kind z. B., welches in einer Anstalt untergebracht ist, kann dem Vorstande die Rechtsstellung des Vormundes nur dann eingeräumt werden, wenn und soweit die Voraussetzungen vorliegen, unter welchen trotz der elterlichen Gewalt ein Vormund oder Pfleger bestellt werden kann.

Dem Vorstand oder Beamten können ferner die Rechte und Pflichten eines Vormundes nur soweit übertragen werden, als sie einem Vormunde nach den allgemeinen Vorschriften des BGB. überhaupt zustehen. Dies ist von besonderer Bedeutung mit Rücksicht darauf, daß neben dem Vormunde dem Vater und der ehelichen oder unehelichen Mutter in den in der Erl. zu § 1800 bezeichneten Fällen das Recht der tatsächlichen Fürsorge für die Person zusteht. Insbesondere gilt dies für die der unehelichen Mutter nach § 1707 zustehende tatsächliche Fürsorge für das Kind. Dem Anstaltsvormunde kann die Stellung des Vormundes nur unbeschadet des Rechtes des Elternteils eingeräumt werden (so auch Schäfer im Recht 1903 S. 304, a. A. Rspr. 6 S. 64). Selbstverständlich gilt dies nur, soweit dem Elterntheile das Recht nicht nach Maßgabe des § 1666 entzogen ist.

h) Die Rechtsstellung des Vormundes kann nur in Ansehung derjenigen Minderjährigen gewährt werden, welche in der Anstalt oder unter Aufsicht des Vorstandes oder des Beamten in einer von ihm ausgewählten Familie oder Anstalt erzogen oder verpflegt werden. Bezüglich derjenigen Minderjährigen, bei welchen nicht der Vormund, sondern der Vater oder die eheliche oder uneheliche Mutter die tatsächliche Fürsorge haben (s. Erl. zu § 1800), liegt die Voraussetzung, daß der Minderjährige in einer von dem Vorstand oder dem Beamten ausgewählten Familie oder Anstalt erzogen oder verpflegt wird, auch dann vor, wenn die Auswahl zwar von dem zur tatsächlichen Fürsorge berechtigten Elternteile getroffen ist, der Vorstand oder der Beamte aber der Auswahl zugestimmt haben. Dies gilt nicht nur für die Fälle, in welchen bei einer Meinungsverschiedenheit zwischen dem Vormund und dem Elternteile die Meinung des Vormundes vorgeht, sondern auch für die Fälle, in welchen die Meinung des Elternteils den Ausschlag gibt. Denn im Sinne des Art. 136 kommt es nur darauf an, daß der Vorstand oder Beamte bei der Auswahl mitgewirkt hat, weil, wenn diese Voraussetzung zutrifft, anzunehmen ist, daß er die Verhältnisse kennt und deshalb zum Vormunde geeignet ist.

Für diejenigen Minderjährigen, welche in die Anstalt aufgenommen oder in der vom Vorstand oder Beamten ausgewählten Familie oder Anstalt untergebracht gewesen sind, kann ferner die Rechtsstellung des Vormundes dem Vorstand oder Beamten auch dann belassen werden, wenn der Minderjährige die Anstalt oder die Familie verlassen hat. Der Vorstand z. B. behält die

Stellung eines Vormundes insbesondere auch dann, wenn der Mündel in ein vom Vorstande bestimmtes Lehr-, Dienst- oder Arbeitsverhältnis eintritt.

Die Nr. 2 des Art. 136 schwächt andererseits die berührte Voraussetzung insofern ab, als die Rechte und Pflichten des Vormundes dem Vorstand oder Beamten in Ansehung der unehelichen Kinder auch dann eingeräumt werden können, wenn das Kind in der mütterlichen Familie unter der Aufsicht des Vorstandes oder Beamten erzogen oder verpflegt wird.

i) Über die Zuständigkeit des Vormundschaftsgerichts entscheiden die allgemeinen Grundsätze. Insbesondere kann die Landesgesetzgebung nicht das Amtsgericht, in dessen Bezirke die Anstalt liegt, als Vormundschaftsgericht bestimmen (KG. 27 A 159), auch gilt die im § 36 Abs. 1 Satz 1 des FGG. für Geschwister getroffene Zuständigkeitsvorschrift, wenn die Geschwister oder eines von ihnen unter eine Anstalts- oder Generalvormundschaft fällt (zweifelnd Dernburg 4 S. 321).

Die Befugnis des Vormundschaftsgerichts, einen anderen Vormund zu bestellen, kann landesgesetzlich nicht ausgeschlossen werden. Findet das Vormundschaftsgericht, daß der Vorstand oder Beamte aus persönlichen oder sonstigen z. B. dienstlichen Gründen seinen Pflichten als Vormund nicht genügend nachkommt oder nachkommen kann, so ist es zur Aufstellung eines anderen Vormundes stets befugt. Von der Befugnis wird das Vormundschaftsgericht insbesondere nach dem Austritte des Mündels aus der Anstalt Gebrauch zu machen veranlaßt sein, wenn der Mündel seinen Aufenthalt in größere Entfernung von der Anstalt verlegt hat oder der Anstalt gänzlich fremd geworden ist. Für die Bestellung eines anderen Vormundes gelten die allgemeinen Grundsätze. Gegen die Bestellung hat der Vorstand oder Beamte sowie deren Aufsichtsbehörde (Rspr. 6 S. 298) das Recht der Beschwerde, diese ist analog § 60 Nr. 3 des FGG. die sofortige (a. A. Stranz-Gerhard S. 387). Mit der Bestellung erlischt das vormundschaftliche Amt des Vorstandes oder Beamten kraft Gesetzes, selbstverständlich ist aber der Vorstand oder Beamte von dem Erlöschen zu verständigen.

Treten die Voraussetzungen der gesetzlichen Vormundschaft des Anstaltsvorstandes oder des Beamten erst nach der Bestellung eines anderen Vormundes ein, so endigt, wenn nicht die Landesgesetzgebung ein anderes vorschreibt, das Amt des bisherigen Vormundes kraft Gesetzes. Natürlich ist auch hier der bisherige Vormund von dem Erlöschen zu verständigen.

Im Falle des Eintritts wie der Beendigung der gesetzlichen Vormundschaft hat der bisherige Vormund dem neuen unter Mitwirkung des Vormundschaftsgerichts Rechnung zu legen (§§ 1890, 1892 BGB.).

k) An dem Aufsichtsrechte des Vormundschaftsgerichts wird durch den Art. 136 nichts geändert (Rspr. 6 S. 299). Schon hieraus ergibt sich, daß dem Vormundschaftsgerichte auf Verlangen der Name des Anstalts- oder Generalvormundes mitgeteilt werden muß und die Weigerung die Bestellung eines anderen Vormundes rechtfertigt (KG. 27 A S. 9). Die in Frage kommenden Vorstände und Beamten unterstehen zwar bezüglich ihrer sonstigen Amtsführung regelmäßig der Aufsicht einer Verwaltungsbehörde; die Aufsicht der Verwaltungsbehörde erstreckt sich aber nicht auf die Führung des Vormundschaftsamts. Das Vormundschaftsgericht hat insbesondere das Recht der Ordnungsstrafe (§ 1837) und kann vom Vorstand oder Beamten jederzeit Auskunft über die Führung der Vormundschaft verlangen. Sollte der Mündel Vermögen haben, so müßte der Vorstand oder Beamte auch entsprechend den §§ 1840ff., 1890 Rechnung legen.

Auch die Haftung des Vorstandes oder Beamten für die Ausübung der vormundschaftlichen Rechte und Pflichten richtet sich nur nach den allgemeinen Vorschriften des Reichsrechts (§ 1833). Dies gilt auch dann, wenn die ordnungsgemäße Führung der Vormundschaft für den Vormund zugleich eine Dienstpflicht ist, also beim Generalvormunde sowie wenn der Anstaltsvorstand ein öffentlicher Beamter ist. Es kann ohne ausdrückliche Vorschrift nicht angenommen werden, daß dem Vormunde hier die Wahrnehmung der Rechte und Pflichten eines Vormundes nur als eine Dienstpflicht, nicht auch als eine privatrechtliche Verantwortlichkeit gegenüber dem Mündel obliegen soll. Bilden mehrere Personen den Anstaltsvormund, so haften sie wie Mitvormünder, die zu ungeteilter Verwaltung bestellt sind. Die Anstalt selbst oder im Falle des Generalvormundes die Körperschaft, welche den Beamten angestellt hat, haftet für den von dem Vormunde verursachten Schaden dem Mündel nicht; landesgesetzlich kann sich allerdings in Gemäßheit der auf Grund des Art. 77 erlassenen Gesetze unter Umständen eine Haftung ergeben.

Ob der Vormund eine Vergütung beanspruchen kann, bestimmt sich nach Landesrecht. Aus dem öffentlichrechtlichen Charakter des Amtes eines Anstaltsvormundes wird übrigens zu folgern sein, daß auch ohne ausdrückliche landesgesetzliche Vorschrift ein Recht auf Vergütung nicht besteht.

l) Der Vorstand und der Beamte stehen unter der Aufsicht des Gemeindewaisenrats wie jeder andere Vormund, sie haben also auch dem Gemeindewaisenrat Auskunft zu geben und ihm die Verlegung des Aufenthaltsorts des Mündels anzuzeigen.

2. Zu Nr. 3.

Nach § 1776 können die Eltern einen Vormund für ihr Kind benennen; in Ermangelung einer elterlichen Berufung sind kraft Gesetzes die Großeltern des Kindes väterlicher- und mütterlicherseits berufen. Der Vorbehalt unter Nr. 3 gestattet dem Vorstand oder Beamten oder dem von dem Vorstande zu bezeichnenden Angestellten der Anstalt, auch wenn solche Personen vorhanden sind, die Rechte und Pflichten des Vormundes zu übertragen. Der Vorstand, Beamte oder Angestellte geht also diesen Personen vor. Der Vorbehalt ermöglicht mithin der Landesgesetzgebung, von der Einrichtung des Anstalts- oder Generalvormundes selbst zwar abzusehen, die Bestellung des Anstaltsvorstandes, eines Angestellten der Anstalt oder eines Beamten zum Vormunde für eine Mehrzahl von Minderjährigen aber dadurch zu erreichen, daß den Personen, welche nach § 1776 ein Recht zur Vormundschaft haben, dies Recht genommen wird, so daß das Vormundschaftsgericht den Vorstand, Angestellten oder Beamten ohne Rücksicht auf etwaige Berufene bestellen kann. In der Konsequenz des Vorbehalts liegt es wohl, daß, wenn von ihm Gebrauch gemacht ist, auch das Recht der Eltern, eine Person von der Vormundschaft auszuschließen (§ 1782), gegenüber dem Vorstand, Angestellten oder Beamten nicht besteht. Im übrigen finden, wenn vom Vorbehalte Gebrauch gemacht ist, die §§ 1774—1792 mit Ausnahme der mit § 1776 zusammenhängenden Bestimmungen Anwendung. Von Bedeutung ist der Vorbehalt namentlich wegen der unehelichen Kinder. Nach dem Wortlaute der Nr. 3 kann der Vorstand, Beamte oder Angestellte nur zum Vormunde bestellt werden; daraus darf nicht geschlossen werden, daß ihm im Vorrange vor den bezeichneten Personen nicht auch nur einzelne Rechte und Pflichten übertragen werden könnten.

3. Zu Nr. 4.

Dem Vorstand oder Beamten können danach diejenigen Befreiungen kraft Gesetzes eingeräumt werden, welche mit dem Verbote der Bestellung eines Gegenvormundes verknüpft sind. Der Vorstand oder Beamte oder Angestellte der Anstalt unterstehen also nicht der Aufsicht eines Gegenvormundes, es darf ein Gegenvormund nicht bestellt werden und das Amt des etwa bestellten Gegenvormundes erlischt mit dem Beginne des Amtes des Anstalts- oder Generalvormundes. Der Vorstand und der Beamte können ferner Geld des Mündels bei einer Sparkasse, Bank oder Hinterlegungsstelle ohne die Bestimmung hinterlegen, daß zur Erhebung des Geldes die Genehmigung des Vormundschaftsgerichts erforderlich ist, sie können die Anlegung des Geldes ohne die Genehmigung des Vormundschaftsgerichts bewirken und bedürfen zu den im § 1812 bezeichneten Verfügungen über Ansprüche und Wertpapiere des Mündels nicht der Genehmigung des Vormundschaftsgerichts.

4. Die Ausdehnung des Vorbehalts des Art. 136 **auf Volljährige** auf Grund des § 1897 des BGB. ist ausgeschlossen.

5. Landesgesetzliche Vorschriften vgl. die AG. von Preußen, Art. 78 (dazu Verf. d. Min. d. Innern v. 13. Juli 1900, MBl. d. i. V. S. 224), Bayern, Art. 100 (dazu V. v. 24. Dezbr. 1899 § 23), Sachsen, §§ 37—39 (dazu V. v. 6. Juli 1899 § 37), Elsaß-Lothringen, §§ 136—140, ferner das bad. Ges. v. 16. August 1900 Art. III, IV.

Die Ausf.Ges. haben von dem Vorbehalt in verschiedener Weise Gebrauch gemacht. In Preußen ist dem Vorstand einer jeden unter der Verwaltung des Staates oder einer Gemeindebehörde stehenden Erziehungs- oder Verpflegungsanstalt die Stellung des Anstaltsvormundes eingeräumt; Anstalten, die nur unter staatlicher Aufsicht stehen, sind ausgeschlossen. Das Institut des Generalvormundes ist nur der gesetzlichen Grundlage nach geschaffen, indem durch ortsstatutarische Bestimmung Beamte der Gemeindearmenverwaltung zum Generalvormunde für die Minderjährigen aufgestellt werden können, welche im Wege öffentlicher Armenpflege unterstützt werden. In Bayern ist vom Vorbehalt, einen Generalvormund aufzustellen, kein Gebrauch gemacht worden; dagegen ist der Vorbehalt bezüglich des Anstaltsvormundes benutzt worden. Für eine unter staatlicher Verwaltung oder Aufsicht stehende Erziehungs- oder Verpflegungsanstalt kann dem Vorstande die Stellung eines Vormundes durch Anordnung der zuständigen Staatsministerien eingeräumt werden. In Sachsen kann die Gemeinde mit Genehmigung des

Artikel 137. Unberührt bleiben die landesgesetzlichen Vorschriften über die Grundsätze, nach denen in den Fällen des §. 1515 Abs. 2, 3 und der §§. 2049, 2312 des Bürgerlichen Gesetzbuchs der Ertragswerth eines Landguts festzustellen ist.

Justizministers den Vorstand einer unter staatlicher Aufsicht stehenden Erziehungs- oder Verpflegungsanstalt oder einen Beamten bestimmen, dem die Rechte und Pflichten eines Vormundes oder Pflegers über alle oder über gewisse Minderjährige zustehen, die in der Anstalt oder unter der Aufsicht des Vorstandes oder Beamten in einer von ihm ausgewählten Familie oder Anstalt oder, soweit sie unehelich sind, in der mütterlichen Familie erzogen oder verpflegt werden; dies gilt nicht für Minderjährige, für deren Bevormundung ein anderes als ein sächsisches Gericht zuständig ist.

Wegen des Anstaltsvormundes für die der Zwangserziehung unterworfenen Minderjährigen s. preuß. Fürsorgeges. v. 2. Juli 1900 § 12, Württemb. Ges. v. 29. Dezbr. 1899 Art. 13.

Artikel 137.

E. z. EG. II Art. 109; III Art. 136. P. II Bd. 6 S. 334 f., 448 ff.

1. **Feststellung des Ertragswerts eines Grundstücks.** Nach BGB. § 2049 kann ein Erblasser anordnen, daß einer von mehreren Erben ein Landgut zu dem Ertragswerte solle übernehmen können. Hat der Erblasser eine solche Anordnung getroffen oder gilt sie als getroffen, so ist der Ertragswert nach BGB. § 2312 auch für die Berechnung des Pflichtteils maßgebend. Nach § 1515 kann unter den dort näher bezeichneten Voraussetzungen auch bei der Auseinandersetzung einer fortgesetzten Gütergemeinschaft die Übernahme eines Landguts zu dem Ertragswerte durch einen der Beteiligten angeordnet werden (s. Bd. I S. 172 Erl. 3 zu § 98; Bd. IV S. 344 Erl. 3, 4 zu § 1515; Bd. V Erl. 2, 3 zu § 2049).

Unter einem Landgut ist ein zum selbständigen Betriebe der Landwirtschaft eingerichtetes Grundstück zu verstehen. Auch ein zum selbständigen Betriebe der Forstwirtschaft eingerichtetes Grundstück dürfte aber im Sinne der obigen Vorschriften als ein Landgut zu betrachten sein. Nur ist immer vorauszusetzen, daß das Grundstück zu dem selbständigen Betriebe der Forstwirtschaft eingerichtet sein muß. Nicht jeder Wald kann also ohne weiteres als ein Landgut betrachtet werden.

Der Begriff des Ertragswerts wird durch § 2049 Abs. 2 festgestellt. Er bestimmt sich nach dem Reinertrage, den das Landgut nach seiner bisherigen wirtschaftlichen Bestimmung bei ordnungsmäßiger Bewirtschaftung gewähren kann.

2. Durch den Vorbehalt des Art. 137 wird die Landesgesetzgebung ermächtigt, die Grundsätze festzustellen, nach welchen in den obengedachten Fällen der Ertragswert eines Landguts zu ermitteln ist. Die Landesgesetzgebung kann den Begriff des Landguts und des Ertragswerts nicht in einer von dem BGB. abweichenden Weise bestimmen. Die Ermächtigung des Vorbehalts geht nur dahin, daß die Landesgesetzgebung innerhalb der Grenzen, welche durch die aus dem BGB. zu entnehmende Begriffsbestimmung gegeben sind, die Grundsätze feststellen kann, nach welchen die Ermittelung des Ertragswerts zu erfolgen hat. Selbstverständlich kann sich die Landesgesetzgebung darauf beschränken, jene Grundsätze nur für einzelne Arten von Landgütern zu bestimmen (s. Erl. 3 zu § 2049). Die wichtigsten Punkte, welche durch die Landesgesetzgebung festgestellt werden können, sind folgende:

a) Wie der nach § 2049 Abs. 2 zugrunde zu legende Reinertrag zu ermitteln ist, insbesondere auch, welche Lasten und Kosten von dem Bruttoertrage des Landguts abzusetzen und in welcher Art der Bruttoertrag zu bestimmen ist, wie ferner der Durchschnitt des Ertrags zu berechnen ist, wie viele Jahre also z. B. zugrunde zu legen sind. Nach dem preuß. AG. zum BGB. sind Bestimmungen dieser Art durch den Justizminister und den Landwirtschaftsminister zu treffen.

b) Wie aus dem ermittelten Reinertrage der Kapitalwert des Landguts zu ermitteln, welcher Zinsfuß also dabei zugrunde zu legen ist. Nach dem preuß. und dem bayer. AG. bildet z. B. der fünfundzwanzigfache Betrag des Reinertrags den Kapitalwert.

3. Die nach dem Obigen aus dem durch das BGB. festgestellten Begriffe des Ertragswerts folgende **Beschränkung der Landesgesetzgebung gilt nur für die Ermittelung des Ertragswerts in den durch Art. 137 bezeichneten Fällen.** Soweit der Wert eines Landguts bei der Ver-

Artikel 138. Unberührt bleiben die landesgesetzlichen Vorschriften, nach welchen im Falle des §. 1936 des Bürgerlichen Gesetzbuchs an Stelle des Fiskus eine Körperschaft, Stiftung oder Anstalt des öffentlichen Rechtes gesetzlicher Erbe ist.

---

erbung eines Rentenguts, eines Erbpachtrechts oder eines Anerbenguts in Betracht kommt, hat die Landesgesetzgebung auf Grund der allgemeinen Vorbehalte der Art. 62—64 völlig freie Hand, Bestimmungen darüber zu treffen, in welcher Art der Wert festzustellen ist.

4. **Landesgesetzliche Vorschriften.** Das preuß. AG. Art. 83, das bayer. AG. Art. 103, das bad. AG. Art. 35, die bad. AV. zum BGB. v. 11. November 1899 §§ 38—42, das hessische AG. Art. 106, 130, die mecklenburgsche AV. §§ 254—257, das oldenburgsche AG. § 37, das Lübecksche AG. §§ 160—162.

Artikel 138.

E. d. EG. I Art. 82; II Art. 110; III Art. 137. P. I S. 10119 f., 12776 f., 12779 ff.; M. d. EG. S. 205. P. II Bd. 6 S. 447 f.

Hörle im Recht 1904 S. 369.

1. **Erbrecht einer Körperschaft, Stiftung oder Anstalt des öffentlichen Rechtes an Stelle des Fiskus.** Nach BGB. § 1936 ist, wenn weder Verwandte noch ein Ehegatte des Erblassers vorhanden sind, der Fiskus des Bundesstaats, dem der Erblasser angehörte, und, wenn er mehreren Bundesstaaten angehörte, der Fiskus eines jeden dieser Staaten zu gleichen Anteilen gesetzlicher Erbe. War der Erbe ein Deutscher, gehörte er aber keinem Bundesstaat an, so ist der Reichsfiskus gesetzlicher Erbe. Nach manchen der bisherigen Partikularrechte stand das Erbrecht in Ermangelung anderer gesetzlicher Erben statt dem Fiskus einer anderen Person, insbesondere häufig einer Gemeinde oder Stiftung zu. Der Art. 138 bezweckt, Vorschriften dieser Art aufrechtzuerhalten und der Landesgesetzgebung zu ermöglichen, neue Bestimmungen der fraglichen Art zu treffen. Der Vorbehalt ist aber insofern ein beschränkter, als nicht jeder Person, sondern nur einer Körperschaft, Stiftung oder Anstalt des öffentlichen Rechtes das fragliche Erbrecht beigelegt werden kann. Der E. I d. EG. ging weiter, indem er der Landesgesetzgebung unbeschränkt gestattete, das fragliche Erbrecht irgendeiner Person beizulegen. Man war hierbei davon ausgegangen, daß es sich bei dem fraglichen Erbrechte des Fiskus um ein nutzbares Regal handele und daß es als solches auch an andere Personen als juristische Personen des öffentlichen Rechtes verliehen werden könne und verliehen worden sei. Die zweite Kommission teilte diese Auffassung nicht und hielt eine Ausdehnung des Vorbehalts auf andere als juristische Personen des öffentlichen Rechtes für bedenklich, weil dem gesetzlichen Erben nicht nur Rechte, sondern auch Verpflichtungen, insbesondere in Beziehung auf die Gläubiger und auf die Abwickelung der Erbschaft oblägen. Diese Funktionen könne man nicht jeder beliebigen Privatperson, sondern nur einer juristischen Person des öffentlichen Rechtes anvertrauen. Anders liegt das Verhältnis bei dem Rechte des Fiskus, aufgegebene Grundstücke sich anzueignen; dieses Recht kann nach Art. 129 an Stelle des Fiskus jeder beliebigen anderen Person eingeräumt werden. Aus der Beschränkung, mit welcher der Landesgesetzgebung das im Art. 138 bezeichnete Recht eingeräumt ist, wird zu folgern sein, daß die Landesgesetzgebung auch in einem solchen Staate, in welchem das gesetzliche Erbrecht des Fiskus als ein Regal betrachtet wird, nicht etwa auf Grund des allgemeinen Vorbehalts des Art. 73 für Regalien berechtigt ist, das fragliche Erbrecht einem anderen als einer Körperschaft, Stiftung oder Anstalt des öffentlichen Rechtes einzuräumen.

Soweit die Landesgesetzgebung von der ihr nach Art. 138 eingeräumten Befugnis Gebrauch macht, tritt die Körperschaft, Stiftung oder Anstalt des öffentlichen Rechtes als gesetzlicher Erbe in jeder Beziehung an die Stelle des Fiskus. An den ihr hiernach zustehenden Rechten und Pflichten kann die Landesgesetzgebung nichts ändern. Hiernach kann insbesondere die Erbschaft nicht ausgeschlagen werden (KG. Bd. 24 A S. 58) und das Erbrecht kann erst geltend gemacht werden, wenn es vom Nachlaßgerichte festgestellt ist.

Über den Begriff einer Körperschaft, Stiftung oder Anstalt des öffentlichen Rechtes s. Bd. I S. 158 Erl. 1 zu § 89.

2. **Landesgesetzliche Vorschriften.** Über den bisherigen Rechtszustand s. Stobbe V § 297 Anm. 12—16; Preußen, ALR. II 16 §§ 20, 22, AG. Art. 89 Nr. 1c; Bayern, AG. Art. 1; Mecklenburg-Schwerin, AV. § 252; Elsaß-Lothringen, AG. §§ 166—168.

Artikel 139. Unberührt bleiben die landesgesetzlichen Vorschriften, nach welchen dem Fiskus oder einer anderen juristischen Person in Ansehung des Nachlasses einer verpflegten oder unterstützten Person ein Erbrecht, ein Pflichttheilsanspruch oder ein Recht auf bestimmte Sachen zusteht.

Artikel 139.

E. d. EG. I Art. 81; II Art. 111; III Art. 138. P. I S. 10119 f., 12776 f., 12779 ff.; M. d. EG. S. 204 f. P. II Bd. 6 S. 446 f. RB. S. 2114. StB. S. 3035.

1. **Rechte des Fiskus oder anderer juristischer Personen in Beziehung auf den Nachlaß der von ihnen verpflegten oder unterstützten Personen.** Rechte der im Art. 139 bezeichneten Art stehen nach verschiedenen Partikularrechten gewissen Armenversorgungs-, Heil-, Straf-, Besserungs- und Erziehungsanstalten in Beziehung auf die in die Anstalt aufgenommenen oder von ihr unterstützten Personen zu. Der Umfang des Rechtes ist sehr verschieden. Die Anstalt hat bald ein Recht auf den ganzen Nachlaß, bald nur auf die eingebrachten Sachen; das Recht steht ihr entweder unbedingt oder nur dann zu, wenn Pflichtteilsberechtigte oder sonstige nähere Verwandte nicht vorhanden sind; bisweilen ist das Recht auch davon abhängig gemacht, daß dem in die Anstalt Aufgenommenen oder von ihr Unterstützten bei der Aufnahme oder bei der Gewährung der Unterstützung bekannt gemacht wird, daß der Anstalt das fragliche Recht zustehe (s. z. B. ALR. II 19 §§ 50—75, II 16 § 22; sächs. BGB. §§ 2057—2060, 2617. Über andere Gesetze s. M. d. EG. S. 204). Der Art. 139 bezweckt, Rechte dieser Art innerhalb gewisser Grenzen aufrecht zu erhalten und der Landesgesetzgebung die Begründung ähnlicher Rechte zu ermöglichen, weil es sich dabei um die Befriedigung der durch die besonderen Verhältnisse der gedachten Anstalten begründeten Bedürfnisse handelt und die Rücksicht auf die Einheitlichkeit des Rechtes ein Eingreifen in diese Verhältnisse nicht erfordert.

2. Rechte der fraglichen Art können auf Grund landesgesetzlicher Vorschriften **nur zustehen dem Fiskus oder einer anderen juristischen Person,** nicht einer physischen Person. Die juristische Person braucht nicht wie im Art. 138 eine juristische Person des öffentlichen Rechtes zu sein. Ein auf eine solche Beschränkung gerichteter, in der zweiten Kommission gestellter Antrag wurde abgelehnt. Rechte der fraglichen Art können also jedem rechtsfähigen Verein und jeder rechtsfähigen Stiftung eingeräumt werden.

3. **Die Person, in Beziehung auf deren Nachlaß die fraglichen Rechte zustehen sollen, muß von dem Berechtigten verpflegt oder unterstützt sein.** Ob eine gewisse Art oder Dauer der Verpflegung oder Unterstützung erforderlich ist oder ob noch andere Voraussetzungen z. B. die vorherige Mitteilung über das Bestehen des Rechtes vorliegen müssen, hat die Landesgesetzgebung zu bestimmen.

4. **Eingeräumt werden kann in Ansehung des Nachlasses ein Erbrecht, ein Pflichtteilsanspruch oder ein Recht auf bestimmte Sachen.** Der Entscheidung der Landesgesetzgebung bleibt es überlassen, ob das Erbrecht auf den ganzen Nachlaß oder nur auf einen Teil desselben gehen, ob es dem gesetzlichen Erbrechte der Verwandten und des Ehegatten unbedingt vorgehen oder bei dem Vorhandensein gewisser naher Verwandten oder eines Ehegatten ausgeschlossen oder beschränkt sein soll.

Zweifelhaft ist, ob die Landesgesetzgebung auch im übrigen in betreff der Gestaltung des Erbrechts freien Spielraum hat oder ob sie in dieser Beziehung an die Vorschriften des BGB. gebunden ist. Mit dem Zwecke der Vorschrift würde eine Beschränkung der letztgedachten Art wohl vereinbar sein; insbesondere ist kaum abzusehen, welches Interesse die Landesgesetzgebung dabei haben könnte, die Vorschriften des BGB. über den Erwerb der Erbschaft und über das Verhältnis zu den Nachlaßgläubigern zu ändern. Die allgemeine Fassung des Vorbehalts spricht indessen gegen eine solche Beschränkung und es ist möglich, daß sich in einzelnen der bestehenden Landesgesetze Bestimmungen finden, welche mit den Vorschriften des BGB. nicht vereinbar sind, die abzuändern aber ein Bedürfnis nicht vorliegt. In einer Beziehung dürfte wohl jedenfalls eine Abweichung von den Grundsätzen des BGB. für zulässig zu erachten sein, insofern nämlich, als die Landesgesetzgebung auch bestimmen kann, daß das dem Fiskus oder der juristischen Person eingeräumte Erbrecht durch eine letztwillige Verfügung des Erblassers nicht entzogen werden kann, daß also der gesetzliche Erbe hier Noterbe, nicht bloß pflichtteilsberechtigt ist. Im übrigen dürfte die Frage ohne große praktische Bedeutung sein; denn regelmäßig wird in den bestehenden Landesgesetzen bei der Einräumung des Erbrechts ausdrücklich oder stillschweigend

Artikel 140. Unberührt bleiben die landesgesetzlichen Vorschriften, nach welchen das Nachlaßgericht auch unter anderen als den im §. 1960 Abs. 1 des Bürgerlichen Gesetzbuchs bezeichneten Voraussetzungen die Anfertigung eines Nachlaßverzeichnisses sowie bis zu dessen Vollendung die erforderlichen Sicherungsmaßregeln, insbesondere die Anlegung von Siegeln, von Amtswegen anordnen kann oder soll.

---

auf die allgemeinen erbrechtlichen Vorschriften verwiesen, ohne daß besondere Abweichungen dabei bestimmt werden, und treten dann insoweit auf Grund des Art. 4 die Vorschriften des BGB. an die Stelle der bisherigen erbrechtlichen Vorschriften. Bei neuer Einführung eines Erbrechts der im Art. 139 gedachten Art durch die Landesgesetzgebung wird diese aber dann nicht leicht daran denken, Abweichungen von den allgemeinen erbrechtlichen Grundsätzen des BGB. zu bestimmen.

Eine ähnliche Frage entsteht in betreff der zugelassenen Einräumung eines Pflichtteilsanspruchs. Unzweifelhaft kann die Landesgesetzgebung die Höhe des Pflichtteils abweichend von dem BGB. bestimmen, z. B. also vorschreiben, daß der Pflichtteil dem Werte des ganzen Erbteils gleichstehe. Auch in anderer Beziehung dürfte aber die Landesgesetzgebung nicht an die Vorschriften des BGB. über den Pflichtteil gebunden sein; im praktischen Ergebnisse werden diese aber aus den oben in Beziehung auf das Erbrecht dargelegten Gründen doch wohl immer zur Anwendung kommen.

Unzweifelhaft ist, daß die Landesgesetzgebung, wenn sie ein Recht auf bestimmte Sachen einräumt, hierbei nicht an die Vorschriften des BGB. über Vermächtnisse gebunden ist und daß sie insbesondere also bestimmen kann, daß dem Fiskus oder der juristischen Person nicht bloß eine Forderung auf die betreffenden Sachen zustehen, sondern daß diese dem Bedachten kraft Gesetzes zufallen und daß eine Haftung gegenüber den Nachlaßgläubigern in betreff ihrer nicht stattfindet (so z. B. Bayern).

Schließlich mag noch hervorgehoben werden, daß, wenn dem Fiskus auf Grund des Art. 139 ein Erbrecht eingeräumt wird, auf dieses Erbrecht nicht die besonderen Vorschriften über das dem Fiskus nach BGB. § 1936 zustehende Erbrecht Anwendung finden, daß sich dasselbe vielmehr in Ermangelung besonderer Vorschriften lediglich nach den allgemeinen erbrechtlichen Vorschriften bestimmt.

5. **Landesgesetzliche Vorschriften.** Preußen, AG. Art. 89 Nr. 1c; Bayern, AG. Art. 101, 102; Sachsen, AG. §§ 42—45, 53; Hessen, AG. Art. 127, 128; Elsaß-Lothringen, AG. §§ 166, 167; Bremen, AG. § 62; Lübeck, AG. §§ 142—147.

Artikel 140.

E. d. EG. I Art. 88; II Art. 112; III Art. 139. P. I S. 12857 ff.; M. d. EG. S. 230 f. P. II Bd. 6 S. 452 f. RD. S. 2114. StB. S. 3035 f.

1. **Recht und Pflicht des Nachlaßgerichts zur Aufnahme eines Nachlaßverzeichnisses und zu Sicherungsmaßregeln.** Nach BGB. § 1960 Abs. 1 hat das Nachlaßgericht, soweit erforderlich, für die Sicherung des Nachlasses zu sorgen, wenn die Annahme der Erbschaft noch nicht erfolgt oder wenn der Erbe unbekannt oder wenn ungewiß ist, ob er die Erbschaft angenommen hat. Auf den Wunsch der Württembergschen Regierung wurde schon von der ersten Kommission ein Vorbehalt für die Landesgesetze beschlossen, um die Erhaltung der in Württemberg geltenden Vorschriften zu ermöglichen, nach welchen bei jedem Erbfalle die Aufnahme des Nachlaßverzeichnisses von Amts wegen durch das Nachlaßgericht zu erfolgen hat und die zu diesem Zwecke erforderlichen Sicherungsmaßregeln angeordnet werden können. Von der zweiten Kommission und der RTK. ist der Vorbehalt noch in zweifacher Beziehung erweitert. Während nach dem E. I des EG. Art. 88 der Landesgesetzgebung nur gestattet werden sollte zu bestimmen, daß das Nachlaßgericht in der im Art. 88 bezeichneten Art einschreiten könne, soll nach Art. 140 auch bestimmt werden können, daß das Nachlaßgericht in der bezeichneten Art einschreiten solle. Nach dem E. I des EG. sollte ferner die Befugnis des Nachlaßgerichts nur unbeschadet der Bestimmung des E. I § 2058 Abs. 2 stattfinden, das Nachlaßgericht also, wenn ein Testamentsvollstrecker vorhanden ist, verpflichtet sein, diesem die Sorge für den Nachlaß zu überlassen, soweit er dazu nach den Anordnungen des Erblassers berufen ist. Diese Beschränkung ist gestrichen. Die Landesgesetze können also auch bei dem Vorhandensein eines Testamentsvollstreckers das Einschreiten des Nachlaßgerichts zulassen oder anordnen.

Artikel 141. Die Landesgesetze können bestimmen, daß für die Beurkundung von Rechtsgeschäften, die nach den Vorschriften des Bürgerlichen Gesetzbuchs gerichtlicher oder notarieller Beurkundung bedürfen, entweder nur die Gerichte oder nur die Notare zuständig sind.

---

2. Das Einschreiten des Nachlaßgerichts ist nach Art. 140 beschränkt auf die Aufnahme eines Nachlaßverzeichnisses und bis zu dessen Vollendung auf die Anordnung der erforderlichen Sicherungsmaßregeln, insbesondere der Anlegung von Siegeln. Ein in der zweiten Kommission gestellter Antrag, die Worte „bis zu dessen Vollendung" zu streichen, wurde abgelehnt, weil ein Bedürfnis zu Sicherungsmaßregeln nach diesem Zeitpunkte nicht mehr vorliege. In anderen als den im BGB. § 1960 bezeichneten Fällen können also Sicherungsmaßregeln, insbesondere die Anlegung von Siegeln durch landesgesetzliche Vorschrift nur bis zur Anfertigung des Nachlaßverzeichnisses zugelassen und müssen, sobald die Anfertigung vollendet ist, wieder aufgehoben werden. Ob für die Nachlaßgerichte nur die Befugnis oder auch die Verpflichtung zu den gedachten Maßregeln bestimmt und ob diese immer oder nur unter gewissen Voraussetzungen z. B. bei dem Vorhandensein geschäftsunfähiger oder in der Geschäftsfähigkeit beschränkter Erben angeordet werden sollen, bleibt der Entscheidung der Landesgesetze überlassen.

Auf die Anordnung einer Pflegschaft bezieht sich der Vorbehalt des Art. 140 nicht. Eine solche kann also von dem Nachlaßgerichte nur unter den im BGB. § 1960 bestimmten Voraussetzungen angeordnet werden und die Landesgesetzgebung kann hieran nichts ändern.

Nach einer anderen Richtung wird die Befugnis des Nachlaßgerichts erweitert durch die Vorschrift des FGG. § 192, nach welcher das Nachlaßgericht die Auseinandersetzung in Ansehung eines Nachlasses von Amts wegen zu vermitteln hat.

3. Soweit es sich um den Nachlaß von Beamten handelt, kann die Landesgesetzgebung kraft öffentlichen Rechtes, ohne an die im Art. 140 bestimmten Beschränkungen gebunden zu sein, die im öffentlichen Interesse erforderlichen Sicherungsmaßregeln vorschreiben. Vgl. preuß. FGG. Art. 20 bayer. V. v. 7. Dezember 1899.

4. **Landesgesetzliche Vorschriften:** Preußen, AG. Art. 79, durch welchen bestimmt wird, daß die Vorschriften, nach welchen das Nachlaßgericht auch unter anderen als den im § 1960 Abs. 1 des BGB. bezeichneten Voraussetzungen die Anfertigung eines Nachlaßverzeichnisses sowie die erforderlichen Sicherungsmaßregeln von Amts wegen anordnen kann, außer Kraft treten; Bayern, BG. Art. 1, 106, Nachlaßgesetz v. 9. August 1902 Art. 5; Württemberg, AG. Art. 88, 89; Baden, Rechtspolizeigesetz v. 17. Juni 1899 § 46; Hessen, AG. zum FGG. v. 18. Juli 1899 Art. 46, 47; Elsaß-Lothringen, AG. zum FGG. v. 6. November 1899 § 29.

Artikel 141.

E. d. EG. I Art. 91 Abs. 3; II Art. 114; III Art. 141. P. I S. 12980 ff.; M. I S. 186. M. d. EG. S. 234. P. II Bd. 6 S. 456 f.

1. **Ausschluß der Gerichte oder der Notare für die Beurkundung von Rechtsgeschäften.** Für eine große Zahl von Rechtsgeschäften wird von dem BGB. die gerichtliche oder notarielle Beurkundung vorgeschrieben (s. Bd. I S. 232 Erl. 2 zu § 128). Für die gerichtliche Beurkundung sind, wie durch FGG. § 167 Abs. 1 ergänzend bestimmt wird, die Amtsgerichte zuständig. Mit Rücksicht auf die Verschiedenheit, welche in betreff der Organisation der Behörden und in betreff des Notariats in den einzelnen Bundesstaaten besteht, gestattet der Art. 141 der Landesgesetzgebung, die Vorschrift zu treffen, daß für die Beurkundung von Rechtsgeschäften, die nach dem BGB. sowohl durch ein Gericht als durch einen Notar erfolgen kann, nur das Gericht oder nur der Notar zuständig ist. Der Vorbehalt des Art. 141 bezieht sich nicht auf die nach BGB. § 126 Abs. 1, § 129 Abs. 1 Satz 2 erforderliche gerichtliche oder notarielle Beglaubigung eines Handzeichens (a. A. in betreff des § 126 Riedner, Erl. 2 zu Art. 141). Nach FGG. § 191 Abs. 2 kann indessen auch für die Beglaubigung eines Handzeichens die Zuständigkeit der Amtsgerichte ausgeschlossen werden. Auch auf die öffentliche Beglaubigung einer Erklärung (BGB. § 29 Abs. 1 Satz 1) bezieht sich der Art. 141 nicht. Hierüber s. FGG. § 167 Abs. 2, § 191. Endlich gilt der Art. 141 nicht für die Beurkundungen anderer Erklärungen als Rechtsgeschäfte, z. B. nicht für eidesstattliche Versicherungen (z. B. § 2356 Abs. 2). Keinen Unterschied macht es aber, ob das Rechtsgeschäft nur in gerichtlicher oder notarieller Form vorgenommen werden kann oder ob daneben, wie z. B. in den Fällen des BGB. §§ 81 Abs. 2, 126 Abs. 3,

129 Abs. 2, 873 Abs. 2, 877, 880, 1154 noch eine andere Form zulässig ist. Aus dem Worte „**bedürfen**" im Art. 141 kann die Unanwendbarkeit der Vorschrift in den Fällen der letzteren Art nicht geschlossen werden (a. A. Oertmann, bayerisches Landesprivatrecht S. 132; Kisch, Elsaß-Lothringensches Landesprivatrecht S. 192).

2. Umfang des Vorbehalts. Die Landesgesetze können auf Grund des Art. 141 entweder die Zuständigkeit der Gerichte oder die der Notare entweder für die Beurkundung von Rechtsgeschäften überhaupt oder nur für die Beurkundung einzelner Rechtsgeschäfte ausschließen. Was die bestehenden Landesgesetze anlangt, so bleiben diejenigen aufrechterhalten, welche allgemein die Beurkundung von Rechtsgeschäften nur durch die Notare oder nur durch die Gerichte zulassen; diese gelten, eben weil sie allgemein sind, auf Grund des Art. 141 auch für diejenigen Rechtsgeschäfte, für welche das BGB. gerichtliche oder notarielle Beurkundung vorschreibt. Zweifelhaft ist, ob auch diejenigen Vorschriften des bisherigen Rechtes durch Art. 141 aufrecht erhalten sind, welche für ein einzelnes Rechtsgeschäft ausschließlich die gerichtliche oder ausschließlich die notarielle Form vorschreiben oder, ob sich der Art. 141 auf derartige Vorschriften nicht bezieht, weil die Bestimmungen des BGB., nach welchen Rechtsgeschäfte der gerichtlichen oder notariellen Form bedürfen, neue selbständige Vorschriften sind, auf die sich die bisherige landesrechtliche Vorschrift nicht bezieht. Die letztgedachte Ansicht dürfte den Vorzug verdienen. Einer näheren Erörterung dieser Frage bedarf es indessen nicht, weil sie eine praktische Bedeutung dadurch verloren hat, daß der jetzige Rechtszustand durch die Ausführungsgesetze allenthalben klargestellt ist (s. Erl. 4).

Der Art. 141 bezieht sich nur auf Rechtsgeschäfte, für welche das BGB. gerichtliche oder notarielle Beurkundung vorschreibt, nicht auf Rechtsgeschäfte, für welche dies durch andere Reichsgesetze bestimmt ist. Soweit für eine Materie ein allgemeiner Vorbehalt besteht, z. B. für das Bergrecht (Art. 67), können die Landesgesetze innerhalb der Grenzen des Vorbehalts schon auf Grund desselben ohne Rücksicht auf Art. 141 vorschreiben, daß Rechtsgeschäfte ausschließlich nur in gerichtlicher oder nur in notarieller Form vorgenommen werden können (vgl. auch FGG. § 189). Ist in den bisherigen Gesetzen dieser Art die eine oder die andere Form vorgeschrieben, so bleibt diese Vorschrift auf Grund des allgemeinen Vorbehalts bestehen, sofern nicht anzunehmen ist, daß durch die Vorschrift lediglich auf das bisherige allgemeine Recht hat verwiesen werden sollen. In dem letzteren Falle kommt der Art. 4 zur Anwendung.

3. Die auf Grund des Art. 141 erfolgte Ausschließung des Notars oder des Gerichts hat **nur Bedeutung für die in dem Gebiete des Bundesstaats aufgenommenen Urkunden.** Es kann nicht etwa in einem Bundesstaate, der nur die Notare für zuständig erklärt hat, eine in einem anderen Bundesstaate von einem Gericht innerhalb der Grenzen seiner Zuständigkeit aufgenommene Urkunde nicht als öffentliche Urkunde behandelt werden; dies gilt auch dann, wenn die Urkunde eine in dem Bundesstaate gelegene Sache betrifft. Dem § 313 des BGB. z. B. wird durch eine vor einem preuß. Gericht aufgenommene Urkunde auch dann genügt, wenn es sich um ein in Bayern gelegenes Grundstück handelt (P. II Bd. 5 S. 433; KB. z. FGG. S. 60ff.).

4. Landesgesetzliche Vorschriften: Preußen, FGG. Art. 31, nach welchem von dem Vorbehalte des Art. 141 kein Gebrauch gemacht wird, vielmehr sowohl die Gerichte wie die Notare für zuständig zur Beurkundung von Rechtsgeschäften erklärt und damit die bisher bestehenden Beschränkungen beseitigt werden; Bayern, AG. Art. 167 Nr. 1, nach welchem die Amtsgerichte zur Beurkundung von Rechtsgeschäften der im Art. 141 bezeichneten Art nicht zuständig sind; das Notariatsgesetz v. 9. Juni 1899 Art. 1, durch welches die Zuständigkeit der Notare bestimmt wird; Sachsen, Gesetz v. 15. Juni 1900 § 37, nach welchem Gerichte und Notare zuständig sind; Württemberg, AG. Art. 105, 123, nach welchem von dem Vorbehalte des Art. 141 kein Gebrauch gemacht ist; Baden, Rechtspolizeigesetz §§ 34, 35, nach welchem regelmäßig die Notare und nur für einzelne Rechtsgeschäfte auch die Gerichte zuständig sind; Hessen, AG. zum FGG. v. 18. Juli 1899 Art. 1, 2 und die Notariatsordnung v. 15. März 1899 Art. 10, nach welchen regelmäßig Gerichte und Notare zuständig sind; Mecklenburg-Schwerin, Verordnung v. 9. April 1899 zur Ausführung des Ges. über die Angelegenheiten der FGG. §§ 1, 3; Elsaß-Lothringen, AG. zum FGG. v. 6. November 1899 § 44, nach welchem nur die Notare zuständig sind; Bremen, AG., nach welchem regelmäßig ebenfalls nur die Notare zuständig sind; Lübeck, AG. § 16.

Die Zuständigkeit ist, von kleineren Modifikationen abgesehen, im wesentlichen folgendermaßen geordnet. Nur die Notare sind zuständig in Bayern, Baden, Elsaß-Lothringen, Hamburg und Bremen; nur die Gerichte sind zuständig in Weimar, Oldenburg, Schwarzburg-Rudolstadt, beiden Lippe und Waldeck; in den übrigen Bundesstaaten sind die Gerichte und die Notare zuständig.

Artikel 142. Unberührt bleiben die landesgesetzlichen Vorschriften, welche in Ansehung der in dem Gebiete des Bundesstaats liegenden Grundstücke bestimmen, daß für die Beurkundung des im §. 313 des Bürgerlichen Gesetzbuchs bezeichneten Vertrags sowie für die nach §. 873 Abs. 2 des Bürgerlichen Gesetzbuchs zur Bindung der Betheiligten erforderliche Beurkundung der Erklärungen außer den Gerichten und Notaren auch andere Behörden und Beamte zuständig sind.

Dies gilt auch für Württemberg, welches in den früheren Auflagen zu den Staaten gerechnet wurde, in welchen nur die Notare zuständig seien; s. dagegen aber Art. 123 und Mandry, Das württembergische Privatrecht I § 20 S. 81.

5. Über **das bei der Aufnahme von Urkunden zu beobachtende Verfahren** s. FGG. §§ 167 ff. und die dazu in den einzelnen Staaten ergangenen Ausführungsgesetze.

Artikel 142.

E. d. EG. II Art. 115; III Art. 142. P. II Bd. 1 S. 458 ff.; Bd. 6 S. 416, 424, 650.

1. **Zuständigkeit für die Beurkundung des Grundstücksverkehrs.** Nach § 313 des BGB. bedarf ein Vertrag, durch welchen sich der eine Teil verpflichtet, das Eigentum an einem Grundstücke zu übertragen, der gerichtlichen oder notariellen Beurkundung. Bezüglich der Frage, ob das Gericht oder der Notar oder nur der Notar oder nur das Gericht zur Beurkundung zuständig sind, hat die Landesgesetzgebung nach Art. 141 freie Hand. Nach Art. 142 kann die Landesgesetzgebung überdies außer den Gerichten und Notaren auch andere Behörden und Beamte für zuständig erklären. Die Zuständigkeit des Gerichts oder des Notars kann sie nicht ausschließen.

Die gleiche Ermächtigung hat die Landesgesetzgebung bezüglich der Zuständigkeit zur Beurkundung von Erklärungen des im § 873 Abs. 2 des BGB. bezeichneten Inhalts. Die Einigung der Beteiligten über die Übertragung des Eigentums an dem Grundstück, über die Belastung des Grundstücks mit einem Rechte sowie über die Übertragung oder Belastung eines solchen Rechtes bedarf — abgesehen von der Auflassung (§ 925 des BGB.) und der Begründung und Übertragung eines Erbbaurechts (§§ 1015, 1017 des BGB.) — hierüber s. Erl., zu Art. 143 — keiner Form. Die Beteiligten sind jedoch vor der Eintragung in das Grundbuch an die Einigung nur unter gewissen Voraussetzungen, insbesondere dann gebunden, wenn die Erklärungen gerichtlich oder notariell beurkundet sind (s. Erl. 4 zu § 873 des BGB.). Auch hier kann die Landesgesetzgebung auf Grund des Art. 142 neben dem Notar oder dem Gericht (Art. 141) noch andere Behörden oder Beamte zur Beurkundung der Erklärungen für zuständig erklären. Damit ist es der Landesgesetzgebung ermöglicht, für die mit einem Veräußerungsvertrage verbundenen Nebengeschäfte z. B. die Bestellung von Hypotheken dieselbe Formerleichterung wie für das Veräußerungsgeschäft zuzulassen (vgl. Rspr. 6 S. 41).

Daß die Landesgesetzgebung nicht die im § 873 Abs. 2 des BGB. neben der gerichtlichen oder notariellen Beurkundung noch genannten Formen, deren Beobachtung zur Bindung der Parteien genügt — die Erklärung vor dem Grundbuchamte, die Einreichung der Erklärungen beim Grundbuchamte, die Aushändigung der Eintragungsbewilligung — ausschließen kann, versteht sich nach dem Wortlaute des Art. 142 von selbst.

2. Macht die Landesgesetzgebung von dem Vorbehalte Gebrauch, so kann sie auch Vorschriften über die Form der Beurkundung — und zwar nicht nur Sollvorschriften — treffen. Die Vorschrift des § 313 Satz 2 des BGB., daß ein ohne die Beobachtung der gerichtlichen oder notariellen Form geschlossener Veräußerungsvertrag durch die Auflassung und Eintragung geheilt wird, gilt auch von einem vor der landesgesetzlich bestimmten Urkundsperson in mangelhafter Form geschlossenen Vertrage.

3. Die Zuständigkeit anderer Behörden und Beamten kann indessen nur in Ansehung der in dem Bundesstaate gelegenen Grundstücke bestimmt werden.

4. Gedacht wurde bei der Aufnahme des Vorbehalts hauptsächlich an die Beurkundung durch Gemeindebeamte. Der Vorbehalt sollte Verkehrserleichterungen für Gebiete mit zerstückeltem Grundbesitz ermöglichen. Die Landesgesetzgebung hat aber von dem Vorbehalt in viel ausgedehnterem Maße Gebrauch gemacht.

5. **Landesgesetzliche Vorschriften** s. preuß. AG. Art. 12 §§ 2—4 (Rspr. 6 S. 42), Ges. v. 21. Septbr. 1899 Art. 122 Abs. 1 Satz 3, Art. 125; Sachsen, Ges. v. 15. Juni 1900 § 45,

Artikel 143. Unberührt bleiben die landesgesetzlichen Vorschriften, welche in Ansehung der in dem Gebiete des Bundesstaats liegenden Grundstücke bestimmen, daß die Einigung der Parteien in den Fällen der §§. 925, 1015 des Bürgerlichen Gesetzbuchs außer vor dem Grundbuchamt auch vor Gericht, vor einem Notar, vor einer anderen Behörde oder vor einem anderen Beamten erklärt werden kann.

Unberührt bleiben die landesgesetzlichen Vorschriften, nach welchen es bei der Auflassung eines Grundstücks der gleichzeitigen Anwesenheit beider Theile nicht bedarf, wenn das Grundstück durch ein Gericht oder einen Notar versteigert worden ist und die Auflassung noch in dem Versteigerungstermine stattfindet.

Enteignungsges. § 82; **Württemberg**, AG. Art. 33, 35; **Baden**, AG. z. GBO. § 3 Abs. 2, § 6 Abs. 3, § 38, Rechtspolizeiges. §§ 34, 35; **Hessen**, AG. Art. 279 (Nr. I Art. 38 Abs. 3), Art. 282 Nr. 5; **Elsaß-Lothringen**, AG. z. FGG. § 45. Die Vorschrift des preuß. AG., daß, wenn bei einem Vertrage des im § 313 des BGB. bezeichneten Inhalts einer der Vertragschließenden durch eine öffentliche Behörde vertreten ist, für die Beurkundung auch der Beamte zuständig ist, welcher von dem Vorstande der zur Vertretung berufenen Behörde oder von der vorgesetzten Behörde bestimmt ist, ist von einer Reihe von Bundesstaaten (teils ohne, teils mit Modifikationen) übernommen worden, so von Sachsen, von Oldenburg, AG. § 2, von Bremen, Ges. v. 20. Dezbr. 1899, von Hamburg, AG. § 11.

Artikel 143.

E. b. EG. II Art. 100, 116; III Art. 143. P. II Bd. 3 S. 173 ff.; Bd. 6 S. 425, 650. RB. S. 1999.

Kockerols Versteigerung und Grundbucherklärung im Recht 1901 S. 34.

Der Art. 143 enthält zwei **Vorbehalte in Ansehung der Form der Auflassung.**

1. **Nach dem Abs. 1** kann die Landesgesetzgebung bestimmen, daß die Auflassung (§ 925 des BGB.) sowie die zur Begründung (§ 1015) und die zur Übertragung (§ 1017 mit § 925) eines Erbbaurechts erforderliche Einigung der Beteiligten nicht nur vor dem Grundbuchamte, wie in den §§ 925, 1015 vorgeschrieben ist, sondern auch vor Gericht, vor einem Notare, vor einer andern Behörde oder vor einem anderen Beamten erklärt werden kann. Die Zuständigkeit des Grundbuchamts kann landesgesetzlich nicht ausgeschlossen werden. Da die Auflassung nur bei gleichzeitiger Anwesenheit beider Teile erklärt werden kann, so wirft sich, wenn die Landesgesetzgebung von dem Vorbehalte des Art. 143 Gebrauch macht und die Parteien sich gegenseitig zur Auflassung verpflichtet sind, die Frage auf, welche Bedeutung es hat, wenn der eine Teil die Auflassungserklärung nur vor dem Grundbuchamte, der andere nur vor der landesgesetzlich zugelassenen anderen Behörde oder einem Notar oder einem Beamten abgeben will. Die Landesgesetzgebung kann diese Frage in dem Sinne beantworten, daß jede Partei die Erklärungsabgabe nur vor dem Grundbuchamte verlangen kann. Wenn aber die Landesgesetzgebung hierüber schweigt, so wird davon auszugehen sein, daß, weil die Zuständigkeit des Grundbuchamts landesrechtlich nicht ausgeschlossen werden kann, der zur Abgabe einer Erklärung nach den §§ 925, 1015 Verpflichtete seiner Verpflichtung nachkommt, wenn er sich bereit erklärt, vor dem Grundbuchamte die Erklärung abzugeben, er also nicht gezwungen werden kann, die Erklärung vor einem Beamten oder einer anderen Behörde abzugeben, während er durch die Abgabe vor einer andern Behörde, einem Beamten oder einem Notare seiner Verpflichtung genügt. Die Verurteilung des Verpflichteten zur Abgabe der Erklärung (CPO. §§ 894, 895) wird deshalb alternativ beantragt werden müssen. Über die Frage, ob und in welcher Art die Vorschrift der CPO. § 894 auf ein in dieser Art ergehendes Urteil Anwendung findet, s. Erl. 5 zu § 925.

2. Der Vorbehalt des Abs. 1 ermöglicht z. B. das Nachlaßgericht für zuständig zu erklären, die erforderlichen Auflassungserklärungen in dem Falle entgegen zu nehmen, daß ein zu dem Nachlaß oder zu dem Gesamtgut einer ehelichen oder einer fortgesetzten Gütergemeinschaft gehörendes Grundstück oder Erbbaurecht auf einen von mehreren Erben als Eigentümer oder Erbbauberechtigten übertragen werden soll. Im Zusammenhange hiermit gewährt § 99 der GBO. mit den §§ 37, 38 das. der Landesgesetzgebung die Befugnis vorzuschreiben, daß zum Nachweise der Erbfolge und der Auflassungserklärung ein Zeugnis des Nachlaßgerichts genügt (dazu vgl. **Schultze-Görlitz** in Z. f. CP. 30 S. 489).

3. Geht man davon aus, daß der Prozeßvergleich nicht ohne weiteres die Auflassung vor dem Grundbuchamt ersetzt, sondern daß dies nur dann der Fall ist, wenn die Landesgesetzgebung von der Befugnis des Art. 143 Gebrauch gemacht hat (und hierfür dürften überwiegende Gründe sprechen), so ist es nicht notwendig, daß die Landesgesetze gerade die Gerichte für zuständig erklärt haben, sondern es genügt, daß überhaupt nur von dem Art. 143 Gebrauch gemacht ist. Hierfür spricht, daß in solchem Falle das spezifische Erfordernis der Auflassung vor dem Grundbuchamt aufgegeben ist und nur noch eine besondere Art der Beurkundung verlangt wird, in Fällen solcher Art aber nach RG. 48 S. 183 (s. Erl. zu § 125) der Prozeßvergleich immer anstatt der Beurkundung genügt. Das RG. 48 S. 191 läßt die Frage offen; a. A. Droncke in Z. f. CP. 30 S. 57.

4. Der Abs. 2 gestattet von dem Erfordernisse der gleichzeitigen Anwesenheit der Beteiligten bei der Auflassung für den Fall eine Ausnahme zu machen, daß das Grundstück durch einen Notar oder ein Gericht versteigert worden ist und die Auflassung noch im Versteigerungstermine stattfindet. Der Grund für diesen Vorbehalt liegt darin, daß es bei Versteigerungen in manchen Gegenden üblich ist, eine Reihe von Grundstücken auf einmal zur Versteigerung zu bringen und daß es dabei nicht gebräuchlich ist, die Auflassung sofort nach der Versteigerung einer jeden Parzelle zu erledigen, sondern der Bieter, wenn festgestellt ist, daß er Höchststeigerer ist, seine Auflassungserklärung abgibt und sich entfernt. Seinem Wortlaute nach ist der Vorbehalt auf den Fall der Versteigerung durch ein Gericht oder einen Notar beschränkt, die vorbehaltene Vorschrift kann also nicht für den Fall gegeben werden, daß zur Auflassung eine andere Behörde oder ein anderer Beamter zuständig ist. Auch gilt die Bestimmung nur, wenn beide Auflassungserklärungen noch im Versteigerungstermin abgegeben werden; sie findet z. B. keine Anwendung, wenn sich der Veräußerer den Zuschlag für einen späteren Zeitpunkt vorbehält.

5. Selbstverständlich kann von dem Vorbehalte des Abs. 1 wie von dem des Abs. 2 nur in Ansehung der in dem Bundesstaate gelegenen Grundstücke Gebrauch gemacht werden.

In Ansehung der Behörden, welche zur Entgegennahme der Auflassung zuständig sind, ist die Landesgesetzgebung nicht auf die eigenen Behörden beschränkt. Erklärt sie Behörden oder Notare anderer Staaten für zuständig, so ist damit natürlich nur gemeint, daß die betreffende Landesgesetzgebung sich mit einer Auflassung, die vor einem von ihr für zuständig erklärten Beamten erklärt wird, begnügt. Ob in den anderen Bundesstaaten die betreffenden Beamten zuständig sind, hängt von der Gesetzgebung des Staates ab, dem der Beamte angehört. Ein bayer. Amtsgericht ist z. B. nicht zuständig für die Auflassung eines sächsischen Grundstücks, obgleich Sachsen vorschreibt, daß die Auflassung vor jedem Amtsgericht erklärt werden kann.

6. Landesgesetzliche Vorschriften:

Zu Abs. 1. Nach dem preuß. AG. Art. 26 kann in Preußen im Geltungsgebiete des rheinischen Rechtes die Auflassung sowie die zur Bestellung oder Übertragung eines Erbbaurechts erforderliche Einigung außer vor dem Grundbuchamt auch vor einem anderen preußischen Amtsgericht oder preußischen Notar erklärt werden; jeder Teil ist berechtigt, zu verlangen, daß die Auflassung vor dem Grundbuchamt erfolgt. Nach dem bayer. AG. Art. 81 sind die bayerischen Notare neben dem Grundbuchamte zuständig. Nach dem sächsischen AG. § 13 kann die Auflassung auch vor einem anderen als dem zur Führung des Grundbuchs zuständigen Amtsgericht oder vor einem Notar erklärt werden. Gleiches gilt in Hessen (Notariatsges. Art. 10, AG. z. GBO. Art. 9) und in Elsaß-Lothringen (AG. z. GBO. § 12, AG. § 89). Für Hessen vgl. noch AG. Art. 270. Nach dem württemberg. AG. Art. 34 kann die Auflassung auch vor dem Ratschreiber derjenigen Gemeinde, in deren Bezirke das Grundstück liegt, erklärt werden. In Baden (AG. z. GBO. §§ 6, 7, 15, 16) ist neben dem Grundbuchamt auch der Notar, der Ratschreiber oder ein anderer Gemeindebeamter, bei einem zu einem Nachlaß oder einem Gesamtgute gehörenden Grundstück auch das Nachlaßgericht zuständig. Wegen Mecklenburg s. § 104 der AV.

Zu Abs. 2. vgl. die AG. von Preußen Art. 26 § 2 (für den Geltungsbereich des rheinischen Rechtes), Bayern, Art. 82; Hessen, Art. 91, ferner die AG. z. GBO. von Baden § 15 und Elsaß-Lothringen § 13. Für letzteres auch AG. § 90.

Artikel 144.

E. d. EG. II Art. 117; III Art. 144. P. II Bd. 1 S. 343, 359, 361; Bd. 6 S. 461 ff., 618.

1. Zuständigkeit der Hinterlegungsstellen. Die Hinterlegung von Geld und Wertpapieren wird im BGB. zugelassen zum Zwecke der Sicherheitsleistung (BGB. § 232) und als Surrogat

Artikel 144. Unberührt bleiben die landesgesetzlichen Vorschriften über die sachliche und örtliche Zuständigkeit der Hinterlegungsstellen. Die Landesgesetze können bestimmen, daß die Anlegung von Mündelgeld nach §. 1808 des Bürgerlichen Gesetzbuchs bei den Hinterlegungsstellen des Bundesstaats nicht stattfindet.

---

der Erfüllung einer Verbindlichkeit (BGB. §§ 372ff.). Zu dem letztgedachten Zwecke können auch sonstige Urkunden und Kostbarkeiten hinterlegt werden (BGB. § 372). Die Hinterlegung zum Zwecke der Erfüllung findet ferner statt in den Fällen der §§ 432, 660, 1077, 1281, 2039, 2114 des BGB.; vgl. auch §§ 52, 422, 1142, 1224 daselbst. Nach BGB. § 1808 können unter den dort bezeichneten Voraussetzungen Mündelgelder bei einer Hinterlegungsstelle auch verzinslich angelegt werden. Über andere Fälle der Hinterlegung s. BGB. §§ 489, 691, 1082, 1174, 1217, 1292, 1716, 1814, 1818, 1960, 2116. Die Einrichtung der Hinterlegungsstellen ist Sache der Behördenorganisation und deshalb den Landesgesetzen überlassen (s. Bd. I S. 387 Erl. 2 zu § 232; Bd. II S. 230 Vorbm. 2, 3 vor § 372). Eine dem Art. 144 Satz 1 entsprechende Vorschrift war im E. I des BGB. § 280 getroffen (M. II S. 92f., 104); sie ist von der zweiten Kommission in das EG. verwiesen.

2. Durch die von der zweiten Kommission beschlossene Hervorhebung der **sachlichen Zuständigkeit der Hinterlegungsstellen** soll darauf hingewiesen werden, daß die Landesgesetze auch befugt sind, je nach dem Zwecke oder dem Gegenstande der Hinterlegung verschiedene Hinterlegungsstellen zu bestimmen. Die Landesgesetze können insbesondere auch bestimmen, daß in dringenden Fällen die Hinterlegung bei einer anderen als der regelmäßigen Hinterlegungsstelle z. B. bei dem Amtsgerichte statt bei der im allgemeinen zur Hinterlegung bestimmten Verwaltungsstelle erfolgen könne und daß die betreffende ausnahmsweise zugelassene Stelle darüber zu entscheiden hat, ob die Voraussetzung der Dringlichkeit vorliege.

3. Aus der Befugnis der Landesgesetzgebung, die **örtliche Zuständigkeit** der Hinterlegungsstellen zu bestimmen, folgt nicht die Befugnis, die Vorschrift des BGB. § 374 Abs. 1 Halbsatz 1, nach welcher die Hinterlegung bei der Hinterlegungsstelle des Leistungsorts zu erfolgen hat, zu ändern; die Landesgesetzgebung kann vielmehr nur bestimmen, welche Hinterlegungsstelle für den Leistungsort örtlich zuständig ist. Auch die Vorschrift des § 374 Abs. 1 Halbsatz 2, nach welcher die Hinterlegung bei einer anderen Hinterlegungsstelle als der des Leistungsorts nicht unwirksam ist, kann auf Grund des Art. 144 von der Landesgesetzgebung nicht geändert werden; diese kann aber dadurch, daß sie die Hinterlegung nur bei der für den Leistungsort örtlich zuständigen Hinterlegungsstelle zuläßt, mittelbar die Möglichkeit für den Schuldner ausschließen, sich durch Hinterlegung bei einer anderen Hinterlegungsstelle zu befreien (M. II S. 97f.).

4. Die nach § 1808 zugelassene **Anlegung von Mündelgeld bei einer Hinterlegungsstelle** setzt eine Einrichtung der Hinterlegungsstelle voraus, die nicht in allen Bundesstaaten besteht und deren Herstellung, da eine zweckmäßige Anlegung nach § 1808 auch in anderer Weise erfolgen kann, den Bundesstaaten nicht zugemutet werden soll. Der Art. 144 Satz 2 gestattet deshalb den Landesgesetzen, die Anlegung von Mündelgeld bei den Hinterlegungsstellen auszuschließen. Dies ist z. B. in Preußen (AG. Art. 76 Abs. 2), Bayern (AG. Art. 167 Nr. XXII), Sachsen (Ges. v. 22. Dezbr. 1899), Württemberg (AG. Art. 146), Baden (Ges. v. 7. Juni 1884 § 4), Hessen (V. v. 19. Aug. 1899 § 3) geschehen.

5. **Landesgesetzliche Vorschriften.** Preußen, AG. Art. 84, 85 und Erlasse v. 17. und 18. Dezbr. 1899, Allg. Verf. v. 19. und v. 26. Dezbr. 1899; Bayern, AG. Art. 167 Nr. XXII; Hinterlegungsordnung v. 18. Dezbr. 1899; Min.Bek. v. 29. Dezbr. 1899; Sachsen, AG. § 4; Ges. v. 15. Juni 1900 §§ 102—118, V. v. 16. Juni 1900 §§ 63—70; Württemberg, AG. Art. 143—171; Baden, AG. Art. 37, Gesetz, betr. die öffentliche Hinterlegung 2c. v. 7. Juni 1884 in der Fassung v. 30. Juli 1899; Hessen, AG. Art. 33, 34; V. die gerichtlichen Hinterlegungen betr. v. 19. August 1899; Mecklenburg, V. v. 9. April 1899, betr. das Hinterlegungswesen; Oldenburg, AG. §§ 38—42; Elsaß-Lothringen, Ges. betr. das Hinterlegungswesen v. 1. Novbr. 1899; Hamburg, Hinterlegungsordnung v. 14. Juli 1899; Bremen, Hinterlegungsordnung v. 18. Juli 1899; Lübeck, Hinterlegungsordnung v. 20. März 1899.

6. Hinterlegungsstellen sind hiernach in Preußen für die Hinterlegung von Geld, Inhaberpapieren, Wertpapieren auf Namen, auf welche die Zahlung dem Inhaber geleistet werden kann, und Kostbarkeiten in der Regel die Bezirksregierungen, für die Hinterlegung anderer Wertpapiere und sonstiger Urkunden die Amtsgerichte, überdies findet bei den Amtsgerichten in gewissen Fällen

Artikel 145. Die Landesgesetze können über die Hinterlegung nähere Bestimmungen treffen, insbesondere den Nachweis der Empfangsberechtigung regeln und vorschreiben, daß die hinterlegten Gelder und Werthpapiere gegen die Verpflichtung zur Rückerstattung in das Eigenthum des Fiskus oder der als Hinterlegungsstelle bestimmten Anstalt übergehen, daß der Verkauf der hinterlegten Sachen von Amtswegen angeordnet werden kann sowie daß der Anspruch auf Rückerstattung mit dem Ablauf einer gewissen Zeit oder unter sonstigen Voraussetzungen zu Gunsten des Fiskus oder der Hinterlegungsanstalt erlischt. In den Fällen des §. 382, des §. 1171 Abs. 3 und des §. 1269 Satz 3 des Bürgerlichen Gesetzbuchs muß dem Hinterleger die Rücknahme des hinterlegten Betrags mindestens während eines Jahres von dem Zeitpunkt an gestattet werden, mit welchem das Recht des Gläubigers auf den hinterlegten Betrag erlischt.

Von einer gerichtlichen Anordnung kann die Hinterlegung nicht abhängig gemacht werden.

---

eine vorläufige Verwahrung statt. In bestimmten Angelegenheiten, insbesondere in Vormundschaftssachen, kann die Hinterlegung von Wertpapieren auch bei den in den Erlassen v. 17. und v. 18. Dezbr. 1899 bezeichneten Banken erfolgen. In Bayern sind die Amtsgerichte und für die Amtsgerichte, an deren Sitz sich eine Kgl. Bankanstalt befindet, diese Hinterlegungsstellen; für die Hinterlegung zu offenem Depot ist die Kgl. Bank Hinterlegungsstelle für ganz Bayern. In Sachsen sind die Amtsgerichte Hinterlegungsstellen, in Württemberg und in Hessen die Gerichte und zwar in der Regel die Amtsgerichte. In Baden ist der Verwaltungshof Hinterlegungsstelle für Geld, Wertpapiere und Kostbarkeiten, für andere Urkunden sind es die Amtsgerichte.

7. Vgl. Ges. über die Konsulargerichtsbarkeit v. 7. April 1900 § 39.

Artikel 145.

E. d. EG. II Art. 118; III Art. 145. P. II Bd. 1 S. 343, 359 ff.; Bd. 6 S. 165, 461 ff., 618. RB. S. 2114. StB. S. 3035, 3097.

Kopf, Das Hinterlegungsverhältnis, 1903.

Ein dem Art. 145 entsprechender Vorbehalt sollte nach dem E. I in dem BGB. selbst getroffen werden (E. I §§ 273 Abs. 2, 280 Abs. 3). Von der zweiten Kommission ist die Bestimmung in etwas veränderter Gestalt in das EG. verwiesen.

1. **Bestimmungen der Landesgesetze über die Hinterlegung.** Wegen des Zusammenhanges, in welchem die für die Hinterlegung geltenden näheren Bestimmungen mit der Organisation der Hinterlegungsstellen (s. Erl. 1 zu Art. 144) stehen, sind diese Bestimmungen der Landesgesetzgebung überlassen. Von selbst versteht sich, daß die von der Landesgesetzgebung erlassenen Bestimmungen mit den Vorschriften des BGB. nicht im Widerspruche stehen dürfen (s. Bd. II S. 230, Vorbm. 3, 4 vor § 372). Vorschriften der fraglichen Art sind in den Hinterlegungsordnungen der meisten Bundesstaaten getroffen. Es handelt sich dabei nicht um das Verhältnis zwischen dem Schuldner und dem Gläubiger, sondern um das Verhältnis zwischen diesen und der Hinterlegungsstelle. Dieses bestimmt sich im allgemeinen nach den Vorschriften des BGB. über die Verwahrung (§§ 688 ff.; vgl. auch § 278). Die sich hierauf beziehenden Vorschriften können auf Grund des Art. 145 von der Landesgesetzgebung ergänzt und geändert werden. Diese kann insbesondere auch Vorschriften über das bei der Hinterlegung zu beobachtende Verfahren geben. Die besondere Hervorhebung einzelner Vorschriften beruht teils auf der hervorragend praktischen Bedeutung derselben, teils auf dem Gesichtspunkte, daß bei ihnen Zweifel über die Zulässigkeit entstehen könnten.

2. **Bestimmungen über die Empfangsberechtigung.** Wer die Rückgabe der hinterlegten Sache zu fordern berechtigt ist, ergibt sich aus der Art, in welcher die Hinterlegung erfolgt ist, für die Hinterlegung zum Zwecke der Erfüllung einer Verbindlichkeit insbesondere aus den §§ 372, 373, 376—378, 382 des BGB. Darüber, wer die Rückgabe zu verlangen berechtigt ist, können aber im einzelnen Falle Zweifel entstehen, sei es, weil die Hinterlegung auf Grund des § 372 Satz 2 oder nach Maßgabe des § 373 erfolgt ist, oder weil nach der Hinterlegung eine

Änderung in der Person des Rückforderungsberechtigten z. B. durch Tod oder durch Zession eingetreten ist. Der Landesgesetzgebung ist daher die Ermächtigung erteilt, Vorschriften über den Nachweis der Empfangsberechtigung zu geben. Insbesondere kann sie bestimmen, daß zum Nachweise der Empfangsberechtigung des Gläubigers eine Erklärung des Schuldners erforderlich und genügend ist. Über die für diesen Fall dem Schuldner dem Gläubiger gegenüber obliegende Verpflichtung s. Bd. II S. 242 f. Erl. zu § 380.

3. Übergang des Eigentums hinterlegter vertretbarer Sachen auf die Hinterlegungsstelle. Nach BGB. § 700 können vertretbare Sachen in der Art hinterlegt werden, daß das Eigentum auf den Verwahrer übergehen und dieser verpflichtet sein soll, Sachen von gleicher Art, Güte und Menge zurückzugewähren. Die Landesgesetze können vorschreiben, daß die Hinterlegung immer als in dieser Art erfolgt anzusehen ist. Ist eine solche Bestimmung landesgesetzlich getroffen, so bedarf es auch bei Wertpapieren der im § 700 Abs. 2 vorgeschriebenen ausdrücklichen Vereinbarung nicht. Ist nach der landesgesetzlichen Vorschrift das Eigentum der hinterlegten Gelder und Wertpapiere auf die Hinterlegungsstelle übergegangen, so tritt an die Stelle des dem Hinterlegenden nach BGB. § 376 zustehenden Anspruchs auf Rückgabe der hinterlegten Sachen nach BGB. § 700 der Anspruch auf Rückerstattung von Sachen derselben Art und Menge. Auf diesen Anspruch findet der § 377 entsprechende Anwendung. An die Stelle des dem Gläubiger nach § 233 an den hinterlegten Geldern und Wertpapieren zustehenden Pfandrechts tritt ein Pfandrecht an dem Rückerstattungsanspruch. Ob und zu welchem Zinssatze die hinterlegten Gelder zu verzinsen sind, haben die Landesgesetze zu bestimmen.

4. Recht zum Verkaufe der hinterlegten Sache. Nach den Vorschriften über den Verwahrungsvertrag (BGB. §§ 688 ff.) ist der Verwahrer nicht berechtigt, die hinterlegte Sache zu verkaufen, sofern ihm ein solches Recht nicht durch Vereinbarung zugestanden ist. Die Landesgesetze können bestimmen, daß eine solche Vereinbarung nicht erforderlich ist, das fragliche Recht vielmehr der Hinterlegungsstelle immer oder unter bestimmten Voraussetzungen zusteht. Der durch den Verkauf erzielte Erlös tritt an die Stelle der hinterlegten Sache.

5. Erlöschen des Rückerstattungsanspruchs nach Ablauf einer bestimmten Zeit. Der Anspruch des Hinterlegers unterliegt nach allgemeinen Grundsätzen der Verjährung. Abgesehen hiervon findet ein Erlöschen des Anspruchs durch Ablauf einer bestimmten Frist nicht statt, sofern dies nicht durch besondere Vereinbarung bestimmt ist. Den Landesgesetzen steht indessen auch in dieser Beziehung die Befugnis zu, eine derartige Bestimmung allgemein zu treffen. Statt des Ablaufs einer Frist oder neben derselben können auch andere Voraussetzungen für das Erlöschen des Anspruchs auf Rückerstattung bestimmt werden. Die Fassung der betreffenden Vorschrift des Art. 145, nach welcher die Landesgesetzgebung bestimmen kann „daß der Anspruch auf Rückerstattung mit dem Ablauf einer gewissen Zeit oder unter sonstigen Voraussetzungen zugunsten des Fiskus oder der Hinterlegungsanstalt erlischt", ist so allgemein, daß sie sich auf den in dem BGB. § 382 bezeichneten Fall mit zu beziehen scheint. Die Landesgesetzgebung würde hiernach also auch zu der Bestimmung befugt sein, daß bei einer auf Grund des § 382 erfolgten Hinterlegung der Anspruch des Gläubigers auf den hinterlegten Betrag schon vor dem Ablaufe der in dem § 382 für das Erlöschen dieses Anspruchs bestimmten Frist von dreißig Jahren erlöschen soll. Dies ist indessen, wie sich aus P. II Bd. 6 S. 463 ergibt, nicht beabsichtigt gewesen; vielmehr ist die zweite Kommission davon ausgegangen, daß durch die Vorschrift des § 382, nach welcher der fragliche Anspruch des Gläubigers nach Ablauf von dreißig Jahren von dem Empfange der Anzeige der Hinterlegung an erlösche, zugleich positiv bestimmt sei, daß der Anspruch bis zum Ablaufe dieser Frist bestehen bleibe und daß diese reichsrechtliche Vorschrift auf Grund des Vorbehalts des Art. 145 durch die Landesgesetzgebung nicht geändert werden könne. Diese Auffassung wird bei der Auslegung des Art. 145 als maßgebend zu betrachten sein. Kann hiernach die Landesgesetzgebung die in dem § 382 bestimmte Frist nicht abkürzen, so dürfte sie doch berechtigt sein, besondere Bestimmungen zu dem Zwecke zu treffen, um die Schwierigkeiten zu beseitigen, welche aus der Bestimmung entstehen, daß die dreißigjährige Frist erst von dem Zeitpunkt an äuft, in welchem der Gläubiger die Anzeige von der Hinterlegung empfangen hat. Die Anzeige ist Sache des Schuldners (BGB. § 374 Abs. 2), aber dieser kann nicht dazu gezwungen werden. Soll daher das Recht des Gläubigers auf den hinterlegten Betrag nicht infolge der Unterlassung der Anzeige durch den Schuldner ewig fortdauern, so wird der Hinterlegungsstelle das Recht eingeräumt werden müssen, diese Anzeige selbst zu bewirken. Einer landesgesetzlichen Vorschrift, durch welche dies bestimmt wird, steht der § 382 Halbsatz 2 nicht entgegen, weil er zu dem Beginne der Frist nur den Empfang der Anzeige überhaupt, nicht den Empfang einer Anzeige-

Artikel 146. Ist durch Landesgesetz bestimmt, daß die Hinterlegungsstellen auch andere Sachen als Geld, Werthpapiere und sonstige Urkunden sowie Kostbarkeiten anzunehmen haben, so finden auf Schuldverhältnisse, die auf Leistung derartiger Sachen gerichtet sind, die Vorschriften der §§. 372 bis 382 des Bürgerlichen Gesetzbuchs Anwendung.

---

des Schuldners erfordert (s. Bd. II Erl. 3 zu § 382). Auf dem hier vertretenen Standpunkte stehen z. B. auch das preuß. AG. Art. 84 §§ 18, 58a und die bayerische Verordnung, das gerichtliche Hinterlegungswesen betreffend, v. 18. Dezember 1899 §§ 22, 33.

Eine zweite Beschränkung des Rechtes der Landesgesetzgebung wird im Abs. 1 Satz 2 des Art. 145 bestimmt. Nach BGB. § 382 ist der Schuldner, wenn das Recht des Gläubigers auf den hinterlegten Betrag durch den Ablauf der dreißigjährigen Frist erloschen ist, zur Rücknahme berechtigt. Dieses Recht soll dem Schuldner durch die Landesgesetzgebung nicht verkümmert werden können und deshalb wird in dem gedachten Satz 2 bestimmt, daß dem Hinterleger die Rücknahme des hinterlegten Betrags mindestens während eines Jahres von dem Zeitpunkt an gestattet bleiben müsse, in welchem das Recht des Gläubigers auf den hinterlegten Betrag erloschen sei. In ähnlicher Weise wie im § 382 wird in den §§ 1171 Abs. 3, 1269 Satz 3 dem Hinterleger das Recht eingeräumt, den hinterlegten Betrag, nachdem das Recht des Gläubigers darauf durch den Ablauf von dreißig Jahren nach der Erlassung des Ausschlußurteils erloschen ist, zurückzunehmen. Auch dieses Recht des Hinterlegers sollen die Landesgesetze nicht verkümmern können und ihr Recht wird deshalb dahin beschränkt, daß das Recht des Hinterlegers auf den hinterlegten Betrag mindestens noch ein Jahr nach dem Erlöschen des Rechtes des Gläubigers bestehen bleiben muß. Die gleiche Beschränkung ergibt sich für die analogen Fälle des § 142 ZVG. aus § 2 Abs. 1 Satz 1 des EG. zum ZVG.

6. **Unabhängigkeit des Rechtes zur Hinterlegung von einer gerichtlichen Anordnung.** Der Abs. 2 enthält eine weitere Beschränkung des im Abs. 1 bestimmten Rechtes der Landesgesetzgebung, nähere Bestimmungen über die Hinterlegung zu treffen. Das Recht des Schuldners oder des sonst zur Hinterlegung Berechtigten soll nicht dadurch verkümmert werden können, daß die Hinterlegung von einer gerichtlichen Anordnung abhängig gemacht wird (s. Bd. II S. 230 Vorbm. 4 vor § 372). Der Abs. 2 bezieht sich übrigens nicht nur auf die Hinterlegung zum Zwecke der Befreiung von einer Schuld, sondern auf alle Fälle der Hinterlegung, für welche diese nicht reichsrechtlich von der Anordnung durch eine Behörde abhängig gemacht ist; s. BGB. §§ 489, 1716, 1818.

7. **Rechtsweg gegen die Hinterlegungsstelle.** In der RTK. war der Antrag gestellt, an einer passenden Stelle folgenden neuen Absatz einzuschalten: „Aufgehoben werden diejenigen Vorschriften, welche den Rechtsweg für die Ansprüche gegen die Hinterlegungsstelle ausschließen oder beschränken.“ Begründet wurde der Antrag durch den Hinweis darauf, daß die preuß. Hinterlegungsordnung in bezug auf die Rückforderung hinterlegter Gelder den Rechtsweg ausschließe und daß dies, da es sich dabei um einen lediglich privatrechtlichen Anspruch handele, ungehörig und nicht zu rechtfertigen sei. Der Antrag wurde von den Regierungsvertretern, obwohl sie anerkannten, daß diese Beschränkung des Rechtswegs prinzipiell nicht begründet sei, durch die Hinweisung darauf bekämpft, daß die fragliche Bestimmung dem nur unter großen Schwierigkeiten bei Erlassung des Gerichtsverfassungsgesetzes v. 1877 im § 13 desselben zustande gekommenen staatsrechtlichen Kompromisse zwischen der Reichsgesetzgebung und der Landesgesetzgebung entspreche. Der Antrag wurde darauf zurückgezogen. Die bei der Beratung von einzelnen Mitgliedern geäußerte Ansicht, daß infolge der reichsrechtlichen Regelung der Hinterlegung mit dem Inkrafttreten des BGB. die preußische Vorschrift hinfällig werde, dürfte sich nicht rechtfertigen lassen. Die von anderen Mitgliedern als notwendig bezeichnete Änderung des § 13 des GVG. ist nicht erfolgt. Es verbleibt daher in dieser Beziehung bei dem bisherigen Rechtszustande.

8. Über **landesgesetzliche Vorschriften** s. Erl. 4 zu Art. 144.

Artikel 146.

E. d. EG. II Art. 119; III Art. 146. P. II Bd. 1 S. 343 f., 356 ff.; Bd. 6 S. 461 ff., 618 ff. RB. S. 2114. StB. S. 3035, 3097.

1. **Anwendbarkeit der §§ 372—382 des BGB. auf die landesgesetzlich zugelassene Hinterlegung anderer als der im § 372 bezeichneten Sachen.** Nach BGB. § 372 sind nur Geld, Wert-

Artikel 147. Unberührt bleiben die landesgesetzlichen Vorschriften, nach welchen für die dem Vormundschaftsgericht oder dem Nachlaßgericht obliegenden Verrichtungen andere als gerichtliche Behörden zuständig sind.

Sind durch Landesgesetz die Verrichtungen des Nachlaßgerichts einer anderen Behörde als einem Gericht übertragen, so ist für die Abnahme des im §. 2006 des Bürgerlichen Gesetzbuchs vorgeschriebenen Offenbarungseids das Amtsgericht zuständig, in dessen Bezirke die Nachlaßbehörde ihren Sitz hat.

---

papiere und sonstige Urkunden sowie Kostbarkeiten zur Hinterlegung von seiten des Schuldners geeignet. Für andere bewegliche Sachen tritt an die Stelle des Rechtes der Hinterlegung nach Maßgabe der §§ 383ff. des BGB. das Recht, die Sache zu versteigern und den Erlös zu hinterlegen. Die Beschränkung der Hinterlegung auf die im § 372 bestimmten Sachen beruht auf dem Grunde, daß den einzelnen Bundesstaaten nicht zugemutet werden könne, die Hinterlegungsstellen so einzurichten, daß sie auch für die Hinterlegung anderer als der im § 372 bezeichneten Sachen geeignet seien. Einer Ausdehnung der Hinterlegung auf andere Sachen steht vom rechtlichen Standpunkt aus kein Bedenken entgegen. Im E. I des BGB. § 280 Abs. 2 war daher den Landesgesetzen gestattet, zu bestimmen, daß die Hinterlegungsstellen auch noch andere Sachen als Geld und Wertpapiere anzunehmen haben, und daß auf die Schuldverhältnisse, bei welchen der Leistungsgegenstand in solchen anderen Sachen besteht, die Vorschrift des § 272 (jetzt § 372) Anwendung findet. Von der zweiten Kommission ist diese Vorschrift in das EG. verwiesen und insofern geändert, als die Zulässigkeit einer Bestimmung, nach welcher die Hinterlegungsstellen auch andere als die im BGB. § 372 bezeichneten Sachen anzunehmen haben, als selbstverständlich angesehen und deshalb nur bestimmt wird, daß, wenn die Landesgesetze die Hinterlegung anderer Sachen zulassen, auf Schuldverhältnisse, die auf die Leistung solcher Sachen gerichtet sind, die Vorschriften des BGB. §§ 372—382 Anwendung finden. Kraft Reichsrechts wird also ein solches Schuldverhältnis, sobald die Landesgesetze die Hinterlegungsstelle zu der Annahme von Sachen, auf welche das Schuldverhältnis geht, ermächtigen, den Vorschriften des BGB. §§ 372—382 über die Hinterlegung unterworfen und die Landesgesetzgebung ist weder berechtigt, die Voraussetzungen der Zulässigkeit der Hinterlegung noch deren Wirkungen für ein solches Schuldverhältnis abweichend von dem BGB. zu bestimmen. Die Art. 144, 145 finden indessen auch auf die Hinterlegung solcher anderer Sachen Anwendung. Selbstverständlich wird durch den Art. 146 eine Hinterlegung nicht berührt, welche nicht zu dem Zwecke der Erfüllung einer Verbindlichkeit erfolgt.

2. Landesgesetzliche Vorschriften. Für Preußen ist durch AG. Art. 84 XX § 89 ausdrücklich bestimmt, daß andere als die im BGB. § 372 bezeichneten Sachen zur Hinterlegung nicht geeignet sind. Auf demselben Standpunkte stehen, soviel ersichtlich, die AG. der übrigen Staaten.

Artikel 147.

E. d. EG. I Art. 91 Abs. 1, 4, 5; II Art. 120; III Art. 147. P. I S. 12973; M. d. EG. S. 232ff. P. II Bd. 5 S. 757f.; Bd. 6 S. 454f., 457ff., 463f.

1. Ersetzung des Vormundschaftsgerichts durch andere Behörden. Das BGB. enthält eine große Zahl von Vorschriften, durch welche bestimmt wird, daß dem Vormundschaftsgericht in gewissen Angelegenheiten die Entscheidung, die Aufsicht oder eine Mitwirkung zustehe. Eine solche Zuständigkeit des Vormundschaftsgerichts ist insbesondere begründet bei der Volljährigkeitserklärung, bei der elterlichen Gewalt, der Vormundschaft und in einzelnen Beziehungen bei dem Rechtsverhältnis unter Ehegatten (s. z. B. die §§ 3, 1308, 1314, 1357 Abs. 2, 1358, 1402, 1447, 1451, 1612, 1629, 1630, 1635—1637, 1640, 1665—1673, 1677, 1685, 1687, 1693, 1773—1921). Nach FGG. § 35 sind für die dem Vormundschaftsgericht obliegenden Verrichtungen die Amtsgerichte zuständig. Daneben enthält das FGG. noch eine Reihe anderer sich auf die Tätigkeit des Vormundschaftsgerichts beziehender Vorschriften (s. z. B. FGG. §§ 48—50, 54). Durch den Art. 147 wird nun der Landesgesetzgebung gestattet, die Verrichtungen des Vormundschaftsgerichts einer anderen Behörde als einem Gerichte zu übertragen. Nach FGG. § 189 gilt ein dem Art. 147 entsprechender Vorbehalt auch für die das Vormundschaftsgericht betreffenden Vorschriften des FGG.

Was unter einer Behörde zu verstehen ist, bestimmt sich nach den Landesgesetzen. In Betracht kommen hauptsächlich die Gemeindebehörden, denen z. B. in Württemberg von alters her die Verrichtungen des Vormundschaftsgerichts im großen Umfang obliegen. Auch die Übertragung dieser Vorschriften an Notare ist zulässig, wenn diese nach den Landesgesetzen als Behörden zu betrachten sind.

Die Befugnis der Landesgesetzgebung beschränkt sich darauf, andere als gerichtliche Behörden für die dem Vormundschaftsgericht obliegenden Verrichtungen für zuständig zu erklären. In der zweiten Kommission war ein Antrag gestellt, den Vorbehalt dahin zu erweitern, daß auch ein dem Vormundschaftsgericht im Instanzenzuge vorgesetztes Gericht für zuständig erklärt werden könne. Gegen den Antrag wurde von mehreren Seiten eingewendet, daß aus der Befugnis der Landesgesetzgebung, andere als gerichtliche Behörden für zuständig zu erklären, auch die weniger weitgehende Befugnis zu folgern sei, ein dem Vormundschaftsgerichte vorgesetztes Gericht für zuständig zu erklären. Der Antrag wurde dann zurückgezogen (P. II Bd. 6 S 463f.). Die hiernach in der Kommission vertretene Ansicht über die Tragweite des Vorbehalts dürfte nicht richtig sein. Die Befugnis, ein anderes Gericht als das gesetzlich bestimmte für zuständig zu erklären, ist nicht ein minus der Befugnis, eine andere als eine gerichtliche Behörde für zuständig zu erklären, sondern etwas ganz anderes. Das BGB. enthielt noch gar keine Vorschrift darüber, welches Gericht als Vormundschaftsgericht zuständig sein solle. Zu einem Vorbehalt in dieser Richtung lag daher gar keine Veranlassung vor. Erst durch das FGG. ist bestimmt, daß als Vormundschaftsgericht das Amtsgericht zuständig sei. Einen Vorbehalt, durch welchen die Landesgesetzgebung ermächtigt würde, an Stelle des Amtsgerichts ein anderes Gericht für zuständig zu erklären, enthält das FGG. nicht; der § 189 beschränkt sich vielmehr darauf, die Vorbehalte des EG. auf das FGG. auszudehnen. Die Landesgesetzgebung wird hiernach z. B. zwar befugt sein, für die Volljährigkeitserklärung das Justizministerium für zuständig zu erklären, nicht aber das Landgericht (a. A. Niedner, Erl. 3 zu Art. 147).

2. Ersetzung des Nachlaßgerichts durch andere Behörden. Verrichtungen verschiedener Art werden durch das BGB. dem Nachlaßgericht übertragen (s. insbesondere §§ 1342, 1507, 1597, 1945, 1955, 1960—1962, 1965, 1966, 1981—1988, 1994—2013, 2081, 2202, 2353—2370). Nach FGG. § 72 sind für die Verrichtungen des Nachlaßgerichts die Amtsgerichte zuständig. Andere die Tätigkeit des Nachlaßgerichts betreffende Vorschriften enthält das FGG. §§ 83, 86ff. Nach Art. 147 und der entsprechenden Vorschrift des FGG. § 189 können die Verrichtungen des Nachlaßgerichts ebenso wie die des Vormundschaftsgerichts anderen Behörden als den Gerichten übertragen werden. In betreff der Tragweite des Vorbehalts gilt dasselbe wie in Erl. 1.

3. Ausnahme in betreff der Abnahme des Offenbarungseids. Der Abs. 2 bestimmt eine Beschränkung des im Abs. 1 ausgesprochenen Vorbehalts. Die Abnahme des im § 2006 des BGB. vorgeschriebenen Offenbarungseids kann, wenn die Verrichtungen des Nachlaßgerichts einer anderen Behörde als einem Gericht übertragen sind, nicht von dieser Behörde erfolgen; vielmehr ist hierfür nur das Amtsgericht, in dessen Bezirke die Nachlaßbehörde ihren Sitz hat, zuständig.

4. Für die Tätigkeit der Behörden, welchen nach landesgesetzlicher Vorschrift die Verrichtungen des Vormundschaftsgerichts oder des Nachlaßgerichts übertragen sind, **gelten die in dieser Beziehung durch das BGB. für die Vormundschaftsgerichte und die Nachlaßgerichte gegebenen Vorschriften.** In betreff des Verfahrens trifft dasselbe für die Vorschriften des FGG. §§ 1ff. nach FGG. § 194 Abs. 1 zu; in einzelnen Beziehungen sind jedoch in dem § 194 Abs. 2—4 und in den §§ 195, 196 besondere Vorschriften gegeben. Spezielle neben dem Art. 147 und dem FGG. § 189 geltende Vorbehalte zugunsten der Landesgesetzgebung enthalten die §§ 190, 192 des FGG. in betreff des Vorsitzes im Familienrat und der Berechtigung des Nachlaßgerichts, unter gewissen Voraussetzungen von Amts wegen die Auseinandersetzung über einen Nachlaß zu bewirken.

5. Landesgesetzliche Vorschriften. Preußen, AG. zum FGG. v. 21. September 1899 Art. 21, 104ff.; in Preußen ist für Vormundschaftssachen von dem Vorbehalte kein Gebrauch gemacht, dagegen für Nachlaßsachen ist eine beschränkte Tätigkeit gewisser Dorfgerichte und ähnlicher Organe (s. Verf. des Justizmin. v. 20. und v. 28. Dezember 1899) zugelassen, überdies sind die Notare für Erbauseinandersetzungen für zuständig erklärt. Bayern, AG. Art. 2, 104—106; Notariatsordnung v. 9. Juni 1899 Art. 1, 2; Nachlaßges. v. 9. August 1902 Art. 2, 6, 8; in Bayern ist von dem Vorbehalte nur für Nachlaßsachen Gebrauch gemacht, indem die Bürgermeister zur Nachlaßsicherung herangezogen und die Notare für die Eröffnung von Verfügungen von Todes wegen und die Auseinandersetzung in gewissem Umfange für zuständig erklärt sind. Sachsen, V. v. 24. Juli 1899 §§ 14, 97—100; Württemberg, AG. Art. 41—70 über das Vormundschaftswesen, Art. 71—73 über das Nachlaßwesen, Art. 125ff.

Artikel 148. Die Landesgesetze können die Zuständigkeit des Nachlaßgerichts zur Aufnahme des Inventars ausschließen.

Artikel 149. Unberührt bleiben die landesgesetzlichen Vorschriften, nach welchen bei der Errichtung einer Verfügung von Todeswegen der Richter an Stelle des Gerichtsschreibers oder der zwei Zeugen eine besonders dazu bestellte Urkundsperson zuziehen kann.

Auf die Urkundsperson finden die Vorschriften der §§. 2234 bis 2236 des Bürgerlichen Gesetzbuchs Anwendung.

über öffentliche Vermögensverzeichnisse, Verfügungen des Justizministeriums v. 14. Septbr. 1899 betr. das Vormundschaftswesen und betr. das Nachlaßwesen; Baden, Rechtspolizeigesetz v. 17. Juni 1899 §§ 16—21, 44—46; Hessen, Gesetz betr. das Notariat v. 15. März 1899 Art. 11, AG. zum FGG. Art. 47, 49—52, Dienstanweisung für die Ortsgerichte v. 24. Novbr. 1899; Mecklenburg, AV. zum BGB. § 253, AV. zum FGG. v. 9. April 1899 §§ 42ff.; Oldenburg, AG. zum FGG. v. 15. Mai 1899 § 12; Elsaß-Lothringen, AG. zum FGG. v. 6. November 1899 §§ 24—27, 28, 30—38; Hamburg, AG. §§ 70—78, Gesetz betr. die Vormundschaftsbehörde v. 14. Juli 1899, Gesetz betr. das Notariat v. 29. Dezember 1899 § 6 Nr. 2; Bremen, AG. §§ 55, 63.

Artikel 148.

E. d. EG. II Art. 121; III Art. 148. P. II Bd. 6 S. 454, 461.

1. **Ausschluß der Zuständigkeit des Nachlaßgerichts zu der Aufnahme des Inventars.** Die Inventarerrichtung (BGB. § 1993) erfolgt durch den Erben selbst unter Zuziehung einer zuständigen Behörde oder eines zuständigen Beamten oder Notars (BGB. § 2002). Der Erbe kann aber statt dessen auch die Aufnahme des Inventars durch das Nachlaßgericht selbst beantragen. Durch diesen Antrag wird die Inventarfrist gewahrt. Das Nachlaßgericht hat, wenn der Antrag gestellt wird, entweder das Inventar selbst aufzunehmen oder die Aufnahme einer zuständigen Behörde oder einem zuständigen Beamten oder Notar zu übertragen. Im E. I § 2103 lautet der erste Satz dahin: „Auf Antrag des Erben hat das Nachlaßgericht das Inventar entweder selbst aufzunehmen, sofern es für die Aufnahme nach den Landesgesetzen zuständig ist, oder die zuständige Behörde oder einen zuständigen Beamten mit der Aufnahme zu beauftragen."

Im BGB. § 2003 sind die Worte „sofern es für die Aufnahme nach den Landesgesetzen zuständig ist" wegfallen. An ihre Stelle ist der Vorbehalt des Art. 148 getreten. Hieraus ergibt sich die Tragweite des Vorbehalts. Die Landesgesetze können bestimmen, daß, wenn der Erbe den im § 2003 des BGB. bezeichneten Antrag an das Nachlaßgericht stellt, dieses nicht zuständig ist, das Inventar selbst aufzunehmen, sondern die Aufnahme einer zuständigen Behörde oder einem zuständigen Beamten oder Notar zu übertragen hat. Die Landesgesetze können aber nicht das Recht des Erben ausschließen, den fraglichen Antrag an das Nachlaßgericht oder an die auf Grund des Art. 147 landesgesetzlich an dessen Stelle tretende Behörde zu stellen und hierdurch die Inventarfrist zu wahren. Der Vorbehalt des Art. 148 war neben dem des Art. 147 notwendig, weil durch diesen nur die Ersetzung des Nachlaßgerichts durch eine andere Behörde zugelassen wird, während der Art. 148 den Ausschluß einer reichsrechtlich bestimmten Zuständigkeit des Nachlaßgerichts und zwar auch für den Fall zuläßt, daß landesgesetzlich die Verrichtungen des Nachlaßgerichts nicht einer anderen Behörde übertragen sind. (Mit Unrecht bezieht Niedner den Vorbehalt des Art. 148 auf § 2002 des BGB.) Einen entsprechenden Vorbehalt enthält das FGG. § 198 für die im § 169 bestimmten Fälle.

2. **Landesgesetzliche Vorschriften.** Vgl. Erl. 5 zu Art. 147; Bayern, AG. Art. 167 I Abs. 3, Notar.Ges. Art. 1; Hessen, AG. Art. 117, Elsaß-Lothringen, AG. z. FGG. § 37.

Artikel 149.

E. d. EG. II Art. 122; III Art. 149. P. II Bd. 2 S. 330ff.; Bd. 6 S. 450f. RB. S. 2114. StB. S. 3035.

1. **Zuziehung einer besonders bestellten Urkundsperson bei der Errichtung des Testaments an Stelle des Gerichtsschreibers oder der zwei Zeugen.** Nach BGB. §§ 2233, 2276 muß der Richter zu der Errichtung eines Testaments oder Erbvertrags einen Gerichtsschreiber oder zwei Zeugen zuziehen. Mit Rücksicht auf die in einzelnen Staaten z. B. in Sachsen bestehenden

Artikel 150. Unberührt bleiben die landesgesetzlichen Vorschriften, nach welchen im Falle des §. 2249 des Bürgerlichen Gesetzbuchs an Stelle des Vorstehers oder neben dem Vorsteher eine andere amtlich bestellte Person zuständig ist.

Einrichtungen gestattet der Art. 149 der Landesgesetzgebung die Vorschrift, daß der Richter statt des Gerichtsschreibers oder der zwei Zeugen eine besonders bestellte Urkundsperson zuziehen kann. Nach Abs. 2 finden auf die Urkundsperson die Vorschriften des BGB. §§ 2234—2236 Anwendung. Die Urkundsperson kann also bei der Errichtung nicht mitwirken, wenn sie zu dem Erblasser oder zu dem Richter in einem Verhältnisse der im § 2234 bezeichneten Art steht oder wenn sie in der betreffenden Verfügung von Todes wegen bedacht wird oder zu dem Bedachten in einem Verhältnisse der im § 2234 bezeichneten Art steht. Ein Verstoß gegen die erstgedachten Vorschriften begründet die Nichtigkeit des ganzen Testaments oder Erbvertrags, ein Verstoß gegen die letztgedachte Vorschrift die Nichtigkeit der Zuwendung an den Bedachten. Die für Zeugen in dem § 2237 gegebenen Sollvorschriften finden auf die Urkundsperson keine Anwendung.

Über die Art und Weise, in welcher die Bestellung der Urkundsperson erfolgt, und über die Voraussetzungen einer gültigen Bestellung sowie über die sonstigen hierbei zu beachtenden Vorschriften entscheidet die Landesgesetzgebung. Nicht erforderlich ist eine dauernde Anstellung. Die Bestellung kann auch für einen einzelnen Fall erfolgen; notwendig ist nur eine besondere Bestellung. Von wem diese zu erfolgen hat bestimmt die Landesgesetzgebung. Daß die Urkundsperson während der ganzen Verhandlung zugegen sein muß, ergibt sich aus BGB. § 2239.

2. Einen entsprechenden Vorbehalt für die gerichtliche Beurkundung enthält FGG. § 198.

3. **Landesgesetzliche Vorschriften.** Sachsen, AG. § 46.

Artikel 150.

E. d. EG. II Art. 123; III Art. 150. P. II Bd. 5 S. 343 f.; Bd. 6 S. 451.

1. **Zuständigkeit einer anderen amtlich bestellten Person an Stelle des Vorstehers im Falle des § 2249.** Nach BGB. § 2249 kann, wenn zu besorgen steht, daß der Erblasser früher sterben werde als die Errichtung eines Testaments vor einem Richter oder vor einem Notar möglich ist, das Testament vor dem Vorsteher der Gemeinde, in welcher er sich aufhält oder, falls er sich in dem Bereich eines durch Landesgesetz einer Gemeinde gleichgestellten Verbandes oder Gutsbezirkes aufhält, vor dem Vorsteher dieses Verbandes oder Bezirkes errichtet werden. Der Art. 150 gestattet der Landesgesetzgebung vorzuschreiben, daß an die Stelle des Vorstehers oder neben demselben eine andere amtlich bestellte Person zuständig ist. Der Vorbehalt war von der zweiten Kommission mit Rücksicht auf die in Hessen und Sachsen bestehenden Einrichtungen nur in beschränkterer Art, nämlich dahin beschlossen, daß die Errichtung des Testaments auch vor einem zur Vornahme von Akten der freiwilligen Gerichtsbarkeit für die Gemeinde bestellten Beamten erfolgen könne. Die jetzige allgemeinere Fassung beruht auf dem Beschlusse des Bundesrats. Die Landesgesetzgebung kann hiernach allgemein bestimmen, daß an Stelle des Vorstehers oder neben demselben irgend eine andere amtlich bestellte Person zuständig sein soll. Nur die amtliche Bestellung ist also erforderlich. Von wem und in welcher Art diese zu erfolgen hat, bestimmt die Landesgesetzgebung. Diese kann also insbesondere auch bestimmen, daß der Pfarrer der betreffenden Gemeinde amtlich bestellt werden könne. Von praktischer Bedeutung ist dies, wie in der Begründung zum preuß. AG. ausgeführt wird, namentlich für die nordfriesischen und ostfriesischen Inseln, in denen bisweilen der Vorsteher die für die Aufnahme des Testaments erforderlichen Eigenschaften nicht in genügendem Maße besitzt.

2. **Ausdehnung auf den Fall des § 2250.** Nach BGB. § 2250 kann derjenige, welcher sich an einem Orte aufhält, der infolge des Ausbruchs einer Krankheit oder infolge sonstiger außerordentlicher Umstände dergestalt abgesperrt ist, daß die Errichtung eines Testaments vor einem Richter oder vor einem Notar nicht möglich oder doch erheblich erschwert ist, ein Testament in der durch den § 2249 Abs. 1 des BGB. vorgeschriebenen Form errichten. Obwohl nun der Art. 150 die dort bezeichnete Befugnis den Landesgesetzen nur im Falle des § 2249 erteilt, so wird doch, wenn von dieser Befugnis Gebrauch gemacht wird, auch im Falle des § 2250 das Testament vor der an der Stelle des Vorstehers oder neben demselben amtlich bestellten Person errichtet werden können; denn durch die Errichtung vor dieser wird in dem vorausgesetzten Falle die in dem § 2249 vorgeschriebene Form beobachtet.

Artikel 151. Durch die Vorschriften der §§. 2234 bis 2245, 2276 des Bürgerlichen Gesetzbuchs und des Artikel 149 dieses Gesetzes werden die allgemeinen Vorschriften der Landesgesetze über die Errichtung gerichtlicher oder notarieller Urkunden nicht berührt. Ein Verstoß gegen eine solche Vorschrift ist, unbeschadet der Vorschriften über die Folgen des Mangels der sachlichen Zuständigkeit, ohne Einfluß auf die Gültigkeit der Verfügung von Todeswegen.

---

3. Landesgesetzliche Vorschriften. Preußen, AG. Art. 80, vgl. auch die allg. Verf. v. 7. Juli 1900 und v. 1. Juli 1902; Sachsen, AG. § 47; Baden, Rechtspolizeigesetz v. 17. Juni 1899 §§ 38, 39; Hessen, AG. zum FGG. v. 18. Juli 1899 Art. 130; Oldenburg, AG. § 35; Lübeck, AG. § 149.

Artikel 151.

E. I § 1924. E. d. EG. II Art. 124; III Art. 151. P. I S. 9763 ff., 9827 ff., 12250; M. V S. 280 f. P. II Bd. 5 S. 342; Bd. 6 S. 452. RB. S. 2114 f. StB. S. 3035, 3097.

Dorner, Die örtliche Zuständigkeit und Überschreiten des Amtsbezirkes bei gerichtlichen und notariellen Urkunden, in Z. f. CP. Bd. 28 S. 241 ff.

1. **Landesgesetzliche allgemeine Vorschriften über die Errichtung gerichtlicher oder notarieller Urkunden.** Die in dem Art. 151 angeführten §§ 2234—2245, 2276 des BGB. enthalten die Vorschriften über die Errichtung eines Testaments oder eines Erbvertrags vor einem Richter oder vor einem Notar. Der Art. 149 des EG. gestattet den Landesgesetzen die dort bestimmte Modifikation. Abgesehen hiervon können die Landesgesetze die erwähnten Vorschriften des BGB. nicht ändern. In den meisten Bundesstaaten bestehen indessen allgemeine Vorschriften über die Errichtung gerichtlicher oder notarieller Urkunden. Insbesondere bestehen häufig Vorschriften über das bei der Aufnahme solcher Urkunden zu beobachtende Verfahren, z. B. über Durchstreichungen, Rasuren 2c., ferner darüber, in welcher Art der Richter oder Notar die Identität und die Geschäftsfähigkeit der vor ihm erscheinenden Personen feststellen soll. Alle Vorschriften solcher Art sollen nach Art. 151 neben den gedachten Vorschriften des BGB. über die Form der Verfügung von Todes wegen bestehen bleiben und neu getroffen werden können. Ihre Nichtbeobachtung soll aber abgesehen von den Vorschriften über die sachliche Zuständigkeit ohne Einfluß auf die Gültigkeit der Verfügung von Todes wegen sein. Die in dem FGG. §§ 169—182 gegebenen Vorschriften über die Errichtung gerichtlicher und notarieller Urkunden gelten nach § 168 nur unbeschadet der Vorschriften des BGB. über die Errichtung von Testamenten und Erbverträgen. Einen dem Art. 151 entsprechenden Vorbehalt zugunsten der Landesgesetze enthält das FGG. § 200 Abs. 2, während der Abs. 1 noch darüber hinaus den Landesgesetzen Vorschriften zur Ergänzung und Ausführung des FGG. gestattet.

2. Bestritten ist, welche Bedeutung die Worte **„unbeschadet der Vorschriften über die Folgen des Mangels der sachlichen Zuständigkeit"** haben (vgl. Dorner im Recht 1900 S. 473 ff., S. 505 ff. und die dort angeführten Schriftsteller; Niedner, Erl. 5 zu Art. 151). Nach der einen Ansicht soll die Verletzung einer landesgesetzlichen Vorschrift über die sachliche Zuständigkeit immer die Nichtigkeit des betreffenden Rechtsgeschäfts zur Folge haben. Nach einer anderen Ansicht soll diese Folge nur eintreten, wenn das Landesgesetz sie ausdrücklich bestimmt. Nach einer dritten Ansicht (Niedner) wird unterschieden, ob es sich um eine von den Landesgesetzen auf Grund des Art. 141 erlassene Vorschrift handelt, nach welcher nur die Notare oder nur die Gerichte für die dort bezeichneten Rechtsgeschäfte zuständig sein sollen, oder ob eine andere, die sachliche Zuständigkeit berührende Vorschrift in Frage steht, z. B. die Vorschrift, daß nicht alle Notare, sondern nur eine bestimmte Kategorie derselben zu der Errichtung eines Testaments oder eines Erbvertrags zuständig sei. Weder die eine noch die andere dieser Ansichten dürfte zu billigen sein. Grundsätzlich wird vielmehr davon auszugehen sein, daß die Landesgesetze selbst zu bestimmen haben, ob die Verletzung einer von ihnen über die sachliche Zuständigkeit gegebene Vorschrift die Nichtigkeit des betreffenden Rechtsgeschäfts zur Folge haben soll oder nicht. Die oben hervorgehobenen Worte des Art. 151 bestimmen nicht, daß der Mangel der sachlichen Zuständigkeit die Nichtigkeit des betreffenden Rechtsgeschäfts zur Folge habe, sondern sie gestatten nur, den Landesgesetzen eine solche Bestimmung zu geben. Nicht notwendig ist, daß das Landesgesetz ausdrücklich die Nichtigkeit als Folge des Mangels der sachlichen Zuständigkeit bestimmt.

Artikel 152. Unberührt bleiben die landesgesetzlichen Vorschriften, welche für die nicht nach den Vorschriften der Civilprozeßordnung zu erledigenden Rechtsstreitigkeiten die Vorgänge bestimmen, mit denen die nach d-n Vorschriften des Bürgerlichen Gesetzbuchs an die Klagerhebung und an die Rechtshängigkeit geknüpften Wirkungen eintreten. Soweit solche Vorschriften fehlen, finden die Vorschriften der Civilprozeßordnung entsprechende Anwendung.

Es genügt vielmehr, wenn die hierauf gerichtete Absicht sich unter Berücksichtigung aller Umstände durch Auslegung feststellen läßt. Im Zweifel dürfte eine solche Absicht nach der Natur der die sachliche Zuständigkeit betreffenden Vorschriften anzunehmen sein. Dies gilt insbesondere von einer auf Grund des Art. 141 getroffenen landesgesetzlichen Vorschrift, nach welcher nur die Notare oder nur die Gerichte zur Beurkundung der im Art. 141 bezeichneten Rechtsgeschäfte zuständig sein sollen. Reichsrechtlich ist das betreffende Rechtsgeschäft nichtig, wenn es weder von einem Notar noch von einem Gerichte beurkundet ist. An die Stelle des Gerichts oder des Notars tritt kraft der auf Grund des Art. 141 getroffenen landesgesetzlichen Vorschrift ausschließlich nur das Gericht oder nur der Notar. Die Folgen einer Verletzung dieser Vorschrift wird aber, soweit nicht eine andere Absicht des Landesgesetzes erhellt, dieselbe sein müssen wie die Verletzung der reichsgesetzlichen Vorschrift, also Nichtigkeit des betreffenden Rechtsgeschäfts. Nicht abzusehen ist aber, weshalb es unzulässig sein sollte, daß ein Landesgesetz, das ausschließlich die Notare oder ausschließlich die Gerichte für zuständig erklärt, doch daneben bestimmte, daß der Mangel der bestimmten sachlichen Zuständigkeit auf die Gültigkeit des Rechtsgeschäfts ohne Einfluß sein solle. Grundsätzlich werden ebenso auch andere die sachliche Zuständigkeit betreffende Vorschriften z. B. solche, welche die Zuständigkeit der Notare auf gewisse Kategorien derselben beschränken, beurteilt werden müssen, doch wird sich hier eher wie in dem oben hervorgehobenen Falle aus den Umständen die Auslegung rechtfertigen lassen, daß der Mangel der Zuständigkeit keinen Einfluß auf die Gültigkeit des betreffenden Rechtsgeschäfts haben solle.

3. Von der Beobachtung der Vorschriften über die örtliche Zuständigkeit der Gerichte oder Notare können die Landesgesetze die Gültigkeit einer Verfügung von Todes wegen nicht abhängig machen.

4. **Landesgesetzliche Vorschriften.** Preußen, Gesetz über die FG. v. 21. September 1899 Art. 40—52, 63—65; Bayern, Notariatsgesetz v. 9. Juni 1899 Art. 24—47; Sachsen, Ges. v. 15. Juni 1900 §§ 46—69, V. v. 16. Juni 1900 §§ 7—30; Württemberg, AG. Art. 105—118; Baden, Rechtspolizeigesetz v. 17. Juni 1899 §§ 56—68, V. v. 11. November 1899 §§ 57—70; Hessen, AG. zum FGG. v. 18. Juli 1899 Art. 74—80; Mecklenburg-Schwerin, AV. zum FGG. v. 9. April 1899 §§ 75ff.; Oldenburg, AV. z. FGG. v. 15. Mai 1899 §§ 15ff.; Elsaß-Lothringen, AG. zum FGG. v. 6. November 1899 §§ 44—65; Hamburg, Ges. über die Angelegenheiten der FG. v. 29. Dezember 1899 §§ 17ff., Ges. betr. das Notariat v. 29. Dezember 1899 §§ 24ff.; Bremen, Ges. betr. die Ausführung des FGG. v. 18. Juli 1899 §§ 37ff.; Lübeck, AG. v. 18. September 1899 zur Ausführung des FGG. §§ 24ff.

Artikel 152.

E. d. EG. I Art. 52; II Art. 125; III Art. 152. P. I S. 12982ff.; M. d. EG. S. 178f. P. II Bd. 6 S. 408.

1. **Bestimmung der Vorgänge, welche in den nicht nach der CPO. zu erledigenden Rechtsstreitigkeiten an die Stelle der Klagerhebung und der Rechtshängigkeit treten.** Das BGB. knüpft wichtige privatrechtliche Wirkungen an die Klagerhebung und an die Rechtshängigkeit (s. z. B. §§ 209, 291, 292, 818 Abs. 4, 941, 981, 989, 1002, 2033). Die prozessualischen Vorgänge, welche hiermit gemeint sind, ergeben sich aus der CPO., insbesondere aus den §§ 253, 263 (vgl. auch §§ 281, 500, 693). Die Vorschriften der CPO. finden aber nicht auf alle Rechtsstreitigkeiten Anwendung, deren Gegenstand Rechtsverhältnisse bilden, die materiell den Vorschriften des BGB. unterliegen. Nach § 3 Abs. 1 des EG. zur CPO. findet die CPO. nur auf solche bürgerliche Rechtsstreitigkeiten Anwendung, welche vor die ordentlichen Gerichte gehören. Nach § 13 des GVG. gehören vor die ordentlichen Gerichte nicht solche Rechtsstreitigkeiten, für welche die Zuständigkeit von Verwaltungsbehörden oder Verwaltungsgerichten begründet ist, oder für welche reichsgesetzlich besondere Gerichte zugelassen sind (s. GVG. § 14). Für das Verfahren

in Rechtsstreitigkeiten dieser Art gelten landesrechtliche Vorschriften. Diesen ist der Rechtsakt der Klagerhebung und der Begriff der Rechtshängigkeit mitunter unbekannt. Um die hierdurch entstehende Lücke auszufüllen, überläßt es der Art. 152 den Landesgesetzen, die Vorgänge zu bestimmen, mit denen die nach den Vorschriften des BGB. an die Klagerhebung und an die Rechtshängigkeit geknüpften Wirkungen eintreten. Soweit solche Bestimmungen fehlen, sollen die Vorschriften der CPO. entsprechende Anwendung finden. In solchem Falle muß also aus dem Zwecke und dem Zusammenhange der betreffenden landesrechtlichen Verfahrungsvorschriften ermittelt werden, welcher Rechtsakt der Klagerhebung gleichzustellen ist und mit welchen anderen Tatsachen etwa noch außerdem die Rechtshängigkeit als eingetreten anzusehen ist. Für die Verjährung wird dieser Grundsatz bereits in dem BGB. § 220 anerkannt (s. Bd. I S. 362 Erl. 2 zu § 220).

2. **Anwendung privatrechtlicher Vorschriften der CPO. auf die nicht nach der CPO. zu erledigenden Rechtsstreitigkeiten.** Der E. I des EG. enthielt neben dem dem Art. 152 entsprechenden Art. 52 in Art. 51 noch folgende Vorschrift:

> „Unberührt bleiben die landesgesetzlichen Vorschriften, nach welchen die privatrechtlichen Vorschriften der CPO. auf die nicht nach den Vorschriften der CPO. zu erledigenden Rechtsstreitigkeiten Anwendung finden."

Diese Vorschrift beruht auf dem Gedanken, daß das materielle Prozeßrecht einen Teil des Privatrechts bilde, und daß daher die landesrechtlichen Vorschriften des materiellen Prozeßrechts nach Art. 32 des E. I d. EG. (Art. 55 des EG.) mit dem Inkrafttreten des BGB. aufgehoben werden und künftig nicht mehr erlassen werden können, soweit es sich nicht um Materien handele, deren privatrechtliche Regelung der Landesgesetzgebung vorbehalten sei. Hieraus ergebe sich, daß die Zuständigkeit der Landesgesetze für Verfahrensvorschriften für Rechtsstreitigkeiten, auf welche nach § 3 des EG. zur CPO. und nach § 13 des GVG. die CPO. keine Anwendung findet, sich künftig nicht mehr auf die Vorschriften materiellen Prozeßrechts beziehe, daß daher auch solche landesrechtliche Vorschriften, nach welchen die privatrechtlichen Vorschriften der CPO. auf Rechtsstreitigkeiten der fraglichen Art Anwendung finden, wegfallen und nicht mehr erlassen werden können. Diesem Ergebnisse sollte der Art. 51 entgegentreten.

Die zweite Kommission hat den Art. 51 gestrichen, indem sie annahm, daß bei richtiger Auslegung die Rechtsprechung zu dem Ergebnisse gelangen werde, daß der Vorbehalt, welcher der Landesgesetzgebung gestatte, das Verfahren abweichend von der CPO. zu regeln, auch die landesgesetzlichen Vorschriften decke, welche Abweichungen von den privatrechtlichen Bestimmungen der CPO. enthalten.

3. **Landesgesetzliche Vorschriften.** Hessen, AG. Art. 21, 22. Von älteren landesgesetzlichen Vorschriften vgl. z. B. Preußen, Ges. v. 18. Februar 1880 §§ 37—39.

Vierter Abschnitt.

Uebergangsvorschriften.

Vierter Abschnitt.

Windscheid-Kipp I §§ 32, 38; Regelsberger I §§ 47, 48; Enneccerus-Lehmann I § 7; Dernburg I §§ 31—33; Crome, System des deutsch. bürg. Rechts I S. 110 ff.; Gierke, Deutsches Privatrecht I §§ 23, 24; H. Goeppert in Iherings Jahrb. Bd. 22 S. 1 ff.; Pfaff und Hofmann, Exkurse über österr. allgm. bürgerl. Recht Bd. 1 S. 112 ff.; Habicht, Die Einwirkung des bürgerlichen Gesetzbuchs auf zuvor entstandene Rechtsverhältnisse, 3. Aufl. 1901; Fuchs, Die Übergangsbestimmungen, in Gruch. Bd. 44 S. 1 ff.; Lehmann in der Zeitschr. f. d. gesamte Handelsrecht Bd. 48 S. 1 ff.; Affolter, Das intertemporale Recht (1901); Affolter, System des deutschen bürgerlichen Übergangsrechts 1903; Zitelmann, Verhältnis der örtlichen und der zeitlichen Anwendungsnormen zueinander, in Iherings Jahrb. Bd. 42 S. 189 ff.

1. **Die zeitliche Herrschaft des BGB. Grundsätze.** Das BGB. enthält keinen die zeitlichen Herrschaftsgrenzen der Rechtssätze betreffenden allgemeinen Satz (M. I S. 19 ff.). Ebensowenig enthält das EG. einen solchen Rechtssatz in betreff der zeitlichen Herrschaft des BGB.; es gibt nur Vorschriften für einzelne Rechtsverhältnisse, für welche entweder wegen ihrer praktischen Wichtigkeit oder wegen der dabei möglichen Zweifel oder deshalb eine besondere Bestimmung für erforderlich erachtet wurde, weil eine Abweichung von den sich aus allgemeinen Grundsätzen ergebenden Konsequenzen geboten erschien. Soweit das EG. besondere Vorschriften nicht enthält, ist es die Aufgabe der Wissenschaft, die leitenden Grundsätze festzustellen. Hierbei wird, wie die Motive mit Recht hervorheben, davon auszugehen sein, daß jedes Gesetz selbst darüber zu entscheiden hat, auf welche Verhältnisse es Anwendung finden will. Dies ist, soweit eine ausdrückliche Bestimmung fehlt, durch Auslegung zu ermitteln. Im Zweifel wird anzunehmen sein, daß das Gesetz rückwirkende Kraft nicht haben will. Der Begriff der Rückwirkung wird indessen in der Wissenschaft in verschiedenem Sinne verstanden, die Motive erläutern ihn dahin, daß die abstrakte Gesetzesnorm in der Regel dazu bestimmt sei, diejenigen Tatbestände zu ergreifen und diejenigen Verhältnisse rechtlich auszuprägen, welche während ihrer Geltung sich verwirklichen, und daß der zum Schirmer der Rechtsordnung berufene Staat mit sich selbst in Widerspruch treten würde, wenn er den Versuch machen wollte, den unter dem Schutze staatlicher Gesetze begründeten Rechten und Rechtsverhältnissen ihren Bestand in willkürlicher Weise wieder zu entziehen. Nicht als Rückwirkung stelle sich dar, daß das neue Recht vor bloßen Möglichkeiten oder Erwartungen, welche nach dem früheren Rechte bestanden, sich nicht zurückziehe. Ein Tatbestand, der aus mehreren zeitlich auf einander folgenden einzelnen Tatsachen sich zusammensetze, gehöre dem Rechte der Zeit an, in welchem der Tatbestand sich vollende, vorausgesetzt, daß die während der Geltung des früheren Rechtes eingetretenen Tatsachen nur die Aussicht auf künftigen Rechtserwerb, nicht aber eine diese Aussicht schützende Willensgebundenheit erzeugt haben (M. I S. 21). Diese Grundsätze werden sowohl bei der Auslegung der einzelnen in dem vierten Abschnitte des EG. enthaltenen Vorschriften als bei der Beurteilung derjenigen Verhältnisse maßgebend sein müssen, für welche es an besonderen Vorschriften fehlt. Auf demselben Standpunkte steht RG. Bd. 54 S. 149. Die für die zeitliche Herrschaft der Gesetze maßgebenden Grundsätze werden darin eingehend dargelegt. Aus ihnen wird gefolgert, daß die Wiedereinsetzung in den vorigen Stand, obwohl das BGB. sie nicht kenne, doch auch jetzt noch zulässig sei, wenn der sie begründende Tatbestand sich vor dem Inkrafttreten des BGB. vollendet habe (vgl. auch RG. in Gruch. Bd. 46 S. 907 f.; Rspr. Bd. 8 S. 13). Die praktisch wichtigeren Fälle, über welche das EG. keine ausdrückliche Entscheidung trifft, werden im Anschluß an die von dem EG. entschiedenen Fragen erörtert werden.

2. **Modifikationen des Grundsatzes.** Das Verhältnis, in welchem die einzelnen Vorschriften des vierten Abschnitts zu dem in Erl. 1 dargelegten Prinzipe stehen, ist ein verschiedenes. Einzelne Vorschriften sprechen nur eine Konsequenz jenes Prinzips aus (s. z. B. Art. 158, 170,

184 Satz 1, 200 Abs. 1). Die meisten enthalten Modifikationen des Prinzips; diese sind aber mehr oder weniger weitgehend. Die aus einem vor dem Inkrafttreten des BGB. begründeten Rechtsverhältnisse bereits entstandenen konkreten Ansprüche und Verpflichtungen werden regelmäßig als fortbestehend anerkannt. Die Wirkungen des Rechtsverhältnisses für die Zukunft werden aber entweder vollständig (s. z. B. die Art. 155, 173, 177, 180, 199) oder in einzelnen Beziehungen dem neuen Rechte unterworfen. Nur in wenigen Fällen wird eine Rückwirkung des neuen Gesetzes in noch weiterem Umfange bestimmt, indem einem vor dem Inkrafttreten des BGB. eingetretenen Tatbestande, welcher nach dem bisherigen Rechte keine rechtliche Wirkung hatte, unter gewissen Voraussetzungen diejenige rechtliche Wirkung beigelegt wird, welche nach dem BGB. mit einem Tatbestande dieser Art verbunden ist (s. z. B. Art. 198 Abs. 2, 215 Abs. 2). Über die verschiedenen Grade der Rückwirkung s. Affolter, System § 13, der nicht von Rückwirkung sondern von Ausschließlichkeit spricht; über die verschiedenen Gründe der Ausschließlichkeit s. daselbst §§ 86 ff.

3. **Einfluß der Rechtshängigkeit auf die Anwendung des BGB.** Soweit das BGB. nach dem EG. auf Rechtsverhältnisse Anwendung findet, die bereits vor dem 1. Januar 1900 entstanden sind, wird diese Anwendung, von einzelnen Ausnahmen abgesehen (s. z. B. Art. 161 Abs. 1), auch nicht dadurch ausgeschlossen, daß bereits vor dem 1. Januar 1900 ein auf jenes Rechtsverhältnis gegründeter Anspruch rechtshängig geworden ist. Selbst in der Berufungsinstanz kann die Einwirkung des neuen Rechtes auf das betreffende Rechtsverhältnis noch geltend gemacht werden. Dies gilt z. B. für die aus dem persönlichen Rechtsverhältnisse der Ehegatten entspringenden Ansprüche (Art. 199, 201). Nur bei der Revision gegen ein vor dem 1. Januar 1900 ergangenes Urteil muß lediglich das zur Zeit der Erlassung dieses Urteils geltende bisherige Recht zugrunde gelegt werden. Wird aber der Revision aus anderen Gründen stattgegeben und die Sache zur erneuten Verhandlung vor das Berufungsgericht verwiesen oder findet eine neue Verhandlung in der Sache selbst vor dem Reichsgerichte statt, so ist bei dieser die inzwischen eingetretene Änderung des Rechtes zu berücksichtigen. In diesem Sinne hat das Reichsgericht bereits wiederholt erkannt (s. DJZ. v. 1900 S. 95, 117; RG. Bd. 45 S. 95, 422; vgl. auch Affolter, System § 12).

4. **Die Ausdrücke, mit welchen die Übergangsvorschriften Rechtsverhältnisse bezeichnen,** sind regelmäßig in demselben Sinne zu verstehen, in dem das BGB. sie gebraucht, so z. B. Anspruch (Art. 169), Beschränkung nach Bruchteilen (Art. 173), Besitzverhältnis (Art. 180), Testament, Erbvertrag (Art. 214, 215). Das Gesagte gilt auch dann, wenn das bisherige Recht mit dem betreffenden Ausdruck einen anderen Sinn verbindet, wie dies z. B. bei dem Ausdrucke „Besitz" der Fall ist, unter welchem nach dem bisherigen Rechte regelmäßig die Detention nicht mitverstanden wird. Einzelne Fälle, in welchen es zweifelhaft sein kann, ob ein Ausdruck im Sinne des BGB. oder im Sinne des älteren Rechtes gebraucht ist (s. z. B. Art. 155), werden bei den betreffenden Artikeln erörtert werden. Wo das EG. Vorschriften über Rechtsverhältnisse gibt, die dem BGB. fremd sind z. B. über Emanzipierte (Art. 154), über erwählten Wohnsitz (Art. 157), über Verschollenheitserklärung (Art. 161, 162), werden selbstverständlich die Bezeichnungen dieser Rechtsverhältnisse in demjenigen Sinne gebraucht, welchen das bisherige Recht damit verbindet.

5. **Bei einem Rechtsverhältnisse kann gleichzeitig die Frage nach der zeitlichen und nach der örtlichen Herrschaft der Gesetze entstehen.** In solchem Falle ist immer zunächst festzustellen, ob nach den Vorschriften des vierten Abschnitts bzw. den allgemeinen Grundsätzen über die zeitliche Herrschaft der Gesetze das neue Recht oder das bisherige Recht für das Rechtsverhältnis maßgebend ist. Ist das erstere anzunehmen, so bestimmt sich die Frage, ob deutsches oder ausländisches Recht anzuwenden ist, nach den in dem EG. Art. 7—31 aufgestellten bzw. den aus ihnen abzuleitenden Grundsätzen des internationalen Privatrechts; denn die Bestimmungen hierüber bilden, obwohl sie jetzt nicht mehr wie im E. II als sechstes Buch im BGB. selbst, sondern im EG. stehen, doch sachlich einen Teil des mit dem 1. Januar 1900 in Kraft getretenen neuen materiellen Rechtes und können daher nur zur Anwendung kommen, wenn das Rechtsverhältnis diesem Rechte untersteht. Ist das Rechtsverhältnis dagegen nach dem bisherigen Rechte zu beurteilen, so entscheidet sich die Frage, ob deutsches oder ausländisches Recht Anwendung findet, nach den bisher geltenden internationalrechtlichen Grundsätzen (so auch RG. JW. 1901 S. 452, 1902 Beil. S. 67, 227, Rspr. 7 S. 121; 8 S. 12; Habicht S. 39; derselbe im Recht 1900 S. 405; Zitelmann in Iherings Jahrb. 42 S. 189ff.; Niemeyer, Internationales Privatrecht [1901] S. 179, Diena in Böhms Z. f. intern. Privat- und Strafr. 10 S. 353ff., Affolter,

System § 15 und Z. f. Pr. und öff. Recht 30 S. 125; a. A. Niedner im „Recht" 1900 S. 250; derselbe Vorbm. IX zu Art. 153ff.). Nach denselben Grundsätzen ist die Entscheidung im Falle einer Kollision zwischen den verschiedenen der bisher in Deutschland geltenden Rechte zu treffen.

6. **Anordnung des Stoffes.** Die einzelnen im vierten Abschnitte gegebenen Vorschriften sind im wesentlichen in derselben Reihenfolge gegeben, wie sie das BGB. befolgt. Die Art. 153—169 betreffen den allgemeinen Teil, die Art. 170—179 das Recht der Schuldverhältnisse, die Art. 180—197 das Sachenrecht, die Art. 198—212 das Familienrecht, die Art. 213—217 das Erbrecht, der Art. 218 endlich bestimmt, daß, soweit nach den Bestimmungen des vierten Abschnitts die bisherigen Landesgesetze maßgebend bleiben, sie auch nach dem Inkrafttreten des BGB. durch Landesgesetz geändert werden können.

7. **Landesgesetzliche Vorschriften.** Auf Grund des Vorbehalts des Art. 218 ist die Landesgesetzgebung befugt, die bisherigen Landesgesetze, soweit sie nach den Vorschriften des vierten Abschnitts des EG. maßgebend bleiben (die Ausdrücke, durch welche dies bestimmt wird, sind in den einzelnen Artikeln verschieden), auch nach dem Inkrafttreten des BGB. noch zu ändern (s. Erl. zu Art. 218).

Eine besondere Bedeutung haben die Art. 187, 188, 193—196, indem sie der Landesgesetzgebung die Bestimmung einer Abweichung von Vorschriften des BGB. und des EG. gestatten (s. die Erl. zu jenen Artikeln). Selbstverständlich blieb die Landesgesetzgebung bis zum 1. Januar 1900 berechtigt, ohne Rücksicht auf das BGB. Änderungen der Landesgesetze vorzunehmen. Für die Beurteilung der am 1. Januar 1900 bestehenden Rechtsverhältnisse und des Einflusses, welchen das BGB. darauf hat, ist es gleichgültig, ob die Rechtsverhältnisse auf älteren Landesgesetzen oder auf den erst neuerdings vielleicht mit Rücksicht auf das bevorstehende Inkrafttreten des BGB. erlassenen Landesgesetzen beruhen.

Die Landesgesetzgebung hat von dem ihr zustehenden Rechte in ausgedehntem Maße Gebrauch gemacht. Die in den einzelnen Bundesstaaten in Veranlassung des BGB. erlassenen Landesgesetze (s. die Übersicht derselben in den Vorbemerkungen zu diesem Buche) enthalten durchweg mehr oder weniger eingehende Übergangsvorschriften. Die in den größeren und in einigen der kleineren Staaten getroffenen wichtigeren Bestimmungen werden bei den einzelnen Artikeln erwähnt werden.

8. Soweit nach dem vierten Abschnitte für ein Rechtsverhältnis das bisherige Recht maßgebend bleibt, gilt gleiches auch in Ansehung des Grundbuchrechts und der freiwilligen Gerichtsbarkeit sowie hinsichtlich der Zwangsversteigerung und der Zwangsverwaltung (§ 83 GBO., § 2 des EG. z. ZVG., § 189 FGG.). Auch bleiben für ein solches Rechtsverhältnis die bisherigen konkursrechtlichen Vorschriften maßgebend (Art. VI des EG. z. Ges., betr. Änderungen der KO., v. 17. Mai 1898).

Zu Artikel 153—169.

1. Die Art. 153—169 enthalten **die Vorschriften, welche sich auf den allgemeinen Teil des BGB. beziehen.** Die Art. 153—162 handeln von den natürlichen Personen und zwar der Art. 153 von der rechtlichen Stellung eines Volljährigen, der Art. 154 von den nach französischem oder badischem Rechte Emanzipierten oder aus der Gewalt Entlassenen, der Art. 155 von den wegen Geisteskrankheit Entmündigten, der Art. 156 von den wegen Verschwendung Entmündigten sowie von denjenigen, für welche nach den französischen oder badischen Gesetzen wegen Verschwendung die Bestellung eines Beistandes angeordnet ist, der Art. 157 von dem erwählten Wohnsitze des französischen oder badischen Rechtes, die Art. 158—160 von der Todeserklärung, die Art. 161, 162 von der nach bisherigem Rechte beantragten und erfolgten Verschollenheitserklärung und vorläufigen oder endgültigen Einweisung des mutmaßlichen Erben in den Besitz oder Genuß des Vermögens. Die Art. 163—167 handeln von den juristischen Personen. Nach Art. 163 gilt als Regel, daß auf die zur Zeit des Inkrafttretens des BGB. bestehenden juristischen Personen die Vorschriften des BGB. Anwendung finden. Das bisherige Recht soll aber anwendbar bleiben nach Art. 164 auf Realgemeinden und ähnliche Verbände, nach Art. 165 auf Vereine und registrierte Gesellschaften, welche auf Grund der bayerischen Gesetze, betr. die privatrechtliche Stellung der Vereine sowie der Erwerbs- und Wirtschaftsgesellschaften, v. 29. April 1869 bestehen, nach Art. 166 auf Personenvereine, welche auf Grund des sächs. Gesetzes, betr. die juristischen Personen, v. 15. Juni 1868 die Rechtsfähigkeit durch Eintragung in das Genossenschaftsregister erlangt haben, nach Art. 167 auf die bestehenden landschaftlichen oder ritterschaftlichen Kreditanstalten. Der Art. 168 enthält Bestimmungen über die zur Zeit des Inkrafttretens des BGB. bestehenden Verfügungsbeschränkungen, der Art. 169 über Verjährung.

Artikel 153. Wer zur Zeit des Inkrafttretens des Bürgerlichen Gesetzbuchs nicht das einundzwanzigste Lebensjahr vollendet hat, aber für volljährig erklärt ist oder sonst die rechtliche Stellung eines Volljährigen erlangt hat, steht von dieser Zeit an einem Volljährigen gleich.

---

2. Soweit in den in Erl. 1 angeführten Artikeln Vorschriften nicht enthalten sind, **bestimmt sich die Anwendbarkeit der in dem allgemeinen Teile des BGB. enthaltenen Vorschriften nach den allgemeinen in den Vorbemerkungen zu diesem Abschnitt in Erl. 1 dargelegten Grundsätzen.** Hieraus ergibt sich insbesondere:

a) Die Rechtsfähigkeit einer Person bestimmt sich nach den Gesetzen, welche für das Rechtsverhältnis, bei dem sie in Frage kommt, maßgebend sind, wenn dieses also nach dem bisherigen Rechte zu beurteilen ist, nach diesem, anderenfalls nach dem BGB. Über Todeserklärung s. Erl. zu Art. 158—162; über juristische Personen s. Erl. zu Art. 163—167.

b) Die Geschäftsfähigkeit einer Person bestimmt sich, je nachdem das Rechtsgeschäft, bei dem sie in Frage kommt, vor oder nach dem 1. Januar 1900 vorgenommen ist, nach dem bisherigen Rechte oder nach dem BGB. Das Gleiche gilt von den Folgen, welche sich an einen Mangel der Geschäftsfähigkeit knüpfen (vgl. jedoch Erl. zu Art. 153—156).

c) Auch die Erfordernisse der Wirksamkeit eines Rechtsgeschäfts bestimmen sich, je nachdem dasselbe vor oder nach dem 1. Januar 1900 vorgenommen ist, nach dem bisherigen Rechte oder nach dem BGB. Dies gilt insbesondere von der Form der Rechtsgeschäfte, von dem Einflusse der Willensmängel und von den Folgen eines Verstoßes gegen ein Verbotsgesetz oder gegen die guten Sitten. Auch für die Art, in welcher ein Mangel geltend gemacht werden muß, ist der Zeitpunkt maßgebend, in welchem das Rechtsgeschäft vorgenommen ist (Rspr. Bd. 8 S. 13); dasselbe gilt in betreff der Wirkungen des Rechtsgeschäfts.

d) Hängt die Wirkung, welche mit einem Rechtsgeschäfte bezweckt wurde, noch von dem Hinzutreten eines anderen Umstandes ab und tritt dieser erst nach dem 1. Januar 1900 ein, so ist das Rechtsgeschäft, wenn es vor dem 1. Januar 1900 vorgenommen ist, sowohl in betreff seiner Erfordernisse wie seiner Wirksamkeit doch nach dem bisherigen Rechte zu beurteilen. Solche Fälle liegen z. B. vor, wenn die Vornahme eines Rechtsgeschäfts durch eine in der Geschäftsfähigkeit beschränkte Person oder durch einen Geschäftsführer ohne Auftrag vor dem 1. Januar 1900 erfolgt ist, die erforderliche Genehmigung des gesetzlichen Vertreters oder des Geschäftsherrn aber erst nach dem 1. Januar 1900 erfolgt.

e) Die Wirkungen der einem Rechtsgeschäfte hinzugefügten Bedingung bestimmen sich, wenn das Rechtsgeschäft vor dem 1. Januar 1900 vorgenommen wurde, auch dann nach dem bisherigen Rechte, wenn die Bedingung erst nach dem 1. Januar 1900 eintritt oder ausfällt. Das Gleiche gilt von einem befristeten Rechtsgeschäfte. Vgl. hierzu wegen des Eigentumserwerbes die Erl. zu den Art. 181, 189.

f) Die Erfordernisse, die Wirkungen und die Widerruflichkeit einer vor dem 1. Januar 1900 erteilten Vollmacht bestimmen sich nach dem bisherigen Rechte und zwar auch dann, wenn die Rechtsgeschäfte, auf deren Vornahme die Vollmacht geht, erst nach dem 1. Januar 1900 vorgenommen werden oder der Widerruf erst nach diesem Zeitpunkt erfolgt (a. A. Rspr. 8 S. 30).

Auf eine nähere Erörterung der bei der Anwendung dieser Grundsätze entstehenden Fragen muß hier verzichtet werden, weil es über den Rahmen dieses Kommentars hinausgehen würde; vgl. darüber Habicht S. 130ff.; Affolter, System § 54. Auf einzelne Fragen wird bei den Artikeln, bei denen sie in Betracht kommen, eingegangen werden.

Artikel 153.

E. d. EG. I Art. 95; II Art. 126; III Art. 153; M. d. EG. S. 242ff. P. II Bd. 6 S. 486.

1. **Die Volljährigkeit** tritt nach § 2 des BGB. mit der Vollendung des einundzwanzigsten Lebensjahrs ein. Nach § 3 kann ein Minderjähriger, der das achtzehnte Lebensjahr vollendet hat, durch Beschluß des Vormundschaftsgerichts für volljährig erklärt werden. Durch die Volljährigkeitserklärung erlangt der Minderjährige die rechtliche Stellung eines Volljährigen. Mit der Volljährigkeit tritt die unbeschränkte Geschäftsfähigkeit ein (BGB. § 104 Nr. 1, §§ 106ff.). Die Volljährigkeit begründet ferner für das männliche Geschlecht die Fähigkeit

zur Eingehung einer Ehe (BGB. § 1303) und die Beendigung der elterlichen Gewalt (BGB. § 1626).

2. Fortdauer der vor dem Inkrafttreten des BGB. erlangten rechtlichen Stellung eines Volljährigen. In der Wissenschaft besteht Streit darüber, ob eine Person, die nach den bisherigen Gesetzen volljährig ist oder die rechtliche Stellung eines Volljährigen erlangt hat, diese Rechtsstellung wieder verliert, wenn ein neues Gesetz in Kraft tritt, nach welchem die betreffende Person noch nicht volljährig sein und die rechtliche Stellung eines Volljährigen nicht erlangt haben würde. Diese Frage ist, soweit es sich um das die Volljährigkeit bedingende Alter handelt, für das BGB. gegenstandslos, weil in dieser Beziehung das BGB. mit dem die Volljährigkeit auf das vollendete einundzwanzigste Lebensjahr feststellenden Reichsgesetze v. 17. Februar 1875 übereinstimmt. Der Art. 153 beschränkt sich daher auf die Entscheidung der Frage über die rechtliche Stellung einer Person, welche zur Zeit des Inkrafttretens des BGB. nicht das einundzwanzigste Lebensjahr vollendet hat, aber für volljährig erklärt ist oder sonst die rechtliche Stellung eines Volljährigen erlangt hat. Eine solche Person soll die erlangte rechtliche Stellung nach dem Inkrafttreten des BGB. nicht nur behalten, sondern in jeder Beziehung einem Volljährigen gleichstehen; auf sie finden daher die Vorschriften des BGB. über Volljährige Anwendung. Hieraus ergibt sich insbesondere, daß, wenn die Volljährigkeitserklärung nach dem bisherigen Rechte nicht alle Wirkungen hat, welche nach dem BGB. mit der Volljährigkeit eintreten, wenn z. B. der für volljährig Erklärte zu der Veräußerung von Grundstücken noch der Genehmigung einer Behörde bedarf, mit dem Inkrafttreten des BGB. Beschränkungen der gedachten Art wegfallen.

Niedner, Erl. 1b zu Art. 153, wirft die Frage auf, ob ein Deutscher, der bis zu dem Inkrafttreten des BGB. seinen Wohnsitz in einem Staate hatte, nach dessen Gesetzen die Volljährigkeit mit dem vollendeten zwanzigsten Lebensjahr eintritt, wenn er bei dem Inkrafttreten des BGB. das zwanzigste, aber noch nicht das einundzwanzigste Lebensjahr vollendet hatte, die dadurch nach Maßgabe des bisher geltenden internationalen Privatrechts erlangte rechtliche Stellung eines Volljährigen auch nach dem Inkrafttreten des BGB. behält. Die Frage kommt nur in Betracht in betreff solcher Rechtsgeschäfte, welche der in Frage kommende Deutsche nach dem Inkrafttreten des BGB. vornimmt, in dem es in betreff der vorher vorgenommenen Rechtsgeschäfte selbstverständlich bei dem bisherigen Rechte verbleibt. Für die nach dem Inkrafttreten des BGB. vorgenommenen Rechtsgeschäfte ist der Art. 7 maßgebend. Hiernach bestimmt sich die Volljährigkeit für den betreffenden Deutschen nach dem BGB.; er ist also, da er das einundzwanzigste Lebensjahr noch nicht vollendet hatte, nicht volljährig. Die Modifikationen, die der Art. 7 von dem aufgestellten Grundsatze macht, treffen hier nicht zu. Ebensowenig ist aber der Art. 153 anwendbar. Dieser gibt eine Vorschrift nur für den Fall, daß jemand auf Grund des bisherigen Rechtes, ohne volljährig zu sein, doch die rechtliche Stellung eines Volljährigen erlangt hat; er gibt keine Vorschrift für den Fall, daß jemand auf Grund des bisherigen Rechtes, obwohl er das einundzwanzigste Lebensjahr noch nicht vollendet hatte, bereits volljährig geworden ist. Diese Unterlassung hat, wie oben hervorgehoben, ihren Grund zwar darin, daß die Frage für gegenstandslos gehalten wurde. Wenn nun aber, wie das Beispiel von Niedner zeigt, ein Fall der fraglichen Art doch vorkommen kann, so dürfte es sich nicht rechtfertigen, diesen Fall ebenso zu behandeln wie den von dem Art. 153 entschiedenen. Wenn Niedner dies auf Grund eines **argumentum a potiori** annimmt, so dürfte dem nicht beizutreten sein; denn die Volljährigkeit und die durch einen Rechtsakt erlangte rechtliche Stellung eines Volljährigen stehen nicht in dem Verhältnis eines majus zu einem minus, sondern bilden zwei nebeneinander bestehende verschiedene Tatbestände und es ist mit Rücksicht auf diese Verschiedenheit sehr wohl denkbar, daß das Gesetz für den letzteren Fall die Fortdauer der erlangten rechtlichen Stellung hat bestimmen wollen, nicht aber für den ersteren Fall die Fortdauer der Volljährigkeit. In Ermangelung einer den letzteren Fall betreffenden besonderen gesetzlichen Bestimmung wird es daher bei der Regel des Art. 7 verbleiben müssen. Die von Niedner ferner geltend gemachte Rücksicht auf die Praktikabilität des Rechtes ist nur bei der Frage de lege condenda von Bedeutung, kann aber für die Auslegung des gegebenen Gesetzes nicht als entscheidend betrachtet werden (Affolter S. 204ff. nimmt prinzipiell die Fortdauer der Volljährigkeit an, Habicht § 8 das Gegenteil).

3. Die Frage, ob eine gültige Volljährigkeitserklärung erfolgt ist, bestimmt sich nach den bisherigen Gesetzen. Ist einem darauf gerichteten Antrage bei dem Inkrafttreten des BGB. noch nicht definitiv stattgegeben, so bestimmen sich die Voraussetzungen, unter welchen die Volljährigkeitserklärung erfolgen kann, und das Verfahren nach den Vorschriften des BGB. und des FGG. § 56 (s. Bd. I S. 59ff., Erl. zu §§ 3—5).

Artikel 154. Wer nach den französischen oder den badischen Gesetzen emanzipiert oder aus der Gewalt entlassen ist, steht von dem Inkrafttreten des Bürgerlichen Gesetzbuchs an, wenn er zu dieser Zeit das achtzehnte Lebensjahr vollendet hat, einem Volljährigen, anderenfalls einem Minderjährigen gleich.

---

4. Unter den Gründen, aus welchen nach den bisherigen Gesetzen eine Person die rechtliche Stellung eines Volljährigen erlangt, kommt neben der Volljährigkeitserklärung hauptsächlich der **Rechtssatz „Heirat macht mündig"** in Betracht. Nach dem BGB. gilt dieser Satz nicht. Wer aber vor dem Inkrafttreten des BGB. durch Heirat die rechtliche Stellung eines Volljährigen erlangt hat, behält diese Stellung auch nach dem Inkrafttreten des BGB. und zwar mit denjenigen Wirkungen, welche das BGB. daran knüpft.

5. **Über die Ehemündigkeit** gibt das EG. keine besonderen Vorschriften. Sie bestimmt sich also von dem Inkrafttreten des BGB. an nach dessen Vorschriften. Die vor diesem Zeitpunkt erlangte Ehemündigkeit hört mit dem Inkrafttreten des BGB. auf, wenn die von diesem bestimmten Voraussetzungen der Ehemündigkeit nicht vorliegen (Niedner Erl. 1b zu Art. 153; Habicht S. 51; a. A. in Konsequenz seiner Auffassung der Volljährigkeit Affolter S. 206).

6. **Über die Fähigkeit zur Errichtung einer Verfügung von Todes wegen** s. Erl. zu Art. 215.

7. **Keine Anwendung findet der Art. 153 auf Verfügungsbeschränkungen**, die nicht Folge einer Beschränkung der Geschäftsfähigkeit sind. In dieser Beziehung sind die für das betreffende Rechtsverhältnis geltenden Vorschriften maßgebend (vgl. Erl. 3 zu Art. 7 und die Art. 168, 181, 199, 200, 203).

Artikel 154.

E. d. EG. I Art. 96; II Art. 127; III Art. 154; M. d. EG. S. 244 f. P. II Bd. 6 S. 486.

1. Das französische und das badische Recht (code civil Art. 476 ff., Bad. LR. Satz 476 ff.) haben das eigentümliche Institut der **Emanzipation (Gewaltentlassung)**. Der Emanzipierte steht nicht mehr unter elterlicher Gewalt oder unter Vormundschaft, hat aber doch nicht die volle rechtliche Stellung eines Volljährigen. Seine Geschäftsfähigkeit ist über die der Minderjährigen hinaus erweitert, aber doch noch in eigentümlicher Weise beschränkt. Das BGB. kennt ein solches Verhältnis nicht. Der Art. 154 beseitigt es auch für die Übergangszeit. Mit Rücksicht auf § 3 des BGB., nach welchem ein Minderjähriger, der das achtzehnte Lebensjahr vollendet hat, für volljährig erklärt werden kann, wird bestimmt, daß dieser Zeitpunkt für die Wirkung maßgebend sein soll, die eine vor dem Inkrafttreten des BGB. erfolgte Emanzipation nach dem Inkrafttreten haben soll. Die Emanzipation soll von dem Inkrafttreten des BGB. an, wenn der Emanzipierte zu dieser Zeit bereits das achtzehnte Lebensjahr vollendet hat, die Wirkungen der Volljährigkeitserklärung haben, anderenfalls jede Wirkung verlieren (s. Erl. 3a zu Art. 203) Diese Vorschrift findet auch auf diejenigen Personen Anwendung, welche die Emanzipation durch Verehelichung oder nach badischem Rechte durch die von den Eltern gebilligte Begründung einer selbständigen häuslichen Niederlassung erlangt haben. Ein zur Zeit des Inkrafttretens des BGB. anhängiges Verfahren zum Zwecke der Herbeiführung der Emanzipation ist selbstverständlich einzustellen.

2. **Ermächtigung zum Betrieb eines Erwerbsgeschäfts.** Nach den in verschiedenen deutschen Staaten bisher geltenden Gesetzen erlangt ein Minderjähriger, wenn ihm die Ermächtigung zu dem Betrieb eines Erwerbsgeschäfts, insbesondere eines Handelsgeschäfts von seinem gesetzlichen Vertreter erteilt ist, entweder für alle Rechtsgeschäfte oder doch für diejenigen, welche der Betrieb des Erwerbsgeschäfts mit sich bringt, die Fähigkeit, jene Rechtsgeschäfte ohne Einwilligung seines gesetzlichen Vertreters vorzunehmen. Die Voraussetzungen und die Wirkung einer solchen Ermächtigung sind im einzelnen verschieden bestimmt; ebenso die Art und Weise, in welcher die Zurücknahme der Ermächtigung erfolgen kann. Auch die juristische Konstruktion des Verhältnisses ist verschieden, indem sie bald als partielle Volljährigkeitserklärung, bald als eine im voraus erfolgte Erteilung der Einwilligung zu den in Frage kommenden Rechtsgeschäften aufgefaßt wird. Denselben Zweck wie diese Bestimmungen des bisherigen Rechtes verfolgt der § 112 des BGB. Sowohl die Voraussetzungen und die Wirkungen, als die Art und Weise, in welcher die Zurücknahme der Ermächtigung erfolgt, sind aber zum Teil abweichend von dem bisherigen Rechte geregelt. Es fragt sich nun, welche Wirkungen eine auf Grund des bisherigen Rechtes erteilte Ermächtigung der fraglichen Art nach dem Inkrafttreten des BGB. hat. Das EG. enthält keine Bestimmung über diese Frage; ihre Entscheidung sollte der Wissenschaft überlassen bleiben.

Keinem Zweifel kann es unterliegen, daß die Erfordernisse der Ermächtigung nach dem bisherigen Rechte zu beurteilen sind. In betreff der Wirkungen nach dem Inkrafttreten des BGB. sind drei Ansichten möglich. Man kann entweder annehmen, daß die Ermächtigung nach dem Inkrafttreten des BGB. überhaupt keine Wirkung mehr hat, oder man legt der Ermächtigung dieselben Wirkungen bei, welche eine auf Grund des BGB. § 112 erteilte Ermächtigung hat, oder man nimmt an, daß die Wirkungen, welche die Ermächtigung nach dem bisherigen Rechte hatte, auch nach dem Inkrafttreten des BGB. fortdauern. Zu der erstgedachten Ansicht gelangt man, wenn man annimmt, daß die Geschäftsfähigkeit sich nach dem Inkrafttreten des BGB. ausschließlich und unbedingt nach diesem bestimmt. Dies dürfte indessen mindestens für solche Fälle unrichtig sein, in welchen die Geschäftsfähigkeit durch einen vor dem Inkrafttreten des BGB. erfolgten Rechtsakt erweitert ist. Ein solcher Rechtsakt liegt in der vor dem Inkrafttreten des BGB. erteilten Ermächtigung der hier fraglichen Art. Von den beiden anderen oben als möglich bezeichneten Auffassungen dürfte der zuletztgedachten der Vorzug zu geben sein. Nicht nur die Erfordernisse, sondern auch die Wirkungen eines vor dem Inkrafttreten des BGB. erfolgten Rechtsakts sind regelmäßig nach dem bisherigen Rechte zu beurteilen. Dem Grundsatze, daß das neue Gesetz keine rückwirkende Kraft hat, würde es nicht entsprechen, wenn man der fraglichen Ermächtigung von dem Inkrafttreten des BGB. an eine stärkere oder eine schwächere oder überhaupt eine andere Wirkung beilegte, als sie nach dem bisherigen Rechte hatte. Hierzu würde es einer ausdrücklichen Bestimmung bedürfen. Von dieser Auffassung geht auch das EG. bei den Vorschriften der Art. 153—156 aus, indem es durch diese ausdrücklich bestimmt, daß die darin bezeichneten Rechtsakte von dem Inkrafttreten des BGB. an die darin bestimmten einem unter der Herrschaft des BGB. vorgenommenen Rechtsakte zukommenden Wirkungen haben sollen. Es kann sich nun zwar fragen, ob diese Vorschriften nicht auf den vorliegenden Fall analog anzuwenden sind. Ihnen allen liegt freilich der Gedanke zugrunde, daß Wirkungen von Rechtsakten der hier fraglichen Art, welche unter der Herrschaft des bisherigen Rechtes vorgekommen sind, tunlichst dem BGB. anzupassen sind. Aber dieser Gedanke hat doch nur die Bedeutung eines Motivs für die fraglichen Vorschriften, nicht die eines allgemeinen aus ihnen abzuleitenden höheren Prinzips. Dies dürfte sich schon aus der mehr oder weniger positiven Art ergeben, in welcher die Wirkungen der in den gedachten Vorschriften bezeichneten Rechtsakte für die Zukunft geändert sind.

Aus dem hier vertretenen Standpunkte folgt insbesondere, daß, wenn nach dem bisherigen Rechte die Ermächtigung die Folge hatte, daß der Minderjährige alle Rechtsgeschäfte ohne Einwilligung des gesetzlichen Vertreters vornehmen konnte, es hierbei verbleibt, daß ferner das Erfordernis der Genehmigung des gesetzlichen Vertreters und des Vormundschaftsgerichts zu einzelnen Rechtsgeschäften sich nicht nach den Vorschriften des § 112 des BGB., sondern nach dem bisherigen Rechte bestimmt, daß es also z. B., wenn nach diesem nur die Genehmigung des Vormundschaftsgerichts, nicht auch die des gesetzlichen Vertreters erforderlich ist, es hierbei abweichend von § 112 verbleibt. Auch die Voraussetzungen, unter welchen die Ermächtigung zurückgenommen werden kann, müssen sich nach dem bisherigen Rechte bestimmen, weil sie mit dem Wesen der Ermächtigung in untrennbarem Zusammenhange stehen. Bedurfte es also nach dem bisherigen Rechte abweichend von § 112 des BGB. der Genehmigung des Vormundschaftsgerichts zu der Zurücknahme der Ermächtigung nicht, so bedarf es dieser auch nach dem Inkrafttreten des BGB. nicht (a. A. Habicht, S. 49ff.; Niedner S. 247 Anm. 2 zu Art. 154; wie hier Affolter S. 206).

3. Nach den in dem bisherigen dargelegten Grundsätzen wird auch die Frage zu entscheiden sein, ob die vor dem Inkrafttreten des BGB. einem Minderjährigen **erteilte Ermächtigung zu der Eingehung eines Dienst- oder Arbeitsverhältnisses** die in dem BGB. § 113 bestimmten Wirkungen oder nur die damit nach dem bisherigen Rechte verknüpften Wirkungen hat. Die Frage ist besonders deshalb von praktischer Bedeutung, weil der Minderjährige nach BGB. § 113 durch die Ermächtigung die unbeschränkte Geschäftsfähigkeit in Beziehung auf alle Rechtsgeschäfte erlangt, welche die Eingehung und Aufhebung des Dienst- oder Arbeitsverhältnisses betreffen, in Beziehung hierauf also auch prozeßfähig wird, während dies nach den bisherigen Rechten häufig nicht der Fall ist. Nach dem hier vertretenen Standpunkt erlangt der Minderjährige, wenn die ihm vor dem Inkrafttreten des BGB. erteilte Ermächtigung zu der Eingehung von Dienst- und Arbeitsverhältnissen nicht die Folge hatte, ihn in den fraglichen Beziehungen prozeßfähig zu machen, die Prozeßfähigkeit auch nach dem Inkrafttreten des BGB. nicht. Auch die im § 113 Abs. 4 gegebene Auslegungsregel, daß die für einen einzelnen Fall erteilte Ermächtigung

Artikel 155. Wer zur Zeit des Inkrafttretens des Bürgerlichen Gesetzbuchs wegen Geisteskrankheit entmündigt ist, steht von dieser Zeit an einem nach den Vorschriften des Bürgerlichen Gesetzbuchs wegen Geisteskrankheit Entmündigten gleich.

---

im Zweifel als allgemeine Ermächtigung zur Eingehung von Verhältnissen derselben Art gelte, findet auf eine vor dem Inkrafttreten des BGB. erteilte Ermächtigung keine Anwendung; eine solche ist vielmehr nach Maßgabe des bisherigen Rechtes auszulegen.

Artikel 155.

E. d. EG. I Art. 97 Abs. 1; II Art. 128; III Art. 155. P. I S. 13040 ff.; M. d. EG. S. 245 ff. P. II Bd. 6 S. 486 ff., 620 ff.

1. **Entmündigung wegen Geisteskrankheit.** Nach dem BGB. § 6 Nr. 1 kann entmündigt werden, wer wegen Geisteskrankheit seine Angelegenheiten nicht zu besorgen vermag. Der wegen Geisteskrankheit Entmündigte ist nach § 104 Nr. 3 geschäftsunfähig. Die Vorschriften des bisherigen Rechtes über die Entmündigung wegen Geisteskrankheit weichen zum Teil sowohl in betreff der Voraussetzungen als in betreff der Wirkungen von den Vorschriften des BGB. ab. Insbesondere hat gemeinrechtlich nach der herrschenden Ansicht die Entmündigung nicht unbedingt die vollständige Geschäftsunfähigkeit zur Folge, vielmehr ist im einzelnen Falle der Nachweis zulässig, daß der Entmündigte in einem lichten Zwischenraume gehandelt habe. Nach preuß. Rechte hat die Entmündigung wegen Blödsinns nur eine Beschränkung der Geschäftsfähigkeit zur Folge. Der Art. 155 läßt diese Verschiedenheit des bisherigen Rechtes und des BGB. unberücksichtigt. Mit dem Inkrafttreten des BGB. wird ein wegen Geisteskrankheit Entmündigter, mögen die Voraussetzungen und die Wirkungen der Entmündigung auch andere gewesen sein wie nach dem BGB., vollständig geschäftsunfähig. Erforderlich ist nur, daß wirklich eine Entmündigung wegen Geisteskrankheit erfolgt ist. Eine solche konnte seit dem Inkrafttreten der CPO. nur nach deren Vorschriften durch Urteil erfolgen. Für die Zeit vor dem Inkrafttreten der CPO. bestimmt sich nach dem bis dahin geltenden Landesrechte, welche Behörde die Entmündigung auszusprechen berechtigt war und in welcher Art dieselbe zu erfolgen hatte (s. Erl. 3).

2. Die nach dem BGB. § 6 Nr. 1 zulässige **Entmündigung wegen Geistesschwäche** hat nach § 114 des BGB. die Beschränkung der Geschäftsfähigkeit zur Folge. Dem bisherigen Rechte ist eine besondere in ihren Voraussetzungen und in ihren Wirkungen von der Entmündigung wegen Geisteskrankheit unterschiedene Entmündigung wegen Geistesschwäche unbekannt. Die Geistesschwäche wurde, sofern sie zur Entmündigung führte, als eine Unterart der Geisteskrankheit angesehen. Der Art. 155 erwähnt daher nur die Entmündigung wegen Geisteskrankheit; die wegen Geistesschwäche nach dem bisherigen Rechte erfolgte Entmündigung ist hierunter mit zu verstehen. Dies ist dadurch zum Ausdrucke gebracht, daß im Art. 210 Abs. 1 Satz 3 die Voraussetzung, unter welcher eine wegen Geistesschwäche angeordnete Vormundschaft als Pflegschaft im Sinne des BGB. § 1910 Abs. 2 behandelt werden soll, dahin bestimmt ist, daß die Vormundschaft angeordnet ist, „ohne daß eine Entmündigung erfolgt ist". Ist eine solche erfolgt, so soll — wie hinzugedacht werden muß — auf sie, auch wenn sie wegen eines Geisteszustandes erfolgt ist, der nach dem BGB nicht als Geisteskrankheit, sondern als Geistesschwäche zu betrachten ist, die Vorschrift des Art. 155 Anwendung finden. Eine Vormundschaft aber, welche ohne die vorherige oder gleichzeitige Entmündigung angeordnet ist, soll, wenn sie nach dem bisherigen Rechte, wie dies bisweilen der Fall war, eine Beschränkung der Geschäftsfähigkeit zur Folge hatte, diese Wirkung von dem Inkrafttreten des BGB. an verlieren und sich nach Maßgabe des Art. 210 in eine Pflegschaft umwandeln.

3. **Anordnung einer Vormundschaft wegen Geisteskrankheit oder Geistesschwäche.** Um anzunehmen, daß nach dem bisherigen Rechte eine Entmündigung wegen Geisteskrankheit oder Geistesschwäche erfolgt sei, ist nicht erforderlich, daß in der betreffenden Verfügung der Ausdruck „Entmündigung" gebraucht ist. Seit dem Inkrafttreten der CPO. konnte freilich eine Entmündigung nur dadurch erfolgen, daß sie in dem in der CPO. angeordneten Verfahren ausdrücklich ausgesprochen wurde. Vor dem Inkrafttreten der CPO. begnügte man sich in den Gebieten des gemeinen Rechtes häufig auch im Falle einer Geisteskrankheit im Sinne des BGB. damit, dieserhalb eine Vormundschaft anzuordnen (so auch nach dem sächs. GB. § 1981). Das-

Artikel 156. Wer zur Zeit des Inkrafttretens des Bürgerlichen Gesetzbuchs wegen Verschwendung entmündigt ist, steht von dieser Zeit an einem nach den

---

in einem solchen Falle eintretende Verhältnis läßt sich verschieden beurteilen. Man kann entweder annehmen, daß die Anordnung der Vormundschaft als solche keinen Einfluß auf die Geschäftsfähigkeit des Bevormundeten hat, daß dieser vielmehr nur deshalb geschäftsunfähig ist, weil er geisteskrank ist. Hieraus wird dann zu folgern sein, daß trotz der Anordnung der Vormundschaft noch der Beweis zulässig ist, daß der Bevormundete nicht mehr geisteskrank ist oder daß er in einem lichten Zwischenraume gehandelt hat oder daß die Handlung, um deren Beurteilung es sich handelt, von der Geisteskrankheit nicht beeinflußt ist. Nur insofern kann man auch bei dieser Auffassung der Anordnung der Vormundschaft eine Bedeutung beilegen, als durch sie die Geisteskrankheit bewiesen wird und daher demjenigen, welcher sie oder ihren Einfluß auf die betreffende Handlung bestreitet, der Gegenbeweis obliegt. Man kann aber auch annehmen, daß die Anordnung der Vormundschaft eine selbständige rechtliche Wirkung hat, daß durch sie die Geisteskrankheit und damit die Geschäftsfähigkeit rechtlich festgestellt wird. Auch von denjenigen, welche diese Auffassung für die richtige halten, wird indessen regelmäßig die Zulässigkeit des Beweises angenommen, daß der Bevormundete im einzelnen Falle in einem lichten Zwischenraume gehandelt habe (s. sächs. GB. § 1984). Die erstgedachte Auffassung führt konsequent dahin, in der Anordnung der Vormundschaft eine Entmündigung im Sinne des Art. 155 nicht zu erblicken, während bei der letztgedachten Auffassung darin sachlich eine Entmündigung gefunden werden kann. Nach den M. d. EG. S. 246 wird davon ausgegangen, daß die Anordnung der Vormundschaft, wenn sie wegen Geisteskrankheit erfolgt ist, immer die Bedeutung der Entmündigung im Sinne des Art. 155 habe. Dem Zwecke der Vorschrift des Art. 155 dürfte dies entsprechen. Dabei entsteht dann freilich die Schwierigkeit, daß im einzelnen Falle untersucht werden muß, ob die Anordnung der Vormundschaft wegen Geisteskrankheit oder wegen Geistesschwäche erfolgt ist und daß hierbei die Bedeutung zugrunde gelegt werden muß, welche die Ausdrücke im BGB. haben. Ergibt diese Untersuchung kein sicheres Resultat, so kann eine Entmündigung im Sinne des Art. 155 nicht angenommen werden und die Vormundschaft verwandelt sich daher nach Art. 210 in eine Pflegschaft (s. Habicht S. 54 ff.).

4. Das französische und das badische Recht kennen neben der Entmündigung wegen Geisteskrankheit das Institut der **Anordnung eines Beistandes wegen Geistesschwäche.** Der Verbeistandete behält die Verwaltung seines Vermögens, ist aber in Beziehung auf gewisse Rechtsgeschäfte an die Genehmigung des Beistandes gebunden. Nach § 10 des EG. zur CPO. findet das Verfahren in Entmündigungssachen auch auf die Anordnung eines solchen Beistandes Anwendung. Der E. I des EG. Art. 97 Abs. 2 bestimmte, daß die Bestellung eines Beistandes mit dem Inkrafttreten des BGB. ihre Wirkung verliere. Dieselbe Vorschrift enthielt der Art. 181 des E. II d. EG. Im E. III d. EG. Art. 210 und im EG. Art. 211 ist der Zusatz hinzugefügt, daß der Wegfall der Wirkung erst sechs Monate nach dem Inkrafttreten des BGB. eintrete. Bis zu diesem Zeitpunkte behält die Bestellung des Beistandes ihre bisherige Wirkung. Durch die Hinausschiebung des Zeitpunkts des Wegfalls soll die Möglichkeit gewährt werden, im Falle des Bedürfnisses eine Entmündignug des Verbeistandeten wegen Geistesschwäche so zeitig herbeizuführen, daß derselbe nicht inzwischen zeitweise unbeschränkt geschäftsfähig wird.

5. Ist zur Zeit des Inkrafttretens des BGB. **ein auf Entmündigung gerichtetes Verfahren anhängig,** aber noch nicht erledigt, so finden die Vorschriften des BGB. über die Voraussetzungen der Entmündigung und die Vorschriften der CPO. Novelle über das Verfahren Anwendung (RG. in JW. 1901 S. 72). Auch wenn die Entmündigung zur Zeit des Inkrafttretens des BGB. schon erfolgt, die Entmündigung aber noch anfechtbar ist, findet nicht der Art. 155, sondern das neue Recht Anwendung (RG. JW. 1900 S. 848).

6. Die **Aufhebung** einer vor dem 1. Jan. 1900 erfolgten Entmündigung bestimmt sich nach dem BGB. (RG. in JW. 1901 S. 475). Die Aufhebung kann also verlangt werden, wenn zwar die Voraussetzungen der Entmündigung nach dem bisherigen Rechte fortdauern, dagegen die nach dem neuen Rechte nicht vorliegen.

Artikel 156.

E. d. EG. I Art. 98; II Art. 129; III Art. 156. P. I S. 13043; M. d. EG. S. 247 f. P. II Bd. 6 S. 488 f.

1. **Entmündigung wegen Verschwendung.** Nach § 6 Nr. 2 des BGB. kann wegen Verschwendung entmündigt werden, wer durch Verschwendung sich oder seine Familie der Gefahr

Vorschriften des Bürgerlichen Gesetzbuchs wegen Verschwendung Entmündigten gleich.

Dasselbe gilt von demjenigen, für welchen nach den französischen oder den badischen Gesetzen wegen Verschwendung die Bestellung eines Beistandes angeordnet ist.

---

des Notstandes aussetzt. Die Entmündigung hat nach § 114 des BGB. die Beschränkung der Geschäftsfähigkeit zur Folge. Über weitere Wirkungen der Entmündigung wegen Verschwendung s. die §§ 1418 Nr. 3, 1468 Nr. 4, 1495 Nr. 4, 1542, 1549 (Folgen für das eheliche Güterrecht), 2229 Abs. 3, 2230, 2253 (Folgen für die Fähigkeit zur Errichtung und Aufhebung eines Testaments). Über die Folgen der beschränkten Geschäftsfähigkeit für die Eheschließung s. § 1304, für die elterliche Gewalt s. §§ 1676 Abs. 2, 1678, 1685 Abs. 2. Das Entmündigungsverfahren bestimmt sich nach CPO. §§ 680 ff. Die Vorschriften des bisherigen Rechtes über Entmündigung wegen Verschwendung weichen zwar sowohl in betreff der Voraussetzungen und der Wirkungen als des Verfahrens in einigen Beziehungen von den Vorschriften des BGB. und der jetzigen CPO. ab. Die Abweichungen sind indessen hier noch von geringerer Bedeutung wie bei der Entmündigung wegen Geisteskrankheit. Man hat es aus denselben Gründen wie bei der Entmündigung wegen Geisteskrankheit (s. Erl. zu Art. 155) für unbedenklich erachtet für einen nach dem bisherigen Rechte wegen Verschwendung Entmündigten mit dem Inkrafttreten des BGB. die durch dieses mit der Entmündigung wegen Verschwendung verknüpften Wirkungen eintreten zu lassen. Es ergibt sich hieraus insbesondere, daß der vor dem 1. Januar 1900 Entmündigte von diesem Zeitpunkt an der Einwilligung seines gesetzlichen Vertreters zur Eingehung der Ehe auch dann bedarf, wenn diese Einwilligung nach dem bisherigen Rechte nicht erforderlich war, und daß er die Fähigkeit zur Errichtung eines Testaments, wenn er diese nach dem bisherigen Rechte behalten hatte, von dem 1. Januar 1900 an verliert. Andererseits erlangt ein vor dem 1. Januar 1900 Entmündigter, welcher nach dem bisherigen Rechte nicht die Fähigkeit hatte, ein vor seiner Entmündigung von ihm errichtetes Testament zu widerrufen, diese Fähigkeit vom 1. Januar 1900 an (§ 2253 Abs. 2). Über die Folgen der Entmündigung auf den Güterstand einer vor dem 1. Januar 1900 geschlossenen Ehe s. Erl. zu Art. 200; über ihre Folgen für die am 1. Januar 1900 bereits bestehende elterliche Gewalt s. Erl. 3d zu Art. 203.

2. **Verbeistandung eines Verschwenders nach französischem oder badischem Rechte.** Nach dem code civil Art. 513 findet wegen Verschwendung keine eigentliche Entmündigung statt. Der Verschwender erhält aber einen Beistand, dessen Mitwirkung bei gewissen Rechtsgeschäften des Verschwenders erforderlich ist. Bestritten ist, ob diese Vorschriften durch § 81 der preuß. Vormundschaftsordnung beseitigt sind oder ob sich die Geschäftsfähigkeit eines Verschwenders in den Gebieten des französischen Rechtes noch nach dem code civil bestimmt. Das badische Recht (LR. Satz 513, 513a) kennt zwei Grade der Mundtotmachung eines Verschwenders; der erste besteht in der Verbeistandung, der zweite in der vollständigen Entmündigung des Verschwenders. Der Art. 156 Abs. 2 stellt die nach französischem und badischem Rechte stattfindende Verbeistandung des Verschwenders der Entmündigung wegen Verschwendung gleich. Mit dem Inkrafttreten des BGB. sollen die Wirkungen einer vorher erfolgten Verbeistandung sich nach den Vorschriften des BGB. über die Entmündigung wegen Verschwendung bestimmen. Es findet in dieser Beziehung also eine Abweichung von den für die Verbeistandung wegen Geistesschwäche getroffenen Bestimmungen (s. Erl. zu Art. 155 Nr. 4) statt. Während in diesem Falle die Verbeistandung nach sechs Monaten von dem Inkrafttreten des BGB. an gerechnet wegfällt und der Verbeistandete daher nach dem Ablaufe dieser Zeit, sofern nicht inzwischen eine Entmündigung erfolgt ist, unbeschränkt geschäftsfähig wird, bleibt hier die Verbeistandung bestehen und erhält die Wirkungen der Entmündigung wegen Verschwendung, so daß also der Verbeistandete auch die Prozeßfähigkeit verliert (RG. 46 S. 380). Der Grund für diese Verschiedenheit liegt darin, daß im Falle der Verbeistandung wegen Verschwendung festgestellt ist, daß der Tatbestand der Verschwendung vorliegt, und daß dieser sich nicht wesentlich von dem für die Entmündigung wegen Verschwendung nach dem BGB. erforderlichen Tatbestand unterscheidet, daß aber im Falle der Verbeistandung wegen Geistesschwäche nicht ohne weiteres angenommen werden kann, daß die nach dem BGB. für die Entmündigung wegen Geisteskrankheit oder Geistesschwäche erforderlichen Voraussetzungen vorliegen.

3. In betreff eines zur Zeit des Inkrafttretens des BGB. **anhängigen auf Entmündigung**

Artikel 157. Die Vorschriften der französischen und der badischen Gesetze über den erwählten Wohnsitz bleiben für Rechtsverhältnisse, die sich nach diesen Gesetzen bestimmen, in Kraft, sofern der Wohnsitz vor dem Inkrafttreten des Bürgerlichen Gesetzbuchs erwählt worden ist.

---

wegen Verschwendung gerichteten Verfahrens sowie bezüglich der Aufhebung der Entmündigung gilt das in Erl. 5, 6 zu Art. 155 Gesagte (RG. JW. 1901 S. 475).

4. **Die Entmündigung wegen Trunksucht** ist dem bisherigen Rechte unbekannt. Sie kann jetzt selbstverständlich auch dann erfolgen, wenn die im BGB. § 6 Nr. 3 bestimmten Voraussetzungen schon vor dem 1. Januar 1900 eingetreten waren, sofern sie nur auch jetzt noch vorliegen.

Artikel 157.

E. d. EG. I Art. 100; II Art. 130; III Art. 157. P. I S. 13169 ff.; M. d. EG. S. 249 f. P. II B. 6 S. 490.

1. **Erwählter Wohnsitz nach dem französischen oder badischen Rechte.** Nach französischem und badischem Rechte können die Parteien behufs der Vollziehung eines Rechtsgeschäfts einen besonderen nur für diesen Zweck geltenden Wohnsitz erwählen. Die rechtliche Wirkung einer solchen rechtsgeschäftlichen Bestimmung besteht darin, daß sich die Parteien der Gerichtsbarkeit des Gerichts des erwählten Wohnsitzes unterwerfen und daß Zustellungen, die sich auf das betreffende Rechtsverhältnis beziehen, der Partei oder dem von ihr bezeichneten Bevollmächtigten, regelmäßig einem Notar oder Anwalt an dem erwählten Wohnsitze gemacht werden können. Durch die CPO. sind diese Vorschriften, soweit sie sich auf den Gerichtsstand beziehen, aufgehoben. Die Begründung der Zuständigkeit des Gerichts durch Vereinbarung der Parteien bestimmt sich lediglich nach § 38 der CPO. Aufrechterhalten sind aber durch das EG. zur CPO. § 15 Nr. 5 die Vorschriften des französischen und des badischen Rechtes, soweit es sich um Zustellungen handelt. Durch Art. II Nr. 3 des EG. zu dem Ges. betr. Änderungen der CPO. v. 17. Mai 1898 wird auch die gedachte Nr. 5 aufgehoben. Hiermit sind die Wirkungen des erwählten Wohnsitzes für den Prozeß vollständig beseitigt. Seine Wirkungen außerhalb des Prozesses bestimmen sich vom 1. Januar 1900 an nach EG. Art. 55 lediglich nach dem BGB. In beiden Beziehungen soll aber nach Art. 157 *die vor dem 1. Januar 1900 erfolgte Wahl des Wohnsitzes noch Bedeutung erhalten. Voraussetzung ist,*

a) daß es sich um ein Rechtsverhältnis handelt, welches nach den französischen oder badischen Gesetzen zu beurteilen ist, und

b) daß für dieses Rechtsverhältnis ein Wohnsitz bereits vor dem Inkrafttreten des BGB. erwählt ist.

Die unter a gedachte Voraussetzung liegt z. B. vor bei einem Schuldverhältnisse, für welches nach Art. 170 oder bei einem erbrechtlichen Verhältnisse, für welches nach Art. 213 die bisherigen Gesetze maßgebend sind, sofern es sich dabei um französisches oder badisches Recht handelt. Das Gleiche gilt für Rechtsverhältnisse, in betreff deren auf Grund der allgemeinen Vorbehalte des EG., z. B. des Vorbehalts für das Bergrecht oder für das Versicherungsrecht (Art. 67, 75), das bisherige Landesrecht in Kraft bleibt, wenn dieses das französische oder badische Recht ist. Bei Rechtsverhältnissen der letzteren Art kann freilich die Landesgesetzgebung die fernere Geltung über den erwählten Wohnsitz allgemein und ohne Rücksicht darauf bestimmen, ob die unter b bezeichnete Voraussetzung vorliegt. Bei ihnen kommt daher der Art. 157 nur dann in Betracht, wenn die Vorschriften über den erwählten Wohnsitz keinen Bestandteil des Sonderrechts bilden, sondern nur deshalb bisher zur Anwendung kamen, weil sie nach dem allgemeinen Rechte, auf welches jene Sonderrechte verwiesen, gelten. In Fällen dieser Art ist nach Art. 4 das BGB. an die Stelle der bisherigen allgemeinen Vorschriften getreten und bleibt daher Raum für die Anwendung des Art. 157.

Die Tragweite des Vorbehalts beschränkt sich auf *die Wirkungen, welche der erwählte Wohnsitz für die Zustellungen* hat und zwar sowohl für die in einem Prozeß als für die außerhalb eines solchen erfolgenden Zustellungen. Die Wirkungen, welche der erwählte Wohnsitz für den Gerichtsstand hatte und welche nach dem obigen bereits durch die CPO. beseitigt sind, werden durch den Art. 157 nicht wiederhergestellt.

Soweit nach dem Art. 189 für das Liegenschaftsrecht das bisherige Recht maßgebend bleibt, finden die Vorschriften des französischen und badischen Rechtes über den erwählten Wohnsitz noch bis zur Grundbuchanlegung Anwendung (vgl. Art. 4 des bayer. Ges. über das Liegenschaftsrecht in der Pfalz v. 1. Juli 1898 und Schneider Kommentar hierzu S. 16, 74).

2. Wohnsitz nach dem BGB. Andere Übergangsvorschriften als die im Art. 157 enthält das EG. in betreff des Wohnsitzes nicht. Aus den allgemeinen Grundsätzen ergibt sich in dieser Beziehung folgendes:

a) Der Wohnsitz wird begründet durch eine Handlung derjenigen Person, deren Wohnsitz in Frage steht (BGB. § 7). Diese Handlung ist kein Rechtsgeschäft, aber eine Rechtshandlung (Bd. I S. 71 Erl. zu § 8). Ob durch eine vor dem 1. Januar 1900 vorgenommene Handlung der Wohnsitz begründet ist, bestimmt sich nach dem bisherigen Rechte. War hiernach der Wohnsitz begründet, so dauert er auch nach dem Inkrafttreten des BGB. ohne Rücksicht darauf fort, ob durch die betreffende Rechtshandlung der Wohnsitz auch nach BGB. § 7 Abs. 1 begründet worden wäre. Die Aufhebung des begründeten Wohnsitzes bestimmt sich aber nach § 7 Abs. 3. War nach dem bisherigen Rechte ein Wohnsitz nicht begründet, hat aber die betreffende Person bei dem Inkrafttreten des BGB. eine ständige Niederlassung an einem Orte, so wird nunmehr für sie an diesem Orte nach BGB. § 7 Abs. 1 ein Wohnsitz begründet.

b) Soweit nach dem bisherigen Rechte, z. B. nach dem französischen Rechte ein mehrfacher Wohnsitz nicht möglich ist, kann ein solcher nach dem Inkrafttreten des BGB. entstehen (BGB. § 7 Abs. 2); er entsteht, wenn die Voraussetzungen des BGB. § 7 Abs. 1 für mehrere Orte vorliegen, und zwar auch dann, wenn sie bereits vor dem 1. Januar 1900 eingetreten sind.

c) Ein Wohnsitz, der nach dem bisherigen Rechte nicht durch den Willen der betreffenden Person, sondern lediglich durch das Gesetz begründet war, wird mit dem Inkrafttreten des BGB. aufgehoben, soweit dieses nicht ebenfalls diesen Wohnsitz anerkennt (BGB. §§ 9—11). So wird z. B. der Wohnsitz der Strafgefangenen in der Strafanstalt, sofern dieser nach dem bisherigen Rechte als Kraft des Gesetzes begründet angenommen wurde, mit dem Inkrafttreten des BGB. aufgehoben (a. A. Affolter S. 209, der die Fortdauer des bisherigen gesetzlichen Wohnsitzes annimmt).

d) Soweit nach dem BGB. §§ 9—11 ein gesetzlicher Wohnsitz besteht, tritt dieser, wenn die gesetzlichen Voraussetzungen beim Inkrafttreten des BGB. vorliegen, ein; ein damit im Widerspruche stehender nach dem früheren Rechte begründeter Wohnsitz wird damit aufgehoben.

e) Soweit das EG. allgemeine Vorbehalte zugunsten der Landesgesetzgebung bestimmt, kann diese für die betreffende Materie auch Vorschriften über den Wohnsitz treffen. Dies gilt insbesondere auch für das Gesinderecht. Im preuß. AG. zum BGB. Art. 14 § 1 Abs. 4 ist ausdrücklich bestimmt, daß durch das Gesindeverhältnis ein Wohnsitz nicht begründet wird. Dasselbe wird auch nach dem bayer. AG. anzunehmen sein, da nach dessen Art. 15 auf das Rechtsverhältnis zwischen der Dienstherrschaft und dem Dienstboten die allgemeinen Vorschriften des BGB. insoweit Anwendung finden, als sich nicht aus den Art. 16—28 ein anderes ergibt, in diesen aber eine Bestimmung über den Wohnsitz nicht enthalten ist. Auf Grund dieser Bestimmungen wird nicht nur die Begründung des Wohnsitzes durch das Gesindeverhältnis für die Zukunft ausgeschlossen, sondern das Gesinde verliert auch mit dem Inkrafttreten des BGB. den für dasselbe auf Grund des bisherigen Rechtes bereits begründeten Wohnsitz; der Wohnsitz des Gesindes bestimmt sich fortan nach dem BGB. (a. A. Affolter S. 208, der den begründeten Wohnsitz fortdauern läßt).

Zu Artikel 158—162.

Über die Voraussetzungen und Wirkungen der **Todeserklärung** nach dem BGB. s. §§ 13 bis 19 (Bd. I S. 79 ff. Erl. zu §§ 13—19).

Die Vorschriften des bisherigen Rechtes über **Verschollenheit und Todeserklärung** weichen in wesentlichen Beziehungen sowohl von den Vorschriften des BGB. als untereinander ab Roth, Deutsches Privatrecht I § 61; Gierke, Deutsches Privatrecht I S. 365 ff.). Drei Hauptgruppen lassen sich im bisherigen Rechte unterscheiden (M. I S. 33 ff.).

1. Nach gemeinem Rechte gilt die Vermutung, daß ein Verschollener nicht über den Zeitpunkt hinaus gelebt habe, in welchem er das siebenzigste Lebensjahr vollendet haben würde. Diese Vermutung tritt aber erst in Kraft, wenn auf Grund eines Aufgebotsverfahrens eine gerichtliche Todeserklärung erfolgt ist. Partikularrechtlich wird das Vermögen des Verschollenen schon nach Ablauf einer kürzeren Frist dem vermutlichen Erben ausgehändigt. Bisweilen erfolgt zu diesem Zwecke eine besondere Verschollenheitserklärung, so namentlich in Mecklenburg.

Artikel 158. Die Wirkungen einer vor dem Inkrafttreten des Bürgerlichen Gesetzbuchs erfolgten Todeserklärung bestimmen sich nach den bisherigen Gesetzen, soweit sich nicht aus den Artikeln 159, 160 ein Anderes ergiebt.

---

2. Verschiedene Rechte, insbesondere das preußische, bayerische, sächsische Recht lassen die gerichtliche Todeserklärung eines Abwesenden zu, wenn diese Abwesenheit, ohne daß Nachrichten von dem Abwesenden vorhanden sind, eine bestimmte Zeit gedauert hat. Bei der Bestimmung dieser Frist wird nach einigen Rechten auf das Alter des Abwesenden Rücksicht genommen. Der Eintritt der Todesvermutung wird bald an den Akt der Todeserklärung bald an das Ende der Aufgebotsfrist, bald an den Ablauf der Abwesenheitsfrist oder an die Erreichung des erforderlichen Lebensalters geknüpft.

3. Nach französischem und badischem Rechte findet eine Todeserklärung nicht statt. Die nachrichtslose Abwesenheit hat je nach ihrer Dauer verschiedene rechtliche Wirkungen. Drei Stufen werden unterschieden, Vermißtheit, Verschollenheit und endgültige Einweisung in das Vermögen des Verschollenen. Die Verschollenheitserklärung kann nach Ablauf eines vier- bzw. zehnjährigen Zeitraums nachrichtsloser Abwesenheit beantragt werden. Auf Grund derselben können diejenigen, welche zur Zeit des Verschwindens des Verschollenen die vermutlichen Erben gewesen sein würden, die vorläufige Einweisung in den Besitz des Vermögens des Verschollenen verlangen. Nach Ablauf von dreißig Jahren von dieser Einweisung an gerechnet, können die Eingewiesenen bzw. ihre Rechtsnachfolger die endgültige Einweisung verlangen. Von diesem Zeitpunkt an gilt die Vermutung, daß der Verschollene nicht mehr am Leben ist; daneben gelten für einzelne Rechtsverhältnisse besondere Vorschriften.

Die Art. 158—161 bestimmen, in welchen Fällen die unter Nr. 1—3 bezeichneten Vorschriften des bisherigen Rechtes auch ferner zur Anwendung kommen und welche Modifikationen sie erleiden sollen. Die Art. 158—161 beziehen sich auf diejenigen Fälle, in welchen vor dem Inkrafttreten des BGB. bereits eine Todeserklärung erfolgt ist, der Art. 161 auf diejenigen, in welchen eine Todeserklärung noch nicht erfolgt, aber das auf Herbeiführung derselben gerichtete Verfahren bereits eingeleitet ist, sowie auf die nach französischem oder badischem Rechte zu beurteilenden Fälle, in welchen das nach diesen Rechten im Falle nachrichtsloser Abwesenheit zulässige unter Nr. 3 bezeichnete Verfahren bereits eingeleitet ist. Für alle Fälle dieser Art wird die Regel aufgestellt, daß das bisherige Recht auch ferner Anwendung findet; nur in einzelnen Beziehungen werden Ausnahmen von dieser Regel bestimmt. Soweit dagegen ein Verfahren der gedachten Art noch nicht eingeleitet ist, kann es nach dem Inkrafttreten des BGB. nicht mehr eingeleitet werden, auch wenn die vor diesem Zeitpunkte vorgekommenen Tatsachen nach dem bisherigen Rechte die Einleitung begründet haben würden. Über die Anwendung des BGB. in solchen Fällen s. Erl. 2 zu Art. 158. Der Art. 162 läßt die Todeserklärung nach den Vorschriften des BGB., jedoch mit beschränkter Wirkung auch für den Fall zu, daß ein nach den bisherigen Gesetzen zu beurteilendes Verfahren durch die endgültige Einweisung des mutmaßlichen Erben in den Besitz und Genuß des Vermögens des Verschollenen bereits zum Abschlusse gelangt ist.

Artikel 158.

E. d. EG. I Art. 92 Satz 1; II Art. 131; III Art. 158. P. I S. 13018 ff., 13292; M. d. EG. S. 236 ff. P. II Bd. 6 S. 471 f.

1. Der Art. 158 spricht **den Grundsatz aus, daß die Wirkung einer vor dem Inkrafttreten des BGB. erfolgten Todeserklärung sich nach den bisherigen Gesetzen bestimmt.** Die Verschiedenheit der Voraussetzungen, unter welchen nach dem bisherigen Rechte oder nach dem BGB. eine Todeserklärung zulässig ist, macht eine Vorschrift ähnlichen Inhalts wie die in den Art. 155, 156 über die Entmündigung wegen Geisteskrankheit und wegen Verschwendung gegebene unmöglich. Die Todeserklärung behält alle Wirkungen, welche sie nach dem bisherigen Rechte hatte, aber auch nur diese. Es gilt dies für alle Rechtsverhältnisse, bei denen die Annahme des Todes in Betracht kommt, ohne Unterschied, ob dieselben im übrigen den Vorschriften des bisherigen Rechtes oder dem BGB. unterstehen. Das bisherige Recht entscheidet daher über die konstitutive oder deklaratorische Natur des ergangenen Spruches, über den Zeitpunkt, den der Abwesende mutmaßlich nicht überlebt hat oder in welchem er mutmaßlich gestorben ist, über die Beschränkung der Todesvermutung auf das Gebiet des Vermögensrechts, über die Erstreckung auf die persönlichen und familienrechtlichen Verhältnisse. Auch die Beerbung des für tot

Erklärten sowie die Entscheidung der Frage, ob der Erbe wegen Erstattung des Vermögens für den Fall der Rückkehr des für tot Erklärten Sicherheit zu leisten und welche Ansprüche der für tot Erklärte im Falle seiner Rückkehr auf Herausgabe seines Vermögens hat, bestimmt sich nach dem bisherigen Rechte. Über die Ausnahme von diesen Grundsätzen s. Art. 159, 160.

2. War am 1. Januar 1900 auf Grund des bisherigen Rechtes ein Verfahren der in Erl. 1 bezeichneten Art noch nicht anhängig (s. Erl. zu Art. 161), so kann eine Todeserklärung nur nach Maßgabe der Vorschriften des BGB. §§ 13—18 und der CPO. §§ 960ff. erfolgen. Die Vorschriften finden auch dann Anwendung, wenn die Tatsachen, auf Grund deren die Todeserklärung erfolgen soll, insbesondere also der Eintritt der Verschollenheit und der Ablauf der erforderlichen Zeit vor dem 1. Januar 1900 liegen. Ausdrücklich bestimmt ist dies im EG. nicht, muß aber deshalb angenommen werden, weil es sonst an jeder Vorschrift für Fälle dieser Art fehlen würde. In den M. d. EG. S. 239 Nr. 4 wird auch ausdrücklich hervorgehoben, daß in Fällen der fraglichen Art die Vorschriften des BGB. unbeschränkt Platz greifen. Aus der Anwendung dieser Vorschriften ergibt sich nun die Möglichkeit, daß in dem Todeserklärungsurteil als Zeitpunkt des Todes ein Zeitpunkt festgestellt werden muß, der vor dem 1. Januar 1900 liegt (BGB. § 18; Rspr. Bd. 5 S. 473). Auf die Beerbung des für tot Erklärten finden in solchem Falle nach EG. Art. 213 die Vorschriften des bisherigen Rechtes Anwendung. Andererseits gilt auch, solange die Todeserklärung nicht erfolgt ist, nach BGB. § 19 die Vermutung des Fortlebens des Verschollenen bis zu dem Zeitpunkte, welcher nach BGB. § 18 Abs. 2 in Ermangelung eines anderen Ergebnisses der Ermittelungen als Zeitpunkt des Todes anzunehmen ist. Da nach dem bisherigen Rechte in betreff der Lebensvermutung andere untereinander wieder vielfach abweichende Vorschriften gelten, nach welchen entweder eine Lebensvermutung überhaupt nicht bestand oder die Fortdauer des Lebens bis zu einem anderen Zeitpunkt als dem in dem BGB. bezeichneten vermutet wurde, so kann die Anwendung der obigen Grundsätze zu dem Ergebnisse führen, daß eine nach Maßgabe des bisherigen Rechtes noch nicht als eingetreten vermutete Beerbung nunmehr als schon vor dem 1. Januar 1900 eingetreten gilt, oder daß umgekehrt eine nach dem bisherigen Rechte als zu einer bestimmten Zeit eingetreten vermutete Beerbung nunmehr als entweder überhaupt nicht oder als nicht zu dieser Zeit, sondern als zu einer anderen Zeit eingetreten vermutet wird. Um diese Ergebnisse zu vermeiden, will Habicht S. 98ff. dem bisherigen Rechte noch einen gewissen Einfluß auf eine nach Maßgabe des BGB. erfolgende Todeserklärung einräumen und gelangt zu dem Satze S. 101, 104, „daß zwar an sich bei Todeserklärungen, die nach dem 1. Januar 1900 auf Grund des BGB. erfolgen, auch der § 18 des BGB. Geltung zu beanspruchen hat, daß aber eine Verlegung des Zeitpunkts des Todes in die Zeit vor dem 1. Januar 1900 nur insoweit stattfinden darf, als dies bei Behandlung des Falles nach dem bisherigen Rechte zulässig gewesen wäre". Die für diese Auffassung angeführten Gründe dürften indessen höchstens dafür sprechen, daß es vom gesetzgeberischen Standpunkt aus zweckmäßig und billig gewesen sein würde, das Verhältnis so zu ordnen, wie Habicht es will; aus dem Gesetz aber, wie es liegt, läßt sich jene Auffassung wohl nicht rechtfertigen. Entscheidend dürfte dagegen sprechen, daß auf Grund der bisherigen Gesetze in den hier fraglichen Beziehungen noch keine festen Rechte entstanden sind, daß es sich vielmehr immer nur um Vermutungen handelt. Auf Grund dieser wurde der Tod oder das Fortleben einer bestimmten Person vermutet und trat eine dieser Vermutung entsprechende Gestaltung der Verhältnisse ein. Durch Gegenbeweis konnten diese Vermutungen aber jeder Zeit widerlegt werden und, wenn dies geschah, so erwies sich damit die bisherige Gestaltung der Verhältnisse als unrechtmäßig und mußte die der nunmehr bewiesenen wahren Sachlage entsprechende Umgestaltung erfahren. Dasselbe muß eintreten, wenn ein neues Gesetz, hier also das BGB., die bisher geltenden Vermutungen aufhebt und durch andere ersetzt. Die Gestaltung, welche die Verhältnisse auf Grund der bisherigen Vermutung erfahren haben, erscheint auf Grund der neuen gesetzlichen Vermutung vorbehaltlich des Gegenbeweises als eine rechtlich nicht gerechtfertigte und muß die der nunmehr als bestehend vermuteten Sachlage entsprechende Änderung erfahren. Diese Auffassung führt, konsequent durchgeführt, zu einfachen und klaren Ergebnissen, während die Habichtsche Auffassung zu einer großen Reihe von Zweifeln und Schwierigkeiten führt. Es dürfte auch recht zweifelhaft sein, ob die nach der hier vertretenen Auffassung allerdings unter Umständen eintretende Zerstörung von Aussichten, die nach dem bisherigen Rechte begründet erschien, wirklich zu großen Härten führt, und ob nicht auch bei der Habichtschen Auffassung in anderer Richtung nicht minder große Härten eintreten. Ohne gewisse Härten ist eine neue gesetzliche Regelung bei Verhältnissen der hier fraglichen Art nicht

Artikel 159. Der Ehegatte einer vor dem Inkrafttreten des Bürgerlichen Gesetzbuchs für todt erklärten Person kann nach dem Inkrafttreten des Bürgerlichen Gesetzbuchs eine neue Ehe eingehen, auch wenn die Wiederverheirathung nach den bisherigen Gesetzen nicht zulässig sein würde. Die Vorschriften der §§. 1348 bis 1352 des Bürgerlichen Gesetzbuchs finden entsprechende Anwendung.

---

möglich. Das Bestreben, solche Härten zu mildern, darf nicht dahin führen, den Vorzug der Einfachheit und Klarheit des neuen Gesetzes zu beeinträchtigen. Auf einem ähnlichen Standpunkte wie Habicht stehen Cosack I § 18 V; Niedner, Erl. 2 zu Art. 158; Affolter S. 213, 215ff., die, wenn das bisherige Recht eine Lebensvermutung aufstellt, nach welcher der Tod als erst nach dem 1. Januar 1900 eingetreten vermutet wird, annehmen, daß, wenn nach den Vorschriften des BGB. ein vor dem 1. Januar 1900 liegender Tag als Todestag festzustellen wäre, an dessen Stelle der 1. Januar 1900 trete. Affolter will auch für den Fall, daß das bisherige Recht eine Lebensvermutung nicht kennt, ihm insofern einen Einfluß einräumen, als im Falle des BGB. § 14 Abs. 1 der zehnjährige Zeitraum, auch wenn die Verschollenheit bereits vor dem 1. Januar 1900 eingetreten ist, doch erst von diesem Zeitpunkt an berechnet und in entsprechender Art auch im Falle des § 14 Abs. 2 in betreff des fünfjährigen Zeitraums verfahren werden müsse. Die prinzipiellen Gründe, die Affolter aus der von ihm aufgestellten Theorie der Verbindungstatbestände und der Zustandstatbestände ableitet, sind nicht überzeugend.

Artikel 159.

E. d. EG. I Art. 92 Satz 2; II Art. 132; III Art. 159. P. I S. 13018ff., 13292; M. d. EG. S. 236ff. P. II Bd. 6 S. 471f.

1. **Eheschließung auf Grund einer vor dem Inkrafttreten des BGB. erfolgten Todeserklärung.** Nach der herrschenden Ansicht hat die gemeinrechtliche Todeserklärung nur Bedeutung für die vermögensrechtlichen Verhältnisse, nicht aber für die Ehe. Bisweilen wird angenommen, daß die durch die Todeserklärung begründete Vermutung des Todes zwar insofern auch für die Ehe wirke, als der Ehegatte des für tot Erklärten eine neue Ehe eingehen könne; dabei wird aber daran festgehalten, daß die Todeserklärung nur eine Vermutung des Todes begründe, und hieraus gefolgert, daß die neue Ehe nichtig sei, wenn bewiesen werde, daß der für tot Erklärte zur Zeit der Eingehung der neuen Ehe noch gelebt habe. Verschiedene Partikulargesetze lassen die Eingehung einer neuen Ehe von seiten des für tot Erklärten nur auf Grund eines besonderen gerichtlichen Verfahrens zu (s. z. B. sächs. Gesetzbuch § 1708); andere Gesetze geben dem Ehegatten des für tot Erklärten das Recht, auf Grund der Todeserklärung die Scheidung der Ehe zu verlangen, und gestatten erst, wenn diese erfolgt ist, die Eingehung einer neuen Ehe.

Nach dem BGB. § 18 gilt die durch die Todeserklärung begründete Vermutung des Todes allgemein, also auch für die Ehe und nach den §§ 1348ff. wird, wenn auf Grund dieser Vermutung der Ehegatte des für tot Erklärten eine neue Ehe geschlossen hat, hierdurch, falls der für tot Erklärte noch lebte, die frühere Ehe aufgelöst. Die sozialen und wirtschaftlichen Gründe, auf denen diese Vorschriften des BGB. beruhen, treffen auch für solche Fälle zu, in denen die Todeserklärung vor dem Inkrafttreten des BGB. erfolgt ist. Deshalb bestimmt der Art. 159, daß die vor dem Inkrafttreten des BGB. erfolgte Todeserklärung in der hier fraglichen Beziehung dieselbe Wirkung haben soll, wie wenn sie auf Grund der Vorschriften des BGB. erfolgt wäre. Der Ehegatte des vor dem Inkrafttreten des BGB. für tot Erklärten kann also nach dem Inkrafttreten des BGB. auch in denjenigen Gebieten eine neue Ehe eingehen, in welchen dies nach dem bisherigen Rechte unzulässig war, und mit der Schließung der neuen Ehe wird, wenn der für tot Erklärte noch lebt, die frühere Ehe nach Maßgabe des BGB. §§ 1348, 1349 aufgelöst. Die neue Ehe ist aber anfechtbar nach Maßgabe des § 1350 und in betreff der Unterhaltspflicht gelten die Vorschriften des BGB. §§ 1351, 1352.

2. Keine Anwendung finden die Vorschriften der §§ 1348—1352, wenn die Eingehung der neuen Ehe auf Grund der Todeserklärung schon nach dem bisherigen Rechte zulässig und die neue Ehe bereits vor dem 1. Januar 1900 geschlossen war. Das infolge der neuen Ehe eintretende Rechtsverhältnis wird in diesem Falle lediglich nach dem bisherigen Rechte beurteilt. Vgl. hierzu auch Erl. zu Art. 198, 201.

Keine Anwendung finden die §§ 1348—1352 auch dann, wenn nach dem bisherigen Rechte die Todeserklärung selbst schon die Auflösung der Ehe zur Folge hatte oder auf Grund der

Artikel 160. Soweit nach den Vorschriften des Bürgerlichen Gesetzbuchs in Folge einer Todeserklärung die elterliche Gewalt des Verschollenen, die Vormundschaft, die Pflegschaft sowie das Amt als Vormund, Gegenvormund, Pfleger, Beistand oder Mitglied eines Familienraths endigt, gelten diese Vorschriften von dem Inkrafttreten des Bürgerlichen Gesetzbuchs an auch für eine vorher erfolgte Todeserklärung.

Todeserklärung wie nach sächs. GB. ein Verfahren zulässig ist, in welchem die frühere Ehe für beendigt erklärt wird, und eine solche Erklärung bereits vor dem Inkrafttreten des BGB. erfolgt war. Auf Fälle dieser Art findet der Art. 159 auch dann keine Anwendung, wenn die neue Ehe erst nach dem Inkrafttreten des BGB. geschlossen wird (a. A. Niedner, Erl. 1b zu Art. 159). Anders aber dürfte das Verhältnis zu beurteilen sein, wenn nach dem bisherigen Rechte auf Grund der Todeserklärung zwar die Eingehung einer neuen Ehe zulässig war, die Auflösung der früheren Ehe aber erst mit der Eingehung einer neuen Ehe eintrat und diese neue Ehe erst nach dem Inkrafttreten des BGB. geschlossen wird. Der Art. 159 hat seine Hauptbedeutung zwar für diejenigen Rechtsgebiete, in welchen die Eingehung der neuen Ehe auf Grund der Todeserklärung unzulässig ist; er bezieht sich aber doch, wie aus den Worten „auch wenn" hervorgeht, auf alle Fälle, in welchen auf Grund einer vor dem Inkrafttreten des BGB. erfolgten Todeserklärung, welche noch nicht selbst die Auflösung der Ehe zur Folge hatte, nach dem Inkrafttreten des BGB. eine neue Ehe eingegangen wird. In einem solchen Falle müssen daher die §§ 1348—1352 Anwendung finden (a. A. Habicht S. 72; Affolter S. 211).

Artikel 160.

E. d. EG. I Art. 92 Satz 2; II Art. 133; III Art. 160. P. I S. 13018 ff., 13292; M. d. EG. S. 236 ff. P. II Bd. 6 S. 471 f.

Ausdehnung der im BGB. mit der Todeserklärung für die Beendigung gewisser Rechtsverhältnisse verknüpften Wirkungen auf eine vor dem Inkrafttreten des BGB. erfolgte Todeserklärung. In einer Reihe von Fällen begründet die Todeserklärung nach dem BGB. nicht nur eine Vermutung des Todes, sondern sie bewirkt ohne Rücksicht darauf, ob der Tod wirklich erfolgt ist oder nicht, die Beendigung gewisser Rechtsverhältnisse. Diese Wirkung soll nach Art. 160 mit dem Inkrafttreten des BGB. auch die nach dem bisherigen Rechte erfolgte Todeserklärung erhalten. Im einzelnen ist hierzu folgendes zu bemerken:

1. Nach § 1679 Abs. 1 endigt die elterliche Gewalt des Vaters, wenn er für tot erklärt wird, mit dem Zeitpunkte, der als Zeitpunkt des Todes gilt. Dasselbe gilt nach § 1686 für die elterliche Gewalt der Mutter. Soweit nach dem bisherigen Rechte die Todeserklärung ohne Einfluß auf die elterliche Gewalt war, verbleibt es hierbei bis zu dem Inkrafttreten des BGB. Nach Art. 203 würden der Vater und die Mutter nach dem Inkrafttreten des BGB. die elterliche Gewalt nach Maßgabe der Vorschriften des BGB. erlangen. Auf Grund des Art. 160 erlangen sie die elterliche Gewalt aber nicht, wenn sie vor dem Inkrafttreten des BGB. für tot erklärt sind. Sie können indessen die elterliche Gewalt, falls sie noch leben, auf Grund des § 1679 Abs. 2 dadurch erlangen, daß sie ihren hierauf gerichteten Willen dem Vonundschaftsgericht erklären. Für die Todeserklärung des Kindes besteht eine dem § 1679 des BGB. entsprechende Vorschrift nicht. Für sie verbleibt es bei der allgemeinen Vorschrift des § 18. Auf sie bezieht sich daher die Vorschrift des Art. 160 nicht. Dies ist dadurch zum Ausdrucke gebracht, daß nur von der elterlichen Gewalt des Verschollenen gesprochen wird, während für die Vormundschaft oder Pflegschaft, welche durch die Todeserklärung beendet werden, allgemein von der Wirksamkeit gesprochen wird, welche die Todeserklärung auf sie hat. Die Wirkung, welche eine vor dem Inkrafttreten des BGB. erfolgte Todeserklärung des Kindes auf die elterliche Gewalt des Vaters oder der Mutter des für tot Erklärten hat, bestimmt sich daher nach dem bisherigen Rechte (Art. 158).

2. Nach BGB. §§ 1884 Abs. 2, 1897 endigt die Vormundschaft mit der Erlassung des die Todeserklärung des Mündels aussprechenden Urteils. Das gleiche gilt für die Pflegschaft (§§ 1915, 1921 Abs. 3 des BGB.). Soweit eine vor dem Inkrafttreten des BGB. erfolgte Todeserklärung des Mündels nach dem bisherigen Rechte nicht die Wirkung hatte, die Vormundschaft oder Pflegschaft zu beenden, erhält sie diese Wirkung mit dem Inkrafttreten des

Artikel 161. Ein zur Zeit des Inkrafttretens des Bürgerlichen Gesetzbuchs anhängiges Verfahren, das eine Todeserklärung, eine Verschollenheitserklärung oder die Einweisung des muthmaßlichen Erben in den Besitz oder Genuß des Vermögens eines Verschollenen zum Gegenstande hat, ist nach den bisherigen Gesetzen zu erledigen.

Ist vor dem Inkrafttreten des Bürgerlichen Gesetzbuchs eine Verschollenheitserklärung oder die vorläufige Einweisung des muthmaßlichen Erben in den Besitz oder Genuß des Vermögens eines Verschollenen erfolgt, so sind die bisherigen Gesetze auch für die Todeserklärung sowie für die endgültige Einweisung maßgebend.

Nach den bisherigen Gesetzen bestimmen sich auch die Wirkungen der nach Abs. 1, 2 ergehenden Entscheidungen. Im Falle der Todeserklärung finden die Vorschriften der Artikel 159, 160 Anwendung.

BGB. Die Vormundschaft oder Pflegschaft über einen für tot erklärten Mündel oder Pflegling endet also mit dem 1. Januar 1900.

3. **Das Amt des Vormundes endigt nach BGB. § 1885 Abs. 2 mit der Erlassung des die Todeserklärung des Vormundes aussprechenden Urteils**; ebenso nach § 1895 das Amt des Gegenvormundes, nach § 1915 das Amt des Pflegers, nach § 1694 das Amt eines Beistandes und nach § 1878 das Amt eines Mitglieds des Familienrats. Soweit eine vor dem Inkrafttreten des BGB. erfolgte Todeserklärung nach dem bisherigen Rechte diese Wirkung nicht hatte, erlangt sie dieselbe mit dem Inkrafttreten des BGB. Das Amt der gedachten Personen endigt daher mit dem Inkrafttreten des BGB. und die Vorschrift des Art. 210 Abs. 2, nach welcher die bisherigen Vormünder, Pfleger und Mitglieder eines Familienrats im Amte bleiben, findet deshalb in diesem Falle keine Anwendung.

4. Die im E. I des EG. Art. 92 noch erwähnten Fälle, in welchen das Erfordernis der Einwilligung gewisser Personen **zu der Ehelichkeitserklärung und zu der Annahme an Kindesstatt** infolge der Todeserklärung dieser Personen wegfällt (E. I §§ 1587, 1611), kommen infolge der veränderten Fassung, welche diese Vorschriften in den §§ 1726 Abs. 3, 1747 des BGB. gefunden haben, nicht mehr in Betracht.

5. Die Vorschriften des BGB. §§ 1420, 1494, 1544, nach welchen im Falle der **Todeserklärung des Ehemanns** die Verwaltung und Nutznießung, im Falle der **Todeserklärung des überlebenden Ehegatten** die fortgesetzte Gütergemeinschaft und im Falle der **Todeserklärung eines der Ehegatten** die Errungenschaftsgemeinschaft mit dem Zeitpunkt endigt, welcher als Zeitpunkt des Todes gilt, kommen nicht in Betracht, weil sie sich nur auf Rechtsverhältnisse beziehen, die erst auf Grund des BGB. eingetreten sind. Sollten auf Grund des Art. 218 die für eine zur Zeit des Inkrafttretens des BGB. bestehende Ehe in Geltung bleibenden bisherigen Gesetze durch Landesgesetz dahin geändert werden, daß an ihre Stelle die Vorschriften des BGB. treten, so würden dadurch die gedachten §§ 1420, 1494, 1544 des BGB. auch für die bestehenden Ehen Geltung erlangen. Die Wirkung einer vor dem Inkrafttreten des BGB. erfolgten Todeserklärung auf einen Güterstand des früheren Rechtes bestimmt sich selbstverständlich nach diesem. Über die Wirkungen einer nach dem Inkrafttreten des BGB. erfolgten Todeserklärung auf einen solchen Güterstand s. Erl. zu Art. 200.

Artikel 161.

E. d. EG. I Art. 93, 94; II Art. 134; III Art. 161. P. I S. 13026 ff., 13292; M. d. EG. S. 238 f. P. II Bd. 6 S. 472.

1. **Fortgeltung des bisherigen Rechts, wenn ein auf Todeserklärung oder auf Verschollenheitserklärung 2c. gerichtetes Verfahren bei dem Inkrafttreten des BGB. bereits anhängig war.** Der Art. 161 bezieht sich sowohl auf diejenigen Gebiete, in welchen nach den bisherigen Gesetzen eine Todeserklärung stattfindet, als auch auf diejenigen, in welchen das französische oder badische Recht gilt (s. Vorbm. zu Art. 158—162). Die in diesen Rechtsgebieten bisher geltenden Vorschriften über die Voraussetzungen und Wirkungen der Todeserklärung bzw. der Verschollenheitserklärung oder der Einweisung in den Besitz und Genuß des Vermögens des Verschollenen hängen so enge mit den Vorschriften über das Verfahren zusammen, daß die Überleitung eines zur Zeit des Inkrafttretens des BGB. anhängigen Verfahrens in ein die

Todeserklärung nach Maßgabe des BGB. bezweckendes Verfahren untunlich erscheint. Man hatte daher nur die Wahl, entweder das bereits anhängige Verfahren einzustellen und den Beteiligten zu überlassen, das behufs Erwirkung einer Todeserklärung nach Maßgabe des BGB. erforderliche Verfahren zu beantragen oder das schon anhängige Verfahren nach den bisherigen Gesetzen zur Erledigung zu bringen. Das EG. hat sich für den letzteren Weg entschieden. Dabei ist davon ausgegangen, daß in denjenigen Rechtsgebieten, in welchen der Todeserklärung eine Verschollenheitserklärung oder die Einweisung des mutmaßlichen Erben in den Besitz oder Genuß des Vermögens des Verschollenen vorhergeht oder doch vorhergehen kann, das ganze Verfahren bis zur Todeserklärung als ein einheitliches Ganzes zu betrachten ist und daß daher, wenn auch nur das jene vorläufigen Maßregeln bezweckende Verfahren anhängig geworden ist, das ganze Verfahren bis zur Todeserklärung nach den bisherigen Gesetzen zu erledigen ist. Wann das Verfahren als anhängig zu betrachten ist, bestimmt sich nach den betreffenden landesgesetzlichen Vorschriften. Regelmäßig tritt die Anhängigkeit ein, wenn der Antrag auf die Todeserklärung oder auf die Verschollenheitserklärung oder auf die Einweisung in den Besitz oder Genuß des Vermögens des Verschollenen bei der zuständigen Behörde eingegangen ist. Wird das Verfahren durch den Antrag auf Erlassung eines Aufgebots bei dem zuständigen Gericht eingeleitet, so tritt die Anhängigkeit, sofern die Landesgesetze nicht ein anderes bestimmen, mit der Stellung dieses Antrags ein. Ist das Verfahren vor dem 1. Januar 1900 noch nicht anhängig geworden, so kann die Todeserklärung nur nach Maßgabe des BGB. und der CPO. erfolgen (s. Erl. zu Art. 158). Dasselbe gilt, wenn der vor dem 1. Januar 1900 gestellte Antrag auf Einleitung des Verfahrens zurückgewiesen oder in sonstiger Weise z. B. durch Zurücknahme oder gemäß § 831, jetzt § 954 CPO. erledigt wird. Hervorgehoben mag noch werden, daß, wenn sich das Verfahren nach dem bisherigen Rechte bestimmt und nach diesem ein Aufgebotsverfahren nach Maßgabe der Vorschriften der CPO. in der vor dem 1. Januar 1900 bestehenden Fassung erforderlich ist, diese Vorschriften, nicht die Vorschriften der jetzigen CPO. Anwendung finden.

2. **Wirkungen der in dem anhängigen Verfahren erfolgenden Rechtsakte.** Führt ein nach den bisherigen Gesetzen zu erledigendes Verfahren zu einer Verschollenheitserklärung oder zu einer Einweisung in den Besitz oder Genuß des Vermögens des Verschollenen, so sind die bisherigen Gesetze für die Wirkungen dieser Rechtsakte sowie für die demnächstige Todeserklärung und die endgültige Einweisung maßgebend. Nach diesen ist insbesondere auch die Frage zu entscheiden, ob, wenn demnächst die Todeserklärung oder die endgültige Einweisung erfolgt, die Erbfolge ex nunc oder ex tunc stattfindet, d. h. ob sich der Anfall der Erbschaft nach dem Zeitpunkte der Todeserklärung bzw. der endgültigen Einweisung oder nach dem Zeitpunkte der früheren Verschollenheitserklärung bzw. der vorläufigen Einweisung bestimmt. Zweifelhaft ist, ob, wenn nach Maßgabe des bisherigen Rechtes als Zeitpunkt des Todes ein Zeitpunkt gilt, der nach dem 1. Januar 1900 liegt, die Beerbung sich nach dem früheren Rechte oder nach dem BGB. bestimmt. Für die erste Auffassung läßt sich geltend machen, daß materiell der Zweck des ganzen auf die Todeserklärung gerichteten Verfahrens darauf geht, die Beerbung des für tot Erklärten herbeizuführen, und daß daher, wenn jenes Verfahren und die Todeserklärung sich nach dem bisherigen Rechte bestimmen, dieses auch für die Beerbung maßgebend sein müsse. Auf diese Auffassung deuten auch, obwohl nicht ganz klar, die M. d. EG. S. 239 hin. Überwiegende Gründe sprechen indessen für die zweite Auffassung. Die Wirkung der Todeserklärung besteht lediglich darin, daß festgestellt wird, daß und in welchem Zeitpunkte der Tod als eingetreten anzunehmen sei. Wer bei Zugrundelegung dieses Zeitpunkts Erbe ist und wie sich im übrigen die Erbfolge gestaltet, bestimmt sich nicht nach den für die Todeserklärung geltenden, sondern nach den erbrechtlichen Vorschriften. Ebensogut wie eine Änderung dieser Vorschriften, welche bei dem Fortbestehen des bisherigen Rechtes über die Todeserklärung während eines darauf gerichteten Verfahrens eintritt, in Ermangelung besonderer Vorschriften für die auf Grund der Todeserklärung stattfindende Beerbung maßgebend sein würde, ebenso müssen auch in dem Falle des Art. 161 die durch das BGB. eingetretenen Änderungen der erbrechtlichen Vorschriften berücksichtigt werden. Nur wenn auf Grund der Todeserklärung nach Maßgabe des bisherigen Rechtes ein vor dem 1. Januar 1900 liegender Zeitpunkt für die Beerbung maßgebend ist, bestimmen sich diese sowie die gesamten erbrechtlichen Verhältnisse nach Art. 213 nach dem bisherigen Rechte; liegt jener Zeitpunkt nach dem 1. Januar 1900, so finden in den gedachten Beziehungen die Vorschriften des BGB. Anwendung (Rspr. Bd. 4 S. 440; Bd. 5 S. 473). Dieselben Grundsätze wie für die Todeserklärung müssen auch, wenn statt derselben nach dem bisherigen Rechte

Artikel 162. Soweit eine nach den bisherigen Gesetzen erfolgte oder nach Artikel 161 Abs. 2 zulässige endgültige Einweisung des muthmaßlichen Erben in den Besitz oder Genuß des Vermögens des Verschollenen ohne Einfluß auf Rechtsverhältnisse ist, auf die sich die Wirkungen der Todeserklärung nach dem Bürgerlichen Gesetzbuch erstrecken, ist nach dem Inkrafttreten des Bürgerlichen Gesetzbuchs eine Todeserklärung nach dessen Vorschriften zulässig; die Wirkungen beschränken sich auf diese Rechtsverhältnisse.

---

nur eine endgültige Einweisung in den Besitz und Genuß stattfindet, für diese gelten (a. A. **Habicht** S. 79, 86ff.). Eine andere Frage ist, ob die Lebensvermutung des BGB. § 19 auch dann gilt, wenn die Wirkungen der Todeserklärung oder der endgültigen Einweisung sich nach dem bisherigen Rechte bestimmen. Diese Frage dürfte zu verneinen sein, weil die Lebensvermutung des § 19 im engsten Zusammenhange mit der im § 18 bestimmten Wirkung der Todeserklärung steht. Bestimmt sich diese nicht nach dem BGB., sondern nach dem bisherigen Rechte, so muß dieses auch in betreff der Lebensvermutung maßgebend sein (ebenso **Habicht** S. 89ff.).

3. Die in Erl. 2 **dargelegten Grundsätze gelten auch dann, wenn bereits vor dem Inkrafttreten des BGB. eine Verschollenheitserklärung oder die vorläufige Einweisung in den Besitz oder Genuß stattgefunden hat.** Das fernere Verfahren bis zu der Todeserklärung bzw. bis zu der endgültigen Einweisung in den Besitz oder Genuß bestimmt sich nach dem bisherigen Rechte. Keine ausdrückliche Vorschrift enthält das EG. darüber, nach welchen Vorschriften sich die Wirkungen einer vor dem Inkrafttreten des BGB. auf Grund des französischen oder badischen Rechtes erfolgten endgültigen Einweisung in den Besitz oder Genuß bestimmen. Es kann indessen keinem Zweifel unterliegen, daß in einem solchen Falle das bisherige Recht ebenso Anwendung findet wie in dem Falle, daß die endgültige Einweisung nach dem Inkrafttreten des BGB. infolge eines schon vorher eingeleiteten Verfahrens erfolgt ist.

4. **Anwendung der Art. 159, 160.** Die Regel, daß für ein bei dem Inkrafttreten des BGB. bereits anhängiges Verfahren und für die Wirkung der darin ergehenden Rechtsakte die bisherigen Gesetze maßgebend sind, *erleidet insofern eine Ausnahme*, als für die Wirkungen der in diesem Verfahren ergehenden Todeserklärung ebenso wie für eine bereits vor dem Inkrafttreten des BGB. erfolgte Todeserklärung *die besonderen Vorschriften der Art. 159, 160 maßgebend sind* und daß also auf eine solche Todeserklärung die in den Art. 159, 160 bezeichneten Vorschriften des BGB. Anwendung finden. In den Fällen des Art. 160 gilt als Zeitpunkt der Beendigung der elterlichen Gewalt zc. statt des 1. Januar 1900 derjenige Zeitpunkt, welcher nach dem für die Todeserklärung maßgebenden Rechte als Zeitpunkt des Todes gilt, wenn dieser nach dem 1. Januar 1900 liegt.

5. **Landesgesetzliche Vorschriften.** Bayern, Ges. v. 9. Juni 1899, betr. Übergangsvorschriften, Art. 107—112; Hessen, AG. Art. 156—160, 209, 210, AG. z. FGG. v. 18. Juli 1899 Art. 148, 149; Mecklenburg, AV. § 12; Oldenburg, AG. für Birkenfeld § 1; Elsaß-Lothringen, AG. z. FGG. v. 6. November 1899 §§ 72, 73; Bremen, AG. § 1.

Artikel 162.

E. d. EG. II Art. 135; III Art. 162. P. II Bd. 6 S. 483ff.

1. **Zulässigkeit der Todeserklärung nach Maßgabe des BGB. neben der nach dem bisherigen Rechte erfolgenden Einweisung in den Besitz und Genuß des Verschollenen.** Der Art. 162 beruht auf einem Beschlusse der zweiten Kommission. Die Wirkungen einer nach dem bisherigen Rechte erfolgten Todeserklärung sind durch die Art. 159, 160, 161 Abs. 3 Satz 2 auf Rechtsverhältnisse ausgedehnt, auf welche die Todeserklärung nach dem bisherigen Rechte ohne Einfluß war. Der nach französischem und badischem Rechte den Abschluß des Verfahrens bildenden endgültigen Einweisung des mutmaßlichen Erben in den Besitz und Genuß des Vermögens des Verschollenen konnten diese ausgedehnteren Wirkungen mit Rücksicht auf die Konstruktion des nach französischem und badischem Rechte stattfindenden Verfahrens nicht beigelegt werden. Der Art. 162 eröffnet deshalb behuis Erreichung des durch Art. 159, 160 verfolgten Zweckes einen anderen Weg. *Soweit eine* nach den bisherigen Gesetzen sei es vor dem Inkrafttreten des BGB. oder auf Grund des Art. 161 Abs. 1 *erfolgte endgültige Einweisung*

ohne Einfluß auf Rechtsverhältnisse ist, auf die sich die Wirkungen der Todeserklärung nach dem BGB. erstrecken, soll daneben eine Todeserklärung nach den Vorschriften des BGB. zulässig sein. Die Zulässigkeit dieses Weges wird dann aber noch weiter ausgedehnt auf den Fall, daß eine endgültige Einweisung noch nicht erfolgt, aber nach Art. 161 Abs. 2 zulässig ist, daß also vor dem Inkrafttreten des BGB. eine vorläufige Einweisung erfolgt ist und deshalb die bisherigen Gesetze auch für die endgültige Einweisung maßgebend sind. Die Vorschrift dürfte, obwohl in dem Art. 162 nur der Art. 161 Abs. 2 angezogen ist, auch auf den Fall auszudehnen sein, daß zur Zeit des Inkrafttretens des BGB. ein Verfahren, das die Einweisung des mutmaßlichen Erben in den Besitz und Genuß des Vermögens zum Gegenstande hat, bereits anhängig ist, aber noch nicht zu einer vorläufigen Einweisung geführt hat; denn in diesem Falle kann bis zur endgültigen Einweisung eine ebenso lange und noch längere Zeit vergehen wie in dem Falle des Abs. 2 und der Zweck des Art. 162, die Härte zu vermeiden, welche darin liegen würde, wenn der Beteiligte genötigt wäre, mit dem Antrag auf Todeserklärung bis zur endgültigen Einweisung zu warten, erfordert daher die Ausdehnung der fraglichen Vorschrift auf diesen Fall (a. A. Affolter, System S. 215 Anm. 1). Bedenklich aber dürfte es sein, mit Habicht (S. 95 Anm. 1) soweit zu gehen, die Vorschrift des Art. 162 auch auf den Fall auszudehnen, daß nach den bisherigen Gesetzen eine Todeserklärung zulässig und das auf diese gerichtete Verfahren vor dem Inkrafttreten des BGB. bereits anhängig geworden ist, die Todeserklärung nach den bisherigen Gesetzen aber keine Einwirkung auf die Ehe hat. Nach der Habichtschen Ansicht würden hier zwei Verfahren, welche beide auf Todeserklärung gerichtet sind, nebeneinander herlaufen. Daß dies die Absicht des Gesetzes, welches ausdrücklich nur von der Einweisung, nicht von der Todeserklärung spricht, gewesen sei, läßt sich doch wohl mit Sicherheit nicht annehmen.

2. **Die unter den obigen Voraussetzungen zulässige Todeserklärung erfolgt nach den Vorschriften des BGB. und der CPO.** Ob die nach BGB. §§ 14—17 erforderlichen tatsächlichen Voraussetzungen vor oder nach dem Inkrafttreten des BGB. eingetreten sind, ist gleichgültig. Die in diesem Verfahren erfolgte Todeserklärung hat dann aber nicht alle nach dem BGB. mit der Todeserklärung verbundenen Wirkungen; sie ist ohne Einfluß auf diejenigen Rechtsverhältnisse, welche nach dem bisherigen Rechte durch die endgültige Einweisung betroffen werden; ihre Wirkung beschränkt sich vielmehr auf die durch die endgültige Einweisung nicht berührten Rechtsverhältnisse. Die Fassung der fraglichen Vorschrift des Art. 162 lautet allgemeiner wie die der Art. 159, 160. Praktisch in Betracht kommen indessen wohl nur die in den Art. 159, 160 bezeichneten Rechtsverhältnisse. Der bei der Beratung in der zweiten Kommission daneben noch erwähnte Fall des E. II § 840 Abs. 1 Satz 3 hat dadurch seine Erledigung gefunden, daß in dem dem § 840 des E. II entsprechenden § 911 des E. III und des § 927 des BGB. hinter dem Worte „gestorben" die Worte „oder verschollen" eingeschaltet sind. Die wichtigste Folge des Art. 162 besteht darin, daß auf dem von ihm bezeichneten Wege der Ehegatte des Verschollenen die Möglichkeit erhält, eine neue Ehe einzugehen, und daß auf eine solche Ehe die Vorschriften der §§ 1348—1352 des BGB. Anwendung finden.

Art. 163—167.

Die Art. 163—167 enthalten **Übergangsvorschriften für die zur Zeit des Inkrafttretens des BGB. bestehenden juristischen Personen** und gewisse deutschrechtliche Genossenschaften, in betreff deren es zweifelhaft ist, ob sie juristische Personen sind oder ob sie einen anderen juristischen Charakter haben. Der Art. 163 spricht das Prinzip aus, während die Art. 164—167 die Ausnahmen von der Regel bestimmen. Die Art. 163—166 beruhen auf Beschlüssen der zweiten Kommission, der Art. 167 auf einem Beschlusse des Bundesrats. In dem Art. 163 sind nur die Vorschriften der Art. 164—166 als solche hervorgehoben, welche Ausnahmen von dem im Art. 163 aufgestellten Prinzip enthalten. Auch der Art. 167 enthält indessen noch eine solche Ausnahme. Im E. I d. EG. sind entsprechende Vorschriften nicht enthalten, weil in den §§ 42, 43, 60, 62 des E. I bereits bestimmt war, inwieweit die Landesgesetze maßgebend bleiben sollen.

Artikel 163.

E. d. EG. II Art. 136; III Art. 163. P. II Bd. 6 S. 490 ff.

1. **Die Erfordernisse der Entstehung einer juristischen Person bestimmen sich nach den zur Zeit der Entstehung geltenden Gesetzen.** Dies folgt aus den allgemeinen Grundsätzen über

Artikel 163. Auf die zur Zeit des Inkrafttretens des Bürgerlichen Gesetzbuchs bestehenden juristischen Personen finden von dieser Zeit an die Vorschriften der §§. 25 bis 53, 85 bis 89 des Bürgerlichen Gesetzbuchs Anwendung, soweit sich nicht aus den Artikeln 164 bis 166 ein Anderes ergiebt.

---

die zeitliche Herrschaft der Gesetze; man hat es deshalb für überflüssig gehalten, eine ausdrückliche Vorschrift in dieser Richtung aufzunehmen. Im einzelnen Falle kann es zweifelhaft sein, in welchem Zeitpunkt eine juristische Person als entstanden anzusehen ist. In P. II Bd. 6 S. 492 ist z. B. die Frage als zweifelhaft hervorgehoben, ob auf Grund eines unter der Herrschaft des früheren Gesetzes vorgenommenen Stiftungsgeschäfts nach dem Inkrafttreten des BGB. die staatliche Genehmigung nachgesucht und erteilt werden könne, wenn die Form, in welcher das Stiftungsgeschäft vorgenommen worden, zwar den Vorschriften des früheren Rechtes, nicht aber den Vorschriften des BGB. (§ 81) genüge. Für die Verneinung dieser Frage läßt sich geltend machen, daß, wenn nach dem bisherigen Rechte zur Entstehung der Stiftung außer dem Stiftungsgeschäfte die staatliche Genehmigung erforderlich war, die Stiftung, wenn die staatliche Genehmigung bei dem Inkrafttreten des BGB. noch nicht erteilt war, zu diesem Zeitpunkte noch nicht bestand, daß die Voraussetzungen ihrer Entstehung daher nunmehr nach dem BGB. beurteilt werden müssen und deshalb auch für das Stiftungsgeschäft die durch das BGB. vorgeschriebene Form zu erfordern ist. Diese Auffassung dürfte indessen der Bedeutung des Stiftungsgeschäfts nicht gerecht werden. Auf ihm beruht die Stiftung. Ist es in der Form vorgenommen, welche dem zur Zeit der Vornahme geltenden Rechte entspricht, so ist dadurch die Grundlage für die Stiftung in der Art gelegt, daß diese bei dem Hinzutreten der staatlichen Genehmigung von selbst zur Entstehung gelangt. Diese durch das Stiftungsgeschäft bereits eingetretene rechtliche Wirkung will das neue Recht ebensowenig beseitigen wie es die durch ein bedingtes Rechtsgeschäft schon vor dem Eintritte der Bedingung eingetretene rechtliche Wirkung beseitigen will. Die staatliche Genehmigung kann daher in dem gedachten Falle auf Grund des dem bisherigen Rechte entsprechenden Stiftungsgeschäfts erteilt werden und damit entsteht die Stiftung nach Maßgabe des bisherigen Rechtes (Habicht S. 117 Anm. 1; Affolter, System S. 275; a. A. Riedner, Erl. 2a zu Art. 163).

2. Auf die zur Zeit des Inkrafttretens des BGB. bereits bestehenden juristischen Personen sollen nach Art. 163 die Vorschriften des BGB. Anwendung finden. Die Bestimmung des Art. 163 gilt sowohl für Vereine wie für Stiftungen. Sie beschränkt sich nicht wie der Art. 82 auf die Vorschriften über die Verfassung der juristischen Personen, sondern erstreckt sich auf alle Vorschriften der §§ 25—53, 85—89 des BGB. (RG. Bd. 49 S. 150, JW. 1901 S. 829). Soweit in diesen Vorschriften auf die Verfassung der juristischen Personen verwiesen wird oder soweit sie durch die Verfassung geändert werden können, bleiben die Bestimmungen der bisherigen Verfassung der juristischen Person in Kraft. Als Bestimmungen der Verfassung dürften auch solche zu betrachten sein, welche auf dem in einem Vereine geltenden Herkommen beruhen. Die Bestimmungen der Landesgesetze über die Verfassung treten aber außer Kraft. Dies dürfte auch für solche Bestimmungen gelten, welche nicht im Widerspruche mit den Vorschriften des BGB. stehen, sondern neben diesen bestehen können; denn das BGB. will erschöpfende gesetzliche Vorschriften über die Verfassung geben; und hiermit ist das Fortbestehen anderer gesetzlicher Vorschriften über die Verfassung unvereinbar (a. A. Habicht S. 117). Nur für die Verfassung von Stiftungen bleiben die Landesgesetze nach Maßgabe des BGB. §§ 85, 86 aufrecht erhalten.

3. Ausnahmen von der Regel des Art. 163. Der Art. 163 erleidet außer den in den Art. 164—167 bestimmten Ausnahmen eine weitere Ausnahme durch die Vorschriften des Art. 82 nach welchem für die Verfassung solcher Vereine, deren Rechtsfähigkeit auf staatlicher Verleihung beruht, die bisherigen Landesgesetze maßgebend bleiben (s. Erl. 2 zu Art. 82). Weitere Ausnahmen ergeben sich aus den Art. 83, 85, 86 sowie daraus, daß, soweit die Landesgesetze nach den Vorschriften des EG. in Beziehung auf ganze Materien unberührt bleiben, dieser Vorbehalt sich auch auf die juristischen Personen erstreckt, welche diesen Materien angehören. So erstreckt sich z. B. der Vorbehalt der Art. 65—67, 75 auch auf die wasserrechtlichen Genossenschaften, auf die Deich- und Realgenossenschaften sowie auf die bergrechtlichen Gewerkschaften und Knappschaftsvereine und auf die Versicherungsvereine. Die Vorschriften der hiernach außer den Art. 164—167 in Betracht kommenden Artikel des EG. unterscheiden sich aber von den Art. 164—167 dadurch, daß sie den Landesgesetzen ganz allgemein, also auch in betreff der erst künftig entstehenden juristischen Personen Spielraum gewähren, während die Art. 164—167 ebenso wie der Art. 163

nur Übergangsvorschriften für die zur Zeit des Inkrafttretens des BGB. bereits bestehenden Vereine der in den Artikeln bezeichneten Art erhalten. In betreff dieser Vereine ist die Landesgesetzgebung aber ebenso unbeschränkt wie auf Grund der obengedachten allgemeinen Vorbehalte. Es bleiben also für diese Vereine nicht nur die zur Zeit des Inkrafttretens des BGB. bestehenden Gesetze in Kraft, sondern diese können nach Art. 218 auch von der Landesgesetzgebung geändert werden. Die Unterscheidung, welche Habicht S. 107 ff. in der letztgedachten Beziehung dahin macht, daß die Landesgesetzgebung auf Grund der Art. 164—166 nur die für die fraglichen Vereine bestehenden Sondervorschriften zu ändern befugt sei, nicht aber die allgemeinen für die Vereine geltenden Vorschriften, auf welche in den für die betreffenden Vereine geltenden Vorschriften ausdrücklich oder stillschweigend verwiesen sei, dürfte nicht richtig sein. Weder der Wortlaut noch der Zweck der Vorschriften der Art. 164—166 spricht für eine solche Einschränkung der Landesgesetzgebung (wie hier Niedner, Erl. 2 zu Art. 163). Von praktischer Bedeutung ist die Frage hauptsächlich für die im Art. 164 bezeichneten sog. Realgemeinden. Für diese würde bei den Zweifeln, die häufig darüber bestehen, ob es sich um besondere Vorschriften oder um Konsequenzen der allgemeinen für Vereine geltenden Grundsätze handelt, eine Beschränkung der fraglichen Art im hohen Grade unzweckmäßig sein.

4. Vorschriften über den Anfall des Vermögens eines aufgelösten Vereins. In der zweiten Kommission war eine weitere Ausnahme von der Regel des Art. 163 dahin beantragt, daß die landesgesetzlichen Vorschriften in Kraft bleiben sollten, welche den Anfall des Vereinsvermögens in einer von den Vorschriften des § 45 des BGB. abweichenden Weise regeln (P. II Bd. 6 S. 491). Der Antrag wurde aus folgenden Gründen abgelehnt: „Entweder enthalte die Satzung des Vereins eine Vorschrift über den Anfall des Vermögens, dann genüge der § 45 des BGB. oder die Satzung enthalte eine solche Vorschrift nicht, dann genüge für die konzessionspflichtigen Vereine der Art. 82 und für die in den Art. 165, 166 bezeichneten Vereine die Vorschriften dieser Artikel, während in betreff anderer Vereine kein Grund vorliege, die Vorschriften des BGB. auszuschließen".

5. Auf öffentlichrechtliche juristische Personen finden nach BGB. § 89 nur die §§ 31, 42 Abs. 2 Anwendung. Dies gilt nach Art. 163 auch für die bei dem Inkrafttreten des BGB. bereits bestehenden öffentlichrechtlichen juristischen Personen. Im Übrigen gelten in betreff aller juristischen Personen dieser Art, weil es sich dabei um öffentliches Recht handelt, lediglich die Landesgesetze. Aus der reichsrechtlichen Geltung der §§ 31, 42 Abs. 2 des BGB. für juristische Personen des öffentlichen Rechtes mit Habicht S. 123 den Schluß zu ziehen, daß die Vorschriften dieser Paragraphen durch die Landesgesetze auch für solche juristische Personen nicht geändert werden können, in betreff deren die Zuständigkeit der Landesgesetzgebung auf anderen Gründen als darauf beruht, daß die betreffenden juristischen Personen dem öffentlichen Rechte angehören, dürfte sich nicht rechtfertigen lassen. Die Vorschrift des § 42 Abs. 2 gilt natürlich nur, sofern der Konkurs landesrechtlich zulässig ist (s. Art. IV des EG. zur Konkursnovelle v. 1898).

6. Auf die nicht rechtsfähigen Vereine, welche zur Zeit des Inkrafttretens des BGB. bestehen, finden die Vorschriften des bisherigen Rechtes Anwendung (M. d. EG. S. 249; SeuffA. 59 S. 433; RG. Bd. 51 S. 160; RG. in DJZ. 1900 S. 207. Eine dem Art. 163 entsprechende Vorschrift, durch welche der § 54 des BGB. auf solche Vereine für anwendbar erklärt würde, besteht nicht. Die Annahme, daß trotzdem die Vorschrift des § 54 Satz 2 über die Haftung aus den im Namen eines nicht rechtsfähigen Vereins vorgenommenen Rechtsgeschäften auch für die bereits vor dem Inkrafttreten des BGB. begründeten nicht rechtsfähigen Vereine gelte (s. Habicht S. 128; Gierke, Vereine ohne Rechtsfähigkeit nach dem BGB. S. 49 ff. und DJZ. 1899 S. 480; Niedner Erl. 4 zu Art. 163; Affolter, System S. 282; Rspr. Bd. 10 S. 56), dürfte nicht richtig sein, weil das Gesetz bei dieser Vorschrift ebenso wie bei der Vorschrift des Abs. 1 nur den Zweck verfolgt, das Verhältnis der nach dem Inkrafttreten des BGB. entstehenden nicht rechtsfähigen Vereine zu ordnen. In einzelnen Bundesstaaten sind jedoch ausdrückliche Vorschriften für die zur Zeit des Inkrafttretens des BGB. bereits bestehenden nicht rechtsfähigen Vereine gegeben, welche sachlich den Bestimmungen des § 54 entsprechen; so durch das bayerische Gesetz, die Übergangsvorschriften betr., v. 9. Juni 1899 Art. 2 (Bayer. ObLG. 1 S. 693) und durch das hessische AG. zum BGB. Art. 134.

Aus der Unanwendbarkeit des § 54 auf bestehende nicht rechtsfähige Vereine kann übrigens nicht gefolgert werden, daß auch die §§ 50, 735 der CPO. und der § 213 der KO. auf solche Vereine keine Anwendung finden. Es handelt sich hierbei um Verfahrensvorschriften und deshalb dürften sie auch auf bestehende nicht rechtsfähige Vereine anzuwenden sein. Ebenso Nußbaum.

Artikel 164. In Kraft bleiben die landesgesetzlichen Vorschriften über die zur Zeit des Inkrafttretens des Bürgerlichen Gesetzbuchs bestehenden Realgemeinden und ähnlichen Verbände, deren Mitglieder als solche zu Nutzungen an land- und forstwirthschaftlichen Grundstücken, an Mühlen, Brauhäusern und ähnlichen Anlagen berechtigt sind. Es macht keinen Unterschied, ob die Realgemeinden oder sonstigen Verbände juristische Personen sind oder nicht und ob die Berechtigung der Mitglieder an Grundbesitz geknüpft ist oder nicht.

---

die nicht rechtsfähigen Vereine, in Z. f. CP. 34 S. 158, ferner die überwiegende Rechtsprechung z. B. RG. in JW. 1900 S. 517; 1903 S. 3, ferner Rspr. 5 S. 208, SeuffA. 56 S. 29; 57 S. 265. Dies gilt auch in Rechtsgebieten, in denen bisher den nicht rechtsfähigen Vereinen die volle Parteifähigkeit zustand (a. A. Gierke a. a. O.), und bei anhängigen Rechtsstreitigkeiten, in dieser Hinsicht a. A. das RG. in JW. 1900 S. 517, 878, s. auch Rspr. Bd. 1 S. 237.

7. **Landesgesetzliche Vorschriften.** Sie beziehen sich teils auf bereits bestehende, teils auf neu entstehende Stiftungen, teils auf beide. Preußen AG. Art. 1—5; AV. v. 16. November 1899 Art. 4, 5; Allerh. Erlaß v. 27. Dezember 1899; Bayern AG. Art. 5, 6; Sachsen § 1; Württemberg AG. Art. 138; Hessen AG. Art. 7—9; Mecklenburg AV. §§ 16—25; Elsaß-Lothringen AG § 7; Hamburg AG. §§ 7—21; Bremen AG. §§ 4, 5; Lübeck AG. §§ 6—12.

Artikel 164.

E. b. EG. II Art. 137; III Art. 164. P. II Bd. 1 S. 612 ff.; Bd. 6 S. 490 ff., 493 f.

1. **Realgemeinden und ähnliche Verbände.** Die in dem Art. 164 bestimmte Ausnahme von der Regel des Art. 163 beruht auf der Erwägung, daß die im Art. 164 bezeichneten Rechtsgebilde einen so eigentümlichen Charakter haben, daß die Anwendung der Vorschriften des BGB. auf sie ihren wirtschaftlichen Zweck gefährden und eine Verkümmerung der Rechte ihrer Mitglieder zur Folge haben würde. Der Begriff der Realgemeinden ist kein scharf begrenzter. Zwischen Realgemeinde und politischer Gemeinde bestand in älterer Zeit kein Unterschied. Die Trennung beider war eine Folge der politischen und wirtschaftlichen Entwickelung und der dadurch bedingten Änderung der Gemeindeverfassung. Die Entwickelung ist in den einzelnen Teilen Deutschlands eine verschiedene gewesen. In mannigfachen Formen und in verschiedenem Umfange bildeten sich neben der politischen Gemeinde oft noch in einem gewissen Zusammenhange mit derselben Verbände, welchen die Nutzung gewisser Grundstücke oder Rechte ausschließlich zustand. Unter dem Ausdrucke „Realgemeinden" werden in der Theorie bisweilen alle Verbände dieser Art, bisweilen aber auch nur gewisse Kategorien derselben verstanden. Für das EG. kommt es hierauf nicht an, weil der Art. 164 dadurch, daß er den Realgemeinden ähnliche Verbände, deren Mitglieder als solche zu Nutzungen an land- und (d. h. oder) forstwirtschaftlichen Grundstücken, an Mühlen, Brauhäusern und (d. h. oder) ähnlichen Anlagen berechtigt sind, gleichstellt, die Aufrechterhaltung des bisherigen Rechtes nicht von dem Bestehen einer Realgemeinde, sondern lediglich davon abhängig macht, daß es sich um einen Verband der bezeichneten Art handelt. Verbände dieser Art kommen unter den verschiedensten Namen vor. Beispielsweise sind in einem bei der Beratung der zweiten Kommission gestellten Antrage neben den Realgemeinden noch angeführt Markgenossenschaften, Märkerschaften, Erbengenossenschaften, Gütergemeinden, Wüstungsgemeinden, Nutzungsgemeinden, Rechtsamegemeinden, Allemenden, Interessenschaftsforsten, Halbengebrauchswaldungen, Haubergsgenossenschaften, Gehöferschaften. Die Kommission hat es abgelehnt, solche Beispiele in dem Gesetz anzuführen, weil sie nicht erschöpfend seien und in manchen Beziehungen zu Zweifeln Anlaß gäben. Es kommt hiernach nicht auf den Namen, sondern lediglich darauf an, ob die im Art. 164 bestimmten sachlichen Voraussetzungen vorliegen.

2. Diese Voraussetzungen sind:

a) eine Realgemeinde oder ein ähnlicher Verband. Ausgeschlossen sind die den Grundsätzen des bisherigen gemeinen Rechtes unterliegenden Gesellschaften und Gemeinschaften, auch wenn den Gegenstand derselben die Benutzung land- oder forstwirtschaftlicher Grundstücke oder der im Art. 164 bezeichneten Anlagen bildet. Erforderlich ist die besondere durch die geschichtliche Entstehung und Entwickelung bedingte Gestaltung des Verbandes, welche die Anwendung der allgemeinen Grundsätze über Gesellschaft und Miteigentum ausschließt. Unerheblich ist, ob der Zusammenhang mit der alten Gemeindeverfassung erkennbar ist; es genügt, daß der Verband recht-

Artikel 165. In Kraft bleiben die Vorschriften der bayerischen Gesetze, betreffend die privatrechtliche Stellung der Vereine sowie der Erwerbs- und Wirthschaftsgesellschaften, vom 29. April 1869 in Ansehung derjenigen Vereine und registrirten Gesellschaften, welche auf Grund dieser Gesetze zur Zeit des Inkrafttretens des Bürgerlichen Gesetzbuchs bestehen.

---

lich und wirtschaftlich einen ähnlichen Charakter hat, wie die unzweifelhaft von der früheren einheitlichen Gemeinde ausgeschiedenen sog. Realgemeinden. Auf die juristische Konstruktion kommt es im übrigen nicht an. Es ist gleichgültig, ob der Verband eine juristische Person oder eine deutschrechtliche Genossenschaft oder eine Vereinigung anderer besonderer Art ist. Auch darauf kommt es nicht an, von welchen Voraussetzungen die Mitgliedschaft des Verbandes abhängt. Diese kann, wie dies regelmäßig bei den eigentlichen Realgemeinden der Fall ist, mit dem Eigentum eines bestimmten Grundstücks verbunden sein; sie kann aber auch ein selbständiges Recht bilden und dieses Recht kann wieder vererblich oder nicht vererblich, veräußerlich oder nicht veräußerlich sein.

b) Die Mitglieder des Verbandes müssen als solche zu der Nutzung an land- oder forstwirtschaftlichen Grundstücken, an Mühlen, Brauhäusern oder ähnlichen Anlagen berechtigt sein. Der Ausdruck „ähnliche Anlagen" wird im weitesten Sinne zu verstehen sein; er umfaßt nicht nur gewerbliche Anlagen, sondern alle gemeinsamen Betriebe, die einen ähnlichen Charakter haben wie der Betrieb einer Brauerei oder Mühle. Gleichgültig ist, welchen juristischen Charakter das Nutzungsrecht hat, ob insbesondere die Gegenstände, an denen es besteht, im Eigentume der Mitglieder des Verbandes stehen und ob dieses Eigentum deutschrechtliches Gesamteigentum oder gewöhnliches und nur durch die nach a erforderliche Organisation gebundenes Miteigentum ist oder ob das Eigentum dem Verband als juristischer Person oder einem Dritten zusteht und die Mitglieder das Nutzungsrecht als Mitglieder der juristischen Person oder als Servitutberechtigte haben. Lediglich darauf kommt es an, daß das Nutzungsrecht den Mitgliedern des Verbandes kraft ihrer Mitgliedschaft zusteht.

3. **Die im Art. 164 bezeichneten Verbände sind auch nach dem Inkrafttreten des BGB. nach dem bisherigen Rechte zu beurteilen.** Nach diesem bestimmt sich, ob ein Verein der fraglichen Art besteht, welche rechtliche Natur er hat, wie seine Verfassung ist, ob und welche Staatsaufsicht besteht und aus welchen Gründen er erlischt. In allen diesen Beziehungen kann aber das bisherige Recht nach Art. 218 auch künftig durch Landesgesetze geändert werden. Über den Umfang dieser Befugnis, insbesondere in der Richtung, daß auch die allgemeinen sich auf Vereine beziehenden Vorschriften für die hier fraglichen Verbände auf Grund des Art. 218 geändert werden können, s. Erl. 3 zu Art. 163.

4. Unter den Art. 164 fallen an sich auch die **Waldgenossenschaften.** Für diese gilt aber die weitergehende Vorschrift des Art. 83, nach welcher die Landesgesetze auch in betreff der nach dem Inkrafttreten des BGB. entstehenden Waldgenossenschaften unberührt bleiben (s. Erl. zu Art. 83).

Artikel 165.

E. z. EG. II Art. 138; III Art. 165. P. II Bd. 6 S. 491, 496 f.

In Bayern sind am 29. April 1869 zwei Gesetze erlassen, von denen **das eine die privatrechtliche Stellung der Erwerbs- und Wirtschaftsgenossenschaften, das andere die privatrechtliche Stellung von Vereinen** regelt.

1. **Das erstgedachte Gesetz,** welches von dem Bundesgesetze v. 4. Juli 1868 insoweit abweicht, daß es neben den Genossenschaften mit unbeschränkter Haftpflicht auch sog. registrierte Gesellschaften mit beschränkter Haftpflicht anerkennt, ist durch das Reichsgesetz v. 23. Juni 1873, durch welches das Bundesgesetz v. 4. Juli 1868 nebst dem deklarierenden Reichsgesetze v. 19. Mai 1871 in Bayern eingeführt wird, aufgehoben. Nach § 2 des Reichsgesetzes von 1873 sollen aber die Bestimmungen des bayerischen Ges. v. 1869 für die auf Grund dieses Gesetzes vor dem 1. August 1873 eingetragenen registrierten Gesellschaften maßgebend bleiben. Auf diese registrierten Gesellschaften sollen nach § 6 des EG. zur KO. die Vorschriften der §§ 193, 194, 196, 214 der alten KO. entsprechende Anwendung finden. Durch den § 153 des Ges., betr. die Erwerbs- und Wirtschaftsgenossenschaften, v. 1. Mai 1889 sind das Ges. v. 4. Juli 1868 nebst der Deklaration v. 19. Mai 1871 und die §§ 195—197 der alten KO. aufgehoben. Der oben gedachte Vorbehalt des § 2 des Ges. v. 23. Juni 1873 zugunsten der auf Grund des bayerischen

Artikel 166. In Kraft bleiben die Vorschriften des sächsischen Gesetzes vom 15. Juni 1868, betreffend die juristischen Personen, in Ansehung derjenigen Personenvereine, welche zur Zeit des Inkrafttretens des Bürgerlichen Gesetzbuchs die Rechtsfähigkeit durch Eintragung in das Genossenschaftsregister erlangt haben.

Artikel 167. In Kraft bleiben die landesgesetzlichen Vorschriften, welche die zur Zeit des Inkrafttretens des Bürgerlichen Gesetzbuchs bestehenden landschaftlichen oder ritterschaftlichen Kreditanstalten betreffen.

Ges. v. 29. April 1869 vor dem 1. August 1873 eingetragenen registrierten Gesellschaften wird indessen durch diese Vorschrift nicht berührt und ausdrücklich ist in dem gedachten § 153 des Ges. v. 1. Mai 1889 bestimmt, daß auch die Vorschrift des oben gedachten § 6 des EG. zur KO. unberührt bleibt. Nach Art. 165 soll jener Vorbehalt auch nach dem Inkrafttreten des BGB. in Geltung bleiben. Ergänzt wird diese Vorschrift durch den Art. II Nr. 2 des EG. zu dem Ges., betr. Änderungen der KO. v. 17. Mai 1898, durch welchen sachlich die Vorschrift des § 6 des EG. zur KO. in Beziehung auf die gedachten registrierten Gesellschaften aufrecht erhalten und nur die Fassung desselben insoweit geändert wird, als nur noch die §§ 193, 194, 214 (jetzt 207, 208, 244) der KO. für anwendbar erklärt werden, während eine dem aufgehobenen § 196 der alten KO. entsprechende Vorschrift im Abs. 2 dahin getroffen wird, daß die Gesellschaft in dem Konkursverfahren durch den Vorstand oder die Liquidatoren vertreten wird und daß ein Zwangsvergleich nicht stattfindet.

Hiernach verbleibt es für die auf Grund des bayerischen Ges. v. 29. April 1869 vor dem 1. August 1873 eingetragenen registrierten Gesellschaften, soweit sie bei dem Inkrafttreten des BGB. noch bestehen, sowohl in betreff des materiellen Rechtes als des Konkursrechts bei den bestehenden Gesetzen. Vgl. bayer. AG. z. BGB. Art. 161, 166 Ziff. XVI.

2. Das obengedachte zweite bayerische Ges. v. 29. April 1869 erstreckt sich nach dessen Art. 1 auf rechtlich bestehende oder rechtlich zulässige Vereinigungen, welche nicht auf einzelne bestimmte Mitglieder beschränkt sind, sofern sie nicht zu den öffentlichen Korporationen, zu den Handels- oder Versicherungsgesellschaften, ihrem Zwecke nach ferner nicht zu den Erwerbs- und Wirtschaftsgenossenschaften gehören, auch sonst nicht auf Erwerb, Gewinn oder eigentlichen Geschäftsbetrieb abzielen. Derartige Vereine erlangen unter den im Gesetze näher angegebenen Bedingungen die Rechtsstellung eines anerkannten Vereins. Die durch Art. 165 bestimmte Aufrechterhaltung der für bestehende Vereine dieser Art in dem gedachten Gesetze gegebenen Vorschriften hat dadurch ihre Bedeutung verloren, daß in dem bayerischen Ges. die Übergangsvorschriften betreffend v. 9. Juni 1899 Art. 1 bestimmt ist, daß diese Vereine von dem Inkrafttreten des BGB. an als eingetragene Vereine gelten.

Artikel 166.

E. b. EG. II Art. 139; III Art. 166. P. II Bd. 6 S. 491, 497.

Das sächsische Ges. v. 15. Juni 1868 enthält eingehende Vorschriften über solche Personenvereine, welche auf Grund des § 6 dieses Gesetzes die juristische Persönlichkeit durch Eintragung in das Genossenschaftsregister erlangt haben. An die Stelle dieser Vorschriften treten mit dem Inkrafttreten des BGB. die Vorschriften der §§ 21—79 über rechtsfähige Vereine. Für diejenigen Vereine aber, welche auf Grund des gedachten sächsischen Gesetzes die Rechtsfähigkeit durch Eintragung in das Genossenschaftsregister erlangt haben, soll es, soweit sie bei dem Inkrafttreten des BGB. bestehen, nach Art. 166 auch ferner bei den bisherigen Vorschriften verbleiben; diese können aber durch die Landesgesetzgebung geändert werden (Art. 218). Über den Umfang dieser Berechtigung der Landesgesetzgebung s. Erl. 3 zu Art. 163 (vgl. auch Affolter, System S. 277 f.). Über die Umwandelung einer Genossenschaft des sächsischen Rechtes in einen rechtsfähigen Verein des neuen Rechtes s. Sächs. Arch. Bd. 13 S. 96. In betreff des Konkurses über das Vermögen von Vereinen der gedachten Art gelten die allgemeinen für juristische Personen geltenden Vorschriften des § 213 der KO.

Artikel 167.

E. b. EG. III Art. 167. KB. S. 2115. StB. S. 3035.

1. Landschaftliche oder ritterschaftliche Kreditanstalten. Der Art. 167 ist auf Antrag Preußens durch den Bundesrat eingestellt. Landschaftliche oder ritterschaftliche Kreditanstalten

Artikel 168. Eine zur Zeit des Inkrafttretens des Bürgerlichen Gesetzbuchs bestehende Verfügungsbeschränkung bleibt wirksam, unbeschadet der Vorschriften des Bürgerlichen Gesetzbuchs zu Gunsten derjenigen, welche Rechte von einem Nichtberechtigten herleiten.

---

bestehen besonders in verschiedenen preußischen Provinzen sowie in Sachsen. Für die zur Zeit des Inkrafttretens des BGB. bestehenden Anstalten dieser Art sollen die bestehenden Landesgesetze aufrecht erhalten werden; dadurch ist zugleich die Befugnis der Landesgesetzgebung ausgesprochen, die bisherigen landesgesetzlichen Vorschriften zu ändern. Der Vorbehalt des Art. 167 hat zunächst die Bedeutung einer Ausnahme von der Regel des Art. 163. Die dort für maßgebend erklärten Vorschriften des BGB. sind in betreff der in dem Art. 167 bezeichneten Anstalten für die Landesgesetzgebung nicht bindend. Der Art. 167 geht aber noch weiter. Die rechtliche Stellung der fraglichen Anstalten soll überhaupt durch das BGB. nicht berührt werden, insbesondere sollen die statutenmäßigen Vorschriften der fraglichen Anstalten über Pfandbriefdarlehen und deren Eintragung und Löschung im Grundbuche bestehen bleiben (RG. 20 A 206, 309; 22 A 146; 24 A 138). Daß dies der Absicht des Art. 167 entspricht, dürfte sich aus dessen allgemeiner Fassung ergeben und wird bestätigt durch den § 2 des EG. zum ZVG., indem aus diesem erhellt, daß die darin bestimmte Ausdehnung der Vorbehalte des EG. auf das ZVG. sich auch auf die Zwangsversteigerung wegen der Ansprüche der fraglichen Anstalten erstreckt und dabei nur die im Abs. 2 bestimmte Ausnahme für ältere als zweijährige Rückstände wiederkehrender Leistungen gemacht wird. Auf das Gebiet der Grundbuchordnung ist der Vorbehalt ausgedehnt durch GBO. § 83. Nach Art. 212 bleiben auch die Landesgesetze in Kraft, nach welchen die von den fraglichen Kreditanstalten ausgegebenen Wertpapiere zur Anlegung von Mündelgeld für geeignet erklärt sind.

2. **Landesgesetzliche Vorschriften.** In Preußen wird im AG. z. GBO. Art. 21 zur Klarstellung der Tragweite des Art. 167 bestimmt, daß die satzungsmäßigen Vorschriften, welche für die zur Zeit des Inkrafttretens des BGB. bestehenden landschaftlichen oder ritterschaftlichen Kreditanstalten über die Aufnahme, Eintragung oder Löschung der Pfandbriefdarlehen sowie über die Umschreibung der eingeschriebenen Forderungen in Pfandbriefdarlehen und die Umwandelung der Pfandbriefe ergangen sind, in Kraft bleiben. Hinzugefügt wird die Vorschrift, daß als landschaftliche Kreditanstalten im Sinne der vorstehenden Bestimmung auch die provinzial-(kommunal-)ständischen öffentlichen Grundkreditanstalten gelten. Vgl. auch AG. z. ZVG. Art. 12, 34; ferner Fritze in Gruch. Bd. 47 S. 384; Sucker daselbst S. 825. Für Sachsen s. AV. zur GBO. §§ 91, 92 (vgl. Kloß, Sächs. Landesprivatrecht S. XV).

Artikel 168.

E. d. EG. I Art. 101; II Art. 140; III Art. 168. P. I S. 13230 f.; M. z. EG. S. 250. P. II Bd. 6 S. 497 f.

1. **Aufrechterhaltung bestehender Verfügungsbeschränkungen.** Die bisherigen Landesgesetze, nach welchen ein Berechtigter unter gewissen Voraussetzungen in der Verfügung über sein Recht beschränkt wird, werden, soweit sie nicht als dem öffentlichen Rechte angehörend aufrecht erhalten bleiben, durch das BGB. aufgehoben. Sind aber vor dem Inkrafttreten des BGB. in einem einzelnen Falle die Voraussetzungen eingetreten, unter welchen nach dem bisherigen Rechte eine Verfügungsbeschränkung entstand, so soll diese Beschränkung in Gemäßheit des Grundsatzes der Nichtrückwirkung nach dem Inkrafttreten des BGB. ihre Wirksamkeit nach Maßgabe des bisherigen Rechtes behalten, auch wenn sie nach dem BGB. unzulässig wäre. Nach dem bisherigen Rechte entscheidet sich insbesondere auch, ob die im Widerspruche mit der Verfügungsbeschränkung vorgenommene Verfügung nichtig oder nur gewissen Personen gegenüber unwirksam ist oder nur von gewissen Personen angefochten werden kann. Gleichgültig ist, ob die Voraussetzung, unter welcher die Verfügungsbeschränkung eintritt, in einem Rechtsgeschäfte, sei es für sich allein oder in Verbindung mit anderen Tatsachen, besteht oder ob die Verfügungsbeschränkung ohne Rücksicht auf ein dieselbe bestimmendes Rechtsgeschäft bei dem Vorliegen bestimmter Tatsachen kraft Gesetzes eintritt. Sind die tatsächlichen Voraussetzungen, von welchen das bisherige Recht die Verfügungsbeschränkung abhängig macht, und ist damit diese selbst eingetreten, so bleibt sie auch nach dem Inkrafttreten des BGB. bestehen. Nach § 2548 des sächs. GB. behält z. B. der Erblasser trotz eines Erbvertrags das Recht der freien Verfügung unter Lebenden. Ein Verzicht auf dieses Recht ist aber wirksam, wenn er in dem Erbvertrag erklärt und auf einzelne unbewegliche Sachen oder auf einzelne Forderungen beschränkt

Artikel 169. Die Vorschriften des Bürgerlichen Gesetzbuchs über die Verjährung finden auf die vor dem Inkrafttreten des Bürgerlichen Gesetzbuchs entstandenen, noch nicht verjährten Ansprüche Anwendung. Der Beginn sowie die Hemmung und Unterbrechung der Verjährung bestimmen sich jedoch für die Zeit vor dem Inkrafttreten des Bürgerlichen Gesetzbuchs nach den bisherigen Gesetzen.

Ist die Verjährungsfrist nach dem Bürgerlichen Gesetzbuche kürzer als nach den bisherigen Gesetzen, so wird die kürzere Frist von dem Inkrafttreten des Bürgerlichen Gesetzbuchs an berechnet. Läuft jedoch die in den bisherigen Gesetzen bestimmte längere Frist früher als die im Bürgerlichen Gesetzbuche bestimmte kürzere Frist ab, so ist die Verjährung mit dem Ablaufe der längeren Frist vollendet.

---

und in dem ersteren Falle sowie bei hypothekarischen Forderungen im Grund- und Hypothekenbuch eingetragen, bei anderen Forderungen aber der Schuldner davon gerichtlich benachrichtigt worden ist. Ist vor dem Inkrafttreten des BGB. der Verzicht in der angegebenen Weise erklärt und die Eintragung bzw. die Benachrichtigung des Schuldners erfolgt, so behält die dadurch eingetretene Verfügungsbeschränkung auch nach dem Inkrafttreten des BGB. die ihr nach dem sächs. GB. zukommende Wirksamkeit. Aufrechterhaltung einer testamentarischen Verfügungsbeschränkung RG. 21 A 137.

2. **Vorschriften zugunsten derjenigen, welche Rechte von einem Nichtberechtigten herleiten.** Eine nach Maßgabe des Vorstehenden in Wirksamkeit bleibende Verfügungsbeschränkung erleidet aber insofern eine Abschwächung, als auch für sie die Vorschriften des BGB. zugunsten derjenigen, welche Rechte von einem Nichtberechtigten herleiten (vgl. z. B. §§ 892 Abs. 1 Satz 2, 893, 932, 936, 1032, 1038, 1155, 1207, 1208, 1244), entsprechende Anwendung finden. Die Vorschrift entspricht dem § 135 Abs. 2 (s. Bd. I S. 245 Erl. 5 zu § 135).

3. Vgl. noch Erl. zu Art. 179, 184, 189 und wegen der Belastungs- und Veräußerungsverbote zugunsten von Hypothekengläubigern Erl. zu Art. 192.

4. **Landesgesetzliche Vorschriften.** Preußen, AG. Art. 25; Bayern, Gesetz betr. Übergangsvorschriften Art. 43, Gesetz über das Liegenschaftsrecht in der Pfalz Art. 15, 16, 21; Baden, AG. z. GBO. §§ 36, 37; Hessen, AG. Art. 139, 266; Elsaß-Lothringen, AG. §§ 76, 98, 113; Bremen, AG. § 25.

Artikel 169.

E. d. EG. I Art. 102; II Art. 141; III Art. 169. P. I S. 13051 ff.; M. d. EG. S. 250 ff. P. II Bd. 6 S. 498.

Förtsch in DJZ. 1899 S. 202; Gutfeld in DJZ. 1903 S. 542; Hedemann in DJZ. 1903 S. 569.

1. **Verjährung, die vor dem Inkrafttreten des BGB. vollendet ist.** In der Theorie herrscht Streit über die Wirkungen eines neuen Verjährungsgesetzes. Auch die Gesetzgebungen nehmen einen verschiedenen Standpunkt zu dieser Frage ein (s. M. d. EG. S. 250 ff.). Der Art. 169 entscheidet diesen Streit durch die Aufstellung eines allgemeinen Prinzips für diejenigen Fälle, in welchen die Verjährung eines Anspruchs nach den Vorschriften des bisherigen Rechtes bei dem Inkrafttreten des BGB. noch nicht vollendet ist (Abs. 1 Satz 1), bestimmt aber in einzelnen Beziehungen Ausnahmen von diesem Prinzipe (Abs. 1 Satz 2, Abs. 2). Keine ausdrückliche Vorschrift enthält das EG. für den Fall, daß die Verjährung eines Anspruchs nach dem bisherigen Rechte bei dem Inkrafttreten des BGB. bereits vollendet ist. Es wird als selbstverständlich angesehen, daß in einem solchen Falle lediglich das bisherige Recht maßgebend ist. Dies gilt insbesondere auch von den Wirkungen der eingetretenen Verjährung. Sind diese nach dem bisherigen Rechte größere oder geringere als nach dem BGB., so verbleibt es bei ihnen auch nach dem Inkrafttreten des BGB. Hieraus ergibt sich, daß, wenn nach dem bisherigen Rechte die Verjährung nur eine Vermutung für das Erlöschen der Schuld begründete und deshalb noch ein Gegenbeweis zulässig war (so nach französischem und preußischem Rechte mit gewissen verschieden bestimmten Einschränkungen), dieser Gegenbeweis auch nach dem Inkrafttreten des BGB. zulässig ist, wenn die Verjährung, auf welche sich der Beklagte beruft, vor dem Inkrafttreten des BGB. vollendet ist. Es ergibt sich daraus ferner, daß, wenn nach dem bisherigen Rechte das zur Erfüllung einer verjährten Forderung Gezahlte zurückgefordert werden kann, sofern der Schuldner bei der Zahlung die Verjährung nicht kannte, dieser Anspruch, falls die Ver-

jährung vor dem Inkrafttreten des BGB. vollendet war, begründet ist, auch wenn die Zahlung nach diesem Zeitpunkt erfolgt, obwohl er, wenn die Verjährung auf Grund des BGB. eingetreten wäre, nach § 222 Abs. 2 nicht zulässig sein würde. Es ergibt sich daraus andererseits, daß die Aufrechnung mit einer verjährten Forderung, falls sie nach dem bisherigen Rechte unbeschränkt zulässig wäre und die Verjährung schon vor dem Inkrafttreten des BGB. eingetreten ist, auch nach diesem Zeitpunkte zulässig bleibt, obwohl sie nach § 390 Satz 2 nur in dem dort bezeichneten Falle zulässig ist (Affolter, System S. 141; Rspr. Bd. 2 S. 344ff.; a. A. Rspr. Bd. 1 S. 138). Eine Umwandelung der nach dem bisherigen Rechte eintretenden geringeren Wirkung findet auch dann nicht statt, wenn nach dem Inkrafttreten des BGB. alle Voraussetzungen eingetreten sind, unter welchen der Anspruch, wenn er noch nicht verjährt gewesen wäre, verjährt seine würde; denn eine verjährte Forderung kann nicht noch einmal verjähren. A. A. Habicht S. 146ff.; Affolter, System S. 140 Anm. 5, die, wenn die Wirkungen der Verjährung nach dem bisherigen Rechte schwächere sind wie nach dem BGB., mit dem Inkrafttreten des BGB. eine neue Verjährung nach dessen Grundsätzen eintreten lassen wollen, mit deren Vollendung die stärkeren Wirkungen eintreten. Hiergegen dürfte, abgesehen von anderen Gründen insbesondere sprechen, daß dem Gläubiger die Möglichkeit entzogen sein würde, die neue Verjährung durch Erhebung der Klage zu unterbrechen, weil dieser Klage die Einrede der nach bisherigem Rechte vollendeten Verjährung entgegenstehen würde.

2. **Für die zur Zeit des Inkrafttretens des BGB. noch nicht verjährten Ansprüche** gilt als Regel, daß ihre Verjährung sich, auch wenn sie vor dem Inkrafttreten des BGB. entstanden sind, nach dessen Vorschriften bestimmt. Für den Begriff des Kaufmanns im Sinne des § 196 Abs. 2 des BGB. ist dabei das bisherige Recht maßgebend (RG. in JW. 1905 S. 169).

Ein Anspruch, der nach dem BGB. unverjährbar ist, kann, wenn er nach dem bisherigen Rechte der Verjährung unterlag, nicht mehr verjähren. Umgekehrt fängt ein Anspruch, der nach dem bisherigen Rechte unverjährbar war, nach dem BGB. aber der Verjährung unterliegt, mit dem Inkrafttreten desselben zu verjähren an, sofern in diesem Zeitpunkte die durch das BGB. bestimmten Voraussetzungen der Verjährung bestehen. Der zwischen dem Eintritte dieser Voraussetzungen und dem Inkrafttreten des BGB. liegende Zeitraum bleibt außer Betracht (s. unter 4a).

Die Wirkungen der Verjährung bestimmen sich nach dem BGB., mögen dieselben stärker oder schwächer sein wie die nach dem bisherigen Rechte mit der Verjährung verbundenen Wirkungen.

3. **Keine Anwendung findet der Art. 169 auf Ansprüche des bisherigen Rechtes, die dem BGB. unbekannt sind,** z. B. auf die querela inofficiosi testamenti. Die Verjährung solcher Ansprüche bestimmt sich, auch wenn sie bei dem Inkrafttreten des BGB. noch nicht vollendet war, lediglich nach den Vorschriften des bisherigen Rechtes. Es kommt indessen nicht darauf an, ob ein Anspruch nach dem bisherigen Rechte in jeder Beziehung denselben Charakter und dieselbe juristische Konstruktion hat wie nach dem BGB.; vielmehr dürfte es für die Anwendung des Art. 169 genügen, daß der durch das bisherige Recht und der durch das BGB. gegebene Anspruch im wesentlichen denselben Zweck verfolgt. So dürfte z. B. die Resiliationsklage des franz. Rechtes und der auf BGB. § 459 sich gründende Anspruch in Ansehung der Verjährung als ein Anspruch zu behandeln sein, auf den die Vorschriften des Art. 169 Anwendung finden (Habicht S. 148ff.; Affolter, System S. 140ff. Anm. 6 und die dort zitierten Schriftsteller; RG. Bd. 56 S. 253).

4. **Von der Regel des Art. 169 gelten** für Ansprüche, die auch nach dem BGB. der Verjährung unterliegen, **folgende Ausnahmen:**

a) Der Beginn der Verjährung (§§ 198—201) bestimmt sich für die Zeit vor dem Inkrafttreten des BGB. nach dem bisherigen Rechte. Nach diesem Rechte bestimmen sich also die Voraussetzungen, unter welchen ein Anspruch zu verjähren beginnt, ohne Rücksicht darauf, ob sie auch nach dem BGB. genügen, um den Beginn der Verjährung zu begründen. Die begonnene Verjährung läuft nach dem Inkrafttreten des BGB. fort, selbst wenn nach diesem die Voraussetzungen des Beginns noch nicht vorliegen. Hiernach ist also z. B. für den Beginn der Verjährung eines vor dem Inkrafttreten des BGB. entstandenen Anspruchs der in den §§ 196, 197 bezeichneten Art, wenn dessen Verjährung nach dem bisherigen Rechte mit seiner Entstehung beginnt, dieser Zeitpunkt maßgebend, obwohl nach § 201 des BGB. die Verjährung erst mit dem 1. Januar des auf die Entstehung folgenden Jahres beginnen würde. Waren die durch das bisherige Recht bestimmten Voraussetzungen des Beginns der Verjährung bei dem

Inkrafttreten des BGB. noch nicht eingetreten, bestehen aber zu dieser Zeit diejenigen Voraussetzungen, von welchen der Beginn der Verjährung nach dem BGB. abhängt, so beginnt die Verjährung mit dem Inkrafttreten des BGB. Hiernach beginnt z. B. die Verjährung eines auf Kündigung stehenden Anspruchs, wenn diese nach dem bisherigen Rechte erst mit der erfolgten Kündigung beginnt, eine solche aber vor dem Inkrafttreten des BGB. nicht erfolgt ist, erst mit dem Inkrafttreten des BGB., obwohl nach § 198 die Verjährung eines solchen Anspruchs schon mit dem Zeitpunkte beginnt, in welchem die Kündigung erfolgen konnte. Fände z. B. nach dem bisherigen Rechte die Verjährung eines dinglichen Anspruchs gegen den Besitzer nur statt, wenn derselbe in gutem Glauben ist, so beginnt die Verjährung, wenn der gute Glaube fehlte, erst mit dem Inkrafttreten des BGB., obwohl nach diesem der gute Glaube zum Beginne der Verjährung nicht erforderlich ist.

b) Die Unterbrechung der Verjährung (BGB. §§ 208—217) bestimmt sich für die Zeit vor dem Inkrafttreten des BGB. nach dem bisherigen Rechte. Eine vor dem Inkrafttreten des BGB. eingetretene Tatsache unterbricht also die begonnene Verjährung, wenn sie nach dem bisherigen Rechte dazu genügte, auch wenn sie nach dem BGB. dazu nicht genügt, und unterbricht andererseits die Verjährung nicht, wenn sie nach dem bisherigen Rechte dazu nicht geeignet war, nach dem BGB. aber dazu genügt. So wird z. B. die Verjährung, wenn nach dem bisherigen Rechte die Mahnung zur Unterbrechung genügt hätte, durch eine vor dem Inkrafttreten des BGB. erfolgte Mahnung unterbrochen, obwohl eine solche nach dem BGB. zur Unterbrechung der Verjährung nicht genügt. Andererseits wird die Verjährung durch ein vor dem Inkrafttreten des BGB. erfolgtes einseitiges Anerkenntnis der Schuld von seiten des Schuldners gegenüber dem Berechtigten nicht unterbrochen, wenn nach dem bisherigen Rechte zur Unterbrechung der Verjährung ein vertragsmäßiges Anerkenntnis gefordert wird, obwohl nach dem BGB. § 208 das einseitige Anerkenntnis genügt. Ebenso wird die Verjährung durch eine vor dem Inkrafttreten des BGB. erfolgende Geltendmachung der Aufrechnung im Prozeß oder durch eine Streitverkündung in dem Prozesse, von dessen Ausgange der Anspruch abhängt, nicht unterbrochen, wenn diese Handlungen nach dem bisherigen Rechte die Unterbrechung nicht begründen, obwohl sie nach dem BGB. § 209 Abs. 2 Nr. 3, 4 dazu genügen. Zweifelhaft kann sein, ob in Fällen der letztgedachten Art die Unterbrechung mit dem Inkrafttreten des BGB. eintritt. Die Frage dürfte zu verneinen sein. Es handelt sich nicht um einen Zustand, an dessen Bestehen das BGB. die Unterbrechung knüpft — in einem solchen Falle würde allerdings mit dem Fortbestehen des Zustandes bei dem Inkrafttreten des BGB. die Unterbrechung eintreten —, sondern um eine vorübergehende Handlung. Ob diese die Wirkung der Unterbrechung hat, soll sich nach dem bisherigen Rechte bestimmen; die Vorschriften des BGB. ergreifen nur solche Handlungen, die unter seiner Herrschaft vorgenommen sind. Zweifelhaft ist, ob, wenn durch eine Handlung sowohl nach dem bisherigen Rechte als nach dem BGB. die Verjährung unterbrochen wird, diese Unterbrechung aber nach den Vorschriften des BGB. bei dem späteren Eintritte gewisser Umstände als nicht erfolgt gilt (s. z. B. §§ 212, 213, 214 Abs. 2, 215 Abs. 2, 216), während das bisherige Recht eine derartige Vorschrift nicht hat, die Unterbrechung als nicht erfolgt anzusehen ist, wenn jene Umstände nach dem Inkrafttreten des BGB. eintreten. Die Frage dürfte zu verneinen sein, weil die Wirkung der Unterbrechung sich nach dem bisherigen Rechte bestimmt und dieses die Wirkung definitiv und ohne die Möglichkeit einer Rückgängigmachung eintreten läßt (ebenso Affolter, System S. 142 und im wesentlichen auch Habicht S. 148ff.). Wegen des § 212 s. auch RG. 52 S. 329.

Auch die Dauer der Unterbrechung bestimmt sich, wenn diese vor dem Inkrafttreten des BGB. eingetreten ist, nach dem bisherigen Rechte. Hört die Unterbrechung nach dem BGB. mit dem Eintritte gewisser Umstände auf, so tritt diese Wirkung, wenn die Umstände nach dem Inkrafttreten des BGB. eintreten, für eine vor dem Inkrafttreten des BGB. eingetretene Unterbrechung auch dann ein, wenn das bisherige Recht den fraglichen Umständen diese Wirkung nicht beilegt (s. z. B. §§ 211, 214 Abs. 1, 215 Abs. 1). Sind solche Umstände schon vor dem Inkrafttreten des BGB. eingetreten, so erlangen sie jene Wirkung, sofern diese nach dem bisherigen Rechte nicht eintritt, auch mit dem Inkrafttreten des BGB. nicht.

c) Die Hemmung der Verjährung (§§ 202—207) bestimmt sich für die Zeit vor dem Inkrafttreten des BGB. nach dem bisherigen Rechte. Bei der Hemmung der Verjährung handelt es sich nicht wie bei der Unterbrechung um den Einfluß einer vorübergehenden Handlung auf die Verjährung, sondern um die Wirkung, welche der während einer bestimmten Zeit bestehende Zustand auf den Lauf der Verjährung ausübt. Hieraus ergibt sich einerseits, daß wenn ein Zustand der fraglichen Art, der nach dem bisherigen Rechte die Verjährung hemmte, nach dem BGB. diese Wirkung aber nicht mehr hat, vor dem Inkrafttreten des BGB. eingetreten ist und nach diesem Zeitpunkte noch fortdauert, die Verjährung bis zu dem Inkrafttreten des BGB. gehemmt ist, daß die Hemmung aber mit dem Inkrafttreten des BGB. aufhört. So würde z. B., wenn nach dem bisherigen Rechte die Verjährung einer Forderung dadurch gehemmt wird, daß der Forderung eine peremtorische Einrede oder eine aufschiebende Einrede der im § 202 Abs. 2 bezeichneten Art entgegensteht und eine solche Einrede vor dem Inkrafttreten des BGB. entstanden ist, die Verjährung bis zu dem Inkrafttreten des BGB. gehemmt sein, mit diesem Zeitpunkt aber wieder zu laufen beginnen. Andererseits erlangt ein Zustand, der nach dem BGB., nicht aber nach dem bisherigen Rechte die Wirkung hat, die Verjährung zu hemmen, wenn er vor dem Inkrafttreten des BGB. eingetreten ist, nach diesem Zeitpunkt aber noch fortdauert, diese Wirkung mit dem Inkrafttreten des BGB. So tritt z. B., wenn nach dem bisherigen Rechte eine verzögerliche nicht unter die Vorschriften des § 202 Abs. 2 fallende Einrede oder ein Zustand der im § 203 oder 204 bezeichneten Art die Verjährung nicht hemmte, die Hemmung mit dem Inkrafttreten des BGB. ein, wenn in diesem Zeitpunkte die Einrede bzw. der Zustand noch besteht.

In den Fällen der §§ 206, 207 spricht das BGB. nicht von Hemmung der Verjährung. Sachlich handelt es sich indessen auch hier um eine solche Hemmung, für die nur die besondere Vorschrift gilt, daß die Hemmung nur berücksichtigt wird, wenn sie in den letzten sechs Monaten der Verjährungsfrist stattfindet, dann aber auch nach dem Wegfalle des sie begründenden Zustandes noch insofern weiterwirkt, als die Verjährung nicht vor dem Ablaufe von sechs Monaten nach dem Wegfalle des betreffenden Zustandes vollendet werden kann. Die Bestimmung des Art. 169 Abs. 2 wird daher auch für die Fälle der §§ 206, 207 gelten müssen.

d) In Ansehung der **Verjährungsfrist** erleidet die Regel des Abs. 1 Satz 1 keine Ausnahme, wenn die Frist nach dem BGB. länger ist als nach dem bisherigen Rechte. Die bei dem Inkrafttreten des BGB. bereits begonnene Verjährung wird also erst vollendet, wenn seit dem nach dem bisherigen Rechte zu beurteilenden Beginne der Verjährung die in dem BGB. bestimmte Frist abgelaufen ist (RG. Bd. 50 S. 274; Bd. 52 S. 181). Wenn aber die Verjährungsfrist nach dem BGB. kürzer ist als nach dem bisherigen Rechte, so bleibt es zwar in betreff der Dauer der Frist bei der Regel des Abs. 1 Satz 1, aber die Frist beginnt abweichend von der Bestimmung des Abs. 1 Satz 2 nicht mit dem nach dem bisherigen Rechte zu beurteilenden Zeitpunkte, sondern erst mit dem Inkrafttreten des BGB. Streit besteht darüber, ob die Vorschrift des BGB. § 201, nach welcher die Verjährung der dort bezeichneten Ansprüche erst mit dem Schlusse des Jahres beginnt, in dem sie entstanden sind, bei der Anwendung der Vorschrift des Art. 169 Abs. 2 Satz 1 insofern zu berücksichtigen ist, als die Verjährung, wenn es sich um einen Anspruch der im § 201 gedachten Art handelt, nicht schon mit dem Inkrafttreten des BGB., also am 1. Januar 1900, sondern erst mit dem Schlusse des Jahres 1900 beginnt, oder ob auch bei Ansprüchen dieser Art die Verjährung mit dem Inkrafttreten des BGB. beginnt. Die letztgedachte Ansicht verdient den Vorzug. Sowohl der Wortlaut wie der Zweck des fraglichen Satzes spricht dafür. Direkte Anwendung kann der § 201 keinenfalls finden, da es sich um Ansprüche handelt, die schon vor dem 1. Januar 1900 entstanden sind; eine entsprechende Anwendung aber läßt sich nicht rechtfertigen (**Hedemann** in DJZ. 1903 S. 269; a. A. **Gutfeld** in DJZ. 1903 S. 542).

5. Bei dem bisherigen Rechte verbleibt es sowohl in betreff des Beginns der Verjährung als der Dauer der Verjährungsfrist, wenn die nach diesem bemessene längere Frist eher abläuft, als die kürzere, aber erst von dem Inkrafttreten des BGB. an laufende Frist des letzteren. Bei der Entscheidung der Frage, ob die Verjährungsfrist nach dem BGB. kürzer ist als nach dem bisherigen Rechte, wird auch eine vertragsmäßig erfolgte Verlängerung der Frist, sofern eine solche nach dem bisherigen Rechte zulässig war, berücksichtigt werden müssen (s. **Habicht** S. 151; **Affolter**, System S. 140 Anm. 2).

6. Über die Verjährung der Ansprüche und Einreden wegen Mängel verkaufter oder bestellter Sachen s. **Habicht** S. 157 ff.; **Affolter**, System S. 143. In RG. JW. 1902 Beil. S. 279 wird anerkannt, daß vom Inkrafttreten des BGB. an ein noch schwebendes Beweissicherungsverfahren nach § 477 Abs. 2 unterbrechend wirkt.

7. **Der Art. 169 bezieht sich nur auf die Verjährung, nicht auf jede infolge des Ablaufs einer bestimmten Zeit eintretende Rechtsänderung, insbesondere nicht auf die sog. Präklusivfristen.** Die Zwecke, welche durch diese Fristen erreicht werden sollen, sind zu verschieden, als daß sich in

Artikel 170. Für ein Schuldverhältniß, das vor dem Inkrafttreten des Bürgerlichen Gesetzbuchs entstanden ist, bleiben die bisherigen Gesetze maßgebend.

---

der hier fraglichen Beziehung eine einheitliche Regel für sie aufstellen ließe. Im allgemeinen wird man davon auszugehen haben, daß, soweit ein Rechtsverhältnis nach dem bisherigen Rechte zu beurteilen ist, die Vorschriften dieses Rechtes auch über die durch Präklusivfristen bestimmte Dauer der durch das Rechtsverhältnis begründeten Rechte entscheiden, daß aber, soweit das Rechtsverhältnis dem BGB. unterworfen wird, die Vorschriften des BGB. auch in betreff der Präklusivfristen zur Anwendung kommen. Ob und inwieweit die Vorschriften des Art. 169 entsprechend anzuwenden sind, läßt sich nicht allgemein bestimmen. Die Entscheidung der Frage hängt vielmehr in jedem einzelnen Falle von dem Zwecke und der Natur der betreffenden Frist und von den besonderen für sie gegebenen Vorschriften ab (vgl. Habicht S. 159ff.; Affolter, System S. 143f., Rspr. Bd. 6 S. 217; RG. Bd. 48 S. 157; RG. in DJZ. 1904 S. 404; nach letzterem findet der Art. 169 auf die im BGB. § 1571 Abs. 4 bezeichneten Fristen für die Klage auf Scheidung der Ehe entsprechende Anwendung).

Wenn das bisherige Recht auf Grund eines Umstandes der nach dem BGB. die Anfechtbarkeit eines Rechtsgeschäfts begründet (s. z. B. §§ 119, 123), nur einen persönlichen Anspruch auf Rückgängigmachung des Rechtsgeschäfts oder auf Schadensersatz gewährt, so findet, falls das Rechtsgeschäft vor dem Inkrafttreten des BGB. vorgenommen ist, nur der durch das bisherige Recht begründete Anspruch statt und die Verjährung dieses Anspruchs bestimmt sich, sofern auch das BGB. einen solchen Anspruch kennt, nach Art. 169, wenn das BGB. aber einen solchen Anspruch nicht kennt, lediglich nach dem bisherigen Rechte. Die nach dem BGB. zulässige Anfechtung und die dafür bestimmte Ausschlußfrist kommt nicht in Frage (a. A. wie es scheint Niedner, Erl. 4c zu Art. 169).

8. Über die **Ersitzung** s. Art. 185.

9. Die meisten **Ausführungsgesetze** enthalten Vorschriften über die Verjährung der dem Landesrecht unterliegenden Ansprüche, durch welche eine entsprechende Anwendung des Art. 169 oder des Art. 169 Abs. 1 vorgeschrieben wird (vgl. hierüber Habicht S. 162f.).

Zu Artikel 170—179.

Die Art. 170—179 betreffen **das Recht der Schuldverhältnisse.** In dem Art. 170 wird das leitende Prinzip dahin ausgesprochen, daß für Schuldverhältnisse, die vor dem Inkrafttreten des BGB. entstanden sind, die bisherigen Gesetze maßgebend bleiben. Die Art. 171—179 enthalten Bestimmungen für einzelne Schuldverhältnisse, die sich im wesentlichen als Modifikation jenes Prinzips darstellen, zum Teil aber auch nur Zweifel in betreff der Anwendung entscheiden. Die Art. 171, 172 beziehen sich auf Miet- und Pachtverhältnisse, der Art. 171 zugleich auch auf die Dienstverhältnisse. Der Art. 173 betrifft die Gemeinschaft nach Bruchteilen; die Art. 174—176 handeln von den Schuldverschreibungen auf den Inhaber, der Art. 177 von den sog. qualifizierten Legitimationspapieren (BGB. § 808). Der Art. 178 enthält Bestimmungen über ein bei dem Inkrafttreten des BGB. anhängiges Verfahren, das die Kraftloserklärung einer Schuldverschreibung auf den Inhaber oder eines qualifizierten Legitimationspapiers zum Gegenstande hat; der Art. 179 endlich betrifft Ansprüche aus Schuldverhältnissen, die durch Eintragung in ein öffentliches Buch nach dem bisherigen Rechte Wirksamkeit gegen Dritte erlangt haben.

Artikel 170.

E. d. EG. I Art. 103; II Art. 142; III Art. 170. P. I S. 13057ff., 13293f.; M. d. EG. S. 255ff. P. II Bd. 6 S. 498f.

Habicht S. 157ff. Affolter, System S. 299ff.; Lehmann in Z. f. HR. 48 S. 1ff.

1. **Schuldverhältnisse. Grundsatz.** In dem Art. 170 wird die sich für Schuldverhältnisse aus dem für die zeitliche Herrschaft der Gesetze geltenden allgemeinen Prinzip ergebende Konsequenz wegen ihrer besonderen Wichtigkeit ausdrücklich ausgesprochen. Hat sich unter der Herrschaft des bisherigen Rechtes der nach diesem zur Entstehung eines Schuldverhältnisses erforderliche Tatbestand verwirklicht, so bestimmen sich auch nach dem Inkrafttreten des BGB. der Inhalt, der Umfang und die Wirkungen des Schuldverhältnisses nach dem bisherigen Rechte. Ist zur Entstehung eines Schuldverhältnisses nach dem bisherigen Rechte eine Mehrheit von Tatsachen erforderlich, so müssen regelmäßig alle diese Tatsachen unter der Herrschaft des bisherigen Rechtes

eingetreten sein (s. jedoch Erl. 2—4). Die Regel des Art. 170 gilt für Schuldverhältnisse aller Art, also sowohl für Schuldverhältnisse aus Rechtsgeschäften als auch aus anderen Gründen. (Rspr. Bd. 1 S. 30; Bd. 6 S. 1).

Ist ein Schuldverhältnis unter der Herrschaft des bisherigen Rechtes entstanden, treten aber nach dem Inkrafttreten des BGB. Tatsachen ein, deren Wirkung auf ein bestehendes Schuldverhältnis nach dem BGB. anders bestimmt ist als nach dem bisherigen Rechte, so entsteht die Frage, nach welchem Rechte die Wirkung dieser Tatsachen zu beurteilen ist. Aus dem der Regel des Art. 170 zugrunde liegenden Gedanken wird zu folgern sein, daß das bisherige Recht zur Anwendung zu bringen ist, wenn die Tatsache in einer solchen Verbindung mit dem Schuldverhältnisse steht, daß sie dasselbe nach dessen Natur affiziert, wenn es sich also nur um eine weitere Entwickelung des Schuldverhältnisses handelt, daß aber, wenn diese Voraussetzungen nicht vorliegen, das BGB. Anwendung findet. A. A. Affolter, System S. 299ff., der dem bisherigen Rechte eine viel weitergehende Geltung zuschreibt und nach ihm insbesondere auch die unter der Herrschaft des BGB. eintretende Übertragung des Schuldverhältnisses sowie dessen Erlöschen beurteilt. Er bezeichnet seine Auffassung als die organische, während er die den Motiven sich anschließende herrschende Auffassung für atomistisch hält. Seine Auffassung dürfte sich aber weder durch den Wortlaut des Art. 170 noch durch die von ihm geltend gemachten allgemeinen Gesichtspunkte rechtfertigen lassen.

Die Anwendung dieser Grundsätze auf die einzelnen in Betracht kommenden Fragen ist häufig zweifelhaft. Die praktisch wichtigsten Punkte sollen im folgenden kurz erörtert werden.

2. Ein auf einem Rechtsgeschäfte beruhendes Schuldverhältnis bestimmt sich nach dem bisherigen Rechte, wenn das Rechtsgeschäft vor dem Inkrafttreten des BGB. vorgenommen ist. Nach diesem ist also insbesondere die Geschäftsfähigkeit derjenigen Personen zu beurteilen, welche das Rechtsgeschäft vorgenommen haben, sowie die Folgen, welche ein Mangel in dieser Beziehung hat. Dasselbe gilt von der Wirkung, welche Willensmängel haben. Insbesondere bestimmt sich nach dem bisherigen Rechte, ob die Folge eines Willensmangels Nichtigkeit oder Anfechtbarkeit des Rechtsgeschäfts ist und in welcher Art die Anfechtbarkeit geltend gemacht werden muß. Die Vorschriften des BGB. über die Anfechtung finden in diesen Fällen auch dann keine Anwendung, wenn die Anfechtung erst nach dem Inkrafttreten des BGB. erfolgt. Hat z. B. nach dem bisherigen Rechte die Anfechtung durch Erhebung einer Klage zu erfolgen, so bleibt es hierbei auch nach dem Inkrafttreten des BGB. Nach dem bisherigen Rechte sind ferner der Inhalt und die Wirkungen des Rechtsgeschäfts für die Parteien zu beurteilen, auch wenn diese Wirkungen erst nach dem Inkrafttreten des BGB. eintreten. Über in integrum restitutio s. Rspr. Bd. 5 S. 479.

3. Ein Rechtsgeschäft ist vor dem Inkrafttreten des BGB. vorgenommen, wenn vor diesem Zeitpunkt alle nach dem bisherigen Rechte zum Tatbestande des Rechtsgeschäfts gehörenden Tatsachen eingetreten sind. Dies gilt sowohl für einseitige Rechtsgeschäfte wie für Verträge. Im einzelnen ist hier indessen folgendes zu bemerken:

a) Die Regel gilt für bedingte und befristete Rechtsgeschäfte auch dann, wenn der Termin oder die Bedingung erst nach dem Inkrafttreten des BGB. eintritt. Ist z. B. ein Vertrag vor dem 1. Januar 1900 geschlossen, so ist er nach dem bisherigen Rechte auch dann zu beurteilen, wenn er erst nach dem Inkrafttreten des BGB. in Wirksamkeit treten soll. Wenn also z. B. der Mietvertrag am 1. November 1899 geschlossen ist, das Mietverhältnis aber am 1. Februar 1900 begonnen hat, so sind die bisherigen Gesetze maßgebend (RG. in DJZ. 1901 S. 275). Wird ein Rechtsverhältnis durch ein Rechtsgeschäft, das nach dem bisherigen Rechte zu beurteilen ist, nach dem Inkrafttreten des BGB. vertragsmäßig verlängert, so ist diese Vereinbarung sowie die Berechnung der Verlängerung nach dem BGB. zu beurteilen (RG. Bd. 50 S. 253). Nach dem bisherigen Rechte sind aber bei einem unter dessen Herrschaft bedingten oder betagten Rechtsgeschäfte die Fragen zu beurteilen, ob die Hinzufügung einer Bedingung oder einer Zeitbestimmung bei dem Rechtsgeschäfte zuläſsig ist, welche Wirkungen sie auf das Schuldverhältnis hat, wann die Bedingung als eingetreten oder ausgefallen anzusehen ist und welche Folgen der Eintritt oder der Ausfall hat. Nach der Auffassung des BGB. (§ 158) entsteht zwar bei einem auf Begründung eines Schuldverhältnisses gerichteten aufschiebend bedingten Rechtsgeschäfte das Schuldverhältnis selbst erst mit dem Eintritte der Bedingung; durch das bedingte Rechtsgeschäft werden die Parteien aber doch bereits gebunden und die mit dem Eintritte der Bedingung erfolgende Entstehung des Schuldverhältnisses stellt sich nur als die Entwickelung des durch das Rechtsgeschäft bereits entstandenen Rechtsverhältnisses dar. Auch wenn das bisherige Recht daher auf demselben Standpunkte steht, muß die Wirkung eines unter seiner Herrschaft vorgenommenen auf Begründung eines Schuldverhältnisses gerichteten bedingten Rechtsgeschäfts nach dem bisherigen Rechte beurteilt werden.

Handelt es sich nicht um eine Bedingung, hängt aber nach dem bisherigen Rechte die Entstehung des Schuldverhältnisses davon ab, daß eine der Parteien in einer bestimmten Richtung tätig wird und diese Tätigkeit einen bestimmten Erfolg hat, so ist das Schuldverhältnis nach dem bisherigen Rechte zu beurteilen, wenn auch nur die Tätigkeit vor dem Inkrafttreten des BGB. stattgefunden hat, der Erfolg aber erst später eingetreten ist. RG. Bd. 57 S. 16 entscheidet in diesem Sinne für den Fall eines unter der Herrschaft des preußischen Rechtes mündlich abgeschlossenen Mäklervertrags. Nach RG. in DJZ. 1903 S. 168 ist nach preuß. Rechte das Versprechen einer Ausstattung erst wirksam, wenn die Ehe eingegangen wird, also unwirksam, wenn das Versprechen zwar vor dem 1. Januar 1900 gegeben, die Ehe aber nach diesem Zeitpunkt eingegangen ist; der Art. 170 findet daher keine Anwendung.

b) Ist ein Vertragsantrag vor dem Inkrafttreten des BGB. gestellt, aber erst nachher angenommen, so ist unzweifelhaft nach dem bisherigen Rechte zu beurteilen die Gültigkeit der den Antrag enthaltenden Willenserklärung sowie ferner, ob und wie lange der Antragende an den Vertragsantrag gebunden ist, und ob eine Zurücknahme des Antrags rechtlich ohne Bedeutung oder zwar die Möglichkeit der Annahme ausschließt, aber den Antragenden doch zu dem Ersatze des negativen Interesses an den anderen Teil verpflichtet. Andererseits ist die Gültigkeit der die Annahme enthaltenden Willenserklärung, wenn sie nach dem Inkrafttreten des BGB. erfolgt, in allen Beziehungen, insbesondere in Ansehung der Geschäftsfähigkeit oder der Willensmängel nach dem BGB. zu beurteilen. Fraglich aber ist, nach welchem Rechte der Vertrag selbst, wenn er durch die Annahme zustande gekommen ist, beurteilt werden muß. Für die Anwendung des BGB. scheint zu sprechen, daß erst unter dessen Herrschaft der Vertrag zustande gekommen ist. Andererseits ist zu erwägen, daß der Antrag unter der Herrschaft des bisherigen Rechtes gestellt, daß also anzunehmen ist, daß der Antragende dabei als Inhalt des Vertrags dasjenige gewollt hat, was nach dem bisherigen Rechte für einen Vertrag dieser Art galt. Der Antrag kann nur so angenommen werden, wie er gestellt ist, die Annahme muß also, wenn sie überhaupt wirksam sein soll, als in demselben Sinne gemeint angesehen werden, in welchem der Antrag gestellt ist. Hieraus ergibt sich, daß Inhalt und Wirkungen des Vertrags nach dem bisherigen Rechte zu beurteilen sind. Nur wenn eine zwingende Vorschrift des BGB. einem Vertrage dieses Inhalts entgegenstände, würde diese zur Anwendung kommen müssen und ein Vertrag würde also durch die Annahme nicht zustande kommen. So wird z. B. ein auf die Veräußerung eines Grundstücks vor dem Inkrafttreten des BGB. gerichteter Vertragsantrag, wenn er erst nachher angenommen wird, nicht wirksam, wenn der Antrag oder die Annahme der im § 313 vorgeschriebenen Form entbehrt; dies gilt auch dann, wenn nach dem bisherigen Rechte ein Vertrag der fraglichen Art der im § 313 vorgeschriebenen Form nicht bedarf (vgl. Habicht S. 172ff.; zum Teil wie es scheint a. A. Affolter, System S. 301; Niedner, Erl. II 2 zu Art. 170).

c) Ist zu der Wirksamkeit eines Vertrags zugunsten eines Dritten nach dem bisherigen Rechte der Beitritt des Dritten erforderlich, so ist ein unter der Herrschaft des bisherigen Rechtes geschlossener Vertrag dieser Art auch dann nach dem bisherigen Rechte zu beurteilen, wenn der Beitritt erst nach dem Inkrafttreten des BGB. erfolgt. Wollen die Parteien nach Maßgabe des BGB. §§ 328ff. die unmittelbare Berechtigung des Dritten ohne dessen Beitritt, so müssen sie einen neuen Vertrag schließen; dies kann indessen nach allgemeinen Grundsätzen auch stillschweigend geschehen (vgl. Affolter, System S. 301; Habicht S. 126).

d) Wird ein Vertrag, welcher nach dem bisherigen Rechte wegen Formmangels nichtig ist, aber durch Erfüllung geheilt werden kann, vor dem Inkrafttreten des BGB. geschlossen, aber nach diesem Zeitpunkt erfüllt, so erfolgt sachlich der Abschluß erst unter der Herrschaft des BGB. Er ist also nach diesem zu beurteilen; jedoch ist für den Inhalt des Vertrags, soweit dieser nach dem BGB. durch den Willen der Parteien bestimmt werden kann, der vor dem Inkrafttreten des BGB. geschlossene Vertrag insoweit maßgebend, als sich nicht eine spätere Änderung des Willens der Parteien ergibt (vgl. Affolter, System S. 301).

4. **Das Schuldverhältnis aus einer unerlaubten Handlung** bestimmt sich nach dem Zeitpunkt, in welchem die Handlung vorgenommen ist. Für das Strafrecht ist freilich bestritten, ob nicht der Zeitpunkt, in welchem der widerrechtliche Erfolg eingetreten ist, wenigstens mit in Betracht gezogen werden muß. Für die privatrechtlichen Folgen einer unerlaubten Handlung dürfte aber, ähnlich wie bei den bedingten Rechtsgeschäften lediglich der Zeitpunkt der Vornahme

des Rechtsgeschäfts in Betracht kommen, hier also der Zeitpunkt der Begehung der unerlaubten Handlung maßgebend sein (bayer. ObLG. Bd. 3 S. 1057). Aus dieser Regel folgt indessen nicht, daß, wenn der eingetretene Schaden die Folge eines unerlaubten Zustandes ist und dieser Zustand bereits vor dem Inkrafttreten des BGB. eingetreten, ein Schaden dadurch aber erst nach diesem Zeitpunkt entstanden ist, die Verbindlichkeit zum Ersatze des Schadens sich nach dem bisherigen Rechte bestimmt. In einem Falle dieser Art ist vielmehr ein Schuldverhältnis zwischen demjenigen, welcher unerlaubterweise den Zustand hergestellt und erhalten hat, und dem Beschädigten erst durch die Entstehung des Schadens begründet und dieses Schuldverhältnis muß daher nach dem BGB. beurteilt werden. In diesem Sinne ist in RG. Bd. 52 S. 119ff. der Fall entschieden, daß unter der Herrschaft des preuß. Landrechts von dem Eigentümer eines Hauses ein Ofen in einer den Vorschriften einer polizeilichen Verordnung widersprechenden Weise hergestellt, ein Brandschaden dadurch für den Mieter des Hauses aber erst nach dem Inkrafttreten des BGB. entstanden ist. Auf die Beurteilung des hierdurch entstandenen Schuldverhältnisses wird nicht das preuß. Landrecht, sondern das BGB. angewendet (vgl. RG. in Gruch. Bd. 46 S. 979; Habicht S. 176, 179ff.; Niedner, Erl. II 2e zu Art. 170; Affolter, System S. 302).

5. **Bei Schuldverhältnissen, welche kraft des Gesetzes entstehen**, wird die Anwendung des unter Nr. 1 aufgestellten Grundsatzes häufig in der Richtung zu Zweifeln Anlaß geben, welche Tatsachen als die wesentliche Grundlage für die Entstehung des Schuldverhältnisses zu betrachten sind und ob daher, wenn diese vor dem Inkrafttreten des BGB. eingetreten sind, das Schuldverhältnis nach dem bisherigen Rechte auch dann zu beurteilen ist, wenn im einzelnen Falle noch andere Tatsachen hinzutreten müssen, um zur Geltendmachung eines Anspruchs zu berechtigen. Diese Frage läßt sich indessen nicht allgemein, sondern nur unter Berücksichtigung der Umstände des einzelnen Falles entscheiden. Hervorgehoben mag hier werden, daß das Schuldverhältnis aus ungerechtfertigter Bereicherung sich nach dem bisherigen Rechte bestimmt, wenn die Leistung, deren Rückgewähr gefordert wird, unter der Herrschaft des bisherigen Rechtes erfolgt ist. Dies gilt auch dann, wenn die causa auf Grund deren die Leistung erfolgte, erst nach dem Inkrafttreten des BGB. weggefallen ist (a. A. Niedner, Erl. II 2eβ zu Art. 170). Auch für die condictio indebiti kommt es nur darauf an, in welchem Zeitpunkte die Leistung erfolgte, nicht aber darauf, in welchem Zeitpunkte das Schuldverhältnis, dessen Befriedigung den Zweck der Leistung bildete, entstanden sein soll (a. A. Affolter, System S. 313, der das bisherige Recht anwenden will, wenn auch nur der negative Tatbestand, also das Nichtbestehen der Forderung unter der Herrschaft des bisherigen Rechtes liegt). Vgl. auch ferner RG. Bd. 49 S. 209 (Anspruch aus einer vor dem Inkrafttreten des BGB. stattgehabten Defloration); Bd. 50 S. 304 (Unterhaltsverpflichtung geschiedener Ehegatten auf Grund eines vor dem Inkrafttreten des BGB. ergangenen, aber erst nachher rechtskräftig gewordenen Scheidungsurteils); Bd. 52 S. 40 (ein durch eine Vormerkung nach preuß. Rechte gesicherter Anspruch bestimmt sich auch nach dem Inkrafttreten des BGB. nach preuß. Rechte); Rspr. Bd. 1 S. 13 (auf die CPO. § 717 kann ein Anspruch nicht begründet werden, wenn die Leistung, deren Rückgewähr gefordert wird, vor dem Inkrafttreten des BGB. erfolgt ist); RG. in DJZ. 1900 S. 321 (Verpflichtung zum Kostenvorschuß in Ehescheidungssachen).

6. **Bei alternativen Schuldverhältnissen**, welche vor dem Inkrafttreten des BGB. entstanden sind, bestimmen sich das Recht zur Wahl, die Art, wie dieselbe zu erfolgen hat, die Folgen der getroffenen Wahl sowie der Unmöglichkeit einer der mehreren wahlweise geschuldeten Leistungen nach dem bisherigen Rechte, auch wenn erst nach dem Inkrafttreten des BGB. die Wahl erfolgt oder die Unmöglichkeit eintritt. Nur die Erfordernisse der Wahl selbst als eines einseitigen Rechtsgeschäfts bestimmen sich, wenn die Wahl nach dem Inkrafttreten des BGB. erfolgt, nach diesem.

7. Zweifelhaft ist, wie diejenigen **Verhältnisse** zu beurteilen sind, **in welchen nach dem bisherigen Rechte ein Anspruch, der zunächst gegen eine bestimmte Person begründet ist, auch gegen einen Dritten geltend gemacht werden kann**, wenn dieser in den Besitz des Gegenstandes gelangt, auf welchen der Anspruch gerichtet ist. In Betracht kommen hier insbesondere die Vorschriften des gemeinen Rechtes über die sog. actiones in rem scriptae und die Vorschriften des preußischen Rechtes, nach welchen jeder persönliche Anspruch auf Leistung eines individuell bestimmten Gegenstandes nicht nur gegen den unmittelbar Verpflichteten, sondern auch gegen denjenigen geltend gemacht werden kann, welcher in Kenntnis jenes Anspruchs sich den Gegenstand versprechen und auf Grund dieses Versprechens übertragen läßt. Es handelt sich hier um

ein zwischen dinglichen und rein obligatorischen Rechtsverhältnissen in der Mitte liegendes Rechtsverhältnis. Handelte es sich in den gedachten Fällen um ein dingliches Recht, so würde dieses, wenn es unter der Herrschaft des bisherigen Rechtes entstanden ist, nach Art. 184 auch nach dem Inkrafttreten des BGB. mit seinem bisherigen Inhalt und Range bestehen bleiben und deshalb gegen den dritten Erwerber des betreffenden Gegenstandes, auch wenn der Erwerb erst nach dem Inkrafttreten des BGB. erfolgt ist, geltend gemacht werden können. Um ein dingliches Recht handelt es sich aber in den gedachten Fällen nicht. Was zunächst das preußische Recht anlangt, so wird das in Frage stehende Recht von der Theorie als sog. Recht zur Sache behandelt. In den Motiven des E. I des EG. S. 260 wird ausgeführt, daß ein Recht dieser Art nicht gegen denjenigen geltend gemacht werden könne, welcher den betreffenden Gegenstand erst nach dem Inkrafttreten des BGB. erworben habe, indem es als ein fundamentaler Grundsatz des BGB. betrachtet werden müsse, daß die Kenntnis des einem anderen zustehenden Rechtes auf Leistung eines Gegenstandes weder den gültigen Erwerb des Gegenstandes hindere noch für den Erwerber eine persönliche Verpflichtung zur Herausgabe begründe. Von diesem Grundsatze wird im Art. 104 Abs. 1 des E. I des EG. eine Ausnahme für den Mieter oder Pächter eines Grundstücks gemacht. Eine entsprechende auf Miet- oder Pachtverträge über Sachen überhaupt ausgedehnte Vorschrift enthält der Art. 172 des EG. Eine weitere Ausnahme bestimmt der Art. 104 Abs. 2 für alle aus einem Schuldverhältnis entstandenen Ansprüche, sofern diese nach den bisherigen Gesetzen durch Eintragung in ein öffentliches Buch Wirksamkeit gegen Dritte erlangt haben (ebenso Art. 179 des EG.). Abgesehen von diesen Ausnahmen soll aber das Recht zur Sache mit dem Inkrafttreten des BGB. insoweit seine Wirksamkeit verlieren, als es nicht mehr gegen solche Dritte geltend gemacht werden kann, welche den betreffenden Gegenstand nach dem Inkrafttreten des BGB. erworben haben. Ist der Erwerb bereits vor dem Inkrafttreten des BGB. erfolgt, so bleibt der hiermit gegen den Dritten begründete Anspruch auch nach dem Inkrafttreten des BGB. bestehen. Auf diesem von dem E. I des EG. eingenommenen Standpunkte steht auch das EG. selbst. In den Fällen der hier fraglichen Art entsteht das Schuldverhältnis gegenüber dem dritten Erwerber des Gegenstandes erst mit dem Erwerb; es ist also, wenn der Erwerb erst nach dem Inkrafttreten des BGB. erfolgt ist, nach diesem Zeitpunkt entstanden und der Art. 170 findet deshalb darauf keine Anwendung.

Zweifelhaft liegt die Frage in betreff der actiones in rem scriptae des gemeines Rechtes. In Betracht kommt hierbei insbesondere die actio quod metus causa. Aus einer erzwungenen Rechtshandlung entsteht ein Anspruch nicht nur gegen den Zwingenden, sondern auch gegen einen Dritten, welcher dasjenige in Händen hat, was dem Gezwungenen durch den Zwang entzogen worden ist, oder welcher es arglistigerweise wieder verloren hat, auf Herausgabe des in seinen Händen Befindlichen oder in der angegebenen Weise wieder Verlorenen. Auf den ersten Blick scheint das Verhältnis hier ebenso zu liegen wie in den oben hervorgehobenen Fällen. Zur Begründung des Schuldverhältnisses zwischen dem Gezwungenen und dem Dritten ist nicht nur der Zwang, sondern auch der Erwerb des betreffenden Gegenstandes durch den Dritten erforderlich. Erst mit diesem Erwerbe vollendet sich der zur Entstehung des Schuldverhältnisses erforderliche Tatbestand. Zur Zeit dieses Erwerbes muß also das Gesetz noch bestehen, das an diesen Erwerb die Entstehung des Schuldverhältnisses knüpft. Nach dem BGB. wird durch den Erwerb kein Schuldverhältnis gegen den Dritten begründet; es entsteht also ein solches nicht, wenn der Erwerb erst nach dem Inkrafttreten des BGB. erfolgt. Gegen diese Auffassung sprechen aber folgende Erwägungen: Auch das BGB. gewährt dem zu einem Rechtsgeschäfte Gezwungenen Schutz gegen einen Dritten, welcher den durch das erzwungene Rechtsgeschäft verlorenen Gegenstand erworben hat. Es gewährt diesen Schutz dadurch, daß es das erzwungene Rechtsgeschäft für anfechtbar erklärt (§ 123). Erfolgt die Anfechtung, so gilt das erzwungene Rechtsgeschäft als von Anfang an nichtig. Der übertragene Gegenstand ist dem Gezwungenen verblieben und dieser kann also, wenn es sich um eine Sache handelt, diese von jedem dritten Erwerber vindizieren, soweit nicht die Vorschriften zugunsten derjenigen, welche Rechte von einem Nichtberechtigten herleiten, entgegenstehen. Ist das erzwungene Rechtsgeschäft vor dem Inkrafttreten des BGB. vorgenommen, so findet die Anfechtung auf Grund des BGB. nicht statt. Nach der obigen Auffassung versagt in solchem Falle aber, wenn der Erwerb des betreffenden Gegenstandes nach dem Inkrafttreten des BGB. erfolgt, auch der Schutz, welchen das bisherige Recht dem Gezwungenen gegen den Dritten gewährt. Dieses Ergebnis entspricht der Billigkeit offenbar nicht. Die Gleichstellung des hier fraglichen Falles mit den oben erörterten Fällen ist aber auch innerlich nicht begründet. Der wesentliche Unterschied besteht darin, daß es sich in jenen Fällen um die Erstreckung der Wirkungen eines obligatorischen Rechtsgeschäfts auf Dritte, hier aber um einen Anspruch handelt, welcher dem durch ein Rechtsgeschäft Geschädigten wegen des in dem Zwange zu dem Rechtsgeschäfte liegenden Mangels desselben gegeben wird. Es handelt sich in der Tat also um den Einfluß, welchen ein Willensmangel auf ein Rechtsgeschäft hat. Während wegen eines solchen Mangels nach dem BGB. das Rechtsgeschäft angefochten werden kann, erfolgt nach dem bisherigen Rechte die erforderliche Reaktion gegen den Zwang auf dem durch die actio und exceptio quod metus causa gegebenen Wege. Es handelt sich also sachlich um eine Frage der oben in Erl. 2 gedachten Art und hieraus ergibt sich, daß die Art und Weise, in welcher ein vor dem Inkrafttreten des BGB. vorgenommenes Rechtsgeschäft wegen Zwanges direkt oder indirekt angegriffen werden kann, sich nach dem bisherigen Rechte bestimmt.

8. **Folgen der Nichterfüllung des Schuldverhältnisses.** Aus den in Erl. 1 dargelegten Grundsätzen ergibt sich, daß die Frage, welchen Einfluß die Nichterfüllung der dem Schuldner obliegenden Verpflichtung auf das Schuldverhältnis hat, nach dem bisherigen Rechte zu beurteilen ist. Nach diesem bestimmt sich, ob und für welches Verschulden der Schuldner haftet und welche Folgen die durch Zufall oder Verschulden eingetretene Unmöglichkeit der Leistung hat, mag das Verschulden oder die Unmöglichkeit vor oder nach dem Inkrafttreten des BGB. eingetreten sein (a. A. in betreff der nachfolgenden Unmöglichkeit Niedner, Erl. II 3*a*).

9. **Verzug.** In der ersten Kommission war beantragt, ausdrücklich auszusprechen, daß die bisherigen Gesetze besonders auch in Ansehung des Verzugs anwendbar seien, auch wenn dieser erst nach dem Inkrafttreten des BGB. eintrete. Der Antrag wurde abgelehnt, weil man durch die Entscheidung dieser einzelnen Frage nicht der richtigen Anwendung des oben angegebenen allgemeinen Prinzips präjudizieren wolle.

a) Der gedachte Antrag dürfte mindestens in Ansehung des **Verzugs des Schuldners** richtig sein, denn die Vorschriften über den Verzug bestimmen die Entwickelung, welche das Schuldverhältnis infolge der nicht rechtzeitigen Erfüllung von seiten des Schuldners nimmt. Auch die Voraussetzungen des Verzugs des Schuldners bestimmen sich nach dem bisherigen Rechte (RG. in DJZ. 1903 S. 81; RG. Bd. 52 S. 261f.; a. A. Niedner Erl. II 3*a* zu Art. 170). Dies wird auch von den Vorschriften gelten müssen, welche eine besondere Form für die Mahnung vorschreiben, wie z. B. das französische Recht die Vermittelung des Gerichtsvollziehers oder Notars dabei verlangt (a. A. Habicht S. 204f.; Niedner S. 329, 331).

Aus dem aufgestellten Grundsatze folgt nicht, daß die Höhe der Verzugszinsen sich nach dem Inkrafttreten des BGB. nach dem bisherigen Rechte bestimmt. Über diese Frage herrscht Streit (s. z. B. DJZ. 1900 S. 42, 64, 90, 91, 113, 133; Habicht S. 208; Niedner Erl. II 3*a* zu Art. 170; Affolter S. 306). Die Verzugszinsen bilden die Entschädigung, welche der Gläubiger wegen nicht rechtzeitiger Erfüllung von seiten des Schuldners fordern kann, ohne den Beweis erbringen zu brauchen, daß ihm wirklich ein Schaden zu diesem Betrag entstanden ist. Wie nun der Betrag des durch Nichtleistung während einer bestimmten Zeit entstandenen Schadens sich selbstverständlich nur nach den während dieser Zeit bestehenden Verhältnissen bestimmt, so kann auch die Aversionalentschädigung, welche der Gläubiger in Form der Verzugszinsen für eine bestimmte Zeit verlangt, sich nur nach den Gesetzen bestimmen, welche für diese Zeit die Höhe der Zinsen festsetzen. Hieraus folgt, daß, obwohl für ein vor dem Inkrafttreten des BGB. entstandenes Schuldverhältnis die Voraussetzungen und Folgen des Verzugs sich im allgemeinen nach dem bisherigen Rechte bestimmen, doch für die Höhe der Verzugszinsen von dem 1. Januar 1900 an die Vorschriften des BGB. maßgebend sind und zwar ohne Unterschied, ob der Verzug vor oder nach diesem Zeitpunkt eingetreten ist. In diesem Sinne hat auch das Reichsgericht wiederholt erkannt (DJZ. 1900 S. 141, 253, 301; RG. Bd. 46 S. 74), ebenso bayer. ObLG. 1 S. 202. Das Gleiche wie für Verzugszinsen gilt für gesetzliche Zinsen überhaupt. Die Höhe beträgt also vier vom Hundert (BGB. § 288). In betreff der Frage, ob von vorbedungenen Zinsen Verzugszinsen gefordert werden können, muß der oben dargelegte Grundsatz zur Anwendung kommen, daß die Wirkungen des Verzugs sich nach dem Rechte bestimmen, unter dessen Herrschaft das Schuldverhältnis entstanden ist. Wenn daher die Zinsverpflichtung vor dem Inkrafttreten des BGB. entstanden ist, so ist das bisherige Recht für die Entscheidung der obigen Frage maßgebend. Die abweichende Vorschrift des BGB. § 289 findet in solchem Falle keine Anwendung; denn man kann diesen Paragraphen nicht zu denjenigen Vorschriften rechnen, welche entgegen dem Art. 170 auch auf frühere Schuldverhältnisse Anwendung finden sollen (s. Erl. 15; Affolter, System S. 307; a. A. Rspr. Bd. 1 S. 166; Bd. 3 S. 222).

b) Zweifelhaft kann sein, ob dieselben Grundsätze wie für den Verzug des Schuldners auch für den **Verzug des Gläubigers** gelten. Nach Habicht S. 215 sollen für diesen die Vorschriften des BGB. von dessen Inkrafttreten an maßgebend sein, weil es sich dabei darum handele, daß das Erfüllungsgeschäft durch die verweigerte Mitwirkung des Gläubigers unmöglich werde, das Erfüllungsgeschäft aber nach dem BGB. zu beurteilen sei. Dies dürfte indessen nicht richtig sein. Das BGB. (§§ 293ff.) nimmt zwar im allgemeinen eine Verpflichtung des Gläubigers zur Annahme der geschuldeten Leistung nicht an. Einerseits aber steht das bisherige Recht zum Teil auf einem anderen Standpunkt, indem es auch bei dem Verzuge des Gläubigers von einer verschuldeten Nichterfüllung der dem Gläubiger obliegenden Verpflichtung zur Annahme ausgeht. Andererseits handelt es sich aber auch bei dem Standpunkte des BGB. lediglich um eine weitere Entwickelung des Schuldverhältnisses, welche dadurch eintritt, daß der Gläubiger die ihm nach dem Wesen des Schuldverhältnisses obliegende Mitwirkung zu dessen Erfüllung unterläßt. Hiernach müssen sich bei einem vor dem Inkrafttreten des BGB. entstandenen Schuldverhältnisse sowohl die Voraussetzungen als die Wirkungen des Verzugs des Gläubigers auch nach dem Inkrafttreten des BGB. nach den Vorschriften des bisherigen Rechtes bestimmen (RG. in JW. 1903, Beil. S. 85; Seuff. A. Bd. 58 S. 308; Rspr. Bd. 6 S. 230).

10. Hervorgehoben mag noch werden, daß aus dem aufgestellten Grundsatz auch folgt, daß, wenn ein **gegenseitiger Vertrag** vor dem Inkrafttreten des BGB. geschlossen ist, sowohl die Einrede des nicht erfüllten Vertrags als die Folgen, welche die zufällige oder verschuldete Unmöglichkeit der dem einen Teile obliegenden Leistung oder der Verzug des einen Teiles auf die Verpflichtung des anderen Teiles hat (BGB. §§ 320—327), sich nach dem bisherigen Rechte bestimmen (a. A. Rspr. Bd. 6 S. 40).

Dasselbe gilt überhaupt von dem **vertragsmäßigen und gesetzlichen Rücktrittsrecht** in Ansehung eines vor dem Inkrafttreten des BGB. geschlossenen Vertrags.

11. Mehrheit von Gläubigern oder Schuldnern. Der Einfluß, den der Umstand übt, daß eine Mehrheit von Personen als Gläubiger oder Schuldner an dem Schuldverhältnisse beteiligt ist, insbesondere die Frage, wer in solchem Falle die Rechte aus dem Schuldverhältnisse geltend zu machen und die Verpflichtungen aus ihm zu erfüllen hat sowie in welchem Umfange dies zu geschehen hat, berührt unmittelbar den Inhalt, Umfang und die Wirkungen des Schuldverhältnisses, gehört also dem alten Rechte an (RG. in JW. 1903, Beil. S. 117). Vgl. noch Erl. 12c.

12. Übertragung eines Schuldverhältnisses. Zu den von außen zu einem Schuldverhältnisse hinzutretenden Tatsachen, welche eine Änderung desselben bewirken, die nicht als eine aus dem Wesen des Schuldverhältnisses folgende Entwickelung zu betrachten und deshalb, wenn die Tatsachen nach dem Inkrafttreten des BGB. eingetreten sind, nach dessen Vorschriften zu beurteilen ist, gehören insbesondere die Übertragung der Forderung und die Schuldübernahme. Auch bei diesen bestimmt sich der Inhalt des Schuldverhältnisses, welches aktiv oder passiv übergeht, wenn es unter der Herrschaft des bisherigen Rechtes entstanden ist, nach dessen Vorschriften. Die Art und Weise aber, in welcher der Übergang erfolgt, sowie die Wirkungen desselben bestimmen sich nach dem Inkrafttreten des BGB. nach dessen Vorschriften (a. A. Affolter, System S. 299ff.). Im einzelnen ist zu bemerken:

a) Die Übertragbarkeit einer vor dem Inkrafttreten des BGB. entstandenen Forderung bestimmt sich nach dem bisherigen Rechte, weil es sich hierbei um eine das Wesen und den Inhalt der Forderung selbst betreffende Frage handelt. Nur die Vorschrift des BGB. § 400, nach welcher eine Forderung nicht abgetreten werden kann, die der Pfändung nicht unterliegt, dürfte nach dem Inkrafttreten des BGB. auch für die früher entstandenen Forderungen gelten, weil es sich hierbei, wie bei dem Verbote der Pfändung selbst, um eine im Interesse aller Gläubiger bestimmte Verfügungsbeschränkung handelt. Nur die in der CPO. § 850, nicht die in den §§ 851, 852 bestimmten Beschränkungen der Pfändung kommen aber in Betracht (ebenso Habicht S. 226).

b) Das Rechtsgeschäft der Abtretung der Forderung bestimmt sich sowohl in betreff seines Inhalts wie seiner Form und seiner Wirkungen, wenn es nach dem Inkrafttreten des BGB. vorgenommen wird, nach dessen Vorschriften (RG. Bd. 56 S. 301). Dies gilt selbstverständlich auch dann, wenn das obligatorische Rechtsgeschäft, durch welches die Verpflichtung zu einer Abtretung übernommen wurde, vor dem Inkrafttreten des BGB. vorgenommen ist. Die Vorschriften des BGB. § 405 über die Wirkung der Abtretung einer Forderung unter Vorlegung der darüber aufgestellten Urkunde dürfte indessen keine Anwendung finden, wenn die

Schuldurkunde vor dem Inkrafttreten des BGB. ausgestellt ist, weil diese Vorschrift sachlich die Wirkungen der Ausstellung der Schuldurkunde bestimmt (ebenso Habicht S. 228 Anm. 1). Eine vor dem Inkrafttreten des BGB. vorgenommene Abtretung einer Forderung bestimmt sich im allgemeinen nach den bisherigen Rechten (RG. Bd. 53 S. 198ff.; Rspr. Bd. 8 S. 444). Über die Wirkungen einer solchen Abtretung gegenüber dem Schuldner insbesondere in dem Falle, wenn das bisherige Recht die Denunziation fordert, s. Habicht S. 229; RG. in JW. 1903 Beil. S. 20.

c) In betreff des Überganges einer Forderung kraft Gesetzes findet das bisherige Recht oder das BGB. Anwendung, je nachdem der Tatbestand, an welchen das Gesetz diesen Übergang knüpft, vor oder nach dem Inkrafttreten des BGB. eingetreten ist (s. z. B. §§ 268, 426, 774, 1143, 1225; a. A. in betreff des § 268 das bayer. ObLG. Bd. 4 S. 120). In dem Falle des § 426 indessen, in welchem bei Befriedigung des Gläubigers durch einen Gesamtschuldner der Übergang der Forderung des ersteren gegen die übrigen Gesamtschuldner auf den befriedigenden Gesamtschuldner davon abhängt, daß dem letzteren ein Anspruch auf Ausgleichung gegen die übrigen Gesamtschuldner zusteht, entscheidet sich die Frage, ob die Forderung übergeht, auch wenn die Befriedigung nach dem Inkrafttreten des BGB. erfolgt ist, nach den über die Ausgleichungspflicht bestehenden Vorschriften des bisherigen Rechtes, wenn das Gesamtschuldverhältnis unter dessen Herrschaft entstanden ist, s. Habicht S. 232 Anm. 1; vgl. Erl. 11.

d) Die Schuldübernahme bestimmt sich, wenn sie nach dem Inkrafttreten des BGB. erfolgt, sowohl in betreff ihrer Erfordernisse als ihrer Wirkungen nach den Vorschriften des BGB. und zwar auch dann, wenn das auf die Schuldübernahme gerichtete obligatorische Rechtsgeschäft vor dem Inkrafttreten des BGB. vorgenommen ist. Über die bei der Anwendung des § 416 entstehenden Zweifel s. Erl. zu Art. 189. Derselbe Grundsatz gilt für die Erfüllungsübernahme. Läßt das BGB. den Übergang der Schuld oder die Haftung für eine fremde Schuld kraft des Gesetzes bei dem Vorliegen gewisser Tatsachen eintreten (s. z. B. § 419), so tritt diese Wirkung ein, wenn die betreffenden Tatsachen nach dem Inkrafttreten des BGB. eingetreten sind.

Bei den vor dem Inkrafttreten des BGB. vorgenommenen eine Schuldübernahme betreffenden Rechtsgeschäften bestimmen sich die Voraussetzungen wie die Wirkungen insbesondere auch in der Richtung, ob dadurch nur eine obligatorische Verpflichtung begründet wird oder ob die Schuld selbst übergeht und ob, wenn das letztere bezweckt ist, zu der Erreichung dieses Zweckes noch das Hinzutreten eines anderen Tatumstandes erforderlich ist, nach dem bisherigen Rechte.

Dieselben Grundsätze gelten in betreff der kumulativen Schuldübernahme (a. A. auch hier Affolter, System S. 309ff.), der auch, wenn die Schuldübernahme unter der Herrschaft des BGB. erfolgt ist, das für das Schuldverhältnis bisher maßgebende Recht darauf anwenden will.

13. Erlöschen des Schuldverhältnisses. Was behufs Erfüllung eines unter der Herrschaft des bisherigen Rechtes entstandenen Schuldverhältnisses geleistet werden muß, bestimmt sich nach dem bisherigen Rechte; ebenso der Ort und die Zeit der Leistung. Nach dem bisherigen Rechte bestimmen sich auch die aus der Natur des Schuldverhältnisses selbst sich ergebenden Erlöschungsgründe. Soweit es sich aber um selbständige Rechtsgeschäfte handelt, durch welche das Schuldverhältnis beendigt wird, bestimmen sich diese, wenn sie nach dem Inkrafttreten des BGB. vorgenommen werden, sowohl in Ansehung ihrer Erfordernisse als ihrer Wirkungen nach den Vorschriften des BGB. (a. A. Affolter, System S. 299, 312ff.). Im einzelnen ist zu bemerken:

a) Das Erfüllungsgeschäft bestimmt sich, wenn es nach dem Inkrafttreten des BGB. vorgenommen wird, nach dessen Vorschriften (§§ 362–370; Rspr. Bd. 8 S. 187; RG. Bd. 48 S. 18). Dabei ist aber zu beachten, daß über dasjenige, was behufs Erfüllung geleistet werden muß, sowie über die Art, den Ort und die Zeit der Leistung das bisherige Recht entscheidet. Vorschriften des BGB., welche sich hierauf beziehen, gelten nur für die unter der Herrschaft des BGB. entstandenen Schuldverhältnisse. Dahin dürften auch die Vorschriften der §§ 242, 259 bis 261 gehören (a. A. Habicht S. 189ff.). Die Vorschrift des § 371, nach welcher der Schuldner, wenn ein Schuldschein über die Forderung ausgestellt ist, nach der Zahlung außer der Quittung die Rückgabe des Schuldscheins oder ein öffentlich beglaubigtes Anerkenntnis, daß die Schuld erloschen sei, verlangen kann, dürfte dagegen zu den die Wirkungen des Erfüllungsgeschäfts betreffenden Vorschriften zu rechnen und daher, auch wenn der Schuldschein vor dem Inkrafttreten des BGB. ausgestellt ist, bei einer nach diesem Zeitpunkt erfolgenden Erfüllung anwendbar sein (a. A. Habicht S. 191).

Eine Vermutung der Tilgung, welche das bisherige Recht an gewisse Tatsachen knüpft, gilt nur, wenn die Tatsachen vor dem Inkrafttreten des BGB. eingetreten sind.

b) Die Voraussetzungen der Zulässigkeit der Hinterlegung, die Art, in welcher sie zu erfolgen hat, und ihre Wirkungen bestimmen sich nach dem Inkrafttreten des BGB. nach dessen Vorschriften (§§ 372—382). Das gleiche gilt von dem Rechte des Gläubigers, eine geschuldete zur Hinterlegung nicht geeignete Sache zu versteigern (§§ 383—386; bayer. ObLG. Bd. 3 S. 975; Seuff.A. Bd. 48 S. 220; RG. in JW. 1901 S. 182).

c) Auch die Aufrechnung bestimmt sich sowohl in Ansehung der Voraussetzungen ihrer Zulässigkeit als in Ansehung der Art, in welcher sie erfolgt, und der Wirkungen, welche sie hat, von dem Inkrafttreten des BGB. an nach dessen Vorschriften (§§ 387—396; RG. JW. 1901 S. 734; 1904 S. 137). Über die Anwendung des bisherigen Rechtes in betreff der Frage, ob die Aufrechnung gegen die Forderung aus einem unter der Herrschaft des bisherigen Rechtes geschlossenen Verwahrungsvertrage zulässig ist, s. RG. 50 S. 38; Rspr. 2 S. 344; a. A. Rspr. 1 S. 138. Niedner, Erl. II 4a zu Art. 170 stellt wohl mit Recht die allgemeine Regel auf, daß das bisherige Recht Anwendung finde, wenn es durch besondere Vorschrift die Aufrechnung in betreff einer bestimmten Forderung für unzulässig erklärt. Ist der Tatbestand, an welchen das bisherige Recht die Aufrechnung knüpft, unter dessen Herrschaft eingetreten, so behält es dabei auch in betreff der Wirkungen der Aufrechnung sein Bewenden. Dies gilt auch dann, wenn, wie nach französischem Rechte angenommen wird, die gegenseitigen Forderungen in dem Augenblick, in welchem sie einander gegenüberstehen, ispo jure erlöschen. Gewährt das bisherige Recht dem zur Aufrechnung berechtigten Schuldner, wenn er zahlt, die condictio indebiti, so behält er diese auch nach dem Inkrafttreten des BGB., wenn die Zahlung vorher erfolgt ist; denn hier handelt es sich nicht um die Zulässigkeit der Aufrechnung, sondern um ein wegen Unterlassens derselben bereits erworbenes Recht. Selbstverständlich kann der Schuldner nach dem Inkrafttreten des BGB. statt die condictio geltend zu machen, auch noch aufrechnen.

Zweifelhaft ist, ob, wenn das bisherige Recht dem Bürgen oder dem Gesamtschuldner das Recht gibt, mit einer Forderung des Hauptschuldners oder eines anderen Gesamtschuldners aufzurechnen, dieses Recht auch nach dem Inkrafttreten des BGB. bestehen bleibt oder ob nur noch eine verzögerliche Einrede nach Maßgabe des § 770 Abs. 2 stattfindet. Die Frage dürfte in dem ersteren Sinne zu entscheiden sein, weil es sich hier um ein durch die Bürgschaft bzw. das Gesamtschuldverhältnis begründetes Recht handelt (s. Habicht S. 195).

d) Endigt nach dem bisherigen Rechte ein Schuldverhältnis mit dem Tode des Gläubigers oder des Schuldners oder tritt mit dem Tode doch eine Beschränkung der Haftung ein wie z. B. nach gemeinem Rechte in betreff der Haftung aus Delikten, so bleibt es hierbei, auch wenn der Tod erst nach dem Inkrafttreten des BGB. erfolgt; denn es handelt sich hier um eine aus dem Wesen des betreffenden Schuldverhältnisses folgende Endigung oder Beschränkung (s. Habicht S. 200f.).

e) Über die Verjährung der Ansprüche s. Art. 169 und die Erl. dazu.

14. Die Frage, ob ein **Zurückbehaltungsrecht wegen nicht konnexer Forderungen** nach dem BGB. zu beurteilen ist (§ 273), bestimmt sich, wenn das Zurückbehaltungsrecht erst nach dem Inkrafttreten des BGB. geltend gemacht wird, nach diesem, auch wenn die in Frage stehenden Schuldverhältnisse schon unter der Herrschaft des bisherigen Rechtes entstanden sind; denn die Forderungen treten eben, weil sie nicht konnex sind, erst durch die Geltendmachung des Zurückbehaltungsrechtes in ein Verhältnis zueinander und es handelt sich daher um einen neuen selbständigen Umstand (RG. Bd. 49 S. 81, Rspr. 2 S. 57).

15. **Die Regel des Art. 170 gilt nicht, wenn und soweit sich aus einer Vorschrift des BGB. ergibt, daß sie auch auf ein schon vor dem Inkrafttreten des BGB. entstandenes Schuldverhältnis Anwendung finden soll.** In der ersten Kommission war beantragt, dies durch einen Zusatz ausdrücklich zu bestimmen. In der zweiten Kommission war die Streichung des ganzen Art. 170 beantragt, weil sein Inhalt als Regel selbstverständlich, das ausdrückliche Aussprechen dieser Regel aber wegen der nach dem obigen Gesichtspunkte davon zu machenden Ausnahmen, die sich im einzelnen nicht anführen ließen, bedenklich sei. Beide Anträge wurden abgelehnt, indem man davon ausging, daß die Hervorhebung der Regel zweckmäßig, die eben hervorgehobene Ausnahme aber selbstverständlich sei. Hiernach wird bei jeder einzelnen ein Schuldverhältnis betreffenden Vorschrift des BGB. zu prüfen sein, ob sie ihrer Absicht nach auf bestehende Schuldverhältnisse Anwendung finden soll. Dabei ist aber festzuhalten, daß die Nichtanwendung die Regel bildet und daß daher besondere Umstände vorliegen müssen, um die Annahme zu begründen,

Artikel 171. Ein zur Zeit des Inkrafttretens des Bürgerlichen Gesetzbuchs bestehendes Mieth-, Pacht- oder Dienstverhältniß bestimmt sich, wenn nicht die Kündigung nach dem Inkrafttreten des Bürgerlichen Gesetzbuchs für den ersten Termin erfolgt, für den sie nach den bisherigen Gesetzen zulässig ist, von diesem Termin an nach den Vorschriften des Bürgerlichen Gesetzbuchs.

---

daß die Vorschrift ausnahmsweise auch für die bereits vor dem Inkrafttreten des BGB. entstandenen Schuldverhältnisse gelten solle (RG. Bd. 42 S. 97). Solche Umstände können insbesondere darin liegen, daß die Vorschrift im öffentlichen Interesse oder daß sie deshalb getroffen ist, um sittlichen Anforderungen zu genügen oder um den Schuldner gegen eine mit den guten Sitten nicht vereinbare Beschränkung seiner wirtschaftlichen Freiheit zu schützen.

Als Beispiele von Vorschriften, die diesen Charakter haben, wurden in beiden Kommissionen die den jetzigen §§ 247, 624, 723, 2302 entsprechenden Vorschriften der Entwürfe angeführt. In dem Falle des § 247 handelt es sich um das Recht des Schuldners, ein Kapital zu kündigen, wenn ein höherer Zinssatz als sechs vom Hundert ausbedungen ist, in dem Falle des § 624 um das Recht des Dienstverpflichteten, ein Dienstverhältnis, das auf Lebenszeit oder auf länger als fünf Jahre eingegangen ist, nach dem Ablaufe von fünf Jahren zu kündigen, in dem Falle des § 723 um das Recht eines Gesellschafters, die Gesellschaft aus wichtigen Gründen vor dem Ablaufe der für die Dauer der Gesellschaft bestimmten Zeit zu kündigen (RG. in Seuff.A. Bd. 57 S. 266, Rspr. 6 S. 445), in dem Falle des § 2302 endlich um die Nichtigkeit eines Vertrags, durch den sich jemand verpflichtet, eine Verfügung von Todes wegen zu errichten, aufzuheben oder nicht aufzuheben. Alle diese Vorschriften sind zwingender Natur und die Gründe, auf welchen sie beruhen, sowie die Zwecke, welche sie verfolgen, dürften nach dem oben Gesagten die Annahme rechtfertigen, daß sie auch auf die zur Zeit des Inkrafttretens des BGB. bestehenden Schuldverhältnisse Anwendung finden sollen. Nur in betreff des § 247 läßt sich dies mit Grund bezweifeln (Habicht S. 250f.). In die hier fragliche Kategorie dürfte auch der § 138 Abs. 2 gehören, welcher die dort bezeichneten wucherischen Geschäfte für gegen die guten Sitten verstoßend und deshalb nichtig erklärt (RG. Bd. 47 S. 103). Wegen des § 138 Abs. 1 s. RG. in JW. 1901 S. 639. Über den Ausschluß der Rückwirkung bei bereits vollzogenen Geschäften s. bayer. ObLG. Bd. 2 S. 606. Im übrigen werden dagegen die vor dem Inkrafttreten des BGB. vorgenommenen wucherischen Geschäfte nach den Vorschriften des durch das EG. Art. 47 aufgehobenen § 3 des Ges. über den Wucher v. 24. Mai 1880 in der Fassung des Art. II des Ges. betr. Ergänzung der Bestimmungen über den Wucher v. 19. Juni 1893 zu beurteilen sein (s. Bd. I S. 250 Erl. 3, 4 zu § 138). Hierher gehört ferner der § 310, welcher einen Vertrag, durch den sich jemand verpflichtet, sein künftiges Vermögen zu übertragen oder mit einem Nießbrauche zu belasten, für nichtig erklärt.

Keine Anwendung auf Rechtsgeschäfte, die vor dem Inkrafttreten des BGB. vorgenommen sind, dürften dagegen finden der § 343 über richterliche Ermäßigung einer Vertragsstrafe (RG. Bd. 53 S. 420; RG. in JW. 1900 S. 786, 855); der § 656 über den Heiratsmäklerlohn (RG. Bd. 46 S. 153, 157; Gruch. Bd. 46 S. 907); der § 672, über den Einfluß des Todes des Auftraggebers (RG. in JW. 1903 Beil. S. 31); der § 762 über die Wette (RG. in DJZ. 1903 S. 153).

16. **Nur auf Schuldverhältnisse, nicht allgemein auf Rechtsgeschäfte** bezieht sich die Regel des Art. 170. Nur solche Rechtsgeschäfte, durch welche ein Schuldverhältnis begründet wird, werden durch die Regel getroffen. Für dingliche, familienrechtliche und erbrechtliche Rechtsgeschäfte gelten besondere Vorschriften (vgl. Art. 180ff., 198ff., 213ff.).

17. **Für einzelne Schuldverhältnisse** trifft das EG. noch besondere von der Regel des Art. 170 abweichende Vorschriften (s. Art. 171—179). Über Gesellschaften s. Erl. 7 zu Art. 173. Für die aus dinglichen, familienrechtlichen und erbrechtlichen Verhältnissen entspringenden Ansprüche gelten die für diese Verhältnisse getroffenen besonderen Vorschriften (s. Art. 180ff.). Wegen der Anwendbarkeit der obligationenrechtlichen Vorschriften, soweit sie sich auf Grundstücke beziehen, in der Zeit bis zur Anlegung des Grundbuchs, s. Erl. zu Art. 189.

Artikel 171.

E. I. EG. II Art. 143; III Art. 171. P. II Bd. 6 S. 499ff.

Literatur: Habicht S. 263ff.; Dernburg II § 215; Fuld, Mietrecht (1898) S. 10ff.; Görtz, Zur Auslegung des Art. 171; Schuhmacher, Arch. f. Bürg. R. Bd. 15 S. 258; Taubesächs. Arch. Bd. 8 S. 425; **Fränkel**, Miet- und Pachtrecht S. 105ff.; **Mittelstein**, Die Miete; **Arnold**, Wohnungsmiete; **Brückmann**, Zum Verständnis des Art. 171 des EG. z. BGB. im sächs. Arch. Bd. 11 S. 556ff.; **Affolter**, System S. 319ff.

Der Art. 171 bestimmt für **Miet-, Pacht- und Dienstverhältnisse** eine Ausnahme von der Regel des Art. 170. Solche Verhältnisse sollen sich, auch wenn sie auf einem vor dem Inkrafttreten des BGB. geschlossenen Vertrage beruhen, von dem im Art. 171 bezeichneten Zeitpunkt an nach den Vorschriften des BGB. bestimmen. Die Vorschrift ist erst von der zweiten Kommission eingestellt. Sie beruht auf der Erwägung, daß Verhältnisse der fraglichen Art häufig auf lange Zeit eingegangen werden und daß daher ohne die Bestimmung des Art. 171 das bisherige Recht noch für diese ganze Zeit zur Anwendung kommen würde. Daneben wurde auch berücksichtigt, daß es, wenn die im Art. 171 bestimmten Voraussetzungen eingetreten seien, regelmäßig der Absicht der Parteien entsprechen werde, sich den Vorschriften des BGB. zu unterwerfen.

1. Ein Miet- oder Pachtverhältnis bestimmt sich nach den Vorschriften des BGB., wenn nicht die Kündigung nach dem Inkrafttreten des BGB. für den ersten Termin erfolgt, für den sie nach den bisherigen Gesetzen zulässig ist.

a) Nach dem Inkrafttreten des BGB. muß eine Kündigung auf Grund des bisherigen Rechtes zulässig sein. Gedacht wurde bei der Einstellung des Art. 171 zunächst an solche Fälle, in welchen der Miet- oder Pachtvertrag auf unbestimmte Zeit geschlossen, jedem Teile aber die Kündigung innerhalb der gesetzlichen oder der vertragsmäßigen Frist vorbehalten ist. Die Bestimmung beschränkt sich aber nicht auf diesen Fall, sondern trifft auch solche Fälle, in welchen das Verhältnis auf bestimmte Zeit eingegangen, daneben aber vereinbart ist, daß es fortdauern solle, wenn nicht vor Ablauf einer bestimmten Zeit eine Kündigung erfolge. Die Kündigung ist hier auf den Zeitpunkt zulässig, mit welchem das Verhältnis nach dem Vertrag in Ermangelung einer Kündigung endigen soll. Beruht die Fortsetzung des bisherigen Verhältnisses nach diesem Zeitpunkte nicht auf einer Vereinbarung der gedachten Art, sondern auf einer Vorschrift des bisherigen Rechtes, nach welcher bei tatsächlicher Fortsetzung des Verhältnisses eine relocatio tacita angenommen wird, so ist das auf dem ursprünglichen Vertrage beruhende Verhältnis mit dem Ablaufe der dafür in dem Vertrage bestimmten Zeit beendet und das durch die relocatio tacita eingetretene Verhältnis ist ein neues Verhältnis, auf das die Vorschriften des BGB. deshalb Anwendung finden, weil es unter der Herrschaft des BGB. entstanden ist. Auch wenn man übrigens die relocatio tacita juristisch anders konstruiert und darin eine Fortsetzung des durch den ursprünglichen Vertrag begründeten Verhältnisses erblickt, bleibt das praktische Ergebnis dasselbe, weil man in diesem Falle die Kündigung als auf den Zeitpunkt zulässig betrachten muß, mit welchem das Verhältnis nach dem Vertrag endigen soll.

Ist das Miet- oder Pachtverhältnis auf eine bestimmte Zeit eingegangen, ohne daß daneben eine Vereinbarung der obengedachten Art getroffen ist, so verbleibt es, weil die Voraussetzung des Art. 171 nicht eintreten kann, bei der Regel des Art. 170. War bei einem auf eine bestimmte Zeit eingegangenen Mietverhältnis eine Kündigung schon vor Ablauf der bestimmten Zeit zulässig, ist aber von diesem Kündigungsrechte kein Gebrauch gemacht, so endigt das Mietverhältnis mit der bestimmten Zeit und es tritt nunmehr, wenn die Parteien das Mietverhältnis fortsetzen, nach Maßgabe des BGB. eine Miete auf unbestimmte Zeit ein, für deren Kündigung nicht die vereinbarten Kündigungsfristen, sondern die gesetzlichen Kündigungsfristen des BGB. maßgebend sind (Hanseatische Gerichtszeitung 1903 S. 97).

b) Es kommt nicht darauf an, daß für die Kündigung gesetzlich eine Kündigungsfrist bestimmt ist (so anscheinend **Fränkel**, Miet- und Pachtrecht nach dem BGB. S. 105 Anm. 6). Die Voraussetzung wird im Art. 171 nicht dahin bestimmt, daß das bisherige Recht eine gesetzliche Kündigungsfrist bestimmt und die Kündigung nicht zu dem hierdurch bestimmten Termin erfolgt, sondern dahin, daß die Kündigung nicht für den ersten Termin erfolgt, für welchen sie nach dem bisherigen Rechte zulässig ist. Nach dem bisherigen Rechte ist die Kündigung aber nicht nur für den ersten gesetzlich bestimmten Termin, sondern auch für den ersten Termin zulässig, welcher durch Vertrag unter den Parteien bestimmt ist. Es kommt lediglich darauf an, ob die Kündigung nach dem Inkrafttreten des BGB., sei es auf Grund des Gesetzes oder des Vertrags zulässig war.

c) Die Kündigung muß für beide Teile zulässig sein. Dies ist zwar nicht ausdrücklich bestimmt, ergibt sich aber aus dem der Vorschrift zugrunde liegenden Gedanken. Nur wenn beiden Teilen die Möglichkeit gegeben war, das Verhältnis durch Kündigung zu beendigen, kann angenommen werden, daß sie sich durch die Unterlassung der Kündigung den Vorschriften des BGB. haben unterwerfen wollen. Genügte es, daß nur einem Teile die Kündigung zustand und würde dadurch, daß dieser die Kündigung unterließ, das Verhältnis den Vorschriften des BGB. unterworfen, so würde der andere Teil, der ein Recht auf die Fortsetzung des Verhältnisses nach Maßgabe des bisherigen Verhältnisses hat, in offenbar ungerechter Weise beeinträchtigt und der Willkür des zur Kündigung Berechtigten preisgegeben. Wollte man das Verhältnis nur für denjenigen, welchem das Recht der Kündigung zusteht, den Vorschriften des BGB. unterwerfen, es aber für den anderen Teil nach dem bisherigen Rechte beurteilen, so würde dadurch eine zu den größten Unzuträglichkeiten und Widersprüchen führende Zerreißung des einheitlichen Verhältnisses in zwei Teile eintreten, die das Gesetz nicht gewollt haben kann. Beiden Teilen muß daher die Kündigung zustehen (RG. Bd. 53 S. 170). Die Vorschrift des Art. 171 findet also z. B. keine Anwendung, wenn im Falle des Todes des Mieters oder, falls er ein Beamter ist, im Falle seiner Versetzung nur seinen Erben bzw. ihm oder, wenn im Falle der nicht rechtzeitigen Zahlung des Mietgeldes oder der schuldvollen Verschlechterung der vermieteten Sache durch den Mieter nur dem Vermieter das Recht der Kündigung zusteht (a. A. Scherer S. 165).

Zweifelhaft kann sein, wie das Verhältnis zu beurteilen ist, wenn nach dem Vertrage zwar beiden Teilen, aber zu verschiedenen Zeiten die Kündigung zusteht. Der Absicht des Gesetzes dürfte es entsprechen, in einem solchen Falle die Geltung des neuen Rechtes eintreten zu lassen, wenn beide Teile von ihrem Kündigungsrechte keinen Gebrauch gemacht haben; es sprechen dafür dieselben Gründe, welche oben für die Ansicht geltend gemacht sind, daß beiden Teilen das Kündigungsrecht zustehen müsse (a. A. Niedner, Erl. 1d α und die von ihm angeführten Schriftsteller, die sich auf den Wortlaut des Art. 171 berufen. Dieser läßt indessen auch die hier vertretene Auslegung zu; wie hier RG. Bd. 53 S. 170).

d) Nur darauf kommt es an, daß die Kündigung rechtlich zulässig war, nicht darauf, ob die Parteien tatsächlich in der Lage waren, von der Kündigung Gebrauch zu machen. Das Gesetz geht zwar davon aus, daß bei Unterlassung der Kündigung angenommen werden könne, daß beide Teile mit der Unterwerfung unter das neue Recht einverstanden seien; aber es beschränkt sich nicht darauf, eine Vermutung für die hierauf gerichtete Absicht der Parteien zu bestimmen, sondern schreibt, wenn die gedachte Voraussetzung vorliegt, positiv die Anwendung des neuen Rechtes vor.

e) Ist die zulässige Kündigung des Verhältnisses von dem einen oder anderen Teile erfolgt, so endigt das Verhältnis mit dem Zeitpunkte, für welchen die Kündigung erfolgte. Eine Vereinbarung unter den Parteien, daß trotz der Kündigung das Verhältnis fortdauern solle, enthält den Abschluß eines neuen Miet- oder Pachtvertrags unter den bisherigen Bedingungen und das dadurch begründete Verhältnis steht, da es unter der Herrschaft des BGB. eingegangen wurde, selbstverständlich unter dessen Vorschriften. Als eine Vereinbarung der gedachten Art ist es auch anzusehen, wenn die Parteien vereinbaren, daß die Kündigung als nicht erfolgt angesehen werden soll. Wer sich darauf beruft, daß ein bei dem Inkrafttreten des BGB. bestehendes Miet- oder Pachtverhältnis von einem bestimmten Zeitpunkt an nach den Vorschriften des BGB. zu beurteilen sei, braucht daher nur zu beweisen, daß beide Teile auf Grund des bisherigen Rechtes berechtigt gewesen seien, nach dem Inkrafttreten des BGB. für jenen Zeitpunkt das Verhältnis zu kündigen.

2. **Bis zu dem Termine, für welchen gekündigt werden konnte** (nicht etwa nur bis zu dem Zeitpunkt, in welchem gekündigt werden konnte), **wird das Verhältnis nach dem bisherigen Rechte beurteilt.** Nach diesem bestimmen sich daher die Rechte und Verpflichtungen beider Parteien, ihre Ansprüche auf Schadensersatz wegen Nichterfüllung, das dem Mieter wegen Mängel der Sache zustehende Recht, sein Recht zur Untervermietung, das dem einen oder dem anderen Teile zustehende Kündigungsrecht sowie die Kündigungsfrist. Im einzelnen ist noch folgendes zu bemerken:

a) Dem Vermieter oder Verpächter stehen zur Sicherung seiner Ansprüche aus dem Miet- oder Pachtvertrage nur diejenigen Rechte zu, welche ihm die bisherigen Gesetze gewähren. Er erlangt also, wenn diese ihm ein Pfandrecht an den von dem Pächter oder Mieter eingebrachten Sachen oder an den Früchten des verpachteten Grundstücks nicht gewähren, ein solches auch nach dem Inkrafttreten des BGB. (§§ 559—563, 581, 585) nicht. Soweit das bisherige Recht ihm ein Zurückbehaltungsrecht einräumt, behält er dieses. Gewährt ihm das bisherige Recht ein Pfandrecht an Sachen, die der Mieter eingebracht hat, so behält er dieses unzweifelhaft, soweit die Sachen schon vor dem Inkrafttreten des BGB.

eingebracht sind, und das hierdurch entstandene Pfandrecht bestimmt sich nach dem bisherigen Rechte. Zweifelhaft ist, ob das Pfandrecht nach Maßgabe des bisherigen Rechtes auch an solchen Sachen entsteht, welche erst nach dem Inkrafttreten des BGB. von dem Mieter oder Pächter eingebracht werden. Man kann dagegen geltend machen, daß die Entstehung eines Pfandrechts als eines dinglichen Rechtes sich nach dem Inkrafttreten des BGB. lediglich nach dessen Vorschriften bestimme, indem das EG. Art. 184 das bisherige Recht nur in betreff des Inhalts und Ranges der vor dem Inkrafttreten des BGB. entstandenen dinglichen Rechte aufrecht erhält. Richtiger aber dürfte es sein, die Vorschriften über das zur Sicherung der Ansprüche des Vermieters oder Verpächters dienende Pfandrecht als einen integrierenden Bestandteil der Vorschriften über das Miet- oder Pachtverhältnis zu betrachten und deshalb in dem hier fraglichen Falle das Pfandrecht auch dann entstehen zu lassen, wenn die Sachen, an welchen das bisherige Recht im Falle ihrer Einbringung ein Pfandrecht entstehen läßt, erst nach dem Inkrafttreten des BGB., jedoch während der Zeit, in welcher sich das Miet- oder Pachtverhältnis noch nach dem bisherigen Rechte bestimmt, eingebracht sind. Aus dieser Auffassung der Vorschriften über das Pfandrecht als eines integrierenden Bestandteils der Vorschriften über das Miet- oder Pachtverhältnis folgt dann ferner, daß das Pfandrecht auch an solchen Sachen entsteht, an welchen es nach dem BGB. § 559 nicht begründet wird, sofern die Voraussetzungen eintreten, unter welchen es nach dem bisherigen Rechte zur Entstehung gelangt. So werden also z. B., wenn das bisherige Recht dem Vermieter oder Verpächter ein Pfandrecht auch an denjenigen von dem Pächter oder Mieter eingebrachten Sachen einräumt, welche diesem nicht gehören, solche Sachen dem Pfandrecht abweichend von § 559 des BGB. unterworfen, wenn sie nach dem Inkrafttreten des BGB., aber noch während der Zeit eingebracht werden, in welcher sich das Miet- oder Pachtverhältnis noch nach dem bisherigen Rechte bestimmt. Auf die Art und Weise, wie dieses Pfandrecht geltend zu machen ist, und auf die Gründe, aus welchen es endigt, finden dann ebenfalls nicht die Vorschriften der §§ 560—562, sondern die Vorschriften des bisherigen Rechtes Anwendung. Im allgemeinen finden zwar auf das Erlöschen eines dinglichen Rechtes nach dem Inkrafttreten des BGB. dessen Vorschriften Anwendung. Die hier fraglichen Vorschriften der §§ 560—562 charakterisieren sich aber sachlich als Vorschriften über den Inhalt des Pfandrechts und können, da auf diesen das bisherige Recht Anwendung findet, für ihn nicht maßgebend sein. Auch in den hier fraglichen Beziehungen bestimmt sich das Pfandrecht daher lediglich nach dem bisherigen Rechte (Rspr. 1 S. 4; 4 S. 43; RG. in JW. 1901 S. 645; RG. 49 S. 56; RG. in Str. 34 S. 157). Dasselbe wird endlich auch gelten müssen in betreff der Wirkungen des Pfandrechts gegenüber anderen Gläubigern (BGB. § 563, a. A. Habicht, S. 269ff.). Auch in betreff des § 561 Abs. 1, nach welchem dem Vermieter ein gewisses Selbsthilferecht zum Zwecke der Verhinderung der Wegschaffung von Sachen durch den Vermieter zusteht, dürfte keine Ausnahme zu machen sein. Der von Niedner, Erl. 3bδ; Affolter, S. 320 für die sofortige Anwendbarkeit des § 561 Abs. 1 angeführte Grund, daß es sich dabei um eine Bestimmung des formellen Rechtes handle, ist nicht durchschlagend, denn die fragliche Vorschrift steht in so engem Zusammenhange mit den übrigen materiellen Vorschriften der §§ 561, 562, daß sie nicht anders wie diese behandelt werden kann.

b) Auch der Verzug und dessen Folgen bestimmen sich bis zu dem fraglichen Zeitpunkte nach dem bisherigen Rechte (a. A. Niedner, Erl. 3bβ). Es folgt dies aus denselben Gründen, aus welchen nach Erl. 9 zu Art. 170 der Verzug und dessen Folgen bei jedem nach dem bisherigen Rechte zu beurteilenden Schuldverhältnisse sich nach dem bisherigen Rechte bestimmen.

c) Nach Art. VI des EG. zu dem Ges. betr. Änderungen der KO. von 1898 bestimmen sich bei einem nach dem bisherigen Rechte zu beurteilenden Pachtverhältnisse die Wirkungen eines nach dem Inkrafttreten des BGB. eröffneten Konkurses auf das Pachtverhältnis nach dem bisherigen Rechte (RG. Bd. 56 S. 245).

d) In der Erl. 15 zu Art. 170 ist darauf hingewiesen, daß einzelne Vorschriften einen solchen Charakter haben können, daß sie auch, ohne daß dies ausdrücklich bestimmt ist, auf bestehende Schuldverhältnisse anzuwenden sind. Es fragt sich, ob sich Vorschriften dieser Art unter den Bestimmungen des BGB. über das Miet- und Pachtverhältnis finden. Die Frage dürfte zu bejahen sein in betreff des § 544, nach welchem, wenn eine Wohnung oder ein anderer zum Aufenthalte von Menschen bestimmter Raum so beschaffen ist, daß die Benutzung mit einer erheblichen Gefährdung der Gesundheit verbunden ist, der Mieter das Mietverhältnis ohne Einhaltung einer Kündigungsfrist kündigen kann. Das öffentliche Interesse an der Erhaltung der Gesundheit ist der Grund, auf welchem diese Vorschrift beruht. Ihre Anwendung kann durch Vertrag nicht ausgeschlossen werden. Das letztere würde freilich für sich allein die Anwendung auf bestehende Mietverhältnisse nicht rechtfertigen; in Verbindung aber mit dem oben hervorgehobenen Grunde der Vorschrift dürfte daraus auf die Absicht des Gesetzes zu schließen sein, auch die bestehenden Mietverhältnisse zu treffen (a. A. Affolter S. 319).

Zweifelhaft kann sein, ob auch die im § 567 des BGB. bestimmte Kündbarkeit von länger als auf dreißig Jahre geschlossenen Mietverträgen nach Ablauf der dreißig Jahre diesen Charakter hat. Auch hier handelt es sich um eine zwingende Vorschrift. Nicht im gleichen Maße aber wie bei § 544 des BGB. kommt hier das öffentliche Interesse in Betracht; vielmehr sind es wirtschaftliche Zweckmäßigkeitsrücksichten, welche Anlaß zu der Beschränkung der Dauer der Mietverhältnisse auf die im § 567 bestimmte Zeit gegeben haben (a. A. Fuld, Neumann 3 S. 164; Niedner, Erl. 3bγ; wie hier Dernburg II, 2 S. 153). Jedenfalls aber kann die dreißigjährige Frist erst vom 1. Januar 1900 an gerechnet werden.

Ebensowenig wird man die Vorschrift des BGB. § 570 über das Militärpersonen, Beamten, Geistlichen und Lehrern zustehende Kündigungsrecht auf die nach dem bisherigen Rechte zu beurteilenden Mietverhältnisse anwenden dürfen (a. A. Scherer S. 165).

e) Unrichtig dürfte die Ansicht sein, daß die Vorschriften des BGB. insoweit zur Anwendung kommen, als sie sich auf Fragen beziehen, über die das bisherige Recht oder der Miet- oder Pachtvertrag keine Bestimmung enthält (Fuld S. 10ff.). Die Vorschriften des BGB. wie die des bisherigen Rechtes bilden jede für sich ein einheitliches Ganze und die letzteren können daher aus den ersteren nicht ergänzt werden.

f) Über die Anwendung der §§ 571ff. auf Mietverhältnisse, die nach dem bisherigen Rechte zu beurteilen sind, s. Erl. zu Art. 172.

g) Selbständige Rechtsgeschäfte, welche auf Aufhebung oder auf Änderung des Mietverhältnisses gerichtet sind, unterliegen, obwohl das Mietverhältnis selbst sich nach dem bisherigen Rechte bestimmt, den Vorschriften des BGB. (Rspr. Bd. 5 S. 31).

3. Von dem Termin an, zu welchem gekündigt werden konnte (s. Erl. 1), finden auch auf die vor dem Inkrafttreten des BGB. eingegangenen Miet- und Pachtverhältnisse die Vorschriften des BGB. Anwendung. Daneben bleibt aber der unter den Parteien abgeschlossene Miet- oder Pachtvertrag in Kraft (Rspr. 7 S. 466). Das Verhältnis ist im wesentlichen so zu beurteilen, wie wenn in dem angegebenen Zeitpunkte das bisherige Miet- oder Pachtverhältnis beendigt wäre, gleichzeitig aber ein neues Miet- oder Pachtverhältnis unter denselben Bedingungen eingegangen wäre, welche der frühere Miet- oder Pachtvertrag enthält. Die auf Grund des bisherigen Miet- oder Pachtverhältnisses für die eine oder die andere Partei bereits entstandenen Rechte bleiben bestehen. Dies gilt insbesondere von den Ansprüchen auf Schadensersatz, welche einer Partei wegen Nichterfüllung der der andern Partei obliegenden Verpflichtungen namentlich auch wegen Mängel der Sache zustehen. Soweit nach dem entscheidenden Zeitpunkte Mängel der vermieteten oder verpachteten Sache noch fortdauern oder neu entstehen, kann der Mieter oder Pächter dieserhalb die ihm nach dem BGB. zustehenden Rechte ausüben. Wegen aller bis zu dem entscheidenden Zeitpunkt auf Grund des Miet- oder Pachtverhältnisses bereits entstandenen Ansprüche des Vermieters oder Verpächters stehen diesem alle, aber auch nur die nach dem bisherigen Rechte begründeten Sicherungsmittel zu (s. Erl. 2). Er hat wegen dieser Ansprüche, wenn das bisherige Recht nur ein Zurückbehaltungsrecht gewährt, nur dieses, nicht ein Pfandrecht nach Maßgabe der §§ 559ff. (a. A. Rspr. Bd. 5 S. 31, nach welchem sich das Zurückbehaltungsrecht in ein Pfandrecht verwandeln soll; Niedner, Erl. 4b zu Art. 171). Gewährte das bisherige Recht wegen der fraglichen Ansprüche ein Pfandrecht, so bleibt dieses in betreff aller Sachen bestehen, an welchen es bis zu dem entscheidenden Zeitpunkte nach dem bisherigen Rechte begründet worden war, insbesondere auch an solchen, an welchen es nach dem BGB. nicht besteht. Auch die Art und Weise, in welcher dieses Pfandrecht geltend zu machen ist, und die Gründe, aus welchen es endigt, bestimmen sich wegen des untrennbaren Zusammenhanges, in welchem die hierfür geltenden Vorschriften mit dem Inhalte des Pfandrechts stehen, nach dem bisherigen Rechte. In betreff aller nach dem entscheidenden Zeitpunkt aus dem Miet- oder Pachtverhältnis entstehenden Ansprüche sind aber für das dieserhalb dem Vermieter oder Verpächter zustehende Pfandrecht die Vorschriften des BGB. maßgebend.

War nach dem bisherigen Rechte dem Mieter oder Pächter die Untervermietung oder Unterverpachtung gestattet, so finden auf eine vor dem entscheidenden Zeitpunkt erfolgte Untervermietung oder Unterverpachtung die Vorschriften der §§ 549, 553 keine Anwendung, wogegen sie auf eine nach dem entscheidenden Zeitpunkte vorgenommene oder fortgesetzte Untervermietung oder Unterverpachtung anzuwenden sind.

Leidet ein unter der Herrschaft des bisherigen Rechtes abgeschlossener Miet- oder Pachtvertrag an einem Formmangel, infolgedessen er zwar nicht völlig nichtig war, aber doch der Kündigung unterlag, so kann aus Art. 171 nicht gefolgert werden, daß, wenn die Kündigung zu dem ersten Termine, zu welchem sie nach dem bisherigen Rechte zulässig war, nicht erfolgte, nunmehr die Vorschriften des BGB. § 566 über die schriftliche Form eines auf länger als ein Jahr abgeschlossenen Mietvertrags auf den vor dem Inkrafttreten des BGB. abgeschlossenen Vertrag in der Art Anwendung finden, daß dieser, falls er schriftlich abgeschlossen war, nach Maßgabe des § 566 voll wirksam würde. Die Form des Vertrags und die Folgen eines Mangels derselben bestimmen sich vielmehr auch im Falle des Art. 171 nach demjenigen Rechte, unter dessen Herrschaft der Vertrag geschlossen wurde (RG. Bd. 55 S. 37).

4. Nach EG. Art. 93 bleiben unberührt die **landesgesetzlichen Vorschriften über die Fristen, bis zu deren Ablaufe gemietete Räume bei Beendigung des Mietverhältnisses zu räumen sind.** Vorschriften dieser Art, welche das bisherige Recht enthält, finden also auf ein bestehendes Mietverhältnis auch nach dem entscheidenden Zeitpunkt Anwendung, sofern nicht die Landesgesetzgebung ein anderes bestimmt (s. z. B. das Bremensche AG. z. BGB. § 13; das Hamburgsche AG. zum BGB. § 25).

5. **Dieselben Grundsätze, welche nach dem obigen, für ein Miet- oder Pachtverhältnis gelten, finden auch auf ein Dienstverhältnis Anwendung** (BGB. §§ 611 ff.). Ein solches Verhältnis bestimmt sich also bis zu dem ersten Termine, für welchen nach dem Inkrafttreten des BGB. eine Kündigung nach dem bisherigen Rechte zulässig war, nach dem bisherigen Rechte, für die spätere Zeit nach dem BGB. Für die Bestimmung dieses Termins gilt das in Erl. 1 Gesagte. Auch in betreff der Anwendung des bisherigen Rechtes bzw. des BGB. kann im allgemeinen auf das in Erl. 2 und 3 Gesagte verwiesen werden. Über die Anwendung der Vorschriften des BGB. §§ 620 ff. über Kündigung eines auf unbestimmte Zeit abgeschlossenen Dienstvertrags auf einen unter der Herrschaft des bisherigen Rechtes abgeschlossenen Dienstvertrag, welcher der in diesem vorgeschriebenen Form ermangelt und deshalb jederzeit kündbar ist, s. Rspr. Bd. 5 S. 32 ff. Nur in betreff der Frage, welche Vorschriften des BGB. nach ihrer Absicht auch für diejenige Zeit anzuwenden sind, in welcher das Mietverhältnis nach dem bisherigen Rechte beurteilt werden muß, ist noch folgendes zu bemerken:

a) Nach § 624 kann ein Dienstverhältnis, welches für die Lebenszeit einer Person oder für längere Zeit als fünf Jahre eingegangen ist, von dem Verpflichteten nach dem Ablaufe von fünf Jahren gekündigt werden. Diese Vorschrift bezweckt, die persönliche und wirtschaftliche Freiheit gegen ungebührliche Beschränkung zu sichern, und ist deshalb wohl mit Recht von beiden Kommissionen als eine solche betrachtet, welche auch auf Dienstverhältnisse anzuwenden ist, die im allgemeinen nach dem bisherigen Rechte zu beurteilen sind (s. Erl. 15 zu Art. 170; a. A. Affolter, S. 321 f.). Die fünfjährige Frist, nach deren Ablaufe gekündigt werden kann, dürfte aber bei den zur Zeit des Inkrafttretens des BGB. bereits bestehenden Dienstverhältnissen erst von dem Inkrafttreten des BGB. an zu berechnen sein.

b) Ähnliche Gründe wie die unter a angeführten dürften auch für die Anwendung des § 626 sprechen (a. A. Affolter S. 321 f.; Niedner, Erl. b γ).

c) Zweifelhaft und bestritten ist die Frage, ob auch die §§ 617—619 unter die hier fragliche Kategorie gehören. Durch die §§ 617, 618 werden dem Dienstberechtigten weitgehende Verpflichtungen gegenüber dem Dienstverpflichteten auferlegt und nach § 619 können diese Verpflichtungen im voraus durch Vertrag nicht geändert werden. Es handelt sich also um zwingende Vorschriften, die im Interesse des Dienstverpflichteten als des wirtschaftlich schwächeren Teiles getroffen sind. Dieser Zweck der fraglichen Vorschriften scheint für deren Anwendung auch auf bestehende im allgemeinen nach dem bisherigen Rechte zu beurteilende Dienstverhältnisse zu sprechen. Andererseits ist aber doch zu erwägen, daß es sich um neue Verpflichtungen handelt, welche dem Dienstberechtigten auferlegt werden, und daß unter Umständen eine große und unbillige Härte darin liegen kann, wenn ein bestehendes Dienstverhältnis, das nach dem bisherigen Rechte für den Dienstberechtigten diese Verpflichtungen nicht begründete, eine derartige Umgestaltung zu seinem Nachteil erleidet, ohne daß ihm die Möglichkeit gegeben ist, das Dienstverhältnis aufzuheben. Die zweite Kommission hat die §§ 618, 619 nicht zu den Vorschriften gerechnet, welche auf die nach dem bisherigen Rechte zu beurteilenden Dienstverhältnisse anzu-

Artikel 172. Wird eine Sache, die zur Zeit des Inkrafttretens des Bürgerlichen Gesetzbuchs vermiethet oder verpachtet war, nach dieser Zeit veräußert oder mit einem Rechte belastet, so hat der Miether oder Pächter dem Erwerber der Sache oder des Rechtes gegenüber die im Bürgerlichen Gesetzbuche bestimmten Rechte. Weitergehende Rechte des Miethers oder Pächters, die sich aus den bisherigen Gesetzen ergeben, bleiben unberührt, unbeschadet der Vorschrift des Artikel 171.

---

wenden sind. Es ergibt sich dies daraus, daß zur Begründung des Antrags auf Einstellung des Art. 171 besonders geltend gemacht wurde, daß es wünschenswert sei, die Vorschriften des E. II rev. §§ 609, 610, welche den jetzigen §§ 616, 618, 619 entsprechen, von dem im Art. 171 bezeichneten Zeitpunkt an zur Anwendung zu bringen (P. II Bd. 6 S. 500). Daß der § 616 nicht zu den Vorschriften der hier fraglichen Kategorie gehört, ist wohl unzweifelhaft; aber auch in betreff der §§ 618, 619 dürfte die Auffassung der Kommission als die richtige anzusehen sein. Der § 617 ist erst von der RTK. eingestellt. Es muß für ihn aber in der hier fraglichen Beziehung dasselbe gelten wie für die §§ 618, 619 (a. A. Habicht S. 301, Neumann 3 S. 164; Riedner, Erl. b γ).

Artikel 172.

E. d. EG. I Art. 104; II Art. 144; III Art. 172. P. I S. 13061 ff., 13226, 13229 f.; M. d. EG. S. 257 ff. P. II Bd. 6 S. 501 ff.

1. Rechte des Mieters und Pächters im Falle der Veräußerung der vermieteten oder verpachteten Sache. Der E. I d. EG. Art. 104 stellte den Grundsatz auf, daß ein vor dem 1. Januar 1900 geschlossener Miet- oder Pachtvertrag über ein Grundstück in Ansehung der Wirksamkeit gegen denjenigen, welcher nach dem Inkrafttreten des BGB. das Eigentum des Grundstücks oder ein Recht daran erwirbt, nach dem bisherigen Rechte beurteilt wird. Das in dem E. I d. EG. Art. 103 (jetzt Art. 170) aufgestellte Prinzip sollte also in betreff des durch einen Miet- oder Pachtvertrag über ein Grundstück begründeten Schuldverhältnisses dahin erläutert bzw. ausgedehnt werden, daß dieses Schuldverhältnis auch in Ansehung seiner Wirksamkeit gegen einen Dritten, welcher das Grundstück nach dem Inkrafttreten des BGB. erwerbe, nach dem bisherigen Rechte beurteilt werde. Die Vorschriften des E. I über den Miet- und Pachtvertrag wichen in betreff des Rechtes des Erwerbers eines vermieteten oder verpachteten Grundstücks, den Mieter oder Pächter auszutreiben, in mehrfachen Beziehungen von dem bisherigen Rechte, insbesondere von dem gemeinen, dem preußischen und französischen Rechte ab, von dem ersteren, indem sie das Recht des Erwerbers auf Austreibung beschränkten, von dem letzteren, indem sie es erweiterten. In Ansehung des gemeinen Rechtes erscheinen die Vorschriften des E. I d. EG. lediglich als eine Konsequenz des Prinzips des Art. 103 (jetzt Art. 170), wogegen sie in Ansehung derjenigen Rechte, welche dem durch einen Miet- oder Pachtvertrag begründeten Schuldverhältnisse Wirksamkeit gegen Dritte beilegen, sich als eine Ausdehnung dieses Prinzips nach dessen richtiger Auslegung (s. Erl. 7 zu Art. 170) darstellen. Der Art. 172 Satz 2 beläßt es bei dem Grundsatze des E. I d. EG. insoweit, als dem Mieter oder Pächter nach dem bisherigen Rechte weitergehende Rechte gegen den Erwerber der vermieteten oder verpachteten Sache zustehen als nach dem BGB.; er dehnt diesen Grundsatz auch auf Miet- und Pachtverträge über andere Sachen als Grundstücke aus. Dagegen wird mit Rücksicht auf die wirtschaftlichen und sozialpolitischen Gründe, welche zu den Vorschriften des BGB. über die Rechte des Mieters oder Pächters gegenüber dem Erwerber der vermieteten oder verpachteten Sache sowie gegenüber demjenigen, welcher ein Recht daran erwirbt, geführt haben, bestimmt, daß dem Mieter und Pächter mindestens die im BGB. bestimmten Rechte gegen jene Personen von dem Inkrafttreten des BGB. an zustehen sollen.

2. Voraussetzungen der im Satz 1 aufgestellten Regel sind:

a) der Abschluß eines Miet- oder Pachtvertrags über eine Sache vor dem Inkrafttreten des BGB. Auf Miet- oder Pachtverträge über Rechte bezieht sich der Art. 172 nicht; diese sind lediglich nach den allgemeinen Grundsätzen zu beurteilen. Andererseits bezieht sich der Artikel aber auf Sachen jeder Art, nicht bloß wie der E. I auf Grundstücke. Ob ein Miet- oder Pachtvertrag zum Abschlusse gelangt ist, bestimmt sich nach bisherigem Rechte. Nur auf den Abschluß kommt es an, nicht darauf, ob der Besitz dem Mieter oder Pächter bereits überlassen ist.

b) die Veräußerung der vermieteten oder verpachteten Sache oder deren Belastung mit einem Rechte nach dem Inkrafttreten des BGB. Das dingliche Rechtsgeschäft muß also nach diesem Zeitpunkte vorgenommen sein. Wann das obligatorische auf die Veräußerung oder Belastung gerichtete Rechtsgeschäft vorgenommen wurde, ist gleichgültig. Ist das dingliche Rechtsgeschäft vor dem Inkrafttreten des BGB. vorgenommen, so bestimmen sich die Rechte des Mieters oder Pächters gegen den Erwerber der Sache oder des Rechtes nach dem bisherigen Rechte. Nach diesem bestimmt sich auch, wann die Veräußerung oder Belastung als erfolgt anzusehen ist, ob dazu insbesondere der Vertrag genügt (französisches Recht) oder ob Tradition (gemeines Recht) oder bei Grundstücken Auflassung erforderlich ist (preußisches Recht).

3. **Inhalt der Ausnahme des Satz 1.**

a) Ist der Besitz des vermieteten oder verpachteten Grundstücks dem Mieter oder Pächter bereits überlassen, so treten, wenn das Grundstück veräußert oder belastet wird, nach dem BGB. die in den §§ 571—577, 579—581 bestimmten Folgen ein. Die durch den Miet- oder Pachtvertrag begründeten Rechte und Verpflichtungen gehen nach Maßgabe der gedachten Vorschriften auf den Erwerber der Sache über, während für den Erwerber eines Rechtes, mit welchem die Sache belastet wird, die besonderen Vorschriften des § 577 gelten. Nach § 571 Abs. 2, § 581 haftet der Vermieter oder Verpächter, wenn der Erwerber die auf ihn übergegangenen Verpflichtungen nicht erfüllt, für den dadurch entstandenen Schaden wie ein Bürge. Nach dem Wortlaute des Art. 172 Satz 1 sollen aber in dem hier fraglichen Falle nicht alle eben bezeichneten durch das BGB. bestimmten Rechtsfolgen eintreten; vielmehr wird nur bestimmt, daß der Mieter oder Pächter gegen den Erwerber der Sache oder des Rechtes die in dem BGB. bestimmten Rechte habe. Hiernach kann der Mieter oder Pächter von dem Erwerber der Sache und unter den im § 577 Satz 1 bestimmten Voraussetzungen auch von dem Erwerber des Rechtes, mit dem die Sache belastet ist, die Erfüllung der dem Vermieter oder Verpächter obliegenden Verpflichtungen verlangen (§ 571 Abs. 1, § 577 Satz 1) und er kann ferner nach § 572 Satz 2 unter den dort bezeichneten Voraussetzungen die Rückgewähr der von ihm geleisteten Sicherheit von dem Erwerber fordern. Daß auch die Rechte des Vermieters oder Verpächters gegen den Mieter oder Pächter auf den Erwerber übergehen und daß sich überhaupt das obligatorische Verhältnis zwischen dem Vermieter oder Verpächter einerseits und dem Mieter oder Pächter andererseits ändern soll, ergibt sich aus dem Wortlaute des Satz 1 nicht. Eine Änderung des Rechtsverhältnisses würde hiernach nur insoweit eintreten, daß der Mieter oder Pächter wegen der dem Vermieter oder Verpächter obliegenden Verpflichtungen auch den Erwerber als Gesamtschuldner in Anspruch nehmen könnte, während seine Verpflichtungen nach wie vor nur gegenüber dem Vermieter oder Verpächter bestehen. Damit werden denn auch die Vorschriften der §§ 573—576 gegenstandslos.

Ob dieses Ergebnis der Absicht des Gesetzes entspricht, ist nicht unzweifelhaft. Habicht S. 286 ff. will auf das Rechtsverhältnis, das infolge der Veräußerung oder Belastung entsteht, alle Vorschriften der §§ 571—577, 579, 580 anwenden. Er geht davon aus, daß der Übergang der Rechte des Vermieters oder Verpächters auf den Erwerber sich daraus ergebe, daß er nach §§ 571 Abs. 1, 577 Satz 1 eine Folge der Veräußerung oder Belastung sei und daß Folgen, welche das BGB. an das dingliche Rechtsgeschäft der Veräußerung oder Belastung knüpfe, auch ohne ausdrückliche Bestimmung bei jeder nach dem Inkrafttreten des BGB. erfolgenden Veräußerung oder Belastung eintreten müssen. Die Vorschriften der §§ 571 Abs. 2, 572—576 dienten nur zur Ergänzung jenes Grundsatzes und müßten deshalb ebenfalls Anwendung finden. Insbesondere gelte dies von der Vorschrift des § 571 Abs. 2, die zwar nicht das Verhältnis des Mieters oder Pächters zu dem Erwerber, sondern zu dem Vermieter oder Verpächter betreffe, die aber doch wegen ihres untrennbaren Zusammenhanges mit dem Übergange der Verpflichtungen des Vermieters oder Verpächters auf den Erwerber Anwendung finden müsse. Nur bei der Anwendung der §§ 573—575 müßten einige Modifikationen eintreten, insbesondere in Ansehung der vor dem Inkrafttreten des BGB. von dem Mieter oder Pächter an den Vermieter oder Verpächter erfolgten Zahlung des Miet- oder Pachtpreises und sonstiger zwischen ihnen vor jenem Zeitpunkte vorgenommenen Rechtsgeschäfte sowie in Ansehung einer nach jenem Zeitpunkt erfolgten Zahlung des Mieters oder Pächters, zu welcher dieser verpflichtet gewesen sei.

Gegen diese Auffassung spricht indessen folgendes. Man kann freilich die Veräußerung oder Belastung eines vermieteten oder verpachteten Grundstücks als eine selbständige Tatsache betrachten, deren Wirkungen auf das Miet- oder Pachtverhältnis, wenn sie unter der Herrschaft des BGB. eintritt, sich wie die Wirkungen der Abtretung einer Forderung oder der Schuldübernahme nach dem BGB. bestimmen. Wäre das Gesetz aber von dieser Auffassung ausgegangen, so würde die Vorschrift des Art. 172 Satz 1 einerseits völlig unnötig und selbstverständlich, andererseits aber zu eng sein, weil sie nur von den Rechten des Mieters oder Pächters gegen den Erwerber spricht. Es hätte doch, wenn das Gesetz von jener Auffassung ausgegangen wäre und, nur um Zweifel abzuschneiden, die sich daraus für die Veräußerung oder Belastung eines vermieteten oder verpachteten Grundstücks ergebende Konsequenz hätte aussprechen wollen, außerordentlich nahe gelegen, dies durch den einfachen Satz zu tun, daß in dem vorausgesetzten Falle die Vorschriften der §§ 571 ff. Anwendung finden. Die jetzige engere Fassung nötigt, wenn man nicht eine schwer begreifliche Ungenauigkeit der Redaktion annehmen will, zu der Annahme, daß das Gesetz davon ausgegangen ist, daß die §§ 571 ff. nur die Wirkungen der Veräußerung oder Belastung eines Grundstücks auf diejenigen in Ansehung des Grundstücks bestehenden Miet- oder Pachtverhältnisse bestimmen sollen, welche nach dem Inkrafttreten des BGB. eingegangen sind, daß aber die vor dem Inkrafttreten des BGB. eingegangenen Miet- oder Pachtverhältnisse sich im allgemeinen nach dem bisherigen Rechte bestimmen und ihre Wirkungen für den Fall der Veräußerung oder Belastung des vermieteten oder verpachteten Grundstücks nur die Modifikation erleiden sollen, daß der Mieter oder Pächter die im Satz 1 bezeichneten Rechte gegen den Erwerber erlangt (wie Habicht auch Neumann 3 S. 165 und Riedner, Erl. 2a). RG. Bd. 53 S. 247 ff. läßt die Frage unentschieden und beschränkt sich auf die Entscheidung, daß der Pächter, wenn nach dem 1. Januar 1900 eine mehrfache Veräußerung des Grundstücks stattgefunden hat, auf Grund des § 572 höchstens das Recht habe, die Ausantwortung der von ihm dem Verpächter bestellten Kaution an denjenigen zu verlangen, welcher von dem Verpächter das Grundstück erworben, nicht aber an den derzeitigen Eigentümer, der das Grundstück durch Weiterveräußerung von dem ersten Erwerber erworben hat; wie hier RG. in JW. 1903 Beil. S. 131.

Bei dieser Auffassung ist freilich die Stellung des Erwerbers eine verhältnismäßig ungünstige. Ihn treffen die durch den Miet- oder Pachtvertrag begründeten Verpflichtungen; er erhält aber nicht von selbst die dadurch begründeten Rechte gegen den Mieter oder Pächter. Um diese zu erlangen, muß er sie sich von dem Veräußerer abtreten lassen und er erhält sie hierdurch nur nach Maßgabe der allgemeinen über die Abtretung von Forderungen geltenden Grundsätze; insbesondere kommen ihm die Vorschriften der §§ 573—575 nicht zustatten. Für den Mieter oder Pächter ist diese Regelung dagegen sehr günstig. Sein obligatorisches Verhältnis zu dem Vermieter oder Verpächter wird durch die Veräußerung der vermieteten oder verpachteten Sache, ähnlich wie nach gemeinem Rechte, überall nicht berührt. Er ist nur dem Vermieter oder Verpächter gegenüber verpflichtet und behält alle ihm gegen diese zustehenden Rechte, hat aber den Vorteil, daß er diese Rechte auch gegen den Erwerber geltend machen kann. Der Vermieter oder Verpächter wird nicht benachteiligt; er behält seine bisherigen Rechte und Verpflichtungen und es ist seine Sache, sich mit dem Erwerber auseinander zu setzen. Daß ein solches Verhältnis rechtlich möglich ist, läßt sich nicht bezweifeln und ebenso wird man anerkennen müssen, daß der Gesetzgeber sich durch die Rücksicht auf die Interessen des Mieters oder Pächters sehr wohl veranlaßt sehen konnte, eine derartige Regelung für die Übergangszeit zu treffen. Hat doch das BGB. selbst für den Fall, daß die Ausübung des Rechtes, mit welchem das Grundstück belastet wird, nur eine Beschränkung des Mieters in dem vertragsmäßigen Gebrauche zur Folge hat, das Verhältnis insofern ähnlich geordnet, als in diesem Falle das obligatorische Verhältnis zwischen dem Mieter oder Pächter und dem Vermieter oder Verpächter nicht berührt, der Mieter oder Pächter aber berechtigt wird, von dem Erwerber die Unterlassung der Ausübung seines Rechtes insoweit zu fordern, als dadurch der vertragsmäßige Gebrauch des Mieters oder Pächters beeinträchtigt werden würde.

Aus der in dem Bisherigen dargelegten Auffassung ergibt sich von selbst, daß die Vorschriften des § 576 keine Anwendung finden, weil sie den Übergang der dem Vermieter oder Verpächter zustehenden Rechte auf den Erwerber voraussetzen. Andererseits findet der § 579 insoweit Anwendung, als dem Mieter oder Pächter, falls der Erwerber das Grundstück weiter veräußert, die oben bezeichneten Rechte auch gegen den neuen Erwerber zustehen. Endlich gilt das bisher Gesagte nach § 580 auch für die Miete von Wohnräumen und anderen Räumen.

b) Hat der Vermieter oder Verpächter das vermietete oder verpachtete Grundstück vor der Überlassung des Besitzes an den Mieter oder Pächter veräußert oder mit einem Rechte der im § 577 bezeichneten Art belastet, so finden nach §§ 578,

581 die Vorschriften der §§ 571 Abs. 1, 577 Anwendung, wenn der Erwerber dem Vermieter oder Verpächter gegenüber die Erfüllung der sich aus dem Miet- oder Pachtverhältnis ergebenden Verpflichtungen übernommen hat. Das gleiche gilt nach § 580 bei der Vermietung von Wohnräumen und anderen Räumen. Aus Art. 172 Satz 1 ergibt sich, daß der Mieter oder Pächter, wenn das vor dem Inkrafttreten des BGB. vermietete oder verpachtete Grundstück, bevor der Besitz dem Mieter oder Pächter überlassen ist, nach dem Inkrafttreten des BGB. veräußert oder belastet wird, dieselben Rechte wie unter a gegen den Erwerber hat, wenn dieser sich in der angegebenen Weise dem Vermieter gegenüber verpflichtet hat. Die Rechte des Vermieters oder Verpächters gegen den Mieter oder Pächter gehen auf den Erwerber aber nur über, wenn sie ihm abgetreten sind, und zwar nach Maßgabe der allgemeinen für die Abtretung von Forderungen geltenden Grundsätze. Das unter a Gesagte gilt auch in dieser Beziehung.

c) Dem Mieter oder Pächter von anderen Gegenständen als Grundstücken räumt das BGB. keine besonderen Rechte gegen den Erwerber des vermieteten oder verpachteten Gegenstandes ein. Für die Anwendung des Art. 172 Satz 1 kann in Fällen dieser Art nur in Betracht kommen die Vorschrift des § 986 Abs. 2, nach welcher der Besitzer einer Sache, die nach § 931 durch Abtretung des Anspruchs auf Herausgabe veräußert worden ist, dem neuen Eigentümer die Einwendungen entgegensetzen kann, welche ihm gegen den abgetretenen Anspruch zustehen. Dieses Recht steht auf Grund des Art. 172 Satz 1, auch wenn das Miet- oder Pachtverhältnis vor dem Inkrafttreten des BGB. eingegangen ist, dem Mieter oder Pächter einer Sache demjenigen gegenüber zu, welcher nach dem Inkrafttreten des BGB. nach Maßgabe des § 931 die Sache erworben hat.

4. **Nach Art. 172 Satz 2 bleiben unberührt weitergehende Rechte des Mieters oder Pächters, welche sich aus dem bisherigen Rechte ergeben.** Dies bedeutet nicht, daß es in betreff weitergehender Rechte des Mieters oder Pächters gegen den Erwerber des vermieteten oder verpachteten Gegenstandes bei den sich aus den allgemeinen Grundsätzen ergebenden Konsequenzen (s. Erl. 7 zu Art. 170) verbleibt; vielmehr sollen durch die gedachte Vorschrift die dem Mieter oder Pächter nach dem bisherigen Rechte zustehenden weitergehenden Rechte gegen den Erwerber auch insoweit aufrechterhalten werden, als sie ihm nach allgemeinen Grundsätzen im Falle einer nach dem Inkrafttreten des BGB. erfolgenden Veräußerung oder Belastung des vermieteten oder verpachteten Gegenstandes gegen den Erwerber nicht zustehen würden. Gedacht ist hierbei nicht an die Fälle, in welchen dem Mieter oder Pächter nach dem bisherigen Rechte ein dingliches Recht an dem vermieteten oder verpachteten Gegenstande zusteht. Das Fortbestehen eines solchen Rechtes auch nach dem Inkrafttreten des BGB. ist selbstverständlich und durch Art. 184 (vgl. auch Art. 179, 188 Abs. 2) ausdrücklich anerkannt. In Frage kommen vielmehr diejenigen Vorschriften des bisherigen Rechtes, nach welchen entweder allgemein demjenigen, welcher durch einen obligatorischen Vertrag ein Forderungsrecht auf einen Gegenstand erlangt hat, die Geltendmachung dieses Rechtes auch gegen den späteren Erwerber des Gegenstandes, sei es unbedingt oder unter der Voraussetzung, daß der Erwerber den fraglichen Anspruch kennt, zusteht, oder nach welchen doch dem Mieter oder Pächter eines Gegenstandes ein derartiges Recht eingeräumt ist (sog. jus ad rem). Soweit das bisherige Recht dem Mieter oder Pächter ein solches Recht gibt, steht ihm dieses, wenn das Miet- oder Pachtverhältnis vor dem Inkrafttreten des BGB. eingegangen ist, auch gegen denjenigen zu, welcher nach dem Inkrafttreten des BGB. den vermieteten oder verpachteten Gegenstand oder ein Recht daran erwirbt. Von praktischer Bedeutung ist diese Vorschrift einerseits für die Vermietung und Verpachtung von Grundstücken, wenn dem Mieter oder Pächter der Besitz noch nicht eingeräumt und eine Vereinbarung der im BGB. § 578 gedachten Art nicht getroffen ist und andererseits für die Vermietung und Verpachtung anderer Gegenstände als Grundstücke.

5. Durch die letzten Worte des Satz 2 **wird darauf hingewiesen, daß die Vorschriften des Art. 171 durch den Art. 172 keine Änderung erleiden.** Die Folgen einer Veräußerung oder Belastung des vermieteten oder verpachteten Gegenstandes, welche nach demjenigen Zeitpunkt erfolgt, von welchem an nach Art. 171 die Vorschriften des BGB. auf das Miet- oder Pachtverhältnis Anwendung finden, bestimmen sich lediglich nach dem BGB. War der vermietete oder verpachtete Gegenstand ein Grundstück und dessen Besitz dem Mieter oder Pächter bereits überlassen, so hat die Veräußerung oder Belastung die im BGB. §§ 571—575, 577, 579 bestimmten Folgen. Die Wirkung einer von dem Vermieter dem Mieter gemachten Anzeige von der Übertragung des Grundstücks bestimmt sich nach § 576. War der Besitz des Grundstücks dem Mieter oder Pächter noch nicht überlassen, hatte der Erwerber aber die Verpflichtungen des

Artikel 173. Auf eine zur Zeit des Inkrafttretens des Bürgerlichen Gesetzbuchs bestehende Gemeinschaft nach Bruchtheilen finden von dieser Zeit an die Vorschriften des Bürgerlichen Gesetzbuchs Anwendung.

Mieters übernommen, so findet der § 578 Anwendung. Dasselbe gilt bei der Vermietung von Wohnräumen und anderen Räumen. In allen anderen Fällen der Vermietung oder Verpachtung hat die Veräußerung oder Belastung des vermieteten oder verpachteten Gegenstandes, abgesehen von der Vorschrift des § 986 Abs. 2, keine Änderung des Miet- oder Pachtverhältnisses zur Folge; dem Mieter oder Pächter stehen die ihm nach dem bisherigen Rechte zustehenden Rechte (s. Erl. 4) nicht mehr zu.

6. **Auf eine im Wege der Zwangsversteigerung erfolgte Veräußerung** findet der Art. 172 keine Anwendung (RG. Bd. 48 S. 38; DJZ. 1901 S. 307; a. A. Rspr. Bd. 6 S. 431). Im übrigen s. über die Anwendbarkeit des ZVG. §§ 57, 152 Abs. 2, 183 unter Berücksichtigung des § 2 des EG. zum ZVG. und der in verschiedenen Staaten ergangenen Ausführungsgesetze (s. z. B. Preußen, AG. zum ZVG. Art. 7; Bayern, AG. zur GBO. und ZVG. Art. 28; Oldenburg, AG. zum ZVG. § 19; Bremen, AG. zum ZVG. § 4) Habicht S. 292ff.

7. **Über Miet- und Pachtrechte, die in dem Zeitpunkt, in welchem das Grundbuch als angelegt gilt, als dingliche Rechte bestehen,** s. EG. Art. 179, 188 Abs. 2.

Artikel 173.

E. d. EG. II Art. 145; III Art. 173. P. II Bd. 6 S. 504f.

Gemeinschaft. Der Art. 173 ist erst von der zweiten Kommission eingestellt. Es wird dadurch der mögliche Zweifel entschieden, ob das durch die Gemeinschaft nach Bruchteilen begründete obligatorische Verhältnis, wenn es vor dem Inkrafttreten des BGB. entstanden ist, auch nachher auf Grund des Art. 170 nach dem bisherigen Rechte zu beurteilen oder ob das Verhältnis unter den Teilhabern als ein in jedem Augenblicke neu entstehendes zu betrachten ist und deshalb von dem Inkrafttreten des BGB. an dessen Vorschriften unterliegt. Die Entscheidung ist in dem letzteren Sinne erfolgt. Sie entspricht dem im Art. 181 aufgestellten Grundsatze, daß auf das zur Zeit des Inkrafttretens des BGB. bestehende Eigentum die Vorschriften des BGB. Anwendung finden (s. insbesondere BGB. §§ 1008—1011).

1. **Die Regel des Art. 173 gilt nur für eine Gemeinschaft nach Bruchteilen** (BGB. §§ 741—758), nicht für die Gemeinschaft zur gesamten Hand (BGB. §§ 718, 719, 1438, 1442, 2032). Das Rechtsverhältnis von Gemeinschaften der letztgedachten Art, die zur Zeit des Inkrafttretens des BGB. bestehen, bestimmt sich auch nach diesem Zeitpunkte nach dem bisherigen Rechte (vgl. Art. 181 Abs. 2).

2. **Die Regel des Art. 173 gilt für alle Gemeinschaften nach Bruchteilen.** Sie gilt also nicht nur für die sog. Communio incidens, sondern auch für eine Gemeinschaft nach Bruchteilen, die auf einem Gesellschaftsvertrage beruht (Rspr. Bd. 6 S. 445; a. A. Affolter S. 324). Da indessen das auf einem vor dem Inkrafttreten des BGB. geschlossenen Gesellschaftsvertrage beruhende Schuldverhältnis sich nach dem bisherigen Rechte bestimmt (Art. 170), so erleiden hierdurch die durch die Gemeinschaft unter den Teilhabern begründeten Verpflichtungen insoweit eine Modifikation, als sie mit den aus dem Gesellschaftsverhältnisse folgenden Verpflichtungen nicht vereinbar sind (s. unten Erl. 7). Der Art. 173 bezieht sich an sich auch auf die unter Miterben bestehende Gemeinschaft, soweit diese nach dem bisherigen Rechte eine Gemeinschaft nach Bruchteilen ist. In dieser Beziehung greift aber der Art. 213 ein und die Vorschriften des BGB. über Gemeinschaften finden auf eine erbrechtliche Gemeinschaft der fraglichen Art daher nur insoweit Anwendung, als die erbschaftlichen Vorschriften dazu Raum lassen (s. Erl. zu Art. 213).

3. **Mit dem Inkrafttreten des BGB. treten an die Stelle der bisherigen gesetzlichen Bestimmungen** über die Gemeinschaft nach Bruchteilen und die in dieser Beziehung den Teilhabern zustehenden Rechte und obliegenden Verpflichtungen **die Vorschriften des BGB.** In Betracht kommen hauptsächlich die §§ 742—758. Daneben finden aber, wenn es sich um eine Mauer oder um eine andere Einrichtung handelt, durch welche zwei Grundstücke von einander geschieden werden, die sich hierauf beziehenden besonderen Vorschriften der §§ 921, 922 Anwendung (s. Erl. 6c zu Art. 181; RG. Bd. 53 S. 307). Abgesehen von diesem Falle finden die für die Gemeinschaft nach Bruchteilen geltenden Vorschriften der §§ 742—758 Anwendung. Insbesondere hat jeder Teilhaber die ihm nach § 742 zustehenden Rechte in betreff der Früchte

und des Mitgebrauchs des gemeinschaftlichen Gegenstandes sowie andererseits die im § 748 bestimmten Verpflichtungen in betreff der Lasten des gemeinschaftlichen Gegenstandes und der Kosten der Erhaltung und Verwaltung. Die Verwaltung des gemeinschaftlichen Gegenstandes bestimmt sich nach den §§ 744, 745. Die über die Verwaltung und Benutzung des gemeinschaftlichen Gegenstandes nach dem Inkrafttreten des BGB. getroffene Regelung wirkt für und gegen die Sondernachfolger (BGB. § 746). Das gleiche gilt von einer Vereinbarung über den Ausschluß oder die Beschränkung der Teilung (§ 751); eine solche ist jedoch zulässig nur unter den in den §§ 749, 750 bestimmten Beschränkungen. Über seinen Anteil kann jeder Teilhaber verfügen (§ 747). Gesetzliche Rechte der anderen Teilhaber, durch welche dieses Recht nach dem bisherigen Rechte beschränkt wird, z. B. Vorkaufsrechte oder Widerspruchsrechte, fallen weg. Die Aufhebung der Gemeinschaft erfolgt nach §§ 752—758 (RG. 52 S. 177).

4. **Die vor dem Inkrafttreten des BGB. von den Teilhabern über die Verwaltung und Nutzung des gemeinschaftlichen Gegenstandes nach Maßgabe des bisherigen Rechtes gültig getroffenen Vereinbarungen** behalten ihre Wirkung auch nach dem Inkrafttreten des BGB. Das gleiche gilt von einer durch Mehrheitsbeschluß erfolgten Regelung, soweit eine solche nach dem bisherigen Rechte zulässig und wirksam war. Die in dieser Beziehung durch § 745 Abs. 3 bestimmten Beschränkungen finden auf eine vor dem Inkrafttreten des BGB. erfolgte Regelung keine Anwendung (a. A. Habicht S. 317).

Eine vertragsmäßige Beschränkung des Rechtes eines Teilhabers, über seinen Anteil zu verfügen, bleibt, soweit das bisherige Recht sie als wirksam anerkannte, nach EG. Art. 168 bestehen.

Vereinbarungen der Teilhaber, durch welche das Recht, die Teilung zu verlangen, ausgeschlossen oder beschränkt wird, bleiben mit derjenigen Wirkung insbesondere auch für diejenige Zeit bestehen, welche das bisherige Recht bestimmt; jedoch dürfte die Bestimmung des § 749 Abs. 2, nach welcher trotz einer solchen Vereinbarung die Aufhebung der Gemeinschaft verlangt werden kann, wenn ein wichtiger Grund vorliegt, auch auf die vor dem Inkrafttreten des BGB. getroffene Vereinbarung dieser Art anzuwenden sein.

Die Wirkung einer vor dem Inkrafttreten des BGB. getroffenen Vereinbarung über die Verwaltung oder Benutzung des gemeinschaftlichen Gegenstandes oder über die Beschränkung des Rechtes, die Aufhebung der Gemeinschaft zu verlangen, für und gegen die Sondernachfolger bestimmt sich nach dem bisherigen Rechte. Vgl. dazu Erl. zu Art. 181, 186.

5. **Die Ansprüche der Teilhaber gegen einander, welche auf Grund der Gemeinschaft vor dem Inkrafttreten des BGB. entstanden sind**, behalten die ihnen nach dem bisherigen Rechte zukommende Wirksamkeit. Bei der Teilung werden indessen, wenn sie nach dem Inkrafttreten des BGB. erfolgt, die über die Ausgleichung von Ansprüchen der Teilhaber unter einander im § 756 gegebenen Vorschriften auch auf die vor dem Inkrafttreten des BGB. entstandenen Ansprüche dieser Art anzuwenden sein. Selbstverständlich jedoch, sofern die Teilung zwischen Sondernachfolgern des ursprünglichen Gläubigers oder Schuldners stattfindet, nur dann, wenn der Anspruch nach Maßgabe des bisherigen Rechtes dem Sondernachfolger bzw. gegen denselben zusteht oder eine gültige Übertragung des Anspruchs bzw. der Verpflichtung auf die jetzigen Teilhaber erfolgt ist.

6. **Ist vor dem Inkrafttreten des BGB. ein obligatorischer Vertrag über die Art, in welcher die Auseinandersetzung erfolgen soll, geschlossen**, so hat diese nach Maßgabe des Vertrags zu erfolgen und die Vorschriften des BGB. über die Auseinandersetzung finden nur insoweit Anwendung, als der Vertrag hierzu Raum läßt. Insbesondere wird in solchem Falle die Verpflichtung zur Gewährleistung in betreff des einem Teile zugeteilten Gegenstandes nicht nach den Vorschriften des § 757, sondern nach den für den Vertrag unter Berücksichtigung des bisherigen Rechtes maßgebenden Grundsätzen zu bestimmen sein.

7. **Auf einen unter der Herrschaft des bisherigen Rechtes geschlossenen Gesellschaftsvertrag** findet, da durch denselben ein Schuldverhältnis unter den Parteien begründet wird, nach Art. 170 das bisherige Recht Anwendung (Staub, HGB. Anm. 9 zu § 109; Rspr. Bd. 3 S. 343; Bd. 6 S. 445). Nach dem bisherigen Rechte bestimmen sich also die durch das Gesellschaftsverhältnis für die Gesellschafter begründeten Rechte und Verpflichtungen. Es bestimmen sich danach insbesondere die Rechte der Gesellschafter an den in die Gesellschaft eingebrachten Gegenständen. Dies gilt auch, wenn die Einbringung erst nach dem Inkrafttreten des BGB. erfolgt ist. Nach dem bisherigen Rechte bestimmt sich ferner die Art und Weise, in welcher die Verwaltung der Gesellschaftsangelegenheiten erfolgt. Die Verpflichtungen aus Rechtsgeschäften, welche

Artikel 174. Von dem Inkrafttreten des Bürgerlichen Gesetzbuchs an gelten für die vorher ausgestellten Schuldverschreibungen auf den Inhaber die Vorschriften der §§. 798 bis 800, 802, 804 und des §. 806 Satz 1 des Bürgerlichen Gesetzbuchs. Bei den auf Sicht zahlbaren unverzinslichen Schuldverschreibungen sowie bei Zins-, Renten- und Gewinnantheilscheinen bleiben jedoch für die Kraftloserklärung und die Zahlungssperre die bisherigen Gesetze maßgebend.

Die Verjährung der Ansprüche aus den vor dem Inkrafttreten des Bürgerlichen Gesetzbuchs ausgestellten Schuldverschreibungen auf den Inhaber bestimmt sich, unbeschadet der Vorschriften des §. 802 des Bürgerlichen Gesetzbuchs, nach den bisherigen Gesetzen.

---

die Gesellschafter nach dem Inkrafttreten des BGB. mit Dritten vorgenommen haben, bestimmen sich indessen den Dritten gegenüber nach dem BGB. (s. Erl. 1 zu Art. 170; Rspr. Bd. 4 S. 199). Wird durch einen nach dem Inkrafttreten des BGB. unter den Gesellschaftern geschlossenen Vertrag das Gesellschaftsverhältnis geändert, so bestimmt sich die Gültigkeit eines solchen Vertrags nach dem BGB. (Rspr. 5 S. 31). Durch den Vertrag wird aber das nach dem bisherigen Rechte zu beurteilende Verhältnis im Zweifel nicht weiter modifiziert, als die durch den Vertrag vereinbarte Änderung dies mit sich bringt. Nur wenn die Änderung einen solchen Charakter hat, daß sachlich ein neues Gesellschaftsverhältnis begründet wird, finden nunmehr die Vorschriften des BGB. Anwendung. Dies dürfte regelmäßig auch dann anzunehmen sein, wenn ein neuer Gesellschafter in die Gesellschaft eintritt (a. A. Affolter S. 323). Auch in diesem Falle bleiben aber die durch den früheren Gesellschaftsvertrag getroffenen Vereinbarungen insoweit aufrechterhalten, als sie auch bei einer den Vorschriften des BGB. unterliegenden Gesellschaft durch Vertrag getroffen werden können.

Nach dem bisherigen Rechte bestimmen sich endlich auch die Gründe, aus welchen die Gesellschaft aufgelöst wird, sowie die Art und Weise, in welcher die Auseinandersetzung zu erfolgen hat. Nur die Vorschrift des § 723 dürfte auch auf eine im übrigen den Vorschriften des BGB. nicht unterliegende Gesellschaft anzuwenden sein, weil es sich bei dieser das Kündigungsrecht der Gesellschafter aus wichtigen Gründen bestimmenden zwingenden Vorschrift um eine zum Schutze der wirtschaftlichen Freiheit getroffene Bestimmung handelt (s. Erl. 15 zu Art. 170; Rspr. Bd. 6 S. 445; a. A. Affolter S. 323). Über einen Auflösungsvertrag s. RG. JW. 1902 Beil. S. 261.

Wird nach dem bisherigen Rechte bei einer Gesellschaft ein Miteigentum nach Bruchteilen an den zu dem Gesellschaftsvermögen gehörenden Gegenständen unter den Gesellschaftern begründet, so finden auf diese Gemeinschaft nach Art. 173 von dem Inkrafttreten des BGB. an die Vorschriften des BGB. Anwendung. Sie finden aber nur insoweit Anwendung, als sich nicht aus dem nach dem bisherigen Rechte zu beurteilenden Gesellschaftsverhältnis, auf welchem die Gemeinschaft beruht, Abweichungen ergeben. Ihre Anwendung beschränkt sich daher auf diejenigen Fälle, in welchen nach Maßgabe des Gesellschaftsvertrags und des bisherigen Rechtes auf die gemeinschaftlichen Gegenstände die Vorschriften des bisherigen Rechtes über eine Gemeinschaft nach Bruchteilen Anwendung finden. Von Bedeutung wird dies insbesondere sein bei der nach der Auflösung der Gesellschaft stattfindenden Auseinandersetzung über das Gesellschaftsvermögen.

Eine der Vorschrift des Art. 171 entsprechende Vorschrift, nach welcher, wenn die Kündigung nicht zu dem ersten Termine, zu welchem sie zulässig ist, erfolgt, von diesem Zeitpunkt an die Vorschriften des BGB. zur Anwendung kommen, besteht für die Gesellschaft nicht und eine entsprechende Anwendung des Art. 171 läßt sich nicht rechtfertigen.

Artikel 174.

E. d. EG. I Art. 105 Abs. 1, 3; II Art. 146; III Art. 174. P. I S. 13066 ff., 13295 f.; M. d. EG. S. 261 ff. P. II Bd. 6 S. 505 ff.

1. **Das Schuldverhältnis aus einer vor dem Inkrafttreten des BGB. ausgestellten Schuldverschreibung auf den Inhaber bestimmt sich nach Art. 170 nach dem bisherigen Rechte.** Nach diesem bestimmt sich insbesondere, welche Tatsachen vorliegen müssen, um eine Schuldverschreibung auf den Inhaber als ausgestellt anzusehen (vgl. BGB. § 793 Abs. 2). Nach dem bisherigen Rechte bestimmt sich ferner, welche Wirkung die Ausstellung für die Entstehung des Schuldverhältnisses hat, ob also der Aussteller, ohne daß es einer weiteren Handlung von seiten

des Ausstellers bedarf, dem Inhaber der Schuldverschreibung gegenüber auch dann verpflichtet wird, wenn die Schuldverschreibung ihm gestohlen, verloren oder sonst ohne seinen Willen abhanden gekommen ist (vgl. BGB. § 794), oder ob eine Verpflichtung des Ausstellers erst durch die Begebung der Schuldverschreibung eintritt. Auch in dem ersteren Falle (sog. Kreationstheorie) entsteht zwar durch die Ausstellung für sich allein noch kein Schuldverhältnis, weil dieses nicht ohne Gläubiger denkbar ist; aber es entsteht dadurch doch eine Gebundenheit des Ausstellers, infolge deren er, wenn später die Schuldverschreibung in den Besitz eines Dritten gelangt, diesem gegenüber verpflichtet wird. Diese Gebundenheit genügt, ähnlich wie bei der unter einer aufschiebenden Bedingung eingegangenen Verpflichtung, um die Anwendung des bisherigen Rechtes auf die unter dessen Herrschaft ausgestellte Schuldverschreibung auf den Inhaber zu begründen. Das bisherige Recht findet also auch dann Anwendung, wenn die Erlangung des Besitzes von seiten eines Dritten erst nach dem Inkrafttreten des BGB. erfolgt ist. In dem zweiten Falle dagegen, wenn also das bisherige Recht zur Entstehung der Gebundenheit außer der Ausstellung der Schuldverschreibung noch deren Begebung verlangte, entsteht kein nach dem bisherigen Rechte zu beurteilendes Schuldverhältnis, wenn nicht auch die Begebung unter der Herrschaft des bisherigen Rechtes erfolgte. Die Ausstellung der Schuldverschreibung für sich allein hatte dann nur den Charakter einer vorbereitenden Handlung. Wird die Schuldverschreibung dem Aussteller nach dem Inkrafttreten des BGB. gestohlen oder kommt sie ihm sonst abhanden, so entsteht ein Schuldverhältnis gegenüber dem dritten Besitzer nicht, weil die unter der Herrschaft des bisherigen Rechtes stehende Ausstellung diese Wirkung nicht hatte. Ein Schuldverhältnis kann in einem Falle dieser Art nur nach den Vorschriften des BGB. entstehen. Daraus würde nach dem Wortlaute der fraglichen Vorschrift folgen, daß die Ausstellung der Schuldverschreibung nach dem Inkrafttreten des BGB. nach Maßgabe des § 793 erfolgt sein muß. Es dürfte indessen eine formalistische Übertreibung sein, wenn man die Wiederholung der Ausstellung nach dem Inkrafttreten des BGB. verlangen wollte; zur Begründung des Schuldverhältnisses nach Maßgabe der Vorschriften des BGB. dürfte vielmehr genügen, daß der Aussteller die vor dem Inkrafttreten des BGB. ausgestellte Schuldverschreibung nach diesem Zeitpunkte begibt. Die Zeit der Ausstellung ergibt sich aus dem Datum der Schuldverschreibung. Die Datierung schließt aber den Gegenbeweis nicht aus. Wenn also z. B. bewiesen wird, daß eine vom 1. Dezember 1899 datierte Schuldverschreibung erst nach dem Inkrafttreten des BGB. ausgestellt ist, so bestimmt sich die Haftung des Ausstellers, wenn ihm die Schuldverschreibung gestohlen, verloren oder sonst abhanden gekommen ist, nach den Vorschriften des BGB. (§ 794), auch wenn nach dem am 1. Dezember 1899 geltenden Rechte eine solche Haftung nicht eintrat.

Soweit die Entstehung des Schuldverhältnisses nach dem bisherigen Rechte zu beurteilen ist, bestimmt sich nach diesem auch die Person des Gläubigers. Ist nach dem bisherigen Rechte nur der zur Verfügung über das Papier Berechtigte Gläubiger, so bleibt es hierbei auch nach dem Inkrafttreten des BGB. und die Vorschrift des § 793 Abs. 1 Satz 2, nach welcher der Schuldner auch durch die Leistung an den Inhaber befreit wird, findet, wenn das bisherige Recht eine solche Vorschrift nicht kennt, keine Anwendung. Die Verfügungsberechtigung über das Papier, insbesondere der Erwerb des Eigentums daran bestimmt sich aber von dem Inkrafttreten des BGB. an nach diesem. Es finden darauf also BGB. §§ 932—936 und HGB. §§ 366, 367 Anwendung (Niedner, Erl. 2aβ).

Von der Regel, daß die vor dem Inkrafttreten des BGB. ausgestellten Schuldverschreibungen auf den Inhaber nach dem bisherigen Rechte, die nachher ausgestellten aber nach dem BGB. zu beurteilen sind, machen die Art. 174—176 verschiedene Ausnahmen.

2. Für Schuldverschreibungen auf den Inhaber mit Ausnahme der auf Sicht zahlbaren unverzinslichen sowie der Zins-, Renten- und Gewinnanteilscheine gelten, auch wenn sie vor dem Inkrafttreten des BGB. ausgestellt sind, folgende Vorschriften des BGB.:

a) die Vorschrift des § 798, nach welcher, wenn eine Schuldverschreibung auf den Inhaber infolge einer Beschädigung oder einer Verunstaltung zum Umlaufe nicht mehr geeignet ist, der Inhaber, sofern ihr wesentlicher Inhalt und ihre Unterscheidungsmerkmale noch mit Sicherheit erkennbar sind, von dem Aussteller die Erteilung einer neuen Schuldverschreibung auf den Inhaber gegen Aushändigung der beschädigten oder verunstalteten verlangen kann, die Kosten aber zu tragen und vorzuschießen hat. Die Vorschrift findet Anwendung ohne Unterschied, ob die Beschädigung oder Verunstaltung vor oder nach dem Inkrafttreten des BGB. eingetreten ist.

b) die §§ 799, 800, welche die Zulässigkeit der Kraftloserklärung einer vernichteten oder abhanden gekommenen Schuldverschreibung auf den Inhaber im Wege des Aufgebotsverfahrens bestimmen, sofern nicht in der Urkunde selbst das Gegenteil bestimmt ist. Das Verfahren bestimmt sich nach CPO. §§ 1003ff. Der Aussteller ist verpflichtet, dem bisherigen Inhaber die im § 799 Abs. 2 bezeichneten Mitteilungen zum Zwecke des Aufgebotsverfahrens zu machen. Nach CPO. § 1018 Abs. 1 hat derjenige, welcher das Ausschlußurteil erwirkt hat, die Befugnis, den Anspruch aus der Schuldverschreibung geltend zu machen. Nach BGB. § 800 kann er außerdem von dem Aussteller die Erteilung einer neuen Schuldverschreibung auf den Inhaber an Stelle der für kraftlos erklärten verlangen, hat jedoch die Kosten zu tragen und vorzuschießen.

Zweifelhaft ist, ob diese Vorschriften auch dann Anwendung finden, wenn die Schuldverschreibung schon vor dem Inkrafttreten des BGB. vernichtet oder abhanden gekommen ist. Die Frage ist von Bedeutung insbesondere dann, wenn das bisherige Recht eine Kraftloserklärung überhaupt nicht kennt, der Anspruch aus der Schuldverschreibung also, wenn diese vernichtet oder abhanden gekommen ist, wenigstens tatsächlich nicht mehr geltend gemacht werden kann. Die Anwendung der fraglichen Vorschrift im Falle eines vor dem Inkrafttreten des BGB. erfolgten Verlustes der Schuldverschreibung führt hier sachlich zu einer Wiederherstellung eines untergegangenen Anspruchs. Der Wortlaut des Art. 174 dürfte aber eine Ausscheidung der gedachten Fälle nicht zulassen (a. A. Habicht S. 327). Sie würde auch praktisch in manchen Fällen schwer durchführbar und unzweckmäßig sein. Jedenfalls wird, wenn das bisherige Recht überhaupt eine Kraftloserklärung zuläßt, ein nach dem Inkrafttreten des BGB. eingeleitetes Verfahren (vgl. Art. 178) sich nach dem BGB. und nach der CPO. bestimmen müssen.

Nach § 799 findet die Kraftloserklärung nicht statt, wenn in der Urkunde das Gegenteil bestimmt ist. Auch diese Vorschrift findet Anwendung auf die vor dem Inkrafttreten des BGB. ausgestellten Schuldverschreibungen auf den Inhaber. Es genügt nicht, daß in den bisherigen Landesgesetzen die Kraftloserklärung ausgeschlossen ist. Genügen dürfte es dagegen, wenn in der Urkunde ausdrücklich auf diese landesgesetzliche Vorschrift hingewiesen ist (a. A. Niedner, Erl. 4d).

c) die Vorschriften des BGB. § 802 über die Hemmung der Vorlegungsfrist und der Verjährung durch die im Aufgebotsverfahren erfolgte Zahlungssperre. Das Erlöschen des Rechtes aus einer vor dem Inkrafttreten des BGB. ausgestellten Schuldverschreibung auf den Inhaber bestimmt sich im allgemeinen nach dem bisherigen Rechte (s. jedoch unter b). Nach diesem bestimmt sich insbesondere die Verjährung. Auf diese finden nach Art. 174 Abs. 2 die Vorschriften des bisherigen Rechtes unbeschadet der Vorschrift des BGB. § 802 in ihrem vollen Umfang in der Art Anwendung, daß die besonderen sonst für die Verjährung von Ansprüchen geltenden Bestimmungen des Art. 169 ausgeschlossen sind. Die Vorschriften des BGB. § 801 über das Erlöschen des Anspruchs aus der Schuldverschreibung und über dessen Verjährung sind auf die Ansprüche aus einer vor dem Inkrafttreten des BGB. ausgestellten Schuldverschreibung nicht ausgedehnt. Die Anwendung des § 802 erfolgt also in der Art, daß die Frage, ob und welche Vorlegungsfrist besteht, sowie der Beginn, der Lauf und die Dauer der Verjährung aus dem bisherigen Rechte entnommen wird, daß aber eine Vorlegungsfrist, soweit sie besteht, und die Verjährung außer durch die in dem bisherigen Rechte bestimmten Gründe auch durch die Zahlungssperre nach Maßgabe des § 802 gehemmt wird (s. CPO. §§ 1020—1022). Die Wirkungen der Verjährung bestimmen sich nach dem bisherigen Rechte. Sowohl der Wortlaut als der Zweck des Abs. 2 des Art. 174 sprechen dagegen, in dieser Beziehung eine Ausnahme zugunsten der Anwendung des BGB. § 222 zu machen (a. A. Habicht S. 318; Niedner, Erl. 3).

d) der § 806 Satz 1 des BGB., nach welchem die Umschreibung einer Schuldverschreibung auf den Inhaber auf den Namen einer bestimmten Person nur durch den Aussteller erfolgen kann (vgl. Art. 176). Keine Anwendung findet § 806 Satz 2, nach welchem der Aussteller zur Umschreibung nicht verpflichtet ist. Die Frage, ob eine solche Verpflichtung besteht, bestimmt sich also für die vor dem Inkrafttreten des BGB. ausgestellten Schuldverschreibungen auf den Inhaber nach dem bisherigen Rechte.

3. **Für Zins-, Renten- und Gewinnanteilscheine, die vor dem Inkrafttreten des BGB. ausgestellt sind,** bestimmt der Art. 174 folgendes:

a) Der § 798 des BGB. findet Anwendung (s. oben Erl. 2a).

b) Keine Anwendung finden die Vorschriften des BGB. über die Kraftloserklärung und die Zahlungssperre, insbesondere nicht die Vorschrift des § 799 Abs. 1 Satz 2, nach welcher die Kraftloserklärung von Zins-, Renten- und Gewinnanteilscheinen ausgeschlossen ist. Die Frage, ob eine Kraftloserklärung und Zahlungssperre stattfindet, bestimmt sich vielmehr lediglich nach dem bisherigen Rechte (Art. 174 Abs. 1 Satz 2). Hierdurch dürfte auch die Anwendung des § 802 des BGB. über die Hemmung der Vorlegungsfrist und der Verjährung durch die Zahlungssperre ausgeschlossen sein.

c) Die Verjährung bestimmt sich unter Ausschluß des Art. 169 nach dem bisherigen Rechte (Art. 174 Abs. 2).

d) Nach dem Wortlaute des Art. 174 Abs. 1 soll auch der § 804 des BGB. Anwendung finden. Es fragt sich indessen, ob dieses Allegat nicht auf einem Versehen beruht und statt des § 804 der § 805 für anwendbar erklärt werden sollte. In dem dem Art. 174 entsprechenden Art. 146 des von der zweiten Kommission dem Bundesrate vorgelegten E. II d. EG. war für anwendbar erklärt nicht der dem § 804 entsprechende § 789, sondern der von den Erneuerungsscheinen handelnde dem § 805 entsprechende § 790 des dem Bundesrate vorgelegten E. II rev. des BGB. Dies entsprach dem Beschlusse der zweiten Kommission (P. II Bd. 6 S. 505 ff.). In dem dem Reichstage vorgelegten E. III wurde aber nicht der dem § 790 des E. II rev. und dem jetzigen § 805 entsprechende § 789 des dem Reichstage vorgelegten E. III des EG., sondern der dem § 789 des E. II rev. und dem jetzigen § 804 ensprechende § 788 jenes E. III allegiert. Im Reichstag erfolgte die Annahme nach Maßgabe der Vorlage. Es ist wahrscheinlich, daß die Änderung des fraglichen Allegats nicht auf einem Beschlusse des Bundesrats, sondern auf einem Versehen bei der Umparagraphierung beruht. In der Reichsschuldenordnung v. 19. März 1900 § 21 wird auch nicht der § 804, sondern § 805 allegiert. Da indessen nicht mit Sicherheit zu konstatieren ist, ob es sich hier wirklich nur um ein Versehen handelt, und da die Anwendung des § 804 und die Nichtanwendung des § 805 zwar auffallend ist, aber doch nicht zu einem widersinnigen Ergebnisse führt, so dürfte es bedenklich sein, den publizierten Gesetzestext durch eine andere Bestimmung zu ersetzen.

Der § 804 gibt für den Fall, daß ein Zins-, Renten- oder Gewinnanteilschein abhanden gekommen oder vernichtet ist, dem bisherigen Inhaber, wenn dieser den Verlust dem Aussteller vor dem Ablaufe der Vorlegungsfrist anzeigt, das Recht, nach dem Ablaufe der Frist den Betrag des Scheines von dem Aussteller zu fordern, sofern nicht der Schein dem Aussteller vor dem Ablaufe der Frist zur Einlösung vorgelegt oder der Anspruch daraus gerichtlich geltend gemacht ist. Diese Vorschrift setzt das Bestehen einer Vorlegungsfrist voraus. Eine solche ist durch § 801 Abs. 2 des BGB. für Zins-, Renten- und Gewinnanteilscheine auf vier Jahre bestimmt. Der § 801 findet aber auf die vor dem Inkrafttreten des BGB. ausgestellten Zins-, Renten- und Gewinnanteilscheine keine Anwendung. Um den § 804 also auf Scheine dieser Art anzuwenden, muß vorausgesetzt werden, daß das bisherige Recht eine Vorlegungsfrist für sie bestimmt. Diese Vorlegungsfrist des bisherigen Rechtes tritt an die Stelle der Vorlegungsfrist des § 801, die der § 804 vor Augen hat. Erfolgt innerhalb derselben die Anzeige des Verlustes, so treten die im § 804 bestimmten Folgen ein. Kennt das bisherige Recht eine Vorlegungsfrist nicht, so ist der § 804 unanwendbar. In solchem Falle der Vorlegungsfrist etwa die Verjährungsfrist zu substituieren, dürfte weder mit dem Wortlaute vereinbar sein noch dem Zwecke des Gesetzes entsprechen oder zu einem befriedigenden Ergebnisse führen (a. A. Habicht S. 338).

Über das Recht der Landesgesetzgebung, die Anwendbarkeit des § 804 für gewisse Schuldverschreibungen auf den Inhaber auszuschließen, s. Art. 100 Nr. 2.

e) Anwendbar, aber praktisch wohl nicht in Betracht kommend ist der § 806 Satz 1 (s. oben Erl. 2d).

4. **Auf die vor dem Inkrafttreten des BGB. ausgestellten auf Sicht zahlbaren unverzinslichen Schuldverschreibungen auf den Inhaber** finden die §§ 798, 806 Satz 1 (s. oben Erl. 2a und d) Anwendung. In betreff der Kraftloserklärung und Zahlungssperre gilt das in Erl. 3b, in betreff der Verjährung das in Erl. 3c Gesagte.

5. **In betreff der Erneuerungsscheine** (Talons) enthält das BGB. § 805 die Vorschrift, daß Zins- und Rentenscheine dem Inhaber des Erneuerungsscheins nicht ausgehändigt werden dürfen, wenn der Inhaber der Schuldverschreibung, zu welcher der Erneuerungsschein ausgegeben ist, widerspricht; sie sind in solchem Falle diesem auszuhändigen, wenn er die Schuldverschreibung vorlegt. Der § 805 ist durch Art. 174 auf die vor dem Inkrafttreten des BGB. ausgestellten Erneuerungsscheine nicht für anwendbar erklärt, sofern man nicht das Allegat des § 804 durch das des § 805 ersetzen zu dürfen glaubt (s. oben Erl. 3d). Nach dem BGB. haben die Erneuerungsscheine nicht den Charakter selbständiger Schuldverschreibungen auf den Inhaber, sondern dienen nur zur Erleichterung der Legitimation des Inhabers der Schuldverschreibung. Meistens haben sie diesen Charakter auch nach dem bisherigen Rechte. Soweit dies der Fall ist,

Artikel 175. Für Zins-, Renten- und Gewinnantheilscheine, die nach dem Inkrafttreten des Bürgerlichen Gesetzbuchs für ein vor dieser Zeit ausgestelltes Inhaberpapier ausgegeben werden, sind die Gesetze maßgebend, welche für die vor dem Inkrafttreten des Bürgerlichen Gesetzbuchs ausgegebenen Scheine gleicher Art gelten.

---

findet auf sie der Art. 174 keine Anwendung; die vor dem Inkrafttreten des BGB. ausgegebenen Erneuerungsscheine sind daher nach Maßgabe der allgemeinen Grundsätze nach dem bisherigen Rechte zu beurteilen. Soweit nach dem bisherigen Rechte aber die Erneuerungsscheine den Charakter von Schuldverschreibungen auf den Inhaber haben, findet auf sie der Art. 174 und zwar ohne die im Abs. 1 Satz 2 bestimmte Beschränkung Anwendung (s. oben Erl. 2).

6. **Die im BGB. § 807 bezeichneten Karten, Marken und ähnlichen Urkunden** sind keine Schuldverschreibungen auf den Inhaber, obwohl einzelne der für diese geltenden Vorschriften auf sie für anwendbar erklärt sind. Der Art. 174 findet auf sie daher keine Anwendung. Soweit sie vor dem Inkrafttreten des BGB. ausgestellt sind, findet auf sie nach Maßgabe der allgemeinen Grundsätze das bisherige Recht Anwendung.

7. Abweichend vom E. I **bezieht sich der Art. 174 nicht auf Aktien auf den Inhaber.** Die hierauf bezügliche Bestimmung des E. I ist von der zweiten Kommission in das HGB. verwiesen. Sie ist dort in dem EG. zum HGB. Art. 25 (vgl. HGB. § 228) gegeben.

8. **Landesgesetzliche Vorschriften.** Preußen, AG. Art. 18 § 10; Bayern, Ges. betr. Übergangsvorschriften zum BGB. v. 9. Juni 1899 Art. 8; Württemberg, AG. Art. 183—186; Hessen, AG. Art. 136, 137; Mecklenburg-Schwerin, AB. §§ 45—48; Oldenburg, AG. § 4; Baden, AG. zur CPO. v. 18. Juni 1899 § 12. Vgl. auch die Vorbehalte zugunsten der Landesgesetze in den Art. 100—102 und die in den Erl. dazu angeführten landesgesetzlichen Vorschriften.

Artikel 175.

E. d. EG. I Art. 105 Abs. 3; II Art. 147; III Art. 175. P. I S. 13067 ff.; M. d. EG. S. 263. P. II Bd. 6 S. 507, 509, 626 ff.

1. **Zins-, Renten- und Gewinnanteilscheine,** welche zu einem Inhaberpapier ausgegeben werden, stehen ihrer Natur nach mit diesem im Zusammenhange, haben aber doch andererseits den Charakter selbständiger Schuldverschreibungen auf den Inhaber. Wo das BGB. im allgemeinen von Schuldverschreibungen auf den Inhaber spricht, versteht es darunter auch die Zins-, Renten- und Gewinnanteilscheine; soweit eine Bestimmung für diese nicht mit gelten soll, wird dies besonders hervorgehoben. Aus dem Charakter der fraglichen Scheine als Schuldverschreibungen auf den Inhaber würde nach allgemeinen Grundsätzen folgen, daß auf sie, wenn sie nach dem Inkrafttreten des BGB. ausgestellt sind, dessen Vorschriften Anwendung finden. Der E. I beließ es im allgemeinen bei dieser Konsequenz und gab nur für die Verjährung eine besondere Vorschrift. Mit Rücksicht auf den Zusammenhang, in welchem die fraglichen Scheine mit dem Inhaberpapiere stehen, zu welchem sie ausgegeben werden, und auf das Interesse des Verkehrs hat die zweite Kommission die Vorschrift des Art. 175 eingestellt. **Auf Scheine der fraglichen Art, welche nach dem Inkrafttreten des BGB. zu einem vor diesem Zeitpunkt ausgestellten Inhaberpapier ausgegeben werden,** sollen die Gesetze, welche für die vor dem Inkrafttreten des BGB. ausgegebenen Scheine gleicher Art gelten, Anwendung finden. Voraussetzung ist also, daß das Inhaberpapier, zu welchem die Scheine ausgegeben werden, vor dem Inkrafttreten des BGB. ausgestellt ist. Dies ist in demselben Sinne zu verstehen, wie im Art. 174; es kommt darauf an, daß das Inhaberpapier durch die Ausstellung dem bisherigen Rechte unterworfen wird. Würde es trotz der Ausstellung vor dem Inkrafttreten des BGB. den Vorschriften des letzteren unterliegen, weil das bisherige Recht nicht schon durch die Ausstellung, sondern erst durch die Begebung eine Bindung eintreten läßt und die Begebung erst nach dem Inkrafttreten des BGB. erfolgt ist (s. Erl. 1 zu Art. 174), so findet der Art. 175 keine Anwendung. Es kommt darauf an, daß das Hauptpapier und dessen Wirkungen sich nach dem bisherigen Rechte bestimmen; dann sollen nach denselben Gesetzen alle zu dem Papier ausgegebenen Scheine der fraglichen Art beurteilt werden, mögen sie vor oder nach dem Inkrafttreten des BGB. ausgegeben sein. Es kommt auch nicht darauf an, ob vor dem Inkrafttreten des BGB. wirklich schon Scheine der fraglichen Art ausgegeben sind. Die gedachten Gesetze finden auch Anwendung, wenn die ersten Scheine der fraglichen Art erst nach dem Inkrafttreten des BGB. ausgegeben sind, sofern nur

Artikel 176. Die Außerkurssetzung von Schuldverschreibungen auf den Inhaber findet nach dem Inkrafttreten des Bürgerlichen Gesetzbuchs nicht mehr statt. Eine vorher erfolgte Außerkurssetzung verliert mit dem Inkrafttreten des Bürgerlichen Gesetzbuchs ihre Wirkung.

---

das Hauptpapier nach dem bisherigen Rechte zu beurteilen ist. Die zur Anwendung kommenden Gesetze sind die bisherigen Gesetze, jedoch mit denjenigen Modifikationen, welche nach Erl. 3 zu Art. 174 für die vor dem Inkrafttreten des BGB. ausgegebenen Scheine der fraglichen Art gelten.

2. **Der Art. 175 spricht von Scheinen der fraglichen Art, welche zu einem Inhaberpapier ausgegeben sind.** Der Begriff des Inhaberpapiers ist ein weiterer als der der Schuldverschreibungen auf den Inhaber, von denen der Art. 174 spricht. Es werden darunter nach der Terminologie des BGB. auch die Aktien auf den Inhaber mitverstanden. Die Gewinnanteilscheine kommen ja auch für diese in Betracht.

3. **Nur auf Inhaberpapiere, nicht auf Schuldverschreibungen oder Aktien auf den Namen** bezieht sich die Vorschrift des Art. 175. Werden indessen zu Papieren der letztgedachten Art, wie das bisweilen geschieht, nach Maßgabe der in denselben getroffenen Bestimmung auf den Inhaber lautende Zins-, Renten- oder Gewinnanteilscheine ausgegeben, so dürfte eine entsprechende Anwendung des Art. 175 auf diese Scheine dahin gerechtfertigt sein, daß, wenn die auf den Namen lautende Schuldverschreibung oder Aktie nach dem bisherigen Rechte zu beurteilen ist, nach diesem auch alle zu demselben ausgegebenen Scheine der fraglichen Art, mögen sie vor oder nach dem Inkrafttreten des BGB. ausgegeben sein, beurteilt werden.

Artikel 176.

E. d. EG. I Art. 175 Abs. 2; II Art. 148; III Art. 176. P. I S. 13067 ff.; M. d. EG. S. 263. P. II Bd. 6 S. 506, 508 f.

1. **Den Begriff der Außerkurssetzung** definiert das EG. nicht. Es wird darunter jeder auf eine Schuldverschreibung auf den Inhaber gesetzte Vermerk zu verstehen sein, durch den dieser die Eigenschaft einer Schuldverschreibung auf den Inhaber entzogen oder diese Eigenschaft beschränkt wird. Ausgenommen ist nur derjenige Vermerk, durch welchen die Schuldverschreibung von dem Aussteller auf den Namen einer bestimmten Person umgeschrieben wird. Dies ergibt sich aus dem BGB. § 806 Satz 1, nach welchem die Umschreibung einer Schuldverschreibung auf den Inhaber auf eine bestimmte Person nur durch den Aussteller erfolgen kann. Aus diesem Satze in Verbindung mit der Bestimmung des Art. 174, nach welcher dieser Satz auch auf die vor dem Inkrafttreten des BGB. ausgestellten Schuldverschreibungen auf den Inhaber Anwendung findet, könnte vielleicht schon die Bestimmung des Art. 176 Satz 1 abgeleitet werden. Da indessen die Außerkurssetzung auch solche Vermerke mit begreift, durch welche der Schuldverschreibung, ohne sie auf eine bestimmte Person umzuschreiben, die Eigenschaft eines Inhaberpapiers entzogen werden soll, so ist es für ratsam erachtet, das Verbot der Außerkurssetzung in dem ersten Satze allgemein auszusprechen.

2. **Der Satz 2 bestimmt die rückwirkende Kraft des in dem Satz 1 ausgesprochenen Verbots** auf die vor dem Inkrafttreten des BGB. erfolgten Außerkurssetzungen und zwar abweichend vom E. I, der die rückwirkende Kraft in diesem Umfange nicht wollte. Der Grund, aus welchem der auf den Beschlüssen der zweiten Kommission beruhende Satz 2 die Rückwirkung eintreten läßt, liegt hauptsächlich darin, daß die Außerkurssetzungen nach dem bisherigen Rechte häufig ohne Angabe des Datums erfolgten und daß es daher nicht möglich sein würde, zu unterscheiden, ob eine Außerkurssetzung vor oder nach dem Inkrafttreten des BGB. erfolgt ist. Die Rückwirkung findet übrigens nur in der Art statt, daß die Außerkurssetzung mit dem Inkrafttreten des BGB. ihre Wirkungen verliert, nicht dahin, daß die bereits vorher eingetretenen Wirkungen als nicht eingetreten angesehen werden. Hieraus ergibt sich, daß, wenn jemand vor dem Inkrafttreten des BGB. eine außer Kurs gesetzte Schuldverschreibung auf den Inhaber unter Umständen erlangt hat, unter denen er nach dem bisherigen Rechte, weil die Außerkurssetzung erfolgt war, ein Recht auf die Schuldverschreibung nicht erworben hat, durch das Inkrafttreten des BGB. ein Recht für ihn nicht begründet wird. Wer nach dem bisherigen Rechte das Eigentum oder ein sonstiges Recht an der Schuldverschreibung auf den Inhaber trotz der Erlangung derselben durch einen Dritten behalten hatte, behält dieses Recht auch nach dem Inkrafttreten des BGB. Mit diesem Zeitpunkt aber erlangt die Schuldverschreibung wieder in jeder Beziehung die Eigenschaft der Schuld-

Artikel 177. Von dem Inkrafttreten des Bürgerlichen Gesetzbuchs an gelten für vorher ausgegebene Urkunden der im §. 808 des Bürgerlichen Gesetzbuchs bezeichneten Art, sofern der Schuldner nur gegen Aushändigung der Urkunde zur Leistung verpflichtet ist, die Vorschriften des §. 808 Abs. 2 Satz 2, 3 des Bürgerlichen Gesetzbuchs und des Artikel 102 Abs. 2 dieses Gesetzes.

---

verschreibung auf den Inhaber; der Vermerk der Außerkurssetzung wird von nun an als nicht mehr vorhanden angesehen und jedes Rechtsgeschäft, das in betreff der Schuldverschreibung vorgenommen wird, hat die in dem BGB. für Rechtsgeschäfte über Schuldverschreibungen auf den Inhaber durch das BGB. bestimmten Wirkungen (s. insbesondere § 935 Abs. 2).

Es steht übrigens nichts entgegen, daß auf einer Schuldverschreibung, die außer Kurs gesetzt war, nach dem Inkrafttreten des BGB. vermerkt wird, daß die Schuldverschreibung mit dem Inkrafttreten des BGB. kraft des Gesetzes wieder als in Kurs gesetzt anzusehen sei.

3. Der Art. 176 bezieht sich nur auf Schuldverschreibungen auf den Inhaber. Eine entsprechende Vorschrift für Aktien auf den Inhaber gibt das EG. zum HGB. Art. 26.

4. Zweifelhaft ist, ob der **§ 4 des Reichsinvalidenfondsgesetzes** v. 23. Mai 1873 durch den Art. 176 aufgehoben ist oder ob er neben demselben bestehen bleibt. Der gedachte § 4 bestimmt, daß die für den Reichsinvalidenfonds erworbenen Schuldverschreibungen auf den Inhaber unter Mitwirkung der Reichsschuldenkommission außer Kurs gesetzt werden sollen; zugleich wird das Verfahren geregelt, in welchem unter Mitwirkung der Reichsschuldenkommission die Wiederinkurssetzung zu erfolgen hat. Da nach EG. Art. 32 die Reichsgesetze in Kraft bleiben, soweit sich ihre Aufhebung nicht aus dem BGB. oder aus dem EG. ergibt, so fragt es sich, ob eine solche Aufhebung in dem Art. 176 zu finden ist. Diese Frage dürfte zu verneinen sein, weil es sich in dem gedachten § 4 um eine auf besonderen Gründen beruhende Spezialvorschrift handelt und die Absicht, diese aufzuheben, aus der allgemeinen Vorschrift des Art. 176 nicht gefolgert werden kann. Auf demselben Standpunkte steht dem Vernehmen nach der Reichskanzler (a. A. Mosler in Holdheims Zeitschrift Bd. 12 S. 194).

5. **Landesgesetzliche Vorschriften.** Sachsen, V. v. 6. Juli 1899 § 12; Mecklenburg-Schwerin, AV. z. FGG. § 86.

Artikel 177.

E. d. EG. II Art. 149; III Art. 177. P. II Bd. 6 S. 515f.

1. **Auf Urkunden der im BGB. § 808 bezeichneten Art** (sog. qualifizierte Legitimationspapiere) findet, wenn sie vor dem Inkrafttreten des BGB. ausgegeben sind (die Zeit der Ausstellung kommt hier nicht in Betracht), das bisherige Recht Anwendung. Von dieser Regel macht der Art. 177 eine Ausnahme für den Fall, daß der Schuldner, wie dies nach § 808 die Regel bildet, auch nach dem bisherigen Rechte nur gegen Aushändigung der Urkunde zu leisten verpflichtet ist. In solchem Falle sollen auf die fraglichen Urkunden von dem Inkrafttreten des BGB. an die Vorschriften des § 808 Abs. 2 Satz 2, 3 Anwendung finden. Es soll also

a) die Urkunde, wenn sie abhanden gekommen oder vernichtet ist, im Wege des Aufgebotsverfahrens für kraftlos erklärt werden können, sofern nicht ein anderes bestimmt ist. Das Verfahren wird durch CPO. §§ 1003ff. geregelt; insbesondere finden nach § 1023 auch die Vorschriften der §§ 1020—1022 über die Zahlungssperre Anwendung. Das Verfahren findet statt, ohne daß es darauf ankommt, ob die Urkunde vor oder nach dem Inkrafttreten des BGB. abhanden gekommen oder vernichtet ist. Es soll ferner

b) auf die Verjährung die Vorschrift des BGB. § 802 Anwendung finden, d. h. also die Verjährung des Anspruchs aus der Urkunde wird durch die Zahlungssperre nach Maßgabe der im § 802 des BGB. gegebenen näheren Vorschriften gehemmt. Auf die Verjährung der hier fraglichen Ansprüche findet im allgemeinen nicht die Vorschrift des Art. 174 Abs. 2, sondern der Art. 169 Anwendung. Nach diesem bestimmt sich die Hemmung der Verjährung für die Zeit vor dem Inkrafttreten des BGB. nach dem bisherigen Rechte, für die spätere Zeit nach dem BGB. Zu den allgemeinen Hemmungsgründen tritt hier aber noch die Hemmung durch die Zahlungssperre nach Maßgabe des § 802 hinzu. Es soll endlich

c) der Art. 102 Abs. 2 Anwendung finden. Diese Vorschrift hat nur die Bedeutung einer Hinweisung darauf, daß die landesgesetzlichen Vorschriften unberührt bleiben, welche für die

Artikel 178. Ein zur Zeit des Inkrafttretens des Bürgerlichen Gesetzbuchs anhängiges Verfahren, das die Kraftloserklärung einer Schuldverschreibung auf den Inhaber oder einer Urkunde der im §. 808 des Bürgerlichen Gesetzbuchs bezeichneten Art oder die Zahlungssperre für ein solches Papier zum Gegenstande hat, ist nach den bisherigen Gesetzen zu erledigen. Nach diesen Gesetzen bestimmen sich auch die Wirkungen des Verfahrens und der Entscheidung.

Kraftloserklärung der im § 808 des BGB. bezeichneten Urkunden ein anderes Verfahren als das Aufgebotsverfahren bestimmen.

2. **Keine Vorschrift enthält der Art. 177 über die Außerkurssetzung der hier fraglichen Urkunden.** In der Erl. 3a zu Art. 99 ist bereits hervorgehoben, daß die Unzulässigkeit der Außerkurssetzung eines Sparkassenbuchs sich aus der Vorschrift des § 808 Satz 1 ergebe. Dies gilt von allen Urkunden der dort bezeichneten Art. Die in einer solchen Urkunde getroffene Bestimmung, daß der Gläubiger durch die Leistung an jeden Inhaber der Urkunde befreit werde, kann nicht durch einen von dem Gläubiger oder einem Dritten auf die Urkunde gesetzten Vermerk außer Kraft gesetzt werden. In der Erl. 3a zu Art. 99 ist aber auch schon darauf hingewiesen, daß hieraus nicht folge, daß nicht auf Grund einer Vereinbarung unter den Parteien in der Urkunde etwas anderes bestimmt werde. Es kann darin insbesondere bestimmt werden, daß der Schuldner durch die Leistung an den Inhaber nur unter bestimmten Voraussetzungen oder daß er überhaupt nur durch Leistung an den wirklichen Gläubiger befreit werde. Durch eine solche Bestimmung wird die Eigenschaft der Urkunde als einer Urkunde der im § 808 bezeichneten Art aufgehoben oder beschränkt. In Konsequenz dieser Auffassung wird man auch die Bestimmung als zulässig betrachten müssen, daß der Inhaber der Urkunde oder ein Dritter berechtigt sein soll, die Urkunde außer Kurs zu setzen. Dies bedeutet dann, daß der Schuldner sich verpflichtet, für den Fall, daß eine solche Außerkurssetzung erfolge, nur an den nach allgemeinen Grundsätzen legitimierten Gläubiger zu leisten. Der Satz, daß die Außerkurssetzung unzulässig ist, gilt also nur, sofern in der Urkunde nicht etwas anderes bestimmt worden ist.

Für die vor dem Inkrafttreten des BGB. ausgegebenen Urkunden verbleibt es in betreff der Außerkurssetzung bei dem bisherigen Rechte. Die Vorschriften des Art. 176 gelten nur für Schuldverschreibungen auf den Inhaber, nicht für Urkunden der im § 808 des BGB. bezeichneten Art. Insbesondere gilt für diese auch nicht der Satz 2 des Art. 176, daß eine vor dem Inkrafttreten des BGB. erfolgte Außerkurssetzung mit dem Inkrafttreten ihre Wirkung verliert (a. A. Nußbaum DJZ. 1899 S. 414).

3. **Bei Sparkassenbüchern wird es häufig vorkommen, daß darin Einlagen sowohl aus der Zeit vor dem Inkrafttreten des BGB. als aus der späteren Zeit beurkundet werden.** Eine einheitliche Beurteilung aller solcher Einlagen nach denselben Grundsätzen dürfte sich nicht rechtfertigen lassen. Man wird vielmehr auf die vor dem Inkrafttreten des BGB. gemachten Einlagen die Vorschriften des bisherigen Rechtes mit den in Erl. 1 angeführten Modifikationen, auf die später gemachten die Vorschriften des BGB. anzuwenden haben. Das Verhältnis ist so zu beurteilen wie wenn für jede der verschiedenen Einlagen ein besonderes Sparkassenbuch ausgegeben wäre (a. A. Habicht S. 347).

4. **Landesgesetzliche Vorschriften.** Preußen, AG. Art. 75 § 2; Bayern, AG. Art. 109—121; Württemberg, AG. Art. 188, 189; Hessen, AG. Art. 71.

Artikel 178.

E. d. EG. I Art. 105 Abs. 4; II Art. 150; III Art. 178. P. I S. 13067 ff.; M. d. EG. S. 263 f. P. II Bd. 6 S. 509, 627 f.

1. Auf ein anhängiges Verfahren finden, wenn die für dieses Verfahren geltenden Vorschriften geändert werden, nach allgemeinen Grundsätzen die neuen Vorschriften sofort Anwendung. Aus naheliegenden Zweckmäßigkeitsgründen bestimmt der Art. 178 für ein zur Zeit des Inkrafttretens des BGB. **anhängiges Verfahren, welches die Kraftloserklärung einer Schuldverschreibung auf den Inhaber oder einer Urkunde der im § 808 des BGB. bezeichneten Art oder die Zahlungssperre zum Gegenstande hat,** das Gegenteil. Das Verfahren soll nach den bisherigen Gesetzen erledigt werden und nach diesen soll sich auch die Wirkung sowohl des Verfahrens als der Entscheidung bestimmen. Die Vorschrift findet Anwendung sowohl, wenn für das anhängige Verfahren die Vorschriften der alten CPO. gelten, als auch, wenn das bisherige Recht ein besonderes

Artikel 179. Hat ein Anspruch aus einem Schuldverhältnisse nach den bisherigen Gesetzen durch Eintragung in ein öffentliches Buch Wirksamkeit gegen Dritte erlangt, so behält er diese Wirksamkeit auch nach dem Inkrafttreten des Bürgerlichen Gesetzbuchs.

Verfahren bestimmte. Für den ersteren Fall bestimmt der Art. 178 eine Abweichung von dem Art. 1 des EG. zu dem Ges. betr. Änderungen der CPO. v. 17. Mai 1898, nach welchem dieses Gesetz gleichzeitig mit dem BGB. in Kraft tritt. Für den letztgedachten Fall kommt der Art. 102 Abs. 2 in Betracht. Hiernach können die Landesgesetze in Ansehung der im § 808 des BGB. bezeichneten Urkunden Vorschriften geben, welche von der Bestimmung des Art. 178 abweichen.

2. Nach dem E. I sollte die Vorschrift des Art. 178 auch für **Aktien auf den Inhaber** gelten. Die zweite Kommission verwies diese wie alle sich auf Aktien auf den Inhaber beziehenden Vorschriften in das HGB. In dieses und in das EG. zum HGB. ist aber eine dem Art. 178 entsprechende Vorschrift nicht aufgenommen worden. Eine entsprechende Anwendung des Art. 178 dürfte sich aber wohl rechtfertigen.

3. **Auf die im § 807 des BGB. bezeichneten Urkunden** bezieht sich der Art. 178 nicht. In betreff dieser bleiben für das Aufgebotsverfahren und die Zahlungssperre nach Art. 102 Abs. 1 die bisherigen Gesetze maßgebend.

Artikel 179.

E. d. EG. I Art. 104 Abs. 2; II Art. 151; III Art. 179. P. I S. 13226 f., 13229 f. M. d. EG. S. 257 ff. P. II Bd. 6 S. 501, 504.

1. **Ansprüche, die durch Eintragung in ein öffentliches Buch Wirksamkeit gegen Dritte erlangt haben.** Nach Art. 170 bestimmen sich die Wirkungen eines vor dem Inkrafttreten des BGB. entstandenen Schuldverhältnisses nach dem bisherigen Rechte. Nach diesem sind also die Ansprüche zu beurteilen, welche der nach dem Inhalte des Schuldverhältnisses Berechtigte (der Gläubiger) gegen den durch das Schuldverhältnis bestimmten Verpflichteten (den Schuldner) hat. In der Erl. 7 zu Art. 170 ist dargelegt, daß, wenn nach dem bisherigen Rechte das Schuldverhältnis unter gewissen Voraussetzungen auch Wirksamkeit gegen Dritte erhält, diese Wirkung regelmäßig nur dann eintritt, wenn jene Voraussetzungen bereits unter der Herrschaft des bisherigen Rechtes eingetreten sind. Es ist dort auch schon auf die durch Art. 179 bestimmte Ausnahme von dieser Regel hingewiesen. Erlangt der durch ein Schuldverhältnis begründete Anspruch nach dem bisherigen Rechte durch die Eintragung in ein öffentliches Buch Wirksamkeit gegen Dritte, so behält er diese Wirksamkeit, wenn die Eintragung vor dem Inkrafttreten des BGB. erfolgt ist, auch nach diesem Zeitpunkte; der Anspruch kann also, wenn er nach dem bisherigen Rechte gegen den dritten Besitzer oder Erwerber eines Gegenstandes geltend gemacht werden kann, gegen diesen auch dann geltend gemacht werden, wenn der Dritte den Besitz oder das Recht an dem Gegenstand erst nach dem Inkrafttreten des BGB. erlangt hat. Das durch die Eintragung begründete Recht wird also in der hier fraglichen Beziehung ebenso wie ein dingliches Recht behandelt. Welche Bücher als öffentliche Bücher im Sinne des Art. 179 anzusehen sind, bestimmt sich nach dem Landesrecht. In Betracht kommen besonders diejenigen Vorschriften des bisherigen Rechtes, nach welchen durch die Eintragung in das Grundbuch oder in das Pfandbuch der Anspruch des Mieters oder Pächters eines Grundstücks oder allgemein der persönliche Anspruch auf Erwerbung oder Wiedererlangung eines Grundstücks gegen jeden späteren Erwerber des Grundstücks Wirksamkeit erlangt (s. z. B. preuß. ALR. I 21 § 4, jedoch ist bestritten, ob die Eintragung nach dem Gesetz über den Eigentumserwerb v. 5. Mai 1872 noch zulässig ist; für die nach preuß. Rechte durch Vormerkung gesicherten Ansprüche s. RG. Bd. 52 S. 40; sächs. GB. § 1224; württembergisches Ges. v. 21. Mai 1828 Art. 71). Für Mieter und Pächter hat der Art. 179 einen großen Teil seiner Bedeutung durch die Vorschriften des Art. 172 verloren (s. Erl. 3 zu Art. 172). Außer den Grundbüchern können z. B. auch Schiffsregister in Betracht kommen.

2. Zweifelhaft ist, ob, wenn die Wirksamkeit eines Anspruchs von der Eintragung in das Grundbuch abhängt, **die Eintragung auch noch nach dem Inkrafttreten des BGB., aber bevor das Grundbuch als angelegt gilt, zulässig ist.** Für dingliche Rechte ergibt sich die Bejahung dieser Frage aus Art. 189. Für obligatorische Rechte der hier fraglichen Art fehlt eine entsprechende Bestimmung. Da es sich indessen bei diesen Ansprüchen darum handelt, ihnen

durch die Eintragung in das Grundbuch dingliche Wirkung gegen Dritte zu gewähren, so dürfte eine entsprechende Anwendung des Art. 189 auf sie dahin gerechtfertigt sein, daß, solange das Grundbuch noch nicht als angelegt anzusehen ist, die Erlangung der dinglichen Wirkung noch nach dem bisherigen Rechte zulässig ist. Sachlich handelt es sich bei der Eintragung eines Anspruchs der fraglichen Art um die Eintragung einer Verfügungsbeschränkung und eine solche ist ja auch nach dem BGB. (§§ 883, 888 Abs. 2, 892) unter gewissen Voraussetzungen zulässig (Habicht S. 254 Anm. 1; a. A. die frühere Auflage).

3. **Wirksamkeit der eingetragenen Ansprüche gegen Dritte nach Anlegung des Grundbuchs.** Keine ausdrückliche Entscheidung enthält das EG. über die Frage, ob, wenn ein Anspruch nach dem bisherigen Rechte durch Eintragung in das Grundbuch Wirksamkeit gegen den dritten Erwerber des Grundstücks erlangt hat, diese Wirksamkeit, wenn das Grundbuch in Ansehung des Grundstücks als angelegt anzusehen ist (Art. 186), auch gegenüber dem gutgläubigen Erwerber des Grundstücks besteht. Für dingliche Miet- und Pachtrechte bestimmt Art. 188 Abs. 2 die Zulässigkeit einer landesherrlichen Verordnung, nach welcher sie zur Erhaltung ihrer Wirksamkeit gegenüber dem öffentlichen Glauben des Grundbuchs der Eintragung nicht bedürfen. Obligatorische Ansprüche der hier fraglichen Art können keine größere Wirksamkeit haben als dingliche Rechte. Hieraus wird zu folgern sein, daß sie zur Erhaltung ihrer Wirksamkeit gegenüber dem öffentlichen Glauben des Grundbuchs der Eintragung bedürfen. Es fragt sich nun freilich, ob eine solche Eintragung zulässig ist. Gegen die Zulässigkeit läßt sich geltend machen, daß das Grundbuch nach dem BGB. nur für dingliche Rechte, nicht für obligatorische Ansprüche bestimmt ist. Auch nach dem BGB. ist indessen unter gewissen Voraussetzungen die Eintragung einer Verfügungsbeschränkung zur Sicherung eines persönlichen Anspruchs zulässig. Sachlich handelt es sich hier um eine Verfügungsbeschränkung. Der Zweck der Vorschrift des Art. 179 erfordert die Eintragung einer nach dieser Vorschrift aufrecht erhaltenen nach dem bisherigen Rechte begründeten Verfügungsbeschränkung zuzulassen. Wollte man dies nicht annehmen, so würde die nach dem bisherigen Rechte begründete Wirkung des Anspruchs gegen Dritte mit der Anlegung des Grundbuchs gegen alle gutgläubigen Erwerber des Grundstücks erlöschen; denn diese Wirkung auch ohne Eintragung aufrecht zu erhalten, dürfte aus den obigen Gründen nicht zulässig sein (a. A. Kisch, Elsaß-Lothringensches Landesprivatrecht S. 738).

Zu Artikel 180—197.

Die Art. 180—197 beziehen sich auf das Sachenrecht. Für den Besitz (Art. 180) und für das Eigentum (Art. 181) werden die Vorschriften des neuen Rechtes sofort für anwendbar erklärt, die Art. 182, 183 enthalten jedoch für das Stockwerkseigentum (Art. 182) und für die Eigentumsbeschränkungen in bezug auf Waldbäume (Art. 183) Ausnahmen zugunsten des bisherigen Rechtes. Der Art. 184 regelt die Rechte an fremden Sachen und an Rechten, der Art. 185 die Ersitzung von beweglichen Sachen.

Das Liegenschaftsrecht des BGB. setzt das Vorhandensein des Grundbuchs voraus. Da indessen am 1. Januar 1900 nicht alle Grundstücke in das Grundbuch eingetragen sein können, ergibt sich für das Gebiet des Liegenschaftsrechts für eine Reihe von Bundesstaaten ein nach dem 1. Januar 1900 liegender Zeitraum, in welchem die Vorschriften des Liegenschaftsrechts noch nicht Geltung erlangen können. Dieser Zeitraum dauert bis zu dem Zeitpunkt, in welchem das Grundbuch für den Bezirk, in dem das Grundstück liegt, angelegt ist (das Nähere s. Erl. zu Art. 186). Die Art. 186—195 treffen die Übergangsbestimmungen, welche durch die Einführung der Grundbuchverfassung veranlaßt sind. Der Art. 186 ordnet die Anlegung der Grundbücher. Die Art. 187, 188 nehmen von den Wirkungen des öffentlichen Glaubens des Grundbuchs die Grunddienstbarkeiten und gewisse gesetzliche Pfandrechte und Miet- und Pachtrechte aus, die zu der Zeit bestehen, zu welcher das Grundbuch als angelegt anzusehen ist. Der Art. 189 betrifft den Erwerb und Verlust von Rechten an einem Grundstück in der Zeit zwischen dem Inkrafttreten des BGB. und der Anlegung des Grundbuchs. Der Art. 190 regelt das Aneignungsrecht des Fiskus an den zur Zeit der Grundbuchanlegung herrenlosen Grundstücken. Der Art. 191 hat den Besitzschutz bei Dienstbarkeiten in der Zeit vom Inkrafttreten des BGB. bis zur Grundbuchanlegung und von da an zum Gegenstande. In den Art. 192—195 werden die zur Überleitung der im Zeitpunkte der Grundbuchanlegung bestehenden Hypotheken und Grundschulden erforderlichen Bestimmungen getroffen.

Die Art. 196, 197 regeln gewisse dem BGB. fremde Nutzungsrechte an Grundstücken.

Artikel 180. Auf ein zur Zeit des Inkrafttretens des Bürgerlichen Gesetzbuchs bestehendes Besitzverhältniß finden von dieser Zeit an, unbeschadet des Artikel 191, die Vorschriften des Bürgerlichen Gesetzbuchs Anwendung.

Artikel 180.

E. d. EG. I Art. 106 Abs. 1; II Art. 152; III Art. 180. P. I S. 13183, 13191, 13225; M. d. EG. S. 264. P. II Bd. 6 S. 516, 628.

Der Art. 180 **unterwirft die zur Zeit des Inkrafttretens des BGB. bestehenden Besitzverhältnisse von dieser Zeit an den Vorschriften des BGB.**; ob in diesem Zeitpunkte das Grundbuch für den Bezirk schon angelegt ist (Art. 186), kommt nicht in Betracht.

1. **Ob zur Zeit des Inkrafttretens des BGB. ein Besitzverhältnis besteht,** bestimmt sich nach den Vorschriften des BGB.

a) Es erlangt deshalb ein Verhältnis, das zwar nach dem bisherigen Rechte, nicht aber nach dem BGB. ein Besitzverhältnis ist, diese Eigenschaft; für solche Verhältnisse dauert auch nicht etwa das bisherige Recht fort, so daß sie als Besitzverhältnisse nach Maßgabe des bisherigen Rechtes zu behandeln wären. Insbesondere gibt es keinen Rechtsbesitz (s. Vorbm. 5 vor § 854) mehr; von Bedeutung ist dies z. B. für den vom bisherigen Rechte nicht selten anerkannten Besitz an Reallasten.

b) Auf der anderen Seite wird ein zur Zeit des Inkrafttretens des BGB. bestehendes Verhältnis, welches zwar nicht nach dem bisherigen, dagegen nach dem neuen Rechte die Erfordernisse eines Besitzverhältnisses erfüllt, Besitzverhältnis. Das BGB. bestimmt zwar nicht die Erfordernisse des Bestehens eines Besitzverhältnisses, sondern nur die Voraussetzungen, unter denen der Besitz erlangt wird (§ 854). Hieraus lassen sich indessen auch die Voraussetzungen ableiten, unter welchen ein Besitzverhältnis als bestehend anzunehmen ist. Insbesondere wird im Gebiete des gemeinen Rechtes der Mieter, der Verwahrer ꝛc. mit dem 1. Januar 1900 Besitzer im Sinne des BGB., der Vermieter ꝛc. erlangt den mittelbaren Besitz. Dies gilt auch für das Verhältnis des Mieters ꝛc. zum Vermieter ꝛc. und zwar ohne Rücksicht darauf, ob das Rechtsverhältnis zwischen dem Vermieter und Mieter ꝛc. im übrigen nach dem alten oder dem neuen Rechte (Art. 170, 171) sich beurteilt (a. A. Affolter S. 374). Von Bedeutung ist die sofortige Geltung des neuen Besitzrechts namentlich für die Frage, inwieweit der Vermieter ꝛc. gegenüber dem Mieter ꝛc. Besitzschutzmittel hat und umgekehrt (s. Erl. 2 zu § 869).

Die Frage, ob die Voraussetzungen für die Entstehung eines mittelbaren Besitzverhältnisses (s. Erl. 3 zu § 868) vorliegen, bestimmt sich nach dem bisherigen Rechte; sie ist übrigens von keiner weittragenden Bedeutung, weil das im § 868 vorausgesetzte Verhältnis nicht ein rechtsgültiges Verhältnis zu sein braucht (s. Erl. 2 zu § 868).

c) Für die Frage, ob der Besitz vom Erblasser auf den Erben unmittelbar Kraft Gesetzes übergegangen ist, gibt nicht der § 857 des BGB., sondern das bisherige Recht Maß, da nach Art. 213 bei einem vor dem Inkrafttreten des BGB. eingetretenen Erbfalle für die erbrechtlichen Verhältnisse die bisherigen Gesetze maßgebend bleiben, die Frage des Besitzüberganges aber ein erbrechtliches Verhältnis betrifft (s. Erl. zu Art. 213, so auch Habicht S. 360; a. A. Neumann zu Art. 180).

2. **Für den Besitzschutz** sowohl gegenüber Entziehung als gegen Störung **sind vom Inkrafttreten des BGB. an dessen Vorschriften** (§§ 858 ff.) **maßgebend, wenn die Entziehung oder Störung nach dem 1. Januar 1900 verübt worden ist.**

a) Dies gilt zunächst für die Voraussetzungen, unter welchen der Besitzschutz gewährt wird. Es dürfte auch für die Frage gelten, ob die Einwendung begründet ist, daß der entzogene oder gestörte Besitz dem gegenwärtigen Besitzer gegenüber fehlerhaft und innerhalb des letzten Jahres vor der Entziehung oder Störung erlangt sei (§ 861 Abs. 2, § 862 Abs. 2). Auch wenn der entzogene oder gestörte Besitz vor dem Inkrafttreten des BGB. erlangt ist, wird die Frage, ob der Besitz fehlerhaft erlangt sei, bei der Entscheidung über jene Einwendung nach dem BGB. zu bestimmen sein. A. A. Habicht S. 362. Allein der Begriff der Fehlerhaftigkeit ist nach dem bisherigen Rechte, z. B. nach dem gemeinen Rechte, ein anderer als nach dem BGB. Es dürfte nicht angehen, daß man, wenn das BGB. den Besitzschutz versagt, sofern der Kläger von dem Beklagten den Besitz fehlerhaft erlangt hat, hierbei den Begriff des bisherigen Rechtes zugrunde legen kann, während man für die Begründung der Klage den Begriff der Fehler-

Artikel 181. Auf das zur Zeit des Inkrafttretens des Bürgerlichen Gesetzbuchs bestehende Eigenthum finden von dieser Zeit an die Vorschriften des Bürgerlichen Gesetzbuchs Anwendung.

Steht zur Zeit des Inkrafttretens des Bürgerlichen Gesetzbuchs das Eigenthum an einer Sache Mehreren nicht nach Bruchtheilen zu oder ist zu dieser Zeit ein Sondereigenthum an stehenden Erzeugnissen eines Grundstücks, insbesondere an Bäumen, begründet, so bleiben diese Rechte bestehen.

---

haftigkeit des BGB. zugrunde legt. Mit dem Ausdrucke „Fehlerhaftigkeit" wird nur ein Komplex von Tatsachen, nicht ein Rechtsverhältnis bezeichnet.

b) Das BGB. ist auch für den Inhalt des Besitzschutzes maßgebend.

3. **Ist die Tatsache, aus welcher eine Besitzstörung oder Besitzentziehung abgeleitet wird, vor dem Inkrafttreten des BGB. vorgefallen,** so bestimmen sich ihre Folgen nach dem bisherigen Rechte (RG. 50 S. 11); dieses ist für die Frage entscheidend, ob überhaupt eine Störung oder Entziehung des Besitzes vorliegt, welchen Inhalt der Besitzschutz hat und wann die Besitzklagen verjähren oder erlöschen (so auch Habicht S. 365, Riedner S. 360, Turnau-Förster 2. Aufl. 1 S. 53; a. A. Scherer Nr. 232, nach welchem das neue Recht sogar auf anhängige Besitzklagen sofort Anwendung finden soll). Auf die Vorschrift des § 864 Abs. 2 des BGB. kann sich deshalb nicht berufen, wer das Besitzdelikt vor dem 1. Januar 1900 begangen hat (RG. JW. 1901 S. 830). Nach dem Ausgeführten bleiben auch etwaige im bisherigen Rechte begründete Nebenrechte z. B. die Spolieneinrede nach Maßgabe des bisherigen Rechtes begründet (Rspr. 6 S. 255, RG. JW. 1903 Beil. S. 105). Es bleiben deshalb auch, wenn aus einer vor dem 1. Januar 1900 vorgefallenen Besitzstörung oder Entziehung Schadensersatzansprüche oder Bereicherungsansprüche entstanden sind, diese unberührt (Art. 170). Daß auf die Verjährung der altrechtlichen Besitzklage nicht gemäß Art. 169 der § 864 Abs. 1 des BGB. Anwendung findet, ergibt sich daraus, daß dieser eine Ausschlußfrist enthält (RG. JW. 1903 Beil. S. 105; a. A. Turnau-Förster 1 S. 51).

Was übrigens Besitzstörungen anbelangt, so ist zu beachten, daß, wenn die Störung nach dem 1. Januar 1900 fortdauert, nicht nur eine Verletzung des bisherigen Rechtes, sondern auch des neuen Rechtes vorliegt. Es ist Sache des Gestörten, ob er seine Ansprüche auf das alte oder, wenn dieses ihm günstiger ist, auf das neue Recht gründet. Begründet eine vor dem Inkrafttreten des BGB. erfolgte und nach diesem Zeitpunkte fortgesetzte Besitzstörung eine Besitzklage nur nach dem neuen, nicht nach dem bisherigen Rechte, so ist selbstverständlich die Besitzklage nur nach Maßgabe des neuen Rechtes gegeben, so daß die einjährige Ausschlußfrist des § 864 Abs. 1 des BGB. Platz greift; sie wird übrigens nicht vom Inkrafttreten des BGB., sondern von dem noch unter der Herrschaft des alten Rechtes liegenden Beginne der Störung an zu berechnen sein.

4. Wegen des **Besitzschutzes bei Grunddienstbarkeiten** und beschränkten persönlichen Dienstbarkeiten s. Erl. zu Art. 191; wegen der Anwendbarkeit der §§ 1006, 1007 des BGB. auf alte Besitzverhältnisse s. Erl. 5 zu Art. 181.

5. Auf den der Landesgesetzgebung vorbehaltenen Rechtsgebieten bestimmt sich auch die Frage, inwieweit die bestehenden Besitzverhältnisse dem alten oder dem neuen Rechte unterstehen, nach den Vorschriften der Landesgesetze. Diese sind also z. B. für die Frage maßgebend, inwieweit das Recht auf einen Kirchenstuhl (Art. 133) Besitzschutz genießt.

Artikel 181.

E. d. EG. I Art. 106 Abs. 1; II Art. 153; III Art. 181. P. I S. 13183, 13191, 13225; M. d. EG. S. 264 P. II Bd. 6 S. 516, 628.

1. Der Art. 181 unterwirft das **zur Zeit des Inkrafttretens des BGB. bestehende Eigentum** mit den sich aus seinem Inhalt ergebenden Befugnissen von dieser Zeit an den Vorschriften des BGB. Die Vorschriften des BGB. finden auf das am 1. Januar 1900 bestehende Eigentum auch dann Anwendung, wenn in diesem Zeitpunkte das Grundbuch für den Bezirk noch nicht angelegt ist (Art. 186, 189).

2. **Ob zur Zeit des Inkrafttretens des BGB. Eigentum besteht,** d. h. ob ein Rechtsverhältnis vorliegt, das als Eigentum anzusehen ist, bestimmt sich nach den Vorschriften des BGB. Auf die Benennung des bisherigen Rechtes kommt es nicht an. Der Grundsatz des Art. 181 gilt

auch für eigentumsähnliche Rechtsverhältnisse des bisherigen Rechtes, sofern sie sachlich dem Eigentume des BGB. gleichzuachten sind. Können derartige Rechtspositionen nicht als Eigentum gelten, kann ihnen aber doch die Eigenschaft der Dinglichkeit nicht abgesprochen werden, so greift der Art. 184 ein. Das rheinische Kellerrecht z. B. kann deshalb nicht mehr als Eigentum, sondern nur je nach Lage des Falles als Grunddienstbarkeit oder Erbbaurecht aufgefaßt werden (RG. 56 S. 260).

Selbstverständlich ist nach dem bisherigen Rechte zu beurteilen, ob einem Rechtsverhältnis ein dem Eigentumsbegriffe des BGB. entsprechender Inhalt innewohnt. Der Art. 181 findet deshalb z. B. auf die Rechtsstellung Anwendung, welche das gemeine Recht dem publizianischen Eigentümer gewährt, und auf den französischrechtlichen Mobilienbesitz.

3. **Ob jemand zur Zeit des Inkrafttretens des BGB. Eigentümer ist**, bestimmt sich nach dem bisherigen Rechte. Erwerb und Verlust des Eigentums bestimmen sich nach demjenigen Rechte, unter dessen Herrschaft sich die für den Eigentumsübergang maßgebenden Tatsachen vollzogen haben.

a) Sind vor dem Inkrafttreten des BGB. alle nach dem bisherigen Rechte zum Eigentumsübergange gehörenden Tatsachen eingetreten, so bewendet es hierbei, auch wenn das BGB. für den Eigentumsübergang andere Voraussetzungen aufstellt. Das durch ein Vindikationslegat nach dem gemeinen Rechte mit dem Tode des Erblassers auf den Vermächtnisnehmer übergegangene Eigentum, das im Gebiete des gemeinen Rechtes durch bloßen Vertrag und Tradition erworbene Eigentum, das im Gebiete des französischen Rechtes schon durch den bloßen Vertrag auf den Erwerber übergegangene Eigentum wird auch vom BGB. als Eigentum anerkannt, wenn nur die angeführten Tatbestände sich schon vor dem 1. Januar 1900 vollzogen haben. Der gute Glaube des Bankiers, welcher vor dem Inkrafttreten des BGB. ein Inhaberpapier erworben hat, gilt nicht mit dem Inkrafttreten des BGB. auf Grund des § 367 des HGB. für ausgeschlossen, mag auch schon vorher der Verlust des Papiers im Reichs-Anzeiger bekannt gemacht worden sein (Lehmann in der Z. f. HR. 48 S. 68).

Umgekehrt wird, wenn mit einer vor dem Inkrafttreten des BGB. eingetretenen Tatsache nach dem bisherigen Rechte der Eigentumsübergang nicht verbunden war, mit dem Inkrafttreten des BGB. nicht deshalb Eigentum erworben, weil das BGB. an den gleichen Tatbestand den Eigentumserwerb knüpft. Es tritt nicht eine nachträgliche Konvaleszenz ein (RG. JW. 1900 S. 890). Der unter der Herrschaft des gemeinen Rechtes vollzogene gutgläubige Erwerb einer beweglichen Sache z. B. wird nicht mit dem Inkrafttreten des BGB. Eigentum, wenn auch die Voraussetzungen, unter denen nach den §§ 932—934 des BGB. Eigentum übergeht, vorliegen und der gute Glaube beim Inkrafttreten des BGB. noch fortdauert. Die im bösen Glauben unter der Herrschaft des des preuß. LR. oder des gemeinen Rechtes vorgenommene Verarbeitung gibt nicht Eigentum, obgleich § 950 des BGB. guten Glauben nicht verlangt.

b) Hat vor dem Inkrafttreten des BGB. eine bedingte Eigentumsübertragung stattgefunden, so beurteilen sich die Fragen, wann die Bedingung als eingetreten oder ausgefallen anzusehen ist und welche Folge der Eintritt oder Ausfall auf den Eigentumsübergang hat, nach dem bisherigen Rechte. Es geht also z. B. im bisherigen Geltungsgebiete des gemeinen Rechtes beim Kaufe eines Grundstücks unter einer aufschiebenden Bedingung mit dem Zeitpunkte des Eintritts der Bedingung, auch wenn die Bedingung erst nach dem Inkrafttreten des Liegenschaftsrechts das BGB. eintritt, das Eigentum an dem Grundstück auf den Erwerber ohne weiteres über, ebenso fällt im Falle des Verkaufs eines Grundstücks unter einer auflösenden Bedingung das Eigentum beim Eintritte der Bedingung an den Verkäufer ohne weiteres zurück, ohne daß im einen oder anderen Falle die Auflassung notwendig wäre; derjenige, welcher das Eigentum erwirbt oder zurückerwirbt, hat nach § 894 des BGB. den Anspruch auf Berichtigung des Grundbuchs und kann zu dessen Sicherung nach § 899 des BGB. einen Widerspruch eintragen lassen. Wenn ferner im bisherigen Geltungsgebiete des französ. Rechtes eine bewegliche Sache unter einer aufschiebenden Bedingung verkauft worden ist, bedarf es, falls die Bedingung nach dem Inkrafttreten des BGB. eintritt, nicht noch der Übergabe. Wenn dem Eintritte der Bedingung nach dem bisherigen Rechte absolute Wirkung auch gegenüber den in der Zwischenzeit von dem Eigentümer erfolgten Verfügungen zukommt, so bleibt diese Wirkung aufrecht; freilich können die Vorschriften über den öffentlichen Glauben des Grundbuchs (§§ 892, 893 BGB.) und bei beweglichen Sachen der Grundsatz: Hand muß Hand wahren (§§ 932 ff., 1032, 1207 BGB.) ein anderes Ergebnis herbeiführen, wenn die Verfügungen in die Zeit der Herrschaft des BGB. fallen. Daß die Frage, ob die Hinzufügung einer Bedingung bei dem den Eigentumsübergang bezweckenden Rechtsgeschäfte, wenn dieses vor dem 1. Januar 1900 vorgenommen worden, überhaupt zulässig ist, nach dem bisherigen Rechte entschieden werden muß, versteht sich von selbst.

Das Gesagte gilt auch für befristete Eigentumsübertragungen und für das französischrechtliche Rückfallsrecht (Resolutionsrecht) d. h. für die Fälle, daß im Gebiete des französ. Rechtes die rechtsgeschäftliche Übertragung vor dem Inkrafttreten des BGB. stattgefunden hat, die Übertragung aber nach dem code civil widerruflich ist und die die Widerruflichkeit begründende Tatsache erst nach dem Inkrafttreten des BGB. eintritt.

In Ansehung von Grundstücken haben übrigens die Landesgesetze für den Fall der auflösenden Bedingung und für das widerrufliche Eigentum im Gebiete des französ. Rechtes vielfach ein anderes bestimmt; vgl. für Preußen, AG. Art. 25; Bayern, Üb.-Ges. Art. 39, LG. Art. 17; Hessen, AnlGes. Art. 43, 44.

c) **Ist vor dem Inkrafttreten des BGB. erst das obligatorische Kausalgeschäft vorgenommen** worden, so bestimmt sich der Eigentumsübergang nach dem neuen Rechte; denn das Kausalgeschäft ist für den Eigentumsübergang ohne Bedeutung; für den Eigentumsübergang kommt nur das dingliche Rechtsgeschäft in Betracht, dieses aber kann nicht nach altem Rechte beurteilt werden, weil zur Zeit seiner Vornahme das alte Recht nicht mehr gilt. Ist also z. B. im Gebiete des gemeinen Rechtes vor dem Inkrafttreten des BGB. ein Grundstück mit der Bestimmung verkauft worden, daß es erst nach diesem Zeitpunkt auf den Käufer übergehen soll, so genügt die Tradition nicht mehr, vielmehr ist die Auflassung erforderlich. Wenn freilich ein Recht, wie das französische, an die Vornahme des Kausalgeschäfts schon den Eigentumsübergang knüpft, so verbleibt es selbstverständlich hierbei.

d) **Ist der vom bisherigen Rechte zum Eigentumserwerbe geforderte Tatbestand beim Inkrafttreten des BGB. noch nicht völlig eingetreten**, so bestimmt sich der Eigentumsübergang lediglich nach dem neuen Rechte; dessen Voraussetzungen für den Eigentumserwerb müssen vorliegen. Dies gilt z. B., wenn vor dem Inkrafttreten des BGB. der Nichteigentümer veräußerte und nachher der Eigentümer die Veräußerung genehmigt.

Den unter der Herrschaft des bisherigen Rechtes liegenden Tatsachen kommt für den Eigentumsübergang eine rechtliche Bedeutung zu, soweit sie nach dem neuen Rechte von Bedeutung wären, wenn sie unter dessen Herrschaft eingetreten wären. Hat z. B. im bisherigen Geltungsgebiete des preuß. LR. ein Nichteigentümer eine bewegliche Sache vor dem Inkrafttreten des BGB. durch constitutum possessorium übertragen und findet nach diesem Zeitpunkte die körperliche Übergabe statt, so wird der Erwerber unter den Voraussetzungen des § 933 des BGB. mit der Übergabe Eigentümer. Natürlich muß, soweit der Tatbestand in die Zeit der Herrschaft des alten Rechtes fällt, für die Frage, ob die nach dem neuen Rechte erforderlichen (oder genügenden) Voraussetzungen zutreffen, das alte Recht zugrunde gelegt werden. Hat z. B. A, der nach altem Rechte Nichtkaufmann war, dem B vor dem 1. Januar 1900 den Anspruch auf Herausgabe einer Sache, die C besitzt, abgetreten und erlangt B den Besitz von C nach diesem Zeitpunkte, so darf die Anwendbarkeit des § 366 des HGB. nicht deshalb bejaht werden, weil A mit dem 1. Januar 1900 Kaufmann geworden ist; ob er Kaufmann war, richtet sich nach dem zur Zeit der Abtretung geltenden Rechte (das Beispiel ist von Lehmann S. 66; dazu Staub HGB. Anm. 78 zu § 366 S. 1187).

e) **Für den Erwerb des Eigentums durch Fund** gelten vom Inkrafttreten des BGB. an dessen Vorschriften (§§ 973ff.), wenn in diesem Zeitpunkt auf Grund der bisherigen Vorschriften über den Fund das Eigentum noch nicht erworben ist. Die im § 973 bestimmte einjährige Frist wird aber erst vom Inkrafttreten des BGB. an zu berechnen sein. Hat also jemand im bisherigen Geltungsgebiete des preuß. LR. vor dem 1. Januar 1900 eine Sache gefunden, so kann nach diesem Zeitpunkte durch Ausschlußurteil (Art. 23 des preuß. AG. z. CPO.) Eigentum nicht mehr übertragen werden, auch wenn das Aufgebot schon vorher beantragt war. Auf dem gleichen Standpunkte steht der § 11 der preuß. Anweisung über die polizeiliche Behandlung von Fundsachen (preuß. JMBl. 1899 S. 382). Übrigens wird es in denjenigen Rechtsgebieten, in denen das Eigentum an gefundenen Sachen nur nach den Grundsätzen über die Ersitzung erworben wurde (z. B. in den gemeinrechtlichen Teilen Bayerns), dem Finder freistehen müssen, sich auf die Ersitzung (Art. 185) zu berufen, wenn diese ihm günstiger ist. Soweit es sich um das Schuldverhältnis zwischen dem Finder und dem Verlierer handelt, insbesondere also für den Finderlohn, ist bei den vor dem 1. Januar 1900 gefundenen Sachen das bisherige Recht maßgebend (Art. 170).

Über den Einfluß des Eintritts des neuen Rechtes auf eine beim Inkrafttreten des BGB. noch nicht vollendete **Ersitzung** s. bezüglich der beweglichen Sachen Erl. zu Art. 185, bezüglich der unbeweglichen Sachen Erl. zu Art. 189.

f) Nach dem bisherigen Rechte bestimmt sich auch, ob der vor dem Inkrafttreten des BGB. erfolgte Eigentumserwerb wegen eines zugrunde liegenden Willensmangels oder aus einem sonstigen Grunde (z. B. wegen eines Mangels des Rechtsgrundes) ungültig ist und in welcher Form die Ungültigkeit erscheint, ob als Nichtigkeit oder Anfechtbarkeit sowie in welcher Weise die Anfechtung zu erfolgen hat. Die Vorschriften des BGB. über die Anfechtung finden in diesem Falle auch dann keine Anwendung, wenn die Anfechtung erst nach dem Inkrafttreten des BGB. geschieht.

g) Ausnahmen hiervon ergeben sich für das an wesentlichen Bestandteilen einer Sache beim Inkrafttreten des BGB. bestehende Sondereigentum. Hierüber vgl. unten Erl. 7.

Eine weitere Ausnahme bedeutet der Art. 189, insofern er bestimmt, daß, wenn im Zeitpunkte des Inkrafttretens des BGB. das Grundbuch für einen Bezirk noch nicht angelegt ist (Art. 186), sich der Erwerb und Verlust des Eigentums an Grundstücken noch bis zur Grundbuchanlegung nach dem bisherigen Rechte richten. Hierüber s. Erl. zu Art. 189.

Eine Ausnahme kann sich endlich auch auf Grund der Vorschrift des Art. 213 ergeben, daß bei den vor dem Inkrafttreten des BGB. eingetretenen Erbfällen für die erbrechtlichen Verhältnisse die bisherigen Gesetze maßgebend sind; hierüber vgl. Erl. zu Art. 213.

4. Der Inhalt des Eigentums bestimmt sich vom Inkrafttreten des BGB. an nach dessen Vorschriften. Dies gilt sowohl von dem positiven Inhalte des Eigentums — in welchem freilich das bisherige Recht und das BGB. nicht von einander abweichen —, als auch von den Beschränkungen, welchen das Eigentum unterworfen ist, und von der Beschränkbarkeit des Eigentums, und zwar ohne Rücksicht darauf ob die Beschränkungen gegenüber dem bisherigen Rechte durch das BGB. eine Verschärfung oder eine Milderung erfahren haben. Insbesondere greift das Schikaneverbot des § 226 des BGB. auch gegenüber dem bestehenden Eigentume Platz.

a) Nach Art. 184 bleiben Rechte, mit denen eine Sache zur Zeit des Inkrafttretens des BGB. belastet ist, mit dem sich aus den bisherigen Gesetzen ergebenden Inhalt und Range bestehen, soweit nicht der Art. 184 Satz 2 für das Erbbaurecht und für Grunddienstbarkeiten und die Art. 192—195 für Hypotheken, Grundschulden und Rentenschulden ein anderes bestimmen. Hieraus folgt, daß für das **Verhältnis des Eigentümers zu denjenigen, welchen** an der Sache zur Zeit des Inkrafttretens des BGB. **ein dingliches Recht zusteht**, auch nach diesem Zeitpunkte die bisherigen Gesetze nach Maßgabe der Art. 184, 192—195 maßgebend bleiben. Nach dem bisherigen Rechte richten sich also z. B. die Fragen, ob der Nießbraucher Sicherheit zu leisten hat, welche Lasten der Eigentümer und welche der Nießbraucher zu tragen hat, ob der Eigentümer dem Reallastberechtigten auch persönlich haftet. Insofern ist der Grundsatz des Art. 181, daß für den Inhalt des Eigentums vom Inkrafttreten des BGB. an das BGB. gilt, eingeschränkt.

b) Dagegen fallen die gesetzlichen **Eigentumsbeschränkungen**, insbesondere die sog. **Nachbarrechte** nicht unter den Art. 184; die Vorschriften der §§ 906—924 des BGB. treten vielmehr auch für das am 1. Januar 1900 bestehende Eigentum sofort in Geltung. Der Eigentümer kann also, wenn er z. B. nach dem neuen Rechte eine Anlage nicht oder nicht in demselben Umfange wie bisher dulden muß, ihre Beseitigung oder Einschränkung verlangen, auch wenn sie schon vor dem 1. Januar 1900 errichtet worden ist. Dies gilt selbst für den Fall, daß die Duldungspflicht des Eigentümers durch ein rechtskräftiges Urteil ausgesprochen worden ist. Daß, wenn infolge der Einwirkung des neuen Rechtes der Eigentümer oder der Nachbar eine Vermögensschädigung erfahren, der Staat entschädigungspflichtig ist, wie Niedner S. 366 zu Art. 181 anzunehmen geneigt ist, läßt sich nicht rechtfertigen.

Hervorzuheben ist:

α) daß die **Vorschriften über den Überbau** (§§ 912—916 BGB.) Anwendung finden, auch wenn der Überbau schon vor dem 1. Januar 1900 errichtet worden ist und die Ansprüche hieraus in diesem Zeitpunkte schon gerichtlich geltend gemacht worden sind. So auch RG. 46 S. 143; 47 S. 114; 52 S. 16; Habicht S. 397; Niedner Note 4b S. 367; **Wolff**, Der Bau auf fremdem Boden S. 189. A. A. Dernburg, Sachenrecht S. 237; Fuchs in Gruchot 44 S. 21; Neumann 3 S. 168. Schon die Stellung der Vorschriften über den Überbau im Titel „Inhalt des Eigentums" gibt zu erkennen, daß das BGB. diese Vorschriften zu denjenigen rechnet, welche den Inhalt des Eigentums begrenzen. Hier spricht aber ferner die Bestimmung des § 912 des BGB., wonach der Nachbar den Überbau zu dulden hat, sein Eigentumsrecht also eine gesetzliche Einschränkung erleidet. Liegt aber nach dem BGB. eine gesetzliche Eigentumsbeschränkung vor, so kann nicht für den zur Zeit des Inkrafttretens des BGB. schon vollendeten oder schon begonnenen Überbau auf Grund des Art. 170 das bisherige Recht fortgelten; denn der Art. 170 findet nicht auf dingliche, sondern nur auf persönliche, aus dem Eigentume hervorgegangene Ansprüche, welche durch den Inhalt des Besitzes begründet sind, Anwendung. Die Vorschriften des BGB. über den Überbau gelten auch dann, wenn über den Anspruch aus dem Überbau schon vor dem 1. Januar 1900 durch rechtskräftiges Urteil erkannt, z. B. der Eigentümer zur Beseitigung des Überbaus verurteilt worden ist (a. A. Kretzschmar im sächs. Arch. 12 S. 424; wie hier Habicht und Niedner).

Die §§ 912—916 des BGB. verweisen zwar auf das Grundbuch, allein sie setzen es nicht voraus. Die auf das Grundbuch bezüglichen Bestimmungen der §§ 912—916 haben nur die Bedeutung, das Verhältnis zum öffentlichen Glauben des Grundbuchs klarzustellen. Daraus ergibt sich, daß die §§ 912—916 nicht erst mit der Anlegung des Grundbuchs, sondern mit dem 1. Januar 1900 in Kraft getreten sind. In den Bezirken, in welchen das Grundbuch am 1. Januar 1900 noch nicht angelegt ist, tritt, soweit die §§ 912—916 auf das Grundbuch verweisen, nicht etwa an dessen Stelle das im bisherigen Rechte bestimmte öffentliche Buch, auch wenn dieses bestimmt ist, zum Grundbuche zu werden (z. B. das bayerische Hypothekenbuch); in solchen Bezirken sind vielmehr der Verzicht auf das Recht sowie die Feststellung der Höhe der Rente durch Vertrag, für welche der § 914 Abs. 2 des BGB. die Eintragung in das Grundbuch verlangt, auch ohne die Eintragung nicht bloß obligatorisch, sondern auch dinglich wirksam. Eine andere Frage ist, inwieweit die Rechte der an dem einen oder dem anderen Grundstücke bestehenden Realberechtigten durch den Verzicht oder die vertragsmäßige Festsetzung berührt werden können. Hierfür ist, bis das Grundbuch für angelegt erklärt ist, das bisherige Recht maßgebend (Art. 189); nach ihm richtet sich insbesondere die Frage, inwieweit die Zustimmung der Realberechtigten zum Verzicht oder der vertragsmäßigen Festsetzung erforderlich ist.

Die gemäß § 912 des BGB. zu entrichtenden Überbaurenten sind bei den zur Zeit des Inkrafttretens des BGB. schon bestehenden Überbauten, da der Art. 181 die Vorschriften des BGB. auf das Eigentum erst vom Inkrafttreten des BGB. für anwendbar erklärt, erst von diesem Zeitpunkt an zu entrichten. Auf die Berechnung der Höhe der Rente ist es ohne Einfluß, daß die Zahlungspflicht in solchen Fällen erst später beginnt, für die Höhe der Rente ist vielmehr gemäß § 912 Abs. 2 Satz 2 die Zeit der Grenzüberschreitung zugrunde zu legen. Haben die Beteiligten das Verhältnis schon vor dem Inkrafttreten des BGB. geordnet, sei es durch Abtretung des Eigentums gegen Entschädigung (Zahlung einer Kapitalabfindung oder einer Rente) oder in ähnlicher Weise wie im BGB. unter Festsetzung einer bestimmten Rente, so hat es hierbei sein Bewenden; denn die Beteiligten können auch unter der Herrschaft des BGB. das Verhältnis abweichend vom § 912 des BGB. gestalten (vgl. Vorbm. 5 vor § 912). Im Falle der Abtretung des Eigentums müssen natürlich die nach dem bisherigen Rechte zum Eigentumsübergang aufgestellten Voraussetzungen erfüllt sein, sonst wirkt die Vereinbarung nur obligatorisch und bedarf es nach dem Inkrafttreten des BGB. der Auflassung. Inwieweit die Rechte der Realberechtigten bei solchen Verabredungen zu wahren gewesen sind, bestimmt sich nach dem bisherigen Rechte. Daß auf eine bestehende Entschädigungsrente fortan die Vorschriften der §§ 913ff. des BGB. Anwendung finden (Niedner S. 367), ist in dieser Allgemeinheit wohl nicht richtig; es kommt auf die Auslegung des Vertrags an.

Wenn übrigens im Falle eines vor dem Inkrafttreten des BGB. errichteten oder begonnenen Überbaues nach dem bisherigen Rechte z. B. dem preuß. LR. I 9 § 340 der Bauende das Eigentum an dem überbauten Grundstücksteile durch den Überbau bereits erworben hat, bleibt dieser unter der Herrschaft des bisherigen Rechtes vollzogene Eigentumserwerb aufrecht (so auch RG. in JW. 1900 S. 562; 1901 S. 52).

β) Auch die **Vorschriften über den Notweg** (§§ 917, 918 BGB.) treten sofort, nicht erst mit der Grundbuchanlegung in Kraft. Sie kommen ferner auch dann zu Anwendung, wenn die Voraussetzungen, an welche sie das Recht des Notwegs knüpfen, schon vor dem Inkrafttreten des BGB. eingetreten waren, der Weg selbst aber von einem bestimmten Nachbarn erst nach diesem Zeitpunkt in Anspruch genommen wird (s. Vorbm. 3 vor § 917). Soweit übrigens auf Grund des bisherigen Rechtes durch Vertrag oder rechtskräftiges Urteil selbständige wenn auch über den § 917 hinausgehende Wegeberechtigungen begründet sind, bleiben diese auch nach dem Inkrafttreten des BGB. bestehen und, soweit durch solche Berechtigungen die Verbindung mit dem öffentlichen Wege ermöglicht ist, liegt die Voraussetzung für Einräumung eines Notwegs nach § 917 nicht vor. A. A. Riedner S. 366.

γ) Auch für das Rechtsverhältnis bezüglich der Grenze von Grundstücken gilt vom 1. Januar 1900 an das neue Recht (§§ 919—923 BGB.). Hieraus folgt z. B. die Anwendbarkeit des § 920 das. über die Ermittelung der Grenze im Falle der Grenzverwirrung auf Streitigkeiten über die Grenze, die schon vor dem 1. Januar 1900 ausgebrochen sind. Bei gemeinschaftlichen Grenzeinrichtungen tritt ferner an die Stelle des nach manchen Landesrechten bestehenden ideellen Miteigentums das Sondereigentum eines jeden Nachbarn mit gemeinschaftlichem Benutzungsrechte (§§ 921, 922 BGB.); für die Widerlegung der im § 921 aufgestellten Vermutung, daß die Eigentümer der Grundstücke zur Benutzung der Einrichtung gemeinschaftlich berechtigt sind, ist übrigens bei am 1. Januar 1900 bestehenden Einrichtungen das bisherige Recht immerhin noch von tatsächlicher Bedeutung (s. Erl. 5 zu § 921 BGB.).

Wegen des französischrechtlichen Rechtsbegriffs der mitoyenneté vgl. Habicht S. 398 ff.; Schneider, Pfälz. LG. S. 207 ff.; Stranz-Gerhard S. 175 ff.; Rspr. 4 S. 294.

5. Die Ansprüche aus dem Eigentume sind zweifacher Natur (s. Vorbm. 1 vor § 985). Wird das Eigentum beeinträchtigt, so entsteht zunächst der lediglich aus dem Eigentum als solchem fließende Anspruch auf Herstellung des dem Rechte entsprechenden Zustandes für die Zukunft. Dieser Anspruch geht, wenn dem Eigentümer der Besitz der Sache entzogen oder vorenthalten wird, auf Herausgabe der Sache (§ 985 BGB.), wenn das Eigentum in sonstiger Weise beeinträchtigt wird, auf Beseitigung der Beeinträchtigung und gegebenen Falles auf Unterlassung weiterer Beeinträchtigung (§ 1004); bei beweglichen Sachen erkennt das BGB. überdies einen Anspruch auf Gestattung der Wegschaffung von einem Grundstück an (§ 1005). Neben diesem rein dinglichen Anspruch auf Herstellung des dem Eigentum entsprechenden Zustandes können dem Eigentümer auch Ansprüche auf Herausgabe von Nutzungen und auf Schadensersatz zustehen; diese Ansprüche haben zwar das Eigentum zur Grundlage, beruhen aber auf einer besonderen, den Besitzer verpflichtenden Tatsache. Hieraus folgt, daß für die Ansprüche aus dem Eigentume, soweit sie auf die Herstellung des dem Eigentum entsprechenden Zustandes gerichtet sind, weil sie insoweit nur Ausfluß des Inhalts des Eigentums sind, gemäß Art. 181 vom Inkrafttreten des BGB. an lediglich das neue Recht maßgebend ist. Bei den besonderen Ansprüchen des Eigentümers auf Herausgabe von Nutzungen und auf Schadensersatz aber handelt es sich um aus dem Eigentume hervorgegangene Schuldverhältnisse. Der Art. 181 kann mithin auf sie keine Anwendung finden, vielmehr ist das für sie anwendbare Recht unter Berücksichtigung ihrer obligatorischen Natur und unter Zugrundelegung des Grundsatzes des Art. 170 zu bestimmen.

a) Der Anspruch auf Herausgabe der Sache richtet sich hiernach, wenn die Sache dem Eigentümer erst nach dem Inkrafttreten des BGB. entzogen wird, ausschließlich nach dem BGB.; die §§ 985—1003 des BGB. finden uneingeschränkte Anwendung.

Fällt die Entziehung in die Zeit vorher, so bestimmt sich der Anspruch auf Herausgabe der Sache selbst gleichfalls nach dem neuen Rechte (§§ 985, 986 BGB.). Dies gilt auch, wenn die Klage schon vor dem Inkrafttreten des BGB. anhängig geworden ist (RG. 55 S. 53). Abweichend vom preuß. Rechte (§ 7 Abs. 2 EEG.), wonach der Klage des eingetragenen Eigentümers gegenüber der Beklagte, welcher vom Kläger oder dessen Rechtsvorgänger auf Grund eines den Eigentumserwerb bezweckenden Rechtsgeschäfts den Besitz des Grundstücks erhalten hat, die aus dem Rechtsgeschäfte herzuleitenden Rechte nur durch Klage oder Widerklage geltend machen kann, gewährt das BGB. (§ 986) gegen die Klage des eingetragenen Eigentümers die exceptio rei venditae et traditae; die Beschränkung des preuß. Rechtes ist, auch wenn das Rechtsgeschäft vor dem 1. Januar 1900 abgeschlossen worden ist, beseitigt.

Das Schuldverhältnis, aus welchem die Ansprüche des Eigentümers auf Herausgabe von Nutzungen und auf Schadensersatz (§§ 987—993 BGB.) entspringen, wird durch die Besitzentziehung begründet, es beruht aber nicht auf der Besitzentziehung allein, sondern auf der durch diese hervorgerufenen Beeinträchtigung des Eigentums. Solange die Beeinträchtigung dauert, erneuert es sich fort und fort und es ist je nach dem Vorliegen besonderer Tatsachen (Eintritt der Rechtshängigkeit, Unredlichkeit, Verzug und unerlaubte Handlung, Bereicherung ꝛc.) verschieden abgestuft. Die Nebenansprüche sind auch nicht mit dem Eigentum als solchem verknüpft, sie stehen nicht dem jeweiligen Eigentümer, sondern demjenigen Eigentümer zu, welchem gegenüber der Besitzer vermöge der besonderen Tatsache (Rechtshängigkeit, Unredlichkeit, Verzug ꝛc.) verpflichtet ist, und gehen auf den Erwerber des Eigentums nur zufolge einer ausdrücklichen oder stillschweigenden Abtretung über. Hieraus ergibt sich, daß die Nebenansprüche des Eigentümers sich, soweit die Beeinträchtigung unter der Herrschaft des bisherigen Rechtes erfolgt ist, für die Dauer des bisherigen Rechtes nach diesem, soweit sie sich aber über den 31. Dezember 1899 hinaus erstreckt, für die Zeit seit dem Inkrafttreten des BGB. nach diesem richten. Der gutgläubige Besitzer hat also z. B. im bisherigen Geltungsgebiete des gemeinen Rechtes die vor dem 1. Januar 1900 gezogenen Früchte, soweit sie noch vorhanden sind, herauszugeben, vom 1. Januar 1900 an hat er, sofern er nicht, weil er den Besitz unentgeltlich erlangt hat, gemäß § 988 des BGB. in weiterem Umfange haftet, nur die Früchte herauszugeben, die nach den Regeln einer ordnungsmäßigen Wirtschaft nicht als Ertrag anzusehen sind (§ 993 BGB.) oder die er nach dem Eintritte der Rechtshängigkeit zieht (§ 987 das.). Der bösgläubige Besitzer muß im bisherigen Geltungsgebiete des gemeinen Rechtes, wenn die Unmöglichkeit zur Herausgabe der Sache vor dem 1. Januar 1900 eingetreten ist, ehe der Rechtsstreit anhängig war, zur Herausgabe der Sache selbst, nicht wie nach § 989 des BGB. zum Schadensersatze verurteilt werden; hat er die Unmöglichkeit der Herausgabe nicht dolos verschuldet, so haftet er überhaupt nicht. Tritt dagegen die Unmöglichkeit zur Herausgabe erst nach dem 1. Januar 1900 ein, so haftet er für jedes Verschulden und sofort für Schadensersatz. Im wesentlichen übereinstimmend Habicht S. 402ff. A. A. Niedner S. 368, 369 und im „Recht" 1900 S. 183ff., welcher das alte Recht auch für die Zeit nach dem Inkrafttreten des BGB. fortdauern läßt, außer wenn das rechtswidrige Verhalten des Besitzers oder die Rechtshängigkeit erst nach dem Inkrafttreten des BGB. eintreten.

Die **Gegenansprüche des Besitzers** (§§ 994—1003 BGB.) wegen Verwendungen fließen aus einem persönlichen Schuldverhältnisse. Für die Verwendungen ist mithin das zur Zeit der Vornahme geltende Recht maßgebend (so auch RG. in JW. 1900 S. 562; 1901 S. 237); a. A. für die Verwendungen, die von demselben Besitzer vor und nach dem Inkrafttreten des BGB. gemacht werden: es soll eine einheitliche Rechtsordnung maßgebend sein und zwar die alte nach Affolter S. 382, die neue nach Rspr. 4 S. 336. Zu den Verwendungen ist auch der Kaufpreis zu rechnen, wenn nach dem bisherigen Rechte, z. B. nach dem preuß. LR. I 15 §§ 25ff. der redliche Besitzer die Sache nur gegen Erstattung dessen herauszugeben braucht, was er seinem Veräußerer für die Sache geleistet hat; der im bisherigen Rechte begründete Lösungsanspruch bleibt gemäß Art. 170 bestehen. So auch Habicht S. 366, 405; Niedner S. 362; Dernburg, Sachenrecht S. 292; Neumann 3 S. 169; Gierke Bd. I S. 199 Anm.; a. A. Henke, DJZ. 1899 S. 460. Auch die Vorschriften der §§ 1000—1003 dürften keine Anwendung finden auf Verwendungen, welche vor dem Inkrafttreten des BGB. gemacht sind. Für die Anwendung läßt sich zwar geltend machen, daß es sich bei den fraglichen Vorschriften nur um die Art und Weise handele, in welcher die Ansprüche wegen Verwendungen geltend zu machen seien, und daß derartige Verfahrensvorschriften auch für bereits früher entstandene Ansprüche gelten müßten. Sachlich bestimmen indessen die fraglichen Paragraphen den Inhalt und die Dauer des durch eine Verwendung begründeten Rechtes und derartige materielle Vorschriften können keine rückwirkende Kraft auf Tatbestände haben, die vor dem Inkrafttreten des BGB. eingetreten sind. In betreff der vor dem Inkrafttreten des BGB. gemachten Verwendungen und des dadurch für den Besitzer begründeten Rechtes ist daher in der hier fraglichen Beziehung das bisherige Recht maßgebend (ebenso RG. in JW. 1901 S. 237; a. A. Habicht S. 406; Niedner S. 369).

b) **Bezüglich der Eigentumsfreiheitsklage** (§ 1004 BGB.) gilt das für die Eigentumsklage unter a Bemerkte entsprechend. Der § 1004 des BGB. findet mithin nicht nur auf Störungen Anwendung, die vor dem Inkrafttreten des BGB. begonnen und nachher fortgesetzt worden sind (RG. 51 S. 411), sondern auch auf solche, die nur vor dem 1. Januar 1900 liegen. Es ist aber zu beachten, daß die Frage, von welcher Beschaffenheit eine zur Erhebung einer Eigentumsklage wegen Störung berechtigende Handlung sein muß, sich nach dem zur Zeit ihrer Vornahme geltenden Rechte bestimmt. Der hiernach erworbene Anspruch des Eigentümers gegen den Störer wird nicht dadurch aufgehoben, daß auf das bestehende Eigentum vom Inkrafttreten des BGB. an dessen Vorschriften Anwendung finden. Hieraus folgt auch, daß, wenn nach dem bisherigen Rechte auf Unterlassung weiterer Störung auch unter anderen Voraussetzungen, als sie der § 1004 Abs. 1 Satz 2 des BGB. aufstellt, geklagt werden konnte, der dem bisherigen Rechte gemäß erworbene Anspruch auf Unterlassung weiterer Störung in Ansehung der vor dem 1. Januar 1900 liegenden Tatsachen im erworbenen Umfange bestehen bleibt (RG. in JW. 1901 S. 293).

Die persönliche Haftung des Störers gegenüber dem Eigentümer richtet sich selbstverständlich ausschließlich nach dem Rechte, unter dessen Herrschaft die Störung erfolgte.

c) Die im § 1006 Abs. 1 des BGB. zugunsten des Besitzers einer beweglichen Sache aufgestellte **Vermutung**, daß er Eigentümer sei, gilt auch dann, wenn der Besitz vor dem 1. Januar 1900 schon erworben worden ist, zu dieser Zeit aber noch bestanden hat. So auch RG. 55 S. 54, Habicht S. 366; a. A. Riedner S. 362, Affolter S. 383. Denn wenn der § 1006 auch in den dritten Abschnitt des Sachenrechts „Eigentum" eingestellt ist, betrifft er doch nur eine an den Besitz geknüpfte Folge (s. auch Erl. 2 zu § 1006); für die Frage, welche Folgen sich an den Besitz knüpfen, sind aber nach Art. 180 vom Inkrafttreten des BGB. an dessen Vorschriften maßgebend. Zur Widerlegung der im § 1006 Abs. 1 des BGB. aufgestellten Vermutung muß der Gegner des Besitzers, wenn die Besitzzeit des Besitzers in die Zeit vor dem 1. Januar 1900 zurückreicht, den gleichen Beweis führen, wie wenn der Besitzer den Besitz erst unter der Herrschaft des BGB. erworben hätte, d. h. er muß beweisen, entweder daß der Besitzer Eigentum nicht erworben oder daß er es wieder verloren hat. Was zum Nachweise des Erwerbes oder des Verlustes des Eigentums gehört, richtet sich, soweit die Zeit vor dem 1. Januar 1900 in Betracht kommt, nach dem damals geltenden Rechte.

Daß die im § 1006 Abs. 2 zugunsten eines früheren Besitzers aufgestellte Vermutung, daß er während seiner Besitzzeit Eigentümer der Sache gewesen sei, auf einen Besitzer, dessen Besitzzeit ausschließlich in die Zeit vor dem Inkrafttreten des BGB. fällt, keine Anwendung findet, bedarf keiner Ausführung; an einen solchen Besitz konnte sich die Rechtsfolge der Eigentumsvermutung nicht knüpfen, weil sie zur Zeit des Besitzes noch nicht galt.

d) Die **Klage aus älterem Besitze** (§ 1007 BGB.) steht aus dem gleichen Grunde, aus dem der § 1006 Abs. 2 des BGB. auf die Zeit seit dem Inkrafttreten des BGB. beschränkt ist, nur dem Besitzer zu, dem die Sache nach dem Inkrafttreten des BGB. abhanden gekommen oder entzogen worden ist. Wer die Sache am 1. Januar 1900 im Besitze gehabt hat, kann die Klage aus § 1007 erheben, auch wenn er den Besitz schon vorher erworben hat; gegen ihn sind auch nur die Verteidigungsmittel zulässig, welche der Klage des Besitzers gegenüber zu Gebote stehen, der erst nach dem 1. Januar 1900 Besitzer geworden ist (s. Erl. 3 zu § 1007). Wer am 1. Januar 1900 nicht mehr Besitzer war, kann aus § 1007 nicht klagen; soweit ihm übrigens das bisherige Recht unter besonderen Umständen eine dingliche Rechtsposition gab, hat er nach dem zu 2 Entwickelten die Klage aus dem Rechte selbst.

e) Wegen der Frage, ob die im § 891 des BGB. aufgestellte Vermutung, daß der im Grundbuch als Eigentümer Eingetragene Eigentümer sei, auch für eine vor der Grundbuchanlegung erfolgte Eintragung gilt, s. Erl. zu Art. 186.

6. Das BGB. kennt nur zwei Formen des **gemeinschaftlichen Eigentums**. Die eine Form, das Miteigentum nach Bruchteilen (§§ 1008ff.), ist die Regel, die andere Form, das Miteigentum zur gesamten Hand, ist nur bei denjenigen Gemeinschaften zugelassen, für welche das Gesetz sie regelt, im BGB. nur bei der Gesellschaft, der ehelichen Gütergemeinschaft und der Erbengemeinschaft.

a) Auf das zur Zeit des Inkrafttretens des BGB. bestehende **Miteigentum nach Bruchteilen** finden, wie sich aus Art. 181 Abs. 1 ergibt, von dieser Zeit an die Vorschriften der §§ 1008—1011 des BGB. Anwendung. Insbesondere richten sich die Möglichkeit der Belastung der gemeinschaftlichen Sache zugunsten eines Miteigentümers und die Befugnis des Miteigentümers zur Geltendmachung der Ansprüche aus dem Eigentume nach den §§ 1009, 1011. Aus der Anwendbarkeit des § 1009 folgt, daß Grundstücke, die im Eigentume mehrerer Personen stehen, schon vor der Anlegung des Grundbuchs zugunsten eines der Miteigentümer mit Hypotheken belastet werden können, für die Begründung der Hypothek ist bis zur Grundbuchanlegung nach Art. 189 das bisherige Recht maßgebend (bayer. ObLG. 3 S. 708; Seuff.A. 58 S. 408).

Der § 1010 knüpft die Wirkung einer Vereinbarung über die Verwaltung oder Benutzung eines gemeinschaftlichen Grundstücks und über die Beschränkung des Rechtes, die Aufhebung der Gemeinschaft zu verlangen, gegen den Sondernachfolger an die Eintragung in das Grundbuch, setzt mithin die Anlegung des Grundbuchs (Art. 186) voraus und kann erst mit diesem Zeitpunkt in Wirksamkeit treten. Wird in der Zwischenzeit eine derartige Vereinbarung getroffen, so fragt es sich, ob für diese die Vorschriften der §§ 751, 755, 756 des BGB. gelten. Dafür spricht, daß die Vorschriften des BGB. nach Art. 173 auf die bestehenden Gemeinschaften nach Bruchteilen Anwendung finden. Dagegen aber spricht, daß der § 1010 eine Beschränkung der gedachten Paragraphen dahin enthält, daß die darin bezeichneten Vereinbarungen Wirksamkeit gegen die Sondernachfolger nur haben sollen, wenn sie als Belastung des Anteils im Grundbuch eingetragen sind. Es handelt sich hier sachlich um die Begründung eines eigentümlichen Rechtes an dem betreffenden Anteile (s. Erl. zu § 1010). Die Begründung solcher Rechte aber bestimmt sich nach Art. 189 bis zur Anlegung des Grundbuchs nach dem bisherigen Rechte. Auch die fragliche Belastung wird sich daher bis zur Anlegung des Grundbuchs nach dem bisherigen Rechte bestimmen müssen; eine in der Zwischenzeit getroffene Vereinbarung der fraglichen Art wirkt also gegen die Sondernachfolger nur, wenn und soweit dies dem bisherigen Rechte entspricht (vgl. Habicht S. 408). Mit dem Zeitpunkte der Grundbuchanlegung erlangen aber nach Art. 186 die Vorschriften über den öffentlichen Glauben des Grundbuchs sofort Geltung; um gegen den Sondernachfolger, welcher nach der Grundbuchanlegung eintritt, gegenüber dem öffentlichen Glauben des Grundbuchs wirksam zu sein, müssen also auch die in der Zwischenzeit getroffenen Vereinbarungen in das Grundbuch eingetragen werden. Die Wirksamkeit der vor dem Inkrafttreten des BGB. getroffenen Vereinbarungen bestimmt sich selbstverständlich ebenfalls nach dem bisherigen Rechte. Die aus dem Art. 186 folgende Anwendbarkeit der Vorschriften über den öffentlichen Glauben des Grundbuchs und die hieraus sich ergebende Notwendigkeit der Eintragung in das Grundbuch gelten aber für sie gleichfalls. Das Gesagte trifft auch für vertragsmäßige Beschränkungen des Rechtes eines Teilhabers, über seinen Anteil zu verfügen, die vor dem Inkrafttreten des BGB. getroffen worden sind, nach Art. 168 zu.

Übrigens ist die Anwendbarkeit des § 1010 des BGB. in der Zwischenzeit bis zur Anlegung des Grundbuchs von mehreren Landesgesetzen durch entsprechende Übergangsvorschriften ermöglicht worden; vgl. Bayern, ÜbG. Art. 40; Hessen, AG. Art. 165, 214.

Die Anwendbarkeit der §§ 1008—1011 des BGB. auf eine zur Zeit des Inkrafttretens des BGB. bestehende Gemeinschaft nach Bruchteilen steht im Einklange mit der im Art. 173 vorgeschriebenen Anwendbarkeit der Vorschriften des BGB. über die Gemeinschaft nach Bruchteilen auf das durch die Gemeinschaft begründete obligatorische Verhältnis.

Die Aufhebung der Gemeinschaft nach Bruchteilen bestimmt sich gemäß Art. 173 nach den Vorschriften der §§ 749 ff. des BGB., insbesondere gelten für die Durchführung der Aufhebung die §§ 752—754 (RG. 52 S. 176). In der Zwischenzeit bis zur Anlegung des Grundbuchs erfährt aber der Grundsatz, daß die Aufhebung der Gemeinschaft bei Grundstücken durch Zwangsversteigerung erfolgt (§ 753 Abs. 1), die Änderung, daß für das Verfahren der Zwangsversteigerung nicht das Reichsrecht (ZVG. §§ 180—184), sondern das Landesrecht (§ 1 EG. z. ZVG.) maßgebend ist. Soweit das Landesrecht eine Teilungssubhastation nicht kannte, hatte die Landesgesetzgebung die Aufgabe, ihr Subhastationsverfahren entsprechend umzugestalten; dies hat z. B. Bayern, ÜbG. Art. 41, 113 getan.

b) Finden die §§ 1008—1011 des BGB. auf die am 1. Januar 1900 bestehenden Miteigentumsverhältnisse Anwendung, so gelten sie natürlich umsomehr für die nach diesem Zeitpunkt begründeten.

c) Die Folge davon, daß Art. 181 auf das zur Zeit des Inkrafttretens des BGB. bestehende Eigentum die Vorschriften des BGB. für anwendbar erklärt, ist, daß ein am 1. Januar 1900 bestehendes Miteigentumsverhältnis als ein Miteigentum nach Bruchteilen gilt, außer wenn ein Reichsgesetz oder ein vorbehaltenes Gesetz eine Ausnahme macht.

Mit Rücksicht auf vorbehaltene Landesgesetze bleiben insbesondere diejenigen Formen des gemeinschaftlichen Miteigentums aufrecht, welche dem Gebiete des Lehen- und Fideikommißrechts — geteiltes Eigentum, Ober- und Untereigentum (Art. 59) — angehören, sowie die Formen des Miteigentums der Mitglieder von Realgemeinden und ähnlichen Verbänden (Art. 164).

Reichsrechtlich aber macht der Art. 181 Abs. 2 Halbs. 1 eine Ausnahme. Danach bleiben, wenn an einer Sache zur Zeit des Inkrafttretens des BGB. das Eigentum mehreren nicht nach Bruchteilen zusteht, diese Rechte bestehen. Dem Wortlaute nach würden hierdurch alle Miteigentumsverhältnisse, die nicht Miteigentum nach Bruchteilen sind, den bisherigen Gesetzen unterworfen bleiben. Wie indessen die P. II Bd. 1 S. 612—617, Bd. 6 S. 517 ergeben, will der Abs. 2 Halbs. 1 das beim Inkrafttreten des BGB. vorhandene Miteigentum ohne Bruchteile nur für „besondere Rechtsverhältnisse" aufrecht erhalten, nicht auch für Rechtsbildungen, die auf den allgemeinen Vorschriften der bisherigen Gesetze beruhen. Gedacht wurde insbesondere an die Verhältnisse der Realgemeinden und ähnlichen genossenschaftlichen Verbände. Diese Einschränkung der Geltung des Abs. 2 Halbs. 1 dürfte durch die Zusammenstellung mit den Rechtsverhältnissen an einzelnen Sachbestandteilen (Abs. 2 Halbs. 2), welche gleichfalls Sondereigentumsverhältnisse darstellen, genügend zum Ausdrucke gebracht sein. Dies wird auch in der Literatur überwiegend anerkannt; vgl. z. B. Habicht S. 410 und in ausführlicher Begründung Niedner S. 370; a. A. Männer im „Recht" 1900 S. 410. Soweit hiernach Eigentumsverhältnisse des bisherigen Rechtes bestehen bleiben, gilt für sie das bisherige Recht, was den Inhalt des Eigentums betrifft, weiter. Dagegen richten sich die Übertragung und die Aufhebung (nicht die Übertragbarkeit und die mit dem Wesen des Rechtsverhältnisses zusammenhängenden Aufhebungsgründe, welche Fragen als zum Inhalte des Eigentums gehörend zu betrachten sind) nach dem BGB.

Daraus, daß die Ausnahme des Abs. 2 Halbs. 1 nur für besondere Rechtsverhältnisse gilt, folgt für das französ. Recht, daß — gleichgültig, ob man das unter dem bisherigen Rechte begründete Miteigentum als ein Miteigentum nach Bruchteilen (hierfür wohl mit Recht Schneider, LG. S. 32; Aron, Elf.-Lothr. AG. S. 110), oder als ein Verhältnis zur gesamten Hand (so Scherer, EG. S. 167) auffaßt, — die bestehenden Miteigentumsverhältnisse als Miteigentum nach Bruchteilen gelten.

Für Erbengemeinschaften und für eheliche Gütergemeinschaften bleiben natürlich gleichfalls die bisherigen Eigentumsformen gemäß Art. 200, 213 aufrecht (vgl. Niebner S. 370; Männer im „Recht" 1900 S. 409; Habicht S. 407 Anm.); wegen der Erbengemeinschaften s. Erl. 2f zu Art. 213.

d) Die bestehenden Miteigentumsverhältnisse an Grundstücken, die den wirtschaftlichen Zwecken anderer Grundstücke dienen, z. B. den Zwischenräumen, Unterfahrten, Brunnen, Winkeln, Aushauen, wie sie sich z. B. im gemeinen Rechte, im preuß. LR. und insbesondere im französ. Rechte finden (vgl. Dernburg, Pand. § 197; preuß. PrivR. Bd. I § 224; Seuff.A. VII Nr. 176, XV Nr. 126, XXII Nr. 138, XXIV Nr. 239; bayer. ObLG. VI S. 68, VII S. 401; Zachariae, Hdb. I § 197), fallen nicht unter die Ausnahme des Abs. 2 Halbs. 1, denn bei ihnen handelt es sich nur um ein gewöhnliches Miteigentum nach Bruchteilen. Für sie gilt also das in Erl. 4b γ Bemerkte. Soweit nach dem bisherigen Rechte in Fällen dieser Art die Teilung nicht verlangt werden kann, würde sie daher nach dem Inkrafttreten des BGB. auf Grund des Art. 173 zulässig sein. Sie wird aber ausgeschlossen durch die Vorschrift des § 922 Satz 3. Nach dieser darf eine Einrichtung der hier fraglichen Art, solange einer der Nachbarn an dem Fortbestand einer solchen Einrichtung ein Interesse hat, nicht ohne seine Zustimmung beseitigt oder geändert werden. Die Voraussetzung dieser Bestimmung besteht nach § 922 Satz 1 lediglich darin, daß die Nachbarn zur Benutzung einer Einrichtung der fraglichen Art gemeinschaftlich berechtigt sind. Die Voraussetzung trifft auch dann zu, wenn die fragliche Berechtigung auf dem Miteigentume der Nachbarn an der Einrichtung beruht (RG. 53 S. 311). Weder der Wortlaut noch der Zweck der fraglichen Vorschrift gestattet, diesen Fall auszuschließen. Darf aber die Einrichtung, solange einer der Nachbarn an dem Fortbestande der Einrichtung ein Interesse hat, nicht ohne seine Zustimmung beseitigt oder geändert werden, so folgt daraus, daß auch eine Teilung nicht verlangt werden kann, denn mit dieser würde das Recht der gemeinschaftlichen Benutzung wegfallen (a. A. Kisch, Elf.-lothr. Landesprivatrecht S. 483). Die im § 922 Satz 4 vorgeschriebene Anwendung der Vorschriften über die Gemeinschaft erstreckt sich, wie aus den Worten „Im übrigen" hervorgeht, nicht auf die Vorschriften über das Recht der Miteigentümer die Teilung zu verlangen (s. Erl. 2e zu § 922). Übrigens haben einzelne Ausführungsgesetze (vgl. Bayern, ÜbG. Art. 43, LG. Art. 21; Hessen, Art. 139; Bremen, § 25; Elsaß-Lothr., § 76) die Aufrechterhaltung der Ausschließung der Teilungsbefugnis ausdrücklich festgestellt oder durch entsprechende Umbildung des Rechtsverhältnisses das gleiche Ergebnis erreicht.

7. Da das BGB. (§ 93) nicht zuläßt, daß wesentliche Bestandteile Gegenstand besonderer Rechte sind, so gilt für das zur Zeit des Inkrafttretens des BGB. bestehende Eigentum an wesentlichen Bestandteilen von diesem Zeitpunkt an gemäß Art. 181 das gleiche, wie wenn die Sache erst nach diesem Zeitpunkte wesentlicher Bestandteil geworden wäre. Das Eigentum an einem wesentlichen Bestandteil einer Sache erlischt mithin mit dem Inkrafttreten des BGB. (RG. JW. 1903 Beil. S. 90). Insbesondere erlischt im bisherigen Geltungsgebiete des gemeinen Rechtes das Eigentumsrecht des früheren Eigentümers an den zu einem Baue verwendeten Baumaterialien. Auf den durch den Eintritt des neuen Rechtes bewirkten Rechtsverlust ist der § 951 des BGB. entsprechend anzuwenden; dadurch wird eine angemessene Ausgleichung des Rechtsverlustes geschaffen.

Eine Ausnahme hiervon enthält der Art. 181 Abs. 2 Halbs. 2 für das am 1. Januar 1900 bestehende Sondereigentum an stehenden Erzeugnissen eines Grundstücks. Ein derartiges Sondereigentum kennt z. B. das preuß. LR. I 22 §§ 200, 187, 197 am wildaufwachsenden Holze, das württembergische Recht an Obstbäumen und das französ. Recht an Bäumen, die an einer Staatsstraße gepflanzt sind. Aufrechterhalten wird nur das am 1. Januar 1900 schon

Artikel 182. Das zur Zeit des Inkrafttretens des Bürgerlichen Gesetzbuchs bestehende Stockwerkseigenthum bleibt bestehen. Das Rechtsverhältniß der Betheiligten unter einander bestimmt sich nach den bisherigen Gesetzen.

---

begründete Sondereigentum an stehenden Erzeugnissen eines Grundstücks, ein neuer Erwerb, z. B. durch Nachpflanzen von Bäumen ist ausgeschlossen (a. A. Affolter S. 257). Ist das Eigentum noch nicht begründet, z. B. erst der obligatorische Vertrag geschlossen, so findet auf den Eigentumserwerb das neue Recht Anwendung. Soweit das Eigentum aber aufrecht erhalten bleibt, ist die Weiterveräußerung und Belastung der Sache möglich, jedoch nur nach Maßgabe der Vorschriften des neuen Rechtes. Ob das Eigentum an den Erzeugnissen als Eigentum an einer beweglichen Sache oder ob es als eine selbständige Gerechtigkeit, auf welche die für Grundstücke geltenden Vorschriften Anwendung finden (Art. 196), zu gelten hat, hängt von der Landesgesetzgebung ab. Je nach Beantwortung dieser Fragen bestimmt sich, ob das Recht in das Grundbuch eingetragen werden muß oder nicht und in welcher Weise es am Vermögensverkehre teilnimmt.

Eine weitere Ausnahme stellt der Art. 182 für das Stockwerkseigentum auf.

Artikel 182.

E. I. EG. II Art. 154; III Art. 182. P. II Bd. 6 S. 629.

1. **Das sog. Stockwerkseigentum** ist dem BGB. fremd (s. Erl. 1 zu Art. 131). Dagegen läßt das EG. der Landesgesetzgebung in Ansehung des Stockwerkseigentums eine gewisse Freiheit. Die Neubegründung von Stockwerkseigentum kann die Landesgesetzgebung nur im Rahmen des Art. 131 zulassen. Das beim Inkrafttreten des BGB. bestehende Stockwerkseigentum aber hält der Art. 182 schlechthin aufrecht.

2. Der Art. 182 trifft nicht nur das Stockwerkseigentum, bei welchem jeder Berechtigte ein Sondereigentum hat, sondern auch die Form, in welcher ein Miteigentum der Berechtigten am Gebäude vorliegt, dem Einzelberechtigten aber eine Dienstbarkeit auf ausschließliche Benutzung gewisser Teile des Gebäudes zusteht. Steht bei der letzteren Form das Eigentum den Berechtigten nicht nach Bruchteilen zu, so ergibt sich die Aufrechthaltung dieser Rechtsverhältnisse auch aus den Art. 170, 181 Abs. 2.

3. Der Art. 182 Satz 1 läßt nur das am 1. Januar 1900 bestehende Stockwerkseigentum fortbestehen; ob das Grundbuch für den Bezirk schon angelegt ist (Art. 186) oder noch das bisherige Liegenschaftsrecht nach Maßgabe des Art. 189 fortgilt, kommt nicht in Betracht. Dagegen ist die Neubegründung eines Stockwerkseigentums unzulässig, wohl aber kann das bereits bestehende Stockwerkseigentum (unter Lebenden und von Todes wegen) übertragen, belastet und geändert werden.

Wie der Wortlaut des Art. 182 ergibt, hält der Satz 1 für das bestehende Stockwerkseigentum nicht die Landesgesetze aufrecht, sondern das Stockwerkseigentum als solches bleibt bestehen und nur für das Rechtsverhältnis der Beteiligten untereinander bleiben die bisherigen Gesetze nach Satz 2 maßgebend. Hieraus folgt, daß sich die Übertragung, die Belastung, die Änderung des Inhalts des Rechtes eines Berechtigten und die Aufhebung nach den Vorschriften richten, welche für Grundstücke überhaupt gelten. Bis zur Anlegung des Grundbuchs also sind die bisherigen Gesetze entscheidend (Art. 189), von da an das BGB. (insbesondere §§ 873ff.), letzteres auch dann, wenn im Zeitpunkte der Anlegung des Grundbuchs das Stockwerkseigentum nicht in das Grundbuch eingetragen ist; die Aufhebung des zur Zeit der Anlegung des Grundbuchs nicht eingetragenen Stockwerkseigentums richtet sich nach Art. 189 Abs. 3 auch über diesen Zeitpunkt hinaus nach dem bisherigen Rechte, bis das Stockwerkseigentum eingetragen ist. Die Übertragung 2c. setzt also nach der Anlegung des Grundbuchs die Eintragung in das Grundbuch voraus und die Übertragung geschieht in der Form der Auflassung (§ 925). Weil sich die Aufhebung bis zur Anlegung des Grundbuchs nach den bisherigen Gesetzen, von da an, sofern das Recht eingetragen ist, nach dem BGB. bestimmt, bewirkt die unter der Herrschaft des bisherigen Rechtes stattfindende Vereinigung sämtlicher Stockwerksrechte in einer Hand, wenn das bisherige Recht der Konfusion die Wirkung der Aufhebung des Stockwerkseigentums beilegt, daß das Eigentum nicht mehr in Stockwerksrechte verteilt werden kann; die nach der Anlegung des Grundbuchs stattfindende Vereinigung dagegen läßt das Stockwerksrecht unberührt, die Rechte können einzelnen wieder übertragen werden, außer wenn der Berechtigte nach der Vereinigung das

Artikel 183. Zu Gunsten eines Grundstücks, das zur Zeit des Inkrafttretens des Bürgerlichen Gesetzbuchs mit Wald bestanden ist, bleiben die landesgesetzlichen Vorschriften, welche die Rechte des Eigenthümers eines Nachbargrundstücks in Ansehung der auf der Grenze oder auf dem Waldgrundstücke stehenden Bäume und Sträucher abweichend von den Vorschriften des §. 910 und des §. 923 Abs. 2, 3 des Bürgerlichen Gesetzbuchs bestimmen, bis zur nächsten Verjüngung des Waldes in Kraft.

Stockwerksrecht im Grundbuche hat löschen lassen. Dagegen liegt eine unzulässige Neubegründung eines Stockwerkseigentums vor, wenn an einem bisher im Alleineigentume befindlichen Hause, von dem aber schon ein Teil im Stockwerkseigentume steht, ein weiterer Teil an den Stockwerkseigentümer verkauft wird (Seuff.A. 58 S. 187).

Übrigens ist nicht unzweifelhaft, ob die Änderung des Inhalts des Rechtes eines Stockwerksberechtigten zulässig ist; denn die Änderung enthält hier stets die Erweiterung der Rechte eines anderen Stockwerksberechtigten und insofern eine Neubegründung; man wird aber anzunehmen haben, daß Art. 182 die Neubegründung des Stockwerkseigentums nur insofern ausschließen will, als es sich um ein Gebäude handelt, an dem bisher kein Stockwerkseigentum bestand. Jede andere Auslegung würde den Bedürfnissen des Verkehrs nicht gerecht werden und wohl auch dem Grunde widerstreiten, aus welchem der Art. 182 aufgenommen worden ist. Aus dem gleichen Grunde dürfte es zulässig sein, daß ein bestehendes Stockwerkseigentum geteilt wird und daß, wenn einem im Stockwerkseigentume stehenden Gebäude ein neuer Stock aufgebaut wird, an diesem auch eine Person das Stockwerkseigentum erwerben kann, welche bisher nicht zu den Stockwerksberechtigten gehörte.

Zweifelhaft ist, ob, wenn das im Stockwerkseigentume stehende Gebäude z. B. durch Brand untergeht, das Stockwerkseigentum erlischt. Man wird wohl annehmen dürfen, daß an dem neuen Gebäude das Stockwerkseigentum auch in anderer Weise und für andere Personen als beim alten Gebäude begründet werden kann; a. A. scheinen Henle-Schneider zu Art. 42 des bayer. ÜbG. zu sein, nach denen nur das frühere Rechtsverhältnis wieder aufleben kann.

4. Wie das Stockwerkseigentum grundbuchrechtlich zu behandeln ist, bestimmt sich nach Landesrecht (GBO. § 83). Für das rheinpreuß. Recht s. Achilles-Strecker, GBO. S. 16 (KG. 16 S. 525). Für das bayer. Recht vgl. V. v. 23. Juli 1898 § 17, JMBek. v. 23. Juli 1898 § 73 für die rechtsrheinischen Landesteile, JMBek. v. 14. September 1898 Nr. 248, 271 für die Pfalz. Für Elsaß-Lothringen vgl. §§ 18, 96 der MinVerf. v. 3. Juni 1901.

5. Das Rechtsverhältnis der an dem Stockwerkseigentume Beteiligten untereinander (z. B. in Ansehung der Unterhaltung des Gebäudes, der Tragung der Lasten) bestimmt sich gemäß Art. 182 Satz 2 nach dem bisherigen Rechte. Dieses bleibt auch dann maßgebend, wenn das Stockwerkseigentum in der Form besteht, daß den Berechtigten Miteigentum nach Bruchteilen zusteht. Für diesen Fall bedeutet der Satz 2 eine Ausnahme von Art. 173. Die den Beteiligten gegen einander zustehenden Rechte sind von der Eintragung in das Grundbuch, sofern nicht die Landesgesetzgebung ein anderes bestimmt, unabhängig. Die Unteilbarkeit und das etwaige Vorkaufsrecht der Teilhaber haben also auch ohne Eintragung in das Grundbuch Wirksamkeit gegen Dritte.

6. Bayern (ÜbG. v. 9. Juni 1899 Art. 42 für die rechts-, Ges. v. 1. Juli 1898 Art. 20 für die linksrheinischen Landesteile) und Hessen (AG. Art. 216—219) haben die bestehenden Stockwerkseigentumsverhältnisse übergeleitet. Hierzu vgl. Habicht S. 419 ff.; Henle-Schneider, Bayer. AG. S. 463; Schneider, Das Liegenschaftsrecht in der Pfalz S. 194 ff. Bayern hat die Eigentumsverhältnisse den Vorschriften des Art. 131 angepaßt. Wegen des rheinpreuß. Rechtes (code civile Art. 664) s. Turnau-Förster 2. Aufl. S. 22, wegen Elsaß-Lothringen s. Aron, AG. S. LXXI, Kisch S. 484.

Artikel 183.

E. d. EG. I Art. 67; II Art. 95; III Art. 121 Abs. 1. P. I S. 12810; M. d. EG. S. 193.
P. II Bd. 3 S. 144; Bd. 6 S. 428. RB. S. 1998, 2113. StB. S. 3035.

1. Der Art. 183 trifft für Eigentumsbeschränkungen an Waldgrundstücken eine Übergangsbestimmung, die dem für Obstbäume geltenden Vorbehalte des Art. 122 entspricht. In den Entwürfen war die Vorschrift des Art. 183 als Vorbehalt aufgenommen. Nach dem Art. 183 bleiben zugunsten der am 1. Januar 1900 mit Wald bestandenen Grundstücke die landesgesetzlichen

Artikel 184. Rechte, mit denen eine Sache oder ein Recht zur Zeit des Inkrafttretens des Bürgerlichen Gesetzbuchs belastet ist, bleiben mit dem sich aus den bisherigen Gesetzen ergebenden Inhalt und Range bestehen, soweit sich nicht aus den Artikeln 192 bis 195 ein Anderes ergiebt. Von dem Inkrafttreten des Bürgerlichen Gesetzbuchs an gelten jedoch für ein Erbbaurecht die Vorschriften des §. 1017, für eine Grunddienstbarkeit die Vorschriften der §§. 1020 bis 1028 des Bürgerlichen Gesetzbuchs.

Vorschriften aufrecht, welche abweichend vom § 910 des BGB. den Anlieger verpflichten, Wurzeln und Zweige der Waldbäume oder Sträucher, die in sein Grundstück hineinragen, zu dulden, und nach denen er abweichend vom § 923 Abs. 2, 3 des BGB. nicht berechtigt ist, die Beseitigung eines auf der Grenze stehenden Baumes oder Strauches zu verlangen. Daß das Nachbargrundstück ein land- oder forstwirtschaftlich benutztes Grundstück ist, ist nicht erforderlich. Die Aufrechthaltung der bisherigen Gesetze dauert aber nur bis zur nächsten Verjüngung, d. h. bis zu dem Zeitpunkt, in welchem der Wald als solcher abgeholzt wird; ob damit eine Neuaufforstung verbunden ist, ist gleichgültig; insofern ist der Ausdruck „Verjüngung" nicht ganz zutreffend. Im übrigen richtet sich die Frage, was als Verjüngung zu gelten hat, nach forstwirtschaftlichen Grundsätzen. Für ein Grundstück, das am 1. Januar 1900 nicht mit Wald bestanden war, treten die §§ 910, 923 auch dann in Kraft, wenn das Grundstück vorher mit Wald bestanden war und nachher wieder aufgeforstet wird.

2. In Betracht kommende Landesgesetze s. preuß. LR. I 9 §§ 287 ff.; Bayern, ÜbG. Art. 9; sächs. GB. §§ 362, 363, ferner AG. von Württemberg, Art. 245, Hessen, Art. 88.

Artikel 184.

E. d. EG. I Art. 106 Abs. 2; II Art. 155; III Art. 183. P. I S. 13183, 13191, 13225; M. d. EG. S. 265. P. II Bd. 6 S. 516, 555, 629.

1. Abweichend von dem für das Eigentum im Art. 181 aufgestellten Grundsatze läßt das EG. im Art. 184 **Rechte, mit denen eine Sache oder ein Recht zur Zeit des Inkrafttretens des BGB. belastet** ist, grundsätzlich mit dem sich aus den bisherigen Gesetzen ergebenden Inhalt und Range bestehen. Nur für Erbbaurechte und Grunddienstbarkeiten sind im Art. 184 Satz 2 und für Grundstückspfandrechte in den Art. 192—195 Ausnahmen gemacht.

Der Art. 184 betrifft die Rechte, mit denen eine Sache oder ein Recht im Zeitpunkte des Inkrafttretens des BGB. (nicht im Zeitpunkte der Anlegung des Grundbuchs) belastet ist. Unter den Art. 184 fallen sowohl die an einer beweglichen Sache als die an einem Grundstücke bestehenden Rechte und sowohl die an einem Forderungsrecht als die an einem dinglichen Rechte begründeten Rechte. Der Art. 184 hält nicht nur diejenigen dinglichen Rechte aufrecht, welche das Eigentum beschränken, sondern im allgemeinen alle Rechtspositionen, denen ein selbständiger dinglicher Charakter innewohnt (M. des EG. S. 266), die jedoch nicht Eigentum sind (s. Erl. 2 zu Art. 181).

2. **Ob eine Sache oder ein Recht im Zeitpunkte des Inkrafttretens des BGB. mit einem Rechte belastet ist,** bestimmt sich nach dem bisherigen Rechte. Wie die Fassung „belastet ist" zum Ausdrucke bringt, ist zur Anwendbarkeit des Art. 184 erforderlich, daß es sich um ein dingliches Recht, nicht um ein bloß obligatorisches, auch nicht um ein bloßes Recht zur Sache (s. Erl. 7 zu Art. 170) handelt; was aber zur Dinglichkeit gehört, welche Rechte also unter den Art. 184 fallen, bemißt sich nach dem bisherigen Rechte. Hieraus folgt, daß auch solche Rechte an einer Sache oder einem Rechte unter den Art. 184 fallen, welche, wenn zur Zeit ihrer Entstehung das BGB. schon gegolten hätte, unzulässig gewesen wären (Rspr. 6 S. 203), z. B. dingliche Miet- oder Pachtrechte, eine Hypothek an einer Hypothek, eine Hypothek an einer Reallast, ein antichretisches Pfandrecht an einem Grundstücke. Bei Rechten an einem Grundstück und bei Rechten an solchen Rechten ist der Art. 184 auch dann anwendbar, wenn das Recht nicht in das Grundbuch eingetragen ist. Dadurch, daß ein Recht an einem Grundstück oder ein Recht an einem solchen Rechte im Zeitpunkte der Anlegung des Grundbuchs nicht in das Grundbuch eingetragen ist, geht das Recht nicht unter, sondern es muß sich nur die aus dem öffentlichen Glauben des Grundbuchs sich ergebenden Folgen (§§ 892, 893 des BGB.) gefallen lassen (s. Erl. zu Art. 186) und es kann auch nach der Anlegung des Grundbuchs noch eingetragen werden.

Im Gegensatze zu diesen Grundsätzen führte das RG. 48 S. 63, JW. 1901 S. 273 aus, im Art. 184 könne unter einem Rechte, mit dem ein Grundstück belastet ist, nur ein solches verstanden werden, welches in das Grundbuch eingetragen ist. Diese Ansicht, gegen welche sich die frühere Aufl. Bd. VI S. 311, Habicht in DJZ. 1901 S. 323 und Meisel in JW. 1901 S. 590 wenden, ist vom RG. 55 S. 315; 56 S. 13, JW. 1904 S. 5 jetzt aufgegeben worden.

3. Nicht unter Art. 184 fallen die dinglichen Rechtsbeziehungen, welche nicht selbständige Rechte sind, sondern Ausfluß eines anderen dinglichen Rechtes. Durch Art. 184 werden also insbesondere nicht getroffen die dem sog. Nachbarrecht angehörenden Rechtsbeziehungen; für diese ist gemäß Art. 181 das neue Recht maßgebend. Auch das französischrechtliche Rückfallsrecht fällt nicht unter Art. 184, über dasselbe s. Erl. 3c zu Art. 181.

Wegen des antichretischen Pfandrechts an Grundstücken s. Erl. zu Art. 192.

4. **Für die Frage, ob jemand im Zeitpunkte des Inkrafttretens des BGB. ein Recht an einer Sache oder einem Rechte hat,** ist das bisherige Recht maßgebend. Der Art. 184 setzt als selbstverständlich voraus, daß sich der Erwerb und Verlust eines dinglichen Rechtes nach dem zur Zeit des Erwerbes oder Verlustes geltenden Rechte bestimmen. Hieraus folgt gemäß Art. VI EG. z. Konkursnovelle v. 17. Mai 1898, daß auch die konkursrechtliche Gültigkeit einer vor dem 1. Januar 1900 vorgenommenen Rechtshandlung und deren dingliche Wirksamkeit für ein nach diesem Zeitpunkt eröffnetes Konkursverfahren nach dem bisherigen Rechte zu beurteilen sind (RG. 52 S. 392).

Sind vor dem Inkrafttreten des BGB. alle nach dem bisherigen Rechte zum Erwerb eines dinglichen Rechtes gehörenden Tatsachen eingetreten, so bleibt das Recht bestehen, auch wenn das BGB. für den Erwerb des Rechtes andere Erfordernisse aufstellt. Ist umgekehrt mit einer vor dem Inkrafttreten des BGB. liegenden Tatsache der Erwerb des dinglichen Rechtes nicht verbunden, so tritt nicht eine Heilung des vom bisherigen Rechte versagten Rechtserwerbes deshalb ein, weil das BGB. mit diesem Tatbestande den Erwerb des Rechtes verknüpft. Dies gilt insbesondere von den Fällen, in welchen nach § 936 des BGB. wegen Gutgläubigkeit des Erwerbers einer Sache das an der Sache begründete Recht eines Dritten erlischt oder nach §§ 1032, 1207 des BGB. wegen Gutgläubigkeit des Erwerbers eines Nießbrauchs oder eines Pfandrechts der von einem Nichtberechtigten bestellte Nießbrauch und das von ihm bestellte Pfandrecht entstehen.

Ist vor dem Inkrafttreten des BGB. erst der Titel zur Begründung des dinglichen Rechtes geschaffen worden, z. B. das obligatorische Kausalgeschäft vorgenommen worden, das Recht selbst aber noch nicht entstanden, so ist für die Begründung des dinglichen Rechtes nur das neue Recht maßgebend. Im Falle einer bedingten Bestellung des Rechtes dagegen bleibt das bisherige Recht für die Frage maßgebend, wann die Bedingung als eingetreten oder ausgefallen anzusehen ist und welche Folgen der Eintritt oder Ausfall der Bedingung für die Begründung des dinglichen Rechtes hat. Das Gesagte gilt auch im Falle der befristeten Bestellung eines dinglichen Rechtes.

Wenn im Zeitpunkte des Inkrafttretens des BGB. das Grundbuch für einen Bezirk noch nicht als angelegt anzusehen ist, erfolgen die Begründung, Aufhebung, Übertragung und Belastung eines Rechtes an einem Grundstück oder eines Rechtes an einem solchen Rechte sowie die Änderung des Inhalts und des Ranges der Rechte bis zur Anlegung des Grundbuchs nach den bisherigen Gesetzen; hierüber vgl. Erl. zu Art. 189. Der Art. 189 durchbricht den Grundsatz, daß Erwerb und Verlust dinglicher Rechte vom Inkrafttreten des BGB. an sich nach dessen Vorschriften bestimmen.

Eine weitere Ausnahme kann sich auf Grund der Vorschrift des Art. 213, daß bei einem vor dem Inkrafttreten des BGB. erfolgten Erbfalle für die erbrechtlichen Verhältnisse die bisherigen Gesetze maßgebend sind, ergeben. Über den Einfluß des BGB. auf eine im Zeitpunkte des Inkrafttretens des BGB. noch nicht vollendete Ersitzung des Nießbrauchs an einer beweglichen Sache s. Erl. zu Art. 185, über die zur Zeit der Grundbuchanlegung noch nicht vollendete Ersitzung eines Rechtes an einem Grundstücke s. Erl. zu Art. 189.

5. Die zur Zeit des Inkrafttretens des BGB. an einer Sache oder einem Rechte bestehenden **dinglichen Rechte bleiben mit dem sich aus dem bisherigen Rechte ergebenden Inhalt und Range bestehen,** soweit nicht für Erbbaurechte, Grunddienstbarkeiten und Grundstückspfandrechte Ausnahmen getroffen sind. Über die Ausnahmen s. unten. Nur für die bereits bestehenden Rechte bleiben in Ansehung des Inhalts und des Ranges die bisherigen Gesetze maßgebend; ist das Recht zur Zeit des Inkrafttretens des BGB. noch nicht entstanden, wenn auch der Titel dazu, z. B. der obligatorische Vertrag schon vorliegt, so richten sich Inhalt und Rang schlechthin nach dem neuen Rechte.

a) Unter dem Inhalte des Rechtes ist die Summe der Befugnisse und Verpflichtungen, welche mit dem Rechte verknüpft sind, zu verstehen. Dagegen fällt unter den Inhalt eines Rechtes nicht die Art und Weise, wie das Recht sich äußert, wenn zu dem Rechsverhältnisse von außen Tatsachen hinzutreten, welche eine Änderung desselben bewirken, die nicht als eine aus dem Wesen des Rechtsverhältnisses folgende Entwickelung zu betrachten ist. Es ist freilich nicht unzweifelhaft, ob nicht der Art. 184 von einem weiteren Begriffe des Inhalts des Rechtes ausgeht; denn im Satz 2 des Art. 184 werden unter den auf eine Grunddienstbarkeit sofort anwendbaren Vorschriften auch die die Ansprüche des Berechtigten im Falle der Beeinträchtigung der Dienstbarkeit regelnden Vorschriften des § 1027 des BGB. aufgezählt; diese Ansprüche gehören aber nach der oben angegebenen Bestimmung des Begriffs des Inhalts eines Rechtes nicht zu dem Inhalte; nach der angegebenen Begriffsbestimmung ergibt sich die Anwendbarkeit des § 1027 schon aus Satz 1 des Art. 184. Indessen wird man aus dem Satz 2 des Art. 184 kein entscheidendes arg. e contrario ableiten dürfen, denn die Erwähnung des § 1027 kann auch auf der Befürchtung beruhen, daß, wenn man ihn nicht mit aufgezählt hätte, hieraus seine Unanwendbarkeit gefolgert worden wäre.

Im einzelnen ist übrigens die Frage, ob altes oder neues Recht anzuwenden ist, oft zweifelhaft. Die wichtigsten Punkte sind folgende:

α) Den Inhalt eines Rechtes betrifft jedenfalls die Frage, wozu das Recht berechtigt, bei einer Grunddienstbarkeit z. B. die Frage, ob ein Fahrtrecht oder ein Wegrecht besteht, bei einem Viehtriebrecht oder einem Weiderechte, wieviel Vieh getrieben oder geweidet werden darf. Mit Rücksicht hierauf finden keine Anwendung die Vorschrift des § 1019, daß eine Grunddienstbarkeit nur in einer Belastung bestehen kann, die für die Benutzung des Grundstücks des Berechtigten Vorteil bietet, die Vorschriften der §§ 1034—1050, 1055 über das Rechtsverhältnis zwischen dem Eigentümer und dem Nießbraucher, die Vorschrift des § 1108 über die persönliche Haftung des Eigentümers für die einzelnen Leistungen bei einer Reallast, die Vorschriften der §§ 1210ff. über den Umfang der Haftung des Pfandes, über die Erstreckung, des Pfandrechts auf Erzeugnisse der Sache, über die Pflichten des Pfandgläubigers im Falle der antichretischen Pfandverwaltung ꝛc. Die Frage, wann der dinglich Berechtigte Eigentum an den Früchten der Sache erwirbt, regelt sich übrigens nach dem BGB. für die unter dessen Herrschaft gewonnenen Früchte.

In welchem Maße der Verpflichtete bei Vorgängen, die eine objektive Verletzung des dinglichen Rechtes bilden, für die Handlungen und Unterlassungen Dritter einzustehen hat und welchen Einfluß ein eigenes Verschulden des Berechtigten auf die Haftung des Verpflichteten hat, bestimmt sich nach dem BGB. §§ 254, 278, weil es sich hier um allgemeine Grundsätze handelt und nach der Absicht wohl sämtlicher bisherigen Rechte die in dieser Beziehung jeweils geltenden allgemeinen Grundsätze maßgebend sind (Art. 4); im Ergebnis übereinstimmend RG. 56 S. 381.

β) Zum Inhalt eines Rechtes gehört, welche Sicherungsmittel dem einen Teile gegenüber dem anderen zu Gebote stehen und wie die gegenseitigen Rechte und Pflichten verwirklicht werden. Für die Frage z. B., ob der Nießbraucher zur Sicherheitsleistung verpflichtet ist, sind nicht die §§ 1051, 1052 des BGB., sondern das bisherige Recht maßgebend. Aus dem bezeichneten Grunde bleibt auch die Bestimmung des code civil Art. 618, daß der Nießbrauch durch Mißbrauch untergeht, bestehen. Beim dinglichen Vorkaufsrechte gehört die Pflicht des Verkäufers, den Berechtigten von dem mit einem Dritten geschlossenen Kaufe in Kenntnis zu setzen, zum Inhalte des Rechtes, für sie verbleibt es daher bei dem bisherigen Rechte, dieses ist insbesondere für die Form der Benachrichtigungspflicht maßgebend (RG. 58 S. 157). Auch die Voraussetzungen, unter denen das Verkaufsrecht beim Faustpfandrecht eintritt und die Art seiner Ausübung, die Fristen und Formen richten sich nach dem bisherigen Rechte. Dieses ist also namentlich dafür maßgebend, ob für den Verkauf ein Vollstreckungstitel oder doch eine gerichtliche Ermächtigung erforderlich ist (a. A. Lehmann, Z. f. HR. 48 S. 75); für die Form des gerichtlichen Verkaufs ist das jeweilige Prozeßrecht maßgebend.

Dagegen finden vom 1. Januar 1900 an sofort Anwendung die in den §§ 1065 und 1227 mit §§ 985—1007 des BGB. enthaltenen Vorschriften über den Schutz des Nießbrauchs und des Pfandrechts gegen Dritte, es gilt das zu Art. 181 Erl. 5 Bemerkte; a. A. Affolter S. 262, Niedner S. 376.

γ) Die Übertragbarkeit eines Rechtes gehört zum Inhalte des Rechtes und bestimmt sich daher nach den bisherigen Gesetzen, die Übertragung selbst vollzieht sich nach dem BGB. Handelt es sich um Rechte, die das BGB. nicht kennt, oder welche nach ihm unübertragbar sind, für deren Übertragung das BGB. daher keine besonderen Vorschriften enthält, so wird sich die Übertragung, soweit es sich um Rechte an Grundstücken oder um Rechte an solchen Rechten handelt, nach den allgemeinen für die Übertragung solcher Rechte geltenden Grundsätzen (§§ 873 ff.), soweit es sich um andere Rechte handelt, nach den Vorschriften des § 413 bestimmen müssen. Dies ist z. B. beim Nießbrauche von Bedeutung, welcher nach dem § 1059 des BGB. nur der Ausübung nach übertragen werden kann, während z. B. im französisch-badischen Rechte die Übertragung selbst zulässig ist.

Hat der Nießbraucher eines Grundstücks einen Miet- oder Pachtvertrag abgeschlossen, so bestimmt sich der Einfluß der Beendigung des Nießbrauchs auf das Miet- oder Pachtverhältnis nach dem bisherigen Rechte, der § 1056 des BGB. findet keine Anwendung. Dies gilt auch dann, wenn das Miet- oder Pachtverhältnis erst nach dem Inkrafttreten des BGB. eingegangen ist oder das vorher eingegangene Miet- oder Pachtverhältnis gemäß Art. 171 sich nach dem neuen Rechte bestimmt. Der Art. 172 ist auf diesen Fall nicht anwendbar. Übrigens haben einige AG. die Grundsätze des § 1056 mit rückwirkender Kraft ausgestattet; vgl. Bayern, ÜbG. Art. 5; Hessen, Art. 152; Elsaß-Lothringen, § 99.

Gleiches gilt von der Frage der Belastbarkeit eines Rechtes.

δ) Anlangend das Erlöschen eines Rechtes, so müssen Tatsachen, welche nach dem bisherigen Rechte Erlöschungsgründe sind, dann als zum Inhalte des Rechtes gehörend betrachtet werden, wenn sie mit dem Rechtsverhältnis in einer solchen Verbindung stehen, daß sie dessen Wesen oder dessen wirtschaftliche Bedeutung betreffen. Dagegen ist für das Erlöschen des dinglichen Rechtes das neue Recht maßgebend, soweit es sich um die Wirkung von Ereignissen handelt, die unabhängig von dem Inhalte des Rechtes von außen herantreten. Der § 1252 des BGB. findet z. B. auf bestehende Pfandrechte keine Anwendung, weil die akzessorische oder nichtakzessorische Natur des Pfandrechtes zum Inhalte des Rechtes gehört. Auch die Bestimmung des gemeinen Rechtes, daß der einer juristischen Person bestellte Nießbrauch nach hundert Jahren erlischt, die Bestimmung des preuß. LR. I 21 § 178, daß der Nießbrauch für die Erben des Nießbrauchers mitbestellt werden kann, die Bestimmung des preuß. LR. I 12 § 423, daß der einer juristischen Person vermachte Nießbrauch nach fünfzig Jahren erlischt, beziehen sich auf den Inhalt des Rechtes und müssen fortdauernd Geltung haben; a. A. Dernburg, Sachenrecht S. 517, nach welchem die im bisherigen Rechte in Ansehung der Dauer des Nießbrauchs bestimmten Beschränkungen nur unberührt bleiben, wenn sie als Auslegung der Bestellung anzusehen sind. Auch die Frage, ob ein Recht erlischt, wenn der Gegenstand des Rechtes, z. B. bei einem Erbbaurechte das Bauwerk, untergeht, gehört zum Inhalte des Rechtes. Dagegen richtet sich die rechtsgeschäftliche Aufhebung nur nach dem BGB. (z. B. §§ 875, 876, 878, 1064, 1071). Auch der Grundsatz des BGB., daß dingliche Rechte an Grundstücken durch Konsolidation nicht erlöschen (§ 889), sowie die Frage, unter welchen Voraussetzungen ein eingetragenes Recht durch Verjährung erlischt und ob der Anspruch aus eingetragenen Rechten der Verjährung unterliegt (§§ 901, 902) beziehen sich nicht auf den Inhalt des Rechtes und treten die Vorschriften des BGB. daher sofort in Kraft.

Aus dem Gesagten ergibt sich, daß auch für bestehende Rechte an einem Grundstück und für bestehende Rechte an einem solchen Rechte die §§ 873—878, 883—890, 894—902 des BGB. gelten.

b) Daraus, daß der Rang der bestehenden dinglichen Rechte sich nach dem bisherigen Rechte bestimmt, ergibt sich insbesondere, daß die Vorschrift des § 879 des BGB. für die bestehenden dinglichen Rechte auch nach erfolgter Anlegung des Grundbuchs nicht gilt. Dagegen ist die Vorschrift des § 880 des BGB. über eine nachträgliche Änderung des Rangverhältnisses auf die bestehenden dinglichen Rechte anwendbar.

c) Eine Änderung des Inhalts und des Ranges kann sich für die bestehenden dinglichen Rechte durch die Vorschriften des BGB. über den Schutz des guten Glaubens bei der Übertragung des Eigentums an beweglichen Sachen (§§ 932 ff.) und bei der Bestellung eines Nießbrauchs oder eines Pfandrechts an beweglichen Sachen (§§ 1032, 1207, 1208) sowie durch die Vorschriften über den öffentlichen Glauben des Grundbuchs (§§ 892, 893, dazu Erl. zu Art. 186) ergeben, wenn der Tatbestand, welcher nach den bezeichneten Vorschriften geschützt ist, sich unter der Herrschaft des BGB. vollzieht. Wenn z. B. der Eigentümer die mit einem vor dem Inkrafttreten des BGB. entstandenen Nießbrauche belastete Sache nach diesem Zeitpunkte verpfändet und der Pfandgläubiger in Ansehung des Nießbrauchs in gutem Glauben ist, hat das Pfandrecht den Vorzug vor dem Nießbrauch; es finden nicht etwa für die Frage des Ranges die bisherigen Vorschriften, denen vielleicht ein Vorzugsrecht des gutgläubigen Pfandgläubigers fremd ist, gemäß Art. 184 Anwendung; a. A. Lehmann S. 72, 76; Affolter S. 261, weil in dem Art. 184 nicht wie in den Art. 61 und 168 ein Vorbehalt für die Vorschriften des BGB. zugunsten der Rechte derjenigen aufgenommen ist, welche Rechte von einem Nichtberechtigten herleiten. Indessen betrifft der Art. 61 ein Vorbehaltsgebiet (das Lehen- und Fideikommißrecht) und ohne die Einschränkung des Art. 61 hätte die Landesgesetzgebung auch gegenüber den Vorschriften des BGB. über den Schutz des guten Glaubens freie Hand; im Art. 168 aber entspricht die Aufnahme der Einschränkung dem § 135 Abs. 2 des BGB. und sie ist hier aus den gleichen Gründen wie dort getroffen.

6. Überleitung bestehender dinglicher Rechte. Von dem Grundsatze des Art. 184 Satz 1, daß die Rechte, mit denen eine Sache zur Zeit des Inkrafttretens des BGB. belastet ist, mit dem sich aus den bisherigen Gesetzen ergebenden Inhalte bestehen bleiben, machen der Art. 184 Satz 2 und die Art. 192—195 für Erbbaurechte, Grunddienstbarkeiten und Grundstückspfandrechte eine Ausnahme. Von dem Satze, daß die Rechte mit dem bisherigen Range bestehen bleiben, ist keine Ausnahme gemacht. Wegen der Grundstückspfandrechte wird auf die Erl. zu den Art. 192—195 verwiesen.

a) Für bestehende Erbbaurechte gelten vom Inkrafttreten des BGB. an die Vorschriften des § 1017 des BGB. Nach § 1017 gelten für die Erbbaurechte die sich auf Grundstücke beziehenden Vorschriften und die für den Erwerb des Eigentums und die Ansprüche aus dem Eigentume geltenden Vorschriften finden entsprechende Anwendung. Damit ist reichsgesetzlich die Grundstücksnatur des Erbbaurechts auch für die bestehenden Erbbaurechte ausgesprochen. Aus der Anwendbarkeit der Liegenschaftsnormen folgt insbesondere, daß mit dem Erbbaurecht wie mit einem Grundstücke subjektivdingliche Rechte (Grunddienstbarkeiten, Vorkaufsrechte und Reallasten) verbunden werden können und daß das Erbbaurecht mit Grunddienstbarkeiten, Reallasten, Vorkaufsrechten sowie mit Hypotheken, Grundschulden und Rentenschulden belastet werden kann. Die Übertragung der Erbbaurechte erfolgt durch Auflassung nach § 925 des BGB., die Geltendmachung des Erbbaurechts nach § 985 im Wege der Eigentumsklage und nach § 1004 im Wege der Eigentumsfreiheitsklage; dem Erbbauberechtigten stehen überdies die Besitzklagen (§§ 861 ff. des BGB.) zu. Im übrigen vgl. wegen der Tragweite des § 1017 die Erl. zu diesem.

Ob begrifflich ein Erbbaurecht im Sinne des Art. 184 Satz 2 vorliegt, ist nach den Vorschriften des BGB. zu bestimmen; der Art. 184 Satz 2 verleiht nur denjenigen bisherigen Rechten die dem Erbbaurechte des BGB. zukommende Grundstücksnatur, welche sich begrifflich mit dem Erbbaurechte des BGB. decken; auf die Benennung des bisherigen Rechtes kommt es nicht an. Der Art. 184 Satz 2 findet also nur auf superfiziarische Rechte an Bauwerken, mögen sie auf oder unter der Oberfläche eines Grundstücks sich befinden, Anwendung; superfiziarische Rechte an einzelnen Gebäudeteilen (§ 1014 BGB.) oder Anpflanzungen fallen nicht unter den Art. 184 Satz 2, ebensowenig die Emphyteusis. Für solche Rechte bewendet es bei der Regel des Art. 184 Satz 1.

Im übrigen gelten die Vorschriften der §§ 1012—1016 des BGB. reichsrechtlich für bestehende Erbbaurechte nicht; hierzu vgl. die Ausführungen unter 5.

b) Auf bestehende Grunddienstbarkeiten sind die §§ 1020—1028 des BGB. für anwendbar erklärt. Dadurch ist in die bestehenden Grunddienstbarkeiten zum Teil erheblich eingegriffen worden. Maßgebend hierfür war die meistens lange Dauer der Grunddienstbarkeiten und die ohne den Eingriff sich ergebende lange Aufrechthaltung der älteren, zum Teil unklaren Bestimmungen der Partikularrechte.

Der § 1020 des BGB. bringt den übrigens wohl auch nach allen bisherigen Rechten gleichfalls geltenden Grundsatz, daß Grunddienstbarkeiten schonend auszuüben und zur Ausübung der Dienstbarkeit auf dem belasteten Grundstücke befindliche Anlagen von dem Dienstbarkeitsberechtigten ordnungsmäßig zu unterhalten sind, auch für die bestehenden Dienstbarkeiten zur Anerkennung.

Die §§ 1021, 1022 des BGB. betreffen die Unterhaltung von zur Ausübung der Dienstbarkeit vorhandenen Anlagen durch den Eigentümer des belasteten Grundstücks. Der § 1021 ist für die bestehenden Dienstbarkeiten insbesondere insofern von Bedeutung, als hiernach Vereinbarungen, die vor dem Inkrafttreten des BGB. getroffen worden sind und die Unterhaltungspflicht in einer nach den §§ 1021, 1022 des BGB. unzulässigen Weise, z. B. über das Bedürfnis des Berechtigten hinaus regeln, nach dem Inkrafttreten des BGB. ihre Geltung verlieren und nach dem Abs. 2 auf die Unterhaltungspflicht die Vorschriften über die Reallast entsprechende Anwendung finden; aus der Anwendbarkeit des § 1021 Abs. 2 darf natürlich nicht gefolgert werden, daß die Unterhaltungspflichten der Eintragung in das Grundbuch bedürfen (Rspr. 4 S. 293). Von erheblicher Tragweite ist die Anwendbarkeit der Vorschriften des § 1023 des BGB. über die Verlegung der Ausübung, des § 1024 über das Zusammentreffen mit einem anderen Rechte und der §§ 1025, 1026 über die Teilung des berechtigten oder des belasteten Grundstücks (zu § 1026 s. RG. 24 A 120). Einer vertragsmäßigen Bestimmung des im § 1021 des BGB. bezeichneten Inhalts, daß der Eigentümer des belasteten Grundstücks die Anlage zu unterhalten hat, dürfte eine durch das alte Recht gegebene gesetzliche Bestimmung gleichen Inhalts und die auf dieser Bestimmung beruhende Übung gleichzustellen sein. Auch der in den §§ 1022, 1025 des BGB. zugelassenen abweichenden Vereinbarung ist die durch das alte Recht gegebene gesetzliche Bestimmung abweichenden Inhalts gleichzuachten.

Aus der Vorschrift des § 1027 Abs. 2 des BGB., daß das im § 1023 Abs. 1 des BGB. eingeräumte Recht auf die Verlegung der Ausübung nicht durch Rechtsgeschäft ausgeschlossen oder beschränkt werden kann, folgt, daß auch vor dem Inkrafttreten des BGB. abgeschlossene Verträge, welche das Recht ausschließen oder beschränken, oder ein früher ergangenes Urteil solchen Inhalts das Recht auf die Verlegung nicht schmälern (a. A. Affolter S. 390). Die Anwendbarkeit des § 1027 des BGB. auf die Ansprüche des Berechtigten wegen Beeinträchtigung der Grunddienstbarkeit läßt die wegen einer vor dem 1. Januar 1900 erfolgten Beeinträchtigung nach Maßgabe des bisherigen Rechtes bereits entstandenen persönlichen Ansprüche des Berechtigten gegenüber dem Störer nach Art. 170 unberührt.

Nach § 1028 des BGB. unterliegt, wenn auf dem belasteten Grundstück eine Anlage errichtet worden ist, durch welche die Dienstbarkeit beeinträchtigt wird, der Anspruch des Berechtigten auf Beseitigung der Beeinträchtigung der Verjährung, auch wenn die Dienstbarkeit im Grundbuch eingetragen ist. Hiernach können auch vor dem Inkrafttreten des BGB. in das Grundbuch eingetragene Grunddienstbarkeiten, obgleich sonst ein eingetragenes Recht nach § 902 des BGB. der Verjährung entzogen ist, durch Verjährung erlöschen. Die Verjährungsfrist beginnt gegenüber eingetragenen Grunddienstbarkeiten in solchen Rechtsgebieten, in welchen die eingetragenen Grunddienstbarkeiten bisher gegen Verjährung geschützt waren, — was z. B. nach § 12 des preuß. EG. zutrifft — erst vom Inkrafttreten des BGB. an; läuft gegen eine am 1. Januar 1900 bestehende Grunddienstbarkeit in diesem Zeitpunkte bereits auf Grund des bisherigen Rechtes eine Verjährung, so ist, wenn die Verjährungsfrist des bisherigen Rechtes kürzer ist, diese maßgebend (Art. 169).

Von den im fünften Abschnitte des Sachenrechts für die Grunddienstbarkeiten gegebenen Vorschriften sind — abgesehen von der im § 1018 enthaltenen Begriffsbestimmung — nur der § 1019 über das zulässige Maß der Grunddienstbarkeit und der § 1029 über den Besitzschutz auf bestehende Grunddienstbarkeiten nicht für anwendbar erklärt. Bezüglich des Besitzschutzes trifft der Art. 191 in Verbindung mit Art. 180 die erforderlichen Vorschriften. Bezüglich des zulässigen Maßes der Grunddienstbarkeiten aber bewendet es bei der Regel des Art. 184 Satz 1.

Auch die Frage, ob begrifflich eine Grunddienstbarkeit im Sinne des Art. 184 Satz 2 vorliegt, beantwortet sich nach dem BGB. Es finden deshalb z. B. auf die im preuß. LR. I 22 §§ 243ff. als Grundgerechtigkeiten bezeichneten Rechte nicht die Vorschriften der §§ 1020—1028, sondern die des § 1017 des BGB. Anwendung, denn im Sinne des BGB. erscheinen diese Grundgerechtigkeiten als Erbbaurechte (so auch Niedner S. 381).

c) Von einigen Ausf.Gesetzen sind auch auf andere dingliche Rechte Vorschriften des BGB. für anwendbar erklärt worden, so auf beschränkte persönliche Dienstbarkeiten von Weimar § 148, Meiningen, Art. 17 § 21; auf Reallasten von Bayern, ÜbG. Art. 46, Weimar, § 150, Meiningen, Art. 18 § 2; auf die Mobiliarpfandrechte von Hessen, Art. 153, Mecklenburg, § 205, Braunschweig, § 62; auf Schiffspfandrechte Bremen, § 45, Oldenburg, § 15; vgl. hierzu Habicht S. 431ff.; Niedner S. 379.

7. Eine weitere allgemeine Ausnahme von dem Grundsatze des Art. 184 Satz 1 enthält der Art. 189 in Ansehung der dinglichen Rechte an Grundstücken für die Zwischenzeit von dem Inkrafttreten des BGB. an bis zur Anlegung des Grundbuchs. Über das Verhältnis des Art. 184 zum Art. 189 vgl. Erl. zu Art. 189.

Artikel 185. Ist zur Zeit des Inkrafttretens des Bürgerlichen Gesetzbuchs die Ersitzung des Eigenthums oder Nießbrauchs an einer beweglichen Sache noch nicht vollendet, so finden auf die Ersitzung die Vorschriften des Artikel 169 entsprechende Anwendung.

Artikel 185.

E. d. EG. I Art. 107; II Art. 156; III Art. 184. P. I S. 13183 f., 13196 ff., 13231; M. d. EG. S. 266. P. II Bd. 6 S. 520.

Erwerb des Eigentums oder des Nießbrauchs an beweglichen Sachen durch Ersitzung. Den Erwerb des Eigentums an beweglichen Sachen durch Ersitzung regelt das BGB. in den §§ 937—945. Diese Vorschriften finden nach § 1033 auf den Erwerb des Nießbrauchs an beweglichen Sachen durch Ersitzung entsprechende Anwendung. Auch das bisherige Recht kennt den Erwerb des Eigentums und Nießbrauchs durch Ersitzung. Soweit ein solcher vor dem Inkrafttreten des BGB. erfolgt ist, behält es dabei selbstverständlich sein Bewenden (s. Erl. 1 zu Art. 169 und Erl. zu Art. 181, 184). Ist die nach dem bisherigen Rechte zulässige Ersitzung aber zur Zeit des Inkrafttretens des BGB. noch nicht vollendet, so finden nach dem durch Art. 185 für entsprechend anwendbar erklärten Art. 169 die Vorschriften des BGB. über die Ersitzung unter den im Art. 169 Abs. 1 Satz 2, Abs. 2 bestimmten Modifikationen Anwendung. Indem im allgemeinen auf die Erl. zu Art. 169 verwiesen wird, ist im einzelnen folgendes zu bemerken:

1. **Der Beginn der Ersitzung** bestimmt sich nach dem bisherigen Rechte. Kannte dieses verschiedene Arten der Ersitzung, also z. B. wie das gemeine Recht eine ordentliche und eine außerordentliche Ersitzung, so sind beide zu berücksichtigen. Lagen die Erfordernisse für den Beginn der ordentlichen Ersitzung, insbesondere also redlicher gerechtfertigter Besitz und Ersitzungsfähigkeit der Sache vor (Windscheid-Kipp I §§ 175—183), so würde sich die Ersitzung nach bisherigem Rechte in drei Jahren vollenden. Sind diese bei dem Inkrafttreten des BGB. noch nicht abgelaufen, so ist nun der Ablauf der durch das BGB. §§ 937, 1033 erforderten zehnjährigen Ersitzungszeit erforderlich. Lagen nicht die Erfordernisse der ordentlichen, wohl aber die der außerordentlichen Ersitzung vor, so vollendet sich diese spätestens mit dem Ablaufe von zehn Jahren nach dem Inkrafttreten des BGB., möglicherweise aber schon früher, nämlich dann, wenn bei dem Inkrafttreten des BGB. seit dem Beginne der Ersitzung schon mehr als zwanzig Jahre abgelaufen waren. In diesem Falle ist nur noch der Ablauf der an der Ersitzungszeit des bisherigen Rechtes von dreißig Jahren fehlenden Zeit erforderlich.

2. **Die Vermutung, daß, wenn jemand eine Sache am Anfang und am Ende eines Zeitraums im Eigenbesitze gehabt hat,** der Eigenbesitz auch in der Zwischenzeit bestanden habe (BGB. § 938), gilt für jede Ersitzung, die erst nach dem Inkrafttreten des BGB. vollendet wird.

3. **Die Voraussetzungen und Wirkungen der Unterbrechung der Ersitzung** bestimmen sich für die Zeit vor dem Inkrafttreten des BGB. nach dem bisherigen Rechte. Ist z. B., wenn das bisherige Recht das gemeine Recht war, die Ersitzung durch den Verlust des Besitzes vor dem Inkrafttreten des BGB. unterbrochen, so findet die Vorschrift des § 940, nach welcher die Unterbrechung als nicht erfolgt gilt, wenn der Besitzer den Besitz ohne seinen Willen verloren und ihn während der Jahresfrist oder mittels einer während dieser Zeit erhobenen Klage wiedererlangt hat, keine Anwendung, auch wenn die Wiedererlangung des Besitzes innerhalb eines Jahres nach dem Inkrafttreten des BGB. erfolgte. Über die Dauer der Unterbrechung s. Erl. 2b zu Art. 169.

4. Über die **Hemmung der Ersitzung** (BGB. § 939) s. Erl. 2c zu Art. 169.

5. **Ob, wenn die Sache durch Rechtsnachfolge in den Besitz eines Dritten gelangt,** die während des Besitzes des Rechtsvorgängers verstrichene Ersitzungszeit dem Dritten zustatten kommt (§ 943), entscheidet sich, wenn der Dritte den Besitz vor dem Inkrafttreten des BGB. erlangt hat, nach dem bisherigen Recht, denn es handelt sich hier sachlich um den Beginn der Ersitzung. Hat der Dritte den Besitz erst nach dem Inkrafttreten des BGB. erlangt, so kommt ihm die nach dem Inkrafttreten des BGB. während des Besitzes des Rechtsvorgängers verstrichene Ersitzungszeit zustatten, sofern der Rechtsvorgänger nach den Vorschriften des BGB. in der Ersitzungslage war. Nach denselben Grundsätzen ist die Frage zu entscheiden, ob die zugunsten eines Erbschaftsbesitzers verstrichene Ersitzungszeit dem Erben zustatten kommt (§ 944).

6. **Die Wirkungen einer nach dem Inkrafttreten des BGB. vollendeten Ersitzung bestimmen sich nach dem BGB.** Es fragt sich, ob auch das Erlöschen der vor dem Erwerbe des

Artikel 186. Das Verfahren, in welchem die Anlegung der Grundbücher erfolgt, sowie der Zeitpunkt, in welchem das Grundbuch für einen Bezirk als angelegt anzusehen ist, werden für jeden Bundesstaat durch landesherrliche Verordnung bestimmt.

Ist das Grundbuch für einen Bezirk als angelegt anzusehen, so ist die Anlegung auch für solche zu dem Bezirke gehörende Grundstücke, die noch kein Blatt im Grundbuche haben, als erfolgt anzusehen, soweit nicht bestimmte Grundstücke durch besondere Anordnung ausgenommen sind.

Eigenbesitzes an der Sache begründeten Rechte Dritter mit dem Erwerbe des Eigentums durch Ersitzung unter den im § 945 bestimmten Voraussetzungen eintritt. Sachlich handelt es sich in dieser Beziehung um eine usucapio libertatis. In entsprechender Anwendung der für den Erwerb des Eigentums durch Ersitzung geltenden Grundsätze wird man den Beginn, die Unterbrechung und die Hemmung der Ersitzung der Freiheit für die Zeit vor dem Inkrafttreten des BGB. nach den Vorschriften des bisherigen Rechtes beurteilen müssen. Fand nach dem bisherigen Rechte eine Ersitzung der Freiheit überhaupt nicht statt oder lagen die für den Beginn einer solchen Ersitzung geltenden Voraussetzungen vor dem Inkrafttreten des BGB. nicht vor, so beginnt die Ersitzung der Freiheit erst mit dem Inkrafttreten des BGB., sofern zu dieser Zeit die in dem § 945 bestimmten Voraussetzungen vorliegen. In einem solchen Falle tritt ein ähnliches Verhältnis ein, wie bei einer vollständig nach dem BGB. zu beurteilenden Ersitzung, wenn die Ersitzungsfrist in Ansehung der Rechte Dritter zu der Zeit noch nicht abgelaufen ist, in welcher dies in Ansehung des Eigentums der Fall war. Auch in betreff der Ersitzungsfrist werden die Vorschriften des Art. 169 Abs. 2 entsprechend anzuwenden sein.

Zu Artikel 186—195.

Das Liegenschaftsrecht des BGB. setzt die Einrichtung von Grundbüchern voraus, in welchen jedes Grundstück und die an ihm bestehenden Rechte eingetragen sind. Der Rechtszustand in Ansehung des Liegenschaftsverkehrs ist bisher in Deutschland ein sehr verschiedener gewesen (vgl. M. III S. 12ff., M. des EG. S. 266). In einigen Landesteilen fehlen öffentliche Bücher, in welchen die Grundstücke und die an ihnen bestehenden Rechte verzeichnet sind, vollständig. In anderen Landesteilen gibt es nur für beschränkte Zwecke Grundbücher, regelmäßig nur für den Erwerb von Hypotheken und den Verkehr mit ihnen (Gebiete des sog. Transskriptions- und Inskriptionssystems, Gebiete des Pfandbuchssystems). In einer dritten Gruppe von Landesteilen bildet das Grundbuchsystem die Grundlage des Liegenschaftsrechts. Nur in diesen Landesteilen findet sich eine der Grundbucheinrichtung des BGB. im wesentlichen gleiche Grundbucheinrichtung vor.

Für diejenigen Bundesstaaten, deren bisheriges Liegenschaftsrecht nicht auf dem Grundbuchsysteme beruht, ergibt sich hiernach die Notwendigkeit, für die Anlegung von Grundbüchern zu sorgen. Die reichsrechtlich erforderlichen Vorschriften über die Anlegung der Grundbücher enthalten die Art. 186—188. Die Herstellung entsprechender Grundbücher verlangt naturgemäß einen erheblichen Zeitraum. Mit Rücksicht hierauf konnte das Liegenschaftsrecht des BGB. am 1. Januar 1900 nicht in ganz Deutschland sofort in Kraft treten, seine Geltung ist vielmehr, soweit es das Grundbuch zur Voraussetzung hat, für einen großen Teil Deutschlands bis zur Herstellung des Grundbuchs suspendiert. Hieraus ergibt sich die Notwendigkeit einer Zwischenzeit zwischen dem Inkrafttreten des Liegenschaftsrechts und dem Inkrafttreten des übrigen Rechtes des BGB. Die Rechtsverhältnisse an Grundstücken für diese Zwischenzeit sind in den Art. 189—195 geregelt.

Artikel 186.

E. d. EG. I Art. 108; II Art. 157; III Art. 185. P. I S. 13180, 13245; M. d. EG. S. 266. P. II Bd. 6 S. 520.

1. Der Art. 186 bezieht sich auf die Herstellung der Grundbücher und geht davon aus, daß die Anordnungen über die Anlegung derselben den Bundesstaaten überlassen sind.

2. Der Art. 186 hat zunächst die Bedeutung einer Verfahrensvorschrift.

a) Das Verfahren, in welchem die Anlegung der Grundbücher erfolgt, ist der Regelung durch landesherrliche Verordnung überlassen. Das landesherrliche Verordnungsrecht hat in der Hauptsache freie Hand. Der Art. 186 setzt nur voraus, daß die Grundbücher nach Bezirken angelegt werden, so daß also nicht etwa gewartet werden muß mit der Erklärung, daß das Grundbuch angelegt ist, bis für den ganzen Bundesstaat das Grundbuch fertig gestellt ist, und in der GBO. sind einige reichsgesetzliche Vorschriften über die Einrichtung der Grundbücher getroffen, welche naturgemäß auch für die Anlegung der Grundbücher maßgebende Bedeutung haben. Nach § 87 der GBO. kann unter den Voraussetzungen der §§ 88, 89 das. durch landesherrliche Verordnung bestimmt werden, daß ein bisher geführtes Buch oder mehrere bisher geführte Bücher für sich allein oder zusammen mit einem neuen Buche oder mehreren neuen Büchern als Grundbuch gelten soll. Das Landesrecht kann also unter Umständen auch ohne ein vorausgehendes eigentliches Anlegungsverfahren das Grundbuch mit dem 1. Januar 1900 als angelegt und die bisher geführten Grundbücher zu Grundbüchern im Sinne des BGB. erklären. Nach § 91 der GBO. wird übrigens auch das Verfahren zum Zwecke der Eintragung von Grundstücken, die bei der Anlegung des Grundbuchs ein Blatt nicht erhalten haben, durch landesherrliche Verordnung geregelt.

Das Anlegungsverfahren regeln

für Preußen die V. v. 13. November 1899, das Grundbuchwesen betr., Art. 3—14, Allg. Verf. v. 18. November 1899, die V. v. 11. Dezbr. 1899 (für Nassau) und v. 10. April 1900 (für Helgoland); dazu die Bek. d. Just.-Min. v. 25. Januar, 8. März, 7. Mai 1900, 26. Januar 1901, 17. Januar 1902, 20. Januar 1903;

für Bayern Ges. v. 18. Juni 1898, Ges. v. 1. Juli 1898 Art. 23ff., V. v. 23. Juli und 28. August 1898, Min.-Bek. v. 14. September und 1. Oktober 1898, 11. Juli 1901, 15. September 1902;

für Sachsen V. v. 26. Juli 1899 § 1;

für Württemberg V. v. 30. Juli 1899;

für Baden V. v. 11. September 1897, 1. August 1899, 4. Mai und 9. November 1900;

für Hessen Ges. v. 16. März 1899, V. v. 13. Januar 1900, Anweis. v. 1. Februar 1901;

für Elsaß-Lothringen V. v. 18. April 1900.

b) Der Zeitpunkt, wann die Grundbücher als angelegt anzusehen sind, ist gleichfalls landesherrlicher Verordnung überlassen. Die erlassenen Verordnungen gehen entsprechend den Verhältnissen ihrer Landesteile verschieden vor. Bald erfolgt die Bestimmung für jeden einzelnen Bezirk durch besondere landesherrliche Verordnung oder durch Bestimmung des Justizministers, bald durch Festsetzung bestimmter Voraussetzungen, mit deren Eintritte das Grundbuch ohne weitere Erklärung als angelegt gilt. Im weitaus größeren Teile von Deutschland ist der Zeitpunkt, in welchem das Grundbuch als angelegt anzusehen ist, auf den Zeitpunkt des Inkrafttretens des BGB. festgesetzt worden.

Als mit dem 1. Januar 1900 angelegt ist das Grundbuch anzusehen in dem größeren Teile von Preußen (ganz Ost- und Westpreußen, Brandenburg, Pommern, Posen, Schlesien, Sachsen und Westfalen, zum größeren Teile in Schleswig-Holstein, Hannover, Rheinprovinz und im Bezirke des Oberlandesgerichts Kassel), in ganz Sachsen, Württemberg, Oldenburg, Braunschweig, Meiningen, Altenburg, Koburg-Gotha, Anhalt, Waldeck, die beiden Reuß und Lippe.

Auf den 1. Februar 1900 ist der Zeitpunkt der Grundbuchanlegung für Hamburg, auf den 1. Juli 1900 ist er für Lübeck festgesetzt worden.

In den übrigen Landesteilen wird die Anlegung des Grundbuchs erst später fertig, also insbesondere in Bayern, Baden, Hessen, Mecklenburg und Elsaß-Lothringen. In Bayern ist bis jetzt der größere Teil der Pfalz und seit dem 1. Mai 1905 die Regierungsbezirke Ober- und Niederbayern und Oberpfalz unter Grundbuchrecht (Bek. v. 6. März 1905). In Baden ist im Laufe des Jahres 1901 das Grundbuch für den größten Teil des Landes angelegt worden (vgl. die Zusammenstellung der Verf. v. 8. Januar 1904, Nr. II des Staatsanzeigers für 1904).

c) Dadurch, daß dem Landesrechte die Bestimmung des Zeitpunkts der Anlegung des Grundbuchs überlassen ist, ist ihm zugleich die Prüfung der Frage anheimgegeben, ob das Buch, welches zum Grundbuch erklärt werden soll, vollständig und zuverlässig ist. Welche Mittel das Landesrecht zur Erreichung dieses Zweckes anwenden will, ist seinem Ermessen anheimgegeben. In Ermangelung einer reichsgesetzlichen Ermächtigung ist es jedoch unzulässig, daß die landesherrliche Verordnung (etwas anderes ist es, wenn ein Landesgesetz dies tut) die Anmeldung von Rechten unter dem Rechtsnachteile der Ausschließung vorschreibt. Die Versäumung der Anmeldung hat vielmehr nur zur Folge, daß das nicht angemeldete Recht den Rechtsfolgen der §§ 892, 893 des BGB. ausgesetzt ist. Übrigens versteht sich von selbst, daß, wenn das Buch, welches zum Grundbuch erklärt werden soll, in weiterem Umfang als in den Art. 187, 188 zugelassen ist, unvollständig ist, die Erklärung der Anlegung des Grundbuchs noch nicht erfolgen darf. Dabei kann aber nicht etwa die Rechtsgültigkeit der landesherrlichen Verordnung in einem Rechtsstreite mit der Behauptung in Frage gestellt werden, das Buch, welches zum Grundbuch erklärt worden ist, sei nicht vollständig gewesen und die Erklärung hätte deshalb nicht erfolgen sollen; denn bei der Herstellung der Grundbücher handelt es sich nur um die Erfüllung einer dem Bundesstaate gegenüber dem Reiche obliegenden staatsrechtlichen Verpflichtung; ob die Verpflichtung erfüllt ist, kann der Prozeßrichter nicht entscheiden.

3. **Die materiellrechtliche Bedeutung** des Art. 186 liegt in der Bedeutung, welche dem Zeitpunkt, in welchem das Grundbuch als angelegt anzusehen ist, zukommt. Die Bedeutung dieses Zeitpunkts ergibt sich aus den Art. 187—195. Erst mit diesem Zeitpunkte treten die Vorschriften des BGB. über den öffentlichen Glauben des Grundbuchs mit den in den Art. 187, 188 oder in vorbehaltenen Landesgesetzen vorgesehenen Einschränkungen sowie die in den Art. 189—195 bezeichneten sonstigen Bestimmungen des neuen Liegenschaftsrechts in Geltung. Mit diesem Zeitpunkte treten für die Grundstücke auch die GBO. und das ZVG. sowie die sich auf das Liegenschaftsrecht beziehenden und das Grundbuch voraussetzenden Vorschriften der CPO. in Kraft.

Hier sind nur folgende Fragen zu besprechen:

a) Wird vor dem Zeitpunkt, in welchem das Grundbuch als angelegt anzusehen ist, eine Eintragung oder Löschung im Grundbuche beantragt, die zwar den Vorschriften des bisherigen Rechtes, nicht aber den Vorschriften des neuen Rechtes entspricht, so ist, wenn der Antrag erst nach der Anlegung des Grundbuchs erledigt wird, ausschließlich das neue Recht zugrunde zu legen, d. h. es ist nach dem BGB. und dem EG. sowie der GBO. zu beurteilen, ob die Eintragung oder Löschung statthaft und die formellen sowie die materiellen Voraussetzungen, welche das neue Recht aufstellt, z. B. die erforderliche Zustimmung Dritter vorliegen.

b) **Ob die im § 891 aufgestellten Rechtsvermutungen** für die Richtigkeit des Grundbuchs auf die nach dem Zeitpunkt, in welchem das Grundbuch für angelegt gilt, erfolgten Eintragungen sich beschränken oder auch auf den im Zeitpunkte der Anlegung des Grundbuchs vorliegenden Inhalt des Grundbuchs sich beziehen, ist bestritten. Für die erstere Ansicht insbesondere Turnau-Förster 2. Aufl. Bd. 1 S. 199, 200, Dernburg, Sachenrecht S. 142, Niedner Note 6e zu Art. 186, für die letztere Ansicht namentlich Habicht S. 476, 489. Die letztere Ansicht dürfte die richtige sein. Mit der Anlegung des Grundbuchs tritt das gesamte Liegenschaftsrecht des BGB., soweit nicht eine besondere Ausnahme gemacht ist, in Kraft. Ein Unterschied, ob eine Eintragung in das Grundbuch schon vorher erfolgt ist oder erst nachher geschieht, findet sich in keiner Vorschrift des EG. oder des BGB. auch nur angedeutet. Bei den Rechtsvermutungen des § 891 des BGB. eine solche Unterscheidung aufzustellen, ist auch innerlich nicht begründet. Denn diese Vermutungen beruhen auf dem Zwecke der Grundbucheinrichtung (s. Erl. 1 zu § 891 BGB.). Es ist die Aufgabe der Grundbuchanlegung, dafür zu sorgen, daß das öffentliche Buch, welches als Grundbuch erklärt wird, so hergestellt ist, daß es dem vom BGB. mit der Grundbucheinrichtung verfolgten Zwecke entspricht. Wird diese Aufgabe gelöst, so treffen die gesetzgeberischen Gründe, welche zur Aufstellung der Vermutungen des § 891 des BGB. geführt haben, auch für die im Zeitpunkte der Grundbuchanlegung schon vorhandenen Eintragungen ebenmäßig zu. Wäre die Geltung der Rechtsvermutungen des § 891 des BGB. auf die erst nach der Grundbuchanlegung erfolgenden Eintragungen beschränkt, so brauchte die Grundbuchanlegung eine viel weniger genaue zu sein, als das EG. zweifellos voraussetzt. Die M. des EG. S. 267 gehen denn auch davon aus, daß die Vorschriften des § 826 des E. I, welche dem nunmehrigen § 891 des BGB. entsprechen, von der Grundbuchanlegung an auch auf die vorhandenen Eintragungen Anwendung finden. Die Gründe, aus welchen für die preuß. Grundbuchgesetze v. 5. Mai 1872 die überwiegende Mehrheit in Lehre und Rechtsprechung die rückwirkende Kraft des § 7 des EEG. bestritten hat (vgl. Eccius Bd. 3 § 180 Anm. 22; Achilles-Strecker, Kom. zu § 7 Abs. 2 EEG. Anm. 2c, Dernburg, preuß. Privatr. Bd. 1 § 203 Anm. 19) treffen für das BGB. nicht zu. Daß übrigens, wenn das bisherige Recht den Rechtsvermutungen des § 891 des BGB. ähnliche Vermutungen kennt, wie dies z. B. für das preuß. EEG. zutrifft, die Vermutungen des § 891 des BGB. für die vor dem Zeitpunkte der Grundbuchanlegung unter der Herrschaft jener Rechte erfolgten Eintragungen in das Grundbuch mindestens in dem Umfange gelten, in welchem sie sich mit dem bisherigen Rechte decken, ist selbstverständlich und unbestritten.

c) **Die Vorschriften über den öffentlichen Glauben des Grundbuchs** (§§ 892, 893 BGB.) treten nach ihrer positiven wie negativen Seite vom Zeitpunkte der Grundbuchanlegung an ein und zwar ohne Rücksicht darauf, ob das Recht, um das es sich handelt, vor oder nach dem Inkrafttreten des BGB. oder vor oder nach der Grundbuchanlegung entstanden oder eingetragen ist, und ohne Rücksicht darauf, ob es wie das Eigentum dem BGB. oder, was bei den sonstigen dinglichen Rechten nach Art. 184 die Regel ist, dem alten Rechte untersteht. Auch die für den Erwerb einer Hypothek geltenden besonderen Vorschriften der §§ 1138, 1140, 1150—1159 des BGB. finden von der Grundbuchanlegung an auf früher eingetragene Hypotheken Anwendung. Natürlich gilt dies nur in Ansehung eines unter der Herrschaft des Liegenschaftsrechts des BGB. erfolgenden Erwerbes; im übrigen findet, wenn die Gültigkeit eines vor der Grundbuchanlegung erfolgten Erwerbes in Frage steht, das bisherige Recht Anwendung (RG. 47 S. 229). A. A. Cosack 3. Aufl. Bd. 2 S. 57, weil das BGB. sich nur mit seinen eigenen Grundbüchern beschäftigt, nicht mit denen des bisherigen Rechtes, das bisherige Recht aber nicht mehr gilt. Cosack will die §§ 892, 893 des BGB. nur gelten lassen, soweit der gute Glaube sowohl nach dem BGB. als nach dem bisherigen Rechte geschützt war. Daß die Vorschriften des BGB. über den öffentlichen Glauben des Grundbuchs jedenfalls in diesem Umfang Anwendung finden müssen, versteht sich von selbst. Cosack übersieht aber, daß wohl die Vorschriften des § 891, nicht aber die der §§ 892, 893 des BGB. sich mit dem Inhalte des Grundbuchs „beschäftigen". Die §§ 892, 893 des BGB. regeln die Folgen eines Erwerbes, der im Vertrauen auf das Grundbuch erfolgt, sie treffen also jeden Erwerb, der unter ihrer Herrschaft stattfindet, gleichgültig, wann der Eintrag im Grundbuch, auf welchen der Erwerber vertraute, erfolgt ist. Wie hier Habicht S. 476, 489, Riedner S. 386, 387. Im bisherigen preuß. Rechte war bestritten, ob der öffentliche Glaube des Grundbuchs auch bei einer Auflassung Platz greift, die ein Eigentümer vornimmt, der nicht unter der Herrschaft der Grundbuchgesetze v. 5. Mai 1872 das Eigentum erworben hat (s. Eccius Bd. 3 § 178 Note 56; Achilles-Strecker zu § 2 preuß. EEG. S. 36). Für das Grundbuch des BGB. kommen weder die für die Bejahung noch die für die Verneinung dieser Streitfrage angeführten Gründe in Betracht. Das RG. hat übrigens stets für die Anwendung der Vorschriften über den öffentlichen Glauben des Grundbuchs auch auf die früheren Eintragungen erkannt.

Der öffentliche Glaube des Grundbuchs wirkt aber nur zugunsten derjenigen, welche nach der Grundbuchanlegung ein dem Schutze des öffentlichen Glaubens des Grundbuchs unterliegendes Rechtsgeschäft vornehmen (so auch Rspr. 5 S. 2). Denn die §§ 892, 893 des BGB. schützen denjenigen, welcher ein Rechtsgeschäft vornimmt, sie können sich also nicht auf ein Rechtsgeschäft beziehen, das zu einer Zeit vorgenommen ist, in welcher sie noch nicht gegolten haben. Rechtsgeschäfte, die vor der Grundbuchanlegung, wenn auch nach dem Inkrafttreten des BGB. vorgenommen worden sind, unterstehen nur dem bisherigen Rechte. Soweit diesem der Schutz des öffentlichen Glaubens des Grundbuchs oder eines anderen Buches, an dessen Stelle das Grundbuch getreten ist, bekannt war, bleibt der nach Maßgabe des bisherigen Rechtes gewährte Schutz erhalten. Wenn also z. B. am 1. Februar 1902 der in das bayer. Hypothekenbuch eingetragene Nichteigentümer eines Grundstücks an diesem für ein von ihm aufgenommenes Darlehen dem A eine Hypothek bestellt, so erstreckt sich, wenn am 2. Februar 1902 das Grundbuch für angelegt erklärt ist, der öffentliche Glaube nicht weiter, als er nach dem bayer. Hypothekengesetze begründet war; insbesondere bezieht er sich nicht, wie dies der § 1138 des BGB. vorsieht, auch auf die Forderung; wenn dagegen der A die Forderung mit der Hypothek am 3. Februar 1902 dem B abtritt, so kommt der dem Grundbuche nach dem BGB. zustehende öffentliche Glaube zur vollen Entfaltung.

d) Nach dem Ausgeführten gehen **die zur Zeit der Grundbuchanlegung bestehenden buchungsfähigen Rechte nicht dadurch unter, daß sie zur Zeit der Grundbuchanlegung nicht eingetragen sind** (vgl. hierzu Erl. 2 zu Art. 184); sie erleiden aber — abgesehen davon, daß sie im Falle einer Zwangsversteigerung des Grundstücks angemeldet und glaubhaft gemacht werden müssen (§ 45 des ZVG.), — insofern eine gewisse Schwächung, als sie, solange ihre Eintragung nicht bewirkt ist, zu Folge der Vorschriften des BGB. über den öffentlichen Glauben des Grundbuchs der Gefahr der Aufhebung zugunsten eines auf das Grundbuch vertrauenden Erwerbers ausgesetzt sind. Der nicht eingetragene Berechtigte hat nach Maßgabe der §§ 894—898 des BGB. einen Anspruch auf Berichtigung des Grundbuchs und er kann nach Maßgabe des § 899 des BGB. einen Widerspruch gegen die Richtigkeit des Grundbuchs eintragen lassen. Der E. I des EG. Art. 114, welcher diesen Grundsatz ausdrücklich enthielt, ist von der zweiten Kommission lediglich als selbstverständlich gestrichen worden (P. II Bd. 6 S. 524). Selbstverständlich entfällt der Berichtigungsanspruch insoweit, als in der Zwischenzeit nach der Grundbuchanlegung ein gut-

Artikel 187. Eine Grunddienstbarkeit, die zu der Zeit besteht, zu welcher das Grundbuch als angelegt anzusehen ist, bedarf zur Erhaltung der Wirksamkeit gegenüber dem öffentlichen Glauben des Grundbuchs nicht der Eintragung. Die Eintragung hat jedoch zu erfolgen, wenn sie von dem Berechtigten oder von dem Eigenthümer des belasteten Grundstücks verlangt wird; die Kosten sind von demjenigen zu tragen und vorzuschießen, welcher die Eintragung verlangt.

Durch Landesgesetz kann bestimmt werden, daß die bestehenden Grunddienstbarkeiten oder einzelne Arten zur Erhaltung der Wirksamkeit gegenüber dem öffentlichen Glauben des Grundbuchs bei der Anlegung des Grundbuchs oder später in das Grundbuch eingetragen werden müssen. Die Bestimmung kann auf einzelne Grundbuchbezirke beschränkt werden.

---

gläubiger Erwerber ein dem nicht eingetragenen Rechte entgegenstehendes oder es beschränkendes Recht erworben hat.

4. **Nicht eingetragene Grundstücke.** Nach dem Abs. 2 des Art. 186 hat die Erklärung, daß das Grundbuch für einen Bezirk als angelegt anzusehen ist, zur Folge, daß auch die in dem Bezirke liegenden Grundstücke unter das Grundbuchrecht treten, welche nicht in das Grundbuch eingetragen worden sind, sei es, daß der Anlegung des Grundbuchblatts für sie ein Hindernis entgegensteht oder daß sie bei der Grundbuchanlegung übersehen worden sind, sei es, daß sie nach Maßgabe des § 90 der GBO. von dem Buchungszwange befreit sind. Die rechtsgeschäftliche Verfügung über die nicht eingetragenen Grundstücke ist, soweit nicht für die nicht buchungspflichtigen Grundstücke die auf Grund der Art. 127, 128 erlassenen Landesgesetze eine Ausnahme machen, mangels der Möglichkeit, die vorgeschriebenen Formen (Eintragung) zu erfüllen, einstweilen solange gehindert, als nicht ihre nachträgliche Eintragung erfolgt ist (Rspr. 9 S. 356). Das Verfahren für die nachträgliche Buchung wird nach § 91 der GBO. durch landesherrliche Verordnung bestimmt.

5. **Ausgenommene Grundstücke.** Der Folge, daß die Feststellung der Anlegung des Grundbuchs den Eintritt des Grundbuchrechts auch für die nicht eingetragenen Grundstücke nach sich zieht, entgehen die Grundstücke, welche durch besondere Anordnung von der Grundbuchanlegung ausgenommen worden sind. Für diese Grundstücke gilt das bisherige Recht nach Maßgabe der Art. 189, 191 weiter. Daß die auf Grund des § 90 der GBO. vom Buchungszwange befreiten Grundstücke nicht zu den durch besondere Anordnung ausgenommenen Grundstücken im Sinne des Abs. 2 gehören, ist schon bemerkt (Erl. 4) und in den M. zu § 11 des E. I der GBO. (S. 39) ausdrücklich hervorgehoben. Über die Voraussetzungen und die Zuständigkeit zur Anordnung der besonderen Ausnahme von der Anlegung hat das Landesrecht das Erforderliche zu bestimmen. Für Preußen schreibt der Art. 15 Abs. 2 der V. v. 13. Novbr. 1899 (übereinstimmend der Art. 39 Abs. 2 der V. für Nassau) vor, daß für die Grundstücke, die bei der Anlegung des Grundbuchs für einen Bezirk ausgenommen worden sind, nach dem Ablaufe von zwei Jahren seit der Zeit, wo das Grundbuch für den Bezirk als angelegt anzusehen ist, die Anlegung als erfolgt gilt, auch wenn sie tatsächlich ein Blatt noch nicht erhalten haben. Für Bayern hat das Justizministerium den Zeitpunkt zu bestimmen, wo in Ansehung der ausgenommenen Grundstücke das Grundbuch als angelegt anzusehen ist und damit die Ausnahme erlischt (s. V. v. 23. Juli 1898 § 27, V. v. 28. August 1898 § 37).

Artikel 187.

E. d. EG. I Art. 109; II Art. 158; III Art. 186. P. I S. 13186, 13277, 13299; M. d. EG. S. 268. P. II Bd. 3 S. 289, 300ff.; Bd. 6 S. 240, 521.

1. **Beschränkung des öffentl. Glaubens des Grundbuchs gegenüber Grunddienstbarkeiten.** Der Abs. 1 Satz 1 enthält zugunsten der zur Zeit der Anlegung des Grundbuchs bestehenden Grunddienstbarkeiten eine Ausnahme von der sich aus dem Art. 186 ergebenden Folge, daß mit der Anlegung des Grundbuchs auch die nicht eingetragenen Rechte an Grundstücken den Vorschriften über den öffentlichen Glauben des Grundbuchs (§§ 892, 893 BGB.) unterstehen. Nach dem Abs. 1 Satz 1 bedürfen die zur Zeit der Anlegung des Grundbuchs bestehenden Grunddienstbarkeiten — gleichgültig, ob sie vor dem Inkrafttreten des BGB. oder in der Zwischenzeit

bis zur Anlegung des Grundbuchs entstanden sind, — zur Erhaltung der Wirksamkeit gegenüber dem öffentlichen Glauben des Grundbuchs nicht der Eintragung.

Wegen der Behandlung der zur Zeit der Anlegung des Grundbuchs bereits bestehenden Grunddienstbarkeiten bei der Zwangsversteigerung des Grundstücks s. EG. z. ZVG. § 9.

2. **Recht auf Eintragung der Grunddienstbarkeiten.** Wenn auch die Grunddienstbarkeiten nach der Erl. 1 nicht eingetragen werden müssen, so drohen ihnen doch aus der Unterlassung der Eintragung Rechtsnachteile. Die Hauptgefahr liegt auf dem Gebiete des Beweises im Falle eines Rechtsstreits über die Dienstbarkeit. Nach der Grundbuchanlegung kann nämlich eine Grunddienstbarkeit durch Ersitzung nicht mehr erworben werden. Die Zeit nach der Grundbuchanlegung kann daher, wenn die Ersitzung einer Dienstbarkeit zu beweisen ist, für den Beweis nicht mehr in Betracht kommen. Daher ergibt sich, je länger der Zeitraum ist, welcher seit der Grundbuchanlegung verstrichen ist, desto mehr die Gefahr, daß die Ersitzung einer Dienstbarkeit überhaupt nicht mehr zu beweisen ist; die Ersitzung bildet aber für die meisten Grunddienstbarkeiten den Erwerbstitel. Aus diesem Grunde gibt der **Abs. 1 Satz 2** sowohl dem Berechtigten als dem Eigentümer des belasteten Grundstücks einen Anspruch auf Herbeiführung der Eintragung (vgl. § 894 BGB.). Unter welchen formellen Voraussetzungen die Eintragung zu erfolgen hat, bestimmt sich nach der GBO. §§ 13ff., 19, 22, 28ff. (Rspr. 8 S. 129). Der Berechtigte ist auch befugt, nach Maßgabe des § 899 des BGB. einen Widerspruch eintragen zu lassen (Rspr. 4 S. 292). Als Berechtigter erscheint nicht nur der Eigentümer des herrschenden Grundstücks, sondern jeder an diesem Berechtigte, welcher ein Recht darauf hat, daß über die Grunddienstbarkeit nicht ohne seine Zustimmung verfügt wird, insbesondere also der Nießbraucher und der Nacherbe. Die Kosten der Eintragung sind von demjenigen zu tragen und vorzuschießen, welcher die Eintragung verlangt. Verweigert der andere Teil unbefugterweise die Mitwirkung an der Eintragung, so sind für die Tragung der Kosten des infolgedessen entstehenden Rechtsstreits die allgemeinen Grundsätze des Prozeßrechts maßgebend.

Zweifelhaft ist, ob die Vorschrift des Abs. 1 Satz 2 auch in Ansehung der an buchungsfreien Grundstücken (§ 90 GBO.) bestehenden Grunddienstbarkeiten gilt. Dem Zwecke der Buchungsfreiheit widerstreitet die Befugnis des Dienstbarkeitberechtigten, die Eintragung verlangen zu dürfen; dies dürfte z. B. bei einem großen Staatswalde, an welchem Dienstbarkeiten bestehen, auf der Hand liegen. Gleichwohl wird man eine Ausnahme vom Abs. 1 Satz 2 für an buchungsfreien Grundstücken bestehende Grunddienstbarkeiten nicht machen dürfen; zu einer solchen Ausnahme bietet der Wortlaut des Abs. 1 Satz 2 keinerlei Raum.

Die Vorschrift des Abs. 1 Satz 2 gilt, wie es vom Standpunkte des Reichsgesetzes aus selbstverständlich ist, erst von der Grundbuchanlegung an. Es ist Sache der Landesgesetzgebung, sie schon früher in Kraft zu setzen, soweit landesrechtlich hierzu die Möglichkeit besteht (vgl. z. B. Bayern, ÜbG. Art. 44). Für das Anlegungsverfahren folgt aus der Vorschrift des Abs. 1, daß es auf die Grunddienstbarkeiten nicht ausgedehnt zu werden braucht, daß aber im Anlegungsverfahren für die Beteiligten wenigstens die Möglichkeit offen stehen muß, die Eintragung der Grunddienstbarkeiten zu verlangen.

3. **Pflicht zur Eintragung der Grunddienstbarkeiten.** Wenn auch das Reichsgesetz davon Abstand genommen hat, die Eintragung der zur Zeit der Grundbuchanlegung bestehenden Grunddienstbarkeiten vorzuschreiben, so hat es doch im **Abs. 2** der Landesgesetzgebung die Möglichkeit gegeben, die Eintragungspflicht aufzustellen. Der Landesgesetzgebung ist dabei weitgehender Spielraum gewährt. Sie kann die Eintragungspflicht für alle oder nur für gewisse Gattungen von Dienstbarkeiten festsetzen, sie kann den Eintragungszwang auch auf einen gewissen Grundbuchbezirk beschränken. Es ist dies geschehen, um die Landesgesetzgebung in die Lage zu setzen, zunächst einen Versuch zu machen, ob sich der Eintragungszwang praktisch durchführen läßt, und die dabei gewonnenen Erfahrungen weiter zu verwerten. Die Eintragungspflicht kann im Gegensatze zu der in den Art. 186, 188 erforderten landesherrlichen Verordnung nur durch Landesgesetz bestimmt werden; selbstverständlich steht nichts im Wege, daß das Landesgesetz die Bestimmung einer Verordnung überträgt. Von der Befugnis des Abs. 2 haben z. B. Bayern, ÜbG. Art. 10, Hessen, AG. Art. 141, Mecklenburg-Schwerin, AV. § 186, Strelitz, § 184, Hamburg, §§ 44, 45, Gebrauch gemacht. Keinen Gebrauch machten insbesondere Preußen (vgl. die Begründung zu Art. 21 des E. des AG. z. BGB.) und Sachsen (dazu V. v. 12. Oktober 1900, JMBl. S. 100). Hessen hat mit dem Zwange der Eintragung von Grunddienstbarkeiten zunächst probeweise in einigen Gemeinden bereits begonnen (V. v. 20. Juni 1900 und v. 30. Juli 1902).

4. Für beschränkte persönliche Dienstbarkeiten gilt der Art. 187 nicht.

Artikel 188. Durch landesherrliche Verordnung kann bestimmt werden, daß gesetzliche Pfandrechte, die zu der Zeit bestehen, zu welcher das Grundbuch als angelegt anzusehen ist, zur Erhaltung der Wirksamkeit gegenüber dem öffentlichen Glauben des Grundbuchs während einer zehn Jahre nicht übersteigenden, von dem Inkrafttreten des Bürgerlichen Gesetzbuchs an zu berechnenden Frist nicht der Eintragung bedürfen.

Durch landesherrliche Verordnung kann bestimmt werden, daß Miethrechte und Pachtrechte, welche zu der im Abs. 1 bezeichneten Zeit als Rechte an einem Grundstücke bestehen, zur Erhaltung der Wirksamkeit gegenüber dem öffentlichen Glauben des Grundbuchs nicht der Eintragung bedürfen.

Artikel 188.

E. d. EG. I Art. 109; II Art. 159; III Art. 187. P. I S. 13186, 13277, 13290; M. d. EG. S. 263. P. II Bd. 6 S. 521.

Beschränkung des öffentlichen Glaubens des Grundbuchs gegenüber gesetzlichen Pfandrechten, Miet- und Pachtrechten.

1. Der Art. 188 ermächtigt das Landesrecht, im Wege der landesherrlichen Verordnung eine Ausnahme von der sich aus Art. 186 ergebenden Folge zu schaffen, daß nicht eingetragene Rechte an Grundstücken den Vorschriften des BGB. über den öffentlichen Glauben des Grundbuchs (§§ 892, 893) unterliegen. Diese Ermächtigung besteht

a) nach dem Abs. 1 für gesetzliche Pfandrechte, die zu der Zeit bestehen, zu welcher das Grundbuch als angelegt anzusehen ist (Art. 186). Es ist gleichgültig, ob das Pfandrecht vor oder nach dem Inkrafttreten des BGB. entstanden ist; daß letzteres noch möglich ist, folgt aus Art. 189. Die Beschränkung des öffentlichen Glaubens kann aber nur auf die Dauer von höchstens zehn Jahren vom Inkrafttreten des BGB. (also nicht von der Anlegung des Grundbuchs) an bestimmt werden.

b) nach dem Abs. 2 für Miet- und Pachtrechte, welche zu der Zeit, zu welcher das Grundbuch als angelegt anzusehen ist, an einem Grundstücke bestehen. Gemeint sind dabei, wie sich aus Art. 179 ergibt, nur solche Miet- und Pachtrechte, die nach dem bisherigen Rechte als solche auch ohne Eintragung in das Grundbuch dinglichen Charakter haben, nicht aber solche Miet- und Pachtrechte, welche nach dem bisherigen Rechte, z. B. dem sächs. GB. nur obligatorischer Natur sind, durch Eintragung in ein öffentliches Buch aber auch gegen Dritte Wirksamkeit erlangen; letztere fallen unter den Art. 179 und werden nur nach Maßgabe dieser Vorschrift geschützt. Der Art. 188 Abs. 2 bezieht sich also insbesondere auf das preuß. LR. I 21 §§ 2—5, 350—360. Wenn der obligatorische Vertrag vor dem Inkrafttreten des BGB. geschlossen, das Mietobjekt aber erst nachher bezogen worden ist, liegt kein „bestehendes" Miet- oder Pachtrecht im Sinne des Art. 188 vor (Rspr. 3 S. 26). In Betracht kommen übrigens, da die Begründung dinglicher Miet- und Pachtrechte von dem Inkrafttreten des BGB. an nach Art. 189 Abs. 1 Satz 3 unzulässig ist, nur vor diesem Zeitpunkte begründete Rechte. Für Miet- und Pachtrechte kann die Beschränkung des öffentlichen Glaubens ohne zeitliche Grenze für die Dauer des Miet- oder Pachtverhältnisses bestimmt werden. Ob das Miet- oder Pachtverhältnis den Vorschriften des bisherigen Rechtes oder auf Grund des Art. 171 den Vorschriften des BGB. unterliegt, ist gleichgültig. Die Vorschrift des Abs. 2 ist neben der des Art. 172 Satz 2 nicht bedeutungslos, wie Habicht S. 296, 485 annimmt; denn der Art. 172 Satz 2 bezieht sich auf dingliche Miet- und Pachtrechte überhaupt nicht.

2. Von der Ermächtigung des Abs. 1 hat, soviel ersichtlich, kein Landesrecht Gebrauch gemacht. Von der Ermächtigung des Abs. 2 ist z. B. in Preußen (V. v. 16. Novbr. 1899 Art. 9) Gebrauch gemacht worden.

3. Wegen der Behandlung im Falle der Zwangsversteigerung des Grundstücks s. § 9 des EG. z. ZVG.

Artikel 189.

E. d. EG. I Art. 110; II Art. 160; III Art. 188. P. I S. 13171 ff., 13206, 13231, 13273, 13299; M. d. EG. S. 269 ff. P. II Bd. 6 S. 522, 633.

Das Liegenschaftsrecht bis zur Anlegung des Grundbuchs.

Artikel 189. Der Erwerb und Verlust des Eigenthums sowie die Begründung, Uebertragung, Belastung und Aufhebung eines anderen Rechtes an einem Grundstück oder eines Rechtes an einem solchen Rechte erfolgen auch nach dem Inkrafttreten des Bürgerlichen Gesetzbuchs nach den bisherigen Gesetzen, bis das Grundbuch als angelegt anzusehen ist. Das Gleiche gilt von der Aenderung des Inhalts und des Ranges der Rechte. Ein nach den Vorschriften des Bürgerlichen Gesetzbuchs unzulässiges Recht kann nach dem Inkrafttreten des Bürgerlichen Gesetzbuchs nicht mehr begründet werden.

Ist zu der Zeit, zu welcher das Grundbuch als angelegt anzusehen ist, der Besitzer als der Berechtigte im Grundbuch eingetragen, so finden auf eine zu dieser Zeit noch nicht vollendete, nach §. 900 des Bürgerlichen Gesetzbuchs zulässige Ersitzung die Vorschriften des Artikel 169 entsprechende Anwendung.

Die Aufhebung eines Rechtes, mit dem ein Grundstück oder ein Recht an einem Grundstücke zu der Zeit belastet ist, zu welcher das Grundbuch als angelegt anzusehen ist, erfolgt auch nach dieser Zeit nach den bisherigen Gesetzen, bis das Recht in das Grundbuch eingetragen wird.

---

1. **Grundgedanke.** Die Vorschriften des Liegenschaftsrechts des BGB., welche das Grundbuch voraussetzen, können erst in Kraft treten, wenn das Grundbuch angelegt ist. Da das Grundbuch am 1. Januar 1900 in einer Reihe von Bezirken noch nicht angelegt sein konnte (s. Vorbm. vor Art. 186), so ergibt sich für diese Landesteile eine Zwischenzeit zwischen dem Inkrafttreten des Liegenschaftsrechts und dem Inkrafttreten der übrigen Vorschriften des BGB. Die Regelung des Liegenschaftsrechts für diese Zeit ist im Art. 189 getroffen. Die Regelung geht in der Hauptsache dahin, daß in der Zwischenzeit die Geltung des das Grundbuch voraussetzenden neuen Liegenschaftsrechts suspendiert und das bisherige Recht aufrecht erhalten wird.

2. Der Art. 189 suspendiert im Abs. 1 Satz 1 zunächst die Vorschriften des neuen Liegenschaftsrechts, welche sich auf den **Erwerb und Verlust des Eigentums** sowie auf die **Begründung, Übertragung, Belastung und Aufhebung eines anderen Rechtes an einem Grundstück oder eines Rechtes an einem solchen Rechte** beziehen. Der Erwerb, die Veränderung und der Verlust aller dinglicher Rechte, wie Eigentum, Erbbaurechte, Dienstbarkeiten, Reallasten, Vorkaufsrechte, Pfandrechte und Rechte an solchen Rechten, wie Nießbrauch an einem Erbbaurechte, Verpfändung und Pfändung eines Nießbrauchs, bestimmen sich bis zur Grundbuchanlegung nach dem bisherigen Rechte. Dieses ist sowohl für die formellen als die materiellen Voraussetzungen der Rechtsänderungen an Grundstücken maßgebend. Der Art. 189 Abs. 1 bezieht sich auf alle Rechtsänderungen an Grundstücken. Gleichgültig ist, ob die Änderung nach dem bisherigen Rechte durch Rechtsgeschäft oder durch richterlichen Ausspruch oder unmittelbar kraft Gesetzes erfolgt. Durch den Art. 189 Abs. 1 werden auch die Vorschriften des bisherigen Rechtes aufrecht erhalten, welche den Erwerb und Verlust eines dinglichen Rechtes an einem Grundstück oder eines Rechtes an einem solchen Rechte durch Okkupation, Ersitzung, non usus, Ersitzung der Freiheit des Eigentums, Untergang der Sache, Konsolidation ꝛc. regeln. Der Art. 189 Abs. 1 ermöglicht ferner, daß gesetzliche Hypotheken nach Maßgabe des bisherigen Rechtes — in Betracht kommen insbesondere die gesetzliche Hypothek der Ehefrau, der Kinder und Mündel vgl. hierzu die Erl. zu Art. 200, 203, 210 — auch nach dem Inkrafttreten des BGB. entstehen und daß auch für die nach diesem Zeitpunkte begründeten persönlichen Ansprüche der im bisherigen Rechte bestimmte Hypothekentitel geltend gemacht wird. Ob freilich für ein Rechtsverhältnis ein Hypothekentitel besteht, bestimmt sich nicht nach dem Art. 189, sondern nach den Vorschriften, welche das Rechtsverhältnis regeln, aus welchem der zu sichernde Anspruch entsteht. Nur die Vorschriften, wie sich auf Grund eines Hypothekentitels der Erwerb der Hypothek vollzieht, gehören zu den durch den Art. 189 aufrecht erhaltenen Vorschriften über die Begründung von Rechten an Grundstücken. Für den Anspruch aus einem Rechtsverhältnisse, das sich nach den Vorschriften des BGB. bestimmt, ist deshalb der nach dem bisherigen Rechte mit einem solchen Rechtsverhältnisse verbundene Hypothekentitel durch den Art. 189 nicht aufrecht erhalten. Die Frau, welche sich erst unter der Herrschaft des BGB. verheiratet hat, kann z. B. den nach bisherigem Rechte einer

Ehefrau zustehenden Hypothekentitel nicht deshalb geltend machen, weil das Grundbuch noch nicht angelegt ist (Bayer. ObLG. 1 S. 702).

Was übrigens die Aufhebung der dinglichen Rechte anbetrifft, so ist für die Aufhebungsgründe, welche zum Inhalte des Rechtes gehören, z. B. für die Frage, ob der Nießbrauch durch Verschlechterung der den Gegenstand des Nießbrauchs bildenden Sache oder durch den Tod des Nießbrauchers untergeht, das für den Inhalt des Rechtes geltende Gesetz maßgebend. Gleiches gilt von der Frage der Übertragbarkeit und der Pfändbarkeit und Verpfändbarkeit eines Rechtes; hierüber s. unten Nr. 8. Dagegen bestimmen sich die Aufhebung, die Übertragung und die Verpfändung selbst gemäß Art. 189 nach dem bisherigen Rechte.

3. Der Erwerb und Verlust des Eigentums sowie die Begründung, Übertragung, Belastung und Aufhebung eines anderen Rechtes an einem Grundstück oder eines Rechtes an einem solchen Rechte erfolgen dann nicht nach den bisherigen Gesetzen, wenn die Rechtsänderung auf einem nicht dem Sachenrecht angehörenden Rechtssatze beruht. Bezüglich des **Erwerbes auf Grund des ehelichen Güterstandes oder auf Grund des Erbrechts** wird die Vorschrift des Art. 189 Abs. 1 durch die der Art. 200, 213 durchbrochen. Die Frage, ob durch den Eintritt der allgemeinen Gütergemeinschaft, der Errungenschaftsgemeinschaft oder der Fahrnisgemeinschaft, und die Frage, ob durch den Erbgang selbst ein Recht erworben wird, ist keine sachenrechtliche Frage, sondern betrifft ein güterrechtliches bzw. erbrechtliches Verhältnis. Für güterrechtliche Verhältnisse ist entscheidend, ob der Güterstand sich auf Grund des Art. 200 nach dem bisherigen oder dem neuen Rechte bestimmt. Bestimmt er sich nach dem BGB., so wird der zum Gesamtgute gehörende Gegenstand auch dann gemeinschaftlich (§ 1438 BGB.), wenn es sich um Grundstücke oder Rechte an solchen handelt und das Grundbuch noch nicht angelegt ist, mag auch das bisherige Recht z. B. die Eintragung in das Grundbuch zum Erwerbe des Rechtes gefordert haben. Für erbrechtliche Verhältnisse kommt es darauf an, ob der Erbfall vor oder nach dem 1. Januar 1900 eingetreten ist. Ist er nach dem 1. Januar 1900 eingetreten, so ist für den Erwerb eines Rechtes im Erbweg auch dann das BGB. maßgebend, wenn es sich um den Erwerb des Rechtes an einem Grundstück oder an einem solchen Rechte handelt und das Grundbuch noch nicht angelegt ist. Wenn der Erblasser nach dem 1. Januar 1900 gestorben ist, kann mithin weder auf Grund einer heredis institutio ex re certa noch auf Grund eines Vindikationslegats das Eigentum an einem zur Erbschaft gehörenden Grundstück erworben werden.

4. **Die allgemeinen Vorschriften des BGB. über Rechtsgeschäfte** (§§ 104—185) finden bei einem nach dem 1. Januar 1900 vorgenommenen Rechtsgeschäft auch dann Anwendung, wenn es sich um das dingliche Rechtsgeschäft über ein Grundstück handelt, für welches das Grundbuch noch nicht angelegt ist. Insbesondere richtet sich die Frage, ob das dingliche Rechtsgeschäft wegen Irrtums oder aus einem sonstigen Willensmangel ungültig ist, wenn das Rechtsgeschäft nach dem 1. Januar 1900 vorgenommen worden ist, nach dem BGB. und die Vorschrift, daß die Vollmacht und die Zustimmung nicht der für das Rechtsgeschäft erforderlichen Form bedürfen (§§ 167 Abs. 2, 182 Abs. 2), gilt bei einem solchen Rechtsgeschäft auch dann, wenn das bisherige Recht das Gegenteil bestimmt. Hiervon verschieden ist die Frage, ob der Erwerb eines dinglichen Rechtes aus einem Grunde ungültig ist, welcher dem Sachenrecht angehört z. B. wegen Mangels der obligatorischen causa (vgl. § 10 preuß. EEG.), wegen unrichtiger Eintragungen in das Grund- oder Hypothekenbuch, wegen zwischen dem dinglichen Rechtsgeschäft und der Eintragung in das Grund- oder Hypothekenbuch eingetretener Verfügungsbeschränkung eines Teiles. Für diese Frage ist das bisherige Recht maßgebend.

5. Der **Art. 189 Abs. 1** suspendiert ferner im **Satz 2** die Vorschriften des neuen Liegenschaftsrechts, soweit sie sich auf die **Änderung des Inhalts und des Ranges der dinglichen Rechte** beziehen. Denn die Änderung stellt sich als eine Neubelastung des Grundstücks oder eine teilweise Aufhebung des Rechtes an einem Grundstücke dar. Das unter Nr. 2—4 Bemerkte gilt hier entsprechend. Für die Umwandelung einer Hypothek in eine Grundschuld, einer Sicherungshypothek in eine gewöhnliche Hypothek und umgekehrt, für den Einfluß der Teilung des belasteten Grundstücks oder des Grundstücks des Berechtigten auf eine Reallast, für die Änderung des Inhalts der Rechte und Pflichten des Nießbrauchers 2c. bleiben also auch nach dem Inkrafttreten des BGB. die bisherigen Gesetze maßgebend. Insbesondere finden die §§ 877, 880 des BGB. keine Anwendung.

6. **Nach dem Ausgeführten bleiben namentlich sämtliche Vorschriften des zweiten Abschnitts des Sachenrechts** (allgemeine Vorschriften über Rechte an Grundstücken §§ 873—902 des BGB.)

bis zur Grundbuchanlegung **suspendiert**. Für die in diesem Abschnitte geregelten Fragen ist das bisherige Recht maßgebend. Dies gilt z. B. von der Frage, ob und in welchem Umfang auf Grund der Eintragung in die landesgesetzlich bestimmten Bücher ein Schutz des gutgläubigen Erwerbers stattfindet, von der Frage, in welcher Weise persönliche Ansprüche auf Einräumung oder Änderung oder Aufhebung eines dinglichen Rechtes gegen die Gefahren, welche aus dem öffentlichen Glauben des landesgesetzlich bestimmten Buches drohen, gesichert werden können, und von der Frage, ob ein Grundstück auch Bestandteil eines anderen Grundstücks ist. Es findet nicht etwa in letzterer Hinsicht § 890 des BGB. Anwendung. Auch die Verjährung eines im landesgesetzlich bestimmten Buche gelöschten oder eines nicht eingetragenen kraft Gesetzes entstandenen Rechtes bestimmt sich nicht nach dem § 901 des BGB., sondern nach dem bisherigen Rechte.

Die allgemeinen Vorschriften des BGB. (§§ 90ff.) **über Sachen** und deren Verhältnis zu einander treten ohne Rücksicht auf die Grundbuchanlegung am 1. Januar 1900 in Kraft. Soweit es sich aber um die Beziehung eines bestimmten Rechtes zu den Sachen handelt, hängt die Frage, ob die bezeichneten Vorschriften Anwendung finden, davon ab, ob für das Recht das alte oder das neue Gesetz gilt. Die Frage z. B., was als Zubehör eines verkauften Grundstücks zu übertragen ist, bestimmt sich, weil für diese Verpflichtung § 314 des BGB. gilt, nach dem § 97 des BGB., für die Frage dagegen, ob in Ansehung der Haftung für die Hypothek noch gewillkürte Pertinenzien möglich sind, ist das bisherige Recht bis zur Grundbuchanlegung maßgebend. Diese in Bayern bestrittene Frage (vgl. Bl. f. RA. 65 S. 357, 449; 66 S. 377) ist hier durch die Hypothekennovelle v. 20. Dezember 1903 erledigt.

7. Bestritten ist, ob aus der Vorschrift des Art. 189 Abs. 1 Satz 1, 2 folgt, daß auch der **Inhalt eines in der Zwischenzeit erworbenen Rechtes** sich nach dem bisherigen Rechte bestimmt. Für die Bejahung **Habicht** S. 460, für die Verneinung **Neumann** 3 S. 174 und **Riedner** S. 395. In den M. des EG. wird ausdrücklich gesagt: „Die Beurteilung des Rechtserwerbes nach altem Recht führt übrigens mit Notwendigkeit dazu, daß auch der Inhalt und Umfang des erworbenen Rechtes, unbeschadet des Art. 110 Abs. 2 (jetzt Art. 189 Abs. 1 Satz 3) nach altem Rechte beurteilt wird." Dieser Satz dürfte richtig sein. Wenn die Begründung, Übertragung und Belastung eines Rechtes an einem Grundstücke nach dem bisherigen Rechte erfolgen soll, so kann unter einem solchen Rechte nur ein Recht verstanden werden, welches dem bisherigen Rechte angehört. Worin ein Recht besteht, bestimmt sich aber nach seinem Inhalte, nicht nach seinem Namen. Jedes dem bisherigen Rechte bekannte Recht kann daher mit demjenigen Inhalte, welchen es nach dem bisherigen Rechte hat, begründet werden. Andererseits kann auch nur ein Recht dieses Inhalts nach dem bisherigen Rechte begründet werden. Ein Recht, welches nach dem BGB. zwar denselben Namen, aber nicht denselben Inhalt hat wie ein in dem bisherigen Rechte geregeltes Recht, ist nicht dasselbe Recht wie dieses. Wollte man den Inhalt der in der Zwischenzeit begründeten Rechte nicht nach dem bisherigen Rechte, sondern nach dem BGB. bestimmen, so würde hierdurch ein dem bisherigen Rechte fremder Inhalt in dasselbe hineingetragen werden. Nicht die Vorschriften des bisherigen Rechtes über die Begründung von Rechten würden zur Anwendung kommen, sondern an die Stelle der Vorschriften des bisherigen Rechtes würden Vorschriften über Begründung anderer Rechte, die das bisherige Recht nicht kennt, treten. Für die hier vertretene Auffassung sprechen auch die Vorschriften der Art. 188, 192—195, welche davon ausgehen, daß die pfandartigen Belastungen eines Grundstücks an sich mit dem Inhalte, den sie nach bisherigem Rechte haben, bestehen bleiben und mit Rücksicht hierauf Vorschriften geben, durch welche die Überleitung in den nach Anlegung des Grundbuchs bestehenden Rechtszustand geregelt wird. Für diese Auffassung spricht ferner die im Abs. 1 Satz 3 bestimmte Ausnahme von der Regel des Abs. 1 Satz 1, nach welcher ein nach den Vorschriften des BGB. unzulässiges Recht nach dem Inkrafttreten des BGB. nicht mehr begründet werden kann. Diese Ausnahme würde überflüssig sein, wenn der Inhalt der in der Zwischenzeit begründeten Rechte sich nicht nach dem bisherigen Rechte, sondern nach dem BGB. bestimmte.

Ist hiernach der Inhalt der in der Zwischenzeit begründeten Rechte regelmäßig nach dem bisherigen Rechte zu beurteilen, so ergibt sich hiervon neben der im Satz 3 bestimmten Ausnahme eine weitere Ausnahme aus der Vorschrift des Art. 184 Satz 2. Soweit hiernach auf ein bei dem Inkrafttreten des BGB. bereits bestehendes Erbbaurecht und auf eine zu dieser Zeit bestehende Grunddienstbarkeit die Vorschriften des BGB. Anwendung finden, müssen diese auch auf die in der Zwischenzeit begründeten Rechte der gedachten Art Anwendung finden. Für das Eigentum kommt die Frage nicht in Betracht, da dessen Inhalt sich nach Art. 181 von dem Inkrafttreten des BGB. an nach dessen Vorschriften bestimmt.

Wenn **Habicht**, der im Prinzipe der hier vertretenen Auffassung beistimmt, eine Modifikation für solche Fälle eintreten lassen will, in denen das Schuldverhältnis, durch welches die Verpflichtung zur Begründung eines dinglichen Rechtes der hier fraglichen Art begründet wird, nach dem bisherigen Rechte zu beurteilen ist, wenn also z. B. der obligatorische Vertrag in der Zwischenzeit geschlossen ist, so dürfte dies nicht richtig sein. Bei einem Vertrage der gedachten Art ist es eine Frage der Auslegung, ob die Verpflichtung auf Begründung eines dem bisherigen Rechte oder dem BGB. entsprechenden Rechtes gerichtet ist. Die Erfüllung einer Verpflichtung der erstgedachten Art ist nur bis zu dem Zeitpunkte möglich, in welchem das Grundbuch als angelegt anzusehen ist, die Erfüllung einer Verpflichtung der letztgedachten Art erst von diesem Zeitpunkt an. In beiden Fällen können selbstverständlich diejenigen Änderungen des Rechtsinhalts vereinbart werden, welche das zur Anwendung kommende Recht zuläßt.

Aus der hier vertretenen Ansicht folgt insbesondere, daß, wenn in der Zwischenzeit ein Nießbrauch, eine beschränkte persönliche Dienstbarkeit, ein dingliches Vorkaufsrecht, eine Reallast, eine Hypothek oder Grundschuld begründet wird, der Inhalt dieser Rechte sich nach dem bisherigen Rechte bestimmt. Dasselbe gilt für das Erbbaurecht und für Grunddienstbarkeiten, soweit nicht auf sie nach Art. 184 Satz 2 das neue Recht Anwendung findet. Ob, wenn nach dem bisherigen Rechte der Nießbrauch veräußerlich ist, dies auch für einen in der Zwischenzeit begründeten Nießbrauch gilt, hängt davon ab, ob man in einem veräußerlichen Nießbrauch ein nach den Vorschriften des BGB. unzulässiges Recht im Sinne des Art. 189 Abs. 1 Satz 3 sieht. Ein durch Vertrag begründetes obligatorisches Vorkaufsrecht bestimmt sich, wenn der Vertrag in der Zwischenzeit geschlossen wird, nach den Vorschriften des BGB. Die nach dem BGB. mit einem dinglichen Vorkaufsrechte verbundenen Wirkungen können aber erst eintreten, wenn die Eintragung in das Grundbuch erfolgt ist. Sie können also nicht nach Maßgabe des bisherigen Rechtes vereinbart werden. Ein in der Zwischenzeit begründetes dingliches Vorkaufsrecht bestimmt sich daher nach seinem Inhalt und seinen Wirkungen nach dem bisherigen Rechte.

8. **Soweit die für den Inhalt eines Rechtes maßgebenden Vorschriften des BGB. das Grundbuch voraussetzen, bleiben auch sie bis zur Grundbuchanlegung suspendiert.** Hinsichtlich des Eigentums (vgl. z. B. §§ 914 Abs. 2, 917 Abs. 2, 1010 BGB.) ist das Erforderliche schon in der Erl. zu Art. 181 bemerkt. Für das Erbbaurecht kommen die durch den § 1017 des BGB. für anwendbar erklärten, für Grundstücke geltenden Vorschriften, welche mit dem Grundbuche zusammenhängen, in Betracht. Die Anwendbarkeit des § 1017 des BGB. selbst ist nicht suspendiert, auch den am 1. Januar 1900 bestehenden oder seitdem entstandenen Erbbaurechten kommt kraft Reichsrechts die Grundstücksnatur zu. Die Übertragung, Belastung, Ersitzung rc. des Erbbaurechts erfolgt auch vor der Grundbuchanlegung nach den für Grundstücke geltenden Vorschriften, nach Art. 189 Abs. 1 aber nicht nach den für Grundstücke geltenden Vorschriften des BGB., sondern nach denen des bisherigen Rechtes. So auch **Habicht** S. 434; a. A. **Affolter** S. 386, **Niedner** S. 381, 394, welcher deshalb auch der Ansicht ist, daß die Zwangsvollstreckung in ein Erbbaurecht nach den Vorschriften über die Mobiliarpfändung zu erfolgen hat, wenn dies im bisherigen Rechte so bestimmt war.

9. Ingleichen richtet sich **der Rang** der in der Zeit nach dem Inkrafttreten des BGB. bis zur Anlegung des Grundbuchs begründeten dinglichen Rechte und der Rechte an diesen ausschließlich nach dem bisherigen Rechte. Für die Rechte an Grundstücken bedarf dies keiner Ausführung. Die Vorschriften des § 879 des BGB. können nur Anwendung finden, wenn ein Grundbuch vorhanden ist. Es gilt aber auch z. B. für das Pfandrecht an einer Hypothekenforderung.

10. **Für das obligatorische Rechtsgeschäft**, das der dinglichen Rechtsänderung zugrunde liegt, das sog. Kausalgeschäft gilt, auch wenn es sich um die Änderung des Rechtsverhältnisses an einem Grundstück oder eines Rechtes an einem solchen handelt und das Grundbuch noch nicht angelegt ist, nicht die Norm des Art. 189, sondern die des Art. 170. Das obligatorische Rechtsgeschäft, welches nach dem 1. Januar 1900 vorgenommen wird, untersteht daher dem BGB. Daraus folgt namentlich, daß die Besonderheiten, welche das BGB. für gewisse obligatorische Rechtsgeschäfte, z. B. den Kauf vorsieht, wenn ein Grundstück Gegenstand des Rechtsgeschäfts ist (vgl. z. B. §§ 444, 468, 477, 503, 510 BGB.), auch dann Platz greifen, wenn das Grundbuch für das Grundstück noch nicht angelegt ist. Von besonderer Bedeutung ist die Anwendbarkeit des § 313 Satz 1 des BGB., nach welchem der Vertrag, durch den sich jemand verpflichtet, das Eigentum an einem Grundstücke zu übertragen, der gerichtlichen oder notariellen Beurkundung bedarf (Rspr. 1 S. 95, Seuff.A. 56 S. 124; a. A. **Affolter** S. 134, 250).

a) Nach § 313 Satz 2 wird ein nicht gerichtlich oder notariell beurkundeter Vertrag, durch den sich der eine Teil zur Übertragung des Eigentums an einem Grundstücke verpflichtet, seinem ganzen Inhalte nach gültig, wenn die Auflassung und die Eintragung in das Grundbuch erfolgen. Die Vorschrift des § 313 bezweckt hauptsächlich, übereilte Veräußerungen (Wirtshausgeschäfte) zu vermeiden. Die im Satz 2 bestimmte Heilung der Nichtigkeit beruht auf der Erwägung, daß bei den besonderen Vorschriften, welche das BGB. über die Auflassung und Eintragung gibt, die Gefahr einer Übereilung vermindert wird, wenn jene Vorschriften beobachtet werden. Es ist sehr zweifelhaft, ob die Gefahr in gleichem Maße auch wegfällt, wenn nur die Eintragung in ein öffentliches Buch nach Maßgabe des bisherigen Rechtes erfolgt. Mit Rücksicht darauf wird man den § 313 Satz 2 nicht entsprechend anwenden dürfen. Gegen die entsprechende Anwendbarkeit spricht auch, daß es sich im § 313 Satz 2 um eine positive und singuläre Vorschrift handelt und bei solchen Vorschriften eine entsprechende Anwendung nur ausnahmsweise zulässig ist. Jedenfalls aber könnte eine entsprechende Anwendung nur gerechtfertigt werden, wenn der Eigentumsübergang nach bisherigem Rechte außer an den dinglichen Vertrag auch an die Eintragung in ein öffentliches Buch geknüpft ist (für die Anwendbarkeit in dieser Beschränkung sind Habicht S. 455, Riedner S. 396, Oberneck 3. Aufl. S. 25). Wenn das bisherige Recht den Eigentumsübergang nicht mit der Eintragung in ein öffentliches Buch verbindet, wenn er wie z. B. nach dem rechtsrheinisch-bayer. Rechte durch den dinglichen Vertrag und die Tradition erfolgt, trifft die Erwägung, auf welcher der § 313 Satz 2 beruht, überhaupt nicht zu. Für solche Rechtsgebiete ist die Anwendbarkeit des § 313 Satz 2 ausgeschlossen (a. A. Jacubezky Bl. f. RA. 68 S. 452).

b) Daraus, daß nur für den Vertrag, durch welchen sich jemand zur Übertragung des Eigentums verpflichtet, die gerichtliche oder notarielle Beurkundung vorgeschrieben ist, folgt, daß für einen Vertrag, durch den sich jemand zur Bestellung eines anderen dinglichen Rechtes, z. B. einer Grunddienstbarkeit verpflichtet, eine Form nicht vorgeschrieben ist. Es kann deshalb seit dem 1. Januar 1900 auch in den Rechtsgebieten, in welchen bisher der obligatorische Vertrag über Bestellung eines jeden dinglichen Rechtes einer Form bedurfte, z. B. in Bayern, auf Grund eines formlosen obligatorischen Vertrags auf Bestellung des dinglichen Rechtes geklagt werden. Für die Art, wie die Bestellung des dinglichen Rechtes zu geschehen hat, sind die bisherigen Gesetze maßgebend.

c) Die nach dem Inkrafttreten des BGB. erfolgte Schuldübernahme bestimmt sich nach den Vorschriften des BGB. §§ 414ff. (s. Erl. 12d zu Art. 170). Die die Übernahme einer Hypothek beim Verkauf eines Grundstücks regelnde Vorschrift des § 416 setzt indessen das Grundbuch voraus. Der Gläubiger erwirbt nach § 416 ein Recht gegen den Schuldübernehmer erst mit der Auflassung und der Eintragung des Übernehmers in das Grundbuch. Für die Anwendbarkeit des § 416 ist deshalb nicht der Zeitpunkt entscheidend, in welchem der obligatorische Übernahmevertrag geschlossen worden ist, sondern der Zeitpunkt, in welchem der den Eigentumsübergang bezweckende dingliche Vertrag zustande gekommen ist, d. h. der Zeitpunkt der Auflassung. Liegt der Eigentumsübertragungsvertrag vor der Grundbuchanlegung, so ist für die Erfordernisse und die Wirkungen der Übernahme einer Hypothek das bisherige Recht (z. B. § 41 preuß. EEG., Art. 1 bayer. Ges. vom 29. Mai 1886, Art. 2166ff., 2183ff. code civil) maßgebend. Findet die Auflassung dagegen erst nach der Grundbuchanlegung statt, so gilt § 416. So auch Habicht S. 236, 240; Dernburg, BR. 2 S. 363; Turnau-Förster 2. Aufl. 1 S. 929; Oberneck 3. Aufl. S. 852; Riedner S. 396, RG. 58 S. 386. A. A. Staudinger zu Art. 170, Bayer. ObLG. 5 S. 445, nach welchem zwar der § 416 Abs. 2 Satz 1 das Grundbuch voraussetzt, die übrigen Vorschriften des § 416 aber schon vorher gelten; die Frage ist allerdings aus den in dem Urteile des bayer. ObLG. dargelegten Gründen sehr zweifelhaft, allein entscheidend dürfte doch der vom RG. a. a. O. hervorgehobene Umstand sein, daß der § 416 die Übernahme persönlicher und dinglicher Haftung in untrennbarer Weise behandelt.

d) Nach § 446 Abs. 2 des BGB. geht, wenn der Käufer eines Grundstücks vor der Übergabe als Eigentümer in das Grundbuch eingetragen wird, die Gefahr des zufälligen Unterganges und einer zufälligen Verschlechterung von der Eintragung an auf ihn über; von der Eintragung an gebühren ihm auch die Nutzungen und trägt er die Lasten des Grundstücks. Der § 446 Abs. 2 des BGB. wird mit Rücksicht auf die besonderen Gründe, auf denen seine nur auf die Eintragung beschränkte Vorschrift beruht, vor der Anlegung des Grundbuchs keine Anwendung finden können.

e) Anders liegt die Sache bei dem § 449 des BGB., nach welchem der Käufer eines Grundstücks die Kosten der Eintragung und der Käufer eines Rechtes an einem Grundstücke die

Kosten der zur Begründung oder Übertragung des Rechtes nötigen Eintragungen im Grundbuche mit Einschluß der Kosten der zur Eintragung erforderlichen Erklärungen zu tragen hat. An die Stelle des Grundbuchs tritt das landesgesetzlich bestimmte Buch.

f) Die Vorschriften der §§ 571—579 des BGB. über die Veräußerung eines vermieteten Grundstücks finden direkte Anwendung, weil in ihnen nur die Veräußerung vorausgesetzt wird und der Begriff der Veräußerung sich selbstverständlich nach dem jeweils geltenden Rechte richtet.

11. Nach § 648 des BGB. kann der Unternehmer eines Bauwerks oder eines Teiles eines Bauwerks für seine Forderungen aus dem Vertrage die Einräumung einer Sicherungshypothek an dem Baugrundstücke des Bestellers verlangen. Diese Vorschrift gilt für alle nach dem Inkrafttreten des BGB. eingegangenen Vertragsverhältnisse, auch wenn das Grundbuch noch nicht angelegt ist; sie setzt zwar das Grundbuch voraus, wird aber gleichwohl schon vor der Anlegung des Grundbuchs Anwendung finden müssen. Ihr Zweck geht dahin, dem Gläubiger ein Recht auf eine Hypothek zu gewähren, bei welcher die Forderung nicht unter dem Schutze des öffentlichen Glaubens des Grundbuchs steht. Nach dem BGB. ist dies die Sicherungshypothek. Diese Form einer Hypothek der fraglichen Art ist natürlich nur möglich, wenn das Grundbuch angelegt ist. Für die Zwischenzeit zwischen dem Inkrafttreten des BGB. und der Anlegung des Grundbuchs bedarf der § 648 daher der Anpassung an das bisherige Hypothekenrecht. Eine solche Anpassung hat z. B. Bayern, ÜbG. Art. 50, 119 vorgenommen. Soweit das Landesrecht die Anpassung nicht vorgenommen hat, was z. B. von Preußen zutrifft, läßt sich der Zweck des § 648 durch eine Hypothek des bisherigen Rechtes erreichen, welche in der hier in Betracht kommenden Beziehung denselben Charakter hat wie die Sicherungshypothek des BGB., z. B. durch eine Kautionshypothek des preußischen Rechtes. Soweit freilich das bisherige Recht eine entsprechende Hypotheken-(Pfandrechts-)form nicht zur Verfügung stellt, fehlt der Vorschrift des § 648 des BGB. die Möglichkeit der Anwendung. Im wesentlichen übereinstimmend Niedner S. 397 und Habicht S. 468; a. A. Affolter S. 255.

Das Gesagte gilt entsprechend von der Frage, in welcher Weise der Anspruch auf Übertragung des Eigentums an einem Grundstücke verpfändet (§ 1287 des BGB.) oder gepfändet (§ 848 CPO.) werden kann. Eine Überleitungsvorschrift sehen Bayern, ÜbG. Art. 60, 123 und Hessen, AG. z. BGB. Art. 167, 214 vor.

12. Eine Ausnahme von dem Grundsatze, daß die Begründung der dinglichen Rechte sich in der Zwischenzeit nach dem bisherigen Rechte bestimmt, macht der Satz 3 des Abs. 1. Danach kann ein nach den Vorschriften des BGB. unzulässiges Recht auch in der Zwischenzeit nicht mehr begründet werden. Die zur Zeit des Inkrafttretens des BGB. bestehenden Rechte dagegen bleiben, auch wenn sie nach den Vorschriften des BGB. unzulässig sind, bestehen (s. Erl. zu Art. 184).

Unter einem nach den Vorschriften des BGB. unzulässigen Rechte ist nicht nur ein Recht zu verstehen, welches seiner Art nach unzulässig ist d. h. welches nicht unter den Kreis der im BGB. zugelassenen dinglichen Rechte (s. Bd. III S. 7) fällt, sondern auch ein Recht, welches einen Inhalt hat, der nach dem BGB. unzulässig ist (a. A. Affolter S. 253). Es können also z. B. nicht mehr begründet werden eine Emphyteuse, ein Erbbaurecht an einem Teile eines Gebäudes, ein dingliches Miet- oder Pachtrecht (RG. 24 A 121), das Stockwerkseigentum, der veräußerliche Nießbrauch des französ. Rechtes, eine Grunddienstbarkeit des Inhalts, zum Zwecke des Verkaufs Holz schlagen zu dürfen, ein Vorkaufsrecht an einem Bruchteil eines Grundstücks. Unzulässigkeit der Begründung nach den Vorschriften des BGB. liegt übrigens nicht in solchen Fällen vor, in denen ein im BGB. zugelassenes Recht begründet werden soll, das bisherige Recht aber wegen obwaltender Mängel nicht dieses Recht, sondern eine dem BGB. nicht bekannte mindere Rechtsposition z. B. publizianisches Recht eintreten läßt (M. des EG. S. 272). Selbstverständlich ist ferner ein nach den vorbehaltenen Landesgesetzen zulässiges Recht ein auch nach den Vorschriften des BGB. zulässiges Recht im Sinne des Abs. 1 Satz 3. Das französisch-rechtliche Resiliationsrecht ist nicht ein unzulässiges Recht im Sinne des Abs. 1 Satz 3; denn das BGB. verbietet zwar eine Auflassung unter einer Bedingung und macht damit die Begründung eines bedingten Eigentums an Grundstücken unmöglich, aus dieser tatsächlichen Unmöglichkeit des bedingten Eigentums folgt aber noch nicht, daß das bedingte Eigentum nach dem BGB. überhaupt unzulässig wäre (vgl. Bayer. ObLG. 4 S. 161).

Für Grundstückspfandrechte gilt die Vorschrift des Abs. 1 Satz 3 überhaupt nicht. Aus der in den Art. 192—195 vorgenommenen Überleitung der Grundstückspfandrechte und Grundschulden ergibt sich, daß für diese Rechte bis zur Grundbuchanlegung das bisherige Gesetz schlechthin maßgebend, von der Grundbuchanlegung an schlechthin beseitigt ist. Der Zweck, welchen die Vorschrift des Abs. 1 Satz 3 verfolgt, kommt für Grundstückspfandrechte wegen der für diese vorgeschriebenen Überleitung nicht in Betracht. Es würde übrigens auch zu sehr eigentümlichen Ergebnissen führen, wollte man den Grundsatz des Abs. 1 Satz 3 für Grundstückspfandrechte folgerichtig durchführen. Die Frage, ob gewisse pfandartige Belastungen, welche das bisherige Recht kennt, welche aber dem BGB. unbekannt sind, z. B. das antichretische Pfandrecht, die Frage, was Gegenstand eines Pfandrechts sein kann, z. B. ob an einem Nießbrauch (wie im französ. Rechte), an einer Hypothek oder Reallast (wie in Bayern) eine Hypothek bestellt werden kann, die Frage, ob ein Pfandrecht mit einem Inhalt ausgestattet werden kann, der dem BGB. unbekannt oder nach ihm verboten ist, z. B. mit einem Veräußerungs- oder weiteren Belastungsverbote, die Erstreckung der Haftung auf gewillkürte Pertinenzien, die Frage, ob eine Offenhaltung der Stelle, wie sie z. B. § 84 des bayer. HypGes. vorsieht, zulässig ist, bestimmen sich lediglich nach dem bisherigen Rechte.

Aus dem Abs. 1 Satz 3 darf natürlich nicht gefolgert werden, daß ein nach den Vorschriften des BGB. zulässiges Recht auch dann begründet werden kann, wenn das bisherige Gesetz ein solches Recht nicht zuläßt. Wenn die Landesgesetzgebung nicht ein anderes bestimmt, kann also z. B. im Gebiete des französ. Rechtes in der Zwischenzeit eine Reallast nicht bestellt werden.

13. Zu Abs. 2. Die nach Maßgabe des bisherigen Rechtes im Zeitpunkte der Grundbuchanlegung bereits vollendete **Ersitzung eines Rechtes an einem Grundstücke** behält ihre volle Kraft bei und zwar auch dann, wenn die Ersitzung erst nach dem Inkrafttreten des BGB. vollendet worden ist. Dagegen kann eine im Zeitpunkte der Grundbuchanlegung noch nicht vollendete Ersitzung nach dem Art. 189 Abs. 2 nur insoweit, als das BGB. selbst im § 900 eine Ersitzung zuläßt, zum Erwerbe des Rechtes führen. Daraus folgt, daß nur mehr das Eigentum oder ein Recht, das zum Besitze des Grundstücks berechtigt oder dessen Ausübung nach den für den Besitz geltenden Vorschriften geschützt ist (hierüber s. Erl. 4 zu § 900 BGB.), ersessen werden kann. Die Ersitzung einer Reallast z. B. kann nicht mehr vollendet werden. Nach dem Wortlaute des Einganges des Abs. 2 scheint allerdings der Abs. 2 sich nur auf die Ersitzung des Eigentums oder eines Rechtes, das zum Besitze des Grundstücks berechtigt, zu beziehen. Daraus aber, daß der Abs. 2 später allgemein von der nach § 900 des BGB. zulässigen Ersitzung spricht, ergibt sich, daß er auch die sämtlichen Fälle des § 900 Abs. 2 des BGB. umfaßt. Es wäre auch nicht abzusehen, warum, wenn man im Art. 185 die Fortsetzung einer Ersitzung bei beweglichen Sachen im gleichen Umfange zuläßt, wie sie das BGB. für eine erst unter seiner Herrschaft beginnende Ersitzung kennt, die Fortsetzung einer Ersitzung bei Grundstücken eine Beschränkung erfahren sollte.

Der Art. 189 Abs. 2 regelt nun die Frage, inwieweit die vor der Grundbuchanlegung liegende Zeit für eine zur Zeit der Grundbuchanlegung noch laufende Ersitzung bei der Frage, ob den Voraussetzungen des § 900 des BGB. genügt ist, in Betracht kommt. Für die Einrechnung der vor der Grundbuchanlegung liegenden Zeit ist zunächst verlangt, daß der Besitzer als der Berechtigte im Grundbuch eingetragen ist. Derjenige, welcher ein Grundstück im Ersitzungsbesitze hat, muß mithin bestrebt sein, bei der Grundbuchanlegung die Eintragung in das Grundbuch zu erlangen. Ist er im Zeitpunkte der Grundbuchanlegung nicht eingetragen, so nützt ihm die nachträgliche Eintragung nicht mehr, die im § 900 des BGB. bestimmte dreißigjährige Ersitzungsfrist beginnt dann erst vom Zeitpunkte der Eintragung an; ein Antrag, auch eine spätere Eintragung zu berücksichtigen, ist von der zweiten Kommission ausdrücklich abgelehnt worden (P. II Bd. 6 S. 523). Der Satz, daß der Besitzer als Berechtigter im Grundbuch eingetragen ist, gilt natürlich nur für den Fall der Ersitzung des Eigentums oder eines Rechtes, das zum Besitze des Grundstücks berechtigt. Bei der Ersitzung eines anderen Rechtes an einem Grundstücke muß dieser Satz entsprechend dahin angewendet werden, daß derjenige, welchem das Recht zustehen soll, als Berechtigter im Grundbuch eingetragen ist. Diese Voraussetzung gilt auch für Grunddienstbarkeiten, obgleich diese nach Art. 187 vom Buchungszwange befreit sind.

Im übrigen verweist der Art. 189 Abs. 2 auf den Art. 169. Im allgemeinen wird daher auf die Erl. zu Art. 169 Bezug genommen. Hier ist zu bemerken:

a) Der Beginn der Ersitzung bestimmt sich nach den bisherigen Gesetzen. Konnte nach diesen der damals vorhandene Besitz zur Ersitzung führen, so kommt die Zeit des Besitzes in Betracht. Konnte er nicht zur Ersitzung führen, so kommt er auch dann nicht in Betracht, wenn den Voraussetzungen des BGB. genügt wäre. Im Gebiete der preuß. Grundbuchgesetze z. B.

wird also auch die Zeit für die Ersitzung des Eigentums angerechnet, während deren der Besitzer nicht in das Grundbuch eingetragen war, solange das Grundstück nicht eingetragen war. Im Gebiete des gemeinen Rechtes kommt es für die Ersitzung des Eigentums nicht darauf an, ob der Besitzer in ein öffentliches Buch eingetragen ist. Gleiches gilt für das Gebiet des bayer. Hypothekenrechts. Der § 900 des BGB. verlangt keinen guten Glauben, das gemeine Recht, das preuß. LR. und das bayer. Recht verlangen ihn. In diesen Gebieten wird mithin die Zeit, welche mit Rücksicht auf den Mangel des guten Glaubens für die altrechtliche Ersitzung außer Betracht blieb, auch für die Ersitzung nach § 900 des BGB. nicht angerechnet. Ähnlich liegt die Sache bezüglich des von manchen Rechten geforderten Titels zum Erwerbe. Kannte das bisherige Gesetz mehrere Arten der Ersitzung (ordentliche und außerordentliche), so sind beide Arten zu berücksichtigen.

b) Für die Berechnung der Frist erklärt der § 900 des BGB. die für die Ersitzung einer beweglichen Sache geltenden Vorschriften (§§ 938—944 BGB.) für anwendbar. Hier kann deshalb bezüglich der Anwendbarkeit dieser Vorschriften auf eine noch nicht vollendete Ersitzung auf die Erl. 1—5 zu Art. 185 verwiesen werden.

c) Der im Art. 169 Abs. 2 vorausgesetzte Fall, daß die Ersitzungsfrist des bisherigen Rechtes länger als die des BGB. ist, wird wohl hier für kein Rechtsgebiet zu treffen. Die Ersitzungsfrist wird in allen Rechtsgebieten gleich lang oder — was die Regel ist — kürzer als die des BGB. sein, es ist also immer Ablauf der dreißig Jahre erforderlich, auch wenn zur Ersitzung, wie z. B. im gemeinen Rechte nur zehn bzw. zwanzig Jahre oder im preuß. LR. nur zehn Jahre erforderlich waren.

14. **Auf die im § 927 des BGB. geregelte Art des Erwerbes des Eigentums an einem Grundstücke durch Aufgebot** findet der Art. 189 Abs. 2 keine entsprechende Anwendung. Der § 927 des BGB. gilt erst von der Grundbuchanlegung an, von dieser Zeit an aber ohne weiteres, so daß auch die vorherliegende Zeit angerechnet wird ohne Rücksicht darauf, ob dem bisherigen Rechte eine dem § 927 des BGB. entsprechende Erwerbsart bekannt war oder nicht. So auch Habicht S. 444, Oberneck 3. Aufl. S. 479, Niedner S. 397; a. A. Cosack 2 S. 115.

15. Bezüglich der unvordenklichen Verjährung gilt das über die Ersitzung Bemerkte entsprechend. Ein auf Grund unvordenklicher Verjährung im Zeitpunkte der Grundbuchanlegung bereits vollendeter Rechtserwerb bleibt in voller Kraft. Eine in diesem Zeitpunkte noch nicht vollendete Verjährung kann nicht vollendet werden.

16. Zu Abs. 3. **Rechtsänderungen bezüglich nicht eingetragener Rechte nach der Grundbuchanlegung.** Um zu vermeiden, daß ein zur Zeit der Grundbuchanlegung nicht eingetragenes Recht an einem Grundstücke, welches aufgehoben werden soll, lediglich zum Zwecke der Aufhebung nach § 875 des BGB. eingetragen werden müßte, bestimmt der Abs. 3, daß die Aufhebung eines Rechtes, mit dem ein Grundstück oder ein Recht an einem Grundstücke zur Zeit der Anlegung des Grundbuchs belastet ist, auch nach dieser Zeit nach den bisherigen Gesetzen erfolgt, bis das Recht in das Grundbuch eingetragen wird. Der Abs. 3 gilt nicht nur von der rechtsgeschäftlichen Aufhebung, sondern von sämtlichen Aufhebungsgründen. Insbesondere kann ein nicht eingetragenes Recht auch nach der Grundbuchanlegung durch Ersitzung der Freiheit des Eigentums, durch Nichtgebrauch, Konsolidation ꝛc. nach Maßgabe des bisherigen Rechtes aufgehoben werden. Übrigens haben einige AG. z. B. Bayern, ÜbG. Art. 11—18, Hessen, Art. 142—148 für nicht eingetragene Grunddienstbarkeiten die Aufhebungsgründe besonders geregelt.

Ist das Recht einmal eingetragen worden, so erfolgt seine Aufhebung nach den §§ 875, 876 des BGB. Dies gilt auch dann, wenn das Recht zu den nach dem BGB. unzulässigen Rechten gehört oder wenn es zur Zeit der Grundbuchanlegung bereits erloschen ist. Der E. I Art. 110 Abs. 3 Satz 2 sprach diesen Grundsatz ausdrücklich aus, wurde aber als selbstverständlich gestrichen.

Aus Abs. 3 folgt, daß für die sonstigen Rechtsänderungen — außer der Aufhebung —, welche die zur Zeit des Inkrafttretens des Liegenschaftsrechts des BGB. bestehenden nicht eingetragenen dinglichen Rechte nachher erfahren, das neue Recht maßgebend ist; die Rechte müssen also eingetragen werden, wenn sie unter der Herrschaft des neuen Rechtes veräußert oder belastet werden sollen (RG. 59 S. 292, JW. 1905 S. 71).

17. Entsprechend der durch Art. 189 vorgeschriebenen Suspension des materiellen Liegenschaftsrechts des BGB. bleiben bis zur Grundbuchanlegung auch die sich auf das Liegenschaftsrecht beziehenden und das Grundbuch voraussetzenden **Vorschriften der CPO. sowie des ZVG. und der GBO.** suspendiert. Wegen der Vorschriften der CPO. wird auf Gaupp Erl. zu Art. I des EG. zur CPO. Nov. Bd. 1 S. 40ff. verwiesen.

Artikel 190. Das nach §. 928 Abs. 2 des Bürgerlichen Gesetzbuchs dem Fiskus zustehende Aneignungsrecht erstreckt sich auf alle Grundstücke, die zu der Zeit herrenlos sind, zu welcher das Grundbuch als angelegt anzusehen ist. Die Vorschrift des Artikel 129 findet entsprechende Anwendung.

Artikel 191. Die bisherigen Gesetze über den Schutz im Besitz einer Grunddienstbarkeit oder einer beschränkten persönlichen Dienstbarkeit finden auch nach dem Inkrafttreten des Bürgerlichen Gesetzbuchs Anwendung, bis das Grundbuch für das belastete Grundstück als angelegt anzusehen ist.

Von der Zeit an, zu welcher das Grundbuch als angelegt anzusehen ist, finden zum Schutze der Ausübung einer Grunddienstbarkeit, mit welcher das Halten

---

Artikel 190.

E. d. EG. II Art. 161; III Art. 189. P. II Bd. 3 S. 188; Bd. 6 S. 232, 523.

1. **Aneignungsrecht des Fiskus an herrenlosen Grundstücken.** Das im § 928 Abs. 2 des BGB. bestimmte Recht des Fiskus zur Aneignung eines aufgegebenen Grundstücks hat zur Voraussetzung, daß auf das Eigentum an dem Grundstück in Gemäßheit des § 928 Abs. 1 des BGB. verzichtet und der Verzicht in das Grundbuch eingetragen worden ist. Grundstücke, welche von den Eigentümern nur tatsächlich aufgegeben worden sind, unterliegen dem Aneignungsrechte des Fiskus nicht. Der Art. 190 Satz 1 enthält eine Erweiterung des Aneignungsrechts des Fiskus. Dieser ist hiernach zur Aneignung aller Grundstücke berechtigt, welche im Zeitpunkte der Anlegung des Grundbuchs (Art. 186) herrenlos sind, gleichgültig, ob der Verzicht auf das Eigentum der im § 928 Abs. 1 des BGB. bestimmten Weise entspricht und ob das Grundstück im Grundbuch eingetragen ist oder nicht.

Ob ein Grundstück im Zeitpunkte der Anlegung des Grundbuchs herrenlos ist, bestimmt sich nach dem bisherigen Rechte. Konnte, wie im gemeinen Rechte, ein derelinquiertes Grundstück von jedermann okkupiert werden, so ist, falls jemand ein aufgegebenes Grundstück im Zeitpunkte der Anlegung des Grundbuchs im Eigenbesitze hat, das Aneignungsrecht des Fiskus ausgeschlossen. Der Okkupant kann sich als Eigentümer in das Grundbuch eintragen lassen; freilich wird er mit Rücksicht auf die Vorschriften der GBO. die Eintragung regelmäßig nur nach vorheriger Durchführung des im § 927 des BGB. zugelassenen Aufgebotsverfahrens erwirken können. Stand das Okkupationsrecht nur einer gewissen Person zu und hat eine andere Person vor der Anlegung des Grundbuchs ein tatsächlich aufgegebenes Grundstück in Besitz genommen, ohne z. B. durch Ersitzung Eigentum zu erlangen, so ist der Fiskus, solange nicht der Okkupant das Eigentum erworben hat, aneignungsberechtigt, das Eigentum kann aber der Okkupant nur auf dem Wege des § 927 des BGB. erwerben. Die vorher etwa begonnene Ersitzung wird mit dem Zeitpunkte der Anlegung des Grundbuchs hinfällig, sie kann nicht etwa nach Maßgabe des bisherigen Rechtes fortgesetzt werden, so auch Habicht S. 477; a. A. Affolter S. 385.

2. Ist ein Grundstück im Zeitpunkte der Anlegung des Grundbuchs nicht herrenlos, wird aber seine Eintragung ins Grundbuch übersehen, so kann das Eigentum an dem Grundstücke durch Verzicht nur aufgegeben werden, nachdem das Grundstück vorher gebucht worden ist.

3. Wie der Fiskus an dem herrenlosen Grundstücke durch die Aneignung das Eigentum erwirbt, bestimmt sich nicht nach dem bisherigen Rechte, sondern nach § 928 Abs. 2 Satz 2 des BGB., der Erwerb geschieht also dadurch, daß sich der Fiskus als Eigentümer in das Grundbuch eintragen läßt.

4. Nach dem Art. 129 kann das nach § 928 des BGB. dem Fiskus zustehende Aneignungsrecht landesgesetzlich einer bestimmten anderen Person zustehen. Ist dies der Fall, so gilt, wie der Art. 190 Satz 2 zum Ausdrucke bringt, die Vorschrift des Art. 190 Satz 1 für diese Person.

Artikel 191.

E. d. EG. I Art. 111; II Art. 162; III Art. 190. P. I S. 13286; M. d. EG. S. 273. P. II Bd. 3 S. 318; Bd. 6 S. 523, 632.

1. Für den Schutz des Sachbesitzes gelten nach Art. 180 vom Inkrafttreten des BGB. an ohne Rücksicht auf die Anlegung des Grundbuchs die Vorschriften des BGB. **Für den Besitzschutz von Grunddienstbarkeiten und beschränkten persönlichen Dienstbarkeiten** kann der gleiche Grundsatz

einer dauernden Anlage verbunden ist, die für den Besitzschutz geltenden Vorschriften des Bürgerlichen Gesetzbuchs entsprechende Anwendung, solange Dienstbarkeiten dieser Art nach Artikel 128 oder Artikel 187 zur Erhaltung der Wirksamkeit gegenüber dem öffentlichen Glauben des Grundbuchs nicht der Eintragung bedürfen. Das Gleiche gilt für Grunddienstbarkeiten anderer Art mit der Maßgabe, daß der Besitzschutz nur gewährt wird, wenn die Dienstbarkeit in jedem der drei letzten Jahre vor der Störung mindestens einmal ausgeübt worden ist.

---

nicht gelten, weil der im BGB. vorgesehene Besitzschutz von Grunddienstbarkeiten (§ 1029 BGB.) und von beschränkten persönlichen Dienstbarkeiten (§ 1090 Abs. 2 BGB.) die Eintragung dieser Rechte im Grundbuche voraussetzt, vor der Anlegung des Grundbuchs für das belastete Grundstück mithin die Vorschriften der §§ 1029, 1090 Abs. 2 des BGB. keine Anwendung finden können. Mit Rücksicht hierauf ordnet der Art. 191 den Besitzschutz von Grunddienstbarkeiten und beschränkten persönlichen Dienstbarkeiten selbständig.

2. **Bis zu dem Zeitpunkt, in welchem das Grundbuch** für das belastete Grundstück **als angelegt gilt** (Art. 186), beläßt es der Art. 191 Abs. 1 bezüglich des Schutzes im Besitz einer Grunddienstbarkeit oder einer beschränkten persönlichen Dienstbarkeit bei den bisherigen Vorschriften. Dieser Grundsatz gilt nicht nur für die am 1. Januar 1900 schon bestehenden, sondern auch für die erst nachher bis zur Anlegung des Grundbuchs entstehenden Grunddienstbarkeiten und beschränkten persönlichen Dienstbarkeiten. Die bisherigen Vorschriften sind für den Besitzschutz von Grunddienstbarkeiten und beschränkten persönlichen Dienstbarkeiten auch dann maßgebend, wenn die Dienstbarkeit nach dem bisherigen Rechte in ein öffentliches Buch eingetragen werden mußte oder konnte und eingetragen ist. Insbesondere verbleibt es auch in den Rechtsgebieten, in welchen die im Art. 187 Abs. 2 für die Zeit nach der Anlegung des Grundbuchs ausgesprochene Zulässigkeit der Eintragung von Dienstbarkeiten auf die Zeit vorher landesgesetzlich erweitert worden ist (s. Erl. zu Art. 187), reichsrechtlich (s. Erl. 8) in Ansehung des Besitzschutzes bei den bisherigen Vorschriften.

Die Vorschriften über den Schutz im Besitz einer Grunddienstbarkeit betreffen an sich auch die Frage, wer im Besitze geschützt wird. In dieser Beziehung dürfte indessen mittelbar dadurch eine Modifikation der Vorschriften des bisherigen Rechtes über den Besitzschutz eintreten, daß nach Art. 180 die Vorschriften des BGB. über den Sachbesitz von dem Inkrafttreten des BGB. an Anwendung finden. Soweit nach dem bisherigen Rechte in dem Besitz einer Grundgerechtigkeit nur der juristische Besitzer des herrschenden Grundstücks, nicht aber der Pächter oder Mieter geschützt wird, muß von dem Inkrafttreten des BGB. an auch der letztere, weil er als Besitzer des herrschenden Grundstücks in dessen Besitze geschützt wird, auch in Beziehung auf die von ihm für das herrschende Grundstück ausgeübten Grundgerechtigkeiten den Besitzschutz genießen (im Ergebnis ebenso Habicht S. 369; a. A. Affolter S. 254). Auch für die Frage, inwieweit mehrere, die ein Grundstück gemeinschaftlich besitzen, in ihrem Besitzverhältnisse zu einander den Besitzschutz haben, dürfte das BGB. (§ 866) entsprechend anzuwenden sein.

Für solche Dienstbarkeiten, bei denen der Berechtigte zugleich Besitzer des belasteten Grundstücks oder eines Teiles desselben ist und deshalb Sachbesitz und Sachbesitzschutz genießt, gilt übrigens der Art. 191 Abs. 1 nicht. Dieser will nur für solche Fälle, in welchen ohne eine Sondervorschrift nach dem BGB. ein Besitzschutz, der nach dem bisherigen Rechte vorhanden war, nicht mehr möglich wäre, das bisherige Recht aufrecht erhalten; ist aber auch nach dem BGB. ein Besitzschutz gegeben, so ist für die Gewährung des Besitzschutzes nach den bisherigen Vorschriften kein Bedürfnis. Für die gemeinrechtliche habitatio z. B. gilt also in Ansehung des Besitzschutzes nur mehr das BGB., nicht das alte Recht (so auch Habicht S. 368).

Für die Maßgeblichkeit des bisherigen Rechtes ist der Zeitpunkt der Anlegung des Grundbuchs für das belastete Grundstück entscheidend. Die Anlegung des Grundbuchs für das Grundstück des Berechtigten ist ohne Bedeutung für den Besitzschutz der Grunddienstbarkeit.

3. **Von der Anlegung des Grundbuchs** für das belastete Grundstück an gelten für den Schutz im Besitz einer Grunddienstbarkeit oder einer beschränkten persönlichen Dienstbarkeit die Vorschriften des BGB. Dieser Grundsatz gilt ohne Rücksicht darauf, ob die Dienstbarkeit vor oder nach dem Inkrafttreten des BGB. entstanden ist und ob sie in das Grundbuch eingetragen ist oder nicht. Aus der Maßgeblichkeit des BGB. für den Schutz im Besitz einer Grund-

dienstbarkeit oder beschränkten persönlichen Dienstbarkeit folgt, daß von der Grundbuchanlegung an für Grunddienstbarkeiten und beschränkte persönliche Dienstbarkeiten ein Besitzschutz nur gewährt wird, wenn die Grunddienstbarkeit oder die beschränkte persönliche Dienstbarkeit in das Grundbuch eingetragen ist.

4. Für beschränkte persönliche Dienstbarkeiten gilt dieser Satz ausnahmslos; für eine nicht eingetragene beschränkte persönliche Dienstbarkeit besteht ein Besitzschutz nur, wenn der Berechtigte den Schutz des Sachbesitzes genießt. Für Grunddienstbarkeiten macht dagegen der Art. 191 Abs. 2 eine Ausnahme. Nach Abs. 2 sollen von der Anlegung des Grundbuchs an auch diejenigen nicht eingetragenen Grunddienstbarkeiten Besitzschutz — und zwar Besitzschutz nach den Vorschriften des BGB. § 1029, nicht nach den bisherigen Gesetzen — genießen, welche zur Erhaltung der Wirksamkeit gegenüber dem öffentlichen Glauben des Grundbuchs (s. Erl. zu Art. 186) nicht der Eintragung bedürfen, d. h. die Grunddienstbarkeiten, welche an einem buchungsfreien Grundstücke (§ 90 GBO. s. Erl. zu Art. 127) bestehen und deshalb auf Grund des Art. 128 durch Landesrecht vom Eintragungszwang ausgenommen sind, und die Grunddienstbarkeiten, welche gemäß Art. 187 dem Eintragungszwange nicht unterworfen sind. Vorausgesetzt ist jedoch, daß

a) entweder mit ihnen das Halten einer dauernden Anlage verbunden ist (Abs. 2 Satz 1) oder

b) daß die Dienstbarkeit in jedem der letzten drei Jahre vor der Störung mindestens einmal ausgeübt worden ist (Abs. 2 Satz 2).

Die Anlage, welche mit der Grunddienstbarkeit verbunden sein muß, muß eine dauernde sein, sie darf nicht bloß für einen vorübergehenden Zweck angebracht sein; in wessen Interesse die Anlage gehalten wird, ob in dem des Eigentümers oder des Grunddienstbarkeitsberechtigten, ist gleichgültig. Über den Begriff der Anlage und des Haltens s. Erl. zu §§ 1020—1022. Nicht erforderlich ist, daß die Anlage sichtbar ist. Die servitus oneris ferendi z. B. gehört auch dann hierher, wenn der Balken, welcher vom Gebäude des Nachbarn getragen wird, nicht sichtbar ist. Die Anlage muß sich auf dem belasteten Grundstücke befinden, eine Anlage auf dem Grundstücke des Berechtigten genügt nicht. Liegt die Voraussetzung unter a vor, so wird die Dienstbarkeit geschützt, ohne daß eine Ausübungshandlung nachgewiesen werden muß. Bei den Dienstbarkeiten, mit denen das Halten einer dauernden Anlage nicht verbunden ist, muß die zu b erwähnte Voraussetzung nachgewiesen werden. Hat die Ausübung in einem der drei Jahre nicht stattgefunden, so entfällt der Besitzschutz. Der Besitzschutz ist deshalb auch dann ausgeschlossen, wenn eine jährliche Ausübung der Dienstbarkeit nach deren Natur, wie z. B. bei Mastgerechtigkeiten und Bauholzberechtigungen unmöglich ist. Über die Berechnung des Jahres s. §§ 187, 188 des BGB.; der Begriff der Ausübung ist der gleiche wie im § 1029 des BGB. (Rspr. 6 S. 255); s. Erl. zu diesem.

Obwohl nach dem Ausgeführten die Vorschrift des Abs. 2 nur zum Schutze des Besitzes solcher Grunddienstbarkeiten bestimmt ist, welche zu der Zeit bereits bestanden, in welcher das Grundbuch als angelegt anzusehen ist, hängt der Besitzschutz doch selbstverständlich nicht davon ab, daß die Dienstbarkeit zu der gedachten Zeit bereits entstanden war. Dies ist eine Frage des petitorium, nicht des possessorium (P. II Bd. 3 S. 320). Der Besitzschutz hängt vielmehr von der Grundbuchanlegung an lediglich davon ab, daß eine der oben unter a und b bezeichneten Voraussetzungen vorliegt (so auch Riedner Note 3, Habicht S. 373 Anm. 2).

Die „entsprechende“ Anwendung der Vorschriften des § 1029 des BGB. ist übrigens nur mit Rücksicht auf die Verschiedenheit der Voraussetzungen des Besitzschutzes vorgeschrieben. Inhaltlich sind für den Besitzschutz nach Art. 191 Abs. 2 wie nach § 1029 die §§ 858ff. des BGB. maßgebend.

5. Die Vorschriften des Abs. 2 gelten nur so lange, als die Grunddienstbarkeit nicht eingetragen werden muß. Ist die Dienstbarkeit eingetragen, so greift nicht der geringere Besitzschutz des Art. 191 Abs. 2 ein, sondern es finden schlechthin die Vorschriften des § 1029 des BGB. Anwendung, es kommt also nur darauf an, daß die Dienstbarkeit innerhalb eines Jahres vor der Störung und sei es nur einmal ausgeübt worden ist. Hierin liegt ein gewisser Ansporn, die Dienstbarkeit gemäß Art. 187 Abs. 1 Satz 2 einzutragen. Maßgebend ist natürlich, daß die Dienstbarkeit im Zeitpunkte der Störung eingetragen ist; erfolgt die Eintragung erst später, wenn auch noch vor Erhebung der Klage, so genießt der Berechtigte nicht den vollen Schutz des § 1029 des BGB. Muß die Grunddienstbarkeit aber eingetragen werden, z. B. weil

dies vom Landesrecht auf Grund des Art. 187 Abs. 2 vorgeschrieben worden ist, und ist die Eintragung nicht erfolgt, so findet überhaupt kein Besitzschutz statt.

6. Die Vorschriften des Abs. 2 bezwecken in Ansehung der an buchungspflichtigen Grundstücken bestehenden Grunddienstbarkeiten (Art. 187) den Schutz im Besitze solcher Dienstbarkeiten, welche vor der Zeit, zu welcher das Grundbuch für das belastete Grundstück als angelegt gilt, entstanden sind. In Ansehung der an buchungsfreien Grundstücken (§ 90 GBO.) bestehenden Grunddienstbarkeiten (Art. 128) findet der Abs. 2 aber nicht nur für die im Zeitpunkte der Anlegung des Grundbuchs bestehenden, sondern auch für die nachher gemäß der auf Grund des Art. 128 erlassenen Landesgesetze entstehenden Grunddienstbarkeiten Anwendung. Insofern kommt der Vorschrift des Art. 191 Abs. 2 eine über die Natur einer Übergangsbestimmung hinausgehende Bedeutung zu.

7. Die Vorschriften des Art. 191 beziehen sich nur auf Grunddienstbarkeiten und beschränkte persönliche Dienstbarkeiten. Der Erbbauberechtigte, der Nießbraucher und der Pfandgläubiger genießen vom Inkrafttreten des BGB. an den durch den Besitz der Sache begründeten Sachbesitzschutz, für die übrigen dinglichen Rechte aber, insbesondere für Reallasten, wird ein Besitzschutz nicht mehr gewährt (s. Erl. zu Art. 180). Auf sog. Legalservituten findet der Art. 191 keine Anwendung.

8. In den AG. z. BGB. von Preußen Art. 28, Hessen Art. 140, Mecklenburg § 185 und Elsaß-Lothringen § 86 sowie in Bayern (pfälz. LG. Art. 22, ÜbG. Art. 45) wird die Vorschrift des Art. 191 Abs. 2 vom Inkrafttreten des BGB. an schon für die Zeit vor der Anlegung des Grundbuchs für anwendbar erklärt.

Zu Art. 192—195.

1. **Überleitung der Hypotheken und Grundschulden.** Abweichend von dem Grundsatze des Art. 184 Satz 1, daß Rechte, mit denen eine Sache zur Zeit des Inkrafttretens des BGB. belastet ist, mit dem sich aus den bisherigen Gesetzen ergebenden Inhalte bestehen bleiben, leiten die Art. 192—195 die zur Zeit der Anlegung des Grundbuchs bestehenden Kapitalbelastungen der Grundstücke in die neuen Formen des Grundkreditrechts des BGB. über und zwar betreffen die Art. 192—194 die von einer Forderung abhängigen, der Art. 195 die selbständigen Belastungen. Die Überleitung war erforderlich, weil das Zusammentreffen von Pfandrechten des bisherigen Rechtes mit Hypotheken des BGB. zu erheblichen Übelständen führen müßte. Zum Zwecke der Überleitung stellen die Art. 192, 195 Abs. 1 reichsgesetzliche Regeln auf, während die Art. 193, 194 sowie der Art. 195 Abs. 2 landesgesetzliche Ausnahmen zulassen.

Von dem Grundsatze des Art. 184 Satz 1, daß Rechte, mit denen eine Sache zur Zeit des Inkrafttretens des BGB. belastet ist, mit dem sich aus den bisherigen Gesetzen ergebenden Range bestehen bleiben, ist eine Ausnahme nicht gemacht, für den Rang der übergeleiteten Pfandrechte sind daher die bisherigen Gesetze maßgebend. Der § 879 des BGB. findet auf sie keine Anwendung. Dagegen kann das Rangverhältnis durch den öffentlichen Glauben des Grundbuchs (s. Erl. 3 zu Art. 186) beeinflußt werden.

2. Die Überleitung ist in der Weise geregelt, daß die bestehenden Kapitalbelastungen der Grundstücke den neuen Formen des Grundkreditrechts angepaßt werden:

a) Für bestehende Pfandrechte (über den Begriff s. Erl. 1 zu Art. 192) stellt der Art. 192 Abs. 1 die Regel auf, daß sie von der Anlegung des Grundbuchs an, wenn der Betrag der Forderung, für die das Pfandrecht besteht, bestimmt ist, als Buchhypotheken, wenn aber der Betrag nicht bestimmt ist, als Sicherungshypotheken gelten. Bestehende Grundschulden (über den Begriff s. Erl. 1 zu Art. 195) verwandeln sich nach der Regel des Art. 195 Abs. 1 in Grundschulden im Sinne des BGB.

Der Landesgesetzgebung ist die Möglichkeit gewahrt, die bestehenden Pfandrechte und Grundschulden teilweise in andere Formen des neuen Grundkreditrechts überzuleiten. Pfandrechte, die nach der Regel des Art. 192 sich in eine Buchhypothek verwandeln sollen, können von der Landesgesetzgebung in eine Sicherungshypothek oder in eine Briefhypothek umgewandelt werden (Art. 193) und für Grundschulden kann die Landesgesetzgebung nach Art. 195 Abs. 2 bestimmen, daß sie sich statt in Grundschulden im Sinne des BGB. in Sicherungshypotheken oder in Briefhypotheken verwandeln. Die Umwandelung derjenigen Pfandrechte, bei welchen der Betrag der Forderung, für die das Pfandrecht besteht, nicht bestimmt ist, in Sicherungshypotheken (Art. 192 Abs. 1 Satz 2) kann landesgesetzlich nicht geändert werden.

Artikel 192. Ein zu der Zeit, zu welcher das Grundbuch als angelegt anzusehen ist, an einem Grundstücke bestehendes Pfandrecht gilt von dieser Zeit an als eine Hypothek, für welche die Ertheilung des Hypothekenbriefs ausgeschlossen ist. Ist der Betrag der Forderung, für die das Pfandrecht besteht, nicht bestimmt, so gilt das Pfandrecht als Sicherungshypothek.

Ist das Pfandrecht dahin beschränkt, daß der Gläubiger Befriedigung aus dem Grundstücke nur im Wege der Zwangsverwaltung suchen kann, so bleibt diese Beschränkung bestehen.

---

b) Der Inhalt der übergeleiteten Pfandrechte und Grundschulden richtet sich vom Zeitpunkte der Überleitung an nach den Vorschriften, die das BGB. für die Grundkreditform aufstellt, in welche die Überleitung erfolgt ist. Hiervon bestehen nur zwei Ausnahmen: reichsgesetzlich (Art. 192 Abs. 2, Art. 195 Abs. 1 Satz 2) ist bestimmt, daß, wenn das übergeleitete Pfandrecht oder die übergeleitete Grundschuld nach dem bisherigen Rechte dahin beschränkt ist, daß der Gläubiger Befriedigung aus dem Grundstücke nur im Wege der Zwangsverwaltung suchen kann, diese Beschränkung bestehen bleibt; landesgesetzlich kann nach Art. 194 bestimmt werden, daß ein Gläubiger, dessen Pfandrecht übergeleitet worden ist, die Löschung eines vorgehenden oder gleichstehenden Pfandrechts, falls dieses sich mit dem Eigentum in einer Person vereinigt, zu verlangen berechtigt ist.

Andere Ausnahmen kann die Landesgesetzgebung nicht machen. Die Unterordnung der bestehenden Pfandrechte unter eine der Grundkreditformen des BGB. ist demnach reichsgesetzlich sicher gestellt und die Aufrechterhaltung des dem bisherigen Rechte entsprechenden Rechtsinhalts durch das Landesrecht ist ausgeschlossen.

3. Von den in den Art. 193, 195 Abs. 2 enthaltenen Ermächtigungen haben die Landesgesetze je nach dem Rechtszustand ihrer Gebiete verschiedenen Gebrauch gemacht. Die einzelnen Ausführungsgesetze der größeren Bundesstaaten sind in den Erl. zu Art. 193, 195 angegeben.

Wie sich demnach der Rechtszustand in Preußen gestaltet, ist in der Begründung zum preuß. AG. und in dem Kommissionsberichte des AbgH. dargelegt. Ein übersichtliches Bild gibt auch Turnau-Förster 2. Aufl. S. 586. In der Hauptsache werden die Hypotheken, welche unter der Herrschaft der Gesetze v. 5. Mai 1872 begründet sind, sofern über sie nach den Vorschriften der preuß. GBO. (§§ 122, 129) ein Brief gebildet oder zu bilden ist, Briefhypotheken (mit Ausnahme der Kautionshypothek), der Brief wird Hypothekenbrief im Sinne des Reichsgesetzes. Von den vor dem Inkrafttreten der Grundbuchgesetze v. 5. Mai 1872 begründeten Hypotheken, über die eine Hypothekurkunde ausgestellt ist, gilt dasselbe nur für den ursprünglichen Geltungsbereich der GBO. v. 5. Mai 1872 und für einige Teile der Provinz Hannover. Im übrigen wird die vor dem Inkrafttreten der Grundbuchgesetze entstandene Hypothek zur Buchhypothek, es sei denn, daß der Gläubiger vor der Grundbuchanlegung auf Grund der bestehenden gesetzlichen Vorschriften (vgl. hierüber Achilles-Strecker, GBO. Erl. zu Art. 13 der V. v. 13. Novbr. 1899) die Bildung eines Hypothekenbriefs erwirkt oder beantragt hat. Die Privilegien und Hypotheken, die im Gebiete des französ. Rechtes begründet sind, werden Sicherungshypotheken.

Im rechtsrheinischen Bayern verwandeln sich die Hypotheken regelmäßig in Buchhypotheken, in der Pfalz in Sicherungshypotheken. In Buchhypotheken werden die bestehenden Hypotheken ferner in Sachsen, in Altenburg und in Meiningen verwandelt. Als Briefhypotheken gelten die bestehenden Hypotheken in Württemberg (sofern ein Pfandschein vorhanden ist, welcher nach den Vorschriften des bisherigen Rechtes als vollwirksamer Pfandschein erscheint), in Oldenburg, Braunschweig und Koburg-Gotha. Dagegen verwandeln Baden, Hessen, Sachsen-Weimar und Elsaß-Lothringen die bestehenden Hypotheken regelmäßig in Sicherungshypotheken.

Artikel 192.

E. d. EG. I Art. 112 Abs. 1, 2; II Art. 163; III Art. 191. P. I S. 13184; 13199, 13259; M. d. EG. S. 272. P. II Bd. 6 S. 524, 631.

Der Art. 192 stellt die reichsrechtliche Überleitungsregel für die bestehenden Pfandrechte auf.

1. Der Begriff eines Pfandrechts im Sinne des Art. 192 ergibt sich aus dem Gegensatze dieses Artikel zu Art. 195. Die Art. 192 und 195 wollen sämtliche Kapitalbelastungen eines

Grundstücks, die nicht Reallasten sind, in die neuen Grundkreditformen überleiten. Der Art. 195 betrifft die Grundschulden, der Art. 192 mithin alle übrigen Kapitalbelastungen. Pfandrechte im Sinne des Art. 192 sind also die von einer Forderung abhängigen Kapitalbelastungen der Grundstücke. Auf den Namen, welchen das Pfandrecht im bisherigen Rechte führte, kommt es nicht an. Ob eine von einer Forderung abhängige Kapitalbelastung eines Grundstücks vorliegt, beurteilt sich nach dem bisherigen Rechte. Dabei macht es für die Anwendbarkeit des Art. 192 keinen Unterschied, ob das Pfandrecht nur durch Eintragung in ein öffentliches Buch oder auch ohne solche Eintragung zur Entstehung gelangt ist, und ob das Pfandrecht auf einem Rechtsgeschäfte beruht oder unmittelbar durch das Gesetz entstanden ist. Gleichgültig ist auch, ob nach dem bisherigen Rechte über das Pfandrecht eine Urkunde (ein Hypothekenbrief, ein Hypothekeninstrument) erteilt worden ist oder nicht.

a) Auch die nach dem bisherigen Rechte ohne Eintragung in ein öffentliches Buch begründeten und **im Zeitpunkte der Grundbuchanlegung noch nicht eingetragenen Pfandrechte** werden von dem Art. 192 betroffen. Gleiches gilt von den in ein öffentliches Buch eingetragenen, aber zu Unrecht gelöschten oder bei der Übertragung auf ein anderes Blatt übersehenen Pfandrechten. Sie sind zwar dem öffentlichen Glauben des Grundbuchs gemäß Art. 186 unterworfen, soweit nicht auf Grund des Art. 188 durch das Landesrecht für gesetzliche Pfandrechte eine Ausnahme gemacht ist; im übrigen aber bleiben sie wenigstens reichsrechtlich in ihrem Bestande unberührt. Daraus, daß sie unter den Art. 192 fallen, folgt z. B., daß ihre nachträgliche Eintragung nur in der Form verlangt werden kann, in welche sie nach der Regel des Art. 192 übergeleitet worden sind.

b) Ob die **Vorzugsrechte** (Privilegien) **des rheinisch-badischen Rechtes** Forderungsrechte oder Hypotheken sind, ist bestritten. Die M. des EG. S. 275 regen an, daß die Landesgesetze die Streitfrage entscheiden. Durch die Landesgesetzgebung ist auch die Untersuchung über die rechtliche Natur der Vorzugsrechte gegenstandslos gemacht worden. Denn daß die in das Grundbuch im Zeitpunkte der Grundbuchanlegung eingetragenen Vorzugsrechte den Charakter von Pfandrechten haben, ist unzweifelhaft. Bezüglich der in diesem Zeitpunkte nicht eingetragenen Vorzugsrechte aber bestimmen die AG. von Preußen Art. 33 § 4 und Elsaß-Lothringen § 77 sowie das bayer. Gesetz v. 1. Juli 1898 Art. 1 Abs. 2 für die Pfalz, daß sie sich in Ansprüche auf Bestellung einer Sicherungshypothek verwandeln; nach den AG. von Baden Art. 40 Abs. 2 und Hessen Art. 224 erlöschen die im Zeitpunkte der Grundbuchanlegung nicht eingetragenen Vorzugsrechte. Das Vorrecht, welches der Art. 211 des code civil den Nachlaßgläubigern und Vermächtnisnehmern einräumt, ist übrigens kein Pfandrecht, sondern eine Verfügungsbeschränkung, es fällt deshalb nicht unter den Art. 192, sondern unter den Art. 179; nach diesem hängt seine fortdauernde Wirksamkeit davon ab, ob es im Zeitpunkte der Grundbuchanlegung eingetragen ist oder nicht. Ausdrücklich ausgesprochen findet sich dies im bayer. Ges. v. 1. Juli 1898 Art. 16.

c) Auch die **Zwangshypothek** (wegen der Zwangshypothekenvormerkung s. unter d) gilt als Pfandrecht im Sinne des Art. 192 und zwar nicht nur die auf Antrag des Gläubigers auf Grund eines vollstreckbaren Titels eingetragene Hypothek, sondern auch die gerichtliche Hypothek des rheinischen Rechtes. Wegen der gerichtlichen Hypothek des rheinischen Rechtes s. preuß. AG. Art. 33 § 4 und bayer. Ges. v. 1. Juli 1898 Art. 12. Eine Zwangshypothek kann nach der Grundbuchanlegung gemäß §§ 866, 867 der CPO. nur mehr als Sicherungshypothek entstehen; auch ist die Entstehung gewissen Beschränkungen unterworfen, insofern die Eintragung nur für eine den Betrag von 300 Mark übersteigende Forderung und nicht als Gesamthypothek verlangt werden kann. Auf die nach Maßgabe der bisherigen Gesetze vor der Grundbuchanlegung entstandenen Zwangshypotheken finden selbstverständlich die Beschränkungen der §§ 866, 867 der CPO. nicht mit rückwirkender Kraft Anwendung; sie verwandeln sich aber auch nicht in eine Sicherungshypothek, sondern, wenn nicht die Landesgesetzgebung ein anderes bestimmt, in Buchhypotheken.

Das Gesagte gilt auch von der im Wege der **Arrestvollziehung** eingetragenen (nicht bloß vorgemerkten) Hypothek. Auch die Arresthypothek verwandelt sich reichsrechtlich in Ermangelung einer landesgesetzlichen Sondervorschrift in eine gewöhnliche Buchhypothek. Gleiches gilt, wenn der Arrest nach dem bisherigen Rechte, z. B. nach dem bayerisch-pfälzischen und dem mecklenburgischen Rechte zwar als Beschlagnahme eingetragen wurde, mit der Beschlagnahme aber ein Vorzugsrecht verbunden war (für Bayern-Pfalz vgl. Ges. v. 1. Juli 1898 Art. 14). In den Rechtsgebieten dagegen, in welchen, wie in Sachsen und Württemberg, die Arresthypothek nur die Wirkung eines Veräußerungsverbots oder einer sonstigen Verfügungsbeschränkung hatte, findet nicht der Art. 192 Anwendung, sondern das durch die Arresthypothek begründete Recht bleibt gemäß Art. 184 aufrecht.

d) Unter den Art. 192 fallen auch **bedingte Pfandrechte**, soweit solche nach bisherigem Rechte zulässig sind.

Dagegen fallen nicht unter den Art. 192 bloße **Hypothekenvormerkungen**, insbesondere fallen die im Wege der Zwangsvollstreckung oder der Arrestvollziehung vorgemerkten Hypotheken nicht unter den Art. 192. Die bisherige Vormerkung wird vielmehr mit dem alten Rechtsinhalte durch den Art. 184 aufrecht erhalten. Für die Umwandelung der Hypothekenvormerkungen in Hypothekeintragungen findet, weil die Möglichkeit der Umwandelung zum Inhalte des Rechtes gehört, nach Art. 184 das bisherige Recht Anwendung. Hieraus folgt für die im Wege der Zwangsvollstreckung oder Arrestvollziehung eingetragenen Hypothekenvormerkungen insbesondere, daß das im § 867 Abs. 2 der CPO. enthaltene Verbot der Eintragung von Gesamtzwangshypotheken bei der Umwandelung von alten Hypothekenvormerkungen in wirkliche Hypotheken nicht in Betracht kommt. Daß für die Umwandelung das alte Recht maßgebend bleibt, ist von Bayern, AG. z. GBO. Art. 22 ausdrücklich ausgesprochen worden. Die gleiche Auffassung dürfte aber auch dem preuß. AG. zugrunde liegen (Rspr. 2 S. 402). Die Umwandelung selbst vollzieht sich natürlich nur in diejenige Grundkreditform des neuen Rechtes, welche nach der allgemeinen Regel des Art. 192 oder des auf Grund des Art. 193 ergangenen Landesgesetzes für die gewöhnliche Hypothek maßgebend ist; in Preußen z. B. kann in den altrechtlichen Landesteilen nur die Umwandelung in eine Briefhypothek, im rechtsrheinischen Bayern nur die Umwandelung in eine Buchhypothek in Betracht kommen. Für die im Wege der Zwangsvollstreckung eingetragenen Hypothekenvormerkungen enthalten übrigens mehrere Landesgesetze besondere Vorschriften für die Überleitung; so Bayern, AG. z. GBO. Art. 57; Hessen, Anlegungsges. Art. 16, 47; Mecklenburg, AV. z. CPO. § 20 Abs. 2. A. A. KG. 20 A S. 314 für die Arrestvormerkung, Rspr. 6 S. 404 für Zwangsvollstreckungshypothekenvormerkungen und Habicht S. 491, 505 und im Recht 1901 S. 334, Oberneck 3. Aufl. 1 S. 37, welche sämtliche Hypothekenvormerkungen als bedingte Pfandrechte dem Art. 192 unterstellen; wie hier RG. 52 S. 42, KG. 22 A 178 = Rspr. 2 S. 402, Neumann 3 S. 178, Turnau-Förster 2. Aufl. 2 S. XXIV. Über die Umwandelung der preuß. Arrestvormerkung s. auch RG. 49 S. 106.

Soweit die Vormerkung übrigens nach dem bisherigen Rechte nicht als eine dingliche Belastung eines Grundstücks, sondern als eine Eintragung anzusehen ist, welche einem bloß obligatorischen Anspruche Wirksamkeit gegen Dritte verleiht, findet der Art. 179 Anwendung.

e) Kein Pfandrecht sind die **Hypothekentitel** des bisherigen Rechtes. Sie unterliegen vom Inkrafttreten des BGB. an den Vorschriften, welche für das Rechtsverhältnis maßgebend sind, zu dessen Sicherung sie bestimmt sind; soweit also für das vor dem Inkrafttreten des BGB. begründete Rechtsverhältnis, z. B. für einen Vertrag auf Lieferung von Baumaterialien gemäß Art. 170 das bisherige Gesetz maßgebend bleibt, kann der Hypothekentitel auch nach der Grundbuchanlegung noch geltend gemacht werden (vgl. auch Erl. 2 zu Art. 189). Wegen der Hypothekentitel der Ehefrau, der Kinder und der Mündel s. Erl. zu den Art. 200, 203, 210. Besondere Übergangsvorschriften für Hypothekentitel gibt Bayern, ÜbG. Art. 50—56.

Wegen der gesetzlichen Hypothek der Ehefrau, der Kinder und der Mündel im Gebiete des französ. Rechtes s. gleichfalls die Erl. zu den Art. 200, 203, 210.

f) Im Falle des sog. **Besitz- oder Nutzungspfandes, der Antichrese**, liegt die Verbindung eines gewöhnlichen Pfandrechts mit dem Rechte auf Besitz der Pfandsache und auf Fruchtgenuß vor. Das zugrunde liegende Pfandrecht fällt unter den Art. 192 und verwandelt sich demgemäß je nach den Umständen in eine Buch- oder in eine Sicherungshypothek. Ob das mit dem Pfandrechte verbundene Recht auf Besitz- und Fruchtgenuß bestehen bleibt, ist zweifelhaft. Da das BGB. eine Antichrese bei der Hypothek oder Grundschuld nicht zuläßt, scheint aus der Umwandelung des der Antichrese zugrunde liegenden Pfandrechts in eine Hypothek des neuen Rechtes zu folgen, daß das Recht auf Besitz und Fruchtgenuß von der Grundbuchanlegung an wegfällt. So Habicht S. 516 und Niedner S. 408. Allein das Recht auf Besitz und Fruchtgenuß ist, wenn es auch mit dem Pfandrechte zusammenhängt und nur mit diesem zur Entstehung kommt und mit ihm wieder endigt, doch ein selbständiges dingliches Recht, es ist nicht ein Bestandteil des Pfandrechts, sondern ein neben ihm stehendes, wenn auch von ihm abhängiges Recht. Hieraus folgt, daß das Recht auf Besitz und Fruchtgenuß unter die Vorschrift des Art. 184 fällt und nach Maßgabe dieser Vorschrift in Kraft bleibt. So auch das RG. 47 S. 56, JW. 1900 S. 821; 1901 S. 273. Daß die Antichrese nicht als ein durch Eintragung in das Grundbuch mit Wirksamkeit gegen

Dritte ausgestatteter persönlicher Anspruch, der demgemäß zufolge des Art. 179 den bisherigen Gesetzen unterworfen bleibt und aufrecht erhalten wird, angesehen werden kann, wie z. B. Wilde, DJZ. 1900 S. 206 annimmt, hat das RG. a. a. O. ausführlich dargelegt; noch weniger kann davon die Rede sein, daß im Falle der Antichrese das gesamte Rechtsverhältnis den bisherigen Gesetzen unterworfen bleibt, das zugrunde liegende Pfandrecht also nicht unter den Art. 192 fallen würde.

Übrigens haben Hessen, Art. 223 und Elsaß-Lothringen, AG. z. GBO. § 23 die bestehenden Antichresen ausdrücklich zu persönlichen Rechten erklärt; dieses persönliche Schuldverhältnis bleibt nach Maßgabe des Art. 170 bestehen.

g) **Für Hypotheken und Privilegien,** die im bisherigen Geltungsgebiete des französischen Rechtes an einem Nießbrauche begründet worden sind, gilt nicht der Art. 192, sondern der Art. 184. Sie bleiben also mit dem bisherigen Inhalt und Range aufrecht. Nach dem AG. von Preußen Art. 33 § 4 Abs. 2, dem bayer. Ges. v. 1. Juli 1898 Art. 13 und dem elsaß-lothringensch. AG. z. GBO. § 22 verwandeln sich die an einem Nießbrauche bestehenden Hypotheken und Vorzugsrechte, wenn sie im Zeitpunkte der Grundbuchanlegung in das Hypothekenregister eingetragen sind, in Pfandrechte (§§ 1273 ff. BGB.); sind sie nicht eingetragen, so verwandeln sie sich in Ansprüche auf Bestellung eines Pfandrechts.

2. **Der Erwerb und Verlust der Pfandrechte** bestimmt sich, wie überhaupt der Erwerb und Verlust eines jeden anderen Rechtes, nach dem zur Zeit des Erwerbes oder Verlustes geltenden Rechte, für die Zeit bis zur Grundbuchanlegung (Art. 186, 189) sind mithin die bisherigen Gesetze für die Frage maßgebend, ob ein Pfandrecht entstanden oder erloschen ist. Sind im Zeitpunkte der Grundbuchanlegung die nach dem bisherigen Rechte zum Erwerb eines Pfandrechts erforderlichen Tatsachen noch nicht sämtlich eingetreten, so ist für den Erwerb schlechthin das BGB. maßgebend. Im rechtsrheinischen Bayern z. B. kann deshalb eine Hypothek, bezüglich deren der Antrag auf Eintragung schon vor der Grundbuchanlegung beim Hypothekenamt eingelaufen ist, die aber noch nicht in das Grundbuch eingetragen ist, nur mehr als Briefhypothek eingetragen werden, sofern nicht die Voraussetzungen vorliegen, unter welchen nach dem BGB. die Hypothek als Buchhypothek entsteht.

3. Der Art. 192 betrifft die im Zeitpunkte der Grundbuchanlegung **bestehenden Pfandrechte.** Es ist bestritten, ob der Art. 192 ein **rechtlich wirksames Pfandrecht** voraussetzt oder sich auf alle im Zeitpunkte der Grundbuchanlegung vorhandenen Pfandrechte bezieht, auch wenn sie materiell unwirksam sind, sofern sie nur formell zu Recht bestehen, also in das Grundbuch eingetragen sind. Die Frage ist hauptsächlich deshalb von Bedeutung, weil nach § 1163 Abs. 1 des BGB. die Hypothek dem Eigentümer zusteht, wenn die Forderung, für welche die Hypothek bestellt ist, nicht zur Entstehung gelangt oder wenn sie erlischt, während nach den meisten bisherigen Rechten das Pfandrecht in diesem Falle unwirksam ist. Setzt der Art. 192 ein rechtlich wirksames Pfandrecht voraus, so kann der § 1163 Abs. 1 des BGB. auf die vor dem Inkrafttreten des Liegenschaftsrechts des BGB. eingetragenen Hypotheken keine Anwendung finden.

Der Ausdruck „bestehendes Recht" ist vom EG. an verschiedenen Stellen verwendet worden, z. B. in den Art. 171, 180, 181, 182. Es unterliegt keinem Zweifel, daß an diesen Stellen unter einem bestehenden Rechte lediglich ein wirksam zur Entstehung gelangtes zu verstehen ist. Schon dieser Umstand dürfte es nahe legen, den Ausdruck „bestehendes Pfandrecht" im Art. 192 im gleichen Sinne aufzufassen. Entscheidend dürfte sein, daß, wenn die im Art. 192 bestimmte Überleitung sich auch auf die nach bisherigem Rechte materiell unwirksamen Pfandrechte beziehen und deshalb der § 1163 des BGB. zur Anwendung kommen würde, damit eine Reihe von nach bisherigem Rechte unwirksamen Hypotheken konvaleszieren würde, ein Ergebnis, das vom Gesetzgeber nicht gewollt sein kann und auch der Billigkeit in hohem Grade widersprechen würde. Diese Konvaleszenz würde in die wohlerworbenen Rechte der nachstehenden Gläubiger in schwerer Weise eingreifen. Daß ein solcher Eingriff gewollt war, dafür liegen um so weniger Anhaltspunkte vor, als nach dem E. I die nicht zur Entstehung gelangte Hypothek keine Eigentümerhypothek wurde, der E. I des EG. also überhaupt nicht zu einem solchen Eingriffe geführt hätte und die M. des EG. S. 274 ausdrücklich bemerken, daß die Überleitung nur die Angleichung der bestehenden Pfandrechte an die nach den Bestimmungen des BGB. bestellten Hypotheken unter möglichster Wahrung der zur Zeit des Inkrafttretens des Liegenschaftsrechts bestehenden konkreten Rechtslage bezweckt Daß von der zweiten Kommission ein solcher Eingriff beabsichtigt worden wäre, dafür geben die Gesetzesmaterialien keinen Anhalt. Liegt ein nach dem bisherigen Rechte unwirksames Pfandrecht vor, so handelt es sich um ein im bisherigen Rechte nicht anerkanntes Pfandrecht. Auf ein solches kann sich die Überleitung nicht beziehen, dieses kann nicht durch die Überleitung ein wirkliches Pfandrecht werden. Liegt ein nach dem bisherigen Rechte rechtlich unwirksames Pfandrecht vor, so ist es gerade so, wie wenn unter der Herrschaft des BGB. eine nichtige Hypothek eingetragen würde. Ist die Hypothek nichtig, so entsteht auch nach dem BGB. keine Eigentümerhypothek. Der bloße Eintrag im Grundbuche schafft kein Hypothekenrecht.

Eine andere Frage ist natürlich, wann ein rechtlich wirksames und wann ein rechtlich unwirksames Pfandrecht vorliegt. Die Entscheidung hierfür ist dem bisherigen Rechte zu entnehmen. Von einem rechtlich unwirksamen Pfandrecht, auf welches der Art. 192 keine Anwendung findet, kann man dabei nur reden, wenn dem Pfandrechte nach dem bisherigen Rechte — abgesehen von dem Falle, daß es in die Hand eines gutgläubigen Dritten gelangt und durch den öffentlichen Glauben des landesgesetzlich bestimmten Buches voll wirksam wird, — überhaupt keine dingliche Wirkung zukommt. Kommt ihm eine pfandrechtliche Wirkung zu, wenn sie sich auch nicht nach allen möglichen Seiten hin entfaltet, so bleibt diese Rechtsposition dem Eigentümer erhalten, sie drückt sich unter der Herrschaft des BGB. eben in der Form der Eigentümerhypothek aus.

Eine nach dem bisherigen Rechte unwirksame Hypothek, die deshalb auch nicht mit der Überleitung durch Art. 192 zur Eigentümerhypothek wird, liegt nach dem preuß. Rechte z. B. vor, wenn die Eintragung der Hypothek nicht auf einer Bewilligung des Eigentümers (vgl. RG. 23 S. 271) beruht oder die ihr zugrunde liegende Bewilligung wegen Irrtums ungültig ist (RG. 54 S. 83).

Anders wenn nur für die Hypothek kein Forderungsrecht besteht. Für das preuß. Recht nimmt das RG. 48 S. 48; 50 S. 80; 51 S. 398 an, daß auf eine unter der Herrschaft der preuß. Grundbuchgesetze eingetragene nicht valutierte gewöhnliche Hypothek der Art. 192 und damit der § 1163 Abs. 1 des BGB. Anwendung findet. Dem RG. dürfte mit Rücksicht auf die §§ 18, 57 des EEG. darin beizutreten sein, daß die nicht valutierte Hypothek des preuß. Rechtes gewisse pfandrechtliche Wirkungen hat und deshalb nicht als ein rechtlich unwirksames Pfandrecht behandelt werden kann. Auf dem gleichen Standpunkte stehen Turnau-Förster 2. Aufl. Bd. 1 S. 690, Stranz-Gerhard S. 217; a. A. KG. 20A S. 311, Habicht S. 496, Niedner S. 405, Fuchs, Grundbuchrecht S. 381, 523. Die Eigentümerhypothek steht demjenigen zu, welcher beim Inkrafttreten des neuen Liegenschaftsrechts Eigentümer des Grundstücks ist, nicht demjenigen, welcher es zur Zeit der Eintragung war, denn die bezeichnete Hypothek wurde erst durch den Wechsel der Gesetzgebung zur Eigentümerhypothek (RG. 51 S. 400). Ein bestehendes Pfandrecht ist auch die preuß. Hypothek an einem ungewissen Anteil eines Miterben (KG. 20A 313). Wegen der preuß. Kautionshypothek s. Erl. 4b.

Für das bayerische Recht liegt die Sache im wesentlichen gleich. Insbesondere ist zweifellos, daß für eine nicht zur Entstehung gelangte Forderung keine Hypothek bestellt werden kann und einer für eine nicht entstandene oder nicht mehr bestehende Forderung eingetragenen Hypothek keine pfandrechtlichen Wirkungen zukommen. Der § 1163 Abs. 1 des BGB. kann deshalb auf die im Zeitpunkte der Grundbuchanlegung eingetragenen, nicht zur Entstehung gelangten oder erloschenen, wenn auch nicht gelöschten Hypotheken keine Anwendung finden. Gleicher Ansicht Schnell, Bl. f. RA. 62 S. 225, Staudinger, Erl. V zu § 1163 BGB., Schürmer, Z. f. bayer. Rechtspfl. 1 S. 89.

Für das badische Recht gilt das gleiche. Der § 513 Abs. 2 Satz 2 der bad. Dienstesanweisung für die Grundbuchämter hebt dies ausdrücklich hervor (vgl. Dorner, Bad. AG. S. 461).

Soweit nach dem Vorstehenden ein rechtlich nicht wirksames Pfandrecht eingetragen ist, kann dessen Beseitigung von den gleich oder nachstehend Berechtigten auf Grund des § 894 des BGB. herbeigeführt werden.

Von selbst versteht sich übrigens, daß auch ein rechtlich nicht wirksames Pfandrecht, trotzdem es von der Überleitung nach Art. 192 nicht ergriffen wird, in der Hand eines gutgläubigen Erwerbers zu einer voll wirksamen Hypothek wird und zwar zu einer Buchhypothek oder einer Sicherungshypothek, je nachdem es, sofern es ein wirksames Pfandrecht wäre, in die eine oder die andere Form gemäß Art. 192, 193 übergeleitet worden wäre.

4. Art der Überleitung. Die zur Zeit der Grundbuchanlegung bestehenden Pfandrechte verwandeln sich nach der reichsrechtlichen Regel des Art. 192, sofern nicht das Landesrecht auf Grund des Art. 193 ein anderes bestimmt,

a) wenn der Betrag der Forderung, für welche das Pfandrecht besteht, bestimmt ist, in eine Hypothek, für welche die Erteilung des Hypothekenbriefes ausgeschlossen ist (§ 1116 Abs. 2 BGB.), sog. Buchhypothek (s. hierzu Vorbm. zum 8. Abschnitte des 3. Buches);

b) wenn der Betrag der Forderung, für welche das Pfandrecht besteht, nicht bestimmt ist, in eine Sicherungshypothek (§§ 1184 ff. des BGB.).

Ob der Betrag der Forderung, für welche das Pfandrecht besteht, bestimmt ist oder nicht, beantwortet sich lediglich nach dem Eintrag im Grundbuch. Ist in diesem im Zeitpunkte der Grundbuchanlegung nur der Höchstbetrag angegeben, bis zu welchem das Grundstück haften soll, im übrigen aber die Feststellung der Forderung vorbehalten oder ist, wenn dies nach dem bisherigen Rechte zulässig ist, nur die Forderung ihrem Grunde nach bezeichnet, ohne daß der Höchstbetrag angegeben ist, bis zu welchem das Grundstück haften soll, so tritt Umwandelung in eine sog. Höchst- oder Kautions-(Ultimat-)Hypothek (§ 1190 BGB.) ein, andernfalls Umwandelung in eine schlichte Sicherungshypothek (§ 1184 BGB.). Der Umstand, daß die Forderung, für die das Pfandrecht besteht, oder das Pfandrecht selbst bedingt ist, hindert nicht die Umwandelung des Pfandrechts in eine Buchhypothek.

Daß die Kautionshypothek des preuß. Rechtes sich in eine Maximalhypothek nach § 1190 verwandelt, wird vom RG. 49 S. 162; 56 S. 323 anerkannt; gleiches gilt von der Kautionshypothek des sächs. Rechtes (RG. 55 S. 219; Bondi im Sächs. Arch. 12 S. 80). Die Umwandelung in eine Maximalhypothek tritt übrigens nur ein, wenn die Kautionshypothek im Zeitpunkte der Grundbuchanlegung noch valutieren konnte; insoweit erlangt die Kautionshypothek auch die Möglichkeit, sich in eine Eigentümergrundschuld in Höhe des Betrags zu verwandeln, zu dem für den Gläubiger eine Forderung nicht entsteht (dagegen nicht in Höhe des Betrags, den die ihrer Höhe nach begrenzte Forderung überhaupt nie erreichen konnte, RG. 52 S. 111). Wenn dagegen im Zeitpunkte der Grundbuchanlegung bereits feststand, daß die Forderung nicht zur Entstehung gelangt ist bzw. gelangen kann, so ist die Hypothek unwirksam und findet darum auch der § 1163 des BGB. keine Anwendung (RG. 52 S. 59, 116, 414, JW. 1903 Beil. S. 132, KG. 21 A 154, Seuff.A. 56 S. 274, Rspr. 5 S. 392; Stegemann in Gruch. 46 S. 322). Das nach dem preuß. Rechte den nachstehenden Hypothekengläubigern zustehende Recht, daß zu ihrem Nachteile die Beteiligten der gegenstandslos gewordenen Kautionshypothek nicht eine andere Forderung als Sicherungszweck unterstellen können, ist in Ansehung von solchen Unterstellungen, die vor der Grundbuchanlegung stattgefunden haben, bestehen geblieben (RG. in Gruch. 48 S. 1031).

c) Wie sich aus dem Worte „gilt" ergibt, tritt die Umwandelung kraft Gesetzes ohne weiteres ein, insbesondere gilt das in eine Sicherungshypothek übergeleitete Pfandrecht als Sicherungshypothek auch dann, wenn es im Grundbuche nicht als solche bezeichnet ist, und die Parteien können keine entgegengesetzten Vereinbarungen treffen, sie können nur die übergeleitete Hypothek nach Maßgabe der §§ 1186, 1198 des BGB. in eine andere Kreditform umwandeln.

5. Eine **Eigentümerhypothek des bisherigen Rechtes** verwandelt sich, je nachdem beim Inkrafttreten des Liegenschaftsrechts die der Eigentümerhypothek zugrunde liegende Forderung noch besteht oder nicht, in eine Eigentümerhypothek (§ 1177 Abs. 2) oder in eine Grundschuld (§ 1177 Abs. 1 BGB.). Ob die Forderung noch besteht oder untergegangen ist, bestimmt sich gemäß Art. 170 nach dem bisherigen Rechte. Die Eigentümerhypothek des preuß. Rechtes verwandelt sich in eine Eigentümerhypothek nach § 1177 Abs. 2 BGB. Übereinstimmend Niedner S. 405, KG. 21 A 160, Rspr. 2 S. 44; a. A. Habicht S. 497, 777, Bollenbeck im Recht 1901 S. 369, KG. 20 A 282, Rspr. 1 S. 416. Findet auf die nicht valutierte Hypothek des preußischen Rechtes der § 1163 Abs. 1 des BGB. Anwendung (s. oben Erl. 3), so liegt natürlich eine Eigentümergrundschuld (§ 1177 Abs. 1 BGB.) vor. So auch RG. 48 S. 48, JW. 1901 S. 239; 1903 Beil. S. 50.

6. Für die **Forderung aus einer Schuldverschreibung auf den Inhaber**, aus einem Wechsel oder aus einem anderen Papiere, das durch Indossament übertragen werden kann, kann nach § 1187 des BGB. nur eine Sicherungshypothek bestellt werden. Im bisherigen Rechte waren Inhaberhypotheken nicht selten, namentlich sind sie in Bayern anerkannt. Das bayer. ÜbG. Art. 49 verwandelt die für die Forderung aus einer Schuldverschreibung auf den Inhaber oder aus einem indossablen Papier eingetragene Hypothek in eine Sicherungshypothek. Die Überleitung in eine Sicherungshypothek muß auch für die übrigen Rechtsgebiete gelten, in welchen Inhaberhypotheken vorkommen, eine ausdrückliche Vorschrift, wie sie in Bayern getroffen worden ist, aber fehlt.

7. **Ist über das Pfandrecht** nach dem bisherigen Rechte **eine Urkunde ausgestellt worden**, so wird sie vom Inkrafttreten des BGB. an infolge der Umwandlung des Pfandrechts in eine Buch- oder eine Sicherungshypothek, wenigstens was den Bestand und die Übertragung der

Hypothek betrifft, bedeutungslos, ihr Verlust hat keinerlei Rechtsfolgen für den Gläubiger, auch knüpfen sich an ihre Aushändigung keine Rechtsfolgen und sie kann auch in denjenigen Rechtsgebieten, in welchen das Aufgebot solcher Hypothekenurkunden zulässig war, wie z. B. in Bayern, nicht mehr im Wege des Aufgebotsverfahrens für kraftlos erklärt werden. Auf den älteren Hypothekenurkunden sind ferner die Eintragungen, welche nunmehr bei den übergeleiteten Buch- oder Sicherungshypotheken erfolgen, nicht mehr zu vermerken. Es ist deshalb auch ihre Vorlage nicht mehr erforderlich (Bartsch CBl. f. FG. 2 S. 4). Für die Zeit vor der Grundbuchanlegung behält die Urkunde ihre bisherige Bedeutung (vgl. z. B. preuß. EEG. § 54, preuß. GBO. § 81).

Dagegen bleibt der über das Pfandrecht ausgestellten Urkunde die ihr nach bisherigem Rechte zukommende Vollstreckbarkeit nach Maßgabe des bisherigen Rechtes auch für die Zeit nach der Grundbuchanlegung erhalten; die Vollstreckungsklausel kann auch nach der Grundbuchanlegung noch erteilt werden (Art. VIII des EG. v. 17. Mai 1898 zur CPO. Nov.).

8. Der **Inhalt der übergeleiteten Pfandrechte** bestimmt sich — von den im Art. 192 Abs. 2 und im Art. 194 enthaltenen Ausnahmen abgesehen, — von der Grundbuchanlegung an ausschließlich nach den Vorschriften, welche das BGB. für die Grundkreditform aufstellt, in welche die Überleitung stattgefunden hat. Hierdurch wird in die Rechte der Beteiligten — des Eigentümers, des Pfandgläubigers, der gleich- und nachstehend Berechtigten — zum Teile erheblich eingegriffen. Die M. des EG. S. 274 verkennen dies auch nicht, sie rechtfertigen es damit, daß die Überleitung der Grundstückspfandrechte unbedingt geboten ist und in anderer Weise nicht bewerkstelligt werden kann, der in der Überleitung liegende Eingriff, welcher im Art. 184 für andere Rechte an Grundstücken als das Eigentum im allgemeinen abgelehnt ist, bei den Grundstückspfandrechten übrigens auch weniger bedenklich erscheint, weil der Zweck der Hypothek, die Ermöglichung der sicheren Beitreibung eines Geldbetrags, nur im geringen Maße und praktisch wenig fühlbar durch die Anpassung beeinträchtigt wird, auch eine drückende Erschwerung der Rechte des Eigentümers und der sonstigen Realberechtigten nicht zu besorgen ist.

Von den Änderungen, welche die bestehenden Grundstückspfandrechte durch die Überleitung erfahren, seien folgende hervorgehoben:

a) Nach § 1118 des BGB. haftet das Grundstück kraft der Hypothek auch für die gesetzlichen Zinsen der Forderung sowie für die Kosten der Kündigung und der die Befriedigung aus dem Grundstücke bezweckenden Rechtsverfolgung. Die Vorschrift des § 1118 bedeutet für manche Rechtsgebiete eine Erweiterung, für manche eine Minderung der **Haftung des Grundstücks**. Eine Erweiterung tritt z. B. ein durch die Ausdehnung der Haftung auf die gesetzlichen Zinsen für Preußen (§ 30 EEG.), Bayern (§ 43 HypGes.) und Württemberg, durch die Ausdehnung auf die Kosten für Bayern, Sachsen, Württemberg und Mecklenburg. Eine Minderung tritt z. B. ein durch den Ausschluß der Kosten der Eintragung für Preußen, durch den Ausschluß der Haftung für Schadensersatz für Mecklenburg. Die Erweiterung sowie die Minderung der Haftung treten vom Zeitpunkte der Grundbuchanlegung an ohne weiteres von selbst ein, die Erweiterung gilt aber nur für solche Nebenforderungen, die nach der Grundbuchanlegung entstanden sind, die Minderung dagegen ergreift auch solche Forderungen, welche schon vorher entstanden sind, und ist selbst einem auf die Pfandklage hin ergangenen rechtskräftigen Urteile gegenüber wirksam.

Von großer Bedeutung für die gleich- und nachstehend Berechtigten ist die Vorschrift des § 1119 des BGB., daß die Hypothek, wenn die Forderung unverzinslich oder der Zinssatz niedriger als 5% ist, ohne ihre Zustimmung dahin erweitert werden kann, daß das Grundstück für Zinsen bis zu 5% haftet.

b) Auch der **Gegenstand der Haftung für die Hypothek** ändert sich mit der Überleitung gegenüber manchen Landesrechten.

Die Hypothek erstreckt sich nach § 1120 des BGB. auf die getrennten Bestandteile, insbesondere die getrennten Früchte; die Haftung erlischt nach näherer Maßgabe der §§ 1121, 1122 des BGB. erst, wenn sie veräußert oder vom Grundstück entfernt werden. Nach manchen Rechten dagegen, z. B. nach dem bayer. HypGes. treten die Früchte mit der Trennung aus dem Hypothekenverband. Ob die Hypothek sich von der Anlegung des Grundbuchs an auch auf solche Erzeugnisse und sonstige Bestandteile des Grundstücks erstreckt, welche vor der Anlegung des Grundbuchs von dem Grundstücke getrennt sind und deshalb nach dem bisherigen Rechte der Hypothek nicht unterlagen, hängt davon ab, ob die Hypothek sich nach § 1120 auch auf solche Erzeugnisse und sonstige Bestandteile erstreckt, welche vor der Begründung der Hypothek von dem Grundstücke getrennt sind. Ist diese Frage zu bejahen, so muß sich die Hypothek auch auf die vor der Anlegung des Grundbuchs getrennten Erzeugnisse und sonstigen Bestandteile erstrecken. Ist die

Frage zu verneinen, so findet die Erstreckung nicht statt. Darüber, wie die gedachte Frage zu beantworten ist, s. Erl. zu § 1120. Unzweifelhaft ergreift die Hypothek alle Zubehörstücke des Grundstücks, welche diese Eigenschaft bei der Anlegung des Grundbuchs haben, mit Ausnahme derjenigen, welche nicht in dem Eigentume des Eigentümers des Grundstücks stehen (RG. 53 S. 351, JW. 1901 S. 184). Sachen, welchen nach dem BGB. die Zubehöreigenschaft nicht zukommt, treten aus dem Pfandverband und zwar auch dann, wenn die Sachen durch Vertrag oder Testament als Zubehör erklärt worden sind (RG. 46 S. 174; 50 S. 72; 55 S. 291; Rspr. 6 S. 273; a. A. Rspr. 3 S. 297). Rechte Dritter indessen, die vor der Grundbuchanlegung, wenn auch nach dem Inkrafttreten des BGB. an den Erzeugnissen und sonstigen Bestandteilen oder an einem Zubehör z. B. durch eine nach dem bisherigen Rechte gültige Mobiliarpfändung erworben worden sind, werden durch die Erstreckung der Haftung nicht berührt (RG. JW. 1900 S. 641).

Änderungen können sich ferner für viele Rechtsgebiete ergeben durch die Vorschriften der §§ 1123—1130 des BGB. über die Erstreckung der Haftung des Grundstücks auf Miet- und Pachtzinsforderungen, auf mit dem Eigentum an dem Grundstücke verbundene Rechte und auf die Forderungen aus der Versicherung der Gegenstände, die der Hypothek unterliegen. Auch die z. B. dem bayer., dem sächs. und dem württemb. Rechte fremden Vorschriften des § 21 Abs. 3 und des § 152 Abs. 2 des ZVG., daß die Früchte, welche dem Pächter gebühren, von dem Gläubiger nicht in Anspruch genommen werden dürfen, finden von der Grundbuchanlegung an auf die bereits bestehenden Pachtverhältnisse Anwendung; Früchte, welche nach bisherigem Rechte dem Pfandverbande schon unterworfen waren, nach dem neuen Rechte aber wegen des Pachtverhältnisses pfandfrei sind, scheiden aus dem Pfandverband aus.

Läßt ein Recht wie das bayerische zu, daß ein Grundstück in Ansehung der Haftung für die Hypothek als Pertinenz eines anderen erklärt wird, so wird die Pertinenzerklärung von der Grundbuchanlegung an als Zuschreibung im Sinne des § 890 Abs. 2 aufzufassen und § 1131 des BGB. anzuwenden sein.

c) Die **Haftung mehrerer Grundstücke für eine Hypothek** (Gesamthypothek) bestimmt sich nunmehr nur nach den Vorschriften des BGB. und des ZVG., insbesondere kann der Gläubiger nach § 1132 des BGB. die Befriedigung nach seinem Belieben aus jedem der Grundstücke ganz oder zu einem Teile suchen oder den Betrag der Forderung auf die einzelnen Grundstücke in der Weise verteilen, daß jedes Grundstück nur für einen zugeteilten Betrag haftet. Die in manchen Landesrechten (z. B. in Württemberg) sich findenden Abweichungen fallen ohne Rücksicht darauf weg, ob durch die Ausübung des Wahlrechts des Gläubigers die gleich- oder nachstehenden dinglich Berechtigten geschädigt werden.

d) Die dem Gläubiger nach den §§ 1133, 1135 des BGB. im Falle einer **Gefährdung seiner Sicherheit** durch die Verschlechterung des Grundstücks zustehenden Rechte stehen dem Hypothekengläubiger nur dann zu, wenn die Verschlechterung des Grundstücks oder des Zubehörs nach der Anlegung des Grundbuchs erfolgt ist. Auf eine vor diesem Zeitpunkt erfolgte Verschlechterung kann der Gläubiger die fraglichen Rechte ebensowenig gründen, wie er sie auf eine vor der Begründung der Hypothek eingetretene Verschlechterung gründen kann. Hat der Gläubiger aber vor Anlegung des Grundbuchs auf Grund von Vorgängen, die vor diesem Zeitpunkte liegen, nach Maßgabe der bisherigen Gesetze ein Recht gegen den Eigentümer erworben, welches auch bei einer Hypothek des BGB. möglich ist, hat er z. B. ein dem § 1133 entsprechendes Recht auf sofortige Befriedigung erworben, so bleibt dieses Recht bestehen.

e) Der § 1136 des BGB. erklärt eine **Vereinbarung**, durch die sich der Eigentümer des Grundstücks dem Gläubiger gegenüber verpflichtet, das Grundstück nicht weiter zu veräußern oder nicht weiter zu belasten, für nichtig. Im bisherigen Rechte sind solche Vereinbarungen zum Teil für zulässig erklärt. Nach dem bayer. Rechte war die Vereinbarung, das Grundstück nicht weiter zu veräußern, gestattet (vgl. indessen jetzt bayer. Ges. v. 20. Dezember 1903 Art. I Nr. 7, Art. II Nr. 2). Ob Vereinbarungen dieser Art unwirksam werden, kann zweifelhaft sein. Sie verlieren wohl jedenfalls eine dingliche Wirkung, falls sie eine solche nach dem bisherigen Rechte hatten (a. A. Obermeyer Bl. f. RA. 65 S. 325). Dagegen dürfte kein Grund vorliegen, ihnen auch die obligatorische Wirkung unter den Parteien zu entziehen. Insofern handelt es sich um ein Schuldverhältnis und dieses ist nach Art. 170 nach dem bisherigen Rechte zu beurteilen (a. A. Habicht S. 515). Anders steht es mit der Vorschrift des § 1149, nach welcher der Eigentümer, solange nicht die Forderung ihm gegenüber fällig geworden ist, dem Gläubiger nicht das Recht einräumen kann, zum Zwecke der Befriedigung die Übertragung des Eigentums an dem Grundstücke zu verlangen oder die Veräußerung des Grundstücks auf andere Weise als im Wege der Zwangsvollstreckung zu bewirken. Hier handelt es sich um eine Bestimmung, durch welche die bezeichnete Modifikation der für die Hypothek geltenden Vorschriften für unzulässig erklärt wird. Die Gestattung wird daher, auch wenn sie vor der Anlegung des Grundbuchs erfolgte, mit diesem Zeitpunkt unwirksam.

f) Für die **Einreden des Eigentümers gegen die Hypothek** ist zu beachten, daß, wie in der Erl. zu Art. 186 ausgeführt ist, die Vorschriften der §§ 892, 893, 1138 des BGB. sich auf einen vor der Grundbuchanlegung liegenden Erwerb und für eine vor dieser Zeit erfolgte Übertragung einer Hypothek nicht beziehen (RG. 52 S. 103). Die Einreden aus dem persönlichen Schuldverhältnisse gegen die Klage aus einer vor der Grundbuchanlegung eingetragenen und abgetretenen Hypothek sind nach dem bisherigen Rechte zu beurteilen (RG. 47 S. 231, JW. 1901 S. 202; 1903 Beil. S. 132, ferner Rspr. 3 S. 139).

g) Die **akzessorische Natur**, welche das Pfandrecht in manchen bisherigen Landesrechten, z. B. in Bayern hat, erlischt mit der Überleitung in Buch- oder Briefhypotheken des BGB. Insbesondere fällt das Aufrücken der nachstehenden Pfandgläubiger, wenn die durch die Hypothek gesicherte Forderung erlischt 2c., weg. Die Landesgesetzgebung kann indessen hiervon nach Maßgabe des Art. 194 eine Ausnahme zulassen.

h) Die übergeleiteten Pfandrechte können aus einer Buchhypothek in eine Briefhypothek, aus einer Sicherungs- in eine gewöhnliche Hypothek und eine Hypothek kann in eine Grundschuld und umgekehrt verwandelt werden (§§ 1116 Abs. 2, 3, 1186, 1198 BGB.). Die Zustimmung der gleich- oder nachstehend Berechtigten ist hierzu nicht erforderlich.

i) Die Vorschriften des BGB. über die **Gesamthypothek** finden von der Grundbuchanlegung an ohne Rücksicht darauf Anwendung, wann die einzelnen Hypotheken entstanden sind, also auch dann, wenn sie alle oder ein Teil vor der Grundbuchanlegung bestellt worden sind. Sie gelten ferner auch dann, wenn eines der Grundstücke noch nicht unter Grundbuchrecht steht. Auch die dingliche Sicherheit, welche das BGB. den Regreßansprüchen der Eigentümer mehrerer verpfändeter Grundstücke verleiht (vgl. z. B. §§ 1173, 1182 BGB.), greift ohne Unterschied darauf Platz, ob der Anspruch vor oder nach der Grundbuchanlegung zur Entstehung gelangt ist.

9. Die Überleitung der Pfandrechte läßt das **persönliche Schuldverhältnis**, zu dessen Sicherheit das Pfandrecht dient, sowie bei einer Gesamthypothek das persönliche Regreßverhältnis zwischen den Eigentümern der mehreren Grundstücke unberührt. Aus Art. 170 ergibt sich, daß für das Schuldverhältnis, soweit es vor dem 1. Januar 1900 entstanden ist, das bisherige Recht maßgebend ist (RG. JW. 1902 Beil. S. 218).

Von Bedeutung ist dies insbesondere in Ansehung der Termine, an denen die Zinsen zu entrichten sind, und in Ansehung des Zahlungsorts. Denn auch für die Hypothek des BGB. bestimmt sich die Zeit der Zinszahlung nach dem persönlichen Schuldverhältnisse, durch welches die Forderung begründet wird. Wenn mithin im bisherigen Rechte gewisse Zinstermine gesetzlich festgesetzt waren, so bleibt eine solche Bestimmung für die zur Zeit der Grundbuchanlegung bestehenden Hypotheken als Bestandteil des Schuldverhältnisses bestehen; natürlich können die Parteien die Zahlungszeit ändern (§ 1119 BGB.). Ähnlich liegt die Sache mit dem Zahlungsorte, welcher sich bei Hypotheken des BGB. nach den §§ 269, 270, bei Grund- und Rentenschulden nach den §§ 1194, 1199, 1200 des BGB. richtet, also gleichfalls der Vereinbarung der Parteien unterliegt. Vgl. hierzu Habicht S. 517 und AG. von Lübeck § 96.

10. Wie schon in der Vorbm. vor Art. 192 dargelegt, macht der **Abs. 2** des Art. 192 von dem Grundsatze, daß sich der Inhalt der übergeleiteten Pfandrechte nach dem BGB. bestimmt, für die sog. **Revenuenhypotheken** eine Ausnahme. Wenn das Pfandrecht dahin beschränkt ist, daß der Gläubiger Befriedigung aus dem Grundstücke nur im Wege der Zwangsverwaltung, nicht auch im Wege der Zwangsversteigerung suchen kann, so bleibt diese Beschränkung bestehen. Die Ausnahme gilt sowohl für den Fall, daß das bisherige Recht gewissen Hypotheken kraft Gesetzes nur die Befriedigung im Wege der Zwangsverwaltung gestattet, als auch für den Fall, daß der Gläubiger — was z. B. nach preuß. und bayer. Rechte (Dernburg, Preuß. PrR. I § 328 Nr. 3, Regelsberger-Henle, Bayer. HypRecht § 80) zulässig ist — auf die Befriedigung im Wege der Zwangsversteigerung verzichtet hat. Im übrigen werden die Revenuenhypotheken in gleicher Weise umgewandelt wie Substanzhypotheken. Insbesondere finden die für Substanzhypotheken in Ansehung des Umfanges der Forderung, für welche das Grundstück haftet, und in Ansehung der Haftung von Pfandzubehör (Früchte 2c.) geltenden Vorschriften auch auf die Revenuenhypothek Anwendung. Vgl. hierzu noch wegen der Behandlung im Zwangsverwaltungsverfahren die AG. z. ZVG. von Preußen Art. 13 und von

Artikel 193. Durch Landesgesetz kann bestimmt werden, daß ein Pfandrecht, welches nach Artikel 192 nicht als Sicherungshypothek gilt, als Sicherungshypothek oder als eine Hypothek gelten soll, für welche die Ertheilung des Hypothekenbriefs nicht ausgeschlossen ist, und daß eine über das Pfandrecht ertheilte Urkunde als Hypothekenbrief gelten soll.

Bayern Art. 35; beide Vorschriften treffen zwar ihrem Wortlaute nach nicht die hier behandelten Fälle, sondern beziehen sich in erster Linie auf Fideikommißschulden, sind aber entsprechend anwendbar.

11. Nach den §§ 1, 15 des EG. z. ZVG. ist **ein vor der Grundbuchanlegung beantragtes Zwangsverwaltungs- oder Zwangsversteigerungsverfahren** nach den bisherigen Gesetzen zu erledigen. Der Umstand, daß im Zeitpunkte der Grundbuchanlegung ein Zwangsversteigerungs- oder Zwangsverwaltungsverfahren beantragt oder anhängig ist, hindert die Überleitung der Pfandrechte in Hypotheken des BGB. nicht. Aus der Maßgeblichkeit des bisherigen Rechtes für das Zwangsversteigerungs- und Zwangsverwaltungsverfahren ergibt sich aber, daß sich nach dem bisherigen Rechte auch die Wirkungen des Verfahrens bestimmen (so auch RG. JW. 1902 S. 122); dieser im E. I des ZVG. ausdrücklich ausgesprochene Satz ist im Gesetze nur als selbstverständlich weggeblieben (vgl. M. des ZVG. S. 377). Hieraus folgt, daß sich der Inhalt der übergeleiteten Pfandrechte, soweit er mit dem Zwangsversteigerungs- oder Zwangsverwaltungsrechte zusammenhängt, gleichfalls nach dem bisherigen Rechte bestimmt. Insbesondere richten sich die Wirkungen der Beschlagnahme nach dem bisherigen Rechte. Beispielsweise entscheidet über den Umfang der Forderung, für welche das Grundstück haftet, und für die Erstreckung der Haftung auf andere Gegenstände nicht das BGB., sondern das bisherige Zwangsversteigerungs- und Zwangsverwaltungsrecht. Von einschneidender Bedeutung ist die fortdauernde Geltung des bisherigen Subhastationsrechts namentlich für die Behandlung von Gesamthypotheken; im Zwangsversteigerungsverfahren wird die Gesamthypothek ebenso behandelt, wie wenn eine Überleitung nicht stattgefunden hätte.

12. Die in den Art. 192ff. vorgesehene Überleitung bezieht sich ihrem Wortlaute nach nur auf die an Grundstücken bestehenden Pfandrechte. Sie gilt aber auch für die Pfandrechte, mit welchen **ein nach Reichsrecht den Grundstücken gleichstehendes Recht** — ein Erbbaurecht (Art. 184 Satz 2 mit § 1017 BGB.), Erbpachtrecht (Art. 63), nicht bergrechtliches Abbaurecht (Art. 68) — belastet ist und, sofern das Landesrecht nicht ein anderes bestimmt, auch für die Pfandrechte, die an Rechten bestehen, welchen landesrechtlich die Grundstücksnatur zukommt, wie Fischereirechte, die Rechte, für welche gemäß Art. 196 die Grundstücksnatur ausgesprochen ist, Bergrecht 2c.

Artikel 193.

E. d. EG. I Art. 112 Abs. 3; II Art. 164; III Art. 192. P. I S. 13184, 13259; M. d. EG. S. 274. P. II Bd. 6 S. 524, 632.

1. **Landesgesetzliche Überleitung der Hypotheken.** Wie schon in der Vorbm. vor Art. 192 hervorgehoben ist, ermächtigt der Art. 193 die Landesgesetzgebung, bestehende Pfandrechte, welche, weil der Betrag der Forderung, für die das Pfandrecht bestimmt ist, sich gemäß der Regel des Art. 192 in Buchhypotheken verwandeln würden, in Briefhypotheken oder in Sicherungshypotheken zu verwandeln, je nachdem im bisherigen Grundkreditrecht anerkannte Pfandrechte sich mehr der Briefhypothek oder mehr der Sicherungshypothek des BGB. nähern. Wird der Landesgesetzgebung die Möglichkeit eröffnet, bestehende Pfandrechte in Briefhypotheken zu verwandeln, so muß sie auch die Befugnis haben, eine über das Pfandrecht nach dem bisherigen Rechte erteilte Urkunde als Hypothekenbrief im Sinne des BGB. zu erklären, um dadurch zu verhüten, daß die bisher über das Pfandrecht erteilte Urkunde eingezogen und ein Hypothekenbrief, welcher den Vorschriften des BGB. und der GBO. entspricht, ausgestellt wird. Diese Befugnis gibt ihr der Schlußsatz des Art. 193 (s. Rspr. 4 S. 82). Bei der Verwandelung der bestehenden Pfandrechte in Sicherungshypotheken kann die Erklärung einer über das Pfandrecht ausgestellten Urkunde als Hypothekenbrief im Sinne des BGB. nicht in Frage kommen, weil über die Sicherungshypothek nach dem BGB. ein Brief nicht erteilt wird. Ist nach dem bisherigen Rechte über eine Hypothek, welche infolge der Überleitung zur Sicherungshypothek wird, ein Brief ausgestellt worden, so verliert er nunmehr seine Bedeutung; in dieser Beziehung kann auf die Erl. 7 zu Art. 192 verwiesen werden.

Artikel 194. Durch Landesgesetz kann bestimmt werden, daß ein Gläubiger, dessen Pfandrecht zu der im Artikel 192 bezeichneten Zeit besteht, die Löschung eines im Range vorgehenden oder gleichstehenden Pfandrechts, falls dieses sich mit dem Eigenthum in einer Person vereinigt, in gleicher Weise zu verlangen berechtigt ist, wie wenn zur Sicherung des Rechtes auf Löschung eine Vormerkung im Grundbuch eingetragen wäre.

Die Umwandelung tritt kraft Gesetzes ein. Dies ist namentlich für das rheinische Recht von Bedeutung, weil hier Hypotheken möglich sind, die nicht in das Hypothekenbuch eingetragen sind. Die Umwandelung in eine Sicherungshypothek hängt also nicht davon ab, daß die Hypothek im Anlegungsverfahren eingetragen worden ist; die so entstandene Sicherungshypothek ist als dingliches Recht gegenüber jedem wirksam, soweit nicht die Vorschriften über den öffentlichen Glauben des Grundbuchs ein anderes mit sich bringen (Bayer. ObLG. 4 S. 47).

Von dem Grundsatze des Art. 192 Abs. 1 Satz 2, daß bestehende Pfandrechte, wenn der Betrag der Forderung, für welche das Pfandrecht besteht, nicht bestimmt ist, sich in Sicherungshypotheken verwandeln, eine Ausnahme zu machen, gestattet der Art. 193 nicht.

2. Von den Vorbehalten des Art. 193 haben eine Reihe von AG. Gebrauch gemacht.

In eine Briefhypothek verwandeln die bestehenden Pfandrechte insbesondere die AG. von Preußen, Art. 33 §§ 1, 2, Württemberg, Art. 214, Oldenburg, § 14, Bremen, §§ 40, 41.

In eine Sicherungshypothek verwandeln sie insbesondere das bayer. Gesetz v. 1. Juli 1898 Art. 1 (für die Pfalz), Baden, AG. Art. 40, Hessen, Grundbuchanlegungsges. Art. 21, 53, Weimar, AG. § 160, Elsaß-Lothringen, AG. § 77.

Keinen Gebrauch vom Art. 193 machen insbesondere Bayern für die Landesteile rechts des Rheins (abgesehen von den einige Einzelheiten betreffenden Art. 49 ff. ÜbG. und Art. 22, 57 AG. z. GBO.), Sachsen, Sachsen-Altenburg und Sachsen-Meiningen.

Im übrigen vgl. die in der Vorbm. 3 vor Art. 192 gegebene Darstellung des infolge der Überleitung der Pfandrechte im größeren Teile von Deutschland eingetretenen Rechtszustandes.

Artikel 194.

E. d. EG. II Art. 165; III Art. 193. P. II Bd. 6 S. 524, 632.

Landesgesetzlicher Schutz der nachstehenden Berechtigten.

1. Mit Rücksicht darauf, daß nach verschiedenen bisherigen Gesetzen beim Wegfall eines Pfandgläubigers die gleich- oder nachstehenden Gläubiger im Range vorrücken, während nach dem BGB. zufolge dessen Vorschriften über die Eigentümerhypothek (§§ 1143, 1163, 1168, 1173, 1182, 1185 Abs. 2) der Wegfall eines Gläubigers den gleich- oder nachstehenden Gläubigern nicht zustatten kommt, können die Rechte der gleich- oder nachstehenden Hypothekengläubiger durch die Einführung des BGB. eine wesentliche Änderung und Abschwächung erfahren. Der Art. 194 gibt der Landesgesetzgebung die Möglichkeit, die im Range gleich- oder nachstehenden Gläubiger gegen die Beeinträchtigungen, die ihnen aus den erwähnten Vorschriften des BGB. drohen, dadurch zu schützen, daß ihnen für den Fall der Vereinigung des Pfandrechts mit dem Eigentum in einer Person das Recht eingeräumt wird, die Löschung des Pfandrechts in gleicher Weise zu verlangen, wie wenn zur Sicherung des Rechtes auf Löschung eine Vormerkung im Grundbuch eingetragen wäre. Ob das Pfandrecht sich mit dem Eigentume vor oder nach der Anlegung des Grundbuchs vereinigt, ist gleichgültig. Unter den Art. 194 fallen alle Fälle der Vereinigung der Hypothek mit dem Eigentume, sei es, daß diese Fälle eintreten, weil der Eigentümer den Gläubiger befriedigt oder beerbt oder der Gläubiger auf die Hypothek verzichtet, mit seinem Rechte im Wege des Aufgebotsverfahrens ausgeschlossen wird oder dem Eigentümer die Hypothekforderung erläßt, oder daß er eintritt, weil der Gläubiger das verpfändete Grundstück erwirbt.

Macht die Landesgesetzgebung von dem Vorbehalte Gebrauch, so soll es mithin so angesehen werden, als wenn bei der Bestellung des Pfandrechts eine dem § 1179 des BGB. entsprechende Vormerkung eingetragen worden wäre. Von selbst wird das Pfandrecht nicht zur Löschung gebracht, es entsteht vielmehr die Eigentümerhypothek, aber nur unter solchen Beschränkungen, wie sie der § 1179 des BGB. bestimmt. Jeder gleich- oder nachstehende Gläubiger — und nur dieser, nicht ein anderer dinglich Berechtigter — hat demnach für den Fall der Vereinigung der Hypothek mit dem Eigentume das Recht, vom Eigentümer zu verlangen, daß er die Hypothek zur Löschung bringt. Der Eigentümer aber ist in der Verfügung über die ihm

Artikel 195. Eine zu der Zeit, zu welcher das Grundbuch als angelegt anzusehen ist, bestehende Grundschuld gilt von dieser Zeit an als Grundschuld im Sinne des Bürgerlichen Gesetzbuchs und eine über die Grundschuld ertheilte Urkunde als Grundschuldbrief. Die Vorschrift des Artikel 192 Abs. 2 findet entsprechende Anwendung.

Durch Landesgesetz kann bestimmt werden, daß eine zu der im Abs. 1 bezeichneten Zeit bestehende Grundschuld als eine Hypothek, für welche die Ertheilung des Hypothekenbriefs nicht ausgeschlossen ist, oder als Sicherungshypothek gelten soll und daß eine über die Grundschuld ertheilte Urkunde als Hypothekenbrief gelten soll.

---

angefallene Hypothek durch die Löschungsverpflichtung dahin beschränkt, daß er ohne Einwilligung der gleich- oder nachstehenden Hypothekengläubiger nur die Löschung der Hypothek bewilligen darf. Räumt der Eigentümer ein Recht auf die von ihm erworbene Hypothek einem Dritten ein, so kann auch von diesem die Zustimmung zur Löschung erzwungen werden (§ 888 BGB.). Infolge der Löschung haben die gleich- oder nachstehenden Gläubiger den Vorteil, daß sie mit ihren Hypotheken aufrücken. Denn an die Stelle einer gelöschten Hypothek kann eine neue nicht eingetragen werden. Die gleich- oder nachstehenden Gläubiger haben aber nur ein Recht auf Löschung, sie treten nicht etwa ohne weiteres in die dem Eigentümer zugefallene Hypothek. Der Eintragung in das Grundbuch bedarf die Löschungsverpflichtung nicht, es ist eine kraft des Gesetzes wirkende Vormerkung. Der Löschungsverpflichtung gegenüber entfällt also der Schutz des öffentlichen Glaubens des Grundbuchs. Selbstverständlich kann aber das Landesgesetz vorschreiben, daß die Löschungsverpflichtung den Charakter einer Vormerkung nur unbeschadet der Vorschriften über den öffentlichen Glauben des Grundbuchs hat. Jeder gleich- oder nachstehende Hypothekengläubiger hat das Recht auf Löschung für sich, er ist unabhängig von den anderen.

Die der Landesgesetzgebung im Art. 194 eingeräumte Befugnis besteht ohne Rücksicht darauf, ob das Pfandrecht des bisherigen Rechtes in eine Brief-, in eine Buch- oder in eine Sicherungshypothek übergeleitet wird.

2. Von dem Vorbehalte haben die AG. nur beschränkten Gebrauch gemacht; vgl. Preußen, Art. 33 § 3 Nr. 3; Bayern, ÜbG. Art. 59; Württemberg, Art. 215; Hessen, Grundbuchanlegungsges. Art. 25, 58.

3. In ähnlicher Richtung wie der Vorbehalt des Art. 194 bewegt sich die Ermächtigung, welche der § 8 des EG. z. ZVG. für die Zwangsversteigerung vorsieht. Danach kann durch Landesgesetz für die Zwangsversteigerung bestimmt werden, daß die vor dem Inkrafttreten des BGB. eingetragenen Hypotheken bei der Feststellung des geringsten Gebots und bei der Aufstellung des Teilungsplans nur auf Grund einer Anmeldung zu berücksichtigen sind. Dazu vgl. Preußen, AG. z. BGB. Art. 33 (für das Geltungsgebiet des Gesetzes über das Grundbuchwesen im Bezirke des Appellationsgerichts Kassel), Württemberg, Art. 275 (dazu JMVerf. v. 10. Oktober 1899 § 19).

Artikel 195.

E. d. EG. I Art. 113; II Art. 166; III Art. 194. P. I S. 13260, 13272; M. z. EG. S. 275. P. II Bd. 6 S. 524.

1. Der Art. 195 betrifft die **Überleitung der Grundschulden.** Im allgemeinen vgl. die Vorbm. vor Art. 192 unter 1 und 2. Unter Grundschulden versteht der Art. 195 die von einer Forderung unabhängigen selbständigen Kapitalbelastungen der Grundstücke, gleichviel welchen Namen sie im bisherigen Rechte geführt haben. Es fallen also nicht nur die Grundschulden des preuß. Rechtes unter den Art. 195, sondern auch z. B. die Hypotheken des mecklenburgischen Rechtes.

2. **Der Art. 195 Abs. 1 Satz 1 enthält die reichsrechtliche Überleitungsregel** für die bestehenden Grundschulden. Er gibt demnach für die Grundschulden die entsprechende Vorschrift, die der Art. 192 Abs. 1 für die Pfandrechte vorsieht. Nach der reichsrechtlichen Überleitungsregel verwandeln sich die bestehenden Grundschulden in Grundschulden des BGB. In Ansehung der antichretischen Grundschulden des bisherigen Rechtes werfen sich die gleichen Zweifel auf wie bei den antichretischen Pfandrechten. Die über diese in der Erl. 1 f zu Art. 192 gemachten Bemerkungen treffen auch für die antichretischen Grundschulden zu.

Artikel 196. Durch Landesgesetz kann bestimmt werden, daß auf ein an einem Grundstücke bestehendes vererbliches und übertragbares Nutzungsrecht die

---

3. **Der Art. 195 Abs. 2 ermächtigt die Landesgesetzgebung**, entsprechend dem im Art. 193 für Pfandrechte vorgesehenen Vorbehalte zu bestimmen, daß eine Grundschuld sich in eine Briefhypothek oder in eine Sicherungshypothek verwandelt. Im Falle der Verwandelung in eine Briefhypothek kann vorgeschrieben werden, daß eine über die Grundschuld erteilte Urkunde als Hypothekenbrief gilt. Von der Ermächtigung, Grundschulden in Briefhypotheken umzuwandeln, hat, soviel ersichtlich, kein Landesgesetz Gebrauch gemacht. Hamburg, § 48 und Lübeck, § 95 haben den bestehenden Kapitalbelastungen mit Rücksicht auf die nach ihrem Rechte mit der Belastung verbundene subsidiäre persönliche Haftung des Eigentümers einen derartigen Inhalt gegeben, daß sie als Pfandrechte im Sinne des Art. 192 erscheinen und deshalb zu Buchhypotheken werden. Von der Ermächtigung der Umwandelung der Grundschulden in Sicherungshypotheken haben die beiden Mecklenburg zum Teil Gebrauch gemacht (Mecklenburg-Schwerin, AB. § 197, Strelitz, § 195).

4. **Auf den Inhalt der bestehenden Grundschulden** finden nach der reichsgesetzlichen Überleitungsregel vom Zeitpunkte der Grundbuchanlegung an die Vorschriften der §§ 1191—1198 des BGB. Anwendung. Von den Folgen, die sich hieraus ergeben, sind besonders hervorzuheben:

a) Eine über die Grundschuld nach dem bisherigen Rechte erteilte Urkunde gilt als Grundschuldbrief im Sinne des neuen Rechtes. Der Art. 195 Abs. 1 Satz 1 spricht diese Folge ausdrücklich aus. Für die Grundschulden, welche nach dem bisherigen Rechte, z. B. der preuß. GBO. § 122 Satz 4 Briefgrundschulden sein mußten, kann jetzt nachträglich die Erteilung des Briefes ausgeschlossen werden (§§ 1192, 1116 Abs. 2 Satz 2 BGB.).

b) Dem BGB. ist eine Blankoabtretung der Grundschuld, wie sie z. B. das preuß. EEG. § 55 kennt, fremd (BGB. § 1192 mit § 1154). Wer eine Grundschuld auf Grund einer Blankozession geltend macht, muß demnach beweisen, daß die Abtretung vor der Grundbuchanlegung erfolgt ist. Auf Grund einer Blankozession kann die Eintragung im Grundbuche nur verlangt werden, wenn nach Maßgabe der GBO. § 29 (vgl. auch § 22) durch öffentliche Urkunden nachgewiesen wird, daß vor der Anlegung des Grundbuchs derjenige Tatbestand eingetreten ist, an welchen das bisherige Recht den Erwerb der Grundschuld durch Blankozession knüpft. Für den Fall, daß der Gläubiger diesen Nachweis nicht erbringen kann, dürfte mit Habicht (S. 503 Anm.) anzunehmen sein, daß der Grundschuldgläubiger von dem letzten eingetragenen Grundschuldgläubiger verlangen kann, daß er in der vom § 29 der GBO. erforderten Form seine Zustimmung zur Überschreibung des Grundschuldbriefs erteilt. Die mecklenburg. AB. § 200 sieht übrigens eine entsprechende Bestimmung ausdrücklich vor. Für Preußen vgl. AG. z. BGB. Art. 34.

c) Die zu einem Grundschuldbriefe vor der Anlegung des Grundbuchs nach dem bisherigen Rechte, z. B. dem preuß. EEG. § 39, GBO. § 128 ausgegebenen Zinsquittungsscheine behalten auch nach der Anlegung des Grundbuchs ihre Kraft, da sie nach dem bisherigen Rechte als selbständige Inhaberpapiere anzusehen und mit Rücksicht darauf nach Art. 170, 174 in Kraft geblieben sind. Nach Ablauf des zur Zeit der Anlegung des Grundbuchs laufenden Quittungsbogens darf aber ein neuer nicht mehr ausgegeben werden.

Für den Rang der bestehenden Grundschulden bewendet es bei dem Grundsatze des Art. 184, daß die Rechte, mit denen eine Sache zur Zeit des Inkrafttretens des BGB. belastet ist, mit dem sich aus den bisherigen Gesetzen ergebenden Range bestehen bleiben.

5. Ausnahmsweise bleibt auch für den Inhalt der bestehenden Grundschulden das bisherige Recht maßgebend. Dies ist zufolge des im **Art. 195 Abs. 1 Satz 2** für entsprechend anwendbar erklärten Art. 192 Abs. 2 für die sog. **Revenuengrundschulden** des bisherigen Rechtes insoweit der Fall, als die bei ihnen nach dem bisherigen Rechte geltende Beschränkung, daß der Gläubiger Befriedigung aus dem Grundstücke nur im Wege der Zwangsverwaltung suchen kann, im Umfange des bisherigen Rechtes bestehen bleibt.

Artikel 196.

E. d. EG. I Art. 115; II Art. 167; III Art. 195. P. I S. 13183, 13195, 13253; M. d. EG. S. 276. P. II Bd. 6 S. 525.

Nutzungsrechte mit Grundstücksqualität.

1. **Anwendungsgebiet des Art. 196.** Das BGB. kennt nur ein vererbliches und übertragbares Nutzungsrecht an einem Grundstücke, das Erbbaurecht (§§ 1012ff.). Dagegen kann die

sich auf Grundstücke beziehenden Vorschriften und auf den Erwerb eines solchen Rechtes die für den Erwerb des Eigenthums an einem Grundstücke geltenden Vorschriften des Bürgerlichen Gesetzbuchs Anwendung finden.

Landesgesetzgebung auf den ihr vorbehaltenen Gebieten derartige Nutzungsrechte schaffen oder fortbegründen lassen. Von den Vorbehalten, die in dieser Beziehung in Betracht kommen, sind insbesondere die Vorbehalte des Lehenrechts (Art. 59), des Erbpachtrechts (Art. 63), des Wasserrechts (Fährtgerechtigkeit und Brücken= und Mühlgerechtsame), der nicht bergrechtlichen Abbaurechte des Art. 68, des Jagd= und Fischereirechts (Art. 69) und der realen Gewerbeberechtigungen (Art. 74) zu nennen. Außerhalb der Vorbehaltsgebiete aber kann nach dem 1. Januar 1900 vermöge des Grundsatzes des Art. 189 Abs. 1 Satz 3 ein anderes vererbliches oder veräußerliches Nutzungsrecht an einem Grundstück als ein Erbbaurecht nicht mehr neu begründet werden, es bleiben nur vermöge des Art. 184 die bereits begründeten Rechte dieser Art bestehen, d. h. sie können veräußert und vererbt werden, wenn sie aber untergehen, bleiben sie endgültig erloschen. Unter die Rechte, die demnach nicht mehr neu begründet werden können, gehören z. B. die Emphyteuse des gemeinen Rechtes und das Erbzinsrecht und die Erbzinsleihe des deutschen Rechtes.

Aus dem Vorstehenden ergibt sich das Anwendungsgebiet des Art. 196. Der Art. 196 hat diejenigen vererblichen und übertragbaren Nutzungsrechte an Grundstücken zum Gegenstande, welche weder in einem Erbbaurechte noch in einem unter ein Vorbehaltsgebiet fallenden Rechte bestehen.

Schwierigkeit macht die Abgrenzung der unter den Art. 196 fallenden Rechte von den unter ein Vorbehaltsgebiet fallenden Rechten nur in Ansehung der unter den Art. 63 fallenden Rechte, der Erbpachtrechte. Aus dem Art. 63 selbst läßt sich ein charakteristisches Unterscheidungsmerkmal nur insofern gewinnen, als der Art. 63 nach seiner Entstehungsgeschichte lediglich bäuerliche Nutzungsrechte betrifft, d. h. nur Nutzungsrechte, welche an einem land= oder forstwirtschaftlich benutzten Grundstücke bestehen, mag das Grundstück auch in einer städtischen Feldmark liegen. Im übrigen aber kommt es lediglich auf die Landesgesetze an und es ist Aufgabe der Landesgesetzgebung, die Unterscheidung festzulegen; in den Bundesstaaten übrigens, in welchen am 1. Januar 1900 ein unter den Art. 63 fallendes Nutzungsrecht nicht zulässig ist, kann es von der Landesgesetzgebung nicht mehr neu zugelassen werden.

Nicht unter den Art. 196 fallende Nutzungsrechte hat auch der Art. 197 im Auge. Wie aus dem Wortlaute des Art. 197 folgt, unterscheiden sich die Nutzungsrechte des Art. 196 von denen des Art. 197 zunächst insofern, als der Art. 197 nur auf Rechte an bäuerlichen Grundstücken, d. h. an land= oder forstwirtschaftlich benutzten Grundstücken, der Art. 196 auch auf solche an nicht bäuerlichen Grundstücken sich bezieht. Im übrigen ergibt sich aus dem Gegensatze zu Art. 63, daß der Art. 197 die nur persönlichen nicht dinglichen Nutzungsrechte, die deutschrechtliche sog. schlichte oder bäuerliche Leihe zum Gegenstande hat. Andernfalls wäre es unbedingt geboten gewesen, die Merkmale, wodurch sich die unter den Art. 63 fallenden Rechte von denen des Art. 197 unterscheiden, im EG. zu bestimmen.

Dadurch, daß zur Anwendbarkeit des Art. 196 erforderlich ist, daß das Nutzungsrecht vererblich und übertragbar ist, ist der Gegensatz zum Nießbrauch und den beschränkten persönlichen Dienstbarkeiten und den in einigen bisherigen Gesetzen anerkannten Rechten, welche einen dem Nießbrauch ähnlichen Inhalt haben, hervorgehoben; für Rechte dieser Art ist der Art. 184 ausnahmslos maßgebend.

2. Inhalt des Art. 196. Der Art. 196 ermächtigt die Landesgesetzgebung, zu bestimmen, daß auf die in ihm bezeichneten Nutzungsrechte die sich auf Grundstücke beziehenden Vorschriften und auf den Erwerb eines solchen Rechtes die auf den Erwerb des Eigentums an einem Grundstücke geltenden Vorschriften des BGB. Anwendung finden. Die Landesgesetzgebung soll demnach bezüglich dieser Rechte die gleiche rechtliche Behandlung vorschreiben können, welcher das Erbpachtrecht gemäß Art. 63 Satz 2 und das Erbbaurecht und zwar sowohl das am 1. Januar 1900 bestehende als auch das später erst entstehende nach Art. 184 Satz 2 und nach § 1017 des BGB. kraft Reichsrechts unterliegen. Zum Teile folgt die der Landesgesetzgebung hiermit eingeräumte Befugnis schon aus dem Art. 218. Daß sie ihr im Art. 196 besonders beigelegt worden ist, beruht auf folgenden Gründen. Nach dem Grundsatze des Art. 184 Satz 1 sind für die zur Zeit des Inkrafttretens des BGB. bestehenden dinglichen Rechte die bisherigen

Artikel 197. In Kraft bleiben die landesgesetzlichen Vorschriften, nach welchen in Ansehung solcher Grundstücke, bezüglich deren zur Zeit des Inkrafttretens des Bürgerlichen Gesetzbuchs ein nicht unter den Artikel 63 fallendes bäuerliches Nutzungsrecht besteht, nach der Beendigung des Nutzungsrechts ein Recht gleicher Art neu begründet werden kann und der Gutsherr zu der Begründung verpflichtet ist.

Gesetze nur in Ansehung des Inhalts und des Ranges aufrechterhalten; auf den Inhalt eines Rechtes aber beziehen sich die Vorschriften nicht, welche die Übertragung, Belastung und Aufhebung des Rechtes betreffen (s. Erl. zu Art. 184). Abweichend von Art. 184 Satz 1 gibt der Art. 196 der Landesgesetzgebung die Macht, für die in ihm bezeichneten vererblichen und übertragbaren Nutzungsrechte auch in Ansehung der Übertragung, Belastung und Aufhebung insofern Bestimmungen zu treffen, als diesen Nutzungsrechten landesgesetzlich die rechtliche Natur von Grundstücken verliehen und damit für die Übertragung, Belastung, Aufhebung 2c. dieser Nutzungsrechte die gleichen Vorschriften für maßgebend erklärt werden können, welche für Grundstücke gelten. Daß man nicht, wie im Art. 63 für das Erbpachtrecht und im Art. 68 für nicht bergrechtliche Abbaurechte geschehen ist, reichsrechtlich die Grundstücksnatur der bezeichneten Nutzungsrechte ausgesprochen hat, hängt damit zusammen, daß sich die Anpassungsfähigkeit dieser Rechte an die für Grundstücke geltenden Vorschriften nicht sicher überblicken ließ.

Über die Tragweite der Anwendbarkeit der Vorschriften, die sich auf Grundstücke beziehen, und der für den Erwerb des Eigentums geltenden Vorschriften s. Erl. zu Art. 63. Macht die Landesgesetzgebung von dem Vorbehalte des Art. 196 Gebrauch, so bestimmt sich nach ihr auch die grundbuchrechtliche Behandlung der hier fraglichen Rechte (§ 83 GBO.). Nach der CPO. §§ 864, 870 unterliegen die Rechte alsdann der Zwangsvollstreckung in das unbewegliche Vermögen.

In Ansehung der am 1. Januar 1900 bestehenden Erbbaurechte (Art. 184 Satz 2), der Erbpachtrechte (Art. 63) und der nicht bergrechtlichen Abbaurechte (Art. 68) ist nicht nur bestimmt, daß auf sie die sich auf Grundstücke beziehenden Vorschriften und auf ihren Erwerb die für den Erwerb des Eigentums an einem Grundstücke geltenden Vorschriften des BGB. Anwendung finden, sondern es sind die Vorschriften des § 1017 des BGB. für anwendbar erklärt. Daraus folgt, daß für diese Rechte auch die für die Ansprüche aus dem Eigentume geltenden Vorschriften entsprechende Anwendung finden (§ 1017 Abs. 2 BGB.). Daß die Landesgesetzgebung die gleiche Vorschrift auch für die hier in Frage stehenden Nutzungsrechte treffen kann, ist zwar im Art. 196 nicht ausdrücklich bestimmt, folgt aber aus der Analogie.

Ob die Landesgesetzgebung die im Art. 196 zugelassene Vorschrift vom Inkrafttreten des BGB. oder erst von der Anlegung des Grundbuchs an trifft, ist ihr anheimgestellt.

3. Über in Betracht kommende Landesgesetze s. das sächs. Gesetz v. 15. Juni 1900 § 29, die AG. von Württemberg Art. 208 und Hessen Art. 154 und das badische AG. z. GBO. § 34.

Artikel 197.

E. d. EG. III Art. 196.

1. Der Art. 197 betrifft nach seinem Wortlaute die nicht unter den Art. 63 fallenden **bäuerlichen Nutzungsrechte** an Grundstücken. Wie in der Erl. 2 zu Art. 63 und in der Erl. 1 zu Art. 196 dargelegt ist, handelt es sich im Art. 197 um die sog. bäuerliche oder schlichte Leihe, welche dem Berechtigten kein dingliches, veräußerliches, sondern nur ein persönliches Recht gewährt, das allerdings regelmäßig seitens des Grundherrn unkündbar und auch vererblich ist.

2. Während das unter den Art. 63 fallende Erbpachtrecht, die deutschrechtliche sog. Erbleihe, in den Bundesstaaten, welche von dem Art. 63 Gebrauch gemacht haben, nicht nur übertragen, sondern auch, wenn es untergegangen ist, neubegründet werden kann und zwar auch an Grundstücken, an welchen es bisher nicht bestanden hat, können die nicht unter den Art. 63 fallenden Nutzungsrechte an Grundstücken, soweit sie zu den im Art. 196 behandelten gehören, überhaupt nicht mehr neubegründet werden, soweit sie aber zu den im Art. 197 behandelten zählen, können sie zwar noch neubegründet werden, aber nur mehr an Grundstücken, an welchen sie am 1. Januar 1900 schon bestanden haben.

3. Die durch den Art. 197 vorbehaltenen landesgesetzlichen Vorschriften können das bäuerliche Nutzungsrecht in dem Verhältnisse zwischen dem Gutsherrn und dem Bauern nach allen in Betracht kommenden Beziehungen, insbesondere in Ansehung der Vererblichkeit, der dem Guts-

herrn zu leistenden Dienste und der Kündbarkeit, regeln. Sie haben auch darüber zu bestimmen, ob es zur Erhaltung der Wirksamkeit gegenüber Dritten der Eintragung in das Grundbuch bedarf (Affolter S. 265). Selbstverständlich kann es sich bei den betreffenden landesgesetzlichen Vorschriften immer nur um ein Recht „gleicher Art" wie das bestehende handeln.

4. Der Art. 197 hat hauptsächlich für die beiden Mecklenburg Bedeutung. Die Aufrechterhaltung derjenigen landesgesetzlichen Vorschriften, nach welchen der Gutsherr im Falle des Erlöschens der Leihe z. B. infolge Ablebens oder Abmeierung des Besitzers, Ablaufs des Leihvertrags, zur Neubegründung der Leihe verpflichtet ist, soll das sog. Bauernlegen verhüten.

5. Für Mecklenburg-Schwerin s. AB. z. BGB. § 178, für Mecklenburg-Strelitz AB. § 176 und dazu Langfeld S. 153ff.

Zu Artikel 198—212.

1. In den Art. 198—212 sind **die das Familienrecht betreffenden Übergangsvorschriften** enthalten. Die Vorschriften beziehen sich auf die Gültigkeit der beim Inkrafttreten des BGB. bestehenden Ehen (Art. 198), die persönlichen Rechtsbeziehungen der Ehegatten zueinander (Art. 199), das eheliche Güterrecht (Art. 200), die Ehescheidung und Ehetrennung (Art. 201, 202), das Rechtsverhältnis zwischen Eltern und ehelichen Kindern (Art. 203—206), das Rechtsverhältnis der Kinder aus ungültiger Ehe (Art. 207), die rechtliche Stellung der unehelichen Kinder (Art. 208) und der legitimierten und an Kindes Statt angenommenen Kinder (Art. 209), ferner auf das Vormundschaftsrecht (Art. 210—212).

Keine Übergangsvorschrift ist vorgesehen für das Verlöbnis, für die Eingehung der Ehe, für die Unterhaltspflicht der Verwandten und für die eheliche Abstammung. Wegen der ehelichen Abstammung und der Unterhaltspflicht der Verwandten wird auf die Vorbm. vor Art. 203 verwiesen.

2. Anlangend **das Verlöbnis**, so beantwortet sich die Frage, ob ein Verlöbnis vor dem Inkrafttreten des BGB. entstanden ist, nach dem bisherigen Rechte. Diesem sind die materiellen und formellen Voraussetzungen des Verlöbnisses zu entnehmen. Dabei ist indessen zu berücksichtigen, daß, wenn ein Verlöbnis, welchem nach bisherigem Rechte keine rechtliche Wirkung zukam, sei es, weil dieses, wie das französische Recht, dem Verlöbnisse jede rechtliche Wirkung absprach oder weil das Verlöbnis nach bisherigem Rechte z. B. wegen mangelnder Form ungültig war, nach dem Inkrafttreten des BGB. fortgesetzt wird, darin der Abschluß eines neuen Verlöbnisses zu finden ist, so daß sich die Gültigkeit des Verlöbnisses nun — aber nicht rückwärts (Rspr. 4 S. 82) — nach dem neuen Rechte bestimmt. Das Verhältnis liegt hier nicht anders, als wenn ein unter der Herrschaft des BGB. eingegangenes Verlöbnis, welches an einem seine Wirksamkeit ausschließenden Mangel leidet, nach dem Wegfalle des Mangels fortgesetzt wird. Natürlich genügt hierzu nicht bloßes Beharren im bisherigen Zustande, sondern muß der Wille das Verlöbnis fortzusetzen betätigt werden (RG. 59 S. 100, JW. 1905 S. 22).

a) Bezüglich der **Wirkungen des am 1. Januar 1900 bestehenden Verlöbnisses** ist eine verschiedene Auffassung möglich. Die M. des EG. S. 278 bemerken, das Prinzip des Art. 103 (nun Art. 170) lege nahe, auch für die Wirkungen das bisherige Recht entscheiden zu lassen. Die M. gehen also davon aus, daß, wenn das Verlöbnis nach bisherigem Rechte überhaupt eine Wirkung äußert, das durch das Verlöbnis begründete Rechtsverhältnis als ein Schuldverhältnis zu betrachten ist und für das Schuldverhältnis das bisherige Recht maßgebend bleibt. Im Gebiete des gemeinen Rechtes könnte danach auch nach dem Inkrafttreten des BGB. aus einem vorher eingegangenen Verlöbnis auf Eheschließung oder Schadensersatz geklagt werden, eine im Gebiete des preußischen LR. in der vorgeschriebenen Form vereinbarte Vetragsstrafe könnte im Falle des Verlöbnisbruchs eingeklagt werden. Den M. folgen Staudinger, Erl. zu EG. Art. 198; Neumann 3 S. 180; Affolter S. 284.

Diese Auffassung dürfte indessen der familienrechtlichen Natur des Verlöbnisses nicht hinreichend Rechnung tragen. Gleichgültig, welchen Standpunkt man bezüglich der rechtlichen Natur des Verlöbnisses nach dem BGB. einnimmt (s. Bd. IV S. 8), jedenfalls ist anzuerkennen, daß das BGB. das Verlöbnis als einen die Ehe vorbereitenden Akt ansieht und die darüber gegebenen Vorschriften bezwecken, die Freiheit der Eheschließung sicherzustellen. Hieraus folgt, daß die Vorschrift des § 1297 Abs. 1 des BGB., welche die Klage aus einem Verlöbnis auf Eingehung der Ehe versagt, einen zwingenden Charakter hat und daß auf Grund eines am 1. Januar 1900 bestehenden Verlöbnisses Schadensersatzansprüche nicht in weiterem Umfange geltend gemacht werden können, als im BGB. (§§ 1298—1300) anerkannt ist. Die stärkeren Wirkungen, welche das bisherige Recht dem Verlöbnisse beilegt, sind als beseitigt zu betrachten und zwar auch, soweit die Tatsachen, auf welche die Schadensersatzansprüche gegründet werden, z. B. die Aufwendungen eines Verlobten, vor dem 1. Januar 1900 liegen. So auch Habicht S. 523, Hölder IV S. 14, Stutz, Die rechtliche Natur des Verlöbnisses S. 83ff. und im Ergebnisse wohl auch Niedner S. 417; letzterer will jedoch eine Ausnahme für den Fall machen, daß die Folgen des Rücktritts vom Verlöbnisse vertragsmäßig geregelt sind. Insbesondere soll eine nach dem bisherigen Rechte gültig vereinbarte Vertragsstrafe auch nach dem Inkrafttreten des BGB. gültig bleiben. Allein wenn man überhaupt die Wirkungen des Verlöbnisses mit Rücksicht auf dessen familienrechtliche Natur den Vorschriften des neuen Rechtes unterwirft, muß dieser Gesichtspunkt in allen Beziehungen zugrunde gelegt und auch die Vorschrift des § 1297 Abs. 2 des BGB., welche das Versprechen einer Strafe für den Fall des Unterbleibens der Ehe für nichtig erklärt, zur Anwendung gebracht werden (Rspr. 2 S. 133).

Das Ausgeführte gilt namentlich auch vom Deflorationsanspruche, wenn die Beiwohnung vor dem 1. Januar 1900 erfolgte; die Braut hat also nur den Anspruch aus § 1300 des BGB. (vgl. RG. 59 S. 102, JW. 1902 Beil. S. 12). Soweit das bisherige Recht übrigens einer jeden geschwächten oder geschwängerten Frauensperson, also ohne Rücksicht auf ein bestehendes Verlöbnis, einen Deflorationsanspruch gibt, wie z. B. das gemeine Recht, ist der Deflorationsanspruch aus einer vor dem 1. Januar 1900 erfolgten Beiwohnung auch dann bestehen geblieben, wenn es sich um die Schwächung oder Schwängerung im Brautstande handelt und das Verlöbnis erst nach dem 1. Januar 1900 endigte (s. auch Erl. 7 zu Art. 208).

Der im § 1301 des BGB. geregelte Anspruch auf Rückgabe der von einem Verlobten dem anderen gemachten Geschenke im Falle des Unterbleibens der Ehe gehört übrigens nicht hierher; es handelt sich hierbei nicht um eine Folge des Verlöbnisses, sondern um einen Anspruch auf Herausgabe wegen ungerechtfertigter Bereicherung. Ein solcher Anspruch bestimmt sich nach den Gesetzen, welche für ein Schuldverhältnis ex lege maßgebend sind (vgl. Erl. 9 zu Art. 13).

b) Ist das Verlöbnis vor dem 1. Januar 1900 aufgehoben worden, so bestimmen sich seine Wirkungen ausschließlich nach dem bisherigen Rechte; nur für die Verjährung der aus dem Verlöbnis entstandenen Ansprüche ist nach dem Art. 169 der § 1302 des BGB. maßgebend.

Auf Eingehung der Ehe kann jedoch auch im Falle des vor dem 1. Januar 1900 erfolgten Bruches eines Verlöbnisses nicht mehr geklagt werden. Die Gründe, welche zur Anwendbarkeit des § 1297 Abs. 1 des BGB. auf das am 1. Januar 1900 noch bestehende Verlöbnis führen, drängen zur Annahme, daß nach der Absicht des BGB. dem unter dem alten Rechte begründeten Anspruch auf Eingehung der Ehe mit dem Eintritte des neuen Rechtes die Klagbarkeit in allen Fällen entzogen sein soll; die M. zur CPO. Novelle § 744 S. 186 (bei Hahn-Mugdan S. 168) bemerken im Einklange hiermit — jedoch abweichend von den M. d. EG. S. 102 —, daß der Vorschrift des § 774 Abs. 2 (nun § 886 Abs. 2) der CPO. vom Inkrafttreten des BGB. an nur mehr bei der Vollstreckung ausländischer Urteile Bedeutung zukomme (so auch RG. in JW. 1900 S. 726; 1901 S. 138, 384). Die Beseitigung der Möglichkeit, auf Eingehung der Ehe zu klagen, hat für die Rechtsgebiete, wie das gemeine Recht (RG. 40 S. 209), in denen nicht schon der Bruch des Verlöbnisses als solchen, sondern erst die Nichtbefolgung des Urteils, die Ehe einzugehen, einen Schadensersatzanspruch begründet, zur Folge, daß der vertragstreue Teil mit dem Eintritte des neuen Rechtes seine Ansprüche verliert. Denn dieses Urteil kann nicht mehr erwirkt werden. So auch RG. in JW. 1901 S. 384. Es fragt sich indessen, ob nicht an die Stelle der von dem bisherigen Rechte bestimmten stärkeren Wirkung (nämlich des Anspruchs auf Eingehung der Ehe und eventuell Schadensersatz) jetzt, da das BGB. diese Wirkung versagt, mindestens die im § 1298 bestimmte geringere Wirkung tritt. Der Billigkeit dürfte dies entsprechen und auch wohl der Absicht des Gesetzes; ebenso Rspr. 2 S. 148. Das Gesagte gilt auch von der Anwendbarkeit des § 1300, wenn der geschwächten Braut der Anspruch auf Entschädigung nach dem bisherigen Rechte nur eventuell zustand.

3. Erfordernisse der Eheschließung. Nach dem Inkrafttreten des BGB. darf eine Ehe nur dann geschlossen werden, wenn alle im BGB. aufgestellten Erfordernisse erfüllt sind. Dies gilt auch dann, wenn das Aufgebot schon vor dem 1. Januar 1900 vollzogen worden ist. Andererseits ist der Vorschrift des § 1316 des BGB., wonach der Eheschließung ein Aufgebot vorauszugehen hat, auch dann genügt, wenn das Aufgebot nach der Vorschrift des bisherigen Rechtes ergangen und bei der Prüfung der Eheerfordernisse nur das bisherige Recht zugrunde gelegt ist. Um den Standesbeamten, der nach dem Inkrafttreten des BGB. um Schließung einer Ehe angegangen wird, für welche das Aufgebot schon vorher erlassen war, der Notwendigkeit zu überheben,

Artikel 198. Die Gültigkeit einer vor dem Inkrafttreten des Bürgerlichen Gesetzbuchs geschlossenen Ehe bestimmt sich nach den bisherigen Gesetzen.

Eine nach den bisherigen Gesetzen nichtige oder ungültige Ehe ist als von Anfang an gültig anzusehen, wenn die Ehegatten zur Zeit des Inkrafttretens des Bürgerlichen Gesetzbuchs noch als Ehegatten mit einander leben und der Grund, auf dem die Nichtigkeit oder die Ungültigkeit beruht, nach den Vorschriften des Bürgerlichen Gesetzbuchs die Nichtigkeit oder die Anfechtbarkeit der Ehe nicht zur Folge haben oder diese Wirkung verloren haben würde. Die für die Anfechtung im Bürgerlichen Gesetzbuche bestimmte Frist beginnt nicht vor dem Inkrafttreten des Bürgerlichen Gesetzbuchs.

Die nach den bisherigen Gesetzen erfolgte Ungültigkeitserklärung einer Ehe steht der Nichtigkeitserklärung nach dem Bürgerlichen Gesetzbuche gleich.

---

jedesmal noch besondere Ermittelungen darüber anzustellen, ob die Eheerfordernisse des BGB. vorliegen, hatten die Bundesregierungen die Standesbeamten angewiesen, in dem Falle, daß die Ehe möglicherweise erst nach dem 1. Januar 1900 geschlossen wird, die Eheerfordernisse nach dem Rechte des BGB. zu prüfen und hiervon bei der Ausstellung einer Bescheinigung oder Ermächtigung zur Eheschließung vor einem anderen Standesbeamten in die Urkunde einen Vermerk aufzunehmen. Vgl. Sartorius, PersonstGes. (1902) S. 455.

Das Erfordernis der elterlichen Einwilligung besteht nach dem BGB. nur bis zum vollendeten einundzwanzigsten Lebensjahre (§ 1305), die Ersetzung der elterlichen Einwilligung findet nicht mehr im Wege des Rechtsstreits auf erhobene Klage, sondern im Verfahren der freiwilligen Gerichtsbarkeit statt. Klagen, die am 1. Januar 1900 anhängig sind, müssen daher ohne weiteres für erledigt erklärt werden.

Wegen der Geltung des § 1314 des BGB. (Ehehindernis des Mangels vorheriger Auseinandersetzung) für die Übergangszeit s. Erl. 4 zu § 1314.

Artikel 198.

E. d. EG. I Art. 117; II Art. 168; III Art. 197. P. I S. 13081; M. d. EG. S. 278. P. II Bd. 6 S. 526, 634, 653.

Der Art. 198 betrifft die **Gültigkeit der vor dem Inkrafttreten des BGB. geschlossenen Ehen.**

1. Regel ist, daß die bisherige Rechtslage fortdauert. Der Abs. 1 spricht den allgemeinen Grundsatz aus, daß für die Gültigkeit der vor dem Inkrafttreten des BGB. geschlossenen Ehen die bisherigen Gesetze maßgebend bleiben.

Eine nach dem bisherigen Gesetze gültige Ehe bleibt also auch nach dem Inkrafttreten des BGB. gültig, mag die Ehe selbst an einem Mangel leiden, welcher, wenn sie unter der Herrschaft des BGB. geschlossen worden wäre, die Nichtigkeit oder Anfechtbarkeit zur Folge gehabt hätte. Eine sowohl nach dem BGB. als nach dem bisherigen Rechte ungültige Ehe, deren Nichtigkeit oder Ungültigkeit indessen nach dem bisherigen Rechte z. B. wegen Bestätigung seitens des Anfechtungsberechtigten oder wegen Zeitablaufs nicht mehr geltend gemacht werden kann, bleibt auch dann gültig, wenn nach dem BGB. der Ungültigkeitsgrund noch nicht weggefallen wäre. Ehehindernisse ferner, die nach dem BGB. als Nichtigkeitsgründe, im bisherigen Rechte aber nur als private Trennungsgründe anerkannt sind, behalten ihre Natur als Anfechtungsgründe, sie werden nicht etwa Nichtigkeitsgründe. Dabei ist zu berücksichtigen, daß sich die Wirkungen einer Verletzung der Eheverbote auch für die unter der Herrschaft des PersonstGes. geschlossenen Ehen nach den Landesgesetzen bestimmen und das BGB. manche der im bisherigen Rechte als aufschiebend behandelten Eheverbote als trennende Ehehindernisse gestaltet. Dies gilt insbesondere von dem Eheverbote des Ehebruchs (§ 33 Nr. 5 PersonstGes., § 1312 BGB.). Übrigens werden die Fälle, daß eine Ehe, welche nach bisherigem Rechte gültig ist, nach dem BGB. aber nichtig oder anfechtbar wäre, nicht häufig sein. Die wichtigsten Abweichungen des alten und des neuen Rechtes liegen in der Richtung der Anfechtbarkeit der Ehe wegen Irrtums oder Betrugs.

Aus dem Abs. 1 ergibt sich ferner, daß eine nach dem bisherigen Rechte nichtige oder ungültige Ehe auch unter der Herrschaft des BGB. nichtig oder ungültig bleibt, mag auch der

Grund, auf welchem die Ungültigkeit beruht, im BGB. nicht als Nichtigkeits- oder Anfechtungsgrund anerkannt sein. Auch hier werden sich die wichtigsten Anwendungsfälle auf dem Gebiete der Anfechtbarkeit der Ehe wegen Irrtums oder Betrugs ergeben. Andere Beispiele bieten die Verletzung des Verbots der Doppelehe (§§ 1309, 1326 BGB.), die nach manchen Rechten, auch wenn die erste Ehe ungültig war, die Nichtigkeit der Ehe begründete, ferner die Verletzung der Ehehindernisse der Eheunmündigkeit, des Mangels der elterlichen Einwilligung, der Adoptivverwandtschaft, die im BGB. nur aufschiebende Wirkung haben.

2. **Konvaleszenz der Ehe durch den Eintritt des neuen Rechtes.** Von der aus dem Abs. 1 sich ergebenden Folge, daß eine nach dem bisherigen Rechte wegen Mangels eines formellen oder materiellen Erfordernisses nichtige oder ungültige Ehe auch unter der Herrschaft des BGB. nichtig oder ungültig bleibt, macht **der Abs. 2** eine wesentliche Ausnahme. Die Nichtigkeit oder Ungültigkeit einer vor dem Inkrafttreten des BGB. geschlossenen Ehe kann dann nicht mehr geltend gemacht werden, wenn

a) die Ehegatten am 1. Januar 1900 noch als Ehegatten miteinander lebten **und**

b) der Grund, auf welchem die Nichtigkeit oder Ungültigkeit beruht, nicht auch nach dem BGB. die Nichtigkeit oder Anfechtbarkeit der Ehe zur Folge hat oder diese Wirkung verloren haben würde.

Die Voraussetzung zu a ist im gleichen Sinne wie nach dem BGB. § 1324 Abs. 2 zu nehmen. Es kann daher auf die Erl. 2a β zu § 1324 des BGB. verwiesen werden. Wie das RG. (JW. 1900 S. 725) mit Recht annimmt, kann von einem Miteinanderleben als Ehegatten nicht die Rede sein, wenn von einem Ehegatten vor dem 1. Januar 1900 die Klage auf Ungültigkeit oder auf Scheidung der Ehe erhoben worden ist und der Rechtsstreit am 1. Januar 1900 noch anhängig war. Aus der Voraussetzung zu a folgt, daß, wenn die Ehe unter der Herrschaft des bisherigen Rechtes durch Scheidung, beständige Trennung von Tisch und Bett oder auf sonstige Weise aufgelöst oder wenn sie unter der Herrschaft des bisherigen Rechtes schon für nichtig oder ungültig erklärt worden ist oder wenn sich einer der Ehegatten inzwischen wieder verheiratet hat, eine Heilung der Nichtigkeit oder Ungültigkeit infolge des Eintritts des BGB. nicht mehr möglich ist.

Die Voraussetzung zu b ist eine alternative:

α) Die Konvaleszenz tritt ein, wenn der Nichtigkeits- oder Ungültigkeitsgrund des bisherigen Rechtes nicht auch nach dem BGB. ein Nichtigkeits- oder Anfechtungsgrund ist. Dagegen kommt es nicht darauf an, daß das bisherige und das neue Recht in der Qualifikation des Nichtigkeits- oder Ungültigkeitsgrundes übereinstimmen; die Konvaleszenz tritt nicht ein, wenn der bisherige Nichtigkeitsgrund im neuen Rechte als Anfechtungsgrund anerkannt ist.

Wegen Formfehlers kann also z. B. eine unter der Herrschaft des Personenstandsgesetzes geschlossene Ehe nicht aus dem Grunde für nichtig erklärt werden, weil der bei der Eheschließung als Standesbeamter Mitwirkende nicht ein Standesbeamter war, sofern dieser Mangel mit Rücksicht auf § 1319 des BGB., wenn die Ehe unter der Herrschaft des BGB. geschlossen worden wäre, nicht geltend gemacht werden könnte. Das gleiche gilt, wenn bei einer unter der Herrschaft des PersonstGes. vorgenommenen Eheschließung der Ausspruch des Standesbeamten, daß die Verlobten nunmehr rechtmäßig verbundene Ehegatten seien, nicht erfolgt ist oder die erforderlichen Zeugen nicht zugezogen waren; denn dieser Ausspruch und die Zuziehung von Zeugen sind zwar nach dem bisherigen Rechte, nicht aber nach dem neuen Rechte wesentliche Formerfordernisse. Auf die vor dem Inkrafttreten des PersonstGes. geschlossenen Ehen wird man den Grundsatz des § 1319 des BGB., abgesehen von den Ehen, die unter der Herrschaft des preußischen Vorläufers dieses Gesetzes, des Gesetzes v. 9. März 1874, geschlossen worden sind, nicht entsprechend übertragen dürfen. Als materielle Mängel können die Nichtigkeits- oder Ungültigkeitsgründe des bisherigen Rechtes in Betracht kommen, wenn sie den in den §§ 1325—1328 und den §§ 1331—1335 des BGB. aufgezählten Gründen entsprechen. Wegen Verletzung des Ehehindernisses der Eheunmündigkeit, der mangelnden elterlichen Einwilligung oder der Adoptivverwandtschaft z. B. kann mithin jetzt eine vor dem 1. Januar 1900 geschlossene Ehe nicht mehr für nichtig erklärt werden. Die Konvaleszenz tritt ferner z. B. bei einer Ehe ein, die nach dem bisherigen Rechte wegen Irrtums oder Täuschung über die Vermögensverhältnisse eines Ehegatten anfechtbar war, da wegen eines solchen Irrtums oder Betrugs die Ehe nach dem BGB. (§§ 1333, 1334 Abs. 2) nicht mehr anfechtbar ist.

β) Die Konvaleszenz tritt ferner ein, wenn der Nichtigkeits- oder Ungültigkeitsgrund des bisherigen Rechtes seine Wirkung nach dem BGB. verloren hat.

Die Nichtigkeit einer unter der Herrschaft des PersonstGes. oder des preuß. Gesetzes vom 9. März 1874 unter Verletzung der Form geschlossenen Ehe ist mithin, wenn die Ehe in das Heiratsregister eingetragen worden ist und die Ehegatten nach der Eheschließung zehn Jahre als Ehegatten miteinander gelebt haben, für den Fall, daß die zehn Jahre beim Inkrafttreten des BGB. schon abgelaufen sind, mit dem Inkrafttreten des BGB., andernfalls mit dem Zeitpunkt, in welchem die zehn Jahre ablaufen, geheilt. Stirbt einer der Ehegatten vor dem Ablaufe der zehn Jahre, so tritt die Heilung der Nichtigkeit ein, wenn die Ehegatten drei Jahre lang als Ehegatten miteinander gelebt haben, selbstverständlich (s. a) aber vorausgesetzt, daß sie den Zeitpunkt des Inkrafttretens des BGB. erlebt haben, unter dieser Voraussetzung aber ohne Rücksicht darauf, ob der dreijährige Zeitraum vor oder nach dem Inkrafttreten des BGB. liegt (arg. § 1324 Abs. 2). Zweifelhaft ist, ob man die Vorschrift des § 1324 Abs. 2 des BGB. entsprechend anwenden darf auf die vor dem Inkrafttreten des PersonstGes. bzw. in Preußen des Gesetzes vom 9. März 1874 geschlossenen Ehen, natürlich vorausgesetzt, daß das bisherige Recht durch die Eintragung der Eheschließung in ein öffentliches Buch die Möglichkeit gibt, daß der gesetzgeberische Grund für den § 1324 Abs. 2 des BGB., nämlich daß durch den Eintrag der Schein einer gültigen Ehe erweckt ist, zutrifft. Eine entsprechende Anwendung des § 1324 Abs. 2 auf Fälle dieser Art dürfte indessen bei der durchaus singulären Natur der Vorschrift bedenklich sein.

Weitere Beispiele einer Konvaleszenz der nach dem bisherigen Rechte nichtigen oder ungültigen Ehe bieten die Genehmigung oder Bestätigung einer wegen mangelnder Geschäftsfähigkeit oder wegen Mangel der Einwilligung des gesetzlichen Vertreters nichtigen oder ungültigen Ehe (§§ 1325 Abs. 2, 1337), die Bestätigung einer wegen Irrtums oder Betrugs anfechtbaren Ehe (§ 1337), die nachträgliche Erteilung der Befreiung bei Verletzung des Ehehindernisses des Ehebruchs (§ 1328 Abs. 2 des BGB.). Heilende Wirkung hat auch die schon vor dem Inkrafttreten des BGB. erfolgte Bestätigung, sie kommt aber hier mit Rücksicht auf Art. 198 Abs. 1 nur in Betracht, wenn sie nicht schon nach dem bisherigen Rechte diese Wirkung hatte.

Insbesondere aber hat der Ablauf der im § 1339 des BGB. bestimmten Anfechtungsfrist von sechs Monaten die Heilung der ungültigen Ehe zur Folge. Da diese Frist eine Ausschlußfrist ist, müßte die vor dem 1. Januar 1900 liegende Zeit an sich eingerechnet werden (s. Erl. zu Art. 169). Würde dies geschehen, so würde die Anfechtung in manchen Fällen überhaupt unmöglich sein; um dieses Ergebnis zu vermeiden, bestimmt der Abs. 2 Satz 2, daß die Frist nicht vor dem 1. Januar 1900 beginnt. Soweit die die Frist nach § 1339 des BGB. in Lauf setzende Tatsache, z. B. die Entdeckung des Irrtums, nach dem 1. Januar 1900 liegt, beginnt die Frist natürlich mit dem im § 1339 festgesetzten Zeitpunkte. Der Abs. 2 Satz 2 hat natürlich nur für den Fall Bedeutung, daß die nach dem bisherigen Rechte ursprünglich anfechtbare Ehe nicht inzwischen schon nach den Vorschriften des bisherigen Rechtes unanfechtbar geworden, daß also insbesondere nicht schon infolge des Ablaufs der zur Ausschließung der Anfechtbarkeit nach altem Rechte ausreichenden Frist die Ehe gültig geworden ist, mag diese Frist vor oder nach dem Inkrafttreten des BGB. begonnen haben. Denn ist dies der Fall, so bewirkt schon der Grundsatz des Art. 198 Abs. 1 die Heilung der Ungültigkeit. Der Satz 2 des Art. 198 Abs. 2 ist nicht dahin zu verstehen, daß für die nach dem Inkrafttreten des BGB. geltend gemachte Anfechtung nur die Frist des BGB. maßgebend sein soll, er bedeutet vielmehr, daß, soweit das neue Recht nach dem Satz 1 des Abs. 2 zur Anwendung kommt, die im neuen Rechte vorgesehene Ausschlußfrist nicht vor dessen Inkrafttreten beginnt (RG. 48 S. 158, JW. 1901 S. 452).

3. Die infolge der Vorschrift des Abs. 2 eintretende Konvaleszenz der Ehe wirkt auf die Zeit der Eingehung der Ehe zurück, die Konvaleszenz tritt nicht erst mit dem Inkrafttreten des BGB. oder mit dem Zeitpunkt ein, in welchem die Ungültigkeit nicht mehr geltend gemacht werden kann.

4. Die im § 1309 Abs. 1 Satz 2 des BGB. zugelassene Möglichkeit, eine ungültige Ehe durch Wiederholung der Eheschließung vom Zeitpunkte der Eheschließung an zu heilen, steht selbstverständlich auch den Ehegatten offen, welche sich schon vor dem 1. Januar 1900 verheiratet haben.

5. Die Wirkungen der vor dem Inkrafttreten des BGB. erfolgten Todeserklärung eines Ehegatten auf die Ehe des verschollenen und des zurückgebliebenen Ehegatten bestimmen sich nach den bisherigen Gesetzen (Art. 158). Diese sind auch für die Gültigkeit der neuen Ehe maßgebend, welche der zurückgebliebene Ehegatte vor dem Inkrafttreten des BGB. geschlossen hat. Der Abs. 2 des Art. 198 findet aber Anwendung. Es wird also z. B. in Bayern, nach dessen bisherigem Rechte die neue Ehe nichtig war, die Ehe gültig, wenn die Ehegatten zur Zeit des Inkrafttretens des BGB. noch miteinander leben und keiner der Ehegatten der neuen Ehe diese-

Artikel 199. Die persönlichen Rechtsbeziehungen der Ehegatten zu einander, insbesondere die gegenseitige Unterhaltspflicht, bestimmen sich auch für die zur Zeit des Inkrafttretens des Bürgerlichen Gesetzbuchs bestehenden Ehen nach dessen Vorschriften.

---

nach § 1350 des BGB. mehr anfechten könnte. Wird auf Grund einer vor dem Inkrafttreten des BGB. erfolgten Todeserklärung des einen Ehegatten von dem anderen nach diesem Zeitpunkt eine neue Ehe geschlossen, so finden ohne Rücksicht auf das bisherige Recht die §§ 1348—1352 des BGB. Anwendung (Art. 159), für die Gültigkeit der neuen Ehe sind daher die Vorschriften des neuen Rechtes maßgebend.

6. Aus dem Grundsatze, daß die Gültigkeit einer vor dem Inkrafttreten des BGB. geschlossenen Ehe sich nach den bisherigen Gesetzen bestimmt, folgt, daß nach diesen Gesetzen sich auch die Art und Weise bestimmt, in welcher die Ungültigkeit geltend zu machen ist. Aus der Vorschrift des Art. 198 Abs. 2, nach welcher in dem dort bezeichneten Falle immer zu prüfen ist, ob der Grund, auf welchem die nach den bisherigen Gesetzen anzunehmende Nichtigkeit oder Ungültigkeit beruht, auch nach dem BGB. die Nichtigkeit oder Anfechtbarkeit zur Folge hat und diese Wirkung auch nach den Vorschriften des BGB. noch nicht verloren hat, dürfte zu folgern sein, daß in betreff der Geltendmachung der Nichtigkeit und der Anfechtbarkeit auch für die vor dem Inkrafttreten des BGB. geschlossenen Ehen die Vorschriften der §§ 1329, 1343 Abs. 2 Anwendung finden, wenn die Ehegatten bei dem Inkrafttreten des BGB. noch als Ehegatten zusammenleben. Unter dieser Voraussetzung kann mithin auch eine vor dem Inkrafttreten des BGB. geschlossene nichtige oder sonst ungültige Ehe, solange nicht die Ehe für nichtig erklärt oder aufgelöst worden ist, als nichtig nur behandelt werden, wenn die Ungültigkeit im Wege der Klage geltend gemacht worden ist. Hält man die §§ 1329, 1343 Abs. 2 des BGB. auch auf die beim Inkrafttreten des BGB. bestehenden Ehen für anwendbar, so ergibt sich hieraus die weitere Folge, daß die Vorschrift des Art. 199, nach welcher sich die persönlichen Rechtsbeziehungen der Ehegatten zueinander auch für die zur Zeit des Inkrafttretens des BGB. bestehenden Ehen nach dessen Vorschriften bestimmen, auch für die Ehegatten, deren Ehe nichtig oder anfechtbar ist, gilt sowie daß die Vorschrift des Art. 207, welche das Rechtsverhältnis der Kinder aus einer vor dem Inkrafttreten des BGB. geschlossenen nichtigen oder ungültigen Ehe betrifft, nur Platz greift, sofern nach den §§ 1329, 1343 Abs. 2 die Nichtigkeit oder Ungültigkeit überhaupt geltend gemacht werden darf.

7. Die Folgen der Nichtigkeit oder Ungültigkeit der Ehe richten sich, auch wenn die Nichtigkeitserklärung erst nach dem Inkrafttreten des BGB. erfolgt, was das Verhältnis unter den Ehegatten betrifft, ausschließlich nach dem bisherigen Rechte. Dies gilt insbesondere von den erbrechtlichen Wirkungen und von der Frage, ob die mit der Putativehe nach dem bisherigen Rechte verbundenen Wirkungen auch dann eintreten, wenn beide Ehegatten in gutem Glauben waren. Was das Verhältnis der Ehegatten zu Dritten anbetrifft, so wird dem im § 1344 des BGB. ausgesprochenen Grundsatze des Schutzes gutgläubiger Dritter im Interesse der Sicherheit des Rechtsverkehrs Geltung auch für den Fall der vor dem Inkrafttreten des BGB. geschlossenen Ehe beizulegen sein (so auch Habicht S. 532, Niedner S. 418, Neumann); für die Anwendung des § 1344 Abs. 2 des BGB. wird bei den vor dem Inkrafttreten des PersonstGes. geschlossenen Ehen an die Stelle des Heiratsregisters das öffentliche Buch zu treten haben, in welches nach dem damaligen Rechte die Ehe eingetragen werden mußte oder sollte.

8. Wegen der Kinder aus einer vor dem Inkrafttreten des BGB. geschlossenen nichtigen oder ungültigen Ehe s. Erl. zu Art. 207.

9. Der Abs. 3 beruht auf der Ausdrucksweise des BGB., welches unter nichtigen Ehen auch anfechtbare Ehen, die angefochten worden sind, versteht. Durch den Abs. 3 wird also bestimmt, daß, wenn die Vorschriften des BGB. von einer Nichtigkeitserklärung sprechen, darunter auch die Ungültigkeitserklärung mitzuverstehen ist.

10. Wegen der Anwendbarkeit der neuen Vorschriften der CPO. auf alle Ehesachen s. Gaupp-Stein, CPO. Bd. 1 S. 47; Bd. 2 S. 205.

Artikel 199.

E. d. EG. I Art. 118; II Art. 169; III Art. 198. P. I S. 13084 ff.; M. z. EG. S. 279. P. II Bd. 6 S. 532, 635.

1. Der Art. 199 erklärt für die persönlichen Rechtsbeziehungen der Ehegatten zu einander vom Inkrafttreten des BGB. an dessen Vorschriften für maßgebend.

2. **Was zu den persönlichen Rechtsbeziehungen der Ehegatten zu einander gehört**, bestimmt sich nach dem BGB. Unzweifelhaft gehören hierzu die Vorschriften der §§ 1353—1358 des BGB. über die Verpflichtung der Ehegatten zur ehelichen Lebensgemeinschaft, über die Stellung des Mannes in Ansehung der gemeinschaftlichen Angelegenheiten, über den Namen der Frau, über Recht und Pflicht der Frau, dem gemeinschaftlichen Hauswesen vorzustehen, über die Schlüsselgewalt der Frau und über die Übernahme persönlicher Dienste durch die Frau. Daraus, daß die das internationale Privatrecht regelnden Vorschriften den die Schlüsselgewalt der Frau betreffenden § 1357 in dem vom ehelichen Güterrechte handelnden Art. 16 Abs. 2 aufführen, darf nicht die Auffassung entnommen werden, als gehöre die Vorschrift des § 1357 zu den Vorschriften über das Güterrecht (s. Erl. 5 zu Art. 14); so auch Rspr. 3 S. 13; a. A. Affolter S. 349.

a) Bezüglich der Vorschrift des § 1359 des BGB., nach welcher die Ehegatten bei der Erfüllung der sich aus dem ehelichen Verhältnis ergebenden Verpflichtungen nur für die Sorgfalt einzustehen haben, welche sie in eigenen Angelegenheiten anzuwenden pflegen, ist aus den in der Erl. 5 zu Art. 14 angegebenen Gründen zu unterscheiden: soweit die Vorschrift sich auf die Erfüllung der aus dem persönlichen Rechtsverhältnisse der Ehegatten entspringenden Verpflichtungen bezieht, gehört sie dem persönlichen Rechtsverhältnis an, soweit sie sich auf die Erfüllung der aus dem Güterrecht entspringenden Verpflichtungen bezieht, gehört sie diesem an.

b) Daß die Vorschriften der §§ 1360, 1361 über die gegenseitige Unterhaltspflicht der Ehegatten zu den Vorschriften über die persönlichen Rechtsbeziehungen gehören, ist im Art. 199 ausdrücklich anerkannt. Die Verpflichtung des Mannes, die Prozeßkosten der Frau zu tragen, insbesondere seine Vorschußpflicht richtet sich, wenn der Anspruch schon vor dem 1. Januar 1900 erwachsen war, nach dem bisherigen Rechte (vgl. Rspr. 1 S. 24, 29 und RG. bei Gruch. 44 S. 1120 ff. auch RG. in JW. 1900 S. 409, 432).

c) Daß die Vorschriften des § 1362 des BGB. über die Vermutung für das Eigentum des Mannes (praesumtio Muciana) vom Inkrafttreten des BGB. an auf die bestehenden Ehen Anwendung finden, erachten die M. des EG. S. 280 für selbstverständlich. Allein wie in der Erl. 5 zu Art. 14 dargelegt ist, handelt es sich bei den im § 1362 aufgestellten Vermutungen um güterrechtliche Vorschriften; es dürfte nicht angehen, das Güterrecht im übrigen gemäß Art. 200 nach dem bisherigen Rechte zu beurteilen, die im bisherigen Rechte enthaltenen regelmäßig weitergehenden Vermutungen zugunsten des Eigentums eines Ehegatten aber als beseitigt anzusehen. Man wird deshalb die Anwendbarkeit des § 1362 verneinen müssen. Ebenso Endemann II S. 812; a. A. Niedner S. 421, Habicht S. 535, Jacobi, Persönl. Eherecht Aufl. II S. 79; Habicht nähert sich freilich dem hier vertretenen Standpunkt insofern, als er die im bisherigen Güterrecht enthaltenen besonderen Vermutungen denen des § 1362 vorgehen läßt. Daß die Vermutung des § 1362 Abs. 1 nicht unter den Art. 199 fällt, ergibt sich übrigens schon daraus, daß dieser nur von den Vorschriften über die Beziehungen der Ehegatten zu einander spricht, der § 1362 Abs. 1 aber das Verhältnis der Ehegatten zu den Gläubigern betrifft. Die Bemerkung der Motive erklärt sich daraus, daß nach dem E. I § 1282 die in ihm gegebene Vermutung auch für das Verhältnis der Ehegatten zu einander gelten sollte. Praktisch ist allerdings die Frage ohne besondere Bedeutung, weil die Landesgesetzgebung die bestehenden Güterstände in weitem Umfang übergeleitet hat (s. Erl. zu Art. 200).

d) Zu den Vorschriften über die persönlichen Rechtsbeziehungen der Ehegatten zu einander sind die Vorschriften über den Wohnsitz (§ 10) und über die Hemmung der Anspruchsverjährung während der Ehe (§ 204) zu rechnen.

e) Das BGB. ist auch für die Frage maßgebend, wieweit Schenkungen unter Ehegatten und Interzessionen des einen Ehegatten zugunsten des andern zulässig sind (s. Bd. IV S. 92). Es ist dies freilich nicht unzweifelhaft, weil nach Art. 200 Abs. 3 die Beschränkung der Geschäftsfähigkeit der Frau, welche nach den für den bisherigen Güterstand maßgebenden Gesetzen eingetreten ist, in Kraft bleibt, solange der Güterstand besteht, und der Grund, warum das BGB. Beschränkungen hinsichtlich der Schenkungen unter Ehegatten und der Interzessionen nicht kennt, zum Teil darin liegt, daß die Ehefrau nach dem BGB. in ihrer Geschäftsfähigkeit nicht beschränkt ist. Dieser Grund ist indessen nicht der allein entscheidende gewesen, da jene Bestimmungen als singuläre Vorschriften auch bei unbeschränkter Geschäftsfähigkeit der Frau hätten aufrecht erhalten werden können. Die Beseitigung der fraglichen Bestimmungen muß deshalb von dem Inkrafttreten des BGB. an für alle Ehen gelten (a. A. Affolter S. 350).

3. **Die Vorschriften des BGB. sind für die persönlichen Rechtsbeziehungen der Ehegatten zu einander erst vom Inkrafttreten des BGB. an anwendbar.** Aus dem bezeichneten Grundsatz

Artikel 200. Für den Güterstand einer zur Zeit des Inkrafttretens des Bürgerlichen Gesetzbuchs bestehenden Ehe bleiben die bisherigen Gesetze maßgebend. Dies gilt insbesondere auch von den Vorschriften über die erbrechtlichen Wirkungen des Güterstandes und von den Vorschriften der französischen und der badischen Gesetze über das Verfahren bei Vermögensabsonderungen unter Ehegatten.

Eine nach den Vorschriften des Bürgerlichen Gesetzbuchs zulässige Regelung des Güterstandes kann durch Ehevertrag auch dann getroffen werden, wenn nach den bisherigen Gesetzen ein Ehevertrag unzulässig sein würde.

Soweit die Ehefrau nach den für den bisherigen Güterstand maßgebenden Gesetzen in Folge des Güterstandes oder der Ehe in der Geschäftsfähigkeit beschränkt ist, bleibt diese Beschränkung in Kraft, solange der bisherige Güterstand besteht.

---

ergibt sich z. B., daß für die Wirksamkeit der Rechtsgeschäfte, welche die Frau vor dem Inkrafttreten des BGB. auf Grund ihrer Schlüsselgewalt abgeschlossen hat, das bisherige Recht maßgebend ist. Die vor dem Inkrafttreten des BGB. auf Grund des bisherigen Rechtes erfolgte Beschränkung oder Entziehung der Schlüsselgewalt der Frau ist Dritten gegenüber nach dem Inkrafttreten des BGB. nur wirksam, wenn sie in das Güterrechtsregister eingetragen ist; § 1357 Abs. 2 Satz 3 mit § 1435 des BGB. findet auch auf vorher erfolgte Beschränkungen und Ausschließungen Anwendung. Schenkungen unter Ehegatten ferner, welche vor dem Inkrafttreten des BGB. erfolgt sind, sind nach den bisherigen Gesetzen zu beurteilen. Nach diesen beurteilt sich auch, inwieweit ein Vertrag, durch welchen die Frau vor dem 1. Januar 1900 die Verpflichtung zur Leistung persönlicher Dienste übernommen hat, gültig ist; nach dem gesetzgeberischen Zwecke des Art. 199 steht indessen, auch wenn ein solcher Vertrag nach dem bisherigen Rechte gültig ist, doch dem Manne vom Inkrafttreten des BGB. an nach Maßgabe des § 1358 das Kündigungsrecht zu.

4. Aus dem Art. 199 ergibt sich, daß auch ein am 1. Januar 1900 anhängiger Rechtsstreit, welcher in bezug auf eine zur Zeit des Inkrafttretens des BGB. schon bestehende Ehe die Herstellung des ehelichen Lebens zum Gegenstande hat, nach dem BGB. zu erledigen ist.

5. Nach dem BGB. (s. Bd. IV S. 94) beurteilt sich auch die Frage, inwieweit ein vor dem Inkrafttreten des BGB. nach dem bisherigen Rechte gültig abgeschlossener Vertrag, welcher die persönlichen Rechtsbeziehungen der Ehegatten zu einander z. B. die Folgepflicht der Frau regelt, vom 1. Januar 1900 an wirksam ist; das RG. hat deshalb eine vor Abschluß der Ehe getroffene Vereinbarung über den Wohnort der Ehegatten als gegenüber dem Rechte des Mannes den Wohnort zu bestimmen (§ 1354 Abs. 1) unwirksam bezeichnet (RG. Gruch. 45 S. 79). Für die Zeit vorher verbleibt es bei dem bisherigen Rechte.

6. Die Maßgeblichkeit des BGB. gilt auch für solche Beziehungen der Ehegatten zu einander, welche vor dem Inkrafttreten des BGB. bereits rechtskräftig in einer vom BGB. abweichenden Weise entschieden worden sind. Ist z. B. ein Ehegatte verurteilt worden, die eheliche Gemeinschaft herzustellen, so kann er gleichwohl unter dem neuen Rechte die Herstellung verweigern, wenn die Weigerung nach § 1353 Abs. 2 des BGB. als gerechtfertigt erscheint (so auch Jacobi S. 80; Habicht S. 534).

7. Auf das Rechtsverhältnis geschiedener Ehegatten zu einander bezieht sich der Art. 199 nicht. In dieser Beziehung vgl. Erl. zu Art. 201. Wegen des Rechtsverhältnisses der nach dem bisherigen Rechte von Tisch und Bett getrennten Ehegatten s. Erl. zu Art. 202. Wegen der Ehegatten, die in einer nichtigen oder anfechtbaren Ehe leben, s. Erl. 6 zu Art. 198.

8. Wegen der Anwendbarkeit der neuen Vorschriften der CPO. auf alle, auch die schon anhängigen Ehesachen s. Gaupp-Stein, CPO. Bd. 1 S. 47 (Bem. IV Nr. 29 zu EG. z. Nov. Art. I), Bd. 2 S. 205.

Artikel 200.

E. d. EG. I Art. 119; II Art. 170; III Art. 199. P. I S. 13086 ff.; M. d. EG. S. 280. P. II Bd. 6 S. 535. RB. S. 2115.

Neubauer, Das in Deutschland geltende eheliche Güterrecht 1889. Stobbe-Lehmann, Deutsch. Privatr. Bd. 4 S. 153 ff. (3. Aufl. 1900). Zelter, Die statutarischen Gütererbrechte der Übergangszeit in Preußen (1901). A. Lücken, Allg. Gütergem. n. d. Ges. v. 16. April 1860

(Diss. 1899). **Kuhbier**, Die Überleitung der bestehenden Ehen (1900) und in Gruch. 45 S. 827. **Fricke**, Güterrecht der beim Inkrafttreten des BGB. bestehenden Ehen (1900). **Goldfeld**, Abänderungen d. Hamburger ehel. Güterrechts (1898). **Kaufmann**, Zur Überleitung des ehel. Güterrechts, im Sächs. A. 10 S. 292. **Hampe**, Das part. Braunschw. Privatr. (1901). **Löwenbach**, Das westfälische eheliche Güterrecht (1901). **Düringer**, Die Überleitung der ehelichen Güterstände (1903). **Keller**, Westfälisches Güterrecht im CBl. f. FG. 2 S. 235. **Wieruszowski**, Handbuch des Eherechts Bd. 2 S. 43. Vgl. ferner die S. 11 erwähnten Schriftsteller zu den Ausführungsgesetzen.

I. Der Art. 200 betrifft das eheliche Güterrecht. Entsprechend dem im Art. 15 für das internationale Privatrecht aufgestellten Grundsatze geht das EG. im Art. 200 auch für die Übergangszeit von der Unwandelbarkeit des ehelichen Güterrechts aus. Es verkennt aber nicht, daß durch die Unwandelbarkeit des Güterstandes die verschiedenen ehelichen Güterrechte Deutschlands — mehr als 100 an der Zahl — für mehr als ein Menschenalter aufrecht erhalten werden und hieraus sich für den Rechtsverkehr erhebliche Mißstände ergeben. Es sieht deshalb lediglich davon ab, von Reichs wegen in die bestehenden Güterstände einzugreifen; in den M. des EG. und von der zweiten Kommission ist aber die Erwartung ausgesprochen worden, daß die Landesgesetzgebung die Überleitung der bestehenden Güterstände in das neue Recht vornimmt. Reichsgesetzlich wird die Überleitung nur durch den Abs. 2 des Art. 200 gefördert. Die Landesgesetzgebung hat die ihr gestellte Aufgabe im weitesten Maße gelöst.

II. Die reichsrechtliche Regelung des Einflusses der Einführung des BGB. auf die bestehenden Güterstände.

1. Grundsatz ist nach dem Abs. 1 Satz 1, daß für den Güterstand einer zur Zeit des Inkrafttretens des BGB. bestehenden Ehe die bisherigen Gesetze bestehen bleiben. Dies gilt ohne Rücksicht darauf, ob der Güterstand ein gesetzlicher oder vertragsmäßiger ist und ob er auf einem inländischen oder einem ausländischen Rechte beruht. Aus der Maßgeblichkeit des bisherigen Rechtes folgt, daß sich nach ihm zunächst die Frage beantwortet, welcher Güterstand überhaupt in der Ehe gilt. Nach dem bisherigen Rechte richten sich ferner die Fragen, welche Bestandteile des Vermögens eines Ehegatten dem Rechte des anderen Ehegatten unterworfen werden, der Umfang des eingebrachten Gutes, des Vorbehaltsguts, des Gesamtguts, der Errungenschaft 2c., welche Rechte jedem Ehegatten an dem beiderseitigen Vermögen zustehen, insbesondere die Verfügungsmacht des Ehemanns und die Verfügungsbeschränkung der Frau, weiter die Schuldenhaftung und zwar im Verhältnisse der Ehegatten zu ihren Gläubigern als auch der Ehegatten zu einander, endlich die Gründe der Beendigung des Güterstandes und das nach der Beendigung eintretende Rechtsverhältnis; wegen der Auseinandersetzung für den Fall der Ehescheidung s. Erl. 8 zu Art. 201. Nach dem bisherigen Rechte bestimmen sich auch die Fragen, wieweit die Frau gegen die ihr aus dem Rechte des Mannes über ihr Vermögen oder über das Gesamtgut drohenden Gefahren geschützt ist, — ob sie z. B. Sicherheitsleistung vom Manne verlangen, ob sie die ihr zustehenden Ansprüche schon während der Dauer des Güterstandes gerichtlich geltend machen kann, — und die Frage, ob ein Ehegatte bei gewissen Streitigkeiten, die sich auf das Güterrecht beziehen, den ordentlichen Rechtsweg beschreiten muß oder das Vormundschaftsgericht anrufen kann. Der nach dem bisherigen Rechte einer Frau zustehende gesetzliche Hypothekentitel und das ihr zustehende gesetzliche Pfandrecht bleiben ihr daher auch nach dem Inkrafttreten des BGB. gewahrt und zwar auch in Ansehung der nach dem Inkrafttreten des BGB. entstandenen Ansprüche. Das bisherige Recht gilt endlich für alle Veränderungen, die der Güterstand durch Vertrag, Urteil 2c. nach dem Inkrafttreten des BGB. erleidet, außer wenn er durch Vertrag in einen Güterstand des BGB. verwandelt worden ist.

2. Der Grundsatz des Abs. 1 Satz 1 gilt nicht nur für die bestehenden Ehen, sondern **auch für die güterrechtlichen Nachwirkungen einer zur Zeit des Inkrafttretens des BGB. bereits aufgelösten Ehe**, z. B. die fortgesetzte Gütergemeinschaft, die Leibzucht, die Wirkungen der Schichtung (Rspr. 4 S. 444; 5 S. 182; RG. JW. 1903 Beil. S. 2, 14).

3. Nicht unter den Art. 200 fallen die Vorschriften des bisherigen Rechtes, welche die **persönlichen Beziehungen der Eltern zu den Kindern** und die Rechte der Eltern am Vermögen der Kinder regeln. Sie gehören dem Elternrecht an und unterliegen deshalb gemäß Art. 203 vom Inkrafttreten des BGB. an dessen Vorschriften. Soweit die Befugnisse der Eltern gegenüber dem Vermögen der Kinder auf dem Güterrechte beruhen, fallen sie unter den Art. 200. Die Frage z. B., ob ein Kind Abschichtung verlangen kann, ist eine Frage des ehelichen Güterrechts, dagegen gehört dem Elternrechte die Frage an, ob die Stiefmutter oder die wiederverheiratete leibliche Mutter die elterliche Gewalt oder das Erziehungsrecht hat, ob das Kind verpflichtet ist, für den Haushalt der Eltern zu arbeiten. In manchen Fällen kann die Frage, welchem Gebiet ein Rechtssatz angehört, zweifelhaft sein; sie läßt sich nur unter eingehender Berücksichtigung des betreffenden Partikularrechts entscheiden. Dahin gehört z. B. die Frage, ob der Rechtssatz, nach welchem der Erwerb, den ein Kind macht, nicht diesem gehört, sondern in eine bestehende allgemeine oder fortgesetzte Gütergemeinschaft fällt, als dem ehelichen Güterrecht angehörend anzusehen ist. Für die fränkische Landgerichtsordnung ist die Frage vom bayer. ObLG. 2 S. 221 im letzteren Sinne entschieden. Im übrigen, insbesondere wegen der Aussteuerpflicht s. Erl. zu Art. 203.

4. Der **Abs. 1 Satz 2** hebt als Folge der Maßgeblichkeit des bisherigen Rechtes für den Güterstand der bestehenden Ehen hervor, daß **die Vorschriften über die erbrechtlichen Wirkungen des Güterstandes** aufrecht bleiben. Für die erbrechtlichen Verhältnisse gelten nach der Vorschrift des Art. 213 an sich die Gesetze, welche zur Zeit des Eintritts des Erbfalls in Kraft sind. Wenn der Erbfall nach dem Inkrafttreten des BGB. eintritt, bestimmen sich mithin die erbrechtlichen Verhältnisse nach dem BGB. Neben die erbrechtlichen Vorschriften des BGB. treten aber für die Beerbung eines Ehegatten zufolge des Art. 200 die bisherigen Vorschriften über die erbrechtlichen Wirkungen des Güterstandes. Hiernach stellt der Art. 213 die Regel, der Art. 200 aber eine die Regel einschränkende Ausnahme auf. Für das Verhältnis des Art. 213 zu dem Art. 200 Abs. 1 Satz 2 folgt hieraus, daß, soweit das bisherige Recht mit dem Güterstand erbrechtliche Wirkungen verknüpft, die diese erbrechtlichen Wirkungen des Güterstandes enthaltenden Vorschriften des bisherigen Rechtes Anwendung finden, insoweit also für die erbrechtlichen Vorschriften des BGB. kein Raum ist, daß aber, soweit die bisherigen Rechte Vorschriften über die erbrechtlichen Wirkungen des Güterstandes nicht enthalten, die erbrechtlichen Vorschriften des BGB. Platz greifen. Daraus ergibt sich das Verhältnis des Ehegattenerbrechts des BGB. zu den gütererbrechtlichen Bestimmungen der bisherigen Gesetze. Wenn das bisherige Gesetz dem überlebenden Ehegatten kraft des Güterrechts irgendeinen Vermögensvorteil am Nachlasse des verstorbenen Ehegatten einräumt, sei es nun einen Bruchteil des Nachlasses oder die Nutznießung des Nachlasses oder eines Teiles desselben oder in sonst einer Form, so wird dadurch das Ehegattenerbrecht des BGB. ausgeschlossen. So auch Habicht S. 517, 553, 778 und die Begründung zum preuß. AG. (s. insbes. zu Art. 45 des Entw.), Rspr. 7 S. 69. Dagegen vertreten die Begründungen zu dem württemb. und dem badischen AG. die Auffassung, daß neben die gütererbrechtlichen Bestimmungen des bisherigen Rechtes die erbrechtlichen Vorschriften des BGB. treten, der Ehegatte also sowohl das Ehegattenerbrecht als auch das Gütererbrecht des bisherigen Rechtes zu beanspruchen hat. Dorner S. 483 scheint diese Ansicht wenigstens für den Fall, daß das bisherige Gesetz dem Ehegatten nur die Nutznießung einräumt, für richtig zu halten. Daß die Landesgesetzgebung dem Ehegatten neben dem Gütererbrechte des bisherigen Rechtes das Ehegattenerbrecht gewähren kann, ist zweifellos. Das württemb. AG. Art. 262 will dem Ehegatten neben dem Ehegattenerbrechte des BGB. die Nutznießung einräumen. Da an der Zulässigkeit dieser Bestimmung nicht zu zweifeln und auch die Absicht des Gesetzes klar ist, wird man an der Nichterwähnung des Ehegattenerbrechts im Gesetze selbst keinen Anstoß nehmen dürfen. Kraft Reichsrechts hat der überlebende Ehegatte auch nicht die Wahl, ob er das bisherige Gütererbrecht oder das Ehegattenerbrecht des BGB. vorzieht. Infolge der landesrechtlichen Überleitung ist ihm allerdings ein solches Wahlrecht für die Regel eingeräumt.

Eine Frage des Güterrechts ist es auch, ob ein Ehegatte eine Verfügung von Todes wegen treffen kann oder nicht. Daß sich der Inhalt der Verfügung von Todes wegen und die Wirkungen nach dem BGB. bestimmen müssen, folgt aus dem Art. 213. Nach dem bisherigen Rechte beantwortet sich also z. B. die Frage, ob ein in Gütergemeinschaft lebender Ehegatte dem überlebenden Ehegatten die ihm nach dem bisherigen Rechte zustehenden Rechte einseitig entziehen (Rspr. 7 S. 70) oder einem Dritten ein Vermächtnis aussetzen kann. Welchen Inhalt das Vermächtnis haben kann, welche Rechtswirkungen es äußert, bemißt sich nach dem BGB.

Als erbrechtliche Wirkung des Güterstandes erscheinen übrigens nicht nur die Rechte, welche dem überlebenden Ehegatten zustehen, sondern auch die mit ihnen verbundenen Pflichten z. B. hinsichtlich der Schuldenhaftung (für Solms s. Rspr. 7 S. 395), der Aussteuerpflicht, wenn das bisherige Güterrecht die Pflichten als wesentlichen Bestandteil der Rechtsstellung auffaßt.

Was als erbrechtliche Wirkung des Güterstandes aufzufassen ist, muß für jedes Güterrecht gesondert beantwortet werden. Als Regel wird man nur den Satz aufstellen können, daß, wenn ein Landesrecht diejenigen erbrechtlichen Vorteile, welche es dem überlebenden Ehegatten am

Nachlasse des verstorbenen Ehegatten gewährt, ihm ohne Rücksicht auf den Güterstand d. h. einem jeden Ehegatten gibt, gleichgültig, in welchem Güterstand er lebte, dann kein Gütererbrecht, sondern ein reines Erbrecht vorliegt. Von dieser Regel geht z. B. die bayerische Überleitung der Güterstände durchweg aus. Im übrigen ist die Entscheidung häufig sehr schwer und gerade die Schwierigkeit dieser Entscheidung war einer der hauptsächlichsten Gründe, weshalb die Landesgesetze die Überleitung vorgenommen haben. Zu einer, wenn man so sagen darf, authentischen Interpretation, was Gütererbrecht und was Erbrecht ist, haben sich auch Württemberg und Baden entschlossen, obgleich diese — Baden allerdings nur zunächst — wie unter III 2 dargelegt ist, im übrigen die Überleitung in der Hauptsache abgelehnt haben.

Die erbrechtlichen Wirkungen des Güterstandes beschränken sich nicht auf das Verhältnis des überlebenden Ehegatten zum Nachlasse des verstorbenen; als erbrechtliche Wirkung kann vielmehr auch das Rechtsverhältnis des Kindes zum Nachlasse des verstorbenen oder des überlebenden Ehegatten erscheinen, so wenn in der Hand des überlebenden Ehegatten Konsolidation eintritt und dem Kinde nur ein unentziehbares Erbrecht gegenüber dem überlebenden Ehegatten zusteht. Auch das Rechtsverhältnis eines abgeschichteten Kindes zum Nachlasse des überlebenden Ehegatten kann als erbrechtliche Wirkung des Güterstandes erscheinen. A. A. in letzterer Hinsicht die Begründung z. preuß. AG., wie hier Rspr. 4 S. 136; 7 S. 67; KG. 26 A 233; RG. JW. 1903 Beil. S. 14, Affolter S. 222. Übrigens wird ein Absonderungsvertrag, den ein Kind mit einem oder beiden Eltern auf Grund des bisherigen Rechtes abschließt, in der Regel als Erbverzichtsvertrag aufzufassen und deshalb Art. 217 anwendbar sein; dies gilt insbesondere, wenn das bisherige Recht mit der Abschichtung die Wirkung der sog. Totteilung verbindet (vgl. Rspr. 6 S. 68).

5. Als Folge der Maßgeblichkeit des bisherigen Rechtes für den Güterstand ist im Abs. 1 Satz 2 ferner hervorgehoben, daß die **Vorschriften der französischen und badischen Gesetze über das Verfahren bei Vermögensabsonderungen unter Ehegatten** aufrecht bleiben. Die besondere Hervorhebung hängt damit zusammen, daß ihre Aufrechterhaltung im bisherigen Rechte auf dem § 15 Nr. 5 des EG. zur CPO. beruht, die Nr. 5 des § 15 aber im Art. II Nr. 3 des EG. v. 17. Mai 1898 zur CPO. Nov. beseitigt worden ist. Der Art. 200 Abs. 1 Satz 2 soll klar stellen, daß die Aufhebung des Vermögensabsonderungsverfahrens für die bestehenden Ehen nicht gilt.

6. Als eine Folge der Maßgeblichkeit des bisherigen Güterrechts für den Güterstand erscheint auch die Vorschrift des Abs. 3. Nach dem BGB. tritt weder infolge der Ehe, noch infolge des Güterstandes **eine Beschränkung der Geschäftsfähigkeit der Frau** ein (vgl. Bd. IV S. 92). Nach dem BGB. kann sich nur als Folge der Unterwerfung des Frauenvermögens oder eines Teiles desselben unter das Recht des Mannes eine gewisse Beschränkung der Frau in ihrer Verfügungsmacht über das dem Rechte des Mannes unterworfene Vermögen ergeben. Dagegen kennen mehrere bisherige Rechte eine Beschränkung der Geschäftsfähigkeit der Frau. Die Beschränkung der Geschäftsfähigkeit der Frau beruht in manchen Rechten auf dem Güterstand, in anderen aber ist sie eine Folge der Ehe als solcher. Daß die Beschränkung der Geschäftsfähigkeit der Frau, soweit sie Folge des Güterstandes ist, bestehen bleibt, wenn der Güterstand selbst dem bisherigen Rechte unterworfen bleibt, folgt schon aus dem Art. 200 Abs. 1. Nach dem Abs. 3 soll aber die Geschäftsfähigkeit der Frau auch dann beschränkt bleiben, wenn die Beschränkung auf der Ehe als solcher beruht. Dies ist eine positive Vorschrift, die sich durch den Zusammenhang der die Geschäftsfähigkeit der Ehefrau als solcher beschränkenden Vorschriften mit den Vorschriften des Güterrechts und der praktischen Unmöglichkeit zwischen ihnen zu trennen erklärt. Von Bedeutung ist der Abs. 3 insbesondere für das französische und das badische Recht. Auch die Frage, welche Wirkung ein Rechtsgeschäft hat, das von einer Ehefrau vorgenommen worden ist, deren Geschäftsfähigkeit auf Grund des durch den Abs. 3 aufrecht erhaltenen Rechtes beschränkt ist, beantwortet sich nach dem bisherigen Rechte. Nach diesem bestimmt sich also z. B., ob eine absolute oder relative Nichtigkeit oder bloße Anfechtbarkeit eintritt, ob die Beschränkung der Geschäftsfähigkeit tatsächlich nur einer Verfügungsbeschränkung gleichkommt, unter welchen Voraussetzungen die Beschränkung wegfällt (z. B. ob durch bloße Zustimmung des Mannes oder wenn die Erklärung der Frau in bestimmter Form erfolgt) ꝛc. Die Beschränkung der Geschäftsfähigkeit bleibt nur solange in Kraft, als der bisherige Güterstand besteht (Rspr. 7 S. 399). Änderungen des Güterstandes in einzelnen Beziehungen sind ohne Einfluß auf die Beschränkung der Geschäftsfähigkeit der Frau.

Daraus, daß die Beschränkung der Geschäftsfähigkeit der Frau in Kraft bleibt, soweit die Frau „nach den für den Güterstand maßgebenden Gesetzen" in der Geschäftsfähigkeit beschränkt ist, folgern Wieruszowski in Gruch. 44 S. 305 und Förtsch im Recht 1900 S. 345, daß die Beschränkung der Geschäftsfähigkeit der Frau insoweit nicht aufrecht bleibt, als sie mit der güterrechtlichen Zweckbestimmung des Abs. 3 nicht im Zusammenhange steht. Für diese Unterscheidung dürfte es an einem genügenden Anhaltspunkte fehlen, auch würde sie gerade den Zweck des Abs. 3, nämlich nicht unterscheiden zu müssen zwischen den verschiedenen Gründen, auf welchen die Beschränkung der Geschäftsfähigkeit beruht, vereiteln. Wie hier Habicht, S. 341, Niedner S. 423, Düringer-Hachenburg, HGB. S. 18.

Die Vorschrift des Art. 200 Abs. 3 gilt nicht, soweit der Art. 199 reicht. In Ansehung der Schlüsselgewalt der Frau und in Ansehung der Verpflichtung der Frau zu Diensten in Person gilt vom 1. Januar 1900 ab das BGB. (§§ 1357, 1358) ohne Unterschied, welcher Güterstand in der Ehe gilt, und deshalb auch ohne Rücksicht darauf, ob die Frau nach dem für ihren Güterstand geltenden Rechte in der Geschäftsfähigkeit beschränkt ist oder nicht.

7. **Das Verhältnis des Art. 200 Abs. 3 zu Art. 7, 8 des alten HGB.** Die Vorschrift des Art. 7 des alten HGB., daß eine Ehefrau ohne Einwilligung des Ehemanns nicht Handelsfrau sein kann, ist, wie auch die D. z. HGB. bemerkt, ausschließlich handelsrechtlicher Natur. Ihre Bedeutung besteht nur darin, daß auf eine verheiratete Frau, die ohne Zustimmung des Mannes Handel treibt, die für Kaufleute geltenden Vorschriften keine Anwendung finden. Die Vorschrift des Art. 7 ist deshalb mit dem Inkrafttreten des neuen HGB. beseitigt. Da nun die Beseitigung des Art. 7 nicht die Folge haben kann, daß für die im Art. 7 geregelten Fragen das bisherige Landesrecht wieder in Geltung tritt, beantwortet sich die Frage, ob eine Ehefrau zum Beginn eines Erwerbsgeschäfts der Einwilligung des Mannes bedarf, seit dem Inkrafttreten des BGB. ausschließlich nach dessen Vorschriften. Hiernach (s. Erl. 4 zu § 1356) ist die Frage zu verneinen. Dieses Ergebnis stimmt übrigens auch mit dem Art. 199 überein. Nach diesem ist für die persönlichen Rechtsverhältnisse der Ehegatten zu einander vom Inkrafttreten des BGB. an dieses maßgebend, nach der Auffassung des BGB. ist aber die berührte Frage nicht eine güterrechtliche, sondern eine dem persönlichen Rechtsverhältnisse der Ehegatten zu einander angehörende.

Dem Güterrechte gehört die Frage an, inwieweit die Frau in der Lage ist, durch den Betrieb des Erwerbsgeschäfts das von ihr eingebrachte Vermögen oder das gütergemeinschaftliche Vermögen dem Zugriffe der Gläubiger zu unterwerfen. Diese Frage ist vom alten HGB. im Art. 8 Abs. 2 entschieden. Die Vorschrift des Art. 8 Abs. 2 muß deshalb für die Ehe, deren Güterstand sich nach dem bisherigen Rechte bestimmt, gemäß Art. 200 fortdauernde Geltung haben. Dabei ist indessen zu beachten, daß der Art. 8 Abs. 2 voraussetzt, daß die Frau das Erwerbsgeschäft gültig d. h. gemäß Art. 7 unter der ausdrücklichen oder der vorausgesetzten Einwilligung des Mannes betreibt. Insoweit kommt den Vorschriften des Art. 7 und des Art. 8 Abs. 1 des alten HGB. auch künftig Bedeutung bei.

In der Literatur herrscht große Meinungsverschiedenheit. Wie hier im wesentlichen Förtsch im „Recht" 1900 S. 345, Niedner S. 423; a. A. Staub, HGB. 6. Aufl. S. 37, welcher die Art. 7, 8 schlechthin für aufrecht erhalten, Cosack, Handelsrecht 4. Aufl. S. 768, welcher nur das neue Recht für anwendbar hält. Mittelmeinungen bei Habicht S. 551, Wieruszowski Gruchot 44 S. 305, Düringer-Hachenburg, HGB. S. 11, Goldmann, HGB. S. 9, Stranz und Gerhard, Preuß. AG. S. 275.

8. **Der Abs. 2** gestattet in Anlehnung an die für das internationale Privatrecht geltende Vorschrift des Art. 15 Abs. 2 Satz 2, daß nach dem Inkrafttreten des BGB. die güterrechtlichen Verhältnisse durch Ehevertrag auch in den Rechtsgebieten geregelt werden, in welchen nach den bisherigen Gesetzen ein Ehevertrag unzulässig sein würde. Ob der bisherige Güterstand auf Gesetz oder Vertrag beruht, ist gleichgültig. Durch die Vorschrift soll den Ehegatten die Überleitung des Güterstandes des bisherigen Rechtes in einen Güterstand des BGB. ermöglicht werden. Es wird deshalb auch vom Abs. 2 nur eine nach den Vorschriften des BGB. zulässige Regelung des Güterstandes gestattet. Die Ehegatten können also, auch wenn bisher ein Ehevertrag verboten war, nunmehr durch Ehevertrag Einzelheiten des bisherigen Güterstandes ändern (z. B. Vorbehaltsgut bestimmen oder den Umfang des Vorbehaltsguts ändern) oder einen neuen Güterstand einführen, sie können aber nicht den Güterstand durch Verweisung auf ein nicht mehr geltendes oder auf ein ausländisches Gesetz bestimmen (§ 1433 des BGB.), insbesondere können sie daher nicht den bisherigen Güterstand durch einen andern Güterstand des bisherigen Rechtes ersetzen, sondern wenn sie den bisherigen Güterstand aufgeben wollen, können sie nur einen der Güterstände des BGB. einführen. Wenn sie nur Einzelheiten des bisherigen Güterstandes ändern, so bestimmt sich die Frage, ob die Änderung zulässig ist, nach dem für den Güterstand maßgebenden bisherigen Rechte. Ehegatten, welche in der Mobiliargemeinschaft des französ. Rechtes

oder der Errungenschaftsgemeinschaft des bayer. LR. leben, könnten z. B. nicht die fortgesetzte Gütergemeinschaft einführen.

Die Vorschrift des Abs. 2 gilt nur für die Rechte, in welchen der Abschluß von Eheverträgen, sei es überhaupt oder für die Zeit nach Eingehung der Ehe allgemein verboten ist. In Betracht kommen insbesondere das französische und das badische Recht. Es finden sich aber auch Rechte, welche den Abschluß von Eheverträgen bei gewissen Güterständen von der Zustimmung Dritter abhängig machen. Dies gilt namentlich für die fränkische Landgerichtsordnung; nach dieser fällt aller Erwerb der Kinder in das Gesamtgut und die Kinder haben mit Rücksicht hierauf den sog. Zweiteil d. h. ⅔ des Gesamtguts zu beanspruchen; den Ehegatten ist der Abschluß von Eheverträgen ohne Zustimmung der Kinder verboten, weil sie sonst das Recht der Kinder vereiteln könnten (s. Roth, Bayer. Civilrecht Bd. 1 § 78). Da kein Zweifel darüber sein kann, daß die Frage, ob ein Ehegatte eine Verfügung von Todes wegen treffen kann, sich auch nach dem Inkrafttreten des BGB. nach dem bisherigen Güterrechte bestimmt und das Verbot des Abschlusses von Eheverträgen in den bezeichneten Rechtsgebieten auf dem gleichen Grunde beruht wie das Verbot der Verfügungen von Todes wegen, so fallen die Bestimmungen der bezeichneten Rechte nicht unter den Abs. 2.

Der Abs. 2 verbietet nach dem Inkrafttreten des BGB. eine nach den Vorschriften des BGB. unzulässige Regelung des Güterstandes nur in den Rechtsgebieten, nach deren bisherigen Gesetzen ein Ehevertrag unzulässig sein würde. In den übrigen Rechtsgebieten steht der vertragsmäßigen Ersetzung des Güterstandes durch einen anderen des bisherigen Rechtes reichsrechtlich nichts entgegen. Die Unzulässigkeit folgt nicht etwa aus § 1433 Abs. 1 des BGB., denn dessen Anwendbarkeit beschränkt sich auf die unter der Herrschaft des BGB. geschlossenen Ehen (a. A. die frühere Auflage, Habicht S. 514, Niedner, Wieruszowski S. 53). Eine Reihe von AG. z. B. Preußen, Art. 62, Bayern, ÜG. Art. 27 hat indessen das Verbot einer nach dem BGB. unzulässigen Regelung des Güterstandes für alle altrechtlichen Ehen ausgesprochen.

9. Die Form des Ehevertrags richtet sich für alle Rechtsgebiete (a. A. Affolter S. 221) vom Inkrafttreten des BGB. an nach diesem (§ 1434). Entsprechende Anwendung finden auch die Bestimmungen der §§ 1437, 1508 Abs. 2, 1549 des BGB., nach welchen ein die allgemeine Gütermeinschaft oder die fortgesetzte Gütergemeinschaft einführender oder aufhebender oder die Fortsetzung der Gütergemeinschaft ausschließender oder den Ausschluß derselben aufhebender Ehevertrag nicht durch den gesetzlichen Vertreter geschlossen werden kann und der gesetzliche Vertreter zur Zustimmung zu einem solchen Vertrage der Genehmigung des Vormundschaftsgerichts bedarf. Denn diese Vorschriften hängen zwar mit dem Güterrechte zusammen und haben deshalb im ehelichen Güterrecht ihre Stellung gefunden, regeln aber zunächst Fragen der Geschäftsfähigkeit und für diese ist nach dem den Art. 153 ff. zugrunde liegenden Gedanken vom Inkrafttreten des BGB. an dieses maßgebend. Dem Registerzwang (§ 1435 des BGB.) unterliegt ein solcher Ehevertrag nicht (ebenso Habicht S. 548; a. A. Niedner S. 425), da der Zweck, welcher mit dem Registerzwange verfolgt wird, nicht zutrifft und eine positive Vorschrift, auf welche die Anwendbarkeit des § 1435 des BGB. zu begründen wäre, fehlt.

Die Auslegungsregel des § 1436 des BGB. findet entsprechende Anwendung, d. h. wenn die Ehegatten den bisherigen Güterstand aufheben, ohne zu bestimmen, welcher Güterstand an die Stelle treten soll, so gilt die Gütertrennung des BGB.

Wird durch den Ehevertrag der bisherige Güterstand aufgehoben, so finden auf die dadurch erforderlich werdende Auseinandersetzung die Vorschriften des bisherigen Rechtes Anwendung; enthält ein Recht für den Fall der Aufhebung durch Ehevertrag keine Vorschriften über die Auseinandersetzung, weil dieser Fall nach dem bisherigen Rechte nicht vorkommen konnte, so müssen die Vorschriften des bisherigen Rechtes über die Auseinandersetzung in sonstigen Fällen, eventuell die Vorschriften der §§ 752 ff. des BGB. über die Teilung einer Gemeinschaft zur Anwendung gebracht werden (P. II Bd. 6 S. 543). Selbstverständlich gilt dieses nur, soweit die Ehegatten nicht vertragsmäßig über die Auseinandersetzung Bestimmung treffen.

III. Die Überleitung der Güterstände durch das Landesrecht.

1. In Betracht kommen folgende Landesgesetze: Preußen, AG. z. BGB. Art. 44—67, KV. v. 20. Dezbr. 1899 (vgl. JMBl. 1900 S. 15); Bayern, Übergangsges. v. 9. Juni 1899 Art. 19—31, 62—104, 124—140, V. v. 28. September 1903; Sachsen, AG. § 34; Württemberg, AG. Art. 260—264; Baden, AG. Art. 41, 42, nun Ges. v. 4. August 1902; Hessen, AG. Art. 169—208, 230—265; Mecklenburg-Schwerin, AV. §§ 209—217, 263; S.-Weimar, AG. §§ 183—191, AG. z. CPO. § 10; Mecklenburg-Strelitz, AV. §§ 207—215, 260; Oldenburg,

AG. §§ 16, 17, AG. f. Lübeck §§ 16, 17, f. Birkenfeld §§ 44—62; Braunschweig, AG. §§ 73—75; S.-Meiningen, Ges. v. 10. Aug. 1900; S.-Altenburg, AG. §§ 97—102; S.-Koburg-Gotha, AG. Art. 42; Anhalt, AG. Art. 59; Schwarzburg-Rudolstadt, AG. Art. 134—147; Schw.-Sondershausen, AG. Art. 48; Waldeck, AG. Art. 24—31; Reuß ä. L., AG. §§ 112—117; Reuß j. L., AG. § 94; Schaumburg-Lippe, AG. §§ 21—36; Lippe, AG. § 35; Lübeck, AG. §§ 100—106; Bremen, Ges. v. 18. Juli 1899; Hamburg, Ges. v. 14. Juli 1899; Elsaß-Lothringen, AG. §§ 144—165 (dazu Bek. v. 22. Dezbr. 1899, Ges. v. 29. Novbr. 1899), V. v. 2. Mai 1900.

2. Umfang der Überleitung. Die vorgenannten Gesetze nehmen zur Überleitung der Güterrechte einen verschiedenen Standpunkt ein.

a) Württemberg lehnt grundsätzlich eine Überleitung der ehelichen Güterrechte ab; es führt nur für die allgemeine Gütergemeinschaft des bisherigen Rechtes die fortgesetzte Gütergemeinschaft des BGB. ein und enthält im übrigen lediglich eine gesetzliche Regelung des dem Ehegatten nach der Auflösung der Errungenschaftsgemeinschaft oder der allgemeinen Gütergemeinschaft des bisherigen Rechtes zustehenden Gütererbrechts. Baden begnügte sich anfänglich damit, die Eintragung der altrechtlichen Güterstände in das Güterrechtsregister vorzuschreiben und das altrechtliche Beisitzrecht zu beseitigen; später nahm es eine weitergehende Überleitung vor.

Auch Lippe lehnt die Überleitung teilweise ab. Lippe beläßt es für die Ehen mit der bisherigen gesetzlichen Gütergemeinschaft nach der GGO. v. 1786 bei dem alten Rechte und leitet nur Ehen mit Gütertrennung über, aber auch diese dann nicht, wenn die Ehegatten vor dem 1. Januar 1901 erklären, daß sie das alte Recht beibehalten wollen.

b) Die übrigen Staaten nehmen eine Überleitung der Güterstände vor. Einige Staaten leiten aber nur diejenigen Ehen über, welche dem gesetzlichen Güterstande des BGB. entsprechen, andere nur diejenigen Ehen, in welchen ein einheimisches, d. h. von der einheimischen Gesetzgebung geregeltes Güterrecht gilt. Hierüber s. unten Erl. 6. Übrigens sind auch von den Bundesstaaten, die sich nicht auf die Überleitung der gesetzlichen oder der einheimischen Güterstände beschränkt haben, nicht alle Güterstände übergeleitet worden; durchweg ausgenommen ist z. B. das Dotalrecht des französ. Rechtes; für Preußen s. Stranz-Gerhard S. 267.

Die vertragsmäßigen Güterstände werden von der Mehrheit der AG. wie die gesetzlichen behandelt und der Überleitung gleichfalls unterworfen. Dies gilt insbesondere von Preußen, Bayern, Sachsen, Baden, Hessen und Elsaß-Lothringen. Unberührt lassen die vertragsmäßigen Güterstände jedenfalls Mecklenburg-Schwerin und Mecklenburg-Strelitz, Oldenburg (für Oldenburg und für Lübeck), Braunschweig und Lippe (dieses abgesehen von den im § 73 Nr. 3 des AG. enthaltenen Fällen). Diese Staaten enthalten eine ausdrückliche Vorschrift. Ob nicht auch andere Bundesstaaten die vertragsmäßigen Güterstände von der Überleitung stillschweigend ausnehmen, ist nicht unzweifelhaft; es dürfte übrigens Niedner S. 427 darin beizustimmen sein, daß die Frage zu verneinen ist.

Wenn der Güterstand im Zeitpunkte des Inkrafttretens des BGB. schon beendigt ist, wird regelmäßig von einer Überleitung des nach der Aufhebung des Güterstandes bestehenden Rechtsverhältnisses Umgang genommen. Auf die im Zeitpunkte des Inkrafttretens des BGB. schon aufgehobenen Güterstände beziehen sich die Überleitungsvorschriften regelmäßig nicht. Insbesondere wird die im bezeichneten Zeitpunkte schon eingetretene fortgesetzte Gütergemeinschaft regelmäßig nicht übergeleitet.

3. Zeitpunkt der Überleitung. Die meisten Landesgesetze leiten die alten Güterstände vom 1. Januar 1900 an in das neue Recht über. Nur Mecklenburg-Schwerin, Mecklenburg-Strelitz und Anhalt lassen die Überleitung erst vom 1. Januar 1901 an eintreten und Lippe gestattet den Ehegatten, bis zum 1. Januar 1901 die Überleitung durch Erklärung abzuwenden; haben sie sich bis zu diesem Zeitpunkte nicht erklärt, so tritt mit ihm die Überleitung ein. In Baden ist die Überleitung nachträglich mit Wirkung vom 1. Januar 1903 erfolgt.

Wegen des Zeitpunkts der Überleitung, wenn die Ehegatten am 1. Januar 1900 ihren Wohnsitz in einem anderen Bundesstaate hatten und ihn erst später in den Bundesstaat verlegen, s. unter Nr. 7.

4. Die Überleitung tritt nach allen Landesgesetzen kraft Gesetzes ein. Die Ehegatten können jedoch überall die Überleitung durch Ehevertrag ausschließen; diese Eheverträge bedürfen der Eintragung in das Güterrechtsregister. Um den Ehegatten den Abschluß solcher Eheverträge zu erleichtern, ist von fast allen Bundesstaaten für eine gewisse Zeit Gebühren- und Stempelfreiheit gewährt worden.

5. **Die Umwandelung der alten Güterstände erfolgt grundsätzlich in die entsprechenden Güterstände des BGB.** Für eine Ehe, in welcher nach bisherigem Rechte allgemeine Gütergemeinschaft gegolten hat, gilt also auch künftig allgemeine Gütergemeinschaft, für eine Ehe mit Verwaltungsgemeinschaft des bisherigen Rechtes gilt auch später Verwaltungsgemeinschaft. Die gesetzlichen Güterstände des bisherigen Rechtes sind nicht etwa in den gesetzlichen Güterstand des BGB. umgewandelt worden. Eine Ausnahme machen einzelne Bundesstaaten für das Dotalrecht und für die Errungenschaftsgemeinschaft in der Form der sog. Gemeinschaft des Zugewinnstes (s. Vorbm. 2 vor § 1519 Bd. IV S. 348). Das Dotalrecht wird z. B. von Preußen und Bayern in die Verwaltungsgemeinschaft des BGB. (nicht in die Gütertrennung) umgewandelt und an die Stelle der Errungenschaftsgemeinschaft tritt, wenn sie bisher in der Form der Gemeinschaft des Zugewinnstes erschien, nicht die Errungenschaftsgemeinschaft, sondern die Verwaltungsgemeinschaft des BGB. (so z. B. Preußen für die Errungenschaftsgemeinschaft in den althessischen und vormals kurhessischen Gebietsteilen, Bayern für bayer. LR., Mainz, Solms, Ansbach).

Eine kurze Übersicht über die Umwandelung der einzelnen Güterstände findet sich bei Habicht S. 562ff., Niedner S. 428ff., Stobbe-Lehmann S. 153ff. und Lehmann im Recht 1900 S. 116, Wieruszowski S. 147ff.

6. Die Landesgesetze leiten zum Teil

a) nur diejenigen Güterstände über, welche dem bisherigen gesetzlichen Güterrechte des überleitenden Staates unterstehen; sie beschränken sich auf die **Überleitung der einheimischen Güterstände**. Hierher gehören insbesondere Sachsen, die beiden Mecklenburg, Weimar, Oldenburg, Braunschweig und die Hansastädte.

b) Zum Teil leiten die Landesgesetze auch die Güterstände über, die — sei es kraft Gesetzes oder kraft Vertrags — einem in einem anderen deutschen Bundesstaate geltenden Güterrechte unterstehen; sie dehnen die Überleitung auf die **auswärtigen deutschen Güterstände** aus. Auf diesem Standpunkte stehen insbesondere Preußen, Bayern, Hessen, Meiningen, Koburg-Gotha, Elsaß-Lothringen. Die Überleitung erfolgt dadurch, daß die in dem deutschen Staate, in welchem das Güterrecht einheimisch ist, erlassenen Überleitungsvorschriften für anwendbar erklärt werden. Das Verfahren ist dabei ein verschiedenes. Preußen (Art. 61) hat im AG. nur für die nach dem sächs. GB. lebenden Ehegatten die Anwendbarkeit der sächsischen Überleitungsvorschriften ausgesprochen, die Inkraftsetzung der Überleitungsvorschriften der anderen Bundesstaaten aber einer k. Verordnung vorbehalten. Die Verordnung ist am 20. Dezember 1899 ergangen (dazu preuß. JMBl. 1900 S. 16). Die Verordnung beschränkt sich aber auf die Ehegatten, welche am 1. Januar 1900 in Preußen wohnten. Verlegen die Ehegatten, die am 1. Januar 1900 nicht in Preußen wohnten, ihren Wohnsitz später nach Preußen, so findet die Verordnung auf sie keine Anwendung. Ähnlich ist Elsaß-Lothringen § 164 (dazu Kais. V. v. 2. Mai 1900) verfahren. Dagegen sind in Bayern (Art. 22, 23) die Ehegatten, welche in Bayern nach einem nicht in Bayern geltenden deutschen Rechte leben, durch das Überleitungsgesetz selbst den Überleitungsvorschriften unterworfen worden, welche der deutsche Bundesstaat getroffen hat, dessen Gesetze für den Güterstand der Ehegatten maßgebend sind. Nur für die am 1. Januar 1900 noch nicht erlassenen Überleitungsvorschriften ist einer k. Verordnung die Inkraftsetzung vorbehalten worden (wegen Baden s. V. v. 28. September 1903). Nehmen die Ehegatten ihren Wohnsitz erst nach dem Inkrafttreten des BGB. in Bayern, so werden sie den Überleitungsvorschriften unterworfen, welche für den in der Ehe geltenden Güterstand von dem Staate getroffen worden sind, dessen Gesetze für den Güterstand maßgebend sind. Ist der Güterstand der Ehegatten bereits an dem früheren Wohnsitz übergeleitet worden, so verbleibt es hierbei. Ebenso verfährt Hessen (Art. 208, 265).

c) Für diejenigen Güterrechte, welche in mehreren Bundesstaaten gleichzeitig gelten, sog. **gemeinsame Güterrechte** (z. B. das Mainzer Recht in Preußen, Bayern und Hessen) sind von jedem Bundesstaat in Ansehung des in seinem Gebiete gelegenen Geltungsgebiets besondere Überleitungsvorschriften getroffen worden ohne Rücksicht darauf, ob der Güterstand für die Ehe mit Rücksicht auf das Güterrecht seines Bezirks oder mit Rücksicht auf das gleiche Güterrecht des anderen Bundesstaats gilt. Soweit dabei französisches Recht in Frage kommt, erklären sie durchweg die von ihnen für das französische Recht getroffenen Überleitungsvorschriften auch dann für maßgebend, wenn die Ehegatten den ersten Wohnsitz nicht in ihrem Gebiete, sondern in dem Gebiet eines anderen Bundesstaats mit französischem Rechte begründet haben. Preußen, Bayern und Hessen stellen dabei das badische Landrecht dem code civil gleich, obgleich Baden selbst von einer Überleitung abgesehen hatte, während Elsaß-Lothringen aus eben diesem Grunde von seinen Überleitungsvorschriften die Ehen, für deren Güterstand badisches Recht maßgebend ist, ausgenommen hat.

7. **Örtliche Grenzen der Überleitungsvorschriften der einzelnen Landesgesetze.** Literatur: Kahn, „Kollisionen und Kompetenzüberschreitungen der deutschen Ausführungsgesetze zum ehelichen Güterrechte" in Jherings Jahrb. 42 S. 309—352; Kahn das. 43 S. 299; Schnell in Böhms Z. 8 S. 292; Aron das. 9 S. 370; Affolter in Grünhut 30 S. 125; Habicht S. 555, Niedner S. 434, Wieruszowski S. 84; Niemeyer, Intern. Privatr. (1901), Lippmann im Sächs.A. 10 S. 273, Schöller DJZ. 1900 S. 250, ferner die S. 11 erwähnten Kommentare von Stranz-Gerhard S. 267 ff., Henle-Schneider S. 419 ff., Dorner S. 467 ff.

a) Die Frage ist zunächst zu beantworten vom Standpunkte des Reichsrechts allein und ohne Rücksicht auf die landesgesetzlichen Vorschriften über die räumliche Herrschaft der Überleitungsnormen.

Die Überleitungsvorschriften der einzelnen Landesgesetze erscheinen als Novellen zu den den einzelnen Güterstand regelnden Gesetzgebungswerken. Die preuß. Überleitung der Verwaltungsgemeinschaft des preuß. LR., die bayer. Überleitung der Errungenschaftsgemeinschaft des bayer. LR. z. B. sind sachlich nichts anderes als eine preuß. Novelle zum preuß. LR. und als eine bayer. Novelle zum bayer. LR. Da nun die im intern. Privatrechte des EG. bezüglich des ehelichen Güterrechts (Art. 15) getroffenen Vorschriften auf die altrechtlichen Ehen keine Anwendung finden, für die räumliche Herrschaft der güterrechtlichen Vorschriften des preuß. LR., des bayer. LR. ꝛc. vielmehr die bisherigen Gesetze maßgebend bleiben (s. Vorbm. 5 oben S. 284), ist das bisherige intern. Privatrecht auch maßgebend für die räumliche Herrschaft der Überleitungsvorschriften. Hieraus folgt, daß die räumliche Herrschaft der Überleitungsvorschriften der einzelnen Landesgesetze sich je nach dem grundsätzlichen Standpunkt, auf dem ein Landesrecht in Ansehung der räumlichen Herrschaft der ausländischen Güterrechtsnormen steht, verschieden bestimmt.

Nach der überwiegenden Mehrzahl der bisherigen Landesgesetze, insbesondere dem preuß., bayer., sächs. und württemb. Rechte bestimmt sich das eheliche Güterrecht nach dem ersten Ehedomizil und gilt der Grundsatz der Unwandelbarkeit des ehelichen Güterrechts. Für Preußen und Bayern würde mithin (wenn sie den räumlichen Herrschaftskreis ihrer Überleitungsvorschriften nicht besonders geregelt hätten) anzunehmen sein, daß die in Preußen für einen im preuß. Rechte geregelten Güterstand z. B. für die Verwaltungsgemeinschaft des preuß. LR. und die in Bayern für einen im bayer. Rechte geregelten Güterstand z. B. für die Errungenschaftsgemeinschaft des bayer. LR. getroffenen Überleitungsvorschriften ohne weiteres für alle Ehen gelten, für welche der Güterstand des preuß. Rechtes oder des bayer. Rechtes als das Güterrecht des ersten Ehedomizils gilt, gleichgültig, wo die Ehegatten im Zeitpunkte des Inkrafttretens des BGB. oder später wohnen, und gleichgültig, welche Staatsangehörigkeit sie haben. Preußische Ehegatten z. B., die ihren ersten ehelichen Wohnsitz in den bayerischen vormals eichstättischen Landesteilen, für welche die Verwaltungsgemeinschaft des preuß. LR. gilt, genommen haben, würden, auch wenn sie am 1. Januar 1900 in Berlin leben, den Überleitungsvorschriften unterworfen worden sein, welche der bayerische Gesetzgeber für die Verwaltungsgemeinschaft des preuß. LR. getroffen hat.

Eine Reihe von bisherigen Landesgesetzen (z. B. das badische Recht) geht dagegen davon aus, daß sich der Güterstand nach dem Rechte der Staatsangehörigkeit bestimmt; auch nach ihnen ist das Güterrecht unwandelbar. Für diese Rechte liegt das Verhältnis ähnlich wie bei der ersten Gruppe von Gesetzgebungen. Die beiden Mecklenburg endlich stehen auf dem Boden der Wandelbarkeit des Güterrechts. Nach ihnen würden die Überleitungsvorschriften des Mecklenburgischen Rechtes die sämtlichen altrechtlichen Ehen ergreifen, die am 1. Januar 1900 oder später ihren Wohnsitz in Mecklenburg haben.

Es ist klar, daß bei dieser Gestaltung der räumlichen Herrschaft der Überleitungsvorschriften Kollisionen sich ergeben. Allein diese Kollisionen wären ohne die Überleitungsvorschriften ganz die gleichen. Sie sind eben einfach die Kollisionen, zu denen das intern. Privatrecht der einzelnen Bundesstaaten vor dem Inkrafttreten des BGB. überhaupt geführt hat.

b) Eine Reihe von Bundesstaaten hat die räumliche Herrschaft ihrer Überleitungsvorschriften besonders geregelt.

Die Regelung ist im wesentlichen folgende:

α) Auf die außerdeutschen Güterstände (insbesondere wenn der code civil als Gesetzbuch Frankreichs gilt) erstrecken sich die landesgesetzlichen Überleitungsvorschriften nicht. Ausdrücklich ist dies nur von Elsaß-Lothringen § 163 bestimmt, es dürfte aber auch für die anderen Bundesstaaten gelten. A. A. Habicht S. 557, 559 in Ansehung der preuß. und hess. Überleitungsvorschriften für den Fall, daß die Ehegatten Inländer sind. Hiergegen Riedner S. 434 und im „Recht" 1900 S. 254, Kahn S. 313, Niemeyer S. 180, Stranz-Gerhard S. 268.

β) Bezüglich der deutschen Güterstände nehmen die Landesgesetze eine verschiedene Stellung ein.

Eine Anzahl von Landesgesetzen geht davon aus, daß sich ihre Überleitungsbestimmungen einerseits auf alle in ihrem Territorium bestehenden Ehen (gleichgültig, wo das erste Domizil der Ehegatten war, welchem Bundesstaate die Ehegatten angehören) erstrecken, andererseits nur diese umfassen, die Ehen also, die außerhalb des Territoriums bestehen, auch wenn für ihren Güterstand ein in dem Territorium geltendes und übergeleitetes Güterrecht maßgebend ist, von der Überleitung ausgeschlossen bleiben. Diese Landesgesetze erstrecken und beschränken ihre Überleitungsvorschriften auf die Ehegatten, welche in dem Bundesstaate leben; der Güterstand der Ehegatten, welche zur Zeit des Inkrafttretens des BGB. in dem Bundesstaate leben, wird vom Inkrafttreten des BGB. an, der Güterstand der Ehegatten, welche später in den Bundesstaat ihren Wohnsitz verlegen, vom Zeitpunkte der Verlegung ihres Wohnsitzes an übergeleitet, sofern nicht schon der Güterstand durch die Gesetze des bisherigen Wohnsitzes übergeleitet worden ist. So Preußen (Art. 44, 65, Güterrechtsverordnung § 1), Bayern (Art. 19, 22, 23), Hessen (Art. 169, 207, 208, 230, 264, 265), Weimar (§ 183), Elsaß-Lothringen (§ 163). Gemildert werden die aus diesem Standpunkte sich ergebenden Folgen dadurch, daß diese Landesgesetze für die nicht einheimischen Güterstände die Überleitungsvorschriften des Bundesstaats maßgebend sein lassen, in welchem der Güterstand einheimisch ist (s. oben Erl. 6b).

Andere Landesgesetze treffen ihre Überleitungsvorschriften für alle Ehen, deren Güterstand sich nach dem übergeleiteten Güterrechte bestimmt ohne Rücksicht darauf, wo die Ehegatten ihren Wohnsitz haben. Auf diesem Standpunkte stehen insbesondere Sachsen, Oldenburg, Altenburg und die Hansastädte (so fassen auch Kahn S. 317 und Niedner S. 434 die erwähnten Gesetze auf; anders Habicht S. 556). Baden hatte im Art. 2 des AG. den Satz des bisherigen Rechtes wiederholt, daß für das eheliche Güterrecht das Nationalitätsprinzip maßgebend ist; in dem Gesetze v. 4. August 1902 §§ 1, 21 ist es jedoch zum Wohnsitzprinzip übergegangen und erklärt von dem Inkrafttreten des Gesetzes an das Recht des Staates für maßgebend, in dem die Ehegatten den ersten ehelichen Wohnsitz hatten; bei Ehen, deren Güterstand sich hiernach nach dem Rechte eines anderen Bundesstaats richtet, gelten die Vorschriften, welche in diesem für die Überleitung der Güterstände erlassen sind oder erlassen werden.

Eine Sonderstellung nehmen die beiden Mecklenburg (Schwerin § 209, Strelitz § 207) ein, insofern sie — (von wenigen Ausnahmen, namentlich von den vertragsmäßigen Güterständen, auf die sich nach dem mecklenburgischen Rechte die Überleitung überhaupt nicht erstreckt, abgesehen) — alle in Mecklenburg domizilierten Güterstände, einerlei, welchem Rechte sie unterstehen, in das gesetzliche Güterrecht des BGB. überleiten. Dieser Standpunkt erklärt sich daraus, daß nach dem mecklenburgischen Rechte der Grundsatz der Wandelbarkeit des ehelichen Güterrechts gilt.

Württemberg, das von einer Überleitung überhaupt Abstand nahm, trifft auch über die territoriale Geltung fremder Überleitungsvorschriften keine Bestimmung. Damit ist nicht etwa stillschweigend ausgesprochen, daß es eine Überleitung des Güterstandes überhaupt nicht anerkennt, so daß der württembergische Richter z. B. auch bei preußischen Ehegatten mit dem gesetzlichen Güterstande des preuß. LR., die am 1. Januar 1900 in Berlin wohnten und später nach Ulm verzogen sind, die preußische Überleitung nicht zu beachten hätte.

c) Daß bei diesem Rechtszustande Konflikte sich ergeben können, bedarf keiner Ausführung. Beispiele s. bei Kahn S. 318, 324, Aron S. 376. Grundsätzlich wird bei allen diesen Kollisionen davon auszugehen sein, daß der Richter das Recht seines Staates anzuwenden und, wenn es sich um einen Widerstreit der Güterrechte anderer Staaten handelt, im Zweifel an der Unwandelbarkeit des Güterrechts festzuhalten hat.

d) Es muß hier dahingestellt bleiben, ob die Landesgesetze, welche bezüglich der räumlichen Herrschaft ihrer Überleitungsnormen sich dem preußischen Standpunkt angeschlossen haben, nicht zu weit gegangen sind. Nur soviel mag hervorgehoben werden, daß sich ohne Reichsgesetz Kollisionen der Überleitungsvorschriften nie hätten vermeiden lassen und daß man die aus dem preußischen Standpunkt sich ergebenden Kollisionsgefahren nicht überschätzen darf; denn das preußische System wird wesentlich dadurch gemildert, daß die Überleitungsvorschriften, welche der Staat trifft, in dessen Bezirke der Güterstand heimisch ist, grundsätzlich als maßgebend behandelt werden, so daß auf diese Weise, trotzdem scheinbar der Grundsatz, daß das erste Ehedomizil das Güterrecht bestimmt und dieses unwandelbar ist, zugunsten des sog. Territorialsystems aufgegeben ist, dieser Grundsatz materiell doch gewahrt geblieben ist.

Hier ist nur zu untersuchen, ob der Standpunkt dieser Landesgesetze mit dem Reichsrechte vereinbar ist. Die Unvereinbarkeit wird von **Kahn** S. 330ff. vertreten und **Dorner** S. 471 läßt dahingestellt, ob diese Überleitungsvorschriften sich noch im Rahmen des Art. 218 bewegen; jedenfalls enthielten sie eine Verleugnung der Gesichtspunkte, von denen ausgehend die Reichsgesetzgebung Enthaltung geübt habe. **Kahn** kommt zu dem Ergebnisse, daß jede Landesgesetzgebung im allgemeinen nur befugt sei, ihre eigenen Güterrechte überzuleiten; eine Überleitung der dem Rechte anderer Bundesstaaten angehörenden Güterstände stehe der Landesgesetzgebung auch dann nicht zu, wenn die Güterstände mit Güterständen, die in ihrem eigenen Gebiete gelten, identisch seien; die landesgesetzlichen Überleitungsnormen gälten für ganz Deutschland in derselben Weise und in demselben Umfange, wie das prinzipielle Güterrecht, zu welchem sie erlassen seien.

Indessen wird man die formelle Zulässigkeit der in Frage stehenden landesgesetzlichen Überleitungsvorschriften gegenüber dem Reichsrechte mit Grund nicht bestreiten können. Der Art. 218 ermächtigt die Landesgesetzgebung zu den Überleitungsvorschriften, ohne den Herrschaftsbereich der einzelnen Landesgesetzgebungen im Verhältnisse zu den anderen Landesgesetzgebungen abzugrenzen. Solange eine solche Abgrenzung im Wege der Reichsgesetzgebung nicht erfolgt ist, ist es lediglich Sache des einzelnen Bundesstaats, welchen Herrschaftsbereich er seinen Überleitungsnormen gibt. Selbstverständlich sind aber die Überleitungsvorschriften eines Bundesstaats nur für die Gerichte dieses Bundesstaats bindend. Das RG. hat zu der vorliegenden Frage noch keine grundsätzliche Stellung genommen, in dem Urteile vom 10. Januar 1901 (JW. 1901 S. 137) jedoch die Gültigkeit der erwähnten Landesgesetze indirekt anerkannt.

8. Die Überleitung erfolgt grundsätzlich **erst mit Wirkung vom Inkrafttreten des BGB. an.** Auf diesem Standpunkte stehen insbesondere die Überleitungsvorschriften von Preußen (vgl. namentlich Art. 59 §§ 1, 3, 4), Bayern (Art. 97, 98, 101, 127, 128), Hessen (Art. 172, 173, 176, 177, 187, 198, 236, 237), Elsaß-Lothringen (§§ 145—148).

Demgemäß schreiben die Überleitungsvorschriften regelmäßig vor, daß das zur Zeit der Überleitung vorhandene Vermögen der Ehegatten Gesamtgut, eingebrachtes Gut oder Vorbehaltsgut wird, soweit es nach den bisherigen Gesetzen zu einer dem Gesamtgute, dem eingebrachten Gute oder dem Vorbehaltsgut entsprechenden Vermögensmasse gehört. In Ansehung der vor der Überleitung entstandenen Verbindlichkeiten der Ehegatten bleibt es bezüglich der Haftung des Gesamtguts, des eingebrachten Gutes und des Vorbehaltsguts sowie der persönlichen Haftung der Ehegatten bei den bisherigen Gesetzen und zwar sowohl was das Verhältnis gegenüber den Gläubigern als das Verhältnis der Ehegatten unter einander betrifft. Die Geltendmachung der Ersatzansprüche dagegen, welche den Ehegatten auf Grund des Güterstandes gegeneinander zustehen, wird regelmäßig den Vorschriften des neuen Rechtes unterworfen. Die Wirksamkeit und Gültigkeit von Verfügungen eines Ehegatten, die vor der Änderung des Güterstandes vorgenommen worden sind, wird nach dem bisherigen Rechte beurteilt. Eine weitere Schonung der entstandenen Rechtsverhältnisse liegt endlich in der fast von allen Überleitungsgesetzen getroffenen Vorschrift, daß auf einen zur Zeit der Überleitung anhängigen Rechtsstreit und die Wirkung der Entscheidung die Änderung des Güterstandes ohne Einfluß ist.

Einen entgegengesetzten Standpunkt nehmen nur die Überleitungsgesetze von Meiningen und Koburg ein, nach welchen die güterrechtlichen Wirkungen der Ehe auch für die Zeit vor dem Inkrafttreten des BGB. so beurteilt werden sollen, als wenn der Güterstand von der Eheschließung an durch die Bestimmungen der Überleitungsgesetze geregelt wäre.

9. **Die Einzelheiten der Überleitungsvorschriften können nicht im Rahmen dieses Kommentars** besprochen werden. Hierüber muß auf die oben S. 405 angegebene Literatur verwiesen werden.

Hervorzuheben sind nur folgende Punkte:

a) Die **erbrechtlichen Wirkungen**, welche das bisherige Güterrecht mit dem Güterstande verbunden hat, werden regelmäßig trotz der Überleitung aufrecht erhalten. Dabei wird von den

Überleitungsgesetzen, sei es durch ausdrückliche Bestimmung, sei es stillschweigend durchweg die Frage entschieden, ob eine erbrechtliche Bestimmung des bisherigen Rechtes güterrechtlicher oder rein erbrechtlicher Natur ist. Für die Frage, ob eine erbrechtliche Bestimmung des bisherigen Rechtes aufrecht erhalten werden soll oder nicht, war für die Überleitungsgesetze wohl ausnahmslos der Gesichtspunkt maßgebend, das bisherige Recht aufrecht zu erhalten, soweit es für den überlebenden Ehegatten günstiger ist, als das Erbrecht oder bei allgemeiner Gütergemeinschaft die fortgesetzte Gütergemeinschaft des BGB. Bot die Entscheidung, ob das bisherige Recht oder das BGB. für den überlebenden Ehegatten günstiger ist, keine Schwierigkeit, wies z. B. das bisherige Recht dem überlebenden Ehegatten eine größere Erbquote zu als das BGB. oder umgekehrt, so erfolgt die Entscheidung regelmäßig im Überleitungsgesetze selbst; es wird also das bisherige Recht entweder einfach aufrecht erhalten oder einfach beseitigt. Hängt jedoch die Entscheidung der bezeichneten Frage von den Umständen des Falles ab, gibt das bisherige Recht dem überlebenden Ehegatten z. B. einen Kindesteil oder den Beisitz oder die Nutznießung, so räumen die Überleitungsgesetze dem überlebenden Ehegatten regelmäßig ein Wahlrecht ein; der Ehegatte hat innerhalb der Ausschlagungsfrist des BGB. zu wählen; das Präjudiz wird durchweg so gestellt, daß, wenn der Ehegatte im einzelnen Falle eine Erklärung innerhalb der Frist nicht abgibt, das für ihn unter normalen Verhältnissen günstigere Recht eintritt.

Formell verfahren dabei die Überleitungsgesetze zum Teil verschieden. Preußen erklärt bei gewissen Güterständen die nach den bisherigen Gesetzen dem überlebenden Ehegatten an dem Vermögen des verstorbenen Ehegatten zustehenden Rechte für erbrechtliche Wirkungen des Güterstandes und erhält für diese Rechte die bisherigen Gesetze mit gewissen Ausnahmen in Kraft (Art. 46 § 2, Art. 50 §§ 2, 3, Art. 51 § 4, § 6 Abs. 3, Art. 52 § 2, Art. 53 § 6 rc.). Die erbrechtlichen Wirkungen des Güterstandes werden mithin nicht selbständig, sondern lediglich durch Verweisung auf die bisherigen Gesetze geordnet; findet sich in den für einen Güterstand getroffenen Überleitungsvorschriften ein solcher Hinweis nicht, so sind die erbrechtlichen Wirkungen, welche bisher mit dem Güterstande verbunden waren, beseitigt. Bayern und die meisten anderen Gesetze regeln die erbrechtlichen Wirkungen regelmäßig neu, sachlich wiederholen sie freilich nur das bisherige Recht oder wollen wenigstens nur eine Wiederholung desselben.

Durch die ausdrückliche Stellungnahme der Überleitungsvorschriften zu der Frage, welche erbrechtliche Wirkungen dem übergeleiteten Güterstande zukommen, ist das Verhältnis des Ehegattenerbrechts des BGB. zu den erbrechtlichen Wirkungen des Güterstandes außer Zweifel gestellt. Soweit mit dem Güterstand erbrechtliche Wirkungen verbunden sind, wird das Ehegattenerbrecht ausgeschlossen.

Die Voraussetzungen, unter welchen die erbrechtlichen Wirkungen des altrechtlichen Güterstandes eintreten, bestimmen sich selbstverständlich nach dem bisherigen Rechte. Die Überleitungsgesetze treffen in dieser Beziehung regelmäßig nur nach einer Richtung eine Bestimmung und erklären in dieser Beziehung regelmäßig (so Preußen Art. 59 § 7, Bayern Art. 104, Hessen Art. 178, 193) die §§ 1933, 2335, 2337 des BGB. für anwendbar. Danach soll das Gütererbrecht auch dort, wo es bisher nicht entzogen werden konnte, entziehbar sein, wenn ein die Scheidung rechtfertigender Grund vorliegt, und das Gütererbrecht soll kraft Gesetzes wegfallen, wenn der überlebende Ehegatte sich eines Scheidungsgrundes schuldig gemacht und der andere Ehegatte die Scheidungsklage schon erhoben hat. Aus der Bestimmung, daß die §§ 2335—2337 Anwendung finden, wird aber nicht zu folgern sein, daß das nach dem bisherigen Rechte dem Ehegatten zustehende Erbrecht allgemein zu einem Noterbrecht umgewandelt wäre; vielmehr bleibt dem Erblasser, soweit er nach dem bisherigen Rechte dem Ehegatten das Erbrecht entziehen konnte, diese Befugnis erhalten (a. A. Stranz-Gerhard S. 348; hiergegen Habicht S. 588; Niedner S. 442). Soweit landesgesetzlich die Anwendbarkeit der §§ 2335–2337 nicht bestimmt ist, dürfte es bedenklich sein, sie zur Anwendung bringen. In Ermangelung einer besonderen Vorschrift wird vielmehr die Frage, ob und unter welchen Voraussetzungen der Erblasser dem Ehegatten das Erbrecht entziehen kann, lediglich nach dem bisherigen Rechte zu entscheiden sein.

Der Inhalt der erbrechtlichen Wirkungen des Güterstandes bestimmt sich insoweit nicht nach dem bisherigen Rechte, als der überlebende Ehegatte nach den Überleitungsgesetzen Erbe wird. Ob er Erbe wird und zu welchem Teile, bemißt sich natürlich nach dem bisherigen Rechte; wird er aber Erbe, so ist für seine Rechtsstellung als Erbe das BGB. maßgebend. Nach dem BGB. bemessen sich insbesondere der Erwerb des Erbrechts, die Haftung gegenüber den Nachlaßgläubigern und das Rechtsverhältnis zu den Miterben (die Erbengemeinschaft). Wird der überlebende Ehegatte nach den Überleitungsvorschriften bzw. dem bisherigen Rechte Erbe, so gelten für ihn auch die Vorschriften über den Erbschein.

Soweit dagegen der überlebende Ehegatte nach den Überleitungsvorschriften bzw. dem bisherigen Rechte nicht Erbe wird, soweit z. B. eine den bisherigen Vorschriften unterworfen gebliebene fortgesetzte Gütergemeinschaft eintritt oder dem Ehegatten ein Beisitzrecht oder die Nutznießung zusteht, bestimmt sich nicht nur — was selbstverständlich ist — der Inhalt des Rechtes des Ehegatten (z. B. seine Inventarisationspflicht, die Verpflichtung, Sicherheit zu leisten, seine Aussteuerpflicht, seine Verfügungsmacht, die Beendigung seines Rechtes, der Einfluß einer Wiederverheiratung) nach dem bisherigen Rechte, sondern dieses ist auch für die Stellung des Ehegatten zu den Erben selbst (den sog. Eigentumserben) und zu den Nachlaßgläubigern maßgebend. Die Rechtsstellung der Eigentumserben selbst bestimmt sich nach dem BGB., soweit dies mit dem für das Recht des Ehegatten maßgebenden bisherigen Rechte vereinbar ist. Die Erbschaft fällt ihnen also regelmäßig an, wie wenn der überlebende Ehegatte nicht vorhanden wäre. Hat das bisherige Recht indessen den Anfall der Erbschaft an die Eigentumserben erst später eintreten lassen, so gilt insoweit das bisherige Recht. Der Erbschaftsanspruch steht den Eigentumserben insoweit nicht zu, als er nach dem bisherigen Rechte dem Ehegatten zusteht. Gleiches gilt von der Geltendmachung der zum Nachlasse gehörenden Rechte. Auch die Frage, ob die Erben für die Nachlaßverbindlichkeiten in Anspruch genommen werden können, solange das Recht des Ehegatten besteht, beantwortet sich nach dem bisherigen Rechte. Der Umfang der Haftung selbst dagegen bestimmt sich nach dem neuen Rechte. Die Eigentumserben können sich einen Erbschein erteilen lassen, in den die Beschränkungen, welche die Erben durch die Nachwirkungen des Güterstandes erfahren, aufzunehmen sind; dies bestimmt ausdrücklich Bayern Art. 28; der gleiche Grundsatz muß aber auf Grund entsprechender Anwendung der Vorschriften über den Erbschein (vgl. insbesondere § 2365 BGB.) allgemein gelten. Ob sich der Ehegatte selbst über sein Recht (z. B. über sein Beisitzrecht oder die Fortsetzung der Gütergemeinschaft) ein Zeugnis erteilen lassen kann, beurteilt sich nach dem Landesrechte; soviel ersichtlich, trifft in dieser Beziehung nur Bayern (Art. 28) eine Vorschrift.

Ob die erbrechtlichen Wirkungen des Güterstandes der Eintragung in das Grundbuch zur Erhaltung ihrer Wirksamkeit gegenüber dem öffentlichen Glauben des Grundbuchs bedürfen, bestimmt sich nach dem Landesrechte; vgl. z. B. Bayern, Art. 28. Soweit dieses keine Bestimmung enthält, dürfte die Eintragung für erforderlich zu erachten sein. Man kann dagegen zwar geltend machen, daß es sich um eine auf einem familienrechtlichen Verhältnisse beruhende Beschränkung der Eigentumserben handele und diese deshalb ebensowenig der Eintragung bedürfe, wie die Beschränkung des Verfügungsrechts der Ehefrau nach dem gesetzlichen Güterrechte des BGB. Das Verhältnis liegt hier aber doch wesentlich anders. Es handelt sich hier nicht wie dort um eine aus einem bestehenden familienrechtlichen Verhältnisse folgende Beschränkung, sondern um eine Beschränkung, welche Folge eines für den Ehegatten kraft Erbrechts begründeten dinglichen Rechtes ist; solche Rechte müssen aber nach den allgemeinen Grundsätzen des BGB. zur Erhaltung ihrer Wirksamkeit gegenüber dem Glauben des Grundbuchs eingetragen werden (ebenso Habicht S. 585; a. A. Niedner S. 443).

Die gleiche Antwort ist auf die Frage zu geben, welchen Einfluß es gegenüber dem dem Erbscheine zukommenden öffentlichen Glauben (§§ 2366 ff. BGB.) hat, wenn in dem dem Eigentumserben erteilten Erbscheine das Recht des Ehegatten nicht erwähnt ist.

b) Das **gesetzliche Pfandrecht** und der **gesetzliche Pfandrechtstitel**, welche das bisherige Recht der Frau einräumt, könnten an sich trotz der Überleitung der Güterstände bestehen bleiben. Regelmäßig wird aber von den Überleitungsgesetzen das gesetzliche Pfandrecht und der Pfandrechtstitel nur für die Ansprüche der Frau belassen, die vor der Überleitung entstanden sind. Für die Gebiete des französ. Rechtes vgl. Preußen, Art. 56 § 9, Bayern, LG. Art. 8, Hessen, Art. 238, Elsaß-Lothringen, § 149. Über die Einzelheiten s. Habicht S. 596 ff.

10. Soweit für den Güterstand einer Ehe infolge der Überleitungsvorschriften das BGB. maßgebend wird, finden auch die für den Güterstand geltenden **Vorschriften der CPO. und der KO.** Anwendung. Ausdrücklich ausgesprochen wird dies von Preußen, Art. 59 § 8, Bayern, Art. 24, Hessen, Art. 205, 262, Elsaß-Lothringen, § 161 und anderen. Auch **die Vorschriften des FGG.** über die Auseinandersetzungen des Gesamtguts einer ehelichen oder einer fortgesetzten Gütergemeinschaft finden, wenn für die Gütergemeinschaft infolge der Überleitung die Vorschriften des BGB. gelten, Anwendung. Bayern und Hessen sprechen dies ausdrücklich aus, es versteht sich aber auch für die anderen Staaten von selbst.

IV. Wirksamkeit der altrechtlichen und der übergeleiteten Güterstände gegen Dritte. Registerzwang.

1. Nach dem **Reichsrechte** (Art. 200) bedarf die Wirksamkeit der altrechtlichen Güterstände zur Erhaltung ihrer Wirksamkeit gegen Dritte der Eintragung in das Güterrechtsregister nicht; der § 1435 des BGB. findet auf altrechtliche Güterstände keine Anwendung (s. M. des EG. S. 284, P. II Bd. 6 S. 538). Für die Ehen, deren Güterstand sich nach dem bisherigen Rechte bestimmt, ist der Registerzwang nach dem Reichsrecht ausgeschlossen, mag in der Ehe der gesetzliche oder ein vertragsmäßiger Güterstand bestehen, mögen die Ehegatten noch das erste Ehedomizil haben oder es später verlegen; auch wenn die Verlegung des Wohnsitzes erst nach dem 1. Januar 1900 erfolgt, gilt der Registerzwang reichsrechtlich nicht. Der Registerzwang gilt reichsrechtlich auch nicht, wenn nach dem 1. Januar 1900 die Ehegatten ihr Güterrecht vertragsmäßig ändern.

Soweit nach den bisherigen Landesgesetzen z. B. dem preuß. LR., dem Bamberger Rechte die Wirksamkeit des Güterstandes gegenüber Dritten an besondere Voraussetzungen geknüpft ist z. B. an eine Veröffentlichung — sei es, daß dies nur bei Wohnsitzverlegungen gilt oder daß überhaupt die Geltung eines von dem gesetzlichen Güterstand abweichenden Güterstandes von der Veröffentlichung abhängig gemacht ist, wie dies nach preuß. LR. und vielen bayer. Partikularrechten der Fall ist —, bleiben reichsrechtlich diese landesgesetzlichen Vorschriften auch für die Zeit nach dem Inkrafttreten des BGB. fortdauernd in Wirksamkeit.

Das **Landesrecht** ist aber nach Art. 218 in der Lage, den Registerzwang sowohl für die übergeleiteten als für die nicht übergeleiteten Güterstände einzuführen und die Landesgesetzgebungen haben von dieser Befugnis zum Teil auch Gebrauch gemacht.

2. Das **geltende Recht** ist hiernach folgendes:

a) Für die nicht übergeleiteten Güterstände ist es von den Landesgesetzgebungen grundsätzlich bei der reichsrechtlichen Regel belassen worden. Der Registerzwang gilt für nicht übergeleite Güterstände regelmäßig auch in den Staaten nicht, welche eine Überleitung der Güterstände vorgenommen haben. Er gilt z. B. nicht in Preußen, Bayern, Württemberg, Hessen. Eine Ausnahme machte insbesondere Baden, Art. 41, das den Registerzwang für alle von dem gesetzlichen Güterrechte des BGB. abweichenden Güterstände eingeführt hatte (Art. 41 ist aber jetzt durch § 25 des Ges. v. 4. August 1902 aufgehoben). Preußen Art. 59 § 9 und Bayern Art. 25 haben übrigens die Befreiung der altrechtlichen (nicht übergeleiteten) Güterstände vom Registerzwange dahin erweitert, daß sie gewisse Vorschriften des bisherigen Rechtes, welche im Falle der Wohnsitzverlegung eine Kundmachung des Güterstandes bestimmten (z. B. preuß. LR. II 1 §§ 352, 353, 425, Bayern hebt auch LR. § 426 auf), aufgehoben haben. Hierzu vgl. **Koppers** im Recht 1900 S. 457; Rspr. 7 S. 56. In Preußen und Bayern gilt der Registerzwang für die nicht übergeleiteten Ehen auch insoweit nicht, als nach dem Inkrafttreten des BGB. die Ehegatten ihren Wohnsitz verlegen oder durch Vertrag, Urteil rc. eine Änderung des Güterstandes eintritt. Ob die anderen Staaten auf dem gleichen Standpunkte stehen, ist zweifelhaft.

b) Die übergeleiteten Güterstände sind von der Mehrzahl der Staaten insoweit gleichfalls dem Registerzwange nicht unterworfen worden, als die Überleitung selbst Wirksamkeit gegen Dritte auch ohne Eintragung im Güterrechtsregister hat. Wenn indessen die Ehegatten nach der Überleitung ihren Wohnsitz verlegen oder wenn nach der Überleitung eine Änderung des Güterstandes durch Ehevertrag, Urteil, Konkurs oder aus einem sonstigen Grunde eintritt, wird die Eintragung in das Güterrechtsregister verlangt. Der Registerzwang im Falle der Wohnsitzverlegung ist von Bedeutung namentlich für die Fälle, in welchen der Güterstand ein gesetzlicher Güterstand des bisherigen Rechtes war. Der Registerzwang im Falle der Änderung des Güterstandes ist erheblich insbesondere für die Fälle, in welchen der Güterstand des bisherigen Rechtes in den gesetzlichen Güterstand des BGB. geändert wird. Auf diesem Standpunkte stehen z. B. Preußen Art. 59, 61, 63, 65, Bayern Art. 25, Hessen Art. 201, 207, Weimar §§ 187, 188, Elsaß-Lothringen §§ 162, 164 (V. v. 2. Mai 1900), die im einzelnen übrigens von einander abweichen.

Dagegen führen andere Staaten den Registerzwang für sämtliche von dem gesetzlichen Güterrechte des BGB. abweichende übergeleitete Güterstände ein. Auf diesem Standpunkte stehen insbesondere Sachsen § 34 Abs. 2, Baden Ges. v. 4. August 1902 § 24, Mecklenburg-Schwerin § 210 und Mecklenburg-Strelitz § 208 und Braunschweig § 75.

Artikel 201. Die Scheidung und die Aufhebung der ehelichen Gemeinschaft erfolgen von dem Inkrafttreten des Bürgerlichen Gesetzbuchs an nach dessen Vorschriften.

Hat sich ein Ehegatte vor dem Inkrafttreten des Bürgerlichen Gesetzbuchs einer Verfehlung der in den §§. 1565 bis 1568 des Bürgerlichen Gesetzbuchs bezeichneten Art schuldig gemacht, so kann auf Scheidung oder auf Aufhebung der ehelichen Gemeinschaft nur erkannt werden, wenn die Verfehlung auch nach den bisherigen Gesetzen ein Scheidungsgrund oder ein Trennungsgrund war.

---

c) Der Registerzwang gilt nach einigen AG. nicht schon vom 1. Januar 1900, sondern erst vom 1. Januar 1901 an; so Sachsen, die beiden Mecklenburg, Braunschweig und Anhalt.

3. Wegen der Eintragungspflicht ausländischer Güterstände s. Erl. zu Art. 16 Abs. 1. Die Vorschrift des Art. 16 Abs. 1 gilt, wie sich aus Art. 200 ergibt, nicht für Ehen mit einem ausländischen Güterstande, die vor 1900 geschlossen worden sind, wenn der Ehemann am 1. Januar 1900 die deutsche Staatsangehörigkeit besessen hat, gleichgültig, wo die Ehegatten ihren Wohnsitz haben.

4. **Der Registerzwang in Ansehung des Einspruchs des Mannes gegen den Betrieb eines Erwerbsgeschäfts durch die Frau.** Nach den §§ 1405, 1452, 1519, 1525, 1549 des BGB. wirken die von der Frau im selbständigen Betrieb ihres Erwerbsgeschäfts abgeschlossenen Rechtsgeschäfte gegen den Mann in Ansehung des Frauenvermögens und des gütergemeinschaftlichen Vermögens, wenn der Mann dem Geschäftsbetriebe zustimmt; als Zustimmung gilt es, wenn er nicht gegen den Geschäftsbetrieb Einspruch erhebt und den Einspruch oder die Rücknahme seiner Einwilligung in das Güterrechtsregister des Wohnsitzes, bei Handelsfrauen nach Art. 4 des EG. z. HGB. auch in das Güterrechtsregister der Handelsniederlassung eintragen läßt. Die Vorschrift des § 1405 des BGB. gilt für Ehen mit dem altrechtlichen inländischen Güterstande reichsrechtlich nicht. Dagegen gilt sie nach dem § 11a der Gew.O. in der Fassung des EG. Art. 36 I für Ehefrauen, die nach ausländischem Güterrechte leben und im Inlande selbständig ein Handelsgewerbe betreiben, auch dann, wenn die Ehe vor dem 1. Januar 1900 geschlossen worden ist, und zwar ohne Rücksicht darauf, ob die Frau Deutsche ist oder nicht.

5. Die Frage, ob in Preußen die Verpflichtung der Vollkaufleute, die frühere Gütergemeinschaftsausschließung in das **Handelsregister** einzutragen, fortdauert, wird in Rspr. 6 S. 158 bejaht; a. A. Fricke, JW. 1902 S. 618; Zelter in Gruch. 47 S. 355. Die Ansicht von Zelter, daß die Fortdauer mit dem Art. 200 in Widerspruch stehe, ist unzutreffend.

V. Zweifelhaft ist die Frage, ob die altrechtlichen Güterstände zur Erhaltung ihrer Wirksamkeit gegenüber dem öffentlichen Glauben des Grundbuchs der **Eintragung im Grundbuche** bedürfen. Die Frage wird zu verneinen sein, soweit es sich lediglich um eine durch den altrechtlichen Güterstand begründete Beschränkung des Verfügungsrechts der Ehefrau handelt. Diese bedarf der Eintragung ebensowenig wie die entsprechende Beschränkung des Verfügungsrechts der Ehefrau nach dem gesetzlichen Güterrechte des BGB. Anders aber liegt die Sache, wenn es sich um eine infolge des altrechtlichen Güterstandes z. B. der allgemeinen Gütergemeinschaft eingetretene oder eintretende Änderung in der Zuständigkeit des Eigentums handelt. Soweit hier nicht durch das Landesgesetz wie z. B. in Bayern Art. 26 etwas anderes bestimmt ist, wird die Eintragung für erforderlich zu erachten sein. Sie ist nicht erforderlich zu dem Übergange des Eigentums des einzelnen Ehegatten auf die Gemeinschaft. Zur Erhaltung der Wirksamkeit gegenüber dem Glauben des Grundbuchs dürfte sie aber ebensogut für erforderlich zu erachten sein, wie sie nach dem BGB. in betreff derjenigen Grundstücke und Rechte an Grundstücken erforderlich ist, welche nach § 1438 mit der Eingehung der Gütergemeinschaft kraft des Gesetzes gemeinschaftliches Eigentum beider Ehegatten geworden sind. In Fällen dieser Art kann jeder Ehegatte nach § 894 die Berichtigung im Grundbuche fordern; a. A. Habicht S. 594; Oberneck, RGBO. 3. Aufl. S. 796; Wieruszowski S. 49.

Artikel 201.

E. d. EG. I Art. 120; II Art. 171; III Art. 200. P. I S. 13099; M. d. EG. S. 288. P. II Bd. 6 S. 545. RB. S. 2117. StB. S. 3035, 3096.

Habicht S. 599ff.; Riedner S. 444ff.; Nöldeke in DJZ. 1899 S. 407ff.; Gerhard, Die Ehescheidungsgründe des BGB. (1898); Erler, Ehescheidungsrecht und Ehescheidungsprozeß (1900); Davidson, Das Recht der Ehescheidung (1900) S. 210ff.

Ehescheidung und Aufhebung der ehelichen Gemeinschaft.

1. **Auflösung der Ehe.** Nach dem Inkrafttreten des BGB. kann eine vorher geschlossene Ehe nur aus den Gründen aufgelöst werden, aus welchen eine nach diesem Zeitpunkte geschlossene Ehe aufgelöst wird, also nur durch den Tod eines Ehegatten, die Scheidung und die Wiederverheiratung eines Ehegatten im Falle des Todeserklärung des anderen (s. Vorbm. 1 Bd. IV S. 384). Wegen der Wiederverheiratung im Falle der Todeserklärung s. Erl. zu Art. 159, 198. Von der Scheidung der Ehe handelt der Art. 201.

2. **Die Scheidung der Ehe** erfolgt nach Art. 201 vom Inkrafttreten des BGB. an nach dessen Vorschriften. Hierin liegt zunächst, daß die **Gründe, aus welchen die Scheidung zugelassen ist,** sich vom Inkrafttreten des BGB. an nur nach dessen Vorschriften (§§ 1565—1569) bestimmen. Ausgeschlossen sind insbesondere gegenseitige Einwilligung, unüberwindliche Abneigung und Verurteilung zu einer Zuchthausstrafe.

a) **Stützt sich die Ehescheidungsklage auf die Verfehlung eines Ehegatten,** so muß der Tatbestand einer der Ehescheidungsgründe der §§ 1565—1568 des BGB. erfüllt sein. Fällt die Verfehlung in die Zeit nach dem Inkrafttreten des BGB., so genügt es, daß die Voraussetzungen eines der Gründe der §§ 1565—1568 gegeben sind. Fällt dagegen die Verfehlung in die Zeit vorher, so ist außerdem erforderlich, daß die Verfehlung auch nach den bisherigen Gesetzen ein Ehescheidungs- oder ein Trennungsgrund ist. Die M. d. EG. rechtfertigen dies damit, daß ein schuldhaftes Verhalten eines Ehegatten nur dann angenommen werden könne, wenn der Ehegatte wußte oder doch wissen mußte, daß seine Handlungsweise überhaupt den Bestand der Ehe in Frage zu stellen geeignet sei. Wie übrigens der Abs. 2 ausdrücklich hervorhebt, braucht die als Scheidungsgrund geltend gemachte Tatsache nach dem bisherigen Rechte nicht gleichfalls die Bedeutung eines Scheidungsgrundes zu haben. Es genügt, daß auf sie nach dem bisherigen Rechte die Klage auf Trennung der Ehe gestützt werden konnte, und zwar ist es schon ausreichend, wenn nur die zeitweise Trennung verlangt werden konnte (RG. in JW. 1901 S. 203).

Auf einen vor den 1. Januar fallenden Ehebruch (§ 1565 BGB.) des Mannes kann sich also z. B. im Gebiete des code civil die Frau nur berufen, wenn die besonderen Voraussetzungen des code civil Art. 230 vorliegen.

Wegen böslicher Verlassung kann im Falle der Quasidesertion (§ 1567 Abs. 1 Nr. 1 BGB.) auf Scheidung nur geklagt werden, wenn eine — gleichgültig ob vor oder nach dem 1. Januar 1900 erfolgte — Verurteilung zur Herstellung der häuslichen Gemeinschaft vorliegt. Ein bloßer Rückkehrbefehl genügt nicht. Ist nur ein Rückkehrbefehl erlassen worden, so muß der Kläger nunmehr ein Urteil auf Herstellung der häuslichen Gemeinschaft erwirken (RG. 46 S. 159, JW. 1900 S. 636). Zur Scheidung wegen eigentlicher Desertion (§ 1567 Abs. 1 Nr. 2 BGB.) ist erforderlich, daß die Voraussetzungen für die öffentliche Zustellung seit Jahresfrist gegen den flüchtigen Ehegatten bestanden haben, mag auch das alte Recht die Scheidung an geringere Erfordernisse geknüpft haben. Die im § 1567 des BGB. sowohl für die Desertion wie für die Quasidesertion vorgesehene einjährige Frist ist auch dann gewahrt, wenn das Jahr unter der Herrschaft des bisherigen Rechtes abgelaufen ist (Rspr. 1 S. 313). Verlangt aber das bisherige Recht zur Scheidung wegen böslicher Verlassung eine längere als einjährige Frist, so muß entweder die Frist des neuen Rechtes völlig unter diesem oder die ganze Frist des alten Rechtes abgelaufen sein (RG. in JW. 1900 S. 584).

Für die relativen Scheidungsgründe des § 1568 des BGB. ist von besonderer Bedeutung, daß es nach dem Abs. 2 schon genügt, wenn die vor dem 1. Januar 1900 liegende Verfehlung nach dem damaligen Rechte auch nur eine zeitweise Trennung der Ehe rechtfertigte. Anerkennt das bisherige Recht die Verfehlung nicht als solche, sondern nur in Verbindung mit einer anderen Tatsache als einen Scheidungsgrund, so kann auf sie die Scheidung nicht gestützt werden, wenn die andere Tatsache nicht vor dem 1. Januar 1900 eingetreten ist oder wenn sie als Scheidungsgrund nicht mehr in Betracht kommt. Wegen einer Verfehlung, die in Verbindung mit einer Verurteilung nach preuß. LR. II 1 § 704 die Scheidung gerechtfertigt hätte, kann mithin die Ehe nicht geschieden werden, wenn die Verurteilung nicht vor dem 1. Januar 1900 erfolgt ist (a. A. Rspr. 1 S. 473, RG. in Gruch. 47 S. 127); aus dem gleichen Grunde bildet einen Scheidungsgrund nicht eine Verfehlung, die nur als Rechtfertigungsgrund für eine Scheidung wegen unüberwindlicher Abneigung in Betracht kam (Rspr. 1 S. 350; a. A. das. S. 256). Setzt übrigens der Ehegatte sein ehrloses oder unsittliches Verhalten nach dem Inkrafttreten des BGB. fort, so kommt das in die Zeit vor dem 1. Januar 1900 fallende Verhalten nicht als Scheidungsgrund in Betracht, sondern die Scheidungsklage stützt sich auf das nach dieser Zeit liegende Verhalten, zu dessen Würdigung natürlich auf die Zeit vorher zurückgegangen werden kann.

Die Verfehlung, welche in die Zeit vor dem 1. Januar 1900 fällt, muß nach dem alten Rechte nicht nur in abstracto, sondern auch in concreto einen Scheidungsgrund gebildet haben. Hat sie noch unter der Herrschaft des alten Rechtes durch Fristablauf, durch Verzeihung oder aus einem sonstigen Grunde ihre Kraft als Scheidungsgrund verloren, so kann sie als solcher auch unter dem neuen Rechte nicht mehr benutzt werden. Insbesondere kann sich auf den vor dem Inkrafttreten des BGB. liegenden Ehebruch des einen Ehegatten der andere Ehegatte nicht berufen, wenn er selbst sich eines Ehebruchs schuldig gemacht hat und deshalb nach dem bisherigen Rechte sein Scheidungsrecht infolge Kompensation erloschen ist (so ständig das RG. Bd. 46 S. 90, 47 S. 4, JW. 1900 S. 465, 642; 1901 S. 72, 349, 492; 1904 S. 53; Habicht S. 602, Niedner S. 445; a. A. Rspr. 1 S. 34, 46, 142, 323, Bragenzer in JW. 1901 S. 193; Nöldeke DJZ. 1899 S. 408; Jacobi, Persönl. Eherecht 2. Aufl. S. 106); die Kompensation ist von Amts wegen zu berücksichtigen (RG. JW. 1905 S. 41). Dies gilt indessen nicht, wenn der Ehebruch des anderen Ehegatten in die Zeit nach dem 1. Januar 1900 fällt; denn die Wirkung des unter der Herrschaft des neuen Rechtes begangenen Ehebruchs bemißt sich nach dem neuen Rechte, diesem ist aber eine Kompensation von Scheidungsgründen fremd (RG. 52 S. 226).

b) Wird die Scheidungsklage auf Geisteskrankheit eines Ehegatten gestützt (§ 1569 BGB.), so ist nicht erforderlich, daß die drei Jahre, welche die Krankheit gedauert haben muß, ganz oder teilweise in die Zeit nach dem Inkrafttreten des BGB. fallen, es kommt auch die in die Zeit vorher fallende Geisteskrankheit in Betracht.

3. Auch die Schuldfrage ist, wenn nach dem Inkrafttreten des BGB. — und sei es auch erst in der Berufungsinstanz — die Scheidung der Ehe ausgesprochen wird, nach den Vorschriften des BGB. zu beantworten. Denn nach § 1574 des BGB. muß in jedem Urteile, durch das die Ehe aus einem der in den §§ 1565—1568 bestimmten Gründe geschieden wird, auch über die Schuldfrage entschieden und ausgesprochen werden, daß der Beklagte an der Scheidung die Schuld trägt, so daß die Entscheidung über die Schuldfrage jedenfalls in Ansehung des Beklagten einen notwendigen Bestandteil des nach dem Art. 201 gemäß dem BGB. zu fällenden Scheidungsurteils bildet; von der Entscheidung, welche in demselben Scheidungsurteile bezüglich der Schuld des anderen Teiles zu treffen ist (§ 1574 Abs. 3 BGB.), kann nicht das Gegenteil gelten, da nicht für den Schuldausspruch hinsichtlich des Beklagten das neue, hinsichtlich des Klägers aber das alte Recht anwendbar sein kann (so auch RG. in JW. 1900 S. 637). Dagegen ist die Schuldfrage nach dem bisherigen Rechte zu beurteilen, wenn die Scheidung selbst vor dem 1. Januar 1900 ausgesprochen worden ist, mag auch das Urteil in bezug auf die Schuldfrage erst später rechtskräftig geworden sein (RG. in JW. 1900 S. 585; 1901 S. 242; 1902 Beil. S. 226).

4. Die Scheidung erfolgt nach dem Inkrafttreten des BGB. nur durch Urteil (§ 1564 BGB.). Jede Privatscheidung sowie das landesherrliche Scheidungsrecht ist ausgeschlossen. War nach dem bisherigen Rechte zur Perfektion der Scheidung ein Ausspruch des Standesbeamten erforderlich, so tritt nach dem Inkrafttreten des BGB. die Scheidung mit der Rechtskraft des Urteils auch dann ein, wenn das Scheidungsurteil vor dem 1. Januar 1900 ergangen, dagegen erst nachher rechtskräftig geworden ist. Man könnte freilich auch davon ausgehen, daß, wenn vor dem Inkrafttreten der BGB. die zur Perfektion der Scheidung erforderliche Mitwirkung des Standesbeamten noch nicht eingetreten ist, nun die Scheidung auf diesem Wege nicht mehr möglich ist und daß, weil das ergangene Urteil die Scheidung nicht ausspricht, sondern nur zuläßt, nun erst von neuem auf Scheidung geklagt und ein Scheidungsurteil erwirkt werden muß. Indessen wäre diese Auffassung doch zu formalistisch und man muß annehmen, daß sich das Urteil auf Zulassung der Scheidung mit dem Inkrafttreten des BGB. in ein Scheidungsurteil verwandelt.

5. Verlust des Scheidungsrechts durch Zeitablauf. Das Scheidungsrecht geht, sofern die Verfehlung eines Ehegatten den Scheidungsgrund bildet, nach § 1571 Abs. 1 des BGB. verloren, wenn die Scheidungsklage nicht binnen sechs Monaten von dem Zeitpunkt an, in welchem der Ehegatte von dem Scheidungsgrunde Kenntnis erlangt hat, und ohne Rücksicht auf diese Kenntnis binnen zehn Jahren seit dem Eintritte des Scheidungsgrundes erhoben ist. Der § 1571 gilt auch dann, wenn die die Scheidung rechtfertigende Tatsache in die Zeit vor dem Inkrafttreten des BGB. fällt.

Zweifelhaft ist, ob für die sechsmonatige Frist eine entsprechende Anwendung der im Art. 169 über die Verjährung gegebenen Vorschriften sich rechtfertigt. Nach dem Zwecke der Frist und nach der Natur des in Frage stehenden Verhältnisses dürfte die Frage zu bejahen sein. Dafür spricht insbesondere die Bestimmung des § 1571 Abs. 4. Durch diese werden die dort näher bezeichneten für die Verjährung geltenden Vorschriften auf die hier fragliche Frist für anwendbar erklärt und dadurch die Ähnlichkeit dieser Frist mit der Verjährungsfrist anerkannt. Auch die Billigkeit spricht offenbar für die entsprechende Anwendung (so auch P. II Bd. 6 S. 547; RG. 46 S. 157, JW. 1900 S. 636; 1904 S. 115, DJZ. 1904 S. 404; Habicht S. 603; Riedner S. 447). Daraus ergibt sich, daß, wenn bei einer vor dem Inkrafttreten des BGB. liegenden Verfehlung eines Ehegatten die im bisherigen Rechte z. B. im preuß. LR. II 1 § 721 oder im sächs. GB. §§ 1719, 1720 bestimmte Frist mehr als sechs Monate beträgt und die Frist früher ablaufen würde als die im BGB. bestimmte kürzere Frist, die Scheidungsklage mit dem Ablaufe der Frist des bisherigen Rechtes ausgeschlossen ist, während, wenn die Frist des bisherigen Rechtes kürzer ist oder wenn das bisherige Recht keine Frist kannte oder wenn die längere Frist erst später ablaufen würde als die des BGB., die sechsmonatige Frist des BGB. vom 1. Januar 1900 an berechnet wird. Das Gesagte gilt auch von der dreimonatigen Frist des § 1571 Abs. 3 Satz 2 des BGB. (RG. in JW. 1901 S. 204).

Die zehnjährige Frist des § 1571 des BGB. dagegen ist eine reine Ausschlußfrist, für welche der § 1571 Abs. 4 das. nicht gilt. Mit Habicht S. 603 und Riedner S. 447 (a. A. Nöldeke S. 410) ist anzunehmen, daß der Art. 169 auf sie nicht entsprechend anwendbar ist, so daß sie mit dem Eintritte des Scheidungsgrundes beginnt, wegen einer vor dem 1. Januar 1890 liegenden Verfehlung also auf keinen Fall mehr eine Scheidungsklage erhoben werden kann (Seuff.A. 58 S. 279).

Die sechsmonatige Frist sowie die zehnjährige Frist des BGB. läuft nicht, solange die häusliche Gemeinschaft der Ehegatten aufgehoben ist (§ 1571 Abs. 2 BGB.). Daß diese Bestimmung auf die zehnjährige Frist jedenfalls und auf die sechsmonatige dann Anwendung findet, wenn diese Frist zufolge des Grundsatzes des Art. 169 nach dem Ausgeführten vom 1. Januar 1900 an zu laufen begonnen hat, dürfte zweifellos sein. Der § 1571 Abs. 2 wird aber auch dann anzuwenden sein, wenn infolge des Grundsatzes des Art. 169 die in den bisherigen Gesetzen bestimmte Frist Platz greift, weil sie länger als die des BGB. ist und früher abläuft. Die Aufhebung der häuslichen Gemeinschaft wirkt übrigens als Hemmungsgrund erst vom 1. Januar 1900 an, die vorherliegende Zeit, während deren die Gemeinschaft aufgehoben war, kommt nicht in Betracht. Ebenso Habicht S. 604 Anm.

6. Auf **beständige Trennung der Ehegatten** von Tisch und Bett kann schon seit dem Inkrafttreten des PersonstGes. nicht mehr geklagt werden (§ 77 das.). Seit dem Inkrafttreten des BGB. kann auch auf **zeitweilige Trennung** der Ehe nicht mehr erkannt werden. Eine im bisherigen Rechte als Trennungsgrund anerkannte Tatsache kann deshalb nach dem Inkrafttreten des BGB., wenn sie von diesem nicht als Scheidungsgrund zugelassen ist, überhaupt nicht weiter verfolgt werden.

7. Der Art. 201 gilt auch für die am 1. Januar 1900 **anhängigen Klagen** auf Scheidung oder Trennung der Ehe und zwar ohne Rücksicht darauf, ob sie in der ersten oder in der Berufungsinstanz schweben. Insbesondere kann auch auf eine schon anhängige Klage auf Trennung der Ehe die Trennung nicht mehr ausgesprochen werden; der Kläger muß vielmehr zur Klage auf Scheidung oder Aufhebung der Gemeinschaft übergehen und die Klage ist, sofern der Trennungsgrund nach dem BGB. die Scheidung nicht rechtfertigt, als erledigt abzuweisen. Nur die Ausschlußfristen des § 1571 des BGB. finden auf eine Klage, die vor dem Inkrafttreten des BGB. erhoben worden ist, keine Anwendung, da sie nicht Platz greifen können, ehe sie Geltung hatten (RG. 46 S. 156; JW. 1900 S. 636). Auch wenn gegen das vor dem 1. Januar 1900 erlassene Urteil nur von einer Seite Berufung eingelegt worden ist, muß das Berufungsgericht doch den ganzen Prozeß auf der Grundlage des neuen Rechtes prüfen (RG. in JW. 1901 S. 596). Wegen der Geltung des Art. 201 auf einen am 1. Januar 1900 schon in der Berufungsinstanz erledigten Scheidungsprozeß s. Vorbm. 3 S. 284.

8. **Die Wirkungen der Ehescheidung.**

a) Wenn die Ehescheidung nach dem 1. Januar 1900 erfolgt, bestimmen sich ihre Wirkungen ausschließlich nach dem neuen Rechte. Dies gilt insbesondere von der Namensführung der geschiedenen Frau, von der Tragung der Unterhaltspflicht gegenüber den Kindern im Verhältnisse der Ehegatten zu einander, von dem Widerrufe der Schenkungen (RG. 58 S. 382) und von der Unterhaltspflicht des schuldigen Ehegatten.

Das BGB. kennt keine Ehescheidungsstrafen. Von Ehescheidungsstrafen kann, wenn die Scheidung unter dem neuen Rechte erfolgt, auch dann keine Rede sein, wenn die Verfehlung des Ehegatten, auf Grund deren die Ehe geschieden wird, vor dem 1. Januar 1900 liegt, nicht einmal dann, wenn vor diesem Zeitpunkte die Scheidungsklage anhängig gemacht worden ist. Denn das Recht auf die Scheidungsstrafen ist nicht schon mit dem Vorgang erworben, welcher zu der Ehescheidung führt, sondern erst mit der Scheidung selbst. Ist die Scheidung noch vor dem 1. Januar 1900 erfolgt, wird aber das Scheidungsurteil erst nachher rechtskräftig, so kommt es darauf an, ob nach dem bisherigen Rechte die Ehescheidungsstrafe schon an die Erlassung oder erst an die Rechtskraft des Urteils geknüpft war. A. A. Habicht S. 609, Stranz-Gerhard, preuß. AG. S. 277 Nr. 4, welche stets auf den Zeitpunkt der Erlassung des Scheidungsurteils abstellen, Niedner S. 447, welcher stets den Zeitpunkt der Rechtskraft entscheiden läßt. Für das Gebiet des preuß. LR. wird in Rspr. 2 S. 159 der Zeitpunkt der Erlassung des Urteils für maßgebend erklärt.

Keine Wirkung der Ehescheidung, sondern eine Frage des Güterstandes ist die Vermögensauseinandersetzung unter den Ehegatten. Für diese ist daher, sofern nicht der Güterstand übergeleitet worden ist, gemäß Art. 200 das bisherige Recht maßgebend. Teilweise abweichend Habicht S. 611, nach welchem nur die Vermögensauseinandersetzung als solche dem bisherigen Rechte untersteht, Rechte aber, welche dem unschuldigen Teile nach den bisherigen Gesetzen an dem Vermögen des schuldigen Teiles auch nach bewirkter Auseinandersetzung zustehen, beseitigt sind. Hiergegen auch Niedner S. 447. Die Landesgesetze, welche die Überleitung der Güterstände bestimmen, haben übrigens zum Teil vorgeschrieben, daß, auch wenn der Güterstand übergeleitet wird, für die Vermögensauseinandersetzung im Falle der Ehescheidung doch dann das bisherige Gesetz maßgebend bleibt, wenn die Scheidungsklage vor dem 1. Januar 1900 erhoben worden ist (vgl. preuß. AG. Art. 59 § 6, bayer. ÜbGes. Art. 103, 130).

b) **Wenn die Scheidung vor dem 1. Januar 1900 rechtskräftig erfolgt ist,** ist für ihre Wirkungen schlechthin das bisherige Recht maßgebend. Dies gilt insbesondere von der Namensführung der Frau, der Unterhaltspflicht des schuldigen Ehegatten (RG. JW. 1901 S. 2, Rspr. 3 S. 240), den Ehescheidungsstrafen und dem Ehehindernisse des Ehebruchs (RG. 24 A S. 42). Der Mann kann also z. B. nicht der schuldigen Frau gemäß § 1577 Abs. 3 des BGB. die Weiterführung seines Namens untersagen (Rspr. 3 S. 17; a. A. Rspr. 2 S. 167), auf die Unterhaltspflicht findet nicht der § 1581 BGB. Anwendung (RG. 48 S. 4). Das dem unschuldigen Ehegatten nach dem preuß. LR. II 1 §§ 783ff., 798 zustehende Wahlrecht zwischen einer Abfindung durch Zuwendung eines Vermögensteils oder dem lebenslänglichen Unterhaltsanspruche bleibt deshalb unberührt, das Wahlrecht kann nach Maßgabe des bisherigen Rechtes auch nach dem 1. Januar 1900 ausgeübt werden. Vgl. Rspr. 1 S. 217, 280. Die Unterhaltspflicht der geschiedenen Ehegatten gegenüber den Kindern bestimmt sich dagegen gemäß Art. 203 vom Inkrafttreten des BGB. an nach dessen Vorschriften (Rspr. 3 S. 42, RG. 49 S. 155). Wegen des Rechtsverhältnisses der geschiedenen Ehegatten zu den gemeinschaftlichen Kindern s. auch Art. 206 und Erl. hierzu.

c) Ist das Scheidungsurteil noch vor dem 1. Januar 1900 erlassen, dagegen ohne daß ein Rechtsmittel eingelegt worden ist, erst nachher rechtskräftig geworden, so gilt die Scheidung als vor dem 1. Januar 1900 erfolgt und die Wirkungen bestimmen sich hiernach nach dem alten Rechte (RG. 50 S. 304). Ist dagegen das die Scheidung aussprechende Urteil vor, das das Rechtsmittel hingegen zurückweisende Urteil nach dem 1. Januar 1900 ergangen, so gilt die Scheidung als nach dem 1. Januar 1900 erfolgt und die Wirkungen der Scheidung bestimmen sich nach dem neuen Rechte (RG. 58 S. 382). Wegen der Scheidungsstrafen s. oben a Abs. 2.

9. **Zusammentreffen zeitlicher und örtlicher Kollision.** Handelt es sich um die Ehescheidung oder um die Aufhebung der ehelichen Gemeinschaft ausländischer Ehegatten auf Grund einer vor dem 1. Januar 1900 begangenen Verfehlung eines Ehegatten, so kommt neben dem Art. 201 der Art. 17 zur Anwendung (so auch RG. in JW. 1901 S. 30); denn nach dem Art. 201 Abs. 1 ist für die Scheidung das neue Recht und damit auch (s. Vorbm. 5 S. 284) das internationale Privatrecht des BGB. maßgebend. Bei der Anwendung des Abs. 2 des Art. 201 ist dabei zu berücksichtigen, daß, wenn dieser auf das bisherige Gesetz verweist, hierunter nur diejenigen Gesetze verstanden werden können, welche von dem Scheidungsrichter hätten zur Anwendung gebracht werden müssen, wenn das BGB. nicht in Kraft getreten wäre.

Eine Kollision zwischen verschiedenen der bisher in Deutschland geltenden Rechten kann nur bei der Anwendung des Abs. 2 des Art. 201 vorkommen. Auch in solchem Falle hat der Ehescheidungsrichter die Kollisionsnormen zugrunde zu legen, welche er hätte zur Anwendung bringen müssen, wenn das BGB. nicht in Kraft getreten wäre (so auch RG. in JW. 1901 S. 73). Ist also z. B. die Klage in Berlin erhoben worden, während die Parteien zu der Zeit, als die Verfehlung begangen worden ist, in Sachsen wohnten, so kann unter Berücksichtigung der für die örtliche Anwendung kollidierender Gesetze geltenden Grundsätze des preuß. Rechtes die Scheidung nur ausgesprochen werden, wenn das Verhalten des Ehegatten nicht nur einen Scheidungsgrund des BGB. erfüllt, sondern wenn darin überdies sowohl nach dem sächsischen als nach dem preußischen Rechte ein Scheidungs- oder Trennungsgrund gefunden werden kann. Im Ergebnisse wohl übereinstimmend Habicht S. 604—606, und im „Recht" 1900 S. 409, Niedner Erl. 2d zu Art. 201. A. A. Kahn in Jherings Jahrb. 43 S. 387, welcher unter den bisherigen Scheidungsgesetzen diejenigen des ehemännlichen Heimatrechts (und zwar des zur Zeit des Inkrafttretens des BGB. bestehenden) begreift.

10. Infolge des Art. 201 finden auch die neuen Vorschriften der CPO. über Ehesachen auf alle auch die schon anhängigen Scheidungsprozesse Anwendung.

11. **Nachteile der Wiederverheiratung.** Das BGB. kennt keine gesetzlichen Nachteile der Wiederverehelichung. Es enthält nur Bestimmungen, welche für den Fall der Wiederverheiratung eines Elternteils das Interesse der Kinder aus der früheren Ehe in Ansehung ihres Vermögens zu wahren bezwecken (§§ 1493, 1557, 1669, 1686, 1740, 1761, 1845, 1897, 1915 des BGB.) und knüpft bei der Mutter an die Wiederverheiratung den Verlust der elterlichen Gewalt und damit der elterlichen Nutznießung (§ 1697 das.). Hat sich ein Elternteil vor dem 1. Januar 1900 wieder verheiratet, so sind damit die in den bisherigen Gesetzen an die Wiederverehelichung geknüpften Rechtsnachteile, insbesondere im Gebiete des gemeinen Rechtes die Verwandelung des Eigentums an den lucra nuptialia in bloßen Nießbrauch verwirkt worden; die den Kindern nach Maßgabe des bisherigen Rechtes bereits mit der Wiederverheiratung erworbenen Rechte werden durch den Eintritt des neuen Rechtes nicht berührt; im angeführten Beispiele folgt dies schon aus Art. 184. Dagegen bleiben den Kindern der früheren Ehe bloße Rechtsaussichten nicht gewahrt, es fällt deshalb das gemeinrechtliche Verbot weg, daß ein wiederverheirateter Ehegatte dem neuen Ehegatten durch freigebige Verfügungen nicht mehr zuwenden darf, als das geringst bedachte Kind der früheren Ehe erhält; gleichgültig ist, ob die freigebige Zuwendung auf einer Verfügung unter Lebenden oder von Todes wegen beruht und ob die Verfügung in die Zeit vor oder nach dem Inkrafttreten des BGB. fällt. Anders natürlich, wenn der parens binubus schon vor dem Inkrafttreten des BGB. gestorben ist; denn in diesem Falle haben die Kinder bereits einen Anspruch auf die Herausgabe des zuviel Erhaltenen erworben. Ebenso Habicht S. 614.

Verheiratet sich ein Elternteil, dessen Ehe vor dem Inkrafttreten des BGB. gelöst worden ist, erst nach diesem Zeitpunkte, so kann von einem Eintritte der im bisherigen Rechte bestimmten Nachteile der Wiederverheiratung keine Rede mehr sein, da im Zeitpunkte der Wiederverheiratung die gesetzlichen Vorschriften, welche die Nachteile bestimmen, nicht mehr Geltung haben und die Wiederverehelichungsstrafen nicht etwa eine Folge des Güterstandes sind. Sind durch Ehe- oder Erbvertrag für den Fall der Wiederverheiratung gewisse Nachteile vereinbart, so bleiben die vertragsmäßigen Bestimmungen in Kraft und zwar selbst dann, wenn die Auflösung der ersten Ehe unter der Herrschaft des BGB. erfolgt ist. Es kommt nicht darauf an, ob und inwieweit diese vertragsmäßigen Bestimmungen durch die Geltung des bisherigen Rechtes beeinflußt worden sind, der Vertrag muß auch dann gelten, wenn anzunehmen wäre, daß die Nachteile nicht vereinbart worden wären, wenn das bisherige Recht gesetzliche Nachteile mit der Wiederverheiratung nicht verbunden hätte.

Dagegen treten diejenigen Folgen, welche in den durch den Art. 200 oder das Landesüberleitungsgesetz aufrecht erhaltenen Bestimmungen des bisherigen ehelichen Güterrechts an die Wiederverehelichung geknüpft sind, ohne Rücksicht darauf ein, ob die Auflösung der Ehe oder die Wiederverehelichung vor oder nach dem 1. Januar 1900 erfolgt ist. Insbesondere bewendet es beim Verluste des Beisitzes oder der Nutznießung, wenn der Verlust nach dem bisherigen Rechte Folge der Wiederverehelichung ist.

Artikel 202.

E. d. ES. II Art. 172; III Art. 201. P. II Bd. 6 S. 532, 635.

1. Wie zu Art. 201 bemerkt ist, bestimmen sich die Wirkungen der Scheidung der Ehe, auf welche vor dem Inkrafttreten des BGB. erkannt worden ist, ausschließlich nach dem bisherigen

Artikel 202. Für die Wirkungen einer beständigen oder zeitweiligen Trennung von Tisch und Bett, auf welche vor dem Inkrafttreten des Bürgerlichen Gesetzbuchs erkannt worden ist, bleiben die bisherigen Gesetze maßgebend. Dies gilt insbesondere auch von den Vorschriften, nach denen eine bis zu dem Tode eines der Ehegatten fortbestehende Trennung in allen oder einzelnen Beziehungen der Auflösung der Ehe gleichsteht.

Rechte. Der Art. 202 Satz 1 enthält den gleichen Grundsatz bezüglich der **Wirkungen einer beständigen oder zeitweiligen Trennung von Tisch und Bett**, welche vor dem genannten Zeitpunkt ausgesprochen worden ist. Nach dem Inkrafttreten des BGB. kann, wie zu Art. 201 hervorgehoben ist, auf beständige oder zeitweilige Trennung nicht mehr erkannt werden.

2. Die Maßgeblichkeit des bisherigen Rechtes ist von besonderer Bedeutung für die persönlichen Rechtsbeziehungen der Ehegatten zu einander und die gegenseitige Unterhaltspflicht der Ehegatten, für das eheliche Güterrecht (für dieses folgt sie übrigens schon aus Art. 200) und für das Ehegatten-Erbrecht. In letzterer Hinsicht stellt der Satz 2 des Art. 202 klar, daß auch diejenigen bisherigen Vorschriften aufrecht bleiben, nach denen eine bis zum Tode eines Ehegatten fortbestehende Trennung in allen oder einzelnen Beziehungen der Auflösung der Ehe gleichsteht. Soviel ersichtlich, kennt kein Landesrecht eine solche Vorschrift für die zeitweise Trennung. Bei dieser gilt vielmehr die Ehe überall noch als fortbestehend, so daß nach dem Inkrafttreten des BGB. trotz der bis zum Tode fortdauernden Trennung dem Ehegatten das ihm in den §§ 1931 ff. des BGB. eingeräumte Erbrecht zusteht und die §§ 1933, 2077, 2268, 2279 Abs. 2 des BGB. keine Anwendung finden. Die beständige Trennung der Ehe steht dagegen fast überall, wenigstens in vermögensrechtlicher und erbrechtlicher Hinsicht der Ehescheidung gleich. Der Satz 2 beruht auf der Erwägung, daß nach manchen Rechten, z. B. dem bayer. LR., die Mehrzahl der im BGB. anerkannten Scheidungsgründe nur zu einer zeitweiligen Trennung der Ehe führt, bei einer für eine lange Zeit ausgesprochenen Trennung aber — im bisherigen Geltungsgebiete des bayer. LR. z. B. war eine Trennung der Ehe auf 10—15 Jahre keine Seltenheit — das Ehegatten-Erbrecht keine innere Berechtigung hat, dies namentlich dann, wenn, wie im bisherigen Geltungsgebiete des bayer. LR., das Ehegatten-Erbrecht durch das BGB. erst eingeführt wird. Der Satz 2 will die Landesgesetzgebung auf einen angemessenen Ausweg hinweisen. Soviel ersichtlich, hat indessen kein Landesrecht anläßlich der Einführung des BGB. eine dem Satz 2 entsprechende Vorschrift getroffen.

3. Insoweit die bisherigen Gesetze der Trennung der Ehe Wirkungen beilegen, welche mit den Vorschriften des BGB. nicht vereinbar sind, gehen die bisherigen Gesetze vor; soweit aber das neue Recht hiernach nicht ausgeschlossen ist, findet es Anwendung. Dies ist in den P. II Bd. 6 S. 533 hinsichtlich des die Unterhaltspflicht regelnden § 1361 des BGB. anerkannt.

4. Auf beständige Trennung von Tisch und Bett konnte seit dem Inkrafttreten des PersonstGes. nach § 77 desselben nicht mehr erkannt werden. War vorher auf beständige Trennung von Tisch und Bett erkannt worden, so kann nach § 77 Abs. 2 das., welcher nach Art. 46 des EG. auch für die Zeit nach dem Inkrafttreten des BGB. aufrecht bleibt, wenn eine Wiedervereinigung der Ehegatten nicht stattgefunden hat, jeder derselben auf Grund des ergangenen Urteils die Auflösung des Bandes der Ehe im ordentlichen Prozeßverfahren beantragen. Es ist also im wesentlichen ähnlich, wie wenn nach dem neuen Rechte auf Aufhebung der ehelichen Gemeinschaft erkannt worden ist (s. Erl. zu § 1576 BGB.). Übereinstimmend Sartorius, PersonstGes. (1902) S. 453. Vor der Rechtskraft des Urteils darf der Ehegatte sich nicht wiederverheiraten, da erst mit diesem Zeitpunkte die Ehe im Sinne des § 1309 des BGB. als aufgelöst erscheint.

War auf zeitweise Trennung von Tisch und Bett erkannt, so kann jeder Ehegatte nach dem Inkrafttreten des BGB. die Klage auf Scheidung der Ehe oder auf Aufhebung der ehelichen Gemeinschaft erheben, wenn eine die Scheidung nach dem BGB. begründende Tatsache nach dem Inkrafttreten desselben eingetreten ist; selbstverständlich kann aber ein Verhalten des Ehegatten, welches nach Maßgabe des bisherigen Rechtes durch das Trennungsurteil gerechtfertigt wird, also insbesondere die Aufhebung der ehelichen Gemeinschaft nicht als ein die eheliche Pflicht verletzendes angesehen werden (so auch Neumann 3 S. 187). Auf vor dem Inkrafttreten des BGB. liegende Tatsachen kann eine Klage auf Scheidung oder Aufhebung der ehelichen Gemeinschaft nur gestützt werden, wenn auch das bisherige Recht aus diesem Grunde die Klage auf Trennung oder Scheidung zuließ.

Findet während der Trennungszeit eine Versöhnung der Ehegatten statt, so fallen die mit der Trennung verbundenen Wirkungen weg. Für die beständige Trennung spricht dies der § 77 Abs. 2 des PersonstGes. ausdrücklich aus, für die zeitweilige Trennung liegt diese Wirkung der Wiederherstellung der Gemeinschaft in der Natur der Sache. Mit der Wiederherstellung tritt das bisherige Recht, soweit es im Art. 202 aufrecht erhalten ist, außer Kraft und das BGB. in Geltung.

5. Wie bemerkt, bezieht sich die fortdauernde Maßgeblichkeit des bisherigen Rechtes auch auf die persönlichen Beziehungen der Ehegatten zu einander. Daraus folgt die Unabwendbarkeit der im § 1571 Abs. 2 des BGB. enthaltenen Vorschrift, solange die Zeit, auf welche die Ehe getrennt ist, noch nicht verstrichen ist; wenn also einer der Ehegatten während der Trennung sich einer den anderen Ehegatten zur Erhebung der Scheidungsklage berechtigenden Verfehlung schuldig macht, kann er nicht den anderen Ehegatten auffordern, entweder die häusliche Gemeinschaft herzustellen oder die Klage zu erheben. Die Aufforderung kann solchen Falles erst nach dem Ablaufe der im Trennungsurteile bestimmten Zeit erfolgen.

6. Für das Verlangen eines Ehegatten nach Herstellung des ehelichen Lebens ist, auch wenn die Ehe vor dem 1. Januar 1900 für ständig oder auf Zeit getrennt worden ist, das BGB. maßgebend (RG. JW. 1905 S. 110). Denn die persönlichen Rechtsbeziehungen der Ehegatten bestimmen sich in dieser Beziehung gemäß Art. 199 vom Inkrafttreten des BGB. an nach diesem (§ 1353); vgl. oben Erl. 3. Selbstverständlich kommt aber für die Frage, ob sich das Verlangen nicht mit Rücksicht auf das Trennungsurteil als Rechtsmißbrauch darstellt, das bisherige Recht in Betracht.

7. Die bisherigen Gesetze (vgl. M. IV S. 651) bleiben auch für die Frage maßgebend, inwieweit für die während der Trennung nach dem 1. Januar 1900 geborenen Kinder eine Vermutung der Ehelichkeit oder Unehelichkeit gilt (so auch P. II Bd. 6 S. 533, Habicht S. 613, Riedner S. 448, Bayer. ObLG. 2 S. 716).

Wegen des Verhältnisses zu den Kindern s. im übrigen Art. 206.

Zu Artikel 203—209.

1. **Die Art. 203—209 enthalten die Übergangsbestimmungen, welche für den zweiten Abschnitt „Verwandtschaft“** (§§ 1589—1772) des vierten Buches des BGB. **für erforderlich erachtet worden sind.** Die getroffenen Bestimmungen beziehen sich entsprechend der Reihenfolge der in diesem Abschnitte geordneten Rechtsverhältnisse auf die rechtliche Stellung der ehelichen Kinder (Art. 203—206), auf die rechtliche Stellung der Kinder aus nichtigen Ehen (Art. 207), die rechtliche Stellung der unehelichen Kinder (Art. 208), auf die Legitimation unehelicher Kinder und die Annahme an Kindes Statt (Art. 209). Ohne Übergangsvorschriften sind von den in diesem Abschnitte geordneten Rechtsmaterien die eheliche Abstammung und die Unterhaltspflicht der Verwandten geblieben.

2. **Ob ein Kind ehelich oder unehelich ist,** bestimmt sich nach den zur Zeit der Geburt geltenden Gesetzen (RG. JW. 1902 Beil. S. 238). Diese sind bezüglich aller für die Frage der Ehelichkeit oder Unehelichkeit in Betracht kommenden Verhältnisse maßgebend. Es ist also z. B. für die Frage, inwieweit eine Rechtsvermutung für die Ehelichkeit der von einer Ehefrau geborenen Kinder gilt, für die Dauer der Empfängniszeit, für die Befugnis, die Unehelichkeit eines Kindes geltend zu machen, für den Einfluß der Anerkennung der Ehelichkeit durch den Ehemann der Mutter, für die Frage, inwieweit das Recht, die Unehelichkeit geltend zu machen (Rspr. 4 S. 105; 6 S. 57; 7 S. 74, 75), durch Zeitablauf verloren geht ꝛc., bei den vor dem 1. Januar 1900 geborenen Kindern nur das bisherige und bei den später geborenen Kindern nur das neue Recht maßgebend. Das BGB. ist bei den unter seiner Herrschaft geborenen Kindern auch dann maßgebend, wenn die Empfängniszeit ganz oder teilweise in die Zeit vor dem 1. Januar 1900 fällt. Eine Ausnahme machen Kinder aus einer Ehe, welche vor dem Inkrafttreten des BGB. für immer oder auf Zeit getrennt worden ist; s. hierüber Erl. 7 zu Art. 202. Wegen der Kinder aus einer ungültigen Ehe vgl. Erl. zu Art. 207.

Wegen der Frage, nach welchem Rechte sich die Legitimation durch nachfolgende Ehe oder durch Ehelichkeitserklärung sowie die Annahme an Kindes Statt richtet, s. Erl. zu Art. 209.

3. **Die Unterhaltspflicht der Verwandten** bestimmt sich, da sie sich, solange ihre Voraussetzungen gegeben sind, fort und fort erneuert (s. Vorbm. II Bd. IV S. 439), vom Inkrafttreten des BGB. an ausschließlich nach dessen Vorschriften (M. d. EG. S. 296, Seuff.A. 55

Artikel 203. Das Rechtsverhältniß zwischen den Eltern und einem vor dem Inkrafttreten des Bürgerlichen Gesetzbuchs geborenen ehelichen Kinde bestimmt sich von dem Inkrafttreten des Bürgerlichen Gesetzbuchs an nach dessen Vorschriften. Dies gilt insbesondere auch in Ansehung des Vermögens, welches das Kind vorher erworben hat.

Nr. 210; Rspr. 1 S. 461, RG. 49 S. 157). Es ist deshalb insbesondere die in manchen Rechten anerkannte Unterhaltspflicht zwischen Geschwistern (RG. JW. 1900 S. 431) und Schwiegereltern und Schwiegerkindern (Rspr. 1 S. 146) vom 1. Januar 1900 an weggefallen. Dies gilt selbst dann, wenn die Unterhaltspflicht vorher durch Urteil (RG. 46 S. 65) oder Vergleich rechtskräftig festgestellt worden ist (a. A. Affolter S. 367, 368). Ein die Unterhaltspflicht regelnder Vergleich ist ferner für die Zeit vom 1. Januar 1900 an nur insofern wirksam, als er dem Berechtigten mindestens die Unterhaltsansprüche gewährt, die ihm gesetzlich zustehen (RG. 50 S. 96). Die Änderungen, welche die Unterhaltspflicht der Verwandten durch das Inkrafttreten des BGB. erfährt, wirken auch für die Fälle, in denen ein Dritter auf Grund einer unerlaubten Handlung oder einer gesetzlichen Haftpflicht an Stelle eines anderen für den Unterhalt aufzukommen hat (Affolter S. 368).

Soweit es sich um Unterhaltsleistungen, die vor dem 1. Januar 1900 fällig geworden sind, handelt, behält das bisherige Recht seine Maßgeblichkeit weiter (Art. 170), wenn auch der Anspruch erst nach diesem Zeitpunkte geltend gemacht wird. Ist der Verpflichtete schon vor dem 1. Januar 1900 in Verzug gekommen, so ist der § 1613 BGB. von diesem Zeitpunkt anwendbar; daraus folgt insbesondere, daß, während in einigen bisherigen Rechten der Satz, daß für die Vergangenheit Unterhalt nicht gefordert werden kann, auch beim Verzuge des Pflichtigen gilt, dies sich nun vom 1. Januar 1900 an änderte (Seuff.A. 59 S. 331).

Der § 323 CPO. findet auch auf die vor 1900 rechtskräftig zuerkannten Unterhaltsansprüche Anwendung (Rspr. 9 S. 106).

Wegen der Unterhaltspflicht der Ehegatten unter einander vgl. Erl. z. Art. 199; wegen der Unterhaltspflicht geschiedener oder getrennter Ehegatten s. Erl. zu Art. 201, 202. Die Unterhaltspflicht der Eltern gegenüber den Kindern und umgekehrt bestimmt sich übrigens schon nach Art. 203 vom Inkrafttreten des BGB. an nach dessen Vorschriften; nur wenn für geschiedene oder getrennte Ehegatten nach Art. 201, 202 das bisherige Recht fort gilt, ist dieses für die Tragung der gegenüber den Kindern bestehenden Unterhaltspflicht im Verhältnisse der Ehegatten zu einander maßgebend (s. Erl. 8b zu Art. 201).

4. Daß der **Verwandtschaftsbegriff** des BGB. von dessen Inkrafttreten an für alle Personen gilt, zwischen denen die nach der Vorschrift des BGB. die Verwandtschaft begründende Blutsgemeinschaft besteht, bedarf keiner Ausführung (s. M. d. EG. S. 297). Dabei kommt nicht in Betracht, ob die das Verwandtschaftsverhältnis zwischen zwei Personen vermittelnde Person zur Zeit des Inkrafttretens des BGB. noch lebt oder schon vorher gestorben ist (SeuffA. 56 S. 229).

Artikel 203.

E. d. EG. I Art. 121; II Art. 173; III Art. 202. P. I S. 13113, 13120; M. d. EG. S. 291. P. II Bd. 6 S. 547, 636.

Rechtsverhältnis zwischen Eltern und ehelichen Kindern.

1. Nach der Vorbm. 2 vor Art. 203 bestimmen sich die **Voraussetzungen**, unter welchen zwischen einem Kinde und seinen Eltern das Rechtsverhältnis zwischen einem ehelichen Kinde und den ehelichen Eltern entsteht, nach dem zur Zeit der Geburt geltenden Rechte. Der **Inhalt des Rechtsverhältnisses zwischen einem ehelichen Kinde und seinen Eltern** bestimmt sich jedoch nach Art. 203 vom Inkrafttreten des BGB. an ausschließlich nach dessen Vorschriften.

2. **Rechtsverhältnis im allgemeinen.** Aus Art. 203 folgt, daß die Vorschriften des BGB. über den Wohnsitz (§ 11), die gegenseitige Unterhaltspflicht (§§ 1601—1615), über das Recht der Eltern auf Einholung ihrer Zustimmung zur Eheschließung des Kindes (§§ 1305—1308) und zur Annahme des Kindes (§ 1747) und die in den §§ 1616—1625 getroffenen allgemeinen Vorschriften über das Rechtsverhältnis zwischen den Eltern und dem Kinde Anwendung finden. Das neue Recht greift also insbesondere hinsichtlich der Namensführung (§ 1616), der Verpflichtung des volljährigen Kindes, zu den Kosten des Haushalts beizutragen (§ 1618), der Verwaltung des Vermögens des volljährigen Kindes durch die Eltern (§ 1619) und der Ausstattungspflicht

(§§ 1620—1625) Platz. Dies gilt aber nicht mit rückwirkender Kraft, sondern erst vom Inkrafttreten des BGB. an. Der in den §§ 1620ff. bestimmte Aussteuerungsanspruch steht also der Tochter nur zu, wenn sie sich nach dem 1. Januar 1900 verheiratet hat; inwieweit sie im Falle einer früheren Verheiratung einen Anspruch auf Aussteuer hat, bestimmt sich — abgesehen von der nach Art. 169 sofort in Kraft getretenen Verjährungsvorschrift des § 1623 Satz 2 des BGB. — nach bisherigem Rechte (Rspr. 1 S. 176). Auf Grund des den bisherigen Gesetzen nach Art. 200 unterworfen gebliebenen Güterstandes kann einem Kinde ein weitergehender Aussteuerungs- oder Ausstattungsanspruch zustehen, als in den §§ 1620ff. des BGB. vorgesehen ist. Solchen Falles hat natürlich das Kind nur den nach dem Güterrechte bestehenden Anspruch, nicht daneben noch den der §§ 1620ff. des BGB. Ist nach dem Inkrafttreten des BGB. eine Ausstattung oder Aussteuer gewährt worden, so finden die §§ 1624, 1625 BGB. auch dann Anwendung, wenn die Verheiratung oder die Begründung der Lebensstellung schon vorher stattgefunden haben.

3. Anwendung finden ferner die **Vorschriften** der §§ 1626—1698 des BGB. **über die elterliche Gewalt.**

a) Die Vorschriften des BGB. sind zunächst für die Frage maßgebend, **ob ein Kind unter elterlicher Gewalt steht.**

Minderjährige, welche nach Maßgabe der bisherigen Vorschriften durch Verheiratung, durch Emanzipation, durch Gründung eines selbständigen Haushalts oder durch Verzicht des Gewalthabers aus der elterlichen Gewalt ausgetreten sind, kehren in dem Zeitpunkte des Inkrafttretens des BGB. in die elterliche Gewalt zurück. Kann der Minderjährige in die elterliche Gewalt nicht zurückkehren, z. B. weil die Eltern gestorben sind oder die Mutter eine neue Ehe eingegangen ist, so ist eine Vormundschaft anzuordnen. Bezüglich derjenigen Kinder, welche durch Verheiratung oder durch die mit der Verheiratung verbundene Gründung eines selbständigen Haushalts aus der elterlichen Gewalt ausgetreten sind, ist jedoch zu beachten, daß nach manchen Rechten die Verehelichung — sei es für beide Ehegatten oder doch für die Frau (für gemeines Recht RG. JW. 1903 Beil. S. 50) — zugleich den Eintritt der Volljährigkeit zur Folge hat. Nach Art. 153 steht aber, wer zur Zeit des Inkrafttretens des BGB. nicht das einundzwanzigste Lebensjahr vollendet hat, aber durch Volljährigkeitserklärung oder sonst die rechtliche Stellung eines Volljährigen erlangt hat, von dieser Zeit an einem Volljährigen gleich, er kehrt also nach § 1626 des BGB. nicht in die Gewalt zurück. Gleiches gilt nach Art. 154 von den nach den französischen oder badischen Gesetzen Emanzipierten oder aus der Gewalt Entlassenen, sofern sie zur Zeit des Inkrafttretens des BGB. das achtzehnte Lebensjahr vollendet haben.

In den Rechtsgebieten ferner, welche nur eine väterliche, nicht auch eine mütterliche Gewalt kennen (z. B. gemeines Recht, preuß. LR., bayer. LR., sächs. GB.) treten Minderjährige, welche nach den bisherigen Rechten infolge des Todes des Vaters unter Vormundschaft gestellt worden waren, unter die elterliche Gewalt der Mutter, sofern die Mutter sich nicht inzwischen verheiratet hat oder sonst aus einem Grunde von der Ausübung der Gewalt nach dem BGB. ausgeschlossen ist. Gleiches gilt, wenn die Vormundschaft eingeleitet worden war, weil der Vater an der Ausübung der Gewalt verhindert ist oder die Gewalt verwirkt hat; selbstverständlich müssen aber die Voraussetzungen der §§ 1684, 1685 des BGB. vorliegen. Hat sich die Mutter wieder verheiratet, so bekommt sie, wie bemerkt, die elterliche Gewalt nicht und sie verliert sie, wenn sie sie nach dem bisherigen Rechte trotz ihrer Wiederverheiratung bekommen hatte. Daran ändert der Umstand nichts, daß die neue Ehe der Mutter im Zeitpunkte des Inkrafttretens des BGB. schon wieder aufgelöst ist (a. A. Habicht S. 615; RG. in JW. 1901 S. 357 wie hier KG. in DJZ. 1900 S. 166; Blanckmeister im Recht 1900 S. 226); denn nach dem BGB. erlangt die Mutter die Gewalt nicht wieder, wenn ihre zweite Ehe aufgelöst wird (s. Erl. 3 zu § 1697 BGB., Rspr. 1 S. 485, CBl. f. FG. 3 S. 17).

Im Gebiete des französ. Rechtes tritt an die Stelle der gesetzlichen Vormundschaft des verwitweten Vaters die elterliche Gewalt.

Auch erhalten der Vater oder die Mutter die elterliche Gewalt, welche sie nach dem bisherigen Rechte verwirkt haben, wieder, sofern nicht zugleich die Voraussetzungen gegeben sind, unter welchen nach § 1680 des BGB. die Gewalt verwirkt wird (KG. 19 S. 55, DJZ. 1900 S. 49).

Wegen der eingekindschafteten Kinder s. Erl. zu Art. 209.

b) Der Grundsatz des Art. 203 bringt es mit sich, daß **für den Inhalt und den Umfang der Rechte des Gewalthabers am Vermögen des Kindes gleichfalls ausschließlich die Vor-**

schriften des BGB. maßgebend sind. Wie der Satz 2 des Art. 203 hervorhebt, gilt dies auch in Ansehung des Vermögens, welches das Kind vor dem Inkrafttreten des BGB. erworben hat. Insbesondere hört die elterliche Nutznießung mit der Volljährigkeit des Kindes auf. Umgekehrt erlangt der Inhaber der Gewalt die Nutznießung — bei Töchtern nur nach Maßgabe des § 1661 des BGB. — wieder, wenn sie aus einem Grunde untergegangen war, welcher im neuen Rechte nicht als Grund der Beendigung der Nutznießung anerkannt ist. Dies trifft z. B. im Gebiete des französ. Rechtes zu, nach welchem die Nutznießung erlosch, wenn das Kind das achtzehnte Lebensjahr vollendete, ferner bezüglich der nach dem bisherigen Rechte aus der elterlichen Gewalt getretenen und nun in die Gewalt zurückkehrenden Kinder. Hat der Gewalthaber das Kind emanzipiert oder hat er auf die elterliche Gewalt verzichtet oder ist die elterliche Gewalt und damit die elterliche Nutznießung durch die mit Genehmigung des Gewalthabers erfolgte Selbständigmachung oder Verheiratung des Kindes erloschen, so wird man in der Zustimmung des Gewalthabers zu dieser Tatsache bzw. in dem Verzicht auf die Gewalt einen Verzicht auf die Nutznießung erblicken müssen. Ein solcher Verzicht behält nach § 1662 des BGB. seine Bedeutung bei. So auch Habicht S. 630; Niedner S. 449; Schultetus, Vormundschaftsrecht S. 231; Fuchs in Gruch. 14 S. 41.

Nach dem BGB. bestimmt sich auch der Umfang des der Verwaltung und des der Nutznießung des Gewalthabers unterworfenen Vermögens. Vermögen, dessen Verwaltung oder Nutznießung dem Vater nach dem bisherigen Rechte nicht gebührte, untersteht seiner Verwaltung oder Nutznießung nach dem neuen Rechte dann nicht, wenn auch nach diesem die Entziehung der Verwaltung oder Nutznießung zulässig ist (Rspr. 5 S. 186). Dagegen bekommt z. B. der Gewalthaber die Verwaltung des Vermögens, auf dessen Nutznießung er verzichtet hat, zurück, obgleich nach manchen bisherigen Rechten der Verzicht auf die Nutznießung den Verlust der Vermögensverwaltung zur Folge hatte. Gegenstände ferner, die zwar nach den bisherigen Rechten, nicht aber nach dem neuen Rechte (§§ 1650, 1651 BGB.) freies Vermögen des Kindes sind, werden der elterlichen Nutznießung unterstellt. Daß der Gewalthaber die vor dem 1. Januar 1900 gezogenen Nutzungen auch dann behalten darf, wenn er sie nach dem Rechte des BGB. nicht hätte ziehen dürfen, versteht sich von selbst; denn das BGB. findet nicht mit rückwirkender Kraft Anwendung.

c) Auch in den **sonstigen Beziehungen** bestimmen sich die Rechte und Pflichten des Gewalthabers, für die Person und das Vermögen des Kindes zu sorgen und die elterliche Nutznießung nach dem BGB.

Dies gilt z. B. von der Verpflichtung des Gewalthabers, Vermögen des Kindes gerichtlich zu hinterlegen (Seuff.A. 55 Nr. 211).

Die im § 1640 des BGB. bestimmte Verpflichtung des Gewalthabers, ein Verzeichnis des seiner Verwaltung unterliegenden, dem Kinde gehörenden Vermögens einzureichen, liegt dem Gewalthaber ob, auch wenn der andere Elternteil vor dem Inkrafttreten des BGB. gestorben ist (a. A. Affolter S. 361); sie liegt ihm aber nur in Ansehung desjenigen Vermögens ob, welches dem Kinde nach dem 1. Januar 1900 anfällt (so auch Habicht S. 625 Anm. 4, Niedner S. 450, Rspr. 1 S. 208). Die Einreichung des Vermögensverzeichnisses kann von dem verstorbenen Elternteile nach § 1640 nicht erlassen werden. Hiermit im Widerspruche stehende, unter dem alten Rechte getroffene Anordnungen verlieren daher vom 1. Januar 1900 ab ihre Kraft.

Da das BGB. weder ein gesetzliches Pfandrecht des Kindes am Vermögen des Gewalthabers noch einen dem Kinde zustehenden Pfandrechtstitel kennt, so fällt der im bisherigen Rechte dem Kinde eingeräumte Pfandrechtstitel weg und der Vater kann die Rückgabe des dem Kinde schon bestellten Pfandes bzw. die Löschung der schon bestellten oder kraft Gesetzes entstandenen Hypothek verlangen. Natürlich bleibt in Ansehung der vor dem Inkrafttreten des BGB. entstandenen Verbindlichkeiten des Gewalthabers gegenüber dem Kinde der Pfandrechtstitel und auch das kraft Gesetzes oder durch Eintragung bereits entstandene Pfandrecht bestehen. Denn insoweit, als sich der Gewalthaber dem Kinde schon ersatzpflichtig gemacht hat, hat sich das Pfandrecht bereits ausgefüllt und ist dem Kinde ein Anspruch auf Einräumung des Pfandes bzw. auf Befriedigung aus dem verpfändeten Gegenstand entstanden. Hieraus folgt, daß der Gewalthaber nicht berechtigt ist, ohne Zustimmung des für das Kind nach §§ 1630 Abs. 2, 1795, 1909 des BGB. zu bestellenden Pflegers die Löschung oder Umschreibung der für das Kind eingetragenen Hypothek zu verlangen (Rspr. 2 S. 140, KG. 21 A 29); noch weniger kann das Vormundschaftsgericht die Löschung von Amts wegen verfügen, auch wenn die Eintragung nach dem bisherigen Rechte auf Grund einer Verfügung des Vormundschaftsgerichts erfolgt ist. A. A. Habicht S. 628, Niedner S. 407, 450 bezüglich der gesetzlichen Pfandrechte; diese sollen auch für Ansprüche aus der Zeit nach 1900 bestehen bleiben. Über hierher gehörende landesrechtliche Übergangsvorschriften s. bayer. ÜbG. Art. 54; Hessen, AG. Art. 168; Elsaß-Lothringen, AG. z. FGG. §§ 68, 69. Von selbst versteht sich übrigens, daß, wenn der Vater oder die Mutter dem Kinde auf Grund eines Vertrags ein Pfandrecht bestellt hat, z. B. wenn der Vater den Nachlaß der Mutter übernommen und dafür den Kindern die Zahlung eines bestimmten Betrags unter Hypothekbestellung versprochen hat, das Pfandrecht des Kindes durch die im Art. 203 enthaltene Überleitung nicht berührt worden ist (bayer. ObLG. 1 S. 703).

Die Verfügungsmacht des Gewalthabers bestimmt sich ausschließlich nach den §§ 1641, 1643ff. des BGB. Es hört deshalb z. B. die Verfügungsbeschränkung des Vaters hinsichtlich des bei seiner Wiederverehelichung zugunsten der Kinder aus der Vorehe hypothekarisch eingetragenen Muttererbes (preuß. LR. II 2 §§ 187, 169, 170) mit dem Inkrafttreten des BGB. auf (KG. 20A 27). Auch ist der Gewalthaber zur mündelsicheren Anlegung des Geldes des Kindes gemäß § 1642 selbst dann verpflichtet, wenn er es nach dem früheren Rechte für sich verbrauchen durfte (KG. 23A 181).

Die in § 1646 des BGB. bestimmte Surrogation bezüglich der vom Vater für das Kind erworbenen Gegenstände gilt erst vom Inkrafttreten des BGB. an. Wer sich mithin auf die Surrogation beruft, muß zunächst beweisen, daß der Erwerb nach dem Inkrafttreten des BGB. stattgefunden hat.

Die nach früherem Rechte zulässige Übertragung der Überlassung der Nutznießung am Vermögen des Kindes verliert mit Rücksicht auf § 1658 des BGB. von dessen Inkrafttreten an ihre Wirksamkeit. Aus dem gleichen Grunde wird eine unter der Herrschaft des früheren Rechtes gegen den Gewalthaber erfolgte Zwangsvollstreckung in dessen Nutznießungsrecht, soweit sie mit § 862 der CPO. im Widerspruche steht, mit dem 1. Januar 1900 unzulässig; der Gewalthaber sowie das Kind können nach §§ 766, 862 Abs. 3 der CPO. die Beseitigung der Vollstreckungsmaßregeln fordern.

Hat der Gewalthaber kraft seiner Nutznießung ein zum Vermögen des Kindes gehörendes Grundstück vor dem Inkrafttreten des BGB. vermietet oder verpachtet, so bleibt gemäß Art. 170 für den Einfluß der Beendigung der elterlichen Nutznießung auf das Miet- oder Pachtverhältnis das bisherige Recht maßgebend. Unterliegt aber das Miet- oder Pachtverhältnis zufolge des Art. 171 dem neuen Rechte, so findet darauf auch der § 1663 Anwendung. Daß auf eine unter der Herrschaft des BGB. erfolgte Vermietung oder Verpachtung der § 1056 Anwendung findet, ist selbstverständlich. Übergangsbestimmungen treffen Bayern, ÜbG. 5; Hessen, AG. Art. 152; Elsaß-Lothringen, AG. § 99.

d) Die Vorschriften des BGB. entscheiden ferner über das **Ruhen und die Beendigung der elterlichen Gewalt.** Diese Vorschriften geben insbesondere dafür Maß, ob der Vater oder die Mutter fähig sind, die elterliche Gewalt, die ihnen nach den §§ 1626, 1684, 1685 des BGB. an sich zusteht, auch tatsächlich zu erlangen. In dieser Hinsicht ist es, wie sich aus der Absicht der in Betracht kommenden Vorschriften von selbst ergibt, unerheblich, ob die Tatsache, welche den Elternteil unfähig macht, die Gewalt zu erlangen, sich vor oder nach dem Inkrafttreten des BGB. zugetragen hat.

Wegen einer vor dem Inkrafttreten des BGB. erfolgten Todeserklärung eines Elternteils s. Erl. 1 zu Art. 160.

4. **Anordnungen in Ansehung der elterlichen Verwaltung oder Nutznießung** (§§ 1638, 1639, 1651 BGB.), unter denen Dritte dem Kinde vor dem Inkrafttreten des BGB. Zuwendungen gemacht haben, behalten ihre Geltung, vorausgesetzt, daß sie nach den Vorschriften des neuen Rechtes ebenfalls wirksam hätten getroffen werden können; in formeller Beziehung ist das bisherige Recht maßgebend (vgl. auch Art. 214). War die Anordnung nach dem bisherigen Rechte (z. B. preuß. LR. II 2 § 155) unzulässig, so wird sie nicht mit dem Inkrafttreten des BGB. deshalb zulässig, weil sie nach diesem hätte getroffen werden können (Rspr. 5 S. 185). Was übrigens die Ausschließung der elterlichen Nutznießung anbetrifft, so braucht sie keine ausdrückliche zu sein, aber immerhin muß sie positiv ausgeschlossen sein. Andernfalls tritt die Nutznießung ein, mag auch der Dritte eine positive Bestimmung nur deshalb unterlassen haben, weil nach dem damaligen Rechte zu einer solchen Bestimmung kein Anlaß bestand, z. B. wenn im Gebiet eines Rechtes das eine elterliche Gewalt der Mutter nicht kennt, nur die Nutz-

Artikel 204. Ist der Vater oder die Mutter zur Zeit des Inkrafttretens des Bürgerlichen Gesetzbuchs in der Sorge für die Person oder für das Vermögen des Kindes durch eine Anordnung der zuständigen Behörde beschränkt, so bleibt die Beschränkung in Kraft. Das Vormundschaftsgericht kann die Anordnung nach §. 1671 des Bürgerlichen Gesetzbuchs aufheben.

Ist dem Vater oder der Mutter die Nutznießung an dem Vermögen des Kindes durch Anordnung der zuständigen Behörde entzogen, so hat das Vormundschaftsgericht die Anordnung auf Antrag aufzuheben, es sei denn, daß die Entziehung der Nutznießung nach §. 1666 Abs. 2 des Bürgerlichen Gesetzbuchs gerechtfertigt ist.

---

nießung des Vaters, nicht auch die der Mutter ausgeschlossen ist (Habicht S. 638; RG. in JW. 1900 S. 870).

Wegen der Anordnungen des Vaters s. Erl. zu Art. 205.

5. **Soweit das Rechtsverhältnis zu dem Kinde ein Ausfluß des ehelichen Güterrechts** ist, also insbesondere das Recht des Beisitzes und der fortgesetzten Gütergemeinschaft, bleibt das bisherige Recht nach Maßgabe des Art. 200 aufrecht (vgl. Habicht in Gruch. 42 S. 448; Zelter in CBl. f. FG. 4 S. 105; wegen des nassauischen Rechtes s. Rspr. 8 S. 354, wegen des braunschw. Rechtes s. Rspr. 5 S. 480); im übrigen, also insbesondere für die persönlichen Beziehungen zwischen den Eltern und dem Kinde und für die Rechte und Pflichten der Eltern an dem nicht vom ehelichen Güterrecht ergriffenen Vermögen des Kindes, ist das neue Recht maßgebend. Vgl. hierzu Erl. zu Art. 200.

6. Aus Art. 203 folgt, daß auch die neuen Vorschriften der CPO. über Kindschaftssachen §§ 640ff. vom 1. Januar 1900 an in allen auch den schon anhängigen Rechtsstreitigkeiten Anwendung finden (s. Gaupp-Stein CPO. Vorbm. III vor § 640).

Artikel 204.

E. d. EG. I Art. 122; II Art. 174; III Art. 203. P. I S. 13114, 13117, 13122; M. d. EG. S. 293. P. II Bd. 6 S. 547.

Obrigkeitliche Beschränkungen der Eltern.

1. Der Art. 204 enthält eine Ausnahme vom Art. 203. Nach diesem würden Beschränkungen, denen der Vater oder die Mutter vor dem Inkrafttreten des BGB. auf Grund des bisherigen Rechtes durch Anordnung der zuständigen Behörde unterworfen worden sind, nach dem Inkrafttreten des BGB. nur aufrecht erhalten bleiben, wenn sie auch nach dessen Vorschriften begründet sind. Das Vormundschaftsgericht müßte also bei jeder Beschränkung nachprüfen, ob sie auch nach dem BGB. zulässig ist. Der Art. 204 hält jedoch die von einer zuständigen Behörde einmal ausgesprochenen Beschränkungen ohne weiteres in Kraft, mögen sie den Vorschriften des BGB. entsprechen oder nicht. Wenn sie aber den Vorschriften des BGB. nicht entsprechen, können sie jederzeit aufgehoben werden; die Aufhebung ist also insbesondere auch dann zulässig, wenn die Umstände, welche zur Anordnung geführt haben, noch fortbestehen.

2. Bezüglich der Aufhebung unterscheidet der Art. 204 zwischen den die Sorge für die Person oder für das Vermögen betreffenden Anordnungen (Abs. 1) und den sich auf die Nutznießung am Vermögen des Kindes beziehenden (Abs. 2).

a) Ob die Beschränkungen, denen der Vater in Ansehung der Sorge für die Person oder für das Vermögen des Kindes unterliegt, aufgehoben werden sollen, weil der Grund der die Beschränkung aussprechenden Anordnung diese nach dem BGB. nicht rechtfertigen würde, entscheidet das Vormundschaftsgericht nach freiem Ermessen. Der in seinen Rechten beschränkte Elternteil hat keinen Anspruch darauf, daß die Anordnung aufgehoben wird; nur das Interesse des Kindes ist für die Frage maßgebend, ob die Beschränkung fortdauern soll, nicht das Interesse der Eltern. Die Aufhebung geschieht nach Maßgabe des § 1671 des BGB. Hieraus folgt insbesondere, daß die Aufhebung nach der Beendigung der elterlichen Gewalt des Vaters oder der Mutter unzulässig ist (s. Erl. zu § 1671). In der Befugnis der Aufhebung liegt die Befugnis der Minderung einer Beschränkung. Die Fassung des Abs. 1 Satz 2 könnte übrigens zu der Ansicht veranlassen, als ob das Vormundschaftsgericht die vor dem Inkrafttreten des BGB. angeordneten obrigkeitlichen Beschränkungen auch dann jederzeit aufheben könnte, wenn der Grund der bisherigen Anordnung diese auch nach den Vorschriften des BGB. rechtfertigt. Dies kann aber nicht gemeint sein, denn liegt dieser Grund beim Inkrafttreten des BGB. noch vor, sind also die Voraussetzungen gegeben, unter welchen das Vormundschaftsgericht nach dem BGB. einschreiten muß (§§ 1665—1670), so müßte das Vormundschaftsgericht mit der Aufhebung der bisherigen Anordnung sofort von neuem auf Grund des BGB. einschreiten.

b) Bei der Anordnung, welche dem Vater oder der Mutter die Nutznießung am Vermögen des Kindes ganz oder teilweise entzogen hat, ist die Sachlage insofern eine andere, als der in der Nutznießung beschränkte Elternteil nach dem Abs. 2 ein Recht darauf hat, daß die Anordnung aufgehoben wird, wenn sie nach dem BGB. (§ 1666 Abs. 2) nicht gerechtfertigt ist. Daß das Vormundschaftsgericht auch von Amts wegen die Anordnung jederzeit nach Maßgabe des § 1671 wieder aufheben kann, ist im Abs. 2 als selbstverständlich vorausgesetzt. Wie die Fassung des Abs. 2 („es sei denn, daß") ergibt, braucht der Elternteil, wenn er die Aufhebung beantragt, nicht nachzuweisen, daß die Anordnung durch § 1666 Abs. 2 nicht gerechtfertigt ist. Es ist Sache des Vormundschaftsgerichts, von Amts wegen zu prüfen, ob nicht die Voraussetzungen des § 1666 gegeben sind. Besondere Bedeutung hat freilich die Frage der Beweispflicht mit Rücksicht auf das hier Platz greifende Verfahren der freiwilligen Gerichtsbarkeit nicht. Wird die Entziehung aufgehoben, so geht die Nutznießung erst vom Augenblicke der Aufhebung an auf den Elternteil über, nicht rückwirkend vom 1. Januar 1900.

c) Wegen des Beschwerderechts der Angehörigen des Kindes s. § 57 Nr. 8 des FGG.

3. Der Art. 204 bezieht sich nur auf die Fälle, in welchen durch eine besondere obrigkeitliche Anordnung der Vater oder die Mutter in ihren Rechten beschränkt worden sind, nicht auf die Fälle, in welchen eine Beschränkung unmittelbar kraft des bisherigen Gesetzes eintritt, mag auch die kraft des Gesetzes eingetretene Beschränkung sodann eine obrigkeitliche Anordnung zur Folge gehabt haben. Beispielsweise kann die unter dem alten Rechte erfolgte Bestellung eines Vormundes, weil der Vater die elterliche Gewalt verwirkt hat, nicht auf Grund des Art. 204 aufrecht erhalten werden, wenn die Voraussetzungen der Verwirkung nach § 1680 des BGB. nicht vorliegen (so auch KG. 19 S. 51; a. A. Habicht S. 632). Ein anderes Beispiel bietet die Hinterlegung von Geld des Kindes, wenn die Hinterlegung angeordnet worden war, weil das bisherige Recht die Hinterlegung von Sondervermögen des Kindes allgemein vorschreibt.

4. Der Art. 204 umfaßt nicht nur die Fälle, daß der Vater oder die Mutter auf Grund des bisherigen Rechtes beschränkt worden sind, während sie die elterliche Gewalt hatten, sondern überhaupt alle Fälle einer Beschränkung der Rechte des Vaters oder der Mutter gegenüber dem Kinde. Der Art. 204 findet deshalb z. B. auch bei der unehelichen Mutter Anwendung, wenn ihr die Erziehung des Kindes vor dem Inkrafttreten des BGB. entzogen worden ist, ohne daß ihr nach dem damaligen Rechte die elterliche Gewalt zustand. In diesem Falle bedeutet der Art. 204 eine mittelbare Ausnahme vom Art. 208. Weitere Beispiele bieten die Fälle, daß der ehelichen oder unehelichen Mutter, während sie Vormund war, die Erziehung des Kindes z. B. gemäß § 28 der preuß. Vormundschaftsordnung entzogen worden ist oder daß sie als Vormund entlassen oder von der Vormundschaft als ungeeignet ausdrücklich ausgeschlossen worden ist. Solche Anordnungen bleiben nach Maßgabe des Art. 204 gleichfalls in Kraft. Hat dagegen das Vormundschaftsgericht die als Vormund berufene Mutter lediglich übergangen, so liegt hierin keine obrigkeitliche Beschränkung der Rechte der Mutter im Sinne des Art. 204. Die Mutter erhält vielmehr die volle elterliche Gewalt, der bisherige Vormund ist zu entlassen, desgleichen ein etwa bestellter Gegenvormund (so auch Riedner S. 452, a. A. Habicht S. 632, Affolter S. 299).

5. Ist ein Elternteil vor dem Inkrafttreten des BGB. in Konkurs geraten, so hindert dieser Umstand den Eintritt der elterlichen Gewalt nicht. Die Rechtslage ist mangels einer Bestimmung des EG. so zu beurteilen, als wenn der Konkurs unter der Herrschaft des BGB. eröffnet worden wäre, so daß der § 1647 des BGB. Anwendung findet; dies gilt auch dann, wenn der Konkurs vor dem Inkrafttreten des BGB. erledigt worden ist (a. A. Neumann 3 S. 169); s. hierzu Erl. 2, 4 zu § 1647.

Artikel 205.

E. d. EG. I Art. 123; II Art. 175; III Art. 204. P. I S. 13115 ff.; M. d. EG. S. 194. P. II Bd. 6 S. 543.

Beschränkungen der Mutter durch den Vater.

1. Hat der Vater vor dem Inkrafttreten des BGB. auf Grund des bisherigen Rechtes die Mutter von der Vormundschaft über das Kind ausgeschlossen, so käme einer solchen An-

Artikel 205. Hat der Vater vor dem Inkrafttreten des Bürgerlichen Gesetzbuchs auf Grund der bisherigen Gesetze die Mutter von der Vormundschaft über das Kind ausgeschlossen oder der Mutter einen Beistand zugeordnet, so gilt die Anordnung des Vaters von dem Inkrafttreten des Bürgerlichen Gesetzbuchs an als Anordnung der Bestellung eines Beistandes für die Mutter im Sinne des Bürgerlichen Gesetzbuchs.

---

ordnung nach dem Inkrafttreten des BGB. an sich keine Bedeutung mehr zu, da der Mutter nach dem BGB. die elterliche Gewalt zusteht und sie von dieser durch den Vater nicht ausgeschlossen werden kann. Mit Rücksicht hierauf gibt der Art. 205 der erwähnten Anordnung des Vaters eine dem neuen Rechtszustand entsprechende Umdeutung. Eine Ausschließung der Mutter liegt übrigens nicht schon darin, daß der Vater einen Vormund unter Übergehung der Mutter benennt, es muß sich vielmehr aus der Anordnung oder den begleitenden Umständen ergeben, daß die Mutter gegen ihren Willen übergangen ist.

Die Anordnung wird dahin umgedeutet, daß sie von dem Inkrafttreten des BGB. an als Anordnung der Bestellung eines Beistandes für die Mutter im Sinne des BGB. (§§ 1687 Nr. 1, 1688 ff.) gilt. Es ist nicht etwa der auf Grund der Anordnung schon bestellte Vormund nunmehr von selbst Beistand, sondern er muß als Vormund entlassen und als Beistand besonders bestellt werden (so auch Nußbaum DJZ. 1899 S. 412, Habicht S. 636, Riedner S. 452). Die Folge hiervon ist, daß er über seine bisherige Verwaltung Rechenschaft zu legen hat und als Beistand neu zu verpflichten ist. Natürlich kann an seiner Stelle auch eine andere Person als Beistand bestellt werden, sofern nicht die Anordnung des Vaters zugleich die Berufung einer bestimmten Person als Vormund enthält; in diesem Falle wird die Berufung zur Vormundschaft als Berufung zur Beistandschaft (§ 1694 mit § 1776) aufgefaßt. Der Wirkungskreis des Beistandes umfaßt die sämtlichen Angelegenheiten des Kindes, es müßte denn aus der Anordnung des Vaters sich ergeben, daß die Mutter von der Vormundschaft nur zu einem bestimmten Teile ausgeschlossen ist, z. B., wenn ihr nur für die Verwaltung eines Landguts ein Mitvormund bestellt ist; solchen Falles beschränkt sich der Wirkungskreis des Beistandes entsprechend (§ 1688). Zur Vermögensverwaltung ist der Beistand nicht berechtigt, denn diese kann dem Beistande nach § 1693 nur auf Antrag der Mutter übertragen werden.

Die Anordnung muß vor dem Inkrafttreten des BGB. getroffen sein; daß sie schon vor diesem Zeitpunkt in Wirksamkeit getreten ist, ist nicht erforderlich. Der Art. 205 gilt auch dann, wenn der Vater nach dem 1. Januar 1900 stirbt.

Selbstverständliche Voraussetzung ist, daß der Vater zu seinen Anordnungen nach den zur Zeit ihres Wirksamwerdens geltenden Gesetzen berechtigt ist. Stirbt der Vater erst nach dem 1. Januar 1900, so ist seine Befugnis zur Anordnung nach §§ 1687 Nr. 1, 1777 des BGB. zu beurteilen (M. d. EG. S. 294).

2. Die gleiche Umdeutung erfährt nach Art. 205 die vor dem Inkrafttreten des BGB. auf Grund des bisherigen Rechtes erfolgte Zuordnung eines Beistandes. Hiermit wird dem französischen und badischen Rechte Rechnung getragen (code civil Art. 391; bad. LR. Satz 391).

3. Hat der Vater vor dem Inkrafttreten des BGB. der Mutter einen Gegenvormund beigeordnet, so liegt für diejenigen Rechtsgebiete, welchen eine elterliche Gewalt der Mutter fremd ist, das Verhältnis ebenso wie hinsichtlich der im Art. 205 geregelten Anordnung. Es kann keinem Zweifel unterliegen, daß auch die Beiordnung eines Gegenvormundes als Bestellung eines Beistandes umzudeuten ist.

4. Nach § 1638 des BGB. ist der Vater berechtigt, für das von ihm herrührende Vermögen des Kindes die Vermögensverwaltung der Mutter überhaupt auszuschließen; nach § 1909 ist sodann ein Pfleger zu bestellen (s. Vorbm. V vor § 1684). Hat der Vater mit der Anordnung der Ausschließung der Mutter von der Vormundschaft bezweckt, das von ihm herrührende Vermögen unter allen Umständen dem Einflusse der Mutter zu entziehen, hat er also eine Anordnung des im § 1638 bezeichneten Inhalts treffen wollen, so findet der Art. 205 nur in Ansehung desjenigen Vermögens des Kindes Anwendung, welches ihm nicht von dem Vater hinterlassen ist, während in Ansehung des ihm vom Vater hinterlassenen Vermögens gemäß Art. 203 der § 1638 Anwendung findet.

5. In Kraft bleibt selbstverständlich auch die Anordnung des Vaters, durch welche er die Mutter von der Nutznießung am Vermögen des Kindes ausschließt (§ 1651 Nr. 2). Eine Aus-

Artikel 206. Ist auf Grund der bisherigen Gesetze eine Ehe geschieden oder in Folge der Todeserklärung eines der Ehegatten aufgelöst oder ist auf Trennung der Ehegatten von Tisch und Bett erkannt worden, so bestimmen sich das Recht und die Pflicht der Eltern, für die Person der gemeinschaftlichen Kinder zu sorgen, nach den bisherigen Gesetzen; die Vorschriften des §. 1635 Abs. 1 Satz 2, Abs. 2 und des §. 1636 des Bürgerlichen Gesetzbuchs finden jedoch Anwendung.

---

schließung liegt z. B. in der Anordnung, daß die Nutzungen des Vermögens des Kindes in einer bestimmten Weise zu verwenden sind (vgl. hierzu RG. in JW. 1900 S. 870).

6. Wegen der Anordnungen Dritter s. Erl. zu Art. 203.

Artikel 206.

E. d. EG. I Art. 124; II Art. 176; III Art. 205. P. I S. 13116 ff.; M. d. EG. S. 294. P. II Bd. 6 S. 548.

Zitelmann im Recht 1905 S. 149.

1. Kinder aus geschiedenen Ehen. Der Art. 206 enthält insofern eine Ausnahme vom Art. 203, als nach diesem die Vorschriften der §§ 1635—1637 des BGB., welche den Einfluß der Ehescheidung und der Wiederverheiratung im Falle der Todeserklärung auf die Sorge für die Person des Kindes regeln, auch auf die beim Inkrafttreten des BGB. schon vorhandenen Kinder-Anwendung finden und im Falle einer bloßen Trennung der Ehe die allgemeinen Vorschriften über die Sorge für die Person des Kindes (§§ 1627, 1634 BGB.) Platz greifen würden. Dem gegenüber hält der Art. 206 für den Fall, daß auf Grund der bisherigen Gesetze die Ehe geschieden oder infolge der Todeserklärung eines Ehegatten aufgelöst oder daß auf Trennung der Ehegatten von Tisch und Bett erkannt ist, in Ansehung der Sorge für die Person des Kindes die bisherigen Gesetze aufrecht. Diese sind sowohl für die Frage maßgebend, welchem Elternteile die Sorge für die Person zusteht, welcher Elternteil also insbesondere berechtigt ist, die Herausgabe des Kindes zu verlangen (Rspr. 1 S. 278), als auch für die Frage, in welchem Umfange sie ihm zusteht. War nach dem bisherige Rechte zulässig, daß die Ehegatten über die Sorge für die Person des Kindes eine Vereinbarung trafen, so behält eine solche Vereinbarung ihre Kraft (Rspr. 4 S. 375), sie kann auch nach dem Inkrafttreten des BGB. noch geschlossen werden. Wie die M. d. EG. bemerken, wäre ein Wechsel in der Person des erziehungsberechtigten Elternteils nach Maßgabe der §§ 1635, 1637 weder vom Standpunkte des Interesses des Kindes noch vom Standpunkte desjenigen der Eltern angemessen, zumal die Anwendung des § 1635 Abs. 1 Satz 1 in den Fällen undurchführbar ist, in welchen nach dem bisherigen Rechte in dem Scheidungs- oder Trennungsurteil ein Ausspruch über die Schuld des einen oder anderen Ehegatten nicht enthalten ist.

Für den Fall der Trennung der Ehe gilt der Art. 206 nicht nur, wenn die Ehe für ständig, sondern auch, wenn sie auf Zeit getrennt ist. Ist im Falle der zeitweiligen Trennung die Frist abgelaufen, so entfällt natürlich die Anwendbarkeit der bisherigen Gesetze und es finden auf die Sorge für die Person ausschließlich die Vorschriften des BGB. Anwendung.

Eine Scheidung der Ehe oder eine Trennung von Tisch und Bett auf Grund der bisherigen Gesetze ist nach dem Inkrafttreten des BGB. nicht mehr möglich (Art. 201). Auch die Auflösung der Ehe infolge der Todeserklärung eines der Ehegatten ist vom 1. Januar 1900 an nicht auf Grund des bisherigen Rechtes, sondern nur auf Grund des § 1348 des BGB. mehr möglich (s. Erl. zu Art. 159). Der Art. 206 findet daher keine Anwendung, wenn die Todeserklärung noch unter dem alten Rechte oder zwar nach dem 1. Januar 1900, aber auf Grund des bisherigen Rechtes (s. Art. 161), die Wiederverheiratung dagegen nach dem 1. Januar 1900 erfolgt ist.

2. Für den Inhalt der Sorge für die Person des Kindes verbleibt es beim Art. 203. Der Inhalt des Rechtes des Elternteils bestimmt sich daher von dem Inkrafttreten des BGB. an nach dessen Vorschriften (§§ 1631—1633). Gleiches gilt vom Unterhaltsanspruch der Kinder (RG. 49 S. 155).

3. Der Art. 206 bezieht sich nur auf die sog. tatsächliche Fürsorge für die Person des Kindes (s. Erl. 1 zu § 1627). Für die Vertretung in den die Person betreffenden Angelegenheiten ist das BGB. maßgebend. Im Art. 206 ist dies dadurch zum Ausdrucke gekommen, daß die bisherigen Gesetze nur unbeschadet des § 1635 Abs. 2 des BGB. aufrecht erhalten werden, nach § 1635 Abs. 2 aber das Recht des Vaters zur Vertretung des Kindes unberührt bleibt.

Artikel 207. Inwieweit die Kinder aus einer vor dem Inkrafttreten des Bürgerlichen Gesetzbuchs geschlossenen nichtigen oder ungültigen Ehe als eheliche Kinder anzusehen sind und inwieweit der Vater und die Mutter die Pflichten und Rechte ehelicher Eltern haben, bestimmt sich nach den bisherigen Gesetzen.

---

4. Die Aufrechterhaltung der bisherigen Gesetze versteht sich, wie am Schlusse des Art. 206 weiter bestimmt ist, nur vorbehaltlich des § 1635 Abs. 1 Satz 2 und des § 1636 des BGB. Das Vormundschaftsgericht kann hiernach eine von der Regelung des bisherigen Rechtes abweichende Anordnung treffen, wenn eine solche aus besonderen Gründen geboten ist; es kann die Anordnung aufheben, wenn sie nicht mehr erforderlich ist (§ 1635 Abs. 2 des BGB.). Der Ehegatte ferner, dem nach den bisherigen Gesetzen die Sorge für die Person des Kindes nicht zusteht, behält die Befugnis, mit dem Kinde persönlich zu verkehren, das Vormundschaftsgericht kann den Verkehr näher regeln (§ 1636). Hierzu vgl. die Erl. zu §§ 1635, 1636.

Durch die Anwendbarkeit des § 1635 ist der Rechtsweg bezüglich der Frage, ob dem Elternteile die Sorge für die Person entzogen werden soll, wenn die Betretung des Rechtswegs im bisherigen Rechte zulässig war, nicht unzulässig geworden (so auch Niedner S. 454; Rspr. 4 S. 104, RG. in JW. 1900 S. 642, 1902 Beil. S. 207; a A. Habicht S. 639); der Prozeßrichter kann aber nur für das Verhältnis der Ehegatten zueinander entscheiden und eine etwaige spätere, im Interesse des Kindes ergehende abweichende Anordnung des Vormundschaftsrichters wird dadurch nicht ausgeschlossen (Seuff.A. 55 S. 295).

5. Das bisherige Recht bleibt auf Grund des Art. 206 nur solange aufrecht, als beide Eltern leben (a. A. Zitelmann). Stirbt ein Elternteil, so tritt die Regel des Art. 203 in Kraft, das Rechtsverhältnis zwischen dem überlebenden Elternteil und dem Kinde bestimmt sich ausschließlich nach dem BGB. Dies ist z. B. von Bedeutung für die Frage, ob die Mutter die elterliche Gewalt oder, wenn sie sie etwa wegen Wiederverheiratung nicht erlangen kann, wenigstens die tatsächliche Fürsorge für die Person des Kindes erlangt.

Auch Vereinbarungen der Ehegatten über die Sorge für die Person des Kindes, die nach dem bisherigen Rechte gültig waren, müssen von dem Tode eines der Ehegatten an nach dem BGB. beurteilt werden (s. hierüber Erl. zu §§ 1632, 1635).

Artikel 207.

E. d. EG. I Art. 125; II Art. 177; III Art. 206. P. I S. 13127, 13135; M. d. EG. S. 295. P. II Bd. 6 S. 548.

1. Der Art. 207 beläßt es in Ansehung der **rechtlichen Stellung der Kinder aus einer** vor dem Inkrafttreten des BGB. geschlossenen **nichtigen oder ungültigen Ehe** bei den bisherigen Vorschriften. Gleichgültig ist dabei, ob das Kind vor oder nach dem Inkrafttreten des BGB. geboren worden und ob die Nichtigkeitserklärung oder die Ungültigkeitserklärung vor oder nach diesem Zeitpunkt erfolgt ist.

a) Die bisherigen Gesetze sind zunächst für die Frage maßgebend, ob das Kind als ehelich oder unehelich anzusehen ist. Im Gebiete des gemeinen Rechtes kommt es mithin — in wesentlicher Übereinstimmung mit dem BGB. — darauf an, ob wenigstens einer der Ehegatten bei der Eheschließung in gutem Glauben war In diesem Falle hat das Kind die Rechte eines ehelichen Kindes, während, wenn beide Ehegatten bösgläubig waren, das Kind unehelich ist. Im Gebiete des preuß. LR. dagegen entstehen für das Kind Wirkungen einer gültigen Ehe auch dann, wenn beiden Ehegatten die Nichtigkeit der Ehe bekannt war (Eccius IV § 227, Dernburg III § 72).

Soweit das Kind nach den bisherigen Gesetzen als ehelich gilt, bestimmen sich die Folgen der Ehelichkeit gemäß Art. 203 nach dem BGB., soweit nicht der Schlußsatz des Art. 207 eine Ausnahme macht (hierüber s. b). Daraus ergibt sich z. B. für das gemeine Recht, daß, wenn auch nur einer der Ehegatten gutgläubig ist, das Kind den Familiennamen des Vaters führt (§ 1616) und daß es unterhaltsberechtigt (§ 1601) und erb- und pflichtteilsberechtigt ist (§§ 1924 ff., 2303) sowie Anspruch auf Aussteuer und Ausstattung (§§ 1620, 1624) wie ein eheliches Kind nach dem BGB. hat. Für das preuß. LR. folgt aus dem bezeichneten Satze, daß, weil das Kind nach dem preuß. LR. auch gegen bösgläubige Eltern die Rechte ehelicher Kinder hat, das Kind gegenüber beiden Eltern Anspruch auf Unterhalt, Aussteuer und Ausstattung und Erb- und Pflichtteilsrechte wie ein eheliches Kind nach dem BGB. hat. Der Satz des preuß. LR., daß das

Artikel 208. Die rechtliche Stellung eines vor dem Inkrafttreten des Bürgerlichen Gesetzbuchs geborenen unehelichen Kindes bestimmt sich von dem Inkrafttreten des Bürgerlichen Gesetzbuchs an nach dessen Vorschriften; für die Erforschung der Vaterschaft, für das Recht des Kindes, den Familiennamen des Vaters zu führen, sowie für die Unterhaltspflicht des Vaters bleiben jedoch die bisherigen Gesetze maßgebend.

Inwieweit einem vor dem Inkrafttreten des Bürgerlichen Gesetzbuchs außerehelich erzeugten Kinde aus einem besonderen Grunde, insbesondere wegen Erzeugung im Brautstande, die rechtliche Stellung eines ehelichen Kindes zukommt

---

Kind nur den Namen der Mutter führt (LR. II 2 § 53), ist aufrecht geblieben, das Kind führt nicht etwa nach § 1616 des BGB. den Familiennamen des Vaters.

Soweit dagegen das Kind nach den bisherigen Gesetzen nicht die Rechte eines ehelichen Kindes hat, erlangt es sie auch nicht unter der Herrschaft des BGB. Nach dem preuß. LR. z. B. tritt das Kind mit der Familie des Vaters oder der Mutter in kein Verwandtschaftsverhältnis. In Ansehung der Familie des Vaters ist dieser Satz gemäß Art. 207 in Kraft geblieben. Für die Familie der Mutter gilt er nicht mehr, hier entscheidet der Art. 208, welcher die Rechtsstellung der unehelichen Kinder regelt; das Kind hat also beispielsweise ein Erbrecht gegenüber den mütterlichen Verwandten und diese haben ein Erbrecht gegenüber dem Kinde. Insbesondere aber gilt der Grundsatz des § 1703 des BGB. nicht, daß auch das nicht als ehelich geltende Kind, wenigstens solange der Vater lebt, von ihm den Unterhalt wie ein eheliches Kind verlangen kann, da durch diese Vorschrift dem Kinde in der gedachten Beziehung die Stellung eines ehelichen Kindes gegeben wird. Ist das Kind nach den bisherigen Gesetzen ein uneheliches, wie z. B. nach gemeinem Rechte, wenn beide Eltern die Nichtigkeit der Ehe kannten, so bestimmen sich die Unterhaltsrechte des Kindes gegenüber dem Vater ausschließlich nach Art. 208.

b) Die bisherigen Gesetze sind ferner maßgebend für die Frage, inwieweit der Vater und die Mutter die Rechte und Pflichten ehelicher Eltern haben (RG. 52 S. 246). Dies gilt nicht nur für die Rechte gegenüber dem Kinde, sondern auch für das Verhältnis der Ehegatten zu einander; der § 1700 mit § 1585 des BGB., durch den die Tragung der Unterhaltspflicht gegenüber dem Kinde im Verhältnis unter den Ehegatten geregelt wird, findet also keine Anwendung.

Soweit die Eltern nach den bisherigen Gesetzen die Rechte und Pflichten ehelicher Eltern haben, bestimmt sich der Inhalt dieser Rechte und Pflichten gemäß Art. 203 nach dem BGB.

2. Ist die Ehe zur Zeit des Inkrafttretens des BGB. noch nicht für nichtig oder ungültig erklärt, so finden die §§ 1329, 1343 des BGB. Anwendung, d. h. auch soweit das Kind nach den bisherigen Gesetzen die Rechtsstellung eines unehelichen Kindes hat, können die Rechtsfolgen hieraus erst nach der Nichtigkeitserklärung oder der Ungültigkeitserklärung der Ehe geltend gemacht werden (s. Erl. 7 zu § 1699, Erl. 3 zu § 1700). Dieser Grundsatz ist zwar im EG. nicht ausdrücklich ausgesprochen, er wird aber, wie für das Rechtsverhältnis der Ehegatten selbst (s. Erl. 6 zu Art. 198), so auch für die rechtliche Stellung der Kinder Anwendung finden dürfen.

3. Als selbstverständlich setzt der Art. 207 voraus, daß, wenn die nach den bisherigen Gesetzen nichtige oder ungültige Ehe zur Zeit des Inkrafttretens des BGB. noch besteht und nunmehr gemäß Art. 198 Abs. 2 gültig wird, die Gültigkeit auch für das Verhältnis zu den Kindern auf den Beginn der Ehe zurückwirkt, natürlich nur unbeschadet schon erworbener Rechte Dritter.

Artikel 208.

E. d. EG. I Art. 126; II Art. 178; III Art. 207. P. I S. 13128 ff., 13297; M. d. E. S. 296. P. II Bd. 6 S. 548.

Der Art. 208 regelt die rechtliche Stellung der vor dem Inkrafttreten des BGB. geborenen oder erzeugten unehelichen Kinder.

1. Die rechtliche Stellung eines vor dem Inkrafttreten des BGB. erzeugten, aber nach diesem Zeitpunkte geborenen unehelichen Kindes bestimmt sich — von dem Ausnahmefalle des Abs. 2 (unten Nr. 4) abgesehen — in allen Beziehungen ausschließlich nach dem BGB.

und inwieweit der Vater und die Mutter eines solchen Kindes die Pflichten und Rechte ehelicher Eltern haben, bestimmt sich nach den bisherigen Gesetzen.

Die Vorschriften des Abs. 1 gelten auch für ein nach den französischen oder den badischen Gesetzen anerkanntes Kind.

Bezüglich der rechtlichen Stellung eines vor dem Inkrafttreten des BGB. geborenen unehelichen Kindes ist dagegen zu unterscheiden.

2. Die **rechtliche Stellung des** vor dem Inkrafttreten des BGB. geborenen **unehelichen Kindes zu seiner Mutter und den mütterlichen Verwandten** bestimmt sich vom Inkrafttreten des BGB. an ausschließlich nach dessen Vorschriften.

a) Das Kind tritt also von diesem Zeitpunkt an in die Familie der Mutter ein, es hat im Verhältnisse zu seiner Mutter und zu den Verwandten der Mutter die rechtliche Stellung eines ehelichen Kindes (§ 1705), nur daß die Mutter nicht die elterliche Gewalt erwirbt (§ 1707 Satz 1 BGB.) und in den Rechtsgebieten, in welchen sie bisher die elterliche Gewalt hatte, diese verliert, so daß ein Vormund zu bestellen ist. Dagegen hat die Mutter das Recht und die Pflicht der tatsächlichen Fürsorge für die Person des Kindes nach Maßgabe des § 1707 Satz 2 des BGB. Hieraus folgt insbesondere, daß das uneheliche Kind von seiner Mutter und den Verwandten der Mutter nach Maßgabe der §§ 1601—1615 des BGB. Unterhalt verlangen kann und ihnen gegenüber unterhaltspflichtig ist, daß ferner die allgemeinen das Rechtsverhältnis zwischen den Eltern und einem ehelichen Kinde im allgemeinen regelnden Vorschriften der §§ 1617—1625 des BGB. Anwendung finden und daß zwischen der Mutter und deren Verwandten einerseits und dem Kinde und dessen Abkömmlingen andererseits das gleiche Erb- und Pflichtteilsrecht besteht, wie wenn das Kind ein eheliches wäre (§§ 1924 ff., 2303 BGB.). Hierüber sowie über die weiteren Folgen aus dem bezeichneten Grundsatze s. Erl. zu § 1705 BGB. Dadurch ist insbesondere in den Geltungsgebieten des preuß. und des bayer. LR. und des code civil eine wesentliche Änderung des Rechtsverhältnisses der unehelichen Kinder gegenüber ihrer Mutter und deren Verwandten eingetreten. Hervorzuheben ist, daß im bisherigen Geltungsgebiete des code civil der Eintritt des Kindes in die mütterliche Familie vom 1. Januar 1900 an ohne Rücksicht darauf stattfindet, ob das Kind von seiner Mutter anerkannt worden ist oder nicht. Wegen der Art. 756—766 des code civil s. Habicht S. 659. Das Nutznießungsrecht ferner, welches der code civil der Mutter im Falle der Anerkennung an dem Vermögen des Kindes einräumt, fällt mit dem 1. Januar 1900 weg.

b) Für das Recht der Namensführung des Kindes ist vorbehaltlich der unter Nr. 3 zu erwähnenden Ausnahme der § 1706 des BGB. maßgebend. Der Ehemann der Mutter hat also das Recht, dem Kinde mit Einwilligung des Kindes und der Mutter seinen eigenen Namen nach Maßgabe des § 1706 Abs. 2 des BGB. zu geben. Dies gilt auch dann, wenn die Mutter sich schon vor dem Inkrafttreten des BGB. verheiratet hat. Für den Stand des Kindes im öffentlich-rechtlichen Sinne, namentlich der Führung des Adels, verbleibt es bei den vor dem Inkrafttreten des BGB. geborenen unehelichen Kindern ebenso wie bei den nachher geborenen bei den Landesgesetzen (s. Erl. 3 zu § 1706 BGB.).

c) Das zu a und b Gesagte gilt ohne Unterscheidung zwischen verschiedenen Arten der unehelichen Kinder. Insbesondere fallen alle in den bisherigen Gesetzen gegründeten Rechtsnachteile der im Ehebruch oder in Blutschande erzeugten unehelichen Kinder vom 1. Januar 1900 an weg.

d) Der Eintritt des unehelichen Kindes in die mütterliche Familie gilt, wenn das Kind vor dem Inkrafttreten des BGB. gestorben ist, von diesem Zeitpunkt an auch für die Abkömmlinge des unehelichen Kindes, d. h. für die ehelichen Kinder eines unehelichen Sohnes oder einer unehelichen Tochter und bei einer unehelichen Tochter auch für deren uneheliche Kinder. Im Gebiete des bayer. LR. z. B. wird die uneheliche Tochter einer vor dem Inkrafttreten des BGB. gestorbenen unehelichen Tochter gegenüber ihrer Großmutter und deren Verwandten erb- und pflichtteilsberechtigt, wie wenn die uneheliche Mutter und die Tochter ehelich wären (Rspr. 2 S. 25).

e) Der Eintritt des unehelichen Kindes und seiner Abkömmlinge in die mütterliche Familie gilt erst vom Inkrafttreten des BGB. an, nicht mit rückwirkender Kraft. Bei einem vor dem Inkrafttreten des BGB. eingetretenen Erbfalle z. B. bestimmt sich die Erbberechtigung des unehelichen Kindes und seiner Abkömmlinge ausschließlich nach den bisherigen Vorschriften.

3. Die **rechtliche Stellung des** vor dem Inkrafttreten des BGB. geborenen **unehelichen Kindes zu dem Vater und den Verwandten des Vaters.**

a) **Für die Erforschung der Vaterschaft** bleiben die bisherigen Rechte maßgebend. Wo mithin die Erforschung unzulässig war, wie im Gebiete des code civil, bleibt sie auch nachher bezüglich eines vor dem Inkrafttreten des BGB. geborenen Kindes unzulässig. Fraglich ist, ob das Verbot der Erforschung der Vaterschaft nur insoweit aufrecht erhalten ist, als es in den nach den Regeln des internationalen Privatrechts zur Anwendung kommenden Gesetzen (vgl. hierüber Vorbm. 5 vor Art. 153) enthalten ist oder ob auch der in der französischen und rheinisch-badischen Rechtsprechung aus dem Art. 340 des code civil abgeleitete und festgehaltene Grundsatz fortgilt, daß vor einem Gerichte, dessen Recht die Erforschung der Vaterschaft verbietet, über diese Frage auch dann nicht verhandelt werden könne, wenn das Kind unter der Herrschaft eines anderen Rechtes geboren ist, welches dieses Verbot nicht kennt. Für die letztere Alternative OLG. Köln Rspr. S. 453, Habicht S. 662, Riedner S. 457, Brogsitter im Recht 1901 S. 202, 347. Wie indessen das RG. 48 S. 168, JW. 1901 S. 477; 1902 Beil. S. 227 überzeugend darlegt, gilt das im Art. 340 des code civil enthaltene Verbot der Erforschung der Vaterschaft in seiner weiteren Bedeutung als zwingendes Verbot für das Recht des Prozeßgerichts nicht mehr. Gleicher Ansicht Werner im Recht 1901 S. 348, Affolter S. 240, Kahn in Iherings Jahrb. 43 S. 407ff. Mit Kahn S. 406 ist auch anzunehmen, daß § 12 des sächs. GB. für die vor 1900 geborenen unehelichen Kinder seine Geltung verloren hat.

b) **Für das Recht des Kindes, den Namen des Vaters zu führen,** bleibt das bisherige Recht gleichfalls maßgebend. Wenn das bisherige Recht dem Kinde gestattete, den Namen des Vaters mit dessen Zustimmung zu führen, kann die Zustimmung auch nach dem 1. Januar 1900, jedoch nur unter den Voraussetzungen und Formen des bisherigen Rechtes, erklärt werden. Da der Art. 208 nicht schlechthin für die Namensführung des unehelichen Kindes die bisherigen Gesetze aufrecht hält, sondern nur vom Rechte des Kindes, den Namen des Vaters zu führen, spricht, wird anzunehmen sein, daß das Kind berechtigt ist, auch den ihm nach § 1706 des BGB. gebührenden Namen zu führen.

c) Endlich bleibt das bisherige Recht auch für die **Unterhaltspflicht des Vaters,** d. h. desjenigen, welcher nach dem bisherigen Rechte als der Unterhaltspflichtige anzusehen ist, maßgebend.

Dies gilt zunächst für die Entstehung der Unterhaltspflicht. Wo nach dem bisherigen Rechte z. B. im Gebiete des bayer. LR. die Unterhaltspflicht des Vaters durch die exceptio plurium nicht ausgeschlossen werden konnte, ist die Berufung auf diese Einrede auch künftig unstatthaft, wo nach bisherigem Rechte nur gewisse Kinder, z. B. die anerkannten, unterhaltsberechtigt waren, verbleibt es bei dieser Beschränkung, die Anerkennung ist aber auch noch nach dem 1. Januar 1900 möglich, muß jedoch den Erfordernissen des bisherigen Rechtes entsprechen (vgl. bayer. ObLG. 4 S. 286).

Die Maßgeblichkeit des bisherigen Rechtes gilt ferner für den Inhalt, das Maß und die Dauer des Unterhaltsanspruchs, für das Verhältnis der Unterhaltspflicht des unehelichen Vaters zu der Unterhaltspflicht der Mutter und der mütterlichen Verwandten, für die Art der Gewährung des Unterhalts z. B. für die Frage, ob der Vater berechtigt ist, das Kind selbst aufzuziehen (es ist also preuß. LR. II 2 §§ 622ff. in Kraft geblieben, KG. 19 S. 43, 20 A 139, Rspr. 2 S. 88; 3 S. 1; 4 S. 469; bayer. ObLG. 2 S. 210, 3 S. 1067, Seuff.A. 59 S. 239; Fricke, JW. 1903 S. 414, für das sächs. Recht s. SächsArch. 10 S. 386), für die Frage, ob der Unterhalt auch für die Vergangenheit gefordert werden kann, und für den Übergang des Unterhaltsanspruchs und der Unterhaltspflicht auf die Erben. Es finden mithin die §§ 1708—1713 des BGB. keine Anwendung. Namentlich greift das im § 1713 Abs. 2 des BGB. zugelassene Abfindungsrecht des Erben des Vaters nicht Platz. Übrigens wird in den Rechtsgebieten, in welchen, wie z. B. im bayer. LR., ein Unterhaltsanspruch des Kindes gegen die Verwandten der Mutter nicht oder nur in beschränktem Umfang anerkannt war, die das Verhältnis der Unterhaltspflicht des Vaters zu der der mütterlichen Verwandten regelnden Vorschrift des § 1709 des BGB. entsprechend anwendbar sein; denn anders wird sich die jetzt infolge der nunmehrigen Unterhaltspflicht dieser Verwandten (s. oben Nr. 2) ergebende Lücke nicht ausfüllen lassen.

Steht der Unterhaltsanspruch nach dem bisherigen Rechte der Mutter zu, so verbleibt er ihr auch nach dem 1. Januar 1900. Steht er dagegen dem Kinde zu, ist jedoch die Mutter zur Geltendmachung im eigenen oder im Namen des Kindes berechtigt, so kann er nur mehr vom gesetzlichen Vertreter des Kindes, von der Mutter nur unter den Voraussetzungen des § 1709

Abs. 2 des BGB. geltend gemacht werden (bad. Rechtspr. 1902 S. 146; a. A. zum Teil Habicht S. 664, Affolter S. 242, 366).

Ob ein vor dem Inkrafttreten des BGB. geborenes uneheliches Kind auf den Unterhaltsanspruch entgeltlich oder unentgeltlich verzichten kann, ist eine den Unterhaltsanspruch selbst betreffende Frage und daher nach dem bisherigen Rechte zu entscheiden. Ist nach diesem ein solcher Verzicht möglich, so findet darauf der § 1714 Abs. 1 des BGB. Anwendung, nach welchem eine Vereinbarung zwischen dem Vater und dem Kinde über den Unterhalt für die Zukunft oder über eine an Stelle des Unterhalts zu gewährende Abfindung der Genehmigung des Vormundschaftsgerichts bedarf. Denn diese Vorschrift ist trotz der Stellung im Titel über die unehelichen Kinder eine Vorschrift des Vormundschaftsrechts, welche nach Art. 210 sofort Anwendung findet.

Wenn übrigens der Vater von der nach dem Obigen aufrecht erhaltenen Befugnis, das Kind zu sich zu nehmen und es selbst zu erziehen, Gebrauch machen will, so braucht sich dies die Mutter nicht gefallen zu lassen; denn nach Art. 208 Abs. 1 Satz 1 mit §§ 1707, 1631 des BGB. steht die Sorge für die Person des Kindes ihr zu. Das Kind verliert jedoch durch die Weigerung der Mutter den Unterhaltsanspruch gegen den Vater (so Rspr. 4 S. 409 für preuß. LR., sächs. Annalen 22 S. 182 für sächs. Recht), sofern nicht die Voraussetzungen zutreffen, unter denen die Mutter nach dem bisherigen Rechte (z. B. preuß. LR. II 2 § 624) die Herausgabe des Kindes verweigern darf (Rspr. 7 S. 120). Unter Umständen kann in der Weigerung der Mutter ein Mißbrauch ihres Rechtes liegen und das Vormundschaftsgericht berechtigt sein, der Mutter das Erziehungsrecht nach § 1666 des BGB. zu entziehen und das Kind dem Vater zu geben.

d) In den sämtlichen übrigen Beziehungen gilt auch für das Verhältnis des unehelichen Kindes zu seinem Vater und dessen Verwandten das BGB. Die wichtigsten Folgerungen hieraus sind folgende:

Das Kind gilt auch in denjenigen Rechtsgebieten, in welchen bisher zwischen ihm und seinen Abkömmlingen einerseits und dem Vater und dessen Verwandten andererseits familienrechtliche Beziehungen anerkannt waren, mit dem Vater und dessen Verwandten nicht als verwandt (§ 1589 Abs. 2 BGB.). Soweit in den bisherigen Gesetzen eine Unterhaltspflicht der Verwandten des Vaters gegenüber dem Kinde begründet war, fällt sie mit dem 1. Januar 1900 hinweg; dies ist z. B. für das Gebiet des bayer. LR. von Bedeutung, in welchem der Vater des unehelichen Vaters dem Kinde gegenüber subsidiär unterhaltspflichtig war. Die Unterhaltspflicht der väterlichen Verwandten fällt auch dann weg, wenn der Verwandte vor dem Inkrafttreten des BGB. schon rechtskräftig verurteilt worden ist (bayer. ObLG. 17 S. 426, vgl. hierzu auch Vorbm. 3 vor Art. 203); die Aufhebung des Urteils kann durch Klage nach § 323 oder durch Widerspruchsklage nach § 767 der CPO. herbeigeführt werden (so auch Gaupp-Stein Note 4; a. A. Seuffert [8. Aufl.] Note 3 zu § 323 CPO.).

Das Kind ist ferner gegenüber dem Vater und dessen Verwandten nicht mehr erbberechtigt, ebensowenig findet ein Erbrecht des Vaters oder seiner Verwandten gegenüber dem Kinde statt. Es sind also z. B. das gemeinrechtliche Erbrecht der Konkubinenkinder, das im preuß. LR. bestimmte Wahlrecht der unehelichen Kinder beim Mangel ehelicher zwischen ein Sechstel der Erbschaft und Fortgewährung der Alimente, das französischrechtliche Verbot, daß der Vater dem Kinde nur einen gewissen Teil des Nachlasses zuwenden darf, beseitigt, letzteres Verbot auch in Ansehung der vor dem 1. Januar 1900 errichteten Verfügungen von Todes wegen. Auch wenn die Vaterschaft durch Urteil festgestellt und dabei dem Kinde, wie es in der preußischen Praxis nicht selten war, sein Erbrecht gegen den Vater vorbehalten war, fällt es mit dem Inkrafttreten des BGB. weg (KG. 22 A 273, Rspr. 3 S. 119).

4. Eine Ausnahme macht der Abs. 2 bezüglich der unehelichen Kinder, welchen das bisherige Recht aus einem besonderen Grunde, insbesondere wegen **Erzeugung im Brautstande**, eine andere günstigere Stellung einräumt als den übrigen unehelichen Kindern. Soweit solche Kinder nach bisherigem Rechte die rechtliche Stellung von ehelichen Kindern haben, z. B. in Ansehung der Namensführung, des Erbrechts, verbleibt ihnen diese Stellung auch gegenüber den Vorschriften des BGB. Diese Ausnahmestellung kommt nicht nur den vor dem Inkrafttreten des BGB. schon geborenen, sondern auch den vorher erzeugten Kindern zu. Für die letzeren bestimmt sich die Dauer der Empfängniszeit nach dem § 1717 des BGB. Zweifelhaft ist, ob, wenn die Erzeugung als vor dem Inkrafttreten des BGB. erfolgt gelten soll, die ganze gesetzliche Empfängniszeit vor dem 1. Januar 1900 liegen muß oder ob, wenn sie teils in die Zeit vorher, teils in die nachher fällt, der Beweis zulässig ist, daß die Erzeugung vorher erfolgt sei. Die Frage dürfte dahin zu entscheiden sein, daß der letztgedachte Beweis zwar zulässig ist, aber nur dadurch geführt werden

Artikel 209. Inwieweit ein vor dem Inkrafttreten des Bürgerlichen Gesetzbuchs legitimirtes oder an Kindesstatt angenommenes Kind die rechtliche Stellung eines ehelichen Kindes hat und inwieweit der Vater und die Mutter die Pflichten und Rechte ehelicher Eltern haben, bestimmt sich nach den bisherigen Gesetzen.

---

kann, daß sowohl die Beiwohnung innerhalb der Empfängniszeit vor dem 1. Januar 1900 nachgewiesen, als auch weiter bewiesen wird, daß nach diesem Zeitpunkt eine Beiwohnung nicht stattgefunden hat. Der letztgedachte Beweis kann durch den Beweis ersetzt werden, daß es offenbar unmöglich ist, daß die Mutter aus einer nach dem 1. Januar 1900 erfolgten Beiwohnung empfangen habe (§ 1717).

In Ansehung der bezeichneten Kinder bleibt das bisherige Recht auch insoweit maßgebend, als es dem Vater und der Mutter des Kindes die Pflichten und Rechte ehelicher Eltern zubilligt. Dies gilt aber nur für die Frage, welche Rechte und Pflichten der Vater und die Mutter haben. Der Inhalt der Rechte und Pflichten bestimmt sich gemäß Art. 203 nach dem BGB. Das Verhältnis ist also dasselbe wie im Falle des Art. 207 (s. Erl. zu diesem).

Die Vorschrift des Abs. 2 ist z. B. für das sächs. Recht von Bedeutung (vgl. sächs. AG. §§ 36, 53 Abs. 2; Weimar, AG. § 198, Mothes im CBl. f. FG. 4 S. 243). Auf die legitimierten Kinder findet der Abs. 2 keine Anwendung, für sie gilt der Art. 209.

5. **Die Frage, ob ein vor dem Inkrafttreten des BGB. geborenes Kind ein eheliches oder ein uneheliches ist**, bestimmt sich ausschließlich nach dem bisherigen Rechte. Dieses ist z. B. für die Dauer der Empfängniszeit, für die Vermutung der Ehelichkeit eines von einer Ehefrau geborenen Kindes ꝛc. maßgebend. Dagegen ist, wenn das Kind nach dem Inkrafttreten des BGB. geboren worden ist, für die Frage, ob es ein eheliches oder ein uneheliches ist, das neue Recht in allen Beziehungen z. B. für die Empfängniszeit, für die Bedeutung einer Anerkennung (§§ 1598, 1718, 1720 Abs. 2 BGB.) auch dann maßgebend, wenn die Empfängniszeit ganz oder teilweise in die Zeit vor dem 1. Januar 1900 fällt. Hierüber s. auch Vorbm. vor Art. 203.

6. **Der Abs. 3 des Art. 208** bezweckt, den Zweifel darüber abzuschneiden, ob für ein nach den französischen oder badischen Gesetzen anerkanntes Kind die Vorschriften des Art. 208 Abs. 1 oder des Art. 209 maßgebend sind. Wenn man die Anerkennung nicht als ein bloßes Geständnis, sondern als einen rechtsgeschäftlichen Akt betrachtet, wäre der Zweifel möglich, ob dieser Akt nicht als eine Art Legitimation im Sinne des Art. 209 aufzufassen ist. Die Folge davon, daß der Abs. 3 auf die nach den französischen oder badischen Gesetzen anerkannten Kinder die Vorschriften des Abs. 1 Anwendung finden läßt, ist insbesondere, daß das Erziehungsrecht und der Unterhaltsanspruch des Vaters sowie das gegenseitige Erbrecht wegfallen. Im übrigen ergibt sich aus dem Abs. 3, daß es für die Anwendbarkeit der Vorschriften des Abs. 1 keinen Unterschied macht, ob die Vaterschaft ausdrücklich anerkannt bzw. durch Urteil festgestellt ist oder nicht.

7. Für die **Ansprüche der geschwängerten oder der geschwächten Frau** aus der vor dem Inkrafttreten des BGB. stattgefundenen Beiwohnung sind lediglich die Gesetze maßgebend, welche zur Zeit der Beiwohnung gegolten haben (RG. 49 S. 206). Der gemeinrechtliche Deflorationsanspruch ist also bestehen geblieben, das bisherige Recht ist auch für die Frage der Übertragbarkeit und der Vererblichkeit des Deflorationsanspruchs entscheidend. Wenn die Entbindung nach dem 31. Dezember 1899 erfolgt ist, stehen jedoch der Frau die im § 1715 des BGB. bestimmten Ansprüche in jedem Falle zu, auch wenn das bisherige Recht der Frau geringere oder weitergehende Ansprüche gewährte oder solche Ansprüche nicht kannte. Nur wenn der Frau ein Deflorationsanspruch nach den bisherigen Gesetzen lediglich unter der Voraussetzung zusteht, daß die Schwächung oder Schwängerung im Brautstand erfolgt ist, entscheidet das zur Zeit der Auflösung des Brautstandes geltende Recht über den der Frau aus der Schwächung oder Schwängerung zustehenden Anspruch; s. hierüber Vorbm. vor Art. 198.

Artikel 209.

E. d. EG. I Art. 127; II Art. 179; III Art. 208. P. I S. 13127, 13136, 13141; M. d. EG. S. 302. P. II Bd. 6 S. 556.

Der Art. 209 betrifft die **rechtliche Stellung der legitimierten und der angenommenen Kinder.**

1. **Die Gültigkeit** der **Legitimation** und der **Annahme** an Kindes Statt bestimmt sich, je nachdem die Legitimation oder die Annahme vor oder nach dem Inkrafttreten des BGB. erfolgen,

nach den bisherigen Gesetzen oder dem BGB. Dies gilt für die formellen wie für die materiellen Voraussetzungen.

a) Bei der **Legitimation durch nachfolgende Ehe** sind mithin, wenn die Eheschließung vor dem 1. Januar 1900 erfolgte, die bisherigen Gesetze maßgebend. In diesem Falle beantwortet sich nach dem bisherigen Rechte z. B., ob das Kind legitimationsfähig ist, ob eine Vermutung für die Vaterschaft des Ehemanns der Mutter besteht, ob die Eheschließung der Eltern genügt oder außerdem eine Anerkennung erforderlich ist. Verlangt ein Recht, wie das französische, zur Legitimation die Anerkennung vor der Eheschließung oder in der Heiratsurkunde, so kann die mangelnde Anerkennung nach dem Inkrafttreten des BGB. nicht durch eine den Vorschriften des § 1720 des BGB. entsprechende Anerkennung ersetzt werden. So auch RJA. 1 S. 41, Habicht S. 646, Niedner S. 458, Rspr. 1 S. 189, Grüninger, bad. RP. 1900 S. 58. Die Frage ist übrigens von Bayern ÜbG. Art. 141 und Hessen, Ges. v. 7. Juli 1900 geregelt worden. Für Preußen vgl. AG. Art. 71 § 1.

Findet die Eheschließung erst nach dem 31. Dezember 1899 statt, so ist das BGB. maßgebend und zwar ohne Rücksicht darauf, wann das Kind geboren worden ist. Ist es vor dem 1. Januar 1900 geboren, so ist das bisherige Recht nur für die Frage maßgebend, ob das Kind unehelich ist. Im übrigen findet das BGB. Anwendung und zwar auch bezüglich der Wirkung der Tatsachen, die vor dem Inkrafttreten des BGB. liegen. Die Frage, wann der Ehemann der Mutter als Vater des Kindes anzusehen ist, bestimmt sich daher schlechthin nach dem BGB. Dies gilt auch in Ansehung der Dauer der Empfängniszeit (§ 1717 Abs. 2). Auch hat eine vor dem 1. Januar 1900 erfolgte Anerkennung, sofern sie in öffentlicher Urkunde erfolgte, die im § 1720 Abs. 2 bestimmte Wirkung; ob eine Urkunde eine öffentliche ist, richtet sich dabei nach dem Rechte der Zeit der Errichtung (bayer. ObLG. 4 S. 283).

b) Bei der **Legitimation durch Ehelichkeitserklärung** ist der für die Anwendbarkeit des alten und des neuen Rechtes maßgebende Zeitpunkt der Zeitpunkt, in welchem die Ehelichkeitserklärung in Wirksamkeit tritt (s. Erl. zu § 1736).

c) Ob ein Kind vor dem Inkrafttreten des BGB. **an Kindes Statt angenommen** ist, bestimmt sich nach dem bisherigen Rechte (Rspr. 7 S. 72). Nach diesem bestimmt sich z. B. der Einfluß, welchen der Mangel der Zustimmung der leiblichen Eltern zum Annahmevertrage hat (RG. in Gruch. 47 S. 655).

Ist nach bisherigem Rechte zu der Annahme außer dem Annahmevertrage noch die Bestätigung einer Behörde erforderlich, so ist die Annahme nur dann als vor dem Inkrafttreten des BGB. erfolgt anzusehen, wenn auch die Bestätigung vor diesem Zeitpunkt erfolgt ist. Möglich ist zwar auch die Auffassung, daß die Bestätigung nur die Bedeutung einer Tatsache hat, von deren Eintritte wie von dem Eintritt einer Bedingung die an sich durch den Annahmevertrag begründete rechtliche Wirkung abhängt. Bei dieser Auffassung bleibt die durch den Annahmevertrag bereits begründete rechtliche Stellung auch nach dem Inkrafttreten des BGB. bestehen. Die Bestätigung kann noch nach Maßgabe des bisherigen Rechtes erfolgen, und mit ihr tritt die Wirkung der Annahme nach Maßgabe des bisherigen Rechtes ein (über eine ähnliche Frage in betreff der Entstehung einer Stiftung s. Erl. 1 zu Art. 163). Ob diese Auffassung zugrunde zu legen ist, bestimmt sich nach dem bisherigen Rechte. Einzelne AG. stehen auf diesem Standpunkte; s. sächs. V. v. 24. Juli 1899 § 126; Elsaß-Lothr., AG. z. FGG. § 74.

Die Annahme, welche in einer vor dem Inkrafttreten des BGB. errichteten letztwilligen Verfügung enthalten ist, ist wirkungslos, wenn der Erblasser erst nach dem Inkrafttreten des BGB. stirbt, da diese Form der Annahme dem BGB. fremd und für die Wirksamkeit einer letztwilligen Verfügung das im Zeitpunkte des Todes geltende Recht maßgebend ist (M. d. EG. S. 302).

2. **Die Wirkungen** der vor dem Inkrafttreten des BGB. erfolgten Legitimation und Annahme an Kindes Statt unterstehen gleichfalls dem bisherigen Rechte. Dieses entscheidet, inwieweit die legitimierten oder angenommenen Kinder die rechtliche Stellung eines ehelichen Kindes haben und inwieweit der Vater und die Mutter die Pflichten und die Rechte ehelicher Eltern haben. Der Inhalt der dem Vater und der Mutter nach den bisherigen Gesetzen zustehenden Rechte und Pflichten ehelicher Eltern aber bestimmt sich gemäß Art. 203 von dem Inkrafttreten des BGB. an nach dessen Vorschriften.

Die Tragweite der Aufrechterhaltung der bisherigen Gesetze für die Wirkungen der Legitimation und der Annahme an Kindes Statt ist bestritten. Zweifellos ist, daß das bisherige Recht für die Wirkungen jedenfalls insoweit maßgebend bleibt, als sich nach ihm richtet, ob das Kind in das Verhältnis eines ehelichen Kindes lediglich zu dem Legitimierenden oder Annehmenden oder auch zu dessen Ehegatten und ob es in den Familienverband lediglich mit diesen Personen oder auch mit den Verwandten derselben tritt. Dagegen ist zweifelhaft, ob, wenn nach dem hiernach maßgebenden bisherigen Rechte ein Familienverhältnis zwischen dem Legitimierten oder Angenommenen und einer anderen Person entsteht, sich der gesamte Inhalt dieses Verhältnisses ausschließlich nach dem BGB. bestimmt, so daß z. B. die Bestimmung des preußischen LR. und des sächs. GB., daß der Annehmende die elterliche Nutznießung und Vermögensverwaltung nicht hat, beseitigt ist, oder ob das bisherige Recht auch insoweit aufrecht bleibt, als es dem Familienverhältnisse zum Teile einen weiteren, zum Teile einen engeren Inhalt als das BGB. beilegt, so daß z. B. im Gebiete des preuß. und des sächs. Rechtes zwar die Bestimmungen des BGB. über die elterliche Gewalt auf die dem Annehmenden nach diesen Rechten zustehende Sorge für die Person Anwendung finden, dagegen dem Annehmenden die Vermögensverwaltung und die Nutznießung nicht gebühren. Die erstere Ansicht wird in den M. d. EG. S. 302 und von Rspr. 7 S. 72, Niedner Erl. 2, Staudinger Note 3, Stranz-Gerhard S. 30 vertreten; für die letztere Ansicht Habicht S. 652 und Gruch. 42 S. 423ff., Kuhlenbeck, EG. S. 296, Scherer, JW. 1900 S. 820, Affolter S. 290. Die Streitfrage ist auch für das Erbrecht von Bedeutung. Vom Standpunkte der ersteren Ansicht aus besteht nunmehr ein Erbrecht und ein Pflichtteilsrecht des Angenommenen gegenüber dem Annehmenden (§§ 1757, 1759 BGB.). Nach der letzteren Ansicht dagegen verbleibt es bei dem bisherigen Rechte; im bisherigen Geltungsgebiete des gemeinen Rechtes besteht also z. B. im Falle der Arrogation und der adoptio plena ein gegenseitiges Erb- und Pflichtteilsrecht zwischen dem Annehmenden und dem Angenommenen, im Falle der adoptio minus plena besteht nur für den Angenommenen ein Erbrecht; ein Pflichtteilsrecht steht dem Angenommenen nicht zu.

Für die letztere Ansicht spricht nicht nur die Fassung des Art. 209 („inwieweit der Vater und die Mutter . . ."), sondern auch der Zweck der Aufrechterhaltung der bisherigen Gesetze. Es sollen dem durch die Legitimation und die Annahme künstlich geschaffenen Familienverhältnisse nicht weitergehende Wirkungen, als ihm bisher zukamen, beigelegt werden. Bei der ersteren Ansicht würde dieser Zweck nicht erreicht. Das BGB. läßt im § 1767 zu, daß im Annahmevertrage die Nutznießung des Annehmenden und das Erbrecht des Angenommenen ausgeschlossen werden. Wie Habicht mit Recht betont, ist nicht einzusehen, warum in Rechtsgebieten, nach deren bisherigem Rechte dem Annehmenden die elterliche Nutznießung nicht gewährt war und in denen daher alle Annahmeverträge stillschweigend den Ausschluß der Nutznießung enthalten, infolge des Eintritts des BGB. die Annahme nunmehr weitergehende Wirkungen haben soll.

Soweit hiernach die Wirkungen der Annahme nach dem bisherigen Rechte hinter denen des BGB. zurückbleiben, kann eine Annahme an Kindes Statt auf Grund der Vorschriften des BGB. zur Ergänzung des bisherigen Rechtsverhältnisses vorgenommen werden (Neumann 3 S. 192).

In erbrechtlicher Hinsicht sind übrigens für einen nach dem 1. Januar 1900 eintretenden Erbfall die Vorschriften des bisherigen Rechtes nur insoweit aufrecht erhalten, als sie dem legitimierten oder angenommenen Kinde oder dem Vater oder der Mutter bzw. dem Annehmenden oder dessen Ehegatten ein Erbrecht oder Pflichtteilsrecht geben oder versagen. Dagegen sind sie z. B. beseitigt, soweit sie bestimmt sind, dem Schutze des Erbrechts der Verwandten oder des Ehegatten des Legitimierenden oder Annehmenden zu dienen (vgl. M. V S. 987, 988, Habicht S. 653).

Aus dem Satze, daß die bisherigen Gesetze dafür maßgebend sind, inwieweit dem Angenommenen die rechtliche Stellung eines ehelichen Kindes zukommt, ergibt sich, daß das bisherige Recht auch dafür maßgebend ist, inwieweit die Abkömmlinge des Angenommenen von der Annahme betroffen werden (vgl. § 1762 BGB.). Soweit sich hiernach die Wirkungen der Annahme auf einen Abkömmling des Angenommenen erstrecken, richtet sich die rechtliche Stellung des Abkömmlinges zu dem Annehmenden vom Inkrafttreten des BGB. an lediglich nach dessen Vorschriften; dies ist insbesondere für die Unterhaltspflicht, das Namensrecht und das Erb- und Pflichtteilsrecht von Bedeutung.

Für die Namensführung des angenommenen Kindes sind jedenfalls die bisherigen Gesetze maßgebend. Auf die Geltendmachung des Namensrechts gegen Dritte findet der § 12 BGB. Anwendung (RG. JW. 1903 Beil. S. 51).

3. Die Aufhebung des durch die Legitimation oder Annahme entstandenen Rechtsverhältnisses bestimmt sich vom Inkrafttreten des BGB. an nach dessen Vorschriften (a. A. Affolter S. 293).

Die **Anfechtung** oder sonstige Geltendmachung der Ungültigkeit der Legitimation oder der Annahme bestimmt sich dagegen in materieller Hinsicht nach dem bisherigen Rechte, z. B. in bezug auf die Frage, ob das landesherrliche Reskript bei der Legitimation nur wie im BGB. die Bedeutung eines Erfordernisses der Legitimation hat oder ob ihm etwa eine Mängel heilende Wirkung zukommt, ferner ob bei der Legitimation durch nachfolgende Ehe die Unehelichkeit von jedem oder nur von gewissen Personen geltend gemacht werden kann, ob die exceptio plurium concumbentium vorgeschützt werden darf. In bezug auf das Verfahren sind die Vorschriften der CPO. §§ 640ff. maßgebend.

4. Das BGB. kennt die **Pflegekindschaften**, wie sie im preuß. LR. II 2 §§ 753 bis 773 und im französisch-badischen Rechte (code civil Art. 361—370) anerkannt sind, nicht. Die früheren Pflegekindschaftsverhältnisse haben infolgedessen beim Schweigen des EG. über sie ihre familienrechtlichen Wirkungen vom 1. Januar 1900 an verloren (M. d. EG. S. 302; a. A. Affolter S. 291).

5. Das EG. übergeht endlich auch die **Einkindschaftsverhältnisse** mit Stillschweigen.

Das BGB. kennt die Einkindschaft nicht (s. Bd. IV S. 317 und M. IV S. 486—491). Von manchen der bisherigen Partikularrechte sind mit der Einkindschaft lediglich vermögensrechtliche Wirkungen verknüpft worden. Die Mehrzahl der bisherigen Rechte betrachtet aber die Einkindschaft als einen familienrechtlichen Akt und verbindet mit ihr die Wirkungen des Elternrechts. Der Stiefelternteil wird infolge der Einkindschaft zu den eingekindschafteten Kindern in das Rechtsverhältnis eines leiblichen Elternteiles gebracht. Über die bisherigen Rechte vgl. Roth, Deutsch. PrivR. 2 § 157, bayer. CivR. 2. Aufl. Bd. 1 § 93, Stobbe-Lehmann 4 §§ 305, 306.

Die M. d. EG. S. 288 bemerken: „Einkindschaftsverträge, welche vor dem Inkrafttreten des BGB. eingegangen worden sind, werden nach den bisherigen Rechten beurteilt. Von den Wirkungen fallen jedoch die persönlichen, dem Elternrecht angehörenden Wirkungen dem Art. 121 (nunmehr Art. 203) zufolge mit dem Inkrafttreten des BGB. fort. Wie es mit der durch die Einkindschaft begründeten Unterhaltspflicht sich verhält, ist nicht zweifellos. Gewichtige Gründe sprechen für deren fernere Aufrechterhaltung."

Unzweifelhaft und unbestritten ist, daß die vermögensrechtlichen Wirkungen des Einkindschaftsvertrages durch den Eintritt des BGB. nicht berührt werden. Denn in vermögensrechtlicher Beziehung hat der Einkindschaftsvertrag den Charakter eines Erbvertrags bzw. Erbverzichts und die Wirksamkeit eines Erbvertrags oder Erbverzichtsvertrags, der vor dem Inkrafttreten des BGB. geschlossen worden ist, bestimmt sich, auch wenn der Erblasser nach diesem Zeitpunkte stirbt, gemäß Art. 214, 217 nach den bisherigen Gesetzen. Es bleibt also insbesondere das Erbrecht der eingekindschafteten Kinder gegenüber dem Stiefelternteil und ihr Anspruch auf den Voraus nach Maßgabe der bisherigen Gesetze unberührt. Nicht unzweifelhaft ist, ob auch die durch den Einkindschaftsvertrag begründete gegenseitige Unterhaltspflicht bestehen bleibt. Man kann sie als eine Folge des durch die Einkindschaft begründeten persönlichen Verhältnisses ansehen. Bei dem engen Zusammenhang aber, in dem die Unterhaltspflicht mit den durch den Einkindschaftsvertrag begründeten vermögensrechtlichen Wirkungen steht, dürften überwiegende Gründe dafür sprechen, sie ebenso wie diese zu behandeln (Rspr. 7 S. 114).

Dagegen ist sehr zweifelhaft, wie es sich mit den familienrechtlichen Wirkungen der Einkindschaft verhält. Die M. des EG. gehen nach dem oben Bemerkten davon aus, daß die familienrechtlichen Wirkungen der Einkindschaft wegfallen. Die zweite Kommission hat den Standpunkt der Motive zwar nicht ausdrücklich gebilligt, aber auch nicht mißbilligt. Nach den M. des EG. fällt mithin die Einkindschaft überhaupt nicht unter den Art. 209. Wenn indessen die Einkindschaft nach dem bisherigen Rechte lediglich als eine Unterart der Annahme an Kindes Statt aufzufassen ist, so wird sie, eben weil sie Annahme ist, durch den Art. 209 gedeckt Es ist aber sehr fraglich, ob die bisherigen Gesetze die Einkindschaft wirklich als eine Unterart der Annahme betrachten. Das bayer. ObLG. 1 S. 340; 2 S. 674 (Seuff.A. 56 Nr. 80) hat die Frage für die fränkische Landgerichtsordnung bejaht, allein die in der fränkischen Landgerichtsordnung sich findenden Vergleiche der Einkindschaft mit einer Adoption und der eingekindschafteten Kinder mit adoptierten dürften noch nicht zur Bejahung ausreichen. Die M. d. EG. beruhen offenbar auf der Anschauung, daß die Einkindschaft ein selbständiges deutschrechtliches Institut, in keinem Rechtsgebiet aber eine Unterart der Annahme ist. Wenn die Einkindschaft auch die gleichen Ziele erreicht wie die Annahme, so verfolgt sie dieselben doch aus einem andern Grunde. Die Annahme soll Ersatz für fehlende und nicht mehr zu erhoffende Kinder

Artikel 210. Auf eine zur Zeit des Inkrafttretens des Bürgerlichen Gesetzbuchs bestehende Vormundschaft oder Pflegschaft finden von dieser Zeit an die Vorschriften des Bürgerlichen Gesetzbuchs Anwendung. Ist die Vormundschaft wegen eines körperlichen Gebrechens angeordnet, so gilt sie als eine nach §. 1910 Abs. 1 des Bürgerlichen Gesetzbuchs angeordnete Pflegschaft. Ist die Vormundschaft wegen Geistesschwäche angeordnet, ohne daß eine Entmündigung erfolgt ist, so gilt sie als eine nach §. 1910 Abs. 2 des Bürgerlichen Gesetzbuchs für die Vermögensangelegenheiten des Geistesschwachen angeordnete Pflegschaft.

Die bisherigen Vormünder und Pfleger bleiben im Amte. Das Gleiche gilt im Geltungsbereiche der preußischen Vormundschaftsordnung vom 5. Juli 1875 für den Familienrath und dessen Mitglieder. Ein Gegenvormund ist zu entlassen, wenn nach den Vorschriften des Bürgerlichen Gesetzbuchs ein Gegenvormund nicht zu bestellen sein würde.

---

schaffen, bei der Einkindschaft rechnet man damit, daß noch leibliche Kinder der einkindschaftenden Eltern geboren werden, es soll nur die Abteilung vermieden und die wirtschaftliche Existenz der Familie im bisherigen Bestand erhalten werden. Die Partikularrechte, denen die Einkindschaft bekannt ist, lassen deshalb alle gleichzeitig auch eine Annahme im eigentlichen Sinne zu. In der neueren Literatur des bisherigen Rechtes wird überwiegend verneint, daß die Einkindschaft eine Art der Annahme ist. Vgl. Eccius, Preuß. PR. 4 § 221 Note 19, Meyer, Die Einkindschaft (1900) S. 91; a. A. Dernburg, Preuß. PR. 3 § 65 Note 4, § 67 Note 5.

Man könnte daran denken, daß im Sinne des Art. 209 unter Annahme auch die Einkindschaft als solche zu verstehen ist, so daß alle Einkindschaftungen ohne Rücksicht darauf, ob sie auch das bisherige Recht als Annahme auffaßt, unter den Art. 209 fallen und ihre Wirkungen durch ihn aufrecht erhalten bleiben würden. Allein mit Rücksicht auf die erwähnte ausdrückliche Bemerkung der Motive wird man dieser Ansicht nicht beitreten können.

Fallen die familienrechtlichen Wirkungen der Einkindschaft hinweg, so muß, wenn das eingekindschaftete Kind beim Inkrafttreten des BGB. auf Grund der bisherigen Gesetze unter der elterlichen Gewalt eines anderen als seines leiblichen Vaters, also unter der Gewalt des Stiefvaters oder unter der Gewalt der leiblichen wiederverheirateten, wenn auch wieder verwitweten Mutter oder der Stiefmutter sich befindet, über das Kind mit dem Inkrafttreten des BGB. eine Vormundschaft angeordnet werden. Ist man dagegen der Ansicht, daß die familienrechtlichen Wirkungen der Einkindschaft bestehen bleiben, so bleibt nicht nur die elterliche Gewalt des Stiefvaters, sondern auch die elterliche Gewalt der Stiefmutter, wo sie bisher bestand, bestehen und zwar auch dann, wenn der Vater erst nach dem Inkrafttreten des BGB. stirbt.

Überwiegende Gründe dürften für den Standpunkt der Motive sprechen, wenn auch nicht zu verkennen ist, daß die Ergebnisse, zu denen dieser Standpunkt führt, harte sind.

Soviel bekannt, ist die Praxis in Preußen und Hessen schwankend. In Bayern hat das Justizministerium den Vormundschaftsgerichten anempfohlen, sich auf den Standpunkt der Motive zu stellen, jedoch wenn irgend möglich, den Elternteil, welcher die elterliche Gewalt verliert, als Vormund zu bestellen. Die bayer. Gerichte sind diesem Rate, soviel ersichtlich, überall gefolgt.

In der Literatur wird von Niedner S. 459 der Standpunkt der M. d. EG. verteidigt. Habicht S. 654 vertritt den Standpunkt, daß, wenn die Einkindschaft nach dem bisherigen Rechte elternrechtliche Wirkungen erzeugte, diese zufolge des Art. 209 bestehen bleiben. Übereinstimmend wohl Staudinger Bem. V zu Art. 209, Kuhlenbeck S. 767, Löwenbach, Westfälisches Güterrecht (1901) S. 87, Affolter S. 290.

Artikel 210.

E. d. EG. I Art. 99, 128; II Art. 180; III Art. 209. P. I S. 13141; M. d. EG. S. 248, 303. P. II Bd. 6 S. 489, 557, 620, 636.

Thümen, Die Überleitung der preußischen Vormundschafts- und Pflegschaftssachen in das neue Recht, in Gruchot 43 S. 591; Kurtz, Das Verfahren der Vormundschaftsgerichte und ihrer Organe bei der Überleitung in den Rechtszustand des BGB.; Schultetus, Vormundschaftsrecht S. 230—242.

Der Art. 210 unterwirft die am 1. Januar 1900 bestehenden Vormundschaften und Pflegschaften dem neuen Rechte.

1. Nach **Abs. 1 Satz 1** finden auf bestehende Vormundschaften und Pflegschaften vom Inkrafttreten des BGB. an dessen Vorschriften Anwendung. Hieraus folgt zunächst, daß **die Voraussetzungen der Vormundschaften und Pflegschaften** sich nach dem BGB. (§§ 1773, 1896, 1909—1914) richten.

Es muß demnach über Personen, welche zwar nicht nach dem bisherigen, dagegen nach dem neuen Rechte unter Vormundschaft oder Pflegschaft zu stellen sind, eine Vormundschaft oder Pflegschaft angeordnet werden. Dies trifft z. B. von Minderjährigen zu, die nach dem bisherigen Rechte aus der elterlichen Gewalt entlassen worden sind und gemäß Art. 203 in die elterliche Gewalt zurückkehren würden, deren Eltern aber gestorben sind, ferner von minderjährigen unehelichen Kindern, wenn nach dem bisherigen Rechte die Mutter über sie die elterliche Gewalt hatte, von eingekindschafteten Kindern, wenn über sie bisher der Stiefvater die Gewalt ausgeübt hat (vgl. indessen hierzu die Erl. zu Art. 209). Umgekehrt hört die Vormundschaft oder Pflegschaft auf, wenn die Vormundschaft oder Pflegschaft nach dem BGB. nicht anzuordnen ist. Es endigt deshalb z. B. die Vormundschaft über einen Minderjährigen, welcher nach Art. 203 unter die elterliche Gewalt der Mutter kommt, ferner die gesetzliche Vormundschaft des Vaters über seine emanzipierten minderjährigen Kinder und die gesetzliche Vormundschaft der Mutter über ihr uneheliches Kind nach preuß. Rechte, die gesetzliche Vormundschaft des Vaters oder der Mutter über ihre Kinder nach Auflösung der Ehe im französ. Rechte, die im Gebiete des gemeinen Rechtes nicht selten bestellte Vormundschaft über einen Volljährigen, welcher sich freiwillig unter Vormundschaft gestellt hat, die Pflegschaft, welche zur Verwaltung eines nach dem bisherigen Rechte freien, nach dem BGB. aber der elterlichen Vermögensverwaltung unterworfenen Vermögens des Kindes bestellt worden ist (Rspr. 2 S. 473). Als eine nach dem BGB. unzulässige und deshalb mit dessen Inkrafttreten endigende Pflegschaft ist auch die Pflegschaft anzusehen, welche für einen Volljährigen, dem durch Verfügung des Zuwenders die Verwaltung des zugewendeten Vermögens entzogen worden war, auf Grund des bisherigen Rechtes bestellt war. Das BGB. ermöglicht die Entziehung der Vermögensverwaltung in solchem Falle durch die Anordnung einer Testamentsvollstreckung (s. Erl. 5 zu § 1909). Die vor dem 1. Januar 1900 erfolgte Entziehung der Vermögensverwaltung durch Anordnung einer Pflegschaft kann von dieser Zeit an in dieser Form nicht aufrecht erhalten werden. Die Anordnung der Bestellung einer Pflegschaft kann aber möglicherweise dadurch aufrechterhalten werden, daß sie als Anordnung einer Testamentsvollstreckung verbunden mit dem Ersuchen an das Gericht, den Vollstrecker zu bestellen, aufgefaßt wird (Rspr. 6 S. 309). Eine solche Umdeutung ist aber, da für die erbrechtlichen Verhältnisse nach Art. 213 die bisherigen Gesetze in Kraft bleiben, nur zulässig, wenn die bisherigen Gesetze die Anordnung einer Testamentsvollstreckung mit der hier fraglichen Wirkung sowie das Ersuchen an das Gericht, den Vollstrecker zu bestellen, zulassen. Etwas weitergehend KG. 20 A 21, Habicht S. 671, Niedner S. 460.

Die Vormundschaften, welche infolge der Überleitung wegfallen, endigen kraft Gesetzes. Für die Pflegschaften dagegen kommt in Betracht, daß nach § 1919 die Beendigung der Pflegschaft regelmäßig eine Aufhebung durch das Vormundschaftsgericht voraussetzt. Auch die Folgen der Beendigung der Vormundschaft oder Pflegschaft unterstehen dem neuen Rechte; für die Rechnungspflicht des Vormundes oder Pflegers z. B. sind demnach die §§ 1890ff. maßgebend. Dagegen richtet sich nach dem alten Rechte, ob überhaupt eine Rechenschaftspflicht besteht; vgl. hierzu Art. 69 § 3 des preuß. AG., nach welchem die die elterliche Gewalt überkommende Mutter für die Zeit ihrer vormundschaftlichen Verwaltung keine Schlußrechnung beim Eintritte des BGB., sondern erst beim Aufhören der elterlichen Vermögensverwaltung auch über die vormundschaftliche Rechenschaft zu legen hat.

2. Das BGB. ist auch für die **Unterscheidung zwischen Vormund und Pflegschaft** maßgebend. Die nach der preuß. Vormundschaftsordnung angeordnete Vormundschaft über einen Abwesenden verwandelt sich daher in eine Abwesenheitspflegschaft. Das gleiche gilt von einer nach sächs. Rechte bestellten Abwesenheitsvormundschaft. Gemeinrechtlich hat man z. B. in Bayern mit dem Ausdrucke „Pflegschaft" regelmäßig die Fälle umfaßt, welche das BGB. nunmehr Vormundschaft nennt. Bei derartigen Pflegschaften ist künftig entsprechend den Vorschriften des BGB. zu unterscheiden, ob sie Vormundschaften oder Pflegschaften sind.

3. Daß das BGB. für die Unterscheidung zwischen Vormundschaft und Pflegschaft maßgebend ist, hat im **Abs. 1 Satz 2, 3** eine ausdrückliche Anerkennung gefunden. Danach ver-

wandelt sich die nach dem bisherigen Rechte z. B. der preuß. Vormundschaftsordnung und dem sächs. Rechte wegen eines körperlichen Gebrechens angeordnete Pflegschaft in eine nach § 1910 Abs. 1 des BGB. angeordnete Pflegschaft und eine nach dem bisherigen Rechte wegen Geistesschwäche angeordnete Vormundschaft gilt, wenn die Vormundschaft angeordnet worden ist, ohne daß vorher oder gleichzeitig eine Entmündigung erfolgt ist, als eine nach § 1910 Abs. 2 des BGB. für die Vermögensangelegenheiten des Geistesschwachen angeordnete Pflegschaft. Hieraus folgt namentlich, daß sie auf Antrag des Pflegebefohlenen wieder aufzuheben sind (§ 1920 BGB., RJA. 4 S. 197). Aus der Umwandelung dieser Vormundschaften in Pflegschaften ergibt sich zugleich, daß, soweit nach dem bisherigen Rechte mit der Bestellung der Vormundschaft eine Beschränkung der Geschäftsfähigkeit verbunden ist, diese vom 1. Januar 1900 an in Wegfall kommt. Hervorzuheben ist, daß sich die wegen Geistesschwäche angeordnete Vormundschaft nur in eine für die Vermögensangelegenheiten und zwar für sämtliche Vermögensangelegenheiten angeordnete Pflegschaft verwandelt; auf die persönlichen Angelegenheiten bezieht sich die Pflegschaft nicht, das Vormundschaftsgericht kann sie auch nicht auf sämtliche persönliche Angelegenheiten erstrecken, sondern nur auf einzelne (s. Erl. zu § 1910). War neben der wegen Geistesschwäche bestellten Vormundschaft eine Entmündigung erfolgt, so findet auf den Mündel der Art. 155 Anwendung und bleibt deshalb die Vormundschaft nach § 1896 des BGB. bestehen (s. Erl. 2 zu Art. 155).

4. Aus der Überleitung der Vormundschaften und Pflegschaften in das neue Recht ergibt sich weiter, daß dieses auch für den **Inhalt der Rechte und Pflichten des Vormundes und des Vormundschaftsgerichts**, also für die Führung der Vormundschaft (§§ 1793—1836, 1901, 1902 BGB.), für das Aufsichtsrecht des Vormundschaftsgerichts (§§ 1837—1848), für die Mitwirkung des Gemeindewaisenrats (§§ 1849—1851), für die dem Vormund oder Pfleger zustehenden Befreiungen (§§ 1852—1857, 1903, 1904, 1917) und für die Beendigung der Vormundschaft oder Pflegschaft (§§ 1882—1895, 1918—1921) maßgebend ist. Wegen des Familienrats s. unten Erl. 7. Wie übrigens der Art. 210 ausdrücklich hervorhebt, gilt die Maßgeblichkeit des neuen Rechtes erst vom 1. Januar 1900 an, so daß z. B. für die Verantwortlichkeit des Vormundes aus den vor dieser Zeit liegenden Handlungen und Unterlassungen nicht das neue, sondern das alte Recht Anwendung findet; bezüglich der Höhe der vom Vormunde zu entrichtenden gesetzlichen Zinsen, wenn er Geld des Mündels vor dem Inkrafttreten des BGB. unbefugt für sich verwendet hat, gelten die Erl. 9a zu Art. 170 entsprechend.

Über einzelne Folgen aus der Anwendbarkeit des neuen Rechtes ist Nachstehendes zu bemerken:

a) Unter den Voraussetzungen des § 1792 des BGB. muß nunmehr ein **Gegenvormund** bestellt werden. Dies ist namentlich für die Gebiete, welche das Institut des Gegenvormundes nicht kannten oder bei denen es nicht praktisch war, wie in Bayern, von Bedeutung. Umgekehrt ist ein Gegenvormund, welcher in einem Falle bestellt worden ist, in welchem er nach § 1792 Abs. 2 nicht zu bestellen gewesen wäre, zu entlassen; über den diese Folge aussprechenden Abs. 2 Satz 3 s. unten Erl. 6.

Die Aufgabe der noch unter der Herrschaft des alten Rechtes bestellten Gegenvormünder bestimmt sich nunmehr nach dem neuen Rechte. Insbesondere fällt also im Gebiete des französischen Rechtes die Befugnis des Gegenvormundes, den Vormund im Verhinderungsfalle zu vertreten, weg.

b) **Mitvormünder** führen die Vormundschaft nunmehr gemeinschaftlich (§ 1797 BGB.), wenn ihnen nicht schon bisher ein bestimmter, verschiedener Wirkungskreis zugeteilt war. Eine andere Art der Teilung der Gemeinschaft als im § 1797 vorgesehen, verliert ihre Wirksamkeit, so daß gemeinschaftliche Führung der Vormundschaft eintritt.

c) Die im § 1802 des BGB. bestimmte Verpflichtung, ein **Verzeichnis des Vermögens des Mündels** beim Vormundschaftsgericht einzureichen, trifft den Vormund nicht nur bezüglich des Vermögenserwerbes, welchen der Mündel nach dem Inkrafttreten des BGB. macht, sondern auch bezüglich des bereits früher erworbenen Vermögens. Dies dürfte aus der Vorschrift des § 1802 zu folgern sein, nach welcher der Vormund das Vermögen, das *bei der Anordnung der Vormundschaft vorhanden ist oder dem Mündel zufällt*, zu inventarisieren hat. Da der § 1802 nur ein Privatinventar verlangt, wird der Vorschrift des § 1802 bezüglich des vor dem Inkrafttreten des BGB. erworbenen Mündelvermögens durch ein nach dem bisherigen Rechte aufgenommenes Inventar genügt.

d) Die Anlegung von Mündelgeld richtet sich nach den §§ 1806—1811 des BGB. Selbstverständlich darf der Vormund aber Anlagen, die zwar mit dem bisherigen Rechte, nicht aber mit den §§ 1807, 1808 des BGB. im Einklange stehen, nicht ohne weiteres in Anlagen, die dem neuen Rechte entsprechen, umwandeln. In dieser Beziehung gilt das gleiche, wie wenn der Vormund bei Beginn der Vormundschaft Vermögen des Mündels in einer den §§ 1807, 1808 des BGB. nicht entsprechenden Weise angelegt vorfindet (hierüber s. Erl. zu § 1806. Wegen der mündelsicheren Wertpapiere s. Art. 212 und Erl. dazu). Ist Mündelgeld bei einer Sparkasse oder einer Bank oder Hinterlegungsstelle ohne den im § 1809 des BGB. bezeichneten Vermerk angelegt, so hat der Vormund diesen Vermerk nunmehr eintragen zu lassen.

e) Die Hinterlegungspflicht des Vormundes bestimmt sich auch bezüglich der am 1. Januar 1900 schon vorhandenen Wertpapiere des Mündels nach den §§ 1814—1818 des BGB.; insbesondere müssen, wenn nach dem bisherigen Rechte die Erneuerungsscheine nicht hinterlegt werden mußten oder wenn die Sicherung des Mündels durch Außerkurssetzung von Wertpapieren erfolgte, die Erneuerungsscheine und die Wertpapiere hinterlegt werden. Wegen der Außerkurssetzung s. Erl. 6 zu § 1815.

f) Hat der Vormund für die Zeit vor dem Inkrafttreten des BGB. auf Grund des bisherigen Rechtes bereits einen **Anspruch auf Vergütung** erworben, so bleibt derselbe unberührt. Für die Zeit hernach ist der § 1836 des BGB. maßgebend. Selbstverständlich bleibt jedoch eine vor dem 1. Januar 1900 getroffene Festsetzung der Vergütung auch für die Zeit hernach solange wirksam, als das Vormundschaftsgericht seine Anordnung nicht gemäß § 1836 Absatz 1 Satz 2 ändert.

g) Die Verpflichtung, **Sicherheit zu leisten,** bestimmt sich nur mehr nach § 1844 des BGB. Der Vormund ist also hierzu nur verpflichtet, wenn das Vormundschaftsgericht die Sicherheitsleistung aus besonderen Gründen verlangt, und er kann, wenn das Verlangen gestellt wird, seine Entlassung fordern (§ 1889 BGB.). Auch die Vorschrift des § 54 des FGG., nach welcher das Vormundschaftsgericht das Grundbuchamt um Eintragung einer Sicherungshypothek an Grundstücken des Vormundes ersuchen kann, findet auf die bestehenden Vormundschaften und Pflegschaften Anwendung; die Anwendbarkeit setzt indessen die Anlegung des Grundbuchs voraus; für die Zeit bis zur Anlegung hat das Landesrecht entsprechende Fürsorge zu treffen (vgl. hierzu bayer. ÜbG. Art. 56, pfälz. LG. Art. 6, hess. AG. Art. 214, Elsaß-Lothringen, AG. z. FGG. § 71).

Der in manchen bisherigen Rechten anerkannte Hypothekentitel des Mündels fällt vom Inkrafttreten des BGB. an weg; für die im Zeitpunkte des Inkrafttretens des BGB. bereits entstandenen Ansprüche des Mündels gegenüber dem Vormunde bleibt er jedoch bestehen.

Hat der Vormund auf Grund des bisherigen Rechtes schon Sicherheit geleistet, so kann er verlangen, daß die Sicherheit aufgehoben wird, wenn die Voraussetzungen, unter welchen er nach dem BGB. zur Sicherheitsleistung verpflichtet wäre, nicht gegeben sind; auf die Aufhebung hat er aber nicht einen klagbaren Anspruch gegenüber dem Mündel, es steht ihm vielmehr nur der Weg der Beschwerde offen. Selbstverständlich kann er insoweit Aufhebung der Sicherheit nicht beanspruchen, als er sich dem Mündel gegenüber bereits ersatzpflichtig gemacht hat. Dies gilt auch, soweit die Tatsache, auf Grund deren er sich ersatzpflichtig gemacht hat, nach dem Inkrafttreten des BGB. eingetreten ist. Lehnt das Vormundschaftsgericht die Aufhebung der Sicherheit ab, so kann er seine Entlassung fordern (a. A. Habicht S. 679). Von Bedeutung sind die vorstehenden Grundsätze namentlich für das bisherige Geltungsgebiet des französischen Rechtes, welches dem Mündel eine gesetzliche Hypothek am unbeweglichen Vermögen des Vormundes einräumt (hierzu vgl. die Übergangsbestimmungen von Bayern, LG. Art. 3—5, Hessen, Art. 214, Elaß-Lothringen, AG. z. FGG. §§ 68—71 und Habicht S. 680ff.).

h) In weiterem Umfang, als in den §§ 1852—1854, 1903, 1917 des BGB. zugelassen, können dem Vormund oder Pfleger **Befreiungen** nicht zustehen. Weitergehende im bisherigen Rechte begründete Befreiungen fallen hinweg (vgl. für das Gebiet der preuß. Vormundschaftsordnung KG. 20 A 220, Rspr. 2 S. 39, 168). Insbesondere fällt die im bisherigen Rechte anerkannte Befugnis, ein verschlossenes Inventar einzureichen, hinweg. Ob, wenn das BGB. eine weitergehende Befreiung vorsieht als das bisherige Recht, dem Vormunde die erweiterte Befreiung zusteht, ist, soweit die Befreiung auf der Verfügung eines Elternteils oder eines Vermögenszuwenders beruht, Frage der Auslegung der Verfügung. Die in den §§ 1903, 1904 des BGB. den Eltern bei der Vormundschaft über einen Volljährigen kraft Gesetzes eingeräumte befreite Stellung kommt dem Elternteile auch dann zugute, wenn sie dem bisherigen Rechte nicht oder nur in beschränkterem Umfange bekannt war. Die Voraussetzungen, von welchen die Einräumung der Befreiung nach dem BGB. abhängt, müssen erfüllt sein, mag auch das bisherige Recht andere Erfordernisse aufgestellt haben. Dies trifft sowohl in bezug auf die formellen als auch auf die materiellen Voraussetzungen zu. Hat also z. B. im Gebiete des preuß. Rechtes die Mutter den Vormund befreit, so bleibt ihre Verfügung, wenn sie zur Zeit ihres Todes wiederverheiratet war, nicht in Kraft, gleichgültig, ob sie vor oder nach dem 1. Januar 1900 gestorben ist (a. A. für den Fall des Todes vor 1900 Habicht S. 683, Dernburg 4 S. 340). Bei Verfügungen von Todes wegen greift übrigens auch der Art. 214 ein.

5. **Nach Abs. 2 bleiben die bisherigen Vormünder und Pfleger im Amte.** Dies gilt auch von den bisherigen gesetzlichen Vormündern (RG. 48 S. 357, JW. 1901 S. 183; KG. 19 S. 43, vgl. preuß. JMBl. 1898 S. 281) und den Anstaltsvormündern. Die gesetzlichen Vormünder haben jedoch nunmehr eine Bestallung zu erhalten (a. A. Affolter S. 247). Wer nach dem bisherigen Rechte Vormund oder Pfleger geworden ist, bleibt selbst dann im Amte, wenn er nach den Vorschriften des BGB. (§§ 1780ff.) nicht hätte bestellt werden sollen oder nicht hätte bestellt werden können. Selbstverständlich kann er aber nunmehr entlassen werden. Ist die Vormundsbestellung nach dem bisherigen Rechte nichtig gewesen, so wird sie durch das Inkrafttreten des BGB. auch dann nicht gültig, wenn dieses den Nichtigkeitsgrund nicht kennt. Für die Beendigung des Amtes des Vormundes gelten die Vorschriften des BGB.; wegen des Falles, daß der Vormund vor dem Inkrafttreten des BGB. für tot erklärt worden ist, s. Art. 160.

6. Auch die **bisherigen Gegenvormünder** bleiben im Amte; als Gegenvormund erscheint, wer nach dem bisherigen Rechte als Organ zur Beaufsichtigung des Vormundes dient, gleichgültig, welchen Namen er führte. Der Ehrenvormund des gemeinen Rechtes z. B. wird also Gegenvormund im Sinne des BGB. Nach dem **Absatz 2 Satz 3** ist indessen ein Gegenvormund zu entlassen, wenn nach den Vorschriften des BGB. (§§ 1792, 1852, 1903, 1904 und Art. 136 Nr. 4) ein Gegenvormund nicht zu bestellen sein würde. Von Bedeutung ist dies insbesondere für das Gebiet der preuß. Vormundschaftsordnung und des französischen Rechtes. Nach franz. Rechte mußte bei jeder Vormundschaft, nach preuß. Rechte bei jeder Vormundschaft mit Vermögensverwaltung, auch wenn diese nicht erheblich war, ein Gegenvormund bestellt werden.

7. Im bisherigen Geltungsbereiche der preuß. Vormundschaftsordnung bleibt auch der nach Maßgabe des bisherigen Rechtes eingesetzte **Familienrat** aufrecht und bleiben seine Mitglieder im Amte. Dies gilt auch, soweit nach dem BGB. § 1905 Abs. 2 die Einsetzung nicht hätte erfolgen können. Dagegen bewendet es für den in den übrigen Rechtsgebieten eingesetzten Familienrat bei der Maßgeblichkeit des BGB. Insbesondere im Gebiete des franz. Rechtes hat daher der Familienrat mit dem 1. Januar 1900 seine Wirksamkeit verloren. Die Einsetzung eines neuen Familienrats und die Berufung der Mitglieder zu demselben bestimmen sich ausschließlich nach dem BGB. Gleiches gilt von der Aufhebung und der Beendigung der Mitgliedschaft nach den §§ 1878—1880.

8. Auf die im Gebiete des französischen oder des badischen Rechtes für einen Verschwender oder einen Geistesschwachen bestellte **Beistandschaft** bezieht sich der Art. 210 nicht. Aus den Art. 155, 156 Abs. 2, 211 ergibt sich, inwieweit die Beistandschaft bestehen bleibt, wegfällt oder in eine Vormundschaft übergeht. Soweit eine Vormundschaft an die Stelle der bisherigen Beistandschaft tritt, wird der bisherige Beistand nicht von selbst Vormund, er muß als solcher bestellt werden; a. A. Habicht S. 675.

9. Die Nachlaßpflegschaft steht, soweit es sich um die Voraussetzungen ihrer Bestellung handelt, unter dem Grundsatze des Art. 213. Ist also der Erblasser vor dem 1. Januar 1900 gestorben, so finden die §§ 1960, 1961 des BGB. keine Anwendung (s. Erl. 2k zu Art. 213, KG. 23 A 203); ob solchen Falles eine Pflegschaft angeordnet werden kann, bestimmt sich nach dem bisherigen Rechte, für das preuß. Recht also nach dem § 90 der Vormundschaftsordnung (Zitlaff im Recht 1903 S. 124; a. A. KG. a. a. O.). Für die Rechte und Pflichten des Pflegers, die Aufsicht des Gerichts, die Beendigung sind in jedem Falle gemäß Art. 210 die Vorschriften des BGB. maßgebend (KG. 24 A 23, Rspr. 5 S. 366).

Artikel 211.

E. d. EG. I Art. 97 Abs. 2; II Art. 181; III Art. 210. P. I S. 13040; M. d. EG. S. 246. P. II Bd. 6 S. 486, 620, 749.

Vgl. hierher Erl. 4 zu Art. 155 und Erl. 2 zu Art. 156.

Artikel 211. Die nach den französischen oder den badischen Gesetzen für einen Geistesschwachen angeordnete Bestellung eines Beistandes verliert mit dem Ablaufe von sechs Monaten nach dem Inkrafttreten des Bürgerlichen Gesetzbuchs ihre Wirkung.

Artikel 212. In Kraft bleiben die landesgesetzlichen Vorschriften, nach welchen gewisse Werthpapiere zur Anlegung von Mündelgeld für geeignet erklärt sind.

---

1. Während die nach dem französischen oder badischen Rechte wegen Verschwendung angeordnete Beistandschaft von dem Inkrafttreten des BGB. an als eine Entmündigung wegen Verschwendung anzusehen ist (Art. 156 Abs. 2), so daß der bisher Verbeistandete nach Art. 210 vom Inkrafttreten des BGB. an einen Vormund erhält und in der Geschäftsfähigkeit beschränkt ist, läßt der Art. 211 die nach dem französischen oder badischen Rechte wegen Geistesschwäche angeordnete Bestellung eines Beistandes bis zum 1. Juli 1900 überhaupt unberührt, von diesem Tage an aber hat sie jede Wirkung verloren. Der verbeistandete Geistesschwache ist also bis zum 1. Juli 1900 nach Maßgabe des bisherigen Rechtes bei der Vornahme gewisser Handlungen (code civil Art. 499, bad. LR. Satz 499) an die Mitwirkung des Beistandes gebunden gewesen, die Wirksamkeit der vor diesem Zeitpunkt ohne die erforderliche Mitwirkung des Beistandes vorgenommenen Handlungen bestimmt sich nach dem bisherigen Rechte; einen Vormund erhält der Verbeistandete nicht. Vom 1. Juli 1900 ab ist der Verbeistandete vollkommen geschäftsfähig geworden, die Beistandschaft erlosch von selbst, sie verwandelte sich nicht etwa wie die ohne Entmündigung eingeleitete Pflegschaft über einen Geistesschwachen nach Art. 210 Abs. 1 Satz 3 in eine Pflegschaft.

2. Daß der Bestellung eines Beistandes für einen Geistesschwachen eine sechsmonatige Wirksamkeit belassen worden ist, beruht auf einem Beschlusse des Bundesrats und bezweckt, in der Zwischenzeit die Herbeiführung der Entmündigung oder doch der Stellung unter vorläufige Vormundschaft zu ermöglichen. Ist der Verbeistandete vor dem 1. Juli 1900 entmündigt oder unter vorläufige Vormundschaft gestellt worden, so ist damit die Beistandschaft, da für sie kein Raum mehr war, beendigt worden. Auf die Entmündigung oder die Stellung unter vorläufige Vormundschaft ist selbstverständlich der Eintritt des 1. Juli 1900 ohne Einfluß gewesen. Der bisherige Beistand ist übrigens, wenn die Entmündigung oder die Stellung unter vorläufige Vormundschaft erfolgt ist, nicht von selbst Vormund geworden, sondern mußte als solcher bestellt werden.

Artikel 212.

E. d. GG. III Art. 211. RB. S. 2115, 2117.

Mündelsicherheit von Wertpapieren.

1. Der Art. 212 hält diejenigen landesgesetzlichen Vorschriften aufrecht, welche andere als die im § 1807 Abs. 1 Nr. 2, 3 des BGB. bezeichneten Wertpapiere für mündelsicher erklären; insofern gestattet er eine Ausnahme von der Vorschrift des § 1807 Abs. 1 Nr. 4, nach welcher die Mündelsicherheit durch den Bundesrat verliehen wird. Die Vorschrift beruht darauf, daß man einerseits denjenigen Wertpapieren, welche im Zeitpunkte des Inkrafttretens des BGB. mündelsicher waren, die Mündelsicherheit nicht nehmen konnte und wollte, andererseits ihnen die Mündelsicherheit für das ganze Reichsgebiet nicht ohne einen Beschluß des Bundesrats geben wollte. Die im genannten Zeitpunkte mündelsicheren Wertpapiere bleiben daher im Umfang ihres bisherigen Geltungsgebiets mündelsicher, eine Erweiterung des Geltungsgebiets ist aber nur durch Beschluß des Bundesrats zulässig. Die Landesgesetzgebung dürfte nach dem Inkrafttreten des BGB. nicht mehr berechtigt sein, neue mündelsichere Wertpapiere zu schaffen. Hiermit scheint freilich der Art. 218, nach welchem die Landesgesetze, soweit sie nach den Bestimmungen des vierten Abschnitts maßgebend bleiben, auch nach dem Inkrafttreten des BGB. durch Landesgesetz geändert werden können, im Widerspruche zu stehen. Der Zweck des Art. 212 und der ihr zugrunde liegende Gedanke dürfte indessen in Beziehung auf Art. 212 zu einer einschränkenden Auslegung des Art. 218 nötigen. Wenn die Absicht dahin gegangen wäre, daß die Landesgesetzgebung die Mündelsicherheit noch später solle verleihen können, so hätte die Vorschrift des Art. 212 nicht als Übergangsvorschrift in den vierten Abschnitt eingestellt werden dürfen, sondern sie hätte die Bedeutung eines Vorbehalts und würde in den dritten Abschnitt gehören. Übrigens ist, soviel ersichtlich, die Vorschrift des Art. 212 von allen Bundesregierungen

Artikel 213. Für die erbrechtlichen Verhältnisse bleiben, wenn der Erblasser vor dem Inkrafttreten des Bürgerlichen Gesetzbuchs gestorben ist, die bisherigen Gesetze maßgebend. Dies gilt insbesondere auch von den Vorschriften über das erbschaftliche Liquidationsverfahren.

---

in dem hier vertretenen Sinne aufgefaßt worden. Selbstverständlich kann das Landesgesetz einem von ihm für mündelsicher erklärten Wertpapiere diese Eigenschaft nach dem Inkrafttreten des BGB. wieder nehmen.

2. Der Ausdruck „Wertpapier" ist nach dem Zusammenhang im Art. 212 im gleichen Sinne zu nehmen wie im § 1807 Abs. 1 Nr. 4. Von wem die Wertpapiere ausgegeben sind, kommt nicht in Betracht, ebensowenig ob die Wertpapiere vor oder nach dem Inkrafttreten des BGB. ausgegeben worden sind.

3. Die durch das Landesgesetz für mündelsicher erklärten Wertpapiere haben diese Eigenschaft nur für die in dem Bundesstaate geführten Vormundschaften, gleichgültig, welcher Staatsangehörigkeit der Mündel ist. Sie haben sie in einem anderen Bundesstaat auch dann nicht, wenn die Vormundschaft dort für den Angehörigen des Bundesstaats geführt wird. Wird die Vormundschaft aus einem Bundesstaat in einen anderen übernommen, so bleibt die nach den Gesetzen des früher zuständigen Vormundschaftsgerichts schon erfolgte Anlegung aus den in der Erl. zu § 1806 enthaltenen Gründen gültig.

4. Über wichtigere Landesgesetze s. Preußen, AG. Art. 74; Bayern, Ges. v. 9. Juni 1899 Art. 32, MinBekanntm. v. 9. September 1899; Sachsen, Ges. v. 22. Dezember 1899 § 1; Württemberg, AG. Art. 70, MinVerf. v. 2. Oktober 1899; Baden, AG. Art. 33 Abs. 4, MinV. v. 15. April, 1. Juli 1899; Elsaß-Lothringen, AG. § 141.

Übrigens hat der Art. 212 seine Tragweite zu einem erheblichen Teile dadurch eingebüßt, daß durch Beschluß des Bundesrats v. 7. Juli 1901 (RGBl. S. 263) auf Grund des § 1807 Abs. 1 Nr. 4 BGB. die verbrieften Forderungen gegen eine inländische kommunale Körperschaft oder die Kreditanstalt einer solchen Körperschaft zur Anlegung von Mündelgeld für geeignet erklärt worden sind, sofern die Forderungen von seiten des Gläubigers kündbar sind oder einer regelmäßigen Tilgung unterliegen. Der Art. 212 hat hiernach hauptsächlich noch für Pfandbriefe und für Schuldverschreibungen von Kirchengemeinden Bedeutung.

Zu Artikel 213—217.

Die Artikel 213—217 betreffen das Erbrecht. In dem Art. 213 wird der Grundsatz ausgesprochen, daß für die erbrechtlichen Verhältnisse die bisherigen Gesetze maßgebend bleiben, wenn der Erblasser vor dem Inkrafttreten des BGB. gestorben ist. Die Art. 214—217 bestimmen, in welchen Fällen und in welchem Umfange das bisherige Recht auch dann Anwendung findet, wenn der Erblasser nach dem Inkrafttreten des BGB. gestorben ist. Der Art. 214 schreibt dies in Ansehung der Errichtung und Aufhebung einer Verfügung von Todeswegen sowie der bindenden Kraft eines gemeinschaftlichen Testaments oder Erbvertrags vor. Der Art. 215 bestimmt die Fortdauer der vor dem Inkrafttreten des BGB. erlangten Fähigkeit zur Errichtung einer Verfügung von Todeswegen auch nach jenem Zeitpunkte für den Fall, daß vorher von der betreffenden Person eine solche Verfügung errichtet worden ist, und schreibt die Anwendung des § 2230 des BGB. auf ein Testament vor, das ein nach dem Inkrafttreten des BGB. verstorbener Erblasser vor diesem Zeitpunkt errichtet hat. Der Art. 216 enthält eine Sondervorschrift in betreff des Pflichtteils für die Mitglieder gewisser ritterschaftlicher Familien. Der Art. 217 endlich betrifft die vor dem Inkrafttreten des BGB. abgeschlossenen Erbverzichtsverträge.

Artikel 213.

E. d. EG. I Art. 129 Abs. 1; II Art. 182; III Art. 212. P. I S. 13152 ff.; M. d. EG. S. 305 ff., 314.; P. II Bd. 6 S. 557 ff.

1. Neben dem im Art. 213 Satz 1 ausgesprochenen **Grundsatze, daß für die erbrechtlichen Verhältnisse die bisherigen Gesetze maßgebend bleiben,** wenn der Erblasser vor dem Inkrafttreten des BGB. gestorben ist, enthielt der E. I Art. 129 Abs. 1 die weitere Bestimmung, daß die Vorschriften des BGB. maßgebend seien, wenn der Erblasser nach dem Inkrafttreten des BGB. gestorben sei. Dieser Satz ist von der zweiten Kommission gestrichen, aber nur deshalb,

weil er selbstverständlich sei. Maßgebend ist also immer die Zeit des Todes des Erblassers, nicht, wie nach gemeinem Rechte angenommen wird, die Zeit des Anfalls an den Erben. Ist durch das in einem Verschollenheitsverfahren nach dem 1. Januar 1900 erlassene Urteil als Todestag ein Tag festgesetzt worden, der in die Zeit vor dem 1. Januar 1900 fällt, so ist für die erbrechtlichen Verhältnisse das bisherige Recht maßgebend (Bayer. ObLG. Bd. 2 S. 213); vgl. auch Erl. 2 zu Art. 158 und Erl. 2 zu Art. 161.

2. Der Ausdruck „erbrechtliche Verhältnisse" ist im weitesten Sinne zu nehmen (RG. Bd. 46 S. 70). Dieselben Verhältnisse, welche nach Art. 24, 25 (s. Erl. 3 zu Art. 24 und Erl. 3 zu Art. 25), je nachdem der Erblasser ein Deutscher oder ein Ausländer war, nach deutschem oder nach ausländischem Rechte zu beurteilen sind, unterliegen nach Art. 213, je nachdem der Erblasser vor oder nach dem Inkrafttreten des BGB. gestorben ist, dem bisherigen Rechte oder dem Rechte des BGB. Über die Frage, ob die nach code civil Art. 747 dem Aszendenten zustehenden Ansprüche ein Erbrecht im Sinne des Art. 213 sind, s. RG. Bd. 50 S. 180. Über die Frage, ob der nach kurhessischem Rechte dem Vater am mütterlichen Erbteile seiner Kinder zustehenden Nießbrauch ein Erbrecht ist, s. Rspr. Bd. 8 S. 353. Im einzelnen ist über den Fall, daß der Erblasser vor dem Inkrafttreten des BGB. gestorben ist, folgendes zu bemerken:

a) Sowohl in betreff der gesetzlichen Erbfolge als in betreff der Erbfolge auf Grund einer Verfügung von Todeswegen ist ausschließlich das bisherige Recht maßgebend. Dies gilt auch dann, wenn infolge des Wegfalls des zunächst berufenen Erben ein anderer als Erbe berufen wird und diese Berufung erst nach dem Inkrafttreten des BGB. erfolgt. Auch für das Noterbrecht, das Pflichtteilsrecht und die Erbunwürdigkeit ist das bisherige Recht maßgebend. Über die Pupillarsubstitution s. Erl. 2d zu Art. 214.

b) Ist nach dem bisherigen Rechte zum Erwerbe der Erbschaft abweichend vom BGB. die Antretung der Erbschaft von seiten des Erben erforderlich, so bleibt es hierbei auch nach dem Inkrafttreten des BGB. Der Erbe erwirbt nicht etwa mit diesem Zeitpunkte die Erbschaft nach Maßgabe des BGB. ipso jure, sondern erst dadurch, daß er sie antritt. Die Erfordernisse der Antretung und Ausschlagung bestimmen sich, auch wenn diese nach dem Inkrafttreten des BGB. erfolgen, nach dem bisherigen Rechte. Dies gilt insbesondere auch von der Zulässigkeit der Vertretung. Soweit aber nach dem bisherigen Rechte eine in der Geschäftsfähigkeit beschränkte Person wie z. B. nach gemeinem Rechte der wegen Verschwendung Entmündigte der Einwilligung seines gesetzlichen Vertreters zur Antretung der Erbschaft nicht bedarf oder umgekehrt außer der Einwilligung des gesetzlichen Vertreters die Genehmigung des Vormundschaftsgerichts erforderlich ist, handelt es sich nicht um eine erbrechtliche, sondern um eine die Geschäftsfähigkeit betreffende Vorschrift. In dieser Beziehung finden daher von dem Inkrafttreten des BGB. an dessen Vorschriften, nicht die Vorschriften des bisherigen Rechtes Anwendung. Anders liegt die Sache bei der gemeinrechtlichen Vorschrift, nach welcher der Vormund eines Wahnsinnigen die dem letzteren angefallene Erbschaft nicht definitiv antreten kann, weil es sich dabei um die Frage handelt, ob die Antretung der Erbschaft durch einen Vertreter erfolgen kann. Diese Vorschrift findet daher Anwendung, auch wenn die Antretung erst nach dem Inkrafttreten des BGB. erfolgt (Habicht S. 697f.; Niedner, Erl. 2b $\delta\beta\beta$).

Im engsten Zusammenhange mit den Vorschriften über die Berufung des Erben und den Erwerb der Erbschaft stehen auch die Vorschriften über Anwachsung und Transmission. In allen diesen Beziehungen ist daher das bisherige Recht maßgebend, auch wenn der Fall der Anwachsung oder Transmission erst nach dem Inkrafttreten des BGB. eintritt. Auf den Erwerb des Besitzes erbschaftlicher Sachen durch den Erben findet die Vorschrift des BGB. § 857, nach welcher der Besitz auf den Erben übergeht, auch dann keine Anwendung, wenn der Anfall der Erbschaft erst nach dem Inkrafttreten des BGB. erfolgt; denn jene Vorschrift setzt einen Erben voraus, der dies nach Maßgabe des BGB. geworden ist. Soweit nach dem bisherigen Rechte der Besitz nicht ipso jure auf den Erben übergeht, erfolgt daher der Erwerb, je nachdem sich der dazu erforderliche Tatbestand vor oder nach dem Inkrafttreten des BGB. verwirklicht, nach den allgemeinen für den Besitzerwerb geltenden Vorschriften des bisherigen Rechtes oder des BGB. (a. A. Kuhlenbeck S. 774).

c) Nach dem bisherigen Rechte ist ferner der Erwerb eines Vermächtnisses zu beurteilen (Rspr. Bd. 7 S. 359, Bayer. ObLG. Bd. 4 S. 401). Soweit das bisherige Recht ein Vindikationslegat anerkennt, erwirbt der Vermächtnisnehmer nicht wie nach dem BGB. nur eine Forderung auf den vermachten Gegenstand, sondern diesen selbst, auch wenn der dies veniens erst nach dem Inkrafttreten des BGB. eintritt. Bei einem vermachten Grundstück ist daher keine Auflassung von seiten des Erben an den Vermächtnisnehmer erforderlich, vielmehr ist der letztere, wenn er sein Recht nach Maßgabe der GBO. §§ 19, 29 nachweist, ohne weiteres einzutragen (vgl. RG. in JW. 1901 S. 50). Soll das Grundstück dem Vermächtnisnehmer erst zu einer späteren Zeit, nachdem der Erbe es bereits erworben, dann aber ipso jure anfallen, so dürften die §§ 52, 53 der GBO. entsprechend anzuwenden, bei einer Eintragung des Erben also zugleich die Beschränkung seines Rechtes durch das Recht des Vermächtnisnehmers einzutragen sein (s. **Habicht** S. 701 f.; Rspr. Bd. 1 S. 21; a. A. **Niedner** S. 468 Erl. 2b $\delta\beta\beta$).

Im Falle einer fideikommissarischen Substitution bestimmt sich das Rechtsverhältnis des Fiduziars und des Fideikommissars sowohl untereinander als nach außen nach dem bisherigen Rechte auch dann, wenn der Fall der Substitution erst nach dem Inkrafttreten des BGB. eintritt (RG. in DJZ. 1902 S. 475). Insbesondere gelten auch in betreff der zeitlichen Beschränkungen der Substitution nicht die Vorschriften des BGB. § 2109, sondern die Vorschriften des bisherigen Rechtes. Nach gemeinem Rechte also z. B. bleibt eine Substitution bis zum vierten Substitutionsfalle wirksam.

d) Nach dem bisherigen Rechte bestimmt sich ferner die **Haftung des Erben für die Nachlaßverbindlichkeiten**. Dies gilt sowohl in betreff der Frage, für welche Verbindlichkeiten der Erbe haftet, als in betreff der Frage, ob er unbeschränkt haftet und an welche Voraussetzungen die Beschränkung der Haftung geknüpft ist. Selbstverständlich ist übrigens die Frage, ob aus einem nach dem Inkrafttreten des BGB. eingetretenen Tatbestande z. B. aus einer Geschäftsführung ohne Auftrag oder aus einem von dem Erben erteilten Auftrag eine Verbindlichkeit entsteht, nach dem BGB. zu beurteilen; die Frage aber, ob die Verbindlichkeit, wenn sie entstanden ist, als Nachlaßverbindlichkeit zu behandeln ist, bestimmt sich nach dem bisherigen Rechte.

Die besonderen Vorschriften, durch welche das bisherige Recht bevormundete Personen gegen die Gefahren schützt, welche ihnen durch Handlungen oder Unterlassungen ihrer Vertreter, die eine Haftung für die Nachlaßverbindlichkeiten zur Folge haben, erwachsen, sind verschiedener Natur. Der Zweck wird z. B. dadurch zu erreichen gesucht, daß zu den betreffenden Handlungen oder Unterlassungen die Genehmigung des Familienrats oder des Vormundschaftsgerichts erfordert wird. Vorschriften dieser Art finden auf Handlungen und Unterlassungen, die nach dem Inkrafttreten des BGB. erfolgen, keine Anwendung mehr; das Erfordernis der Genehmigung des Vormundschaftsgerichts oder des Familienrats bestimmt sich vielmehr von diesem Zeitpunkt an nach dem BGB. Zweifelhaft ist, ob der § 50 der preuß. Vormundschaftsordnung, nach welchem der Mündel der Rechtswohltat des Inventars bei einer ihm angefallenen Erbschaft durch Handlungen oder Unterlassungen des Vormundes nicht verlustig geht, einen erbrechtlichen Charakter hat oder ob sie eine vormundschaftliche Vorschrift ist. Im ersteren Falle würde sie auch nach dem Inkrafttreten des BGB. zur Anwendung kommen müssen, während in dem letzteren Falle von diesem Zeitpunkt an das BGB. maßgebend sein würde. Überwiegende Gründe dürften für die letztere Ansicht sprechen (**Habicht** S. 704 ff.; a. A. Rspr. Bd. 8 S. 367). Nach gemeinem Rechte kann der Bevormundete gegen Handlungen oder Unterlassungen der fraglichen Art unter gewissen Voraussetzungen Wiedereinsetzung in den vorigen Stand verlangen. Das BGB. kennt eine solche Wiedereinsetzung nicht. Trotzdem wird sie, wenn ihre Voraussetzungen vor dem Inkrafttreten des BGB. eingetreten sind, auch nach diesem Zeitpunkte noch für zulässig gehalten werden müssen, indem nicht angenommen werden kann, daß das BGB. diesen wichtigen Rechtsbehelf bei erbrechtlichen Verhältnissen, die sich nach dem bisherigen Rechte bestimmen, hat beseitigen wollen (RG. Bd. 54 S. 149).

e) In dem Satze 2 des Art. 213 wird ausdrücklich hervorgehoben, daß das bisherige Recht auch für das **erbschaftliche Liquidationsverfahren** maßgebend ist. Hiernach findet z. B. auch nach dem Inkrafttreten des BGB. wenn der Erblasser vorher gestorben ist, das preuß. Ges. betr. die Zwangsvollstreckung gegen Benefizialerben und das Aufgebot der Nachlaßgläubiger v. 28. März 1879 Anwendung. Auch in betreff des Konkursverfahrens über einen Nachlaß finden, wenn der Erblasser vor dem Inkrafttreten des BGB. gestorben ist, die Vorschriften des bisherigen Konkursrechts Anwendung (Art. VI des EG. zu dem Ges. betr. Änderungen der KO. v. 17. Mai 1898.

f) Das **Verhältnis mehrerer Miterben** sowohl unter einander, insbesondere auch in betreff der Kollationspflicht als gegenüber Dritten bestimmt sich nach dem bisherigen Rechte, auch wenn das Miterbenverhältnis erst nach dem Inkrafttreten des BGB. eingetreten ist, wie z. B. in dem Falle, daß die mehreren Miterben kraft Substitution Erben werden und der

Substitutionsfall erst nach dem Inkrafttreten des BGB. eintritt. Nach dem bisherigen Rechte bestimmen sich insbesondere auch die Grundsätze, nach welchen die Auseinandersetzung unter den Miterben zu erfolgen hat. Steht nach dem bisherigen Rechte die Erbschaft den mehreren Miterben nach Bruchteilen zu, so fragt es sich, in welchem Verhältnisse der Grundsatz des Art. 213 zu der Vorschrift des Art. 173 steht, nach welcher auf eine zur Zeit des Inkrafttretens des BGB. bestehende Gemeinschaft nach Bruchteilen von dieser Zeit an die Vorschriften des BGB. Anwendung finden. In der Erl. 2 zu Art. 173 ist bereits hervorgehoben, daß grundsätzlich die Vorschrift des Art. 173 auch für eine erbrechtliche Gemeinschaft gelte, daß sie aber auf diese insoweit keine Anwendung finde, als sich aus erbrechtlichen Vorschriften eine Abweichung ergebe.

Zu den Vorschriften der letzteren Art sind insbesondere die gemeinrechtlich für die actio familiae erciscundae geltenden Grundsätze zu rechnen. Diese stimmen zwar zum Teil mit den für die gemeinrechtliche actio communi dividundo geltenden Vorschriften überein und die letzteren finden nach Art. 173 auf eine gewöhnliche Gemeinschaft nach Bruchteilen keine Anwendung mehr. Ein wesentlicher Unterschied aber zwischen der actio communi dividundo und der actio familiae erciscundae besteht jedoch darin, daß sich die erstere auf einzelne Gegenstände, die letztere auf ein Begriffsganzes, nämlich auf die Erbschaft bezieht. Hieraus ergibt sich eine Reihe besonderer nur für die actio familiae erciscundae geltenden Grundsätze, so z. B. das Recht des Teilungsrichters, die an sich ipso jure geteilten Forderungen und Schulden bei der Auseinandersetzung mit zu berücksichtigen und über die praestationes personales zu entscheiden. Die Gesamtheit der für das judicium familiae erciscundae geltenden Grundsätze bildet ein Ganzes, aus dem sich einzelne Sätze nicht ausscheiden lassen, ohne daß der Zweck, alle durch die Erbengemeinschaft unter den Erben entstandenen Verhältnisse in einem Verfahren zu regeln, gefährdet würde (s. Windscheid-Kipp III § 608). Deshalb muß der Richter auch insbesondere das Recht haben, einzelne zur Erbschaft gehörende Gegenstände dem einen oder dem andern zu überweisen. Das Teilungsurteil hat konstitutive Wirkung (ebenso im Ergebnisse Kuhlenbeck S. 772bβ, Scherer, EG. Nr. 226, Niedner S. 467β; a. A. Habicht S. 709ff.). Nur insoweit als nicht die Auseinandersetzung über die Erbschaft im ganzen in Frage kommt, sondern als es sich um die Gemeinschaft an einzelnen zu der Erbschaft gehörenden Sachen und deren Teilung handelt, finden die Vorschriften des BGB. über die Gemeinschaft nach Bruchteilen Anwendung (RG. Bd. 52 S. 174). Die gerichtliche Auseinandersetzung der Erbschaft bestimmt sich sowohl in Ansehung des Verfahrens als der Art und Weise der Teilung des Nachlasses nicht nach den Vorschriften des § 2042 und des FGG. §§ 86—89, sondern nach dem bisherigen Rechte (KG. Bd. 21 A S. 236), soweit nicht landesgesetzlich (z. B. Bayern ÜbG. Art. 36) ein anderes bestimmt. So auch Josef in Gruch. 47 S. 341 gegen Wolff in CBl. f. FG. 3 S. 274.

Nach dem bisherigen Rechte bestimmen sich auch die Wirkungen einer die Teilung verbietenden oder beschränkenden Bestimmung des Erblassers sowie einer hierauf gerichteten Vereinbarung der Erben (a. A. in Beziehung auf das gemeine und sächsische Recht Habicht S. 713).

Das bisherige Recht ist auch für die Verpflichtung eines Miterben zur Leistung des Offenbarungseids maßgebend (Bayer. ObLG. 5 S. 18).

g) Der Erbschaftsanspruch des Erben bestimmt sich sowohl in betreff seiner Voraussetzungen als in betreff seines Inhalts nach dem bisherigen Rechte, auch wenn die Voraussetzungen, von welchen die Passivlegitimation des Beklagten abhängt, erst nach dem Inkrafttreten des BGB. eingetreten sind. Der Erbe hat also, wenn das bisherige Recht das gemeine Recht war, die hereditatis petitio abweichend von dem BGB. §§ 2018ff. auch gegen denjenigen, welcher nicht pro herede, sondern pro possessore besitzt, und zwar ohne Unterschied, ob der Besitz vor oder nach dem Inkrafttreten des BGB. erlangt war.

h) Die Bestellung eines Testamentsvollstreckers sowie die Rechte und Pflichten eines solchen bestimmen sich nach dem bisherigen Rechte, auch wenn der Testamentsvollstrecker das Amt erst nach dem Inkrafttreten des BGB. übernimmt. Dies gilt auch von der Befugnis des Testamentsvollstreckers, sich einen Nachfolger zu ernennen, und von der Art, in welcher diese Ernennung zu erfolgen hat; insbesondere findet auch der § 2199 Abs. 3, nach welchem die Ernennung gegenüber dem Nachlaßgericht erfolgen muß, keine Anwendung (a. A. wie es scheint, Wilke Anm. 2 zu § 2199). Auch die Entlassung des Vollstreckers bestimmt sich nach dem bisherigen Rechte; ebenso das Verhältnis zwischen dem Testamentsvollstrecker und dem Erben (RG. Bd. 46 S. 70ff.; Rspr. Bd. 1 S. 347; RG. im Recht 1900 S. 284; 1901 S. 74).

i) Auch die Vorschriften, welche die Eröffnung und Verkündung der Testamente betreffen, sind nach dem bisherigen Rechte zu beurteilen. Die §§ 2259—2264 finden daher keine Anwendung. Es handelt sich hierbei zwar um Verfahrensvorschriften. Diese hängen aber so enge mit den materiellen Vorschriften zusammen, daß eine verschiedene Beurteilung nicht zulässig ist. Daß der Ausdruck „erbrechtliche Verhältnisse" im weitesten Sinne zu nehmen und daher auch auf die Verfahrensvorschriften zu beziehen ist, ergibt sich insbesondere aus dem Satz 2 des Art. 213, in welchem die Vorschrift, daß das bisherige Recht auch für das Liquidationsverfahren gilt, durch das Wort „insbesondere" eingeleitet und dadurch angedeutet ist, daß es sich bei dieser Vorschrift nur um eine Konsequenz des im Satz 1 ausgesprochenen Grundsatzes handle. (KG. Bd. 20 A S. 156; Rspr. Bd. 1 S. 347). Auch die Vorschriften des § 2273 über die Eröffnung gemeinschaftlicher Testamente finden daher, wenn der Erblasser (der erstversterbende Ehegatte) vor dem Inkrafttreten des BGB. gestorben ist, keine Anwendung (s. Bd. V Erl. 1 zu § 2273; Rspr. Bd. 1 S. 130; Niedner S. 466 Erl. 2bα; und Körner, im Recht 1901 S. 95). Über die Anwendung des § 2261 bei einem gemeinschaftlichen Testamente, wenn der eine Ehegatte vor, der andere nach dem Inkrafttreten des BGB. gestorben ist, s. KG. Bd. 21 A S. 225.

k) Auch die Vorschrift des BGB. §§ 1960—1962 über die Fürsorge des Nachlaßgerichts, insbesondere die Anordnung einer Nachlaßpflegschaft finden, wenn der Erblasser vor dem Inkrafttreten des BGB. gestorben ist, keine Anwendung; vielmehr ist in dieser Beziehung das bisherige Recht maßgebend (Rspr. Bd. 1 S. 385; Bd. 2 S. 346; Bd. 5 S. 366; vgl. Erl. 9 zu Art. 210).

l) Die Voraussetzungen und Wirkungen der Erteilung eines Erbscheins bestimmen sich, auch wenn diese erst nach dem Inkrafttreten des BGB. erfolgt, nach dem bisherigen Rechte. Insbesondere wird also, wenn das bisherige Recht das preußische war, ein Erbschein abweichend von dem BGB. §§ 2353, 2355, nur dem gesetzlichen Erben erteilt (Rspr. Bd. 1 S. 33; 5 S. 190, 236; Bayer. ObLG. 2 S. 87; du Chesne in Gruch. Bd. 45 S. 49; Josef in Gruch. 47 S. 346; a. A. Börner in DJZ. 1902 S. 75). Aus der Maßgeblichkeit des bisherigen Rechtes für den Erbschein folgt, daß der § 36 der GBO., nach welchem der Beweis des Erbrechts im Falle der gesetzlichen Erbfolge dem Grundbuchamte gegenüber nur durch einen Erbschein geführt werden kann und gleiches regelmäßig auch im Falle der testamentarischen Erbfolge gilt, keine Anwendung findet, wenn der Erbfall vor dem Inkrafttreten des BGB. erfolgt ist. Daß das Grundbuch schon angelegt ist, ändert hieran nichts. Man wird allgemein den Satz aufstellen können, daß Vorschriften, welche die über das Erbrecht zu erteilenden Ausweise betreffen, zu den die erbrechtlichen Verhältnisse betreffenden Vorschriften gehören (Rspr. Bd. 1 S. 33; Bd. 5 S. 236; KG. Bd. 24 A S. 224; Recht 1900 S. 127; 1901 S. 47).

m) In der Erl. 3f zu Art. 24 ist ausgeführt, daß der Erbschaftskauf nach dem BGB. §§ 2371—2385 kein erbrechtliches, sondern ein obligatorisches Rechtsgeschäft ist. Hieraus folgt aber nicht, daß ein nach dem Inkrafttreten des BGB. abgeschlossener Erbschaftskauf, auch wenn der Erblasser vor diesem Zeitpunkte gestorben ist, immer nach den Vorschriften des BGB. zu beurteilen wäre. Es kommt vielmehr darauf an, wie das bisherige Recht den Erbschaftskauf behandelt (vgl. Erl. 3 zu Art. 25). Steht er nach diesem mit dessen erbrechtlichen Vorschriften in solchem Zusammenhange, daß er zu den erbrechtlichen Verhältnissen im Sinne des Art. 213 gerechnet werden muß, wie das z. B. in Ansehung des preuß. Landrechts I 11, §§ 445ff. anzunehmen sein dürfte, so müssen die Vorschriften des bisherigen Rechtes auch auf einen nach dem Inkrafttreten des BGB. abgeschlossenen Erbschaftskauf Anwendung finden (ebenso im Ergebnisse Rspr. Bd. 2 S. 242). Trifft jene Voraussetzung aber nicht zu, so finden die Vorschriften des BGB. Anwendung; nur müssen selbstverständlich diejenigen Bestimmungen, welche wie z. B. der § 2383 des BGB. auf die erbrechtlichen Vorschriften des BGB. verweisen, insoweit eine Modifikation erleiden, als dadurch erforderlich wird, daß die erbrechtlichen Bestimmungen des bisherigen Rechtes von denen des BGB. abweichen (a. A. Habicht S. 715f.).

n) Soweit nach obigen Grundsätzen erbrechtliche Rechtsgeschäfte z. B. die Annahme und Ausschlagung einer Erbschaft, Verzicht auf die Beschränkung der Haftung des Erben, Erbteilungsvertrag, Erbschaftskauf nach dem bisherigen Rechte zu beurteilen sind, dürfte auch der Einfluß von Willensmängeln (BGB. §§ 116ff.) nicht nach dem BGB., sondern nach dem bisherigen Rechte zu beurteilen sein (a. A. Habicht S. 716ff., der dies nur in betreff der Annahme und Ausschlagung der Erbschaft annimmt, im übrigen aber das BGB. anwenden will Niedner, Erl. 2b δ $\alpha\alpha$).

Artikel 214. Die vor dem Inkrafttreten des Bürgerlichen Gesetzbuchs erfolgte Errichtung oder Aufhebung einer Verfügung von Todeswegen wird nach den bisherigen Gesetzen beurtheilt, auch wenn der Erblasser nach dem Inkrafttreten des Bürgerlichen Gesetzbuchs stirbt.

Das Gleiche gilt für die Bindung des Erblassers bei einem Erbvertrag oder einem gemeinschaftlichen Testamente, sofern der Erbvertrag oder das Testament vor dem Inkrafttreten des Bürgerlichen Gesetzbuchs errichtet worden ist.

---

3. Ist der Erblasser nach dem Inkrafttreten des BGB. verstorben, so sind die erbrechtlichen Verhältnisse (s. Erl. 2) nach dem BGB. zu beurteilen. Insbesondere bestimmt sich auch die Frage, inwieweit eine Zuwendung zur Ausgleichung zu bringen oder bei der Berechnung des Pflichtteils zu berücksichtigen oder anzurechnen ist, auch dann nach dem BGB., wenn die Zuwendung unter der Herrschaft des alten Rechtes erfolgt ist. Wegen des Pflichtteils s. Erl. 3c zu Art. 214.

Modifikationen des bezeichneten Grundsatzes bestimmen die Art. 214—217 (s. Erl. zu diesen Artikeln). Eine weitere Modifikation ergibt sich aus Art. 200, nach welchem die erbrechtlichen Wirkungen des Güterstandes einer zur Zeit des Inkrafttretens des BGB. bestehenden Ehe sich nach dem bisherigen Rechte bestimmen. Mittelbar können sich für die gesetzliche Erbfolge Abweichungen auch aus den Art. 207—209 dadurch ergeben, daß nach diesen Personen als eheliche Kinder zu betrachten und als solche erbberechtigt sind, welche diese Stellung nach dem BGB. nicht haben.

4. Landesgesetzliche Vorschriften. Bayern, Gesetz, die Übergangsvorschriften betreffend, v. 9. Juni 1899 Art. 33, 36, 52, 142—146; Württemberg, AG. Art. 92; Sachsen, Gesetz v. 15. Juni 1900 zur Ausführung einiger mit dem BGB. zusammenhängender Reichsgesetze § 127; Baden, AG. zur GBO. §§ 36, 37; Hessen, AG. Art. 229; Elsaß-Lothringen, AG. zur GBO. § 24, AG. zum FGG. § 76; Hamburg, AG. §§ 81—99.

Artikel 214.

E. d. EG. I Art. 129 Abs. 2; II Art. 183; III Art. 213. P. I S. 13152 ff.; M. d. EG. S. 305 ff. P. II Bd. 6 S. 557, 636.

1. Anwendung des BGB. auf Verfügungen von Todeswegen, wenn der Erblasser nach dem Inkrafttreten des BGB. gestorben ist. Aus dem Prinzipe des Art. 213, daß die erbrechtlichen Verhältnisse, wenn der Erblasser nach dem Inkrafttreten des BGB. gestorben ist, nach den Vorschriften des BGB. zu beurteilen sind (s. Erl. 3 zu Art. 213), folgt für die Verfügungen von Todeswegen, da diese erst mit dem Tode des Erblassers wirksam werden, daß sie ohne Rücksicht darauf, ob sie vor oder nach dem Inkrafttreten des BGB. errichtet sind, dessen Vorschriften unterliegen. In dieser Beziehung wird das Prinzip aber nicht vollständig durchgeführt, sondern ebenso wie im internationalen Privatrecht Art. 24 zwischen der Errichtung oder Aufhebung einerseits und dem Inhalte sowie der Wirksamkeit der Verfügung andererseits unterschieden. In beiden Beziehungen findet das BGB. vorbehaltlich der Vorschrift des Art. 215 Anwendung, wenn die Verfügung nach dem Inkrafttreten des BGB. errichtet oder aufgehoben ist. Ist die Errichtung oder Aufhebung aber vor dem Inkrafttreten des BGB. erfolgt, so soll sie nach Art. 214 nach dem bisherigen Rechte beurteilt werden. In betreff der Beurteilung des Inhalts und der Wirksamkeit der Verfügung wird eine besondere Vorschrift nicht gegeben; in Beziehung hierauf bleibt es also bei der Konsequenz des Prinzips. Hiernach ist also in jedem einzelnen Falle zu untersuchen, ob bei dem Inkrafttreten des BGB. eine nach dem bisherigen Rechte gültig errichtete und noch nicht wieder aufgehobene Verfügung von Todeswegen vorliegt oder nicht. In dem ersteren Falle werden der Inhalt und die Wirksamkeit der Verfügung nach dem BGB. beurteilt (a. A. in betreff des Inhalts Affolter, System S. 337) und die Aufhebung der Verfügung kann nunmehr nur noch nach den Vorschriften des BGB. erfolgen. In dem letzteren Falle wird die Verfügung auch dann nicht wirksam, wenn sie nach den Vorschriften des BGB. als gültig errichtet und noch als bestehend anzusehen wäre; es bleibt dabei, daß eine Verfügung von Todeswegen nicht besteht.

Unter Verfügungen von Todeswegen versteht das BGB. die Testamente (BGB. §§ 2229 ff.) und die Erbverträge (BGB. §§ 2274 ff.). Über Schenkungen auf den Todesfall (BGB. § 2301) s. Erl. 5; über Erbverzichtsverträge s. Art. 217.

2. Für die Frage, **was unter Errichtung und Aufhebung einer Verfügung von Todes wegen zu verstehen ist**, gilt hier dasselbe wie im Falle des Art. 24 (s. oben S. 96 Erl. 5 c β zu Art. 24). Soweit nach dem dort Gesagten das ausländische Recht maßgebend ist, kommt hier das bisherige Recht zur Anwendung. In dem Art. 24 Abs. 3 wird zwar von der Gültigkeit der Errichtung oder Aufhebung gesprochen, während die Bestimmung des Art. 214 nur dahin geht, daß die Errichtung oder Aufhebung nach dem bisherigen Rechte zu beurteilen sei. Sachlich ist indessen in beiden Fällen dasselbe gemeint. Auch der Art. 214 betrifft nur die Gültigkeit der Errichtung oder der Aufhebung der Verfügung. Nach dem bisherigen Rechte ist also zu beurteilen, ob der Erblasser die zur Gültigkeit der Errichtung erforderliche Geschäftsfähigkeit hatte und ob die Verfügung in der die Gültigkeit bedingenden Form errichtet ist. In betreff der Rechtsfähigkeit ist die Frage, ob diese auch nach dem zur Zeit des Todes geltenden Rechte also nach dem BGB. vorhanden sein muß, ohne Bedeutung, weil das BGB. eine Beschränkung der Rechtsfähigkeit nicht kennt. Soweit eine solche nach dem bisherigen Rechte bestand, hat der Mangel derselben zur Zeit der Errichtung die Ungültigkeit der Verfügung zur Folge. Im einzelnen ist noch folgendes zu bemerken:

a) Zu den hier fraglichen Vorschriften des bisherigen Rechtes gehören nicht diejenigen welche das Recht des Erblassers beschränken, über gewisse Teile seines Vermögens von Todeswegen zu verfügen, so z. B. die gemeinrechtliche Vorschrift, nach welcher ein Hauskind über sein peculium adventicium letztwillig nicht verfügen kann. Solche Vorschriften betreffen den Inhalt, nicht die Errichtung der Verfügung (a. A. wie es scheint Niedner S. 472 Erl. 2a).

b) Soweit nach dem bisherigen Rechte eine bestimmte Form nur für Verfügungen gewissen Inhalts genügte, z. B. die Form des Kodizills oder des testamentum parentum inter liberos, verbleibt es hierbei für die vor dem Inkrafttreten des BGB. errichteten Verfügungen; die Gültigkeit derselben kann also insoweit von ihrem Inhalt abhängen.

c) Läßt das bisherige Recht abweichend vom BGB. § 2064 die Errichtung einer Verfügung von Todeswegen durch einen Vertreter zu, ist z. B. die Überreichung einer letztwilligen Verfügung bei Gericht durch einen Spezialbevollmächtigten zulässig, so behält eine in dieser Art vor dem Inkrafttreten des BGB. errichtete Verfügung von Todeswegen ihre Gültigkeit auch nach diesem Zeitpunkte.

d) Zweifelhaft ist, ob die von einem vor dem Inkrafttreten des BGB. verstorbenen Erblasser angeordnete Pupillarsubstitution durch die Vorschrift des Art. 214 auch dann aufrechterhalten wird, wenn der betreffende Unmündige erst nach dem Inkrafttreten des BGB. stirbt. Für die Bejahung der Frage läßt sich geltend machen, daß es sich hier um eine ausnahmsweise zugelassene Vertretung bei der Errichtung der Verfügung von Todeswegen handele und daß daher das unter c Gesagte gelten müsse. Richtiger indessen dürfte sein, in der Pupillarsubstitution einen Fall zu sehen, in welchem ausnahmsweise ein anderer als der Erblasser nicht als dessen Vertreter, sondern kraft eigenen Rechtes über die Beerbung Bestimmungen zu treffen befugt ist. Hierfür spricht, daß die Pupillarsubstitution ihre Wirksamkeit von selbst verliert, wenn der Unmündige testamentsmündig wird, während sie bei der Annahme des Vertretungsverhältnisses ihre Wirksamkeit erst dadurch verlieren würde, daß der mündig gewordene Erblasser sie aufhebt. Bei dieser Auffassung findet der Art. 214 keine Anwendung, weil es sich nicht um die Errichtung einer Verfügung von Todeswegen durch den Erblasser handelt. Dieselben Grundsätze gelten auch für die Quasipupillarsubstitution (Rspr. Bd. 6 S. 318; RG. Bd. 26 A S. 59; Habicht S. 732 f.). Ob die Pupillar- oder die Quasipupillarsubstitution als Einsetzung eines Nacherben in betreff des von dem Verfügenden hinterlassenen Vermögens aufrecht erhalten werden kann, läßt sich nur nach den Umständen des einzelnen Falles entscheiden.

e) War nach dem bisherigen Rechte der Vorbehalt formloser Nachzettel in einem Testamente zulässig und wirksam, so verliert er mit dem Inkrafttreten des BGB. seine Wirksamkeit; denn die Form einer letztwilligen Verfügung bestimmt sich vom Inkrafttreten des BGB. an lediglich nach dessen Vorschriften (Rspr. 8 S. 281; a. A. Affolter, System S. 334 f.). Die vor dem Inkrafttreten des BGB. errichteten Nachzettel bleiben wirksam.

f) Nach dem bisherigen Rechte bestimmt sich, ob und durch welche vor dem Inkrafttreten des BGB. von dem Erblasser vorgenommene Handlungen eine von ihm errichtete Verfügung von Todeswegen wieder aufgehoben wird, ob also z. B. eine solche Aufhebung in der Zurücknahme der errichteten Verfügung aus dem gerichtlichen Gewahrsam oder abweichend vom BGB. § 2258 in der Errichtung eines neuen Testaments ohne Rücksicht auf den Inhalt zu finden ist. Nicht in Frage dagegen kommen solche Vorschriften des bisherigen Rechtes, nach welchen eine Verfügung von Todes wegen durch andere Tatsachen als durch Handlungen des Erblassers ihre Wirksamkeit verliert, so z. B. die Vorschrift des gemeinen Rechtes, nach welcher ein Testament durch die Geburt eines Noterben nichtig wird. Eine Vorschrift dieser Art findet, wenn der Erblasser nach dem Inkrafttreten des BGB. gestorben ist, auch dann keine Anwendung, wenn die betreffende Tatsache z. B. die Geburt des Noterben vor dem Inkrafttreten des BGB. eingetreten ist; denn nur von der Errichtung und Aufhebung durch den Erblasser ist der Art. 214 zu verstehen.

g) Zu den Vorschriften, welche die Errichtung und Aufhebung der Verfügung von Todeswegen im Sinne des Art. 214 betreffen, gehören nicht die Vorschriften, welche sich auf die Eröffnung und Verkündung dieser Verfügungen beziehen. Es handelt sich hierbei um Verfahrensvorschriften, die mit dem Inhalt und der Wirksamkeit der fraglichen Verfügungen in so engem Zusammenhange stehen, daß dieselben Grundsätze, welche für diese gelten, auch auf sie Anwendung finden müssen (s. Erl. 2i zu Art. 213). Durch die Vorschrift des Art. 214 wird daher die Anwendung der §§ 2259—2263, obwohl diese in dem Titel über Errichtung und Aufhebung der Testamente stehen, nicht ausgeschlossen; vielmehr finden diese Paragraphen in allen Fällen Anwendung, in denen der Erblasser nach dem Inkrafttreten des BGB. gestorben ist (KG. Bd. 21 A S. 61; RG. im preuß. JMBl. Nr. 21 S. 121 v. 1901; a. A. Affolter, System S. 337).

3. **Welche Vorschriften als den Inhalt und die Wirksamkeit einer Verfügung von Todes wegen betreffend anzusehen sind,** welche Vorschriften des BGB. also auch auf die vor dem Inkrafttreten des BGB. errichteten oder aufgehobenen Verfügungen Anwendung finden, bestimmt sich nach denselben Grundsätzen wie im internationalen Privatrecht (s. oben S. 97f Erl. 4cγ zu Art. 24). Im einzelnen ist hier noch folgendes hervorzuheben:

a) Nach dem BGB. bestimmt sich der Einfluß von Willensmängeln (BGB. §§ 116 Satz 1, 118, 2078—2083); ebenso findet Anwendung die Vorschrift des § 2079 über die Anfechtbarkeit einer letztwilligen Verfügung wegen Übergehung eines Pflichtteilsberechtigten. Die sich hierauf beziehenden Vorschriften betreffen nicht die Errichtung und Aufhebung der Verfügung im Sinne des Art. 214, sondern deren Wirksamkeit (a. A. Affolter, System S. 335).

b) Sowohl die zwingenden als auch die dispositiven Vorschriften des BGB. über Erbeinsetzung, insbesondere auch über Einsetzung eines Nacherben sowie über Vermächtnisse und Auflagen finden Anwendung. Hieraus ergibt sich z. B., daß der Grundsatz des gemeinen Rechtes nemo pro parte testatus, pro parte intestatus decedere potest, ebenso die Vorschriften über Vorvermächtnisse, über Universalfideikommisse, über Nichtigkeit des Testaments wegen Übergehung eines Noterben 2c. keine Anwendung finden, an ihre Stelle vielmehr die betreffenden Vorschriften des BGB. treten (s. Habicht S. 729ff.). Auch auf die Ernennung eines Testamentsvollstreckers und deren Wirkungen finden die Vorschriften des BGB. Anwendung (a. A. Affolter, System S. 337).

c) Nach dem BGB. bestimmt sich das Pflichtteilsrecht, insbesondere die Gründe, aus welchen der Pflichtteil entzogen werden kann, und die Art, in welcher dies zu geschehen hat. Zweifelhaft kann sein, ob der Pflichtteilsberechtigte den subsidiären Anspruch gegen den Beschenkten nach Maßgabe des § 2329 hat, wenn die Schenkung vor dem Inkrafttreten des BGB. erfolgt ist. Für den Ausschluß dieses Rechtes läßt sich der Art. 170 geltend machen. Dagegen aber spricht, daß der fragliche Anspruch gegen den Beschenkten nur eine Ergänzung des dem Pflichtteilsberechtigten prinzipaliter gegen den Erben zustehenden Anspruchs bildet und daß es sich also sachlich um ein erbrechtliches Schuldverhältnis handelt. Auf solche Schuldverhältnisse findet aber der Art. 170 keine Anwendung (Rspr. Bd. 6 S. 335; RG. Bd. 54 S. 241; RG. in JW. 1903 Beil. S. 51, 73; Riedner S. 469 Erl. 3a; a. A. Scherer Nr. 336 S. 241, Habicht S. 734). Nach Rspr. Bd. 9 S. 430 ist indessen das gesetzliche Erb- und Pflichtteilsrecht der märkischen Witwe als eine durch Art. 46 § 2 des AG. gemäß EG. Art. 200, 218 aufrechterhaltene erbrechtliche Folge des Güterstandes den bisherigen Gesetzen unterworfen geblieben und hat nur die in den §§ 3—5 des Art. 46 bestimmten Änderungen erfahren (vgl. Crusen, zu Art. 46 S. 411; Stranz-Gerhard S. 297).

d) Bestritten ist, ob die Auslegung einer vor dem Inkrafttreten des BGB. errichteten Verfügung von Todeswegen nach den Auslegungsvorschriften des bisherigen Rechtes oder nach denen des BGB. zu erfolgen hat. In den M. d. EG. S. 311 wird in dieser Beziehung gesagt: „Von selbst versteht es sich, daß soviel die Auslegung einer vor dem Inkrafttreten des BGB. errichteten letztwilligen Verfügung anlangt, die zur Zeit der Errichtung geltenden Auslegungsvorschriften maßgebend sein müssen." Diese Auffassung dürfte indessen nicht richtig sein. Die Auslegung einer Willenserklärung insbesondere auch einer Verfügung von Todeswegen hat den Zweck, den wirklichen Willen des Erklärenden zu ermitteln (BGB. § 133). Eine gesetzliche Auslegungsvorschrift will die Erreichung dieses Zweckes dadurch erleichtern, daß sie dasjenige, was erfahrungsmäßig der Erklärende regelmäßig bei einer gewissen Ausdrucksweise gewollt hat, gesetzlich in der Art fixiert, daß es, soweit nicht ein anderer Wille des Erklärenden erhellt, als gewollt angenommen wird. Wenn nun das BGB. aus der Erfahrung andere Schlüsse auf den Willen des Erblassers zieht wie das bisherige Recht und deshalb andere Auslegungsvorschriften gibt als dieses, so ist nicht abzusehen, weshalb solche als sachlich richtiger anerkannte Vorschriften keine Anwendung auf die vor dem Inkrafttreten des BGB. getroffenen Verfügungen Anwendung finden, diese vielmehr noch nach den als unzutreffend erkannten Vorschriften des bisherigen Rechtes beurteilt werden sollten. Dazu kommt, daß der Unterschied zwischen dispositiven und Auslegungsregeln ein flüssiger ist und daß es regelmäßig nur Zweckmäßigkeitsrücksichten sind, welche das BGB. zu der Wahl einer Vorschrift der ersteren oder der letzteren Art bestimmt haben (s. Bd. I S. 23ff. Einleitung Nr. 2). Nur die dispositiven Rechtssätze, nicht aber die Auslegungsregeln des BGB. auf die vor dem Inkrafttreten des BGB. getroffenen Verfügungen von Todeswegen anzuwenden, würde daher der Absicht des BGB. und des EG. nicht entsprechen. Weder die einen noch die anderen gehören zu den Vorschriften, welche die Errichtung oder die Aufhebung einer Verfügung von Todeswegen betreffen; beide betreffen vielmehr den Inhalt einer Verfügung und es findet daher auf sie die Regel des Art. 213, nicht die Ausnahmevorschrift des Art. 214 Anwendung.

Eine andere Frage ist, ob eine vor dem Inkrafttreten des BGB. getroffene Verfügung von Todeswegen zwar nicht auf Grund einer gesetzlichen Auslegungsvorschrift des bisherigen Rechtes, aber doch mit Rücksicht auf diese in einem der Vorschrift entsprechenden Sinne auszulegen ist. Müßte man annehmen, daß der Erblasser bei seinen Verfügungen immer die betreffenden Auslegungsvorschriften des bisherigen Rechtes vor Augen gehabt habe, so würde daraus zu folgern sein, daß er wirklich den nach der Auslegungsvorschrift anzunehmenden Willen gehabt habe. Eine solche Annahme ist aber nicht begründet. Der Erblasser wird sehr häufig die betreffenden gesetzlichen Auslegungsvorschriften nicht kennen oder sich ihrer doch nicht bewußt sein. Um aus dem Bestehen der Auslegungsvorschrift ohne Rücksicht auf deren gesetzliche Geltung auf einen ihr entsprechenden Willen des Erblassers zu schließen, muß also im einzelnen Falle festgestellt werden, daß der Erblasser bei seiner Verfügung die betreffende Auslegungsvorschrift vor Augen gehabt und mit Rücksicht auf sie die gebrauchte Ausdrucksweise gewählt habe. Wird dies festgestellt, so wird nun allerdings die Verfügung in dem durch die Auslegungsvorschrift des bisherigen Rechtes bestimmten Sinne zu verstehen sein, aber nicht, weil dies durch das bisherige Recht bestimmt ist, sondern, weil es dem durch Auslegung ermittelten Willen des Erblassers entspricht. Angewendet wird nicht die Auslegungsregel des bisherigen Rechtes, sondern die alle einzelnen Auslegungsregeln des BGB. ergänzende Vorschrift des BGB. § 133, nach welcher bei der Auslegung vor allem der wirkliche Wille zu erforschen ist. Der § 133 ist auch maßgebend für die Entscheidung der Frage, welche Bedeutung die materiellen erbrechtlichen Vorschriften des bisherigen Rechtes für die Auslegung einer Verfügung von Todeswegen haben. Hat der Erblasser z. B. seine gesetzlichen Erben zu Erben eingesetzt, so fragt es sich, ob er damit diejenigen Personen vor Augen gehabt hat, welche nach dem zur Zeit der Errichtung der Verfügung von Todeswegen geltenden Rechte seine Erben sein würden, oder diejenigen Personen, welche nach Maßgabe des bei seinem Tode geltenden Rechtes seine gesetzlichen Erben sind. Die Vorschrift des BGB. § 2066 dürfte für die Entscheidung der Frage direkt nicht maßgebend sein, weil sie nur den Fall vor Augen hat, daß die tatsächlichen Verhältnisse, von denen nach den Vorschriften des BGB. die gesetzliche Erbfolge abhängt, zur Zeit des Erbfalls andere sind als zur Zeit der Errichtung der Verfügung von Todeswegen. Es kommt also für die Entscheidung der obigen Frage darauf an, ob anzunehmen ist, daß der Erblasser bei seiner Verfügung eine Änderung des gesetzlichen Erbrechts mit in Betracht gezogen hat, oder ob er diesen Fall doch nicht hat ausschließen wollen. Im Zweifel dürfte bei dem Wortlaute der Bestimmung stehen zu bleiben und anzunehmen sein, daß, wenn der Erblasser nach dem Inkrafttreten des BGB. stirbt, diejenigen Personen als Erben eingesetzt sind, welche nach dem BGB. als gesetzliche Erben berufen sind (a. A. Affolter, System S. 335). Eine ähnliche Frage entsteht, wenn der Erblasser eine Verfügung zugunsten einer Person getroffen hat, der nach dem BGB. ein Erbrecht zusteht, während ihr ein solches nach dem Rechte, unter dessen Herrschaft eine solche Verfügung getroffen wurde, nicht oder doch nur in geringerem Umfange zustand. Ob anzunehmen ist, daß der Erblasser hier den Bedachten unter allen Umständen auf die ihm gemachte Zuwendung hat beschränken wollen, also ein ihm infolge einer Änderung der Gesetzgebung zustehendes Erbrecht hat ausschließen wollen, läßt sich schwerlich allgemein, sondern nur unter Berücksichtigung der Umstände des einzelnen Falles entscheiden (Rspr. Bd. 2 S. 114, 372; Bd. 3 S. 116, 257; Bd. 4 S. 133, 135, 442; Bd. 6 S. 74, 335; Bd. 7 S. 357; Rspr. Bd. 9 S. 395; KG. Bd. 22 A S. 52; RG. Bd. 49 S. 44; 59 S. 80; Habicht S. 441 ff.; Niedner S. 470, Erl. 3b; a. A. wie es scheint zum Teil Scherer S. 239, s. jedoch Nr. 365; Kuhlenbeck S. 774 Erl. 3; Affolter, System S. 335 ff.).

Auf einem anderen Standpunkte scheinen einige Ausführungsgesetze zu stehen. So enthalten das hessische AG. Art. 155 und die mecklenburgische AV. § 264 Bestimmungen über die Auslegung gewisser vor dem Inkrafttreten des BGB. getroffenen Verfügungen von Todeswegen. Ob Bestimmungen dieser Art reichsgesetzlich zulässig sind, ist bestritten. Nach Art. 218 kann die Landesgesetzgebung die bisherigen landesgesetzlichen Vorschriften, soweit sie nach dem EG. noch maßgebend bleiben, auch nach dem Inkrafttreten des BGB. noch ändern. Solche Änderungen haben aber keine größere Kraft, als wenn sie vor dem Inkrafttreten des BGB. von der Landesgesetzgebung bestimmt wären. Die Vorschriften der gedachten Art enthalten nun Auslegungsregeln und diese sind, wie oben dargelegt ist, bei einem nach dem Inkrafttreten des BGB. eingetretenen Erbfalle nicht mehr maßgebend. Es finden vielmehr die Auslegungsregeln des BGB. Anwendung. Sachlich enthalten die gedachten Vorschriften eine Modifikation des BGB. § 133; sie dürften daher unzulässig sein (a. A. Affolter System S. 337).

Über einzelne Fragen, die bei der Anwendung der obigen Grundsätze entstehen, s. Habicht S. 746 ff. Hervorgehoben mag hier nur noch werden, daß zu den Auslegungsregeln des BGB., die bei einem nach dessen Inkrafttreten eingetretenen Erbfall auf Verfügungen Anwendung finden, die vor dem Inkrafttreten des BGB. getroffen sind, auch die Vorschrift des § 2049 gehört, nach welcher, wenn der Erblasser bestimmt hat, daß einer der Miterben bei der Teilung ein Landgut zu übernehmen berechtigt sein solle, das Landgut zu dem Ertragswert anzurechnen ist.

4. Eine besondere Vorschrift gibt der Art. 214 Abs. 2 für Erbverträge und gemeinschaftliche Testamente (Mangler, Sächs. Arch. Bd. 14 S. 684; vgl. Schäfer, im Recht 1903 S. 29).

a) Was unter Erbverträgen und gemeinschaftlichen Testamenten zu verstehen ist, bestimmt sich nach dem BGB. Unter Erbverträgen sind daher solche Verträge zu verstehen, durch welche vertragsmäßig ein Erbe eingesetzt oder ein Vermächtnis oder eine Auflage angeordnet wird (BGB. § 2278). Nicht dazu gehören die Erbverzichtsverträge (Art. 217). Unter gemeinschaftlichen Testamenten sind die von mehreren Erblassern in einer Urkunde errichteten Testamente zu verstehen (BGB. §§ 2265 ff.).

b) Für Erbverträge und gemeinschaftliche Testamente gelten zunächst, da sie Verfügungen von Todeswegen sind, **die Vorschriften des Art. 214 Abs. 1.** Die vor dem Inkrafttreten des BGB. erfolgte Errichtung und Aufhebung wird daher nach dem bisherigen Rechte beurteilt (s. Erl. 2). Insbesondere sind hiernach Erbverträge und gemeinschaftliche Testamente, wenn sie nach dem bisherigen Rechte nur unter gewissen Voraussetzungen, z. B. nur unter Ehegatten geschlossen werden konnten, ohne Rücksicht darauf, ob das BGB. sie in weiterem Umfange zuläßt, nur gültig, wenn jene Voraussetzungen zur Zeit der Errichtung vorlagen. Umgekehrt wird ihre Gültigkeit dadurch nicht berührt, daß die Voraussetzungen, an welche das BGB. ihre Zulässigkeit knüpft, bei einem gemeinschaftlichen Testament also z. B. die Voraussetzung, daß die Verfügenden Ehegatten sind (BGB. § 2265), bei ihrer Errichtung nicht vorlagen, wenn das bisherige Recht jene Voraussetzungen nicht erfordert.

c) Die Wirksamkeit der gültig errichteten Erbverträge und gemeinschaftlichen Testamente ist dagegen nach Art. 213 im allgemeinen nach dem BGB. zu beurteilen (s. Erl. 3). Von dieser Regel wird durch Abs. 2 eine Ausnahme dahin gemacht, **daß die Bindung des Erblassers nach dem bisherigen Rechte beurteilt werden soll.** Es fragt sich zunächst, was hierunter zu verstehen ist. Bindend im weiteren Sinne ist eine Verfügung für den Verfügenden auch dann nicht, wenn sie wegen ihres Inhalts unwirksam ist (vgl. z. B. §§ 2077, 2279 des BGB.) oder wenn sie von dem Verfügenden wegen Willensmängel oder wegen Übergehung eines Pflichtteilsberechtigten anfechtbar ist (BGB. §§ 2078, 2079, 2281). Die Bindung des Verfügenden im engeren Sinne kommt erst in Frage, wenn die Gültigkeit der Verfügung an sich feststeht und es sich nur darum handelt, ob der Verfügende sie zu widerrufen oder eine damit im Widerspruche stehende neue Verfügung zu treffen berechtigt ist. In dem letzteren Sinne wird der Ausdruck „bindend" oder „gebunden" in den §§ 145, 154 Abs. 1 Satz 2, 873 Abs. 2 des BGB. gebraucht. In demselben Sinne dürfte der Ausdruck „Bindung" auch im Art. 214 Abs. 2 zu verstehen sein (Rspr. Bd. 4 S. 127 ff.). Hätte das Gesetz jenen weiteren Sinn beabsichtigt, so würde es von der Wirksamkeit der fraglichen Verfügung für den Erblasser gesprochen haben. Die Materialien geben keinen Anhaltspunkt dafür, daß der Ausdruck „Bindung" in diesem weiteren Sinne verstanden sei. Die von Habicht S. 758 ff. (ähnlich Affolter, System S. 339) vertretene abweichende Ansicht führt zu dem Ergebnisse, daß für den Erblasser ein Erbvertrag immer, aber auch nur dann ungültig ist, wenn er dies nach dem bisherigen Rechte war, und daß sich auch die Art, in welcher die Ungültigkeit geltend zu machen ist, nach dem bisherigen Rechte bestimmt, wogegen für die im BGB. § 2080 bezeichneten Personen die Vorschriften des BGB. über Anfechtung eines Erbvertrags (BGB. §§ 2078 ff., 2285) Anwendung finden. Nach der hier vertretenen Ansicht dagegen ist sowohl für den Erblasser wie für die im § 2080 des BGB. bezeichneten Personen das BGB. maßgebend. Ist also z. B. nach dem bisherigen Rechte ein Erbvertrag trotz eines der im § 2078 bezeichneten Mängel weder nichtig noch anfechtbar, so wird er mit dem Inkrafttreten des BGB. sowohl für den Erblasser wie für die im § 2080 bezeichneten Personen nach Maßgabe des BGB. anfechtbar. War der Erbvertrag nach dem bisherigen Rechte aus einem der gedachten Gründe nichtig, so ist er von dem Inkrafttreten des BGB. an nur noch anfechtbar. In beiden Fällen beginnt aber die Anfechtungsfrist für den Erblasser (BGB. § 2283) nicht vor dem Inkrafttreten des BGB. Wäre nach dem bisherigen Rechte ein Erbvertrag aus dem im § 118 bezeichneten Grunde nicht nichtig, so wird er dies mit dem Inkrafttreten des BGB. Andererseits verlieren Willensmängel, welche nach dem bisherigen Rechte, nicht aber nach dem BGB. die Nichtigkeit oder Anfechtbarkeit des Erbvertrags zur Folge haben, diese Wirkung mit dem Inkrafttreten des BGB.

Keine Anwendung finden auch nach der hier vertretenen Ansicht die Vorschriften des bisherigen Rechtes, nach welchen ein Erbvertrag durch die Geburt eines dem Erblasser gegenüber Pflichtteilsberechtigten oder durch ein ähnliches Ereignis unwirksam wird, denn hier handelt es sich nicht um die Bindung des Erblassers, sondern um die Unwirksamkeit des Erbvertrags wegen seines Inhalts; nach dem Inkrafttreten des BGB. finden daher die Vorschriften der §§ 2079, 2281 Anwendung. Dasselbe gilt, wenn nach dem bisherigen Rechte der Erbvertrag trotz der Geburt eines Pflichtteilsberechtigten seine volle Wirksamkeit behält; er wird nach dem Inkrafttreten des BGB. anfechtbar (Rspr. 6 S. 338).

Auch die Vorschriften des BGB. §§ 2077, 2279 finden auf die vor dem Inkrafttreten des BGB. geschlossenen Erbverträge Anwendung. Solche Verträge werden also unter den in den gedachten Paragraphen bezeichneten Voraussetzungen mit dem Inkrafttreten des BGB. unwirksam, auch wenn sie dies nach dem bisherigen Rechte nicht waren. Für gemeinschaftliche Testamente werden diese Grundsätze wie es scheint auch von Habicht anerkannt (RG. Bd. 50 S. 316; vgl. auch Rspr. Bd. 4 S. 446, wo zugleich die nach französischem Rechte eintretende Wirkung einer vor dem Inkrafttreten des BGB. erfolgten Scheidung der Ehe auf den Verlust der dem schuldigen Teile durch einen Ehevertrag zugewendeten Vorteil als auch nach dem Inkrafttreten des BGB. fortbestehend anerkannt wird).

d) **Daraus, daß die Bindung des Erblassers bei einem wirksamen Erbvertrag oder einem gemeinschaftlichen Testamente sich nach dem bisherigen Rechte bestimmt, ergibt sich folgendes:**

α) **Auf Verfügungen des Erblassers unter Lebenden** finden nicht die Vorschriften des BGB. §§ 2287, 2288 Anwendung. Dem Vertragserben oder Vermächtnisnehmer steht ein Widerrufs- oder Anfechtungsrecht wegen solcher Verfügungen nur unter den Voraussetzungen und nach Maßgabe des bisherigen Rechtes zu (s. z. B. preuß. ALR. I 12 § 625; sächs. GB. § 2548). Nicht aufrechterhalten durch den Art. 214 Abs. 2 aber werden die Vorschriften des bisherigen Rechtes, nach welchem der Vertragserbe die Entmündigung des Erblassers wegen Verschwendung zu beantragen berechtigt ist (s. alte CPO. §§ 595, 596).

β) **Keine Anwendung finden die Vorschriften der** §§ 2271, 2289 Abs. 1 Satz 2, 2290 Abs. 1, 2291—2297, 2298 Abs. 2, 3 **über den Widerruf eines gemeinschaftlichen Testaments sowie über die Aufhebung eines Erbvertrags oder den Rücktritt von einem solchen** (KG. 22 A 25; RG. 50 S. 316, a. A. Buka in DJZ. 1905 S. 403). Die Frage, ob, unter welchen Voraussetzungen und in welcher Art der Widerruf, die

Artikel 215. Wer vor dem Inkrafttreten des Bürgerlichen Gesetzbuchs die Fähigkeit zur Errichtung einer Verfügung von Todeswegen erlangt und eine solche Verfügung errichtet hat, behält die Fähigkeit, auch wenn er das nach dem Bürgerlichen Gesetzbuch erforderliche Alter noch nicht erreicht hat.

Die Vorschriften des §. 2230 des Bürgerlichen Gesetzbuchs finden auf ein Testament Anwendung, das ein nach dem Inkrafttreten des Bürgerlichen Gesetzbuchs gestorbener Erblasser vor diesem Zeitpunkt errichtet hat.

Aufhebung und der Rücktritt zulässig sind, ist vielmehr nach dem bisherigen Rechte zu beurteilen. Soweit indessen der Widerruf, die Aufhebung oder der Rücktritt durch Testament oder Vertrag zu erfolgen hat, bestimmt sich, wenn diese Rechtsgeschäfte nach dem Inkrafttreten des BGB. vorgenommen werden, deren Form und die Fähigkeit zu deren Vornahme nach dem BGB. Soweit übrigens das bisherige z. B. das französische Recht Erbverträge nur in Eheverträgen zuläßt und gleichzeitig die Änderung eines Ehevertrags während bestehender Ehe verbietet, dadurch also auch die Änderung eines darin enthaltenen Erbvertrags ausschließt, ist diese Ausschließung für die bei dem Inkrafttreten des BGB. bestehenden Ehen durch die Vorschrift des Art. 200 Abs. 2 beseitigt, nach welcher die Schließung eines Ehevertrags während bestehender Ehe zugelassen wird (s. Habicht S. 758 Anm. 1).

e) Haben in dem Erbvertrag oder in dem gemeinschaftlichen Testamente beide Teile Verfügungen von Todeswegen getroffen und ist der eine Teil vor dem Inkrafttreten des BGB., der andere Teil nach diesem Zeitpunkte gestorben, so finden auf die Beerbung des ersteren nach Art. 213 die Vorschriften des bisherigen Rechtes, auf die Beerbung des letzteren die Vorschriften des BGB. mit den im Art. 214 bestimmten Modifikationen Anwendung. Hieraus ergibt sich insbesondere, daß beim Erbvertrag oder bei einem gemeinschaftlichen Testament unter Ehegatten die Auslegungsregeln der §§ 2269, 2280 keine Anwendung finden, wenn auch nur einer der Ehegatten vor dem Inkrafttreten des BGB. gestorben ist. Über die weiteren sich aus jenem Grundsatz ergebenden Konsequenzen s. Habicht S. 763 ff., Rspr. Bd. 2 S. 471.

5. Auf Schenkungen auf den Todesfall finden nach dem BGB. § 2301 Abs. 1 die Vorschriften über Verfügungen von Todeswegen Anwendung. Vollzieht jedoch der Schenker die Schenkung durch Leistung des zugewendeten Gegenstandes, so finden nach § 2301 Abs. 2 die Vorschriften über Schenkungen unter Lebenden Anwendung (s. Bd. V Erl. zu § 2301). Hieraus ergibt sich für die vor dem Inkrafttreten des BGB. vorgenommenen Schenkungen auf den Todesfall folgendes:

a) Ist die Schenkung vor dem Inkrafttreten des BGB. durch Leistung des zugewendeten Gegenstandes vollzogen, so wird sie in jeder Beziehung ausschließlich nach dem bisherigen Rechte beurteilt. Wird sie nach dem Inkrafttreten des BGB. vollzogen, so liegt darin eine neue nach den Vorschriften des BGB. zu beurteilende Schenkung unter Lebenden.

b) Liegt ein einseitiges, bis zum Tode des Erblassers nicht vollzogenes Schenkungsversprechen vor, so ist es als einseitige letztwillige Verfügung zu beurteilen. Die Errichtung und Aufhebung bestimmt sich nach Art. 214 nach dem bisherigen Rechte, der Inhalt und die Wirksamkeit aber nach dem BGB.

c) War das Schenkungsversprechen auf den Todesfall vor dem Inkrafttreten des BGB. angenommen, bis zum Tode des Erblassers aber nicht vollzogen, so ist es nach den Vorschriften über Erbverträge zu beurteilen. Die Errichtung, Aufhebung und Bindung des Erblassers bestimmen sich daher nach bisherigem Rechte, der Inhalt und die Wirksamkeit aber nach dem BGB.

Artikel 215.

E. d. EG. II Art. 184; III Art. 214. P. I S. 13152 ff.; M. z. EG. S. 310. P. II Bd. 6 S. 557 ff.

Der Art. 215 ist erst von der zweiten Kommission eingestellt.

1. Die Vorschrift des Abs. 1 entspricht der Vorschrift des Art. 24 Abs. 3 Satz 1 Halbsatz 2; es kann daher in dieser Beziehung auf das in der Erl. 4d zu Art. 24 (oben S. 97) Gesagte verwiesen werden. In einer Beziehung liegt indessen die Sache hier anders wie im Art. 24. Hat die Entmündigung wegen Verschwendung nach ausländischem Rechte nicht die Folge, daß der Entmündigte nicht unfähig wird, eine letztwillige Verfügung zu errichten, oder

behält der wegen Geisteskrankheit Entmündigte nach dem ausländischen Rechte die Fähigkeit, in lichten Zwischenräumen eine Verfügung von Todeswegen zu errichten, so bleibt es hierbei, wenn der Entmündigte die deutsche Reichsangehörigkeit erwirbt, obwohl nach deutschem Rechte die Entmündigung in beiden Fällen weitergehende Wirkung hat. Dieses Ergebnis wurde (s. Erl. 4d zu Art. 24) daraus gefolgert, daß die Wirkungen einer Entmündigung sich nach dem Rechte desjenigen Staates bestimmen, welchem der Entmündigte zur Zeit der Entmündigung angehörte. Zu demselben Ergebnisse müßte man in Ermangelung einer besonderen Vorschrift für den Fall gelangen, daß die unter der Herrschaft des bisherigen Rechtes erfolgte Entmündigung andere, insbesondere geringere Wirkungen hat wie nach dem BGB. Hier greifen nun aber die Art. 155, 156 ein. Nach diesen steht der unter der Herrschaft des bisherigen Rechtes wegen Geisteskrankheit Entmündigte einem nach Maßgabe des BGB. wegen Geisteskrankheit Entmündigten und ein unter der Herrschaft des bisherigen Rechtes wegen Verschwendung Entmündigter einem nach dem BGB. wegen Verschwendung Entmündigten gleich. Die Entmündigung erlangt also mit dem Inkrafttreten des BGB. eine stärkere Wirkung als sie bisher hatte. Die Fähigkeit, eine Verfügung von Todeswegen zu errichten, bestimmt sich bis zu dem Inkrafttreten des BGB. nach dem bisherigen Rechte, für die spätere Zeit nach dem BGB. Auf diesen Fall paßt der Art. 215 Abs. 1 seinem Wortlaute nach nicht und eine ausdehnende Auslegung dürfte sich um so weniger rechtfertigen, als auch die Art. 155, 156 keine Andeutung über eine in Beziehung auf sie durch Art. 215 bestimmte Ausnahme enthalten. Es bleibt in dieser Beziehung bei der allgemeinen Vorschrift des § 2253 Abs. 2, nach welcher die Entmündigung wegen Geistesschwäche, Verschwendung oder Trunksucht dem Widerruf einer vor der Entmündigung erfolgten letztwilligen Verfügung nicht entgegensteht. Hierdurch ist dem Bedürfnis in Fällen dieser Art genügt und in betreff der Entmündigung wegen Geisteskrankheit wird angenommen sein, daß es praktisch unbedenklich sei, die Berücksichtigung lichter Zwischenräume bei einer vor dem Inkrafttreten des BGB. erfolgten Entmündigung ebenso auszuschließen, wie wenn die Entmündigung nach dem Inkrafttreten des BGB. erfolgt wäre (Habicht S. 725b; Niedner S. 475, Erl. 1 zu Art. 215; Kuhlenbeck S. 778 Erl. 2).

Die zweite Voraussetzung des Abs. 1, daß der Erblasser vor dem Inkrafttreten des BGB. eine Verfügung von Todeswegen errichtet hat, ist auch dann gegeben, wenn er die errichtete Verfügung vor dem Inkrafttreten des BGB. wieder aufgehoben hatte. Die Voraussetzung wird auch nicht dadurch ausgeschlossen, daß die errichtete Verfügung wegen ihres Inhalts z. B. auf Grund der Vorschrift des BGB. § 2077 unwirksam oder daß sie auf Grund der Vorschriften der §§ 2078ff. anfechtbar ist. Zweifelhaft ist, ob die fragliche Voraussetzung des Abs. 1 auch dann gegeben ist, wenn die von dem Erblasser errichtete Verfügung von Todeswegen wegen eines Formmangels nichtig war. Nach dem Wortlaut und dem Zwecke der fraglichen Vorschrift dürfte ihre Voraussetzung auch in diesem Falle als gegeben anzusehen sein.

2. Anwendung des § 2230 des BGB. auf ein Testament, das ein nach dem Inkrafttreten des BGB. verstorbener Erblasser vor diesem Zeitpunkt errichtet hat. Der § 2230 des BGB. bestimmt,

a) daß, wenn ein Entmündigter ein Testament errichtet hat, bevor der die Entmündigung aussprechende Beschluß unanfechtbar geworden ist, die Entmündigung der Gültigkeit des Testaments nicht entgegensteht, wenn der Entmündigte noch vor dem Eintritte der Unanfechtbarkeit stirbt,

b) daß das gleiche gilt, wenn der Entmündigte nach der Stellung des Antrags auf Wiederaufhebung der Entmündigung ein Testament errichtet und die Entmündigung dem Antrage gemäß wieder aufgehoben wird.

Diese Vorschriften sollen nach Abs. 2 auch auf ein Testament Anwendung finden, das ein nach dem Inkrafttreten des BGB. gestorbener Erblasser vor diesem Zeitpunkt errichtet hat. Nach dem bisherigen Rechte, welches Vorschriften der unter a und b bestimmten Art nicht hat, würde ein Testament sowohl in dem unter a als in dem unter b bezeichneten Falle nichtig sein, sofern das bisherige Recht den Entmündigten zur Errichtung eines Testaments für unfähig erklärt. Das nichtige Testament wird aber unter den in Abs. 2 bezeichneten Voraussetzungen gültig. Es liegt hier also ein Fall eigentlicher Rückwirkung vor. Die Voraussetzung ist in dem Falle unter a gegeben, wenn der die Entmündigung aussprechende Beschluß bei dem Tode des Erblassers noch nicht unanfechtbar geworden ist und der Tod erst nach dem Inkrafttreten des BGB. eintritt. Bis zu dem Tode des Erblassers ist also ungewiß, ob das Testament gültig wird oder nicht. Die Voraussetzung in dem Falle unter b ist gegeben, wenn der Erblasser vor dem Inkrafttreten des BGB. den Antrag auf Wiederaufhebung der Entmündigung gestellt, nach der Stellung dieses

Artikel 216. Die landesgesetzlichen Vorschriften, nach welchen Mitglieder gewisser ritterschaftlicher Familien bei der Ordnung der Erbfolge in ihren Nachlaß durch das Pflichttheilsrecht nicht beschränkt sind, bleiben in Ansehung derjenigen Familien in Kraft, welchen dieses Recht zur Zeit des Inkrafttretens des Bürgerlichen Gesetzbuchs zusteht.

Antrags aber das Testament errichtet hat und später auf Grund des Antrags die Entmündigung wieder aufgehoben wird, der Erblasser jedoch erst nach dem Inkrafttreten des BGB. stirbt. Zweifelhaft kann sein, ob die Voraussetzung auch dann gegeben ist, wenn die Wiederaufhebung der Entmündigung schon vor dem Inkrafttreten des BGB. erfolgt ist. Der Wortlaut der Vorschrift spricht nicht dagegen und nach dem Zwecke derselben dürfte die Frage zu bejahen sein (ebenso Habicht S. 723). Notwendig ist nur, daß der Erblasser erst nach dem Inkrafttreten des BGB. stirbt.

Die von Endemann Aufl. 5 III S. 111 Anm. 30 vertretene analoge Anwendung des Abs. 2 auf § 2229 Abs. 3 Satz 2 dürfte sich nicht rechtfertigen lassen.

Artikel 216.

E. d. EG. III Art. 215. RB. S. 2117. StB. S. 3035.

Recht der Mitglieder gewisser ritterschaftlicher Familien zur Beschränkung des Pflichtteils. Der Art. 216 ist vom Bundesrate mit Rücksicht auf die nach der preußischen Kabinettsorder v. 16. Januar 1836 und der Königlichen Verordnung v. 21. Januar 1837 den Mitgliedern gewisser ritterschaftlicher Familien zustehenden Rechte eingestellt. Die Mitglieder dieser Familien sollen bei der Ordnung der Erbfolge in ihren Nachlaß durch das Pflichtteilsrecht nicht beschränkt sein.

Nur für solche Erblasser gilt die im Art. 216 bestimmte Dispositionsbefugnis, welche Mitglieder einer ritterschaftlichen Familie sind, der die fragliche Befugnis bei dem Inkrafttreten des BGB. zusteht. Durch die Verordnung v. 21. Januar 1837 wird diese Befugnis anerkannt

a) für diejenigen Familien des rheinischen Ritterstandes, welche dieselbe vor der Einführung der fremden Gesetzgebung ausgeübt haben (§ 1);

b) für diejenigen Familien, welche nach den näheren Bestimmungen des landesherrlich genehmigten Statuts einer Stiftung für die standesmäßige Erziehung, Abfindung und Aussteuer der übrigen Kinder und für die Versorgung des überlebenden Ehegatten in die Genossenschaft werden aufgenommen werden (§ 5).

In dem § 2 wird bestimmt, daß von dieser Dispositionsbefugnis nur diejenigen Mitglieder der gedachten Familien Gebrauch machen können, welche ein landtagfähiges Rittergut in der Rheinprovinz besitzen und an der unter b gedachten Stiftung teilhaben. Es fragt sich, ob die Voraussetzung des Art. 216 lediglich darin besteht, daß der Erblasser Mitglied einer der unter a und b bezeichneten Familien ist oder ob auch die in dem obengedachten § 2 bestimmten Voraussetzungen zur Zeit des Inkrafttretens des BGB. bestanden haben müssen. Für die letztere Auffassung läßt sich geltend machen, daß in der RTK. ein Antrag gestellt wurde, den Art. 216 in erweiterter Fassung als Art. 56a dem Art. 56 (jetzt Art. 58) anzuschließen und daß zur Begründung dieses Antrags darauf hingewiesen wurde, daß manche ritterschaftliche Familien, die an sich berechtigt wären, an der in dem obengedachten § 2 bezeichneten Stiftung teilzunehmen, zur Zeit aus verschiedenen Gründen nicht daran teilnehmen, daß es aber unbillig sei und dem Zwecke der fraglichen Verordnung nicht entspreche, wenn diesen Familien für immer die fragliche Dispositionsbefugnis entzogen werde. Diese Begründung des fraglichen Antrags dürfte indessen unrichtig sein. Die in dem Art. 216 bestimmte Voraussetzung besteht lediglich darin, daß der betreffenden Familie zur Zeit des Inkrafttretens des BGB. das in Frage stehende Recht zusteht. Die Familie muß also entweder zu den oben unter a bezeichneten Familien gehören oder vor dem Inkrafttreten des BGB. in die unter b bezeichnete Genossenschaft aufgenommen sein. Der § 2 bestimmt kein weiteres Erfordernis der betreffenden Familien, sondern enthält nur Vorschriften darüber, unter welchen Voraussetzungen die Mitglieder der betreffenden Familien von der fraglichen Dispositionsbefugnis Gebrauch machen können. Diese Voraussetzungen brauchen für das betreffende Mitglied nicht bereits bei dem Inkrafttreten des BGB. bestanden zu haben;

Artikel 217. Die vor dem Inkrafttreten des Bürgerlichen Gesetzbuchs erfolgte Errichtung eines Erbverzichtsvertrags sowie die Wirkungen eines solchen Vertrags bestimmen sich nach den bisherigen Gesetzen.

Das Gleiche gilt von einem vor dem Inkrafttreten des Bürgerlichen Gesetzbuchs geschlossenen Vertrage, durch den ein Erbverzichtsvertrag aufgehoben worden ist.

---

es genügt vielmehr, sofern der Erblasser nur Mitglied einer der fraglichen Familien ist, wenn sie zur Zeit seines Todes vorliegen (Habicht S. 735 ff.).

2. **Der Inhalt des den Mitgliedern der gedachten Familien eingeräumten Rechtes besteht darin,** daß sie in ihren Verfügungen von Todeswegen durch das Pflichtteilsrecht nicht beschränkt sind. Selbstverständlich kommen hierbei nicht die Vorschriften des bisherigen Rechtes, sondern die Vorschriften des BGB. (§§ 2303—2338) in Frage. Den nach dem BGB. Pflichtteilsberechtigten, also den Abkömmlingen, dem Ehegatten und den Eltern des Erblassers kann von diesem der Pflichtteil ganz oder teilweise entzogen werden. Zu anderweitigen Änderungen der erbrechtlichen Vorschriften des BGB. sind die Mitglieder der fraglichen Familien auf Grund des Art. 216 nicht befugt.

3. Die Vorschrift des Art. 216 beschränkt sich ihrem Wortlaute nach nicht auf die oben in Erl. 1 bezeichneten Familien, sondern **erstreckt sich auf die Mitglieder aller ritterschaftlichen Familien, denen durch landesgesetzliche Vorschriften die in Frage stehenden Rechte eingeräumt sind.** Soviel ersichtlich bestehen aber andere als die oben bezeichneten landesgesetzlichen Vorschriften nicht. Die Ansicht von Scherer S. 240, daß der Art. 216 auch für Baden Bedeutung habe, weil die Adeligen zur Errichtung von Familienfideikommissen berechtigt und von Beobachtung der Vorschriften über den Pflichtteil befreit seien, dürfte unrichtig sein, weil es sich bei dem Art. 216 nicht um solche allgemeine Vorschriften, sondern um die lediglich zugunsten gewisser ritterschaftlicher Familien bestehenden besonderen Vorschriften handelt.

4. **Nach Art. 218 können die im Art. 216 gedachten landesgesetzlichen Vorschriften durch die Landesgesetzgebung geändert werden.** Die Landesgesetzgebung kann daher die Befreiung der Mitglieder der fraglichen Familien von den durch das Pflichtteilsrecht bestimmten Beschränkungen in anderer Art als durch die gedachte Verordnung geschehen ist, regeln, sie erweitern, beschränken oder von anderen als den jetzt bestimmten Voraussetzungen abhängig machen. Nur auf das Pflichtteilsrecht beschränkt sich aber die Befugnis der Landesgesetzgebung. Unzulässig ist auch eine Erweiterung des Kreises der Familien, denen das fragliche Recht zusteht.

Artikel 217.

E. d. EG. I Art. 129; II Art. 185; III Art. 216. P. I S. 13152 ff.; M. d. EG. S. 313. P. II Bd. 6 S. 557 f., 636.

1. Der E. I betrachtete den **Erbverzichtsvertrag** als eine unter Zustimmung der Erben getroffene Verfügung des Erblassers von Todeswegen. Der Erbverzichtsvertrag fiel daher unter die allgemeine Vorschrift des Art. 129 des E. I d. EG. über Verfügungen von Todeswegen, nach welchen sich, wenn der Erblasser nach dem Inkrafttreten des BGB. gestorben ist, die vor diesem Zeitpunkt erfolgte Errichtung und Aufhebung einer Verfügung von Todeswegen zwar nach dem bisherigen Rechte bestimmt, für den Inhalt und die Wirksamkeit aber die Vorschriften des BGB. maßgebend sind. Das BGB. (§§ 2346 ff.) betrachtet dagegen den Erbverzichtsvertrag nicht als eine Verfügung von Todeswegen, sondern legt das entscheidende Gewicht auf den Verzicht des Erben. Die Vorschriften des Art. 214 finden daher auf den Erbverzichtsvertrag keine Anwendung, vielmehr bedurfte es für diesen einer besonderen Bestimmung. Diese wird in dem Art. 217 abweichend von dem E. I dahin getroffen, daß *nicht nur die Errichtung und Aufhebung eines vor dem Inkrafttreten des BGB. geschlossenen Erbverzichtsvertrags, sondern auch die Wirkungen eines solchen Vertrags sich nach dem bisherigen Rechte bestimmen.* Der Grundsatz, daß, wenn der Erblasser nach dem Inkrafttreten des BGB. gestorben ist, für die erbrechtlichen Verhältnisse die Vorschriften des BGB. maßgebend sind, erleidet also in Beziehung auf den Erbverzichtsvertrag eine über den Art. 214 hinausgehende Modifikation. Der Grund für diese Abweichung beruht hauptsächlich in dem schon in den M. d. EG. hervorgehobenen Bedenken, welches sich daraus ergibt, daß die Bestimmungen des BGB. über die Wirkungen des Erbverzichts für die Abkömmlinge von den sich hierauf beziehenden Vorschriften des bisherigen Rechtes nicht unwesentlich abweichen.

Artikel 218. Soweit nach den Vorschriften dieses Abschnitts die bisherigen Landesgesetze maßgebend bleiben, können sie nach dem Inkrafttreten des Bürgerlichen Gesetzbuchs durch Landesgesetz auch geändert werden.

Urkundlich unter Unserer Höchsteigenhändigen Unterschrift und beigedrucktem Kaiserlichen Insiegel.

Gegeben Neues Palais, den 18. August 1896.

(L. S.) **Wilhelm.**

Fürst zu Hohenlohe.

---

2. Aus dem Grundsatze des Art. 217 ergibt sich zunächst, **daß die Fähigkeit zur Errichtung eines Erbverzichtsvertrags und die Form desselben sich nach dem bisherigen Rechte bestimmt.** Es gilt in dieser Beziehung das in der Erl. 2 zu Art. 214 Gesagte.

3. **Daraus, daß auch der Inhalt und die Wirksamkeit des Erbverzichtsvertrags sich nach dem bisherigen Rechte bestimmen, ergibt sich insbesondere:**

a) Nach dem bisherigen Rechte bestimmt sich der Einfluß der Willensmängel.

b) Nach dem bisherigen Rechte ist die Frage zu entscheiden, ob und wieweit die Parteien durch den Vertrag gebunden sind.

c) Nach dem bisherigen Rechte entscheidet sich die Frage, auf welches Erbrecht verzichtet ist. Nach dem BGB. § 2346 bezieht sich der Erbverzichtsvertrag nur auf das gesetzliche Erbrecht. Der Verzicht auf eine durch letztwillige Verfügung oder Erbvertrag gemachte Zuwendung bedarf nach BGB. § 2352 eines besonderen Vertrags. Soweit nach dem bisherigen Rechte der Verzicht auf das gesetzliche Erbrecht auch den Verzicht auf Zuwendungen durch Verfügungen von Todeswegen in sich schließt, verbleibt es hierbei. Andererseits umfaßt aber der Verzicht auf das gesetzliche Erbrecht nicht nur den Verzicht auf das zur Zeit des Abschlusses des Erbverzichtsvertrags bestehende gesetzliche Erbrecht, sondern auch auf das gesetzliche Erbrecht des BGB. und zwar auch dann, wenn dieses ein umfangreicheres ist als das gesetzliche Erbrecht des bisherigen Rechtes. Der Vertrag ist aufzufassen als Verzicht auf das zur Zeit des Todes des Erblassers bestehende gesetzliche Erbrecht, soweit sich nicht aus dem besonderen Inhalte des Vertrags ein anderes ergibt.

d) Nach dem bisherigen Rechte ist die Frage zu beurteilen, ob der Verzicht auch für die Abkömmlinge des Verzichtenden wirkt. Die Vorschrift des BGB. § 2349, nach welcher dies der Fall ist, sofern nicht ein anderes bestimmt ist, findet keine Anwendung; der Verzicht wirkt vielmehr für die Abkömmlinge nur, wenn und soweit dies durch das bisherige Recht bestimmt ist.

e) Keine Anwendung finden die Auslegungsregeln des § 2350, nach welchen der Verzicht zugunsten eines anderen im Zweifel nur für den Fall wirkt, daß der andere Erbe wird, und nach welchen der Verzicht eines Abkömmlinges im Zweifel nur als zugunsten der anderen Abkömmlinge und des Ehegatten des Abkömmlinges erfolgt gilt. Dagegen finden die etwaigen Auslegungsregeln des bisherigen Rechtes ebenso Anwendung, wie wenn der Erblasser vor dem Inkrafttreten des BGB. gestorben wäre. In Ermangelung solcher besonderen Auslegungsregeln dürfte übrigens die nach allgemeinen Grundsätzen erfolgende Auslegung regelmäßig zu demselben Ergebnisse führen wie die angeführten Auslegungsregeln des BGB.

4. **Dieselben Grundsätze wie für den Erbverzichtsvertrag gelten für den Vertrag, durch welchen der Erbverzicht wieder aufgehoben wird.** Auf einen solchen Vertrag finden insbesondere die Vorschriften des § 2351 keine Anwendung; die Fähigkeit, die Form, der Inhalt und die Wirksamkeit bestimmen sich vielmehr nach dem bisherigen Rechte. Wird ein vor dem Inkrafttreten des BGB. abgeschlossener Erbverzichtsvertrag nach diesem Zeitpunkte durch Vertrag wieder aufgehoben, so ist der Aufhebungsvertrag selbstverständlich nach dem BGB. zu beurteilen.

Artikel 218.

E. d. EG. I Art. 105 Abs. 5, Art. 116, 119 Abs. 1 Satz 3; II Art. 186; III Art. 217. P. I S. 13068ff., 13086ff., 13295f.; M. d. EG. S. 264, 277, 285f. P. II Bd. 6 S. 491, 497, 526, 544, 651.

1. **Befugnis der Landesgesetzgebung zur Änderung des bisherigen Rechtes.** Die meisten Artikel des vierten Abschnitts enthalten Vorschriften, nach welchen auf bestimmte zur Zeit des

Inkrafttretens des BGB. bestehende Rechtsverhältnisse das bisherige Recht oder, wie es an anderen Stellen heißt, die Landesgesetze auch künftig Anwendung finden sollen. Nur die Vorschriften der Art. 187, 188, 193—196 haben einen anderen Charakter, indem durch sie der Landesgesetzgebung gestattet wird, Vorschriften des EG. über die Anwendung des BGB. auf gewisse Rechtsverhältnisse zu ändern. Soweit das EG. die Anwendung des bisherigen Rechtes auf gewisse Rechtsverhältnisse vorschreibt, würde die Landesgesetzgebung auch ohne besonderen Vorbehalt bis zu dem Inkrafttreten des BGB. berechtigt sein, die sich auf diese Rechtsverhältnisse beziehenden Vorschriften zu ändern. Die fraglichen Vorschriften des EG. würden, soweit die Landesgesetzgebung von diesem Rechte Gebrauch gemacht hätte, die Wirkung haben, daß von dem Inkrafttreten des BGB. an kraft Reichsrechts die betreffenden Rechtsverhältnisse nach den geänderten landesgesetzlichen Vorschriften zu beurteilen wären. Von dem Inkrafttreten des BGB. an aber würde die Landesgesetzgebung nicht mehr berechtigt sein, die landesgesetzlichen Vorschriften, soweit sie nach den Vorschriften des vierten Abschnitts maßgebend sein sollen, noch zu ändern; denn eine solche Änderung würde gegen die reichsrechtliche Vorschrift, daß die fraglichen Bestimmungen maßgebend sein sollen, verstoßen. Bei dieser Konsequenz wollte der E. I im allgemeinen stehen bleiben und bestimmte nur in den Art. 105 Abs. 5, 116, 119 Abs. 1 Satz 3, daß die Landesgesetzgebung berechtigt sei, die in diesen Artikeln für anwendbar erklärten Vorschriften des bisherigen Rechtes auch nach dem Inkrafttreten des BGB. und des EG. noch zu ändern. Die zweite Kommission hielt eine Beschränkung dieser Befugnis der Landesgesetzgebung auf die in den gedachten Artikeln des E. I bezeichneten Fälle nicht für gerechtfertigt und stellte deshalb die allgemeine Vorschrift des Art. 218 ein. Nach diesem können alle Vorschriften des bisherigen Rechtes, welche nach den Bestimmungen des vierten Abschnitts maßgebend bleiben sollen, auch nach dem Inkrafttreten des BGB. von der Landesgesetzgebung noch geändert werden (RG. Bd. 56 S. 190). Der Ausdruck, daß die Vorschriften des bisherigen Rechtes „maßgebend" bleiben sollen, ist nur in verhältnismäßig wenigen Artikeln des vierten Abschnitts gebraucht, so in den Art. 170, 174, 200, 202, 208, 213. In den übrigen Artikeln sind andere Ausdrücke, die nach dem Inhalte der betreffenden Vorschriften für geeigneter gehalten wurden, gebraucht, so z. B., daß die landesgesetzlichen Vorschriften in Kraft bleiben oder daß sie Anwendung finden 2c. (Eine Übersicht der betreffenden Ausdrucksweisen s. bei Habicht S. 22ff.) Auf diese Ausdrucksweise kommt es indessen nicht an, vielmehr nur darauf, ob sachlich durch die betreffenden Vorschriften bestimmt ist, daß das bisherige Recht maßgebend bleiben soll.

2. Die in dem Art. 218 der Landesgesetzgebung gewährte Befugnis entspricht der gleichen Befugnis, welche der Landesgesetzgebung durch Art. 3 für die dort bezeichneten Fälle beigelegt ist. **Sie ist aber insoweit enger, als sie sich nur auf die zur Zeit des Inkrafttretens des BGB. bestehenden Rechtsverhältnisse bezieht.** Nur soweit und solange für diese Rechtsverhältnisse nach den Vorschriften des vierten Abschnitts das bisherige Recht maßgebend bleibt, kann es durch die Landesgesetzgebung nach dem Inkrafttreten des BGB. geändert werden. Die Landesgesetzgebung ist dagegen nicht berechtigt, für die betreffenden Rechtsverhältnisse in einem weiteren Umfange Vorschriften zu geben, als nach den Vorschriften des vierten Abschnitts das bisherige Recht für sie maßgebend bleibt. Soweit die Landesgesetzgebung von der ihr nach Art. 218 erteilten Ermächtigung Gebrauch macht, kann sie die Änderungen, welche sie vorgenommen hat, auch später noch wieder ändern. Dies dürfte selbst für den Fall gelten, daß die Landesgesetzgebung für ein bestimmtes unter Art. 218 fallendes Rechtsverhältnis die Vorschriften des BGB. für anwendbar erklärt hat; denn in einem solchen Falle gilt das BGB. für das betreffende Rechtsverhältnis nicht kraft Reichsrechts, sondern auf Grund der Landesgesetzgebung und diese kann nach Art. 218 wieder geändert werden (a. A. Habicht S. 24).

Über die bei einzelnen Artikeln entstehende Frage, wie weit die Befugnis der Landesgesetzgebung geht, ist das Erforderliche bei diesen Artikeln bemerkt (s. Erl. 3 zu Art. 163 und Erl. 1 zu Art. 212).

MIX
Papier | Fördert gute Waldnutzung
FSC® C083411

Kolibri 360 GmbH
Ferdinand-Jühlke-Straße 7
99095 Erfurt, Deutschland
produktsicherheit@kolibri360.de